U0581912

东盟税收发展报告
（2023）

（全三册）

东盟税收征收管理
发展报告

（2023）

REPORT ON THE DEVELOPMENT OF TAXATION
COLLECTION AND ADMINISTRATION IN ASEAN
(2023)

刘进　霍军　主编

社会科学文献出版社
SOCIAL SCIENCES ACADEMIC PRESS (CHINA)

　　本套书为国家社科基金一般项目"经济数字化视阈下泛东盟地区国际投资税收协定规则协同变革研究"（项目编号：22BGJ026）的阶段性研究成果。

《东盟税收发展报告（2023）》（全三册）
编辑委员会

主 任　夏　飞

副主任　刘　进

委　员　（按姓氏拼音排序）

陈雏音　陈文东　陈　晓　程　媛　邓汝宇

范海燕　付茂劲　龚辉文　韩　霖　贺清哲

霍　军　赖　敏　李　成　李淼焱　廖菲菲

刘　昶　刘和祥　刘　进　刘丽君　龙丽佳

陆崇芳　陆　华　秦　斌　苏　娜　唐玉爽

王红晓　夏　飞　肖乃夫　叶琼微　张　慧

张　瑾

主　编　刘　进　霍　军

总　序

　　《东盟税收发展报告（2023）》（全三册）是广西壮族自治区高校重点智库——广西财经学院广西（东盟）财经研究中心精心组织、汇集众智研创的东盟特色税收学术品牌和标志性科研成果之一，是国内第一部也是当下唯一一部全面系统研究东盟税收的发展报告，填补了国内同类研究的空白。综览本套书，其呈现以下特点。

　　研究主题的学术前沿性和鲜明时代性。构建更为紧密的中国-东盟命运共同体是中央和国家的重大战略决策。2013 年 10 月，中国国家主席习近平在印度尼西亚国会发表重要演讲，提出"携手建设更为紧密的中国-东盟命运共同体"。2021 年 11 月 22 日，在中国-东盟建立对话关系 30周年纪念峰会上，习近平主席正式宣布建立中国东盟全面战略伙伴关系，提出要"构建更为紧密的中国-东盟命运共同体"。2023 年是习近平主席提出"建设更为紧密的中国-东盟命运共同体"和共建"一带一路"倡议10 周年，中国与东盟的经贸合作稳步升级，中国连续 14 年保持东盟最大贸易伙伴地位，双方连续 3 年互为最大贸易伙伴。东盟自古以来就是"海上丝绸之路"的重要枢纽，是高质量共建"一带一路"的重点地区，而东盟国家税收特别是国际税收是影响东盟跨境贸易和投资的重要因素，是东盟营商环境的重要组成部分。习近平主席在"推进'一带一路'建设工作座谈会"上强调，要"加强'一带一路'建设学术研究、理论支撑、话语体系建设"。《东盟税收发展报告（2023）》（全三册）的研究主题契合中央和国家关于构建更为紧密的中国-东盟命运共同体的重大战略决策精神，契合习近平主席关于加强"一带一路"建设学术研究的重要指示精神，对于助力推动构建更为紧密的中国-东盟命运共同体、高质量服务"一带一路"建设具有重要的前沿学术价值、可靠的决策参考价值和重大的时代意义。

研究对象的全面性和创新性。与既有的有关东盟税收制度的著作、论文等研究成果针对单一研究对象的显著区别是，《东盟税收发展报告（2023）》（全三册）由《东盟税收制度发展报告（2023）》《东盟税收征收管理发展报告（2023）》《东盟国际税收管理发展报告（2023）》三个分册组成。它首次以东盟税收为研究对象，全面涵盖东盟税收制度、税收征收管理和国际税收管理等税收要件，研究的国别对象虽然暂时没有包含缅甸和文莱两个国家，但是涵盖了东盟10个国家中税收法律法规可获得或与中国投资、经贸关系相对密切的8个国家，即印度尼西亚、越南、马来西亚、新加坡、泰国、菲律宾、柬埔寨和老挝（也即全三册套书三个总报告中统称的东盟国家）。

研究框架结构的系统性和逻辑统一性。与既有以单册为主、总报告和分报告逻辑结构不求统一的其他年度发展报告的显著区别是，《东盟税收发展报告（2023）》（全三册）由三个分册组成，虽然三个分册的具体研究对象和研究内容各异，但是一、二级研究提纲架构均统一为发展基础、发展变化和发展前景；三个分册均由总报告和8个国别报告组成，各报告在研究主题、研究内容、谋篇布局和三级研究内容方面都力求对应统一，从而保持各分册研究框架结构的系统性和逻辑统一性。

研究组织机构及研究团队的高度专业性和开放性。孕育《东盟税收发展报告（2023）》（全三册）的摇篮是广西财经学院，诞生的母体广西（东盟）财经研究中心是广西壮族自治区高校重点智库，它坚持为财经改革、为领导决策、为经济社会发展提供智力服务的"三服务"方向，坚持以打造东盟特色为重心，为锻造《东盟税收发展报告（2023）》（全三册）的专业影响力、学术影响力、决策影响力和公众影响力提供了组织保障。《东盟税收发展报告（2023）》（全三册）研究团队汇集了中国顶层税务机构、国家税收科学研究机构和高等院校等国际税收研究领域的专家学者，既有国家税务总局国际税务司的实务专家，也有中国国际税收研究会、国家税务总局税收科学研究所和中国财政科学研究院公共收入研究中心等知名税收智库的国际税收研究专家，还有厦门大学和广西财经学院等高等院校的国际税收学者专家，更有《国际税收》编辑部等国际税收权威编审专家。研究团队具有高度的学科专业性和合作的开放性，他们勇当东盟税收的学术排头兵、思想探路人和创新先行者，充分展现了国际税收学术界、智库界和实务界的专业观察与思考，充分体现了各个角度、各种背景的专业知识和见解。

研究成果兼具"6性"和"六位一体"的应用功能。《东盟税收发展报告（2023）》（全三册）主要基于东盟国家税收法律法规等专业性和权威性的原始文件，采取合理的技术路线和科学的研究方法，系统梳理了东盟国家经过迭代的目前仍然有效的税收法律法规，开展基础性、前瞻性、战略性和储备性研究，研究成果具有"6性"即学科专业性、史料权威性、学术前沿性、理论创新性、研究科学性和原创性、决策应用性，以及独树一帜的"六位一体"即"研究成果储备+学术研究拓展+专业教学教材+政府决策依据+企业东盟贸易投资参考+东盟税收科学普及"的应用功能。《东盟税收发展报告（2023）》（全三册）既是有关东盟国家税收制度、税收征收管理和国际税收管理研究的重要成果，也是研究东盟国家税收制度、税收征收管理和国际税收管理的重要史料来源，更是近年来不可多得的一项厚重的东盟税收决策咨询成果，既可以为中央和地方各级党政、财税部门的东盟税收决策提供独立的专业判断和可靠的咨询服务，也可以作为高等院校税收学专业的师生难觅的教材，还可以为"走出去"的企业——在东盟投资的企业提供系统、专业和权威的有关东盟税收制度、税收征收管理和国际税收管理的咨询服务，为社会各界了解东盟税收发展情况提供专业的窗口。

《东盟税收发展报告（2023）》（全三册）是一项有思想含量、学术分量、决策参考重量、贸易投资咨询质量和潜量的优秀研究成果。希望研创团队踔厉奋发、笃行不息、赓续前行，将其打造为服务"构建更为紧密的中

国-东盟命运共同体"和共建"一带一路"倡议的税收智库精品、具有东盟
区域影响力乃至国际影响力的中国税收学术品牌。

卢仁法

2023 年 10 月 1 日

摘　要

　　《东盟税收征收管理发展报告（2023）》由总报告和国别报告两部分共
9 篇报告组成。本书综合运用定性分析和国别比较方法，分别从东盟整体和
国别视角全面系统梳理和审视截至 2021 年东盟税收征收管理法律体系、纳
税服务、税收执法、基于税收法律救济的纳税人权利保护和税收信息化建设
的发展基础，翔实呈现东盟 8 个成员国税收征收管理的实践样态，比较分析
2022 年至 2023 年 6 月东盟及 8 个成员国税收征收管理的变化特征，并对未
来一段时间东盟及 8 个成员国税收征收管理发展态势进行展望。

　　东盟国家建立了基本的税收征收管理体系。（1）多数国家建立了法律
层级较高的税收征收管理法律体系，建立了 4 个层次的税收程序性法律制
度，税收程序性法规数量普遍不多，但规章数量普遍较多，且以纳税服务规
章为主。税收救济法规规章数量少，层级高。（2）东盟国家普遍建立了比
较完善的纳税登记、纳税人识别号管理、分税种纳税申报、纳税人自我评估
和税务机构纳税评估、分税种限期足额纳税、退税、线上和线下缴税等纳税
服务制度。部分国家建立了分期纳税、税款清算、离境清税、延期纳税申
请、税收优惠申请、税收更正和变更报告服务制度。（3）多数国家建立了
包括税务审计制度、税务稽查（调查）制度和税收法律责任制度的完整、
成熟的税收执法体系，保证了强制纳税遵从。（4）东盟国家基本建立了税
收救济制度，纳税人的税收法律救济权主要通过税务行政复议和税务行政诉
讼的法律途径获取，在个别国家，纳税人可以通过税收信访途径得到税收救
济，从而维护自身及其他税务当事人的合法权益。（5）部分国家推动实施

电子税务服务计划、建立税务管理核心系统，以及进行电子税收文件和在线办税电子签名合法化等税务管理核心系统建设。

东盟国家税收征收管理的 5 个维度、30 个要素发生显著变化。2022 年至 2023 年 6 月，东盟国家在税收征收管理法律体系、纳税服务、税收执法、基于税收法律救济的纳税人权利保护和税收信息化建设方面发生了不同程度的变化，取得了不同程度的进展。（1）国别间税收程序性行政规章的变动分化较大，而税收程序性行政法规的变化普遍较小，个别国家税收救济规章的变化轻微。（2）跨境电子商务税务登记、海外供应商增值税申报，电子发票应用、电子纳税申报和所得税电子缴纳扩围，增值税发票规范管理和缴税服务，所得税代扣代缴管理和免税申请服务，以及纳税申报资料和纳税风险评估等的发展变化相对集中。（3）东盟国家聚焦强化针对税收风险的执法管理。税务调查关注的重点各有侧重，个别国家在投资税收优惠资格审查阶段引入税务审计的前置条件。东盟国家加重基于发票使用、所得税代扣代缴、离境欠税、被审计的纳税申报等纳税不合规行为所要承担的税收法律责任，但普遍慎用税收刑罚措施。（4）东盟国家引入有关所得税的纳税评估行政复议上诉机制，试点税务行政诉讼费通过电子方式缴纳，加重税款异议诉讼案件的纳税人司法责任。（5）主要国家在数字化转型综合税务系统开发与税务部门数字平台应用推广，对接电子商务平台、税务代理业务和个人全流程在线办税的软件系统和应用程序，以及国家法律救济数据库系统等的开发上持续深耕。

未来一段时间，东盟国家将在追求进行现代化税收征收管理的征程上持续发力。（1）东盟国家将根据经济发展和税制改革战略，完善税收程序性法律体系，进一步提升税收程序性法律的效力层次，充分体现税收法定原则。（2）东盟国家将持续追求实现纳税服务现代化目标，加大在线纳税服务力度，鼓励和支持社会化纳税服务组织发展，并严格进行高风险领域的纳税服务管理，在提升纳税人满意度的同时促进自愿纳税遵从。（3）东盟国家将持续追求实现税收执法现代化目标。税务审计将持续聚焦税收风险领域的纳税人和增值税退税申请，加大柔性税务审计力度。税务调查将关注数字税务稽查建设，继续推动风险稽查，强化强制纳税遵从。在税收法律责任方面，东盟国家将持续聚焦有关税务登记和会计账簿、发票的违法行为，建立常态化柔性与刚性相济的税务行政处罚模式。（4）少数国家将为税收救济法律补位，持续拓展税务异议要件的范围，致力于推动税务行政复议流程优化，探索建立税收争议和解制度，关注税务行政复议和税务行政诉讼的专业性和公信力，以更好地保护纳税人的权利。（5）东盟国家将持续推进税务管理系统数字化改革和进行在线税收征收管理平台的智能化建设。

目 录 ↖↘

Ⅰ 总报告

Ⅱ 国别报告

总 报 告

General Report

东盟税收征收管理发展报告（2023）

摘　要： 本报告主要采用定性研究方法，阐述截至 2021 年东盟国家税收征收管理法律体系、纳税服务、税收执法、基于税收法律救济的纳税人权利保护和税收信息化建设的发展基础，分析 2022 年至 2023 年 6 月东盟国家税收征收管理 5 个维度的发展变化，总结东盟国家税收程序性行政规章，税务登记、发票等票证管理、纳税申报、纳税评估、税款缴纳和税收优惠政策管理服务，税务调查和税收法律责任，基于税务行政复议和税务行政诉讼的纳税人权利保护，以及税务管理核心系统、纳税服务系统、税款电子支付系统和国家税收法律救济数据库系统创新的特征，并在此基础上展望东盟国家税收征收管理发展前景，即将进一步提升税收程序法律效力层次，推进纳税服务和税收执法高质量发展，关注税务行政复议和税务行政诉讼的专业性和公信力，加强税务管理系统数字化改革和在线税收征收管理平台智能化建设。

关键词： 东盟国家　税收征收管理　纳税服务　税收执法　纳税人权利保护

税收征收管理是税务机关依法向纳税人提供纳税服务和税收法律救济、进行税收执法管理的总称，由税收征收管理法律体系、纳税服务、税收执法和税收法律救济等要素构成，是税务管理的重要组成部分，对保证税收制度有效运行不可或缺。本报告研究东盟国家税收征收管理的基础制度及其新变化，旨在向中国乃至其他国家和地区"走出去"——在东盟投资提供有关税收征收管理方面的参考。

一　东盟税收征收管理发展基础（截至2021年）

本部分从税收征收管理法律体系、纳税服务、税收执法、基于税收法律救济的纳税人权利保护和税收信息化建设五个层面总结截至 2021 年东盟税收征收管理发展基础。

（一）东盟税收征收管理法律体系发展基础

东盟税收征收管理的税法基础主要是税收程序法。税收程序法涉及征税人和纳税人做出法律行为时必须遵循和采取的有关时间和空间的步骤和方式，主要由税收行政管理法、税收征收管理法和国际税收管理法构成。税收行政管理法是调整税收行政关系的法，具体包括有关税收行政权配置关系、税收行政管理关系、税收行政法制监督关系和税收行政救济关系的法律，其中仅有关税收行政救济关系的法律（即税收救济法）涉及税收征纳关系；国际税收管理法属于国际税收管理范畴，由《东盟国际税收管理发展报告（2023）》专门论述，因此，本报告仅讨论税收征收管理法（与之对应的是"一般税收征收管理法律体系"）和税收救济法（与之对应的是"税收救济法律体系"）。

1.东盟一般税收征收管理法律体系

税收征收管理法是调整税收征收管理过程中的社会关系的法律规范的总称。从立法层级和效力视角来看，税收征收管理法涉及有关税收征收管理的宪法、法律、法规和规章。东盟国家的宪法很少对税收征收管理做出规定，东盟一般税收征收管理法律体系由有关税收征收管理的法律、法规和规章构成。

（1）东盟国家税收程序性法律载体分为四个层次

2国实施专项税收征收管理法律或税收程序法。越南实施专项税收征收管理法律，其中不包含税收救济法律内容。老挝实施税收管理法，其中包含税收救济法律内容。

2国实施税收法典，即税收程序性法律内含于税收法典中，税收法典不仅包含税收征收管理法，也包含税收救济法，还包含与各主要税种有关的法律。菲律宾和泰国都实施税收法典。

2国实施综合性税法。综合性税法既包含有关税收征收管理的法律，也包含税收救济法。印度尼西亚和柬埔寨的综合性税法都包含税收征收管理和税收救济等相关程序性内容，老挝税收程序法包含与税收征收管理相关的内容1项。

2国实施税种法律，其不仅包含税种实体法，也包含税种征收管理程序法，但不包括税收救济法。新加坡和马来西亚既没有制定综合性税法或税收程序方面的专项税收征收管理法律，也没有制定税收法典，而是实施税种法律，税收征收管理法律体系极其简单。

（2）东盟国家税收程序性法律数量分化明显

印度尼西亚的税收程序性法律有7部。印度尼西亚的税收程序性法律体系健全，结构合理，层级较高。印度尼西亚的综合性税法有2部，涉及纳税服务、税收执法、税收救济等；与税种程序相关的法律有3部；涉及税收执法程序的其他法律有2部。

马来西亚的准税种程序性法律数量居东盟第一位。准税种程序性法律并非专业的税收程序性法律，其难以与拥有专业的税收程序性法律的东盟国家类比，同样地，新加坡也面临这种情况。马来西亚没有专业的税收程序性法律和税收征收管理法，甚至很少有税收程序性法规和规章。新加坡有7部税种法律，排在马来西亚之后（这是针对税种法律的数量在东盟的排名情况）。

东盟拥有 2 部或 2 种税收程序性法律的国家居多，共 3 国，即越南、泰国和菲律宾。越南的税收程序性法律为综合性税收程序性法律——《税收征管法》和《行政诉讼法》。菲律宾的税收程序性法律为《菲律宾共和国税法典（修正）》和《菲律宾共和国地方法典》。泰国的税收程序性法律为《税法典》和纳税服务法律（涉及发票等票据管理）。

柬埔寨和老挝的税收程序性法律最少，仅 1 部（不统计税种法律）。老挝实施的是《老挝人民民主共和国税务管理法（2019 年修订）》，柬埔寨实施的是《柬埔寨王国税法》。

（3）东盟国家税收程序性法规数量普遍不多，内容以纳税服务为主（据不完全统计）

第一，越南的税收程序性法规有 10 部，居东盟首位。与纳税服务相关的法规共 7 部：涉及税务登记（3 部）、纳税申报（4 部）。与税收执法相关的行政法规共 3 部（涉及税收法律责任）。第二，老挝与纳税服务相关的法规共 2 部，涉及税务登记和发票管理。第三，印度尼西亚、泰国和柬埔寨的税种征收管理法规均为 1 部。印度尼西亚的相关法规涉及纳税申报，泰国的法规为《泰王国遗产税条例》（涉及综合性业务），柬埔寨的相关法规涉及纳税服务（主要涉及税务登记）。

（4）东盟国家税收程序性规章数量普遍较多且聚焦纳税服务（据不完全统计）

柬埔寨的税收程序性规章为 28 部，居东盟首位。与纳税服务相关的规章为 16 部，与税收执法相关的规章为 5 部，与税收救济相关的规章为 2 部，与国际税收管理相关的规章为 4 部，涉及税收征收管理的综合性业务的规章为 1 部。

老挝的税收程序性规章为 14 部，居东盟第 2 位。与纳税服务相关的规章为 10 部：涉及税务登记（3 部）、纳税申报（2 部）、税款缴纳（4 部）、纳税服务窗口（1 部）。与税收执法相关的规章为 2 部（涉及综合性业务）；与税收信息化系统相关的规章为 1 部，与税收征收管理相关的综合性规章为 1 部。

印度尼西亚与税收程序相关的规章为 13 部。与纳税服务相关的规章为 6 部，集中在纳税申报方面：涉及纳税登记（1 部）、纳税凭证管理服务（1 部）、纳税申报（3 部）、综合办税服务（1 部）。与税收执法相关的规章为 7 部，集中在税务审计方面：涉及税务审计（5 部）、税收法律责任（1 部）、税收监管（1 部）。

越南的税收程序性规章为 12 部。与纳税服务相关的规章为 9 部，集中于税务登记和纳税申报方面：涉及税务登记（4 部）、纳税申报（4 部）、纳税指南（1 部）。与税收执法相关的规章为 2 部（涉及税收法律责任）。与税收救济相关的规章为 1 部（涉及税务行政复议）。

新加坡与税收程序相关的规章为 6 部，集中在纳税服务方面。与纳税服务相关的规章集中关注 2 个主要税种：企业所得税（3 部）、货物和劳务税（3 部）。这与新加坡素来高度关注持续改进税收营商环境相关。

泰国与税收程序相关的规章为 4 部。与纳税服务相关的规章为 1 部（涉及纳税申报）。与税收执法相关的规章为 2 部（涉及税务审计）。与税收法律救济相关的规章为 1 部（涉及税务行政上诉）。

2. 东盟税收救济法律体系

税收救济法是解决税务争议的法律规范的统称，又称税收争讼法，指以税务争议为对象和内容，通过解决税务争议，矫正违法或不当的税务具体行政行为，从而实现税收救济的目的。它主要由税务行政复议法律制度、税务行政诉讼法律制度和税务行政赔偿法律制度等构成，由具有保障税款征收行为的实体实施，以规范和控制征收权的行使，具有保障纳税人的合法权益，以及提高税收执法效率的作用。①税务行政复议法律制度。它规定了税务行政复议机关处理税务行政复议的准司法程序，是上级税务机关通过受理税务行政复议案件，对下级税务机关的具体执法行为和纳税人履行税收义务情况进行审查监督的一种行政监督救济法律制度。它是保障纳税人权利和确保税收诚信的机制之一。②税务行政诉讼法律制度。它规定了司法机关审查税务争议的司法程序，是纳税人以及其他税务争议当事人基于税务机关和税务人员的具体行政行为侵犯其合法权益，依法提起诉讼，请求法院裁判并对其受损权益进行补救的法律制度。其目的是保证法院正确、及时审理税务行政案件，保障纳税人、扣缴义务人等当事人的合法权益，维护和监督税务机关依法行使行政职权。

东盟国家的税收救济法律制度分为两种法律载体。实施税收综合程序法或税法典的国家的税收救济法基本内含于其中，而不单独实施税收救济法律。而实施专项税收征收管理法和税种法律的国家一般独立实施专项税收救济法。

税收征收管理法或综合程序法涵盖包括税务行政复议的税收救济法律。《印度尼西亚共和国一般规定和税收程序法（修正）》、《老挝人民民主共和国税务管理法（2019 年修订）》、《菲律宾共和国税法典（修正）》、《泰王国税法典》以及《柬埔寨王国税法》都对税务救济做出具体规定。

越南实施单项税收救济法律，即越南《行政诉讼法》。

另外，东盟税收救济法律体系还包括税收救济规章。东盟制定税收救济规章的国家不多，即使少数国家制定了相关税收规章，但数量非常有限。据不完全统计，东盟仅 3 个国家制定了税收救济规章。柬埔寨的税收救济规章为 2 部，越南的税收救济规章为 1 部（涉及税务行政复议）。泰国的税收救济规章为 1 部（涉及税务行政上诉）。

（二）东盟纳税服务发展基础

纳税服务是政府和社会组织根据税收法律、行政法规的规定，在纳税人依法履行纳税义务和行使权利的过程中，为纳税人提供的规范、全面、便捷的各项服务措施的总称。它以税收征收管理为载体，寓纳税服务于税收征收管理之中，两者相互融合，并与税收执法共同构成税收征收管理业务的完整体系。纳税服务主要由税收宣传、税收咨询、税务登记、账簿和票证管理、纳税申报、纳税评估、税款缴纳和税收优惠政策管理等要素构成，囿于资料的可获得性，本报告不对东盟国家税收宣传和税收咨询进行讨论。

1. 东盟税务登记服务发展基础

税务登记制度是税务机关依据税法规定，对纳税人的生产和经营活动进行登记管理的一项法定制度，涉及纳税人依法履行纳税义务的手续。税务登记是整个税收征收管理和纳税服务的起点。税务登记包括开业登记，变更登记，停业、复业登记，注销登记，外出经营报验登记，纳税人税种登记，扣缴税款登记等。其价值在于有利于税务机关了解纳税人的基本情况，加强税收征收管理和服务，防止漏管漏征，建立税务机关与纳税人之间的正常工作联系，强化对税收政策和法规的宣传，增强纳税人的纳税意识，等等。

（1）纳税人的税务登记义务

东盟国家普遍规定纳税人和扣缴义务人均有税务登记的义务。在印度尼西亚，税务登记是纳税人的义务。在柬埔寨境内从事经济活动的所有纳税人都必须进行税务登记。在老挝境内或境外经营或进行其他活动的有收入的老挝公民、侨民、无国籍人士、外国人、法人或组织（包括各类分支机构、常设机构）等均需要办理税务登记，获得纳税人识别号。

（2）纳税人识别号管理

纳税人识别号是对纳税人进行税务管理的号码，是纳税人在行使纳税权利和履行纳税义务时的身份标识。

①纳税人识别号获得的方式。第一，纳税人办理税务登记时自动获得纳税人识别号。新加坡和泰国的企业纳税人适用此方式。第二，无论纳税人是否主动办理税务登记，税务机关都有权主动或强制赋予相关人员或企业纳税人识别号。印度尼西亚税务总局拥有依法确认企业纳税义务人的权力，如果纳税人不履行税务登记的义务，则税务总局可依法向其颁发纳税人识别号/依职权确认其为应税企业家。第三，税务机关审批发放纳税人识别号。老挝法人、个人和新办实体必须向国家税务总局申请纳税人识别号，并提交合规的附件证明材料，国家税务总局应在收到申请之日起3~5个工作日内审批并发放纳税人识别号。

②纳税人识别号的管理。第一，企业（法人合伙企业）法人注册号自动作为其纳税人识别号。泰国企业直接把商业发展部门颁发的企业法人注册号作为其纳税人识别号。新加坡将新办企业在会计和企业管制局登记注册时

获得的企业识别号作为其纳税人识别号。老挝将新办企业在全国工商部企业登记管理司注册登记时获得的法人注册号作为其纳税人识别号。第二，居民身份证号码自动作为个人纳税人的纳税人识别号。印度尼西亚和泰国的个人纳税人适用此规则。第三，专用纳税人识别号。柬埔寨国家税务总局在纳税人完成税务登记后，依法向其提供纳税人识别号，所有涉税文件特别是与国家机关有关的合同，必须在填写纳税人识别号后才能生效。菲律宾的一个纳税人只能有一个纳税人识别号，如果拥有多个纳税人识别号，则其应承担相应的刑事责任。第四，特定纳税人需要申请纳税人识别号。泰国代扣代缴预提税的雇主，合规外国人、非法人普通合伙企业或团体，以及希望登记增值税或特定营业税的个人，需要在取得应税收入之日起 60 日内申请纳税人识别号，合规外国人在申请时需要提交外侨证明书或护照副本、房屋登记簿的副本等附件。第五，免除纳税人识别号。泰国特定外国人不需要申请获得纳税人识别号。

③纳税人识别号的适用。老挝纳税人识别号应用于税务登记、发票等票据使用、纳税申报、税款缴纳、税收优惠待遇申请等所有涉税事项，企业在收到标注纳税人识别号的企业登记证并取得营业执照之后才能合法开展业务。

（3）主要税种的税务登记

东盟多数国家基本按照税种办理税务登记。但柬埔寨不分税种统一规定所有纳税人在经营活动开始之后的 15 日之内，在完成商业部商业注册的同时办理税务登记。

①企业所得税登记。这涉及负有企业所得税登记义务的人。第一，一般企业的税务登记。这涉及居民企业、在境内设立营业场所或有义务缴纳和预提税款的外国企业。相关国家如印度尼西亚和新加坡。第二，企业集团的税务登记。集团总部和分支机构分别在经营地进行税务登记。相关国家如印度尼西亚。在菲律宾设立总部、分支机构和其他场所的非居民企业都应当到所属税务机关进行税务登记。第三，新办企业的税务登记。新加坡新办企业所得税登记与其会计和企业管制局的注册登记合二为一，会计和企业管制局将

新办企业的纳税人识别号及相关信息发送给国内税务局以与其分享，新办企业无须单独办理所得税登记。菲律宾企业开业时或开业前必须到税务局办理税务注册登记。

②个人所得税登记。第一，个人所得税登记的条件。在一般情况下，达到个人所得税起征点的个人为个人所得税登记义务人。印度尼西亚所有有个人所得税收入的居民（包括外派人员）有义务在税务局进行税务登记并且取得纳税人识别号。菲律宾所有个人都应当到所属税务机关注册登记，其中，新入职个人应在入职 10 日内办理个人所得税登记。第二，自动进行个人所得税登记。新加坡人力部在发放工作许可证的同时，将个人纳税人的相关信息传送至新加坡国内税务局，个人纳税人无须办理税务登记。第三，个人所得税登记的豁免条件。在印度尼西亚，豁免对象包括非税收居民个人、没有达到个人所得税起征点的纳税人、与丈夫共同履行个人税收义务的已婚妇女。

③增值税或货物和劳务税登记。第一，一般增值税登记的条件。其以年销售应税货物或服务达到规定总量为标准。印度尼西亚：（预计）一个财政年度货物和服务总收入超过 48 亿印尼盾的企业，应注册登记为增值税纳税义务人。老挝：年营业收入规模达到规定标准的企业必须办理增值税注册登记；年营业收入规模未达到规定标准，但持有营业执照且满足会计核算要求的其他纳税人可选择办理增值税登记，否则将被进行增值税定额征税。第二，企业集团的增值税登记。印度尼西亚所有经营地点的集团分支机构都需要在所在经营地点单独办理增值税登记，如果其中 2 个以上经营地点归属同一个税务局管理，则可选择其中一个经营地点办理增值税登记。泰国的规定与印度尼西亚正好相反，企业集团有多个分支机构的必须向集团总部所在地区税务局提交注册登记申请。第三，合规非居民纳税人货物和劳务税强制税务登记。新加坡非居民纳税人应税销售额超过规定标准的，必须指定当地的税务代表进行货物和劳务税登记。老挝非居民企业和个人必须无条件进行增值税登记。第四，增值税登记的豁免条件。印度尼西亚自由贸易区的企业被免于进行增值税登记注册。菲律宾从事货物和劳务交易的任何人在规定

期限内的总销售额或收入不超出法定增值税免税额标准的，被免于进行增值税注册登记。第五，增值税登记申请的时限。菲律宾从事货物和劳务交易的任何人达到法定增值税起征点的，必须在 12 个月之后的 10 日内申请进行增值税登记并缴纳注册登记费。泰国从事货物和劳务交易的企业和个人必须在营业开始前或在其年营业额达到法定起征点后的 30 日内进行增值税登记。

④特别营业税登记。泰国企业或个人必须在运营第 1 日起的 30 日内向地区税务局进行登记以成为特别营业税纳税人，企业集团必须向集团总部所在地区税务局提交特别营业税纳税人登记申请，外国居民经营者由其代理人负责代理进行特别营业税登记申请。

（4）不同身份纳税人的税务登记申请及附件

东盟部分国家按照纳税人身份办理税务登记，不同身份纳税人办理税务登记的程序基本一致，即纳税人需要向税务机构提出税务登记申请，并提交包含纳税人信息的税务登记表，同时，各国规定了各类纳税人的例外处理情况。

①企业税务登记的佐证材料。马来西亚企业的税务登记表要经过公司秘书认证。菲律宾企业办理税务登记时需要提交相关的账簿登记信息。泰国企业办理税务登记时需要企业的一名主要负责人或股东法定代表人到税务局完成拍照和扫描指纹的程序。在老挝境内设立的企业和组织办理增值税登记时需要提交营业场所位置、营业执照或特许经营许可证、各类合同等相关文件的复印件，以及银行出具的财务报表、纳税人识别号和增值税年度缴款计划等。

②合伙企业税务登记的佐证材料。马来西亚合伙企业纳税人税务登记需保存涉税记录和账户 7 年，以便接受税务检查。菲律宾合伙企业办理税务登记所需佐证材料与企业相同。

③雇主税务登记的佐证材料。马来西亚雇主税务登记需要注册雇主税务登记编号。

④个人税务登记的佐证材料。马来西亚个人办理税务登记需要提交个人

所得税编码、最新薪金表、身份证等个人身份证明和结婚证复印件。菲律宾个人税务登记细分为经营和混合收益个人、不动产收入个人、信托收入个人、收入仅为赔偿金的个人、一次性收入个人和非居民个人的税务登记，不同收入类型的个人需要提交的佐证材料的差异较大，总体上比较复杂，一般需要提交合规的身份证明、业务许可证复印件或专用税票、年度注册费缴款证明等。老挝居民办理个人增值税登记需要提交的材料与企业基本相近，不同的是企业身份证明被替代为个人身份证明等。

⑤非居民纳税人税务登记的佐证材料。第一，外国企业税务登记的佐证材料。菲律宾外国企业办理税务登记需要提交证券交易委员会颁发的企业登记证明或菲律宾经商证明和市场许可证。第二，非居民纳税人办理增值税登记的佐证材料。老挝非居民企业和个人办理增值税登记需要提供各类合同、用于经营活动的固定资产文件等复印件。

⑥税务代理人的税务登记。柬埔寨规定税务代理人应自税务代理关系成立之日起 15 日内向税务机关办理注册登记。

（5）电子商务交易的所得税和增值税登记管理

电子商务是以信息网络技术为手段，以商品交换为中心的商务活动，电子商务交易是企业或个人利用电子商务交易平台开展商务活动，通过网络进行交易信息传递、完成商品交易活动并以此达到企业经营目标或进行个人消费。由于电子商务交易是一种新兴的交易方式，因此，东盟国家都对电子商务交易的税务登记做出专门规定。

①电子商务交易供应方的所得税和增值税注册登记。印度尼西亚规定，电子商务交易平台的供货商和服务提供者需要分别办理所得税和增值税登记。在泰国，任何通过电子平台提供电子服务的经营者都必须注册登记为增值税纳税人。

②电子商务海外供应商的货物和劳务税或增值税注册登记。在新加坡，提供 B2C 数字服务的合规海外供应商，即全球收入超过 100 万新加坡元，向新加坡客户提供 B2C 电子服务的收入超过 10 万新加坡元的海外供应商，应遵从海外供应商注册机制注册登记为货物和劳务税纳税人。在泰国，对于

任何外国电子服务提供商（非居民电子服务提供商），在向泰国非增值税注册人提供在线服务的年收入超过 180 万泰铢时必须注册登记为增值税纳税人。

（6）强制税务登记

对于柬埔寨规定的必须进行税务登记，并经税务机关通知进行税务登记而未办理税务登记的纳税人，国家税务总局有权单方面强制其办理税务登记及确定税务登记日期。

（7）变更税务登记和注销税务登记

①变更税务登记。菲律宾纳税人必须办理变更税务登记的规定涉及纳税人主营业场所、营业地或分支机构的变更，应纳税种相关信息的变化。柬埔寨所有纳税人在变更企业名称、地址、法律形式和经营范围等各类信息后的 15 日内必须办理变更税务登记。

②注销税务登记。菲律宾纳税人必须办理注销税务登记的规定涉及企业不复存在或当事人纳税义务已被免除；增值税纳税人能证明其在特定期限内的总销售额或收入保持在规定免税额标准内，或不再从事经营活动的情况。注销登记在申请后的次月生效。

（8）税务登记方式

东盟国家都在传统的线下税务登记方式基础上，引入线上税务登记方式，以提高税务登记的效率，减轻纳税人的税务登记成本。印度尼西亚和马来西亚规定，纳税人可以自主选择进行线上和线下税务登记。泰国外国电子服务提供商增值税注册登记必须采取电子登记方式，即在税务局"电子服务简化增值税系统"登记。柬埔寨政府在 2020 年推出网上注册服务系统，国家税务总局引入在线税务登记系统。

（9）税务登记的电子办理渠道

东盟国家税务登记的电子办理渠道普遍多元化，除了税务机构门户网站以及国家相关经济职能管理部门门户网站的办理渠道外，一些东盟国家还将税务登记的电子办理并入国家一站式的商业登记渠道，旨在减轻纳税人的税务登记资料报送负担，优化税收营商环境。越南税务机构加入政府发起的国家公共服务门户网站"一站式"商业登记系统，纳税人在商业登记系统提交 1 次相关商业登记资料后，就无须单独提交税务登记及其他部门登记资料，这有效减轻了纳税人的商业登记资料报送负担。柬埔寨建立了由商务部、国家税务总局、劳工部和柬埔寨发展理事会共同参与的网上注册服务系统，纳税人只有在完成商业注册登记后才有资格申请办理税务登记，并必须在取得电子版税务登记批文后 15 日之内向国家税务总局提交银行账户资料，才能获得正式的税务登记证，否则其税务登记将被自动取消。

（10）税务登记的办结时限

随着税收信息化程度的不断提升，一些东盟国家税收程序性法律法规规定的税务登记办理时限明显缩短。越南税收程序性法律法规最新规定，税务登记申请资料完整的，税务登记的办结时限为 3 个工作日内，比原规定缩短了 2/3 多；税务登记申请资料不完整的，应在 2 个工作日内通知纳税人补充资料，比原规定缩短了 1 个工作日；合规补办税务登记证的，应在 2 个工作日内补发，比原规定缩短了 3 个工作日。

2. 东盟票证和账簿管理服务发展基础

（1）发票和收据的印制

菲律宾合规纳税人印刷合法有效的发票等票证要得到税务局的授权，并必须包括以下信息：经核准的连续编号、票据名称、交易类型、纳税人识别号、当事人地址等。

（2）发票的开具服务

发票开具信息范围。在新加坡，发票除了需要记录常规信息外，还必须注明免税商品、零税率商品或其他商品的详细信息，并单独列明每种商品的含税总金额。菲律宾从事商品交易、运输和服务行业活动的纳税人，在交易额达到规定标准时，必须向买方或接受服务方开具发票并保存副本，其中支付租金、佣金和赔偿金的发票还必须注明票据名称、交易种类、支付方的地址。

以外币支付的发票开具。新加坡以外币支付的发票要把不含税销售额、货物和劳务税税款和含税销售额按照合规的汇率转换成等价的新加坡元。

税务发票和商业发票的开具。柬埔寨大、中型纳税人和被视为大、中型纳税人的外国企业有义务向自行申报的纳税人开具税务发票，向最终消费者开具商业发票，而小型纳税人仅有义务向消费者开具商业发票。

（3）电子发票等票据的使用

菲律宾进行货物与服务出口、电子商务的纳税人，以及需缴纳增值税的大型纳税人必须依法使用电子发票替代人工发票，其余纳税人可以自主选择使用电子发票。泰国在 2021 年实施《电子发票和电子收据法案》，准许所得税纳税人的发票和收据等所有涉税证据以电子方式提供和使用，增值税纳税人必须向泰国税务局申请并在得到许可后才能依法开具、使用和保存电子发票和电子收据。

（4）用于货物和劳务税进项税抵扣的凭证

税务发票的进项税抵扣的凭证。新加坡申请货物和劳务税进项税抵扣需要以税务发票为依据。

合规贷记单据的进项税抵扣的凭证。新加坡合规的贷记单据可以用作货物和劳务税进项税抵扣凭证，开具合规贷记单据时除了应当注明与税务发票相同的信息外，还需要特别注明商品的原始税务发票的开具日期和编号。

（5）票证和账簿的保管

不同身份纳税人保存票证和账簿种类的差异。马来西亚公司所得税和石油（收入）税纳税人必须保存与业务相关的任何收支记录或与调整、亏损有关的记录；个人所得税纳税人必须保存纳税申报表，原始股息、医疗费、保险费、图书采购和捐款等凭证，儿童出生和结婚证书，工作单位证明等；数字经济纳税人必须保存支付网关的声明、家庭和个人开支、银行对账单、来自广告公司的损益表、销售发票和采购记录、扣除或索赔费用的原始收据等。

电子票证和账簿的保存。马来西亚电子票证和账簿应以电子易读的形式保存，做到可访问、可转换为书面格式；即便已转换为电子形式的手动保存凭证，也应继续保留原始凭证。菲律宾电子发票保存期限与人工发票相同。

泰国纳税通知、纳税申报单或其他必须持有或使用的书面涉税文件等可通过电子方式提交和保存。

票证和账簿保存期限。马来西亚规定不同身份纳税人都必须保存票证和账簿7年，其中包括票据的正副本。新加坡给客户开具的税务发票和供应商提供的税务发票需要保存至少5年。菲律宾的原始人工发票应由卖方交给买方保存3年，发票副本由卖方保存3年。

3. 东盟纳税申报服务发展基础

纳税申报制度指纳税人按照税法规定的期限和内容向税务机关提交有关纳税事项书面报告的法律行为，是纳税人履行纳税义务、承担法律责任的主要依据，是税收征收管理和纳税服务的一项重要制度。

（1）纳税申报方式

根据不同的分类标准，东盟国家有多种纳税申报方式，包括基于申报主体的自主纳税申报和代扣代缴申报方式，基于申报工具的电子纳税申报和邮寄纳税申报方式。其中，电子纳税申报是新兴且高效便捷的纳税申报方式，旨在帮助纳税人提高处理纳税申报及票据凭证的效率，同时提升税务当局网上纳税申报服务质量。多数东盟国家允许纳税人自主选择电子纳税申报方式，一些东盟国家特定税种和特定纳税人只接受电子纳税申报。越南电子纳税申报规定，纳税人需要在规定的门户网站之一在线制作电子申报表，并在进行数字签名后提交。柬埔寨所有大型和中型纳税人的按月纳税申报的所有税种都必须以电子纳税方式申报，并且电子纳税申报期限比线下纳税申报期限宽松，旨在鼓励纳税人选择电子纳税方式申报。老挝纳税人可选择以电子纳税方式申报和在线下纳税服务窗口申报。

电子纳税申报渠道指通过电子报税平台提交纳税申报表，根据不同税种规定不同的纳税申报规范，鼓励所有纳税人进行网上纳税申报。东盟国家电子纳税申报渠道趋于多元化，一些电子化程度较高的东盟国家开通了丰富多样的申报渠道，为纳税人自行申报提供便利。越南电子纳税申报渠道除了包括税务局门户网站外，还包括国家公共服务门户网站和T-VAN服务提供商门户网站。新加坡个人所得税可通过网络或电话进行电子申报，企业所得税与货物和劳务税必须通过国内税务局网站进行电子申报。老挝纳税人可通过税收收入数据管理系统或者税务机关网站进行电子申报。

（2）分税类税种纳税申报

①所得税类税种纳税申报

企业所得税纳税申报。第一，适用电子纳税申报的企业。新加坡所有企业必须以电子纳税方式申报企业所得税。印度尼西亚大中型企业、合规的预提税外国企业必须在网上进行纳税申报。其他企业适用邮寄纳税申报。马来西亚企业集团的转让定价报告和雇主（相关公司和纳闽公司）的纳税申报表必须在线提交。菲律宾大型企业必须以电子纳税方式申报。第二，不同规模企业的纳税申报。新加坡年收入为超过 500 万、20 万～500 万、低于 20 万新加坡元的企业，适用不同模板的纳税申报表。菲律宾大企业需要提交季度和最终调整后的两份所得税纳税申报表，取得资本利得的企业和重组企业适用特别纳税申报表，外国投资企业纳税申报表应提交到地区办公室授权的代理银行或辖区主管税务局收税官，非居民外国企业无须提交纳税申报表。柬埔寨企业必须提交企业所得税月度申报表和年度汇算清缴纳税申报表。老挝企业集团将汇总其成员企业纳税情况以进行纳税申报。第三，合规的预提税外国企业的条件。印度尼西亚的相关企业指每月预提超过 20 名员工收入的预提税企业，或者每月发出超过 20 张且每张总收入大于 1 亿印尼盾的预提税票据的企业。第四，特定企业所得税纳税申报表允许以邮寄方式送达。印度尼西亚规定纳税人的非常规的公司所得税纳税申报表可以通过邮件或快递服务提交。

个人所得税纳税申报。第一，个人纳税人因需生成一个有有效期的税款结算代码，将其提供给银行以处理纳税申请。印度尼西亚规定个人所得税税款结算代码有效期为 30 日。第二，个人所得税纳税申报表的类型。马来西亚不同收入状况的居民和非居民个人纳税人适用三类纳税申报表。新加坡个人所得税申报表分为两类，分别适用于受雇所得和个体经营所得。柬埔寨个人必须提交个人所得税的月度预扣税申报表和年度汇算清缴纳税申报表。第三，自主纳税申报。泰国有配偶或无配偶的个人的年度收入符合规定标准的，无论是否有应纳税额，均须自主申报年度个人所得税；未成年人、被认定为无行为能力或准无行为能力的人或居住在国外的人必须由其法定代表人、监护人、管理人提交个人所得税纳税申报表；遗嘱执行人、遗产管理人和继承人或遗产占有权者必须提交个人所得税纳税申报表。第四，扣缴申报。泰国雇主负有对雇员工资薪金所得代扣代缴税款进行报告的义务，但不能代表雇员提交纳税申报表，雇员被代扣代缴税款如果不存在多扣或少扣的情况则无须进行额外的纳税申报。柬埔寨雇员的工资所得税由雇主代扣代缴并按月申报，雇员无须履行工资所得税的纳税申报义务。第五，夫妻申报。马来西亚和泰国可以自主选择夫妻单独申报或联合申报。新加坡夫妻双方必须各自单独申报。第六，非居民扣缴义务人的预扣税申报。新加坡非居民扣缴义务人预扣来源于境内收入的税款申报，无须履行合同或扣缴义务人备案手续，仅需要填写预扣税款申报表。第七，离境纳税申报。马来西亚非居民个人在永久离开马来西亚那一年申报纳税，一般离境个人应在离境时申报当年的个人所得。第八，免于进行个人所得税纳税申报。在菲律宾，这适用于在境内未从事交易或经营活动的外国个人、仅来源于1位雇主的劳务纯收入并适用代扣代缴税款的个人、唯一收入已缴纳最终预提税的个人、应纳税收入在免征额标准以下的个人（菲律宾公民和在境内从事经营活动的外国人除外）、最低工资收入者。第九，电子纳税申报。印度尼西亚选择电子纳税申报的个人需要从税务总局申请电子纳税申报号码，以供访问电子申报系统时使用。菲律宾和泰国个人可以自主选择进行纸质申报或电子申报。

专利税纳税申报。柬埔寨专利税按年纳税申报。

②货物和劳务税类税种纳税申报

增值税纳税申报。在新加坡，首次进行货物和劳务税纳税申报时必须注明货物和劳务税有效注册登记日期之前发生的进项税额。在菲律宾，进行增值税纳税申报时可以自主选择纸质申报或电子申报方式，纳税申报表应提交至该纳税人登记的辖区内合规的银行、主管税务局官员或经授权的财政主管。在柬埔寨，国内增值税按月申报，进口增值税在海关报关时向海关申报。

消费税纳税申报。菲律宾消费税纳税主体应在规定的各个生产地分别提交申报表，纳税申报表提交机构与增值税纳税申报表相同；进口消费税纳税申报表分为进口酒精制品、矿物制品、石油制品、烟草制品、汽车和非必需商品、甜饮料等多税目纳税申报表。在柬埔寨，国内消费税按月申报，进口消费税在海关报关时向海关申报。

③财产税类税种纳税申报

不动产税和土地闲置税纳税申报。柬埔寨不动产税和土地闲置税按年申报。

房屋和土地租金税纳税申报。柬埔寨房屋和土地租金税按月申报。

④其他税类税种纳税申报

印花税纳税申报。柬埔寨不动产所有权或占有权转让和车辆所有权转让的印花税按次申报。

交通工具税纳税申报。柬埔寨交通工具税按年申报。

公共照明税和住宿税纳税申报。柬埔寨公共照明税和住宿税按月申报。

（3）纳税申报材料

与分税种纳税申报相对应，东盟多数国家规定不同税种的纳税申报材料，个别东盟国家统一规定纳税人提交的纳税申报材料。柬埔寨纳税人或税务代理人进行纳税申报时必须提交由纳税人或其法定代理人签名的年度或月度税务报告，投资者必须提交柬埔寨发展理事会签发的符合操作规范的证书。老挝纳税人进行纳税申报时需要提交相应税种的申报表，经独立审计公司审计的财务报告，以及发票、各类经济合同和商品进口等证明文件。

企业所得税的纳税申报材料。马来西亚企业所得税申报表必须附有股息券（如有贷款），以及自我纳税评估和税款计算报告、转让定价报告及分期付款、收入和费用、保存记录等材料，其中石油企业纳税人需要提交基于专业会计师审计账目的具有规定格式的纳税申报表。新加坡企业所得税合规纳税人应在财务年度结束后 3 个月内在线报送自我评估应税收入申报表；年收入超过 500 万新加坡元的企业，除了需要提交纳税申报表外，还需要提交审计报告、税款计算表和相关支持文件；年收入不超过 500 万新加坡元且预估应税收入为 0 的企业，不需要报送自我评估应税收入申报表。菲律宾企业所得税年度申报表必须附有经审计的财务报告和相关声明，外国投资企业或合伙者需要提交税收减免备忘录、国外税收减免情况、账户信息表、由独立的注册会计师审计的财务报告，无须缴纳预提税的企业应提交收入证明。老挝企业所得税纳税人需要提交年度财务报告，企业集团需要提交母公司专项业务财务报告和集团综合业务财务报告。

个人所得税的纳税申报材料。第一，独资企业和合伙人的个人所得税申报材料。新加坡年收入超过50万新加坡元的独资企业和合伙人需要提交经审查的财务报表。第二，非居民扣缴义务人的所得税代扣代缴申报材料。新加坡非居民扣缴义务人对来源于新加坡的代扣代缴税款进行申报时无须进行合同或扣缴义务人备案，仅需要填写扣缴税款申报表。

货物和劳务税或增值税的纳税申报材料。在新加坡进行货物和劳务税进项税额抵扣时必须同时提交有效的税务发票或进口许可。老挝增值税纳税申报还需要提交发票使用报告表。

财产税的纳税申报材料。第一，不动产税的纳税申报材料。马来西亚不动产利得税纳税人需要同时提交被处置资产及处置价格、市面收购价格，或由估值师提交的书面估价。柬埔寨不动产税纳税人需要提交不动产所有权证书或相关证明文件（副本）、坐落位置和照片，以及纳税人的身份和居住证明等。第二，房屋和土地租金税纳税申报材料。柬埔寨房屋和土地业主在提交纳税申报表的同时必须附上租约副本。

其他税种的纳税申报材料。第一，交通工具税纳税申报材料。柬埔寨交通工具税纳税人需要附上的纳税申报材料比较复杂，包括车辆权属证或进口税收据、车辆技术检验证书、国产回收车辆使用证明，以及个人身份证明和企业所属交通工具证明等。

（4）补纠错误纳税申报

实施税收赦免制度的一些东盟国家，让纳税人在一定追溯期内对错误纳税申报进行补纠。越南允许纳税人对10年追溯期的错误纳税申报进行补纠。印度尼西亚不同时期的税收赦免计划规定的补纠错误纳税申报的追溯期不等。

（5）应对新冠疫情的临时纳税申报的特殊规定

新冠疫情期间，东盟国家都引入了应对新冠疫情的临时纳税申报规定。具体包括：第一，合并提交享受的新冠疫情税收优惠实现报告和纳税申报表；第二，允许纳税申报延期，享受新冠疫情税收优惠的特定纳税人可以延期进行纳税申报。

（6）纳税申报代理人制度

税务代理人指经依法注册并取得税务师或其他资格证书的专业人员，代表纳税人或其他机构处理涉及税务方面的事务。东盟国家规定了纳税申报代理人的资格条件。《柬埔寨王国税法》规定获得国家税务总局许可的税务服务代理人在获得法定代表人的权利后，有权代表纳税人完成纳税申报。

税务代理人申请条件。第一，自然人申请条件。柬埔寨自然人必须满足拥有规定的永久居留权、年龄、学历、拥有专业证书或学习证明、通过税务代理人考试或免试、前税务官员等条件。第二，公司、法人实体或企业集团申请条件。柬埔寨公司、法人实体或企业集团必须拥有满足规定的商务部注册文件、税务代理人考试合格证书、会计和审计服务许可证等条件。

税务代理人资格。第一，获得税务顾问资格证书。印度尼西亚规定，除特定情况之外，税务代理人必须具备一定的税务专业能力，这种能力可以通过教育、认证或财政部的培训获得。第二，允许公民家庭成员作为该公民的税务代理人。印度尼西亚引入了这项规定，公民家庭成员包括其配偶、直系血亲和两代直系血亲以内的家庭成员。

税务代理人的权利和义务。第一，税务代理人的权利。柬埔寨的税务代理人有权行使纳税人的法定权利。第二，税务代理人的义务。柬埔寨规定税务代理人依法代表纳税人履行10项涉税义务。

税务代理执照管理。柬埔寨税收程序性法律法规包含税务代理执照的许可和更新、暂停和吊销的具体规范。

（7）纳税申报期限

东盟国家基本按照税种分类规定纳税申报期限。

①所得税类税种纳税申报期限

企业所得税纳税申报期限。东盟国家企业所得税一般按年申报，个别国家还需要按季度或按月进行预扣税申报。马来西亚合规的境内公司如石油企业所得税纳税人必须在会计年度结束后 7 个月内提交纳税申报表。新加坡企业所得税必须于 11 月 30 日前申报，不得延期。菲律宾企业所得税季度申报表于纳税年度前 3 个季度结束后的 60 日内提交，年终汇算申报表于 4 月 15 日之前或会计年度结束后的第 4 个月的 15 日之前提交；外国投资者于 4 月 15 日之前提交年度纳税申报表。泰国企业所得税年中预扣申报表在会计年度前 6 个月结束后两个月内提交，年终汇算申报表（纸质）于会计年度结束之日后 150 日内提交，电子纳税申报表于会计期间结束后的 158 日内提交，2024 年 1 月 31 日前，企业所得税和预扣税的电子纳税申报宽限期延长 8 日；石油企业于会计年度结束之日起 5 个月内向主管税务局提交年度企业所得税纳税申报表。柬埔寨企业所得税的年度纳税申报表必须于日历年度的 3 月 31 日前提交，月度预扣税申报表于次月 20 日前提交，采用电子方式申报应在次月 25 日前提交。老挝会计制度健全的企业所得税纳税人和扣缴义务人必须于每年 3 月 31 日前进行纳税申报；非居民企业所得税的纳税人必须于取得收入之日起 15 个工作日内进行纳税申报；会计年度与日历年度不对应的，应自结账日起 3 个月内进行纳税申报。

个人所得税纳税申报期限。东盟国家个人所得税一般按年申报，个别国家按年和按月申报。马来西亚个人纳税人必须在每年 4 月 30 日之前提交个人所得税纳税申报表，合伙企业雇主必须在次年 3 月 31 日或之前提交雇主纳税申报表，不动产利得税纳税人应于不动产处置日期后 60 日内进行纳税申报。新加坡个人所得税纳税申报期限为每年 4 月 15 日前，电子申报期限为 4 月 18 日前。菲律宾个人纳税人应于 5 月 15 日之前提交基于上一年度收入的所得税纳税申报表，基于个人来源于境内非证券交易市场上市的股票所得应在每次交易后的 30 日内提交纳税申报表，于 4 月 15 日之前提交年度最终合并申报表，基于个人销售或处置不动产的所得应于每次销售或以其他方式处置后的 30 日内提交纳税申报表，基于个人从事贸易与业务所得应在纳税年度第三季度结束后的 60 日内提交季度个人所得税声明，于 4 月 15 日前提交最终修订纳税申报表。泰国自主申报的个人纳税人必须于每年 3 月 31 日前提交基于上年所得的个人所得税纳税申报表；基于租赁所得、专业职业所得、合约所得和其他经营所得的纳税人必须于 9 月 30 日申报其前半年的个人所得税；2024 年 1 月 31 日前，个人所得税和预扣税的电子纳税申报宽限期延长 8 日。柬埔寨个人所得税的年度纳税申报表和月度纳税申报表的申报时间与企业所得税相同。老挝纳税人必须在每月 20 日前向主管税务局进行工资所得纳税申报，针对红利所得、财产租赁所得、中奖等偶然所得等所有非工资所得，必须在取得后的 15 个工作日内进行纳税申报。

所得税代扣代缴的纳税申报期限。新加坡居民企业代扣代缴非居民预提税时必须在次月 15 日之前提交预提所得税纳税申报表。马来西亚代扣代缴个人所得税应按月申报。菲律宾雇员收入超过法定最低工资或每月 5000 比索（二者中的较高者）时，雇主有义务代扣代缴个人所得税，并于每个季度结束后的 25 日内提交代扣代缴申报表。泰国个人所得税代扣代缴人或预扣税代缴人必须在代扣代缴税款或预扣税款的次月 7 日内向当地税务局提交纳税申报表，在纳税年度结束的次月向税务局提交一份记载雇员收入和税收减免信息的报告。柬埔寨雇主当月代扣代缴雇员工资所得税必须于次月 20 日前申报，电子申报时间为次月 25 日前，这与所得税的纳税人自主申报期限一致。

专利税纳税申报期限。柬埔寨专利税纳税人必须于日历年度 3 月 31 日前进行申报。

②货物和劳务税类税种纳税申报期限

货物和劳务税或增值税纳税申报期限。马来西亚增值税按月申报缴纳。新加坡货物和劳务税、菲律宾增值税均按季度进行纳税申报。菲律宾增值税纳税人于指定纳税季度结束后的 25 日内提交季度纳税申报表，电子申报另行规定截止日期；被取消增值税登记资格的企业于登记资格被取消的 25 日内提交纳税申报表，以及其主要经营场所或集团总部及所有分支机构的合并纳税申报表。泰国增值税纳税人必须于次月 15 日内完成上个月的增值税纳税申报，在 2024 年 1 月 31 日前，增值税电子纳税申报宽限期延长 8 日。柬埔寨国内增值税纳税人于每月 20 日前申报上个月的增值税，于每月 25 日前完成电子纳税申报，这与所得税的月度预扣税款申报期限一致；进口商品增值税在海关报关时向海关申报。老挝国内增值税纳税人必须于每月 20 日前进行纳税申报，进口商品增值税在海关报关时向海关申报，增值税代扣代缴人必须在代扣税款后的 15 日内进行纳税申报。

特别营业税纳税申报期限。泰国特别营业税纳税人必须于次月 15 日前完成上个月特别营业税纳税申报，在 2024 年 1 月 31 日前，特别营业税的电子纳税申报宽限期延长 8 日。

消费税纳税申报期限。柬埔寨国内消费税和进口消费税的纳税申报期限与增值税相同。老挝国内消费税纳税人和从非居民企业购进商品或服务的企业购买者，必须于每月 20 日前进行纳税申报；进口商品消费税在海关报关时向海关申报；从非居民企业购进商品或服务的非企业购买者，必须自纳税义务发生之日起 15 日内进行消费税纳税申报。

③财产税类税种纳税申报期限（房地产税缴纳及期限）

不动产税纳税申报期限。新加坡房地产税纳税人必须于每年 1 月 31 日前进行纳税申报。柬埔寨不动产税纳税人必须于每年 9 月 30 日前进行纳税申报。

房屋和土地租金税纳税申报期限。柬埔寨房屋和土地租金税业主必须于租约签订之日起或合同变更之日起的 15 日内向租赁房地产所在地税务局进行纳税申报；对于租赁者在 15 日内终止租赁的情况，业主应提前向税务机关进行书面申报。

土地闲置税纳税申报期限。柬埔寨土地闲置税纳税申报期限与不动产税纳税申报期限一致。

遗产税纳税申报期限。泰国合规的遗产继承人必须于继承遗产之日起 150 日内向税务局提交遗产税纳税申报表。

④其他税类税种的纳税申报期限

印花税纳税申报期限。马来西亚需要缴税的文书必须在执行之日起 30

日内贴花。泰国印花税纳税人一般于凭证或文件生效后 15 日内进行纳税申报，特定金融保险企业纳税人于每月 7 日和 22 日分别申报印花税。柬埔寨印花税纳税人必须于不动产所有权或占有权转让送达令发出、车辆所有权转让之日起 3 个月内进行纳税申报。

交通工具税纳税申报期限。柬埔寨交通工具税纳税人必须于每年 11 月 30 日前进行纳税申报。

公共照明税纳税申报期限。柬埔寨公共照明税纳税申报期限与国内增值税、消费税的纳税申报期限一致。

住宿税纳税申报期限。柬埔寨住宿税纳税申报期限与国内增值税、消费税和交通工具税的纳税申报期限一致。

4. 东盟纳税评估制度发展基础

纳税评估指税务机关运用数据信息比对分析的方法，对纳税人和扣缴义务人纳税申报的真实性、准确性进行分析，通过税务函告、税务约谈和实地调查等方法进行核实，从而进行定性、定量判断，并采取进一步的征收管理措施，这是税务机关对纳税人履行纳税义务情况进行事中税务管理、提供纳税服务的方式之一。

（1）纳税评估方式

东盟国家的纳税评估方式一般分为两种，即纳税人的自我评估和税务评估。印度尼西亚和马来西亚采用两种评估方式。

（2）纳税人的自我评估

印度尼西亚通过立法及修正案为纳税人提供自我评估的法律确定性，并确立了"以负责任和一致的方式改进自我评估原则的应用"。马来西亚纳税人应评估税款不得少于上一个课税年度的应缴税款的 85%，在该课税年度开始后 3 个月内提交自我评估表，在第 6 个月或第 9 个月提交修订的自我评估表。

（3）税务评估

基于纳税申报表的评估。泰国税务评估人员必须根据纳税人提交的纳税申报表进行评估，如果纳税人未能在纳税申报截止日期后 2 年内提交纳税申报表或提交虚假或不充分的纳税申报表，那么评估人员必须等纳税人提交了修订后的纳税申报表，才能进行税务评估。

纳税评估的税种。纳税评估的对象是由主管税务当局负责管理的所有纳税人及其相应税种，但一些东盟国家选择对主要税种进行评估。新加坡主要针对居民企业所得税进行评估，其中企业代扣代缴的非居民预提税也要进行评估。

纳税评估的核心是纳税人纳税申报的真实准确性。印度尼西亚税务总局通过税务审核控制纳税申报的合规性。

纳税评估方法。新加坡采用以风险分类为基础的方法审核所得税纳税申报表，对税务事项相对简单、低收入风险的企业所得税纳税申报表进行一般合规审查，对税务事项复杂、中高风险的企业所得税纳税申报表进行深度审查。泰国评估人员有权提前7日向两年内提交了被合理怀疑虚假或不完整纳税申报表的纳税人，以及相关证人发出传票。其应出示账目、文件或其他证据。基于纳税人提交的纳税申报表合理怀疑其有意逃税，或申请退税时，税务局可延长发出传票时间2~5年；纳税人未提交纳税申报表时，评估人员可根据税务调查获得的证据，在10年内做出评估结论。

（4）税务评估结果的确认凭证

在税务评估结束后，东盟国家通常向纳税人出具税务评估函，将税务评估结果通知纳税人。各国的税务评估函在类型上存在差异，印度尼西亚的税务评估函包括少缴税（欠税）评估函、附加少缴税（欠税）评估函、零税评估函和多缴税评估函4种类型。

5. 东盟税款缴纳服务发展基础

税款缴纳指纳税人、扣缴义务人依照国家法律和行政法规的规定实现税款通过不同方式缴纳入库的过程。东盟国家规定纳税人和扣缴义务人应按税法规定的期限及时足额缴纳应纳税款，以完全彻底地履行应尽的纳税义务。

（1）税款缴纳函服务

税款缴纳函涉及税务机关依法向纳税人开具的应缴纳的税款和因违法行

为产生的罚款和滞纳金。税款缴纳函与税务评估函具有相同的法律效力。

税款缴纳函的适用条件。东盟国家均实施税款缴纳函制度，但具体适用条件存在差异。印度尼西亚规定了 6 种适用条件：当年未缴纳或少缴所得税；纳税申报表书写错误或计算错误导致税收短缺；纳税人因实施税收违法行为受到罚款和滞纳金等行政处罚；不按规定开具税务发票或未按时开具税务发票；未依法填写完整的增值税发票，但特殊情形除外；应税企业纳税人申报的税务发票的时间与税务发票开具期间不符等。

（2）分税类税种的税款缴纳及期限

①所得税类税种的税款缴纳及期限

企业所得税缴纳及期限。马来西亚企业所得税于每年 6 月 30 日前缴纳；石油所得税于课税年度基期结束后 7 个月内缴纳。新加坡企业所得税纳税人应在收到所得税评估通知后 1 个月内缴纳。菲律宾按季度申报的企业所得税于纳税年度前三个季度结束后的 60 日内缴纳，企业在境内证券交易所销售或交易股票的资本利得税于纳税申报表提交日缴纳，扣缴义务人在每个季度结束的 25 日内代扣非居民外国企业的所得税，可抵扣的预提税必须在每个季度结束后次月最后一日缴纳。泰国企业必须于会计年度前 8 个月内预缴企业所得税，于会计年度结束之日后 150 日内汇算清缴企业所得税；石油企业必须于会计年度结束之日起 5 个月内向主管税务局缴纳上年度企业所得税。柬埔寨企业所得税纳税人必须于每年 3 月 31 日前汇算清缴企业所得税，于每月 20 日前预扣上个月的企业所得税，于每月 25 日前以电子方式预扣企业所得税。老挝按照财务报告标准做账的企业所得税纳税人每年缴纳两次企业所得税，即于 7 月 20 日前预扣上半年的企业所得税，于次年 1 月 20 日前汇算清缴上年度的企业所得税；账目不健全的企业所得税纳税人和非居民企业所得税纳税人，必须于出具缴款单之日起 15 个工作日内缴纳企业所得税；向非居民购买商品和服务的居民需要计提企业所得税，必须自该企业所得税计提之日或支付之日起 15 个工作日内向税务局缴清企业所得税；适用进行定额征税的小型微利企业纳税人必须根据协约按月度、季度或年度，通过银行系统缴纳（如有）；企业集团的分支机构无论是否持有与企业集团总部统一的账户，都必须在分支机构所在省和万象市税务局缴纳所得税，不允许由集团总部汇总缴纳。

个人所得税的税款缴纳及期限。马来西亚纳税人于每年 4 月 30 日前缴纳。新加坡纳税人应在接到评估通知后 1 个月内缴纳税款。菲律宾纳税人在提交纳税申报表时缴纳税款，雇主于季度结束后的 25 日内代扣代缴税款。泰国个人所得税自主申报纳税人必须于 3 月 31 日前申报上年度所得；取得租赁所得、专业职业所得、合约所得与其他经营所得的个人纳税人必须于 9 月 30 日前申报预扣前半年的所得；个人所得税代扣代缴人和预扣税代缴人必须在次月 7 日内代扣或缴纳。柬埔寨雇主必须于次月 20 日前代扣，电子代扣税款申报时间为次月 25 日前，这与所得税纳税人的自主申报期限一致。老挝个人所得税自主申报纳税人和对无固定住所者个人所得税代扣代缴义务人，必须自支付收入之日起 15 个工作日缴纳和代扣代缴个人所得税；年度汇算清缴的补税必须在 15 个工作日内完成，年度汇算清缴的退税必须在 10 个工作日内完成；其可以选择向拥有国库账户的银行缴纳或直接上交国库。

专利税的税款缴纳及期限。柬埔寨专利税纳税人必须于日历年度 3 月 31 日前缴纳税款。

②货物和劳务税类税种的税款缴纳及期限

增值税或货物和服务税缴纳及期限。马来西亚一般应在纳税期（通常为两个月）结束后 1 个月内缴税，其中，进口应税服务的服务税适用反向收费机制，由服务接受者在向海外供应商付款当月之后的 1 个月内，或收到来自海外供应商发票当月之后 1 个月内缴纳；已登记的外国数字服务提供商必须在应纳税期结束后的 1 个月内（通常为 3 个月）缴纳。新加坡货物和劳务税于季度结束后的 1 个月内缴纳。菲律宾所有增值税登记人都按月缴纳增值税，被取消增值税登记资格的人士应在税务登记资格被取消的 25 日内缴清税款。泰国增值税纳税人必须于次月 15 日内完成上个月的增值税申报及缴纳。柬埔寨国内增值税纳税人于每月 20 日前缴纳上个月的增值税，于每月 25 日前完成电子缴纳，这与所得税的月度预扣税款期限一致；进口增值税在海关报关时向海关缴纳。老挝国内增值税纳税人必须于每月 20 日前缴纳增值税，进口商品增值税在海关报关时向海关缴纳，增值税代扣代缴人必须自完成相关收入支付的 15 日内代扣代缴；企业集团的分支机构持有与企业集团总部统一账户的，由企业集团汇总纳税，统一在企业集团总部所在地的税务局汇缴增值税，之后按照规定的税款分配办法将各分公司缴纳的税款转给分公司所在地的税务部门；企业集团的分支机构持有与企业集团总部不同账户的，则在分公司所在省、万象市的税务局缴纳各自的增值税。

特别营业税的税款缴纳及期限。泰国特别营业税纳税人必须于次月 15 日前缴纳上个月的特别营业税，在 2024 年 1 月 31 日前，特别营业税的电子缴纳税款宽限期延长 8 日。

消费税的税款缴纳及期限。菲律宾国内特定商品消费税由国内销售、易货或交易的首个买家、购置人或受让人缴纳，出口商品消费税则由有采矿权的所有者、承租人、特许权获得者或经营者缴纳。柬埔寨国内消费税和进口消费税缴纳期限与增值税相同。老挝国内消费税纳税人和从非居民企业购进商品或服务的企业购买者，必须于每月 20 日前缴纳；进口商品消费税在海关报关时向海关缴纳；从非居民企业购进商品或服务的非企业购买者，必须自纳税义务发生之日起 15 日内缴纳；企业集团的分支机构缴纳消费税的办法与增值税相同。

③财产税类税种的税款缴纳及期限

不动产税的税款缴纳及期限。新加坡房地产税缴纳期限为每年 1 月 31 日前。柬埔寨不动产税纳税人应在每个纳税年度 9 月 30 日之前缴纳税款。

房屋和土地租金税的税款缴纳及期限。柬埔寨房屋和土地租金税业主必须于租约签订之日起或合同变更之日起 15 日内缴纳税款。

土地闲置税的税款缴纳及期限。柬埔寨土地闲置税纳税期限与不动产税纳税期限一致。

遗产税的税款缴纳及期限。泰国合规的遗产继承人必须于继承遗产之日起 150 日内缴纳税款。

④其他税类税种的税款缴纳及期限

印花税的税款缴纳及期限。马来西亚需缴税的文书必须在执行之日起30日内贴花。泰国纳税人一般于凭证或文件生效后15日内缴纳印花税，特定金融保险企业纳税人在每月7日和22日以现金方式缴纳印花税。柬埔寨印花税纳税人必须于不动产所有权或占有权转让送达令发出、车辆所有权转让之日起3个月内缴纳税款。

交通工具税的税款缴纳及期限。柬埔寨交通工具税纳税人必须于纳税年度11月30日前缴纳税款。

公共照明税的税款缴纳及期限。柬埔寨公共照明税纳税日期与国内增值税、消费税的纳税期限一致。

住宿税的税款缴纳及期限。柬埔寨住宿税纳税日期与国内增值税、消费税和交通工具税的纳税期限一致。

⑤纳税证明

纳税证明是税务机关开具的能够证明纳税人已缴纳税费的完税凭证。老挝的纳税证明有两种，即银行纸质或电子对账单和国库纸质或电子收据。纳税证明由省级税务机关和首都万象税务机关负责开具，企业异地经营的由业务发生地的税务局开具，由企业将其提交到注册地税务机关。税务局在收到纳税人申请材料15个工作日内开具年度完税证明。

（3）分期缴纳税金

企业所得税分期纳税。马来西亚预扣企业所得税可按12个月分期缴纳，且需要于每月15日之前缴纳分期税款，补缴税款应当在收到补缴通知后30日内缴清。新加坡企业所得税纳税人可申请分期（10期以内）缴纳，首次分期缴纳应于会计期间结束后1个月内进行，超过3个月不允许分期缴纳，分期缴纳仅限于电子缴纳方式。菲律宾企业所得税不适用分期缴纳的方式。

个人所得税分期纳税。新加坡个人所得税纳税人可以申请在纳税年度内分12期缴纳。菲律宾个人应纳税款超过2000比索时可以选择分两期等额缴纳，首期税款于提交纳税申报表时缴纳，第二期税款于10月15日前缴纳。

（4）增值税或货物和劳务税的征缴

增值税或货物和劳务税进项税额抵扣。增值税或货物和劳务税进项税额抵扣指企业在生产经营过程中购进原材料、销售产品发生税额后，在计算应缴税额时，在销项增值税中应减去进项增值税。东盟实行增值税或货物和劳务税的国家都实施进项税额抵扣纳税制度。在新加坡，凭有效的增值税发票进行进项税抵扣，但如果纳税人逾期 12 个月且尚未向供货方实质付款，则应补缴已抵扣的进项税款。

增值税或货物和劳务税反向征税。增值税或货物和劳务税反向征税指对货物销售产生的增值税由向卖方征收改为向买方征收，一般适用于跨境交易，旨在防止跨境逃避税。在新加坡，从 2023 年起，无论海外供应商是否已注册成为货物和劳务税纳税人，反向征税机制适用于所有本地和海外供应商、电子市场运营商和再配送商销售的，且通过空运或邮寄方式进口的、价值不超过减免税标准 400 新加坡元的"低价值货物"。泰国海外电子服务供应商的增值税适用反向征税机制，按销项税额缴纳增值税，而不扣除进项税额，由电子商务平台运营商代扣代缴税款。

进口远程服务的 B2C 供应商的增值税或货物和劳务税的征缴。在新加坡，从 2023 年起，所有进口远程服务的 B2C 供应商，无论是否通过线上平台提供服务，均需要通过海外供应商注册机制缴纳货物和劳务税。

增值税代扣代缴。泰国电子平台经营者负责代扣代缴外国电子服务提供商应缴纳的增值税，不需要每个外国电子服务提供商分别单独缴税。

（5）延长纳税申请期限

延长纳税指允许纳税人将其应纳税款延迟缴纳或分期缴纳，其实质上相当于在一定时间内政府给予纳税人一笔与其延期缴纳数额相等的无息贷款，旨在帮助纳税人暂时缓解财务困难。越南延期纳税的审批期限由 10 个工作日缩短至 3 个工作日。老挝依法允许受灾害和疫情影响的纳税人延期纳税，新冠疫情期间，其延长了道路税纳税申报表和财务报表提交的截止日期。

（6）非居民个人纳税人离境清税

新加坡不存在欠税情况的非居民纳税人才能离境，非居民纳税人未缴纳税款而试图离开新加坡时，国内税务局有权阻止其离开新加坡并补征税款。泰国合规的外国人在离开泰国前 15 日内必须提交清税证明申请，以及法定的个人身份、工作身份、银行信誉和税收合规等证明材料，申请获准后，其将获得有效期为 15 日的税收清缴凭证；经常出入泰国且有良好合规记录的外国人，可以获得有效期为 6 个月的税款清缴证书。

（7）税款清算服务

税款清算指纳税人停止经营，发生结束自身业务、处置资产、偿还债务以及向所有者分配剩余财产等经济行为时，对各涉税事项进行清算处理。

税款清算函的申请及方式。东盟国家规定，希望获得税款清算函的纳税人必须向主管税务局提出申请。有两种申请渠道供选择。第一，线上申请。通过税务部门的网站提交税款清算函申请文件。第二，线下申请。纳税人直接向税务局或税务服务站、询问和咨询办公室等发送书面申请。

税款清算函的申请审批时限。基于优化纳税服务的需要，东盟国家持续缩短税款清算函的申请审批时限。印度尼西亚缩短申请审批时限，由纳税人提交申请后的 15 个工作日内缩短到 3 个工作日内。

（8）退税服务

退税指由于某种原因，税务机关依法将已征税款按规定程序退给纳税人。东盟国家办理的退税以政策性退税为主，但办理期限存在差异。越南根据退税申请是否适用税务审计规定退税办理期限，不适用退税审计的退税办理期限为 6 个工作日，适用退税审计的退税办理期限为 40 个工作日。马来西亚退税申请的前提是纳税人必须自证已缴纳税额超出法定税额，并且必须在（纳税评估）课税年度终结后 5 年内提出。

增值税或货物和劳务税的进项税退税。增值税或货物和劳务税的进项税退税指一定期限内增值税或货物和劳务税可抵扣的进项税额超过同期的销项税额，则超过的部分可获退税。新加坡货物和劳务税进项税退税一般在纳税人提交货物和劳务税纳税申报表之后 3 个月内完成，如果按月提交纳税申报表，则退税通常在提交纳税申报表之后的 1 个月内完成；逾期退税将获得逾期退税额的利息；对未履行货物和劳务税登记的无机构经营实体不予退税；新加坡从 2022 年起实施强制性电子退税。

（9）缴税方式或渠道

东盟国家普遍提供线上和线下缴税方式，纳税人向税务机构直接缴纳和通过银行系统缴纳。个别东盟国家特定税款适用特定缴税渠道。马来西亚雇主代扣代缴个人所得税必须通过税务部门官方网站提供的应用程序进行。新加坡个人所得税分期缴纳仅限于采用电子方式。老挝国家税务总局在官方网站主页开发了在线电子服务报税功能。

6. 东盟税收优惠申请审批服务发展基础

税收优惠指基于国家税收政策在税收法律法规中规定减轻或免除某一部分特定纳税人和课税对象的税收负担的措施。

税收优惠申请时限。新加坡海事部门激励计划（MSI）下适用海上（集装箱）租赁增值税优惠税率政策的纳税人，必须于 2026 年 12 月 31 日之前提出税收优惠申请，通过者可获得为期 5 年的增值税优惠税率待遇。

税收优惠申请审批时限。越南对于适用税务审计的税收优惠申请的审批时限由 60 个工作日缩短至 40 个工作日。

7. 东盟税收更正服务和变更报告义务发展基础

（1）纳税服务和税收执法相关税务行政决定更正服务

东盟国家普遍实施税收更正服务制度，如有更正需要的，税务部门将依法出具具有法律效力的更正决定书。但对于税收更正服务的范围，国别间差异较大。印度尼西亚税收更正服务适用 10 种情况，适用范围较宽，如税务评估函、征税函、异议决定书、减免行政处罚决定书、解除行政处罚决定书、减免征税决定书、取消征税决定书、预退税款决定书、给予利息奖励决定书。

（2）纳税人信息变更报告义务

马来西亚规定纳税人发生经营地址和涉税资产变动时，必须在规定期限内向税务机构报告相关变动信息。

（三）东盟税收执法发展基础

税收执法指国家税务机关及其工作人员依照法定职权和程序，将国家税收法律法规适用于纳税人及其他管理相对人的具体行政行为。

东盟多数国家建立起包括税务审计制度、税务稽查（调查）制度和税收法律责任制度的完整、成熟的税收执法体系，保证了强制纳税遵从。

1. 东盟税务审计发展基础

税务审计指对税务机关执行税收法规、税收政策、履行税收征收管理职责和纳税人履行纳税义务，按照税法进行审查，维护国家法律，保证国家财政收入的监督手段，具体针对税种、税目、税率、征税对象、计税依据、减税免税等税制要素执行情况和税收征收管理工作进行审计。

（1）税法中的税务审计定义

东盟各国税法对税务审计做出基本相同但又有区别的定义。印度尼西亚税收程序性法律对税务审计的定义：根据审计标准客观和专业地收集、处理数据、信息/证据的一系列活动，测试纳税义务的遵守情况和/或其他目的，以实施税法/规定。柬埔寨税收程序性规章定义税务审计为对纳税人生产经营业务有关的会计记录、财务报告和文件进行审查，以确认纳税人的税款计算、申报和缴纳是否正确无误。老挝税收程序性法规将税务审计定义为在企业会计账簿数据的基础上，对持有企业账簿的单位和持有国家账户、项目账户和银行账户等进行的税务检查。

（2）税务审计的对象及重点

东盟国家税务审计的主要对象通常是税收风险领域的重点纳税人及纳税遵从情况。印度尼西亚税务审计的重点对象包括：要求撤销纳税人识别号、增值税专用发票、退税、关联交易和免税等税收优惠。菲律宾税务审计区分年度全国税务审计计划重点纳税人和地区税务局自主筛选的重点纳税人（不超过全国计划总数的25%），其中，全国税务审计计划重点纳税人包括强制审计对象（申请所得税退税金额或税收抵免结转额度超过规定标准的情况、遗产继承、企业终止经营和重组）、最优先审计对象（总销售收入超过规定标准的17类行业，以及未能按规定提交至少1个季度的销售和采购清单的纳税人）、次优先审计对象（企业所得税零申报、企业亏损、实际所得税不到总销售额的2%、增值税不到总销售额的3%、纳税额排在全国前2万名的私营企业）。马来西亚对5年内的所得税自我评估报告进行税收审查，确定正确的应纳税额，并根据税法规定计算和缴纳一定税额。柬埔寨对3年内被怀疑存在税收风险的纳税申报表实施税务审计。泰国税务审计对象与其他东盟国家存在差异，其主要针对逃税行为实施税务审计。老挝税务审计主要针对个人纳税人和享受税收优惠的纳税人。

（3）税务审计范围

税务审计的内容范围。东盟国家税务审计材料主要包括纳税人账簿、纳税记录及相关财务事宜，旨在核实纳税人提交的纳税申报表是否符合税法规定。菲律宾需要审计纳税人提交的以下佐证材料：纳税人收到的授权书或者税务审计通知，近两年的纳税申报表及审计财务报表、银行正式收据、租赁合同或协议副本、最后一次提交给证券交易委员会的综合信息汇总表的副本等附件，印花税的完税凭证，体现名义账户和真实账户的月收入总额的工作文件。

税收实地审计的佐证材料范围。菲律宾税务审计人员实地审计重点包括纳税人的总账目、销售和采购账簿、子公司的销售和采购账簿、销售发票以及其他票据，转账凭证以及其他相关记录。泰国税务局局长或授权税务官员进入纳税人的任何地方或车辆，搜查及扣押与应缴税款有关的账簿、文件及其他证据。柬埔寨现场税务审计需要纳税人提供有关企业的6类信息：财务报表、资产负债表、损益表和各类收支原始凭证等。老挝现场审计主要是对纳税人的财务账簿和实际数据进行检查。

税务审计的纳税申报时间范围。新加坡税务审计重点审查最近纳税年度的纳税情况，但也可能追溯以前纳税年度的纳税情况。柬埔寨税务审计对象及纳税申报所属时间范围根据不同审计方式进行规制，案头税务审计在纳税申报表提交后12个月内进行；在现场税务审计中，所得税之外税种的现场有限税务审计针对近两年的纳税申报表进行，即仅对上一年的纳税申报表进行税务审计，而全部税种的现场税务审计则针对过去 3 年的纳税申报表进行，即追溯期为 3 年。

（4）税务审计双方的职责规范

东盟国家普遍规定了税务审计双方的职责要求。

税务审计员履行税务审计职责的规范。税务审计员必须持有审查员的身份证明和审计令函或审计通知，并将其出示给被审计的纳税人。泰国税务审计员必须定期接受会计专业机构或者经总干事批准举办的税务审计员专业知识培训。

接受审计的纳税人义务。被税务审计的纳税人有义务向税务审计员提供规定的涉税凭证资料及信息，以及配合进行现场税务审计。

（5）税务审计程序

东盟国家税务审计的基本程序相同或相近，但也存在一些差异。

授权审计。菲律宾所有的税务审计或对纳税人的调查必须在税务局局长或者地区长官发布授权书后方可执行，否则该税务审计或调查无效。

审计通知。柬埔寨审计通知包括纳税人的姓名、地址和税号，计划实地审计工作日期，审计类型、期限、人员姓名，所需文件清单等。

现场税务审计。柬埔寨于纳税人收到税务审计通知书后的 10 个工作日内实施现场税务审计，并允许纳税人申请延期 30 日。

利益相关方涉税材料协助通知。税务机构书面通知纳税人、税务代理人和第三方机构提供相关涉税证明材料。柬埔寨纳税人必须在收到国家税务总局发出的涉税材料协助通知 7 日内提供相关证明文件，如果纳税人未能提供证明文件，则税务审计人员可以依法重新评估。

出具税务评估审计结果通知书。税务审计人员对纳税申报进行评估，并将评估结果书面通知被评估纳税人，纳税人可以对纳税评估结果做出回应。

纳税人参加税务审计最终会议。纳税人受邀参加税务审计最终会议，有权重申对审计结果的异议，并提交相关证明文件。税务审计员应回应纳税人的异议，部分调整或维持审计结果。

最终审计结果及其法律时效。印度尼西亚规定为 5 年，特定情况下可延长至 10 年。

税务审计结果的执行期限。印度尼西亚规定为纳税评估结果函发出之日起一个月内，补评估纳税人需要补缴少缴的税款和滞纳金。

税务审计期限。菲律宾的税务审计员必须自发布授权书之日起 120 日内完成税务审计，并提交一份税务审计报告。柬埔寨案头税务审计期限为 3 个月；在现场税务审计中，对非所得税类税种的有限审计期限为 3 个月，对具有逃税嫌疑的纳税人的全面审计期限为 6 个月。老挝税务审计一般应在被检查纳税人提交财务报告之日起的 6 个月内完成。

（6）撤销纳税人识别号的税务审计

撤销纳税人识别号的纳税人申请。印度尼西亚规定如果纳税人不符合税收立法规定的主观或客观要求，则纳税人和其继承人可以提出废除纳税人识别号的申请。

审计期限。印度尼西亚规定自收到申请之日起 6 个月内（针对个人纳税人）或 12 个月内（针对公司纳税人）做出审计决定。

（7）增值税专用发票的税务审计

增值税专用发票是增值税计算和管理中重要的决定性的合法凭证，是纳税人反映经济活动的重要会计凭证，是销货方纳税义务和购货方进项税额的合法证明，它仅限于由增值税一般纳税人领购使用。东盟国家增值税专用发票的税务审计程序具有共同性。

增值税专用发票抵扣的纳税人申请。针对纳税人提起增值税专用发票抵扣核验申请进行税务审计。

引入增值税专用发票验证的统一方法。印度尼西亚规定，只要增值税发票满足三项标准，无论卖方税务局的税务审计结果如何，增值税发票都可抵扣。

（8）退税的税务审计

退税指由于税收政策或征税工作差错等原因，税务机关将已征税款按规定程序退给原纳税人。东盟国家退税的税务审计具有共同性。

基于纳税人退税申请的税务审计。对于东盟国家针对纳税人提起的退税申请进行的税务审计，不同税种退税的税务审计涉及的范围不等。企业所得税退税申请一般会引发全面的、涵盖所有税项的税务审计，而其他税种的退税申请一般只会引发针对该税种的税务审计，特定情况下可能会扩大至其他税种。

基于企业所得税退税申请的税务审计。对于菲律宾所得税纳税人申请所得税退税或税收抵免结转额度、全年销售收入超过规定标准的，税务机关将审计或调查其所有相关年度的国内收入所涉及的相关纳税义务。

基于增值税退税申请的税务审计。第一，纳税人需要提交增值税退税申请及佐证文件。佐证文件的种类和范围存在国别差距。印度尼西亚规定增值税退税申请无须附上电子增值税发票。菲律宾纳税人必须在纳税年度末提出增值税退税或税收抵免申请。第二，税务审计只对增值税退税额度达到规定标准的退税申请进行。菲律宾纳税人申请增值税退税额或税收抵免额达到规定标准的，税务局将对相关年度的增值税应纳税额进行税务审计或调查。第三，税务审计的重点是文件质量，特别是纳税申报表和年终增值税申报表所涉及的账簿的质量。第四，直接获准初步退税的条件。印度尼西亚引入对纳税遵从度高、低风险纳税人暂免进行税务审计，直接获准初步退税的条件：提出退税申请时附上前期税收审计结论为无保留意见的财务报表。第五，审计期限。印度尼西亚规定为自收到申请之日起12个月内做出最终税务审计决定。第六，退税获准。印度尼西亚规定，在税务审计期限内，如果税务总局没有发出税务评估通知，则表示该初步退税已获准。

（9）关联企业的税务审计

关联企业指与其他企业之间存在直接或间接控制关系或重大影响关系的企业，而关联交易指企业与其关联人之间发生的一切转移资源或者义务的法律行为。由于关联交易的涉税业务比较复杂，通常是逃税的高风险领域，因此，东盟国家对关联企业的税务审计做出专门规定。印度尼西亚规定了关联方纳税人的税务审计准则，包括审计对象、审计方法、审计规范和审计的格式和表格等。

（10）基于免税优惠政策的税务审计

免税政策申请的专线审批绿色通道。申请享受免税优惠政策的纳税人，可通过电子申请专线通道提交申请，税务部门会启动专线快速审批机制，以简化免税优惠审核的流程，鼓励更多纳税人申请享受免税优惠政策。印度尼西亚引入了基础设施投资定期免税优惠的税务审计绿色通道。

纳税人限期提交免税优惠政策实施报告。印度尼西亚规定，财政年度结束后最迟30日内，纳税人必须提交享受免税的基础设施投资实现报告或定期免税优惠政策使用报告。

基于纳税人逾期提交免税优惠政策实施报告的警告函。印度尼西亚规定纳税人逾期提交免税优惠政策实施报告或未按期进行投资，税务机构将发出警告函。

税务审计决定。印度尼西亚规定，纳税人必须回应税务机构发出的警告函，否则，纳税人将承担税务审计的后果。

（11）基于税收特赦计划的税务审计

税收特赦指对于未依法履行纳税义务的纳税人，只要补救履行税收特赦计划规定的税收义务，就可被免除刑事追诉或行政处罚，特殊情况下可以被免除未履行的部分或全部纳税义务。东盟国家基于税收特赦计划的税务审计通常针对两类纳税人并分别适用不同的审计程序和方法。

对没有参加税收特赦计划的纳税人审计。第一，审查没有参加税收特赦计划的纳税人应补报而未补报的所得应税资产信息。印度尼西亚税务总局审查没有参与税收特赦计划的纳税人资产相关信息。第二，基于税务审查结果做出是否进行税务审计的决定。印度尼西亚规定，如果审查发现纳税人在税收特赦计划追溯期仍隐瞒应补报而未补报的应税所得资产，则税务总局将对纳税人发出税务审计指令。

对参加税收特赦计划的纳税人审计。第一，审核参加税收特赦计划的纳税人履行纳税义务和补报应税资产的情况。印度尼西亚首先核查纳税人参加税收特赦计划后履行月度和年度纳税义务的情况；其次比对与核查补报纳税申报表的资产等信息与其额外资产信息的差异。第二，根据审核结果做出是否进行税务审计的建议。

（12）应对新冠疫情的居家办公税收救济审计

新冠疫情期间，东盟国家根据普遍居家办公的新情况，引入远程税收救济审计或暂停现场税收救济审计的程序。在新冠疫情期间，印度尼西亚基于税务行政复议和税务行政诉讼的税务审计程序，全面实施居家办公审计模式，即通过线上方式进行税务审计，暂停线下审计。

2. 东盟税务调查（稽查）发展基础

税务调查（稽查）指税务调查（稽查）部门依法组织实施的，对纳税人以及扣缴义务人履行纳税义务和扣缴义务情况进行全面和综合的检查，旨在强制纳税遵从，它是税收执法的重要环节。有些东盟国家的税务调查和税务稽查没有被严格区分，如印度尼西亚和马来西亚；但有些东盟国家严格区分税务调查与税务稽查的适用对象，如越南。

（1）税务调查（稽查）的对象和范围

引起税务调查的可能因素包括：第一，退税申请；第二，溢纳税申报（并非一定含退税申请）；第三，所得税合规义务，或年度所得税申报为亏损状态；第四，纳税人更改会计年度、记账方式或进行固定资产重估；第五，税收风险评估后逾期提交纳税申报表，或在警告信注明的截止日期之后提交纳税申报表；第六，纳税申报不合规。菲律宾税法规定纳税人依法提交纳税申报表后，税务局局长或其授权代表可能会授权对纳税申报表进行检查，并评估税款的准确金额。若纳税人逾期未提交纳税申报表，或恶意提供错误的纳税申报材料，则必须接受税务检查。在泰国纳税人提交纳税申报表之日起两年内，如果税务稽查人员有理由相信存在虚假或不充分的纳税申报情况，则税务稽查人员有权发起税务调查。老挝主要针对纳税申报和税款缴纳的合规性发起税务稽查。

特定目的的特殊税务调查或税务稽查。税务部门可能会就特定目的实施特殊稽查，且该稽查的时间和程序不同于一般调查。越南税收程序性法律规定，税务稽查适用于存在税收违法迹象的税收案件，或基于处理投诉、检举和反腐需要等而进行。马来西亚所得税核查的目的是最终提高纳税遵从率。

税务调查（稽查）的范围。新加坡税务调查（稽查）的范围包括企业所得税、个人所得税、货物和劳务税和其他税种的税收违法问题。老挝国家税务总局有权对纳税人近 3 年的申报纳税情况实施税务稽查。

（2）税务调查（稽查）的类别

初步证据调查。初步证据审查是税务部门对涉嫌逃税的纳税人的财务计划进行调查，并进行相关财务分析，以掌握纳税人有关税收违法行为的证据。初步证据是可以强烈怀疑任何人正在或已经实施税收领域的违法犯罪行为，涉及造成国家收入损失的信息、文字或物体形式的条件、行动和证据。马来西亚审查所得税纳税人涉税业务和金融事务的账簿、文件、物品等。菲律宾税务调查人员有权检查纳税人的账簿、文件、记录或者其他与纳税人相关的数据或者调查材料，并传唤纳税人或者有保管账簿权限的雇员到场参加。

税务领域犯罪行为侦查。税务领域犯罪行为侦查，是税务调查人员为查明税务领域犯罪情况并找到犯罪嫌疑人而采取的一系列取证行动。马来西亚依据税务核查收集的证据，依法起诉和处罚税收违法行为。当泰国税务稽查人员有证据认定纳税人有逃税行为时，税务稽查的有效期为自纳税人提交纳税申报表之日起的 5 个会计年度，而法定税务稽查的追溯期可长达 10 年。

（3）税务调查（稽查）方式及期限

税务调查方式一般分为案头调查和现场调查，不同税务调查方式的期限不相同。东盟国家基本采用这两种税务调查方式，但不同调查方式适用的调查期限存在国别差异。

第一，案头调查（稽查）

案头调查（稽查）程序。东盟国家案头调查的程序一般包括确定纳入案头调查的纳税人名单即选案，审核名单内纳税人的纳税申报材料是否齐全，通知纳税人补齐申报材料，发布纳税申报检查结果，但具体程序及期限存在国别差异。越南案头调查由税务机关总部负责，规定纳入案头检查的纳税人数量为纳税人总数的 20% 及以上，纳税人补齐纳税申报材料的期限为收到补缴通知后 10 个工作日内。马来西亚税收风险较高的纳税人、第三方和其他执法机构转交来的案源涉及的人员均可能被纳入税务核查纳税人名单；如果需要进一步的涉税信息，则可以在税务局办公室约谈纳税人。

案头调查（稽查）时限。东盟国家案头调查时限一般较现场调查时限短。印度尼西亚案头调查时限为 3~6 个月。菲律宾国内所得税的调查期限为提交纳税申报表截止日期后的 3 年内，逾期提交纳税申报表的为自逾期提交日期起的 3 年内，伪造申报表逃税或未提交申报表的为发现之日起的 10 年内。泰国的税务稽查期限一般为提交纳税申报表截止日期后的 2 年内，有关逃税或退税的税务稽查期限为提交纳税申报表之日后的 5 个会计年度。

第二，现场调查（稽查）

现场调查（稽查）程序。东盟国家现场调查的程序一般包括确定纳入现场检查的名单、到纳税人办公地点检查前的准备、到纳税人办公地点检查、公布现场检查记录、处理现场检查结果、对现场检查结果执行的监测。每个程序的期限存在差异。越南在做出现场调查（稽查）决定之日起 3 个工作日内通知纳税人，在发出税务调查通知之日起 10 个工作日内实施，在税务调查结束后的 5 个工作日内公布检查记录，检查结果于 3 个工作日内送达纳税人，于 15 个工作日内向社会公告，于 90 日内执行税务检查的相关税收处理决定。泰国税务稽查人员向纳税人发出提供补充纳税申报佐证材料通知书后，纳税方应于 7 日内提交材料，但如果纳税方不方便提交所有资料至主管税务局，则税务稽查人员将到企业现场调查、审核相关财务账簿等。

后续结果监测。印度尼西亚自签署税务检查决定书之日起的 90 日内，检查组应当配合税款征收管理部门共同督促纳税人向国家缴纳欠款、滞纳金和罚款。对于逾期仍未缴纳的纳税人，检查组需要向税收预算部门提交关于处理税收违法行为的审查建议书。

现场调查（稽查）的时限。印度尼西亚现场调查（稽查）时限为 4~8 个月。越南现场调查（稽查）时限为 30~70 日，以税务人员到纳税人办公地点现场稽查的时间计算。

（4）中止税务调查（稽查）的特殊规定

东盟一些国家实施中止税务调查（稽查）的特殊规定。印度尼西亚在税收特赦计划中引入中止税务调查（稽查）的特殊规定，即对自愿披露错误纳税申报表的纳税人采取中止税务调查（稽查）的鼓励措施。菲律宾规定在税务审计追征税款期间及结束后 60 日内，暂停对该纳税申报的评估检查。

（5）税务调查（稽查）相关方的职责或义务

税务机构的税务调查（稽查）权利和义务。印度尼西亚规定，税务机构有权依法向第三方发出协助税务调查（稽查）的通知，依法免除第三方的涉税信息保密义务，依法通报纳税人身份等涉税保密信息；在税务调查（稽查）过程中如有需要，税务机构可以通报纳税人的姓名、税号、企业品牌和经营活动等敏感信息。马来西亚税法规定税务核查人员有义务帮助纳税人履行纳税义务，通知纳税人有关税务核查的法律法规。

税务调查（稽查）员及其职责。税务调查（稽查）员是税务机构内部被赋予特殊税务调查职责的税收执法人员，其职责是依法调查（稽查）纳税人的涉税违法犯罪行为。

被税务调查（稽查）的纳税人权利和义务。印度尼西亚规定了被税务调查（稽查）的纳税人的 4 项权利和 4 项义务，4 项权利是要求调查（稽查）人员出示身份证明、要求税务调查机构出示调查（稽查）令、要求税务调查机构解释调查（稽查）对象和目的、了解调查（稽查）结果；4 项义务是在规定期限内接受税务调查（稽查）、提供涉税信息文件及电子数据访问路径、配合现场税务调查（稽查）、提供口头和其他书面信息。

第三方提供涉税信息证据协助税务调查（稽查）的法律义务。第三方指掌握纳税人涉税信息的银行等金融机构、税务中介机构及其从业人员、政府经济管理职能部门、行业协会、公证人、税务顾问和其他相关机构或当事人。东盟国家普遍规定第三方提供涉税信息证据的法律义务。印度尼西亚税收程序性法律规定，第三方接到税务机构发出的协助税收征收、税务审计和税务调查取证通知后，有义务配合提供相关纳税人的涉税信息或税收违法犯罪证据，受保密义务约束的第三方根据税务机构的协助税务调查（稽查）通知要求，可被依法免除保密义务。

（6）税务调查（稽查）结果

税务调查（稽查）结果通知。在初步税务调查（稽查）结束时，税务调查（稽查）人员会向纳税人发出初步评估调查结果通知，给予纳税人补充说明和纠错的机会，在与纳税人进行非正式沟通后发出最终评估调查结果通知。马来西亚对核查无问题的纳税人发出确认核查结果的函件。菲律宾发布初步评估调查结果通知并非必经的法定程序，符合规定情形时可以直接发出最终评估调查结果通知。

纳税人的回应。东盟国家规定，如果纳税人对税务调查（稽查）结果有异议，则可以在其参加税务调查（稽查）最终会议或非正式会议前的规定时限内提交书面反馈意见，但各国的规定时限存在差异。印度尼西亚规定为7~10个工作日内。如果菲律宾纳税人对初步评估调查通知内容持有异议，税务检查人员必须通知并邀请其参加非正式会议陈述意见，但2013年后地区税务局的税务检查案件停止执行这个程序。

未被起诉的案件处理。马来西亚在完成核查程序后，对未被起诉的案件依法通过民事和解方式解决，纳税人必须以书面形式提交和解协议。

被起诉的案件提交给法律部门。马来西亚在完成核查程序后，将被起诉的案件提交给相关法律部门，通过法律途径解决。

3. 东盟税收法律责任发展基础

税收法律责任指对税收法律关系的主体因违反税收法律制度的行为所引起的不利后果而应承担的责任，分为税收行政法律责任和税收刑事责任两种。

（1）税收行政法律责任

税收行政法律责任指税收法律关系主体违反税收法律规范，尚不构成犯罪的，由税务机关或其提请的有关部门依照行政程序所进行的税收行政制裁。税收行政制裁分为税收行政处罚和税收行政处分，税收行政处罚的形式主要是罚款、责令限期改正、责令限期缴纳、吊销税务登记证、收回税务机关发放的票证、吊销营业执照、采取税收保全措施、采取税收强制执行措施、没收违法所得等，主要针对纳税人、扣缴义务人、纳税担保人以及其他与税收行政处罚有直接利害关系的当事人；税收行政处分主要针对税务工作人员。东盟国家税收行政处罚的工具主要为对偷漏税款行为进行罚款、缴纳利息和滞纳金等经济处罚，但处罚的类别和强度存在差异。

①税收行政处罚的形式。越南主要包括警告和罚款，而罚款的方式包括扣缴银行存款、扣缴部分工资或收入以及停止供应发票等。老挝税收程序性法律没有规定税收法律责任，各税种法律规定了针对各税种的税收法律责任，对于违反相关税种法律法规的自然人、法人或其他组织，将视情节轻重，进行批评教育、警告、处分、罚款、赔偿民事损失或刑事处罚。

②不同类别税收违法行为的税收行政处罚标准。东盟国家针对不同类别的税收违法行为实施差别的税收处罚标准。

税务登记不合规的税收行政处罚。第一，纳税人识别号使用不合规的税收行政处罚。老挝个人所得税纳税申报未按规定填写纳税人识别号的，每次罚款10万老挝基普。第二，逾期税务登记的税收行政处罚。越南对逾期税务登记的最高处罚金额为1000万越南盾，但增加了1个时限级次的处罚标准。菲律宾对逾期缴纳年度税务登记费、未进行税务登记、未按规定出示税务登记证书和无登记证明的行为分别处以30万~50万、5万~20万、1万以下比索的罚款和相应的刑罚。第三，经提醒仍不履行增值税登记义务的税收行政处罚。老挝对经书面提醒符合增值税登记条件而仍未履行注册登记义务的纳税人分别进行以下税收行政处罚：第一次书面通知发放后仍不履行登记义务的，处以警告；第二次书面通知发放后仍不履行登记义务的，处以100万老挝基普的罚款；第三次通知发放后仍不履行登记义务的，处以200万老挝基普的罚款，以及吊销特许许可证和营业执照等。第四，不履行增值税变更登记义务的税收行政处罚。老挝对未办理企业纳税信息变更登记的企业，每次处以300万老挝基普的罚款。

票据、账簿等凭证保存不合规的税收行政处罚。新加坡处以不允许进行费用扣除、申请资本免税额或货物和劳务税进项税抵扣和罚金，其中，所得税罚金在 1000 新加坡元以下，货物和劳务税方面的处罚最重：5000 新加坡元以下、重犯 1 万新加坡元以下的行政处罚。菲律宾对注册会计师及财务人员伪造财务账簿的处罚最重：5 万~10 万比索罚款、吊销注册会计师证书和处以相应刑罚，对其他财务账簿的不合规行为处 1000 比索和 2.5 万比索罚款；对纳税人未按规定提交和保存财务账簿的处以每次 1000 比索、年度累计 2.5 万以下比索罚款；未能以本国语言设置规定账簿的处以 1000~5000 比索罚款。在老挝，对不按规定开具发票的，依照发票法有关规定进行处罚；对提供财务账簿不合规的，每催讨一次将处以 100 万老挝基普的罚款；对会计核算不合规的，依照会计法有关规定处罚。

纳税申报不合规的税收行政处罚。东盟国家对纳税不合规的税收行政处罚主要针对逾期纳税申报和故意虚假申报两类行为。第一，逾期纳税申报的税收行政处罚。新加坡对逾期所得税纳税申报处以 1000 新加坡元以下的滞纳金，每延迟 1 日进行纳税申报处于 50 新加坡元的追加滞纳金，延迟 2 个纳税年度则被处以逾期税额 2 倍的滞纳金和 1000 新加坡元以下的罚款；对逾期进行货物和劳务税纳税申报，处以每月 200 新加坡元、总额 1 万新加坡元以下的罚款。越南最高罚款金额高达 2500 万越南盾，是其他类别税收罚款的最高标准，但减少了 2 个时限级次的处罚标准。马来西亚不动产利得税逾期纳税申报超过 60 日的，最高罚款为税额的 3 倍。泰国企业所得税年终逾期纳税申报将被处以应纳税款 2 倍的罚款，年中逾期申报将被处以 20% 或 50% 的附加费；增值税和特别营业税纳税人逾期进行纳税申报将被处以当月应纳税额 200% 的罚款，对申报税金不正确或少计销项税额或虚报进项税额的情况，处以漏交、少报或虚报税额或进项税额 100% 的罚款，并加征 1.5% 的滞纳金。在老挝，纳税人逾期申报所得税的，每次罚款 50 万老挝基普；逾期不申报所得税的，每次罚款 150 万老挝基普；不提供所得税相关资料和信息的，每被催缴 1 次罚款 100 万老挝基普。第二，故意进行虚假纳税申报的税收行政处罚。菲律宾对故意逾期纳税申报、错报或伪造纳税申报表的加征税款本金 50% 的罚款。在泰国，对虚假纳税申报一般处以漏税款 100% 的罚款；虚假所得税纳税申报加重处罚为处以漏税款 200% 的罚款，但纳税人提出书面申请且经税务稽查认定为非主观故意逃税，可减按漏税款100%的罚款；故意不提交纳税申报表以逃税的，可处5000泰铢的罚款。老挝对纳税人恶意不申报所得税的，每次罚款150万老挝基普。第三，纳税申报不实或不完整的税收行政处罚。对纳税申报不实或申报不完整的，如纳税申报不计算或不正确计算增值税税款的，处以应补缴税款50%的罚款。

纳税不合规的税收行政处罚。东盟国家对纳税不合规的税收行政处罚主要针对逾期纳税行为。越南对逾期缴纳的税款、滞纳金和税收罚款仅加征低利率利息，适用的利息率为0.03%/日。马来西亚所得税（分期）纳税逾期60日内或自我评税金额低于应缴税额30%，应缴纳税额10%的罚款；纳税逾期超过60日附加罚款5%；销售税和服务税纳税逾期30日内、60日内和超过60日，将分别被处以应纳税额10%、15%、20%的罚款；印花税贴花逾期3个月内、6个月内和超过6个月，分别适用缴纳印花税额的5%、10%、20%或缴纳25、50和100令吉的罚款，取其中高者。新加坡逾期缴纳所得税的企业的罚款为应缴税款的5%，若被罚款后60日内仍未缴纳，则每月增加应缴税款1%~12%的额外罚款；逾期或不缴纳个人所得税将被处以罚款；逾期缴纳货物和劳务税将被处以应缴税款5%的罚款，逾期60日之后将被处以应缴税款2%~50%的额外罚款。菲律宾纳税人逾期纳税或收到纳税申报初步评估检查通知起15日内未回应则将被定性为欠税，处以贷款利率两倍的欠税利息罚款，未能在规定期限补缴欠税的将被处以应纳税额25%的罚款；个人所得税首期纳税逾期的，首期未纳税款可累加到第2项合并缴纳，全部税款逾期的将被处以罚款。泰国所得税纳税人逾期缴税时每月将被加征1.5%的滞纳金，法人和合伙企业半年逾期缴税将被处以每月应纳税款1.5%的附加费，如获批准延期纳税则附加费按每月应纳税款的0.75%缴纳，企业年终逾期缴税将被处以应纳税款100%的罚款；增值税和特别营业税纳税人逾期纳税将被处以当月应纳税款200%的罚款；对于缴税金额不正确或少计销项税额或虚报进项税额的情况，处以漏缴和少缴税额或进项税额100%的罚款，并加征1.5%的滞纳金；印花税纳税人逾期未贴足或缴纳印花税，将被加征未缴税款200%~600%的滞纳金。柬埔寨纳税人逾期缴税将被处以逾期税款 10% 的罚款和利率为 1.5% 的利息，收到催缴纳税通知 15 日内仍不补缴税款的，加重处罚，处以拖延税款 25% 的罚金；定额征税纳税人逾期缴税将被处以逾期税款 40% 的罚款和利率为 1.5% 的利息；逾期缴纳交通运输税的将被处以逾期税款 100% 的罚款。在老挝，纳税人逾期缴纳税款的，将被处以每日逾期税款 0.1% 的罚款。在老挝，纳税人逾期缴纳所得税的，将被处以每日滞纳税款 0.1% 的罚款；违规扣除增值税进项税额的，将被处以扣除增值税的税款的 50% 的罚款。

欠税的税收行政处罚。第一，国内欠税的税收行政处罚。老挝纳税人第 1 次被催缴的，将被处以欠税款 30% 的罚款；第 2 次被催缴的，将被处以欠税款 60% 的罚款；第 3 次被催缴的，将被处以欠税款 100% 的罚款，每次催缴的间隔时间为 15 日；欠缴所得税的纳税人拒不接受以上罚款的，将视情节轻重，处以叠加停业、撤销营业执照和投资许可证等处罚，或处以税收刑罚。第二，欠税离境的税收行政处罚。在泰国没有获得清税证明就离境或试图离境的特定外国人将被处以欠税金额 20% 的附加费，以及 1000 泰铢以下的罚款等。

逾期履行预提税代扣代缴义务的税收行政处罚。新加坡处以应缴税款 5% 的罚款，被罚款后仍未缴纳税款的每月还要被处以应缴税款 1%~15% 的额外罚款。菲律宾处以罚款和滞纳金，扣缴义务人故意不预扣、计提并汇缴预提税款，或以任何形式帮助和教唆偷逃预提税的，将被处以偷逃预提税款等同的额外罚款。

逃税行为的税收行政处罚。越南对个人和相关组织同时处以相同的处罚金额。当菲律宾纳税申报评估检查发现少报或漏报税款的，应责令纳税人补缴税款，发现纳税人有退出经营活动或转移、隐匿、变卖财产准备离境时，或曾经或正在实施阻碍征税工作行为时，应依法通知纳税人限期缴清欠税和相关税款及不履行纳税义务应受到的处罚。菲律宾纳税人逃避税款的将被处以 50 万~1000 万比索罚款。泰国所得税纳税人故意提供虚假资料以逃税的，处以 2000 泰铢至 20 万泰铢的罚款；拒绝提供税务机关要求的证明资料，处以 2000 泰铢罚款；涉嫌逃税的，处以 5000 泰铢罚款；不提供泰语信息的，处以 5000 泰铢罚款。

非法和违法税务代理的税收行政处罚。马来西亚非法税务代理将被处以 200 令吉至 2 万令吉的罚款，违法进行税务代理的将被处以 2000 令吉至 2 万令吉的罚款。对于新加坡税务代理人自行或协助他人骗税，如伪造纳税记录、少报应税收入等，国内税务局将对过错税务代理机构及代理人处以重罚。老挝纳税人不配合或者妨碍税收执法的，将被处以每次 100 万老挝基普的罚款。

免于税收行政处罚的税收行政违法行为。印度尼西亚为了鼓励自愿纳税遵从，引入更公平的月利率计算方法，并降低罚款标准 20 个和 40 个百分点；为了保持全国税收处罚标准一致，赋予中央政府干预地方政府税收惩罚政策的权力。越南对履行自愿纳税遵从计划的纳税人免于税收行政违法处罚。

税收行政处罚的追溯期。越南对一般税收违法案件适用的行政处罚追溯期为 2~5 年。

（2）税收刑事责任

税收刑事责任指对于违反税法而构成犯罪的税收法律关系主体，由司法机关依照刑法的规定进行刑事制裁，这是最严厉的一种税收法律责任形式。

税务登记违法行为的税收刑罚。菲律宾对逾期缴纳年度税务登记费、未进行税务登记、未按规定出示税务登记证书和无登记证明的违法行为除了进行罚款外，还分别处以 2~4 年监禁、6 个月至 2 年监禁和 6 个月以下有期徒刑的刑罚；注册会计师及财务人员伪造财务账簿将同时被处以 2~6 年监禁，其他财务欺诈行为将同时被处以刑罚；纳税人逃避税的将并处 6~10 年监禁。

账簿等证据文件不合规的税收刑罚。泰国所得税纳税人故意提供虚假资料以逃税，将被处以 3 个月至 7 年的监禁；拒绝提供税务机关要求的资料，将被处以监禁 1 个月。

逾期纳税申报的税收刑罚。在泰国，故意不提交纳税申报表以逃税的，将被处以监禁 6 个月。

缴税不合规的税收刑罚。在泰国，未按照规定贴足印花税票的凭证及文件不可作为民事诉讼的证明文件。

欠税离境的税收刑罚。在泰国，没有获得清税证明就离境或试图离境的特定外国人可能被处以 1 个月以内的监禁。

税务代理的税收刑事处罚。马来西亚情节严重的非法税务代理将被处以 6 个月以内的监禁，违法税务代理将被处以 3 年监禁。

逃税等税务犯罪的税收刑罚。印度尼西亚引入基于"最终补救"税务犯罪的刑事处罚。泰国所得税纳税人涉嫌逃税的被处以监禁 1 个月。柬埔寨将纳税人妨碍执行税法和逃税行为定性为税务犯罪，除了进行税收行政处罚外，还要对其处以税收刑罚。

（3）基于税收赦免的税收法律责任免除

基于税收赦免的税收处罚指对于未按规定期限履行财产（资产）申报纳税义务的纳税人，其只要履行税收赦免法（计划）所规定的补财产（资产）申报纳税义务，则可被免除刑事和行政税收法律责任，特殊情况下可以免除未履行的部分或全部纳税义务。

东盟多数国家实施基于税收赦免计划的税收法律责任免除制度。印度尼西亚颁布实施税收赦免法，对符合税收赦免法规定的自动披露未申报财产的纠错行为免予税收法律处罚。新加坡鼓励发现纳税申报错误的纳税人主动披露申报错误，并进行补救以履行相应纳税义务；鼓励纳税人参与自愿披露计划，以减少税收不合规行为。

（四）东盟基于税收法律救济的纳税人权利保护发展基础

所有涉税争议是影响纳税人权利保护、现有税收秩序以及整个国家经济秩序的不稳定因素，需要妥善加以解决。税收救济法律制度主要解决征纳税主体对抽象税收行政行为与具体税收行政行为的合法性、合理性争议，旨在维护纳税人的合法税收权益。东盟国家基本建立了本国的税收救济制度，并且纳税人行使的税收法律救济权主要通过税务行政复议和税务行政诉讼的法律途径获取，个别国家还可通过税收信访途径获取税收救济，这对于维护本国纳税人及其他税务当事人的合法权益、保障和监督税务机关依法行政发挥了重要作用。

1. 东盟纳税人权利与义务发展基础

纳税人权利是指纳税人在依法履行纳税义务时所享有的受到法律承认、保障和尊重的权益，以及纳税人在合法权益受到侵害时应当获得的有关救助和赔偿的权利。东盟国家普遍规定了纳税人权利与义务对等原则。

（1）东盟国家纳税人权利

越南《税收征管法（2019 年）》赋予纳税人 14 项税收权利，即知情权、保密权、依法享受税收优惠权、委托税务代理权、税收法律救济权等。马来西亚赋予纳税人的税收权利，诸如提交个人涉税信息后果的知情权、税务人员身份的确认权、税务代理人协助调查权、代理人委托书提交权、口译员的携带权和税务调查纳税人涉税资料复制权。

（2）东盟国家纳税人义务

马来西亚规定了纳税人的相关税收义务，诸如：提供涉税信息访问和复制路径、涉税记录和文件的外文译本，以口头或书面形式提供所需的所有信息，以及允许使用纳税人保管的文件等。

（3）东盟国家纳税人不合规涉税行为的禁止

马来西亚禁止不合规涉税行为，诸如：聘用不合格律师和未经批准的税务代理人、进行赠礼交易、进行贿赂、妨碍税务官员行使职能。

2. 东盟基于税收救济的纳税人权利保护发展基础

（1）东盟基于税务行政复议的纳税人权利保护发展基础

东盟国家税务争议主要发生在纳税评估、税务审计和税收减免这三项税收征收管理的核心业务上，因此，税务行政复议法主要针对这几项税务争议的关键行政行为规定税务异议的程序，但不同的国家在异议程序的具体规定上相异。

税务异议核心要件的差异。第一，从异议要件的选择共性视角来看，纳税评估异议要件是绝大多数国家的共同选择（老挝除外），印度尼西亚、泰国和老挝 3 个国家选择了税收优惠（包括退税）异议要件，印度尼西亚和马来西亚2个国家选择了税务稽查（审计）异议要件。第二，从国别视角来看，印度尼西亚规定的税务异议核心要件范围最宽，新加坡、柬埔寨和老挝规定的范围最窄。印度尼西亚税务行政复议法同时规定了纳税评估、税务审计和减免税的异议程序，其中，纳税评估的税务异议仅涉及少缴税（欠税）评估函、附加少缴纳（欠税）评估函、零税评估函和多缴税评估函，以及第三方依法代扣代缴税款。马来西亚税务行政复议法规定了纳税评估和税务稽查（审计）的异议程序。泰国税务行政复议法规定了纳税评估和减免税的异议程序。新加坡和柬埔寨税务行政复议法规定了（所得税）纳税评估的异议程序。老挝税务行政复议法规定了退税的异议程序。

税务异议的申请。第一，申请时限的差异。这是从税务机构做出税务评估或税务审查结果到提起税务异议的时限。马来西亚、印度尼西亚和越南规定的时限均为3年，其中，马来西亚允许延期；而泰国和柬埔寨规定的时限最短，仅30日。马来西亚规定高级纳税评估和一般纳税评估的异议分别适用3个月和30日，并在特定情况下延期30日。印度尼西亚和越南规定为纳税评估或税务审计等结果通知送达纳税人之日起3个月内。新加坡规定为2个月内。泰国和柬埔寨规定为30日内。第二，规定纳税人提交异议申请前的权利和义务。印度尼西亚规定了纳税人进行异议申请的权利和义务，即纳税人具有要求税务机关说明有异议的税务评估等依据的权利，同时具有履行缴纳税务审计结果规定的税款的义务。泰国仅规定了纳税异议申请的纳税人义务，即申请减免税异议时纳税人应履行提供纳税担保的义务，主要是银行担保、商业银行存款担保、本人或他人的不动产抵押登记和政府债券担保等。

复议操作程序的差异。第一，税务异议的受理时限。越南规定为10日内，泰国规定为5日内。第二，纳税人回复税务行政复议主管部门提出的税收异议问询函的时限。新加坡规定为2个月内，越南规定为7日内。第三，税务行政复议主管获得复议案件完整信息后发出复审结果通知的时限。新加坡规定为6个月或更长时间。第四，纳税人收到初步复审结果通知和书面反馈意见的时限。新加坡规定的时限最长，为3个月内。柬埔寨规定为60日内。泰国规定的时限最短，仅为 30 日内。第五，如果征纳双方无法达成一致意见，则税务行政复议主管将出具一份拒绝更正纳税评估结果的通知给纳税人，如新加坡。第六，纳税人最后获得补充完整佐证材料的期限。新加坡规定为 2 年。第七，纳税人向上一级税务复议管理机构最后提起税务复核的时限。柬埔寨规定纳税人对税务机构的裁决不服的，可在 30 日内向上一级税务协调委员会再次提起复核申诉。

税务异议申请的裁决差异。新加坡和印度尼西亚规定，若纳税人在规定期限无法补充提交完整的佐证材料，则税务行政复议主管可发出拒绝更正纳税评估结果的最终通知，即《税务异议决定书》。但是，不同国家规定的税务机构从接受异议申请书到做出最终裁决的时限的差异较大。新加坡规定为 3 年或更长。印度尼西亚和马来西亚规定以 12 个月为限，但马来西亚额外给予 6 个月的延长期限。越南规定一般案件为 30 日，复杂案件延长至 45 日。

税务异议申请判决结果公布载体的差异。越南在税务门户网站上更新和发布税务异议解决过程和判定结果。

赋予纳税人对税务异议申请判决结果诉讼的共同立场。新加坡和印度尼西亚都规定，纳税人对异议申请判决的结果不满意的，可向税务法庭提起税务行政诉讼。

税务行政复议法律后果的差异。第一，税务机关不当行为导致的案件应由税务机关承担退税责任。越南规定，如果税务行政复议案件由税务机关的不当行为导致，则税务机关应当在决定做出后的 15 日内，向纳税人或第三方退还不当征收的税款、滞纳金和罚款。第二，税务行政复议不应影响纳税人缴纳争议税款。泰国规定，纳税人必须在取得判决通知书之日起 30 日内缴纳争议税款，若税款未依法定期限缴纳则将被视为拖欠税款。柬埔寨规定，纳税人不能以提起税务行政复议而逃避缴纳纳税评估注明的争议税款、附加税和利息。

（2）东盟基于税务行政诉讼的纳税人权利保护发展基础

东盟国家基本赋予纳税人税务行政诉讼的权利，为纳税人的权利提供更高阶的法律保障。

①纳税人向税务法庭提起上诉的程序基本一致，但提起上诉的条件、具体时限和承担的法律后果存在差异

纳税人提起上诉的条件。越南和老挝均无提起税务行政诉讼的条件限制，由纳税人自主选择税务行政复议或税务行政诉讼途径最有利于纳税人通过税务司法途径维权。泰国规定的条件相对宽泛，主要针对纳税权利和义务的争议设置，纳税人提起税务行政诉讼维权的机会相对较多。印度尼西亚规定的条件较窄，纳税人提起税务行政诉讼维权的机会较少。第一，对税务行政复议裁定结果不服的可提起税务行政诉讼，如印度尼西亚和泰国。但越南取消了将税务行政复议作为税务行政诉讼的前置条件，即纳税人认为税务行政主体的行政行为或决定侵犯了其合法权益时，可直接提起税务行政诉讼，这为纳税人提供了更为灵活的法律救济渠道。第二，对未依法定程序签发《税收决定书》的程序进行上诉，如印度尼西亚。第三，对纳税权利与义务争议上诉，这包括国家主张的税收义务争议，以及税收征收管理义务下权利和义务争议等，如泰国。第四，对退税争议上诉。如泰国。第五，法律规定由税务法院管辖的其他案件，如泰国。

纳税人提起上诉时效的差异。纳税人提起上诉时效即纳税人自收到《税务异议决定书》或《税收决定书》到向税务法庭提起税务行政诉讼的时限。越南规定的时限长达 1 年，泰国和柬埔寨规定的时限最短，仅 30 日。越南规定：纳税人自收到或知悉被侵犯了合法权益的税务行政决定或税务行政行为发生之日起 1 年内。印度尼西亚规定：对《税务异议决定书》中的内容不服的，时限为 3 个月；对《税收决定书》的程序合法性有异议的，时限为 14 日。泰国和柬埔寨均规定为 30 日内。

税务法庭做出税务判决的时限差异。印度尼西亚规定：对《税务异议决定书》的判决一般为 12 个月，特殊情况下可再延长 3 个月；对《税收决定书》的判决为 6 个月内。

纳税人败诉的法律后果。印度尼西亚规定要额外承担附加税，附加税标准为：（提交异议申请之前税务审计规定应缴纳的税额－已缴税额）×100%。

②征纳双方上诉的最高法院复审程序

提起税务司法复审的条件。印度尼西亚规定，征纳双方符合以下条件才有资格提起税务司法复审，一是税务法院的判决基于对手的伪证或欺骗做出，或发现了重要的新的书面证据；二是税务法庭判决书的内容不符合现行法律法规。

提起税务司法复审时限的差异。提起税务司法复审时限为从税务法庭做出判决至向最高法院提起司法复审的时限。印度尼西亚规定为 3 个月。越南规定为 30 日。

最高法院复审的司法决定时限的差异。印度尼西亚规定为 6 个月。

3. 东盟个别国家基于税务信访的纳税人权利保护发展基础

东盟个别国家还提供纳税人税务信访维权的渠道。越南设置专门机构负责处理纳税人税务信访维权事项。维权信访受理：税务信访机构收到纳税人的信访投诉后研究信访投诉材料，及时向纳税人发出不受理通知书。受理的有法理依据的简单信访投诉案件的处理：依次执行规定的 10 个工作程序。受理的性质复杂信访投诉案件的处理：再增加 4 个事实核查验证程序方可结案。

4. 东盟基于税收救济的纳税人权利保护管理机制发展基础

（1）东盟基于税收救济的纳税人权利保护管理组织的发展基础

东盟国家都设立了税务行政复议管理机构，但机构的名称存在差异。印度尼西亚在税务总局内设立了质量监督小组，泰国税务局成立上诉委员会，专门负责处理纳税人的税务行政复议案件。越南税务局成立咨询委员会，专门负责处理复杂的税务行政复议案件。柬埔寨规定在税务机构内由国家税务总局局长直接负责税务行政复议案件的初审，经济和财政部税务仲裁委员会负责税务行政复议案件的终审。

个别国家还设立税务信访管理机构。越南建立了从税务总局到地方税务局、税务分局的内部检查局、内部检查处和内部检查组等信访机构，专门负责处理涉税投诉、检举和反腐败案件，涉及纳税人合法权益被侵犯的事项统一按照税务行政复议等同的程序处理。

东盟国家税务行政诉讼的管理机构基本一致。东盟国家都设置专门的税务法庭，负责处理税务争议纠纷；设置最高法院，主要就征纳双方对税务法庭的上诉或诉讼决定不服提起的税务司法审查申请做出司法判决。

（2）东盟税收救济管理系统的发展基础

开发"减税异议"和"税务上诉"功能模块，以便利纳税人维权。印度尼西亚从2021年实施税务管理核心系统改革项目（PSIAP）计划，开发"减税异议"和"税务上诉"功能模块，以便利纳税人在该系统上直接发起税收法律救济，推动纳税人维权程序流程优化，以及提升维权管理质量和效率。泰国开发了电子上诉系统，以供征纳双方在线上处理税务行政复议事项。

（五）东盟税收信息化建设发展基础

税收征收管理信息化是指将信息技术广泛应用于税收征收管理，通过多维度开发、利用涉税信息资源，将其应用于纳税服务、税收执法等业务，提高税收征收管理效能，进而推进税收征收管理现代化建设。囿于资料的可获得性，本报告对东盟国家税收征收管理信息化发展基础的讨论非常有限，难以全面和深入。

1. 东盟电子税务服务计划

东盟部分国家配合国家数字化发展战略，推动电子税收政务和服务程序改革。印度尼西亚财政部与电商公司合作推进电子政务服务计划，推进办税服务业务流程改造，实现了纳税人在任何地点、任何时间缴纳多种税款，极大地提高了办税便利度。越南配合国家的数字化转型战略，推动税务机关电子行政程序系统建设，制定并实施《电子税务交易指南》，引导和指导纳税人参与电子税务平台的办税流程及办税事项。

2. 东盟税务管理核心系统建设

印度尼西亚开展为期3年的税务管理核心系统重点建设，整合商业信息系统与税务数据库，旨在优化税务行政流程和办税服务流程。

3. 东盟电子税收文件和在线办税电子签名合法化

印度尼西亚税收程序性规章规定，税务总局以电子方式签发税收文件和实现纳税人在线电子签名合法，极大地提升了征纳双方的行政服务效率和办税服务效率。

二　东盟税收征收管理发展变化（2022～2023年）

2022～2023 年，东盟国家税收征收管理法律体系、纳税服务、税收执法、基于税收法律救济的纳税人权利保护，以及税收信息化建设等方面都发生了不同程度的变化。

（一）东盟税收征收管理法律体系发展变化

2022 年以来，东盟国家税收征收管理法律和税收救济法律都非常稳定，基本没有变化。其中，东盟国家间税收程序性行政规章的变动分化较大，而税收程序性行政法规变化普遍较小，个别东盟国家税收救济规章轻微变化。

1. 东盟税收征收管理法律体系发展变化

（1）东盟国家税收程序性行政法规变化普遍较小，热点也不甚明显

东盟国家税收程序性行政法规变化呈现分化状态。第一，印度尼西亚引入税收程序性法规 3 部，即综合性程序性法规、纳税服务（税务登记）、税收执法（税务审计）各 1 部。第二，泰国和越南各引入 2 部。泰国与税收优惠服务有关的法规为 2 部。越南税收执法法规（发票税收法律责任）和税收救济法规（税务行政诉讼）各 1 部。第四，老挝税收程序性法规为 1 部，数量最少，涉及纳税服务（涉及发票管理服务）。

（2）东盟国家税收程序性行政规章变动分化较大，但热点仍是纳税服务

东盟国家税收程序性行政规章变动的热点仍是纳税服务，这应该与应对疫情后的经济形势高度相关。第一，印度尼西亚引入税收程序性规章 11 部。纳税服务规章 10 部，涉及纳税综合服务（4 部）、税务登记（2 部）、发票凭证管理服务（1 部）、纳税申报（1 部）、税款缴纳（1 部）、税收优惠服务（1 部）；引入税收执法规章 1 部（税务稽查）。第二，越南、泰国和柬埔寨税收程序性规章均为 4 部。越南税收执法规章为 3 部，包括税务稽查规

章（2部）和税收法律责任规章（1部）；税收救济规章为1部，即税收信访规章。泰国纳税服务规章为4部，即发票管理服务规章（1部）和税收优惠服务规章（3部）。柬埔寨纳税服务规章为2部（涉及减免税服务和税务代理），税收执法规章为1部（涉及税收法律责任），税收征收管理综合规章为1部（涉及博彩税程序）。第三，老挝纳税服务规章为3部（涉及发票等票证管理服务）。第四，菲律宾纳税服务规章为1部，数量最少，涉及税务登记、纳税申报和税款缴纳。

2. 东盟税收救济法律体系发展变化

2022年以来，东盟国家税收救济法律体系非常稳定，特别是税收救济法律基本无变化。税收救济法规和规章虽然有变化，但仅有1个国家发生调整，而且是偶然调整。越南颁布了1部税收救济法规，涉及税务行政诉讼；税收救济规章为1部，涉及税收信访。

（二）东盟纳税服务发展变化

2022年以来，东盟国家纳税服务在跨境电子商务税务登记、电子商务平台海外供应商增值税或货物和劳务税纳税申报，电子发票应用、电子纳税申报项目和所得税电子缴税扩围，增值税发票规范管理和缴税，个人所得税纳税识别号管理、所得税代扣代缴管理和免税申请，以及纳税申报资料和风险行业纳税的风险评估等方面的发展变化相对集中。

1. 东盟税务登记服务发展变化

在税务登记服务发展方面，东盟国家在跨境电子商务税务登记和个人所得税纳税识别号管理方面的变化比较引人关注。

（1）税务登记管理服务发展变化

引入社区企业的个人所得税注册登记。泰国明确社区企业为普通合伙企业或非法人团体，应注册登记为个人所得税纳税人，而非增值税纳税人。

引入跨境电子商务税务登记服务。越南和新加坡引入电子商务外国供应商税务登记服务。越南为在越南没有常设机构但从事电子商务或基于数字平台开展业务或提供服务的外国供应商提供在线税务登记服务，以满足以电子商务为代表的数字经济快速发展的需要。从 2023 年起，新加坡合规的海外供应商电商平台必须申请新加坡货物和劳务税登记注册号，合规的海外供应商指全球年销售额超过 100 万新加坡元、每年向新加坡销售的低价值商品超过 10 万新加坡元的海外供应商。马来西亚引入进口低价值商品的在线运营商或个人税务登记服务。

引入增值税保险代理人或电子登记管理服务。印度尼西亚税收程序性规章规定，保险代理人或经纪人必须登记注册纳税人识别号，并自动被视为增值税个人纳税义务人。菲律宾引入增值税电子税务登记，增值税纳税人可在线办理税务登记等业务。

引入通过特定渠道为非经营者提供在线自动比对涉税信息的特殊服务。越南对通过国家公共服务门户网站办理税务登记的非经营者，直接调入全国人口管理数据库中的个人信息以进行比对，免除该类纳税人现场核验证件信息的程序。

引入提供免税服务的经纪服务供应商税务登记服务。从 2022 年起，在马来西亚提供免税服务的经纪服务供应商需要办理税务登记。

引入低风险纳税人税务登记信息变更申请的税务审计免除服务。越南允许低风险纳税人适用简易的税务登记流程，即低风险纳税人办理税务登记信息变更事项时，可免除申请执行税务审计程序。

（2）纳税人识别号管理服务变化

个人所得税纳税人识别号与身份证号码合二为一。为了规范和简化个人所得税纳税识别号管理服务，越来越多的东盟国家把公民身份证号作为个人所得税的纳税人识别号，不再单独设计个人纳税人识别号。印度尼西亚修改税收程序性法律，废止了原来实施的 15 位个人纳税人识别号，明确公民身份证号即为个人纳税人识别号，但需要通过公民身份证号与原个人纳税人识别号数据进行比对验证，通过验证的公民身份证号将被激活为个人纳税人识别号。

引入并强制使用个人税务识别号。从 2023 年起，马来西亚实施税务识别号，年满 18 岁的个人公民和永久居民自动获得税务识别号，所有涉税文件都必须使用税务识别号。

引入收款人税务识别号以作为企业预扣税的依据。马来西亚明确适用企业代扣代缴预扣税的"代理人、经销商和分销商"，必须提供其税务识别号以用作企业向其支付收入并预扣税的依据。

2. 东盟发票等票证管理服务发展变化

2022 年以来，东盟国家聚焦增值税或货物和劳务税发票规范管理，以及在电子税务发票的引入和推广方面发力。

（1）健全增值税发票管理制度

引入增值税发票上传验证、交易代码和开具的特殊规定。印度尼西亚颁布增值税发票管理新条例，优化增值税发票管理，明确增值税发票上传验证截止日期、交易代码和开具的特殊规定，"增值税合并发票"的开具和使用等规范，为纳税人的增值税发票处理和管理提供确定性和简化程序。

引入准备、发送或保存带有时间戳的税务发票新规定。泰国引入电子发票管理新规章，定义电子数据和时间戳，重新明确税务发票的内涵。

（2）引入社区企业账簿等证据文件管理服务

泰国明确社区企业应在其所在地保存注册证书和财务账簿等至少 5 年，以备税务检查之用。

（3）引入货物和劳务税发票或增值税发票开具和使用新办法

新加坡为适应货物和劳务税税率变动，引入货物和劳务税发票开具和使用的过渡性办法，以满足国内供货商和海外供货商的需要。第一，供货商在货物和劳务税税率变动前收到货款，在税率变动后开具发票，并且使用新税率，对由此产生多收税款的处理有 3 种方案。供货商需要向客户出具多收税的信用票据，并保留税率变动前已供货的凭证；在规定期限内开具信用证使已开具的新税率发票作废，按照老税率重新开具发票，将多收税款退还客户；如果供货商无法在规定期限开具信用票据，则审计长将允许供货商在原始税务发票开具日期后 90 日内，开具信用票据和新的税务发票，以确保税务合规。第二，供货商在货物和劳务税税率变动前按照老税率开具税务发票，但在税率变动后供货并收到货款，对由此产生少收税款的处理有如下方案。供货商需要在规定期限内向客户开具信用证，使已开具的老税率发票作废，按照新税率重新开具税务发票，由客户按新税率补缴少缴税款。

菲律宾引入卖家自动开具增值税发票和其他票据的新规定，所有卖家有义务为其提供的每项服务或销售的商品自动开具发票或收据。

（4）引入电子税务发票

从2022年起，越南全国范围内正式使用电子税务发票，实时采集纳税人的电子发票大数据，为税务检查提供更有效的比对数据支撑。从2023年起，马来西亚实施电子发票合作试验计划，通过电子纳税申报系统筛选纳税人并分阶段推行电子发票。从2023年起，菲律宾大企业、电子商务纳税人和从事货物和服务出口活动的纳税人必须使用电子发票和票据。2023年，泰国电子发票引入"时间戳"，防止电子发票日期等信息被随意修改，并因此重新定义税务发票：可访问和可重复使用的并已加盖电子交易发展局或其他主管部门公布的时间戳的电子数据的税务发票。泰国引入电子税务发票开具资格申请制度，拟开具和使用电子税务发票的增值税登记注册经营者应通过税务局的电子系统提出开具和使用电子税务发票的申请，经税务局进行审查批准后方有资格开具电子税务发票。

3. 东盟纳税申报服务发展变化

东盟国家增值税纳税申报管理和服务的变化最明显。东盟国家更关注提供新业态增值税纳税申报服务指引，聚焦电子商务平台特别是海外供应商的增值税或货物和劳务税纳税申报管理和服务，更多国家选择引入更广泛的线上纳税申报项目。

（1）纳税指南的变化

引入更多的纳税指南以便利纳税人。印度尼西亚引入与P2P借贷活动相关的企业所得税预扣税纳税申报指南和与金融技术服务相关的增值税申报指南。马来西亚引入数字货币交易税务处理指南，明确数字货币交易的纳税人范围、主要内容、数字货币交易所的名单，以及数字货币或数字代币交易的一般税务处理方法，旨在避免双重征税。

修订更新纳税指南。马来西亚修订不动产利得税纳税指南，提供了更多的纳税示范案例，授予不动产委托书不可撤销的地位，将之作为不动产的价值对价。

（2）纳税申报表的变化

优化增值税纳税申报表及实现在线提交。印度尼西亚更新增值税纳税申报表，当月无税款发生时无须提交纳税申报表。

提供免税服务的经纪服务供应商提交纳税申报表。从2022年起，马来西亚提供免税服务的经纪服务供应商需要提交无税申报表，申报提供免税服务情况。

基于不合规的海外收入的纳税人提交新的纳税申报表。马来西亚修订海外收入税务处理指南，若纳税人不能符合新的经济实质要求，则须提交经修订的纳税申报表。

引入针对纳税申报表信息的纳税人自我纠错机制。2022年，柬埔寨税收程序性规章鼓励纳税人或扣缴义务人自愿修正纳税申报表的错误。

（3）社区企业纳税申报身份的变化

泰国明确社区企业必须以个人所得税纳税人身份申报个人所得税。

（4）电子商务纳税申报的变化

随着电子商务的纵深发展，东盟国家越来越关注电子商务平台及其海外供应商的货物和劳务税纳税申报管理和服务。

加强电子商务平台海外供应商的货物和劳务税纳税申报管理。新加坡引入提供低价值货物和服务的海外供应商定期向新加坡国内税务局进行纳税申报制度。马来西亚引入进口低价值商品的在线运营商或个人限期向海关提交纳税申报表制度。

优化电子商务平台个人卖家的货物和劳务税纳税申报服务。越南电子商务平台个人卖家的纳税申报由强制转向自愿，同时开发了电子商务平台与税务机构数据共享网络，引入电子商务平台个人卖家在线直接纳税申报渠道，为电子商务平台个人卖家在线直接进行纳税申报提供可能和便利。

（5）税务代理人及代理纳税申报的变化

新加坡开发了无缝申报软件，实现税务代理人端、代理的客户端和税务纳税申报端的三方连接，便利税务代理人直接在线提交代理纳税申报表。柬埔寨修改有关税务代理的税收程序性规章，增加税务代理许可证申请的条件，提高报告代理企业员工名单的税务代理义务的频次，取消税务代理执照的1项许可权利，扩大吊销税务代理执照的适用范围，强化对税务代理的监管。

（6）纳税申报提交方式的变化

东盟国家引入更广泛的线上纳税申报项目。印度尼西亚废止线下提交增值税纳税申报表方式。

4. 东盟纳税评估服务发展变化

东盟多数国家的纳税评估管理服务保持相对稳定，个别国家的纳税评估管理服务聚焦纳税申报资料和风险行业纳税的风险评估。

引入纳税申报资料风险分类评估程序。越南引入针对高风险纳税人纳税申报资料的现场税务审计评估程序，而中低风险纳税人的纳税申报资料则免于进行税务审计。

调整纳税评估的风险对象。越南重点加强对退税、发票、电子商务和房地产转让等高风险领域的纳税人进行纳税评估。

引入纳税风险评估方法。越南进行纳税人近年来纳税遵从度及税收违法行为分析，比对最近一次和首次检查的风险评分，运用第三方数据再次比对税收风险水平，以确定重点检查的纳税人名单。

5. 东盟税款缴纳服务发展变化

东盟国家普遍关注优化增值税缴纳服务，强化所得税代扣代缴管理，以及扩大税款的电子支付的范围。

（1）增值税缴纳服务发展变化

引入增值税税率变化过渡期相关缴税新规定。在菲律宾，在特定期限内，卖方必须按照新税率缴纳增值税，已办增值税登记的买方如果适用零税率则可以选择申请退税，而未办增值税登记的买方可以选择将增值税作为销售成本处理；货物销售和服务提供的卖方和买方可以选择暂缓缴纳增值税，或卖方修改增值税申报表并将增值税退还给买方。

引入增值税汇总缴纳服务。印度尼西亚赋予增值税纳税人申请增值税汇总缴纳的权利，旨在减轻企业集团的增值税负担。

引入保险代理人进行增值税代扣代缴。印度尼西亚税收程序性规章规定，保险代理人或经纪人个人不适用增值税进项抵扣制度和不开具增值税电子发票，也不需要提交增值税纳税申报表，而是由其供职的保险公司代扣代缴增值税。

（2）所得税代扣代缴服务发展变化

引入企业特定对象代扣代缴预扣税及提供解缴服务。马来西亚允许企业代扣代缴向居民、经销商和分销商支付的合规预扣税，即上个纳税年度评估审定的应纳税额达到规定额度时可征收预扣税，适用 2% 的税率，并在规定期限内向内陆税收局的 4 个税款缴纳中心的服务柜台解缴税款。

强化个人所得税源泉扣缴的管理。泰国税务局基于征税的需要，扩大个人所得税源泉扣缴的应税收入范围，要求针对任何个人的应税收入的支付应从源头代扣代缴个人所得税，必须自支付所得之日起 7 日内将其汇缴给税务局，同时附上列明扣除额详情的纳税申报表，并向雇员发出代扣代缴税款的凭证，以作为雇员提交年度纳税申报表的支持文件。

（3）引入风险分类退税受理程序

越南引入高风险纳税人适用"先查后退"，中低风险纳税人适用"先退后查"的退税程序。

（4）缴税方式的调整

为了推动纳税服务的数字化和智慧化，提升税款缴纳的便利性，东盟国家持续开发税款电子支付系统，扩大税款电子支付的范围，同时收缩线下缴税服务网络和范围。

收缩线下缴税服务网络和范围。马来西亚最小化税收柜台的税款支付功能，只限于 4 个税款缴纳中心接受线下税款支付，逐步停止接受现金和支票付款方式，但不动产利得税暂时除外。

6. 东盟税收优惠政策管理服务发展变化

东盟国家除了持续优化应对新冠疫情的税收优惠政策的申请审批服务外，重点关注所得税免税政策的申请服务，支持配合所得税免税政策的实施。

（1）所得税免税服务发展变化

引入外国股息收入所得税免税的资格条件。马来西亚修订海外收入税务处理指南，明确居民公司、有限责任合伙企业或个人来源于境内合伙业务的外国股息所得豁免所得税的经济实质性资格条件。

引入社区企业个人所得税免税服务。泰国社区企业必须按时提交个人所得税纳税申报表，才有资格享受个人所得税免税待遇。

引入温室气体减排项目的公司或合伙企业免征所得税服务。泰国所得税规章规定实施温室气体减排项目的公司或合伙企业免征所得税的标准、程序和条件。

引入电子渠道向林业部捐款支持全球减排社区伙伴关系项目的所得税免税服务。泰国所得税规章规定通过电子捐赠系统向林业部捐款以支持全球减排社区伙伴关系项目的所得税免税的原则、方法和条件。

（2）优化应对新冠疫情的税收优惠政策申请核批服务

由于新冠疫情没有消退，东盟国家普遍延长应对新冠疫情的税收优惠政策，并继续优化政策申请核批服务。印度尼西亚加快审批纳税人享受延长应对新冠疫情的税收优惠政策的资格申请，尽快向纳税人发出审核结果通知。

（3）更新原动机或集装箱拖车的托运商销售税豁免的申请程序

马来西亚原动机或集装箱拖车的托运商需要通过内陆税收局官方网站和eVTEMS官方网站申请销售税免税。

（三）东盟税收执法发展变化

2022年以来，东盟国家税收执法的发展变化主要集中在税务调查和税收法律责任方面，个别国家的投资税收优惠资格引入税务审计的前置条件。

1. 东盟税务审计发展变化

东盟国家引入税收优惠资格申请的税务审计，只有通过税务审计的税收优惠政策资格申请，纳税人才能享受税收优惠政策。印度尼西亚引入投资企业所得税优惠政策资格申请的税务审计，对纳税人线上提交的税收优惠政策资格申请进行税务审计。

2. 东盟税务调查（稽查）发展变化

2022年以来，东盟国家税务调查的发展变化主要集中在税务调查范围的拓展，调查重点的调整，调查形式及程序的更新，欠税行政处罚的强制执行，以及对增值税退税欺诈、发票违法使用、房地产可疑交易和外国电子商务供应商交易等高风险领域税收违法行为的强力打击等方面。

（1）税务调查（稽查）制度的变化

马来西亚修订更新了税务稽查制度，以及金融业和保险业等的专业税务稽查制度，完善了税务稽查程序，规范了证人证据交换和保存制度，明确严惩违规执行和解等腐败行为等。泰国税务局明确，税务稽查人员对纳税人的搜查权和扣押权仅限于在工作时间内对逃税行为实施税务稽查时行使。

（2）税务调查（稽查）关注的重点各有侧重

印度尼西亚税务调查（稽查）关注的重点是"点对点贷款"（P2P贷款）贷款人和扣缴义务人的涉税问题，以及金融技术行业的相关涉税问题。越南仅将高风险纳税人纳入税务调查计划。马来西亚将故意不报告收入和提出欺诈性索赔行为列入税务调查重点。泰国税务局成立打击电子商务非法销售商品行动小组，针对偷漏税销售活动实施严打，重点严打在线销售烟酒等偷漏税行为。

（3）税务调查（稽查）形式及其程序的变化

引入基于税收风险分类的税收案头调查（稽查）程序。越南提高纳入税务调查计划的高风险纳税人数，即不低于实地调查纳税人总数的90%；基于筛查出来的问题，将纳税人分为4类进行税务检查处理，即免于税务检查、待补充资料澄清纳税申报的真实性、现场检查、记录税收行政违法行为。

调整税务调查案件选案重点对象及调查程序。马来西亚税务调查重点对象调整为故意不报告收入和提出欺诈性索赔行为，增加录取口供取证程序，赋予纳税人自行记录口供的权利，如被判有罪则将移交司法部门处置。

降低现场税务检查的纳税人比例。越南为了最大限度地减少税收执法对纳税人生产经营活动的干扰，只对存在税收风险的纳税人实施现场检查，而对低风险或已转为低风险纳税人，以及受新冠疫情直接影响的企业免于进行现场调查或改为案头调查。

（4）引入退税申请风险分类检查期限和频次程序

越南引入低风险纳税人退税申请适用5年内进行1次税务检查，而中高风险纳税人则适用3年和1年内开展1次税务检查的程序。

（5）税务稽查联合打击高风险领域的税收违法行为

越南税务机构和地方政府部门及时共享涉税数据，共同打击高风险领域的税收违法行为，特别是增值税退税欺诈、发票违法使用、房地产行业的个人银行可疑交易和外国电子商务供应商交易的税收违法行为。

（6）强制执行税收行政决定程序

越南引入强制执行税收行政决定程序的规章，确保年度欠税总额比例不超过8%。

3. 东盟税收法律责任的发展变化

2022年以来，多数东盟国家加大了对发票使用、所得税代扣代缴和离境欠税，以及二次被税务审计的纳税申报等纳税不合规行为的税收行政处罚力度，且普遍慎用税收刑罚措施。个别东盟国家更进一步加大了柔性税收执法的力度，对非主观因素导致的欠税、错误纳税申报等纳税不合规行为，以及纳税人自愿纠错遵从等行为等在税收处罚上更显宽容——从轻甚至免予进行税收行政处罚。

（1）税务登记不合规的从轻处罚

老挝增值税申报表未合规填写纳税人识别号，或未变更电话号码、营业地址等信息的，属于税收违法情节较轻的行为，给予书面警告的教育处罚。

（2）账簿和发票使用不合规的税收行政处罚力度分化

一些东盟国家加大对发票使用不合规行为的税收行政处罚力度，而个别东盟国家则对会计凭证提供的不合规行为选择进行从轻行政处罚。

引入新的发票使用行政违法行为及罚款规定。越南发票使用行政违法行为中增加了"未合规在发票上完整记载强制性内容"，以及"已开具但尚未申报税款的发票丢失、烧毁或损坏的行为"，并明确两者的税收罚款标准。

延长发票行政违规行为的税收处罚时效。越南由1年延长至2年。

会计凭证提供不合规的从轻税收行政处罚。老挝纳税人不合规提供会计凭证的，被视为违法情节较轻，应给予书面警告的教育处罚。

（3）加重被税务审计的纳税申报的税收行政处罚

柬埔寨加重对二次被税务审计的纳税申报的税收行政处罚，即第1次纳税申报税务审计产生的附加税和月度滞纳金利息不得抵减第2次税务审计产生的附加税和月度滞纳金利息。

（4）税款缴纳不合规的税收行政处罚

2022年以来，马来西亚和老挝等东盟国家加大了对税款缴纳不合规的税收行政处罚力度，重点针对所得税代扣代缴不合规、欠税特别是离境欠税行为和税务调查案件进行补税和罚款。

企业和雇主不合规代扣代缴预扣税的行政处罚。第一，企业逾期解缴代扣代缴预扣税的税收行政处罚。马来西亚征收10%的滞纳金，并禁止公司纳税申报表中出现向"代理人、经销商和分销商"支付收入项目。第二，对雇主未解缴代扣代缴个人所得税的税收行政处罚。泰国雇主未解缴雇员代缴个人所得税的，雇主与雇员必须共同承担连带个人所得税法律责任。

加大对纳税人欠税的强制行政处罚力度。第一，引入欠税的强制执行规定。老挝对欠税或不履行欠税罚款缴纳义务的纳税人，处以冻结银行存款、将银行存款强制划拨国库以抵缴欠税和在5个工作日内缴纳罚款的处罚。第二，引入特定企业负责人离境未清税的税收处罚政策。若马来西亚特定企业负责人离境前未缴清税款，税务当局可向出入境管理机构签发请求协助阻止其出境文件，由出入境管理机构采取措施阻止其离境，包括强制查获、收缴或扣留其身份证明（护照、出境许可证或其他旅行证件）；纳税人补缴税款或提供担保并取得主管税务机构签发的取消限制离境通知书后才可离境。

调整税务调查案件税款补缴和罚款缴纳方式。马来西亚被税务调查纳税人必须直接向内陆税收局总执行长补缴税款和罚款，并被允许分期缴款。

（5）减轻或免于税收处罚的特殊税收行政违法行为

2022年以来，东盟国家进一步加大了柔性税收执法的力度，对非主观因素导致的欠税、错误纳税申报以及纳税人自愿纠错遵从行为等在税收处罚上更显宽容。

引入对因新冠疫情的特殊行政违法行为免于税收处罚的规定。越南免除因新冠疫情的亏损企业的欠缴滞纳金，以及检疫隔离地区逾期进行纳税申报的处罚。

引入免除税务代理人因不熟悉新软件导致错误申报的税收行政处罚的过渡性政策。新加坡国内税务局免除税务代理人因不熟悉使用新开发的纳税申报软件而产生错误申报的处罚，但规定了2年的适用期限和适用的税种，并不适用于无合理理由、因疏忽或故意逃税的税收违法行为。

引入"自愿披露计划"的减轻或免予处罚服务。马来西亚宣布正式引入"自愿披露与宽恕特别计划"，合规纳税人可减免30%的补缴税款/关税，以及最高100%的罚款和附加费豁免。柬埔寨引入鼓励纳税申报自愿纠错机制，纳税人和扣缴义务人在税务审计前自愿修改错误纳税申报表的，减50%或80%滞纳金。

（6）引入税收行政处罚决定书的电子化制作和发送

越南全国范围内推行税收行政处罚决定书的电子化制作和发送服务，确保税收行政处罚的时效。

（四）东盟基于税收法律救济的纳税人权利保护发展变化

2022年以来，新加坡、印度尼西亚和越南等国家在基于税收法律救济的纳税人权利保护的某些方面发生了有限的变化，其他东盟国家基于税收法律救济的纳税人权利保护制度相对稳定。

1. 东盟基于税务行政复议的纳税人权利保护发展变化

2022年以来，新加坡、印度尼西亚和越南等国家基于税务行政复议的纳税人权利保护发展变化，主要体现在引入所得税纳税评估行政复议上诉机制，以及税务部门拒绝进一步处理税务行政复议案件的新规定。

（1）所得税行政复议上诉机制的新变化

引入所得税纳税风险评估复议上诉机制。鉴于税收法律责任的更新，为了降低潜在的税收重罚风险，马来西亚引入所得税纳税申报税收风险评估及税务核查异议申诉机制，帮助纳税人降低所得税纳税风险。

拓展适用企业所得税行政复议上诉程序的纳税人范围。新加坡国内税务局修改了税收救济程序规章，将子信托、特定私人信托和交易所买卖基金等纳入适用企业所得税行政复议上诉程序的纳税人范围。

（2）引入基于处理税务行政复议案件的公民接待规章

越南税务局为妥善解决纳税人的投诉、控告等问题，于2022年实施更新后的《税务局机关总部的公民接待条例》。该条例增加了税务局拒绝进一步处理税务行政复议案件的2种情形。

2. 东盟基于税务行政诉讼的纳税人权利保护发展变化

2022年以来，印度尼西亚和越南等国家基于税务行政诉讼的纳税人权利保护发展变化，主要体现在试点税务行政诉讼费的电子缴纳，以及增加税款异议诉讼案件的纳税人司法责任。

（1）参与在线缴纳和预缴税务行政诉讼费试点

越南最高人民法院引入为期1个月的在线缴纳和预缴行政诉讼费试点，税务机构鼓励纳税人参与此项试点活动，以提高纳税人缴纳税务行政诉讼费的便利性。

（2）引入税款异议诉讼案件的纳税人税收法律责任

印度尼西亚税收程序性法律增加新规定，如果税收司法审查结果增加税收异议的应纳税额，则新增的应纳税额将承担60%的附加罚款。

（3）引入税收司法结果的税务机构追缴税收罚款的时限

印度尼西亚税收程序性法律增加新规定，在税收司法部门做出异议税款处罚的判决结果后，税务机构必须在两年内向纳税人发出税收罚款的征收通知并征收。

（五）东盟税收信息化建设发展变化

2022年以来，新加坡、越南、印度尼西亚、马来西亚和菲律宾等国家在数字化转型综合税务系统开发与税务数字平台应用推广，对接电子商务平台、税务代理业务和个人全流程在线办税的软件系统和应用程序，以及国家法律救济数据库系统等的开发上持续深耕。

1.东盟持续推进税务管理核心系统改革

2022年以来，印度尼西亚、马来西亚和菲律宾等国家引入税务数字转型计划，开发基于数字转型计划的综合税务系统，助力税务部门的数字平台应用推广。

持续推进以优化办税服务流程为重点的税务管理核心系统改革。印度尼西亚继续重点推进税务管理核心系统改革项目（PSIAP），优化改造纳税服务业务流程。

引入税务数字转型计划，开发基于数字转型计划的综合税务系统。开发基于数字转型计划的综合税务系统是马来西亚税务数字转型计划的核心项目，它基于最先进的创新和用户友好的Web技术进行，税收各项业务端到端流程实现完全集成，可以减少70%的批量作业处理；开发一个互动平台以作为一站式中心，支持征纳双方之间的互动沟通，提供更好的客户体验，并实时税收风险管理，促进纳税遵从。菲律宾税务局不断推进税收征收管理数字化转型，2023年国家预算中包含对税务局和海关总署拨款35.6亿比索以支持其升级数字化基础设施。

2.东盟引入对接征纳涉税业务的纳税服务系统和应用程序

2022年以来，新加坡和越南等东盟国家更关注开发便利电子商务平台、税务代理业务和个人全流程在线办税的软件系统和应用程序。

开发电子商务平台与税务机构数据共享网络。新加坡通过该数据共享网络，为电子商务平台个人卖家提供在线办税服务。

开发便利税务代理业务的无缝申报软件。新加坡税务代理人通过该软件可以将其代理客户的内部系统与国家税务局的电子办税服务系统连接，进而代理客户直接提交纳税申报表，简化中间程序，便利税务代理人进行代理申报。

开发并引入兼容 iOS 和 Android 平台的个人移动端应用程序。越南通过该应用程序为纳税人提供全流程的在线纳税服务，补上个人移动端纳税服务的短板。

3. 东盟开发并引入新的税款电子支付系统

2022 年以来，马来西亚和菲律宾等国家重点开发和应用电子纳税申报、税款汇缴和资金支付系统，进一步提升纳税申报和税款缴纳的便捷性。

引入账户式电子税款汇缴系统。马来西亚开发的账户式电子税款汇缴系统，适用于纳税人通过电汇、电子资金转账和银行间的支付系统支付所得税类税款，纳税人在系统上生成一个虚拟账户号码以作为支付税款的标识。

引入电子纳税申报和税款等支付系统。菲律宾已经开发出电子申报系统、支付系统、电子资金转账指示系统和其他电子支付渠道，全国约 98% 的纳税人已经开始使用税务局的数字平台。

4. 东盟部分国家引入国家法律救济数据库系统，进行标准化税收救济信息管理

越南参与国家投诉和控告数据库系统建设，对标实施税收救济信息的标准化、数字化存储和管理，提高税收救济信息的电子化、标准化和透明度水平。

三　东盟税收征收管理发展前景

税收征收管理现代化目标就是要全面推进税收征收管理数字化升级和智能化改造，建成并持续完善纳税服务、税务执法的现代体系，建设高集成功

能、高安全性能、高应用效能"智慧税务"，推动税收治理的现代化。追求税收征收管理现代化是当今国际税收征收管理的主流趋势，也是东盟国家税制改革战略的核心目标，将在东盟国家税收管理现代化建设中发挥关键作用。

（一）东盟税收征收管理法律体系发展前景

东盟国家将根据经济发展和税制改革战略，完善各自现行税收程序性法律、法规和规章体系，提升税收程序性法律效力层次，充分体现税收法定原则，为纳税服务和税收执法提供高质量的税收程序性法律法规依据。

1. 东盟多数国家税收程序性法律将保持相对稳定状态，个别东盟国家将为适应税制改革进行相应调整

税收程序性法律的稳定性能够赋予纳税人更大的税收确定性，减少纳税人的纳税遵从风险，是税收法治臻于完善的重要有形标志。而税收程序性法律是服务于税制的，因此，税制的稳定性决定了税收程序性法律的稳定性，如果税制发生根本性改革，则税收程序性法律也要做出相应的修正。

越南发布的《到 2030 年税制改革战略》，明确了越南 2025 年和 2030 年税制改革和税收征收管理配套改革的战略目标。该改革战略提出了要提升税收征收管理法及其指导文件的比例，更明确了修订更新税收程序性法律的时间表，即于 2030 年以前修订更新税收征收管理法及其指导性法令，并制定颁布税收救济法。

多数东盟国家年度预算案或其他单项税收法律虽然或多或少涉及税制改革内容，但基本上属于个别税制要素政策的调整，近期，重大税制改革较为鲜见。因此，可以预见，无论是实施独立税收征收管理法的东盟国家，如印度尼西亚、老挝，还是实施税收程序性法律寓于税法典或综合性税法的东盟国家，如菲律宾、泰国和柬埔寨，抑或是实施税收程序性法律寓于税种法律的新加坡和马来西亚，其税收程序性法律在近期都将保持相对稳定。

2. 东盟税收法定的国家将把成熟的税收程序性法规升级为税收程序性法律

税收法定原则是宪法性原则，是税收法律体系的核心原则，也是税收的最高原则。税收法定原则要求税收程序基本制度法律化，要求税收程序法律体系以税收程序性法律为主，实现税收征收管理领域的良法善治。越南、泰国、柬埔寨和老挝等东盟国家宪法规定税收法定，新加坡宪法规定税法动议必须法定，征收任何国家税或地方税均需要经法律批准，显然，这些奉行税收法定原则的东盟国家存在将现行成熟的税收程序性法规升级为税收程序性法律的必要性和必然性。

越南是奉行税收法定原则的东盟国家，也是现行税收程序性法规最多的东盟国家，因此，其将是最可能升级成熟的税收程序性法规为税收程序性法律的东盟国家。越南发布的《到 2030 年税制改革战略》，明确了于 2030 年以前升级现行越南税收处罚法规为法律。

3. 东盟国家面临将成熟的税收程序性规章升级为税收程序性法规乃至法律的压力

税收法定原则要求税收程序性法律体系以法律为主，以法规规章为辅，特别是法律层级较低的税收程序性规章过多会增加纳税服务和税收执法的不统一，增大纳税人的税收不确定性风险。在东盟国家税收程序性法律体系中，税收程序性法规不多，而以税收程序性规章居多，特别是柬埔寨、老挝、印度尼西亚和越南更为典型，这些国家更需要将其中成熟的税收程序性规章适时升级为税收程序性法规乃至法律，其中，奉行税收法定原则的柬埔寨、老挝和越南升级税收程序性规章为税收程序性法规、法律更显迫切。

（二）东盟纳税服务发展前景

纳税服务现代化的目标就是推进纳税服务高质量发展。作为税收征收管理现代化的核心组件之一，纳税服务现代化显然成为东盟国家共同追求的目标。

1. 东盟将加大在线纳税服务力度，提升纳税人满意度

运用现代信息技术和风险管理措施，缩短纳税人的办税时长，降低纳税人办理税务行政手续的成本，增强纳税人的体验感，提升纳税人的满意度。越南《到 2030 年税制改革战略》提出，2025 年和 2030 年提升纳税人满意

度的目标，即在90%和95%及以上。

（1）推动纳税服务全面进行数字化转型，提高纳税服务质量和效率

纳税服务全面数字化指税务机构要利用信息化、网络化的手段，构建便捷、高效、智能的数字化纳税服务平台，让纳税人能够随时随地进行在线登记、票证管理、纳税申报、信息查询、纳税、税收优惠申请等操作，提高纳税服务的质量和效率。在数字化时代，世界各国都在积极运用大数据和人工智能技术，加快自身数字税务建设，实现纳税服务数字化快速转型，以提高纳税服务质量和效率。东盟是全球数字经济最活跃的地区，既提出了东盟纳税服务全面数字化转型的迫切性，也为东盟纳税服务全面数字化转型提供了机遇。

越南《到2030年税制改革战略》计划在线完成的纳税人支持率在2025年和2030年分别在70%和90%及以上。《2022~2025年税务领域行政程序审查和简化计划》将进一步优化办税服务流程，加大风险管理机制在办税流程改革中的运用力度，对中低风险的纳税人继续适用较为精简、快捷的办税流程，还将与其他国家管理机构进行协调联动，扩大部门间信息共享范围，提高国家公共服务门户网站上"一站式"机制的效率，进一步提高纳税人的办税效率。

印度尼西亚财政部部长多次公开强调，财税工作必须有与之相适应的更灵活的工作策略，尽快改变传统线下办公模式，协同各行业转向数字平台和市场，为纳税人服务。为此，印度尼西亚将补齐"智慧税务"建设的短板，整合统一中央税和地方税的电子政务计划设计，利用税收信息化、电子化和大数据达到流程再造，推动城市和地区之间税务工作互联互通，推动自助办税。

（2）在线税务登记将由"登记认定"向"自动确认"转变

在数字化时代，在线税务登记已成为东盟国家的共同选择，并且朝着自动确认和低门槛化方向发展。越南《到2030年税制改革战略》计划在线处理税务登记率在2025年和2030年分别在80%和90%及以上。印度尼西亚将继续结合具体经济发展需要，在保护税源且保证国家税款足额征收的前提

下，对部分群体的税务登记适度松绑。马来西亚在线税务登记继续朝着程序简易化、便捷化，甚至低门槛化方向发展。随着未来东盟国家纳税人在线税务登记业务平台的优化升级，部门间涉税信息共享能力的不断提升，在线税务登记将由"登记认定"向"自动确认"转变，纳税人提交税务登记资料有望进一步精简，在线办理税务登记业务的比例将不断增加。

（3）持续加大在线办理纳税申报和税款缴纳的力度

在线全面进行纳税申报和税款缴纳将成为东盟国家纳税的最主要的方式。纳税人无论有税还是无税、无论是自主申报还是委托申报抑或是代扣代缴都需要在线办理。纳税人无论是自主纳税、委托纳税、代扣代缴税款，还是退税或补缴欠税都需要在线办理。这将成为东盟国家纳税申报和税款缴纳的常态。由于国情不同、税收征收管理现代化进程不同，东盟各国全面在线纳税申报和税款缴纳的推进速度和推进程度存在差异。

加速在线纳税申报和税款缴纳系统开发。印度尼西亚集成中央税和地方税纳税申报和税款缴纳系统，拓宽"非接触式"办税覆盖面，推进实现"减少填表张数、减少申报次数、实现一次缴款"的目标。随着东盟国家纳税人在线纳税申报和税款缴纳系统的加速开发，以及在线纳税申报和税款缴纳平台的加快优化升级，东盟国家纳税人在线办理纳税申报和税款缴纳的比重将加速提升。

加快企业纳税人在线办理纳税申报和税款缴纳。越南《到 2030 年税制改革战略》计划提升企业纳税人在线办理纳税申报和税款缴纳率，在 2025 年就必须在 98% 及以上，显然，这在时间节点上比个人纳税人的相同指标快了 5 年以上，在电子纳税申报和税款缴纳率指标上也比个人纳税人的相同时间段的相同指标提高了 13 个百分点，甚至比个人纳税人的更长时间的相同指标提高了 8 个百分点，然而，越南在 2023 年已提前达成此目标，未来将朝着更高目标迈进。

稳步推进个人纳税人在线办理纳税申报和税款缴纳。越南《到 2030 年税制改革战略》计划提升个人纳税人完成在线办理纳税申报和税款缴纳率，在 2025 年和 2030 年分别在 85% 和 90% 及以上，在时间节点和个人纳税人的覆盖面方面，明显比企业纳税人放缓节奏。随着越南个人移动端办税程序的推广，个人纳税人在线办理纳税申报和税款缴纳的目标有望达成。

在线纳税申报和缴纳税款的渠道将更加多元。随着电子技术和数字技术的迅猛发展，东盟国家电子化纳税申报和税款缴纳方式越来越多元。马来西亚电子多元化的纳税申报和税款缴纳方式正逐渐取代传统的纳税申报和税款缴纳方式。

（4）加速推进电子发票全流程电子化管理

电子发票包括增值税电子发票、全面数字化的电子发票和电子会计凭证等，电子发票的全流程管理指电子发票的开具、接收、报销、入账和归档的全面电子化管理。随着数字化时代的到来、电子化进程的推进、纳税服务数字化的不断发展，电子发票已成为企业开票的主流方式。自带电子签章的电子发票既可重复打印，存在重复报销的风险，又可能真票假开导致偷漏税风险，因此，电子发票全流程电子化管理逐渐受到东盟国家的重视。

马来西亚将加快企业税收票证的电子化进程，纸质税收票证将快速退出历史舞台。越南将继续全面推广电子发票。马来西亚将推动电子发票由试点变为全面使用。菲律宾电子发票将由大企业和电子商务纳税人先行适用，然后向所有纳税人开放。泰国将在开发电子发票"时间戳"的基础上，继续探索发票开具、接收、报销、入账和归档各环节电子化管理的技术，防止电子发票上的信息被随意修改。

（5）持续加大在线办理所得税优惠的力度

所得税优惠政策是税收优惠政策的主流，是吸引外国投资和促进国内产业发展的主要税收政策工具，也是业务最复杂的税收优惠工具。税务机构提供在线办理所得税优惠服务既是优化税收营商环境的客观要求，也是优化税收营商环境的重要举措。东盟多数国家是资本输入国，RCEP 的正式实施为东盟国家提供了扩大对外开放的机遇，因此，东盟国家将持续加大在线办理所得税优惠的力度。越南将继续实施企业和个人纳税人有别的在线办理税收优惠的服务措施。马来西亚将继续关注境外所得的免税资格申请条件。泰国将持续关注社区企业的个人所得税免税申请和温室气体减排项目的企业所得税免税申请。

2. 东盟将严格进行高风险领域的纳税服务管理

数字经济的无纸化和交易的隐匿性给现行纳税服务和税收执法带来极大的风险与挑战，数字经济时代的新业态催生了许多新型的就业形态，增加了个人所得税的征收风险。随着数字经济和电子商务平台的纵深发展，东盟国家将持续关注并严格对这些高风险领域进行纳税服务管理。

（1）加大对电子商务平台的纳税服务管理力度

跨境电子商务交易没有实际交易和消费场所，没有实体票据凭证，从而成为税收高风险领域，因此，严格对高风险的电子商务平台海外供应商等纳税人进行纳税服务管理成为东盟国家的共同选择。

将持续提高电子商务平台供应商的增值税税务登记门槛。印度尼西亚对电子商务平台供应商特别是海外供应商的增值税税务登记管理将更为严格。马来西亚对数字经济公司将采取比较严格的税务登记程序和实施门槛规定。菲律宾将推进完善电子商务经营者注册登记制度。

将继续强化对电子商务平台海外供应商的增值税纳税申报管理。新加坡和马来西亚将继续强化对提供低价值货物和服务的海外供应商的定期增值税纳税申报管理。

将加大对电子商务平台卖家和数字服务提供商的征税力度。第一，将加大对电子商务平台卖家的征税力度。新冠疫情迫使许多实体企业转向使用电子商务平台以及社交媒体平台进行在线销售，部分电子商务平台已经在研究如何平衡提供征税数据以及保护隐私之间的关系，为针对规避电子交易缴税或少缴税寻找"依据"，如何依法对在线卖家征税又不侵犯纳税人的隐私保护权，这对税务机构来说是新挑战。随着电子商务的发展，菲律宾税务部门将优先考虑如何更有效地向在线卖家及其他新平台征税，而又不违反隐私保护法。第二，将加大对数字货币交易服务提供商征收增值税的力度。菲律宾总统在2022年国情咨文提出未来六年可能对加密货币交易所的数字服务提供商征收增值税。马来西亚将加强对数字货币的跨境交易涉税事项的征收管理。

（2）持续对个人所得税的代扣代缴服务进行严格管理

个人所得税税源广泛且分散，给税收征收管理带来极大难题，成为税收流失的高风险领域。由于大部分个人所得税纳税人是雇员，因此个人所得税代扣代缴制度能够在源泉上防止个人所得税流失，但这取决于个人所得税代扣代缴人履行代扣代缴义务的责任度。数字经济时代的新业态催生了许多新型就业形态，进一步增加了个人所得税的征税风险，因此，东盟国家都将更加注重对个人所得税特别是新兴职业个人所得税的代扣代缴服务管理。马来西亚未来会更加规范、更加严格地全面实施代扣代缴个人所得税政策，而且会进一步简化代扣代缴受理程序，并推动个人所得税代扣代缴人的税务登记、纳税申报及税款解缴的电子化、数字化进程。泰国将继续扩大个人所得税源泉扣缴的应税收入范围，缩短个人所得税代扣的清缴期限，并附上列明代扣税款详情的纳税申报表，以便于税务机构对个人所得税代扣代缴申报进行纳税评估。

（3）持续对离境清税服务进行严格管理

纳税人欠税特别是外国人欠税离境实质上是一种变相的跨境逃税行为，破坏了公平的税收环境，可能导致国家主权税收流失。进行离境清税服务管理是国家进行税收主权管理及维护国家税收主权的重要方面，因此，部分东盟国家非常重视对离境清税的严格管理。马来西亚将继续采取强制执行措施，使用暴力扣留护照或其他相关证件，甚至联合出境管理部门限制欠税纳税人离境。

3. 东盟将鼓励和支持社会化纳税服务组织发展

纳税服务社会化是把纳税服务纳入公共社会服务体系，充分发挥社会力量对纳税服务的促进作用，以协作、委托、自愿、援助等服务方式，实现纳税宣传、咨询辅导、协税护税、维权服务，纳税信用评定等级社会化，形成税务机关专业服务和社会化服务相结合的纳税服务新机制，以让纳税人享受更全面、更高效的纳税服务。与欧美发达国家相对健全的社会化纳税服务组织相比，东盟多数国家社会化纳税服务组织的发展相对滞后，难以满足日益增长的纳税人社会化纳税服务的需求。因此，东盟国家更关注鼓励和支持社会化纳税服务组织的发展，重新确定社会化纳税服务组织的法律职责、执业条件、业务范围和权利义务，为社会化纳税服务组织独立、客观、公正地开展涉税专业服务业务提供法律支持。越南《到2030年税制改革战略》明确提出，鼓励和支持社会化纳税服务组织发展。新加坡将更关注开发便利社会化纳税服务组织在线代理纳税的软件。

（三）东盟税收执法发展前景

税收执法现代化的目标就是推进税收执法高质量发展。作为税收征收管理现代化的核心组件之一，税收执法现代化显然成为东盟国家共同追求的目标。

1. 东盟税务审计发展前景

税务审计是税收执法体系的重要组成部分，其目的在于评估企业的财务和履行税收义务的情况，评估其财务报表是否真实准确，在约束纳税人履行纳税义务、促进纳税遵从上有着不可替代的作用。

（1）东盟国家税务审计对象将持续聚焦税收风险领域纳税人

东盟国家根据企业收入、纳税记录、纳税申报和税款缴纳等信息，将纳税人分为高风险、中风险和低风险纳税人，以作为加强税收管理的重要依据。东盟国家税务审计将引入"无风险不打扰、低风险预提醒、中高风险严审计"的处置原则，对中高风险企业履行纳税义务情况进行税务审计，确保中高风险企业纳税人依法履行纳税义务。印度尼西亚继续以有风险嫌疑的企业增值税专用发票、退税和免税等为税收重点审计对象，马来西亚继续对有风险嫌疑的企业所得税自我评估报告进行税收审查，柬埔寨继续对有风险嫌疑的纳税申报表进行税务审计，老挝继续针对有风险嫌疑的个人所得税和税收优惠申请进行税务审计，泰国继续针对企业逃税行为进行税务审计。

（2）东盟国家将继续把增值税退税申请作为税务审计的重点

增值税退税多元且复杂，包括即征即退、先征后退、先征后返、免抵退税、留抵退税和出口退税等，不同的退税方式适用的退税流程和耗费的退税时间的差别较大。不同国家之间的增值税退税政策存在差异，而由增值税中性原则决定的出口退税却是实施增值税国家的共同选择。增值税出口退税实质上是出口产品的增值税免税，也是不法纳税人假冒出口或虚开增值税抵扣凭证骗税高发的领域，防范和打击借增值税出口退税骗税已然常态化，因此，实施增值税或货物和劳务税制度的东盟国家仍旧延续将增值税退税申请作为税务审计的重点。

（3）东盟国家将收缩税务审计期限

税务审计内容及审计工作量决定所需要的审计期限，由于税务审计的具体对象不同，实际的审计用时会存在一定差异。在持续优化税收营商环境和提升纳税人的税收执法满意度的大环境下，这决定东盟国家将持续收缩税务审计期限。现行东盟国家间差异较大的审计期限为其收缩税务审计期限提供了可能性。菲律宾现行 4 个月的税务审计期限相比其他东盟国家不长，柬埔寨案头审计和有限审计的期限均为 3 个月，累计为 6 个月，而逃税嫌疑的全面审计期限为 6 个月，老挝税务审计期限高达 6 个月，显然，东盟国家税务审计期限仍有较大的压缩空间。

（4）东盟国家将继续进行基于税收特赦计划的柔性税务审计

税收柔性执法指税务机关改善征纳关系，以柔性、人性化的方式进行税收执法，让纳税人积极参与互动，执法行为具有协商性和可选择性，最终实现税收权力与纳税人权利双向平衡。它是税务执法理念和方式的转变，有利于建立和谐的税收征纳关系，推动税收营商环境不断优化。税收特赦计划本身就是税收柔性执法的呈现，而对税收特赦计划进行柔性税务审计更彰显了对自愿纠错纳税人的一种税收执法关怀。后疫情时代，国际国内经济形势的复杂性增加了纳税人盈利的不确定性，因此，东盟国家将继续选择实施基于税收特赦计划的柔性税务审计。

2. 东盟税务稽查（调查）发展前景

税务稽查（调查）的目的在于发现和纠正税务违法行为，保障税收征收的合法性和公平性。

（1）东盟将关注数字税务稽查机制的建设

数字经济下无纸化跨境交易愈加频繁，税收违法行为更为隐蔽，涉税金额更难以评估，显然，数字经济的快速发展给税务稽查带来了新的挑战。

数字税务稽查是一种利用大数据分析等技术手段，实现税务稽查数字化和智能化的方法，它主要涉及办案、情报、指挥和决策4个系统，覆盖税务稽查的全部流程，并将这些流程和业务细节电子化和规范化，加强了对涉税问题的智能分析和识别，为纳税人提供更为全面和精准的税务稽查服务，从而促进纳税遵从，因此能够有效应对数字经济给税务稽查带来的新挑战，大幅提高税务稽查（调查）的效率和质量。可以预见，作为全球数字经济最活跃地区的东盟国家将更加关注数字税务稽查的建设，加快对数字稽查系统的开发，推动税务稽查（调查）走向数字化和智能化。

（2）东盟将继续推动风险管理在税务稽查中的应用

税收风险是实现税收征收管理目标的障碍，而税收风险管理通过对涉税信息收集、风险识别、等级排序、预警提示、任务推送、风险应对和结果预测等环节实施监控，可以降低税务机关的主观认知水平，提升税收执法的准确性，防范税收执法过程中的风险，减少税收执法成本，促进税收征收管理目标实现。因此，在税务稽查中引入风险管理方法成为税务稽查的国际趋势，也成为东盟国家税务稽查的必然选择。越南将税务稽查的风险管理作为降低税务稽查后投诉率的重要措施，《关于发布2025年税制改革计划的决定》明确提出，2025年以前，税务稽查后的投诉率目标为不得超过5%；《到2030年税制改革战略》强调，税务部门将继续推动风险管理在税务稽查中的应用，使其与良好的国际税务稽查做法接轨，并将此作为减少税务稽查后投诉的有效措施。

3. 东盟税收法律责任发展前景

（1）东盟柔性与刚性相济的税收行政处罚模式将常态化

税收行政处罚的目的是维护税收秩序，保障公平竞争，促进经济发展。税收行政处罚措施既是对违法行为的惩罚，也是对纳税人的警示，促使纳税人遵守税收法律和规定，增强纳税意识和自我约束能力。后疫情时代，纳税人尚未完全走出经济困境，又遭遇能源、食品和化肥价格上涨，国家同样受实施疫情纾困积极财政政策拖累而面临较大风险，因此，在重启税收特赦计划、讨要存量"欠税"的同时，加大对当下风险"逃避税"严罚、讨要增量"欠税"力度，采取双管齐下的税收行政处罚模式成为承担国际税收行政法律责任的趋势，也将成为东盟国家的必然选择。印度尼西亚财政部部长近期表示，阻碍印度尼西亚经济发展的因素来自外部不确定的地缘政治环境及发达国家的政策，这意味着印度尼西亚需要采取更宽松的税收行政处罚措施以减轻纳税人缴纳罚款的现金流负担，刺激国内经济发展。新加坡在加大对偷逃税的行政处罚甚至刑事惩处力度的同时，"以人为本"，引入纳税人自我纠错制度，给予纳税人主动坦白、自我纠错的机会，在重建征纳互信关系中增加"欠税"收入。面对疫情后财政收入减少的压力，越南和老挝修订后的税收管理法都扩大了税收行政处罚适用的税收行政违法行为，并明显加大了对税收行政违法行为的处罚力度，对高风险领域的税收行政违法行为的惩戒的威慑力明显增强，这种制度性的税收行政违法惩戒措施将常态化。

（2）东盟税收刑事处罚将持续关注有关税务登记和财务账簿发票的违法行为

税务登记是整个纳税服务和税收执法管理的起点，是征纳双方法律关系成立的依据和证明，也是纳税人必须依法履行的义务。它有利于税务机关了解纳税人的基本情况，掌握税源，加强征收与管理，防止漏管漏征。如果纳税人不履行税务登记义务，那么这意味着纳税人脱离了纳税服务和税收执法管理领域，成为最大的税收风险，因此，东盟国家对税务登记违法行为进行刑事重罚，其刑事处罚力度远远高于对其他税收违法行为的刑事处罚力度，甚至远高于对偷逃税违法行为的刑事处罚力度。

财务账簿全面、系统地反映了纳税人的业务的发生和完成情况，发票则是记载纳税人营业收入、支出与损益状况的重要账务凭证，财务账簿和发票是税务机关对纳税人实施税收征收管理、进行税款的确定和征收以及税收执法检查的重要依据，是继税务登记之后进行纳税服务和税收执法管理的又一重要环节，在纳税服务和税收执法管理中占有十分重要的地位，因此，东盟国家对财务账簿和发票违法行为的刑事处罚力度仅次于对税务登记的刑事处罚力度，而高于对其他纳税违法行为的刑事处罚力度。

（四）东盟基于税收法律救济的纳税人权利保护发展前景

东盟国家将在税收救济法律，税务行政复议的范围、流程与和解，税务行政诉讼的专业性和公信力等维度发生不同程度的变化。

1. 东盟少数国家将为税收救济法律补位

税收法律救济权指纳税人在履行纳税义务过程中，对税务机关做出的决定，依法享有申请行政复议、提起行政诉讼和请求国家赔偿等权利，它是纳税人依法享有的权利之一。税收救济法律旨在为纳税人享有的税收法律救济权提供法律保障。

菲律宾、泰国和柬埔寨3个国家实施税法典，印度尼西亚实施综合性税法，老挝实施税收管理法，这5个国家的税法典、综合性税法和税收管理法都内含税收救济法。新加坡和马来西亚仅实施税种法律。越南实施的税收征收管理法不内含税收救济法，并且单独的税收救济法缺位，因此，越南发布的《到2030年税制改革战略》明确了越南将于2030年前制定颁布税收救济法，补上税收救济法律的缺口，为纳税人的税收法律救济权提供法律保障。

2. 东盟基于税务行政复议法的纳税人权利保护发展前景

东盟国家在税务异议要件的范围、税务行政复议流程，以及税务争议和解制度等方面发生不同程度的变化。

（1）东盟国家将持续拓展税务异议要件的范围

纳税申报和税收执法的任何环节都可能发生税务争议。考虑到处理税收行政复议案件耗时长、对相关专业人员的要求比较高，税务行政复议总体行政成本过高，东盟国家的税法典、综合性税法、税收管理法和税务行政复议法并没有把税收征收管理所有环节的异议都纳入税务行政复议范围，而是把发生频率最高、最普遍的纳税评估异议纳入税务行政复议的范围（老挝除外）。此外，印度尼西亚把税收优惠和税务稽查（审计）异议纳入税务行政复议范围，是税务异议范围最宽的东盟国家；马来西亚、泰国和老挝分别把税务稽查（审计）、税收优惠和退税异议纳入税务行政复议范围。

随着税收信息化建设的发展，税务行政复议效率提高，东盟更多国家把税收优惠和税务稽查（审计）异议纳入税务行政复议范围。作为税务异议范围最宽的东盟国家，印度尼西亚税务总局官方网站公布的税务管理核心系统改革项目（PSIAP）已开发了"减税异议"功能模块，随着该项目的持续推进，预计有更多纳税申报和税收执法环节的模块将率先在印度尼西亚推出，这将极大提高税务行政复议的效率，凸显税务行政复议化解税收行政争议的主渠道作用，将税务行政复议的制度优势转化为制度效能，更有效地满足纳税人对行政救济的需要。

（2）东盟国家将致力于推动税务行政复议流程优化

税务行政复议是解决税务行政争议的重要渠道，而优化税务行政复议流程，旨在提高税务行政复议效率，最大化保护纳税人的税务行政复议救济权。东盟国家将继续致力于推动税务行政复议流程的优化。越南政府《关于发布2025年税制改革计划的决定》明确提出了"完善税务投诉解决流程"和"提高税务投诉处理效率"的目标，进一步明确将处理税务投诉案件时长力争缩短5%。印度尼西亚税务管理核心系统改革项目正在通过税收信息化手段推动税务行政复议流程优化，并将继续深入开发且计划于2024年正式启用"税务上诉"功能模块，充分利用大数据及信息化手段进一步优化税务行政复议程序，提高税务行政复议效率，以更好地保护纳税人的税务行政复议救济权利。

（3）东盟将探索税务争议和解制度，以降低纳税人的税收法律救济成本

税务行政复议案件和税务行政诉讼案件都存在耗时长、纳税人维权成本高的缺陷，在一定程度上损害了纳税人的税收法律救济合法权益，且易于错过最佳的征纳双方和解（调解）时间。显然，从源头上减少税务行政复议案件的发生，能够有效降低纳税人的税收法律救济成本，并更有效地保护纳税人的税收法律救济权，因此产生了税收行政争议和解机制。事实上，东盟国家税收行政救济法律中"与纳税人合作"和"组织对话"等规定已蕴含税务争议和解的法律依据，可以预见，将有更多东盟国家探索实施税务争议和解制度，在进行税务行政复议前实施税务争议和解制度，以直接减少税务行政复议案件，从而间接减少税务行政诉讼案件，以更有效地维护纳税人的

税收行政救济权利。

3. 东盟国家将更加关注税务行政诉讼的专业性、权威性和公信力

涉税问题专业性强，大部分税务行政诉讼案件具有案情复杂和疑难等特点。随着经济社会的快速发展，纳税人的维权意识不断增强，税务异议的焦点纷繁复杂，对处理税务行政诉讼案件的专业性要求大幅提高。而越南和泰国等东盟国家尚缺乏独立的税务法庭和税务行政诉讼专业审案法官，由一般法院和非专业的行政诉讼法官处理税务行政诉讼案件，审案结论的专业性和权威性容易受到公众的质疑，这严重影响税务行政诉讼救济的公信力，也严重影响税务行政诉讼案件的结案效率。因此，越南的《到 2030 年税制改革战略》和《关于发布 2025 年税制改革计划的决定》提出，越南税务部门需要提高税收行政救济机构的独立性，并吸纳相关领域的专业人士加入该机构，以提升税收行政救济案件的处理效率和处理结果的公信力。泰国计划设立中央税务法院和府级税务法院，由其分别负责进行税务行政诉讼案件的初审和复审。

可以预见，其他东盟国家同样关注税务行政复议的专业性，引入独立而专业的税务法院或税务法庭，邀请外部具有相关专业知识的专家和学者参与税务行政诉讼案件的审理，提高税务行政诉讼案件审理的专业性、权威性和效率，重建税务行政诉讼的公信力。

（五）东盟税收信息化建设发展前景

OECD 发布《税收征收管理 3.0：税收征收管理的数字化转型》，提出了税收征收管理数字化转型的目标及未来发展的重点方向，从 2022 年起继续推广应用税收征收管理数字化转型成熟度模型，这深刻影响东盟国家未来税收信息化建设发展的方向。

1. 东盟将持续推进税务管理系统数字化改革

保障纳税服务持续供给的税务管理系统数字化改革。越南《到 2030 年税制改革战略》明确提出税务管理系统数字化改革的远程处理税收业务工作量目标，即 2025 年前税务管理系统（TMS）将确保 98% 及以上的税收职

能任务均能远程处理，以保证纳税服务的持续供给。菲律宾持续开发基于10年数字化转型计划的综合税务系统，2023年预算安排35.6亿比索，支持综合税务系统引入最先进的创新和用户友好的 Web 技术，全面集成税收各项业务端到端流程，预期可以减少70%的税收业务处理量。数字技术的发展推动新加坡税收征收管理进行信息化转型，新加坡国内税务局着手设计、利用和提供智能化服务，将税收征收管理流程嵌入纳税人原生系统，提供涉税事项所需的技术规则和信息支持。

以税收法律救济流程改造为先导的税务管理核心系统智能化改革。印度尼西亚税务管理核心系统改革项目明确了改革目标，即实现税务智能化信息化，在优化改造纳税服务业务流程基础上将智能信息技术引入优化改造税收法律救济流程，开发建设"减税异议"和"税务上诉"功能等模块，加强对纳税人权利的保护，进而推进整体纳税服务质量提高，最终实现税收征收管理现代化。

2. 东盟将持续推进在线税收征收管理平台的智能化建设

以申报纳税信息查询率为目标的网上办税服务平台建设。越南《到2030年税制改革战略》明确提出网上办税服务平台的申报纳税信息查询率目标，即2025年前网上办税服务平台能够为纳税人提供100%的申报纳税信息查询服务。

以电子缴税全天候为目标的智能移动设备平台建设。越南《到2030年税制改革战略》明确提出智能移动设备平台的电子缴税全天候目标，即2025年前智能移动设备平台能够为纳税人提供24小时电子缴税服务。

以增强纳税体验感为目标的互动服务平台建设。马来西亚开发一站式服务的互动服务平台，支持征纳双方之间互动沟通，以提供更好的客户体验。新加坡国内税务局运用自主开发的软件增强数字服务虚拟助手的功能，可以更加方便快捷地处理纳税人的税收咨询。

国 别 报 告
Country Reports

印度尼西亚税收征收管理发展报告
（2023）

摘　要：　印度尼西亚纳税服务机构较为完善，印度尼西亚税务总局不仅设置为大企业、上市公司、外商投资企业等提供纳税服务的专门机构，还成立了为偏远地区纳税人提供税收咨询服务的税务咨询办公室。印度尼西亚的税收执法体系较为成熟。印度尼西亚拥有严格的税务审计制度、完整的税务调查制度、规范的税收处罚制度和特殊的税收赦免制度。在纳税人权利保护方面，印度尼西亚的异议程序、上诉程序、最高法院复审程序等保障了纳税人及其他税务当事人的合法权益。2022~2023 年，在纳税服务方面，印度尼西亚主要就纳税人识别号整合、公平纳税服务、办税流程信息化等进行改革和优化；在税收执法方面，印度尼西亚主要完善与税务审计和司法审查相关的规定。由于印度尼西亚在"智慧税务"建设方面存在一定短板，其将大力进行研发和推动"智慧税务"建设，进一步优化税收征收管理。

关键词：　印度尼西亚　税收征收管理　税务审计　维权程序

印度尼西亚税收征收管理制度较为健全，纳税服务机构较为完善，税收执法体系较为成熟。值得一提的是，印度尼西亚税务审计的政策性很强，印度尼西亚财政部和税务总局颁布了众多税务审计条例和规范，印度尼西亚的税收合规性是通过税务审计实现的。印度尼西亚实施较为特殊的税收赦免政策。总体而言，印度尼西亚的税收征收管理体系与其他国家既有相似之处，也有不同之处（具有特殊性）。印度尼西亚在优化税收征收管理方面持续进行探索并取得了一定成绩。

一 印度尼西亚税收征收管理发展基础（截至2021年）

印度尼西亚纳税服务机构较为完善，印度尼西亚税务总局不仅设置为大企业、上市公司、外商投资企业等提供纳税服务的专门机构，还成立了为偏远地区纳税人提供税收咨询服务的税务咨询办公室。印度尼西亚的电子政务服务计划为办税流程再造提供了契机。印度尼西亚的税收执法体系成熟，其税务系统主要通过税务审计促使税收合规。此外，印度尼西亚拥有完整的税务调查制度，对有关初步证据的审查和有关税务领域犯罪行为的侦查予以规定，对调查方式进行规范，对税务调查员进行约束。同时，印度尼西亚拥有规范的税收处罚制度、特殊的税收赦免制度。在纳税人权利保护方面，印度尼西亚解决税务争议的程序有异议程序、上诉程序、最高法院复审程序等。上述程序长期以来保障了印度尼西亚纳税人及其他税务当事人的合法权益，其中，税务保障和监督机关起到了举足轻重的作用。

（一）印度尼西亚税收征收管理法律体系发展基础

印度尼西亚建立了完善的税收法律制度，其对税务机关提供税务登记服务、纳税申报服务提出了明确的要求，对办税服务流程做出了详细规定。

1. 印度尼西亚税收程序性相关法律

（1）综合性税收程序性法律

《印度尼西亚共和国一般规定和税收程序法（修正）》（2009 年第 16 号）（以下简称《一般规定和税收程序法》）从 2009 年 3 月 25 日起生效。[①] 该法规定了印度尼西亚征税人行使权力的程序和纳税人履行纳税义务的程序，其中包括税收救济方面的内容，这为印度尼西亚征税人和纳税人提供了行为准则并确定了法院的审判准则。

《印度尼西亚共和国税收规定统一法》（2021 年第 7 号）（简称《税收规定统一法》）从 2021 年 10 月 29 日起生效。[②] 该法包括一般税收程序等基本规定。

（2）税种相关程序性法律

《印度尼西亚共和国所得税法》（2008 年第 36 号）（以下简称《所得税法》)[③] 和《印度尼西亚共和国增值税法》（2009 年第 42 号）（以下简称《增值税法》)[④] 规定了企业所得税、个人所得税和增值税的具体征收管理程序。

（3）涉及税收执法的其他程序性法律

《印度尼西亚共和国创造就业综合法》（2020 年第 11 号，简称《创造就业综合法》）修订了地区税收处罚规则。[⑤]《印度尼西亚共和国税收赦免

[①] "Undang-Undang Republik Indonesia Nomor 6 Tahun 1983 Tentang Ketentuan Umum Dan Tata Cara Perpajaakan（Undang-undang Nomor 6 Tahun 1983），" https：//peraturan. bpk. go. id/ Home/Details/46986.

[②] "Undang-Undang Republik Indonesia Nomor 7 Tahun 2021 Tentang Harmoni Sasi Peraturan Perpajai（Undang-undang Nomor 7 Tahun 2021），" https：//peraturan. bpk. go. id/Home/ Details/185162/uu-no-7-tahun-2021.

[③] "Law of the Republic of Indonesia Number 36 of 2008 Concerning Flurth Amendment of Law Number 7 of 1983 Concerning Income Tax（Law No. 36/2008），" https：//www. expat. or. id/ info/2008-IncomeTaxSDSN-Amendment. pdf.

[④] "Undang-Undang Republik Indonesia Nomor 42 Tahun 2009 Tentang Perubahan Ketiga Atas Undang-Undang Nomor 8 Tahun 1983（Undang-Undang Nomor 42 Tahun 2009），" https：// datacenter. ortax. org/ortax/aturan/save/13964.

[⑤] "Undang-Undang Republik Indonesia Nomor 11 Tahun 2020 Tentang Cipta Kerja（Law No. 11/2020 / Undang-Undang Nomor 11 Tahun 2020），" https：//www. ilo. org/dyn/natlex/natlex4. detail? p_ isn= 110587.

法》（2016 年第 11 号，简称《税收赦免法》）对财产"自愿披露计划"的纳税人给予税收赦免。①

2. 印度尼西亚纳税申报法规

2020 年第 29 号政府条例②做出了应对新冠疫情的纳税申报特殊规定。

3. 印度尼西亚税收程序性规章

（1）纳税服务规章

第 210/PMK. 010/2018 号财政部条例（简称 PMK-210）包括对电子商务交易的所得税和增值税进行登记管理的规定。③

第 54/PMK. 03/2021 号财政部条例包括对关于个人纳税人有关税收目的的记录和某些标准的程序性规定。④

第 PER-22/PJ/2021 号税务总局条例包括对第 PER-09/PJ/2020 号税务总局条例关于纳税单填写格式、内容和程序的修正案。⑤ 第 PER-02/PJ/2019 号税务总局条例（简称 PER-02）规定大中型企业和合规的预扣税⑥企业必须进行电子申报。⑦ 第 83/PMK. 03/2021 号财政部条例延续 2020 年第

---

① "Undang-Undang Republik Indonesia Nomor 11 Tahun 2016 Tentang Pengampunan Pajak（Undang-Undang Nomor 11 Tahun 2016），" https：//peraturan. bpk. go. id/Home/Details/37480.

② "Peraturan Pemerintah（PP）tentang Fasilitas Pajak Penghasilan Dalam Rangka Penanganan Corona Virus Disease（Covid-19）（PP No. 29 Tahun 2020），" https：//peraturan. bpk. go. id/Home/Details/138977/pp-no-29-tahun-2020.

③ "Peraturan Kementerian Keuangan（PMK）tentang Perlakuan Perpajakan Atas Transaksi Perdagangan Melalui Sistem Elektronik（E-Commerce）（210/PMK. 010/2018），" https：//peraturan. bpk. go. id/Home/Details/113749/pmk-no-210pmk0102018.

④ "Peraturan Kementerian Keuangan（PMK）tentang Tata Cara Melakukan Pencatatan dan Kriteria Tertentu serta Tata Cara Menyelenggarakan Pembukuan untuk Tujuan Perpajakan（54/PMK. 03/2021），" https：//peraturan. bpk. go. id/Home/Details/168825/pmk-no-54pmk032021.

⑤ "Perubahan Atas Peraturan Direktur Jenderal Pajak Nomor PER-09/PJ/2020 Tentang Bentuk, Isi, Dan Tata Cara Pencisian Surat Setoran Pajak（PER-22/PJ/2021），" https：//datacenter. ortax. org/ortax/aturan/show/17643.

⑥ 这涉及印度尼西亚所得税，其包括企业所得税、个人所得税、员工薪酬的预扣所得税、第三方的各种费用的预扣所得税。

⑦ "Peraturan Direktur Jenderal Pajak Nomor PER-02/PJ/2019 Tentang Tata Cara Penyampaian, Penerimaan, Dan Pengolahan Surat Pemberitahuan（PER-02/PJ/2019），" https：//datacenter. ortax. org/ortax/aturan/show/16614.

29 号政府条例的相关规定，即继续实施应对新冠疫情的纳税申报特殊规定。

第 PER-03/PJ/2019 号税务总局条例（简称 PER-03）① 提出提供更高水平、更快的办税服务。

（2）税收执法规章

第 PER-22/PJ/2013 号税务总局条例②和第 SE-50/PJ/2013 号税务总局通函③包括对关联方纳税人进行审计的规定。第 SE-20/PJ/2017 号税务总局通函④（简称 SE-20）包括有关税收特赦的规定。第 130/PMK.010/2020 号财政部条例⑤包括对免税期设施进行审计的规定。第 SE-13/PJ/2020 号税务总局通函⑥（简称 SE-13）包括对人们在家工作（Work From Home，WFH）时期进行税务审计的规定。第 SE-45/PJ/2021 号税务总局通函⑦（简称 SE-45）提出了有关对增值税发票进行审计的统一方法。

① "Peraturan Direktur Jenderal Pajak Nomor PER-03/PJ/2019 Tentang Tata Cara Pemberian Surat Keterangan Fiskal（PER-03/PJ/2019），" https：//datacenter. ortax. org/ortax/aturan/save/16621.

② "Peraturan Direktur Jenderal Pajak Nomor PER-22/PJ/2013 Tentang Pedoman Pemeriksaan Terhadap Wajib Pajak Yang Mempunyai Hubungan Istimewa（PER-22/PJ/2013），" https：//datacenter. ortax. org/ortax/aturan/show/15275.

③ "Surat Edaran Direktur Jenderal Pajak Nomor SE-50/PJ/2013 Temtang Petunjuk Teknis Pemeriksaan Terhadap Wajib Pajak Yang Mempunyai Hubungan Istimewa（SE-50/PJ/2013），" https：//datacenter. ortax. org/ortax/aturan/show/15381.

④ "Surai Edaran Direktur Jenderal Pajak Nomor SE-20/PJ/2017 Tentang Pengawasan Wajib Pajak Pasca Periode Pengampunan Pajak（SE-20/PJ/2017），" https：//datacenter. ortax. org/ortax/aturan/save/16326.

⑤ "Peraturan Kementerian Keuangan（PMK）tentang Pemberian Fasilitas Pengurangan Pajak Penghasilan Badan（130/PMK.010/2020），" https：//peraturan. bpk. go. id/Home/Details/148016/pmk-no-130pmk0102020.

⑥ "Surat Edaran Direktur Jenderal Pajak Nomor SE-13/PJ/2020 Tentang Panduan Pelaksannaan Tugas Selama Masa Pencegahan Penyebaran Corona Virus Disease 2019（COVID-19）Di Lingkungan Direktorat Jenderal Pajak（SE-13/PJ/2020），" https：//datacenter. ortax. org/ortax/aturan/show/16965.

⑦ "Surat Edaran Direktur Jenderal Pajak Nomor SE-45/PJ/2021 Tentang Pengujian Faktur Pajak Yang Pajak Pertambahan Nilainya Dapat Dikreditkan Sebagai Pajak Masukan（SE-45/PJ/2021），" https：//datacenter. ortax. org/ortax/aturan/show/17528.

第 196/PMK.03/2021 号财政部条例包括实施自愿披露计划的规定①。

第 209/PMK.03/2021 号财政部条例②（简称 PMK - 209）、第 39/PMK.03/2018 号财政部条例、第 117/PMK.03/2019 号财政部条例包括强化对初步退税进行监管的规定。

（二）印度尼西亚纳税服务发展基础

印度尼西亚纳税服务工作因基于印度尼西亚政治经济环境和税收征收管理现状进行而具有特殊性。

1. 印度尼西亚税务登记服务发展基础

在税务登记服务方面，《一般规定和税收程序法》《所得税法》《税收规定统一法》等均有相关规定。

（1）基本规定

根据《一般规定和税收程序法》，印度尼西亚关于税务登记的基本规定如下。

①纳税人的税务登记义务

每个纳税人都有义务在税务局进行登记。满足主观和客观要求的纳税人都有义务在住宅或办公区域所在地的税务局或税务咨询办公室进行登记，并获得一个纳税人识别号；纳税人识别号是针对纳税人的用于进行税务管理的号码，是纳税人行使纳税权利和履行纳税义务时的身份标识（纳税人应向税务局提供纳税人识别号以进行税务活动）。

企业家应履行增值税纳税报告义务。作为纳税人，每个企业家都应根据《增值税法》（2009 年第 42 号）纳税，有义务向税务总局办公室（为印度尼西亚税务总局下设机构）报告其业务（含工作区域、住所以及被确认为

---

① "Peraturan Kementerian Keuangan (PMK) tentang Tata Cara Pelaksanaan Program Pengungkapan Sukarela Wajib Pajak (196/PMK.03/2021)," https：//peraturan.bpk.go.id/Home/Details/197503/pmk-no-196pmk032021.

② "Peraturan Kementerian Keuangan (PMK) tentang Perubahan Kedua atas Peraturan Menteri Keuangan Nomor 39/PMK.03/2018 tentang Tata Cara Pengembalian Pendahuluan Kelebihan Pembayaran Pajak (209/PMK.03/2021)," https：//peraturan.bpk.go.id/Home/Details/209395/pmk-no-209pmk032021.

应税企业家的经营活动地）。其中，企业家指在经营活动或工作中生产货物、进口货物、出口货物、从事贸易活动、利用关税区外无形货物或服务的个人或任何形式的实体。应税企业家是指根据《增值税法》（1983 年第 8号）及《增值税法》（2009 年第 42 号）提供应税商品和/或应税服务的企业家。

②税务总局的税务登记管理权力

税务总局规定纳税人注册地点的权力。印度尼西亚税务总局可以对除前文提及的登记地点的以外的注册地点/营业报告地点/某些个人纳税人（企业家）在税务总局办公室登记的注册地点进行规定。

税务总局依法确认企业纳税义务人的权力。如果纳税人或应税企业家不履行进行税务登记的义务，则税务总局可依法颁发纳税人识别号或依职权确认应税企业家。

（2）所得税与增值税登记

除了《一般规定和税收程序法》之外，印度尼西亚其他法律对各税种的税务登记做了规定。

①所得税登记

纳税人根据《所得税法》（2008 年第 36 号）的相关规定进行所得税登记。

税务局线下税务登记。第一，个人所得税登记。所有的个人纳税人（包括外派人员）有义务在税务局进行登记并且取得纳税人识别号。豁免适用于因收益低于免税收益而不具备资格的纳税人（税务登记的客观判定标准为应纳税额是否超过起征点）、不符合个人纳税人身份的人，以及将与丈夫共同履行纳税义务的已婚妇女。第二，企业所得税登记。如果企业的成立地、所在地、其管理或控制的地点在印度尼西亚，则应将其视为印度尼西亚的企业纳税人；有义务缴纳或预扣税款的企业纳税人有义务注册并获得纳税人识别号；在多个地方从事商业活动的企业纳税人，除了必须在居住地注册并获得纳税人识别号外，还必须在每个进行商业活动的分支机构的所在地注册以获得纳税人识别号。

网上税务登记。个人纳税人和企业纳税人除了可以在税务局进行税务登记外，还可以在印度尼西亚税务总局网站（https：//www.pajak.go.id）进行税务登记，并获得纳税人识别号。

个人税务登记管理的简化。印度尼西亚颁布的《税收规定统一法》简化了税务登记管理，主要对纳税人识别号的管理进行简化。该法规定，印度尼西亚居民身份证号码可以作为纳税人识别号，这简化了针对个人的税收管理制度。此前，根据《一般规定和税收程序法》，个人必须使用专门的纳税人识别号报税，其规定符合特定标准的个人或实体必须获得纳税人识别号，纳税人识别号与居民身份证号码是分开的。

②增值税登记

纳税人根据《增值税法》（2009 年第 42 号）的相关规定进行增值税登记。

企业的应税货物/服务超过特定年销售额时需要进行增值税登记。一般情况下，在印度尼西亚经营业务的企业如果在一个财政年度的货物/服务转移总收入超过 48 亿印尼盾，或预计一个财政年度的收入超过 48 亿印尼盾，则应进行增值税登记。

企业集团的增值税登记。如果一个企业集团有数个经营地点，那么每个经营地点都是纳税地点。在这种情况下，其必须在所有经营地点注册成为增值税纳税人。如果这些经营地点由一个税务局管理，那么其应选择其中一个经营地点作为纳税地点。如果这些经营地点由不同税务局管理，那么其必须在所有经营地点注册成为增值税纳税人。

自由贸易区的企业不被要求进行增值税登记。[①]

（3）电子商务交易的所得税和增值税登记

随着电子商务的发展，印度尼西亚发布了 PMK-210。PMK-210 对印度

---

① 《中国居民赴印度尼西亚共和国投资税收指南》，国家税务总局国际税务司国别（地区）投资税收指南课题组，中华人民共和国国家税务总局网站，https：//www.chinatax.gov.cn/chinatax/n810219/n810744/n1671176/n1671206/c2582395/5116207/files/203342ce51ef4d6fbe2177c395 ecbc20. pdf。

尼西亚在线市场供应商和销售商/服务提供商的税务登记做出了规定，即使用在线市场的供应商和销售商/服务提供商需要进行所得税和增值税登记。

2.印度尼西亚纳税申报服务发展基础

在纳税申报服务方面，印度尼西亚对网上纳税申报、纳税服务机构、报税代理人制度等有具体的规定，印度尼西亚确立了有关纳税申报服务的法律规范。

（1）网上纳税申报服务

目前，一般来说，印度尼西亚纳税申报表（月度纳税申报表和年度纳税申报表）必须以电子文件的形式通过"电子提交税务报税平台"（e-Filing）提交。

个人所得税网上纳税申报。《所得税法》规定如下内容。第一，个人纳税人通过 e-Filing 提交个人所得税申报表；其需要从税务局获得 e-Filing 号码（e-FIN）以便访问该系统。第二，为了方便纳税，个人纳税人必须生成一个结算代码，具体的结算代码的有效期为 30 日，其需要提供给银行，以便银行能够处理纳税申请。

大中型企业和合规的预扣税企业必须以电子方式申报。2019 年，印度尼西亚发布了 PER-02，正式公布满足条件的纳税人必须通过 e-Filing 进行纳税申报。PER-02 统一了网上纳税申报工作，既帮助纳税人在处理所得税申报和票据时提高了效率，又提高了税务局在网上处理纳税申报的质量。第一，大中型企业必须进行电子纳税申报。根据 PER-02，在"中型税务局、雅加达特殊区税务局、大型纳税者区域税务局"登记的企业纳税人，必须通过 e-Filing 进行年度所得税、月度第 21~26 条预扣税及月度增值税申报。第二，合规的预扣税企业必须进行电子纳税申报。PER-02 规定：预扣超过 20 名员工收入的第 21~26 条预扣税的纳税人的月度预扣税应通过 e-Filing 申报；每月发出超过 20 张的每张总收入大于 1 亿印尼盾的第 23~26 条预扣税票据的纳税人需要通过 e-Filing 申报。

超额纳税申报表可通过邮寄方式提交。PER-02 规定若纳税人提交超额纳税申报表，则可以通过邮件、转递公司或快递服务提交。

（2）关于新冠疫情纳税申报的特殊规定

提交关于新冠疫情的税收优惠报告。根据印度尼西亚 2020 年第 29 号政府条例，使用关于新冠疫情税收优惠的纳税人，在纳税申报时需要将税收优惠实现报告与企业所得税申报表一起提交。

允许纳税申报延期。根据印度尼西亚 2020 年第 29 号政府条例，在进行纳税申报时，若纳税人需要提交的关于新冠疫情税收优惠实现报告涉及第 83/PMK.03/2021 号财政部条例中的情况，则可延期提交。[①]

（3）报税代理人制度

印度尼西亚通过修改法律构建了更为宽松的报税代理人制度。根据《税收规定统一法》的规定，除某些例外情况外，作为纳税代理人的一方必须具备一定的税务专业能力。这种能力可以通过接受教育、认证或财政部的培训获得。值得注意的是，该法允许公民的配偶、直系血亲和两代直系血亲以内的家庭成员作为其报税代理人。此前，印度尼西亚只允许获得税务顾问资格证书的专业人士作为报税代理人。

3. 印度尼西亚纳税评估服务发展基础

印度尼西亚税务总局办公室下设机构业务流程局，其负责制定并落实办税业务处理流程及技术规范。目前，印度尼西亚办税流程主要包括以下几个方面。

税务评估制度。根据《一般规定和税收程序法》的规定，印度尼西亚建立了较为特殊的税务评估制度。

纳税人的自我评估。印度尼西亚的有关税法以自我评估原则为基础。印度尼西亚通过立法及制定修正案保障纳税人自我评估制度的法律确定性，并改进纳税人自我评估制度（如在《一般规定和税收程序法》中提出"以负责任和一致的方式改进自我评估原则的应用"等）。

税务评估。在监督纳税人的自我评估结果及其是否依法履行纳税义务时，印度尼西亚建立了税务评估函制度。印度尼西亚税务总局对税收合规

---

① 德勤官方网站，https://www2.deloitte.com。

性的控制是通过税务审计实现的，通常在进行税务审计之后，税务总局签发税务评估函。纳税人需要在税务评估函签发后的一个月内缴纳到期税款。如果纳税人未按时缴纳且未提出异议，则应纳税额将以扣押令方式征收。

税务总局向纳税人出具税务评估函。税务评估函的类型为：第一，少缴税（欠税）评估函（Surat Ketetapan Pajak Kurang Bayar，SKPKB）；第二，附加少缴税（欠税）评估函（Surat Ketetapan Pajak Kurang Bayar Tambahan，SKPKBT）；第三，零税评估函（Surat Ketetapan Pajak Nihil，SKPN）；第四，多缴税评估函（Surat Ketetapan Pajak Lebih Bayar，SKPLB）。

4. 印度尼西亚税款缴纳服务发展基础

（1）征税函（Surat Tagihan Pajak，STP）服务

其旨在征收纳税人应付税款/因违法行为产生的罚款和附加费。征税函与税务评估函具有相同的法律效力。

发出征税函的适用条件。发生以下情况时，印度尼西亚税务总局可以向纳税人发出征税函：第一，纳税人当年未缴纳或少缴所得税；第二，从研究结果来看，纳税人书写错误/计算错误导致税收短缺；第三，纳税人受到罚款/利息形式的行政处罚；第四，经确认为应税企业家，但不开具税务发票或未按时开具税务发票；第五，根据《增值税法》及其修正案第13条第（5）项规定未填写完整纳税发票，且纳税人被认定为应税企业家，但特殊情形除外；第六，应税企业家申报税务发票的时间与税务发票的开具时间不符；等等。

（2）税款清算服务

PER-03为希望获得税款清算函（Surat Keterangan Fiskal，SKF）的纳税人提供新的指导方针。PER-03向税务局提出了更高、更快的办税服务要求，致力于缩短纳税人办理业务的时间，其自2019年2月4日起生效。

根据PER-03，想申请SKF的纳税人必须通过税务总局网站提交申请文件，或者直接向税务局或税务服务站、询问和咨询办公室（Kantor Pelayanan，Penyuluhan，dan Konsultasi Perpajakan，KP2KP）提交书面申请。

根据以前的规定，税务总局应在纳税人提交SKF请求后的15个工作日内发放SKF。而根据PER-03的规定，税务总局需要在纳税人提交SKF请求后的3个工作日内发放SKF。显然，新规定极大地缩短了纳税人办理税款清算业务的时间。[①]

5. 印度尼西亚税收更正服务发展基础

《一般规定和税收程序法》规定：如有更正需要的，税务总局将依法出具更正决定书。更正决定书中的内容是对"税务评估函、征税函、异议决定书、减免行政处罚决定书、解除行政处罚决定书、减免征税决定书、取消征税决定书、预退税款决定书、给予利息奖励决定书"的具有法律效力的更正决定。

（三）印度尼西亚税收执法发展基础

印度尼西亚有较为成熟的税收执法体系，包括严格的税务审计制度、税务稽查（调查）制度和税收处罚制度。这一完整的税收执法体系保证了税务部门对税收合规性的控制。

1. 印度尼西亚税务审计发展基础

印度尼西亚税务总局有权对纳税人进行税务审计，检查纳税人对税收义务的履行情况。在进行审计时，检查人员必须向纳税人出示审计员证和检查通知书；被审计的纳税人必须提供与业务活动相关的账簿、记录和相关文件，还应协助检查人员进入其营业场所进行检查等。

（1）基本规定

税务审计的定义。《一般规定和税收程序法》对税务审计进行了定义。税务审计是根据审计标准客观和专业地收集、处理数据、信息/证据的一系列活动，以检查纳税人的相关义务的履行情况或达成其他目的，实施有关税法的规定。

税务审计的程序。根据《一般规定和税收程序法》，税务审计程序受财

---

① 德勤官方网站，https：//www2. deloitte. com/。

政部法规监管，涉及"审计期限、向纳税人提交审计结果通知书的义务、纳税人参加最终讨论的权利、重新审计以及在规定时限内向纳税人公布审核结果"。具体税务审计程序如下。

税务审计的启动。税务总局可以在一定时限内对纳税人进行税务审计，检查纳税人履行纳税义务的情况，并在执行税收法律法规的情况下达成其他目的（例如，应要求撤销基于纳税人识别号而进行的审计，进行为利用税收便利而开始商业生产的审计等）。

税务审计员履行税务审计职责的规范。税务审计员必须持有身份证明，其中附有审计令函，且应向被审计的纳税人出示。

接受审计的纳税人的义务。被进行税务审计的纳税人有义务在以下方面配合税务审计员：第一，展示/借出账簿、会计记录、相关文件等；第二，向税务审计员提供进入被认为必要的地方或空间的机会，并为其顺利进行检查提供帮助；第三，提供其他必要的信息。

税务审计结果的提交与纳税人的回应。税务审计员会将税务审计结果（Surat Pemberitahuan Hasil Pemeriksaan，SPHP）交给纳税人。纳税人应对SPHP做出回应。

税务审计最终会议。税务审计员将邀请纳税人参与税务审计最终会议，讨论SPHP和回复信。在该会议上，纳税人可重申对审计结果的异议，并递交相关证明文件。税务审计员可能会根据纳税人对SPHP的回应、税务总局工作人员的讨论结果及税务审计最终会议更改的部分调整纳税事项。

税务评估。印度尼西亚税务总局向纳税人签发税务评估函〔包括少缴税（欠税）评估函、附加少缴税（欠税）评估函、零税评估函和多缴税评估函〕以作为税务审计的结果，税务评估结果可能是零差额、少付或多付。如果签发的是少缴税（欠税）评估函，则纳税人可能会受到行政处罚（缴纳利息或罚款）。印度尼西亚税务总局发出税务评估函〔如发出少缴税（欠税）评估函和附加少缴税（欠税）评估函〕的时效为5年，在某些情况下，时效可以延长至10年（犯罪行为的处罚时间为10年的情况除外）。

纳税人执行税务评估结果。纳税人如果在税务审计最终会议上同意税务评估结果，则应在税务评估函发出之日起 1 个月内缴纳少缴的金额和附加罚款。

（2）撤销纳税人识别号的税务审计

《一般规定和税收程序法》规定：如果纳税人不符合税收法律规定的主观/客观要求，那么纳税人/其继承人可以提出废除纳税人识别号的申请；税务总局在进行审计后，将取消其的纳税人识别号。

税务总局必须在自收到申请之日起 6 个月内（针对个人纳税人）或 12 个月内（针对企业纳税人）进行专项税务审计，并就取消纳税人识别号的申请做出决定。

（3）发票审计

印度尼西亚于 2021 年颁布 SE-45，旨在为增值税发票的验证提供统一的方法。根据 SE-45，现在增值税发票只要满足三项标准，无论卖方所在地税务局的核实结果如何，增值税都是可以抵扣的。

（4）退税审计

①基本规定

《一般规定和税收程序法》、《所得税法》和《增值税法》的规定如下。

因纳税人退税申请进行的税务审计。企业所得税退税申请一般会引发全面的、涵盖所有税项的税务审计；其他税种的退税申请一般只会引发针对该税项的税务审计，税务总局可能会扩大税务审计范围至其他税项。

因增值税退税申请进行的税务审计。此类审查对文件质量的要求非常严格。对于纳税人来说，核对公司纳税申报表和年终增值税申报表所涉及的账簿很重要。如有增值税退税申请，则不需要在增值税申报表中附上电子增值税发票。

做出退税决定的时间因申请退税的业务类别而异。一般来说，由于税务总局需要在 12 个月内对退税申请做出决定（税务审计员需要在 12 个月内发出决定书），因此税务审计工作一般会在纳税人成功提交退税申请后的几周到几个月内开始。

退税申请被授予。在因退税要求而进行税务审计的情况下，如果税务总局在纳税人提交退税申请的 12 个月内没有发出税务评估结论，则认定退税申请被授予。

②强化监管"初步退税"工作

PMK-209 更新了此前发布的第 39/PMK. 03/2018 号财政部条例（经第 117/PMK. 03/2019 号财政部条例修订），进一步强化监管"初步退税"工作。

PMK-209 规定："golden"纳税人①必须提供"无保留意见"的审计财务报表，以作为申请"初步退税"的条件。税务总局将审查无保留意见的经审计的财务报表，以作为评估"初步退税"申请的正式程序的一部分。

（5）对关联方纳税人的审计

根据《增值税法》、第 PER-22/PJ/2013 号税务总局条例、第 SE-50/PJ/2013 号税务总局通函，印度尼西亚为税务审计员审计具有特殊关系的纳税人（关联方纳税人）提供了审计准则。其对关联方纳税人的审计规定主要涉及审计对象、审计方法、审计规范、审计的格式/表格等。

（6）免税期设施的审计

印度尼西亚于 2020 年 9 月 18 日发布了第 130/PMK. 010/2020 号财政部条例——新《免税期设施实施条例》（简称《新条例》）。《新条例》明确了免税期设施审计，简化了提供免税期设施的流程，鼓励更多纳税人使用该设施。

根据《新条例》，纳税人通过在线单一提交系统申请进行设施使用，税务总局将进行审计。另外，已获得免税设施的纳税人必须在财政年度结束后的 30 日内提交投资实现报告或设施使用报告。如果纳税人未按要求提交报告或开始投资的时间较晚，那么税务总局可能会发出警告信，纳税人必须针对警告信做出回应。否则，纳税人可能会被要求接受税务审计。

（7）税收特赦的审计

2017 年，印度尼西亚颁布 SE-20，以为印度尼西亚在实施税收特赦计划过程中对纳税人的监督提供指导方针。根据 SE-20，税务总局确定了以下优先事项。

---

① "golden"纳税人指及时提交纳税申报表；除约定可以分期缴纳或者延期缴纳的税款外，不存在任何类型的拖欠税款；财务报表连续三年经会计师事务所或者政府金融监管机构"无保留意见"审计；在过去五年中未被认为有税务犯罪行为的纳税人。

对没有参加税收特赦的纳税人进行监督。税务总局对于没有参加税收特赦并在数据/资产相关信息方面存在差异的纳税人进行监督。如果税务总局通过审查发现纳税人在 1985 年 1 月 1 日至 2015 年 12 月 31 日获得资产，并且该资产尚未在所得税纳税申报表中进行申报，那么税务总局可以把该发现作为向有关纳税人发出税务审计指令的依据。税务总局出具税务审计指令的期限为 2019 年 6 月 30 日之前。

对参加税收特赦的纳税人进行监督。这主要集中在以下几个方面（按优先顺序排列）：执行税收特赦后的月度和年度税务合规义务；申报表中与额外资产有关的数据和信息差异。在开展监督活动时，税务总局将对包含纳税人资产信息在内的所有数据进行审核和比较，并提出是否需要对纳税人进行审计的建议。[①]

（8）WFH 时期的审计

为了遏制新冠疫情在印度尼西亚的传播，2020 年，印度尼西亚政府为鼓励人们在家工作（WFH）颁布了 SE-13。SE-13 涉及 WFH 计划适用于包括印度尼西亚税务法庭（Tax Court）和税务总局在内的政府机构的相关规定，如在 WFH 期间关于税务监督、审计、执行和异议等的相关规定。

2.印度尼西亚税务稽查（调查）发展基础

为了检查纳税人履行纳税义务的情况，税务总局可以在行动监督框架内对纳税人进行税务调查，以提高纳税人的合规程度。

（1）基本规定

《一般规定和税收程序法》关于税务调查的主要规定如下。

税务调查的类别。第一，初步证据审查。初步证据审查是税务部门为获取有关纳税人涉嫌违法犯罪的初步证据而进行的审查；其中，初步证据是可以强烈怀疑任何人正在或已经实施税收领域的违法犯罪行为，造成国家收入的损失的信息或物体形式的条件、行动等。第二，税务领域犯罪行为侦查。税务领域犯罪行为侦查指侦查人员为查明税务领域发生的犯罪行为并找到犯

---

① 德勤官方网站，https：//www2.deloitte.com/。

罪嫌疑人而采取的一系列取证行动。

税务调查员。税务调查员是税务总局内的某些公务员，他们被赋予特别权力，根据法律法规调查涉税违法犯罪行为。特别规定如下。第一，第三方提供涉税信息证据的法律义务。如果在执行税收法律法规的规定时（或涉及税务审计、征税或调查税务领域的刑事犯罪时），需要银行、公共会计师、公证人、税务顾问、行政办公室/其他与纳税人有关系的第三方的信息或证据，那么根据税务总局局长的书面要求，相关各方当事人有义务提供所要求的信息或证据。为审查、征税或者查处税务领域的犯罪行为，上述各方当事人在受保密义务约束时，根据税务总局局长的书面要求，可依法被免除保密义务。第二，税务机关可以依法通报纳税人的身份信息。在调查过程中，如有需要，税务机关可以通报纳税人的姓名、纳税人识别号、企业品牌、经营活动等信息。

（2）税务调查的原因

引起税务调查的原因包括：第一，退税申请；第二，纳税申报（并非一定含退税申请）；第三，进行年度所得税申报时公司处于亏损状态；第四，纳税人更改会计年度、记账方式或进行固定资产重估；第五，在进行风险分析后，未在规定时间内提交报税表或于警告信注明的截止日期之后提交报税表；第六，税务申报不符合税务总局（未披露的）要求。

特定目的的特殊税务稽查（调查）。税务总局可能会就特定目的实施特殊的稽查（调查），且该稽查（调查）的时间和程序不同于一般稽查（调查）。

（3）调查方式

税务调查方式。税务调查可以分为案头检查及现场检查。第一，案头检查。检查时间一般不超过 3 个月，最多可延长至 6 个月，具体时间从纳税人收到检查通知书之日起计算，直到出具检查报告当日为止。第二，现场检查。检查时间一般不超过 4 个月，最多可延长至 8 个月，具体时间从纳税人收到检查通知书之日起计算，直到出具检查报告当日为止。[①]

---

① 《中国居民赴印度尼西亚共和国投资税收指南》，国家税务总局国际税务司国别（地区）投资税收指南课题组，中华人民共和国国家税务总局网站，https：//www.chinatax.gov.cn/chinatax//n810219/n810744/n1671176/n1671206/c2582395/5116207/files/203342ce51ef4d6fbe2177c395 ecbc20.pdf。

纳税人对税务调查结果的回应。税务调查结束时，调查人员会出具含纳税调整的书面调查结果通知。如果纳税人对税务调查结果持不同意见，则应在参加调查结束会议（做出最后决定）前的 7~10 个工作日内以书面形式回应。

（4）税务调查员权力范围

《一般规定和税收程序法》规定了税务调查员的一般权力和特殊权力。

一般权力。对税务领域的违法犯罪行为的调查只能由税务总局内的某些公务员进行，他们被赋予作为税务领域违法犯罪行为调查员的特别权限。他们的一般权力为：第一，接收、查找、收集和审查与税务领域违法犯罪行为有关的信息或报告，使信息或报告更加完整和清晰；第二，检查、寻求和收集有关个人或实体的信息，了解税务方面的违法犯罪行为的真实性；第三，要求个人或实体提供与税务方面的违法犯罪行为有关的信息和证据；第四，检查、搜查以获取与违法犯罪行为有关的账簿、记录和其他文件，并没收此类证据；第五，在执行调查税务违法犯罪行为的任务时请求专家提供帮助；第六，在检查进行期间阻止/禁止某人离开房间或相关地方，并检查相关人员的身份及其携带的物体/文件；第七，对与税务领域违法犯罪行为有关的人进行拍照；第八，传唤相关人员，听取他们的陈述并将其作为嫌疑人或证人进行讯问；第九，停止调查，同时，依照法律、法规的规定，为顺利查处税务方面刑事犯罪行为采取其他必要措施。

特殊权力。《税收规定统一法》授予税务调查员更大的权力。在以"最终补救"为重点的税务犯罪执法过程中，《税收规定统一法》授予税务调查员的权力扩大到可以阻止或没收税务犯罪人员的资产。该法所述的"可能被没收的资产"包括纳税人、纳税义务人和其他各方（即与税务犯罪有关的发出指示、参与、提供建议或协助的各方）拥有的资产；同时规定，没收资产需要得到当地法院的批准；如果税务犯罪人员没有在最后期限前完成处罚补救，那么其资产可以被扣押并拍卖以进行补救。

（5）停止税务调查政策

印度尼西亚对特定纳税人实施宽松的停止税务调查政策。根据《税收规定统一法》的规定，纳税人提交自愿披露报告后可以被停止税务调查；该法放宽了提交自愿披露报告的时限。具体为：在税务总局向纳税人发送"税务审计结果"（SPHP）之前，纳税人可以自愿披露不正确的纳税申报表，享受税收赦免即避免相关税收处罚的待遇。《税收规定统一法》规定的纳税人考虑自愿披露的时间更宽松了，其可以更充分地考虑是否自愿披露不正确的纳税申报表以享受停止税务调查的"待遇"。

3. 印度尼西亚税收处罚发展基础

《一般规定和税收程序法》、《创造就业综合法》、《税收规定统一法》都对税收处罚进行了具体规定。

（1）一般规定

《一般规定和税收程序法》和《税收规定统一法》规定的税收行政处罚和刑事处罚具体如下。

行政处罚（利息或罚款）。根据《税收规定统一法》，印度尼西亚政府采取减少某些税收处罚，以鼓励自愿遵守的措施；通过减少行政处罚减轻了纳税人的现金流负担。相关规定主要如下。符合条件的税收处罚采用更低罚款比例。对纳税人在税务异议中被驳回或仅被部分批准的罚款从应缴纳税款的50%降至30%，且在上诉程序结束后执行；对在税务上诉中被驳回或仅被部分批准的罚款从应缴纳税款的100%降至60%。

刑事处罚。根据《一般规定和税收程序法》，印度尼西亚对以下情形进行罚款或做出监禁的刑事处罚。第一，过失造成未能提交纳税申报表或提交错误或不完整的纳税申报表；第二，故意不注册而没有纳税人识别号或成为应税企业家；使用不当纳税人识别号；未持续记账；未在印度尼西亚保有账簿、记录或相关文档；提供虚假信息或者伪造账簿/记录；第三，故意发送和/或使用与实际情况不符的税务文件等。

专项处罚。第一，关于指定代扣代缴税款的相关税收处罚规定。《税收规定统一法》新增允许财政部指定直接参与或促成交易的国内方代扣代缴税款。根据该法，如果指定的扣缴义务人是电子系统相关的使用方，但不履行作为扣缴义务人的义务，则可能会受到税收处罚。第二，增加基于"最终补救"税务犯罪的刑事处罚。对于以"最终补救"为重点的税务犯罪，《税收规定统一法》增加了因税务犯罪被判处"监禁、资产扣押拍卖"的条款。

（2）《创造就业综合法》对地区税收处罚规则的修订

2020 年 11 月 2 日，印度尼西亚总统签署并正式颁布关于创造就业的《创造就业综合法》。该法对地区税收处罚规则的修订涉及取消"妨害允许惩罚"和提供财政激励措施以减轻企业的负担。目前，印度尼西亚有许多地区性法规相互重叠或相互矛盾，《创造就业综合法》可能会为企业提供适用于相关地区的规章制度，从而加快投资目标的实现。

《创造就业综合法》对"地区税收惩罚"规则的具体修订如下。第一，废除妨害允许惩罚规则。第二，中央政府有权干预地方政府的财政和惩罚政策，以确保它们与国家财政政策保持一致，其形式可以是：征收惩罚性关税；对地方税收进行监督和评估。第三，如果地区财政政策被认为与中央财政政策不一致，那么财政部可以通过内政部要求地区政府修改地区法规。第四，为提高营商便利程度，地方政府可根据纳税人提交的申请采取财政激励措施。

（3）税收赦免

2016 年，印度尼西亚颁布《税收赦免法》，该法由印度尼西亚总统签署，于 2016 年 7 月 1 日生效。在税收处罚方面，印度尼西亚制定了特殊的税收赦免政策。根据该法，对未纳税的财产实施纳税人"自愿披露计划"，即符合条件的纳税人可以自愿披露规定时限内未申报的资产，从而享受税收赦免即避免税收处罚。"自愿披露计划"允许纳税人对在 1985 年 1 月 1 日至 2015 年 12 月 31 日获得且尚未向税务总局申报的资产净值进行申报，从而避免因这些从未申报的资产而被行政处罚。

印度尼西亚税务总局根据从政府机构、协会和其他方获得的数据，发现一些纳税人在《税收赦免法》实施后没有充分披露资产。因此，《税收规定统一法》再次引入"自愿披露计划"，为这些纳税人再次提供披露机会。2021 年 12 月 22 日，印度尼西亚发布第 196/PMK.03/2021 号财政部条例即

《自愿披露计划实施条例》，对《税收规定统一法》中关于自愿披露计划的实施做进一步的解释。

（四）印度尼西亚基于税收法律救济的纳税人权利保护发展基础

印度尼西亚纳税人针对税务争议的维权主要通过异议程序、上诉程序、最高法院复审程序、其他税务争议解决方式等进行。长期以来，纳税人权利保护机制在维护印度尼西亚纳税人及其他税务当事人的合法权益、保障和监督税务机关依法行政方面起到了举足轻重的作用。

1. 印度尼西亚接受税务检查的纳税人的权利与义务

印度尼西亚接受税务检查的纳税人的权利与义务见表1。

表1　印度尼西亚接受税务检查的纳税人的权利与义务

权利	义务
a. 要求出示调查令 b. 查看调查人员身份 c. 要求检查机关解释其检查的对象和目的 d. 进行询问以了解检查结果以及与实际纳税情况存在差异的详细情况	a. 在规定的时间内接受检查 b. 向检查机关出示记录和文件，包括与收入、业务活动、独立纳税人或应税对象相关的电子数据以及其他文件；提供访问或下载电子文档数据的路径 c. 为检查机关提供进入必要场所的机会，并提供其他帮助，以便顺利完成检查 d. 提供口头与书面的其他信息

资料来源：《中国居民赴印度尼西亚共和国投资税收指南》，国家税务总局国际税务司国别（地区）投资税收指南课题组，中华人民共和国国家税务总局网站，https：//www.chinatax.gov.cn/chinatax//n810219/n810744/n1671176/n1671206/c2582395/5116207/files/203342ce51ef4d6fbe2177c395ecbc20.pdf。

2. 印度尼西亚基于税务行政复议的纳税人权利保护发展基础

印度尼西亚税务行政复议制度包括税务争议的异议程序和税务审计的复议，值得一提的是，税务管理核心系统改革项目（PSIAP）还开发了"减税异议"和"税务上诉"网上功能模块。

（1）税务争议的异议程序

根据《一般规定和税收程序法》，印度尼西亚税务争议的异议程序如下。

就税务评估函或第三方代扣代缴税款提出异议申请。纳税人可以对税务评估函或第三方代扣代缴税款提出异议申请（只能就以下方面向税务总局提出异议申请），具体包括：第一，少缴税（欠税）评估函；第二，附加少缴税（欠税）评估函；第三，零税评估函；第四，多缴税评估函；第五，第三方根据税收法律法规的规定代扣代缴税款。

提交异议申请的语言和理由。异议申请以印度尼西亚语书面形式提交，说明应纳税额、代扣或代收的税额或纳税人计算的损失金额，并附上作为计算依据的理由。

提交异议申请的时间。异议申请必须在发送税务评估函之日起或预扣或征收税款之日起 3 个月内提交，除非纳税人能够证明由于不可抗力因素而无法在该期限内提交。

提交异议申请前的权利和义务。第一，要求税务机关说明有异议的税务评估依据。纳税人在提交异议申请前，可以要求税务机关说明评估依据。第二，进行异议申请前需要履行缴纳审计结果规定的税款的义务。如果纳税人对税务总局发出的税务评估函提出异议，那么在提交异议申请之前，纳税人有义务至少支付税务审计最终会议上讨论商定的税款。对最终会议上尚未商定的款项的支付将推迟到《税务异议决定书》（Surat Putusan Keberatan）发出之日后 1 个月内。异议决定是税务总局对纳税人针对税务评估函或第三方代扣代缴税款提出的异议做出的决定。

异议申请的驳回及接受行政处罚或提出税务上诉。第一，异议申请的驳回。税务总局对异议的处理可以是全部或部分批准、驳回或增加仍需缴纳的税款。如果异议申请被驳回，则税务总局的决定应附上驳回理由及进行解释，并以挂号信的方式寄给纳税人或直接交给纳税人。第二，接受行政处罚或提出税务上诉。如果异议申请被驳回或者被税务总局部分同意，则纳税人将接受行政处罚，除非纳税人向税务法庭提出税务上诉。

针对税务异议的决定。税务总局必须在异议申请提交之日起 12 个月内做出决定并发出《税务异议决定书》。决定书发出前，纳税人可以提出补充理由或者进行书面说明。如果在截止日期之前税务总局未发出决定书，则异议申请将被视为已获批准。

（2）税务审计的复议

对于税务审计，如果纳税人对适用法律存有争议，则可以提出由地方税务局的质量监督小组（Quality Assurance Team，QAT）进行复议，但这需要在一定期限内提出并符合相关手续。

（3）开发"减税异议"功能模块以便利纳税人维权

在纳税人权利保护方面，印度尼西亚 PSIAP 开发了"减税异议"和"税务上诉"功能模块，以推动纳税人维权程序与流程优化和维权管理工作提质，其从 2021 年开始实施。[①]

作为保障行政管理相对人（纳税人、扣缴义务人、纳税担保人及其他税务当事人）行使救济权的一项重要法律制度，税务行政复议的重要性不言而喻。根据 PSIAP，其将集成社会各部门大数据以为办税流程优化提供信息化保障，其在纳税人的权利保护功能方面也进行了开发和优化。

印度尼西亚税务总局网站显示，PSIAP 将为纳税人开发"减税异议"功能模块，开发该模块的目的是纠正行政主体做出的违法或者不当的行政行为，为保护行政管理相对人的合法权益提供便利。PSIAP 正式运行后，印度尼西亚纳税人及相关涉税当事人认为税务机关的具体行政行为（涉及减税决定）侵犯其合法权益时，可以在系统中快速提交异议申请，依法申请进行行政复议。行政复议机关将依照法定程序对减税异议等涉及的具体行政行为进行合法性、适当性审查，并依法做出行政复议决定。

PSIAP 的该功能模块有助于实现纳税人维权的进步和便捷，推动印度尼西亚实施"保持问责制"，增强纳税人对税务总局的信任和维护税务总局的信誉。

3. 印度尼西亚基于税务行政诉讼的纳税人权利保护发展基础

在印度尼西亚，如果纳税人对税务总局发出的《税务异议决定书》不服，则可以向税务法庭上诉；如果对税务法庭的判决结果仍不服，则可以向

---

① 印度尼西亚税务总局网站，https：//www.pajak.go.id。

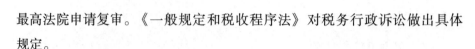

最高法院申请复审。《一般规定和税收程序法》对税务行政诉讼做出具体规定。

（1）税务争议的上诉程序

第一，纳税人可以就《税务异议决定书》向税务法庭提出上诉。第二，纳税人在收到《税务异议决定书》的 3 个月内必须向税务法庭提交上诉书（以印度尼西亚语书面提交并附上明确的理由及《税务异议决定书》副本）。第三，税务法庭的决定是州行政法院内的一项特别法院决定。第四，收到上诉文件后，税务法庭将举行听证会并做出决定，一般在 12 个月内对上诉做出判决。在特定情况下，最后期限可以再延长 3 个月。但是，如果截止日期已过，则法庭不需要承担法律责任。第五，如果上诉申请被税务法庭拒绝或部分批准，则纳税人将受到行政处罚，罚款的形式为对在提交相关异议申请之前必须支付的税额减去已缴税额后的税额征收 100%的附加税。

（2）税务争议的最高法院复审程序

在某些情况下，纳税人或税务总局可以通过向最高法院提出司法审查请求来质疑税务法庭的判决。对于税务争议，向最高法院提出复审请求的程序如下。

纳税人或者税务总局可以对税务法庭的决定提起上诉，请求最高法院复审。

司法复审请求只能在具体情况下提出。根据具体情况的类型，请求应该不迟于以下情况被发现的 3 个月内提交。第一，税务法庭的判决基于对手的伪证或欺骗做出（在判决做出之后才知道或发现基于虚假证据做出），或发现了重要的新的书面证据（根据这些证据，如果在审判过程中知道，那么税务法庭做出的判决可能会有所不同）。第二，税务法庭的判决明显不符合现行法律法规，或者法庭判决的事项与所索赔的事项不符，或者对部分索赔尚未做出决定（没有表明考虑理由）。

复审的请求不会推迟税务法庭做出的判决的执行，其中包括对纳税人的利息进行补偿。

最高法院应在请求提交后的 6 个月内调查和审核案件，做出司法审查决定。司法审查决定是最高法院对纳税人或税务总局针对税务法庭的判决不服而提出的司法复查请求做出的决定。

（3）税务诉讼

纳税人的税务诉讼。第一，纳税人可以按照税收征收管理要求，针对未按照税收法规正确签发的税收决定书，向税务法庭提起诉讼。第二，纳税人必须在执行税收程序之日起 14 日内向税务法庭提起针对执行税收程序的诉讼。除此之外，纳税人必须在收到决定书后的 30 日内提起诉讼。

结束诉讼时间。在收到税务诉讼请求后，税务法庭必须在 6 个月内结束诉讼。

（4）"自愿披露计划"的税务争议处理机制

根据《自愿披露计划实施条例》（第 196/PMK.03/2021 号财政部条例），印度尼西亚税务总局无法把最高检察院提交的证据中包含的数据和信息作为开展税务犯罪调查的依据。但是，如果进行某些非税务相关刑事调查的其他机构也获得了这些数据或信息，那么其可以在调查中使用这些数据或信息。

与"自愿披露计划"有关的任何税务争议可通过向税务法庭提起诉讼进行处理。

（5）开发"税务上诉"功能模块以便利纳税人维权

PSIAP 开发的"税务上诉"功能模块。根据 PSIAP，其除了开发"减税异议"功能模块以外，在纳税人维权方面，还开发了"税务上诉"功能模块。税务上诉是印度尼西亚纳税人解决税务争议的途径之一。在收到《税务异议决定书》的 3 个月内，印度尼西亚纳税人若不服，则可以就《税收异议决定书》向税务法庭提出上诉。PSIAP 运行后，印度尼西亚纳税人可以直接在系统中申请进行税务上诉。该功能模块对保证印度尼西亚税务法庭及时且公正地审理税务行政案件、解决税务行政争议、保护纳税人合法权益、监督税务机关依法行使职权起到了极大的推动作用。

4.印度尼西亚纳税人维权管理机构及维权程序发展基础

印度尼西亚纳税人维权管理机构主要有质量监督小组、税务法庭、最高法院。纳税人针对税务争议的维权程序主要包括：异议程序、上诉程序、最高法院复审程序。

（1）纳税人维权管理机构

①质量监督小组

质量监督小组为税务局内设机构，主要处理纳税人认为税务审计结果存在争议而进行的复议申请。如果纳税人与税务审计员之间就适用的法律依据存在争议，则纳税人可要求与质量监督小组进行讨论，要求质量监督小组进行审查。

②税务法庭

印度尼西亚设置专门的税务法庭处理税务争议。税务法庭是税务争议的解决机构，也是印度尼西亚纳税人的涉税维权机构。

纳税人的税务上诉权利。根据印度尼西亚第 SE-02/PP/2020 号税务总局通函①，涉及纳税人维权的税务上诉/司法审查等均可向税务法庭提起。

税务法庭做出判决的时限。一般情况下，税务法庭应在收到申诉后的12个月内做出判决（然而，在实践中，税务法庭可能会在12个月期限结束后的很长时间才做出正式判决）。除非最高法院有充分的理由进行司法审查，否则税务法庭的判决将是最终决定。

税务法庭的服务职能。第一，举办听证会；第二，收到上诉/诉讼请求书；第三，收到司法审查请求书；第四，提供上诉/司法审查请求之外的帮助服务；第五，对上诉/司法审查进行审判/处理；第六，下达税务法庭判决书和司法审查判决书。

---

① "Surat Edaran Ketua Pengadilan Pajak Nomor：SE－02/PP/2020 Tentang Perubahan SE-01/PP/2020 Tentang Kebijakan Layanan Pengadilan Pajak Dalam Rangka Pencegahan Penyebaran Corona Virus Disease 2019（COVID－19）Di Lingkungan Pengakilan Pajak（SE－02/PP/2020），" https：//datacenter. ortax. org/ortax/aturan/save/16987.

③最高法院

最高法院主要就纳税人或税务总局针对税务法庭的决定或上诉决定不服提出的司法审查申请做出决定。

纳税人可以向最高法院申请审查税务法庭判决的情形如下：第一，税务法庭的判决基于不真实或欺骗性的信息做出（后来发现这些信息是虚假的或被刑事法官宣布为虚假）；第二，在做出判决之后，出现了具有重要性和决定性的新的书面证据；第三，没有争议的事项已获批准，但有一些例外情况；第四，部分评估处理结果并未考虑事情的缘由；第五，判决违反现行法律规定。

（2）纳税人税务争议的维权程序

《一般规定和税收程序法》规定了纳税人对税务争议的维权程序。

税务争议的一般维权程序（异议程序）。根据该法，印度尼西亚税务争议的一般维权程序即税务争议的异议程序主要为：纳税人可以就税务评估函和第三方代扣代缴税款向税务总局提出异议。税务总局应对此于 12 个月内出具《税务异议决定书》（决定书发出前，纳税人可以继续提出补充理由或者书面说明），如果在截止日期之前税务总局未发出决定书，则异议请求被视为已获批准。

上诉程序。根据该法，纳税人可以就《税务异议决定书》向税务法庭提出上诉。税务法庭将根据税收法律法规对纳税人的诉讼事项做出判决。

最高法院复审程序。根据该法，纳税人或者税务总局可以对税务法庭的判决提起上诉，请求最高法院复审。但司法复审请求不会推迟税务法庭判决的执行，最高法院将在请求提交的 6 个月内做出司法审查决定。

税务总局判决税务争议的权限。根据纳税人的要求或根据税务总局的职责，税务总局依法可以做出减轻税务行政处罚的决定。第一，因纳税人的过失或非因纳税人的过错而被处以罚款的，按照税收法律法规的规定，针对纳税人，减少或免除利息、罚款、加收款项等形式的行政处罚。第二，减少不正确的税务评估函。第三，减少或取消不正确的征税函。第四，取消发出的税务审计结果或税务评估函，但需要满足以下条件：纳税人正确缴纳税务审计结果中的税款；与纳税人针对税务审计结果进行最终讨论（或召开会议）。税务总局必须从纳税人申请之日起 6 个月内回应其要求，对其提交的申请做出决定。如果在截止日期之前税务总局未发出决定书，则纳税人的请求被视为已获批准。

（五）印度尼西亚税务管理机构发展基础

1. 印度尼西亚税务机构设置

印度尼西亚税务总局统管全国税务工作，其内设机构主要有税务总局办公室、税务数据及文档处理中心、雅加达特殊税务区域办事处、税务总局区域办事处、大企业税务办公室、税务主管办公室、税务咨询办公室。

2. 印度尼西亚纳税服务机构设置

（1）纳税服务层级机构设置

税务总局办公室下设"咨询、服务和公共关系局"，其主要负责纳税服务相关工作，如税收教育、税收服务以及公共关系政策制定并落实及明确技术规范。雅加达特殊税务区域办事处和大企业税务办公室专门为一定规模以上的大型企业、外商投资企业和上市公司提供税收服务。税务主管办公室为个人纳税人及大企业税务办公室管辖之外的纳税人提供税收咨询服务。税务咨询办公室则为偏远地区的纳税人提供税收服务（如咨询）。

（2）办税服务窗口

印度尼西亚的实体办税服务窗口较多，根据第 SE-13/PJ/2020 号税务总局通函①，印度尼西亚为纳税人专门提供的办税服务窗口包括但不限于：第一，税务总局的综合服务台；第二，税务总局外的服务台，例如，税务角、税务流动服务站；第三，一站式综合服务窗口，例如，商场公共服务窗口；第四，其他地方的纳税服务窗口。

---

① "Surat Edaran Direktur Jenderal Pajak Nomor SE-13/PJ/2020 Tentang Panduan Pelaksanaan Tugas Selama Masa Pencegahan Penyebaran Corona Virus Disease 2019（COVID-19）Di Lingkungan Direktorat Jenderal Pajak（SE-13/PJ/2020），" https：//datacenter. ortax. org/ortax/aturan/show/16965.

（六）印度尼西亚税务信息化建设发展基础

1. 电子政务服务计划

2019 年，印度尼西亚财政部与电商公司（Bukalapak）合作推进电子政务服务计划，开发办税服务业务流程改造工程。目前，印度尼西亚纳税人可以通过该电商平台缴纳所得税、增值税和奢侈品销售税等税款。该纳税服务功能让印度尼西亚纳税人通过 Bukalapak 平台实现了在任何地点、任何时间缴纳多种税款，极大地提高了办税便利度。此外，Bukalapak 还与印度尼西亚多个省市政府合作开发了支持车辆税和地区财产税在网上一键缴纳的功能。[①]

2. 税务管理核心系统改革项目

印度尼西亚税务总局网站显示，在提升办税服务水平方面，近年来，印度尼西亚以税务管理核心系统改革项目为重点，该项目的实施时间为 2021 年 1 月至 2024 年 12 月。[②] 税务管理核心系统改革项目是印度尼西亚税务改革重点项目之一，主要进行业务流程优化改造，对印度尼西亚现有的商业信息系统与税务数据库进行整合优化，税务管理核心系统已成为简单、强大、集成、准确、可靠的系统。税务管理核心系统改革项目在提升办税服务水平方面的作用巨大，主要体现在以下几个方面。第一，纳税人相关功能方面，包括但不限于：一是在印度尼西亚税务总局网站（https：//www. pajak. go. id）提供纳税人账户，以便捷其办税；二是推动提高纳税服务质量；三是减少税收合规成本；等等。第二，税务机关工作人员相关功能方面。一是集成系统，以便捷工作；二是减少手动填写工作表及手动填写文档；三是增加工作产出；四是提高办公效能。第三，税务机关相关功能方面。一是增强纳税人对税务总局的信任和维护税务总局的信誉；二是实施保持问责制；三是提高税收合规性；四是提高生产力。第四，其他利益相关者功能方面。一是提供实时数据，提高数据的有效性；二是增加其他先进功能。

---

① 《Bukalapak 为印尼人推出纳税服务，允许支付所得税、增值税等多种税款》，搜狐网，https：//www. sohu. com/a/336532433_ 115514。

② 印度尼西亚税务总局网站，https：//www. pajak. go. id。

3. 实施电子签名规定

2021 年 6 月 7 日，印度尼西亚颁布了第 63/PMK.03/2021 号财政部条例①（简称 PMK-63），正式公布"在办税流程中允许电子签名合法化"，为涉税业务流程改进优化做出重要贡献。PMK-63 极大地便利了纳税人通过电子手段享受税收权利和履行税收义务；同时，该条例规范了税务总局可以以电子方式签发税函，实现流程简化，提高办税效率和便捷度。

二 印度尼西亚税收征收管理发展变化
（2022～2023年）

2022～2023 年，在税收征收管理法律体系方面，印度尼西亚税收征收管理行政法规和规章发生了一些变化；在纳税服务方面，印度尼西亚主要就保险代理人的登记管理、纳税人识别号整合、公平纳税服务、办税流程信息化等方面进行改革优化；在税收执法领域方面，印度尼西亚主要完善了税务审计和司法审查的相关规定。税务机关和基于税收法律救济的纳税人权利保护制度相对稳定。

（一）印度尼西亚税收征收管理法律体系发展变化

2022 年以来，印度尼西亚税收征收管理法律和税收救济法律法规等保持稳定，税收征收管理行政法规和规章发生新变化，特别是税收征收管理部门规章的变动较大。

1. 税收征收管理行政法规发展变化

（1）更新税收征收管理程序性法规

2022 年 12 月 12 日，印度尼西亚政府颁布了更新后的《一般规定和税

---

① "Peraturan Kementerian Keuangan（PMK）tentang Tata Cara Pelaksanaan Hak dan Pemenuhan Kewajiban Perpajakan serta Penerbitan, Penandatanganan, dan Pengiriman Keputusan atau Ketetapan Pajak secara Elektronik（63/PMK.03/2021）," https：//peraturan.bpk.go.id/Home/Details/168956/pmk-no-63pmk032021.

收程序法》的实施条例，即 2022 年第 50 号政府条例（简称 PP-50）①，取代了 2011 年第 74 号政府条例和 2021 年第 9 号政府条例中与《一般规定和税收程序法》相关的一些条款。

（2）纳税登记服务法规

PP-50 将整合纳税登记号码的规定纳入其中。

（3）促进新首都投资的税务审计流程简化法规

2023 年 3 月 6 日，印度尼西亚发布 2023 年第 12 号政府条例（简称 PP-12）②，简化投资税务审计程序，推动新首都开发建设。

2. 税收征收管理部门规章发展变化

（1）纳税服务规章

有关纳税人识别号整合服务等综合性规章。第 59/PMK.03/2022 号财政部条例③修订了第 231/PMK.03/2019 号财政部条例关于纳税人识别号的等级与取消办法、纳税企业的认定与撤销办法及政府机构减税/纳税、缴税和报税办法的条例。

纳税登记规章。第一，保险代理人的登记管理服务规章。2022 年 4 月 1 日，印度尼西亚颁布第 67/PMK.03/2022 号财政部条例④（简称 PMK-67），明确了对保险代理人的登记管理要求。第二，整合纳税人识别号管理服务规

---

① "Peraturan Pemerintah（PP）tentang Tata Cara Pelaksanaan Hak dan Pemenuhan Kewajiban Perpajakan（PP No. 50 Tahun 2022），" https：//peraturan.bpk.go.id/Home/Details/232952/pp-no-50-tahun-2022.

② "Peraturan Pemerintah（PP）tentang Pemberian Perizinan Berusaha, Kemudahan Berusaha, dan Fasilitas Penanaman Modal bagi Pelaku Usaha di Ibu Kota Nusantara（PP No. 12 Tahun 2023），" https：//peraturan.bpk.go.id/Home/Details/244908/pp-no-12-tahun-2023.

③ "Peraturan Kementerian Keuangan（PMK）tentang Perubahan atas Peraturan Menteri Keuangan Nomor 231/PMK.03/2019 tentang Tata Cara Pendaftaran dan Penghapusan Nomor Pokok Wajib Pajak, Pengukuhan dan Pencabutan Pengukuhan Pengusaha Kena Pajak, serta Pemotongan dan/atau Pemungutan, Penyetoran, dan Pelaporan Pajak bagi Instansi Pemerintah（59/PMK.03/2022），" https：//peraturan.bpk.go.id/Home/Details/215497/pmk-no-59pmk032022.

④ "Peraturan Kementerian Keuangan（PMK）tentang Pajak Pertambahan Nilai atas Penyerahan Jasa Agen Asuransi, Jasa Pialang Asuransi, dan Jasa Pialang Reasuransi（67/PMK.03/2022），" https：//peraturan.bpk.go.id/Home/Details/215536/pmk-no-67pmk032022.

章。2022 年 7 月，印度尼西亚颁布了第 112/PMK. 03/2022 号财政部条例①（简称 PMK-112），明确整合纳税人识别号的要求。

新增值税发票管理服务规章。2022 年 3 月 31 日，印度尼西亚颁布新增值税发票条例（第 PER-03/PJ/2022 号税务总局条例②），旨在为增值税发票处理和管理提供确定性的要求和进行程序简化，其自 2022 年 4 月 1 日起生效。

优化纳税申报表服务规章。2022 年 9 月 14 日，第 PER-14/PJ/2022 号税务总局条例③更新了增值税申报表（1107PUT 表格），并撤销第 PER-147/PJ/2006 号税务总局条例，其自 2022 年 10 月起生效。

引入税款缴纳服务规章。2022 年 3 月 30 日，第 69/PMK. 03/2022 号财政部条例（简称 PMK-69）④ 提供了与 P2P 借贷活动有关的付款预扣税率处理指南和有关金融技术服务的增值税处理指南，其自 2022 年 5 月 1 日起生效。

更新增值税办税业务流程的系列规章。2022 年，印度尼西亚财政部正式发布与《税收规定统一法》相关的 14 部财政部衍生条例，详细规定了与增值税有关的办税流程与规则，指导纳税人按最新规定办理增值税业务。印度尼西亚与增值税、纳税人报税办法、业务流程、操作程序更为相关的主要规定见表 2。

---

① "Peraturan Kementerian Keuangan（PMK）tentang Nomor Pokok Wajib Pajak bagi Wajib Pajak Orang Pribadi, Wajib Pajak Badan, dan Wajib Pajak Instansi Pemerintah（112/PMK. 03/2022），" https：//peraturan. bpk. go. id/Home/Details/217310/pmk-no-112.

② "Peraturan Direktur Jenderal Pajak Nomor PER-03/PJ/2022 Tentang Faktur Pajak（PER-03/PJ/2022），" https：//datacenter. ortax. org/ortax/aturan/save/17765.

③ "Peraturan Direktur Jenderal Pajak Nomor PER-14/PJ/2022 Tentang Bentuk, Isi, Dan Tata Cara Pengisian Serta Penyampaian Surat Pemberitahuan Masa Pajak Pertambahan Nilai Bagi Pemungut Pajak Pertambahan Nilai Selain Instansi Pemerintah Dan Bagi Pihak Lain（PER-14/PJ/2022），" https：//datacenter. ortax. org/ortax/aturan/show/24950.

④ "Peraturan Kementerian Keuangan（PMK）tentang Pajak Penghasilan dan Pajak Pertambahan Nilai atas Penyelenggaraan Teknologi Finansial（69/PMK. 03/2022），" https：//peraturan. bpk. go. id/Home/Details/215543/pmk-no-69pmk032022.

表2 印度尼西亚与增值税、纳税人报税办法、业务流程、
操作程序更为相关的主要规定

序号	条例	主要内容
1	第58/PMK.03/2022号财政部条例	关于在商品采购交易/政府采购信息系统服务中指定他方作为纳税人和征税、缴税/报税办法的条例
2	第59/PMK.03/2022号财政部条例	修订第231/PMK.03/2019号财政部条例关于纳税人识别号的等级与取消办法、纳税企业的认定与撤销办法及政府机构减税/纳税、缴税和报税办法的条例
3	第60/PMK.03/2022号财政部条例	关于在纳税区内通过电子系统与来自纳税区外的应税无形商品/应税服务进行贸易的增值税纳税人指定、征税、缴税和报税办法的条例

资料来源：《印尼增值税新规》，腾讯新闻，https：//new.qq.com/rain/a/20220408A09VS900。

（2）引入税收执法规章

税务稽查（调查）规章。PMK-69加强了对贷款人身份涉税问题和扣缴税款者涉税问题的规定；对技术行业的公司实施业务所需程序及对基础设施进行重点监管。

（二）印度尼西亚纳税服务发展变化

在税务登记方面，印度尼西亚主要就个人所得税纳税人的纳税人识别号进行整合优化；在纳税申报方面，印度尼西亚主要完善了新增办税指南等规定；在办税服务流程方面，印度尼西亚继续推动税务管理核心系统改革项目的实施。

1.印度尼西亚税务登记服务发展变化

在税务登记服务发展变化方面，印度尼西亚从保险代理人的登记管理、整合个人所得税纳税人的纳税人识别号、更新相关条例等方面进行了完善。

（1）保险代理人的登记管理

PMK-67指定保险公司作为代理人和经纪人申报保险佣金的增值税。根据PMK-67，增值税合规义务集中在保险公司，因此，代理人和经纪人不再被允许执行增值税行政事务，这项规定产生的进项增值税不适用于代理人和

经纪人。同时，PMK-67 规定个人代理人和经纪人必须获取纳税人识别号，并（自动）注册为"增值税企业家的个人或实体"（PKP）。

PMK-67 在严格要求保险代理人和经纪人进行增值税税务登记的同时，简化对保险代理人的管理制度。保险代理人需要拥有纳税人识别号，并被确认为 PKP，无须拥有电子发票，并且不需要提交增值税申报表。

（2）整合个人所得税纳税人的纳税人识别号

印度尼西亚政府计划将人口和民事登记局（Direktorat Jenderal Kependudukan dan Pencatatan Sipil）与税务总局之间的数据进行整合，这需要将印度尼西亚居民的身份证号码（NIK）和其作为个人纳税人的纳税人识别号整合为一个号码。

整合个人纳税人识别号的法律依据。第一，修订有关纳税人识别号管理的相关法规，为制定个人纳税人识别号的整合法律奠定基础。第 59/PMK.03/2022 号财政部条例修订了第 231/PMK.03/2019 号财政部条例有关纳税人识别号的等级与取消办法。第二，整合个人纳税人识别号的法规。PMK-112 整合纳税人识别号。印度尼西亚纳税人识别号为 15 位，由税务总局管理；而印度尼西亚居民的身份证号码为 16 位，由人口和民事登记局管理。为了整合税务总局与人口和民事登记局之间的数据，政府引入单一识别号，即把 NIK 作为纳税人识别号，并为此颁布了 PMK-112 以进行纳税人识别号的整合。第三，整合个人纳税人识别号的法规被升级为法律。PP-50 强化了政府整合的意图。

个人纳税人识别号的整合办法。第一，从 2022 年 7 月 14 日开始，个人纳税人的 NIK 将被用作纳税人识别号。税务总局将税务管理数据与居住数据进行对比，若匹配，则 NIK 将被激活。否则，税务总局将通过某些预定渠道向纳税人澄清无效或不匹配的数据，纳税人可以通过这些渠道更新数据以符合实际情况。一旦 NIK 被验证为纳税人识别号，税务总局就将通知纳税人。第二，15 位纳税人识别号只能在过渡期（2022 年 7 月 14 日至 2023 年 12 月 31 日）有限使用。第三，对于在 2022 年 7 月 8 日至 2023 年 12 月 31 日进行纳税登记的印度尼西亚居民，税务总局将其 NIK 激活为纳税人识别号。第四，从 2024 年 1 月 1 日起，16 位 NIK 将取代纳税人识别号以用于进行税收活动和达成其他目的。

2. 印度尼西亚优化增值税发票管理服务的新变化

颁布新增值税发票条例。基于为纳税人的增值税发票处理和管理提供确定性和简化程序，印度尼西亚税务总局颁布条例以改善增值税发票业务流程。第 PER-03/PJ/2022 号税务总局条例旨在简化对增值税发票的监管流程，并使相关规则与《创造就业综合法》、2021 年第 9 号政府条例（《综合法实施条例》①）和第 18/PMK.03/2021 号财政部条例②引入的增值税的变更内容同步。第 PER-03/PJ/2022 号税务总局条例为纳税人关于增值税发票的系列工作提供了确定性，进行了程序简化。同时，针对该条例中规定的不明确事项，税务总局专门发布了一份常见问题清单，有针对性地为纳税人进行解答。

第 PER-03/PJ/2022 号税务总局条例对增值税发票业务流程的优化规定。这具体包括开具增值税发票的时间、增值税发票需要的信息、有关增值税发票的编制要求和报告、其他事项等。

根据第 PER-03/PJ/2022 号税务总局条例，第一，增值税纳税人有权要求税务总局将有关增值税管理内容集中于一个位置。第二，向纳税人明确上传增值税发票的截止日期。如特定月份的所有增值税发票不迟于下个月的15 日上传并由税务总局验证。增值税发票上的打印日期用于确定上传和验证的截止日期。第三，向纳税人说明增值税发票交易代码特殊规定。第四，向纳税人说明零售业增值税发票开具特殊规定。第五，向享受增值税便利条

① "Peraturan Pemerintah（PP）tentang Perlakuan Perpajakan Untuk Mendukung Kemudahan Berusaha（PP No. 9 Tahun 2021），" https：//peraturan.bpk.go.id/Home/Details/161839/pp-no-9-tahun-2021.

② "Peraturan Kementerian Keuangan（PMK）tentang Pelaksanaan Undang-Undang Nomor 11 Tahun 2020 tentang Cipta Kerja di Bidang Pajak Penghasilan, Pajak Pertambahan Nilai dan Pajak Penjualan atas Barang Mewah, serta Ketentuan Umum dan Tata Cara Perpajakan（18/PMK.03/2021），" https：//peraturan.bpk.go.id/Home/Details/162653/pmk-no-18pmk032021.

件的纳税人说明增值税发票开具规定。① 第六，对"增值税合并发票"进行详细规范。特定纳税人可以在月底开具一张增值税发票，其涵盖在一个日历月内向同一买家多次交付货物的情况。这种类型的增值税发票被称为合并增值税发票。第 PER-03/PJ/2022 号税务总局条例对合并增值税发票提出了更详细的要求，如合并增值税发票只能涵盖同一交易代码下的交易。如果向同一客户交付的货物具有多个交易代码，则只能合并同一交易代码下的交易等。第七，第 PER-03/PJ/2022 号税务总局条例撤销了第 PER-58/PJ/2010 号税务总局条例、第 PER-754/PJ/2001 号税务总局条例、第 PER-11/PJ/2019 号税务总局条例、第 PER-04/PJ/2020 号税务总局条例关于增值税发票的规定。

3.印度尼西亚纳税申报服务发展变化

在纳税申报服务发展变化方面，印度尼西亚从推动公平纳税服务、新增纳税指南服务、优化纳税申报表等方面进行完善。

（1）推动公平纳税服务

第 59/PMK.03/2022 号财政部条例重点规范"印度尼西亚地方政府和村级政府信用卡交易的税收征收管理与中央信用卡交易的税收征收管理享有同样的税收待遇"，以实现印度尼西亚政府机构在收款与存款时享有公平涉税待遇。

（2）新增纳税指南服务

印度尼西亚政府提供更多纳税指南和税收指导服务。PMK-69 提供了与 P2P 借贷活动有关的付款预扣税率处理指南和有关金融技术服务的增值税处理指南。

与 P2P 借贷活动有关的付款预扣税率处理指南。该指南区分收入接受者、收入类型、扣缴税款者等不同对象，以提供企业所得税申报指导。

有关金融技术服务的增值税处理指南。该指南向印度尼西亚支付网关服务、投资结算服务、大众融资平台、P2P 借贷服务、投资管理服务、在线保

---

① 德勤官方网站，https：//www2.deloitte.com/。

险产品服务、市场支持服务、金融数字包容性支持服务和其他金融服务提供增值税结算和申报指导。同时，PMK-69 提供了每类服务的增值税补偿类型的详细清单。

（3）针对新冠疫情的纳税申报服务新规定

为应对新冠疫情的影响，印度尼西亚财政部在 2022 年持续颁布多部条例，延长到期的税收优惠政策并要求税务部门配合提供高效的纳税服务。

延长税收优惠政策。2022 年 1~2 月，印度尼西亚财政部颁布若干条例以延长在 2021 年 12 月 31 日到期的一些税收优惠政策，并要求税务部门配合提供相应纳税服务。例如，第 82/PMK.03/2021 号财政部条例、第 149/PMK.03/2021 号财政部条例和第 9/PMK.03/2021 号财政部条例修改部分税收优惠措施，重新引入第 3/PMK.03/2022 号财政部条例（简称 PMK-3）。如果纳税人的业务（Klasifikasi Lapangan Usaha，KLU）属于 PMK-3 中列出的 72 个 KLU，则可免除第 22 条规定的税款，税务总局必须尽快签发；如果纳税人不符合申请资格，则税务总局必须发出一封拒绝其请求的信函。如果纳税人的 KLU 属于 PMK-3 中列出的 156 个 KLU，享受 50% 的月度分期纳税减免，则税务总局必须尽快向纳税人发出通知函，以确认纳税人是否符合激励条件。

（4）纳税申报表的优化

第 PER-14/PJ/2022 号税务总局条例引入 1107PUT 表格以取代第 PER-147/PJ/2006 号税务总局条例中的旧表。新的表格更新了主表，以适应添加的新附件，且不再允许手动提交 1107 PUT 表格。如果当月无增值税，则无须提交表格。

4. 印度尼西亚办税服务流程发展变化

在办税服务流程发展变化方面，印度尼西亚在税务管理核心系统改革项目和增值税办税流程两个方面持续进行优化和完善，本部分对后者进行分析。

优化增值税办税流程。2022 年，印度尼西亚财政部正式发布与《税收规定统一法》相关的 14 部财政部衍生条例，具体内容与《税收规定统一法》中关于增值税的修改原则一致，所有这些衍生条例都详细规定了增值税方面的最新的相关办税流程与规则，指导纳税人按最新规定办理增值税业务。

（三）印度尼西亚税收执法发展变化

在税收执法方面，值得重点关注的是，《一般规定和税收程序法》的新实施条例的颁布，对印度尼西亚税务审计工作和司法审查工作造成较大影响。

1.印度尼西亚税务审计发展变化

促进新首都投资条例对税务审计的新规定。鉴于印度尼西亚政府计划将首都雅加达迁至努桑塔拉市，为了加快对努桑塔拉市的建设和开发进程，PP-12 提供投资优惠。PP-12 涉及税务审计的规定有：在新首都申请企业所得税优惠税率的纳税人，只有通过地区税务局进行税务审计后才能享受；税务审计于纳税人开始进行商业活动后通过在线提交系统（OSS）申请该优惠后进行。

2.印度尼西亚税务稽查（调查）发展变化

2022 年，印度尼西亚加强了针对"点对点贷款"（P2P 贷款）和金融技术行业的税收监管。印度尼西亚在 2022 年发布第 69/PMK.03/2022 号财政部条例，在点对点贷款（P2P 贷款）方面，加强了对贷款人身份涉税问题和扣缴税款者涉税问题的规定；在金融技术行业方面，对金融技术行业的公司实施业务所需程序及对其基础设施进行重点监管。

（四）印度尼西亚基于税收法律救济的纳税人权利保护发展变化

《一般规定和税收程序法》的新实施条例和 2023 年第 12 号政府条例对基于税收法律救济的税务审计工作进行完善。

1.印度尼西亚基于税务行政复议的纳税人权利保护发展变化

《一般规定和税收程序法》的新实施条例对基于税务行政复议的税务审计做出新规定。

因 2011 年第 74 号政府条例已不太符合税务管理的最新要求，且《税收规定统一法》对《一般规定和税收程序法》进行了修改，为了适应最新的法律内容且保证其实施，2022 年，《一般规定和税收程序法》的新实施条例和 PP-50 取代了 2011 年第 74 号政府条例和 2021 年第 9 号政府条例中与《一般规定和税收程序法》相关的一些条款。

PP-50 中的规定与 2011 年第 74 号政府条例的规定大体相似，但更新了部分条款以符合《税收规定统一法》对《一般规定和税收程序法》的修改。PP-50 更符合当前印度尼西亚的税务管理要求，其主要变化如下。

修改税务行政复议中"初步证据税务审计"若干规定。如果在税务审计中发现税务犯罪迹象，则税务审计将被推迟，并对税务犯罪的初步证据进行审计。

在出现以下情况时将恢复递延的税务审计。一是由于以下情况，初步证据税务审计被停止：未发现税务犯罪的初步证据；触发事件不是税务犯罪；被审计的个人纳税人已去世。二是由于以下情况，税务调查被停止：证据不足；触发事件不是税务犯罪；同一案件不能被起诉两次（一罪不二审）或嫌疑人已去世。三是税务法庭对税务犯罪做出判决，免除纳税人的所有法律指控，税务总局已收到判决书副本。四是基于初步证据，税务审计或税务调查导致超额纳税。

在出现以下情况时将停止递延的税务审计。一是由于纳税人根据《一般规定和税收程序法》第 8（3）条提交自愿披露报告，且披露报告符合实际情况，因此停止基于初步证据的税务审计。二是由于以下情况，税务调查中止：纳税人根据《一般规定和税收程序法》第 4A 条进行自愿披露；纳税人或嫌疑人根据《一般规定和税收程序法》第 44B（1）条向税务部门赔偿相关损失。三是由于根据《一般规定和税收程序法》第 40 条起诉税务犯罪的 10 年诉讼时效已经到期，因此停止基于初步证据的税务审计或税务调查。四是税务法庭对税务犯罪做出判决（非免除纳税人所有法律指控的判决），税务总局已收到判决书副本。

2. 印度尼西亚基于税务行政诉讼的纳税人权利保护发展变化

引入与税收司法审查有关的税收罚款。PP-50 引入了《税收规定统一法》的规定，即如果司法审查导致应纳税额增加，则在提交税务异议请求之前结算的额外税款将被收取 60% 的附加费。税务总局必须在收到司法审查结果后的两年内发出征税函以收取附加费。

（五）印度尼西亚税收信息化建设发展变化

推进税务管理核心系统改革项目（PSIAP）。2022～2023 年，在提升办税服务水平方面，印度尼西亚继续重点推进 PSIAP。2022～2023 年印度尼西亚 PSIAP 实施情况见表 3。

表 3　2022～2023 年印度尼西亚 PSIAP 实施情况

项目时间	项目阶段	项目具体内容
2022 年 1 月至 2023 年 4 月	构建和测试	构建和测试阶段包括多项活动，例如，创建核心税务应用程序模块和测试活动。测试活动包括系统测试、安装测试、系统集成测试和用户验收测试
2023 年 6 月	部署	在此阶段，完善的税务管理核心系统将在事先提供培训的情况下推出，以让纳税人为成为新用户做好准备

资料来源：印度尼西亚税务总局网站，https：//www.pajak.go.id。

三　印度尼西亚税收征收管理发展前景

印度尼西亚税务总局未来的工作重心之一必然是进一步推动智慧税务建设，以实现纳税服务优化，基于税收信息化、电子化和大数据实现流程再造；继续巩固与完善税务审计、税务稽查（调查）、涉税处罚等税收执法制度，健全税收执法体系，规范税收执法程序、标准和办法；通过信息化手段进一步推动保护纳税人权利，深入开发 PSIAP 以进行涉税争议处理流程改革与优化。

（一）印度尼西亚纳税服务发展前景

印度尼西亚税务登记服务发展前景、纳税申报服务发展前景、办税服务流程发展前景具体如下。

1. 印度尼西亚税务登记服务发展前景

由《税收规定统一法》可知，印度尼西亚极大地简化了个人所得税的登记工作，印度尼西亚可以把 NIK 作为纳税人识别号，达到一定年龄的印度尼西亚居民将自动获得 NIK，即使他们不一定符合纳税人的标准。此项改革虽然简化了税务登记管理制度，但是采用 NIK 作为纳税人识别号可能会在公众中产生一定程度的不确定性。同时，根据印度尼西亚现行规定，参与数字经济的纳税人，如 P2P 贷款平台提供商可能会被指定为扣缴税款者，税务机关对其税务登记的管理将更加严格。同样的还有保险代理人的登记管理，PMK-67 虽然简化了保险代理人的管理制度，但是保险代理人和经纪人必须（自动）注册为 PKP，这体现出税务机关更严格地管理保险代理人和经纪人的增值税登记工作。以上都反映了印度尼西亚税务登记的现状，在简化有关纳税人识别号工作同时，部分条例加强了对税务登记的约束。因此，印度尼西亚税务登记服务仍将继续结合具体经济发展需要，在保护税源且保证国家税款被足额征收的前提下，对部分群体的税务登记适度松绑，同时，对部分行业的税务登记管理将更为严格。此外，由新规造成的政策不确定性将进一步通过税收法律法规及官方对涉税问题的解答进行明确。

2. 印度尼西亚纳税申报服务发展前景

近几年，在纳税申报服务改革上，印度尼西亚主要注重推动税收公平（如第 231/PMK.03/2019 号财政部条例提出，推进地方政府和中央政府享有同样税收待遇）、帮扶企业涉税工作（如 PMK-3 提出，提供与税收优惠政策延期配套的纳税服务）、新增更多纳税服务指南（如 PMK-69 制定的与金融技术服务有关的增值税处理指南）、放宽报税代理人制度（如 2021 年第 7 号法律允许公民的配偶、直系血亲和两代直系血亲以内的家庭成员作为其报税代理人）、推动完善网上报税（如 PER-02 的相关规定）等。可见，印度尼西亚在提升纳税申报服务水平方面立足于优化办税体验，在线上线下都积极主动采取措施，持续进行改革。

但是，鉴于印度尼西亚全面推动各税种线上申报的时间相对较晚，且与中央税种和地方税种相关的电子政务计划没有统一整合，而是由财政部和地方政府各自推进，它们分别与企业合作运行，缺乏系统性和统一规范。以上种种都显示出印度尼西亚在"智慧税务"建设方面存在一定短板。所以，印度尼西亚纳税申报服务未来发展的重点必然离不开对"智慧税务"的大力研发和推动。基于印度尼西亚纳税申报现状和财政部条例可以预计，印度尼西亚的"智慧税务"建设将主要从以下几个方面提升优化：一是推动城市和地区之间税务工作的互联互通；二是推动自助办税，拓宽"非接触式"办税覆盖面，实现网上纳税申报业务高效办结；三是简化申报手续，实现中央税种和地方税种申报、扣税、缴税系统集成，推进实现"减少填表张数、减少申报次数、实现一次缴款"的目标。

3.印度尼西亚办税服务流程发展前景

印度尼西亚办税服务流程重大改革项目 PSIAP 的实施时间为 2021 年 1 月至 2024 年 12 月，该项目是印度尼西亚未来几年优化办税服务流程方面的重点工程。从长期来看，对于把印度尼西亚现有的商业信息系统与税务数据库进行整合优化，以构建简单、强大、集成、准确、可靠的税务管理核心系统，PSIAP 在优化办税服务流程上的作用巨大。印度尼西亚税务总局未来的工作重心之一必然是利用税务信息征集和管理的集中化、透明化改善办税流程；利用大数据达到流程再造和提质增效的目标；通过信息化手段拓展移动办税、便捷办税、快速办税的领域；通过办税服务流程的优化进一步培养公民的依法纳税意识，规范税务和资产管理。这正如印度尼西亚财政部提出的"实施办税服务流程改革的长远目标绝不仅仅是为了获得更多的财政收入，而是为了推动印度尼西亚实体经济发展，进而让印尼盾更为坚挺"[①]。

印度尼西亚税务总局未来几年将大力推行"数字化签名"行动。通过推动纳税人使用电子签名行使税收权利和履行税收义务、推动税务系统使用认证的电子签名并以电子方式发布和签署税务文件、推动电子签名信函与纸质信函具有同等法律地位，实现简化办税流程、提高办税效率和提升办税便利水平的目标。

---

① 印度尼西亚财政部网站，http://www.depkeu.go.id/。

（二）印度尼西亚税收执法发展前景

税务审计、税务稽查（调查）、税收处罚是印度尼西亚税收法律体系的重要组成部分，是维护法律、保证印度尼西亚财政收入的重要监督手段，印度尼西亚将进一步注重税务审计、税务稽查（调查）、税收处罚在检查和纠正纳税人违法行为上的重要作用并持续改进相关政策。

1. 印度尼西亚税务审计发展前景

印度尼西亚有着较为成熟的税务审计规范和制度，税务审计的政策性很强，对包括退税审计、发票审计、关联方审计、免税期设施审计、税收特赦审计、纳税人识别号等方面的审计都有详细的规定。印度尼西亚税务总局对税收合规性的控制是通过税务审计执行的，其有权对纳税人进行税务审计以检查纳税人履行纳税义务的情况或在执行税收法律法规的情况下将其用于其他目的。2022年以来，印度尼西亚税务总局在发票审计和退税审计上颁布了新的规定，如为增值税发票的验证提供统一方法，简化并统一税务审计员在审计期间核实增值税发票的标准，进一步强化监管"初步退税"工作等。

税务审计在约束纳税人履行纳税义务上有着不可替代的作用。显然，印度尼西亚政府仍将持续巩固税务审计制度，完善审计标准和办法。一是从税务机关执行税收法律法规、税收政策与履行税收征收管理职能方面，规范审计的法律依据、行为准则和标准方法，避免疏漏和滥用法律；二是从提高社会纳税遵从度、保证纳税人的税务合规性方面，进一步规范纳税人在税务审计中的义务和权利，强调审计的目的和审计依据的政策，进一步注重税务审计职能在检查和纠正纳税人违法行为方面的作用。

2. 印度尼西亚税务稽查（调查）发展前景

为了检查纳税人履行纳税义务的情况，印度尼西亚税务总局可以在行动监督框架内对纳税人进行税务调查，以提高纳税人的合规程度。税务调查是印度尼西亚税收征收管理工作的重要步骤和环节，近年来，印度尼西亚在税务调查政策调整上"有紧有松"。较严格的方面是通过发布财政部条例（例如，PMK-69），加强了对P2P贷款和金融技术行业方面涉税身份和涉税程序的专项监管；在以"最终补救"为重点的税务犯罪执法中，授予税务调查员更大的权力以震慑涉税违法行为，并增加了"可以阻止或没收税务犯罪人员的资产"的权限。较宽松的方面是，为加强对新一轮的税收特赦计划的支持，放宽提交自愿披露报告的时限，规定在税务总局向纳税人发送税务审计结果通知之前（而非原规定的发布纳税评估通知书之前），纳税人可以自愿披露不正确的纳税申报表，享受税收赦免，被停止税务调查和免除税收处罚。

在印度尼西亚，税务审计和税务调查是税务机关代表国家依法对纳税人的纳税情况进行检查与监督的主要形式。即便出于特殊政策目的，放宽个别领域的税务调查要求（如通过自愿披露计划增加政府收入、恢复国民经济、提高纳税透明度），但税务调查的基本任务仍是根据国家税收法律法规，查处税收违法行为，保障税收收入，维护税收秩序。科学的税务调查的目的不只是一味地减小处罚力度。所以，印度尼西亚税务机关在税务调查方面持续放宽不可能成为趋势，可以预计的是，其将以建立科学、严密、高效的税务调查体系为目标。第一，将以事实为依据，以法律为准绳，依据税收法律法规及各种政策规定，促进依法纳税，保证有关税法顺利实施。第二，将考量各税务调查要素是否适应当前经济条件和税务管理的客观要求，从而建立和完善税务调查法规、健全税务调查规程、完善税务调查制度、规范税务调查机构、改进税务调查技术、强化税务监控网络，培养优秀的税务调查员队伍。

3. 印度尼西亚税收处罚发展前景

结合印度尼西亚国内外政治经济环境可知，新冠疫情对包括印度尼西亚经济在内的全球经济的冲击，以及俄乌冲突等国际政治局势变动导致的经济巨大波动，都对印度尼西亚经济发展带来阻碍。印度尼西亚财政部部长在2022年8月表示，阻碍印度尼西亚经济发展的因素本质上来自外部，包括不确定的地缘政治环境及发达国家的政策影响，其中由俄乌冲突造成的不确定的地缘政治环境导致的能源、食品和化肥价格上涨对印度尼西亚经济产生影响；同时，印度尼西亚经济统筹部部长表示，印度尼西亚政府通过多项价格补贴措施维持民众对食品和能源商品的购买力等①，这些都意味着印度尼西亚近年来采取更宽松的税收处罚措施是应对经济增长率下降、刺激国内经济发展的重要手段。预计在未来一段时间，印度尼西亚会通过减少行政处罚减轻纳税人的现金流负担以促进经济复苏。

（三）印度尼西亚基于税收法律救济的纳税人权利保护发展前景

印度尼西亚纳税人维权程序借助 PSIAP 进行了信息化改造，其开发的维权功能模块（"减税异议"和"税务上诉"功能模块）体现了税务管理改革与信息技术运用相互促进的情况。其利用信息技术的创新驱动作用，实现了纳税人维权程序与现代化信息技术手段相结合，极大地便利了纳税人的维权工作。可以预计，印度尼西亚将进一步完善纳税人权利保护与信息技术相结合的发展模式。

1. 印度尼西亚税务行政复议制度发展前景

目前，针对税务审计结果的异议，纳税人可以申请由质量监督小组进行复议；针对税务评估函或第三方代扣代缴税款有异议的，纳税人可以向税务总局提出复议，由税务总局做出裁决并发出《税务异议决定书》。税务行政复议是印度尼西亚税务争议处理程序的重要组成部分，是纳税人、扣缴义务人、纳税担保人及其他税务当事人不服税务机关及其工作人员做出的税务具体行政行为时，行使救济权的一个重要的法律途径，这对纠正税务机关做出违法或者不当的具体行政行为、保障纳税人的合法权益至关重要。由印度尼西亚税务总局网站公布的 PSIAP 可知，印度尼西亚正大力通过信息化手段推动税务行政复议流程优化。对 PSIAP 中的"减税异议"功能模块的开发有助于推动对具体税务行政行为的合法性和适当性进行审查，有助于为纳税人及其他税务当事人保护自己的合法权益提供信息化服务。预计印度尼西亚税务部门将继续严格执行税务行政复议制度，并通过电子化、信息化、智能

---

① 《印尼财政部长称该国经济发展的挑战来自外部》，光明网，https://m.gmw.cn/baijia/2022-08/06/1303077314.html。

化手段进一步推动保护纳税人的权利，深入开发与 PSIAP 相关的系统以进行涉税争议流程改革与优化，充分利用大数据与信息化手段优化税务行政复议程序，防止和纠正违法的或不当的税务行政行为，以保护纳税人及其他税务当事人的合法权益，保障和监督税务机关依法行政。

2. 印度尼西亚税务行政诉讼制度发展前景

税务行政诉讼对印度尼西亚税务总局维持合法、合理、廉洁、奉公形象和提高纳税人的民主法治意识都有明显的促进作用。目前，印度尼西亚关于税务争议的上诉由其专门成立的税务法庭进行处理。税务行政争议范围广、数量多、专业性强，如果税务行政争议不能通过税务机关以税务行政复议方式解决的话，那么在印度尼西亚将由税务法庭进行审理并做出判决。根据现行规定，印度尼西亚纳税人可以就《税务异议决定书》向税务法庭提出上诉，税务法庭将举行听证会并对上诉做出判决。税务法庭的决定是州行政法院内的一项特别法院决定。纳税人或税务总局对税务法庭的判决书质疑的，可以向印度尼西亚最高法院提出司法审查请求，请求最高法院审查并做出司法审查决定。税务行政诉讼长期以来都是推动社会法治与公平、建设廉洁税务系统和惩治税务腐败的有力武器。印度尼西亚政府一直高度重视其对于纳税人权利保护和监督税务工作人员依法行使职责的重要作用。由上文内容可知，未来一段时间，印度尼西亚税务部门将通过 PSIAP 优化税务行政诉讼流程。PSIAP 将于 2024 年全面运行，届时其为纳税人开发的"税务上诉"功能模块将正式启用，印度尼西亚纳税人可以直接在与 PSIAP 相关的系统中进行上诉。未来几年，利用信息化手段保证税务法庭及时公正地审理税务行政诉讼案件、解决税务行政争议、保护纳税人合法权益将是印度尼西亚在纳税人权利保护方面的关键举措。

3. 印度尼西亚纳税人维权管理机构及维权程序发展前景

由印度尼西亚 PSIAP 的功能设计和开发可知，税务智能化、信息化是未来印度尼西亚税务系统的改革目标之一，纳税人维权程序改革是其中重要的一环。应将信息技术广泛用于税务行政复议程序和税务行政诉讼程序，深度开发和利用信息资源，通过 PSIAP 开发"减税异议"和"税务上诉"功能模块，围绕智能信息手段提升包括纳税人维权在内的税务管理水平，实现高效管理、监控、服务，推动纳税人维权程序流程优化和维权管理工作提质，推动印度尼西亚整体纳税服务质量提升，推动印度尼西亚税务管理进行现代化建设。

越南税收征收管理发展报告（2023）

摘　要： 2020 年，越南政府提出将越南建设成为繁荣的数字化国家的十年规划。在此背景下，税务部门的税收征收管理改革取得了重要突破，《税收征管法（2019 年）》顺利实施，税务领域的电子交易流程得以明确，税收行政程序不断优化，电子发票在全国范围内正式推行，现代信息技术和风险评估机制被广泛用于纳税服务、税收执法、纳税人权利保护等税收征收管理的诸多方面，"以纳税人为中心"的服务理念在实践中愈加强化，税收征收管理不断朝着现代化、专业化、高效化的方向迈进。为全面实现税收管理的现代化，越南政府批准了《到 2030 年税制改革战略》，分阶段明确了税收征收管理改革的目标、重点及实施方案，为越南深化税收征收管理改革提供了时间表和路线图。随后，财政部发布的《关于发布 2025 年税制改革计划的决定》为税收部门税收征收管理改革提供了具体的行动路径。

关键词： 越南　税收征收管理　纳税服务　税收执法　纳税人权利保护

　　2022 年是越南政府推动国家数字化转型的关键年份，在此背景下，税收征收管理领域进行了诸多变革。本报告从 2021 年及之前年度越南税收征收管理发展基础出发，并基于 2022 年以来税务部门在纳税服务、税收执法等方面的发展变化，研判其发展趋势，力图呈现越南税收征收管理的发展前景。

一 越南税收征收管理发展基础（截至2021年）

长期以来，越南税务部门始终努力推动税收征收管理的现代化进程，自2009年起陆续实现税务登记和纳税申报的电子化；2015年，税务管理系统（TMS）正式运行，办税全流程电子化同步实现，纳税服务的供给质量进一步提高。同时，税务部门建立起较为完善的税收执法体系，创新性地在税务执法过程中引入风险管理机制，预防、发现和及时处理涉税违法行为的能力显著增强。随着《税收征管法（2019年）》的正式实施，纳税服务的要求得以细化，税务执法的流程更为规范，纳税人权益保障的基础更为牢固，越南在全面实现税收管理现代化的进程中向前迈出了重要的一步。

（一）越南税收征收管理法律体系发展基础

1. 越南税收程序性法律

越南税收程序性法律是《税收征管法》，该法的最早版本于2007年7月1日生效实施，《税收征管法（2019年）》是修订后的第二个版本（现行版本）。越南税收程序性法律的名称、生效情况及修订情况见表1。

表1 越南税收程序性法律的名称、生效情况及修订情况

名称	生效情况	修订情况
《税收征管法》	《税收征管法（2006年）》（78/2006/QH11 *）	《税收征管法（2019年）》（38/2019/QH14 **）
《行政诉讼法》	《行政诉讼法（2010年）》	《行政诉讼法（2015年修正）》

资料来源：* "Luật quản lý thuế（78/2006/QH11），" https：//thuvienphapluat. vn/van－ban/Thue－Phi－Le－Phi/Luat－quan－ly－thue－2006－78－2006－QH11－15871. aspx；** "Luật quản lý thuế（38/2019/QH14），" https：//thuvienphapluat. vn/van－ban/Thue－Phi－Le－Phi/Luat－quan－ly－thue－2019－387595. aspx。

2. 越南税收程序性行政法规

税收程序性行政法规一般与税收程序性法律配套出台，是对税收程序性法律的具体补充。根据内容可以将越南税收程序性行政法规分为税务登记、纳税申报以及税务行政违法行为的处罚三类（见表2）。

表2 越南税收程序性行政法规的相关情况

名称	行政法规编号
税务登记	126/2020/ND-CP 139/2016/ND-CP 12/2015/ND-CP
纳税申报	26/2015/TT-BTC 92/2015/TT-BTC 302/2016/TT-BTC 80/2021/TT-BTC
税务行政违法行为的处罚	100/2016/ND-CP 125/2020/ND-CP 102/2021/ND-CP

资料来源："Danh mục Luật, Bộ luật hiện hành tại Việt Nam," https：//thuvienphapluat.vn/van-ban/Thue-Phi-Le-Phi/Luat-thue-tai-nguyen-nam-2009-98731.aspx。

3.越南税收程序性规章

税收程序性规章主要是为指导税务部门的业务开展而制定的。根据内容可以将越南的税收程序性规章分为税务登记、纳税申报、税务行政违法行为的处罚、税务领域的电子交易指南、各级税务机关投诉处理程序五类（见表3）。

表3 越南税收程序性规章的相关情况

名称	规章编号
税务登记	219/2013/TT-BTC 80/2021/TT-BTC 105/2020/TT-BTC 119/2014/TT-BTC
纳税申报	26/2015/TT-BTC 92/2015/TT-BTC 302/2016/TT-BTC 80/2021/TT-BTC

名称	规章编号
税务行政违法行为的处罚	215/2013/TT-BTC 87/2018/TT-BTC
税务领域的电子交易指南	19/2021/TT-BTC
各级税务机关投诉处理程序	178/QD-TCT

资料来源："Danh mục Luật, Bộ luật hiện hành tại Việt Nam," https：//thuvienphapluat. vn/van-ban/Thue-Phi-Le-Phi/Luat-thue-tai-nguyen-nam-2009-98731. aspx 。

（二）越南纳税服务发展基础

越南税务局的宣传与纳税人支持部门是纳税服务的供给主体，主要负责税收宣传和为纳税人提供支持，其中为纳税人提供支持是指为纳税人解答有关税收程序的问题和其他相关问题，指导和支持纳税人行使权利和履行义务[①]。在纳税人自行申报、纳税的背景下，税收宣传和为纳税人提供支持对于提高纳税人的纳税遵从度和税务部门的税收征收管理效率意义重大。

1. 越南税收宣传服务发展基础

组织开展多种形式的宣传，为纳税人自行申报提供支持。税务局内部的宣传与纳税人支持部门每年会通过宣教系统、税务局网站、传单、海报、出版物、横幅、大众媒体或者通过组织对纳税人进行培训，通过召开对话会议等方式进行有关税收政策和税务行政程序的宣传，同时会通过电话或以面对面的形式解答纳税人提出的税务问题，帮助纳税人正确履行纳税义务。另外，税务部门向纳税人提供免费的申报支持软件（HTKK），以协助其制作电子纳税申报文件。

2. 越南税务登记服务发展基础

税务登记是税收征收管理的起点和基础[②]。在越南，税务机关提供的税务登记服务较为全面，涵盖首次登记、变更登记、注销登记等方面。纳税人

[①] "Về việc ban hành quy trình tuyên truyền, hỗ trợ người nộp thuế（745/QD-TC），" https：//thuvienphapluat. vn/van-ban/Thue-Phi-Le-Phi/Quyet-dinh-745-QD-TCT-Quy-trinh-tuyen-truyen-ho-tro-nguoi-nop-thue-291912. aspx.

[②] 李方旺：《美国税制和税收征管的特点及启示》，《税务研究》2007 年第 8 期，第 77~81 页。

可以遵循《税收征管法（2019 年）》及财政部印发的《税务登记指南》^①中的流程和规定办理上述业务。经过多年的发展，越南税务登记服务主要呈现以下特点。

（1）税务登记的办理渠道多元

对于税务登记，过去，纳税人可以选择到主管税务机关所在地进行线下办理，或者登录税务局门户网站以及与税务局门户网站相连的国家主管机构门户网站在线办理。为改善国家营商环境，提高市场准入效率，越南政府发布第 122/2020/ND-CP 号法令^②，建立起有关商业登记的多部门协调和互联互通机制。至此，纳税人可以通过国家公共服务门户网站^③进行商业登记资料的"一站式"报送，不再需要分别到工商管理部门、劳动管理部门、社会保险部门、税务部门提交资料，这有效减轻了纳税人的资料报送负担。

（2）税务登记的办理时长大幅缩短

与《税收征管法（2006 年）》^④ 相比，《税收征管法（2019 年）》^⑤ 中规定的税务登记业务的办结时长大幅缩短：税务机关应当自收到纳税人完整的税务登记资料之日起 3 个工作日内为其办理并发放税务登记证及税务编号，办理时长不到原规定的 1/3；对于申请资料不齐全的，税务机关应自收到税务登记申请之日起 2 个工作日内通知纳税人，这比原规定缩短了 1 个工作日；对于纳税人的税务登记证有遗失、毁损、撕毁、烧毁等情形的，税务机关应自收到纳税人完整的申请文件起 2 个工作日内补发，办理时长不到原规定的 1/2（见表4）。

---

① "Hướng dẫn về đăng ký thuế（105/2020/TT-BTC），" https：//vanban. vcci. com. vn/thong-tu-1052020tt-btc-huong-dan-ve-dang-ky-thue.

② "Quy định về phối hợp，liên thông thủ tục đăng ký thành lập doanh nghiệp，chi nhánh，văn phòng đại diện，khai trình việc sử dụng lao động，cấp mã số đơn vị tham gia bảo hiểm xã hội，đăng ký sử dụng hóa đơn của doanh nghiệp（122/2020/ND-CP），" https：//thuvienphapluat. vn/van-ban/Doanh-nghiep/Nghi-dinh-122-2020-ND-CP-phoi-hop-thu-tuc-dang-ky-thanh-lap-doanh-nghiep-chi-nhanh-van-phong-dai-dien-455362. aspx.

③ 国家公共服务门户网站的网址为 https：//dichvucong. gov. vn/p/home/dvc-trang-chu. html。

④ "Quốc hội nước cộng hoà xã hội chủ nghĩa việt nam（78/2006/QH11），" https：//thuvienphapluat. vn/van-ban/Thue-Phi-Le-Phi/Luat-quan-ly-thue-2006-78-2006-QH11-15871. aspx.

⑤ "Luật quản lý thuế（38/2019/QH14），" https：//thuvienphapluat. vn/van-ban/Thue-Phi-Le-Phi/Luat-quan-ly-thue-2019-387595. aspx.

表4　越南税务登记业务的办理时限对比

单位：个工作日

办理时限业务依据	首次办理税务登记证	通知纳税人补充登记资料	补办税务登记证
《税收征管法(2006年)》	10	3	5
《税收征管法(2019年)》	3	2	2

3.越南纳税申报服务发展基础

"获得税务机关的协助及引导进行纳税"是纳税人的基本权利，也是纳税人正确履行纳税义务的关键。为此，越南税务机关依照《税收征管法(2019年)》的相关规定，致力于为纳税人提供方便快捷的纳税申报服务，以保障纳税人的合法权益。

（1）开通丰富多样的申报渠道，以为纳税人自行申报提供便利

纳税人可以选择以电子方式进行纳税申报，申报的路径包括税务局门户网站、国家公共服务门户网站、T-VAN服务提供商门户网站。纳税人应在上述门户网站之一在线制作电子申报表，在进行数字签名后将其发送给税务机关。不能以电子方式申报的纳税人可以直接到税务机关申报或以挂号信形式将申报资料寄送至税务机关。

（2）完善纳税申报的相关规定，保障纳税人的合法权益

《税收征管法（2019年）》给予纳税人10年的纳税申报文件补正时间，规定：若申报错误导致应纳税款少收或增加减征、免征、退还税款的纳税人在税务机关公布由纳税人办公室进行税务检查、稽查的决定之前，或在主管税务机关发现相关情况之前，已补正报税文件并自行缴足税款，则不会受到税收行政处罚。此外，税务部门将延期纳税的批准时限由10个工作日缩短至3个工作日，并针对纳税人税款、滞纳金、罚款的申报溢缴金额按0.03%/日计算利息。

4.越南办税服务流程发展基础

随着信息技术水平提高，越南税务机关在优化办税服务流程方面取得长足进步，有效减轻了纳税人的办税负担。普华永道会计师事务所和世界银行

联合发布的《世界纳税指数 2020》的统计数据显示，越南的纳税时间由 2004 年的 1050 小时下降至 2018 年的 384 小时，纳税次数由 2004 年的 32 次下降至 2018 年的 6 次，在东盟国家中位列第四[①]。

常见的办税服务包括税务登记、报税、纳税、退税等，具体流程如图 1 所示。接下来，本报告以退税和减免税的办理流程为例，比较《税收征管法（2019 年）》与《税收征管法（2006 年）》的办结时限差异。第一，退税业务办结时限大幅缩短。《税收征管法（2019 年）》规定，自收到纳税人完整的退税材料之日起，对于审查前退税的纳税人，税务机关的处理时限为 6 个工作日，对于审查后退税的纳税人，税务机关的处理时限为 40 个

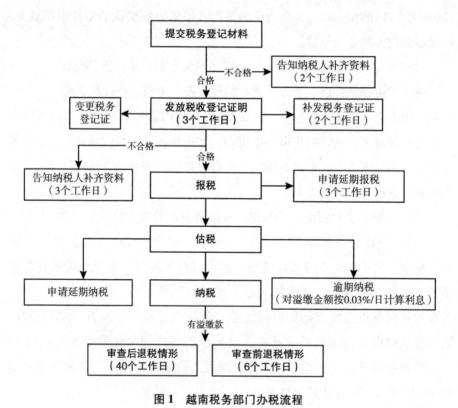

图 1　越南税务部门办税流程

① https：//www.pwc.com/gx/en/services/tax/publications/paying-taxes-2020/explorer-tool.html.

工作日，上述业务的办结时限分别较《税收征管法（2006 年）》规定的办结时限缩短了 60% 和 33%。第二，部分减免税业务的审批时长有效缩短。在《税收征管法（2019 年）》中，减免税的审批时限未发生变化，对于未取得足够审核依据而需进行实际检查的情形，税务机关减免税的审批时限由《税收征管法（2006 年）》规定的 60 个工作日缩短到《税收征管法（2019 年）》规定的 40 个工作日（见表5）。

表5　越南涉税业务的办结时限对比

单位：个工作日

办结时限 业务依据	审查前 退税	审查后 退税	减免税 审批	实际检查后 减免税审批
《税收征管法(2019 年)》	6	40	30	40
《税收征管法(2006 年)》	15	60	30	60

（三）越南税收执法发展基础

税收执法主要包括税务检查、税务稽查和税收处罚三个方面。通过多年的发展，越南已搭建起较为完善的税收执法体系，通过运用现代信息技术和引入风险管理机制，不断加强税收执法的信息化建设，进而提升其评估纳税人纳税遵从度的能力。同时，在执法方式上，越南在大幅加大对税收违法行为的处罚力度、强调税收执法刚性的同时，辅以短信提醒、电话通知和设置税收自愿披露制度等柔性执法方式，以提高税收执法效率。

1. 越南税务检查发展基础

越南税务机关在税务检查的过程中主要遵循《税收征管法（2019 年）》、财政第 746/QD-TCT 号决定以及在此基础上修改完善的财政部第 1215/QD-TCT 号决定的相关规定，税务检查的场所包括税务机关总部和纳税人办公室两类。

（1）在税务机关总部进行的税务检查

在税务机关总部进行的税务检查称为案头检查，旨在运用风险管理机制，查验纳税人提交的申报资料的真实性、完整性和准确性。具体的检查流程包括以下四个步骤。

确定纳入案头检查的纳税人名单。税务检查部门的负责人需要在每年12月20日前将纳入下一年度案头检查的纳税人名单报税务机关负责人审批。根据财政部第746/QD-TCT号决定的要求，税务机关总部查验的纳税人数量至少应为正在经营企业总数的20%。

检查名单内企业的纳税申报表。在纳税申报资料提交截止日期后的25日内，检查员使用纳税人风险信息分析应用程序对纳税申报资料进行核查和打分，并对纳税人进行税收风险等级分类。对于未发现风险且无违规迹象的纳税人或低风险纳税人，检查员只需将申报资料或名单提交检查部门负责人审核。对于中高风险纳税人，检查员需要打印附带风险提示的纳税人通知书，并将其交给检查部门负责人，由其统一向税务部门负责人报告。

通知纳税人补齐申报材料。如果税务机关认为纳税人提交的材料中的应纳税额、免抵退税额等内容有待厘清，则应立即告诉纳税人在收到通知后10个工作日内补齐。

发布纳税申报检查结果。在税务机关发布的通知的期限届满后，纳税人未补充资料的，或没有足够理由证明其申报金额属实的，税务机关负责人有权通过评估决定其应纳税金额或做出让其到纳税人办公室进行税务检查的决定。

（2）在纳税人办公室进行的税务检查

在纳税人办公室进行的税务检查称为实地检查，为避免对纳税人正常的生产经营活动造成不必要的影响，越南提高了在纳税人办公室进行税务检查的门槛，只有当纳税人存在未按照税务机关的通知解释或补充申报信息、无法证明已申报的税额是否属实等7类情形时，税务机关工作人员方能到纳税人办公室进行税务检查。税务机关工作人员到纳税人办公室进行税务检查时，应当严格执行以下流程。

确定纳入实地检查的名单。税务局局长应于每年12月20日前批准次年的检查计划。

到纳税人办公室检查前的准备。税务机关需要在税务检查开始前公布税务检查决定，并于做出检查决定之日起 3 个工作日内将其送交纳税人。

到纳税人办公室进行检查。实地检查必须在税务检查决定发出之日起 10 个工作日内进行。检查期间，检查组有权在检查范围内对纳税人的会计凭证、会计账簿、财务报表等文件及其资产、物资进行检查。原则上，实地检查时间不得超过 10 个工作日，对于复杂案件可延期一次，但延长时间不得超过 10 个工作日。

公布检查记录。在检查结束后的 5 个工作日内，检查组组长必须向纳税人和检查组成员公布检查记录。

处理检查结果。根据税务检查的结果，税务机关负责人有权签署税务检查决定书，并在规定时间内将其送达被审计对象（3 个工作日内）及向社会公布（15 个工作日内）。

后续结果监测。自签署税务检查决定书之日起的 90 日内，检查组应当配合债务管理部门共同督促纳税人向国家缴纳欠款、滞纳金和罚款。对于逾期仍未缴纳的纳税人，检查组需要向税收预算部门提交关于处理税务违法行为的审查建议书。

2. 越南税务稽查发展基础

《税收征管法（2019 年）》第十三章第三节为税务稽查工作的开展提供了法律依据。当案件存在税收违法迹象或面临处理投诉、检举、反腐的需要等情况时，税务机关负责人有权做出稽查决定，并签署税务稽查决定书。税务稽查决定书应包含税务稽查的法律依据、对象、内容、范围、任务、时限以及稽查队伍成员等内容（具体的执法过程如图 2 所示）。在签署后的 3 个工作日内，税务稽查决定书应送达稽查对象，并在 15 个工作日内向社会公布稽查决定。税务机关到纳税人总部进行稽查的时限一般为 30 日，必要时最多可以申请延长至 70 日。税务稽查结束后，税务稽查团队需要出具税务稽查结果报告。税务机关负责人应自收到税务稽查结果报告后的 15 日内签署税务稽查结论文件。当税务稽查结论文件显示纳税人有犯罪嫌疑时，税务机关需要将违法案卷移送调查机关，同时书面通知同级检察院。

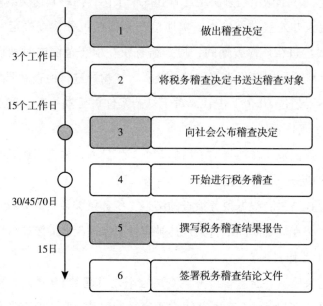

图2　越南税务稽查的执法过程

3. 越南税收处罚发展基础

越南税收处罚秉承"宽严并济、法理相容"的原则，一方面，通过加大对税收违法行为的处罚力度，特别是对有欺诈性质的逃税行为从严处罚，并在必要时采取强制追缴措施，以提升其对税收违法行为的威慑力；另一方面，彰显税收执法柔性，根据纳税人逾期时间、违规的次数以及主观故意程度设置阶梯状的税收处罚标准，对首次及非主观故意的违法行为视情况从轻处理，并设置税收自愿披露制度，鼓励纳税人主动纠错。

（1）税收违法行为的处罚形式及标准

2020年10月19日，越南政府颁布《税务、发票行政违法行为的处罚规定》[①]，即第125/2020/ND-CP号法令（以下简称125号法令），将此前财

---

① "Quy định xử phạt vi phạm hành chính về thuế, hóa đơn（125/2020/ND-CP），" https：//thuvienphapluat. vn/van-ban/Thue-Phi-Le-Phi/Nghi-dinh-125-2020-ND-CP-xu-phat-vi-pham-hanh-chinh-ve-thue-hoa-don-455646. aspx.

政部发布的《税务行政违法行为处罚细则》①及《发票行政违法行为处罚指南》②加以修改合并，并将其提升至法规层级，为处罚税收行政违法行为提供法律保障。125号法令规定，税收行政违法行为的处罚形式主要包括警告和罚款两类，对于纳税人欠税超过90日、纳税人有分散财产或逃税行为、纳税人未在规定期限内遵守行政处罚决定等需要强制追缴的7类情形，税务机关将对责任主体采取扣缴银行存款、扣缴部分工资或收入、停止供应发票等措施。

与此前相比，125号法令对税收违法行为的处罚力度加大，处罚程序更为规范，增加了税务机关的自由裁量权。下文将以迟交税务登记档案、逾期申报和逃税三类税收违法行为的处罚标准为例进行说明。

处罚标准均大幅提高。如表6所示，125号法令对迟交税务登记档案行为的最高罚款金额为1000万越南盾，是此前最高罚款金额（200万越南盾）的5倍；对逾期申报行为的最高罚款金额为2500万越南盾，同样是此前最高罚款金额（500万越南盾）的5倍。

处罚标准的阶次变动有增有减。125号法令对迟交税务登记档案行为的处罚标准以90日为界新增了一个阶次，而对逾期申报行为的处罚标准减少了两个阶次。

对个人逃税行为的处罚力度加大。对于相同的逃税行为，125号法令取消了对个人的处罚金额减半的规定，个人和组织的罚款金额相同。

赋予税务机关的自由裁量权增加。125号法令增加了对同一逾期天数处罚标准的上下限幅度，这意味着税务机关在执法过程中将拥有更多的自由裁量权，这对税务机关的执法公平性提出了更高的要求。

---

① "Quy định chi tiết về xử phạt vi phạm hành chính về thuế（166/2013/TT-BTC），" https：//thuvienphapluat. vn/van-ban/Thue-Phi-Le-Phi/Thong-tu-166-2013-TT-BTC-huong-dan-xu-phat-vi-pham-hanh-chinh-thue-214794. aspx.

② "Hướng dẫn xử phạt vi phạm hành chính về hóa đơn（10/2014/TT-BTC），" https：//thuvienphapluat. vn/van-ban/thuong-mai/thong-tu-10-2014-tt-btc-huong-dan-xu-phat-vi-pham-hanh-chinh-hoa-don-219923. aspx.

（2）税收处罚时限

对于纳税人违反税务程序的案件，适用的处罚时限为 2 年；对于纳税人尚未严重到需要追究刑事责任的逃税行为，以及因虚假申报导致应纳税额不足的行为，处罚时限延长至 5 年。如果超过上述处罚时限，税务机关就无权对纳税人进行处罚，但纳税人仍需足额补缴剩余税款、偷逃税额和滞纳金。纳税人有应税行为但未办理税务登记的，应当自税务机关发现违法行为之日起全期、全额缴纳不足税额、偷逃税额和滞纳金。

（3）免于处罚的税收行政违法行为

为提升税收征收管理效率，越南在税务行政违法体系中引入激励纳税人主动披露违法行为的自愿披露政策，因虚报税款导致少缴税款或增加免征、减征、退还税款的涉税当事人，在税务机关公布税务检查、稽查决定之前主动纠正税收违法行为的，均可以免于受到行政违法处罚①。同时，为保护纳税人的合法权益，125 号法令规定：纳税人遵照税务机关或国家主管部门认定的指导文件办理涉税业务的，不得因涉税行政违法行为而受到处罚；纳税人若因税务机关申报系统故障无法按期申报或经批准得以延期申报的，在税务机关批准的申报期内申报均可免于受到处罚。

表 6　越南税收处罚标准对比

	125 号法令		《税务行政违法行为处罚细则》	
	逾期天数	处罚标准	逾期天数	处罚标准
对迟交税务登记档案行为的处罚规定	1~10 日	警告 （情节较轻）	1~10 日	警告 （情节较轻）
	11~30 日	100 万~200 万越南盾	11~30 日	70 万越南盾 （40 万~100 万越南盾）
	31~90 日	300 万~600 万越南盾	31 日及以上	140 万越南盾 （80 万~200 万越南盾）
	91 日及以上	600 万~1000 万越南盾	—	—

---

① 《税收征管法（2019 年）》第 142 条。

	125 号法令		《税务行政违法行为处罚细则》	
	逾期天数	处罚标准	逾期天数	处罚标准
对逾期申报行为的处罚规定	1~5 日	警告	1~5 日	警告
	11~30 日	200 万~500 万越南盾	1~10 日	70 万越南盾（40 万~100 万越南盾）
	31~60 日	500 万~800 万越南盾	11~20 日	140 万越南盾（80 万~200 万越南盾）
	61~90 日	800 万~1500 万越南盾	21~30 日	210 万越南盾（120 万~300 万越南盾）
	91 日及以上	1500 万~2500 万越南盾	31~40 日	280 万越南盾（160 万~400 万越南盾）
	—	—	41~90 日	350 万越南盾（200 万~500 万越南盾）
	—	—	91 日及以上	不产生应纳税额的，处罚标准同上
对逃税行为的处罚规定	处罚标准		处罚标准	
	组织和个人的处罚金额为逃税金额的 1~3 倍		组织的处罚金额为逃税金额的 1~3 倍；个人的处罚金融是组织的处罚金额的一半	

（四）越南基于税收法律救济的纳税人权利保护发展基础

在财政部组织的 2017 年财政预算工作总结暨 2018 年任务落实会议上，越南时任总理阮春福提出"税法应当明确其对纳税人权利的保护，而不仅仅保护管理机构的权利"[①]。《税收征管法（2019 年）》明确了纳税人享有的 14 项权利，即知情权、保密权、税收优惠权、委托税务代理权、税收法律救济权等，较之前增加了 4 项。其中，纳税人的税收法律救济权主要通过税务行政复议和税务行政诉讼两种正式的法律途径获取，但这一权利的行使需要满足"清税前置"规则，也就是说，进行行政复

[①] https：//haiquanonline. com. vn/thanh-tra-bo-tai-chinh-khieu-nai-tang-do-nguoi-nop-thue-chua-chu-dong-nam-bat-quy-dinh-phap-luat-164693. html.

议或提起行政诉讼的纳税人应当事先缴清税款。

1. 越南税务行政复议制度发展基础

税务行政复议制度是纳税人合法权益的保障机制，也是税务机关内部的自我纠错机制[①]。在越南，纳税人认为税务机关或税务工作人员的行政决定和行政行为侵犯其合法权益的，有权向做出税务决定的税务机关或其上级税务机关提出行政复议诉求。纳税人提出行政复议申请的时间为收到或得知税务机关的行政决定之日起 90 日内。税务机关负责人在收到其职权范围内的行政复议申请后，必须遵照《行政投诉法》[②]和财政部发布的《关于发布各级税务机关投诉处理步骤及投诉处理结果的公示程序》[③]中规定的权限、命令和程序加以处理。具体流程如下。

（1）接收投诉文件并创设查找代码

负责处理纳税人投诉的部门的工作人员应在收到纳税人投诉之日起 10 日内受理，如果纳税人提供的与投诉内容相关的材料不全，则税务机关有权要求其在 7 日内补齐。如果投诉提出者拒绝提供上述材料，则税务机关有权拒绝受理投诉。在材料齐全的基础上，税务机关的工作人员应填写并向负责提供建议的部门负责人提交《查找投诉处理记录的文件搜索代码和密码的通知》，在该通知经税务机关负责人签字、盖章后，税务机关会以正式受理的通知书形式答复纳税人。

（2）在税务门户网站上更新和发布投诉解决过程和结果

纳税人首次进行投诉的处理期限为自税务机关受理之日起 30 日内，复杂案件的处理期限可以延长至 45 日。在解决投诉的过程中，税务机关需要

---

① 刘楠楠、刘文慧：《困境与出路：纳税人权利救济体系的完善》，《税务研究》2020 年第 5 期，第 90~96 页。

② "Luật khiếu nại (02/2011/QH13)，" https：//thuvienphapluat. vn/van-ban/Thu-tuc-To-tung/Law-No-02-2011-QH13-on-complaints-138950. aspx.

③ "Về việc ban hành quy trình công khai các bước giải quyết khiếu nại và kết quả giải quyết khiếu nại của người nộp thuế tại cơ quan thuế các cấp (1848/QĐ-TCT)，" https：//thuvienphapluat. vn/van-ban/Thue-Phi-Le-Phi/Quyet-dinh-1848-QD-TCT-2017-cong-khai-cac-buoc-giai-quyet-khieu-nai-cua-nguoi-nop-thue-365814. aspx.

组织包括案件处理负责人、投诉提出者、核查负责人等在内的人员的对话，并做好书面记录。对于复杂的投诉，税务机关负责人必须设立咨询委员会，咨询委员会按照少数服从多数的原则运作，投票结果将作为税务机关负责人做出投诉处理决定的参考依据。自投诉处理决定发布之日起3个工作日内，税务机关负责人要将处理决定送达相关当事人处，并在税务门户网站上更新和发布投诉解决结果。如果与投诉相关的事件由税务机关的不当行为导致，则税务机关应当自收到主管机关的处理决定之日起15日内，向纳税人或第三方退还不当征收的税款、滞纳金、罚款。

（3）成立咨询委员会（处理复杂案件）

《税收征管法（2019年）》规定，在处理复杂的行政复议时，税务机关负责人应当成立咨询委员会，并在处理投诉时将咨询委员会的表决结果作为重要参考。在投诉处理过程中，咨询委员会的主要职责是针对法律问题、专业知识和处理方案向税务机关负责人提供咨询。为此，税务机关在处理复杂案件时，可以根据越南财政部、税务局于2021年10月22日联合印发的第1490/QD-TCT号决定①，依程序设立咨询委员会并组织召开协商会议。

2. 越南税务行政诉讼制度发展基础

税务行政诉讼制度是法院对税务机关及其工作人员的职权行为的外部约束机制，也是解决税务争议的另一种渠道。2011年7月1日前，纳税人对税务机关做出的决定不服的，应先向税务机关提起行政复议②。若征纳双方未能在第一次和解中达成一致意见，纳税人方能向法院提起诉讼。《行政诉

---

① "Về việc ban hành quy chế tham vấn trực tiếp trong hoạt động giải quyết khiếu nại tại cơ quan thuế（1490/QD-TCT），" https://thuvienphapluat.vn/van-ban/Thue-Phi-Le-Phi/Quyet-dinh-1490-QD-TCT-2021-Quy-che-tham-van-truc-tiep-giai-quyet-khieu-nai-tai-co-quan-thue-492861.aspx.

② Bich Ngoc Du, Ho Chi Minh, "Tax Dispute Resolution Mechanisms in Vietnam," *Journal of Legal, Ethical and Regulatory Issues*, 2020, 23（2），https://www.abacademies.org/articles/tax-dispute-resolution-mechanisms-in-vietnam-9122.html.

讼法（2010 年）》①及在此基础上修订的《行政诉讼法（2015 年修正）》②取消了这一前置条件，纳税人认为税务机关及其工作人员的行政决定和行政行为侵犯其合法权益时，可以自收到或知悉行政决定、行为之日起 1 年内直接向法院提起诉讼，这一改革为纳税人提供了更为灵活的法律救济渠道。但需要关注的是，纳税人一旦选择向法院提起行政诉讼，就不能根据行政复议程序向税务机关申诉。

（1）税务行政诉讼的受理

纳税人依照《行政诉讼法（2015 年修正）》第 118 条的规定准备诉状，并附带其合法权益受到侵害的文件和其他证据。在收到诉状后的 3 个工作日内，法院首席大法官应指派法官审理案件。被指派的法官必须在 3 个工作日内对诉讼请求做出下列一项决定：第一，要求纳税人修改、补充诉讼请求；第二，按照正常程序或简易程序审理；第三，将诉讼请求移送有管辖权的法院，并通知原告；第四，将诉讼请求退回原告。自受理案件之日起 3 个工作日内，法官必须书面通知被告人及与案件利害关系人和同级检察院。

（2）税务行政诉讼的审理

在一审准备期间，法院应当组织案件当事人进行对话，如果当事人达成和解，则法院可按简易程序审理案件。原告通过对话仍维持诉讼请求的，法官应当依照《行政诉讼法（2015 年修正）》第 169 条规定的程序组织开庭。开庭后，法官应再次组织案件当事人进行对话，当事人能够达成和解的，法官应当将对话内容记录在案；当事人不能达成和解的，由法官主持审理。

（3）税务行政诉讼的判决

在开庭结束后的 3 个工作日内，法院将向当事人出具判决书摘录，

---

① "Luật tố tụng hành chính（64/2010/QH12），" https：//thuvienphapluat. vn/van-ban/Thu-tuc-To-tung/Luat-to-tung-hanh-chinh-2010-115424. aspx.

② "Luật tố tụng hành chính（93/2015/QH13），" https：//thuvienphapluat. vn/van-ban/Thu-tuc-To-tung/Luat-to-tung-hanh-chinh-2015-298372. aspx.

并应自宣判之日起 7 日内，向当事人及同级检察院发出并送达判决书。上诉或者抗诉期限届满后 30 日内，无上诉或者抗诉的，法院应当向当事人、同级检察院、民事判决执行机构做出并送达发生法律效力的判决书。

3. 越南纳税人维权管理机构及维权程序发展基础

除了税务行政复议和税务行政诉讼两类正式的法律救济渠道外，纳税人还可以通过信访机构向税务机关反映自身诉求。按由高到低级别排列，越南税务系统负责公民接待和投诉处理工作的部门分别为税务局内部检查司（投诉处理处）、税务局内部检查处以及税务分局内部检查组。上述部门在接待公民信访的 5 个工作日内，将公民的诉求进行分类，如果诉求的内容仅是反思、建议或谴责的，则按照请愿、反映或告发的程序将其提交给部门负责人解决；如果诉求的内容影响或侵犯了投诉人的合法权益，则税务部门需要根据财政部发布的《关于发布各级税务机关投诉处理流程的决定》[①] 中的程序进行处理。具体处理流程如下。

在税务机关收到纳税人的投诉后，处理投诉的部门负责人需要在 1 个工作日内指定专人审核投诉材料。若经研究、分析后发现材料不符合投诉条件的，需要向投诉人发送不受理投诉处理通知书。对于符合条件的投诉，如果投诉事项处理起来较为简单，并且有充分的法律依据可以证实投诉内容真伪的，则可以依次执行以下 11 个工作步骤（见图 3）：与投诉人合作；准备投诉内容文件中的核查结果报告草案；准备投诉解决决定草案；向专业机构征求意见和建议（必要时）；宣布验证文件；组织对话；发布解决投诉的决定；提交解决投诉的决定；公示投诉处理结果；执行具有法律效力的投诉处理决定；输入软件并存储投诉处理记录。如果投诉事项处理起来较为复杂，需进行事实核查，则应在报送税务机关负责人批准后，在原来的基础上增加 4 个事实验证步骤以进行处理。

[①] "Về việc ban hành quy trình giải quyết đơn khiếu nại tại cơ quan thuế các cấp（178/QD-TCT），" https://thuvienphapluat.vn/van-ban/Thue-Phi-Le-Phi/Quyet-dinh-178-QD-TCT-2019-giai-quyet-don-khieu-nai-tai-co-quan-Thue-cac-cap-426518.aspx.

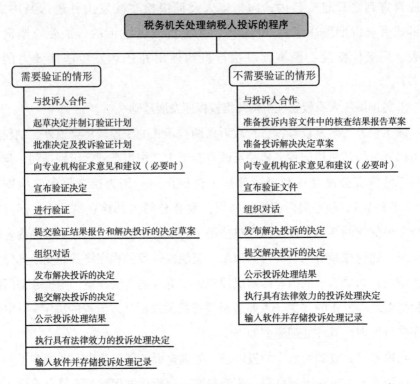

图3　越南税务机关处理纳税人投诉的程序

鉴于近年来税务部门受理的投诉、检举及反腐案件明显增多且处理难度不断增加的现实，为保证纳税人维权管理机构的服务水平，越南总理于2021年3月30日发布第15/2021/QD-TTg号决定[①]，在税务局设立内部检查局，以取代之前的内部检查司，由其专门负责处理涉税投诉、检举和反腐案件。

---

① "Sửa đổi, bổ sung khoản 1 điều 3 quyết định số 41/2018/qđ-ttg ngày 25 tháng 9 năm 2018 của thủ tướng chính phủ quy định chức năng, nhiệm vụ, quyền hạn và cơ cấu tổ chức của tổng cục thuế thuộc bộ tài chính (15/2021/QD-TTg)," https://thuvienphapluat.vn/van-ban/Thue-Phi-Le-Phi/Quyet-dinh-15-2021-QD-TTg-sua-doi-Quyet-dinh-41-2018-QD-TTg-to-chuc-Tong-cuc-Thue-469161.aspx.

（五）越南税务管理机构发展基础

2021 年 3 月，越南税务局组织架构见图 4。

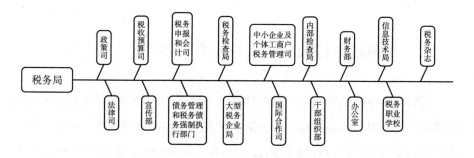

图 4　越南税务局组织架构

（六）越南税收信息化建设发展基础

为配合国家的数字化转型战略，税务部门积极推动进行税务行政程序改革。2020 年 6 月 3 日，越南总理签署了题为《到 2025 年的国家数字化转型计划和 2030 年愿景》的第 749/QD-TTg 号决定，其提出：各部门应当利用现有的技术和资源将所有的信息资产和关系数字化，并重组业务流程，以实现业务流程的标准化和电子化。① 为落实越南政府发布的《关于在电子环境中实施行政程序》② 中的相关规定，推动税务机关进行电子行政程序改革，2021 年 3 月 18 日，财政部根据税务机关进行电子行政程序改革的实际情

① "Phê duyệt 'chương trình chuyển đổi số quốc gia đến năm 2025, định hướng đến năm 2030' (749/QD-TTg)," https://thuvienphapluat.vn/van-ban/Cong-nghe-thong-tin/Quyet-dinh-749-QD-TTg-2020-phe-duyet-Chuong-trinh-Chuyen-doi-so-quoc-gia-444136.aspx.
② "Nghị định về thực hiện thủ tục hành chính trên môi trường điện tử (45/2020/ND-CP)," https://thuvienphapluat.vn/van-ban/cong-nghe-thong-tin/Nghi-dinh-45-2020-ND-CP-thuc-hien-thu-tuc-hanh-chinh-tren-moi-truong-dien-tu-426372.aspx.

况，出台《电子税务交易指南》①，为制定税务领域电子交易程序提供指导，其中包括各项税收行政手续的电子流程、税务机关向纳税人提供支持服务的电子流程以及税务机关与纳税人之间的各类通知、决定等文件的传输流程等。

二　越南税收征收管理发展变化（2022～2023年）

《到2025年的国家数字化转型计划和2030年愿景》提出将越南建设成为繁荣的数字国家的战略构想。为落实国家的数字化转型战略，全面实现税收管理的现代化，越南总理于2022年4月23日批准《到2030年税制改革战略》②，指出下一阶段将重点建设电子税务平台和税收管理制度、人力资源、信息技术"三个基本支柱"③。在此背景下，税务部门的数字化转型取得重要突破，税收行政程序不断优化，电子发票在全国范围内正式推行，风险评估机制被广泛运用于纳税服务、税收执法、纳税人权益保护等税收征收管理的诸多方面，"以纳税人为中心"的服务理念在实践中愈加强化，税收征收管理不断朝着现代化、专业化、高效化方向迈进。

（一）越南税收征收管理法律体系发展变化

1.税收程序性行政法规发展变化

（1）颁布实施税收执法法规

自2022年1月1日起生效实施的越南政府第102/2021/ND-CP号法令

---

① "Hướng dẫn giao dịch điện tử trong lĩnh vực thuế（19/2021/TT-BTC），" https：//thuvienphapluat. vn/van-ban/Thue-Phi-Le-Phi/Thong-tu-19-2021-TT-BTC-huong-dan-giao-dich-dien-tu-trong-linh-vuc-thue-469068. aspx.

② "Về việc phê duyệt chiến lược cải cách hệ thống thuế đến năm 2030（508/QD-TTg），" https：//thuvienphapluat. vn/van-ban/Thue-Phi-Le-Phi/Quyet-dinh-508-QD-TTg-2022-Chien-luoc-cai-cach-he-thong-thue-den-2030-511239. aspx.

③ 注：三个基本支柱是指全面、同步、现代和综合的税收管理制度；专业、诚信、富有创新精神的人力资源；现代综合信息技术。

重点修订了对发票违法行为的处罚规定。

（2）颁布实施税收救济法规

2022年8月23日，越南政府颁布第55/2022/ND-CP号法令①，更新国家投诉和控告数据库系统②。

2. 税收程序性规章发展变化

（1）颁布实施税收执法规章

2022年3月17日，财政部第769/TCT-TTKT号文件发布③，要求共同打击高风险领域的税收违法行为。

2022年6月1日，税务局第1873/TCT-TTKT号公函发布④，对税务违法行为的稽查管理做出新规定。

2022年11月11日，越南财政部、税务局发布第1795/QD-TCT号文件《关于强制执行税收行政决定程序的决定》，明确了税款征收的强制执行规范。

（2）颁布实施税务行政复议规章

2022年10月14日，税务局更新了《税务局机关总部的公民接待条例》。

（二）越南纳税服务发展变化

2022年以来，越南税务部门秉持"以纳税人为中心"的服务理念，持续推动现代信息技术在纳税服务领域的应用，不断优化线上纳税服务的供给质量，并针对低风险的企业进一步缩短办税时长，为纳税人履行相关义务创造了有利的条件。

---

① "Quy định cơ sở dữ liệu quốc gia về công tác tiếp công dân, xử lý đơn, giải quyết khiếu nại, tố cáo, kiến nghị, phản ánh （55/2022/ND-CP），" https：//thuvienphapluat.vn/van-ban/Bo-may-hanh-chinh/Nghi-dinh-55-2022-ND-CP-co-so-du-lieu-quoc-gia-ve-cong-tac-tiep-cong-dan-giai-quyet-khieu-nai-527253.aspx.

② 国家投诉和控告数据库系统的网址为 https：//csdlqgkntc.thanhtra.gov.vn/。

③ "V/v thực hiện chống thất thu, đảm bảo thu đúng, thu đủ vào NSNN. （769/TCT-TTKT），" https：//thuvienphapluat.vn/cong-van/Thue-Phi-Le-Phi/Cong-van-769-TCT-TTKT-2022-thuc-hien-chong-that-thu-ngan-sach-nha-nuoc-514239.aspx.

④ https：//thuvienphapluat.vn/phap-luat/thoi-su-phap-luat/yeu-cau-tang-cuong-ra-soat-kiem-tra-phat-hien-nguoi-nop-thue-co-dau-hieu-rui-ro-ve-hoa-don-nham-pho-17643.html? rel = phap_ luat_ chitietvb.

1.越南税务登记服务发展变化

为适应以电子商务为代表的数字经济快速发展的需要，维护国家税收安全，越南税务部门开始为在越南没有常设机构但从事电子商务或基于数字平台开展业务或提供服务的外国供应商提供税务登记服务。同时，越南政府推动国家数字化转型的客观需要让非经营者在国家公共服务门户网站"一站式"办理税务登记成为现实。此外，为鼓励纳税人自觉提高纳税遵从度，税务部门为低风险的纳税人提供流程更为精简的税务登记服务。

（1）为外国供应商提供在线税务登记服务

《税收征管法（2019 年）》正式实施后，财政部第 105/2020/TT-BTC 号通知发布，为税务部门开展税务登记业务提供具体指导[①]。为适应数字经济快速发展的需要，该通知对税务登记主体的名单进行了补充，规定：自 2021 年 1 月 17 日起，税务部门将为"在越南没有常设机构但从事电子商务、基于数字平台的业务和提供其他服务的外国供应商"提供税务登记服务。2022 年 3 月 21 日，越南税务局正式开通外国供应商服务网站（http：//etaxvn. gdt. gov. vn），为外国供应商提供在线办理税务登记服务。截至 2022 年 10 月，占据越南跨境电商服务 90%市场份额的 6 家外国供应商均已在越南完成税务登记[②]。

（2）为非经营者在线办理税务登记

为贯彻落实《关于在国家公共服务门户网站整合和提供一些与住宅管理有关的在线公共服务的指导意见》，由越南财政部牵头，会同公安部、政府办公厅等部门，对非经营者税务登记的流程进行梳理和再造。根据上述文件的要求，税务部门在通过国家公共服务门户网站为非经营者（个人）办理税务登记时，可以直接调用全国人口管理数据库中的个人信息，非经营者

---

① 越南财政部第 105/2020/TT-BTC 号通知。

② https：//mof. gov. vn/webcenter/portal/btcvn/pages _ r/l/tin - bo - tai - chinh? dDocName = MOFUCM246147.

办理税务登记时不再需要携带证件到税务局进行信息比对。[①]

（3）允许低风险纳税人适用简易的税务登记流程[②]

为提高纳税人的纳税遵从度，越南税务机关将纳税人的风险评估结果运用在税务登记管理方式的革新上。以纳税人变更税务登记信息这一业务流程为例，对于高风险纳税人，税务机关在为其变更税务登记信息时，需要配合转移地税务机关依法对纳税人办公室进行检查；对于中风险纳税人，转移地税务机关应承担监管职责，并要求纳税人补充有关信息变更的资料；对于低风险纳税人，税务机关可以快速为其办理税务登记信息变更业务，不需要对其进行检查和监督，只需在下一个审计期对该纳税人进行纳税合规评估和风险分类。

2. 越南纳税申报服务发展变化

围绕简化税务行政手续流程、降低纳税人纳税遵从成本的目标，越南财政部、税务局陆续出台相关政策，以减轻纳税人的申报负担，并通过打通部门间的数据信息壁垒，减轻纳税人的资料报送压力。

（1）新政策的落地减轻了纳税人的申报负担

越南财政部、税务局从政策层面为减轻纳税人的申报负担提供支持。财政部第 40/2021/TT-BTC 号通知规定，电商平台需要为入驻平台的个人卖家进行纳税申报。2021 年 11 月 15 日，财政部第 100/2021/TT-BTC 号通知对上述规定进行修正，自 2022 年 1 月 1 日起，在未经个人卖家授权的情况下，越南税务局不再强制要求电商平台为个人卖家进行纳税申报[③]。

[①] https：//chicucthuequan1. gov. vn/nganh-thue-thi-diem-trien-khai-viec-tiep-nhan-ho-so-dang-ky-thue-lan-dau-tren-cong-dich-vu-cong-quoc-gia/.

[②] "Quy định về áp dụng quản lý rủi ro trong quản lý thuế（31/2021/TT-BTC）," https：//thuvienphapluat. vn/van-ban/Thue-Phi-Le-Phi/Thong-tu-31-2021-TT-BTC-ap-dung-quan-ly-rui-ro-trong-quan-ly-thue-474647. aspx.

[③] https：//vietnam. acclime. com/news-insights/december-2021-tax-updates-new-guidance-on-vat-pit-and-tax-management-and-increase-of-pensions-social-insurance-allowances-and-monthly-allowances/.

（2）部门间的数据共享减轻了纳税人的申报压力

为减少纳税人重复报送申报资料，税务部门着力打通部门间的数据信息壁垒，自 2022 年 1 月 1 日起，越南实现电子商务平台与税务机关的数据共享，助力从事电商业务的纳税人和个体经营户进行及时、准确的纳税申报[1]。

3. 越南办税服务流程发展变化

办税服务流程改革是改善营商环境和推进国家数字化转型的重要抓手。2022 年以来，越南税务部门为不同风险等级的纳税人制定了差异化的办税服务流程，鼓励纳税人自觉提高纳税遵从度。

对不同风险等级的纳税人实施差异化的办税服务流程。为鼓励纳税人自觉提高纳税遵从度，越南税务机关运用风险管理技术，对不同风险等级的纳税人实施差异化的办税服务流程，以推动办税服务由无差别朝着个性化、精细化方向转变。下文以财政部第 31/2021/TT-BTC 号通函《税务管理中风险管理应用的规定》实施后税务部门审核报税资料以及办理退税的流程为例进行说明。

（1）报税资料的审核流程

对于高风险纳税人，税务机关在收到其报税资料后必须制作税务检查的任务清单，并在税务机关的办公场所审核其报税资料的真实性、准确性及完整性。对于中低风险纳税人，税务机关无须审核其报税资料，而直接进入纳税人的合规评估环节。

（2）退税的办理流程

税务机关应当根据《税收征管法（2019 年）》及相关法律法规对纳税人提交的退税档案进行分类。对于在会计年度开始后 12 个月内有连续退税记录的高风险纳税人，税务机关需要严格遵照"先查后退"的退税办理流程。对于中低风险纳税人，税务机关可以执行"先退后查"的退税办理流程。此外，对于不同风险等级的纳税人，其所适用的退税后检查时限存在差

---

① https：//zh. vietnamplus. vn/.

异。对于低风险纳税人，税务机关只需自退税决定发布之日起5年内进行检查，而对于中、高风险纳税人，税务机关则需缩短其退税后的检查时限，分别为3年和1年。

（三）越南税收执法发展变化

2022年以来，越南税务机关更加注重风险管理机制在税收执法中的应用，即根据纳税人风险信息分析系统的测算结果，及时预防、发现和处理税收违法行为，动态调整税务检查（稽查）的内容及范围，避免税收收入损失。同时，进行税务执法行政改革，秉持"无风险不打扰"的执法原则，减少到纳税人办公室进行检查的比例，并加大在税务机关总部对高风险纳税人进行分析、监管的力度，在减少税收执法给企业生产经营带来负面干扰的前提下，最大限度地保证执法效果。

1.越南税务检查发展变化

经过一年的发展，越南税务部门在税务检查方面取得了许多可喜的进步，细化了税务检查的流程，扩大了风险管理机制在税务检查中的应用范围，降低了到纳税人办公室进行检查的比例，加强了对高风险纳税人的分析和监管，并且通过发票的电子化改革丰富了税务检查的数据来源。

（1）细化税务检查的流程

清晰的税务检查流程是规范税务执法行为的重要前提，为此，越南财政部发布了第80/2021/TT-BTC号通知①，细化了在税务机关总部和纳税人办公室进行税务检查的流程。

在越南税务机关总部检查的流程见图5。首先，税务机关需将纳税人的税务档案分为低、中、高三个风险等级。其次，对于纳入检查计划的纳税人或者高风险纳税人，税务机关在对其税务档案进行检查、核对、比较、分析后，

---

① "Thông tư 80/2021/TT-BTC hướng dẫn Luật Quản lý thuế và Nghị định 126/2020/ND-CP hướng dẫn Luật Quản lý thuế do Bộ trưởng Bộ Tài chính ban hành（80/2021/TT-BTC），" https：//thuvienphapluat. vn/van-ban/Thue-Phi-Le-Phi/Thong-tu-80-2021-TT-BTC-huong-dan-Luat-Quan-ly-thue-Nghi-dinh-126-2020-ND-CP-466716. aspx.

如果发现纳税人存在申报信息不准确、申报材料缺失或其他有待澄清的地方，则应向纳税人发送第一次通知，要求纳税人解释和补充文件、信息。纳税人则需要自收到通知之日起 10 个工作日内进行解释和补充。最后，按以下四种情况处理检查结果，即如果纳税人的解释材料足以证明其申报内容是正确的，则税务机关接收税务档案；如果纳税人已提交材料，但无法证明其申报内容是正确的，或相关内容有待进一步澄清，则税务机关应发送第二次通知，要求纳税人自收到通知之日起 10 个工作日内解释和补充；纳税人未能在规定时间内提供补充材料的，税务机关应当做出在纳税人办公室进行检查的决定，或将其作为制订检查计划的依据；税务机关有充分依据证明纳税人有税收行政违法行为的，应当明确记录税务行政违法行为。

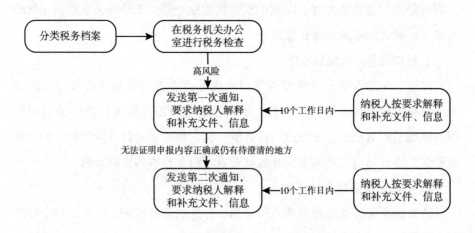

图 5　在越南税务机关总部检查的流程

在纳税人办公室检查的流程见图 6。首先，税务机关负责人做出税务检查决定，在规定时限内将其送达纳税人并向社会发布。其次，开始进行税务检查，在 5 个工作日内完成税务检查。最后，根据纳税人反馈的意见，完善税务检查记录，并做出税务检查处理结论。如果检查结果不涉及税务和行政违法行为，则检查组组长应向检查部门领导和检查决定的发布人报告检查结果；反之，税务机关负责人应当做出税务违法行为处理决定。

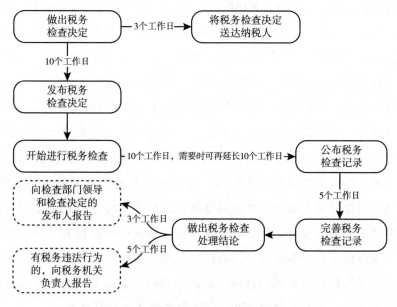

图6　在纳税人办公室检查的流程

（2）拓宽风险管理机制在税务检查中的应用范围

风险管理机制在税务检查中的广泛应用可以有效提高税务检查的精准度。根据财政部第 31/2021/TT–BTC 号通函的相关规定，自 2021 年 7 月 2 日起，税务机关可以根据纳税人风险信息分析系统评估的纳税人纳税遵从度和风险程度，选择纳入年度检查范围的企业名单，并及时调整税务检查的内容和范围。具体方式如下。

作为检查案例选择的依据。根据风险评级结果，从高到低拟定纳入纳税人总部年度检查计划的纳税人名单，确保通过这一方法选择的企业数量不低于年度检查计划中进行实地检查的企业总数的 90%。

作为检查内容和范围调整的依据。税务机关应根据纳税人的风险评级结果确定税务检查的内容和范围。在税务管理工作中，如果有可靠的信息证明纳税人有高风险迹象，则税务机关应当及时将其补充至年度检查计划内。

（3）降低到纳税人办公室检查的比例

为改善营商环境，提振社会经济，最大限度地减少税收执法对企业生产

161

经营造成的干扰，对于符合下述两类情形的纳税人，税务机关暂停对其经营场所的检查。一类是受新冠疫情直接影响的企业。为贯彻落实越南政府第84/NQ-CP号决议①，使受新冠疫情影响的企业专注于生产经营，税务部门暂停了对受新冠疫情直接影响的企业的实地检查，将其调整为在税务机关办公室进行检查，只有当纳税人存在税收风险时，才进行实地检查②。另一类是已被调整为低风险的纳税人。对于未直接受到自然灾害或流行病影响但已被列入检查计划的纳税人，税务机关通过对收集到的纳税人信息进行分析后发现，纳税人的风险水平较低，且其最近月份的业务增长明显减少，税务机关可以提请上级部门调整对该纳税人的实地检查计划，并将其转为到税务局进行案头检查。为在减少实地检查的同时保证检查质量，越南税务机关采取以下两个策略：一是高度重视部门协同，广泛采集第三方涉税数据；二是与信息技术部门合作，在税务局门户网站上增加纳税人检查信息的接收功能，为税务部门的案头检查创造电子办公环境③。

（4）加强对高风险纳税人的分析和监管

为提高税收执法的效率和针对性，在执行既定的税务检查计划之外，越南税务部门加强了对退税、发票、电子商务、房地产转让等高风险领域的纳税人的深入分析，包括：第一，进行财务报表和纳税申报表分析；第二，对纳税人近年来的纳税遵从度及税收违法行为进行分析；第三，将纳税人最近一次提交纳税申报表后的风险评分与首次检查时的风险评分进行对比分析；第四，运用第三方收集的涉税信息对纳税人的风险水平进行再分析。根据深入分析的结果，税务机关确定其需要重点检查和监控的企业名单，并按月对

---

① "Về các nhiệm vụ, giải pháp tiếp tục tháo gỡ khó khăn cho sản xuất kinh doanh, thúc đẩy giải ngân vốn đầu tư công và bảo đảm trật tự an toàn xã hội trong bối cảnh đại dịch covid-19（84/NQ-CP），" https://thuvienphapluat.vn/van-ban/Doanh-nghiep/Nghi-quyet-84-NQ-CP-2020-giai-phap-thao-go-kho-khan-cho-san-xuat-kinh-doanh-trong-boi-canh-COVID-19-443850.aspx.

② 《疫情期间越南税务部门减少对企业纳税检查》，中华人民共和国商务部网站，http://www.mofcom.gov.cn/article/i/jyjl/j/202008/20200802994454.shtml.

③ https://thoibaotaichinhvietnam.vn/hieu-qua-tu-viec-doi-moi-cong-tac-thanh-tra-kiem-tra-thue-40075.html.

上述企业的核查处理结果向上级税务机关报送。

（5）丰富税务检查的数据来源

税务检查精准度的提高有赖于税务部门通过税务信息系统和第三方渠道收集的纳税人信息的广度和深度。为落实国家数字化转型战略，推动税收征收管理方式的现代化和透明化，自 2022 年 7 月 1 日起，越南在全国范围内正式使用电子发票。在进行发票电子化改革后，税务部门可以从电子发票系统（E-Invoice System）实时采集纳税人的税收数据，为税务检查提供覆盖面更广、颗粒度更细、时效性更强的数据支撑。

2. 越南税务稽查发展变化

为合理配置税务稽查资源，提高税务稽查的效率，越南税务部门以发票电子化改革为契机，推进系统内外各部门的协同合作与信息共享，集中力量打击发票、退税、电子商务等高风险领域的税收违法行为，并针对发票和增值税退税领域的欺诈行为出台具体措施。此外，税务部门启动了对存在 4 类税收违法迹象的纳税人的监管机制，做足税务稽查前的准备工作。

（1）联合打击高风险领域的税收违法行为

为确保税收收入及时、足额入库，2022 年，财政部第 769/TCT-TTKT 号文件要求各级税务机关与地方政府各部门密切配合，及时共享涉税数据，共同打击高风险领域（特别是退税、发票、关联交易、电子商务领域）的税收违法行为。该文件规定，在发票领域，加强对发票使用情况的检查，依法处理发票违法行为；在退税领域，及时发现利用政策退税的不当行为，加强组织开展增值税退税反欺诈专题检查；在电子商务领域，进一步检查具有税务风险的电子商务企业，尤其需要关注在越南没有固定经营场所的外国供应商通过电子商务平台开展的业务和活动；在房地产领域，审查和收集来自公证部门和银行的信息，以核对房地产交易中个人的收入来源。

（2）出台打击发票欺诈和增值税退税欺诈行为的具体措施

近年来，越南税收欺诈行为增多，欺诈的范围和规模不断扩大，欺诈的方式越来越复杂。[①] 为此，税务局将打击发票欺诈和增值税退税欺诈行为列为越南税务稽查的重点工作。2022 年，税务局发布的第 1873/TCT-TTKT 号公函规定税务机关在税务稽查中发现纳税人存在其附件列举的 25 种违法迹象时，可以采取下列措施：第一，组织人员对存在发票风险迹象的业务进行审查、评估和分类；第二，配合各级税务机关针对发票、货源、运输等信息进行核查；第三，对存在高税收风险的企业进行评估，及时向省市人民委员会和打击预算损失工作指导委员会报告；第四，加强对税务稽查人员的业务培训及监督；第五，加强与公安机关、银行、海关的协调配合，及时交换和提供信息。

（3）加强对有 4 类税收违法迹象的纳税人的监管

财政部第 31/2021/TT-BTC 号通函规定，税务机关在纳税人存在以下 4 类税收违法迹象时应当进行重点监控，并启动税务稽查程序：第一，根据《预防和打击偷税漏税反洗钱法》的规定，纳税人存在可疑的银行交易迹象；第二，纳税人或其法定代表人因税收行政违法行为被起诉；第三，纳税人在重点议题或税务机关收集其相关信息的情况下呈现高税收风险迹象；第四，纳税人风险等级分类属于高风险或极高风险，以及未在规定期限内完成税务机关的整改要求。

（4）发布《关于强制执行税收行政决定程序的决定》

2022 年 11 月 11 日，财政部、税务局发布第 1795/QD-TCT 号文件《关于强制执行税收行政决定程序的决定》，其与《税收征管法（2019 年）》明确了强制执行税收行政决定的目的、适用范围、申请对象及适用程序，确保每年 12 月 31 日的拖欠税款总额占当年国家预算收入的比例不超过 8%。

3. 越南税收处罚发展变化

为适应《税收征管法（2019 年）》的变化，越南政府发布的 125 号法令修订了对税收及发票管理违法行为的处罚规定。与此前的规定相比，125 号法令加大了对税收违法行为的处罚力度，税收违法惩戒的威慑力大幅提

[①] Nguyen, Thu Hien, "The Impact of Non-Economic Factors on Voluntary Tax Compliance Behavior: A Case Study of Small and Medium Enterprises in Vietnam," *Economies*, 2022, 10: 179.

升。在此基础上，为应对强制使用电子发票带来的税收监管问题，越南政府发布了第 102/2021/ND-CP 号法令，该法令重点修订了对发票违法行为的处罚规定，自 2022 年 1 月 1 日起正式实施。同时，越南对税收违法行为的处罚依然秉持"宽严并济、法理相容"的原则，如受新冠疫情直接影响的纳税人的部分行为可以免于处罚，对满足条件的部分行为进行强制执行。此外，为完善税务行政处罚决定书的送达制度，税务部门新增了电子送达的方式，以更加便捷、高效地处理税收违法行为。

（1）调整发票领域行政违法行为的部分处罚条款

越南政府第 102/2021/ND-CP 号法令修订了 125 号法令中关于对发票行政违法行为处罚的多项规定。第一，将发票行政违规行为的处罚时间由 1 年延长至 2 年。第二，增加了"已开具但尚未申报税款的发票丢失、烧毁或损坏的行为，将被处以 400 万~800 万越南盾罚款"的规定。第三，在"销售商品和服务时违规开具发票"条款中新增一类情形，即未按规定在发票上完整记载强制性内容的行为也被视为发票行政违法行为，其将被处以 400 万~800 万越南盾的罚款[①]。第四，补充了对未按规定开具发票或出售发票的行为进行处罚的规定，即将被处以 2000 万~5000 万越南盾罚款。

（2）增加两类免于税收处罚的情形

为帮助因新冠疫情陷入困境的纳税人恢复生产，考虑到检疫隔离地区纳税人遭遇的现实问题，越南增加了两类免于税收处罚的情形。一是为亏损企业免除所欠税款的滞纳金。根据国会常务委员会第 406/NQ-UBTVQH15 号决议[②]的规定，对 2020 年发生亏损的企业和组织免征 2020 年和 2021 年产生的逾期税款、土地使用费和土地租赁费的滞纳金，以支持纳税人恢复生产经

---

① https://vietaustralia.com/zh/nghi-dinh-102/2021/nd-cp-sua-quy-dinh-xu-phat-hanh-chinh-ve-hoa-don.html.

② "Về ban hành một số giải pháp nhằm hỗ trợ doanh nghiệp, người dân chịu tác động của dịch covid-19（406/NQ-UBTVQH15），"https://thuvienphapluat.vn/van-ban/Doanh-nghiep/Nghi-quyet-406-NQ-UBTVQH15-2021-giai-phap-ho-tro-doanh-nghiep-chiu-tac-dong-cua-dich-COVID19-491839.aspx.

营，为国家财政创收①。符合条件的纳税人可以通过电子、邮寄方式或直接申请的方式申请，税务机关应自收到纳税人申请的 15 个工作日内进行答复。二是检疫隔离地区迟交纳税申报表的纳税人将被免于处罚。为执行越南总理《关于实施预防 COVID-19 的紧急措施》的指令的规定②，总部或住所位于偏僻地区、隔离地区的组织和个人推迟申报将不会受到行政处罚。

（3）实现税收行政处罚决定书的电子化制作和发送

自 2022 年 2 月 20 日起，税务局正式在全国范围内进行税收行政处罚决定书的电子化制作和发送。税务部门通过电子方式记录税收行政违法行为，不仅符合越南推动国家数字化转型的战略要求，而且可以有效减轻各级税务人员的工作负担，缩短征纳双方沟通的时间，确保税务机关能够及时地对行政违法纳税人进行处罚③。

（四）越南基于税收法律救济的纳税人权利保护发展变化

随着涉税实务的增加，税务争议日益凸显，在这一背景下，越南迫切需要纳税人维权制度同步更新，以保障纳税人的合法权益。为此，税务部门通过设立咨询委员会和实现复议案件信息的电子化，不断提高复议案件审理的专业性和透明度，同时努力培养更多能够在税务司法评估、涉税行政和刑事诉讼案件的处理上贡献力量的人才，不断提高税务行政诉讼案件的处理效率。此外，为提高纳税人依法维权的效率，越南税务局设立了内部检查局，并颁布了最新的《税务局机关总部的公民接待条例》。

1. 越南税收救济信息管理的发展变化

通过同步更新复议案件电子信息以提高复议流程的透明度。为推动国家

---

① https：//thoibaotaichinhvietnam. vn/ap-dung-bien-phap-thu-no-phu-hop-voi-tung-doi-tuong-nguoi-nop-thue-112658-112658. html.

② "Về thực hiện các biện pháp cấp bách phòng, chống dịch covid-19（16/CT-TTg），" https：//thuvienphapluat. vn/van-ban/The-thao-Y-te/Chi-thi-16-CT-TTg-2020-thuc-hien-bien-phap-cap-bach-phong-chong-dich-COVID-19-438648. aspx.

③ https：//thoibaotaichinhvietnam. vn/575-nghin-bien-ban-vi-pham-hanh-chinh-thue-duoc-lap-bang-phuong-thuc-dien-tu-109110. html.

的数字化转型，提高电子政务服务质量，越南政府在 2022 年发布第 55/2022/ND-CP 号法令，旨在通过国家投诉和控告数据库系统的建设将政府各部门处理的信访、投诉、控告及建议等信息进行标准化、数字化的存储和管理。该数据库系统在政府监察局集中建立，并由其管理，包括税务局在内的政府职能部门在处理相关案件时需要及时进行数据及信息的更新，以提高政务服务流程的透明度。

2.**越南基于税收救济的税务行政诉讼制度发展变化**

为提高税务行政诉讼案件的处理效率，越南税务部门把提高税务干部的法律素养作为未来培养人才的目标。同时，越南最高人民法院开展的网上收缴和预缴行政诉讼费试点的活动，有助于提高税务行政诉讼案件的处理效率。

（1）将提高法律素养作为培养税务干部的目标

目前，由于越南未设置专门的税务法庭并配备专业的从事税务工作的法官，一些复杂的税务行政诉讼案件经常难以推进。为此，越南政府在《到2030 年税制改革战略》中明确提出，要不断提高税务干部开展税务司法评估、参与涉税案件行政和刑事诉讼的能力，以提高税务行政诉讼案件的处理效率。

（2）开展网上收缴和预缴行政诉讼费试点

为落实越南总理签署的第 22/QD-TTg 号决定中的《2022 年在国家公共服务门户网站上提供的综合在线公共服务清单》，提高公众缴纳行政诉讼费的便利性，基于最高人民法院综合司司长的提议，最高人民法院于 2022 年 10 月1~31 日，在国家公共服务门户网站开展网上收缴和预缴行政诉讼费的试点[①]，以便后续择机推广。此举有助于提高税务行政诉讼案件的处理效率。

3.**越南纳税人维权管理机构及维权程序发展变化**

为妥善解决纳税人的投诉、控告等，基于内部检查局局长的建议，税务局根据职能、任务和组织活动特点，于 2022 年颁布实施《税务局机关

---

① 行政诉讼费支付网址为 https://dichvucong.gov.vn/p/home/dvc-thanh-toan-an-phi.html。

总部的公民接待条例》。《税务局机关总部的公民接待条例》增加了税务局拒绝进一步处理案件的两种情形。

（五）越南税收信息化建设发展变化

2022年以来，越南税务部门借助现代信息技术和风险管理机制，推动办税服务流程朝着电子化、差异化方向演进，推出了全新的个人移动端应用程序 Etax Mobile。

截至2022年9月，电子纳税申报系统已在越南63个省（市）全面使用，覆盖率达100%，企业电子报税服务使用率高达99.9%[①]。与企业电子报税服务的高使用率相比，个人使用移动端办税的比例较低[②]，这主要是由于此前移动端办税软件的功能不完善，不仅缺少完整的电子申报表，而且未能向纳税人提供电子缴税、个人申报信息查询等基础功能。为实现2025年"80%的4级在线公共服务可在包括手机在内的多种设备上使用"的目标[③]，税务局于2022年3月推出全新的个人移动端应用程序 Etax Mobile，该程序兼容 iOS 和 Android 平台，为纳税人提供包括开立电子税务交易账户、纳税申报、税款缴纳、纳税人涉税信息查询在内的多项纳税服务，助推办税服务流程电子化和智能化[④]。

三　越南税收征收管理发展前景

如上文所述，《到2030年税制改革战略》分两个阶段（即2025年和2030年）提出越南税收征收管理改革的目标以及方案。该战略提出，为全

---

① https：//thoibaotaichinhvietnam. vn/hien-dai-hoa-quan-ly-thue-nhieu-chuyen-bien-tich-cuc-111903. html.

② https：//chicucthuequan1. gov. vn/nganh-thue-san-sang-trien-khai-ung-dung-thue-dien-tu-tren-thiet-bi-di-dong/.

③ 引自《到2030年税制改革战略》。

④ "E-Tax Vietnam：Launch of E-Portal and Tax Mobile App，" https：//www. ecovis. com/global/e-tax-vietnam-launch-of-e-portal-and-tax-mobile-app/.

面实现税收管理的现代化，税收征收管理改革的重点在于建设电子税务平台和税收管理制度、人力资源、信息技术"三个基本支柱"。作为税收征收管理的重要组成部分，越南在纳税服务、税务执法和纳税人权利保护方面的发展将围绕上述改革的重点展开（见表7）。同时，财政部发布的《关于发布2025年税制改革计划的决定》[①] 为税务部门税收征收管理改革提供了行动路径。

表7　《到2030年税制改革战略》中税收征收管理改革的一些关键指标

	纳税人满意度	按计划补充《税收征管法（2019年）》及其指导文件的比例	以电子方式完成的纳税人支持率	在线处理的税务登记比例	在线办理申报、纳税、退税、免税、减税的比例	信息化系统满足税务干部远程处理要求的比例
2025年	≥90%	100%	≥70%	≥80%	企业≥98% 个人≥85%	≥98%
2030年	≥95%	100%	≥90%	≥90%	企业≥98% 个人≥90%	≥98%

（一）越南纳税服务发展前景

纳税服务的核心目标在于帮助纳税人正确、充分、便利地履行纳税义务。围绕这一核心目标，越南政府在《到2030年税制改革战略》中提出，2030年以前，税务部门将致力于加强税收宣传、优化税收行政程序、鼓励和支持社会化纳税服务组织发展，并通过运用现代信息技术和风险管理措施，缩短纳税人的办税时长，减轻纳税人办理税务行政事项的成本，以提高纳税人的自愿遵从水平。为考核上述政策的落实情况，越南政府制定了纳税人满意度和在线纳税服务比例（以电子方式完成的纳税人支持率）两大考核指标，其中，

---

① "Ban hành kế hoạch cải cách hệ thống thuế đến năm 2025," https://hethongphapluat.com/quyet-dinh-2439-qd-btc-nam-2022-ve-ke-hoach-cai-cach-he-thong-thue-den-nam-2025-do-bo-truong-bo-tai-chinh-ban-hanh.html.

2025 年和 2030 年纳税人满意度分别在 90% 和 95% 及以上，在线纳税服务比例分别在 70% 和 90% 及以上。因此，越南税务部门的税务登记、纳税申报、办税服务流程的改革将聚焦提高在线纳税服务比例以及简化办税服务流程，以提升纳税人的满意度。

1. 越南税务登记服务发展前景

通过税务行政程序改革和运用现代信息技术以提高税务登记服务的便利性是越南进行税务登记改革的重要方向。为此，一方面，税务登记资料的报送要求有望进一步减少。目前，税务管理系统（TMS）已与全国人口管理数据库成功对接，在办理税务登记时，税务部门可以直接调用公民身份代码对个人和组织的税务编码进行认证，公民不需要提交相关纸质材料。加之，为鼓励纳税人自愿遵从，风险管理机制已被逐步应用于税务登记业务中，税务部门已降低了对低风险纳税人的资料报送要求。上述举措的采用已大大减轻了纳税人在办理税务登记时的资料报送负担，随着电子政务系统的不断完善，部门间的信息共享能力将不断提升，纳税人提交的税务登记资料有望进一步精简。另一方面，在线办理税务登记业务的比例将不断提升。越南政府在《到 2030 年税制改革战略》中明确提出，到 2025 年，税务机关在线处理的税务登记材料应占其收到的税务登记材料总数（在线处理的税务登记比例）的 80% 及以上，这一比例到 2030 年需进一步提升至 90% 及以上。目前，税务部门为纳税人办理在线税务登记业务的平台有两个，分别是面向境内组织和个人的国家公共服务门户网站以及面向在越南没有固定营业场所的外国供应商的在线门户网站（NCCNN），由于上述平台的优化升级已纳入越南国家数字化转型的实施计划中，因此，可以预计，选择在线办理税务登记业务的纳税人的数量将不断增加。

2. 越南纳税申报服务发展前景

未来，越南税务部门将在提高在线纳税申报服务质量方面持续发力。根据《到 2030 年税制改革战略》中的发展目标，到 2025 年，企业和个人以电子方式进行纳税申报的比例（在线办理申报、纳税、退税、免税、减税的比例）分别不低于 98% 和 85%；到 2030 年，企业以电子方式进行纳税申报的最低比例不变，而个人的这一比例需要进一步提升至 90% 及以上。税务局公布的数据显示，截至 2023 年 4 月，企业的电子申报比例已达到上述目标，而个人的电子申报比例尚存在一定差距。因此，下一阶段，越南税务部门将着力推广个人移动端应用程序 Etax Mobile，进一步降低纳税人的纳税遵从成本。

3. 越南办税服务流程发展前景

持续优化各领域的行政程序，确保其公开、透明，使其为企业和个人创造最大化便利，已成为越南政府持续优化营商环境、推动国家数字化转型的重要抓手，被列为 2022 年越南政府的主要工作任务[1]。为此，越南政府在《到 2030 年税制改革战略》中要求税务部门将持续优化税收行政程序纳入改革目标。2022 年 12 月 30 日，越南财政部、税务局发布《2022～2025 年税务领域行政程序审查和简化计划》[2]，明确了税务行政手续清理、简化工作的具体任务。

办税服务流程将进一步优化。越南税务部门将根据既定战略规划，结合纳税人的诉求，以清晰、透明、易于实施的方式同步有效地改革税务登记、纳税申报、税款缴纳、退税、免税和减税的资料报送要求和办理流程，并加大对风险管理机制在办税流程改革中的运用力度，对中低风险的纳税人继续适用较为精简、快捷的办税流程。不仅如此，税务部门还将与其他国家管理机构进行协调联动，扩大部门间的信息共享范围，提高纳税人在国家公共服务门户网站上"一站式"报送的效率，进一步提高纳税人的办税效率。

---

[1] "Về nhiệm vụ, giải pháp chủ yếu thực hiện kế hoạch phát triển kinh tế-xã hội và dự toán ngân sách nhà nước năm 2022（2022/01/NQ-CP）," https：//thuvienphapluat. vn/van-ban/Dau-tu/Nghi-quyet-01-NQ-CP-2022-giai-phap-thuc-hien-Ke-hoach-phat-trien-kinh-te-xa-hoi-500039. aspx.

[2] "Ban hành kế hoạch rà soát, đơn giản hóa thủ tục hành chính trong lĩnh vực thuế giai đoạn 2022-2025 theo quyết định số 2475/qđ-btc ngày 29/11/2022 của bộ tài chính（2074/QD-TCT）," https：//thuvienphapluat. vn/van-ban/Thue-Phi-Le-Phi/Quyet-dinh-2074-QD-TCT-2022-Ke-hoach-ra-soat-thu-tuc-hanh-chinh-linh-vuc-thue-2022-2025-562750. aspx.

（二）越南税收执法发展前景

服务型税收治理已成为未来税收治理的一大趋势，越南税收执法的发展在一定程度上顺应了这一趋势。在执法过程中，越南税务部门不断优化执法方式，借助现代信息技术和风险管理机制，推动纳税人信息系统和风险预警机制建设，联合多个部门对高风险领域的税收违法行为进行重点打击，加大对税收行政违法行为的处罚力度，与此同时，逐步将"宽严并济、法理相容"的理念贯穿执法过程，力求在不影响纳税人生产经营的前提下，通过设置税收自愿披露制度和运用柔性执法方式，鼓励纳税人主动纠错。可以说，越南税收执法的发展已经具备一定的基础，下一阶段，根据国家电子政务发展的定位，推动现代信息技术和风险管理机制在税务执法中的应用，同时提高执法过程的规范性，使其与国际良好做法同步接轨，是越南税务机关改进和优化执法方式的重要发力点。

1. 越南税务检查发展前景

税务检查的准确度有赖于税务机关收集到的纳税人信息和数据的质量。发达经济体的经验表明，加强部门协作、社会协同，实现信息共享共建，可以有效提升税收数据的准确性、真实性和客观性。目前，越南已着手建设和管理纳税人信息系统，并要求商业银行、国家房屋和土地管理机构、公安部门、国家商务管理机构、国库等组织及时通过纳税人信息系统日常电子数据交换平台向税务机关提供涉税信息，以丰富纳税人数据的采集渠道。随着电子发票在全国范围内的广泛推行，税务机关可以通过电子发票系统实时采集纳税人的税收数据，为税务检查提供覆盖面更广、颗粒度更细、时效性更强的数据支撑。此外，纳税人自愿披露制度已成为鼓励征纳双方合作的重要方式，有助于税务机关掌握更全面的纳税人信息。综合来看，多元化的纳税人信息来源渠道将助力税务部门进一步提高税务检查的质量和效率。

2. 越南税务稽查发展前景

近年来，越南高度重视发展数字经济，计划到2030年实现数字经济规模至少占GDP的30%。然而，数字经济的快速发展给税务稽查带来了新的挑战，如税收违法行为更为隐蔽、涉税金额难以评估、跨境交易愈加频繁等。为满足数字经济背景下的税收管理要求，越南政府在《到2030年税制改革战略》中提出，下一阶段，税务部门将继续推动信息技术和风险管理机制在税务稽查中的应用，使其与国际良好做法接轨，并将其作为税务稽查部门预防、发现、及时处理涉税违法行为以及减少稽查后投诉的有效措施。财政部在《关于发布2025年税制改革计划的决定》①中进一步明确了税务稽查后的投诉率不得超过5%的目标。与此同时，推动税务稽查部门与国际税务管理部门、内部检查部门、税务申报管理部门以及政府有关部门联合开展重点领域的税务稽查活动，形成税收共治局面，将是税务部门下一阶段的重要任务。此外，为保障纳税人的合法权益，税务部门将尽可能地做好税务稽查前的准备工作，减少对企业的干扰，以规范的税务执法流程提高纳税人的满意度。

3. 越南税收法律责任发展前景

税收处罚的主要目的在于对纳税人的税收违法行为进行纠正并给予其恰当的惩戒，其对于提高纳税人的纳税遵从度、提升税收征收管理效率、防止国家税款流失意义重大。《税收征管法（2019年）》加大了对税收行政违法行为的处罚力度，对税收违法行为惩戒的威慑力明显增强，同时为顺应电子发票在全国范围的广泛使用，《税收征管法（2019年）》及时增加了电子发票领域的处罚规定。需要关注的是，现行税收处罚体系增加了税务机关的自由裁量权，但与之相配套的税收行政处罚裁量基准文件尚未出台，这成为越南在推进税收法治环境建设过程中必须补齐的短板。值得肯定的是，发票的电子化改革以及风险管理技术的广泛运用有助于越南税务部门及时采集税收数据，推动税收惩处体系从重视事后打击向重视事前、事中精准防范转变。

（三）越南基于税收法律救济的纳税人权利保护发展前景

越南税务机关致力于提升纳税人的满意度，计划到2025年将纳税人对

---

① 越南财政部第2439/QD- BTC号通函。

税务机关服务的满意度提升至 90% 及以上，并将这一比例在 2030 年提升至 95% 及以上[①]。纳税人权利保护水平是影响纳税人满意度的重要维度。目前，《税收征管法（2019 年）》中对纳税人权利的规定仍较为单薄，仅仅对纳税人享有的权利进行梳理汇总，而未对其进行系统的规定，这可能导致部分税务工作人员对保障纳税人权利的重要性的认识不足，或者存在执行偏差，从而导致纳税人的合法权益未能得到有效保障。为此，越南政府在《到 2030 年税制改革战略》中提出了保护纳税人合法权益的下一步行动方案。

1. 越南税务行政复议制度发展前景

当前，越南税务部门未设置独立的税务行政复议机构，这就意味着接收纳税人税务行政复议请求的部门是做出税务决定的部门或其上级部门，因此纳税人通过行政复议解决税务争议的机会要远少于通过法院诉讼获胜的机会[②]，其并不能有效保护纳税人的合法权益。与此同时，虽然国家审计和监察部门有权对税务机关的税务处理决定进行审查，但实际中可能存在不同部门对同一税收问题观点不一的情况，由于缺乏上一级别的协调机制，这一问题的存在常常导致税务行政复议相关环节难以继续推进。为完成越南政府在《到 2030 年税制改革战略》中提出的"完善税务投诉解决流程"和"提高税务投诉处理效率"的目标要求，财政部在《关于发布 2025 年税制改革计划的决定》[③] 中将此进一步细化，要求税务部门确保全部投诉案件均按法律规定解决且处理时长力争缩短 5%。下一步，越南税务部门需要提高税务行政复议机构的独立性，并吸纳相关领域的专业人士加入，以增强和提高税务行政复议结果的公信力和处理行政复议的效率。

2. 越南税务行政诉讼制度发展前景

随着经济社会的快速发展，纳税人的维权意识不断增强，税务行政诉讼

---

① 引自《到 2030 年税制改革战略》。

② Du B. N. , "Tax Dispute Resolution Mechanisms in Vietnam," *Journal of Legal, Ethical and Regulatory Issues* , 2020, 23（2）：1-13.

③ 越南财政部第 2439 /QD- BTC 号通函。

案件争议的焦点纷繁复杂，其对税务行政诉讼审查的专业化和技术性要求大幅提高。然而，目前，越南没有专门的税务行政诉讼制度，尚未建立专门的税务法庭和配备专业从事税务工作的法官，纳税人行使税务行政诉讼权利时遵循的是较为宽泛的《行政诉讼法》，受理的机关统一为法院。为此，提高税务干部开展税务司法评估以及参与涉税案件行政、刑事诉讼的能力势在必行。与此同时，通过在法院设立税务法庭，或者待条件成熟后，设置独立的税务法庭以提高税务审理的专业化水平，将是提高越南税务行政诉讼效率、保障纳税人权利的重要路径。

3.越南纳税人维权管理机构及维权程序发展前景

当前，越南税务局的内部检查局专门负责处理与解决涉税投诉、检举和反腐案件，与之前相比，该机构对于纳税人合法权利的保护力度更大，但纳税人通过税务行政复议和税务行政诉讼两个法律救济渠道维权的时间成本仍然过高。如表8所示，根据《行政诉讼法（2010年）》的规定，税务部门处理纳税人首次投诉的期限为投诉受理后的30日内（复杂案件可延长至45日或60日），如果纳税人对第一次和解不满意，或者投诉逾期未解决，则纳税人有权向上级税务机关反映，税务部门的处理期限为投诉受理后的45日内（复杂案件可延长至60日或70日）。如果纳税人选择直接向有管辖权的法院提起行政诉讼，则根据《行政诉讼法（2015年修正）》的规定，法院一审的时间为7个月，若纳税人不服一审判决继续提起上诉，法院二审的时间最长可达4个月。

表8 越南纳税人维权的时间成本

首次投诉的处理时限	第二次投诉的处理时限	一审程序的处理时限	二审程序的处理时限
30/45/60日	45/60/70日	7个月	4个月

纳税人在维权过程中付出高额的时间成本在一定程度上损害了纳税人的合法权益，且易于错过最佳的和解（调解）时间。鉴于这一问题的存在，

一些国家（地区）陆续建立税务行政争议和解机制①。虽然越南尚未出台税务争议和解制度，但事实上，关于税务争议和解的内容已经蕴含于税务行政复议、税务行政诉讼的"与纳税人合作"和"组织对话"环节。为此，适时增加复议（诉讼）前税务争议和解制度，搭建多元化的救济制度体系，将是越南优化纳税人维权程序的努力方向。

（四）越南税收信息化建设发展前景

由《到2030年税制改革战略》可知，到2025年，网上办税服务平台和智能移动设备平台能够100%为纳税人提供查询报税信息和24小时电子缴税的服务，同时，税务管理系统（TMS）将确保税务干部98%的职能任务能远程处理，以保证办税服务的持续供给。由此可以得知，越南税务部门将持续推进办税流程的电子化改革。

---

① 廖仕梅：《论税务行政争议和解机制》，《税务研究》2017年第3期，第61~65页。

马来西亚税收征收管理发展报告（2023）

摘　要： 马来西亚没有关于税收征收管理的程序性法律，关于调整税收征纳关系、规范税收征收管理活动的措施存在于具体税种法律之中，如《所得税法（1967年）》《石油（收入）税法（1967年）》。虽然马来西亚不定期地以文件的形式发布或更新"税收征收管理框架"，但该框架仍比较简单，实际上只是一个关于解决某些具体税收征收管理问题的工作安排的通知，不具备税收征收管理法律应有的系统性、完整性和规范性。尽管马来西亚在税收征收管理信息化、现代化方面取得了一定的成绩，但与具体税种法律紧密相关的税收征收管理手段及制度相对固定，而且马来西亚的税收征收管理措施的革新速度相对缓慢，尤其是面对数字经济、电商经济等现代服务业的发展的税收征收管理措施有待更新，换言之，马来西亚的税收征收管理措施与手段的信息化、数字化、智能化步伐较慢。

关键词： 马来西亚　税收征收管理　信息化　现代化

一　马来西亚税收征收管理发展基础（截至2021年）

马来西亚有别于世界上大多数国家，没有颁布专门的"税收征收管理法"或"税收征收管理条例"，所有规范税收行政行为和纳税人涉税行为的规则和条文均存在于具体税种法律（如《所得税法（1967年）》《印花税法（1949年）》等）、条例、公告和判例中。

（一）马来西亚税收征收管理法律体系发展基础

1.马来西亚税收征收管理法律体系发展基础

马来西亚没有综合性的税收程序性法律，也没有单独的税收征收管理法律，所有与税收征收管理相关的程序性规定分散在各税种法律中。

2. 马来西亚内含税种征收管理程序性规定的税种法律发展基础

马来西亚的税种法律包括《所得税法（1967 年）》①《石油（收入）税法（1967 年）》②《不动产利得税法（1976 年）》③《关税法》《销售税法》④《服务税法》⑤《2019 年服务税（数字服务）法规》⑥《纳闽岛商业活动税法》⑦《印花税法（1949 年）》⑧ 等。

3. 马来西亚包含税收规定的其他相关法律

这主要有《投资促进法》⑨ 和《1952 年商船条例》等。

4. 马来西亚税收法规

诸如《2016 年印花税（豁免）（第 2 号）令》等。

（二）马来西亚纳税服务发展基础

税收基础管理是纳税服务的一部分，纳税服务寓于税收基础管理中。马来西亚纳税服务最典型的特点是细化服务项目或对象，即根据不同的征税对象——纳税人或税种来区别化地提供纳税服务，比如在税收服务栏目的下拉菜单中有个人所得税、公司所得税等税种的分税项纳税服务，也有针对个人

---

① "Income Tax Act 1967（Act 53）," https：//phl. hasil. gov. my/pdf/pdfam/Act_ 53_ 01032021_ 2. pdf.

② "Petroleum（Income Tax）Act 1967（Act 543）," https：//phl. hasil. gov. my/pdf/pdfam/Act_ 543_ 01032020_ 2. pdf.

③ "Akta Cukai Keuntungan Harta Tanah 1976（Akta 169）," https：//phl. hasil. gov. my/pdf/ pdfam/Act_ 169_ 01122021_ 1. pdf.

④ "Sales Tax Act（Act 806）," https：//mysst. customs. gov. my/SSTAct.

⑤ "Service Tax Act（Act 807）," https：//mysst. customs. gov. my/SSTAct.

⑥ "Service Tax（Digital Services）Regulations 2019［P. U.（A）269］," https：//mystods. customs. gov. my/storage/app/media/pdf/legislation/2–servicetaxdigitalservicesregulations2019. pdf.

⑦ "Akta Cukai Aktiviti Perniagaan Labuan 1990（Akta 445）," https：//phl. hasil. gov. my/pdf/ pdfam/Act_ 445_ 15032021_ 1. pdf.

⑧ "Stamp Act 1949（Act 378）," https：//phl. hasil. gov. my/pdf/pdfam/Act_ 378_ 01062021_ 2. pdf.

⑨ "Promotion of Investments Act 1986（Act 327）," https：//phl. hasil. gov. my/pdf/pdfam/Act_ 327_ 01052014_ 2. pdf.

纳税人（非居民纳税人）、公司纳税人的分涉税对象的纳税服务；在个人所得税菜单下有比较详细的模块向纳税人宣传并教授如何申报纳税，具体宣传和服务模块如下：什么是所得税、谁应纳税、什么时候纳税、如何纳税、为什么必须纳税以及如何提交所得税申报表。

1. 马来西亚税务登记服务发展基础

进行税务登记是管理和经营公司者的首要义务，公司或个人开始营业前必须做好税务登记。马来西亚在进行税务登记时根据公司或个人的不同身份做出不同的要求。

（1）公司纳税人税务登记

公司纳税人税务登记的程序。公司纳税人可以通过 e-Daftar 在线注册或者在就近的内陆税收局的分局进行书面申请。注册表格可以从内陆税收局网站下载。需准备的文件及信息包括 9 - CCM 表格（2 份）及注册证书（SSM）、49 表格（2 份）、董事姓名及地址。

公司纳税人税务登记的注意事项。所有文件必须经过公司秘书的认证。纳税人在注册后，必须在业务发生之日起 3 个月内向内陆税收局信息处理中心提交 CP204 表格。新公司必须从开始运营的第 6 个月（基准期）后定期缴纳税款。公司还需要在账户注册截止日期后 7 个月内提交 C 表格和 R 表格。

（2）个人纳税人税务登记

个人纳税人税务登记的程序。个人纳税人可以就近在任何一家内陆税收局的分局申请个人所得税编码，然后填写一张个人纳税人税务登记申请表，该表可在内陆税收局的分局申请获得，也可以通过互联网上的 e-Daftar 程序进行在线注册并下载获得。

个人纳税人税务登记的注意事项。申请进行个人纳税人税务登记需要的文件及信息包括个人纳税人税务登记申请表和个人所得税编码；最新薪金表（EA/EC 表格）或最新薪金单的复印件；身份证/警官证/军官证/国际护照的复印件；结婚证复印件（如有）。

（3）合伙公司纳税人税务登记

合伙公司纳税人税务登记的程序。将电子文件（e-C1 表格）或纸质 C1

表格发送至内陆税收局信息处理中心，同时将预算电子档案（e-CP204 表格）、合作款项（合作预算）发送至内陆税收局；应在会计期结束后 7 个月之前或最后一天发送以上相关表格，如有剩余税款应使用 CP207 表格支付。

合伙公司纳税人税务登记的注意事项。保存涉税记录和账户 7 年，以便内陆税收局检查。

（4）雇主的税务登记

雇主需要注册雇主税务登记编号。

2. 马来西亚纳税信息变更报告服务发展基础

在马来西亚，一般根据不同事项的特点或某一具体税种的税收征收管理要求提交包含不同信息的报告，且对不同涉税信息的报告有不同的时限要求。

（1）更改经营地址信息

每一个将其在马来西亚的经营地址更改为在马来西亚的另一个经营地址的纳税人，应在地址更改的 3 个月内以书面形式正式通知马来西亚内陆税收局税收总干事。

（2）涉税资产变动信息

以不动产利得税为例，处置应纳税资产及获取被处置资产的纳税人应在处置日期后 60 日内，或向内陆税收局提出书面申请并在被允许的较长时间内提交信息报告。其中，应就处置资产及其价格和损益做出说明并提供有关处置资产的所有信息；如果该资产价格为市场价格，则由资产估值师提交有关资产的书面估价。

代理人应在代表其委托人出售应纳税资产后向内陆税收局报告以下信息：委托人/资产处置人的姓名和地址；被处置的资产；该资产被持有人持有的最初日期。

3. 马来西亚账簿、票证管理与保存服务发展基础

马来西亚的账簿、票证管理与保存期限一般是 7 年，不同税种对相关账簿和票证的保存期限的要求不一样。

（1）公司所得税纳税人的账簿管理

《所得税法（1967 年）》第 82A 条规定，纳税人必须保存与业务相关

的任何收入记录或与调整亏损有关的记录。如果任何课税年度基准年的总收入超过商品销售额或服务额且超过 15 万令吉，则应对与业务有关的出售商品或提供服务的每一笔款项按序号进行排列，然后打印收据并保存收据副本，所有收据正副本的保存期限为 7 年。所有与马来西亚业务相关的记录均应在马来西亚保存。

以电子方式保存的文件应以电子易读的形式保存，并做到可访问、可转换为书面格式；对于早期手动保存的且随后被转换为电子形式的"记录"，应在转换之前以原始形式保留。"记录"包括收支记录或收支账簿；发票、凭单、收据和其他文件（可以用于核实账簿中的必需材料）。

（2）个人所得税纳税人的账簿管理

个人所得税需要管理的文件为：EA/EC 表格、原始股息凭证、保险费收据、图书采购收据、医疗收据、捐款收据、儿童出生证明、结婚证书、其他证明文件、工作单位证明（如有）等。其中涉及部分账簿。

（3）数字经济纳税人的账簿管理

数字经济纳税人需要管理的文件为：来自支付网关（例如，PayPal、iPay88、MOL 等）的声明、家庭和个人开支、银行对账单、来自广告公司（例如，Nuffnang、Google Adsense 等）的损益表、销售发票和采购记录、通过电子邮件等确认销售和购买的记录、协议、每项扣除/费用索赔的原始收据等。其中涉及部分账簿。

（4）石油（收入）税纳税人的相关账簿管理

从事石油作业的纳税人应将有关石油作业的任何年终结算的开支或收入的记录备份及保管 7 年，如石油勘探期支出、在课税年度基期内的收入或经调整的亏损，以及相关纳税申报表。

4.马来西亚纳税申报服务发展基础

马来西亚采用由纳税人进行税收自我评估、自行填报、自行缴纳税款的纳税申报制度，内陆税收局在纳税人申报、缴纳税款后对纳税人进行纳税评估，并确定是需要纳税人补缴税款还是需要内陆税收局退还多缴税款。

（1）纳税申报总规则

马来西亚纳税申报是纳税人自我评估应纳税额后进行的申报。自我评估是指纳税人依法确定应纳税额，提交纳税申报表。

马来西亚境内的公司、有限责任合伙公司、信托机构均应在构成课税年度基期的会计期间结束后 7 个月内，向内陆税收局提交规定格式的纳税申报表。

马来西亚用于申报收入的表格类型如下：一是 BE 表格，适用于有就业收入且不开展业务的居民个人；二是 B 表格，适用于有就业收入和开展业务并有其他收入的居民个人；三是 M 表格，适用于经营业务的非居民个人，其是有就业收入且身份受《所得税法（1967 年）》第 7 节约束的非居民个人。

从 2014 年税务评估年度开始，由于作为最终税的每月代扣税（MTD）已被强制执行，因此拥有就业收入和 MTD 的个人可以选择不向内陆税收局提交纳税申报表。

MTD 根据 1994 年所得税规则进行扣除（从薪酬中扣除），MTD 不适用于低于可扣除水平的收入。MTD 必须基于实物福利和生活居住成本确定。

值得注意的是，丈夫或妻子可以不根据《所得税法（1967 年）》第 45 条选择联合评估。雇员申报时应确保在同一雇主的基准期内工作 12 个月。在课税年度内工作不满 12 个月的雇员，根据《所得税法（1967 年）》第 25 条第（1）款的规定，针对在当年特定时期收到的所有就业收入（包括上一年的就业收入）即任何来自受雇工作的收入纳税。当在相关期间收到就业收入时，其应被视为相关人员在相关期间的总收入，总收入包括工资、报酬、小费、津贴、佣金、加班费、奖金、补贴、酬金（对于终止雇佣时的延期付款，根据该法的规定不予免税）、在终止雇佣的情况下作为预付款的休假工资、与工作有关的其他报酬等。

离开马来西亚的个人在下一年应收的就业收入（无论是否收到）将在下一年离开时申报；如果是非马来西亚税收居民个人，则应按照规定在永久离开马来西亚的那一年申报［根据《所得税法（1967 年）》第 25（6）条］。

（2）公司所得税申报规则

公司纳税人应向内陆税收局申报收入并缴纳税款。公司纳税人需要填写和提交所得税申报表（ITRF）。公司纳税人必须在会计期间结束后 7 个月内将已填好的所得税申报表（不含附件）提交至马来西亚内陆税收局信息处理中心。除了在还款情况下外，股息券（股利分红凭证）需要与所得税申报表一起提供。此外，公司纳税人需要在规定期限内提交税款评估报告和进行分期付款、计算公司所得税、申报收入和费用（包括扣除项目和折扣项目）、保存记录等文件以用于审核。

对于与关联公司之间的交易，无论是马来西亚境外公司还是境内公司都必须公开年度所得税申报表，其中包括购买费用、贷款和其他费用及收入。从 2014 纳税年度起，不论是否在此申报时期准备转让定价报告，纳税人都必须在年度所得税申报表上进行申报。虽然没有法定的截止提交日期，但相关文件需要在年度所得税申报文件归档前准备好。这些相关文件不仅具有时效性，还需要符合内陆税收局的要求。从 2018 纳税年度起，公司必须以电子媒介或电子传输方式递交 E 表格的税务评估报告或税务评估修订情况。

雇主的纳税申报。在次年 3 月 31 日之前提交雇主申报表（E 表格）和 CP8D 表格。雇主（相关公司和纳闽公司）必须通过电子归档方式提交 E 表格；只有在规定期限内提交 CP8D 表格，E 表格才会被视为完整。通过 e-Data 提交信息的雇主无须填写和提供 CP8D 表格。

（3）个人所得税申报规则

每个纳税人都必须向内陆税收局申报收入，并准备和提交个人所得税申报表。纳税人必须在每年 4 月 30 日之前成功提交纸质所得税申报表或将电子所得税申报表提交至马来西亚内陆税收局信息处理中心，并保存提交记录以便内陆税收局进行审核。

（4）石油（收入）税申报规则

根据《石油（收入）税法（1967 年）》第 30 条，每个纳税人应在该课税年度的基期结束后的 7 个月内，就每个课税年度的相关情况向马来西亚内陆税收局税收总干事提交一份规定格式的申报表，该申报表必须包括

"该年度的应课税收入及应课税收入的应缴税款（如有）"。同时，由纳税人提供的申报表应以专业会计师审计的账目为基础，并附上该会计师出具的报告，该报告应包含《1965 年公司法》第 174 条第（1）和（2）款规定的相关事项。

对于勘探期间的支出申报，根据《石油（收入）税法（1967 年）》第 30A 条第 1 款，纳税人提交的纳税申报表应包含纳税人在勘探期间针对石油作业而产生的勘探支出款项金额以及马来西亚内陆税收局税收总干事要求的其他内容。另外，勘探期开始时间为石油勘探协议签署之日或马来西亚内陆税收局税收总干事批准的由应收费人确定的其他日期，且每个勘探期应为 12 个月，但第一个勘探期或最后一个勘探期除外（可能少于 12 个月）。

（5）不动产利得税申报规则

根据《不动产利得税法（1976 年）》第 13 条，处置应纳税资产的人为纳税人，应在处置日期后 60 日内（或纳税人向内陆税收局提出书面申请而被允许的时间内）进行纳税申报，同时提供相关信息：被处置资产及处置价格（以免损益外溢）、处置资产在市面上的收购价格、资产估值师提交的有关资产的书面估价。

（6）销售税和服务税申报规则

销售税和服务税应在纳税期限（通常为 2 个月）结束后的 1 个月内向马来西亚皇家海关总署缴纳。

进口应税服务的服务税应由马来西亚服务接收方按照反向收费机制向主管当局缴纳，缴纳时间为向海外供应商付款产生服务费之后的 1 个月内，或收到来自海外供应商的发票之后的 1 个月内，以其中较早时间为准。

已登记的外国数字服务提供商必须在纳税期限（通常为 3 个月）结束后的 1 个月内向马来西亚皇家海关总署缴纳服务税。

（7）印花税申报规则

马来西亚境内需要缴纳印花税的文书必须在执行之日起 30 日内贴花。当文书在马来西亚境外执行时，必须在首次收到文书（在马来西亚境内）后的 30 日内贴花。

5. 马来西亚纳税评估服务发展基础

为了提高税收管理效率，化解由于纳税人不能或不愿依法准确纳税而致使税款流失的风险，马来西亚实施双重税收风险管理机制，即进行预先税务评估和一般税务评估。

（1）预先税务评估

对于纳税人在某课税年度不再拥有来源于经营业务的收入，内陆税收局可以就该纳税人在该课税年度及下一个课税年度的收入做出税务评估；对于纳税人在某课税年度有某项雇佣收入或基于某项工作的退休金、年金或其他定期收入，内陆税收局就该纳税人在该课税年度及其后每个课税年度的收入做出税务评估。

（2）一般税务评估

马来西亚纳税人根据《所得税法（1967年）》第77条或第77A条向内陆税收局提交一份为期一个课税年度的纳税申报表，内陆税收局应就该纳税人的应税项目、应税收入及其应纳税额做出评估，应税项目及应税收入为纳税申报表所指明的内容；内陆税收局可以随时对纳税人在任何课税年度的纳税情况做出评估，以弥补因欺诈、故意违约或疏忽而造成的税收损失；内陆税收局的纳税评估并不影响纳税人因没有提交纳税申报表或在其他方面需要承担的法律责任。内陆税收局只对其认为没有足额申报的纳税人做出纳税评估的决定，而且在期限届满的5年内均可做出一般评税或额外评税（视情况而定）；纳税人根据内陆税收局的判断进一步查证应纳税收入及应纳税额或应补缴税额，并针对内陆税收局做出的纳税评估补缴税款。

在任意一个课税年度，若内陆税收局认为对纳税人的应税收入没有（充分）做出评估，就将在该年度或期限届满的5年之内对该纳税人该年度的或额外的应税收入做出一般评估或者额外评估（视情况而定），这一评估与纳税人在该年度的应纳税额有关。在内陆税收局发现纳税人的部分或全部退税款项已经按照错误的事实或法律进行缴纳后，内陆税收局将视情况对纳税人已缴纳的全部或部分税款做出评估。如果纳税人存在欠税事实，或缴纳所欠税款是按照内陆税收局的常规办法进行的，那么在内陆税收局看来，纳税人的任何形式的欺诈、故意不遵从或者疏忽均涉及税收。内陆税收局可以在任何评估年度的任意时间对纳税人进行评估，评估的目的是查看纳税人的欺诈、故意不遵从或疏忽是否造成税收损失。对于根据相关法律法规对纳税人进行豁免，若发现其未能遵守条件，则内陆税收局可在第一个评估年度至期限届满后的 6 年内对该纳税人进行评估，以决定是否撤销豁免（视情况而定）。内陆税收局有权对所涉及的进项税进行调整，并进行评估，如果无法确定与进项税额调整有关的评估年度，则内陆税收局可对有进项税调整的年度进行纳税评估。

（3）税务评估方式

马来西亚的税务评估方式在实践中一般分为税种税务评估和综合税务评估两种。特定的税种法规中都有关于税种税务评估的规定。

①税种税务评估（以两个税种为例说明）

石油（收入）税。《石油（收入）税法（1967 年）》第 38 条规定了评估的时限，内陆税收局应当在《石油（收入）税法（1967 年）》第 30 条规定的允许纳税人提交期限届满之后对每位纳税人的应纳税额进行评估。纳税人向内陆税收局提交基础期为一年的自我纳税评估的会计信息，内陆税收局可做出接受会计信息并据此做出纳税评估或者拒绝接受会计信息的决定，确定纳税人在该年度的应税收入。

不动产利得税。根据《不动产利得税法（1976 年）》的规定，任何纳税人在依法出售不动产时应进行纳税申报，内陆税收局可根据纳税人的纳税申报情况做出纳税评估，或者做出纳税调整后评估，或者不对该纳税年度进行纳税评估。内陆税收局如果认为该纳税人即将离开马来西亚或因其他理由需要立即做出评估的，则可随时做出认为必要的评估；纳税人的死亡不会阻止内陆税收局对其在死亡前处置不动产的行为进行纳税评估，这种情况下的纳税评估通知书可送达死者的遗嘱执行人。如果在死者的生命期内进行评估，那么该纳税评估的效力与对死者的遗产负有的法律责任效力相同。一旦纳税评估做出，在该纳税评估年度终结后 3 年内可以对该纳税行为再次做出纳税评估。在这段时间内，该死亡纳税人的遗嘱执行人应将评估执行状况以规定的格式书面告知内陆税收局。

②综合税务评估

如果纳税人或代扣代缴义务人没有按照有关税法规定按时提交纳税申报表，或代理人或本人漏报或少报任何收入（进行不正确的申报），或就影响本人或其他人的应课税事项提供不正确资料，而导致在该年度或有关年度少缴或未缴税款，则内陆税收局可以对纳税金额进行综合评估。

（4）评估流程

在纳税人提交纳税申报表后，内陆税收局可以开始进行纳税评估。

纳税评估有规定的格式，如应妥善填写纳税评估表，并附上纳税评估说明，即注明纳税年度、应纳税金额或额外收入金额以及就此缴纳的税款或额外税款的金额；在表格的适当空白处注明填写日期。

评估记录。内陆税收局用合适的方式保存纳税人每一个纳税年度的所有收入和支出记录。如果在同一纳税年度对纳税人的同一收入进行了两次或两次以上的评估，则可以废除第二次的同类评估结果，以确保该收入在该年度仅被征收一次税。

纳税评估通知书。在对纳税人进行纳税评估前，内陆税收局会尽快向评估对象送达评估通知书；在纳税人向特别专员或法院提出上诉时，内陆税收局应尽快对纳税人的纳税情况进行评估，如果根据纳税评估结果，对纳税人征收的税款应有所增加，则应在上诉判决做出前向被评估的纳税人送达纳税评估通知书。

评估终结。内陆税收局在评估终结时会做出补缴税款或进行纳税调整等结论，并发放评估结论书；在收到评估结论书后，纳税人应在1年内缴清税款，或在6个月内提出上诉。

近年来，马来西亚进一步完善税收风险管理规范。自2020年起，马来西亚对有关纳税评估的时间及表格的规定做了一些调整，如要求上诉人必须在收到评估通知书后的30日内就7年内的N表格提出上诉，并向内陆税收局提交N表格。

6. 马来西亚税费申报缴纳服务发展基础

马来西亚纳税人自主申报并缴纳各种税费，同时，马来西亚允许纳税人分期缴纳税款，这不仅有利于培养纳税人的自主纳税意识，还极大地缓解了纳税人的资金压力，有力地保障了纳税人的权益。

（1）缴税程序

通常情况下，应纳税款和罚款应一次性向内陆税收局缴纳，但是，纳税人可以申请分期缴纳。纳税人如果被允许分期缴纳，则应在签署协议/承诺书之日缴纳税款和罚款总额的至少 25%。对于剩余金额，在满足相关条件后，应按照内陆税收局允许的分期缴纳金额和期限缴纳（如果一经定罪，则纳税人必须按照法院确定的方式缴纳）。另外，分期缴纳时的所有往期支票必须与协议/承诺书一起提交；未能遵守约定分期缴纳时间表的纳税人将被按照《所得税法（1967 年）》第 103（7）条和第 103（8）条的规定增加滞纳金。

（2）评估应付税款和分期缴纳

每个纳税人的评估应付税款不得少于上一个纳税年度的应缴税款的 85%，或者如果没有提供修订评估数，则不得少于上一个纳税年度的应缴税款的 85%，同时，应在该基期开始后的 3 个月内将评估表提交税务当局，其中指明该纳税年度的评估税款基期内或下一个评估税款基期内应缴纳的 10 个月的分期税款。纳税人将评估税款金额分成 10 份以按月分期缴纳，并确保每期的税款在到期日前缴纳。第一笔分期税款可从纳税年度的基期的第 2 个月开始缴纳，且所有税款均应在纳税年度的基期之后的第 2 个月之前（即纳税年度基期之后的 1 个月内）缴纳。纳税人可在 1 个纳税年度的第 6 个月或第 9 个月，或在该纳税年度的基期的两个月内，以规定的格式向内陆税收局税收总干事提交其在该年度的应缴税款的修订评估结果，如果修订结果超过预算前 1 年应缴纳的分期税款，则差额应按相同比例在剩余月份缴纳。

如果任何到期应缴纳的分期税款未在到期日或内陆税收局税收总干事指定的日期缴纳，则应增加相当于未缴纳税款 10% 的金额，无须另行通知。如果某纳税年度的应缴纳税款超过该纳税年度的修订应缴纳税款预算，或如果没有再次修订预算，该纳税年度的应缴纳税款预算超过该纳税年度应缴纳税款的30%，则在不另行通知的情况下，对于应缴纳税款金额与评估税款的30%之间的差额，应增加相当于该差额10%的税款。"到期日"是指日历月份的第15日。

（3）具体税种的申报与缴纳

公司所得税的申报与缴纳。公司所得税可按12个月分期预缴。在纳税年度结束后的7个月内，公司必须进行年度纳税申报。公司可以依据预计的应纳税额分期缴纳。分期税款需要在每月15日之前缴纳。公司必须在会计期间结束后的7个月内按规定的格式通过电子传输的方式向内陆税收局提交纳税申报表。申报表旨在报告实际应纳税额，在减去已经分期缴纳的税款之后可能存在应补缴税款（应于申报截止日期之前缴纳）或者应退税款。对于内陆税收局在纳税评估程序中要求补缴的税款，公司应当在收到通知后的30日内缴清。

个人所得税的申报与缴纳。先申报收入（包括所取得的保费收入），再基于应税收入计算应缴纳的所得税。个人所得税应在每年4月30日之前缴纳。

石油所得税。纳税人应在纳税年度的基期结束后的7个月内缴纳石油所得税。

（4）税款缴纳

马来西亚税款缴纳的形式比较多且灵活，可以通过银行柜台缴纳、在内陆税收局刷卡缴纳（支票缴纳），也可以通过电子方式缴纳。

通过电子方式缴税。纳税人可以通过所得税缴纳系统（CP）和其他应用程序以电子方式或在线方式（CKHT ByrHASiL）缴纳；使用 e-PCB、e-Data PCB 和 e-CP39 应用程序的雇主通过网上银行（FPX 和 IBG）缴纳税款；使用 ByrHASiL 应用程序缴纳的用户，通过使用包含 e-PCB、e-Data PCB 和 e-CP39 应用程序的网上银行（FPX）进行缴纳。

在内陆税收局支付中心缴税。在内陆税收局的三个支付中心通过信用卡等银行卡缴税，三个支付中心即吉隆坡支付中心、亚庇分局支付中心、古晋分局支付中心。2021 年，内陆税收局所有的支付中心分阶段全面采用电子支付方式，完善柜台支付的功能（原来采用现金和支票支付方式）。几种税款不再使用现金和支票缴纳，即不动产利得税、公共演艺人员所得税及一些复合税。

纳税人可以在马来西亚大多数分支银行代收柜台缴税。其可以现金、支票等方式缴纳税款。个人纳税人可以用信用卡等银行卡在银行的自动柜员机上缴税。纳税人可以通过电话银行缴纳，纳税人通过 Maybank－Kawanku Phone 提供的银行业务进行远程缴纳（需要个人使用信用卡等银行卡），或使用手机银行应用程序-i 或 TAP-i 缴纳（仅限个人使用）。

通过电汇（TT）/电子资金转账方式缴税。纳税人需要通过电话号码、传真号码或电子邮件地址获取转账或付款程序以缴纳税款；或通过银行汇票兑换当天的货币并缴纳。

（5）雇主的代扣代缴税

根据工薪代扣附表的计算方法从员工薪酬中提取"每月扣除税款"（MTD），并在下个月的 15 日之前将 MTD 汇入内陆税收局。雇主只能使用由内陆税收局官方门户网站提供的 e-PCB、e-Data PCB 或 e-CP39 应用程序来提交 MTD 申报表或员工的 MTD 数据。

在次年 2 月的最后一天或之前准备并向雇员提供关于其的薪酬报表（EA／EC 表格）。所有记录应保存 7 年，并应使用内陆税收局易于访问的方式保存。

7. 马来西亚减免税及退税服务发展基础

马来西亚的减免税、低税率政策及退税管理并非专注于提升宏观经济发展水平，而是基于发展重点区域（纳闽区域）、给国家支柱性行业（船运业）或特定对象予以资助，目的是让该区域和该行业、产业吸引大量公司，并使之受益，这对缓解该区域和该行业的中小公司的资金回笼压力、提振公司信心、稳定就业具有积极意义。

（1）减免税管理

马来西亚实施的减免税政策是区域性的减免税政策，其税收减免区域是其东部的纳闽联邦直辖区这个国际离岸金融中心；同时，马来西亚对一些具体的行业实行减免税（包括收入豁免）政策，本报告选择性地举例如下。

免税。对于按规定在综合基金或国家综合基金上收取的任何贷款的利息，不论是一般的给付还是对特定类别人士给付的利息，均应免税。

低税率。在纳税年度的基期内，对在纳闽地区从事贸易活动的纳闽实体的应课税利润按3%的税率（低税率）征收税款。

豁免。用马来西亚船只运输乘客或货物，或以航次或定期租船方式出租其拥有的马来西亚船舶的纳税人在纳税年度从该业务取得的法定入息的七成可获得豁免缴税。一旦马来西亚船舶的收入获得豁免，则其应被记入豁免账户；对于从该免税账户支付、贷记或分配的基期股息免税，如果持股公司向其股东支付此类免税股息，则该股息在股东手中也免税。

（2）超额缴纳退税管理

纳税人如果能证明在任何纳税年度（通过扣减或其他方式）缴纳的税款金额超过根据税法应缴纳的金额，则该纳税人有权被退还超额税款；如果纳税人对退还的金额不满意，那么其可以在收到关于该金额的通知后30日内，向特别专员提出上诉。

退税条件。要申请的退税必须在纳税年度终结后的5年内提出，或申请的退税在税务评估的年度终结后5年内提出，否则无效。

特殊人士退税。残疾人士或已故人士的代表有权为自己已缴纳税款或出于维护他人遗产，针对任何超额缴纳部分申请退税。

设立退税基金。马来西亚设立退税基金，该基金用于退还超过税法规定的已缴税款，或相关成文法规定的需要从基金中支付的其他退款或相关款项。

（3）优惠性退税管理

马来西亚针对公司或有限责任合伙公司的退税管理如下。

从公司或有限责任合伙公司首次开始运营的评估年度起，可连续三年退税，退税金额相当于其已发生的运营或资本支出，每个评估年度的最高退税金额为2万令吉。

如果规定的退税金额超过任何一个纳税年度所征收的所得税，则超出部分不得支付给该公司或有限责任合伙公司，也不得作为抵免该公司或有限责任合伙公司在该纳税年度或任何后续年度的税款。

上述公司或有限责任合伙公司，是指在马来西亚成立或注册的公司或有限责任合伙公司。相关条件如下：第一，从某一纳税年度开始，普通股的实收资本或出资为 250 万令吉以下；第二，在纳税年度内，一个或多个来源的业务总收入不超过 5000 万令吉；第三，其在 2020 年 7 月 1 日之后开始运作，但不晚于 2021 年 12 月 31 日。

内陆税收局可以通过法定命令，施加其认为合适的条件或执行退税操作。

在某一纳税年度，如果公司或有限责任合伙公司不满足相关条件，则退税申请将不被批准。

（4）预扣税管理

马来西亚的预扣税管理主要针对非居民收款人。预扣税是支付方（付款人）就非居民（收款人）赚取的收入预扣并支付给马来西亚内陆税收局的金额。"付款人"是指在马来西亚开展业务的个人/机构。其必须就非居民（收款人）提供服务/技术咨询/租金或根据任何协议为使用任何动产而支付给非居民（收款人）的各类款项预扣税款。"收款人"是指接收上述款项的非马来西亚居民个人/机构。

①预扣税的收取或解缴

马来西亚预扣税是按不同行业的不同税率计算收取的，如利息收入的预扣税税率为 15%，技术费、服务费、租金/动产使用费的预扣税税率为 10%；所有预扣税款（非居民公共演艺人员的预扣税款除外）必须使用相关申报表（由纳税人填好），由非居民收款人开具的发票副本和付款文件副本被作为非居民（收款人）的证明；应确保表格填写准确，提供付款人、收款人以及收款人原籍国的马来西亚税务参考编号，并注明收款人的全名、地址和付款性质。

②税收协定

一般利息、特许权使用费和技术费用的税率是由双边税收协定规定的，马来西亚已缔结 74 个有效的双重征税协定（DTA），每个双重征税协定对这些收入可能以不同的税率征收税款，需要时可以参阅"DTA 税率"。

③预扣税退税

对于由 DTA 降低税率导致付款人多缴纳的预扣税款的退还，收款人必须将退税申请连同以下详细信息一起转发给内陆税收局非居民分局行政长官：一是收款人所在国税务机关出具的收款人税务居民证明；二是符合 DTA 规定条件的证据；三是缴纳预扣税的证明。

（三）马来西亚税收执法发展基础

1.马来西亚税务核查发展基础

税务核查是内陆税收局的一个执法手段，是指内陆税收局核查纳税人、扣缴义务人和其他当事人与纳税或者代扣代缴、代收代缴税款及其他涉税事项相关的核查与处理情况；在核查中若发现违反税法规定的纳税人及相关涉税人，则可以通过法定程序对其处以罚款或监禁。

（1）税务核查框架

马来西亚构建核查框架的目的是让纳税人知晓内陆税收局的税务核查程序。一般来说，这个框架包括以下内容：概述税务核查人员、纳税人和税务代理人的权利和责任；纳税人需要履行的义务；告知纳税人有关税务核查的法律规定；按照法律规定适用于税务核查的相关法律条款。

（2）核查活动

税务核查是对涉及纳税人的业务和金融事务的账簿、文件、物品等材料（以下简称"文件"）进行的审查，其中包括对个人文件的审查。核查的目的在于确定正确的收入数额，并要求纳税人按税法规定缴纳税款。应依照《所得税法（1967 年）》或《刑法》《刑事诉讼法》《证据行为法（1950 年）》《举报者保护法（2010 年）》的相关规定，对税收违法行为进行起诉和处罚。根据 2001 年《反洗钱和反恐怖主义融资法》第 112、113 和 114 条的规定，内陆税收局可以对被核查纳税人采取行动，冻结和没收偷税行为涉及的动产和不动产。

在依据《所得税法（1967 年）》或 AMLATFA 核查的情况下，内陆税

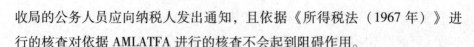

收局的公务人员应向纳税人发出通知，且依据《所得税法（1967 年）》进行的核查对依据 AMLATFA 进行的核查不会起到阻碍作用。

（3）税务核查目的与周期

税务核查目的。为了防止纳税人的偷逃税行为，堵塞税收流失漏洞，提高税收收入，也为了实现促进税收公平，最终提高纳税遵从率，马来西亚内陆税收局会根据工作需要开展税务核查。

税务核查周期。根据《所得税法（1967 年）》第 91 条第（3）项，在欺诈、故意违约或玩忽职守的案件中，马来西亚内陆税收局不会受到任何限制，可以随时核查。

（4）税务核查案件来源

税务核查案件来源的渠道较多，方式多样。比如，在马来西亚内陆税收局的日常税收风险分析工作中，那些税收风险较高的纳税人可能成为税务核查案件来源；案件也可能来源于在国际税收信息交换中或第三方信息中发现的税务核查线索，或者来源于举报信息；其他执法机构转交的案件，或其他经济关联案件揭露的案件均可能成为税务核查案件来源。

（5）核查程序

文件和信息要求。一是可以通过向纳税人、税务代理人和第三方机构发出信函要求以让其提供相关文件和信息；二是纳税人可能需要向内陆税收局提供相关信息（如口述信息），内陆税收局的公务人员应在检查纳税人的营业场所前向其发出书面通知。

核查访问。核查访问是对纳税人的营业场所、住宅、税务代理人的房屋、第三方和其他场所进行必要的核查。核查将以一种专业和合规的方式进行。在核查过程中，需要一名官员执行以下事项：第一，向纳税人/代理人/税收居民（以下简称纳税人）进行自我介绍、出示带姓名和照片的证件，并告知纳税人来访的目的、负责人和负责核查的高级官员的姓名和电话号码；第二，向纳税人解释，根据《所得税法（1967 年）》第 80 条，在此次税务核查中，自己拥有对相关地方的搜索权、文件访问权及检查、复印或免费提取任何文件的副本的权力；第三，告知本次核查的范围和期限，需要查询的相关文件，以及核查中纳税人所拥有的权利；第四，核查人员应做的工作，如登记文件被扣押地点，搜索、下载和获取任何与核查相关的电子信息，做好对纳税人和其他代理人的询问工作，切实做到对涉税信息保密，进行相应的记录，查询、获取有关文件并做好登记和确认工作。

核查文件。税务核查人员在核查纳税人的商业文件和个人文件时，必须遵循为收集偷逃税证据而做核查的要求，不应扩大核查文件的范围；确保文件是在纳税人或其代理人在场的情况下获取和被出示的，而且在与案件有关的记录中，进行税务核查时应确保至少有两名公务人员在场。

税务核查结束。在完成核查程序后，被起诉的案件将被提交给法律部门。对于在法庭上被起诉的案件，若纳税人在被传唤后不参加诉讼，则可能会导致相关部门对其签发逮捕令。未被起诉的案件，将根据《所得税法（1967年）》和其他有关法律的程序和规定，通过民事和解方式最终解决。对于民事和解，纳税人必须以书面形式提交协议。核查结果在该案件得到内陆税收局批准后最终确定，并被评估。如果在核查期间没有发现问题，则内陆税收局向纳税人发出确认核查结果的函件。

2.马来西亚税务稽查（审计）发展基础

在纳税自行评估体系下，税务稽查（审计）是马来西亚内陆税收局的主要活动，它的目的是加强纳税人对税收法律和法规的自愿遵守。马来西亚内陆税收局在任何时间都可以选择一个纳税人来进行审计，但这并不意味着被稽查（审计）的纳税人一定存在违法行为。加强税务稽查（审计）的目的是建立一个公平、透明、公正的税收管理体系。

（1）税务稽查（审计）

为确保税务稽查（审计）公平、透明和公正，协助稽查（审计）人员有效地执行任务、帮助纳税人履行纳税义务，马来西亚内陆税收局发布了税务稽查（审计）框架，明确了稽查（审计）人员、纳税人和相关涉税人员在税务稽查（审计）中的权利和责任。

税务稽查（审计）是对纳税人的商业记录和财务状况进行的税务检查，以确定正确的应纳税额。马来西亚内陆税收局采用两种类型的稽查（审计）

方法，即案头稽查（审计）和现场稽查（审计）。

案头稽查（审计）。内陆税收局在办公室内对纳税人已有的信息（收入和支出信息、申报信息）进行案头分析，这一过程经常涉及纳税人是否足额申报等问题或税务调整。如果需要更多信息，则纳税人可能会被要求在内陆税收局办公室接受约谈。

现场稽查（审计）。在提前通知且纳税人知晓的情况下，对纳税人经营记录进行比较全面的检查，如果纳税人的经营信息不完整，则可能会被要求对银行报表等非营业记录进行检查。

（2）税务稽查（审计）的目的及方向

税务稽查（审计）的主要目的。加强纳税人对其权利和责任的认识，鼓励纳税人在自我评估体系下自愿遵守税收法律法规，以提高纳税遵从率。为实现这一目的，稽查（审计）人员应能确定纳税人的收入。

年度税务稽查（审计）方向。一般而言，根据本部门的稽查（审计）重点任务确定该年度税务稽查（审计）方向，而且一般只对 5 年内的纳税情况进行稽查（审计），但这个 5 年期限不适用于税务欺诈和逃税案件。

（3）税务稽查（审计）的选案及程序

马来西亚内陆税收局的税务稽查（审计）选案方式具有多样性，然而，税务稽查（审计）却有严格的单一程序和步骤。

税务稽查（审计）的选案。一般来说以风险分析为基础，通过计算机程序来选择税务稽查（审计）的案源，不过，案源选择并不局限于计算机系统的选择，也可以以下述方式选择，如基于第三方信息（或举报信息）、基于年度工作重点（特定行业）或特定区域（开发区）来筛选案件等。

稽查（审计）程序。稽查（审计）程序为选案（通知选定的纳税人）—实地核查（实地走访并了解纳税人的经营活动，纳税人将被要求解释业务活动、会计和账本记录，负责处理纳税人业务的人员将被约谈）—记录检查［允许稽查（审计）工作人员记录并审查所有业务记录，并对物品的库存情况和设备进行检查，允许稽查（审计）工作人员复印公司有关涉税文件，并列出检查文件和记录的清单］—稽查（审计）结束［出具稽查（审计）报告，并将之送达纳税人，向纳税人做出解释或进行纳税调整］。

3.马来西亚税收违法责任发展基础

马来西亚税务当局或司法当局依法行使行政权力，或借助其他国家机关的强制手段，消除税款征收的障碍，既促进税收执法行为的实现，又保障纳税人的合法权益。

关于马来西亚对税收违法责任的处罚，无论是对具体涉税事项、不同税种的违规违法行为的处罚，还是对涉税人的相关违规违法行为的处罚，大体上都能保持量刑标准的统一性及处罚结果的一致性。

（1）基于所得税的违法责任

公司税。公司税应在6月30日前缴纳，如有迟缴，则会有10%的罚款；如超过限定日期60日缴纳，则还会有额外的5%的罚款。分期缴纳的税款需要在每月15日之前缴纳，如有迟缴或没有足额分期缴纳，则会有10%的罚款；如果应缴税额超过预缴税额的30%，则低估的税额部分会有10%的罚款。

个人所得税。如未能在每年4月30日前缴纳个人所得税，则会有10%的罚款，如超过限定期限60日缴纳，则还会有额外的5%的罚款。

《所得税法（1967年）》中关于税收征收管理法律责任的相关内容如表1所示。

表1 《所得税法（1967年）》中关于税收征收管理法律责任的相关内容

违法类型	《所得税法（1967年）》条款	罚款金额/监禁/其他
未按规定提交所得税申报表,且无合理解释	第112条（1）款	2000~20000令吉的罚款/不超过6个月的监禁/以上两者
未按规定缴纳税款,且无合理解释		
漏报或少报收入,不能正确填报纳税申报表	第113条（1）款b项	1000~10000令吉的罚款以及少征税款的200%
针对自己或他人的纳税义务事项提供虚假信息		

197

续表

违法类型		《所得税法（1967年）》条款	罚款金额/监禁/其他
蓄意逃税或协助他人逃税		第114条(1)款	1000~20000令吉的罚款/不超过3年的监禁/以上两者
协助或建议他人少申报收入，导致未足额纳税		第114条(1A)款	2000~20000令吉的罚款/不超过3年的监禁/以上两者
试图不完税就离境		第115条(1)款	200~20000令吉的罚款/不超过6个月的监禁/以上两者
无合适理由	妨碍或阻止内陆税收局官员履职	第116条	1000~10000令吉的罚款/不超过1年的监禁/以上两者
	未能遵守关于保存账簿和文件的公告或通知	第119条A款	300~10000令吉的罚款/不超过1年的监禁/以上两者
	未能遵守向内陆税收局提供某些涉税信息的要求	第120条(1)款	200~20000令吉的罚款/不超过6个月监禁/以上两者
	未能在3个月内向内陆税收局发送地址变更通知		
在限缴税款日期结束后30日后分期缴纳税款；4月30日后缴纳税款（从2020年1月1日开始实施）		第107条B(3)款	额外缴纳分期税款总额的10%

资料来源：笔者对《所得税法（1967年）》中的相关罚则进行总结得到。

（2）基于不动产利得税（RPGT）的违法责任

根据《不动产利得税法（1976年）》第29（3）款，如果处置者或收购者未能在资产处置之日起60日内提交填好的RPGT申报表，或未能在获准的延长提交申报表日期内提交填好的RPGT申报表，或者处置者未申报应课税的处置资产，罚款金额最高可达税额的3倍。

根据《不动产利得税法（1976年）》第30条第（2）款，如果处置者在资产处置方面做出不正确的回执或提供不正确的信息，则内陆税收局可能会进行处罚，罚款金额可能等于申报的税额（最高比例为100%）。

（3）基于印花税的违法责任

如果文书在马来西亚境内执行，则可在其执行后的30日内贴花；如果在马来西亚境外执行，则可在其（在马来西亚境内）首次收到文书后的 30 日内贴花。

罚责。逾期不贴花的，罚款。如果在应贴花时间后的 3 个月内贴花，则应缴纳 25 令吉贴花费用或被处以未缴印花税的 5%，以数额较大者为准；如果在应贴花时间 3 个月后但不迟于 6 个月内贴花，则应缴纳 50 令吉贴花费用或被处以未缴印花税的 10%，以数额较大者为准；如果在应贴花之日起 6 个月后贴花，则应缴纳 100 令吉贴花费用或被处以未缴印花税的 20%，以数额较大者为准。

（4）基于销售税和服务税的违法责任

销售税和服务税的纳税人如果存在未进行纳税登记、逾期申报、逾期缴纳、少缴税款、不缴税款等违法行为，则均会被处以罚款；如果在纳税期限结束后第一个 30 日内未缴纳税款，则需要缴纳未缴税款 10% 的罚款；如果在纳税期限结束后第二个 30 日内未缴纳税款，则需要缴纳未缴税款 15% 的罚款；如果在纳税期限结束后第三个 30 日内未缴纳税款，则需要缴纳未缴税款 20% 的罚款。

（5）基于税务代理的违法责任

非法从事代理活动。不遵守《所得税法（1967 年）》第 153 条第（1）款及第 120 条第（1）款第（d）节的规定，未经批准以税务代理人、税务顾问或任何其他类似身份从事相关活动，如果被定罪，则可被处以不少于 200 令吉和不超过 20000 令吉的罚款，或不超过 6 个月的监禁或两者兼有。

违法代理行为。根据《所得税法（1967 年）》第 114 条第（1）款第（A）节，在准备任何申报表时，协助避税或提供逃税建议的行为是犯罪行为，如果相关人员被定罪，则可被处以不少于 2000 令吉和不超过 20000 令吉的罚款或不超过 3 年的监禁或两者兼有。

（四）马来西亚基于税收法律救济的纳税人权利保护发展基础

征纳双方的权利与义务是平等的。马来西亚对纳税人的权利和义务做了比较详细的规定，然而，对征税人的权利和义务的表述相对简洁。

1. 马来西亚税务部门和纳税人权利与义务发展基础

（1）税务部门的权利与义务

税务工作人员必须遵守内陆税收局制定的工作规则和道德规范，并按照以下方式履行职责：专业、礼貌、值得信赖、诚实守信；能够解释调查的目的以及说明纳税人的权利和义务；掌握税法方面的知识且公正处理问题；尊重纳税人和税务代理人的权利。

严禁税务工作人员有如下行为：在被调查公司中拥有财务利益；建议纳税人让某税务代理人参与案件调查（作为代表）；在履行职责时滥用权力，及犯有《所得税法（1967年）》第118条规定的罪行；向未经授权的人员披露调查期间获得的信息。

（2）纳税人的权利与义务

纳税人拥有如下权利。纳税人有权了解未能提交内陆税收局官员要求的必要信息的后果；纳税人有权确定内陆税收局税务人员的身份；纳税人有权根据《所得税法（1967年）》第153条让经批准的税务代理人协助调查（对税务代理人的委托书必须提交内陆税收局）；如果纳税人不熟悉马来语或英语，则允许其在与内陆税收局税务人员谈话时由口译员进行翻译；允许纳税人在调查期间复制有关自己的由内陆税收局发布的文件。

纳税人必须履行以下义务。纳税人为内陆税收局官员提供访问权限（包括密码），并复制或摘录应缴纳而未缴纳的任何款项涉及的内容；允许内陆税收局官员使用由纳税人保管/控制/拥有的文件和属于纳税人的文件；自内陆税收局送达通知之日起30日内，应提供以非本国语言保存的记录和文件的马来语版本（马来西亚东部地区允许使用马来语或英语翻译相关记录和文件）；与内陆税收局官员充分进行合作；根据《所得税法（1967年）》第81条，必须以口头或书面形式提供内陆税收局所需的所有信息。

（3）禁止纳税人有以下涉税行为

聘用或任命不合格律师/未经批准的税务代理人；向内陆税收局管理人员赠送任何形式的礼品并与之进行交易；贿赂内陆税收局管理人员；妨碍内陆税收局官员行使职能。根据《所得税法（1967年）》第116条，一经定罪，犯有以上罪行的纳税人将被处以不低于 1000 令吉和不超过 10000 令吉的罚款或不超过 1 年的监禁或两者兼有。

2. 马来西亚税收救济框架下纳税人权利保护发展基础

纳税人对评估结果、核查结果、税务稽查（审计）结果不满意的，可以对马来西亚内陆税收局、马来西亚皇家海关总署及其行政人员的具体行政行为提出上诉。

（1）针对评估结果的税务复议与上诉

税务复议申请。对于不满意的评估结果，纳税人在评估通知送达后的 30 日内可以填写表格（申请）向具体税种的特别专员提出复议（核查或修订），或者在评税结果做出之日起 30 日内向仲裁庭提出上诉。纳税人本人或指定的代表应参加上诉案件听证会，除非双方同意开庭，否则听证会应以非公开方式进行。例如，根据《所得税法（1967 年）》第 91A 条，对经修订的所得税申报表（ITRF）进行视同评估。

根据《所得税法（1967 年）》第 99（1）条，针对高级评估的上诉必须在评估进行后的纳税基期的前 3 个月内提出，或在《所得税法（1967 年）》第 100 条允许的延长期限内提出。

合伙公司案件的上诉，如果每个合伙人的争议问题相同，则只需提交 1 次上诉。最终，无论是高等法院、上诉法院还是联邦法院做出的决定均适用于合伙公司中的其他合伙人。

税务上诉中的协调申请。如果上诉人已根据与主管当局的共同协议程序申请解决问题，根据《所得税法（1967 年）》第 102 条第 1 款第 A 节，可以推迟向 SCIT 提交 Q 表格。在双方协议程序最终确定之前，Q 表格不会送到 SCIT 处。如果上诉人不同意共同协议程序，则应自收到就共同协议程序进行谈判的决定的通知函之日起 30 日内提交申请函，要求内陆税收局向 SCIT 提交 Q 表格。内陆税收局应在收到请求之日起 3 个月内将申请转发给 SCIT。如果内陆税收局没有收到上诉人的申请函，就不会向 SCIT 提交 Q 表格。

税务上诉程序。上诉人必须向每个 YA 提交 4 份 Q 表格，且至少有 1 份 Q

表格是原件。上诉人必须将填写完整的带有上诉理由的 Q 表格提交内陆税收局处理上诉人所得税档案的分支机构。Q 表格可以从内陆税收局官方门户网站（网址为 http://www.hasil.gov.my）下载和打印，Q 表格必须包含以下信息：应纳税日期和应纳税额（应纳税额指有争议的纳税评估通知的金额）；其他详细上诉理由；上诉人签字（上诉人是被评估和应纳税的人）。对于有限责任合伙公司，Q 表格必须由被授权的人员签字，不能由税务代理人或律师签字。不完整的表格会被退还给上诉人。

（2）逾期税务上诉

如未在规定期限内提交上诉，可通过提交 N 表格申请延长上诉时间，即将 2 份 N 表格（1 份原件）发送至内陆税收局有关分局，其中，上诉人应给出充分的理由（上诉人长期住院、不在该国、受到自然灾害影响或其他有效的原因）。N 表格可以从内陆税收局网站下载和打印。如果上诉人被允许延期申请，则内陆税收局将发布 CP15A 表格，通知上诉人提交包含延期日期的 Q 表格，提交时间为自 CP15A 表格发布日期起 30 日内。如果延期申请不被允许，则 N 表格连同内陆税收局的拒绝理由会以书面形式通知上诉人。

3.马来西亚税务审查评估

审查评估的期限为收到上诉通知之日起 12 个月内。如果内陆税收局需要更多时间审查，则财政部部长可以延长期限，但不得超过 6 个月。为方便审查内陆税收局的评估结论，上诉人必须提供与评估有关的更多信息或账簿、记录或其他文件，以及出席或由代表出席做证。上诉人还可通过增加或减少评估来上诉，如无法达成协议，上诉就将被转发给 SCIT。

Q 表格被转发给 SCIT 时，将以书面形式通知上诉人；在 SCIT 完成上诉听证会之前，上诉人和内陆税收局可达成协议或撤回上诉。

二　马来西亚税收征收管理发展变化（2022～2023年）

从全球税收征收管理发展情况来看，马来西亚的税收征收管理注重政策的传承，习惯于在旧的税收征收管理政策基础上进行修复、完善和改进，而不是出台全新的税收征收管理措施或方案，当然，随着数字经济和电子通信技术的迅猛发展，马来西亚的税收征收管理呈现许多新的变化，如税收征收管理领域有许多新的征收管理方案、征收管理措施和办法出台。

（一）马来西亚税收征收管理法律体系发展变化

1. 马来西亚税收法律层面的新发展

马来西亚坚持税收法律宪定原则，而且在一般性税收立法或影响较大的税收政策出台前，都会坚持公众参与原则。

2022 年 6 月 9 日，《1990 年纳闽实体法令》被修订为《2022 年纳闽实体法令（修订）》，并正式实施。其显著修改的内容为：取消居民使用马来西亚币交易的限制；关于受益所有权限的新规定。

2. 马来西亚税收法规层面的新发展

2022 年，马来西亚颁布《马来西亚联邦销售税（免税货物）令（修改）》，以取代 2018 年的《马来西亚联邦销售税（免税货物）令》。

马来西亚内陆税收局颁布《进口低价值商品（LVG）销售税条例》，其自 2023 年 1 月 1 日起正式生效，马来西亚自 2023 年 4 月 1 日起开始征收 LVG 销售税。

2023 年 3 月 2 日，马来西亚实施《旅游税（数码平台服务供应商）（修正）条例》。

《2022 年印花税（豁免）（第 8 号）令（修订）》将豁免期再延长两年。

3. 马来西亚税收规章层面的新发展

（1）税收优惠服务规章

《2022 年所得税令（医药产品制造商津贴计划）》规定：合格并符合条件的医药产品（包括疫苗）制造公司可享受优惠税率，但必须在规定时间申请。

《2022 年所得税令（全球交易中心津贴计划）》规定：合规的全球交易中心的交易活动享受定期优惠税率，但必须在规定时间申请。

《2022 年所得税令（股权众筹投资激励计划）》规定：被股权众筹平台或提名公司投资的公司的居民纳税人将被给予定期所得税豁免，但应符合相关条件。

《2022 年所得税令（船舶激励）》规定：给予从事利用马来西亚船舶在海上运输乘客/货物或出租马来西亚船舶业务的居民纳税人定期所得税豁免，但应符合相关条件。

《2022 年所得税令（提供服务业奖励的搬迁计划）》规定：给予合规服务行业公司定期优惠税率，以激励被选定公司迁往马来西亚，但其必须在规定时间申请。

马来西亚皇家海关总署 2022 年第 1 号决定规定：在规定时间内，本地非银行服务供应商可获得豁免基于数字支付服务的服务税的待遇。

2022 年 11 月 16 日，马来西亚皇家海关总署 2022 年第 1 号决定对销售税政策进行更新，即特定托盘不得被归类为包装材料，其没有资格获得销售税豁免的待遇。

（2）纳税服务指南

2022 年 4 月，《纳闽国际商业和金融中心的活动指南》进一步澄清"其他交易活动"所涵盖的业务活动类型。

《印花税豁免申请指南（修正）》自 2022 年 3 月 1 日起生效。

（3）税款缴纳

2023 年 2 月 16 日，马来西亚皇家海关总署发布《旅游税政策》（1 号/2023），其规定了相关合规外国游客旅游税的征收和缴纳机制。

（二）马来西亚纳税服务发展变化

数字经济和电子科学技术的发展给经济社会带来新的问题，各国积极应对。同样地，马来西亚对挑战传统税收征收管理的数字经济采取较为严格的税收征收管理措施，并积极参与全球防止税基侵蚀和利润转移计划，强化金融信息交换，进行金融账户管理。

1. 马来西亚税务登记与纳税申报的变化

（1）进口低价值商品经销商的税务登记与纳税申报

随着电商经济的发展，马来西亚开始对进口的低价值商品征收销售税，要求12个月内在马来西亚销售进口低价值商品总额超过50万元令吉的在线运营商或个人办理税务登记，登记时间从2023年1月1日开始。已登记的进口低价值商品卖家的纳税期限为3个月，必须在纳税期限结束后的下一个月的最后一日之前向海关提交纳税申报表。

（2）经纪服务供应商的税务登记与纳税申报

马来西亚皇家海关总署发布公告，经纪服务供应商有责任根据《2018年服务税法令（法案）》第12条做好纳税登记，即使该服务供应商并未提供受管控的服务，登记时间从2022年1月1日开始。此外，纳税人还必须提交SST-02申报表（即无税申报表）以进行免税服务的申报。

2. 马来西亚账簿票证和金融账户管理的变化

马来西亚根据《所得税法（1967年）》第154（1）（c）条修订了《2016年所得税（金融账户信息自动交换）规则》，出台了《2020年所得税（金融账户信息自动交换）（修订）规则》，对休眠账户进行清理，第4（4）（b）条明确了休眠账户的内涵：一是余额不超过1000美元；二是账户持有人未使用账户与客户持有的账户进行交易；三是账户持有人在过去6年内未与金融机构就账户持有人持有的其他账户进行沟通。

2022年10月7日，财政部部长向议会提交了2023年预算，提出使用电子发票以提高税收管理效率、使用税务识别号码（TIN）以扩大税基等建议。第一，从2023年起，内陆税收局基于系统发展及与选定的纳税人的合作试验计划，分阶段发行电子发票。第二，使用税务识别号码，以扩大税基。从2023年起，年满18周岁的公民和永久居民将自动获得TIN，所有涉税文件和文书都必须使用TIN。

3. 马来西亚更新纳税指南

（1）修订《不动产利得税指南》

马来西亚内陆税收局于2023年1月6日修订了《不动产利得税指

南》（仅提供马来语版本）。该指南提供了更多的纳税例子，并将其纳入立法范围。以前的《不动产利得税指南》仍然适用于对过去的不动产的处置。值得注意的是，新修订指南确定了不动产委托书不可撤销的地位。

（2）提供预扣税表格的流程图及指南

马来西亚内陆税收局于 2023 年 1 月在官网发布了预扣税表格的流程图及指南（仅提供马来语版本），即一份向居民个人代理商、经销商和分销商付款的流程图和指南。公司只有在收到马来西亚内陆税收局发出的电子邮件后，才能继续缴纳预扣税。该电子邮件会附上呈交附录 107D（2）的核实单［Slip Pengesahan Penghantaran Lampiran 107D（2）］。公司需要注意缴纳给马来西亚内陆税收局的金额必须与核实单上的相同，这是因为金额不同将导致缴纳不成功。

（3）引入《数字货币交易税务处理指南》

2022 年 8 月，马来西亚内陆税收局发布《数字货币交易税务处理指南》，该指南在《所得税法（1967 年）》的税务处理指导规范下明确了以下内容。第一，明确了数字货币或数字代币交易的一般税务处理方法，即为避免在马来西亚出现双重征税的情况，马来西亚与合作伙伴国家签订的协议（DTA）将适用于与数字货币或数字代币交易相关的所得税申报。第二，明确了纳税人范围，即该指南适用于购买或处置数字货币以及从事数字货币业务（如数字货币交易和交换）的任何人。第三，明确了数字货币交易的主要内容，"数字货币"是指记录在分布式分类账上的价值表示，无论是采取加密担保方式还是采取其他不加密方式，作为交换媒介，可与任何货币互换，其中，包括账户的贷记或借记。数字货币和数字代币是指基于分布式账本技术（DLT）和加密安全的数字价值表示或有关合同权利的数字金融资产，可通过电子方式转移、存储或交易，如比特币等具有上述类似特征的数字货币（数字货币和数字代币在本指南中可互换使用）。第四，明确了数字货币交易所的名单即马来西亚证券委员会公布的注册数字资产交易所名单。

4. 马来西亚税款支付管理服务的变化

（1）引入延期缴纳税款制度

为应对新冠疫情，旅游业、电影业和水疗行业的公司获准每月缴纳税款的期限延长至 2021 年 12 月 31 日。中小微企业可延期缴纳 2022 年 1 月 1 日至 6 月 30 日的每月所得税。

（2）代扣代缴管理服务的变化

马来西亚内陆税收局发布公告，对于在 2022 年 1 月 1 日至 2022 年 3 月 2 日向代理人、经销商和分销商（统称"收款人"）支付的款项，公司（纳税人）可以代扣代缴预扣税（WHT），最迟于 2022 年 4 月 1 日（法定截止日期为从支付给收款人之日起 30 日内）提交给内陆税收局。

进一步明确代扣代缴有关事项。第一，"代理人、经销商和分销商"是指包括经公司授权作为收款人并接收款项的个人（其中包括独资经营者和合伙公司的个人合伙人）。第二，预扣税税率。如果收款人在上一个纳税基年收到的因销售、交易而产生的评估年度的总额超过 100000 令吉，则预扣税按 2% 的税率征收。第三，解缴方式。纳税人可以在内陆税收局的四个税款缴纳中心的服务柜台解缴预扣税。第四，税务登记号码。收款人必须有一个税务登记号码以用于代扣代缴税款。第五，逾期未缴纳预扣税的处罚。未能在规定期限内缴纳预扣税的公司将缴纳 10% 的滞纳金；不得在公司纳税申报表中扣减向收款人支付的款项。

（3）欠税清缴管理服务的变化

2022 年 10 月 20 日，马来西亚第 4/2022 号公告取代了 2015 年 12 月 17 日第 12/2015 号关于离境清税的公告，规定纳税人（包括公司董事）离开马来西亚时应缴纳相关税款，当已缴纳税款与评估税款相差 30% 时，应调增应纳税款，如果没有缴纳所调增的税款或未用支票缴纳税款的 30%，则不得离境；税务当局可向移民局局长签发证书，要求阻止非清税纳税人离开马来西亚，直到其缴纳了所有税款（无论其以何种方式缴纳）。马来西亚旅行证件会载有详细信息以说明应缴纳的税款及欠税情况，移民局局长在收到证件时，必须采取措施防止相关纳税人离开马来西亚，其中包括合理使用暴力和扣留纳税人的护照和与纳税人相关的出境许可证或其他旅行证件。

如果税务申报表和完税证上的欠税已缴纳或得到充分担保，则纳税人将被允许离开马来西亚。若要立即取消相关滞留手续，则必须先将缴税的收据提交给马来西亚收入委员会（隶属于主管纳税人所得税的分支机构）；对于使用支票缴纳，在支票被银行收讫后，主管税务机构将向纳税人发出取消限制离境通知书，这样的话，纳税人可以离开马来西亚。

（4）新的电子支付系统

税收征收管理的现代化、智慧化是时代的潮流，甚至经济现代化或与纳税人相关的现代化管理措施都能有效促进税收征收管理现代化，尤其是对税款征收现代化技术的应用。马来西亚在 2021~2022 年全面推广税款电子支付程序，并构建与电子支付更新及与之相关的纳税申报等协同程序。

账户式电子税款汇缴系统。2021 年，内陆税收局引入新的电子税款汇缴（e-TT）系统，以用于通过电汇、电子资金转账和银行间的 GIRO 支付系统缴纳所得税、石油所得税、不动产利得税、综合税等，外国艺术家为来自马来西亚境内收入而缴纳所得税和预扣税时也可以使用这一系统。

e-TT 系统将生成一个虚拟账户（VA）号码以作为支付标识。为了在马来西亚境内外通过电汇付款，纳税人将被要求通过 My Tax Portal 访问 e-TT 系统。

纳税人可以通过网上银行门户［例如银行间的 GIRO 支付系统、实时电子资金和证券转账系统（RENTAS）、电汇或资金转账系统］、银行柜台或自动柜员机进行具有 VA 号码的税款缴纳。

（5）调整支付方式

最小化柜台支付功能，2021 年前，内陆税收局所有支付中心分阶段推进"全面执行电子支付方式"，在柜台逐步停止采用接受现金和支票付款方式，但不动产利得税的缴纳将继续保持柜台现金或支票支付方式。

5.马来西亚税收减免管理服务的变化

近年来，马来西亚政府坚持严征管、轻税负、优服务的税收管理理念，进行较大幅度的税收减免，并加强了对税收减免的管理。

（1）轻税负

豁免税。马来西亚财政部于 2021 年 12 月 30 日发布公告，为改善针对来自外国的收入的税收待遇，决定对自 2022 年 1 月 1 日至 2026 年 12 月 31 日的以下来源于外国的收入免税：一是居民公司和有限责任合伙公司收到的来自国外的股息收入免税；二是居民个人从海外获得的所有类别的收入免税（但合伙公司的自雇者除外）。

明确豁免所得税的资格。2022 年 12 月 29 日，马来西亚内陆税收局修订的《海外收入税务处理指南》列出了对居民公司、有限责任合伙公司或个人基于在马来西亚的合伙业务所收到的外国股息收入豁免所得税的资格。具体经济条件为：符合条件的纳税人必须雇用足够数量的有资格的员工和能够为马来西亚的特定经济活动提供足够的运营费用，以便能满足实质经济要求；没有最低门槛，但一些因素需要考虑。根据马来西亚内陆税收局的要求，如不符合上述资格，则应提交经修订的纳税申报表，在这种情况下，马来西亚内陆税收局不会对不正确的纳税申报项目罚款。

销售税豁免程序。根据《豁免法令》附表 A 第 65 项"申请销售税豁免证书事项"，马来西亚皇家海关总署发布了一则公告，即《有关根据〈豁免法令〉附表 A 第 65 项为购买原动机或集装箱拖车申请销售税豁免证书的申请程序》。自 2023 年 1 月 1 日起，销售税豁免的申请程序进行更改。托运商需要通过 MySST 官方网站和 eVTEMS 官方网站申请销售税豁免证书。

（2）严征管、优服务的税收减免管理

2022 年第 2 号文件《给联合开发区（JDA）运营公司提供全额免税和服务税退税服务》明确规定：马泰联合管理局（MTJA）需要验证全额免税和服务税退税服务是否完全用于 JDA 运营公司（该公司有资格退税），向马来西亚皇家海关总署提出服务税退税申请的时间，应遵守马来西亚皇家海关总署规定的其他条件和程序。如果不符合上述条件，则不具备退税资格。文件进一步明确哪些进口应税服务不能被豁免服务税，如外国注册人士向 MTJA 和 JDA 运营公司提供数字服务的服务税。

6.马来西亚纳税服务渠道的变化

MyExcise 官方网站。2023 年 4 月，马来西亚皇家海关总署推出 MyExcise 官方网站，主要提供有关马来西亚国内税收资讯。该网站也用于处理与国内税收相关的行政事务（例如，许可证、申报以及缴纳税款）。

7.马来西亚税务风险管理服务的变化

2022 年 4 月，马来西亚内陆税收局发布"税务公司管理框架"，发展和建立识别税务风险、评估风险的技术和流程，并明确了减轻这些税务风险的影响的适当措施。该框架旨在帮助公司了解内陆税收局治理的重点领域，使其能够做好以下事项：制定或改进税务治理和内部控制框架；促进税收合规，降低涉税风险；向利益相关者（包括内陆税收局）展示如何提高运营效率；充分识别和评估与税务相关的财务、监管和声誉风险。

（三）马来西亚税收执法发展变化

1.马来西亚税务调查框架的完善更新

马来西亚内陆税收局已发布更新的"税务调查框架"（仅提供马来语版本），其于 2023 年 1 月 1 日生效，以取代 2020 年 1 月 1 日发布的"税务调查框架"。该框架更新了税务调查案件的重点（故意不报告收入和提出欺诈性索赔），其中的显著更新如下。第一，纳税人与相关人士可能会被马来西亚内陆税收局要求录口供，录口供可在纳税人的营业场所、住所、税务代表在场的场所、第三方场所和任何马来西亚内陆税收局的办公室进行。第二，如有证据证明根据相关法案的规定纳税人有违法行为，则其将被起诉。第三，纳税人不得向马来西亚内陆税收局官员支付任何款项。所有因逃税案件而产生的款项必须向内陆税收局总执行长进行支付。第四，纳税人/税务代理人/代表或证人可在面谈或进行陈述时自行记录。第五，如纳税人被判有罪，法庭将根据已制定的法规判决。对于复合罪行，相关税款和特别罚款应一次性向内陆税收局总执行长进行支付，纳税人也可申请分期支付。

2.马来西亚税务稽查框架的完善更新

2022 年，马来西亚内陆税收局大力加强税务执法标准化、程序化建设，修订并完善"金融业和保险业税务稽查框架""石油税稽查框架""税务稽查框架"，完善了稽查程序，规范了证人证据交换和保存制度，严格惩处了违规执行和解等行为，快速启动对违规纳税人的税务稽查程序，以提升纳税人的自愿纳税遵从度。同时，其明确了在税务稽查中各参与方的权利和义务。

3. 马来西亚税收法律责任的发展

（1）税收处罚规定的新发展

马来西亚不仅在税收行政裁定中严格坚持"一事不二审"，以避免加重处罚，而且鼓励纳税人"自愿披露"以减轻处罚，促进纳税遵从。基于"自愿披露与宽恕特别计划"（VA 计划）在第一阶段的热烈反响，财政部将 VA 计划的付款期限延长至 2022 年 7 月 14 日。同时，马来西亚皇家海关总署已正式宣布引入 VA 计划（自 2022 年 1 月 1 日起至 2022 年 9 月 30 日止）。VA 计划将分为两个阶段：最高减免 100% 的罚款/附加费，减免 30% 的税款/关税。值得一提的是，除了在 2022 年预算公告中宣布的自愿披露外，该计划还包括大赦。

（2）明确离境清税的法律责任

2022 年 10 月 20 日，马来西亚内陆税收局发布 2022 年第 4 号关于"旅行限制"的决定，进一步明确离境清税的相关事项。公司负责人（其标准是：持有不少于公司普通股份的 20%；直接或间接控制不低于公司普通股份的 20%）未能缴纳应缴纳税费和到期债务，就将被禁止离开马来西亚。具体内容是警务处处长或出入境事务处处长收到税务部门的相关文书后，要求纳税人在缴纳所有税费及欠款或提供纳税担保后方可离开马来西亚，否则不得离开马来西亚；警务专员或入境事务处处长有权采取措施防止纳税人离开马来西亚，包括使用合理武力手段查获、收缴或扣留与纳税人有关的任何身份证（如护照、出境许可证或其他旅行证件）。纳税人结清税款并出示相关证据或提供合格的纳税担保后方可离开马来西亚。

（四）马来西亚基于税收法律救济的纳税人权利保护发展变化

鉴于税收法律责任的更新，为了避免被处以重罚，确保纳税人遵守税收法律和法规非常重要。以下是在最新的框架中被排除的事项：根据《所得税法（1967年）》第97A（2）条至第102条发布的评估上诉（如2020年1月1日税务调查框架所述），为了减轻潜在税款和罚款的负担，纳税人可进行税务风险评估，以确定任何应该被关注的重大领域，并采取纠正措施。

（五）马来西亚税收信息化建设发展变化

随着电子和通信技术的飞速发展，税收征收管理必然朝着电子化、数字化、智慧化方向发展。马来西亚税收征收管理也不例外，必然会走上电子化和智能化发展道路。在此背景下，马来西亚税收征收管理部门能向纳税人提供更便利、更智能的纳税服务，也能进行更精准、更精细的风险管理，并进一步提高马来西亚税收征收管理的质量和效率。

马来西亚内陆税收局的数字化转型①。马来西亚内陆税收局启动了一项新的数字转型计划，即Hasil转型。该计划的一个主要组成部分是开发"Hasil综合税务系统"（HITS），该系统使内陆税收局能够更好地管理数据资源，并使端到端的整个流程均使用实时信息。该系统可以提高内陆税收局的数据分析能力，以进行更有效、更合规的风险管理（比如基于预填报数据，经过分析监控，提高纳税人的纳税遵从性），并为客户提供更好的服务。

HITS的主要特点是简化、无缝、实时。利用HITS，内陆税收局重新设计了工作流程，以提高整个系统的自动化程度和生产率；基于先进的创新技术和对用户友好的Web技术，实现内陆税收局内部的各种端到端的流程完全集成。

内陆税收局正在积极整合税务系统，充分利用现有资源，实现减少70%的批量作业的要求。内陆税收局采取的数字转型举措的优势在于：一是提供更好的客户体验，使纳税人更容易履行纳税义务，从而有效降低管理成本；二是改善流程和提升能力，以应对税务风险；三是开发一个互动平台，

---

① OECD, *Tax Administration 2021：Comparative Information on OECD and Other Advanced and Emerging Economies*（Paris：OECD Publishing, 2021），https：//doi. org/10. 1787/cef472b9-en.

以作为一站式中心，支持税务管理部门和纳税人之间进行互动，如进行双向沟通，最终通过对已有资源的合理调度，进行实时风险管理，以促进纳税遵从。

三 马来西亚税收征收管理发展前景

马来西亚税收征收管理发展的基本趋势体现在两个方面：一是税收征收管理必然是电子化、数字化的；二是税收征收管理必将体现"严征管、优服务"理念。

（一）马来西亚税收征收管理法律体系发展前景

马来西亚的税收征收管理立法会越来越公开、公平和透明，会更加注重立法前的公众意见征询，以增加公众对税收体系的信心和拥护。税收执法会越来越严格，会坚决打击税收违法犯罪行为。

（二）马来西亚纳税服务发展前景

1. 马来西亚税务登记的前景

在数字化时代，一方面税务登记朝着程序简易化、便捷化，甚至低门槛化的方向发展，诸如政府部门联合登记；另一方面由于数字经济可能颠覆传统税收征收管理，因此将对数字经济公司采取比较严格的登记程序和门槛规定。

2. 马来西亚账簿票证和金融账户管理的前景

马来西亚会加速公司会计账簿及税收票证的电子化进程，纸质账簿、税收票证会在短期内朝着电子文档方向转变，形成账簿票证电子文档，实现账簿、票证电子化管理。目前，马来西亚金融账户电子化的程度相对较高，以后会更高，而且随着金融账户信息电子化的推进，这会极大地促进金融信息国际交换。

3.马来西亚数字货币交易税务处理的前景

数字货币的处理将成为马来西亚税务处理事项报告的主要内容之一，而且与数字货币的税务处理相关的事项，如数字货币的会计分录、数字金融资产转移、存储或交易将是马来西亚税务当局要进一步规范和明确的事项。数字货币的跨境交换及区块链发票既是数字货币交易未来必然涉及的方面，也是马来西亚税务当局亟待明确的税务事项。

4.马来西亚纳税申报服务的前景

电子化纳税申报（无论是有税纳税申报还是无税纳税申报）将成为马来西亚纳税申报最主要的方式，而且纳税申报的方式会更加多样和便捷，如网络申报、移动 App 申报等。

5.马来西亚税款支付管理服务的前景

税收征收管理的现代化、智能化发展趋势将让马来西亚的税款征收变得更加便捷、简单、易行。

（1）代扣代缴管理服务的展望

经济活动的繁荣会带动灵活就业，为了实现对税收的源泉管控，马来西亚未来会更加规范、更加严格地全面实施代扣代缴个人所得税政策，而且会进一步简化代扣代缴程序，推动代扣代缴税务登记及税款解缴朝着电子化、数字化方向发展。

（2）欠税清缴管理服务的展望

在"严征管"理念下，马来西亚内陆税收局清缴欠税的力度越来越大，不仅要求纳税人提供担保，而且会采取强制执行措施，使用扣留护照或其他相关证件等手段，甚至联合出境管理部门限制欠税的纳税人离境。

（3）电子化税款支付方式的展望

随着电子技术和数字技术的迅猛发展，马来西亚电子化税款支付方式会越来越普及，缴税方式会越来越多元，传统的税款支付方式（现金支付、邮政汇款支付方式）将被各种电子支付方式所取代。

6.马来西亚税收减免管理服务的前景

马来西亚的税收减免管理政策相对比较稳定，即便在新冠疫情期间也没有出现为刺激经济大规模减免税，但未来在"科技为王"的时期，马来西亚对于公司研发费用的税收征收会更加宽容，优惠政策会更多。同时，马来西亚的税收政策倾向于富民，如继续坚持对居民个人的海外收入免征个人所得税。

（三）马来西亚税收执法发展前景

马来西亚依托越来越发达的通信技术，能更精准地发现和更有效地监控征纳双方的涉税违法行为，从而有效地促进纳税遵从。

马来西亚将完善税务检查程序，规范涉税证据保存制度；更加严厉地惩处违规执法等行为，以提升纳税人的自愿性纳税遵从度。

（四）马来西亚基于税收法律救济的纳税人权利保护发展前景

马来西亚的纳税服务将在电子化、信息化进程中给予纳税人更多的涉税体验，会强化对征纳税双方沟通交流平台的建设，增强纳税人的电子识别能力和税收风险识别能力，进一步降低征纳税双方的涉税风险，提高纳税遵从度。

随着税收征收管理现代化进程推进，马来西亚的税收风险管理将加快电子化、数字化调整，而且将为涉及争议性税收风险评估的纳税人提供更多的法律援助渠道。

（五）马来西亚税收信息化建设发展前景

马来西亚内陆税收局进行数字化转型是必然的趋势，将创造一个安全的税收征收管理平台，实现简化、无缝、实时税收信息沟通交流，提高整个税务系统的自动化程度。这一数字化转型能为纳税人提供更好的体验，提升纳税遵从度，还能优化税收业务流程，有效降低税收征收管理成本。

参考文献

1. 马来西亚内陆税收局网站，https：//www.hasil.gov.my/。

2.《中国居民赴马来西亚投资税收指南》，国家税务总局国际税务司国别（地区）投资税收指南课题组，中华人民共和国国家税务总局网站，https：//www.chinatax.gov.cn/chinatax/n810219/n810744/n1671176/n1671206/c3317853/5116147/files/%E4%B8%AD%E5%9B%BD%E5%B1%85%E6%B0%91%E8%B5%B4%E9%A9%AC%E6%9D%A5%E8%A5%BF%E4%BA%9A%E6%8A%95%E8%B5%84%E7%A8%8E%E6%94%B6%E6%8C%87%E5%8D%97.pdf。

3."Further Development on Amendments Proposed in Finance Bill 2021," https：//kpmg.com/my/en/home/insights/2021/12/further-development-on-amendments-proposed-in-finance-bill-2021-.html?vgo_ee=xRQ8s3rQV%2B%2BqGqGSU9T2IM62jVPm1mw0TdZSJHPYtcM%3D.

4."2023/2024 Malaysian Tax Booklet," https：//www.pwc.com/my/en/publications/mtb.html.

新加坡税收征收管理发展报告（2023）

摘　要： 本报告从新加坡税收征收管理发展基础、税收征收管理发展变化、税收征收管理发展前景三个方面介绍新加坡税收征收管理的基础内容，分析其发展变化，并对新加坡税收征收管理发展进行展望，以方便读者了解新加坡税收征收管理的新特点、新变化和新发展。新加坡税务部门依据经济形势变化，及时调整税收政策。同时，税务部门加强数字赋能，推动税收征收管理进行信息化转型，引导纳税人树立诚信纳税意识，提升税收征收管理效率。这些为提升我国税收征收管理质量提供了有益的借鉴。

关键词： 新加坡　税收征收管理　纳税服务　税收执法

　　新加坡为城市国家，实行统一的税收制度，以属地原则征税。任何公司和个人（包括外国公司和个人）只要根据属地原则取得新加坡应税收入，就应在新加坡纳税。新加坡现在的主要税种有：企业所得税、个人所得税、货物和劳务税、不动产税、印花税、车船税等。新加坡国内税务局（Inland Revenue Authority of Singapore，IRAS）于 1992 年成立，是新加坡政府法定机构，隶属于财政部（Ministry of Finance，MOF），主要负责为政府管理税务、评估税款、征收税款等，并负责新加坡国内税收征收管理政策的制定与执行。新加坡国内税务局采用董事会的模式进行管理，下设税务法规和国际税务部、国际事务关系部、法规执行部、纳税服务部以及调查稽核部等部门。税务法规和国际税务部、国际事务关系部主要负责审阅税务法规，依据税法认定合规行为，完善及更新法规，在国际谈判和制定税收协定（或税收安排）中维护新加坡的经济利益；法规执行部主要负责处理违反纳税申报以及缴纳税款相关规定的事宜；纳税服务部主要负责对一线日常税务问题进行回答，满足服务需求；调查稽核部主要负责处理性质恶劣、影响重大的税务违规案件。

一　新加坡税收征收管理发展基础（截至2021年）

新加坡实行统一的税收制度。除前文提及的主要税种外，新加坡的税种还有关税、博彩税以及对引进外国劳工的新加坡公司征收的劳工税。针对每个税种，新加坡依据不同的法律法规进行管理。

（一）新加坡税收征收管理法律体系发展基础

1.新加坡税收征收管理法律体系

新加坡税收方面的法律包含有关税种的税收程序性规定，如《所得税法》《商品服务税法》《海关法》《财产税法》《遗产税①法》《印花税法》等。2021年12月10日，新加坡在官方公报上公布了《货物和劳务税（修正案）法》（第2021号法律），该法于2021年11月16日获总统批准，自2022年1月1日起实施。

2.新加坡纳税服务部门规章

（1）企业所得税纳税服务规章

2021年5月12日，新加坡引入企业所得税纳税服务指导规章，涉及企业所得税申报、税款计算、申报状态、税收账单以及税收津贴等纳税服务项目。

2021年9月20日，新加坡国内税务局修订企业所得税电子评估服务规章。

2021年10月1日，新加坡引入为应对疫情进行居家办公而购买资产的

---

① 新加坡已于2008年2月15日正式取消遗产税。

简化税务处理指南。

（2）货物和劳务税纳税服务规章

2021 年 5 月 31 日，新加坡国内税务局发布《海洋产业的货物和劳务税指南（第三版）》。

2021 年 7 月 13 日，新加坡国内税务局发布《电子税指南——货物和劳务税的进项税归属指南（第七版）》。

2021 年 12 月 16 日，新加坡国内税务局发布《关于广告业货物和劳务税的电子税务指南（第四版）》。

（二）新加坡纳税服务发展基础

1.新加坡税务登记制度发展基础

（1）企业纳税人税务登记

新设企业在新加坡会计和企业管制局注册登记后，新加坡会计和企业管制局会向其颁发一个识别实体编号（Unique Entity Number，UEN）。企业将把 UEN 作为税务参考编号，企业不需要单独在新加坡国内税务局进行所得税登记，其登记信息将由新加坡会计和企业管制局发送至新加坡国内税务局，以保障新加坡国内税务局对企业所得税的征收管理。在新加坡经营或在新加坡境内有所得来源的企业需要在新加坡进行税务登记。

外国企业在新加坡设立机构进行经营并取得收入的，需要在新加坡进行税务登记，并按年度进行纳税申报。[①]

（2）个人纳税人税务登记

新加坡对个人纳税人无注册要求。工作许可证一经发放，新加坡人力部（Ministry of Manpower）便会将纳税人的相关信息发送至新加坡国内

---

① 《中国居民赴新加坡共和国投资税收指南》，国家税务总局国际税务司国别（地区）投资税收指南课题组，第 80 页，中华人民共和国国家税务总局网站，https://www.chinatax.gov.cn/chinatax/n810219/n810744/n1671176/n1671206/c2582367/5116191/files/e6ab77fef5574cfcb77dbc36ee61d669.pdf。

税务局。[①]

（3）货物和劳务税非居民纳税人税务登记

这是指把"无机构经营实体"作为纳税人，强制其进行税务登记。"无机构经营实体"在新加坡没有固定的营业场所。如果无机构经营实体生产的应税产品的价值超过税务登记门槛（即在12个月间生产的应税产品的价值超过1000000新加坡元），则应当强制进行货物和劳务税登记。无机构经营实体必须指定当地的税务代表进行货物和劳务税登记。当地的税务代表要负责其在新加坡的所有与货物和劳务税相关的事务，例如货物和劳务税缴纳、填写货物和劳务税纳税申报表。

2.发票和单据使用管理服务

（1）发票和票据的类别

税务发票。一张税务发票通常包含以下内容：客户名称、客户地址、供应商名称、供应商地址、供应商货物和劳务税登记编号、发票开具日期、商品或服务的具体内容、不含税金额、货物和劳务税税率、货物和劳务税金额及含税总金额。此外，税务发票必须注明免税商品、零税率商品或其他商品的详细信息（如适用），并且单独列明每种商品的含税总金额。

贷记单据。在合理调整的情况下，贷记单据可以用来减少对商品或服务征收和抵扣的货物和劳务税。该凭证通常必须包含与税务发票相同的信息以及税收抵免的金额，同时必须列有商品的原始税务发票的开具时间和编号。如果商品的原始税务发票的开具时间和编号无法追溯或识别，那么纳税人需要通过其他方法向主计长说明已履行原始商品的纳税义务。

外币发票。如果发票是以外币签发的，征收前的货物和劳务税应付总金额、货物和劳务税的应付金额和包含货物和劳务税税款的应付总金额都应当

---

① 《中国居民赴新加坡共和国投资税收指南》，国家税务总局国际税务司国别（地区）投资税收指南课题组，第57~58页，中华人民共和国国家税务总局网站，https://www.chinatax.gov.cn/chinatax/n810219/n810744/n1671176/n1671206/c2582367/5116191/files/e6ab77fef5574cfcb77dbc36ee61d669.pdf。

转换成等价的新加坡元。外币转换成等价的新加坡元要依据纳税时点当期适用的卖出汇率。在实践中，主计长允许企业使用任何在新加坡经营的银行的当日汇率（买入汇率、卖出汇率或者两者的平均值），或者新加坡海关公布的汇率。主计长允许从事经营活动者采用内部汇率，前提是该汇率满足以下条件：第一，该汇率能够反映相关日期新加坡货币市场的情况，例如，新加坡国内税务局认可当地银行、新加坡海关、当地发行的报纸、有声誉的新闻机构和不受外汇管制的外国中央银行的汇率；第二，该汇率是当日买入汇率和卖出汇率的平均值，或者是与纳税时点一致的当日汇率的近似值；第三，该汇率至少每三个月更新一次；第四，该汇率被一贯用于达成完成内部业务报告、满足会计要求与征收货物和劳务税目的；第五，从第一次使用该方法的会计期间的期末起，该汇率至少在一年内被一贯使用。如果商业活动中使用的汇率不满足以上条件，则企业需要使用一个经主计长批准的、可接受的汇率。

（2）发票的开具

已进行货物和劳务税登记的纳税人必须向已进行货物和劳务税注册的客户签发税务发票，但不需要在销售零税率商品、销售免税商品或视同销售等情形时签发税务发票。此外，纳税人可向非货物和劳务税登记客户开具收据（而非税务发票），该收据可以作为纳税人收入交易的证明，纳税人必须保留收据的副本。

纳税人必须在货物和劳务税征收时点（即起税时间）后 30 日内对提供给另一个纳税人的标准税率商品签发税务发票。如果应付金额（包括货物和劳务税）不超过 1000 新加坡元，则签发简化的税务发票。《货物和劳务税（修正案）法》详细规定了税务发票和简化的税务发票中应当包含的相关信息。

（3）发票的保存

申请货物和劳务税进项税抵扣需要以税务发票为依据。给客户开具的税务发票和供应商开具的税务发票需要至少保存 5 年。在进行纳税申报时，这些税务发票无须与申报表一同提交。[①]

3.新加坡纳税申报制度发展基础

（1）企业所得税纳税申报

①不同身份纳税人纳税申报

居民企业扣缴义务人的代扣代缴税申报。向在新加坡境内无固定营业场所的非居民支付款项的居民企业需要履行代扣代缴税义务，在支付款项次月15日之前向新加坡国内税务局提交预扣所得税申报表并缴纳税款。[②] 根据新加坡《所得税法》的规定，若一家企业的管理和实际控制机构在新加坡境内，则认定其为新加坡的居民企业。管理和实际控制机构是指对企业的经营决策及战略做出决定的机构。通常情况下，企业做出战略决策的董事会会议的召开地点是判定管理和实际控制机构所在地的关键性因素，进而判定企业是否为新加坡的居民企业。[③]

非居民企业纳税申报。根据新加坡《所得税法》规定，若境外企业有来源于新加坡的应税所得且基于该所得的税款未被企业代扣，则要求该境外企业向新加坡国内税务局进行纳税申报。

指定非居民的代扣代缴义务人进行纳税申报。对于有新加坡应税所得且负有纳税义务的非居民，无论其代扣代缴义务人是否收到收入凭据，都将以其代扣代缴义务人的名义进行申报以缴纳税款。税务机关有权指定非居民的代扣代缴义务人，使其履行非居民的纳税义务。

---

① 《中国居民赴新加坡共和国投资税收指南》，国家税务总局国际税务司国别（地区）投资税收指南课题组，第59页，中华人民共和国国家税务总局网站，https：//www. chinatax. gov. cn/chinatax/n810219/n810744/n1671176/n1671206/c2582367/5116191/files/e6ab77fef5574cfcb77dbc36ee61d669. pdf。

② 《中国居民赴新加坡共和国投资税收指南》，国家税务总局国际税务司国别（地区）投资税收指南课题组，第14页，中华人民共和国国家税务总局网站，https：//www. chinatax. gov. cn/chinatax/n810219/n810744/n1671176/n1671206/c2582367/5116191/files/e6ab77fef5574cfcb77dbc36ee61d669. pdf。

③ 《中国居民赴新加坡共和国投资税收指南》，国家税务总局国际税务司国别（地区）投资税收指南课题组，第14页，中华人民共和国国家税务总局网站，https：//www. chinatax. gov. cn/chinatax/n810219/n810744/n1671176/n1671206/c2582367/5116191/files/e6ab77fef5574cfcb77dbc36ee61d669. pdf。

②申报要求

申报期限。新加坡所得税的申报采用年度申报的方式。自 2021 年起，企业所得税申报截止日期为每年 11 月 30 日，即 2022 年企业所得税申报的截止日期为 2022 年 11 月 30 日，申报时间不得延期。

申报渠道。从 2020 纳税年度起，所有企业都必须采用电子申报方式。

申报手续。纳税人在财务年度结束后 3 个月内应向税务机关报送预估应税收入（ECI），除非其已提交所得税报表。如果企业年度收入不超过 500 万新加坡元且其预估应税收入为零，则不需要报送 ECI。税务机关在每年上半年会发布当年线上电子申报表［申报表 C 适用于所有公司，申报表 C-S 适用于年收入低于 500 万新加坡元的公司，申报表 C-S（Lite）适用于年收入低于 20 万新加坡元的公司］，纳税人或税务代理人需要在线上完成申报。税务机关会对纳税人报送的申报资料进行审核，并向纳税人寄出评税通知。

企业所得税的申报资料为申报表 C 或申报表 C-S，如果适用申报表 C，则申报资料还包括审计报告、税款计算表和相关支持文件。

（2）个人所得税纳税申报

①不同身份纳税人纳税申报

居民个人纳税申报。新加坡的纳税居民个人（特定例外情况除外）必须对发生于或来源于新加坡的收入缴纳所得税。新加坡的纳税居民个人在新加坡收到或被视为收到的来自外国的收入不需要缴纳所得税，除非该收入是通过新加坡的有限合伙企业收到或者被视为收到。个人来源于新加坡的某些投资收入也不需要纳税。

非居民扣缴义务人的所得税代扣代缴申报。非居民扣缴义务人从新加坡取得所得进行代扣代缴税款申报，无须履行备案手续，例如合同备案或扣缴义务人备案，仅须填写扣缴税款申报表。

②申报要求

申报期限。每个人，包括已婚夫妇在内，均需要单独进行个人所得税纳税申报。个人必须在每年 4 月 15 日之前就其上一年度的收入进行个人所得税纳税申报。如果采用电子申报方式，则截止日期为 4 月 18 日。[①]

申报渠道。新加坡的个人所得税可通过网络或电话进行电子申报，也可进行纸质申报。通过网络申报个人所得税可登录申报网站（https：//www.mytax.iras.gov.sg），在网上填写提交申报资料（申报表 B 适用于受雇所得，申报表 B1 适用于自我雇佣和个体经营所得）；若通过电话申报个人所得税，则可通过拨打 1800-3568322 进行。

申报手续。纳税人在规定时间内进行纳税申报后，税务机关会向纳税人出具评税通知。

年收入超过 500000 新加坡元的独资企业和合伙人在申报时还应一同附上经审查的财务报表。

（3）货物和劳务税纳税申报

登记前进税项抵扣申报。根据货物和劳务税（一般性）规章规定的某些条件，从事经营活动者需要在第一张纳税申报表中申报在货物和劳务税有效登记日期之前发生的经营费用所产生的进项税。这要求从事经营活动者对纳税申报义务进行自我审查。

申报期限。新加坡货物和劳务税按季度申报。若纳税人定期申请退税，那么可以向税务机关申请每个月申报一次，以减轻现金流压力。

申报渠道。新加坡国内税务局规定，货物和劳务税必须通过国内税务局网站（http：//www.iras.gov.sg）进行电子申报。

4. 新加坡纳税评估制度发展基础

新加坡国内税务局使用以风险评估为基础的方法审核企业所得税纳税申报表。新加坡国内税务局按照企业业务及税务事项复杂程度和收益风险情况进行分类处理。

当收到企业所得税申报表时，新加坡国内税务局根据企业的规模以及从事业务的复杂程度，开始选取部分企业进行纳税评估。对于企业所得税申报表，将按照税务事项的复杂程度进行分类。新加坡国内税务局执行的审阅程

[①] 《东南亚税收指南 2020》，德勤，2020，第 161 页。

序通常取决于每个案件的复杂程度，对税务事项复杂的企业的年度所得税申报表将进行更深入的审阅，对一小部分税务事项处于常规状态的企业进行合规审查。

新加坡国内税务局对纳税人采用直接评税方式征税，对向非居民纳税人支付款项的纳税人征收预提所得税。对于不能直接评税且支付税款的非居民纳税人，无论其代理人是否收到收入，国内税务局都可以按其代理人的名义对其进行评估并征收税款。

5. 新加坡税款缴纳制度发展基础

（1）企业所得税税款的缴纳

居民企业的企业所得税纳税范围。[①] 根据新加坡法规，企业获得的以下收入需要在新加坡纳税：一是来源于新加坡或在新加坡计提的收入；二是在新加坡境内取得的境外收入。具体包括贸易、经营所得，股息、利息或折价，退休金及养老金，租金，特许权使用费，保费和其他来自不动产的所得，以及未包含在上述类别之中但具有所得性质的其他所得或收益。[②]

根据《所得税法》第10（25）条，以下列举的境外收入属于前述"在新加坡境内取得的境外收入"范畴：一是通过境外汇入、转交或携带进入新加坡境内；二是用于偿还在新加坡进行贸易或商业活动所产生的债务；三是在海外购置有形动产（如设备、原材料等），并将该有形动产进口至新加坡境内。用于海外再投资而未汇回新加坡的境外收入，不属于"在新加坡境内取得的境外收入"。

《所得税法》第10（25）条中涉及的境外收入只指居住在新加坡的个人或位于新加坡的企业在新加坡收到的境外收入。因此，非居民个人和非居

---

① 《中国居民赴新加坡共和国投资税收指南》，国家税务总局国际税务司国别（地区）投资税收指南课题组，第17~18页，中华人民共和国国家税务总局网站，https：//www.chinatax.gov.cn/chinatax/n810219/n810744/n1671176/n1671206/c2582367/5116191/files/e6ab77fef5574cfcb77dbc36ee61d669.pdf。

② 《东南亚税收指南2020》，德勤，2020，第147页。

民企业在新加坡所取得的境外收入不需要缴税。

新加坡居民企业在境外取得股息、分支机构利润及服务收入被统称为特定境外所得，在新加坡取得的符合相关规定的特定境外所得免于征税；不满足相关条件的，在新加坡境内有特定境外所得时，居民企业可依据特定方案或在特定情形下获得免税待遇，但必须经过批准。

非居民企业的企业所得税缴纳。不在新加坡境内经营的非居民企业，一般不需要就其在新加坡境内获得的境外来源的所得缴纳企业所得税。

境内未设立机构场所的非居民企业由代扣代缴义务人扣缴税款。根据新加坡《所得税法》规定，若境外企业有来源于新加坡的应税所得且其在新加坡境内无固定营业场所，则通常由其代扣代缴义务人扣缴税款。[①] 若代扣代缴义务人未按规定进行代扣代缴，则国内税务局有权向代扣代缴义务人追缴税款。

税款缴纳要求。纳税人应在收到所得税评估通知后 1 个月内，通过银行转账等方式缴纳税款，否则税务机关会对欠缴的税款征收罚款。企业可向国内税务局申请分期缴纳企业所得税。在某些情况下，企业可以就 ECI 每月分期缴纳税款，于会计期间结束后一个月内进行首次分期缴纳，分期最多不超过 10 次。只有使用电子转账系统（GIRO）的公司才可以分期缴纳。如果 ECI 在相关会计期间结束 3 个月后报送，则不允许纳税人分期缴纳。

（2）个人所得税税款的缴纳

居民个人缴税。居民个人应就其在新加坡境内提供服务获得的受雇所得纳税，无论酬金是在新加坡境内支付还是在境外支付。居民个人获得境外的受雇所得不必纳税，但如果其是通过境内合伙企业获取的，则不适用这种豁免。

个人独资企业和合伙企业缴纳个人所得税。个人独资企业的收入归属于独资企业经营者个人，因此其需要就个人独资企业的收入履行个人所得税纳

---

① 《中国居民赴新加坡共和国投资税收指南》，国家税务总局国际税务司国别（地区）投资税收指南课题组，第 80 页，中华人民共和国国家税务总局网站，https://www.chinatax.gov.cn/chinatax/n810219/n810744/n1671176/n1671206/c2582367/5116191/files/e6ab77fef5574cfcb77dbc36ee61d669.pdf。

税义务；对于合伙企业的收入，每个合伙人就其分得的收入份额履行个人所得税纳税义务。

非居民个人的个人所得税缴纳。非居民个人只需对发生于或来源于新加坡的收入缴纳个人所得税。①

非居民纳税人的代理人代理缴税。新加坡国内税务局有权指定非居民纳税人的代理人，使其履行非居民企业或个人的纳税义务。因此，根据新加坡《所得税法》的规定，新加坡国内税务局有权在纳税人未缴纳税款而试图离开新加坡时，阻止其离开新加坡并征收税款。

纳税人应在接到评估通知后 1 个月内缴纳税款，否则会被税务机关处以罚款。纳税人可以选择一次性缴纳，也可以申请分期缴纳（最多分 12 期）。

（3）货物和劳务税税款的缴纳②

①货物和劳务税进项税额抵扣。如果进项税额是因生产应税商品或某些规定的商品而发生的，则纳税人可以抵扣销项税额。进项税额指的是，纳税人购买或者进口至新加坡的商品和服务，用于或将用于纳税人从事或准备从事的任何经营活动所发生的货物和劳务税。纳税人通常通过货物和劳务税纳税申报表，将进项税额从销项税额（即对生产供应的商品征收的货物和劳务税）中减去，以冲抵销项税额。

进行进项税额申报时应提供有效的税务发票或进口许可。如果超过到期日后的 12 个月款项还未支付给供给方，那么纳税人应当向新加坡国内税务局缴纳相应抵扣的进项税款。

②退税。如果在一个期间内货物和劳务税可抵扣的进项税额超过了同一时期的销项税额，则超过的部分可以获得退税。退税通常在主计长收到货物和劳务税纳税申报表的日期之后的 3 个月内做出。如果纳税人按月提交纳税

---

① 《东南亚税收指南 2020》，德勤，2020，第 160 页。
② 《中国居民赴新加坡共和国投资税收指南》，国家税务总局国际税务司国别（地区）投资税收指南课题组，第 57~60 页，中华人民共和国国家税务总局网站，https：//www.chinatax.gov.cn/chinatax/n810219/n810744/n1671176/n1671206/c2582367/5116191/files/e6ab77fef5574cfcb77dbc36ee61d669.pdf。

申报表，则退税通常会在主计长收到申报表之后的 1 个月内完成。对货物和劳务税的强制性电子退税从 2022 年 1 月 3 日起生效。

对任何未完成的货物和劳务税退税应当按照基本贷款利率支付利息。利息的开始计算日期为货物和劳务税管理当局做出退税决定的当天。

无机构经营实体的货物和劳务税退税。新加坡对没有在新加坡进行货物和劳务税登记的无机构经营实体不给予货物和劳务税退税。进行了货物和劳务税登记的无机构经营实体在填写了货物和劳务税纳税申报表的情况下可以获得货物和劳务税退税。

③税款缴纳期限。新加坡货物和劳务税应于季度结束后的 1 个月内付讫。

（4）房地产税税款的缴纳

年度房地产税账单会在每年 12 月寄送给房地产所有权人，通知房地产所有权人应根据该账单缴纳下一年的房地产税。缴税的截止日期为每年的 1 月 31 日。

6. 新加坡投资税收优惠政策服务发展基础

海事部门激励计划（MSI）给予海上（集装箱）租赁增值税优惠税率政策。MSI 航运配套服务（MSI-SSS）旨在鼓励进行新加坡境内辅助运输服务的提供，并鼓励航运集团将其服务职能部门设在新加坡。经核准的 MSI-SSS 企业因提供经核准的航运配套服务（如船舶经纪、远期运费协议交易、船舶经营、船舶中介、货运代理及物流服务）所取得的增值额可享受 10% 的优惠税率。申请期为 2011 年 6 月 1 日至 2026 年 12 月 31 日，申请通过者可获得为期 5 年的 MSI-SSS 待遇。

7. 新加坡专项征税制度发展基础

（1）反向征收机制①

从 2020 年 1 月 1 日起，对于新加坡货物和劳务税注册企业从海外供应

---

① 《中国居民赴新加坡共和国投资税收指南》，国家税务总局国际税务司国别（地区）投资税收指南课题组，第 51~52 页，中华人民共和国国家税务总局网站，https：//www.chinatax.gov.cn/chinatax/n810219/n810744/n1671176/n1671206/c2582367/5116191/files/e6ab77fef5574cfcb77dbc36ee61d669.pdf。

商采购服务，若该货物和劳务税注册企业无法享受全额进项抵扣或属于无法全额进项抵扣的货物和劳务税集团（GST Group），则需对该进口服务反向征税。反向征收机制也适用于在 12 个月内向海外供应商采购服务超过 100 万新加坡元的非货物和劳务税注册企业，或假设该企业已经注册货物和劳务税也无法全额进项抵扣的情况。无法享受全额进项抵扣的纳税人包括主要提供免税服务的纳税人（如金融机构）或主要从事非商业活动的纳税人（如慈善机构）。从 2023 年 1 月 1 日起，无论海外供应商是否已注册成为货物和劳务税纳税人，反向征收机制均将适用于所有货物是从本地和海外供应商、电子市场运营商和再配送商处购买的，且通过空运或邮寄方式进口的、价值不超过（包括）目前针对货物和劳务税的进口减免门槛 400 新加坡元的货物（"低价值货物"）的情况。

国内反向征收机制。自 2019 年 1 月 1 日起，对于货物和劳务税注册供应商向货物和劳务税注册客户（本地）销售特定商品的情况，若单张发票的货物和劳务税含税销售额超过 10000 新加坡元，则需要对该交易进行反向征税。特定商品包含手机、存储卡和现成软件。该方法称为"客户代收"，指供应商负责开具货物和劳务税发票（显示货物和劳务税应纳税额），客户负责代收货物和劳务税、销项税，并交给新加坡国内税务局。

（2）数字经济征税

从 2020 年 1 月 1 日起，对于海外供应商向新加坡非货物和劳务税注册消费者提供 B2C 数字服务的情况，若该海外供应商的全球收入超过 100 万新加坡元，对新加坡客户提供 B2C 电子服务的价值超过 10 万新加坡元，则需要遵从海外供应商注册机制（Overseas Vendor Registration，OVR）并缴纳货物和劳务税。这类数字服务包括从移动平台下载的数字内容应用、电子书、数字影片等，以及供订阅的媒体内容（如新闻、杂志、流媒体影音、网络游戏等）。从 2023 年 1 月 1 日起，货物和劳务税的纳税范围将通过 OVR 扩展至 B2C 进口远程服务。所有进口远程服务的 B2C 供应商，无论是否通过线上平台服务的供应商从事经营活动，都将通过 OVR 纳税。

8. 新加坡税务代理服务发展基础

新加坡尚未出台针对税务代理人的正式法规，暂未出台明确准入制度。新加坡国内税务局希望税务代理人秉承公开、透明的态度参与税务事宜，并认为税务代理人是加强税收体系管理、促进税收发展的良好合作伙伴。如果税务代理人自行或协助他人诈骗政府或公民，如伪造纳税记录导致少报收入等，一经发现，新加坡国内税务局就将对过错会计师或税务代理机构进行重罚。

税务代理人的职责主要包括为客户提供与税务相关的服务，作为纳税人和税务合规协调人的代表及充当税收制度的变革推动者。税务代理人可为纳税人处理任何与税务相关的事项，新加坡国内税务局十分欢迎税务代理人参与税务事项的处理。[①]

（三）新加坡税收执法发展基础

1. 新加坡税务审计发展基础

税务审计包括检查纳税人账簿、纳税记录及相关财务文件，以便新加坡国内税务局核实纳税人提交的纳税申报表是否符合税收法律法规的规定。新加坡国内税务局的目的在于发现纳税人在过去进行纳税申报时可能产生的错误，并就纳税人未来的纳税申报事宜提出改进建议。

审计人员通常会审查最近纳税年度的纳税情况，但审计范围可能包括追溯以前纳税年度的纳税情况。审计完成后，新加坡国内税务局将告知纳税人纳税评估所做出的调整，并进行相应补充或修改纳税评估。

一旦纳税人发现纳税申报错误或报送了错误的申报表，新加坡国内税务局会鼓励纳税人主动披露错误或纰漏，并履行相应义务。在满足特定条件时，纳税人可以享受"自愿披露计划"的待遇，从而减少由申报错误或纰

---

① 《中国居民赴新加坡共和国投资税收指南》，国家税务总局国际税务司国别（地区）投资税收指南课题组，第63页，中华人民共和国国家税务总局网站，https：//www.chinatax.gov.cn/chinatax/n810219/n810744/n1671176/n1671206/c2582367/5116191/files/e6ab77fef5574cfcb77dbc36ee61d669.pdf。

漏产生的罚款。①

2.新加坡税务稽查发展基础

税务稽查由新加坡国内税务局负责处理逃税和欺诈的调查稽核部执行。新加坡国内税务局进行税务稽查以确定被查企业是否存在税收违法行为，稽查范围包括个人所得税、企业所得税、货物和劳务税和其他税种。税务稽查的时间取决于稽查的范围、问题的复杂性以及纳税人的合作程度。稽查周期最长可达 2 年。

3.新加坡税收处罚制度发展基础

（1）不符合账簿凭证保存规定的处罚

不符合账簿凭证保存规定的行为可能构成犯罪，其可能导致：新加坡国内税务局根据其最合理判断来估算收入；不允许费用扣除、进行资本免税额或货物和劳务税进项税抵扣；处以罚金。根据《所得税法》，最高可被判罚款 1000 新加坡元（不缴纳税款时，可被判处 6 个月以内有期徒刑）。根据《货物和劳务税（修正案）法》，最高可被判罚款 5000 新加坡元及（或）6 个月以内的有期徒刑。如果有后续违法行为，违法者最高可被处以 10000 新加坡元罚款及（或）被判 3 年以下有期徒刑。

（2）纳税申报违法处罚

所得税纳税人应在规定时间内提交所得税申报表。新加坡国内税务局可对未提交或未能及时提交申报表的纳税人采取以下行动：处以延期申报的罚款；发出评估通知；传唤纳税人（如为企业，则传唤董事等公司实际运作人）出庭。

依据新加坡《所得税法》，纳税人不提交纳税申报表属于违法行为，若被定罪，其将被处以不超过 1000 新加坡元的滞纳金；若不缴纳税款，则可被处以 6 个月以内有期徒刑。被定罪后，纳税人每延迟 1 日提交纳税申报表

---

① 《中国居民赴新加坡共和国投资税收指南》，国家税务总局国际税务司国别（地区）投资税收指南课题组，第 61~62 页，中华人民共和国国家税务总局网站，https：//www.chinatax.gov.cn/chinatax/n810219/n810744/n1671176/n1671206/c2582367/5116191/files/e6ab77fef5574cfcb77dbc36ee61d669.pdf。

就将被处以 50 新加坡元的追加滞纳金。若个体在无正当理由的情形下不能或有意不提交纳税申报表达到或超过 2 个纳税年度，则在罪名成立的情况下，该个体将被处以相当于相关纳税年度税额 2 倍的滞纳金及最高不超过 1000 新加坡元的罚款；若不缴纳税款，则可被处以 6 个月以内有期徒刑。新加坡国内税务局可将上述多项罪名合并。

若纳税人未按时提交货物和劳务税纳税申报表，就将被处以每个月 200 新加坡元的罚款，但罚款总额不超过 10000 新加坡元。

（3）不履行纳税义务处罚

①对不缴或少缴税款的处罚

若纳税人到期未缴纳所得税税款，则将被处以应缴税款 5% 的罚款。若纳税人被处以罚款后 60 日内仍未缴纳，则每月还要被处以应缴税款 1% 的额外罚款，最高不超过应缴税款的 12%。个人所得税纳税人逾期缴纳税款或不缴纳税款将产生罚金，新加坡国内税务局甚至可能对其进行法律诉讼或让委托代理人（如银行）向其追缴未缴税款。

纳税人未按时缴纳货物和劳务税税款要被处以应缴税款 5% 的罚款。如果在规定期限的 60 日之后仍未缴纳，则每月还要被处以应缴税款 2% 的额外罚款，但罚款总额不超过未缴税款的 50%。

②对不履行扣缴义务的处罚

代扣代缴义务人到期没有履行代扣代缴义务，没有在规定期限内缴纳预提所得税，则将被处以应缴税款 5% 的罚款。若被罚款后仍未缴纳税款，则每月还要被处以应缴税款 1% 的额外罚款，但罚款总额不超过未缴税款的 15%。

（四）新加坡基于税收法律救济的纳税人权利保护发展基础

1. 新加坡税务争议事项

新加坡国内税务局关注的常见税务争议事项包括：关联交易，特别是在申报时必须提交的同期转让定价文档；发放税收居民身份证明之前对外国投资控股公司的严格审查；建筑公司对收入的确认；对来源于境外的股息的免税处理；对代扣代缴预提所得税的申报及对少缴预提所得税罚金的收取；享受税收优惠的纳税人在优惠税率及正常税率范围内的收入成本分配；对融资政策及知识产权结构的严格审查；重点关注汽车经销商、私人租车运营商和餐饮机构；交易者缺失诈骗。

2. 新加坡基于税收救济法的纳税人权利保护发展基础

在新加坡，纳税人可针对主计长做出的有关所得税纳税评估提出异议及上诉。异议及上诉过程包含四个阶段（提出异议、复审、诉讼、宣判）。

提出异议。主计长将根据纳税人提交的所得税申报表、已审账目、明细表等信息查明纳税人应纳税所得额。之后，评估通知将被交给纳税人。如果纳税人对评估结果有异议，应在评估通知送达之日起 2 个月内提交书面上诉书。

复审阶段。当有效的上诉书被提交后，主计长会审核提交的信息并进一步对有关方面进行问询并向纳税人发出问询函。纳税人应在问询函发出后 2 个月内进行回复。如果主计长在截止日期仍未收到纳税人的回复，主计长将提醒纳税人。在主计长最后一次与纳税人进行沟通并获得完整信息的 6 个月内，主计长将对纳税人提出的异议进行复审并且发出书面通知。对于复杂案件，如果主计长需要更长的审查时间，主计长将通知纳税人审查所需的预计时间。纳税人必须在主计长发出书面通知之日起 3 个月内以书面形式回复主计长，不管其是否同意主计长的决定。否则，主计长就将出具拒绝更正申报的通知，并将其视为最终评估结果。

如果纳税人与主计长无法就评估结果达成一致，主计长就将向纳税人出具一份拒绝更正申报的通知，并告知纳税人最终评估结果及可进一步上诉的权利。如果在收到纳税人提出的异议之日起 2 年内，主计长要求纳税人提供的资料仍然未提供完毕，那么主计长可以发出拒绝更正申报的通知。

主计长出具了拒绝更正申报的通知后，纳税人有以下选择。一是接受主计长对异议项目的决定，则主计长出具的评估通知将被视作最终的决定与总结。二是按照《所得税法》第 79（1）条，纳税人可以在主计长出具拒绝更正申报的通知后 30 日内提交上诉书（给所得税审议团）。

（五）新加坡税务管理机构发展基础

1.新加坡税务系统机构设置

新加坡国内税务局主要负责为政府管理税务、评估税款、征收税款等，并负责新加坡国内税收征收管理政策的制定与执行。新加坡国内税务局隶属于财政部，采用董事会的模式进行管理，下设税务法规和国际税务部、国际事务关系部、法规执行部、纳税服务部以及调查稽核部等部门。

2.新加坡税务管理机构职责

税务法规和国际税务部以及国际事务关系部主要负责审阅税务法规、依据税法认定合规行为、完善及更新法规以及在国际谈判和制定税收协定（或税收安排）中维护新加坡的经济利益。

法规执行部主要负责处理违反纳税申报以及缴纳税款相关规定的事宜。

纳税服务部主要负责对一些日常税务问题进行回答，满足服务需求。

调查稽核部主要负责处理性质恶劣、影响重大的税务违规案件。

二　新加坡税收征收管理发展变化（2022～2023年）

地缘政治、高通胀和高利率、供应链中断及新冠疫情等多重因素叠加，导致全球经济复苏步伐放缓。近年来，在全球经济放缓的大背景下，新加坡奋勇前进。企业的商业活动日益活跃并将恢复到疫情前水平，推动经济强劲复苏，进而吸引更多外国直接投资。新加坡税收征收管理发展变化如下。

（一）新加坡纳税服务发展变化

1.新加坡货物和劳务税税率变化期间发票处理等过渡性规则

新加坡货物和劳务税税率变化期间发票处理等过渡性规则，适用于2023年货物和劳务税税率从7%提高到8%，2024年货物和劳务税税率将从8%提高到9%期间的情况。在此期间，供应商需要按照新税率计算货物和劳务税，其适用的发票处理过渡性规则如下。

（1）2023 年 1 月 1 日以后开具的发票处理规则

对于国内供货商或根据海外供应商注册机制（OVR）注册的提供数字服务的海外供货商，在 2023 年 1 月 1 日以后开具发票时，根据一般货物供应的规则，在开具税务发票和税率变化后收到全额款项时，应缴纳 8% 的货物和劳务税。但是，如果货物在 2023 年 1 月 1 日之前全部交付，则供货商可以选择按 7% 的税率缴纳货物和劳务税。如果供货商已经向客户开具了 8% 的税单，则需要在 2023 年 1 月 15 日前向客户提供多收费的信用票据。供货商应保留证明文件，以证明货物在费率变化之前就已交付。供货商也可以签发信用票据，以取消 2023 年 1 月 3 日签发的原始税务发票，但是必须同时重新签发一张新的税务发票，以收取 7% 的货物和劳务税。此外，在供货商选择按全部或部分供货价值缴纳 7% 的货物和劳务税，但是无法在 2023 年 1 月 15 日之前开出信用票据或新的税务发票的情况下，主计长将允许其在原始税务发票签发日期后 90 日内，签发信用票据/新的税务发票，以实现税务合规。

（2）对 2023 年 1 月 1 日之前开具发票、调整交易的处理规则

如果供货商在 2023 年 1 月 1 日前开具了税率为 7% 的货物和劳务税发票，但在 2023 年 1 月 1 日或之后收到款项并交付货物，或者在提供劳务的情形下，如果供货商开具的原始发票是税务发票，则其应在 2023 年 1 月 15 日前通过向客户开具信用证和新的税务发票（显示 8% 的货物和劳务税）来调整原始税务发票上的货物和劳务税金额。如果供货商开具的原始发票是一张非税务发票（例如，发给供货商的非货物和劳务税注册客户的收据），则供货商可以根据正常业务惯例对交易进行调整。

计入附加销项税的时间。在出现以下情况的早期，供货商考虑承担供应商品或劳务部分税率为 8% 的额外销项税，相关时间为：一是当供货商开出供货部分的新发票时；二是当供货商收到货款时；三是情况出现在 2023 年 1 月 15 日之前。

2. 新加坡海外供应商纳税服务的新变化

自 2023 年 1 月 1 日起，新加坡国内税务局对向新加坡个人消费者销售和供货的电商平台（称为海外供应商）提出下列要求。一是申请海外供应

商新加坡货物和劳务税注册号。二是在消费者购买商品时对符合条件的低价值商品（最高为 400 新加坡元）征收货物和劳务税。三是定期向新加坡国内税务局进行货物和劳务税申报并缴纳税款。

新规仅适用于满足以下最低标准的电商平台（海外供应商）。一是全球年销售额超过 100 万新加坡元。二是每年向新加坡销售的低价值商品金额超过 10 万新加坡元。三是如果电商平台（海外供应商）不符合上述两个要素的最低标准，则依然适用低价值豁免政策。①

3. 新加坡税务代理使用无缝申报软件（SFFS）进行纳税申报

新加坡国内税务局（IRAS）开发的 SFFS 已于 2022 年全面上线，税务代理人使用此软件可以直接向 IRAS 提交纳税申报表；同样，它可以使税务代理人通过使用软件或应用程序编程接口将客户的内部系统与 IRAS 连接，进而代表客户直接向 IRAS 提交纳税申报表。为了继续帮助更多的企业和税务代理人从 SFFS 中获益，IRAS 提供平台支持税务代理人与无缝申报软件开发人员加强联系，为税务代理人提供了解 SFFS 更多信息的机会。

（二）新加坡税收执法发展变化

1. 新加坡企业所得税遵从风险的新变化

2022 年 2 月 17 日，新加坡国内税务局发布"企业所得税税务风险与控制框架"。其是审查各实体的企业所得税的内部遵从风险管理和监控系统，为获得企业所得税风险管理和管控框架资格所涉及的要求提供指导。其目的是帮助实体更好地管理企业所得税遵从风险。

2. 新加坡税务代理人进行纳税申报承担的税收法律责任的新变化

SFFS 是一个全新的纳税申报系统，为了确保税务代理人有一个适应过程，新加坡国内税务局将免除税务代理人因不熟悉该软件而未在申报截止日期前通过 SFFS 提交纳税申报表或产生错误申报的处罚。税收处罚豁免适用于 2023

---

① 《2023 年新加坡监管政策变化，政策早了解发货免延误》，CZL Express，https：//exp. czl. net/21041. html。

年1月1日至2025年12月31日到期的C-S表、货物和劳务税F5表和F8表与员工纳税申报表（IR21表），但不适用于无合理理由、因疏忽或故意逃税而犯下的错误。

（三）新加坡基于税收法律救济的纳税人权利保护发展变化

新加坡扩大了企业所得税上诉程序中的纳税人概念。2023年3月22日，新加坡税务局发布《企业所得税——反对及上诉程序》。该文件扩大了纳税人的概念范围，即纳税人原来指的是公司、注册商业信托、房地产投资信托和新加坡的常设机构，其中包括外国公司的新加坡分支机构。自2023年3月22日起，除原来的内容外，纳税人还指子信托、交易所买卖基金、私人信托（不包括根据死者遗嘱及无遗嘱遗产设立的信托）。

三　新加坡税收征收管理发展前景

新加坡税务部门始终本着"公平、正直、专业、合作、创新"的核心理念，为纳税人提供优质的纳税服务，努力实现税法遵从最大化，不断提高税务机构和工作人员的效率，使税收征收管理方式可靠、高效。

（一）依据经济形势变化，及时调整税收征收管理政策

从新加坡的社会经济发展阶段以及税收征收管理改革演变的路径看，只有税收征收管理与同期经济发展相匹配，税收政策才能更好地推动经济发展。新加坡每年都会根据社会经济状况对税收征收管理进行一定程度的调整，采取的主要措施一般是调整已有税种税率或者暂停征收遗产税或者出台一些税收减免政策以及推行相应的税收征收管理措施，以适应国内社会经济形势的变化。新加坡政府发布的2022财政年度预算的主要内容包括缓解新冠疫情影响、扶弱扶贫、调整税收制度、实现绿色转型、促进可持续发展，特别是增加货物和劳务税。预算中的税收制度调整措施主要包括两个方面：一方面，货物和劳务税税率将从2023年1月1日起自7%增加到8%；另一

方面，从 2024 年 1 月 1 日起增加到 9%。增加的收入将被用于补充日益增长的医疗费用和照顾老年人。新加坡政府的医疗费用在过去 10 年中翻了一番，预计 2030 年将增加到 270 亿新加坡元，占国内生产总值的 3.5%。实施更公平的税收制度，增加个人所得税、房地产税、豪华车附加注册税等，使富人能够缴纳更多的税费，承担更多的社会责任。此举旨在公平、积极地为政府提供更可持续的收入来源，缓解政府日益增加的公共支出压力，如医疗保健。总体来说，新加坡政府依据经济形势变化，及时调整税收政策，反映了惠民生、增税、保发展的理念。

（二）树立诚信纳税意识，提高税收征收管理效率

新加坡国内税务局一直采取各种奖励措施，鼓励纳税人进行电子报税，在 2008 年，新加坡就推出一项对电子报税者的奖励措施，当时的奖品是地铁预付费用卡。之后规定，凡是进行电子申报者，均可得到所得税彩票，从而有机会中大奖。纳税人踊跃进行电子报税，使新加坡电子报税人数大增。新加坡在实施纳税奖励的同时加大了对偷税抗税的惩处力度，税务检查人员花大量时间和精力对报税情况进行抽样复查，对疑点进行深入追查。纳税人如故意偷逃抗税，就会被起诉，受到法律的惩处，而且会在媒体上被曝光。违法者不仅要缴纳数倍于所逃税款的罚金，而且会被判刑，甚至落到破产、身败名裂的地步。在税收征收管理过程中，新加坡国内税务局坚持"以人为本"，针对税收征收管理中发现的偷税漏税行为，一般要先给纳税人一个主动坦白的机会，实施纳税人自我纠错制度，通过给予纳税人主动坦白的机会，使其主动补报补缴所偷漏的税款，这样通过给予纳税人更多的信任，有利于推动全社会树立诚信纳税意识，从而提高税收征收管理效率，减少社会经济管理成本。这种纳税人自我纠错制度已成为新加坡税收征收管理工作的一种发展趋势。

（三）数字赋能推动税收征收管理进行信息化转型

随着科学技术的进步、数据获取方式的发展及资源利用能力的增强，新

加坡税务部门已逐渐认识到"以数治税"的重要意义，并着手设计、利用和提供智慧化智能化服务，以适应数字化时代给税收征收管理理念、方式、手段带来的革命性变革。新加坡国内税务局运用自主开发的软件增强数字服务虚拟助手 AskJamie 的功能，更加方便快捷地处理纳税人的咨询，数字技术助力纳税服务，以使其更高效。数字技术的发展为新加坡税务部门推动税收征收管理信息化转型创造了条件。2020 年 12 月，OECD 税收征管论坛（FTA）发布了《税收征收管理 3.0：税收征收管理的数字化转型》，提出了税收征收管理数字化转型的目标及应采取的具体措施，计划在 2022 年继续推广有关税收征收管理数字化转型成熟度模型的应用，同时介绍了税收征收管理数字化转型成熟度模型、税务技术方案清单、数字身份识别、电子发票全球性解决方案、在共享和零工经济应用程序中嵌入税收征收管理流程、支持发展中国家税收征收管理数字化转型、知识共享七项行动计划的最新进展，以及未来发展的重点方向。在税收征收管理 3.0 模式下，新加坡税务部门可将税收征收管理流程嵌入纳税人原生系统，提供涉税事项所需的技术规则和信息支持。未来，新加坡税收征收管理的数字化转型方向将更加明晰，数字化推广成本将逐渐降低，数字化转型速度将进一步加快。

泰国税收征收管理发展报告（2023）

摘　要： 本报告主要介绍泰国的税收征收管理及其发展情况，分为三大部分，一是泰国税收征收管理发展基础，主要介绍截至 2021 年底泰国的税收征收管理发展基础；二是泰国税收征收管理发展变化，主要介绍 2022~2023 年泰国税收征收管理发展变化，体现在信息自动交换机制的实施、加大依法纳税宣传力度、对企业所得税优惠的管理和税收执法方面；三是泰国税收征收管理发展前景，主要预测泰国税收征收管理的发展方向，如将持续推广以让企业使用电子税务发票、电子收据和电子代扣税系统，鼓励纳税企业通过电子代扣税系统扣除和缴纳税款；未来将设立府级税务法院，其对特定府具有管辖权，而中央税务法院将管辖整个曼谷、沙没巴干府、沙没沙空府、那空帕农府、吞武里府和巴吞他尼府；在某些情况下，泰国子公司将被要求向税务部门提交国别报告；实施支持全球最低税负制的措施。

关键词： 泰国　税收征收管理　纳税服务　税收执法

本报告主要介绍泰国的税收征收管理及其发展情况。本报告分为三大部分，一是泰国税收征收管理发展基础，主要介绍截至 2021 年底泰国的税收征收管理发展基础；二是泰国税收征收管理发展变化，主要介绍 2022~2023 年泰国税收征收管理发展变化；三是泰国税收征收管理发展前景，主要预测泰国税收征收管理发展前景。

一　泰国税收征收管理发展基础（截至2021年）

在泰国，负责《泰王国税法典》执行的部长是财政部部长，而对《泰王国税法典》的控制和执行管理则由税务局局长负责。税务局局长通过曼谷-吞武里都会区的中央会计办公室和该地区以外地区的各区会计办公室（统称为有关的会计办公室）管理该部门。泰国的税收征收管理主要包括纳税服务、关联交易管理、税收执法和纳税人权利保护等四个方面。

（一）泰国税收征收管理法律体系发展基础

1. 泰国纳税服务法律发展基础

（1）修正综合性税收法律

2021年2月9日颁布的修订后的《泰王国税法典》（2021年第53号法律）是综合性税收法律，内含税收征收管理法和税收救济法。该法律主要引入外国电子服务增值税。[1]

（2）实施《电子发票和电子收据法案》

泰国内阁批准《电子发票和电子收据法案》，以补充2021年2月11日实施的《所得税法》规定，准许任何文件，例如，传票、表格、报告、信件或其他证据以电子形式执行。[2]

2. 泰国税收征收管理法规和规章发展基础

（1）涉及税收征收管理的税种法规

《泰王国遗产税条例》包含遗产税的征收管理程序规定。

（2）纳税服务规章

2021年1月14日，泰国税务局局长发布《关于提交公司和关联公司股权结构以及每个会计期间关联交易合计数据的报告的格式、原则、程序和条件的规定的通知》，制定了关于公司或有关系的法人在会计期间的各种行为的报告、方法和条件的规范。[3]

---

[1] https：//www. rd. go. th/fileadmin/user_ upload/kormor/newlaw/p53. pdf.

[2] "Tax News Flash Issue 118，" https：//kpmg. com/th/en/home/insights/2021/12/th-tax-news-flash-issue-118. html.

[3] https：//www. rd. go. th/fileadmin/user_ upload/kormor/newlaw/dgefreport. pdf.

（3）税收执法规章

2016 年 8 月 31 日，泰国发布《关于作为会计专业组织或总干事批准的组织向税务审计师提供培训的工作的指导原则、程序和条件》（税务局局长公告第 2 号），以规范税务审计师培训。

2021 年 11 月 4 日，泰国发布《关于作为会计专业组织或总干事批准的组织向税务审计师提供培训的标准、程序和条件》（税务局局长公告第 3 号），更新了税务审计师培训的管理规定。

（4）税收救济规章

2021 年 6 月 28 日，税务局局长 Ekniti Nitithanpraphas 先生发布《税务局条例 2021》，该条例对税务行政上诉的前提、程序、管辖权等方面都做了详尽的规定。①

（二）泰国纳税服务发展基础

一国的纳税服务主要包括税务登记服务、纳税申报服务和办税流程服务等。

1. 泰国税务登记服务发展基础

已经拥有国民身份证号码的个人以及由商业发展部门颁发而持有法人注册号的公司或合伙法人、社区企业不需要再重新注册登记以获得纳税人识别号，上述国民身份证号码或法人注册号可直接作为纳税人识别号。

（1）仍需申请纳税人识别号的纳税人②

应缴纳预扣税的涉税人：在所得支付日前至少 60 日申请纳税人识别号。

应缴纳个人所得税的纳税人：没有民事登记法规定的个人识别号码（即外国人、非法人普通合伙企业、非法人团体或未分割遗产组织），希望登记增值税（VAT）或特定营业税（SBT）的个人，在 2003 年 10 月 1 日之前登记增值税或特定营业税的个人需要申请纳税人识别号。

---

① https：//www. rd. go. th/62767. html.

② https：//research. ibfd. org/#/doc？url=/linkresolver/static/gm_ th_ s_ 4. &refresh=1685148873087%23gm_ th_ s_ 4.

纳税人识别号申请必须在申请人取得应评估收入之日起 60 日内提出。

在一个纳税年度内，每次在泰国停留不超过 14 日、累计不超过 90 日的外国人不需要申请纳税人识别号。

申请表格为 L. P. 10. 1，可在任何地区税务办事处提交，但最好向负责申请人居住地区的地区税务办事处提交。

如果申请新的纳税人识别号，那么外籍人士应提交外侨证明书或护照副本及表格 L. P. 10. 1。其可能还需要提交一份房屋登记簿的副本。

（2）部分税种需根据相关要求进行税务登记

①增值税

任何在泰国需要缴纳增值税的个人或实体必须在营业开始前或在年营业额为 180 万泰铢以上后的 30 日内登记注册为增值税纳税义务人或纳税实体。

如果企业位于曼谷，则必须向曼谷地区税务局提交注册申请；如果企业位于曼谷以外的其他地区，则必须向其他地区的税务分支办公室提交注册申请；如果纳税义务人有多个分支机构，则必须向总部所在地区税务局提交注册申请。

2021 年 2 月 10 日颁布的《泰王国税法典修正案（第 53 号）（2021）》要求任何非居民电子服务提供商（"外国电子服务提供商"）如果向泰国非增值税注册人提供的在线服务的年收入超过 180 万泰铢，则必须进行注册并缴纳增值税。这同样适用于任何通过电子平台提供电子服务的经营者，该平台支持由服务建议、付款、交付和其他程序（由税务局局长规定）持续提供的服务。电子平台经营者应代表每个外国电子服务提供者缴纳增值税，而不需要将每个提供者提供的每项服务的详细信息分开。①

该修正案提及以下内容。第一，电子服务是通过互联网或其他电子手段

---

① https：//research. ibfd. org/#/doc？url＝/linkresolver/static/cta_ th_ s_ 13. 11. 2. %23cta_ th_ s_ 13. 11. 1.

自动提供的服务（包括无形财产），如果没有信息技术就无法提供。第二，电子平台包含由多个电子服务提供者提供电子服务的电子市场、渠道或任何其他过程或方法。

外国电子服务提供者必须通过税务局的"电子服务简化增值税系统"进行网上增值税登记。

②特别营业税

实体或个人必须在运营的第 1 日起的 30 日内向地区税务局登记注册为特别营业税纳税义务人或纳税实体。

如果企业位于曼谷，则必须向曼谷地区税务局提交注册申请；如果企业位于曼谷以外的其他地区，则必须向其他地区的税务办公室提交注册申请；如果纳税义务人有多个分支机构，则必须向总部所在地区税务局提交注册申请；对于外国居民，其代理人应负责为其进行特别营业税登记。

2. 泰国电子发票和电子收据管理服务发展基础

泰国内阁批准《电子发票和电子收据法案》以补充 2021 年 2 月 11 日实施的《所得税法》规定，准许任何文件，例如，传票、表格、报告、信件或其他证据以电子形式执行。[①] 该法案包含以下内容。

定义性规定。这涉及电子发票、电子收据、电子发票开票主体、电子收据开票主体、准备电子信息服务提供主体和转让电子信息服务提供主体。

增值税注册主体必须向泰国税务局申请并得到许可，根据规定的步骤和条件准备、寄出、收取和保存电子发票和电子收据。

电子发票和电子收据的开票主体必须依照法案规定准备、送达、收取和保存电子收据和电子发票，尤其要重视有关信息安全系统、电子签章、送达和收取的规定。

准备、送达、收取和保存电子发票和电子收据的电子系统必须按照泰国税务局规定提供认证信息。

---

① 资料来源："Conducting Voluntary Disclosure with the Thai Customs Department through the One Stop Service Program," https://kpmg.com/th/en/home/insights/2022/05/th-tax-news-flash-issue-129.html.

该法案的发布并不影响通过之前法案核准的增值税注册企业。

3. 泰国纳税申报和税款缴纳服务发展基础

（1）企业所得税纳税申报和税款缴纳

泰国采取自行评估机制进行企业所得税的申报及缴纳。企业在规定期间内自行准备申报企业所得税，并于同日缴纳税款。

企业所得税在每个年度申报及缴纳两次。年中缴纳发生在会计年度前6个月结束后的2个月内，以其前半年运营状况为基础推算全年预估的利润（银行、特定金融机构及其他符合条件之企业，以半年度实际营业利润进行缴纳申报）。年度结算申报则应于会计年度结束之日后150日内完成，并以规定的格式提交申报表，显示收入、费用、净利润和其他资料，以及经审计的资产负债表和损益表，或会计期间的总收入表（视情况而定）。公司可以选择在会计期间结束后的158日内以电子方式提交纳税申报表和证明文件。预缴时所缴纳的税款可扣抵年度结算的应纳税款。

企业的征税期间与其会计期间相同，涵盖12个月。在以下情况下，企业的会计期间少于12个月：企业成立首年、企业清算年度，及经税务局及事业发展局核准变更会计期间。

（2）个人所得税纳税申报和税款缴纳

个人所得税的纳税申报包括源泉扣缴及自行申报。

①源泉扣缴

第一，支付方支付相关应税所得时应根据下列个别情况对所得进行扣缴。支付工资薪金所得及劳务所得时，支付方应按照下列步骤对所得扣缴税款：把当年内支付的工资薪金及劳务所得的合计额作为每年的支付总额；扣除费用扣除项及所得扣除项后，按照适用的个人所得税率计算所得；除以支付次数后计算每次应扣缴的所得税款。

当雇主在每个月底向雇员支付工资或其他福利时，根据《泰王国税法典》第50条第2款，雇主有义务扣除预扣税，并向雇员签发预扣税文件，以作为雇员提交给税务局的年度纳税申报表的支持文件，如在泰国境外付款，付款单据（如汇款单）将被用作证明文件。①

缴纳预扣税的纳税人应在缴纳前最少 60 日内申请纳税人识别号。申请表格为 L. P. 10. 4，并向负责所在地区的地区税务办事处提交。申请表格须连同下列文件副本一并递交：被授权人的外国人证件、护照或身份证；办公室房屋登记簿；公司注册证书。

纳税人需要在以下时间内向当地税务局进行纳税申报并缴纳代扣代缴税款：从缴纳月份的最后 1 日起的第 7 日（Taw. Paw. 4/2528），或自扣缴税款之日起 7 日内（《泰王国税法典》第 52 条）。

在一个纳税年度之后的 1 月，雇主向税务机关提交一份报告，以说明所有雇员的收入和税收减免情况。如果该雇员不需要再缴纳或退还税款，则该雇员无须进行任何额外的申报。雇主不能代表雇员提交纳税申报表。②

第二，支付权利金所得及利息、股息、红利、合伙企业分配所得与因投资合并、收购、解散或股权交易增值部分所得时，支付方应从支付款项中依法直接扣除相关税款并于次月 7 日前向主管税务机关代为缴纳。

企业、合伙企业或其他泰国居民向个人所得税纳税义务人支付应税所得时，应按照下列各项所得的扣缴税率履行扣缴义务：支付租赁所得及因分期付款买卖的合同产生的违约金所得中的租赁资产支出部分时，扣缴税率为 5%；支付专业职业所得时，扣缴税率为 3%；支付工程服务所得及其他劳务所得时，扣缴税率为 3%；支付其他所得的广告费用时，扣缴税率为 2%；支付其他所得时，对于涉及因推广销售产生的费用或折扣（若推广的产品或服务仅供消费者自用而非用于销售，则不需要扣缴）的情况，扣缴税率为 3%；在支付其他所得时，对于涉及不属于服务所得、公共交通费用、饭店及餐厅的费用或保险费的其他费用的情况，扣缴税率为 3%；支付除公共交通费外的交通费时，扣缴税率为 1%；在支付其他所得时，对于涉及竞技

① https://research. ibfd. org/#/doc? url =/linkresolver/static/gm_ th_ s_ 5. &refresh = 16851489238 34%23gm_ th_ s_ 5.

② https://research. ibfd. org/#/doc? url =/linkresolver/static/gm_ th_ s_ 5. &refresh = 16851489238 34%23gm_ th_ s_ 5.

竞赛及中奖奖金的情况，扣缴税率为 5%；在支付其他所得时，对于涉及钻石或其他未经切割的宝石的费用的情况，扣缴税率为 1%（支付方为最终消费者时不适用）；在支付其他所得时，对于涉及出口商购买稻米的费用情况，扣缴税率为 0.5%；在支付其他所得时，对于涉及出口商或制造商购买用于生产商品的水生动物的费用的情况，扣缴税率为 1%；在向泰国非居民支付劳务所得、权利金所得、利息、股息、红利、合伙企业分配所得与因投资合并、收购、解散或股权交易增值部分所得及租赁所得与因分期付款买卖合同产生的违约金所得及专业职业所得时，除股利所得扣缴税率为 10% 外，其他项目的扣缴税率为 15%。

当地方或中央政府给付租赁所得及因分期付款买卖合同产生的违约金所得、专业职业所得、工程服务所得及其他所得超过 1 万泰铢时，支付方将在每次支付时，按 1% 的扣缴税率对该支付金额进行扣缴。

在纳税义务人进行个人所得税结算申报时，若所属年度已扣缴税款高于应纳税款，则应在个人所得税结算申报截止日期（次年 3 月 31 日）起 3 年内向税务机关申请退还。

在有必要征收税款的情况下，税务局局长有权发布命令，要求任何应课税收入的支付人按照相关法规中的规则和条件以及税率从源头扣除税款。缴纳预扣税的人员需要提交纳税申报表，并在以下时间内向当地税务局缴纳预扣税款：自付款当月最后 1 日起 7 日内（Taw. Paw. 4/2528）；自根据《泰王国税法典》第 69 之二条扣缴税款的最后 1 日起 7 日内（《财政部关于 2001 年 7 月 24 日延长纳税申报和缴纳预扣税款和增值税的最后 1 日的通知》）；根据《泰王国税法典》第 69 条规定，在土地部登记不动产转让时，根据《泰王国税法典》第 69 之三条扣缴税款。[①]

②自行申报

自行申报个人所得税时，纳税义务人需要在规定时间内自行申报及缴纳应纳税款。有下列情况的个人，无论是否有应纳税额，均需要申报年度个人

---

① https：//research. ibfd. org/#/doc? url=/linkresolver/static/cta_ th_ s_ 1. 11. &refresh = 16854
53581970%23cta_ th_ s_ 1. 11.

所得税[①]：无配偶的个人的年度所得超过 6 万泰铢；无配偶的个人在年度内取得的工资薪金所得超过 12 万泰铢；有配偶的个人的年度所得超过 12 万泰铢；有配偶的个人在年度内取得的工资薪金所得超过 22 万泰铢。

夫妻可选择采取合并申报或者单独申报方式纳税。

个人纳税人可以到其居住地的地方税务局申报纳税。纳税人也可以在网上提交纳税申报表，并在泰国商业银行、泰国邮局或便利店缴纳应纳税款。所得税申报表必须在纳税年度之后的 3 月 31 日前提交。未成年人、被认定为无行为能力或准无行为能力的人或居住在国外的人的纳税申报表必须由其法定代表人、监护人、管理人或产生应评税收入的企业经理提交。如果是死者的遗产，则遗嘱执行人、遗产管理人、遗产继承人或遗产占有权者必须提交所得税申报表。上述规定不适用于在泰国逗留少于 90 日且没有可评税收入的外国人。[②]

个人所得税的征收年度为日历年度，所有纳税义务人均须在次年 3 月 31 日前申报其上一年度所得。除此之外，若纳税义务人有租赁所得、专业职业所得（与医疗、法律、工程、建筑、会计及艺术相关）、合约所得与其他因经营及工商活动所得，则需要在当年 9 月 30 日前对其前半年（截至 6 月 30 日）的所得进行预缴申报，预缴的个人所得税可抵缴年度应纳税款。

（3）石油所得税纳税申报和税款缴纳

石油公司需要在会计期间结束之日起 5 个月内向所属主管税务局进行纳税申报。

（4）增值税纳税申报和税款缴纳

增值税纳税义务人应按月计算并缴纳增值税，一般在次月 15 日前完成增值税申报。

（5）特别营业税纳税申报和税款缴纳

特别营业税纳税义务人应按月计算并缴纳特别营业税，一般在次月 15

---

① https：//research. ibfd. org/#/doc？url＝/linkresolver/static/gm_ th_ s_ 4. &refresh＝1684894585 953%23gm_ th_ s_ 4.

② https：//research. ibfd. org/#/doc？url＝/linkresolver/static/gm_ th_ s_ 4. &refresh＝1685148873 087%23gm_ th_ s_ 4.

日前完成特别营业税申报。

（6）关税纳税申报和税款缴纳

泰国进口货物报关程序与大部分国家类似，进口商需要通过电子报关系统（e-Customs System）填送进口报关单并报送其他必要文件，包括提货单、商业发票及装箱单（包装清单）。

进口货物到港后即为关税课征时点，进口货物存放于保税仓库的时间不得超过45日；若已提交相关进口文件，则最多可存放60日。进口货物的装卸费用及仓储费用应在放行前缴纳。

通过自我评估或内部审计，进行进出口交易的泰国企业可能会发现需要更新或修改向泰国海关署申报的进出口信息，以确保符合泰国关税法规的要求。因此，泰国企业可以考虑向泰国海关署申请关税自愿披露一站式服务，补报和缴纳关税，该机制的适用期间目前已经延长到5年（2021年10月1日到2026年9月30日）。

自愿披露机制对于符合资质的企业具有以下好处。

在泰国海关署总部而非入境港口解决和补缴关税可以免关税罚金，降低每个月的关税附加税率。如果在进口商品后1年内补报，则附加税率为每个月0.25%；如果在2年内补报，则附加税率为每个月0.50%；如果在3年内补报，则附加税率为每个月0.75%。

可以使用自愿披露机制的企业必须确保没有违反泰国《海关法》（例如，出现走私、意图逃避关税、进口违禁品或受限制的商品的情况）、目前没有被泰国海关署进行报关后审计或因违反《海关法》而被政府机关调查或起诉。

根据泰国海关署报关后审计部门机关（同时为自愿披露机制的主管机关）的历史数据，最常发生补报关税的原因是：一是申报关税价值的时候没有加上支付的权利金；二是使用不正确的进口商品分类码。①

---

① "Tax News Flash Issue 118," https：//kpmg.com/th/en/home/insights/2021/12/th-tax-news-flash-issue-118.html.

（7）遗产税纳税申报和税款缴纳

有纳税义务的继承人需要在继承遗产之日（将遗产从被继承人处转移到继承人名下的日期）起 150 日内向税务局申报并缴纳税款。

（8）印花税纳税申报和税款缴纳

印花税纳税义务人一般于凭证或文件在泰国境内生效后 15 日内缴纳印花税。对于特定纳税义务人，如金融机构及保险公司，应在每月以现金方式缴纳两次印花税，即在每月 7 日（税款所属期为上月的下半月）及每月 22 日（税款所属期为当月的上半月）缴纳。

（9）离境清税制度①

在停止从泰国获得收入后，外国人不再需要缴纳税款，除非他们是泰国居民。下列人士在离开泰国前需要办理税收清缴手续：接受过纳税评估的外国人；作为在泰国经营的外国公司的代表并代表其纳税的外国人；在泰国有可评估收入的公共演艺人员，无论其收入是在泰国境内支付还是在境外支付。

税收清缴凭证的有效期为 15 日。如果外国人经常离开泰国，并且有良好的合规记录，则可以获得有效期为 6 个月的清缴证书。

《泰王国税法典》第 4 节之三第 1 段规定，离开泰国的外国人无论是否有应缴税款，都必须在离开泰国前 15 日内通过表格 P.1 申请清税证明。表格 P.1 应连同下列文件一并递交：护照；外国人证明（如有）；居留证明（如有）；工作许可证或其申请（如有）；税务识别卡；银行或信誉良好人士出具的保函；申请人所代理的公司或者合伙企业近 3 年的纳税记录，包括代扣代缴税款的凭证或者纳税凭证；税务局局长所要求的其他证明。

外国人离境时应向移民官员出示清税证明。在没有清税证明的情况下离开或试图离开泰国的外国人将被征收税款金额 20% 的附加费。此外，其会被处不超过 1000 泰铢的罚款或不超过 1 个月的监禁，或两者并罚。

---

① https：//research. ibfd. org/#/doc？ url＝/collections/gm/html/gm_ th_ s_ 003. html.

清税证明是由税务局局长或府长或授权机构颁发给离开泰国的外国人的证明，表明其已经缴纳了税款，或者其已经提供了担保人或证券以作为对纳税义务和应纳税款的担保。

税务局发出的清税证明有两种。第一，P. 3 完税证：单次出境有效，自签发之日起 15 日内可以使用。如果个人未在规定期限内离开泰国，则该完税证除非在有效日前补办，否则无效。第二，P. 3.1 税务清关证明：由于业务或职业原因，多次定期进出泰国，本凭证自完税凭证出具之日起，有效期不超过 180 日。表格 P. 3.1 不允许续期。

《泰王国税法典》第 4 节规定，在泰国过境的外国人，或在一个纳税年度内进入泰国或在泰国居住一段或几段时间但累计不超过 90 日且没有获得可评估收入的外国人，或由总干事规定并经财政部部长批准的外国人，不需要申请清税证明。

（10）延长电子纳税申报宽限期

2020 年 12 月 15 日，财政部进一步延长了用电子方式提交申报表和报告以及支付相关税款的宽限期 8 日，至 2024 年 1 月 31 日。该延长适用于以下申报表和报告：个人所得税申报表（PND. 90、PND. 91、PND. 94、PND. 95）、企业所得税申报表（PND. 50、PND. 51、PND. 52、PND. 54、PND. 55）、预扣税申报表（PND. 1、PND. 2、PND. 3、PND. 53、1 Gor、2 Gor、3 Gor）、增值税申报表（PP. 30、PP. 36）、特定营业税申报表（PT. 40）、转让定价披露报告。纳税人不必以手工方式提交上述申报表或报告，可在法定期限届满后，利用宽限期以电子方式提交上述申报表或报告。财政部批准的宽限期是为了鼓励纳税人使用税务部门的电子申报和支付工具。[①]

4. 泰国纳税评估服务发展基础[②]

评估官员必须根据纳税人提交的纳税申报表进行评估，必须向纳税人发

---

① https：//research. ibfd. org/#/doc？url=/data/tns/docs/html/tns_ 2020-12-28_ th_ 1. html.

② https：//research. ibfd. org/#/doc？url=/linkresolver/static/gm_ th_ s_ 4. &refresh=1685148873 087%23gm_ th_ s_ 4.

出评估通知。

如果纳税人未能在申报截止日期后 2 年内提交纳税申报表或提交虚假或不充分的纳税申报表，则评估官员可进行额外评估。两年后，只有纳税人提交修订后的纳税申报表，评估官员才能提出进行额外评估。

如果评估官员有合理理由相信任何公司提交了虚假或不完整的纳税申报表，评估官员有权向纳税人发出传票进行传讯，还可向证人发出传票进行传讯，命令纳税人或证人出示账目、文件或任何其他证据，但应在传讯实施之日前 7 日发出传票。传票必须在报税日起 2 年内发出，无论报税是在法律规定的时限内还是在财政部部长或税务局局长延长的时间内完成（以较晚的日期为准）。除了有证据或合理怀疑纳税人有意逃税，或为申请退税而有需要外，税务局可将发出传票的时间延长至 2 年以上，但不超过 5 年（从提交纳税申报表日期起计算）。但是，以退税为目的延长期限的，不得超过退税期限。税务局可根据调查所得的证据做出额外评估，并处以等于应缴税款的罚款（《泰王国税法典》第 19～22 条）。

如果没有纳税申报表，则评估官员可根据调查所得的证据，在 10 年内做出评估，并对纳税人处以应缴税款两倍的罚款（《泰王国税法典》第 23～26 条）。如果公司未提交纳税申报表，那么民政事务处或评估官员（视属何情况而定）有权向该公司发出传票，要求其提供证据，并向证人发出传票，命令未提交人或证人提交账目或相关证据，但需要在传讯实施之日前 7 日发出传票。

如果纳税人没有纳税申报表或纳税申报表不充分且不遵守税务调查做出的命令，或纳税人与未报税人无正当理由不回答问题，则评估官员可根据其所知和判断做出估计评税，且纳税人与未报税人对于该评税不得上诉。估计评税亦可由评估官员根据纳税人的财富、开支、生活水平、行为方式或纳税人自己或经营类似业务的其他人的收入统计数据做出。如果填报虚假或不完整的纳税申报表，则可对纳税人处相当于应缴税款的罚款；如果填报不完整的纳税申报表，则可对纳税人处应缴税款的两倍罚款。

紧急评估可由评估部门主任在纳税人提交纳税申报表的期限前进行，其必须发出评估通知。纳税人以欺诈手段逃税可被处以罚款和监禁。

5. 泰国关联交易管理服务发展基础

2021 年 1 月 14 日，泰国税务局局长发布《关于提交公司和关联公司股权结构以及每个会计期间关联交易合计数据的报告的格式、原则、程序和条件的规定的通知》，该通知根据《泰王国税法典修正案》[（第 47 号）B. E. 2561（2018）]、《泰王国税法典修正案》[（第 48 号）B. E. 2562（2019）] 修订的《泰王国税法典》第 11 条和第 71 条之三第 1 款确定。① 该通知有 9 条。

第 1 条取消了分别在 2019 年 11 月 7 日、2020 年 5 月 20 日发布的税务局局长通知、税务局局长关于所得税的通知（第 372 号）。

第 2 条规定根据《泰王国税法典》第 71 条之二提交公司或与之有关系的公司的年度报告表（披露表），应根据《泰王国税法典》第 71 条之三第 1 款规定提交关于公司或其关联公司的信息和有关每个会计期间的交易总额的报告。

第 3 条规定，根据《泰王国税法典》第 71 条之二，公司或公司的利益相关者提交年度报告表时可通过以下任何一种方法。①使用从税务局的系统注册中收到的用户名和密码，在税务局网站直接向税务局提交。②使用财政部税务单点登录（Tax Single Sign On）系统注册处提供的用户名和密码，在财政部税务单点登录系统提交。

第 4 条规定，根据第 3 条，必须通过第 3（1）条规定的税务局的系统或第 3（2）条规定的财政部税务单点登录系统，为符合《泰王国税法典》第 71 条的公司或公司的利益相关者申请注册。经批准后，本公司或公司的利益相关者的年度报告表（披露表）可以通过税务局网站向税务局提交。

第 5 条规定，根据《泰王国税法典》第 71 条之二，当公司或公司的利益相关者提交年度报告表（披露表）而获得参考编号时，应被视为该公司或公司的利益相关者已完成提交。

---

① https：//www. rd. go. th/fileadmin/user_ upload/kormor/newlaw/dgefreport. pdf.

第 6 条规定，根据《泰王国税法典》第 71 条之二，如有合理理由无法进行第 3 条所述的工作，公司或公司的利益相关者应在税务局网站上下载并打印年度报告表（披露表），且以书面形式通知税务局局长无法执行该程序的合理理由，同时将报告表提交给公司设立地或公司的利益相关者所在地的税务局分支机构。

第 7 条规定，当公司或公司的利益相关者收到税务局的收据时，公司或公司的利益相关者应被视为已提交该年度报告表（披露表）。

第 8 条规定，对于会计期间在 2019 年 1 月 1 日至 12 月 31 日的公司或公司的利益相关者，应提交关于公司或有关系的法人的信息和关联交易总额等。

第 9 条规定，在 2020 年 1 月 1 日或以后开始的会计期间，公司或公司的利益相关者应进行公司或有关系的法人的信息和关联交易总额的报送。

6. 泰国纳税服务平台发展基础

税务局等相关机构对纳税人服务的相关调查数据见表 1、图 1。

表 1　泰国税务局、海关呼叫中心的服务次数统计（按预算年份）

单位：次

预算年份	10 月	11 月	12 月	1 月	2 月	3 月	4 月	5 月	6 月	7 月	8 月	9 月
2018	30587	37079	34825	71717	92392	119103	80752	81754	53349	34777	40587	34562
2019	30394	31008	29152	70159	83562	116197	83126	69738	43196	29950	29092	26550
2020	23862	22668	22997	69255	89228	103086	73842	48340	44785	36549	56283	47372
2021	35389	28925	31734	64737	82721	104536	57603	41114	61911	41040	27926	30652

7. 泰国电子纳税服务发展基础

由于泰国对外国电子服务的使用越来越多，同时为了方便公众以电子方式提交有关文件、证据，提高运作的机动性，泰国在 2021 年 2 月 9 日颁布了修正后的《泰王国税法典》（2021 年第 53 号法律），以修订外国提供电子服务并由非注册运营商的用户在泰国使用的增值税征收标准，《泰王国税

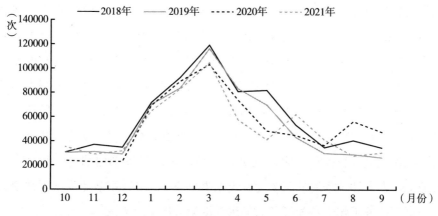

图1　泰国税务局、海关呼叫中心的服务次数统计（按预算年份）

注：泰国预算年度是从上年的10月到本年的9月。

资料来源：①https：//www. rd. go. th/fileadmin/user_ upload/kormor/newlaw/mofex_ cbc. pdf；
② https：//www. rd. go. th/272. html。

法典》关于文件、证据的提供、使用或安排的规定如下。①《泰王国税法典》提及的所有传票、纳税通知、纳税申报单、报告、文件或其他必须持有或使用的书面文件，税务部门与纳税人或任何需要与税务部门联系的人联系时需要的文件、证据或书面材料，可通过电子方式提交。同时，这应符合部级条例规定的有关传输、接收和保存的规则和程序，并且这些规则和程序应符合《电子交易法》的规定。《泰王国税法典》还规定，对于外国提供电子服务并且该服务由不是注册运营商的用户在泰国使用的情况，运营商有义务按销项税额缴纳增值税，而不扣除进项税额，应根据《泰王国税法典》第83条提交纳税申报表。如果其提供电子服务、收取服务费用以及前述规定的任何其他事项都是通过电子平台连续提供的，则电子平台运营商应代表所有提供电子服务的运营商缴纳增值税，而不需要单独向每个运营商征税，以使电子平台运营者与提供电子服务的运营商履行和承担同等纳税义务和责任。

8. 泰国纳税服务满意度发展基础

泰国分别在2020财政年度和2021财政年度调查了纳税人和公众对税务

---

① https：//www. rd. go. th/fileadmin/user_ upload/kormor/newlaw/p53. pdf。

工作人员和税务局的满意度。2020 财政年度的调查人数为 178134 人，在满分为 5 分的情况下，其对税务工作人员的满意度达到了 4.85 分，对税务局的满意度达到了 4.81 分。应该说，纳税人和公众对税务工作人员和税务局的满意度是比较高的。2021 财政年度的调查人数为 194991 人，在满分为 5 分的情况下，其对税务工作人员的满意度达到了 4.87 分，对税务局的满意度达到了 4.85 分，与 2020 财政年度相比，调查人数更多，纳税人和公众对税务工作人员和税务局的满意度更高。2020 财政年度泰国纳税人和公众对税务工作人员和税务局的满意度调查结果见表 2，2021 财政年度泰国纳税人和公众对税务工作人员和税务局的满意度调查结果见表 3。

表 2　2020 财政年度泰国纳税人和公众对税务工作人员和
税务局的满意度调查结果

单位：人，分

	受访者数量	满意度平均值（满分为 5 分）	
		税务工作人员	税务局
1~12 区税务局	178134	4.85	4.81
1 区税务局	15498	4.88	4.84
2 区税务局	3001	4.55	4.38
3 区税务局	26814	4.83	4.83
4 区税务局	7833	4.81	4.77
5 区税务局	5685	4.71	4.66
6 区税务局	7716	4.68	4.60
7 区税务局	48136	4.95	4.93
8 区税务局	11054	4.81	4.78
9 区税务局	22817	4.81	4.80
10 区税务局	16439	4.87	4.77
11 区税务局	6551	4.76	4.72
12 区税务局	6590	4.76	4.70

注：2020 财政年度时间为 2019 年 10 月至 2020 年 9 月。

资料来源：https：//www.rd.go.th/272.html。

表3　2021财政年度泰国纳税人和公众对税务工作人员和
税务局的满意度调查结果

单位：人，分

	受访者数量	满意度平均值（满分为5分）	
		税务工作人员	税务局
1~12区税务局	194991	4.87	4.85
1区税务局	4260	4.78	4.75
2区税务局	883	4.06	3.97
3区税务局	10113	4.80	4.81
4区税务局	6332	4.71	4.62
5区税务局	2963	4.55	4.48
6区税务局	13775	4.82	4.75
7区税务局	23664	4.93	4.92
8区税务局	8903	4.75	4.74
9区税务局	24178	4.79	4.78
10区税务局	86289	4.94	4.91
11区税务局	2247	4.55	4.52
12区税务局	11384	4.83	4.83

注：2021财政年度时间为2020年10月至2021年9月。

资料来源：https：//www.rd.go.th/272.html。

（三）泰国税收执法发展基础

泰国税收执法的发展主要体现在税务审计、税务稽查和税收处罚发展四个方面。

1.泰国税务审计发展基础

在泰国，如果有理由相信存在逃税行为，那么税务局局长或其授权的税务官员可进入任何地方或车辆，搜查及扣押与应缴税款有关的账簿、文件及其他证据。在曼谷大都会以外的府，相关府府长或地区税务主任拥有与税务局局长相同的权力。搜查和扣押权力只能在日出和日落之间或有关业务的工作时间内行使。[1]

---

[1]　资料来源："Administration，" https：//research.ibfd.org/#/doc? url=/linkresolver/static/cta_th_s_1.11.& refresh=1685453581970%23cta_th_s_1.11。

（1）会计专业组织或总干事批准的组织向税务审计员提供培训的规定

2016 年 8 月 31 日，泰国发布了《关于作为会计专业组织或总干事批准的组织向税务审计师提供培训的工作的指导原则、程序和条件》（税务局局长公告第 2 号），该公告的主要内容如下。①

第 2 条规定了会计专业机构或者经总干事批准举办税务审计员培训的单位，应当每年举办税法和其他与税务审计员专业有关的知识培训班。

培训班的课程涵盖《税务法典》、《审计和核证实务准则》、《会计准则》、《审计准则》和《审计和核证人员行为守则》中的主要内容。培训期间必须确保：一是公司所得税培训时间为 3 小时；二是增值税培训时间为 3 小时；三是特定营业税、预扣税和其他适用法律法规培训时间为 3 小时；四是审计和核证的操作标准、会计准则、审计准则和审计和核证人员的职业道德培训时间为 3 小时。

该公告适用于自 2017 年 1 月 1 日起进行的培训。在该公告生效之日前，经总干事批准为税务审计员提供培训的会计专业组织或机构，应根据本公告对课程进行修改，并将修改结果提交税务审计司。经税务审计司司长审核批准后，方可举办培训课程。

（2）更新会计专业组织或总干事批准的组织向税务审计员提供培训的规定

2021 年 11 月 4 日，泰国发布《关于作为会计专业组织或总干事批准的组织向税务审计师提供培训的标准、程序和条件》（税务局局长公告第 3 号），自发布之日起施行。②

第 2 条规定了会计专业团体或单位如欲申请成为经税务局局长批准的为税务审计员提供培训的会计专业团体或单位，则应具备一定条件，遵循相关规则和程序。第一，专业会计组织或机构必须具备下列条件。一是公立高等教育机构或根据《私立高等教育法》成立的私立高等教育机构。二是作为

---

① https：//www.rd.go.th/fileadmin/user_ upload/kormor/newlaw/dg_ agree2. pdf.

② https：//www.rd.go.th/fileadmin/user_ upload/kormor/newlaw/dg_ agree3. pdf.

公司或合伙企业、法人、基金会或协会的私人职业培训机构，其目的是举办培训和研讨会，以便在法人证书或基金会登记证书（M.3）、协会登记证书（视情况而定）中列出。三是政府机构内的福利机构，其主要工作目标是向公务员和公众传播有关税法的知识和举办培训和研讨会。第二，讲授人的资格。一是本科生，毕业后必须有不少于 5 年的税务或税务会计工作经验；二是硕士研究生，毕业后必须有不少于 3 年的税务或税务会计工作经验；三是博士研究生，毕业后必须有不少于 1 年的税务或税务会计工作经验。

第 3 条规定会计专业组织或经税务局局长批准为税务审计员提供培训的机构，应每年举办培训班。其主题应涉及税法和其他相关规定，税务局制定会计标准、审计标准和规范审计人员的职业道德。培训以最新的内容为重点，每年至少提供 12 个学时的课程，其中，《泰王国税法典》规定的税法内容和税务局规定的税收条例的内容不少于一半。此外，培训课程应进行变更处理。

第 4 条规定，会计专业组织或经税务局局长批准为税务审计员提供培训的机构对税务人员进行培训时，应提供有关线下培训、线上培训的课程、内容、科目范围和时间的详细情况。例如，规定了学时的计量标准，在培训期间，每门课程的 1 学时为 60 分钟。开幕式、闭幕式和休息时间不作为培训课时。

第 5 条、第 6 条规定了会计专业组织或经税务局局长批准为税务审计员提供培训的机构的解散和撤销事宜。

2. 泰国税务稽查发展基础

在提交纳税申报表之日起两年内，如果税务稽查人员有理由相信在纳税申报表中包含虚假或不充分的信息，税务稽查人员有权发出税务事项通知书，要求相关人员到税务机关配合调查，提供会计账目及其他相关证据。税务事项通知书送达后，相关人员应于 7 日内准备材料或做出回复。如果企业不方便将所有资料送至主管税务局，税务局会派税务稽查人员到企业调查相关账目、记录等。在检查完毕后，税务稽查人员有权基于收集的证据调整此前税务评估中的数据，并进行进一步的调查以确定补缴的税额、罚款和滞纳金，或者调整可结转的亏损。

如果税务稽查人员有证据表明纳税人有逃税情形，则税务稽查的有效期为自纳税人提交纳税申报表之日起的 5 个会计年度。但是，根据泰国《民法》和《商法典》，税务局有权使进行税务稽查的追溯期长达 10 年。

3. 泰国税收处罚发展基础

（1）企业所得税及个人所得税

纳税义务人若已依规定申报所得税，但存在虚假申报的情况，则将被处以所漏税款 100% 罚款；未在规定期限办理所得税申报，则将被处以所漏税款 200% 罚款。在所得税核查期间，若纳税义务人提出书面申请，经税务机关认定纳税义务人不存在主观故意的逃税行为且在审查过程中尽力配合，则前述罚款可减少 50%。

纳税义务人未在规定期限缴纳税款，对其每月应加征 1.5% 滞纳金，不满 1 个月的以 1 个月计算，但滞纳金最高不超过其应缴纳而未缴纳税款的金额。

对于所有法人和合伙企业，不论资本多少，必须每隔半年缴税，并在提交纳税申报表时缴纳税款。否则，每个月必须缴纳全部税款或部分税款（不包括附加费）1.5% 的附加费。如税务局局长批准延长缴纳税款的时限，并且其已在指定时间内缴纳税款，则上述每个月 1.5% 的附加费将减至每个月 0.75%。[①]

年终申报。如果一家公司在年底未足额缴纳基于纳税申报表的税款，则该公司应承担相当于未缴税款的罚款（《泰王国税法典》第 22 条）；如果一家公司未能在年底提交纳税申报表，则该公司将被处以相当于应缴税款 2 倍的罚款（《泰王国税法典》第 26 条）。

年中申报。如果一家公司未能提交年中纳税申报表及缴纳税款，或在没有合理理由的情况下提交的年中纳税申报表中的估计利润比实际净利润少

---

① https：//research. ibfd. org/#/doc？url=/linkresolver/static/cta_ th_ s_ 1. 11. &refresh = 16854 53581970%23cta_ th_ s_ 1. 11.

25%以上，则需要基于以下税款缴纳20%的附加费：未缴纳的年中（即半年）税款（如果申报不充分）；在未申报的情况下的年度应缴税款的一半（即全年税款的50%）。

20%的附加费（有关年中申报）为最高限额，可由税务局进行调降。税务局局长根据第1097/198号条例，就调低附加费制定以下规则。第一，纳税人提交书面请求说明减免原因或税务局局长认为适当时。第二，评估人员认为纳税人没有逃税意图或者在税务审计配合良好时。第三，评估部门主任可按以下方式扣减附加费。一是如果公司在没有收到任何书面警告或税务审计的通知的情况下提交了纳税申报表并缴纳了税款，则附加费可以减少。①如果根据《泰王国税法典》第67条之二的规定在到期日后2日内缴纳，则附加费为到期税款的0.10%；②如果根据《泰王国税法典》第67条之二的规定，在到期日后2日但不超过7日内缴纳，则附加费应为到期税款的0.50%；③在其他情况下，附加费应为每个月应纳税款的3%或应纳税款的一小部分，附加费最高不超过每个月应纳税款的20%。二是除上述规定外，对于其他附加费的减免，应由税务局局长或其授权人员批准。

根据《泰王国税法典》第27条的规定，对纳税人未能按时缴纳的税款征收附加费或利息，征收比例为每个月1.5%。如果税务局局长批准延长纳税期限，则征收比例可降至每个月0.75%。附加费以应纳税额为上限。

如果纳税人提交了修改后的纳税申报表，并且修改后的应纳税额增加，则每个月征收应纳税款的1.5%的附加费（从纳税到期日起计算）。

如果申请人没有提交纳税申报表，或提交虚假或不充分的纳税申报表，税务局会自原纳税申报表到期日起每个月征收应纳税款的1.5%的附加费。

根据《泰王国税法典》第35条的规定，如果公司未按时提交或未提交纳税申报表和经审计的财务报表，则将对每份文件处以最高2000泰铢的罚款。此外，未保存会计记录的公司将被罚款10000泰铢，公司的每位授权董事也将被罚款10000泰铢。

以下违法行为也将受到处罚。第一，故意不提交纳税申报表并逃税，可处5000泰铢的罚款及（或）监禁6个月；第二，故意提供虚假资料并逃税，可处 2000 泰铢至 20 万泰铢的罚款及 3 个月至 7 年的监禁；第三，拒绝提供税务机关要求的资料，罚款 2000 泰铢及（或）监禁 1 个月；第四，涉嫌逃税的，罚款 5000 泰铢及（或）监禁 1 个月；第五，不提供泰语信息的，罚款 5000 泰铢。

（2）石油所得税

对未按照规定期限申报及缴纳石油所得税的纳税人处以罚款及滞纳金，但税务机关可根据纳税人是否存在主观故意逃避履行纳税义务的情况，自行裁决是否免除或减轻处罚。

（3）增值税

对于未按照规定申请进行增值税登记但已经开展经营活动，或经营者在注销登记后仍继续进行经营活动的，税务局将基于其每个月应纳税额处 200% 罚款，其每月的应纳税额不得少于 1000 泰铢。

对增值税纳税义务人发生的以下行为处以相应处罚。第一，对于未按照规定期限申报及缴纳增值税的纳税义务人，将基于其当月应纳税额处 200% 罚款。第二，对于申报及缴纳的增值税金额不正确的纳税人，将基于其应缴纳而未缴纳的税额处 100% 罚款。第三，对于少计销项税额或虚报进项税额的情况，将基于纳税人少报税项的金额或虚报的进项税的金额处 100% 罚款。第四，对于纳税义务人未按照规定开具税务发票的情况，将基于其每个月应纳税额处 200% 罚款。第五，对于纳税义务人未按照规定留存资料以备查的情况，将基于其每个月应纳税额处 200% 罚款。

对上述应缴纳而未缴纳税款，每个月基于应缴纳而未缴纳税款加征 1.5% 的滞纳金，滞纳金最高不超过其应纳税款。

（4）特别营业税

纳税义务人未按照规定申请进行特别营业税登记的，将基于每个月应纳税额处 200% 罚款。

对特别营业税纳税义务人发生的以下行为处以相应处罚。第一，对于未按照规定期限申报及缴纳特别营业税，将基于其每个月应纳税额处 200% 罚款。第二，对于申报及缴纳的特别营业税金额不正确，将基于纳税人应缴纳未缴纳的税额处 100% 罚款。

对于上述应缴纳而未缴纳税款，每个月基于应缴纳而未缴纳税款加征 1.5% 的滞纳金，滞纳金最高不超过其应纳税款。

（5）关税

对于违反《海关法》的行为，大多数纳税人会被基于应缴纳而未缴纳税款处以罚金。违反《海关法》的行为包括未遵循海关稽征程序、未执行进出口申报、走私及逃漏关税，相关罚则请参阅泰国《海关法》。

基于经海关署调查或核查，纳税义务人与海关调查人员达成协议并在进行诉讼之前结案，则相关罚款将根据经海关主管指示的协议条件确定。一般而言，关税部分将被处以所漏税款 2 倍的罚款，增值税部分将被处以所漏税款 1 倍的罚款。针对进口商品核准及走私等违规行为，罚款金额以进口货物价值的倍数计算。

（6）印花税

纳税义务人未在规定期限内贴足或缴纳印花税，应基于应缴纳而未缴纳税款加征 200%~600% 的滞纳金，且未按照规定贴足印花税票的凭证及文件不可作为民事诉讼的证明文件。

（四）泰国基于税收法律救济的纳税人权利保护发展基础

泰国的纳税人权利保护主要体现在纳税评估、税务行政诉讼制度和纳税人维权机构和维权程序等方面。

1. 泰国税收法律救济的程序发展基础

若纳税人对核定补缴税款的决定存有异议，应在收到核定通知书之日起 30 日内向申诉机关提出申诉；若纳税人对于申诉机关的调查结果存有异议，应在收到申诉结果通知书之日起 30 日内，向税务法庭提出申诉；若不服税务法庭的判决结果，纳税人应于收到税务法庭判决结果通知书之日起 30 日内向特别诉讼法庭提出申诉，除遇有重大议题且经最高法庭核准可以再送往最高法庭审理的事项之外，原则上特别诉讼法庭的判决结果将被视为最终判决结果。

除非事先取得主管机关监事（Director-General）的授权，税款必须在判决做出之日起 30 日内缴纳，税款缴纳期限不因纳税人进行税务申诉而递延，若纳税人未依法定期限缴纳税款，则将被视为拖欠税款。

2. 泰国税务行政诉讼发展基础

2021 年 6 月 28 日，税务局局长发布《税务局条例 2021》，该条例对税务行政上诉的前提、程序、管辖权等方面都做了详尽的规定。[1]

（1）纳税评估异议的税务行政诉讼

①提起上诉。当纳税人从评估人员那里收到税务评估通知时，其可以反对这种税务评估。其应在收到根据《泰王国税法典》第七节第 30 条做出的评估通知之日起 30 日内提出上诉。

例如，纳税人通过电子上诉系统提出上诉，若发生系统故障导致上诉停止，或由任何其他原因导致未能通过电子上诉系统提出上诉，则上诉人必须在法定期限内向上诉机构提出上诉。

如果纳税人在法定期限届满时提出上诉，则应根据《泰王国税法典》第 3 条第 1 款向专员提出延长上诉期限的申请。如果上诉人要申请纳税，则其必须向税务局局长提交纳税申报单。

②接受上诉。如果上诉机构收到上诉，则每个人受理的上诉和发放上诉编号的详细情况均应记录在电子上诉系统中，但出现系统无法记录的情况时除外。应将上诉回执的详细信息记录在电子上诉系统中，以表明收到和受理上诉。

如果通过电子上诉系统接受上诉，上诉编号将通过电子方式发出，并分成不同类型的税务类别。

上诉机构的上诉通过电子上诉系统进行，并应在每个工作日提交一份请愿书，以继续执行上诉程序。在收到上诉请求之日起 5 日内，应通知申请人是否向任何上诉机构提交上诉请求。

③上诉听证会。上诉机构收到上诉后，应将材料转交主管当局，或解释

---

[1] https：//www.rd.go.th/62767.html.

税务评估的事实和理由，以反驳上诉者的论点和调查结果。

主管官员应根据评估人员或上诉人员的理由审查证据、事实和法律文件。如有必要和适当的理由，应发出请柬或传唤上诉人或证人，并（或）由其提供证据，以便进行上诉。

上诉听证会应由上诉人提交证据。送达期限为自收到请柬或传票之日起的 30 日内，并应通知上诉人，如果在规定期限内不送达，则将根据所提供的证据予以考虑。

负责审理上诉的官员应通过编制上诉听证报告进行审议并发表意见。

④上诉委员会会议及上诉决定。在上诉委员会会议上，上诉委员会秘书应根据情况向总干事或其代表、州长或其代表提出建议。

每个上诉听证会至少需要对以下主题进行详细介绍：一是审查的事实；二是上诉的要点；三是上诉委员会的决议中的本质的事实、参考法律、考虑因素和对自由裁量权的支持。

上诉委员会的上诉决定由大多数人讨论得出。上诉委员会秘书应做详细的会议记录以作为证据。上诉委员会会议召开情况可以由电子媒体播出。

⑤上诉决定的准备。上诉委员会秘书应准备上诉决定，并在上诉委员会就上诉做出决定之日起 60 日内将其提交上诉委员会签署，上诉机构在收到上诉委员会签署的上诉决定之日起 7 日内通知上诉人及相关机构。

上诉委员会的工作和上诉报告应通过电子上诉系统提交。上诉委员会在做出上诉决定后的 30 日内应提交电子上诉系统会议报告。

⑥进行上诉通知书的编制。上诉委员会秘书应准备有关处理上诉的通知书，并将其提交给总干事。地区税务局（视情况而定）在上诉委员会确认之日起 60 日内签字。在上诉委员会签署之日起 7 日内，应将上诉通知书发送给上诉人。

（2）税收减免异议的税务行政诉讼

①提起上诉。上诉人在等待上诉委员会的决定或法院的决定期间希望申请减税时，必须向总干事提出请求，税收减免请求应在上诉决定做出之前提交，直至法院做出最终判决。

提供担保。除非总干事另有命令，在申请进行税收减免异议诉讼时，上诉人必须提供下列担保。一是总干事规定格式的银行担保。二是将不动产作为抵押登记的担保，不动产价格应当基于评估价格、注册费用和法律关系计算。根据《土地法》，应有足够的钱来偿还债务、税收和额外的利息。三是以政府债券为担保，如税务局规定的以税收抵免的金额为担保的政府债券，以及在法律规定的期限内到期的额外资金。四是以申请人的商业银行定期存折的金额及在法律规定的期限内的利息为担保。另外，需要提交申请人同意书，冻结发行有关保证金的行为，将存款余额和担保的定期存款转让给银行，并将暂停行为的结果通知税务局。五是将他人的不动产或政府债券作为抵押登记标的，或作为对部分应税债务的担保。在这种情况下，纳税人有权根据《税务局条例2021》第12条对未担保的部分应税债务进行偿还。

②审议请求的税收减免、核实索赔和抵押品副本的准确性，然后将其记录在电子上诉系统中。在收到请求之日起5日内，应将其连同申请书和抵押品副本提交给上诉机构，担保合同正本应放在接受请求的机构。

③上诉机构收到请求和抵押品副本时，将此事提交给相关官员，以准备一份关于考虑税收减免请求的报告。

（3）退税异议的税务行政诉讼

公司所得税的退税申请必须在纳税申报截止日期后3年内提出（《泰王国税法典》第27条之三）。如果纳税人提交了修改后的纳税申报表，则因修改而产生的任何可退还税款的申请必须在原始纳税申报表提交截止日期后的3年内提出。①

3.泰国纳税人维权管理机构发展基础

（1）上诉委员会的组成

对于在曼谷辖区的办事处的官员做出的税务评估提出上诉，上诉委员会

---

① https://research.ibfd.org/#/doc?url=/linkresolver/static/cta_th_s_1.11.&refresh=16854 53581970%23cta_th_s_1.11.

由司法部部长或其代表和行政代表组成。

对于曼谷以外其他府的官员做出的税务评估提出上诉，上诉委员会由府长、地区税务局局长、府检察官或代表组成。

上诉机构应为每个上诉委员会提供秘书和助理秘书。

（2）税务法院及其职能

税务法院有权审理以下类型的民事案件：针对官员或委员会根据税法下达的命令提出上诉的案件；国家主张税收义务的纠纷案件；退税纠纷案件；基于税收征收管理权利、义务发生争议的案件；法律规定由税务法院管辖的其他案件［《税务法院成立与程序法》B. E. 2528（1985）第7条］。[①]

（五）特殊类型实体的税收管理

泰国对一些特殊类型的实体有如下一些特殊的税收管理规定。[②]

1. 合伙企业

注册普通合伙企业受《企业所得税法》约束。合伙人在没有任何对价的情况下从法律合伙企业中提取的金额不可扣除。

未注册的普通合伙企业（非法律合伙企业）受《个人所得税法》约束。

2. 非法人协会

非法人协会不受《企业所得税法》的约束，但应对其收入进行评估，另外，其现金和实物收入应缴纳个人所得税。

一般来说，泰国非法人协会的收入都要缴纳个人所得税，无论这些税款是在泰国境内还是在境外缴纳的，另外，在泰国境外从泰国境内的财产中获得的收入都要纳税。

3. 非税实体

为了支持资本市场交易的信托结算，根据资本市场交易信托法律，信托创始人、受托人和受益人可根据具体情况被免征所得税、增值税、特定营业

---

① https：//research. ibfd. org/#/doc? url=/collections/cta/html/cta_ th_ s_ 001. html.

② https：//research. ibfd. org/#/doc? url=/linkresolver/static/cta_ th_ s_ 11. 4. %23cta_ th_ s_ 11. 2.

税和印花税［第 533 B. E. 2555 号免税皇家法令（2012）］。

4. 执行人及管理人

如果某人去世而未提交纳税申报表，则遗嘱执行人、遗产管理人、继承人或遗产占有权者有义务提交纳税申报表。在死者死亡的全年内，死者及其遗产所产生的所有应评估收入必须包含在纳税申报表中。在以后的年份里，如果遗产仍未分配，并且遗产的可评估收入超过最低限额，则遗嘱执行人、遗产管理人、继承人或遗产占有权者必须提交纳税申报表。

5. 合资企业

合资企业作为独立于合作伙伴的实体受《企业所得税法》的约束。与在泰国设立的合资企业直接有关的外国总公司费用，可以在计算合资企业净利润时扣除。对于外国总部的间接费用，分配的金额必须是代表泰国业务成本的公平份额，可以作为在泰国产生的净利润进行扣除，并且不得作为总部或任何分支机构的净利润进行扣除。外国总部的财政支出表必须由总部的审计员签字。

如果税务局认为外国总部的开支违反《泰王国税法典》第 65 条之三（13）及（14），则税务局将不被允许把该类开支记入合资企业的账目，该类开支不得扣除，即不专门为获取利润或经营目的而发生的任何费用、不专门为在泰国开展业务而发生的任何费用。

在泰国的合资企业没有费用记录的，在计算净利润时，允许采用适用于合资企业的标准扣除。

如果合资企业的收入支付人是政府机构，则必须根据《泰王国税法典》第 69 条第 2 款的规定，按 1% 的税率从源头扣缴税款。税款从合资企业每年应缴所得税中抵扣。

合资企业需要缴纳企业所得税。当合资企业将利润分配给参与的合伙人时，这些利润反过来成为合伙人的收入。但是，在泰国经营业务的合资企业所获得的股息或利润免征企业所得税，该合资企业由在泰国的公司和合伙企业或在泰国开展业务的外国公司或合伙企业组成［第 10 B. E. 2500 号皇家法令（1957）第 5 条之二］。

如果泰国合资企业的利润汇给外国合作伙伴，则必须根据《泰王国税法典》第 70 条之二代扣代缴税款。

对于个人从合资企业取得的利润，按个人所得税的税率缴纳预扣税。同时，根据《泰王国税法典》第 47 条之二的规定，股息或利润的税收抵免也适用。

6. 外国代表机构

根据 1986 年 6 月 30 日关于外国代表机构在泰国纳税义务的通知，以下规定适用。

如果代表机构根据其总公司的指示从事采购商品和出口业务，则出口商品应视为按出口日的市场价格在泰国销售，且部分商品收入应被视为计入商品出口会计期间的企业所得税收入，但下一段所述情况除外（《泰王国税法典》第 70 条之三）。

总部设在与泰国有税收协定的国家的如上文所述的代表机构不被视为其总部，其在泰国不受《企业所得税法》和《增值税法》的约束。

代表机构向其总部提供各种服务，对在泰国购买或租用用于生产的商品进行质量和数量控制，向总部传递新商品或服务的数据或信息，包括仅向总部报告泰国的业务发展情况，而不向第三方提供此类服务。此外，如果代表机构从总部获得补贴以缴纳代表机构产生的费用，则这些补贴不被视为用于计算企业所得税或增值税的收入。

如上文所述，在代表机构向第三方提供服务时，无论这些服务是否取得费用，代表机构都应被视为在泰国开展业务，并且在计算企业所得税和增值税时必须考虑相关费用。

如果代表机构经营前款规定的业务，则必须在开始营业之日起 30 日内，向代表机构所在地的地区税务办事处或地区税务局申请进行商业登记。否则，代表机构将被处以每月应缴税款 1.5% 的附加费，还可能被提起刑事诉讼。

如前文所述，如果出口商品，则代表机构有责任缴纳增值税。任何在代表机构工作并领取工资的外国人，无论是在泰国境内还是在泰国境外，都要缴纳个人所得税。支付工资的代表机构必须在工资支付之日起 7 日内向所在地税务局申报，并将税款汇至税务局。

二 泰国税收征收管理发展变化（2022~2023年）

2022~2023 年，泰国在税收征收管理方面的发展变化主要体现在信息自动交换机制的实施、加大依法纳税宣传力度、对企业所得税优惠的管理和税收执法方面。

（一）泰国税收征收管理法律体系发展变化

1. 泰国税收优惠服务法规的新发展

为应对新冠疫情，政府在 2022 年延长临时税收优惠措施。

第 755 B. E. 2565 号皇家法令（2022）：进口和捐赠用于治疗、诊断和预防新冠的医疗物品和用品的增值税豁免和所得税扣除（如适用），延长至 2023 年 12 月 31 日。

第 751 B. E. 2565 号皇家法令（2022）：通过电子捐赠系统向政府捐款的所得税减免和增值税豁免（如适用），延长至 2023 年 12 月 31 日。

2. 泰国纳税服务规章的新发展

（1）电子发票管理服务规章

2023 年 5 月 12 日，泰国税务局局长发布《关于准备、发送或保存带有时间戳的税务发票的通知》，进一步规范电子发票管理，其自 2023 年 6 月 1 日起生效。[1]

（2）税收优惠服务规章

2023 年 1 月 12 日，泰国税务局局长发布关于所得税的通知（第 432 号），规定了社区企业所得税免税的原则、方法和条件。[2]

---

[1] https：//www. rd. go. th/fileadmin/user_ upload/kormor/newlaw/pa_ time_ stampA. pdf.

[2] https：//www. rd. go. th/fileadmin/user_ upload/kormor/newlaw/dg432A. pdf.

2023 年 4 月 10 日，泰国税务局局长发布关于所得税的通知（第 433 号），规定了关于对实施温室气体减排项目的公司或合伙企业免征所得税的标准、程序和条件。[①]

2023 年 4 月 28 日，泰国税务局局长发布关于所得税的通知（第 434 号），规定了通过电子捐赠系统向林业部捐款以支持全球减排社区伙伴关系项目的所得税免税的原则、方法和条件。[②]

（二）泰国纳税服务发展变化

1. 泰国纳税宣传服务的发展变化

泰国税务局在 2023 年 2 月初表示将继续加大对公众进行依法纳税的宣传力度，重点放在网络卖家、直播带货者和网红名人等上，以鼓励他们按规定自觉缴纳个人所得税，并警告有做假账逃避纳税倾向的纳税人，一经查出将面临最高 7 年刑期或 20 万铢罚款。在扩大税基方面，泰国税务局的确取得了不错的成绩，2021 年，其成功吸引了 14.2 万余名新纳税人进入税务系统，当年新增税收收入超过 16 亿铢；2022 年新增 16.8 万余人自觉申报税款，使当年税收收入增加了 22 多亿铢。与此同时，政府在不断开发和升级税务系统，希望营造更加健康、公正、公平的纳税生态环境，杜绝偷逃税行为。[③]

2. 泰国电子税务发票管理服务的发展变化

2023 年 5 月 12 日，泰国税务局局长发布《关于准备、发送或保存带有时间戳的税务发票的通知》。该通知第 1 条规定："电子数据"是指通过电子手段生成、发送、接收、保存或者处理的信息；"时间戳"是指电子交易发展局或其他主管部门对电子数据进行的任何程序或电子手段，以确保电子数据的可用性，而时间戳已被确认，如果更改，则可被检测到。"税务发票"是指已将文本制作成可访问和可重复使用的并已加盖电子交易发展局或其他主管部门公布的时间戳的电子数据的税务发票，其含义不变。

---

① https：//www. rd. go. th/fileadmin/user_ upload/kormor/newlaw/dg433A. pdf.

② https：//www. rd. go. th/fileadmin/user_ upload/kormor/newlaw/dg434A. pdf.

③ https：//thaizhonghua. com/2023/02/09/105788. html.

第 2 条规定拟提供税务发票的注册经营者应通过税务局的电子系统向局长提出申请，要求将其列为有资格提供税务发票的人，必须按照税务部门规定的协议进行身份证明和确认。

一旦税务局局长公布注册企业家的名单，则其只有在提供电子邮件地址以便通过税务局的电子系统提交税务发票的情况下，才能开具税务发票。

如果已公布名单的注册经营者希望申请新的密码、更改密码或更改第一款规定的电子邮件地址等，则应通过税务局的电子系统向局长提出申请。

第 3 条规定注册商在编制税务发票时必须使用安全可靠的方法，包括硬件和软件系统，并且至少需要使用一个程序，在记录数据时，它不能在没有任何痕迹的情况下修改项目。此外，编辑项目不能删除或清除项目，如果要修改，则必须添加更新项目以显示更新前和更新后的项目，并且必须有修改项目的报告以供检查。

第 4 条规定根据第 2 条第 2 款公布姓名的注册企业家可以选择根据本通知开具税务发票。

第 5 条规定有权开具税务发票的注册企业家应承担以下职责。第一，根据税务局网站上公布的电子数据的格式、大小和类型，编制包含《泰王国税法典》第 86/4 条规定的重要项目的文本。第二，使用根据第 2 条向税务局提供的电子邮件地址将第 1 条规定的税务发票信息同时发送至货物的买方或服务接受者的电子邮箱和时间戳系统的电子邮箱。当注册企业家进行前一个操作时，应视其开具税务发票并交付给买方或服务接受者。买方或服务接受者把收到的带有时间戳的发票作为税务发票。

第 6 条规定，虽然注册经营者已按照第 5 条向买方或服务接受者发送税务发票，但该税务发票的实质内容不完整，注册经营者可以自行决定或要求注销。注册经营者应提供新的有效发票，无须收回原发票，应采取以下措施。第一，将新的税务发票编号设置为新的编号，并注明新的税务发票的制作日期（×年×月×日）；第二，提供一份说明，说明税务发票已被注销，并用签发新的发票取代旧的发票，其中包括编号、日期或任何其他类似的说明，并在提供新的税务发票的纳税月份的纳税申报表中备注该税务发票的注销情况。

第 7 条规定，已向货物购买者或者服务接受者提供并交付增值税发票的登记经营者，应货物购买者或者服务接受者（遗失、损毁增值税发票信息档案的，应当依法予以销毁或者以任何方式宣布无效）的请求，向其发送加盖时间证明的相同发票信息，而不开具代替发票。

第 8 条规定，注册经营者应编制债务增加或减少表，其中包括《泰王国税法典》第 86/9 条或第 86/10 条规定的重要事项，并按税务局网站上公布的电子数据的格式和类型以电子形式提供。同时，应视情况比照适用第 5 条、第 6 条或者第 7 条的规定。

第 9 条规定注册经营者在编制和发送第 5 条、第 6 条和第 8 条规定的税务发票或相关文件时，应视情况注明下列内容。第一，税务发票应注明"［开具税务发票的日期］［INV］［税务发票编号］"。第二，增值税证书应注明"［增值税证书签发日期］［DBN］［增值税证书编号］［原始增值税证书编号］"。第三，债权证应注明"［债权证签发日期］［CRN］［债权证编号］［原始债权证编号］"。第四，注销原增值税发票，开具新的增值税发票，应当注明"［开具新的增值税发票日期］［INV］［新的增值税发票号码］［原增值税发票号码］"。

第 10 条规定提供税务发票的登记企业或者取得税务发票的货物购买者或者服务接受者，应当按照下列规定保管税务发票。第一，自消息生成并能够显示后，使用可靠的方法保持消息的有效性。第二，保留税务发票信息，以便在不改变其含义的情况下访问和重复使用。第三，保持税务发票信息的生成、发送或者接收时的格式，或者能够正确显示生成、发送或者接收的税务发票信息的格式。第四，注明税务发票原产地、来源地和目的地，以及发送或接收该文本的日期和时间（如有）。

3. 泰国税款缴纳服务的发展变化

如因征收税款需要，税务局局长有权发出命令，要求任何应税收入的支付人，按照部级规定中的规则、条件及税率，从源头扣除税款。

代扣代缴的税款，不论是否实际代扣代缴，都必须自支付所得之日起 7

日内汇往有关税务机关。付款后，须附上纳税申报表以详列扣除额的情况。雇主向雇员发出扣缴税款的文件，以作为雇员向税务局提交年度纳税申报表时的支持文件。

4. 泰国企业所得税优惠管理服务的发展变化

（1）对社区企业所得税免税的管理

有关泰国所得税的 2023 年第 432 号通知规定了社区企业所得税免税的原则、方法和条件。

该通知第 1 条规定，《社区企业法》规定的社区企业仅为普通合伙企业或非法人团体，应登记并领取许可证，即必须根据 2005 年《社区企业促进法》向农业促进部登记，并在收入或支出发生之日起 3 日内以泰文编制每日收入和支出的账目或报告，必须至少按照税务局局长关于所得税的通知（第 161 号）所附的格式提供清单和文本，编制截至 2006 年 12 月 21 日的账目或收支报告。该通知规定社区企业是个人所得税的纳税义务人，而非增值税登记企业。社区企业应在所在地保存注册证书以及不少于 5 年的每日收入和支出账目或报告，并随时准备接受评估人员的检查。

该通知第 2 条规定，第 1 条规定的社区企业必须申报免征所得税的收入，以及根据《泰王国税法典》第 56 条提交个人所得税申报表。如果社区企业在某纳税年度不遵守第 1 条的规定，则在该纳税年度不得被免征企业所得税。

该通知第 3 条规定，该通知适用于 2023 年 1 月 1 日至 2025 年 12 月 31 日收到的应税所得。

（2）对实施温室气体减排项目的公司或合伙企业的所得税免税

有关泰国所得税的 2023 年第 433 号通知规定了关于对实施温室气体减排项目的公司或合伙企业免征所得税的标准、程序和条件。

该通知第 1 条规定："温室气体减排项目"是指在温室气体管理组织（公共组织）注册的自愿减排项目；"碳信用额"是指温室气体减排项目产生的温室气体减排量，以二氧化碳当量计算。

该通知第 2 条规定，实施温室气体减排项目的公司或者合伙企业的净利润和净亏损应依照《泰王国税法典》第65条的规定计算。公司或合伙企业应在连续三个会计期间，将温室气体减排项目收入与其他业务收入分开以计算净收益。在享受温室气体减排项目企业所得税免税待遇的会计期间，如果减排项目发生净亏损，则净亏损要保留在享受温室气体减排项目中。

如果支出不能明确区分为温室气体减排项目的支出或其他业务的支出，则该公司或合伙企业应在该会计期间按温室气体减排项目的收入和该会计期间其他业务的收入之间的比例计算温室气体减排项目的支出与其他业务的支出。

该通知第3条规定，实施温室气体减排项目并希望根据皇家法令（第760号）免征企业所得税的公司或合伙企业，应单独提交温室气体减排项目的资产负债表、所得税申报表以及每个项目的会计和损益表。温室气体减排项目的相关报表应与公司或合伙企业所得税申报表一并提交，在提交所得税申报表时，应使用相同的纳税人识别号。

（3）对通过电子方式向林业部捐款以支持全球减排社区伙伴关系项目的所得税免税

有关泰国所得税的2023年第434号通知规定了通过电子捐赠系统向林业部捐款以支持全球减排社区伙伴关系项目的所得税免税的原则、方法和条件。

该通知第1条规定："减少全球变暖社区森林支持计划"指自然资源和环境部的减少全球变暖社区森林支持计划。

该通知第2条规定，根据皇家法令（第761号）第4条第（1）款的规定，对向林业部捐款以支持减少全球变暖社区森林方案的自然人免征所得税，捐款必须采用现金形式。

该通知第3条规定，对于公司或合伙企业向林业部捐赠以支持减少全球变暖社区森林方案的缔约方项目，根据《泰王国税法典》的规定免征所得税。皇家法令（第761号）规定，这类捐赠必须采用货币形式，对每片社区森林必须捐赠不少于10万泰铢，并且可以捐赠超过一片社区森林。公司或合伙企业必须提供一份支持减少全球变暖社区森林项目合作备忘录，以供官员评估和核实。

该通知第4条规定，根据皇家法令（第761号）第4条，应把电子捐赠系统中显示的捐赠信息作为证据。进行所得税免税申请时不必向评估官员出示捐赠证明文件。

（三）泰国税收执法发展变化

1.泰国税务稽查的发展变化

针对在网上非法出售酒品和香烟等偷漏税行为，泰国税务局决定成立打击在线违规销售商品行动小组，在净化市场的同时避免税收流失。泰国税务局官员透露，为了更好地整顿在线销售市场，税务局决定成立打击网上非法销售商品行动小组，针对偷漏税销售活动进行严打，重点是酒品和香烟等。泰国电子商务市场快速发展，目前，很多销售活动通过平台或社交应用展开，其隐蔽性极强。[①]

2.泰国税收法律责任的发展变化

泰国税务局规定，所得支付人未进行个人所得税代扣代缴的，所得支付人与个人所得税纳税人承担连带税收法律责任。

三　泰国税收征收管理发展前景

（一）泰国纳税服务发展前景

2023年1月23日，泰国内阁核准延长支持税务系统电子化的税收措施，延长期间为从2023年1月1日到2025年12月31日，以持续推广以让企业使用电子税务发票、电子收据和电子代扣税系统，鼓励纳税企业通过电子代扣税系统扣除和缴纳税款。这将使泰国的税收征收管理更加高效。[②]

---

① https：//thaizhonghua.com/2022/09/11/104610.html.

② https：//mp.weixin.qq.com/s/GRLJgEoOLgklitE1bKRN7A.

（二）泰国基于税收法律救济的纳税人权利保护发展前景

泰国将设立府级税务法院，其对特定的府具有管辖权，而中央税务法院将对曼谷都市区、沙没巴干府、沙没沙空府、那空帕农府、吞武里府和巴吞他尼府等具有管辖权。但是，在府级税务法院成立之前，中央税务法院对所有府都有管辖权［《税务法院设立和程序法》B. E. 2528（1985）第5、6节］。税务案件也可以在曼谷都市区以外府的省府法院提起诉讼。

（三）泰国税收征收管理的其他方面发展前景

泰国将在支柱二下实施全球最低税负制。泰国内阁在 2023 年 3 月 7 日批准了支持实施全球最低税负制的主要措施，即推行经济合作与发展组织（OECD）发布的 BEPS 2.0 支柱二的国内立法，并指派相关政府机关落实与执行泰国投资委员会（BOI）提出的措施。泰国在 2021 年和其他国家一起批准了一项历史性的国际税收规则改革协议，称为"BEPS 2.0"。这一历史性协议包括两个支柱内容。支柱一为试图在纳税企业的客户所在地行使征税权，即使该企业在客户所在地没有存在实体；然而，支柱一并未包含在本次泰国内阁批准的措施中。支柱二为对每个跨国企业经营所在地适用 15% 的最低税率。① 如果其中一个国家（根据 OECD 规则计算）的有效税率低于15%，则需要缴纳补足税（Top-up Tax）。支柱二适用于合并集团总收入超过 7.5 亿欧元的跨国集团。

泰国财政部（税务局）正在执行法律和制定适当的指导方针，主要任务如下。第一，税务部门拟定法律文本——根据支柱二征收补足税，预计该法案在 2023 年内提出，并自 2025 年起生效。第二，暂定以至少 50% 但不超过 70% 的比例向竞争力增强基金拨付上述补足税收入（详情将由税务部门和投资促进委员会进一步讨论，以确定明确的比例）。第三，向投资委员会

---

① https：//research. ibfd. org/#/doc？url=/linkresolver/static/cta_ th_ s_ 7. &refresh=1658580239 733%23cta_ th_ s_ 7. 4. 2.

提供补足税信息。①

投资委员会的任务。第一，修订《目标产业国家竞争力增强法案》[B. E. 2560（2017）]，通过补充税增加资金来源，以支持投资促进措施的实施；建议资助合资格投资者以提高竞争力。第二，根据《投资促进法案》[B. E. 2520（1977）]提出措施，以减轻新税收指南的影响。②

这些国内立法措施将使相关跨国集团较难进行国际避税。

---

① "Tax News Flash Issue 118," https：//kpmg. com/th/en/home/insights/2021/12/th-tax-news-flash-issue-118. html.

② https：//research. ibfd. org/#/doc? url=/data/tns/docs/html/tns_ 2023-03-10_ th_ 2. html.

菲律宾税收征收管理发展报告（2023）

摘　要： 本报告从菲律宾税收征收管理发展基础、税收征收管理发展变
化、税收征收管理发展前景三个方面介绍菲律宾税收征收管理的
基本情况，分析其发展变化，并对菲律宾税收征收管理发展前景
进行展望，以方便读者了解菲律宾税收征收管理的新特点、新变
化和新发展。菲律宾税务局不断推进数字化转型以提高税收征收
管理效率，进一步完善数字企业税收登记缴纳制度，加强对电子
商务平台卖家和数字服务提供商的税收征收管理，同时在对部分
行业征税时采用新的或更高的税率，以增加政府收入。这些举措
为中国税收征收管理转型提供了借鉴。

关键词： 菲律宾　税收征收管理　纳税服务　税收执法

一　菲律宾税收征收管理发展基础（截至2021年）

菲律宾的税收征收管理可以分为国税和地方税两种征收管理体制。

（一）菲律宾税收征收管理法律体系发展基础

1. 税收程序性法律发展基础

《菲律宾共和国税法典（修正）》① 和《菲律宾共和国地方法典》② 包

---

① "Tax Reform Act of 1997（An Act Amending the National Internal Revenue Code, as Amended, and for Other Purposes）Republic Act No. 8424," https：//www. officialgazette. gov. ph/1997/12/11/republic-act-no-8424/.

② "Local Government Code of 1991（An Act Providing for a Local Government Code of 1991）, Republic Act No. 7160," https：//www. officialgazette. gov. ph/1991/10/10/republic-act-no-7160/.

括税收征收管理法和税收救济法。2005 年，《国家税务税法典（修正案）》主要修订了税务登记和发票等单据使用服务规定。

2. 税务救济规章发展基础

2016 年 6 月 13 日，菲律宾财政部和税务局（BIR）发布了第 26-2016 号（Revenue Memorandum Order No. 26-2016）税收备忘录命令，专门制定了处理争议性税务评估以及发布有关争议性评估的最终决定的政策和指南。

（二）菲律宾纳税服务发展基础

1. 菲律宾税务登记服务发展基础[①]

《国家税务法典（修正案）》第 19 条对税务登记的修改规定如下。

（1）基本要求

在菲律宾，每一个纳税人都必须到所属的地区税务局处登记，时间为就业后 10 日内、企业开业时或开业前、纳税义务发生前或根据法典规定填写税收申报表时，税务登记内容包括纳税人姓名、类型、住所、行业和其他由税务局局长要求的信息，税务局局长应当扩大个体经营/专业人士的商业登记与纳税遵从要求；[②] 在菲律宾设有总部、分支机构或其他场所的个人应当到所属的税务机关登记，场所可能包括但不限于销售网点、生产地点、仓库或储存场所。

每年的登记费为 500 比索，应在注册后的每年 1 月的最后几日完成支付。对于收入仅为赔偿金的个人或合作社，无须缴纳登记费。登记费应交到地区税务局指定的金融机构或者经本市或直辖市授权的国库或金库。

[①] 《中国居民赴菲律宾共和国投资税收指南》，国家税务总局国际税务司国别（地区）投资税收指南课题组，第 111~118 页，中华人民共和国国家税务总局网站，https://www.chinatax. gov.cn/chinatax/n810219/n810744/n1671176/n1671206/c2352695/5116160/files/2104bf72846541 9b9448c71be9925f79.pdf。

[②] "Tax Reform for Acceleration and Inclusion Act, Sec. 72., RA 10963（TRAIN Law）with Presidential Veto Message 27Dec2017. pdf（dof. gov. ph），" https：//www. dof. gov. ph/ra - 10963-train-law-and-veto-message-of-the-president/.

同一纳税人所承担的不同税款应分别登记。

如果纳税人主营业场所、营业地或分支机构变更，纳税人必须到税务登记机关申请办理变更登记。

纳税人的应纳税种或其他相关细节发生变化都应到税务机关进行信息更新。

注销登记。如果企业不复存在或当事人的纳税义务已被免除，则要到登记机关办理注销登记。其中增值税纳税人申请注销登记的条件为：第一，纳税人能证明其在任意 12 个月内的总销售额或收入不超出了第 109 条（A）款规定的免税税额（150 万比索）；第二，纳税人在任意 12 个月内不再从事贸易活动。注销登记在注销后下一个月生效。

如果纳税人想要了解在下一年度新开办的企业需要缴纳多少增值税，那么其可以到《国家税务法典（1997）》规定的地区税务局去登记，并缴纳一年的登记费；任何人只要在任意 12 个月内的总销售额或收入超出《国家税务法典（1997）》第 109 条规定的免税额，就应该在 12 个月之后的 10 日内向登记机关进行增值税登记并缴纳登记费。

增值税减免登记。任何未达到第（G）款规定缴纳增值税条件的人可自愿到所属的税务管理机构登记并申请增值税减免，登记后的 3 年内不允许注销登记。

（2）不同类型纳税人的税务登记要求

菲律宾税收居民和非居民身份认定。第一，根据《国家税务法典（1997）》第 23 节第（E）条和第（F）条，企业纳税人依据注册地的不同可分为两种类型：国内企业和外国企业。第二，居民企业。依据第 22 节第（C）条和第（D）条，企业在菲律宾境内成立或组建，或者依据菲律宾的法律成立或组建，即成为菲律宾税法上的居民企业。第三，外国企业。当一家企业并非在菲律宾境内成立或组建，也未依据菲律宾的法律成立或组建，即成为"外国企业"。但是，若其在菲境内从事交易或经营活动，则可被划分为"居民外国企业"。在菲律宾，根据税法的规定，每一个纳税人都有区别于他人的纳税人识别号，在填写纳税申报表、核定计征税款，以及纳税人与税收管理机构进行通信往来时，均必须使用该号码，其可以用于鉴别纳税人的身份。

在纳税人死亡的情况下，管理人或执行人应按《国家税务法典（1997）》第236节规定重新登记遗产。在非居民纳税人死亡情况下，不动产的管理人或执行人应到不动产所在地税务管理机构注册，若管理人或执行人未注册，则不动产所在地的税务管理机构应为其保留纳税人识别号。

纳税人识别号具有唯一性，一个纳税人只能有一个纳税人识别号。根据《国家税务法典（1997）》第275节规定，拥有多个纳税人识别号的纳税人应承担相应的刑事责任。

对于不同类型的纳税人，BIR规定了不同的税务登记流程，投资者可以根据实际情况自行登录菲律宾税务局网站①查询（见表1）。

表1　菲律宾纳税人类型和税务登记流程

表格编号	适用类型
BIR Form 1901[a]	个体经营和混合收益个人，从事贸易、商业、不动产、信托业务的非居民
BIR Form 1902[b]	收入仅为赔偿金的个人（本地员工和外籍员工）
BIR Form 1903[c]	公司/合伙企业（包括政府持有或控股的企业）
BIR Form 1904[d]	一次性纳税人以及根据 E. O. 注册的纳税人

资料来源：a. BIR, Application for Registration 1901, https：//www. bir. gov. ph/images/bir_files/old_files/pdf/20361901pg1. pdf；b. BIR, Application for Registration 1902, https：//www. bir. gov. ph/images/bir _ files/old _ files/pdf/20511902. pdf；c. BIR, Application for Registration 1903, https：//www. bir. gov. ph/images/bir_files/old_files/pdf/21151903. pdf；d. BIR, Application for Registration 1904, https：//www. bir. gov. ph/images/bir_files/old_files/pdf/20511904. pdf。

（3）个体经营和混合收益个人与从事贸易、商业、不动产、信托业务的非居民的税务登记

①个体经营和混合收益个人的税务登记

材料要求。这包括由授权政府机构签发的任何身份证明（如出生证明、

---

① BIR, https：//www. bir. gov. ph/index. php/registration - requirements/primary - registration/application-for-ti n. html#description.

护照、驾照、社区税务证明）、由市长颁发的业务许可复印件或者由当地政府单位颁发的专用税票（Professional Tax Receipt，PTR）、年度注册费支付证明（Annual Registration Fee，ARF）、BIR Form 1906、本金收据/发票的最终及清晰样本。特殊行业如咨询、代理、艺术和承销等，不需要 PTR，但应有职业税票（Occupational Tax Receipt，OTR）、已婚女士的结婚证、合同或公司证明、其他如租赁合同、贸工部认证的注册商标名称等。非居民还需提供工作许可。特许经营权持有人还须持有特许经营许可证。

申请流程。完成表格 BIR Form 1901 及 BIR Form 1906 并向所属地区税务局提交；向地区税务局授权的代理银行缴纳 500 比索登记费；缴纳印花税；提交收据、发票及要求设置的账簿；地区税务局应告知纳税人相应权利和义务，并发放告知书及收据、发票和账簿。

时间要求。在开业前应当完成申请。起算点可以是纳税人第一次交易的时间，也可以是经营许可证颁发或由当地政府发放的专业税票之日起 30 日内。两者以时间较早的为准。

②不动产的税务登记

材料要求。这包括死亡证明和司法认定的复印件；其他材料，如租赁合同、贸工部认定的注册商标名称等。

申请流程。完成表格 BIR Form 1901 并向所属地区税务局提交；向地区税务局授权的代理银行缴纳 500 比索登记费。

时间要求。应在纳税申报前或者《国家税务法典（1997）》规定的其他时间之前进行注册申请。

③信托的税务登记

材料要求。这包括信托协议；其他材料，如租赁合同、贸工部认定的注册商标名称等。

申请流程及时间要求与不动产税务登记的规定一致。

（4）收入仅为赔偿金的个人税务登记

①一般个人的税务登记

材料要求。这包括国家统计局出具的出生证明或护照；如果妻子提出索赔，则需要丈夫做出放弃要求额外豁免的权利声明；结婚证；若丈夫想要从妻子处为被抚养子女获得额外豁免的特权，他应该先取消之前豁免的特权，在纳税登记时，应另行提交登记更新表格，该放弃豁免特权申请应当一并提交至所属地区税务局；国家统计局出具的家属出生证明（如果有）。

申请流程。完成表格 BIR Form 1902 并将雇主需要提交的其他材料一并提交；将 BIR Form 1902 提交到雇主所在地区税务局。

时间要求。雇员应当在雇员就业 10 日内完成申请。

②非居民个人或海外员工、船员的税务登记

若申请人为非居民个人，材料要求为：申请人的护照。若申请人为海外员工（Overseas Contract Works，OCWs)[①] 或船员，材料要求为：显示姓名、地址、出生日期的出生证明或其他证明；护照；劳动合同。

申请流程。向申请人所属的地区税务局提交 BIR Form 1904 及其他材料。

时间要求。注册申请应在纳税申报前或者《国家税务法典（1997）》规定的其他时间之前进行。

（5）公司/合伙企业（包括政府持有或控股的企业）的税务登记

菲律宾不同实体的税务登记材料要求见表 2。

表 2　菲律宾不同实体的税务登记材料要求

实体类型	材料要求
公司/合伙企业	在证券交易所注册的证书副本 视情况而定的公司章程或者合伙企业合约条款 市长颁发的经营许可证，或者经市长授权由当地政府颁发的经营许可证 其他文件，如租赁合同
合作社	经认证的合作发展局（Cooperative Development Authority，CDA）注册副本 合作章程
政府机构	单位或机构的章程复印件

---

① 海外员工的具体解释详见 https：//en. wikipedia. org/wiki/Overseas_Filipinos。

实体类型	材料要求
业主委员会	房屋和土地管理委员会出具的证明副本及委员会章程 若登记机构为分支机构,需要提供由总公司出具的供特定部门使用的证明副本 市长颁发的经营许可证或由市长授权颁发的营业执照申请书 其他文件,如租赁合同

申请流程。向总公司及分支机构所属的地区税务局提交 BIR Form 1903 及其他材料;向授权代理银行缴纳 500 比索登记费用;缴纳印花税;提交相关的账簿登记信息;地区税务局告知纳税人相应权利和义务;地区税务局发放告知书及收据、发票和账簿。

时间要求。公司及分支机构应在纳税申报前或开始营业之前完成登记申请,起算点为取得经营许可证后 30 日内的第一次交易,或者证券交易委员会出具登记证明时（以较早时间为准）。若该业主委员会采用合作社的形式,则印花税应当在当月最后 5 日内缴纳,注册登记将在印花税缴纳到期之前完成。若为合伙企业、联合体、政府机构,则应当在法律规定的相关纳税申报、声明或宣誓做出之前完成注册登记。

（6）外国投资者纳税登记

外国投资者在菲律宾注册企业后、开始经营活动前,应领取纳税人识别号（TIN）。具体程序为:携带证券交易委员会颁发的企业登记证明（或在菲律宾经商证明）和市长许可证（或申请市长许可证的文件）,前往对其营业所在地有管辖权的地区税务局（RDO）,填写相应的表格,到 RDO 指定银行缴纳 500 比索的年检费用,向 RDO 支付 15 比索的办证费和 15 比索的印花税,RDO 将签发税务登记证明（2303 号表格）。

（7）一次性纳税人（无纳税人识别号）的税务登记

一次性纳税人主要包括有关股息、房地产的资本利得税支付人;赠与税的负税人；房地产遗产税的负税人①；最终奖金税款的支付人；车辆注册人，等等。

共同材料要求。其包括国家统计局认证的显示有申请者姓名、地址、出生日期、签名的身份证件或其他证件，还应包括但不限于以下信息：驾驶证；菲律宾律师协会证件号；专业监管委员会证件号；护照号码。若申请人是已婚女性，还需要有结婚证。

除以上共同材料外，不同类型的一次性纳税人还需根据要求向不同机构提交材料，提交要求及登记机构见表3。

表3　菲律宾不同类型一次性纳税人特殊材料提交要求及登记机构

类型	特殊材料要求	登记机构	时间要求
有关股息、房地产的资本利得税	出售票据	股息：卖方/出让人注册地所属的地区税务局 房地产：不动产所在地的地区税务局	应在纳税申报前或《国家税务法典(1997)》规定的其他时间之前
菲律宾居民的赠与税	赠与票据	不动产：不动产所在地的地区税务局 个人一般财产：捐赠者的住所地所属地区税务局	
非菲律宾居民的赠与税		地区税务局 39 号（Revenue District Office No. 39 – South Quezon City）*	
房地产遗产税（死者死亡时是菲律宾合法居民）	被继承人死亡证明	死者住所/享有永久居住权住所所属的地区税务局	
房地产遗产税（死者死亡时不是菲律宾居民且菲律宾无管辖权）		地区税务局 39 号	
房地产遗产税（死者死亡时不是菲律宾居民且菲律宾享有管辖权）		遗产管理人注册地或者未注册时的遗产管理人居住地所属的地区税务局	

---

① 房地产遗产税的适用对象包括死者死亡时是菲律宾合法居民、死者死亡时不是菲律宾居民且菲律宾无管辖权的情况，以及死者死亡时不是菲律宾居民且菲律宾享有管辖权的情况。

续表

类型	特殊材料要求	登记机构	时间要求
最终奖金税款	奖金证明	申请人所在地所属的地区税务局	
车辆注册	二手汽车销售票据	申请人所在地所属的地区税务局	在与政府或其他部门接触之前完成税务登记

注：* 对于不区分物的属性，申请材料都应向地区税务局 39 号提交。

（8）根据 E. O. 注册的纳税人（确保拿到 TIN 以能够与任何政府机关进行交易）的税务登记

材料要求。如果申请者是个人，则需要提交由授权政府机构签发的任何身份证明（如出生证明、护照、驾照、社区税务证明）、护照（如果不是从事贸易或商业活动的非居民外国人）、结婚证（如果申请人是已婚妇女）；如果申请者是非个人，则需要提交证明非居民外国公司与扣缴代理之间的交易文件（如银行认证文件、发票、合同等）。

申请程序。完成 BIR Form 1904，并将其与所要求的文件一并提交给对申请人居住地具有管辖权的地区税务局。

时间要求。应在与任何政府机关进行交易之前完成并提交申请。

2. 菲律宾发票和单据使用管理服务发展基础①

有关收据、销售发票和商业发票的签发规定源自《国家税务法典（1997）》第 237 节，该规定已被共和国法令 10963 号修正案（RANo. 10963）第 73 节修改。现行规定为，对于在菲律宾从事商品交易、运输和服务行业工作的纳税人，当其交易额在 100 比索以上时，就应该向买方或接受服务方签发载明了交易日期、货物数量、单价和货物及服务特征的发票，并至少留有副

---

① 《中国居民赴菲律宾共和国投资税收指南》，国家税务总局国际税务司国别（地区）投资税收指南课题组，第 136～137 页，中华人民共和国国家税务总局网站，https：//www. chinatax. gov. cn/chinatax/n810219/n810744/n1671176/n1671206/c2352695/5116160/files/2104bf728465419b9448c71be9925f79. pdf。

本。但是，如果交易是支付租金、佣金、赔偿金等，那么发票上必须载明票据名称、交易种类、支付方的地址。人工发票的原始发票由卖方在交易时交给买方，并由其在开出票据后 3 年内保存，副本由卖方保留相同期间。

《加速成长与扩大包容税收改革》法案在《国家税务法典（1997）》第 237 节的基础上新增了第 237-A 节，规定建立电子销售报告系统，要求从事货物与服务出口的纳税人及大型纳税人根据财政部与税务局的规定，通过电子销售报告系统记录销售与购买数据，对该类数据的处理、使用与保密应符合共和国第 10173 号法案《数据隐私法》等法律法规的规定。同时，现行规定为，在建立能够存储和处理所需数据的系统之后，从事货物与服务出口、电子商务的纳税人及增值税大型纳税人应当根据财政部要求发行电子发票以代替人工发票，其余纳税人也可以使用电子发票。电子发票记录的留存要求与人工发票的原始发票规定相同。税务局局长可酌情免除该条款规定的有关纳税人的义务。

关于收据或发票的印制。《国家税务法典（1997）》第 238 节规定，印刷合法有效的发票需要得到税务局的授权，并必须包括以下要件：经核准的连续编号、票据名称、交易类型、纳税人识别号、当事人地址等。打印收据或发票的所有人员用纳税人的日志/登记簿记录使用情况。日志/登记簿应包含票据名称、个人或单位的纳税人识别号；发票序列号、数量等。

3. 菲律宾纳税申报管理服务发展基础

（1）企业所得税纳税申报①

根据《国家税务法典（1997）》第二编第九章第 52 节的规定，所有在菲律宾负有纳税义务的企业（除了在菲律宾境内没有从事交易或经营活动的外国企业，即非居民外国企业外），即国内企业和居民外国企业，均应当按照《国家税务法典（1997）》第二编第十二章的规定，提交真实可靠的

---

① 《中国居民赴菲律宾共和国投资税收指南》，国家税务总局国际税务司国别（地区）投资税收指南课题组，第 137~140 页，中华人民共和国国家税务总局网站，https://www.chinatax.gov.cn/chinatax/n810219/n810744/n1671176/n1671206/c2352695/5116160/files/2104bf728465419b9448c71be9925f79.pdf。

季度所得税申报表以及最终调整后的申报表，各一式两份。

季度所得税申报表应填写上一季度或前几个季度的所得税总额以及累积的可扣除项（BIR 表格 1702Q），并于每一纳税年度（无论是日历年度或会计年度）的前三个季度结束后的 60 日内提交。

最终调整后申报表（BIR 表格 1702）涉及国内企业和居民外国企业上一个日历年度或会计年度的总应纳税所得额，应于 4 月 15 日之前，或会计年度结束后的第 4 个月后的第 15 日之前提交。

企业的年度申报表必须附有经审计的财务报告和相关声明。除了根据《财务报告标准》及其他被采用的标准或公约所揭露的事实之外，财务声明的注释必须包含企业在纳税年度内支付或产生的税款及特许权使用费的信息。纳税申报表必须由总裁、副总裁或该企业其他主要管理人员提交，并由管理人员、财务主管或助理财务主管进行宣誓。

对于在本地证券交易所销售或交易股票取得资本利得的企业，以及准备解散或重组的企业所适用的特别申报要求，分别规定在《国家税务法典（1997）》第二编第九章第 52 节第（C）条和第（D）条。

企业可选择基于日历年度或会计年度提交年度所得税纳税申报表，但在未依据第 47 节的规定征得税务局局长同意之前，企业不得变更所采用的会计期间。若确有需要，税务局局长可根据有关规定合理延长企业提交纳税申报表的时间。

除非税务局局长另行批准，季度所得税声明以及最终调整后的申报表应提交至对提交企业的主要办公地或准备申报表所用主要账簿及其他数据的保存地有管辖权的授权代理银行，或税收管辖地区的官员或征收代理人，或经授权的市或直辖市财政局。

对于指定的纳税人，尤其是大型纳税人，必须通过电子方式填写以进行申报。在上一纳税年度满足以下条件之一的纳税人，即为税务局所认定的"大型纳税人"：①在任一季度已缴或应缴增值税金额不少于 10 万比索；②已缴或应缴消费税金额不少于 100 万比索；③已缴或应缴企业所得税金额不少于 100 万比索；④预扣或汇缴的税款金额不少于 100 万比索。

非居民外国企业无须填写纳税申报表。

（2）个人所得税纳税申报①

根据《国家税务法典（1997）》第二编第九章第51节，提交个人所得税纳税申报表（一式两份）的主体包括：居民公民的来源于境内和境外的所得；非居民公民的来源于菲律宾境内的所得；居住于菲律宾的外国人的来源于菲律宾境内的所得；在菲律宾境内从事交易或其他业务的非居民外国人的来源于菲律宾境内的所得。

下列个人无须提交个人所得税申报表。第一，未在菲律宾境内从事交易或经营活动的外国人。第二，根据个人所得税税率，应纳税收入不超过25万比索的个人［Sec. 13（2）（a），（5）（A）（B）（C）（D）（E）］，但对于菲律宾公民与在菲律宾从事经营或职业活动的外国人，无论总收入数额多少，均应提交个人所得税申报表。第三，取得来源于菲律宾且基于服务获得纯收入的个人，其所得税已基于第79条的规定以正确的方式代扣代缴。除非取得收入的个人在纳税年度从两个或者两个以上雇主处取得收入，在这种情况下，其应进行相关所得税申报。第四，第22节第（H）条所界定的"最低工资取得者"或免于缴纳所得税的个人。第五，取得的唯一收入已按照第57节第（A）条的规定缴纳预提税的个人。

尽管如此，无须提交纳税申报表的个人仍然可能基于财政部部长参考税务局局长意见后颁布的法规及条例的规定，而被要求提交纳税申报表。

所得税申报表（ITR）应以纸质表格或电子表格形式提交，最多包含4页，并且只包含以下信息：第一，个人简介和信息；第二，根据要求提供的服务补偿收入，从事贸易或经营业务或从事专业工作的总收入，但不包括最终税收收入；第三，依法可扣除额；第四，应纳税所得额；第五，应付所得税。

纳税申报表提交地点。除了税务局局长另行允许外，纳税申报表应提交

---

① 《中国居民赴菲律宾共和国投资税收指南》，国家税务总局国际税务司国别（地区）投资税收指南课题组，第140~143页，中华人民共和国国家税务总局网站，https：//www.chinatax.gov.cn/chinatax/n810219/n810744/n1671176/n1671206/c2352695/5116160/files/2104bf728465419b9448c71be9925f79.pdf。

至纳税人法定居住地或主要营业场所所在城市或自治市的授权代理银行、税收区官员、征税代表或经授权的财政主管。若纳税人在菲律宾并无法定居地或主要营业场所，则应提交至税务局局长办公室。关于提交时间，一般情况下，个人纳税人应在每年 5 月 15 日或之前提交上一纳税年度的纳税申报表。对于通过销售或交易未在本地证券交易市场上市的股票的个人，应在每次交易后的 30 日内提交纳税申报表（BIR 表格 1707），并在每年 4 月 15 日或之前提交一份最终合并申报表（BIR 表格 1707A），其应涵盖上一纳税年度所有的股票交易。根据第 24 节第（D）条的规定销售或处置不动产的个人，应在每次销售或以其他方式处置之后的 30 日内提交纳税申报表（BIR 表格 1706）。从事贸易与其他业务的个人应在每一纳税年度第三季度结束后的 60 日内填写季度所得税声明（BIR 表格 1701Q）。其最终修订申报表（BIR 表格 1701）必须在每年 4 月 15 日或之前提交。对于上述申报时间，若确实存在合理事由，则税务局局长可根据有关规定合理延长。

仅获取工资报酬的雇员在本年度从菲律宾雇主处获取的工资报酬，不论数额多少，只要所得税已被雇主正确代扣代缴（扣税额等于税款）的，无须提交年度所得税申报表。由各雇主提交并由 BIR 正式盖章的"扣缴通知书"等同于雇员提交的所得税申报表。

第 51 节还专门规定了适用于某些特殊主体的申报机制，例如已婚人士、父母与取得收入的未成年子女，以及伤残人士。

（3）增值税及附加税纳税申报①

所有应缴纳增值税的主体应在每个指定纳税季度结束后的 25 日内就当期的总销售或总收入金额提交季度纳税申报表（BIR 表格 2550Q）。对于通过电子申报方式纳税的主体，另行规定截止日期。

被取消增值税登记资格的主体应在登记资格被取消的 25 日内提交纳税

---

① 《中国居民赴菲律宾共和国投资税收指南》，国家税务总局国际税务司国别（地区）投资税收指南课题组，第 143~144 页，中华人民共和国国家税务总局网站，https：//www.chinatax.gov.cn/chinatax/n810219/n810744/n1671176/n1671206/c2352695/5116160/files/2104bf728465419b9448c71be9925f79.pdf。

申报表，但纳税人仅需为其主要经营场所或总部及所有分支机构提交一份合并纳税申报表。

除税务局局长另有规定外，增值税申报表应提交至位于菲律宾境内的该纳税人登记或被要求登记的税收区内的城市或自治市的授权代理银行、税收区官员或经授权的财政主管。

（4）消费税及附加税纳税申报[①]

①国内商品消费税的纳税申报

根据《国家税务法典（1997）》第六编第 129 节，负有缴纳消费税义务的主体应在规定的各个生产地分别提交申报表，列明将要转移的产品特点、质量或体积，适用的税基以及应纳税款。对于本国石油、天然气或液化天然气，消费税应由进行本地销售、易货或交易的首个买家、购置人或受让人缴纳，而出口商品的消费税应由有采矿权的所有者、承租人、特许权获得者或经营者缴纳。若本国产品被转移出生产地时未缴纳税款，则该产品的所有者或占有人有义务缴纳税款。

除非另经特别准许，在本国产品离开生产地之前，制造商或生产者应提交纳税申报表并缴纳消费税。一般情况下，申报表应提交至经授权的代理银行、税收征收官员、菲律宾境内经授权的官员或自治市财政主管。

财政部部长基于税务局局长的建议，可通过法规及条例规定以下内容。第一，在考虑了转移的数量、充分的安保措施以及其他本法的相关规定要求提交的有关信息后，可准许特定某种或几种类别的纳税人适用除上述规定的提交申报表时间之外的申报期间。第二，在预缴税、预缴押金或类似机制项下，明确其他缴纳消费税的方式及时间。

②进口货物的消费税纳税申报

针对不同商品，有关消费税的纳税申报表有以下几种：酒精制品消费税

[①] 《中国居民赴菲律宾共和国投资税收指南》，国家税务总局国际税务司国别（地区）投资税收指南课题组，第 145～146 页，中华人民共和国国家税务总局网站，https：//www.chinatax.gov.cn/chinatax/n810219/n810744/n1671176/n1671206/c2352695/5116160/files/2104bf728465419b9448c71be9925f79.pdf。

申报表（BIR 表格 2200-A）、矿物制品消费税申报表（BIR 表格 2200-M）、石油制品消费税申报表（BIR 表格 2200-P）、烟草制品消费税申报表（BIR 表格 2200-T）、汽车和非必需商品纳税申报表（BIR 表格 2200-AN）、甜饮料消费税申报表（BIR 表格 2200-S）等。

（5）外国投资者纳税申报

填写纳税申报表。①填写 3 份 1702 号表格。②如有收入，应到注册地邻近的地区办公室授权代理银行（Authorized Agent Bank，AAB）提交填好的 1702 号表格及有关收入的相关附件；在没有 AAB 的地区，应把表格和相关材料提交给收税官（Revenue Collection Officer）；从相关地点取回盖章的表格及确认件。③若无收入返还，则应向注册地的地区收入办公室或税收填报中心提交填写好的 1702 表格及相关附件；从 RDO 或税收填报中心取回盖章和确认的表格。

纳税申报资料。进行所得税申报时，企业或合伙者需要提交以下资料：第一，无须缴纳预提税的，应提交收入证明，并填写 BIR 表格 2304；第二，满足税收减免条件的，应填报 BIR 表格 2307；第三，税收减免备忘录（如满足相关条件）；第四，国外税收减免（如满足相关条件）；第五，账户信息表格（Account Information Form，AIF）和独立的注册会计师（CPA）/经审计的财务报告；第六，上一年税收应返还数额（如果满足相关条件）。

报税时间。上一年度所得税申报截止日期是当年的 4 月 15 日。

报税渠道。可通过 AAB 或收税官等申报。

4. 菲律宾税款缴纳服务发展基础

（1）企业所得税税款缴纳服务

税款缴纳。税款应由纳税企业在提交纳税申报表时按照税务局局长所规定的方式缴纳，通常情况下，企业不能申请对税款进行分期缴纳。具体来说，按季度申报的税款，可减去在前几个季度已缴纳或核查的税额，并不得迟于纳税年度（无论是日历年度或会计年度）的前三个季度结束后的 60 日内确认。对于企业所提交的最终调整后的申报表，若在所述纳税年度内缴纳的季度税款总和不等于基于该年度全部应纳税所得额计算的税款，则企业应当：①缴纳余额；②向后结转超额税款；③依情况抵免或返还超额缴纳的税款。若企业有季度估算所得税超额部分的税收抵扣或退税，最终调整后的申报表上所显示的超额部分可向后结转并同下一纳税年度中的应税季度所估计的所得税额相抵扣。一旦做出这一选择，则其在该纳税期间内应被视作不可撤销，且任何关于现金退税或纳税抵免证明的申请都不会得到批准。

对企业在非本地证券交易所销售或交易股票取得的资本利得征收的税款，应在纳税人提交纳税申报表之日缴纳。

预提税。非居民外国企业对来源于菲律宾境内的所得征收的税款，以居民付款人进行预提的方式缴纳。在最终预提税制度下，由扣缴义务人预扣的所得税金额即为全部及最终的所得税金额。根据第58节第（A）条的规定，最终预扣税的纳税申报表（BIR表格2307）应在日历季度结束后的25日内提交并缴纳，而可抵扣预提税的纳税申报表的提交以及税款的缴纳不得晚于预提税款所在季度结束后次月的最后1日。除税务局局长另行同意外，由扣缴义务人预提的税款，应通过纳税申报表进行申报，并被提交至扣缴代理人合法居住地或主要经营地。若扣缴义务人为企业，则为其主要办公地所在的城市或自治市的授权财务主管处。

预提税款由扣缴义务人在提交纳税申报表时缴纳。对于欠缴应纳税款或拖欠应纳税款的扣缴义务人，应缴纳罚款与滞纳金。除此之外，对于被要求预提并汇缴税款的人士有意不预扣、计提并汇缴，或以任何形式帮助、教唆偷逃税款或缴费的，其应额外缴纳等同于未预扣、未计提并汇缴的税款总额的罚款。

（2）个人所得税税款缴纳服务

税款缴纳。除薪金税由雇主代扣代缴以外，其他应纳税款应由纳税人在提交纳税申报表时缴纳。当个人应纳税款超过2000比索时，个人可以选择分两期等额缴纳，其中首期应于提交纳税申报表时缴纳，而第二期应于日历年度结束后的10月15日或之前缴纳。若在规定的缴纳日期或之前未能缴纳任何分期款项，所有未缴纳税款就将全额到期，且其还需支付因拖欠税款所产生的罚款。

雇主的代扣代缴义务。每位雇主在进行工资支付时都应根据财政部部长颁布的法规及条例，确定所支付工资应预提的税款并予以扣除。但是，当个人的总报酬所得未超过法定最低工资或每月 5000 比索（二者中的较高者）时，则不需扣缴任何税款。

除非税务局局长另行准许，雇主为雇员代扣代缴的税款应通过一份申报表列明，并提交到雇主的法定居住地或主要营业场所地所在城市或自治市的授权代理银行、税收区官员、征税代表或经授权的财政主管。

雇主应于各日历季度结束后的 25 日内提交申报表并缴纳税款。出于保护政府利益的必要性，基于财政部部长的许可，税务局局长可要求雇主以更频繁的方式缴纳或缴存所扣除并预提的税款。税务局局长可根据财政部部长所颁布的法规及条例，合理地延长雇主提交纳税申报表的期限。

雇主有义务预提并汇缴正确的税款。若雇主未能正确预提并汇缴税款，则应向雇主征收该税款、相关罚款或其他因未能预提并汇缴税款而适用的附加款。

（3）增值税税款缴纳服务

所有增值税登记人都应按月缴纳增值税。

被取消增值税登记资格的主体应在登记资格被取消的 25 日内缴纳未缴纳的税款。

对于以下产品需要预缴增值税：精糖的销售、面粉的销售，及自然生长与种植的木材产品的销售。

（4）消费税税款缴纳服务

国内商品消费税税款缴纳。对于本国石油、天然气或液化天然气，消费税应由进行本地销售、易货或交易的首个买家、购置人或受让人缴纳，而出口商品的消费税应由有采矿权的所有者、承租人、特许权获得者或经营者缴纳。若本国产品被转移出生产地时未缴纳税款，则该产品的所有者或占有人有义务缴纳。除非经特别准许，在本国产品离开生产地之前，制造商或生产者应缴纳消费税。

财政部部长基于税务局局长的建议，可依据法规及条例规定，在预缴税、预缴押金或类似机制项下列出其他缴纳消费税的方式及时间。

进口货物消费税款缴纳。根据第131节的规定，进口货物的消费税应由所有者或进口商，或由除法定享有免税人士之外免于缴纳消费税的物品占有人依据财政部的法规，在从海关库房释放该物品之前向海关缴纳。对于由享有免税的人士、实体或代理机构带进或进口至菲律宾境内用于销售、转让或交易的免税物品，购置人或接收人应被视作进口商，有义务缴纳该进口物品所应缴纳的关税及国内税款。

（三）菲律宾税收执法发展基础

1.菲律宾税务审计发展基础

（1）税务审计和评估程序

把税务局发布的当局邮件（Letter of Authority，LOA）作为起点。当局邮件是一种官方文书，其内容包括经授权的税务审计人员对纳税人相关年度的账簿以及会计凭证进行调取和检查，找出可能存在少缴税的情况并处以罚款等。需要注意的是，所有税务审计或对纳税人的调查必须在税务局局长或者其地区长官发布授权书后方可执行，否则该审计或调查无效。接受授权书委托的税务审计人员必须自发布授权书之日起120日内完成审计并提交一份《税务审计报告》。如果《税务审计报告》未能在120日内完成，那么授权书将失效并需要由税务局重新发布。

（2）税务审计对象

菲律宾税务局局长在制定年度审计项目时，会规定审计对象的筛选标准，被纳入审计范围的纳税人主要分为四类：强制审计的纳税人；最优先审计的纳税人；其他优先审计的纳税人；基于地区税收官员的自由裁量权确定的纳税人。这四类税务审计的情况如下。

①强制审计的纳税人。对于主张所得税退税金额或税收抵免结转额度超过10万比索，以及全年销售收入超过1000万比索（在某些案件为500万比索）的纳税人，税务机关将审计或调查其所有相关年度的国内收入所涉及

的相关纳税义务。

纳税人在纳税年度未申请增值税退税或者申请税收抵免额度超过 10 万比索的，税务局将对相关年度的增值税应纳税额进行审计或调查。

当经营中的总销售或总收入或者总遗产不超过 1000 万比索（在特定案件中为 500 万比索）时，在遗产税申报时连同履行其他税收义务；当总遗产超过 1000 万比索（在特定案件中为 500 万比索）时，进行遗产税申报时不含其他税收义务。

对于总资产或总销售额超过 1000 万比索的企业终止经营，应审计或调查前一年度以及终止经营年度所有相关的国内纳税义务，并要求纳税人提供完税清单。

总资产或总销售额超过 100 万比索的公司进行合并、分立以及其他形式的企业重组，应审计或调查公司重组前一年度以及公司重组年度的所有国内收入纳税义务，尤其是公司重组后原公司注销的情形。

②最优先审计的纳税人。最优先审计的纳税人是指总销售收入超过 500 万比索（特定案件为 300 万比索）的下列主体：评估中心；经职业教育和技术发展局（Technical Education and Skills Development Authority，TESDA）认证的企业；健康服务提供者；医院；护理学校；餐厅；建筑公司；从事租赁业的纳税人；未上市非营利公司或组织及基金会；合作社；从事借贷业务的投资人；典当行；不动产开发商；酒店以及其他旅游相关设备运营商；零售贸易商；农产品经销商以及提供商；物流提供者；政府机关、机构、地方性政府以及国营公司的承包人；未能按要求提交至少一个季度的销售和采购清单的纳税人。

③其他优先审计的纳税人。在年度企业所得税纳税申报表中填写零申报，但经初步审查发现企业存在经营活动，并且其营业规模已达到了税务审计的程度；应当缴纳所得税的纳税人实际税负不到总销售额的 2%，或者增值税应缴税额不到总销售额的 3%；纳税申报显示企业亏损或者在纳税申报中没有应税收入；在地区税务统计中排在全国纳税前 20000 名的私营企业。

④基于税收地区官员的自由裁量权确定的纳税人。地区税收官员可以对

未纳入年度评审计划书范围的纳税人进行审计，但是其筛选候选人总数不得超过该年度将被进行税务审计的纳税人的 25%。

（3）纳税人提交的书面文件

在税务审计或调查取证过程中，税务审计人员通常会检查纳税人提交的书面文件。税务审计人员需要验证纳税人的纳税申报表中的各应税项目的数额以及其使用的税率是否正确，纳税人财务报表中申报的成本费用是否属实，以决定纳税人申请的抵扣是否适当且为税法所允许。

以下是在税务审计期间纳税人应提交的文件证明：第一，之前纳税人收到的授权书或者税务审计通知；第二，相关审计年度的包含审计财务报表等附件在内的所得税纳税申报表；第三，前一年度的包含审计财务报表等附件在内的所得税纳税申报表；第四，包含银行正式收据等附件在内的按季度所得税申报表；第五，按月度和年度的预提税信息申报表；第六，月度和季度增值税申报表；第七，印花税的完税凭证；第八，体现名义账户以及真实账户月总额的工作文件；第九，试算平衡表；第十，租赁合同或协议的副本；第十一，最后一次提交给证券交易委员会的综合信息汇总表的副本。

另外，税务审计人员还会采取实地审计的方式，对纳税人的总账、销售和采购账簿、子公司的销售和采购账簿、销售发票以及其他票据、转账凭证以及其他相关记录进行检查。

2. 菲律宾税务检查发展基础①

本部分以纳税评估税务检查基础为例进行分析。

（1）法律依据

根据《国家税务法典（1997）》第 6 条的规定，在纳税人依据法律要求提交了纳税申报表后，税务局局长或其授权代表可能会对纳税人进行检查，并评估税款的准确金额；若是未提交纳税申报表，则难逃被税务局局长

---

① 《中国居民赴菲律宾共和国投资税收指南》，国家税务总局国际税务司国别（地区）投资税收指南课题组，第 147~155 页，中华人民共和国国家税务总局网站，https://www.chinatax. gov.cn/chinatax/n810219/n810744/n1671176/n1671206/c2352695/5116160/files/2104bf72846541 9b9448c71be9925f79.pdf。

检验这一程序性规定。税务局局长或者其授权代表在核查纳税人的申报金额时，有权检查纳税人的账簿、记录或者其他与纳税人相关的数据或者调查材料，并传唤纳税人或者有保管账簿权限的雇员到场参加。若纳税人未能在规定时间内提交报告，或有理由相信该报告有误或不完整，则税务局局长应按照可获取的证据评估合适的税额。若纳税人未能在规定时间内提交纳税申报表或其他材料，或是恶意提供错误的材料，则税务局局长应基于其认知以及可以收集的证据和信息制作或修订申报表。当存在纳税人有退出应税行业、准备离开菲律宾或将其财产转移、隐匿、变卖的行为时，或纳税人曾经或正在实施阻碍征税工作的行为，税务管理委员会有权宣布该纳税人的应税期限，并有权发出纳税通知，要求其在指定的期限内缴纳所拖欠的税款以及现在应缴纳的税款，以及说明不缴纳税款应受的处罚。

（2）纳税评估的税务检查程序

第一，初步评估检查通知（Preliminary Assessment Notice，PAN）。在2013年之前，当税务检查人员完成审计和调查后认定纳税人有纳税义务时，需要通过书面报告通知纳税人相关决定。如果纳税人对于该报告的部分或全部内容持有异议，则税务检查人员必须通知并邀请纳税人参加非正式会议以便陈述自己的观点。自2013年后，地区税收官员要求纳税人参加非正式会议的规定已经被取消。税务局不再发布非正式会议通知。在案件审核和评估之后，评估部门若有充分的依据和基础认为纳税人缴纳的税款不足，就将下发PAN。PAN必须详细说明评估所依据的事实、法律、规则以及相关条例。纳税人可以在15日内对PAN提出异议。

值得注意的是，PAN并非必经的法定程序，在某些情形下，税法规定可不用发布PAN而直接由菲律宾税务局发布最终评估通知（Final Assessment Notice，FAN）：其一，当发现出现的欠税是由于纳税申报表中的计税错误；其二，当预扣税款与代扣代缴人实际汇回的金额之间有差异；其三，当某一纳税人选择就某个纳税期间内针对超额抵免的预提税主张退税或抵扣时，若认定该纳税人已将同样数额税款向后结转并自动在下一年度的纳税季度申请与预估税款相抵扣；其四，当应缴纳消费税的物品未缴纳消费税；其五，当享有免税待遇的主体在本地购置或进口的物品，例如但不限于机动车辆、机器及配件，被销售、交易或转让给非免税人时。

第二，正式缴税函（FLD）与 FAN。自收到 PAN 之日起，如果纳税人未能在 15 日内回应，那么将被定性为拖欠税款，税务局将在规定期限内下发正式缴税函（Formal Letter of Demand，FLD）和 FAN。FLD 与 FAN 必须陈述评估所依据的事实、法律、条例或法律框架，否则评估将被视为无效。FAN 如果超过规定期限后才下发，则将被视为无效通知，除非在规定期限内纳税人已经进行相应整改。

第三，纳税评估的期限。根据《国家税务法典（1997）》第 203 节的规定，除了第 222 节另有规定外，纳税评估应在法律规定提交纳税申报表的最后 1 日后的 3 年内进行，在此期间结束后，对于该笔税款的征纳并未进行纳税评估的不得开始法律诉讼程序。但是，对于在法律规定期间之外提交纳税申报表的，这三年应自纳税申报表提交之日起算。根据第 222 节，对于企图通过造假或伪造的申报表逃税或未能提交纳税申报表的情况，应在发现造假、伪造或遗漏信息的 10 年内进行纳税评估，或通过法庭诉讼来征收的税款无须经过纳税评估即可缴纳。

根据第 223 节的规定，若发生下列情形，则税务审计追征期间应当中止，在中止期间以及此后的 60 日内，税务局局长不得进行纳税评估，或进行扣押，或启动法庭诉讼程序：其一，当纳税人请求重新调查，且得到税务局局长允许；其二，当不能按照纳税人在其填报的纳税申报表中的地址找到该纳税人；其三，当扣押或扣缴令正式送达纳税人或其授权代表或有民事能力的家庭成员之一时，且无法确认其财产；其四，当纳税人位于菲律宾境外。

3. 菲律宾税务稽查发展基础

税务管理委员会是税务稽查的主要机关，税务管理委员会有权制定当事人进行纳税申报时应遵守的相关规定。这些规定将能保障税款核定和税务稽查工作顺利展开，以确保税务机关得到较为真实的核定或稽查结论。

4. 菲律宾税收法律责任发展基础①

BIR 在 2015 年发布的 Annex a of Revenue Memorandum Order （RMO）No. 7-2015②，规定了违反《国家税务法典（1997）》的各项罚则。

（1）税务登记违法处罚

按照《国家税务法典（1997）》第 236 节、第 258 节、第 275 节的要求，菲律宾对违反税务登记的处罚情况见 4。

表4　菲律宾对违反税务登记的处罚情况

法典条款	违反情形	罚则	罚款协调金额确定
第 236 节 第 258 节	未进行税务登记	处 50000 比索以上、200000 比索以下的罚款，并处 6 个月以上、两年以下监禁 *	基于所在城市确定： a. 普通城市 20000 比索 b. 一级直辖市 10000 比索 c. 二级直辖市 5000 比索 d. 三级直辖市 2000 比索
第 258 节	未按时（每年 1 月 31 日之前）支付年度登记费用	处 300000 比索以上、500000 比索以下的罚款，并处 2 年以上、4 年以下监禁 **	基于所在城市确定： a. 普通城市 30000 比索 b. 一级直辖市 20000 比索 c. 二级直辖市 15000 比索 d. 三级直辖市 10000 比索

---

① 《中国居民赴菲律宾共和国投资税收指南》，国家税务总局国际税务司国别（地区）投资税收指南课题组，第 160~164 页，中华人民共和国国家税务总局网站，https：//www. chinatax. gov. cn/chinatax/n810219/n810744/n1671176/n1671206/c2352695/5116160/files/2104bf728465419b9448c71be9925f79. pdf。

② BIR，Annex a of Revenue Memorandum Order （RMO）No. 7 - 2015 for Revised Schedule of Compromise Penalty，March 23，2015.

续表

法典条款	违反情形	罚则	罚款协调金额确定
第 236 节 第 275 节	未按规定出示税务登记证书	处 10000 比索以下罚款，或不高于 6 个月有期徒刑，或两者同时惩处	1000 比索
第 236 节 第 275 节	没有登记证明	处 10000 比索以下罚款，或不高于 6 个月有期徒刑，或两者同时惩处	1000 比索

注：＊参见 Senate S. B. No. 1906, Sec. 26, http：//www. senate. gov. ph/lisdata/2824224594！. pdf；
＊＊参见 Senate S. B. No. 1906, Sec. 26, http：//www. senate. gov. ph/lisdata/2824224594！. pdf。

（2）会计核算违法处罚

按照菲律宾《国家税务法典（1997）》第 250 节、第 257 节内容要求，违反会计核算的处罚情况如表 5 所示。

表 5　菲律宾违反会计核算的处罚情况

法典条款	违反情形	罚则	罚款协调金额确定
第 250 节	未能按照本法或税务局局长的要求在规定日期前提交信息申报单、报表或清单，或保留任何记录，或提供任何信息		按每次 1000 比索的金额缴纳，但合计征收金额在一个日历年度内不得超过 25000 比索
第 257 节	注册会计师或在其领导下的人士：蓄意伪造任何检查或审计后的报告或报表，或者存在显著误报或疏忽	处 50000 比索以上、100000 比索以下的罚款，并处 2 年以上、6 年以下监禁；若为注册会计师则其证书将被吊销	根据第 204 节规定，因涉及税务欺诈，无法以罚款方式协调

法典条款	违反情形	罚则	罚款协调金额确定
第 257 节	任何人士:非第 232 节（B）小节中所规定的独立注册会计师或财务官员 ①对纳税人的账簿进行检查和审计		25000 比索
	②未经审计即签署并认证财务报表		25000 比索
	③向任何纳税人提供不符合本法或依本法颁布的法规及条例要求的国内税收所用会计账簿		25000 比索
	④在知晓的情况下在账簿或相关记录中呈现虚假信息或假冒名称		根据第 204 节规定,因涉及税务欺诈,无法以罚款形式协调
	⑤设置两套或更多的记录或账簿		根据第 204 节规定,因涉及税务欺诈,无法以罚款形式协调
	⑥以任何方式做出的违反本节规定的行为或玩忽职守的行为		处 1000 比索罚款,特定情形下可参照附表罚款,但若涉及欺诈,则无法以罚款形式协调

根据总收入确定

下限（比索）	上限（比索）	罚款（比索）
—	5000	1000
50000	100000	3000
100000	500000	5000
500000	5000000	10000
5000000	10000000	15000
10000000	20000000	20000
20000000	50000000	30000
50000000	—	50000

（⑦A. 未能以本国语言（英语或西班牙语）设置第 232 节中要求的账簿,或按本法第 243 节要求的真实完整的翻译版）

违反情形	罚款协调金额确定
⑦B. 在按本国语言（英语或西班牙语）设置的账簿或记录中发现与按其他语言设置的账簿有重大差异	根据第 204 节规定,因涉及税务欺诈,无法以罚款形式协调

续表

法典条款	违反情形	罚则	罚款协调金额确定
第 257 节	⑧企图以任何形式偷逃本法所征收的税款，或在知晓的情况下使用虚假或伪造的国防税收收据、授权信、授权登记证书、税收抵免证明、税收借项通知以及其他有关表格		根据第 204 节规定，因涉及税务欺诈，无法以罚款形式协调

（3）纳税申报违法处罚

在企业提交纳税申报表后，税务局局长应对其进行审查，并核实应纳税款的数额。在出现企业未缴足税款或未按时缴纳税款时，纳税人就会面临欠税利息，现行的利率规定为菲律宾中央银行规定的贷款利率的两倍，采用这一利率的时间为自规定的纳税日起直至所有税款全部缴纳完毕为止。[①] 通常在未能缴纳以下税款的情况下会产生适用欠税利息的问题：第一，未缴纳基于提交的纳税申报表中显示的应纳税款；第二，未缴纳在不要求提交纳税申报表情况下的应纳税款；第三，税务局局长发出的通知和要求出现应纳税款日期结束后被追缴罚款或利息的情况。

除此之外，在出现下列情况时，还需按照应纳税额的 25% 进行额外处罚：第一，未能在本法规定的时间内提交任何纳税申报表并缴纳应纳税款；第二，除非税务局局长另有授权，将纳税申报表提交给规定国内税收官员以外的官员；第三，未能在核定通知要求时间内缴纳拖欠的税款；第四，未能在税款缴纳日期之前或依据本法提交纳税申报表。

对于故意不在法律规定的期间内提交纳税申报表，或对于有意错报或伪造纳税申报表的纳税人，要加征应纳税款的 50% 以作为罚金。

---

① "Tax Reform for Acceleration and Inclusion Act, Sec. 75, RA 10963（TRAIN Law）with Presidential Veto Message 27Dec2017. pdf（dof. gov. ph），" https：//www. dof. gov. ph/ra - 10963-train-law-and-veto-message-of-the-president/.

（4）不履行纳税义务处罚

对不缴或少缴税款的处罚。根据《国家税务法典（1997）》第249节的规定，经核查确认后未缴纳的税款，将按菲律宾中央银行规定的贷款利率的两倍计算利息，时间为自规定的纳税日起直至所有税款全部缴纳完毕为止。滞延付款利息的计算可以基于全部应纳税所得额，也可以基于到期应纳税款或者未缴纳税款。对于延期缴纳税款的利息，纳税人可选择全额支付或分期支付。若未能按期支付，经通知后，对于未能支付的款项，应按上述税率重新计算及收取利息，直至完全支付为止。

对不履行扣缴义务的处罚。根据第251节的规定，扣缴义务人未按规定扣缴应纳税款，或者协助逃税的，除按本节规定处罚外，一经定罪，应被处相当于未扣留或未计入税款总额的罚款。根据第252节的规定，任何雇主或扣缴义务人未能或拒绝返还超额预扣税款的，除了需要缴纳上述罚款外，还会被处以等同于超额预扣税款的罚金。

对逃避或欺诈税款的处罚。纳税人逃避税款时将被处以50万比索以上、1000万比索以下的罚款，并处6年以上、10年以下监禁[①]。

（四）菲律宾基于税收法律救济的纳税人权利保护发展基础

1. 菲律宾税务行政复议发展基础

税务行政复议主要针对有关纳税评估结果的争议。纳税人在收到纳税评估结果之日起30日内，可以提出基于异议的税务行政复议申请。

纳税人在提交基于异议的税务行政复议申请的60日内，需要提交所有相关证明资料，否则该纳税评估将作为最终结果。如果纳税人未能提交支持其异议的具体事实依据、相关法律规定以及证据，那么纳税评估将具有终局性。

纳税评估税款的缴纳。如果纳税人仅针对FLD与FAN中的部分税款项目提出异议，那么对于没有争议的剩余部分，纳税人应当继续缴纳。

① "Tax Reform for Acceleration and Inclusion Act, Sec. 76, RA 10963 (TRAIN Law) with Presidential Veto Message 27Dec2017. pdf (dof. gov. ph)," https://www. dof. gov. ph/ra - 10963-train-law-and-veto-message-of-the-president/.

在纳税人提出行政异议后，税务局局长或其授权代表应在180日内针对纳税人的异议请求发布处理争议性税务评估以及有关争议性评估的最终决定（Final Decision on Disputed Assessment，FDDA）。2016年6月13日，菲律宾财政部和税务局发布了第26-2016号税收备忘录命令，专门制定了有关FDDA的政策和指南。

根据该税收备忘录命令，无论纳税人的异议是否被部分或完全接受或驳回，税务机关均应通过发布FDDA告知纳税人对其提出异议的决定。

再调查的申请仅适用于纳税人对FAN和FLD提出异议。在发布FDDA后，纳税人就不能申请再调查以作为寻求救济的途径。

若纳税人提出的税务行政复议申诉被税务机构全部或部分驳回或在提交资料的180日内未收到回复，则受到该决定或不作为不利影响的纳税人可在收到该决定的30日内向税务上诉法院提请上诉，否则该决定将成为最终、待执行且可请求的决定。

2. 菲律宾税务行政诉讼发展基础

如果税务局局长在自纳税人提交税务行政复议全部文件之日起的180日内未采取任何措施，那么纳税人可以在180日结束后的30日内向税务上诉法院提出要求审核申请；或者继续等待税务局局长对纳税评估做出最终决定，并在收到此决定副本之日起30日内向税务上诉法院提出上诉。

根据《国家税务法典（1997）》第203节的规定，除了第222节另有规定外，纳税评估应在法律规定提交纳税申报表的最后1日后的3年内进行，在此期间对于该笔税款的征纳并未进行纳税评估的不得开始法律诉讼程序。

在纳税人提请重新考虑并提交异议书后的180日内，或纳税人提请再调查申请的60日（提交相关材料期间）后，如果税务机关未能对异议采取措施，并且纳税人在180日结束后的30日内向税收上诉法院提出上诉，则税务机关应发布FDDA。

在FDDA发布以后，纳税人可以选择部分或完全接受纳税评估决定。如果FDDA是由税务局局长的授权代表签发，则纳税人应当自收到FDDA后

30 日内向税务局局长提交重新考虑的动议，或向税务上诉法院提出上诉。向税务局局长提交重新考虑的动议或向法院提出上诉，不应使纳税人失去选择遵守税务评估决定的机会。

在下列情况下，税务评估结果将作为终局性的、具有执行力的决定。第一，纳税人未能在接到 FLD 和 FAN 之日起 30 日内提出有效的异议申请。第二，纳税人未能在提出再调查申请之日起 60 日内提交相关证明材料。第三，纳税人未能在接到税务局局长授权代表签发的 FDDA 之日起 30 日内向税务局局长或税收上诉法院提出上诉。第四，纳税人未能在接到税务局局长签发的 FDDA 之日起 30 日内向税收上诉法院提出上诉。第五，纳税人未能依据现有的法律和程序及时提交申请重新考虑的动议，或向上级法院起诉，或未能向税务上诉法院或最高法院提出上诉。第六，纳税人未能收到评估通知，其原因是纳税人的实际地址与其在税务登记系统登记的地址不符。

（五）菲律宾税务管理机构发展基础[①]

1. 菲律宾税务系统机构设置基础

（1）税务局

税务局（BIR）的主要职能和结构规定在《国家税务法典（1997）》第一编。根据该编的规定，BIR 受财政部的监管，其权力与职责应包含对所有国内税种、费用的核查和征收，并执行与之相关的没收财产、罚款等处罚，其中包括执行税务上诉法庭和一般法院所做出的有利于税务机关的判决。BIR 可施行《国家税务法典（1997）》或其他法律所赋予其的监督权和检查权。

BIR 下设服务管理司、项目管理司以及大型纳税人管理司（大户司）。其中，大户司是菲律宾税收征收管理的特色机构之一，大户司集中管理全国

---

① 《中国居民赴菲律宾共和国投资税收指南》，国家税务总局国际税务司国别（地区）投资税收指南课题组，第 110～114 页，中华人民共和国国家税务总局网站，https：//www.chinatax. gov. cn/chinatax/n810219/n810744/n1671176/n1671206/c2352695/5116160/files/2104bf728465419b9448c71be9925f79. pdf。

的大型纳税户，大户司直接由菲律宾税务局局长分管，在首都之外的一些地区设有分支机构。

BIR 设有一位最高长官，即税务局局长，并设有四位副局长，这四位副局长分别管理法律组、运营组、信息系统组及资源管理组四个不同的部门。税务局局长基于《国家税务法典（1997）》享有排他性的解释权，但这一解释权受财政部部长的审查。税务局局长被赋予的权力包括：决定进行具有争议的税务核查；对国内税款或其他费用的返还；基于《国家税务法典（1997）》和其他法律进行处罚以及进行税收征收管理。这些权力的行使受税务上诉法院的排他性上诉管辖。

（2）地区税务机构

BIR 在全国各地设置了地区办事处（Regional Offices）、税务区域（Revenue Districts）以及地区数据中心（Revenue Date Centers）。其中，地区办事处的管辖范围大于税务区域，一般来说，每个地区办事处分管 4~6 个税务区域。

地区办事处。为有效进行税收征收管理，BIR 在菲律宾国内设有 9 个地区办事处。地区办事处主要负责评估和收集该地区管辖范围内纳税人的所有税款和其他费用的征收情况，并确保在税务区域适当有效地执行 BIR 的政策和计划。各地区办事处下设法律处、评估处、稽征处、金融处、人事处、调查处、文档处。地区办事处的地址、联系电话及负责人详细信息均可在菲律宾税务局网站查询。

税务区域。经财政部部长同意，税务局局长可基于管理的目的，时不时地将菲律宾划分为若干个税务区域，各个税务区域由一名税收地区官员（Revenue District Officer）管理。税务区域的职责是：为纳税人提供援助和服务；预处理纳税人提交的表格，在对其编码后整理关键信息；对税务案件进行现场稽查；通过简易方法收取税款，有权在本辖区内没收或征收财产。当前，BIR 将菲律宾编为 115 个税收区域，各税收区域办公地址、电话、管辖范围均可在菲律宾税务局网站查询。

地区数据中心。地区数据中心负责各辖区的税务信息系统的运行与管理，确保税务系统的可行性，各地区数据中心下设网络工程处和设施管理处。当前菲律宾地区数据中心有吕宋一区（Calasiao）、吕宋二区（Quezon City）、宿务/维萨亚斯区、棉兰老区。各地区数据中心办公地址、电话、管辖范围同样均可在菲律宾税务局网站查询。

2. 菲律宾税务管理机构职责基础

（1）税务局的职责

税务局的职责规定在《国家税务法典（1997）》第5节至第8节。第5节详细规定了税务局局长获取信息、传唤人员、检查和取得证据的权力，为保障税收工作顺利进行，税务局可以向纳税人核查与纳税有关的一切书证（包括纳税人的会计账簿及其他基本情况），并对相关人员进行传唤、质证。第6节则规定了税务局有权实施税务核查与评估及因执行税务需要的其他权力，具体包括问询由金融机构持有的银行储蓄账户和其他相关信息，税务代理人的认定与登记，制定程序和证据方面的规则。此外，规范统一税收相关文件的格式，包括申请表格、收据、认证证书以及税收支付确认书等，也由税务局负责。

税务局也可依照财政部颁布的行政法令委托其下属单位行使职权，但以下几项除外：第一，建议财政部颁布规章规定的权力；第二，税务局税收条例的发布、现行条例的终止、废除或修改的权力；第三，依本法第204节A项和B项规定的减免纳税义务的权力；第四，确定消费税计征对象的权力。

（2）各税务区域及其他税收机关的职责

税务区域主管（Revenue Regional Director）的权力与职责规定在《国家税务法典（1997）》第10节，其中包括在所属区域实施法律、政策和计划，并执行国家税收法律、法规和条例，签发授权书以检查所在区域的纳税人等。各税务区域税务官员及其他国内税务人员应确保税收法律法规的实施和执行，对违法行为进行惩处。税务区域税务官员在菲律宾税收管理体系中发挥着不可替代的作用，其主要职责是监督和检查下属税务人员的工作效率和情况，并且以书面材料形式向税务管理委员会报告下属税务人员的疏漏和违法违规现象。其他税务官员负责本辖区内税款核查征收工作。各税务机关对于违反法律的人有逮捕权，并有权扣押其财产。

其他税收征收代理机构及其职责规定在《国家税务法典（1997）》第12节：第一，关税管理委员会及其下属部门负责对各类进口商品征收关税；第二，相关政府部门及其下属机构负责进行资源税的征收；第三，税务管理委员会可委托银行在适当的时机代收税款。

二 菲律宾税收征收管理发展变化（2022～2023年）

自新冠疫情渐趋平稳后，菲律宾的经济得到快速恢复，良好的经济发展态势、成本较低的劳动力资源和旺盛的国内消费市场，以及与美国、欧盟等国家和地区签署的优惠关税协议，使菲律宾成为东南亚地区最能吸引外资的国家之一。菲律宾税务部门持续进行税收改革，提高税收征收管理能力和效率，增加税收收入，以尽快摆脱疫情所带来的不利影响。

（一）菲律宾税收征收管理法律体系发展变化

1. 菲律宾税务登记服务规章的新变化

2022年3月9日，菲律宾税务局发布第24-2022号税收备忘录通告，对增值税纳税人税务登记做出新规定。

2. 菲律宾纳税申报和税款缴纳服务的新变化

菲律宾税务局发布的第24-2022号税收备忘录通告对增值税纳税申报和税款缴纳做出新规定。

（二）菲律宾纳税服务发展变化

1. 菲律宾税务登记服务发展变化

菲律宾税务局发布的第24-2022号税收备忘录通告对增值税纳税人税务登记做出新规定。

纳税人可在线办理税务登记等服务。2022年10月17日，菲律宾BIR局长莉莉娅·吉列尔莫（Lilia Guillermo）表示，随着BIR不断推动数字转型，企业注册可以在网上完成。纳税人可以在税务局网站提交有关公司总部或分支机构的注册申请。

纳税人应通过 BIR 网站提供的电子邮件将申请和其他所需文件提交给营业场所的收入区办事处。在 2022 年底之前，BIR 推出另一个名为在线注册和更新系统（ORUS）的数字化项目，其是税务部门数字转型的一部分，目的是加强 BIR 的服务能力，使税务合规更加容易。通过在线注册和更新系统，纳税人可以在线办理登记业务、更新注册信息。

2. 菲律宾发票管理发展变化

（1）强制性电子发票要求[①]

根据 TRAIN 法案，以下纳税人必须在 2023 年 1 月 1 日之前开具电子收据或销售/商业发票。第一，从事货物和服务出口的纳税人；第二，从事商业（电子商务）的纳税人；第三，大型服务处的纳税人（LTS）。

除从事电子商务的纳税人外，上述纳税人的销售数据应传送或报告给 BIR，其通过纳税人开发的销售数据传输系统（SDS）以电子方式进行。SDS 应由 BIR 认证。另外，BIR 建立了一个电子发票、收据系统，能够存储和处理使用安全数据单传输的数据。其只能由被授权纳税人访问。

（2）企业使用新格式开具收据或发票

从 2023 年 7 月 1 日开始，菲律宾税务局要求所有从事商品销售或提供服务的卖家，包括在线卖家，在各自的网站、社交媒体账户的显著位置展示开具收据或发票通知（NIRI）。自 2022 年 10 月起，由地方税务局和大型纳税部门分期向进行注册的企业纳税人发放。NIRI 将取代之前于 6 月 30 日到期的"索取收据"通知（ARN）。随着 NIRI 在商业机构中展示，所有卖家有义务为提供的服务或销售的商品自动开具收据或发票，而无须等待买家提出要求。该通知必须会被显著地展示在商店或营业场所（包括分店和流动商店）内。申请 NIRI 的企业需要更新其注册信息。

3. 菲律宾纳税申报和税款缴纳服务发展变化

菲律宾税务局发布的第 24-2022 号税收备忘录通告对增值税纳税申报

---

① "Philippines：Corporate-Significant Developments," https：//taxsummaries. pwc. com/philippines/corporate/significant-developments.

和税款缴纳做出新规定。第一，对于 2021 年 6 月 27~30 日（第 9-2021 号税收条例生效期间）的货物销售和服务提供，卖方必须申报并缴纳税率为 12% 的增值税。买方如果登记了增值税，则可以将增值税作为进项税；如果买方从事零税率的活动，则可以选择通过增值税退税程序退回税款；如果买方没有进行增值税登记，则可以选择将增值税作为销售成本或费用的一部分进行申报。第二，对于 2021 年 7 月 1 日至 2021 年 7 月 27 日的货物销售和服务提供，卖方和买方可以选择：暂缓缴纳该交易的增值税，或修改相关的增值税申报表，并将增值税退还给买方。

（三）菲律宾税收执法发展变化

据菲律宾《商业世界报》报道，菲律宾税务局局长表示，随着电子商务的发展，2023 年，税务部门将优先考虑如何更好地向在线卖家及其他新平台征税。新冠疫情迫使许多实体企业转向使用 Shopee 和 Lazada 等电子商务平台以及 Tiktok、Facebook 和 Instagram 等社交媒体平台进行在线销售。据菲律宾贸工部估计，截至 2022 年底，大约有 200 万个实体企业在线上开展销售业务。2021 年，数字经济对菲律宾国内生产总值的贡献率为 9.6%，总额约为 1.8 万亿比索（约合 324 亿美元）。据菲律宾税务局统计，截至 2021 年底，在线内容创作者和零售业者累计贡献了约 446 亿比索（约合 8 亿美元）的税款。[①]

（四）菲律宾税收信息化建设发展变化

在 2019 年推出 10 年数字化发展路线图后，菲律宾税务局不断推进税收征收管理数字化转型。截至 2022 年 8 月底，在开发出电子申报系统、支付系统、电子资金转账指示系统和其他电子支付渠道的基础上，全国约 98% 的纳税人已经开始使用税务局的数字平台。

---

① 《菲税务局：正探索对电子商务平台在线卖家的有效税收征管措施》，中华人民共和国驻菲律宾共和国大使馆经济商务处网站，http：//ph. mofcom. gov. cn/article/jmxw/202303/20230303395526. shtml。

根据数字化转型路线图，菲律宾税务局在 2022 年和 2023 年启动在线注册和更新系统。菲律宾 2023 年国家预算拟向税务局和海关总署拨款 35.6 亿比索以支持其升级数字化基础设施。

菲律宾财政部部长本杰明·迪奥克诺（Benjamin Diokno）表示，要提高税务部门的征收效率，数字化是关键。菲律宾税务局局长吉列尔莫表示，税务行政管理和征收方式的数字化进展，有助于消除自由裁量权，更好地满足纳税人的需求并降低腐败发生率。[①]

三 菲律宾税收征收管理发展前景

菲律宾税务局局长称，2023 年前 4 个月，菲律宾超额完成 8270 亿比索的征税目标，这要归功于高效的执法和逐步推进的数字化征收管理。其认为，对纳税服务的改善、纳税人的诚信和税务人员的专业精神也对超额完成征税目标起到了重要作用，这也是菲律宾未来税收征收管理的发展特色和方向。

（一）菲律宾将进一步完善数字企业税收登记和收缴制度

数字经济的"隐蔽性"在于没有实际交易和消费场所，没有实体票据凭证，这对当前的税收征收管理工作带来了极大的挑战。包括菲律宾在内的东盟国家推进完善电商经营者注册登记制度，就是从源头数据上堵塞避税和漏税行为。一般来说，线上交易数据比线下交易数据更容易篡改，更难追踪和证明。为此，进行税收征收管理数字化改革非常重要，尤其是利用信息技术完善数字企业的税收登记和收缴制度可以保证具有较高的税收行政效率，这是数字化发展背景下菲律宾税务系统进行税收征收管理改革的一个重要方向。

---

① 《菲税务局：要让所有纳税人电子申报缴税》，新浪财经，https://finance.sina.com.cn/money/forex/forexinfo/2022-09-27/doc-imqmmtha8963923.shtml。

（二）菲律宾将加强对部分传统行业税收征收管理

2023 年 4 月 24 日，菲律宾财政部部长迪奥克诺表示，小马科斯（Bongbong Marcos Jr.）政府正计划对含糖饮料、机动车和采矿行业征收新的或更高的税款，以增加政府收入。迪奥克诺还表示，政府将在未来几个月推动机动车道路使用税（MVRUT）的改革、提高含糖饮料消费税并对采矿行业实施新的财政制度。这三项税收措施一旦在 2025 年通过并上升为法律条款，就将在实施的第一年为政府带来 819 亿比索的额外收入，其中，含糖饮料税为 537 亿比索，机动车使用税为 158 亿比索，采矿税为 124 亿比索。[①]

（三）菲律宾将加大对数字经济的税收征收管理力度

1. 菲律宾将加强对电子商务平台卖家的税收征收管理

电子商务在疫情期间发展迅速。2021 年，菲律宾的数字经济规模达 170 亿美元，预计到 2025 年增至 250 亿美元，2030 年增至 920 亿美元（占 GDP 的 12%）。随着电子商务的发展，菲律宾税务部门将优先考虑如何更好地向在线卖家及其他新平台征税。新冠疫情迫使许多实体企业转向使用电子商务平台以及社交媒体平台进行在线销售。如果针对电商平台卖家征税，那么电商平台需要向税务部门提供数据，以便征收税款，部分电商平台已经在研究如何平衡提供数据以及隐私之间的关系，毕竟向税务部门提供数据有可能会违反隐私法。

2. 菲律宾将加强对数字服务提供商的税收征收管理

2021 年 9 月，菲律宾众议院通过了 7425 号众议院法案，试图对数字服务提供商征收 12% 的增值税。征税对象包括在线广告、订阅服务以及移动应用和在线商城提供的服务等。但该法案在菲律宾参议院未能通过。2022

---

① 《菲律宾财政部提出三项新税收措施　包括含糖饮料税》，搜狐网，https://www.sohu.com/a/670014495_206880。

年 7 月，菲律宾总统小马科斯在就职后发表的第一份国情咨文中阐述了菲政府未来六年的计划，其中就包括可能对加密货币交易所的数字服务提供商征税。

（四）菲律宾将推进数字化转型以提高税收征收管理效率

在菲律宾于 2019 年推出 10 年数字化发展路线图后，菲律宾税务局不断推进税收征收管理数字化转型。截至 2022 年 8 月，在已开发出电子申报系统、电子资金转账指示系统、支付系统和其他电子支付渠道的基础上，全国约 98% 的纳税人已经开始使用 BIR 的数字平台。

柬埔寨税收征收管理发展报告（2023）

摘　要： 柬埔寨没有专门的"税收征收管理法"，税收征收管理由《柬埔寨王国税法》第5章进行规定。2016~2021年，柬埔寨进行了包括税务登记网上办理、纳税人重新分类、启用电子申报系统及制定税务审计规范在内的一系列税收征收管理改革。相关改革措施完善了柬埔寨的税收征收管理体制，提高了柬埔寨税收征收管理制度的现代化和信息化程度，改善了柬埔寨的营商环境。2022年以来，随着税收征收管理体制改革的推进及应对新冠疫情的各类临时措施到期退出，柬埔寨税收征收管理基本保持稳定，主要出现两个变化：一是实施纳税人自愿披露政策，鼓励纳税人对错误的申报内容主动进行更正；二是根据《关于税务服务代理的部长令》，对税务代理规范进行修改。柬埔寨税收征收管理制度的变化特点和趋势与世界税收征收管理制度的变化特点和趋势基本一致，主要表现为提高税收征收管理系统的信息化水平、为纳税人提供更便捷的服务、强化对纳税人的权利保护以及加大对税收违法行为的打击力度，从而提高纳税遵从度，保障国家收入。

关键词： 柬埔寨　税收征收管理　纳税服务　税收执法

柬埔寨现行税收征收管理制度基于1997年颁布的《柬埔寨王国税法》（以下简称《税法》）和2003年颁布的《柬埔寨王国税法修正法》确立。柬埔寨没有专门的"税收征收管理法"，《税法》第5章对税收征收管理进行了具体规定。

本报告主要介绍柬埔寨税收征收管理发展基础、发展变化及发展展望，以便于读者了解柬埔寨税收征收管理的新特点、新变化和新发展。

一 柬埔寨税收征收管理发展基础（截至2021年）

（一）柬埔寨税收征收管理法律体系发展基础

1.柬埔寨税收程序性法律发展基础

《税法》是综合性税收法律，包括税收征收管理法律规定和税收救济法律规定。

2.柬埔寨税收程序性法规发展基础

柬埔寨税收程序性法规很少。2020年6月10日，《柬埔寨王国电子注册次级法令》对电子税务注册做出新规定。

3.柬埔寨税收程序性规章发展基础

截至2023年5月，柬埔寨仍然有效的税收程序性规章有28部（见表1）。

表1 柬埔寨仍然有效的税收程序性规章情况（截至2023年5月）

序号	名称	编号	发布日期
1	《关于欠税管理的部长令》	962 MEF.PrK	2021年11月20日
2	《关于对电子商务交易征收增值税的规则和程序》	542 MEF.PrK	2021年9月8日
3	《关于根据避免双重征税协定通过相互协商程序解决投诉的部长令》	318 MEF.PrK	2021年5月12日
4	《关于对收入征税的双重征税协定和防止逃税和避税的部长令》	104 MEF.PrK	2021年1月28日
5	《关于本地生产企业必须安装啤酒和非酒精饮料流量计的部长令》	010 MEF.PrK	2021年1月12日
6	《关于根据自我申报制度对纳税人进行分类的部长令》	009 MEF.PrK	2021年1月12日
7	《关于纳税人税务登记和更新信息的部长令》	701 MEF.PrK	2020年8月14日
8	《关于国内和国际利息贷款预扣税的部长令》	525 MEF.PrK	2020年6月19日
9	《关于证券投资者预扣税激励的部长令》	471 MEF.PrK	2020年5月5日

续表

序号	名称	编号	发布日期
10	《关于实施双重征税协定和防止对收入逃税的部长令》	117 MEF. PrK	2020 年 2 月 7 日
11	《关于实施柬埔寨王国政府与美利坚合众国政府之间关于改善国际税收合规和将税收合规法适用于美国海外账户的协议的部长令》	1459 MEF. PrK	2019 年 12 月 31 日
12	《关于开具发票程序的法令》	723 MEF. PrK	2019 年 8 月 14 日
13	《关于确定财产所有权转让登记税的税基部长令》	343 MEF. PrK	2019 年 3 月 22 日
14	《税务稽查法令》	270 MEF. PrK	2019 年 3 月 13 日
15	《关于执行避免双重征税协议、防止贪污、涉及所得税的税务欺诈的部长令》	241 MEF. PrK	2019 年 3 月 6 日
16	《关于增值税退税的部长令》	576 MEF. PrK	2018 年 6 月 19 日
17	《关于保险企业所得税缴纳规则和程序的部长令》	490 MEF. PrK	2018 年 4 月 30 日
18	《关于错误会计标准和最低纳税程序的部长令》	638 MEF. PrK	2017 年 7 月 4 日
19	《关于引入中小企业自愿注册税收优惠子法令的部长令》	502 MEF. PrK	2017 年 4 月 25 日
20	《关于税务合规分类的部长令》	1536 MEF. PrK	2016 年 12 月 23 日
21	《税务登记部长令》	496 MEF. PrK	2016 年 4 月 6 日
22	《关于实施小规模纳税人简化会计记录的规则和程序的部长令》	1820 MEF. PrK	2015 年 12 月 25 日
23	《关于根据自我申报制度对纳税人进行分类的部长令》	1819 MEF. PrK	2015 年 12 月 25 日
24	《关于经济和财政部国家税务总局解决税务纠纷的规则和程序的部长令》	1470 MEF. PrK	2015 年 11 月 6 日
25	《关于无法收回的税收债务的规则和程序的部长令》	623 MEF. PrK	2014 年 6 月 6 日
26	《关于解决欠税的部长令》	571 MEF. PrK	2014 年 5 月 21 日
27	《登记税法令》	735 MEF. PrK	2013 年 8 月 8 日
28	《关于税务服务代理的部长令》	455 MEF. PrK	2013 年 4 月 12 日

资料来源：柬埔寨国家税务总局（网址为 https：//www. tax. gov. kh）。

（二）柬埔寨纳税服务发展基础

1. 柬埔寨税务登记服务发展基础

（1）税务登记

在柬埔寨境内从事经济活动的所有纳税人都必须进行税务登记。《税法》第101条、第103条与经济和财政部于2020年8月14日发布的第701号部长令《关于纳税人税务登记和更新信息的部长令》[①] 对税务登记和更新信息的规则和程序做了一般和具体的规定。

设立登记。所有纳税人在经营活动开始之后的15日之内应到税务机关进行登记（实际的操作过程是在完成商业注册的15日内办理税务登记）。

变更登记。在企业地址变更、企业法律形式变更、企业名称变更、企业经营范围变更、企业股权转让或变更、企业或分支机构管理层或主管变更、企业停止营业、企业办税人员变更、企业银行账户信息和联系方式（电话号码和电子邮件）变更时，纳税人应在变更的15日内通知税务机关。

在进行设立登记时，企业的一名主要负责人（董事局主席、董事、股东）或股东的法定代表人需要到税务机关完成拍照和扫描指纹的程序。

完成设立登记或变更登记后，在纳税人所在地，税务管理人员在出示税务机关官方证件后检查核实纳税人的相关信息并予以记录。

为了鼓励更多企业进行商业注册，柬埔寨于2020年6月推出网上注册服务系统，以接受和审批在柬埔寨设立商业机构和从事商业活动的申请，减少企业的时间和费用。

在网上注册服务系统推出之前，私人有限公司、公共有限公司、外国公司分公司和代表处、独资企业、普通合伙企业、有限合伙企业、公共企业、国有公司可以在商务部网站进行商业注册。另外，其他类型的实体或无法通

---

① "Prakas on Tax Registration and Update Information of Taxpayers（701 MEF. PrK）," https：//www. tax. gov. kh/u6rhf7ogbi6/gdtstream/60d6b8e5-b734-4879-aed6-cf51c10f636d.

过网上注册服务系统注册的实体可以向税务机关提交税务登记申请表并附上所需文件以完成税务登记和更新信息（见表 2）。在网上注册服务系统推出后，四个部门即商务部、国家税务总局、劳工部和柬埔寨发展理事会的数据库相互连接，接受和处理商业注册、税务登记和合格投资项目申请，进行成立企业确认。根据流程，若申请者提交的资料完整，商务部必须在 3 日之内批准商业注册和发放执照。在商务部批准商业注册后，国家税务总局开始审查资料，最迟在 4 日之内批准税务注册和发放相关执照。在申请进行商业注册时，申请人应先缴纳 50% 的牌照税（小型、中型和大型纳税人的牌照税不同），若申请被否决，有关费用不予退还。

在收到电子版税务登记批文后，申请人必须在 15 日之内向国家税务总局提交银行账户资料，否则税务登记将被自动取消。

表 2　柬埔寨商业注册和税务登记的部分情况

类型	方式
私人有限公司、公共有限公司、外国公司分公司和代表处、独资企业、普通合伙企业、有限合伙企业、公共企业、国有公司	在商务部网站进行商业注册（网址为 https://www.registrationservices.gov.kh）
其他类型的实体或无法通过网上注册服务系统注册的实体	向税务机关提交税务登记申请表并附上所需文件以完成税务登记和更新信息

资料来源：柬埔寨商务部、柬埔寨国家税务总局（网址为 https://www.tax.gov.kh）。

在完成税务登记后，纳税人将收到国家税务总局发放的相应文件（见表 3）。其中，关于履行纳税义务要求的通知函向纳税人详细说明何时进行第一个月的纳税申报。

表 3　柬埔寨国家税务总局向完成税务登记的纳税人发放的文件

类型	文件
政府机构、外交代表机构、国际组织、其他国家的技术合作机构和政党	增值税登记证 税务登记证 关于履行纳税义务要求的通知函

类型	文件
从事经营活动的大型、中型、小型纳税人	增值税登记证 税务登记证 关于履行纳税义务要求的通知函 牌照税登记证
营业收入少于小型纳税人的其他纳税人	增值税登记证 税务登记证

资料来源：柬埔寨国家税务总局（网址为 https://www.tax.gov.kh）。

当然，对于法律规定应进行登记，经税务机关通知但未登记的纳税人，税务机关可以按照规定单方面给纳税人进行登记（即单边税务登记）并有权决定纳税人的登记日期。相关案例如下。

一家外资建筑公司（A 公司）自 2017 年 3 月开始在柬埔寨承建一项工程。国家税务总局在 2017 年 7 月发现 A 公司在柬埔寨进行经济活动却并未进行税务登记。对此，国家税务总局给 A 公司进行登记并把 2017 年 3 月作为登记日期。在完成单边税务登记后，国家税务总局有权对 A 公司展开税务审计，发出税务重新评估通知，追讨 A 公司未申报的税款，并加处罚款，追缴日期从 2017 年 3 月开始。需要注意的是，若国家税务总局无法获得 A 公司的相关信息，则其有权要求第三方（A 公司承建的工程的业主）提供关于 A 公司的相关信息。①

此外，若单边税务登记的纳税人被认为妨碍《税法》实施，相关机构将按照《税法》的规定对其进行处罚。

（2）纳税人税务登记号码的使用情况

《税法》第 102 条对税务设立登记、变更登记和纳税人税务登记号码进

① 案例来源：《天职国际会计师事务所柬埔寨税务专栏第 2 期》，https://www.bakertilly.com.kh/zh/%e6%b4%9e%e5%af%9f/%e5%87%ba%e7%89%88%e7%89%a9/。

行规定：在完成登记后，税务机关应向纳税人出具含有纳税人税务登记号码的税务登记证；纳税人税务登记号码将被用于有关税务的所有文件中；对于所有与税务有关的合同，必须列示纳税人税务登记号码，只有这样，合同才能生效。

（3）纳税人的分类管理情况

纳税人的分类。《2016年财务管理法》废除了之前沿用的估税制（Estimated Regime）和实际税制（Real Regime），引入新的纳税人分类标准，即将所有纳税人纳入自我申报制度（Self-declaration Regime）中。根据经济和财政部第1819号部长令，国家税务总局将纳税人分为三类：小型纳税人、中型纳税人和大型纳税人。柬埔寨经济和财政部在2021年1月12日发布的第009号部长令对自我申报制度下的纳税人分类标准进行了修改。依据法律形式、年营业额、所属行业部门和资产规模，纳税人被分为小型、中型和大型纳税人（见表4）。

表4　柬埔寨纳税人分类新标准

类型	所属行业部门	年营业额	资产规模
小型纳税人	农业、服务业和商业部门	2.5亿~10亿瑞尔	2亿~10亿瑞尔
	工业部门	2.5亿~16亿瑞尔	2亿~20亿瑞尔
	参与投标、谈判、报价以提供商品或服务的部门		
中型纳税人	农业部门	10亿~40亿瑞尔	10亿~20亿瑞尔
	服务业和商业部门	10亿~60亿瑞尔	
	工业部门	16亿~80亿瑞尔	20亿~40亿瑞尔
	重新注册的法人或代表机构的所属行业部门 政府机构、协会或非政府组织，或这些机构和组织下的项目的所属行业部门 外交代表机构、国际组织和其他国家的技术合作机构，或这些机构和组织下的项目的所属行业部门		

类型	所属行业部门	年营业额	资产规模
大型纳税人	农业部门	超过 40 亿瑞尔	超过 20 亿瑞尔
	服务业和商业部门	超过 60 亿瑞尔	
	工业部门	超过 80 亿瑞尔	超过 40 亿瑞尔
	跨国公司的子公司、外国公司分公司和代表处的所属行业部门		
	获得柬埔寨发展理事会批准注册为合格投资项目的企业的所属行业部门		

资料来源："Prakas on the Classification of Taxpayers According to the Self-Assessment Regime（009 MEF. PrK）," https://www.tax.gov.kh/u6rhf7ogbi6/gdtstream/5fb1b312 - 5e47 - 41c8 - 9344 - abadf5e850c4。

一般情况下，外国投资者被归类为中型或大型纳税人。应注意的是，在选择成为中型或大型纳税人时，即使企业基于预估年营业额申请登记为中型纳税人，国家税务总局也有可能依据自由裁量权，将其归类为大型纳税人。这适用于某些企业，如建筑公司、制造业企业、汽车进出口企业、高价值产品贸易公司等。

柬埔寨小型、中型、大型纳税人基本适用相同的税收政策，但以下情况除外。①所得税方面，对于会计核算体系不健全、未能按照国家统一的会计制度规定设置账簿，或未能提供准确税务资料的小型纳税人，柬埔寨国家税务总局将核定其应纳税所得额。②增值税方面，小型纳税人与大型、中型纳税人在增值税发票开具和进项税额抵扣政策方面存在差异，例如，小型纳税人应向消费者开具商业发票，而大型、中型纳税人应向自行申报的纳税人开具税务发票，或向最终消费者开具商业发票①。

2. 柬埔寨纳税申报和税款缴纳服务发展基础

《税法》对纳税申报和税款缴纳进行相关规定。

---

① 《中国居民赴柬埔寨投资税收指南》，国家税务总局国际税务司国别（地区）投资税收指南课题组，中华人民共和国国家税务总局网站，https://www.chinatax.gov.cn/chinatax/n810219/n810744/n1671176/n1671206/c2582023/5116199/files/6209f8bebe124735b459ae51776c4e53.pdf?eqid=fede36300031f8ab000000026446a279。

（1）纳税申报的一般规定

①纳税期限

柬埔寨的标准纳税年度是日历年度，但根据纳税人的申请，国家税务总局可以修改会计年度的结束时间。年度申报表应在纳税年度结束后 3 个月内提交。月税申报表应在下个月的 20 日之前提交，提交日期的最后一天遇到节假日则延长至下一个工作日。

②纳税申报资料

纳税人向税务机关提交的申报资料应符合如下要求：第一，纳税人或税务代理人应向税务机关提交税务报告（符合税务机关要求的形式、时间和地点）；第二，税务报告应由纳税人签名或法定代理人签名；第三，应按月提交税务报告，并在每年提交纳税年度的税务报告；第四，应在提交纳税年度的税务报告时附上柬埔寨发展理事会签发的符合操作规范的证书。

③缴税通知书

为确保纳税人缴纳各种税款，税务机关可以向纳税人或第三方发出缴税通知书。通知书上通常注明纳税人需要提供的资料（包括纳税人的供应商、客户或银行账户资料）。纳税人根据通知书上的时间和地点向税务机关提交相关资料。

④税款的缴纳

对于到期的应纳税款，自行申报的纳税人应在收到缴税通知书之后的30 日内缴纳；特殊情况下，经税务机关核定的纳税人应在收到缴税通知书之后的 3 日内缴纳。

（2）具体税种的申报

所得税和最低税申报。柬埔寨所得税纳税年度一般为日历年度。所有需要缴纳所得税的纳税人需要在每个月提交月税申报表，需要在每年提交年度申报表。年度所得税和最低税的申报时间为纳税年度结束后的 3 个月内（截至次年 3 月 31 日）；月度申报的时间为次月 20 日之前（电子申报时间为次月 25 日之前）。

工资税申报。柬埔寨工资税由雇主代扣代缴，工资税的纳税人无须履行申报义务。雇主应按月申报并代扣代缴工资税，申报时间为次月 20 日之前（电子申报时间为次月 25 日之前）。

增值税申报。第一，进口增值税纳税人在向海关报关时向海关缴纳；第二，国内增值税纳税人应按月申报并缴纳，申报时间为次月 20 日之前（电子申报时间为次月 25 日之前）。

消费税申报。第一，进口消费税纳税人在向海关报关时向海关缴纳；第二，国内消费税纳税人应按月申报并缴纳，申报时间为次月 20 日之前（电子申报时间为次月 25 日之前）。

财产税申报。财产税按年申报，纳税人应在每个纳税年度的 9 月 30 日之前申报并缴纳。申报材料包括：不动产所有权证书或相关证明文件（副本）；纳税人的身份证、护照或出生证明、户口簿、居住证明（复印件）；不动产照片；不动产所在位置（经度、纬度）；财产税纳税申报表。

土地闲置税申报。土地闲置税按年申报，纳税人应在每个纳税年度的 9 月 30 日之前申报并缴纳。

专利税申报。专利税为定额税，纳税人以上一年度的营业额为依据，按年申报并缴纳，申报及缴纳的时间为当年 3 月 31 日之前。

交通工具税申报。交通工具税为定额税，按年征收，申报时间为当年 11 月 30 日之前。申报材料包括：车辆权属证或进口税收据；车辆技术检验证书（适用于乘用车和卡车）；国产回收车辆使用证明；纳税人的身份证、护照或出生证明；属于企业资产的交通工具及各类车辆的税务登记证（增值税登记证）；与车辆所有权变更相关的资料等。

房屋和土地租金税申报。房屋和土地租金税自合同签订或达成约定之日起按月缴纳。业主应在租约签订之日起或合同变更之日起 15 日内向租赁财产所在地申报，并且应在提交材料时附上租约副本或合同复印件。在承租人在 15 日内终止租赁时，业主应提前向税务机关进行书面申报。如果业主拒绝为房屋和土地缴纳税款，则承租人应履行代扣代缴的义务。

印花税申报。第一，不动产所有权或占有权转让印花税：纳税人有义务在《送达令》发出之日起 3 个月内申报并全额缴纳。第二，车辆所有权转让印花税：税务机关应向购买者征收，纳税人有义务自转让之日起 3 个月内申报并全额缴纳。

公共照明税申报。纳税人按月申报并缴纳，申报时间为次月 20 日之前（电子申报时间为次月 25 日之前）。

住宿税申报。纳税人按月申报并缴纳，申报时间为次月 20 日之前（电子申报时间为次月 25 日之前）。

3. 柬埔寨税务代理服务发展基础

柬埔寨经济和财政部在 2013 年 4 月 12 日发布的第 455 号部长令《关于税务服务代理的部长令》对税务代理的规则和程序进行规定。[①] 该部长令规定：获得国家税务总局许可的税务代理人，在获得法定代表人的授权后，有权代表纳税人完成纳税申报。税务代理人可凭书面授权证明允许相关工作人员为纳税人提供服务，相关工作人员在与税务机关联系时必须出示身份证件。税务代理执照由国家税务总局颁发，有效期为 2 年。根据《税法》的规定，税务代理人应自税务代理关系成立之日起 15 日内向税务机关申请进行登记。

（1）税务代理人申请条件

自然人申请条件。一般条件如下：第一，拥有柬埔寨国籍或柬埔寨永久居留权；第二，年满 18 周岁；第三，拥有高中及以上学历；第四，具有法律、经济学、商学、税务等相关专业的学历证书或 6 个月以上学习证明；第五，通过税务机关组织的税务代理人考试。免试人员包括以下两类：一是会计师和审计师协会执业的会计师和审计师；二是在柬埔寨税务机关工作 10 年以上、从未有过任何涉税违法行为（如与纳税人共谋偷税漏税）且未被柬埔寨国家税务总局、经济和财政部或法院处罚的官员。

合伙企业、公司或企业集团申请条件。第一，进行商业注册；第二，至少一名董事或监事或持有 50% 以上股份的股东（拥有表决权）必须拥有由国家税务总局组织的税务代理人考试合格证书。特别地，从事会计和审计的

[①] "Prakas on Tax Service Agents（455 MEF. PrK），" https：//www.tax.gov.kh/en/categories/lgZ8c05724474872.

公司或企业集团必须拥有经济和财政部颁发的会计和审计服务许可证。

（2）税务代理人的权利和义务

税务代理人的权利。持有法定代表人书面授权证明的税务代理人拥有以下权利：第一，与税务机关联络；第二，填写纳税申报表；第三，提交纳税申报表；第四，确定税务服务工作人员；第五，向税务机关提交与纳税人有关的税收文件、报告或其他文件；第六，根据有关税收规定进行投诉和申诉；第七，定期接收有关税收法律法规更新或修订的信息；第八，成为与税务机关良好合作的伙伴。

税务代理人的义务。第一，在国家税务总局授权的地点开展税务代理业务，粘贴税务代理许可证；第二，根据税收法律法规申报和缴纳税款；第三，以专业、诚信的态度为纳税人提供涉税服务，方便纳税人遵守税收法律法规；第四，协助纳税人遵守《税法》；第五，向税务机关提供有关逃税活动的信息；第六，与纳税人签订书面授权委托书，在履行纳税人的义务时，向税务机关出示税务代理人证明；第七，诚实地与税务机关沟通或合作，应税务机关的要求，提供与委托人经营活动有关的文件（如会计记录等资料）；第八，未经纳税人许可，不得向第三方披露和提供与纳税人税务相关的机密信息，除非税务官员按照税务法规要求其披露和提供；第九，不迟于次年3月31日提供年度税务服务工作人员名单；第十，不断丰富和提升税务服务工作人员的专业知识和技能，以确保其为纳税人提供的服务符合税收法律法规的要求。

（3）税务代理执照管理

税务代理执照的许可和更新。第一，税务代理执照由国家税务总局颁发，有效期为2年。第二，持有税务代理执照的税务代理人必须最迟在旧执照有效期届满前30日内申请换发执照。第三，所持有的执照已过期且未申请换发执照时，税务代理人无权继续从事税务代理业务。第四，获得税务代理执照的税务代理人可以经国家税务总局许可开设一个以上的税务代理业务分支机构或办事处。

税务代理执照的费用。在申请执照或换发执照时，第一，税务代理人必须向国家税务总局缴纳费用，自然人为 100 万瑞尔，合伙企业、公司或企业集团为 200 万瑞尔；第二，开设税务代理业务分支机构或办事处时，税务代理人应为每个税务代理业务分支机构或办事处缴纳费用，自然人为 50 万瑞尔，合伙企业、公司或企业集团为 100 万瑞尔。

税务代理执照的暂停和吊销。对于以下情形，国家税务总局可以暂停或吊销税务代理执照：第一，未遵守《关于税务服务代理的部长令》的规定；第二，违反相关税收法律法规；第三，建议或与法定代表人一起参与逃税活动；第四，错误地向法定代表人提供建议或提供其他服务，导致法定代表人违反相关税收法律法规；第五，意图阻挠税务机关征税；第六，逃税；第七，未偿还债务或破产；第八，丧失履行和承担税务代理人的义务和责任的能力；第九，严重违反相关法律法规。税务代理人被停止从事税务代理业务时，税务代理执照将被暂时或永久吊销，对于相关损失，税务机关不予补偿或赔偿。

4. 柬埔寨办税服务流程发展基础

为了向纳税人提供快捷、透明和方便的税务服务，2020 年 6 月 4 日，柬埔寨国家税务总局决定正式启用电子申报系统①。国家税务总局要求，所有大型和中型纳税人必须进行电子申报；获准以现金记账方式纳税的小型纳税人可以使用电子申报系统申报。在使用电子申报系统时，月度税务申报截止日期从原来的每月 20 日延长至每月 25 日。

在启用电子申报系统的同时，新的月度纳税申报表也开始使用。其适用于需要进行月度纳税申报的所有税种，例如，所得税、增值税、工资税、住宿税和公共照明税等。

（1）电子申报

登录国家税务总局网站②，根据要求填写相应信息以创建电子账户。对于个人用户来说，需要填写的信息包括姓名、性别、出生日期、国籍、电话

---

① 由于企业需要更多的时间研究、学习使用电子申报系统，应纳税人的要求，国家税务总局两次推迟电子申报系统的全面正式启用时间，实际上，正式启用时间为 2021 年 1 月。
② 电子申报的网址为：https://www.tax.gov.kh/en/e-service。

号码、电子邮件地址、护照或身份证号码、纳税人税务登记号码（可选）和用户类型（纳税人、税务代理人或法定代表人）（见表5）。纳税人如果已经创建增值税电子账户，则可以把这一账户作为电子账户，但需要登录国家税务总局网站补充相关信息。申报内容比较多的企业用户还可以下载桌面应用版申报软件，在进行注册之后购买使用许可证（目前的费用为每年100美元），再进行申报。

表 5　创建电子账户需要填写的信息

类型	需要填写的信息
个人用户	姓名、性别、出生日期、国籍、电话号码、电子邮件地址、护照或身份证号码、纳税人税务登记号码(可选)和用户类型(纳税人、税务代理人或法定代表人)
企业用户	公共 IP 地址、税务登记证号码或增值税登记证号码、纳税人税务登记号码(新注册企业)、进行税务登记时的企业负责人或股东的法定代表人的电话号码

资料来源：栾埔寨国家税务总局（网址为 https：//www. tax. gov. kh）。

创建了电子账户之后，需要在电子申报系统填报以下内容：月度销售记录、月度购买信息、预扣税申报信息、工资税和福利税申报信息。

完成以上步骤之后，可以生成月度申报报告。这适用于在网上申请进行月度报税及缴税，进行在线增值税抵扣申请或在线增值税退税申请。

凭月度申报报告，纳税人可以选择通过与国家税务总局合作的银行进行网上缴税；或者通过与国家税务总局合作的银行进行现金支付，采用现金支付方式的纳税人需要将纳税收据提交到相应的主管税务部门。

对于大型和中型纳税人，纳税申报应在次月 25 日前通过电子申报系统完成，逾期申报将被加征 10% 的附加税。在紧急情况下，纳税人可以在次月 20 日之前在栾埔寨税务机关进行人工申报，并且其可以在此之后继续进行在线增值税退税和抵免相关操作。

对于小型纳税人，最迟应于次月 25 日前通过电子申报系统进行纳税申报，逾期申报将被加征 10% 的附加税。在紧急情况下，纳税人可以在次月

20 日之前在柬埔寨税务机关进行人工申报。

（2）人工申报

进行人工申报时，纳税人应填写柬埔寨国家税务总局网站（http：//www. tax. gov. kh）提供的新的月度纳税申报表并进行月度纳税申报。纳税人应在次月 20 日前完成申报并缴纳相关税费。根据新的月度纳税申报表要求，对于有分支机构的纳税人，其分支机构需将应纳税额汇总给纳税人，由其进行纳税申报及缴纳税费。

（3）其他规定

当纳税人申报纳税涉及汇率计算时，应使用柬埔寨国家银行发布的官方汇率。具体规定如下：第一，计算工资税时应使用每月 15 日的汇率；第二，计算月度纳税额时应使用每月末的汇率；第三，发票上应注明瑞尔的每日官方汇率；第四，计算所得税时应使用 12 月最后一日的汇率。在非工作日（N）或工作时间之前计算纳税额时，应使用前一日（$N-1$ 日）的汇率。

（三）柬埔寨税收执法发展基础

1. 柬埔寨税务审计发展基础

柬埔寨经济和财政部颁布的《关于税务审计的部长令》对税务审计的规则和程序进行规范。税务审计对与纳税人生产经营业务有关的会计记录、财务报告和文件进行审查，以确认纳税人的税款计算、缴纳申报等是否正确。

（1）柬埔寨税务审计的类型

柬埔寨税务审计分为案头税务审计和现场税务审计。

案头税务审计。税务机关工作人员根据掌握的纳税人涉税信息对纳税申报表进行重新审查。案头税务审计期间为申报表提交后的 12 个月内，审查期限为 3 个月。如果审计对象被认为存在系统性风险或高风险，则案头税务审计将转向现场税务审计。

现场税务审计。税务机关工作人员在纳税人的生产经营场所对纳税人的实际生产经营情况、会计记录、单据等进行检查，以确保纳税人的会计记录和财务报表合法合规，并正确完成纳税申报。根据是否对全部税种进行检查，现场税务审计分为有限税务审计和全面税务审计。第一，有限税务审计。其由大的税务局或各省市税务局开展，对除了所得税以外的其他税种的相关业务进行彻底重新审查，如增值税退税。审计期间为当前纳税年度（N）和上一个纳税年度（$N-1$），审查期限为 3 个月。第二，全面税务审计。其由企业审计局开展，对所有税种和会计资料进行全面检查。全面税务审计期间为过去三个纳税年度（$N-3$、$N-2$、$N-1$），如果纳税人涉嫌逃税，或者需要税务审计人员核实以前的纳税年度的结转损失或税收抵免信息的，经经济和财政部部长事先批准，那么全面税务审计期间可以延长为过去五个纳税年度（$N-5$、$N-4$、$N-3$、$N-2$、$N-1$），审查期限为 6 个月。

柬埔寨税务机关不会在每个纳税年度都对纳税人进行税务审计，只有纳税人存在风险时才会进行。检查情形包括：第一，纳税人申请；第二，纳税人在上一个纳税年度存在亏损、税收抵免的情况；第三，有证据证明纳税人偷逃税。一旦进行税务审计，除非有足够的证据证明有必要进行再次检查，否则同一税基和重新评估后的税种将不会成为再次检查的对象。

柬埔寨税务机关在同一个纳税年度内，只能对同一家企业展开一次税务审计。

有关部门按规定对纳税人进行专项税务审计或刑事犯罪调查的，应终止或解除对纳税人实施的有限税务审计或全面税务审计。

获得税务合规证书的纳税人接受审计的时间规定①如下。第一，金级公司每两年接受一次全面税务审计，不需要接受有限税务审计或案头税务审计。第二，银级公司每两年接受一次全面税务审计，每年接受一次有限税务审计，不进行案头税务审计。

（2）税务审计的材料

柬埔寨现场税务审计所需的主要文件见表6。

---

① "Tax Audits in Cambodia: Types, Process & Required Documents," https://cambodia.acclime.com/guides/tax-audits/.

表6　柬埔寨现场税务审计所需的主要文件

信息类型	文件
企业信息	管理结构
	注册证书
	增值税登记证
	公司章程
	柬埔寨发展理事会和旅游部等颁发的其他商业证书
会计凭证	财务报表
	资产负债表和所有者权益表账户的详细清单
	损益表各账户的详细清单
	原始凭证,如每月工资单、外籍员工和管理人员的雇佣合同、租赁或销售合同、投标合同(如有)、月度和年度纳税申报表、每月购销日记账、调整后的税收计算表、购买和销售发票

（3）税务审计的流程

通知。在开始审计之前，税务机关必须将审计情况通知纳税人或其代理人。通知内容包括：纳税人的姓名、地址和税务登记号码；拟议的实地审计日期；审计期间；审计类型；税务审计人员姓名；所需文件清单。

正式检查。实地审计将在纳税人收到通知后的10个工作日内进行。但是，纳税人可以以合理原因申请最长30日延期检查。对于延长时间少于10日的，纳税人可以向主管税务审计人员口头申请。延长时间为10～30日的，纳税人需要向税务部门负责人书面申请。

税务审计人员可以到纳税人的营业场所审查文件，与纳税人讨论其发现的潜在税务问题，并要求纳税人提供其他文件进行验证。纳税人应当在税务审计人员提出要求后7日内提供相关文件；如果未能提供，则税务审计人员可以根据已有信息及相关税收法律法规重新评估税款。

发出税务重新评估通知。完成审计后，税务机关将发出税务重新评估通知，通知将发送给纳税人或其代理人，其中提及重新评估的税种类型、税务重新评估的基础、附加税和利息。

评估处理。如果纳税人同意履行税务重新评估通知中的义务，则纳税人可以缴纳税款；如果纳税人不同意税务重新评估通知中的部分或全部内容，则纳税人应在收到通知后的 30 日内向国家税务总局提交异议函。在提交异议函后，国家税务总局有 60 日的时间对异议函做出答复。先前指定的税务审计人员将与纳税人合作解决争议；如果纳税人仍然不同意国家税务总局针对异议函做出的决定，则可以在决定做出后的 30 日内提交第二封异议函。国家税务总局诉讼部门和统计部门的税务审计人员将被指派与纳税人合作处理第二封异议函；如果纳税人对国家税务总局针对第二封异议函做出的决定仍有异议，那么纳税人可以在决定做出后的 30 日内将异议函提交经济和财政部税务仲裁委员会；如果纳税人不同意经济和财政部税务仲裁委员会做出的决定，则可以向法院提起诉讼。

评估附加税和利息。税务重新评估后，补税额低于或等于依法应纳税额 10% 的纳税人的行为被视为疏忽，其要缴纳未缴或少缴税额 10% 的附加税和按月未缴或少缴税额的 1.5% 的滞纳金；补税额超过依法应纳税额 10% 的纳税人的行为被视为严重疏忽，其要缴纳未缴或少缴税额 25% 的附加税和按月未缴或少缴税额的 1.5% 的滞纳金；纳税人没有会计账户或持有虚假会计记录或不配合提供涉税审计文件的行为被视为逃税，其要缴纳未缴或少缴税额 40% 的附加税和按月未缴或少缴税额的 1.5% 的滞纳金。

在税务机关对大型企业展开税务审计时，若发现其涉及逃税和妨碍税收征收行为，则应把相关案件移交税务违法调查局。

（4）税务合规证书

根据经济和财政部在 2016 年发布的第 1536 号部长令《关于税务合规分类的部长令》和 2017 年第 007 号通告《关于税收合规评估效益的通告》，柬埔寨国家税务总局将纳税人税务合规状况分为三种类型：金级（分数为 16~20 分）、银级（分数为 11~15 分）、铜级（分数为 1~10 分）。柬埔寨税务合规分数标准见表 7。纳税人获得的分数是根据其满足的标准情况得到的。税务机关根据标准评定纳税人的税务合规状况，进行登记并颁发税务合规证书，证书有效期为 2 年（从证书颁发之日起计算）。

表 7　柬埔寨税务合规分数标准

单位：分

序号	标准	得分
1	已完成税务登记和变更登记	1
2	已告知税务机关登记信息的变化情况	1
3	在规定的截止日期前提交纳税申报表	1
4	在规定的期限内正确缴纳税款	1
5	已按要求保存会计记录、法律文件和其他文件	2
6	已根据《税法》和相关法规为所有交易开具适当的发票	2
7	没有出现《税法》第125条中的任何过失情况	2
8	没有出现《税法》第126条中的重大过失情况	2
9	已缴纳税款、附加税和税务管理部门确定的其他利息	2
10	没有编造或提供虚假的会计记录、相关文件或其他信息	2
11	已配合并允许税务管理部门审查会计记录和其他文件	2
12	未使用与关联方交易不相称的转让定价方法	2

不同级别的税务合规状况给纳税人带来的效益是有差别的（见表8）。

表 8　柬埔寨不同级别的税务合规状况给纳税人带来的效益

效益	金级	银级	铜级
申请增值税抵免时不进行特殊税务审计	适用（金额低于5亿瑞尔）	适用（金额低于2亿瑞尔）	不适用
在纳税人收到税务合规证书的两年内，只进行一次全面税务审计	适用	适用	不适用
在纳税人收到税务合规证书的两年内不进行有限税务审计	适用	不适用	不适用
在纳税人收到税务合规证书的两年内不进行案头税务审计（除非纳税人申请）	适用	适用	不适用

随着能够获得金级税务合规证书的纳税人的数量不断增加，目前，纳税人只要按照国家税务总局的要求提交正确的证明文件，申请证书的流程就不会很复杂。但是，整个过程可能仍需要长达6个月的时间。符合条件的话，

纳税人将收到税务合规证书①。

2. 柬埔寨税收法律责任发展基础

柬埔寨对税收违法行为的规定集中在《税法》第 9 节 "违反税收法规行为"、第 10 节 "补税" 和第 11 节 "关于违反法律罪行"，其中，第 9 节和第 10 节包含关于税务行政处罚的规定，第 11 节包含关于税务刑事处罚的规定。本部分关于柬埔寨税务行政处罚的规定援引自《税法》。

（1）违反《税法》的行为

一般违法行为。纳税人或税务代理人如果少缴纳不超过 10% 的《税法》规定的税款，则被视为工作疏忽。纳税人或税务代理人如果不提交纳税申报表或不按法律规定的期限纳税，则被视为工作疏忽。

严重违法行为。纳税人或税务代理人如果少缴纳超过 10% 的《税法》规定的税款，则被视为严重工作疏忽。

逃税行为。逃税时，纳税人会有预谋地多次做出违反《税法》的行为，其目的是少缴或不缴《税法》规定的应纳税款。在纳税人被视为严重工作疏忽的情况下，纳税人的以下行为被视为逃税：在 3 年内 2 次做出违反《税法》的行为；在任何时间内 3 次或更多次做出违反《税法》的行为。

妨碍执行《税法》的行为。第一，普通人员的行为。一是不保存会计账目和其他文件，不出具商业发票。二是不允许税务机关检查会计账目或其他文件。三是未向税务机关进行税务登记。四是未依据《税法》将登记信息的变化情况告知税务机关。五是伪造或提供假印章、假文件、假报告或假情况。六是故意隐瞒或销毁会计账目、印章、文件等。七是竭力阻挠定税和收税。八是在法律规定的期限后的 30 日内不报送无税款可纳的纳税申报表。九是故意支持上述所有行为。第二，政府官员的行为。一是在未得到允许的情况下泄露机密。二是竭力阻挠定税和收税。三是故意支持上述所有行为。

税务犯罪行为。逃税和妨碍执行《税法》的当事人，除了要受到行政

---

① KH Advisor, "The Process of Applying for Tax Compliance Certificate in Cambodia," https：// mykhadvisor. com/process-of-applying-for-tax-compliance-certificate-in-cambodia/.

方面的处罚以外，还被视为触犯刑事法律。

（2）违反《税法》的税务行政处罚

依据《税法》的规定，对违反《税法》的行为进行补税（追加附加税）的处罚。要求少缴税款者或拖延纳税者补税的方法不同于妨碍执行《税法》者。无论在何种情况下，要求当事人补税都不会影响对违反《税法》行为的处罚。

因一般违法行为少缴税款的处罚。对于工作疏忽者，要求补缴少缴税款金额的 10%，并加收按月少缴税款金额的 1.5% 的利息。

因严重违法行为少缴税款的处罚。对于工作严重疏忽者，要求补缴少缴税款金额的 25%，并加收按月少缴税款金额的 1.5% 的利息。在单方面定税的情况下，要求补缴少缴税款金额的 40%，并加收按月少缴税款金额的 1.5% 的利息。在重新定税期间或在纳税人收到收税通知后的 30 日内，税务机关不应收取利息。

对于不按规定时间缴纳税款的纳税人，要求补缴拖延缴纳税款金额的 10%，并加收按月拖延缴纳税款金额的 1.5% 的利息。在纳税人收到催缴纳税通知后的 15 日内，要求不缴纳税款的纳税人补缴拖延税款金额的 25%。在单方面定税的情况下，若纳税人不提交纳税申报表，则补缴税款金额相当于规定税款金额的 40%，并加收按月拖延缴纳税款金额的 1.5% 的利息。对于交通运输税方面的拖延纳税人，要求补缴应纳税款金额的 100%。

对于妨碍执行《税法》的行为，对于按实际税制缴纳税款的纳税人或扣缴义务人或政府官员，应缴纳 200 万瑞尔；对于按简化税制或估税制缴纳税款的纳税人或税务代理人，应缴纳 50 万瑞尔。

（四）柬埔寨基于税收法律救济的纳税人权利保护发展基础

柬埔寨税务争议解决分为三个阶段，即向国家税务总局申请进行行政评估；向经济和财政部税务仲裁委员会申诉；向法院起诉。

1. 柬埔寨税务行政复议制度发展基础

对于纳税人关于税务问题的申诉方式，《税法》的相关规定如下。

纳税人对税务机关做出的重新定税决定和其他决定不满意时，可以向国家税务总局申请进行行政评估。评估的范围只限于重新定税的理由或其他相关情况、重新定税的决定或法律程序。

纳税人在收到税务机关的收税通知后的 30 日内，应按规定的方式，将书面申诉书送交税务机关。

接到收税通知后，纳税人即使要进行申诉，也应缴纳收税通知中注明的相关税款、附加税和利息。

申诉书应包括以下内容：纳税人的身份证号码、申诉依据的决议等、申诉的缘由或申诉的行为。有必要的话，纳税人应在申诉书上注明日期和签字（在纳税人同意的情况下，由税务代理人签字）。

税务机关应在收到申诉书后的 60 日内做出新的决定，指出纳税人针对全部或部分定税决定所做申诉的正确或不正确之处。税务机关还要说明做出这些决定的理由。

如果纳税人对税务机关做出的新的决定不满意，则可在决定做出后的 30 日内向经济和财政部税务仲裁委员会申诉。经济和财政部税务仲裁委员会做出的安排应遵照经济和财政部大臣的意见。经济和财政部税务仲裁委员会应针对纳税人的申诉做出决定。

2. 柬埔寨税务行政诉讼制度发展基础

《税法》规定：在收到有关决定后的 30 日内，纳税人对经济和财政部税务仲裁委员会做出的决定不满意时，有权到有关法院起诉。在向法院送交起诉书之前，按照税务机关的规定，纳税人应将有争议的税款、附加税及相关利息存入国库。

二 柬埔寨税收征收管理发展变化（2022～2023年）

2004 年柬埔寨的税制改革使柬埔寨建立了一个相对稳定的税收征收管理体制。此外，应对新冠疫情的临时征收管理措施在 2021 年、2022 年到期之后，柬埔寨没有推出相关政策。柬埔寨的税收征收管理在 2022～2023 年呈现稳定状态，主要变化如下。

（一）柬埔寨税收征收管理法律体系发展变化

1.柬埔寨纳税服务规章的变化

2022年4月27日，柬埔寨经济和财政部发布《关于税务代理的部长令》①，以取代《关于税务服务代理的部长令》中的部分内容，对税务代理的部分规定进行修改。

2023年1月6日，柬埔寨发布《关于扩大制衣业企业所得税减免缴款的部长令》（002 MEF. PrK）。

2.柬埔寨税收执法规章的变化

2022年3月14日，柬埔寨经济和财政部发布《关于鼓励自愿修改纳税申报表的部长令》②，实施纳税人自愿披露政策。

3.柬埔寨税收征收管理综合规章的变化

2022年12月30日，柬埔寨发布《关于实施博彩税程序的部长令》（1080 MEF. PrK）。

（二）柬埔寨纳税服务发展变化

1.柬埔寨纳税申报服务发展变化

实施纳税人自愿披露政策。2022年，柬埔寨经济和财政部发布《关于鼓励自愿修改纳税申报表的部长令》，对因计算或申报错误自愿修改纳税申报表的纳税人或扣缴义务人实施税收激励措施。

2.柬埔寨税务代理发展变化

2022年，柬埔寨经济和财政部发布《关于税务代理的部长令》，对税务代理的部分规定进行修改。该部长令较《关于税务服务代理的部长令》主要发生如下变化。

---

① "Prakas on the Tax Agent（230 MEF. PrK），" https：//www. tax. gov. kh/en/categories/lgZ8 c05724474872.

② "Prakas on Incentives for Voluntary Revision of Tax Returns（217 MEF. PrK），" https：// www. tax. gov. kh/en/categories/lgZ8c05724474872.

（1）申请税务代理许可证的条件的变化

新增一个条件，即税务代理人必须在柬埔寨国家税务总局注册为中型或大型纳税人。

（2）税务代理义务的变化

税务代理人向国家税务总局提交提供涉税服务的员工名单的频次由每年一次改为每个月一次。

（3）税务代理执照的许可的变化

删除"获得税务代理执照的人可以在国家税务总局的许可下开设一个以上税务代理业务分支机构或办事处"的规定。

（4）税务代理执照的吊销情形的变化

修改一种吊销情形：将"违反税收法律法规"修改为"严重违反税收法律法规"。增加一种吊销情形："不尊重税务，不及时学习国家税务总局的决定、相关知识和参加培训"。

（三）柬埔寨税收执法发展变化

根据《关于鼓励自愿修改纳税申报表的部长令》的规定，对于纳税人或扣缴义务人因对纳税义务了解有限、疏忽、计算错误和遗漏申报，自愿要求更正会计记录、纳税申报表、补缴少缴税款的，分以下两种情形进行处理。

（1）在税务机关进行税务审计前修改的，在税务机关加征10%税款外，纳税人还需要缴纳滞纳金。滞纳金可享受以下减免。如果在纳税申报之后不超过6个月的时间内进行修改，则滞纳金的每月利息减少50%。如果在纳税申报之后的6个月后进行修改，则滞纳金的每月利息减少20%。

（2）自收到税务审计通知起，在税务审计期间，纳税人修改纳税申报表的，按《税法》第131条的规定，征收纳税人少缴税款的10%附加税和1.5%的月度滞纳金。此外，纳税人应根据《税法》第130条、第131条、第132条和第133条规定的程序和审计结果，缴纳附加税和滞纳金。在这种情况下，除纳税人首次接受税务审计的情况外，附加税和月度滞纳金利息不得抵扣因税务审计产生的附加税和月度滞纳金利息。

三 柬埔寨税收征收管理发展前景

柬埔寨税收征收管理制度的变化特点和趋势与世界税收征收管理制度的变化特点和趋势基本一致，主要表现为提高税收征收管理系统的信息化水平、为纳税人提供更便捷的服务、强化对纳税人的权利保护及加大对税收违法行为的打击力度，从而提高纳税遵从度，保障国家收入。

（一）柬埔寨纳税服务发展前景

柬埔寨实施新的企业注册和税务登记制度，实施新的电子申报制度，提升了柬埔寨纳税人的便捷性。优质的纳税服务和税收征收管理信息化是相互促进、相互提升的，优质的纳税服务需要高度信息化的税务系统的技术支撑，对优质纳税服务的追求意味着对税收征收管理信息化建设的投入的增加，高水平的信息化税务系统可以提供更便捷、更高效、更具个性化的纳税服务，从而提高纳税服务的质量。

（二）柬埔寨税收执法发展前景

新冠疫情期间，柬埔寨面临较大的财政压力，在此期间加强了税务审计，同时对被发现的存在税收违法问题的纳税人加大了惩处力度。对于税务工作人员滥用职权的行为，柬埔寨在呼吁公众积极举报的同时加大了打击力度。柬埔寨在加大对税收违法行为打击力度的同时，对纳税人违法行为的惩戒程度有一定的降低，如征收的滞纳金比例由按月 2% 下降到按月 1.5%。这些变化与世界税务行政处罚的变化是一致的。另外，对于主动纠正违法行为的涉税当事人，柬埔寨虽然自 2022 年开始实施纳税人自愿披露政策，但对相关纳税人或扣缴义务人实施的税收激励政策的力度尚显不够。

（三）柬埔寨基于税收法律救济的纳税人权利保护发展前景

柬埔寨在基于税收法律救济的纳税人权利保护方面已经构建了包括税务

行政救济、税务仲裁和税务司法救济的税收救济制度。在制度健全的情况下，对纳税人权利保护的重点就落在了如何保证制度切实执行和保障执行效率上。应对财政收入压力、强化税收征收管理、加大税务审计力度是柬埔寨税收征收管理的趋势，这会使税务审计数量增加。根据柬埔寨纳税人不服税务审计决定的历史经验数据①，这无疑会增加税务争议的数量。随着柬埔寨参与经济全球化进程加快，国际税务争议数量会不断增加。为了应对国内和国际税务争议数量增加的挑战，柬埔寨很有可能增加处理税务争议的工作人员的数量和培养具备处理国际税务争议能力的专业人才以及引入简易处理程序等，否则就会导致行政复议效率下降进而引起案件积压，使纳税人得不到及时救济。保护纳税人的权利，减少税务争议，从源头上来说还是要完善柬埔寨的税收制度（其中包含税收征收管理制度）及构建现代化的税收征收管理体系，进而提高税收的确定性和降低纳税人的纳税遵从制度成本。

---

① 柬埔寨《2019 年至 2023 年收入动员战略》披露，有 30% 的纳税人会在税务审计后选择向国家税务总局申请进行行政评估。

老挝税收征收管理发展报告（2023）

摘　要：《老挝人民民主共和国税务管理法（2019 年修订）》和《老挝人民民主共和国所得税法》《老挝人民民主共和国消费税法》等单行法取代了具有税法典性质的《老挝人民民主共和国税法》。《老挝人民民主共和国税务管理法（2019 年修订）》是税收征收管理的基本法，对纳税人识别号、纳税申报、税款缴纳、税务检查、税务审计、账簿和发票管理及纳税人权利和义务等做出了规定。各税种税款申报、税款缴纳等由相关单行法具体规定。2022 年以来，老挝税收征收管理的变化主要有两点：第一，对违法情节较轻的纳税人做出书面警告的教育处罚；第二，完善税务管理手段，对欠税或不接受税务行政处罚的纳税人进行行政强制执行。根据老挝《2021 年至 2025 年税收战略发展计划》提出的税收征收管理目标，老挝的税收征收管理的重点工作包括提升纳税服务水平，加强对大、中型企业的监管和提升税务工作人员的能力以减少税收争端等。

关键词：　老挝　税收征收管理　纳税服务　税收执法

2019 年之前，老挝税收征收管理由具有税法典性质的《老挝人民民主共和国税法》（以下简称《税法》）进行规定。《老挝人民民主共和国税务管理法（2019 年修订）》（以下简称《税务管理法》）① 是现行老挝税收征收管理制度的法律基础。

---

① "Law on Tax Administration（Amended Version）（No. 66 NA）," https：//www. laotradeportal. gov. la/index. php？ r＝site/display&id＝1889.

一 老挝税收征收管理发展基础（截至2021年）

《税务管理法》对老挝税收征收管理进行了规定，该法于 2020 年 2 月 17 日生效。《老挝人民民主共和国所得税法》（简称《所得税法》）、《老挝人民民主共和国消费税法》（简称《消费税法》）等单行法对相应税种的具体征收管理进行了规定。财政部制定了相应的部门规章以执行相应的税收法律，如《关于实施增值税的指示》（No. 0077 MOF）规定了有关增值税的税务登记的具体规范，《税收征收管理细则》（No. 3281 MOF）规定了税收征收管理的细则。

（一）老挝税收征收管理法律体系发展基础

1. 老挝税收程序性法律发展基础

《税务管理法》是综合性的税收程序性法律，包括税收征收管理法律规定和税收救济法律规定。

2. 老挝税收程序性行政法规发展基础

老挝政府制定的税收程序性行政法规很少，主要有《老挝人民民主共和国发票条例》（2016 年）①、《老挝人民民主共和国纳税人识别号条例》（2007 年）②。

3. 老挝税收程序性规章发展基础

老挝税收程序性规章主要由财政部和国家税务总局制定发布，对纳税人的税务登记、纳税申报、税款征缴等进行具体的阐述和规定，现行有效的主要的税收程序性规章有 14 部（见表 1）。

---

① "Decree on Invoice（No. 12 PM），" http：//laotradeportal. gov. la/index. php？ r＝site/display&id＝1736.

② "Decree on the Taxpayer Identification Number（No. 354 PM），" http：//laotradeportal. gov. la/index. php？ r＝site/display&id＝1735.

表1 老挝现行有效的主要的税收程序性规章

序号	编号	发布日期	名称
1	No. 2095 MOF	2011年9月26日	《关于进口关税货物使用报关单的决定》
2	No. 4337 TD	2014年5月8日	《关于出口企业申请增值税退税的通知》
3	No. 3281 MOF	2014年10月16日	《税收征收管理细则》
4	No. 58 MOF/PSO	2015年1月12日	《关于使用完税证明（更换纳税证明）的通知》
5	No. 1984 MOF	2018年7月18日	《关于解决进口车辆逃税问题的通知》
6	No. 3411 MOF	2018年10月23日	《关于在老挝境内进口和销售石油的计算、增值税和利得税申报的通知》
7	No. 3532 MOF	2018年11月2日	《关于正式启动税收信息系统的通知》
8	No. 0204 MOF	2019年1月15日	《关于批准使用老挝国家单一窗口的决定》
9	No. 0489 PSO/MOF	2019年3月5日	《关于发布纳税人识别号的通知》
10	No. 1025 MOF	2019年4月3日	《纳税证明规则》
11	No. 1618 MOF	2019年5月30日	《关于完善产税登记机制和登记程序的通知》
12	No. 0831 MOF	2021年2月10日	《关于登记个人纳税人识别号的通知》
13	No. 3671 VAT	2021年10月12日	《税务合规则（适用于增值税企业）》
14	No. 5642 MOF	2021年11月10日	《关于将出口木材和木制品的税收义务征收到国家预算的通知》

资料来源：①老挝贸易门户网站，https：//www.laotradeportal.gov.la；②老挝司法部官方文件发布平台，https：//laoofficialgazette.gov.la。

（二）老挝纳税服务发展基础

1. 老挝税务登记服务发展基础

（1）纳税人识别号

纳税人识别号是纳税人在老挝进行税务登记时取得的编码，可用于对税收征收管理系统进行监管。根据相关法律法规，在老挝境内或境外经营或进行经济活动的有收入的老挝公民、侨民、无国籍人士、外国人、法人或组织等对老挝负有纳税义务时需要进行税务登记并领取纳税人识别号。企业纳税人的分支机构与代表处、仓库、工厂、加油站及相关项目同样需要进行税务登记并领取纳税人识别号。①

适用个人纳税人识别号的范围。2021 年 2 月，老挝财政部发布《关于登记个人纳税人识别号的通知》②，对适用个人纳税人识别号的范围进行明确界定，政府官员、军人、警察、商人（如零售商）、运动员、演员、技术人员、专家、顾问、雇主、工人、劳工和其他人都需要进行税务登记并领取个人纳税人识别号。

纳税人识别号的申请。法人、个人和刚开始营业的组织应当向税务部门申请纳税人识别号，申请材料包括：特许经营许可证、营业执照、相关机构证明及其他相关证明（如适用）复印件；企业主或经企业主授权代表其达成协议或进行法律活动的个人或法律实体的身份证、户口簿、居住证明或护照的复印件；经地方当局认证的标注营业地点的地图、电话号码、手机号码、传真号码、可联系的电子邮件地址。税务部门在收到申请后，应立即检查申请材料和所附文件是否正确，是否完全符合要求。如果不符合要求，则税务部门应立即通知申请人。如果符合要求，则税务部门应在申请人提交申请之日起 3~5 个工作日内向其发放纳税人识别号。③ 个人纳税人识别号的申请材料包括：有效身份证/护照、户口簿、所有已验证身份的电话号码、职业信息（包括工作地点和职位等全部信息）、所有可用的银行账号和社会保险卡号。

纳税人识别号的用途。报税单、发票、付税单、纳税申报文件、会计文件、商品或产品迁移文件和其他官方文件，以及在商业银行或其他金融机构开户及使用税收系统时都需要纳税人识别号。税务部门、国库、银行、金融机构和其他部门在进行有关税款征收入库的事务时需要使用纳税人识别号。

---

① "Notification on Taxpayer Identification Numbers Will Be Applied to an Enterprise's Branches, Representatives, Warehouses, Factories, Gas Stations and Relevant Projects, No. 0992 DOT, Dated 30 March," http://laotradeportal. gov. la/index. php? r=site/display&id=1940.

② "Notification on the Registration of Taxpayer Identification Number for Individuals, No. 0831 MOF, Dated 10 February 2021," http://laotradeportal. gov. la/index. php? r=site/display&id=2225.

③ "Ministerial Instruction on Tax Revenue Collection Management, No. 3281 MOF, Dated 16 October 2014," http://www. laotradeportal. gov. la/index. php? r=site/display&id=739.

纳税人永久性停业、破产、被责令永久停业、无行为能力或死亡时，纳税人识别号会被终止。当企业向全国工商部企业登记管理司（DERM）申请设立新企业时，纳税人识别号将与企业登记证一起签发，并被录入税收信息系统（TaxRIS）。企业在收到纳税人识别号与企业登记证后，自取得营业执照之日起 90 日内可以合法开展业务，企业应当联系税务部门，依照法律法规，按要求妥善填写税务信息。如果企业不遵守税收管理规定，则依据《老挝人民民主共和国企业法》第 22 条的规定，企业被认定为不活跃。[1]

（2）增值税登记

①增值税登记资格。满足条件 A 和条件 B 的民营企业和国有企业，在年（日历年度）营业收入（含免税收入及海外收入，下同）达到 4 亿老挝基普时必须进行增值税登记。条件 A 为在老挝从事商品和服务分销或供应活动（无论是否主营、是否盈利）的经营者。条件 B 为类似于纳税人的国有企业，及从事下列活动的国有企业：提供电信和邮政服务，销售水、气、电、热能，出售运输服务及货物、港口和机场服务，运送乘客，生产商品和提供服务，销售农产品，进行商业展览，提供仓储服务，承接广告业务，经营旅游项目，开设杂货店、合作社和餐厅。[2]

年营业收入未达到 4 亿老挝基普、持有有效营业执照且满足会计核算要求的纳税人可选择进行增值税登记，若不进行增值税登记，则要缴纳定额税。

对于通过自身或承包商、相关机构或分包商向老挝境内供应商品和提供服务的个人、法人和非老挝居民，无论年营业收入是否达到特定标准，都要进行增值税登记。

②增值税登记的材料。在老挝境内居住的个人或在老挝境内设立的企业进行增值税登记时需要提交以下材料：税务部门提供的增值税登记申请表；与企业所有者、股东等有关的个人身份证明的复印件（如护照复印件）；关

---

[1] "Notification on the Officially Launch of Tax Revenue Information System（TaxRIS），No. 3532 MOF, Dated 2 November 2018," http：//laotradeportal. gov. la/index. php？r＝site/display&id＝1561.

[2] "Instruction on the Implementation of Value Added Tax Law, No. 0077 MOF, Dated 11 January 2017," http：//www. laotradeportal. gov. la/index. php？r＝site/display&id＝1149.

于营业场所设立的相关法律的复印件（就公司而言）；银行出具的财务报表（用于证明企业有银行账户）；个人或企业所有者、股东等的住所地机关签发的居住证；纳税人识别号；营业执照或特许经营许可证复印件；相关部门发放的投资许可证或设立执照的复印件；有关可行性研究和技术规范的复印件；增值税年度缴款计划；仓库系统位置及编号；企业与老挝政府之间或企业之间签订的合同或达成的承诺（涉及用于经营活动的土地特许权、建筑物、仓库、车辆等）；等等。

在老挝境内无住所的个人或不是在老挝境内设立的企业需要提交以下材料：税务部门提供的增值税登记申请表；企业与老挝政府之间或企业之间签订的合同或达成的承诺（涉及用于经营活动的土地特许权、建筑物、仓库、车辆等）；等等。

2. 老挝纳税申报服务发展基础

（1）纳税申报材料

纳税人需要提交的申报材料为：①相应税种的申报表；②税务申报文件，包含发票、商品进口证明文件、收入证明文件（涉及租赁合同、特许经营合同、买卖合同、贷款合同等）。

（2）纳税申报方式

纳税申报有两种方式。第一，电子系统申报，通过在 TaxRIS 申报或者通过税务部门的网站申报。第二，窗口申报，在税务部门的服务窗口申报。

（3）具体税种的纳税申报

①纳税申报期限和要求

纳税申报期限。纳税人和扣缴义务人按照以下规定申报：第一，按照会计制度做账的纳税人每年要申报一次，申报时间不得超过下一年度的 3 月 31 日；第二，向在老挝境内没有固定住所并且在老挝境内未设立企业者购买商品和服务的自然人和法人，应在支付之日起 15 个工作日内申报。会计周期与日历年度不对应的纳税人应自结账日起 3 个月内申报。

纳税申报要求。纳税人要编制年度财务报告，并做好会计账单与编制税收报告，以用于向所属税务部门进行纳税申报。有一个或多个分公司的经营者应将分公司的会计活动汇总到总公司的年度财务报告中以进行纳税申报。

年度财务报告应在下一年度的 3 月 31 日前被提交至所属税务部门。对于被允许不按日历年度做账的纳税人，应自以 12 个月为一个周期的会计结账日起的 3 个月内向所属税务部门提交年度财务报告。

从事多种经营活动的母公司或集团公司，要编制母公司或集团公司专项业务财务报告以及综合业务财务报告，并将其提交至所属税务部门。

②所得税的申报

纳税人和扣缴义务人每次申报所得税时应提供纳税人识别号。

工资所得税申报。工资所得包括劳务费、加班费、超时费、职务补贴、任务津贴、补助、董事会会费及其他现金或实物收益。按合同或协议向公务员、工人和其他人员发放工资的自然人、法人或组织，在每月 20 日前向所属税务部门或税务分理处申报工资所得税。

分红收入所得税申报。企业要自从分红或其他收益中扣除股东所得税时起的 15 个工作日内向所属税务部门申报分红收入所得税。

租赁收入所得税申报。租赁收入所得要以租赁合同为依据，纳税人自收到租金之日起 15 个工作日内向国内租赁方所在地，或租赁资产所在地，或实际使用地的税务部门申报租赁收入所得税。如果申报的租金低于评估价，或与实际不符，则税务工作人员有权进行检查，重新核算租金，并按实际金额计算所得税。对于向个人或法人租借房屋、土地、建筑物、机械、车辆、设备及其他资产的，租赁方在支付租金前要计算和扣除租赁收入所得税，并在支付之月起的 15 个工作日内向所属税务部门申报。

中彩、中奖收入所得税申报。彩票公司、彩票销售点将中彩、中奖收入所得税全部代扣，并自奖金发放之日起 15 个工作日内向所属税务部门申报。

其他类别的所得税的申报。从土地、建筑物或土地连带地面建筑物的买卖或使用权的转让、知识产权、合同的担保等中获取收入的纳税人要自获取收入之日起 15 个工作日内向居住地所属税务部门申报相应所得税。

③增值税的申报

在增值税制度下开展经营业务的个人、法人和其他组织，应在次月 20 日前向登记增值税的税务机关提交月度增值税申报表和发票使用报告表；报关时，进口商品的个人、法人和其他组织在向海关提交关税申报表的同时提交增值税申报表；增值税的代扣代缴义务应自相关收入支付完成后的 15 日内履行。

④消费税的申报

货物进口商必须在报关时申报消费税。

国内商品生产者和服务提供者必须在次月 20 日之前向所属税务部门申报消费税。

从非居民企业购买商品或服务的企业必须在次月 20 日之前申报消费税。一般情况下，购买者应自纳税义务发生之日起 15 日内申报消费税。

3. 老挝税款缴纳服务发展基础

（1）企业所得税缴纳

企业所得税缴纳。第一，按照财务报告标准做账的纳税人，要按照上一年度的实际情况缴纳企业所得税，或者按照实际收入或财务计划中估计的数值分期缴纳企业所得税。对于应缴纳的实际企业所得税，要依据年度财务报告在每个季度重新进行核算。企业每年缴纳两次所得税，具体时间如下：第一次缴纳时间不得超过每年 7 月 20 日；第二次缴纳时间不得超过下一年度的 1 月 20 日。第二，账目不准确、不完整的经营者以及没有固定住所且在老挝未设立企业的纳税人，要在收到缴款单之日起 15 个工作日内缴纳所得税。第三，向在老挝没有固定住所的人员或在老挝无营业场所的企业购买商品和服务的老挝境内的自然人、法人和组织，要计提所得税。其应自所得税计提之日或支付之日起 15 个工作日内将税款上交国库。

小微企业所得税缴纳。对于小微企业所得税，小微企业要按照与税务部门签订的协议按月份、季度或年份通过银行系统进行缴纳，银行没有条件提供相关服务的地区除外。一旦检查发现小微企业的收入多于协议规定的金额，小微企业就要按照实际收入计算所得税，同时要对协议进行调整。各级税务部门每年要对所属小微企业进行一次检查，以对小微企业的收入进行评估，并重新调整所得税征收标准。

（2）个人所得税缴纳

无固定住所者的个人所得税申报。与无固定住所者签有协议的自然人、法人或组织负责计算、扣除个人所得税和向所属税务部门或纳税人居住地税务部门申报所得税，并自申报之日起 15 个工作日内缴纳。

年度汇算清缴后的补缴和退还。在按规定进行年度汇算清缴后，对于需要补缴税款的纳税人，税务部门要出具缴款单，纳税人应在收到缴款单后的 15 个工作日内缴纳剩余税款；对于多缴的税款，中央和省级税务管理部门在 10 个工作日内将其退还给纳税人。

纳税人要通过老挝银行系统缴纳税款或直接将税款上交国库。

（3）增值税缴纳

进口货物的纳税人在报关时缴纳增值税。在增值税制度下开展业务的个人、法人和其他组织应在次月 15 日前缴纳增值税。对于向非居民个人或者在老挝境内无机构的非居民企业购买服务的，在增值税制度下开展业务的个人、法人和其他组织应在次月 15 日前缴纳增值税；对于向非居民个人或者在老挝境内无机构的非居民企业购买服务的，在非增值税制度下开展业务的个人、法人和其他组织应在货款支付之日起 15 日内缴纳增值税。

（4）消费税缴纳

货物进口商必须在报关时缴纳消费税。

国内商品生产者和服务提供者必须在次月 20 日之前向所属税务部门缴纳消费税。

从非居民企业购买商品或服务的企业必须在次月 20 日之前缴纳消费税。

一般情况下，购买者应自纳税义务发生之日起 15 日内缴纳消费税。消费税缴纳方式有两种：一是通过拥有国库账户的银行缴纳；二是向各级国库缴纳。

（5）纳税地点

与总公司拥有不同账户的分公司在所在省、万象市的税务部门缴纳各种税款。

与总公司拥有一个账户的分公司在所在省、万象市的税务部门缴纳收入所得税。对于增值税、消费税及其他所得税，其应在总公司所在地的税务部门申报并缴纳。分公司所在省、万象市的税务部门在核算后，把每个分公司产生的税款转给相应分公司所在地的税务部门。

4.老挝延迟纳税制度发展基础

老挝税务部门依据财政部部长或政府的决定，允许受灾害影响的纳税人根据需要延期纳税。

5.老挝纳税证明服务发展基础

纳税证明有两种。一是银行纸质或电子对账单；二是国库纸质或电子收据。

纳税人应在每个财政年度提交财务报告以申请获得纳税证明，财务报告应包括以下资料：清点前后的账户余额；该财政年度的资产负债汇总表；该财政年度的经营成果报告；固定资产清单和折旧汇总表；该财政年度内所有纳税情况和支撑文件（如纳税证明）汇总表；税务发票清单；生产计划、年度收支目标计划及该财政年度纳税计划。

税务部门在收到财务报告后，应立即检查财务报告是否正确，是否完全符合要求。如不合规，税务部门应立即通知纳税人。符合规定的，税务部门应当根据年度账户余额，将实际纳税金额与纳税证明进行比对，核对纳税人的所有纳税情况，并自财务报告提交之日起 3~5 个工作日内向纳税人开具纳税证明；如果年度账户余额中存在未完全缴纳税款，税务部门应立即进行计算并向纳税人发出税款缴纳书。税务部门在纳税人缴纳了所有税款后向其开具纳税证明。

纳税证明由省级税务部门和万象税务部门负责发放。对于异地经营的企业，由业务发生地的税务部门发放，同时，纳税人应将其提交到注册地税务部门。①

---

① "Ministerial Instruction on Tax Revenue Collection Management, No. 3281 MOF, Dated 16 October 2014," http：//www. laotradeportal. gov. la/index. php? r=site/display&id=739.

6. 老挝税收优惠服务发展基础

应对新冠疫情的税收柔性管理安排。2021 年 5 月，总理办公室发布通知（No. 532 PMO），其中涉及应对新冠疫情的税收柔性管理安排：2021 年 4~6 月，对工资不超过 500 万老挝基普的个人免征个人所得税；2021 年 4~6 月，对小微企业免征小微企业所得税；2020 财年财务报表的提交截止日期延长至 2021 年 6 月 30 日；道路税缴纳的截止日期延长至 2021 年 6 月 30 日。[①]

7. 老挝电子纳税服务发展基础

老挝国家税务总局在其官方主页（http：//taxservice. mof. gov. la/）提供在线电子纳税服务。纳税人首先在其官方主页注册账户；注册成功后，纳税人需要申请纳税人识别号；获得纳税人识别号后，纳税人进行具体税种的纳税申报；申报成功后，纳税人应打印申报表，在购买印花税票并将其粘贴在申报表相应位置后到规定的银行窗口缴纳税款。[②]

（三）老挝税收执法发展基础

1. 老挝税务审计发展基础

老挝的税务审计就是税务部门在企业会计账簿中的数据的基础上，对持有企业账簿的单位和拥有国家账户、项目账户、银行账户等的单位进行税务检查，确保税收法律法规得到执行。检查内容为：外部信息数据、纳税申报情况及各类税款的缴纳情况。

（1）税务年审时间

纳税人应在下一年度的 3 月 31 日前提交年度财务报告；不按照日历年度日期记账的纳税人，应自结账之日起 3 个月内提交年度财务报告。

纳税人提交的年度财务报告和其他文件准确、完整并且没有欠税情况时，税务部门应在收到年度财务报告和其他文件后的 15 个工作日内向纳税

---

① "New Policies to Reduce the Economic Impact of the COVID-19 Pandemic," https：//www. vdb-loi. com/laos_ publication/new-policies-to-reduce-the-economic-impact-of-the-covid-19-pandemic/.

② "E-Service Guide," http：//taxservice. mof. gov. la/websquare/websquare. do.

人发放年度完税证明。

（2）税务年审责任

纳税人在税务年审中提交的年度财务报告等文件，要由独立的审计公司审核。有收入的个人要提交收入证明和所得税年度完税证明，以用于进行税务年审。享受税率优惠和减免税优惠的纳税人，要向所在地税务部门提交税率优惠或减免税优惠证明，以用于进行税务年审。

（3）税务年审方式

税务年审方式为对纳税人提交的文件进行书面检查；在企业办公场所对会计账簿和实际情况进行现场检查；紧急检查。

税务部门要在被检查人年度财务报告提交之日起的 6 个月内完成税务年审，法律另有规定的情况除外。

2. 老挝税务检查发展基础

一般而言，税务部门有权在三个会计年度内进行税务检查。税务部门对纳税人的纳税申报和税款缴纳情况进行检查。

（1）税务检查程序

税务检查程序如下：根据财政部的规定，收集和分析纳税人的年度财务报告及其他文件；选择检查对象；制订计划和向检查人员授权；进行实际情况检查；汇报检查结果；汇总检查记录。

（2）税务检查方式

税务检查方式为：分析和研究与纳税人有关的涉税数据和文件；检查纳税人和扣缴义务人的法律合规情况；检查应缴税款金额；重新检查不合规的纳税人，如没有纳税人识别号、不进行纳税申报、没有会计账簿及不使用发票的纳税人。

3. 老挝税收法律责任发展基础

（1）税收处罚措施

《税务管理法》没有对税收处罚进行规定，老挝对税收违法违规行为的处罚规定散布在相关单行法中。处罚措施涉及违反税收相关法律法规的自然人、法人或其他组织。依据情节轻重，处罚措施包括批评教育、警告、处分、罚款、赔偿民事损失或进行刑事处罚。

（2）税收罚款标准

税务登记不合规的税收罚款标准。第一，对于不使用纳税人识别号申报个人所得税的情况，每次罚款 10 万老挝基普。第二，对于不进行增值税登记的经营者进行处罚。对于具有条件进行增值税登记而不登录增值税系统的经营者，税务部门最多签发三次书面通知，旨在让经营者知晓和依托增值税系统进行增值税登记。如果不履行第一次书面通知中的义务，其将被警告并且税务部门会签发第二次书面通知，以让其进行增值税登记；如果不履行第二次书面通知中的义务，其将被罚款 100 万老挝基普并且税务部门会签发第三次书面通知以让其进行增值税登记；如果不履行第三次书面通知中的义务，其将被罚款 200 万老挝基普。当上述措施实施后，纳税人还不进行增值税登记，税务部门有权申请让有关部门采取吊销其特许许可证、营业执照或者营业许可证等其他有关措施。第三，对于企业信息已变更但未进行变更登记的，如企业所在地、电话号码、其他信息变更的情况，对相关企业做出每次罚款 300 万老挝基普的处罚。

会计账簿和票证不合规的税收罚款标准。第一，对于不按规定开具发票或者发票项目书写不齐全的，依照相关法规进行罚款。第二，对于没有依照法律规定向税务部门提供正确、齐全的会计账簿的，税务部门每催讨一次，纳税人就被处以 100 万老挝基普的罚款。第三，对于不按规定进行会计核算的，应依照会计相关法规进行罚款。

纳税申报不合规的税收罚款标准。第一，对于申报不实、申报不完整的，按补缴税款的 50% 处罚。第二，对于拖延申报所得税的，每次罚款 50 万老挝基普。对于在规定时间内不申报所得税的，每次罚款 150 万老挝基普。对于不提供所得税相关资料和信息的，每被催缴一次，纳税人就被罚款 100 万老挝基普。第三，对于不计算或者不正确计算增值税或者在增值税申报表中不填报商品或者服务的销售情况的，对纳税人处以应征收的增值税的 50% 的罚款。

税款缴纳不合规的税收罚款标准。第一，对于拖延缴纳所得税的，每日处以滞纳税款的 0.1% 罚款。第二，对于违规扣除不得扣除的进项税额的，处以经计算扣除的增值税金额的 50% 的罚款。第三，关于滞纳税款，罚款情况如下：税务部门第一次催缴时，处以应缴税款的 30% 的罚款；税务部门第二次催缴时，处以应缴税款的 60% 的罚款；税务部门第三次催缴时，处以应缴税款的 100% 的罚款。当纳税人有应缴所得税而未缴纳时，如果其拒不接受以上处罚，则视情节轻重，给予其停业、吊销营业执照与投资许可证等证件的处罚，或诉诸法律。每次催缴的时间间隔为 15 日（自税务部门应出具催缴单并送达纳税人之日起计算）。

不配合或者妨碍税务部门履行职责的行为每发生一次，纳税人就将被处以 100 万老挝基普的罚款。

（四）老挝基于税收法律救济的纳税人权利保护发展基础

1. 老挝税务行政复议制度发展基础

对于纳税人的退税申请，税务部门没有批准或者没有在规定期限内答复的，《税务管理法》第 48 条规定，纳税人有权向其上一级税务主管部门提起行政复议，也可以向人民法院提起诉讼。

对于税务部门及其工作人员的违法违规行为，《税务管理法》第 61 条规定，纳税人有权向其上一级税务主管部门进行行政复议。

2. 老挝税务行政诉讼制度发展基础

对于税务部门的上一级税务主管部门及其工作人员的违法违规行为，《税务管理法》第 61 条规定，纳税人有权向人民法院提起诉讼。

3. 老挝纳税人维权程序发展基础

（1）《经济纠纷处理规则总理令》下的税收救济

1994 年，老挝总理签发《经济纠纷处理规则总理令》，据此，老挝成立了经济处理办公室，其隶属于老挝司法部，具有调解及对工农业生产、贸易、经营、服务中产生的争议进行仲裁的职责，旨在促进国内外投资，扩大多种形式的商品经济规模。

（2）投资税收争端解决方式

《老挝人民民主共和国投资促进法（2016 修订版）》第 93 条规定了对

于投资税收争端的解决方式。与投资有关的税收争端可以通过以下方式解决：友好协商解决；以行政方式解决；在老挝经济争端解决办公室或其加入的国际组织解决；向老挝人民法院或国际法院提起诉讼。

（3）认可外国或国际仲裁裁决

老挝不是《关于解决国家和他国国民之间投资争端公约》[①]的成员国，是《承认及执行外国仲裁裁决公约》[②]（简称 1958 年《纽约公约》）的签署国。《老挝人民民主共和国投资促进法（2016 修订版）》第 96 条规定："当发生与投资有关的争端时，任何一方有权要求经济争端解决办公室按照争端当事方的约定在老挝人民民主共和国境内或境外解决。老挝人民民主共和国承认并执行经老挝人民民主共和国人民法院认证的外国或国际仲裁裁决。"

二 老挝税收征收管理发展变化（2022~2023年）

老挝税收征收管理在 2022~2023 年呈稳定状态，主要变化为：对于个人、法人和组织，《税法部分条款的修正案》在增值税的罚则部分新增对违法情节较轻的纳税人做出书面警告的教育处罚，以及增加了对欠缴增值税、所得税和消费税或不接受税务行政处罚的纳税人进行行政强制执行的规定。

（一）老挝税收征收管理法律体系发展变化

1. 老挝税收程序性行政法规发展变化

2022 年 8 月，老挝颁布《老挝人民民主共和国发票管理条例》[③]，以取

---

① "Convention on the Settlement of Investment Disputes between States and Nationals of Other States," https：//icsid. worldbank. org/resources/lists/icsid-3.

② "Convention on the Recognition and Enforcement of Foreign Arbitral Awards," https：// treaties. un. org/Pages/showDetails. aspx? objid=080000028002a36b.

③ "Decree on the Management of Invoices（No. 297 GOL），" http：//laotradeportal. gov. la/index. php? r=site/display&id=2558.

代 2006 年颁布的《老挝人民民主共和国发票条例》。

2. 老挝税收程序性规章发展变化

2022 年，老挝财政部颁布《关于终止出售一套增值税发票的通知》（No. 0191 MOF）和《使用商品和服务销售记录器注册和请求许可的通知》（No. 0590 MOF）；国家税务总局发布《核实商品和服务销售记录器使用许可的决定》（No. 0701 TAX）。

（二）老挝税收执法发展变化

1. 对税收违法行为做出书面警告的教育处罚的规定

对违法情节较轻的纳税人，做出书面警告的教育处罚。这适用于以下违法情节：第一，增值税申报表中未填写纳税人识别号；第二，未在增值税申报表中填写变更了的电话号码、营业地址等信息；第三，不提供会计凭证或提供不准确或不完整的会计凭证，提供不明确或不正确的相关信息；第四，不配合或妨碍税务工作人员（官员）执行职务。

2. 对欠税行为的行政强制执行规定

（1）对欠税行为的纳税人冻结存款和进行罚款

这适用于欠税或不接受税务行政处罚的纳税人。欠税（包括罚款）的纳税人如果不履行相关义务，那么税务部门可以通知老挝境内银行或相关金融机构冻结其存款，并通知纳税人自收到通知之日起 5 个工作日内缴纳罚款。

（2）划拨欠税的纳税人在银行或相关金融机构的存款

这适用于欠税或不接受税务行政处罚的纳税人。如果纳税人不接受税务行政处罚，那么税务部门可以申请银行或相关金融机构从纳税人的存款中划拨其欠缴（未支付）税款。

三 老挝税收征收管理发展展望

老挝《2021 年至 2025 年税收战略发展计划》对税收征收管理提出五个

战略发展目标：第一，修改并完善有关税收征收管理的法律法规框架；第二，提高纳税服务水平，增强纳税人的纳税意识；第三，提高纳税管理水平，特别是对大、中型企业的监管；第四，实现税收征收管理现代化；第五，提升税务工作人员的能力和税务部门的效率。基于老挝税收征收管理制度的变化特点和税收征收管理的战略目标，我们进行如下展望。

（一）老挝纳税服务发展前景

基于《税务管理法》的企业所得税缴纳次数减少一半、税款缴纳时间延长 50% 等政策变化以及纳税申报系统的开通，老挝纳税人的便利度得以提升。纳税人识别号的全面使用和税务信息系统的构建，为老挝税收征收管理实现信息化和智能化奠定了基础。将纳税人识别号与企业注册联动、拓展纳税申报系统功能、构建电子税务局等是老挝税务部门提升纳税服务水平的重要措施，也是实现办税自动化、纳税服务个性化的技术基础。

（二）老挝税收执法发展前景

《税务管理法》对税收违法违规行为增加了处罚措施，改变了原来较为单一的罚款形式；扩大了惩罚范围，即由原来主要对偷逃税款的行为处罚扩大到对违反日常税收管理要求的行为进行处罚；加大惩处力度，对拖欠税款的纳税人的罚款金额提高了 10 倍。同时，严格控制税收裁量权，税务部门的执法弹性空间变小。在老挝强化对大、中型企业的税收监管的目标下，未来老挝税务检查和税务审计的范围将扩大，频次将增加，为了提高监管效率，老挝引入自愿披露政策的可能性会提高。

（三）老挝基于税收法律救济的纳税人权利保护发展前景

《税务管理法》明确了纳税人可以申请退税的范围，增加了纳税人的权利（如赋予纳税人申请延期纳税的权利），这些都体现了老挝对纳税人权利保护的程度在不断提高。对于税务争端，《税务管理法》做出了行政复议和行政诉讼的制度设计，下一步，老挝需要制定具体的部门规章以进行落实。未来，随着税务工作人员能力的提升，税务工作人员履职不当引发的税务争端会减少，这也是对纳税人权利进行保护的重要手段。

主要参考文献

报刊类

车文勤：《税收征管中纳税人权利保护存在的问题及对策》，《税务研究》2022 年第 8 期。

张巍、田霏、郭墨：《数字驱动下优质高效智能新型纳税服务体系的构建》，《税务研究》2022 年第 9 期。

刘丽：《RCEP 框架下税收协调机制研究》，《国际税收》2022 年第 9 期。

李林木、蔡欣荣：《国际视野下的税务行政处罚标准研究：基于 G20 的比较》，《税务研究》2021 年第 6 期。

刘楠楠、刘文慧：《困境与出路：纳税人权利救济体系的完善》，《税务研究》2020 年第 5 期。

廖仕梅：《论税务行政争议和解机制》，《税务研究》2017 年第 3 期。

谌韵灵：《国外税务行政争议解决机制及启示》，《税务研究》2020 年第 12 期。

王郁琛：《完善我国税务争议替代性解决机制的构想——基于修订〈税收征管法〉的背景》，《税务研究》2020 年第 12 期。

宗雯：《菲律宾税务局前 4 个月征税目标超额完成》，《中国税务报》2023 年 5 月 22 日第 6 版。

Nguyen T. H., "The Impact of Non‐Economic Factors on Voluntary Tax Compliance Behavior: A Case Study of Small and Medium Enterprises in

Vietnam," *Economies*, 2022, 10 (8).

Du B. N., "Tax Dispute Resolution Mechanisms in Vietnam," *Journal of Legal, Ethical and Regulatory Issues*, 2020, 23 (2).

网址类

印度尼西亚中央统计局网站, http://www.bps.go.id/。

CNBC 印度尼西亚网站, https://www.cnbcindonesia.com/。

"Database Peraturan," JDIH BPK 网站, https://peraturan.bpk.go.id/。

"Data Center," ORTAX 网站, https://datacenter.ortax.org/。

越南法律图书馆网站, https://thuvienphapluat.vn/。

新加坡政府网站, https://www.gov.sg/。

新加坡税务局网站, https://www.iras.gov.sg/。

新加坡贸易和工业部网站, https://www.mti.gov.sg/。

泰国财政部网站, https://www.mof.go.th/。

泰国税务局网站, https://www.rd.go.th/。

菲律宾国内收入局网站, https://www.bir.gov.ph/。

菲律宾海关网站, https://customs.gov.ph/。

菲律宾政府网站, https://www.gov.ph/。

菲律宾政府官方公报平台, https://www.officialgazette.gov.ph/。

"The Lawphil Project," 菲律宾法律网站, https://lawphil.net/。

菲律宾马卡蒂市奥坎波和苏拉尔沃律师事务所网站, https://www.ocamposuralvo.com/。

柬埔寨国家税务总局网站, https://www.tax.gov.kh/。

老挝政府网站, http://www.laogov.gov.la/。

老挝国会网站, https://na.gov.la/。

老挝贸易门户网站, http://laotradeportal.gov.la/。

老挝计划投资部网站, http://www.investlaos.gov.la/。

老挝司法部官方文件发布平台, http://laoofficialgazette.gov.la/。

中华人民共和国国家税务总局网站，http：//www. chinatax. gov. cn/。

《中国投资指南》，中华人民共和国商务部网站，https：//fdi. mofcom. gov. cn/。

中华人民共和国外交部网站，https：//www. fmprc. gov. cn/。

荷兰国际财税文献局（IBFD）国际税务研究平台，https：//www. ibfd. org/。

《国际税务评论》网站，https：//www. internationaltaxreview. com/。

联合国条约网站，https：//treaties. un. org/。

国际税收条约网站，http：//internationaltaxtreaty. com/。

世界银行国际投资争端解决中心网站，https：//icsid. worldbank. org/。

经济合作与发展组织网站，http：//www. oecd. org/。

全球法规网，http：//policy. mofcom. gov. cn/。

"Tax co-operation," 国家信息对比网站，https：//www. compareyourcountry. org/tax-cooperation/en/。

美国国务院网站，https：//www. state. gov/。

安永官方网站，https：//www. ey. com/。

德勤官方网站，https：//www2. deloitte. com/。

普华永道官方网站，https：//www. pwc. com/。

搜狐网，https：//www. sohu. com/。

腾讯网，https：//www. tencent. com/。

百度，https：//www. baidu. com/。

光明网，https：//www. gmw. cn/。

后　记

在广西财经学院的大力支持下，广西（东盟）财经研究中心举全力打造的东盟特色研究品牌项目——《东盟税收发展报告（2023）》（全三册）问世了。编辑委员会成员为：主任夏飞，校长、二级教授、博士研究生导师（广西财经学院）；副主任、主编刘进，副校长、研究员、博士（广西财经学院）；主编、总策划、总统稿人霍军，二级研究员、博士〔广西（东盟）财经研究中心〕；组织协调委员秦斌，主任、教授〔广西（东盟）财经研究中心办公室〕。总报告部分，《东盟税收制度发展报告（2023）》、《东盟税收征收管理发展报告（2023）》和《东盟国际税收管理发展报告（2023）》的执笔人为霍军和中国人民大学财政金融学院肖乃夫博士研究生。国别报告部分，《印度尼西亚税收制度发展报告（2023）》和《印度尼西亚税收征收管理发展报告（2023）》的执笔人为广西职业师范学院龙丽佳副教授；《印度尼西亚国际税收管理发展报告（2023）》的执笔人为中国财政科学研究院公共收入研究中心刘昶助理研究员、博士，龙丽佳，广西大学经济学院唐玉爽博士研究生；《越南税收制度发展报告（2023）》、《越南税收征收管理发展报告（2023）》和《越南国际税收管理发展报告（2023）》的执笔人为唐玉爽；《马来西亚税收制度发展报告（2023）》、《马来西亚税收征收管理发展报告（2023）》和《马来西亚国际税收管理发展报告（2023）》的执笔人为广西（东盟）财经研究中心刘丽君博士；《新加坡税收制度发展报告（2023）》的执笔人为国家税务总局税收科学研究所刘和祥研究员、博士，李森焱副教授、博士；《新加坡税收征收管理发展报告（2023）》的执笔人为李森焱、刘和祥；《新加坡国际税收管理发展报告（2023）》的执笔人为国家税务总局税收科学研究所龚辉文研究员、博士，陈文东研究员、博士，刘和祥，陈雏音助理研究员；《泰国税收制度发展报告（2023）》和《泰国税收征收管理发展报告（2023）》的执笔人为广西财经学院财政与公共管理学院王红晓教授；《泰国国际税收管理发展报告（2023）》的执笔人为《国际税收》编辑部韩霖主任、编审、博士和叶琼微编辑、邓汝宇编辑，王红晓；《菲律宾税收制度发展报告（2023）》的执笔人为中国国际税收研究会理论部付茂劲副主任，厦门大学管理学院李成教授、博士研究生导师；《菲律宾税收征收管理发展报告（2023）》的执笔人为李淼焱、刘和祥；《菲律宾国际税收管理发展报告（2023）》的执笔人为国家税务总局国际税务司张瑾副处长；《柬埔寨税收制度发展报告（2023）》、《柬埔寨税收征收管理发展报告（2023）》和《柬埔寨国际税收管理发展报告（2023）》的执笔人为广西财经学院财政与公共管理学院陆华讲师、国际教育学院廖菲菲讲师；《老挝税收制度发展报告（2023）》、《老挝税收征收管理发展报告（2023）》和《老挝国际税收管理发展报告（2023）》的执笔人为陆华、廖菲菲。

在全三册套书出版之际，谨向为全三册套书作总序的国家税务总局原副局长、中国国际税收研究会原会长卢仁法表示崇高的敬意和诚挚的谢意！向对全三册套书给予支持的广西壮族自治区财政厅和广西泛北东盟财经研究中心表示崇高的敬意和诚挚的谢意！向对广西（东盟）财经研究中心及全三册套书研究工作给予大力支持和帮助的中国国际税收研究会、中国税务杂志社、国家税务总局税收科学研究所，以及广西财经学院的领导和同志们，表示诚挚的谢意！向对本套图书出版给予大力支持和帮助的社会科学文献出版社的领导和编辑表示诚挚的谢意！

编　者

2023 年 9 月

Abstract

Development Report on the Taxation Collection and Administration of ASEAN (2023) consists of nine reports in two parts, namely general report and country reports. This report makes comprehensive use of qualitative analysis and country comparison methods to comprehensively and systematically review the development of ASEAN's legal system of tax administration, tax service, tax enforcement, protection of taxpayers' rights based on tax legal remedies, and the development of tax informatisation from the perspective of ASEAN as a whole and from the perspective of individual countries up to 2021, and to present a detailed picture of the practice of the eight ASEAN member countries in tax administration, and to make comparative analysis of changes in tax administration of ASEAN and its member countries from 2022 to June 2023, and to make recommendations for the coming period of time. It also compares and analyses the changes in tax administration in ASEAN and its member states from 2022 to June 2023, and provides a forecast for the development of tax administration in ASEAN and its member states in the coming period.

ASEAN countries have established basic tax collection management systems. (1) Most of the countries have established a legal system of tax collection management with a high legal level. Four levels of tax procedural legal systems have been established respectively. The number of tax procedural laws and regulations is generally small, but the number of regulations is generally high, and all of them are dominated by tax service regulations. The number of tax relief regulations and rules is small and the legal level is high. (2) A relatively comprehensive tax service system has generally been established for tax registration, taxpayer identification number management, tax declaration by tax type, taxpayers' self-assessment and tax assessment by tax agencies, full tax payment by tax type within a certain period of time, tax refunds, and online and offline tax payment. Some countries have also established service systems for tax payment in instalments, tax clearance, departure tax clearance, application for tax extension, application for tax incentives, tax correction and change reporting. (3) Most countries have established a complete and mature tax enforcement system, including a tax audit system, a tax audit (investigation) system and a tax liability system, to ensure compulsory tax compliance. (4) A tax relief system has basically been established, and the taxpayers' right to exercise tax legal remedies is mainly obtained through the legal channels of tax administrative reconsideration and tax administrative litigation, while individual countries can also obtain tax remedies through the channels of tax petitions, thus safeguarding the lawful rights and interests of the taxpayers and other parties involved in taxation. (5) Some countries have respectively implemented the e-Tax Service Scheme, the Core System for Tax Administration, and the construction of core systems for tax administration such as the legalisation of electronic tax documents and electronic signatures for online tax processing.

ASEAN countries' tax collection and administration have undergone significant changes in 5 dimensions and 30 elements. From 2022 to June 2023, ASEAN countries have undergone different degrees of changes and made different degrees of progress in the legal system of tax collection and administration, tax services, tax enforcement, protection of taxpayers' rights based on tax legal remedies, and the construction of tax informatisation. In 2024, The ASEAN countries' tax administration and legal systems have also undergone different degrees of changes and made different degrees of progress in the following areas. (1) Changes in tax procedural administrative regulations have diverged considerably between countries, while changes in tax procedural administrative regulations have generally been fewer, and changes in tax relief regulations in individual countries have been slight. (2) There was a relative concentration of changes in the development of cross-border e-commerce tax registration, VAT tax declaration for overseas suppliers, e-invoice application, e-tax declaration and expansion of e-tax payment for income tax, standardised management of VAT invoices and services for tax payment, management of withholding and payment of income tax and services for tax exemption application, as well as information on tax declarations and assessment of tax risks. (3) Focus on strengthening enforcement management of tax risks. The focus of tax investigation attention is focused on various aspects, and the qualification of investment tax incentives in individual countries is introduced as a pre-condition for tax audits. Tax liabilities for tax non-compliance such as invoice use, income tax withholding, departure tax arrears and audited tax returns have been increased, but tax penal measures are generally used with caution. (4) Introducing an appeal mechanism for administrative review of income tax assessments, piloting electronic payment of tax administrative litigation fees, and increasing taxpayer judicial liability in tax objection litigation cases. (5) Major countries have continued to make deep efforts in the development of integrated tax systems for digital transformation and the promotion of the application of digital platforms of tax bureaus, software systems and applications for interfacing with e-commerce platforms, tax agent business and full-process online tax processing for individuals, software systems and applications for e-commerce platforms, tax agent business and full-process online tax processing for individuals, as well as development of database systems for national legal remedies, and so on.

In the coming period, ASEAN countries will continue their efforts in the pursuit of modernised tax administration. (1) In accordance with their economic development and tax reform strategies, the ASEAN countries will complete their existing legal systems on tax procedures, further upgrade the level of legal effect of tax procedures, and fully embody the principle of tax legislation. (2) We will continue to pursue the goal of modernising tax services. It will intensify online tax services, encourage and support the development of socialised tax service organisations, and strictly manage tax services in high-risk areas, so as to enhance taxpayers' satisfaction while promoting voluntary tax compliance. (3) The goal of modernising tax enforcement will be continuously pursued. Tax audits will continue to gather taxpayers in tax risk areas and VAT refund applications, and increase flexible tax audits. Tax investigations will focus on the construction of digital tax audits, continue to promote risk audits, and strengthen mandatory tax compliance. Tax liability will continue to gather tax registration and financial books and invoices violations, and regularise the flexible and rigid tax administrative penalty model. (4) A few countries will fill in for tax relief laws, will continue to expand the scope of tax objection elements, will strive to promote the optimisation of the tax administrative review process, will explore the tax dispute settlement system, and will pay more attention to the professionalism and credibility of the tax administrative review and tax administrative litigation, in order to better protect the rights of taxpayers. (5) It will continue to promote the digital reform of the tax administration system and the intelligent construction of the online tax collection and management platform.

Contents

I   General Report

Abstract: This report mainly adopts a qualitative research methodology to describe the basis of the development of the legal system of tax collection and administration, tax payment services, tax enforcement, protection of taxpayers' rights based on tax legal remedies and tax information technology in ASEAN countries as of 2021, to analyse the changes in the five dimensions of the development of tax collection and administration in ASEAN countries from 2022 to June 2023, and to summarise the development of ASEAN countries in the areas of procedural administrative regulations for tax regulations, tax registration, management of invoices and other documents, tax declaration, tax assessment, tax payment and tax incentives management services, tax investigation and tax liability, protection of taxpayers' rights based on tax administrative review and tax administrative litigation, as well as the characteristics of the changes in the innovation of the core system of tax administration, the tax service system, the system of electronic payment of tax, and the system of the national database of tax legal remedies, and based on this, to look forward to the development of the tax collection administration in ASEAN countries in five dimensions. On this basis, it looks into the development of tax collection management in ASEAN countries, which will further enhance the level of legal effect of tax procedures, promote the high quality of tax service and tax enforcement, pay more attention to the professionalism and credibility of tax administrative review and tax administrative litigation, and intensify the efforts on digital reform of tax management system and intelligent construction of online tax collection and management platform.

Keywords: ASEAN Countries; Tax Collection and Administration; Tax Services; Tax Enforcement; Taxpayers' Rights Protection

II   Country Reports

Development Report on the Taxation Collection and

Administration of Indonesia 2023   / 087

Abstract: Indonesia's tax service institutions are relatively well-established, with its tax bureau not only equipped with specialized agencies that provide tax services for large enterprises, listed companies, and foreign-invested enterprises, but also providing tax consulting offices for taxpayers in remote areas. In terms of tax law enforcement system, its development is also relatively mature, establishing a strict tax audit system, a complete tax investigation system, a standardized tax penalty system, and a special tax amnesty system. In terms of protecting the rights of taxpayers, it ensures the legitimate rights and interests of taxpayers and other tax parties through objection procedures, appeal procedures, and Supreme Court review procedures. Since 2022, Indonesia has mainly carried out reforms and optimizations in tax services, including the integration of tax identification numbers, fair tax services, and informationization of tax procedures. In the field of tax law enforcement, it has mainly improved relevant regulations on tax auditing and judicial review. However, given the certain shortcomings in Indonesia's construction of "smart tax", it is expected that Indonesia will continue to vigorously research and promote the construction of "smart tax" projects in the future, achieving further optimization of tax collection and management.

Keywords: Indonesia; Tax Collection and Administration; Tax Audit; Rights Protection Procedures

Development Report on the Taxation Collection and
Administration of Vietnam 2023 / 134

Abstract: In 2020, the Vietnamese government proposed a ten-year plan to build Vietnam into a prosperous digital country. In this context, significant breakthroughs have been made in the tax collection and management reform of the tax department. The new version of the Tax Collection and Management Law has been successfully implemented, the electronic transaction process in the tax field has been clarified, the tax administrative procedures have been continuously optimized, electronic invoices have been officially implemented nationwide, and modern information technology and risk assessment mechanisms have been widely used in many aspects of tax collection and management, such as tax services, tax law enforcement, and the protection of taxpayers' rights and interests, the service concept of "taxpayer centered" has been increasingly strengthened in practice, and tax collection and management are constantly moving towards modernization, specialization, and efficiency. In order to comprehensively achieve the modernization of tax management, the Vietnamese government has approved the "2030 Tax System Reform Strategy", which clarifies the goals, priorities, and implementation plans of tax collection and management reform in stages, providing a timetable and roadmap for Vietnam to deepen tax collection and management reform. Subsequently, the Decision of the Ministry of Finance on Issuing the 2025 Tax System Reform Plan provided a specific action path for the tax collection and management reform of the tax department.

Keywords: Vietnam; Tax Collection and Administration; Tax Services; Tax Enforcement; Taxpayers' Rights Protection

Development Report on the Taxation Collection and

Administration of Malaysia 2023 / 177

Abstract: Malaysia does not have a procedural Law on the Administration of Tax Collection. The measures that adjust tax collection and payment relationships and regulate tax collection and administration of tax collection activities are all included in specific tax laws, such as "Income Tax Act" and the Petroleum (Income) Tax Act. Although Malaysia periodically publishes or updates the "Tax Collection and Management Framework" in the form of documents, the framework is relatively simple and actually only a notice on the work arrangement to solve certain specific tax collection problems, which does not have the systematic integrity and standardization required by "Law on the Administration of Tax Collection". Although Malaysia has made certain achievements in the informatization and modernization of tax collection and administration of tax collection, the tax collection and administration of tax collection methods and systems are relatively fixed and closely related to specific tax laws. Moreover, the renovation speed of tax collection and administration of tax collection measures in Malaysia is relatively slow, especially in dealing with modern service industries such as the digital economy and e-commerce economy, which need to be updated. In other words, the informatization, digitization, and intelligence of tax collection and administration of tax collection measures and methods in Malaysia are relatively slow.

Keywords: Malaysia; Tax Collection and Administration; Informatization; Modernization

Development Report on the Taxation Collection and

Administration of Singapore 2023 / 217

Abstract: This report introduces the basic contents of tax collection and management in the Singapore from three aspects: the changes of basic tax collection and management, the prospects of tax collection and management in the Singapore, and looks forward to the prospects of tax collection and management in the Singapore, so as to facilitate readers to understand the new characteristics, changes and new features of tax collection and management in the Singapore. Singapore's tax authorities adjust tax policies in a timely manner according to changes in the economic situation. At the same time, the tax department use digital empowerment, promote the transformation of tax collection and management information, guide taxpayers to establish a sense of honesty and tax payment so as to improve the efficiency of tax collection and management. These measures provide useful references for improving the quality of tax collection and administration in our country.

Keywords: Singapore; Tax Collection and Administration; Tax Services; Tax Enforcement

Development Report on the Taxation Collection and Administration of Thailand 2023 / 240

Abstract: This report mainly introduces the tax administration and its development in Thailand. The report is divided into three parts. The first part is the development basis of Thailand's tax collection and administration, which mainly introduces Thailand's tax collection and administration by the end of 2021. The second part is the development and changes of Thailand's tax collection and administration, introducing the changes of Thailand's tax collection and administration from 2022 to 2023, mainly reflected in the implementation of the automatic exchange of information mechanism, increasing the publicity of tax payment according to law, the management of corporate income tax incentives and tax law enforcement. The third part is the development prospect of tax collection and administration in Thailand, mainly forecast the development direction of tax collection and administration in Thailand, such as will continue to promote the use of electronic tax invoices, electronic receipts, and electronic withholding system, encourage tax paying enterprises to deduct and pay taxes through the electronic withholding system. In the future, a provincial tax court will be established with jurisdiction over specific provinces, while the Central Tax Court will have jurisdiction over the whole of Bangkok Metropolitan, Samut Prakan, Samut Sakhon, Nakhon Patuan, Nonthaburi and Pathum Thani provinces. In some cases, Thai subsidiaries will be required to submit country reports to tax authorities; implement measures to support the global minimum tax system.

Keywords: Thailand; Tax Collection and Administration; Tax Services; Tax Enforcement

Development Report on the Taxation Collection and

Administration of Philippine 2023   / 279

Abstract: This report introduces the basic contents of tax collection and management in the Philippines from three aspects: the changes of basic tax collection and management, the prospects of tax collection and management in the Philippines, and looks forward to the prospects of tax collection and management in the Philippines, so as to facilitate readers to understand the new characteristics, changes and new features of tax collection and management in the Philippines. The Philippine Revenue Department continues to promote digital transformation to improve the efficiency of tax collection and administration, further improve the tax registration and collection system of digital enterprises, strengthen the tax collection of sellers on e-commerce platforms, strengthen the tax collection of digital service providers, and impose new or higher tax rates on certain industries to increase government revenue. These measures provide a reference for China's digital tax transformation.

Keywords: Philippines; Tax Collection and Administration; Tax Services; Tax Enforcement

Development Report on the Taxation Collection and

Administration of Cambodia 2023 / 316

Abstract: Cambodia does not have a standalone Tax Collection and Administration Law; Tax Collection and Administration is regulated by Chapter 5 of the "Law On Taxation". From 2016 to 2021, Cambodia implemented aseries of Tax Collection and Administration reforms, including online processing of tax registration (changes), reclassification of taxpayer identities, the introduction of an electronic tax filing system, and the formulation of tax audit standards. These reform measures have improved Cambodia's tax administration system, increased the modernization and informatization of Cambodia's Tax Collection and Administration system, and enhanced Cambodia's tax business environment. Since the completion of Tax Collection and Administration reforms and the expiration of various temporary measures to address the COVID−19 pandemic, there have been no major changes in Cambodia's Tax Collection and Administration since 2022. The main changes include the implementation of a voluntary disclosure policy, encouraging taxpayers to voluntarily correct errors in their declarations, and the issuance of a Prakas on the Tax Agent, modifying the regulations on tax agent. The characteristics and trends of Cambodia's tax administration system changes are generally consistent with global trends in Tax Collection and Administration System changes. This is primarily reflected in the increased informatization of the Tax Collection and Administration System, providing more convenient services for taxpayers, strengthening the protection of taxpayers' rights, and intensifying efforts to combat tax evasion, thereby increasing tax compliance and safeguarding national revenue.

Keywords: Cambodia; Tax Collection and Administration; Tax Services; Tax Enforcement

Development Report on the Taxation Collection and
Administration of Laos 2023   / 342

Abstract：Laos replaced the comprehensive tax code known as the "Tax Law" with a set of separate laws, namely the "Law on Tax Administration", "Law on Income Tax" and "Law on Consumption Tax". The "Law on Tax Administration" serves as the fundamental legislation for tax administration, providing general regulations on taxpayer identification, tax declaration, payment of taxes, tax inspections, tax audits, management of books and invoices, and the rights and obligations of taxpayers. Specific provisions for each type of tax, such as filing and payment, are formulated by individual standalone tax laws. Since 2022, there have been two main changes in Laos' tax administration: first, the addition of written warnings as educational penalties for lighter instances of taxpayer tax violations; second, enhancement of tax management measures, including the establishment of administrative enforcement measures for non-compliance with tax obligations and overdue tax payments. According to the "Tax Strategic Development Plan 2021-2025" proposed by Laos, the key objectives in tax administration include improving tax services, enhancing oversight of large and medium-sized enterprises, and raising the qualifications of tax personnel to reduce tax disputes.

Keywords：Laos; Tax Collection and Administration; Tax Services; Tax Enforcement

图书在版编目（CIP）数据

东盟税收征收管理发展报告. 2023 / 刘进，霍军主编. --北京：社会科学文献出版社，2023.12
（东盟税收发展报告. 2023）
ISBN 978-7-5228-2828-2

Ⅰ.①东…　Ⅱ.①刘…②霍…　Ⅲ.①税收制度-研究报告-东南亚国家联盟-2023　Ⅳ.①F813.301

中国国家版本馆 CIP 数据核字（2023）第 225802 号

东盟税收发展报告（2023）（全三册）

东盟税收征收管理发展报告（2023）

主　　编／刘　进　霍　军

出 版 人／冀祥德
责任编辑／孔庆梅
责任印制／王京美

出　　版／社会科学文献出版社·经济与管理分社（010）59367226
　　　　　　地址：北京市北三环中路甲 29 号院华龙大厦　邮编：100029
　　　　　　网址：www.ssap.com.cn
发　　行／社会科学文献出版社（010）59367028
印　　装／三河市龙林印务有限公司

规　　格／开本：787mm×1092mm　1/16
　　　　　　印张：24.5　字数：373 千字
版　　次／2023 年 12 月第 1 版　2023 年 12 月第 1 次印刷
书　　号／ISBN 978-7-5228-2828-2
定　　价／498.00 元（全三册）

读者服务电话：4008918866

▲▲ 版权所有 翻印必究

东盟税收发展报告

（2023）

（全三册）

东盟国际税收管理发展报告

（2023）

REPORT ON THE DEVELOPMENT OF
INTERNATIONAL TAXATION
ADMINISTRATION IN ASEAN (2023)

刘进　霍军　主编

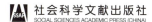

社会科学文献出版社
SOCIAL SCIENCES ACADEMIC PRESS (CHINA)

本套书为国家社科基金一般项目"经济数字化视阈下泛东盟地区国际投资税收协定规则协同变革研究"(项目编号：22BGJ026）的阶段性研究成果。

《东盟税收发展报告（2023）》（全三册）
编辑委员会

主 任　夏　飞

副主任　刘　进

委　员　（按姓氏拼音排序）

陈雏音　陈文东　陈　晓　程　媛　邓汝宇

范海燕　付茂劲　龚辉文　韩　霖　贺清哲

霍　军　赖　敏　李　成　李淼焱　廖菲菲

刘　昶　刘和祥　刘　进　刘丽君　龙丽佳

陆崇芳　陆　华　秦　斌　苏　娜　唐玉爽

王红晓　夏　飞　肖乃夫　叶琼微　张　慧

张　瑾

主　编　刘　进　霍　军

总　序

　　《东盟税收发展报告（2023）》（全三册）是广西壮族自治区高校重点智库——广西财经学院广西（东盟）财经研究中心精心组织、汇集众智研创的东盟特色税收学术品牌和标志性科研成果之一，是国内第一部也是当下唯一一部全面系统研究东盟税收的发展报告，填补了国内同类研究的空白。综览本套书，其呈现以下特点。

　　研究主题的学术前沿性和鲜明时代性。构建更为紧密的中国-东盟命运共同体是中央和国家的重大战略决策。2013 年 10 月，中国国家主席习近平在印度尼西亚国会发表重要演讲，提出"携手建设更为紧密的中国-东盟命运共同体"。2021 年 11 月 22 日，在中国-东盟建立对话关系 30 周年纪念峰会上，习近平主席正式宣布建立中国东盟全面战略伙伴关系，提出要"构建更为紧密的中国-东盟命运共同体"。2023 年是习近平主席提出"建设更为紧密的中国-东盟命运共同体"和共建"一带一路"倡议 10 周年，中国与东盟的经贸合作稳步升级，中国连续 14 年保持东盟最大贸易伙伴地位，双方连续 3 年互为最大贸易伙伴。东盟自古以来就是"海上丝绸之路"的重要枢纽，是高质量共建"一带一路"的重点地区，而东盟国家税收特别是国际税收是影响东盟跨境贸易和投资的重要因素，是东盟营商环境的重要组成部分。习近平主席在"推进'一带一路'建设工作座谈会"上强调，要"加强'一带一路'建设学术研究、理论支撑、话语体系建设"。《东盟税收发展报告（2023）》（全三册）的研究主题契合中央和国家关于构建更为紧密的中国-东盟命运共同体的重大战略决策精神，契合习近平主席关于加强"一带一路"建设学术研究的重要指示精神，对于助力推动构建更为紧密的中国-东盟命运共同体、高质量服务"一带一路"建设具有重要的前沿学术价值、可靠的决策参考价值和重大的时代意义。

研究对象的全面性和创新性。与既有的有关东盟税收制度的著作、论文等研究成果针对单一研究对象的显著区别是，《东盟税收发展报告（2023）》（全三册）由《东盟税收制度发展报告（2023）》《东盟税收征收管理发展报告（2023）》《东盟国际税收管理发展报告（2023）》三个分册组成。它首次以东盟税收为研究对象，全面涵盖东盟税收制度、税收征收管理和国际税收管理等税收要件，研究的国别对象虽然暂时没有包含缅甸和文莱两个国家，但是涵盖了东盟10个国家中税收法律法规可获得或与中国投资、经贸关系相对密切的8个国家，即印度尼西亚、越南、马来西亚、新加坡、泰国、菲律宾、柬埔寨和老挝（也即全三册套书三个总报告中统称的东盟国家）。

研究框架结构的系统性和逻辑统一性。与既有以单册为主、总报告和分报告逻辑结构不求统一的其他年度发展报告的显著区别是，《东盟税收发展报告（2023）》（全三册）由三个分册组成，虽然三个分册的具体研究对象和研究内容各异，但是一、二级研究提纲架构均统一为发展基础、发展变化和发展前景；三个分册均由总报告和8个国别报告组成，各报告在研究主题、研究内容、谋篇布局和三级研究内容方面都力求对应统一，从而保持各分册研究框架结构的系统性和逻辑统一性。

研究组织机构及研究团队的高度专业性和开放性。孕育《东盟税收发展报告（2023）》（全三册）的摇篮是广西财经学院，诞生的母体广西（东盟）财经研究中心是广西壮族自治区高校重点智库，它坚持为财经改革、为领导决策、为经济社会发展提供智力服务的"三服务"方向，坚持以打造东盟特色为重心，为锻造《东盟税收发展报告（2023）》（全三册）的专业影响力、学术影响力、决策影响力和公众影响力提供了组织保障。《东盟税收发展报告（2023）》（全三册）研究团队汇集了中国顶层税务机构、国家税收科学研究机构和高等院校等国际税收研究领域的专家学者，既有国家税务总局国际税务司的实务专家，也有中国国际税收研究会、国家税务总局税收科学研究所和中国财政科学研究院公共收入研究中心等知名税收智库的国际税收研究专家，还有厦门大学和广西财经学院等高等院校的国际税收学者专家，更有《国际税收》编辑部等国际税收权威编审专家。研究团队具有高度的学科专业性和合作的开放性，他们勇当东盟税收的学术排头兵、思想探路人和创新先行者，充分展现了国际税收学术界、智库界和实务界的专业观察与思考，充分体现了各个角度、各种背景的专业知识和见解。

研究成果兼具"6性"和"六位一体"的应用功能。《东盟税收发展报告（2023）》（全三册）主要基于东盟国家税收法律法规等专业性和权威性的原始文件，采取合理的技术路线和科学的研究方法，系统梳理了东盟国家经过迭代的目前仍然有效的税收法律法规，开展基础性、前瞻性、战略性和储备性研究，研究成果具有"6性"即学科专业性、史料权威性、学术前沿性、理论创新性、研究科学性和原创、决策应用性，以及独树一帜的"六位一体"即"研究成果储备+学术研究拓展+专业教学教材+政府决策依据+企业东盟贸易投资参考+东盟税收科学普及"的应用功能。《东盟税收发展报告（2023）》（全三册）既是有关东盟国家税收制度、税收征收管理和国际税收管理研究的重要成果，也是研究东盟国家税收制度、税收征收管理和国际税收管理的重要史料来源，更是近年来不可多得的一项厚重的东盟税收决策咨询成果，既可以为中央和地方各级党政、财税部门的东盟税收决策提供独立的专业判断和可靠的咨询服务，也可以作为高等院校税收学专业的师生难觅的教材，还可以为"走出去"的企业——在东盟投资的企业提供系统、专业和权威的有关东盟税收制度、税收征收管理和国际税收管理的咨询服务，为社会各界了解东盟税收发展情况提供专业的窗口。

《东盟税收发展报告（2023）》（全三册）是一项有思想含量、学术分量、决策参考重量、贸易投资咨询质量和潜量的优秀研究成果。希望研创团队踔厉奋发、笃行不怠、赓续前行，将其打造为服务"构建更为紧密的中国-东盟命运共同体"和共建"一带一路"倡议的税收智库精品、具有东盟区域影响力乃至国际影响力的中国税收学术品牌。

卢仁法

2023 年 10 月 1 日

摘　要

《东盟国际税收管理发展报告（2023）》由总报告和国别报告两部分9篇报告组成。本报告分别从东盟整体和国别视角全面系统梳理和审视截至2020年东盟国际税收征管、税收协定下避免所得双重征税管理、国际反避税管理、国际税收服务、国际税务行政协助与合作以及BEPS行动计划成果落地行动的发展基础，详细呈现了东盟8个成员国①国际税收管理的实践样态，比较分析2021年至2023年6月东盟及其成员国在国际税收管理方面的变化特征，并对未来一段时期东盟及其成员国国际税收管理发展态势进行预测展望。

东盟中高等收入水平国家建立了较完备的国际税收管理体系。（1）建立了居民企业和个人境外所得，以及非居民纳税人所得的国际税收征管制度。（2）建立了税收协定下避免所得双重征税的管理制度，即居民企业境外不同类型收入和居民个人境外劳务所得的税收管辖、双边税收协定所得税优惠税率、居民纳税人境外所得税收抵免和税收饶让、税收非歧视待遇，以及享受税收协定待遇的程序等管理制度。（3）多数国家建立了特殊反避税管理制度，少数国家同时建立了一般反避税管理制度。（4）建立了国际税收服务体系，即出口退（免）税、境外投资纳税人"税收居民身份证明"办理、双边或多边预约定价安排、避免双重征税的相互协商，以及跨境纳税

---

① 受数据可得性限制，本书关于缅甸和文莱的介绍较少，而以越南、印度尼西亚、马来西亚、新加坡、泰国、菲律宾、柬埔寨和老挝为主，如无特殊说明，书中所称"东盟8国""东盟国家"即指上述8国。

人权利保护服务等。（5）建立了基于双边、多边税收协定的税务行政协助与合作机制，以及跨境税收争议协商解决机制。（6）结合自身国情，积极推进 BEPS 行动计划成果在本国落地转化，但成效参差不齐。6 国加入 BEPS 包容性框架，重点推进 BEPS 行动计划"最低标准"项目成果的落地，选择性参与 BEPS 行动计划"共同方法"项目。

2021 年至 2023 年 6 月，东盟国家国际税收管理取得了不同程度的进展。（1）顺应全球疫情防控的新形势，降低居民境外所得和非居民纳税人的税收负担，相关税收征管宽严相济。居民企业境外所得境内再投资免税，降低协定境外分支机构利润税，下调居民和非居民外国企业以及外国人的所得税率。部分东盟国家打破传统，反向调整居民和非居身份的认定标准，非居民企业所得征税依法改向其居民企业代理人统一征收，并严格限制居民企业境外投资所得留存投资东道国，强制非居民公司纳税人和雇主提交纸质版纳税申报表。（2）主要东盟国家在境外不同收入类型的管理、实施企业跨境交易外汇损益的所得征免扣税，以及享受税收协定优惠待遇申请的资格审批时限及条件等方向做出调整。（3）少数国家引入特殊反避税规则和一般反避税规则。部分国家更新独立交易原则和预约定价安排的程序，改进转让定价的内部管理，完善受控外国公司规则；针对避税安排加征税收，压缩税务当局处理避税案件的自由裁量权。（4）重点加大出口货物劳务退税、转让定价、双边或多边预约定价安排和跨境纳税人权利保护等纳税服务优化的力度。（5）国际税务行政协助与合作模式逐渐由双边向多边转变，部分国家强化税收仲裁机制建设。（6）加大 BEPS 行动计划成果国内落地转化的力度，重点推动第 1 项和第 15 项 BEPS 行动计划的落地转化，引入"双支柱"规则和数字服务增值税，生效实施第 15 项 BEPS 行动计划。

未来一段时期东盟国家将在主要税种制度的深化改革上持续发力。（1）国际税收征管将延续疫情防控期间居民和非居民界定标准的特殊处理规定，并将进一步强化境外投资所得的境内汇回管控。（2）推动区域成员境外不同类型收入税收管辖精细化发展，并将在所得税税收抵免和税收饶让管理方向上趋同。（3）持续优化区域成员的特殊反避税管理结构，并推动更多区域成员参与一般反避税管理。(4) 持续推动国际贸易税收规则合规，提升出口货物劳务退（免）税服务效率，优化国际税收服务，改善区域跨境投资营商环境。(5) 将分别在 CAFTA、RCEP 和 MAAC 三个层面，持续强化东盟区域内税收征管合作、RCEP 区域内税收征管合作和 MAAC 机制下的国际税收征管合作，并引入仲裁机制提升国际税收争议解决的质效。(6) BEPS 包容性框架成员将持续拓展参与 BEPS 行动计划的广度和深度，非 BEPS 包容性框架成员可能选择性参与 BEPS 行动计划。

目 录 ⟨⟩

Ⅰ　总报告

Ⅱ　国别报告

总 报 告
General Report

东盟国际税收管理发展报告
（2023）

摘　要： 本报告综合运用定性分析和国别比较方法，阐述截至 2020 年
东盟国家国际税收征管、税收协定下避免所得双重征税管理、
国际反避税管理、国际税收服务、国际税务行政协助与合作以
及 BEPS 行动计划成果落地行动的发展基础，分析 2021 年至
2023 年 6 月东盟国家国际税收管理的发展变化，总结东盟国
家国际税收管理发展在居民和非居民身份认定标准、非居民企
业所得纳税申报和征税方式、居民境外所得管理、特殊和一般
反避税规则及管理、出口货物劳务退税和跨境纳税人权利保
护、国际税务行政协助与合作模式、第 1 项和第 15 项 BEPS 行
动计划落地转化等要素的变化特征。并在此基础上展望东盟国
家国际税收管理发展前景，东盟国家将进一步强化境外投资所
得的境内汇回管控，推动区域成员境外不同类型收入税收管辖
精细化发展，持续优化区域成员的特殊反避税管理结构并推动
更多区域成员参与一般反避税管理，优化国际税收服务，改善
区域跨境投资营商环境，持续强化东盟区域内、RCEP 区域内
和 MAAC 机制下的国际税收征管合作，持续拓展参与 BEPS 行

动计划的广度和深度。

关键词： 东盟　国际税收管理　跨境所得税　税收协定　BEPS 行动计划

国际税收指各主权国家对跨国纳税人征税所形成的国家之间的税收分配关系，而国际税收管理指各主权国家以国际税收条约和国内税收法律为依据，根据国际税收的特点及客观规律，对国际税收参与国际经济分配活动全过程进行决策、计划、组织、协调和监督控制，以保证国家税收主权的一种管理活动。国际税收管理是影响国际和区域跨境投资决策的重要因素，也是全球营商环境的重要组成部分。

自中国-东盟自由贸易区建立以来，中国-东盟经贸合作进入快速发展期，2020 年东盟已成为中国第一大货物贸易伙伴和第二大对外投资目的区域，研究东盟国际税收管理的基础制度及其新变化，旨在为中国乃至其他国家和地区在东盟投资提供跨境税收环境参考。

一　东盟国际税收管理发展基础（截至2020年）

东盟国家国际税收管理的税法基础主要由国内相关税法和国际税法组成。国内税法中实体法主要依据企业所得税法①、个人所得税法、增值税法及其相关法规，程序法主要依据税收征管法和国际税收管理法规，以及投资法中的税收条款等；国际税法主要依据国际税收协定和多边征管互助公约。而国际税收规则对国际税法和各经济体的国际税收管理法规影响重大。经过多年发展，除了菲律宾、柬埔寨、缅甸和老挝，其余 6 个东盟国家已经构建起相对完善的国际税收管理体系，为本国税务部门管理跨境企业，以及本国企业"走出去"提供了跨境税收制度保障。

---

① 泰国所得税还包括石油所得税。

（一）东盟国际税收征管发展基础

东盟国家国际税收管理法规基本都对居民企业和居民个人境外所得纳税申报管理，以及非居民纳税人的税收管理做出了具体规定。

1. 东盟居民纳税人和非居民纳税人的界定管理

区分居民纳税人和非居民纳税人是为了有效行使税收管辖权。居民纳税人包括居民企业纳税人和居民个人纳税人。非居民纳税人是相对于居民纳税人而言，包括非居民企业纳税人和非居民个人纳税人。

（1）东盟国家一般以企业注册成立所依据的国别法律或实际管理机构作为划分居民企业与非居民企业的标准。

①实施单一界定标准的东盟国家。

以企业注册成立所依据的国别法律作为界定居民和非居民企业的标准（印度尼西亚和泰国，其中泰国还包括合伙企业）。居民企业指依据该国法律在该国境内注册成立的法人企业。非居民企业指依据外国法律注册设立，在该国境内设立常设机构，或者在该国境内未设立常设机构但有来源于该国境内所得的外国企业。

以实际管理机构或控制、管理职能是否在本国作为界定居民与非居民企业的标准（新加坡和马来西亚）。马来西亚以企业的实际管理机构是否在马来西亚作为划分居民企业与非居民企业的唯一标准，只要企业的实际管理机构在马来西亚即被视为居民企业，包括居民外国企业，也包括内资合伙企业和居民外国合伙企业。新加坡以企业控制和管理职能是否在新加坡作为唯一标准，只要企业的控制和管理职能在新加坡即被视为居民企业，既包括外国企业，也包括内资合伙企业。

②实施复合界定标准的东盟国家。

以企业注册成立是否依据本国法律或是否在本国设立总部或是否在本国有实际管理机构作为界定是否为居民企业的标准（越南、柬埔寨和老挝）。越南、柬埔寨和老挝的居民企业指依据该国法律在该国境内注册成立，或在该国境内设立总部，或在该国境内设立实际管理机构的法人企业，而对非居民企业没有明确界定。越南、柬埔寨和老挝上述标准显然是综合了印度尼西亚和泰国以企业注册成立所依据的国别法律的界定标准，以及新加坡和马来西亚以实际管理机构在本国的界定标准。

以企业注册地及其依据的国别法律作为标准界定国内企业和外国企业，以是否通过分支机构在本国境内从事贸易或经营活动作为标准界定居民外国企业和非居民外国企业（菲律宾）。在菲律宾境内成立或组建，或者依据菲律宾法律成立或组建的企业即为国内企业，反之为外国企业；通过分支机构在菲律宾境内从事贸易或经营活动的外国企业为居民外国企业，未在菲律宾境内从事贸易或经营活动的外国企业为非居民外国企业。菲律宾上述标准中的企业注册地及其依据的国别法律的划分标准与印度尼西亚和泰国的划分标准相同，与越南、柬埔寨和老挝的划分标准之一相同，而在本国境内从事贸易或经营活动的标准为菲律宾独特的标准。

（2）除特定国家（文莱）外，东盟国家一般以住所和纳税年度内居留时间作为划分居民个人与非居民个人的标准，但国别居留时间长短标准存在差异。

①以住所和纳税年度内居留时间作为划分居民个人与非居民个人的标准。

居民个人指该国境内有住所（永久居民），或者无住所但日历年内（越南、泰国、柬埔寨和老挝）或课税年度内（马来西亚）或连续12个月（印度尼西亚和越南）或任意12个月（新加坡）在该国境内（新加坡为连续或累计）停留183天及以上（新加坡、印度尼西亚、越南、柬埔寨、老挝和缅甸），或182天及以上（马来西亚），或180天及以上（泰国）的个人（外籍个人），即包括本国永久居民和符合条件的外籍个人；反之为非居民个人。菲律宾居民个人指长期居住地在该国的居民公民。

缅甸增加了外籍个人的居民纳税人标准，即如果外籍个人在依据《缅甸外国投资法》成立的公司里工作，不论其当年在缅甸的居住时间是否达到183天，均被认定为缅甸居民纳税人。

②以自然人的国籍和永久居住或经济关系密切性的复合标准划分居民公

民与非居民公民、居民外国人和非居民外国人（菲律宾）。

居民公民是指永久居住在菲律宾的菲律宾籍公民。非居民公民指已移民、计划长居国外或永久工作在国外，或纳税年度的大部分时间在国外工作并从国外取得收入的菲律宾公民等。居民外国人是指居住在菲律宾，但不具有菲律宾公民身份的个人。非居民外国人是指不居住在菲律宾境内且不具有菲律宾公民身份的个人，包括在菲律宾从事贸易或经营活动的非居民外国人、不在菲律宾从事贸易或经营活动的非居民外国人，以及受雇于特定类型企业的非居民外国人。

文莱没有开征个人所得税，因此无居民个人或税务居民个人的划分。

（3）常设机构的认定管理。

国际税收管理中的常设机构指一个企业在一国境内进行全部或部分营业活动的固定营业场所，它既是征税的前提条件，也是辨别应税所得的方法。

一般常设机构。第一，一般常设机构的定义。一般常设机构指境外企业在东道国实质上有永久性（印度尼西亚）或"全部或部分营业"（新加坡和泰国）的固定营业地点（越南、柬埔寨和老挝）。第二，"固定营业地点"的范围及负面清单。固定营业地点的范围具体包括：管理场所，外国企业的分支机构，办事处，工厂，作业场所，矿场、油井或气井、采石场或者其他开采自然资源的场所等（印度尼西亚、泰国、柬埔寨和老挝）。不构成一般常设机构的固定营业地点负面清单（新加坡），具体包括：专为储存、陈列或者交付本企业货物、商品而使用的设施；专为储存、陈列或者交付，以及专为另一企业加工而保存本企业货物、商品的场所；专为本企业采购货物或者商品或者搜集情报，进行其他准备性或者辅助性活动所设的固定营业场所；专为上述活动的结合所设的，属于准备或辅助性质活动的固定营业场所。

工程型常设机构的认定。境外主体满足"在东道国进行建筑、安装或组装项目"条件（印度尼西亚、新加坡、越南和柬埔寨），并且时间为"连续6个月以上"（新加坡）、"3个月或6个月"（越南、泰国和柬埔寨）或"6个月或12个月"（老挝）的，该境外主体在东道国构成常设机构。

劳务型常设机构认定的时间标准差异。缔约国一方企业通过雇员或者其他人员，在缔约国另一方（为同一个项目或相关联的项目）提供的劳务，如果满足"任何12个月中连续或累计停留超过183天"（新加坡、越南），或者"60天以上"（印度尼西亚），或者"6个月以上、2个月以下"（老挝）的条件，则视同在缔约国另一方构建常设机构。

代理型常设机构的认定。第一，以代理人有权代理签订合同作为认定非独立代理人（代理型常设机构）的标准（新加坡、印度尼西和越南）。居民国的居民企业在境外东道国的代理人能够构成非独立代理人的，包括有权并经常以该居民企业的名义（新加坡和印度尼西亚）或有条件的以代理人自己的名义（越南）签订合同，则该居民企业的境外代理人就构成在境外东道国的代理型常设机构。第二，以代理人介入获得代理订单的程度作为认定非独立代理人的标准（泰国和印度尼西亚）。居民企业在境外的代理人所获订单完全或几乎全部属于外国企业或其控股企业（泰国），则该居民企业的境外代理人就构成在境外东道国的代理型常设机构。如果非独立代理人施行任何筹备或辅助活动，则不构成代理常设机构（印度尼西亚）。第三，以代理人的雇佣服务和时间为标准。外国企业"通过东道国雇员或企业雇用其他人员提供服务"，并且时间"连续6个月以上"（柬埔寨）。

保险业务常设机构的认定（印度尼西亚）。保险公司的代理人或雇员如果在印度尼西亚赚取保险费或者为居住于印度尼西亚的保险购买方承担保险风险，却未在印度尼西亚设立公司或居住将构成常设机构。但在税收协定下，上述条例不适用于分保、再保险业务。

2. 东盟居民企业跨境所得的管理

（1）居民企业境外所得的企业所得税管理。

境外所得指个人、法人和其他组织来源于本国境外的各项所得，包括生产经营所得，劳务报酬所得，财产租赁所得，特许权使用费所得，利息、股息和红利所得等。居民企业境外所得的管理即对居民企业来源于本国境外的各项所得的税收管理。由于各经济体税收法律规定极不统一，因而判断境内所得和境外所得的具体标准存在很大差异，但在行使税收管辖权和课征所得税方面的基本做法大体一致。

①东盟居民企业境外所得的居民税收管辖权与收入来源地税收管辖权并存。

居民税收管辖权指一国政府对本国纳税居民的全球所得享有的征税权，纳税人承担的是无限纳税义务；收入来源地税收管辖权指一国政府对跨国纳税人在共同境内的所得行使征税的权力，是属地原则在国际税法上的体现，纳税人承担的是有限纳税义务。

对居民企业境内和境外所得行使居民税收管辖权，对非居民企业行使收入来源地税收管辖权（印度尼西亚、越南、泰国、柬埔寨和老挝）。即居民企业须对其境内和境外所得在居民国申报缴纳企业所得税，即便在境外（东道国）享受企业所得税减免也不能例外（越南）。但泰国对符合规定的境外股息所得免税，而非居民企业仅就其来源于东道国境内所得申报缴纳企业所得税。

对居民企业的一般境外所得行使来源地税收管辖权（新加坡和马来西亚）。即对居民企业的一般境外所得免征国内企业所得税，但特定的境外所得除外。

对国内企业境内和境外所得行使居民税收管辖权，对外国企业（或外国投资企业）境内所得行使收入来源地税收管辖权（菲律宾和老挝）。国内企业应就其来源于境内和境外的全部所得缴纳企业所得税，外国企业（老挝为外国投资企业）仅就其来源于境内的所得缴纳企业所得税。

②东盟居民企业境外分类所得的来源国确认标准"小同大异"。

东盟居民企业境外分类所得的来源国确认标准的"小同"（印度尼西亚和越南，有些方面包括新加坡）。第一，提供劳务所得的来源国确认，依据提供劳务或支付劳务所得的固定机构所在地标准（含新加坡）。第二，权益所得的来源国确认。股息所得依据股息支付公司的所在地标准（含新加坡），利息所得依据支付利息的所得来源地标准，特许权使用费所得依据特许权使用费支付者的居住地标准。第三，转让财产所得的来源国确认。转让不动产所得依据不动产的实际所在地标准，转让动产所得依据动产销售或转让地标准。

东盟居民企业境外所得的来源国确认标准的"大异"。第一，销售货物所得的来源国确认，依据经营所在地标准（新加坡），或依据常设机构标准（越南）。第二，发行股票和其他证券所得的来源国确认，依据发行股票和其他证券的实体成立所在国或住所所在国标准（印度尼西亚）。第三，代理商取得佣金所得的来源国确认，依据代理商开展业务所在国标准（新加坡）。第四，常设机构所得的来源国确认，依据常设机构经营业务或开展活动的经济体标准（印度尼西亚）。第五，常设机构转让资产所得的来源国确认，依据常设机构所在国标准（印度尼西亚）。

③东盟居民企业境外应纳税所得额及计算管理。

居民企业境外应纳税所得额的合并计算（印度尼西亚、越南和泰国）。第一，居民企业应纳税所得额为总收入减去成本后的金额。其中，应纳税所得额的计算需要将财政年度内居民企业的境外所得与境内所得合并。第二，允许境外税收抵免。居民企业已在境外缴纳的企业所得税额在计算其应纳所得税时给予抵免。

除个别国家外，禁止居民企业境外亏损抵减境内盈利为主流。新加坡、印度尼西亚和越南禁止居民企业以境外（分支机构及代表处）亏损冲抵境内来源的应纳税所得额。泰国则允许居民企业以境外亏损抵减境内来源的应纳税所得额并可以结转 5 年。

（2）东盟居民外国企业的特定所得预提税管理。

东盟国家居民外国企业适用与国内企业相同的企业所得税制度，但同时给予居民外国企业一些特定所得预提税的特殊规定。居民外国企业特定所得预提税指居民外国企业向非居民支付资本利得、股权和不动产等财产转让所得、特许权使用费等，要按规定预提所得税税款，且预提的所得税税款属于最终税，不能抵免其国内应纳的所得税税款。

①企业所得预提税优惠税率。

所得分类、5 档预提税率（菲律宾）。最低优惠预提税率 2.5% 适用于国际航运承运人来源于东道国的总收入；5% 预提税率适用于销售、交换或以其他方式处置国内企业股权份额的净资本利得 10 万比索以下部分；10% 的优惠预提税率适用于跨国公司地区运营总部来源于东道国的收入，离岸银行向居民提供外币贷款产生的利息收入，以及销售、交换或以其他方式处置国内企业股权份额的净资本利得超过 10 万比索部分；15% 的预提优惠税率适用于居民外国企业在外币扩张储蓄制度项下取得的利息收入，以及分支机构向其总部汇回的利润（注册于菲律宾经济区署的活动除外），且总利润额不得做任何税收扣除；20% 的优惠税率适用于居民外国企业来源于东道国的储蓄利息和特许权使用费。

所得分类、2 档预提税率（老挝和新加坡）。不区分受益人是个人还是企业，老挝股息和利息（非银行贷款利息和担保费）所得统一适用 10% 的单一比例预提税率，新加坡利息适用 15% 的预提税率。特许权使用费所得，老挝统一适用 5% 的单一比例预提税率，较股息和利息所得的预提税率标准低了 5 个百分点；新加坡则适用 10% 的单一比例预提税率，也比利息所得的预提税率低了 5 个百分点。

统一所得优惠预提税率（柬埔寨）。居民企业包括居民外国企业向非居民纳税人支付法定来源于东道国的收入（财产保险费或风险再保险费除外），统一适用 14% 的所得预提税率。

②企业所得税预提税免税规定。

分类所得免税（菲律宾）。跨国公司地区运营总部没有来源于东道国的所得；离岸银行开展外币交易所得；居民外国企业从国内企业处获取的股息。

3. 东盟居民个人境外个人所得的管理

（1）对居民个人境外所得一般行使居民税收管辖权和来源地税收管辖权。

对居民个人境内和境外所得一般行使居民税收管辖权；对非居民个人境内所得行使收入来源地税收管辖权，特殊规定除外（印度尼西亚、越南、泰国、柬埔寨和老挝）。即居民国对居民个人来源于境内和境外的所得征收个人所得税，但符合规定的境外居民个人除外（印度尼西亚）；居民国仅对非居民个人来源于境内的所得征收个人所得税。

对居民个人境外所得一般行使来源地税收管辖权（新加坡和马来西亚），特殊规定除外。即居民国仅对居民个人来源于境内的所得征收个人所得税，对居民个人来源于境外的所得免征个人所得税，但符合规定的境外居民个人除外（马来西亚）。

对居民公民境内和境外个人所得行使居民税收管辖权，对非居民公民、居民外国人和非居民外国人的境外所得行使收入来源地税收管辖权（菲律宾）。即居民公民应就其来源于境内和境外的全部所得缴纳个人所得税，非居民公民、居民外国人和非居民外国人仅就其来源于境内的所得缴纳个人所得税。

对符合规定的境外居民个人的境外所得免征或征收境内个人所得税（印度尼西亚和马来西亚）。对符合规定的境外居民个人的境外所得免征境内个人所得税（印度尼西亚），即纳税年度内在境外工作时间超过 183 天，并且其境外所得已在境外缴税的境外居民个人，认定为外国纳税主体，对其境外所得免征境内个人所得税。对符合规定的境外居民个人的境外个人所得征收境内个人所得税（马来西亚），即对借调到境外工作的居民个人雇员境外个人所得征收国内个人所得税（马来西亚）。

（2）居民个人境外与境内个人所得合并申报纳税（印度尼西亚、越南和泰国），境外个人所得实行分项分次分时申报纳税（越南和泰国）。

对境外个人所得行使居民税收管辖权的印度尼西亚、越南和泰国，一般要求其居民个人境外个人所得与其境内个人所得按年度合并申报纳税。但越南规定，居民个人境外工资薪金所得按季度申报纳税，其他境外个人所得按次申报纳税。而泰国居民个人的境外财产租赁所得、商业所得和自由职业所得等适用半年申报纳税，其他所得按年申报纳税。

（3）居民外国个人特定所得预提税率结构。

对个人所得税实行分类税制的国家，一般根据不同所得类型分别规定其特定所得适用的预提税率，并给予优惠税率待遇（菲律宾）。第一，股息、利息、特许权使用费、奖金，按总收入一定比例分别适用 10% 或 20% 的优惠预提税率。第二，股权或不动产取得的财产收益，按扣除成本后的净所得分别适用 15%（股权）或 6%（不动产）的预提税率。

居民外国个人适用居民外国企业的所得预提税率（柬埔寨）。居民纳税人包括居民外国个人向非居民纳税人支付法定来源于东道国的收入（财产保险费或风险再保险费除外），统一适用与居民外国企业甚至居民企业相同的 14% 的所得预提税率。

4. 东盟非居民纳税人管理

东盟国家税法分别定义了非居民企业和非居民个人，并根据不同的税种制定了相应的税收管理规则。东盟对非居民企业和非居民个人所得统一行使东道国地域税收管辖权，即东道国仅就非居民企业和非居民个人来源于该东道国的所得征收企业所得税或个人所得税。

（1）东盟非居民企业的企业所得税管理。

非居民企业的企业所得税应税范围。第一，非居民企业来源于东道国的所得范围（菲律宾）。具体包括利息、股息、租金、特许权使用费、工资、保险费（不包括再保险保费）、年金、报酬，或其他固定或可确定年度或定期或偶然的收益、利润、所得及资本利得等。第二，非居民企业来源地企业所得的应税范围（越南）。具体包括：在东道国设立常设机构的外国企业，该常设机构所取得的来源于东道国的所得，发生在东道国境外但与该常设机构有实际联系的所得，在东道国境内产生、与该常设机构经营有关的东道国境外产生的应税收入，以及东道国境内产生的与常设机构经营无关的应税收入；在东道国未设常设机构的外国企业，在东道国产生的应税收入。

非居民企业的企业所得税税率。第一，适用标准税率、优惠税率和预提税率的复合税率结构（菲律宾和马来西亚）。①一般税率。菲律宾非居民外国企业来源于东道国的总收入；马来西亚非居民外国企业来源于东道国的经营收入均适用 30% 的标准税率。②特殊行业优惠税率。4.5% 的优惠税率适用于非居民企业向东道国公民或企业出租船舶的租金（菲律宾）；7.5%的优惠税率适用于出租航空器、机器及其他设备取得的租金（菲律宾）；10%的优惠税率适用于使用从非居民处购买的生产服务费和技术服务费（马来西亚）。③特定所得适用的预提税率。5%的预提税率适用于销售、交换或以其他方式处置国内企业股权份额的净资本利得10万比索以下部分（菲律宾）；10%的预提税率适用于特许权使用费和不动产租金（马来西亚）；15%的预提税率适用于利息所得（马来西亚），或者从国内企业取得的股息收入，以及销售、交换或以其他方式处置国内企业股权份额的净资本利得超过10万比索部分（菲律宾）；20%的预提税率适用于外国贷款利息收入；30%的预提税率适用于股息、红利和租金收入（马来西亚）。第二，区别所得类型统一适用标准税率和优惠税率（马来西亚）。多数所得类型适用10%的标准税率，少数收入类型适用3%的优惠税率。

非居民企业来源地企业所得申报纳税的分类管理（新加坡、印度尼西亚）。第一，自行税务登记、履行年度申报纳税义务和提交纳税申报表。这适用于在东道国设立常设机构或有经营场所的外国税务主体。第二，代扣代缴企业所得税，非居民企业纳税人无须提交纳税申报表（特殊规定除外），代扣代缴义务人无须履行备案手续（新加坡）。这适用于在东道国没有设立常设机构的外国税务主体。印度尼西亚非居民企业纳税人不需要提交纳税申报表，但需要纳入非居民企业的年度企业所得税申报表的例外项目。

（2）东盟非居民个人的个人所得税管理。

非居民个人应税的个人受雇所得范围（新加坡）。非居民个人应就其在东道国内提供服务获得的受雇所得纳税，包括东道国内和东道国外的受雇所得。

非居民个人的个人所得税税率结构。东盟国家非居民个人与居民外国人一般适用相同的个人所得税税率制度，但在以下所得上存在差异。第一，一般所得适用的税率（马来西亚）。受雇所得适用30%的标准税率，公众艺人所得适用15%的优惠税率。第二，特定所得预提税税率（菲律宾）。①非居民个人（在东道国从事贸易或经营活动）的某些特定所得预提税税率高于居民外国人。外币储蓄扩张机制下储蓄利息：非居民外国人为20%，居民外国人为15%；电影或类似作用版权：非居民外国人为25%，居民外国人为20%。②非居民个人（不在东道国从事贸易或经营活动）处置东道国境内股权和不动产的特定所得预提税税率与居民外国人、非居民个人（在东道国从事贸易或经营活动）相同，但奖金、资本利得和财产租赁所得等统一适用25%的税率，高于居民外国人、非居民个人（在东道国从事贸易或经营活动）的税率。

非居民个人受雇所得的免税条件（新加坡）。适用于一个日历年度中，非居民个人在东道国就业不超过60天并来源于东道国支付的受雇所得部分，但公司董事、公众艺人或者从事专业工作的人员除外。

非居民个人来源地所得的代扣代缴（越南）。越南境内向非居民个人支付个人应纳税所得额的组织和个人，负责为非居民个人代扣代缴个人所得税，并根据非居民个人的要求出具代扣代缴凭证。

（二）东盟税收协定下避免所得双重征税管理的发展基础

税收协定指主权国家签订的处理相互间税收分配关系的书面协议，分为一般税收协定和特定税收协定。避免双重征税协定属于一般税收协定，指有关国家为避免对纳税人的重复征税，防止纳税人逃避缴纳税收，以及协调相互间税收权益而签署的政府间或国家间双边税收书面协议。特定税收协定指国家间对某一单项税收问题达成的协议，如关于增值税的税收协定、对航运收入互免税收的协定等。东盟国家都签署了一般税收协定，为跨境投资企业避免所得双重征税提供了制度保障。由于东盟国家经济发展水平、对外开放程度和参与国际组织的程度差异较大，因此，东盟国家税收协定网络的广度存在较大差异。

1.东盟不同类型收入的税收管辖

不同类型收入的税收管辖，以中国与新加坡、印度尼西亚、越南、马来西亚、泰国、柬埔寨和老挝的双边税收协定为例。

（1）居民企业境外不同类型收入的税收管辖权。

①居民企业跨境经营所得的税收管辖权。

居民企业国际运输所得的征税权。第一，统一国际运输工具经营所得的征税权（新加坡、越南和老挝）。居民国的企业以船舶、飞机等运输工具经营国际运输业务取得的利润，应仅由该居民国征税。第二，区分国际运输工具经营所得的征税权（印度尼西亚和柬埔寨）。居民国的外国企业以船舶经营国际运输业务所取得的来源于居民国的利润，可以由居民国征税，但所征税额应按该项税额减征（印度尼西亚）；国际海运（水运）业务的利润，居民国和来源国共享征税权各 50%（柬埔寨）。居民国的居民企业以飞机经营国际运输业务所取得的利润，应仅由该居民企业所在国征税（印度尼西亚和柬埔寨）。国际陆路运输（边境）的利润，居民国和来源国共享征税权各50%（柬埔寨）。

归属常设机构营业利润的征税权。居民国的居民企业通过在境外（东道国）设立的常设机构取得来源于该东道国的营业利润，东道国政府行使收入来源地税收管辖权，有权向该常设机构征税，但应以属于该常设机构的利润为限（新加坡、印度尼西亚、越南、柬埔寨和老挝）。在确定常设机构的利润时，应当允许扣除其在任何地方开展营业发生的各项费用（印度尼西亚）。

②居民企业境外财产所得的征税权管理。

转让境外不动产所得征税权。第一，居民国征税权。第二，东道国征税权（新加坡、印度尼西亚和越南）。即居民国的居民转让其位于东道国的不动产取得的收益；居民国的居民使用位于东道国的不动产而产生的收益（新加坡）；不考虑是否在东道国设有常设机构的前提下，居民国的居民取得来源于东道国的不动产使用所得（新加坡）。第三，居民国和东道国分享征税权（柬埔寨和老挝）。

转让境外常设机构营业财产所得的征税权。第一，居民国征税权。第二，东道国征税权。即居民国企业转让其在东道国的常设机构营业财产部分的动产所取得的收益（新加坡和越南），或者居民国的居民转让其在东道国从事独立个人劳务的固定基地的动产取得的收益（印度尼西亚和越南）。第三，居民国和东道国分享征税权（柬埔寨和老挝）。

转让境外运输工具所得的征税权。第一，居民国征税权（越南、柬埔寨和老挝）。即居民国的国际运输企业转让由其管理并以国际运输方式经营的船舶和飞机取得的收入。第二，东道国征税权（印度尼西亚）。即居民国的居民转让从事国际运输的船舶或飞机，或者转让属于经营上述船舶、飞机的动产取得的收益。

转让境外公司股权所得的征税权。第一，居民国征税权。即居民国的居民公司转让公司财产股份或股票类权益取得的收益（印度尼西亚和越南），该公司财产又主要直接或间接由位于居民国的不动产组成（印度尼西亚）。第二，东道国征税权。即满足规定条件前提下，居民国的居民转让其在东道国居民公司的股份取得的收益（新加坡）。第三，居民国和东道国分享征税权（柬埔寨和老挝）。转让主要由不动产组成的境外公司股权收益的，可以由不动产所在地的缔约方征税；反之，由居民企业所属缔约方征税。

转让境外其他财产收益的征税权。第一，居民国征税权（印度尼西亚、越南、柬埔寨和老挝）。即居民国的居民转让其他财产取得的收益。第二，东道国征税权。即东道国转让其他财产取得的收益。

（2）居民个人境外劳务所得的税收管辖权。

独立个人劳务所得的征税权。第一，居民国的征税权。居民个人从事专业性劳务或其他独立性活动取得的收入（新加坡和越南），除规定由东道国征税的特定情况外，均由居民国征税。第二，东道国的征税权。仅限于针对居民个人为从事独立个人劳务目的在东道国设立了经常使用的固定基地（类似常设机构），该固定基地产生的所得；针对居民个人在日历年内（越南、泰国、柬埔寨和老挝）或课税年度内（马来西亚）或连续12个月（印度尼西亚和越南）或任意12个月（新加坡）在东道国（新加坡为连续或累计）停留183天及以上（新加坡、印度尼西亚、越南、柬埔寨、老挝和缅甸），或182天及以上（马来西亚），或180天及以上（泰国）产生的所得。

境外受雇所得的征税权。第一，东道国的征税权。居民个人在境外东道国受雇工作取得的工薪类报酬（新加坡、印度尼西亚和越南）。第二，居民国的征税权。如果上述境外受雇所得同时满足规定条件，则仅应由居民国征税（新加坡、印度尼西亚和柬埔寨）。

境外董事费所得的征税权（新加坡和越南）。居民个人作为境外居民公司的董事会成员取得的董事费和其他类似款项，可以由境外居民公司所在国征税（新加坡、越南和柬埔寨），或者由居民国和东道国分享征税权（老挝）。

境外退休及社会保障金所得的征税权（新加坡和越南）。第一，居民国的征税权。具体包括：居民个人取得的境外企业或政府退休金（新加坡和老挝）；境外退休及社会保障金由居民国设立的基金支付（越南）。第二，东道国的征税权。境外政府支付给向其提供服务的个人的退休金（新加坡和柬埔寨）。第三，居民国和东道国的共同征税权。当养老金支付者同时是两个国家的居民或常设机构时，养老金领取者为其居民的国家和养老金产生的国家均拥有征税权（越南和老挝）。

（3）居民境外权益性所得的税收管辖权。

境外股息税收优惠及征税权。第一，居民国和东道国的共同征税权。即东道国居民公司支付给居民国居民公司的股息，但特殊规定除外（新加坡、印度尼西亚、柬埔寨和老挝）。第二，东道国不具有征税权。居民国居民公司从东道国公司取得利润收入，东道国不得对该公司支付的股息及未分配利润征税，特殊规定除外（新加坡）。

境外利息税收优惠及征税权。第一，利息的定义。指从各种债权取得的所得（新加坡）。第二，东道国征税权。居民国支付给东道国居民的利息（印度尼西亚）。第三，居民国和东道国的共同征税权（新加坡、越南、柬埔寨和老挝）。即东道国支付给居民国居民的利息，但特殊规定除外（新加坡），或者需要对该收入适用消除双重征税办法并且要限制利息的征税比重（越南）。第四，居民国的免税权（新加坡）。符合规定条件的居民国支付的利息，应由居民国免税。规定条件即利息受益所有人是居民国政府或东道国政府完全拥有的任何机构。

境外特许权使用费优惠税率及征税权。第一，东道国的征税权（印度尼西亚）。即居民国支付给东道国居民的特许权使用费。第二，居民国和东道国的共同征税权（新加坡、越南、柬埔寨和老挝）。即东道国支付给居民国居民的特许权使用费，但特殊规定除外（新加坡），或者需要对该收入适用消除双重征税办法并且要限制特许权使用费的征税比重（越南）。

境外技术服务费所得的征税权（越南）。在收款人与受益所有人一致的前提下，东道国支付给居民国居民的技术服务费，居民国和东道国具有共同的征税权，但需要对该收入适用消除双重征税办法并且要限制技术服务费的征税比重。

2. 东盟双边税收协定所得税优惠税率

东盟国家双边税收协定普遍实施所得税优惠税率，但不同所得类型税率优惠幅度、税率档次不同，并且同类所得但不同协定缔约国适用的优惠税率也不同。

（1）国别差异、所得类型差异、受益人差异、税率档次和税率标准存在差异的协定优惠税率结构。

国别差异的股息所得协定优惠税率结构。第一，受益人差异的股息所得协定比例税率（菲律宾）。个人和不符合条件的公司适用的股息所得协定优惠税率一般为15%，少数缔约国适用25%的高税率；符合条件的公司适用的股息所得协定优惠税率一般为10%，部分缔约国适用15%的高税率，个别缔约国适用5%、12.5%和20%的税率。第二，3档单一比例税率+3档复合税率结构（老挝）。不同缔约国分别适用5%、10%和15%的单一比例税率，或者分别适用5%/10%、10%/15%和5%/15%的复合税率结构。

单一比例税率和2档比例税率并存的利息所得协定复合税率结构（菲律宾和老挝）。利息所得适用国别差异税率，多数缔约国适用10%的单一协定优惠税率，部分缔约国适用10%/15%的2档协定优惠税率，还有少数缔约国适用15%（菲律宾）或12.5%（菲律宾）或5%（老挝）的单一协定优惠税率，总体上利息所得的协定优惠税率标准低于股息所得的协定优惠税率标准。

国别差异的特许权使用费所得协定优惠税率结构。第一，1档、2档和

3 档比例税率并存，以 2 档比例税率为主的特许权使用费所得协定优惠税率结构（菲律宾）。特许权使用费所得普遍适用 10%/15% 或 15%/25% 的 2 档协定优惠税率，少数国家适用 10%/15%/25%（20%）的 3 档协定优惠税率，也有国家适用 15% 或 20% 或 25% 的单一协定税率（菲律宾）。特许权使用费 10%/15% 的 2 档税率标准与利息所得税率标准基本相同，15%/25% 的 2 档税率标准接近股息所得标准。第二，国别差异、单一比例税率结构（老挝）。特许权使用费所得普遍适用 10% 的单一比例税率，个别缔约国适用 5% 或 15% 的单一比例税率。

（2）国别、所得类型和税率标准无差异的协定统一优惠税率（柬埔寨）。

不区分具体缔约国，不区分受益人是个人还是企业，股息、利息和特许权使用费所得统一适用 10% 的单一比例税率，仅个别缔约国的利息所得预提税率增加 1 档 15% 的比例税率。

3. 东盟居民纳税人境外所得税收抵免和税收饶让管理

境外所得税额抵免分为直接抵免和间接抵免。直接抵免包括企业作为纳税人就其境外所得在境外缴纳的所得税额在境内应纳税额中抵免；间接抵免指境外企业就分配股息前的利润缴纳的外国所得税额中由境内居民企业就该项分得的股息性质的所得间接负担的部分，在境内应纳税额中抵免。税收饶让指居住国政府对其居民在国外得到减免税优惠的那一部分，视同已经缴纳，同样给予税收抵免待遇，不再按居住国税法规定的税率予以补征。税收饶让是配合税收抵免方法的一种特殊方式，是税收抵免内容的附加。为了避免双重征税以及吸引外国投资、扩大对外投资，东盟国家根据本国的对外开放战略取向，分别与资本输出的发达经济大国和扩大资本输入的发展中经济体签署双边税收协定，不同程度做出了居民纳税人境外所得税收抵免和税收饶让安排。

（1）居民纳税人境外已纳税所得的税收抵免管理。

居民企业特定境外已纳税所得和居民纳税人一般境外已纳税所得分别适用境内免税和税收抵免待遇（新加坡）。第一，经批准的居民企业特定境外已纳税所得适用境内企业所得税免税待遇。如果居民企业取得符合税法规定的特定境外已纳税所得，即该笔境外企业所得已在境外国家纳税，并且境外国家企业所得税名义税率至少为 15%，则经过本国税务机构批准后可获得免征国内企业所得税待遇。第二，居民纳税人（居民企业和居民个人）一般境外已纳税所得适用境内所得（企业所得和个人所得）税抵免待遇。居民企业取得的境外已纳税所得，如果不符合前述的特定条件，不能享受境内企业所得税免税待遇，但可以适用境内的外国税收抵免待遇，并且无须向主管税务当局提交相关境外缴税证明材料，居民企业留存备查即可。

居民纳税人一般或特定境外已纳税所得仅适用境内税收抵免待遇。第一，居民纳税人的一般境外已纳税所得合并境内企业所得申报缴纳企业所得税，其中，境外已纳税所得额允许税收抵免，从合并所得税应纳税额中扣除（印度尼西亚、越南和泰国）。同时，越南要求居民纳税人提交境外所得已纳税的证明材料，如果纳税人不履行相关规定，则由税务机关对其境外应纳税所得额进行纳税评估。第二，居民企业的特定境外已纳税所得必须在本国申报缴纳企业所得税，但享受境内企业所得税抵免待遇（马来西亚）。第三，居民纳税人的境外所得按各经济体分别计算抵免额（柬埔寨和老挝），抵免额超过应纳税额的可在后 5 年结转（柬埔寨）。

居民纳税人境外所得的税收抵免方式。第一，双边税收抵免和单边税收抵免（新加坡和马来西亚）。一是双边税收抵免（印度尼西亚、越南和泰国）。适用于签署了双边税收协定的经济体居民纳税人。税收抵免额按照双边税收协定约定的所得税率计算。二是单边税收抵免。适用于没有签署双边税收协定的居民纳税人，税收抵免额按照境内居民国规定的所得税税率计算。第二，直接税收抵免和间接税收抵免（越南）。根据双边税收协定的约定，居民企业缴纳了境外所得税款的适用于直接税收抵免法，居民企业来源于其境外控股企业支付的已税所得适用于间接税收抵免。

基于境外所得的类型分别适用抵免法和扣除法（菲律宾）。第一，国内企业和薪金所得的自然人适用抵免法，但需要同时满足分国抵免限额和综合抵免限额。第二，国内企业和自营职业的自然人可自主选择抵免法或扣除法。第三，居民外国企业和外国自然人仅适用扣除法，并且以境外已纳税款与来源于菲律宾的所得为限。

（2）居民纳税人境外免税所得的税收饶让管理。

①东盟国家居民纳税人的境外免税所得适用税收饶让待遇，但配套管理措施宽严差距较大。

实施宽松的配套管理措施（新加坡和马来西亚）。居民纳税人的境外免税所得境内适用税收饶让待遇，并且不需要纳税人提交境外所得免税的证明材料。菲律宾双边税收协定对本国居民公司从缔约国取得的所得提供税收饶让优惠抵免。

实施严格的配套管理措施（越南）。居民纳税人的境外免税所得需要合并境内所得申报，但给予税收饶让，并且需要提交境外所得免税的证明材料。

②东盟个别国家税收饶让仅适用部分双边协定缔约方（柬埔寨和老挝），且适用期限实施国别（地区）差异（柬埔寨），或者无期限规定（老挝）。

（3）居民纳税人境外所得的税收抵免和税收饶让的限额管理。

东盟国家对居民企业和居民个人的境外已纳税或已免税企业所得和个人所得实行限额抵免和饶让。

税收抵免和税收饶让额的确定。一般根据双边税收协定约定的税率计算确定。允许单边税收抵免和税收饶让的国家适用从低原则（如新加坡），即比较境外实际缴纳的所得税额和按照境内所得税税率计算的应纳境外所得税额，取两者中的最低数额。

境外已纳或已免所得税额的最高抵免额或饶让额以国内所得税税率计算的境外应纳所得税额为限。

税收抵免差额不得结转至以后年度（新加坡）。如果居民纳税人在境外已实际缴税的所得税额高于该境外所得在新加坡应缴纳的税额，差额部分不得转至以后年度；反之，需要补充申报缴纳不足的税金。

4. 东盟居民税收非歧视（无差别）待遇管理

税收国民待遇的实质是非歧视原则，指同等条件下外国居民或产品所享受的税收待遇应不低于本国居民或本国产品，但外国居民不能要求享受任何高于本国国民的税收待遇，税收非歧视原则与税收优惠待遇不相矛盾。

（1）居民国籍和常设机构的税收非歧视待遇（新加坡、印度尼西亚、越南和柬埔寨）。

居民国籍税收非歧视待遇。居民纳税人在境外缔约国的税收负担等不应高于境外缔约国居民纳税人的相同情况。

居民企业常设机构的税收非歧视待遇。居民企业在境外缔约国的常设机构的税收负担不应高于境外缔约国企业的相同情况。

（2）税收扣除和资本税收负担的无差别待遇（新加坡、印度尼西亚、越南和柬埔寨）

居民企业所得税收扣除的无差别待遇。居民企业支付给境外缔约国居民的利息、特许权使用费等款项的税收扣除，应与同样情况下支付给居民国的居民的税收扣除相同。

居民企业资本税收的无差别待遇。居民企业的资本全部或部分、直接或间接为境外缔约国一个或一个以上的居民拥有或控制时，该居民企业在该居民国负担的税收等条件应与境外缔约国其他同类企业的税收负担等条件相同。

5. 东盟个别国家税收协定的独特条款

（1）分公司利润税条款。

菲律宾部分税收协定中外国企业分支机构汇回总部利润，适用国内法非居民外国企业来源于菲律宾境内股息所得征收 15% 预提所得税的同等待遇，旨在使外国企业在本国境内的分公司和子公司享有同等税收待遇，而不影响外国企业对菲律宾投资形式的选择。

（2）教师和研究人员条款。

菲律宾部分税收协定中引入了联合国范本和经济合作与发展组织

（OECD）范本都未涉及的给予"外国教师和研究人员"一定年限免税优惠待遇，旨在吸引发达国家的教育和研究人才。

（3）最惠国待遇条款。

菲律宾部分双边税收协定中设置了最惠国待遇条款。如果未来菲律宾与其他经济体签署的税收协定对某一所得类型提供更为优惠的协定待遇，则相关更为优惠的协定待遇同样适用于该协定伙伴国的税收居民。

6. 东盟享受税收协定待遇的程序

税收协定待遇是指按照税收协定可以减轻或者免除按照国内税收法律规定应该履行的纳税义务，它适用于非居民纳税人。

（1）税收协定优惠待遇申请的不同管理方式。

东盟国家间对符合税收协定优惠待遇条件的纳税人是否需要提交协定待遇申请的管理差异。

提出税收协定优惠待遇的申请管理（越南、马来西亚和菲律宾）。符合税收协定优惠待遇条件的纳税人必须向主管税务当局提出税收协定优惠待遇申请，经主管税务当局批准后才能正式享受税收协定优惠待遇。菲律宾规定，纳税人需根据拟享受协定待遇的所得类型填写不同的申报表格，如果纳税人未在规定时间内递交申请，可能导致申请人丧失享受税收协定优惠待遇的资格。

免于税收协定优惠待遇的申请管理（新加坡）。符合税收协定优惠待遇条件的纳税人无须事先经过主管税务当局的批准程序。

（2）提交享受税收协定优惠待遇的证明文件。

虽然东盟国家对有资格享受税收协定优惠待遇申请采取不同的管理方式，但是提交享受税收协定优惠待遇的证明文件成为东盟国家共同的选择。

提交外国纳税人居民国税务主管当局发放的税收居民身份证明不可或缺。即使采取免于纳税人事前申请和主管税务当局事前批准管理方式的国家，也无一例外地做出上述提交居民身份证明的规定（如新加坡），但证明的内容要件规定存在国别差异。

提交规定的其他证明文件的国别差异。马来西亚规定，享受税收协定优惠待遇的外国纳税人还需要向主管税务当局提交其他证明文件。①经核证的外国国民护照的真实副本。②马来西亚出入境日期清单。③境外国家雇主支付报酬的书面确认等。越南则规定，境内负有纳税申报义务的外国实体需要提交以下证明文件。①税收协定的复印件。②由拟定税收协定的机构认证的减免税通知。③经认证的与越南方签订的合同复印件等。由越南境内企业代扣代缴税款的外国实体则由该代扣代缴税款企业代转交相关材料。菲律宾规定，纳税人还需要提交公司章程、在菲律宾业务存续证明、无待审案件证明等材料。

（3）简化税收协定优惠待遇申请程序。

菲律宾跨境所得纳税人须在相关所得支付前，提交相关报告表和证明材料给扣缴义务人，如果未提交，将被视为纳税人放弃享受此优惠待遇；扣缴义务人收到纳税人提供的报表和材料后，扣缴预提所得税，并在代扣税款30天内向国际税务部门申报缴税。

（三）东盟国际反避税管理基础

国际反避税是指国家采取积极的措施，对国际避税加以防范和制止，是对避税行为的一种管理活动。反避税规则由一般反避税规则和特殊反避税规则构成。东盟国家（老挝除外）都建立了反避税管理规则。其中，新加坡和越南建立了特殊反避税规则和一般反避税规则有机结合的反避税管理规则体系，而印度尼西亚、马来西亚和泰国仅建立了特殊反避税规则，并且泰国的特殊反避税规则体系尚处于健全中；菲律宾和柬埔寨分别于2013年和2017年发布首份《转让定价指南》，两国国际反避税管理体系不够健全。

1. 东盟特殊反避税规则

特殊反避税规则主要由转让定价管理规则、预约定价安排规则、受控外国公司管理规则、资本弱化管理规则构成。

（1）转让定价管理规则。

转让定价指关联企业之间在销售货物、提供劳务、转让无形资产等时制定的价格。在跨国经济活动中，利用关联企业之间的转让定价进行避税已成为一种常见的税收逃避方法。转让定价管理指税务机构对企业与其关联方之间的业务往来是否符合独立交易原则进行审核评估和调查调整，旨在防范企业利用转让定价进行避税。菲律宾于 2013 年发布首份《转让定价指南》，柬埔寨于 2017 年发布首份《转让定价指南》，其余东盟 5 国（老挝除外）根据经济合作与发展组织（OECD）转让定价指南范本，分别于 2015、2017和 2018 年更新了本国的《转让定价指南》。

关联交易遵守独立交易原则。东盟 7 个国家（老挝除外）遵循转让定价指南范本确立的独立交易原则，规范纳税人之间的关联交易事务。如纳税人违反了该原则，税务主管当局有权对关联交易中产生的应税所得或准予扣除项目重新进行计算。菲律宾的独立交易原则，既适用于关联企业间的跨境交易，也适用于关联企业间的国内交易。

转让定价文档的新规定（更新《转让定价指南》的东盟 5 国）。根据独立交易原则，符合年收入规模条件的关联企业需要按照特定标准准备和提交转让定价新文档，即主体文档、本地文档和国别报告。不遵从规定的纳税人将被处以高额罚款。柬埔寨引入传统转让定价文档管理：企业及关联方基本情况、关联交易情况和转让定价方法信息等管理。

转让定价主要方法。判断企业与其关联方之间的业务往来是否存在转让定价行为主要方法的国别差异。第一，转让定价的五种主要方法（新加坡、泰国和柬埔寨）。即国际通行的可比非受控价格法、再销售价格法、成本加成法、交易利润分割法和交易净利润法。第二，转让定价的三种主要方法（越南）。即关联方交易价格与独立交易价格比较法，纳税人利润率与独立可比对象利润率的比较法和关联方利润分配法。

（2）预约定价安排规则。

预约定价安排（APA）指企业与税务机关就企业未来年度关联交易的定价原则和计算方法达成的一致安排，旨在降低转让定价调查和双重征税的风险，为从事跨境交易的纳税人提供便利服务。

APA 可选择的类型及适用范围。第一，预约定价安排的三种类型及适用范围（新加坡、越南和菲律宾）。符合规定的关联企业可选择单边预约定价安排、双边预约定价安排和多边预约定价安排。但在预约定价安排适用范围的安排上有两种不同的方式。一是区分预约定价安排的类型分别确定其适用对象（新加坡）。单边预约定价安排适用于所有企业，不论其是否为本国纳税人；双边和多边预约定价安排适用于税收居民企业、在居民国境内有分支机构的非税收居民企业。二是不区分预约定价安排的类型统一确定适用对象。即存在关联业务的生产、经营商品和服务组织，居民国税务机关，第三国税务机关。第二，预约定价安排的两种类型及适用范围（印度尼西亚）。关联企业可选择单边预约定价安排和双边预约定价安排。其适用范围如下。①居民纳税人和在居民国设有常设机构的外国纳税人。②伙伴经济体的国内纳税人。

预约定价安排的程序。第一，简约程序（新加坡和泰国）。即包括预约定价安排的预申请、预备会谈、正式申报、所需文件和证据（泰国）、审批与协商（新加坡）、执行（泰国为批准通知）。第二，相对复杂的程序（印度尼西亚）。即纳税人提交初步讨论申请，征纳之间的初步讨论，税务当局向纳税人发出邀请，纳税人提交正式申请，税务总局局长组建讨论小组与纳税人分析讨论申请，与合作伙伴经济体税务机关讨论申请 APA（适用双边或多边），准备 APA 手稿，税务当局发布税务总局局长签发的 APA 执行法令。

（3）受控外国公司管理规则。

受控外国公司，是指由居民企业或者由居民企业和居民个人控制的设立在实际税负较低的国家（或地区），并非出于合理经营需要对利润不做分配或减少分配的外国企业。居民企业通过关联企业间的关联交易将利润的一部分转移到设在避税地或低税地的受控外国公司，并利用居民国利润汇回时才课税的有关规定将利润长期滞留在境外，不汇回国内或要求境外子公司对利润不做相应的分配，从而达到规避居民国企业所得税纳税义务的目的。受控外国公司管理规则旨在防范受控外国公司的避税。

印度尼西亚更新了受控外国公司核定派发利润的条例，该规则目前仅限于股息收入。马来西亚受控外国企业管理中的税务调整适用其《转让定价指南》中的交易利润法，用于检查关联交易中受控交易产生的利润。

（4）资本弱化管理规则。

资本弱化指增加债权性筹资，减少权益性筹资，通过增加利息税前扣除的方式降低企业所得税税负的税收筹划行为。资本弱化管理规则旨在防范企业通过资本弱化避税。

采用债权股权比例法（印度尼西亚）。债权股权比例最高不超过4：1（特殊规定除外），适用于关联方和非关联方的国内和国外债务。菲律宾和柬埔寨国内税法都没有针对资本弱化的规定，但税收实务中通常认为合理的债资比是3：1，超额支付的利息将面临被重新定性为股息并征税的风险（菲律宾）；税收实务中利息扣除限额为利息收入加上扣除利息收入和利息支出后的净利润的50%，超出的不可扣除的利息费用可以无限期结转至下一纳税年度（柬埔寨）。

收入剥离规则取代资本弱化管理规则（马来西亚）。利息扣除限制（ESR）基于第4项BEPS行动计划的原则，限制了受控交易中给予财务资助的利息扣除，解决了关联公司间贷款利息扣除过多导致的税收流失问题。该规则适用于受控交易中获得财务援助的利息支出总额超过50万令吉的状况。

2.东盟一般反避税规则

一般反避税管理指税务机关对企业实施不具有合理商业目的的安排而减少其应纳税收入或所得额进行审核评估和调查调整等，以防范企业的避税行为。

一般反避税规则授权税务局否定以避税为主要目的之一，而非出于真正商业理由而进行的减少应纳税所得额的安排，并对这些安排做出调整（新加坡）。根据"实质重于形式"的原则，确定纳税人不被视为税收协定待遇受益人的负面清单（越南）。

（四）东盟国际税收服务发展基础

国际税收服务指由税务机关向跨境税务行为相对人提供的一种法定服务，跨国企业和个人纳税人均享有税收服务的权利。东盟中 6 国[①]国际税收服务主要聚焦出口货物退（免）税、境外投资纳税人"税收居民身份证明"办理、跨境纳税人权利保护服务等方面。

1. 东盟出口货物退（免）税服务

出口货物退（免）税指在国际贸易中，对报关出口的货物退还在国内各生产环节和流转环节按税法规定已缴纳的增值税和消费税，或免征应缴纳的增值税和消费税。

（1）简化出口货物劳务退（免）税办理程序。

对出口纳税人分类服务等级管理（印度尼西亚）。即为黄金纳税人、低退税价值纳税人和低风险增值税纳税人分类提供差异化服务。

缩短出口退税批准时间（越南）。纳税人依法通过银行支付税款的，税务机关自收到退税档案之日起 6 个工作日内批准退税；对已接受税务检查的纳税人，则在 40 个工作日内批准退税。

（2）跨境应税行为零税率或免税办理程序。

放宽适用于增值税零税率的出口服务条件。应税企业与外国接收者之间必须有书面协议，出口服务接收方向本国服务提供商付款的证明文件（印度尼西亚）；提供商品 60 天内离境本国的证据（新加坡）；符合规定的离岸贸易活动适用进出税、消费税和印花税的免税（马来西亚）。

（3）现金退税或税收抵免证明的选择。

菲律宾增值税进项税额对应的是零税率销售，纳税人可以选择申请现金退税或税收抵免证明，后者可在遵守法律和其他实施细则限制性规定的前提下用于抵减其国内收入的纳税义务。

2. 东盟境外投资纳税人"税收居民身份证明"办理服务

税收居民是指在一国居住（或具有一国国籍），依法享有民事权利和承

---

① 包括印度尼西亚、越南、马来西亚、新加坡、泰国、菲律宾。

担民事义务的，并受该国法律管辖的自然人或法人。"税收居民身份证明"是一国税收居民享受该国政府与缔约国政府签署的税收协定待遇的核心文件，可协助一国税收居民在境外投资、经营和提供劳务等活动中享受该国政府对外签署的税收协定各项待遇。税收居民符合一国税法和税收协定的相关标准，并在与该国政府已签订税收协定的缔约国发生相应应税行为，向该国主管税务机构提出申请，经审批通过后即可获得"税收居民身份证明"，进而享受相关税收协定待遇。

（1）办理程序。

填写和提交申请表（印度尼西亚和菲律宾）或者授权书（越南），以及永久居留地或注册地和收入付款人出具的证明（越南适用于申请人非纳税人），或者在菲律宾成立企业的证明（国内企业）、合伙人名单（国内企业如有）、护照或居住证（居民公民）、收入证明、上一年度所得税申报表、委托办理的授权书（菲律宾居民公民和国内企业）；税务机构7个工作日（越南和菲律宾）或10个工作日（印度尼西亚）内核发居民纳税人证明。

（2）"税收居民身份证明"的有效期。

税收居民身份证明的有效期一般纳税人为12个月，金融服务机构为36个月（印度尼西亚）。

3. 东盟跨境纳税人权利保护服务

纳税人权利指纳税人在依法履行纳税义务时，由税收法律确认、保障与尊重的权利和利益，以及当纳税人的合法权益受到侵犯时，纳税人所应获得的救助与补偿权利。跨境纳税人权利保护指纳税人发生国际税收争议获得国际救济的权利。依法保障纳税人的合法权益是纳税服务的本质，也是税务机关的一项法定基本职责。

依法赋予跨境纳税人在向税务部门提出税收异议时启动国际税收争议相互协商程序（Mutual Agreement Procedur，MAP）申请和上诉程序的权利，以及严格保护纳税人信息安全的权利（印度尼西亚）。

赋予基于税收协定的相互协商程序的救济。跨境纳税人发生国际税收争议，例如，遭遇不符合税收协定规定的征税行为、遭遇转让定价调查导致双重征税等，可以基于税收协定的相互协商程序，由缔约双方税务主管当局协商为纳税人解决，消除双重征税（菲律宾）。

（五）东盟国际税务行政协助与合作发展基础

国际税务行政协助与合作指在开放经济条件下，缔约国税务主管当局之间为了应对税收征纳双方活动范围不对称问题，在国家税基国际化情况下控管国际税源，提高对跨国纳税人的税收征管水平，防止国际偷漏税的发生，而进行的国际税收征收与管理的协助与合作，主要包括国际税收情报交换、国际税务审计、跨境偷逃税追缴等税收征管的互助与合作。截至 2020 年，东盟国家建立了基于双边、多边税收协定的税务行政协助与合作机制，以及跨境税收争议协商解决机制。

1. 东盟国际税收条约

东盟国际税收征管合作主要通过签订多边税收条约和双边税收协定来实现。

（1）东盟签订双边税收协定。

双边税收协定指两个主权国家所签订的协调相互间税收分配关系的税收协定，它是当今国际税收协定的主要形式。经过多年发展，东盟国家已搭建起包括《避免双重征税协定》《税收情报交换协定》在内的双边税收协定网络，其中，新加坡、越南、泰国、老挝和文莱还分别与中国签订了《国际运输收入税收协议或互函》《航空协定税收条款》或《海运协定税收条款》（以下简称"国际运输协定税收条款"）。

①东盟国家签订《避免双重征税协定》。东盟国家与主要经济体基本签订了双边《避免双重征税协定》，建立了较广泛的避免双重征税协定网络。第一，以东盟国家与中国签订双边《避免双重征税协定》（DTA）为例，除缅甸外，其他东盟 9 国均与中国签订了 DTA（截至 2020 年）。第二，东盟大部分国家与全球主要经济体签署了 DTA。截至 2020 年 12 月，新加坡已与80 多个经济体签署了 DTA；印度尼西亚已与 71 个经济体签署了 DTA；越南已与全球 75 个经济体签署了 DTA；马来西亚已与全球 75 个经济体签署了

DTA，其中包括其余9个东盟国家；泰国已与63个经济体签署了DTA，其中与埃及、肯尼亚和蒙古国签署的DTA还未生效执行；菲律宾共与43个经济体签署了DTA；柬埔寨已与9个经济体签署了DTA，并已生效；老挝已与13个国家签署了DTA，其中生效11个。

②东盟国家签订双边《税收情报交换协定》。第一，印度尼西亚与6个低税经济体（离岸中心）签订了《税收情报交换协定》。第二，新加坡强化基于美国《外国账户税收合规法案》（FATCA）的外国账户税收信息自动交换合作。2020年3月，新加坡和美国政府生效实施《税务信息交换协议》（TIEA），并致力于推动双边已签署的FATCA（模版1）政府间协议（FATCA IGA）尽快生效实施。

③东盟国家签订双边国际运输协定税收条款。缅甸与中国没有签署双边税收协定，虽然与中国签署了航空运输协定，但缺少相关税收条款。其余东盟9国与中国签订了包含税收条款的国际运输双边协定或双边避免双重征税协定，或两者兼有。第一，东盟国际运输收入企业所得税呈现6国与中国互免，1国与中国空运和海运均互征，2国与中国海运互征、空运互免的格局。东盟9国（缅甸除外）均基于DTA（文莱航空协定除外）约定国际空运和海运的企业所得税互免或互征待遇，其中，菲律宾空运和海运收入均与中国互征，印度尼西亚和泰国均与中国海运收入互征、空运收入则互免，新加坡、越南、马来西亚、柬埔寨、老挝和文莱的空运、海运收入均与中国互免企业所得税，文莱通过《航空协定税收条款》与中国互免空运收入企业所得税。第二，越南、老挝和文莱3国基于《航空协定税收条款》与中国约定互免空运收入个人所得税。第三，东盟中有6国与中国的国际运输收入互免间接税。新加坡（还包括《互免国际运输收入税收协议或互函》）和马来西亚基于《避免双重征税协定》的航空和海运税收条款，越南基于《航空协定税收条款》和《海运协定税收条款》分别与中国约定互免空运和海运间接税；泰国和老挝基于《互免国际运输收入税收协议或互函》、文莱基于《航空协定税收条款》与中国约定互免空运或海运（老挝）的间接税（见表1）。

表 1　东盟国家与中国签订双边（国际运输）协定税收处理情况

国家	航空协定税收条款	海运协定税收条款	互免国际运输收入税收协议或互函	避免双重征税协定下航空税收条款	避免双重征税协定下海运税收条款
新加坡			互免间接税（航空）	互免企业所得税、互免间接税	互免企业所得税、互免间接税
印度尼西亚				互免企业所得税	互征企业所得税（减半）
越南	互免个人所得税、互免间接税	互免间接税		互免企业所得税	互免企业所得税
马来西亚				互免企业所得税、互免间接税	互免企业所得税、互免间接税
泰国			互免间接税（航空）	互免企业所得税	互征企业所得税（减半）
菲律宾				互征企业所得税（税款不超总收1.5%）	互征企业所得税（税款不超总收1.5%）
柬埔寨				互免企业所得税	互免企业所得税
缅甸	无	无	无	无	无
老挝	互免个人所得税		互免间接税（河运）	互免企业所得税	互免企业所得税
文莱	互免企业所得税、互免个人所得税、互免间接税				互免企业所得税

资料来源：中华人民共和国国家税务总局：《国际运输收入税收处理情况一览表（空运）》《国际运输收入税收处理情况一览表（海运）》，https：//www.chinatax.gov.cn/chinatax/n810341/n810770/common_ list_ ssty.html。根据以上资料整理。

印度尼西亚共与 6 国（东盟仅老挝）签订了互免航空运输税收和关税的协定。马来西亚与美国、阿根廷签订了空运和海运协议。菲律宾只与塞浦路斯单独签订了海洋运输专项税收协定，菲律宾与其他国家的国际运输所得征税权划分均在避免双重征税协定中有体现。

（2）东盟签订多边税收条约。

多边税收协定是指三个以上主权国家所签订的协调相互间税收分配关系的协议或条约。由于世界各国的经济政策、发展水平以及税收制度不同，多国协调较为困难，因而使用多边税收协定的国家还不多。

东盟 6 国签订加入《多边税收征管互助公约》（2010）①（MAAC），加强多边税收合作。MAAC 是一项旨在通过开展国际税收征管协作，打击跨境逃、避税行为，维护国际公平税收秩序的多边条约。东盟 6 国加入了 MAAC。菲律宾于 2014 年 9 月、印度尼西亚于 2011 年 11 月、新加坡于 2013 年 5 月、马来西亚于 2016 年、文莱于 2017 年 9 月和泰国于 2020 年 6 月分别加入了 MAAC。MAAC 规定了国际税务行政协助与合作的三种形式，即税收情报交换、税款追缴和文书送达，但允许缔约方对税款追缴和文书送达做出保留。税收情报交换是 MAAC 成员的必选项，因此，东盟 6 个国家作为已加入 MAAC 的成员，都根据全球税收情报自动交换的新标准开展全球税收情报自动交换，以更好实施第 12 项 BEPS 行动计划（强制披露规则）。

东盟 3 国签订加入《实施税收协定相关措施以防止税基侵蚀和利润转移的多边公约》②（MLI）。MLI 是由 OECD 受二十国集团委托牵头制定，旨在"一揽子"修订现行双边税收协定，落实与税收协定相关的税基侵蚀和利润转移（BEPS）行动计划成果建议。新加坡和印度尼西亚于 2017 年 6 月

---

① 1988 年 1 月 25 日，欧洲委员会和 OECD 共同制定了《多边税收征管互助公约》（1988），仅向两组织成员开放，于 1995 年 4 月 1 日生效；2010 年 5 月，两组织按照税收情报交换的国际标准，通过议定书形式对《多边税收征管互助公约》进行了修订，修订后的公约 The Multilateral Convention on Mutual Administrative Assistance in Tax Matters as amended by the 2010 Protocol（MAAC）向全球所有国家开放，2011 年 6 月 1 日开始生效。

② 《实施税收协定相关措施以防止税基侵蚀和利润转移的多边公约》，即 Multilateral Convention to Implement Tax Treaty Related Measures to Prevent Base Erosion and Profit Shifting，简称 MLI。

7 日加入 MLI，马来西亚于 2018 年 1 月 24 日加入 MLI。

签署加入《"一带一路"税收征管合作机制谅解备忘录》，参与"一带一路"税收征管合作机制（印度尼西亚和柬埔寨为成员国，新加坡和缅甸为观察员）。2019 年 4 月，首届"一带一路"税收征管合作论坛召开期间，34 个经济体税务部门共同签署《"一带一路"税收征管合作机制谅解备忘录》，中国倡议的"一带一路"税收征管合作机制正式建立，其目的是通过加强区域税收合作，促进优化营商环境，支持贸易自由化和投资便利化。

2. 东盟国际税收争议解决机制

税收协定争议指税收协定的缔约国之间因税收协定的解释和适用而引发的争议，它是一种国家间的国际税务争议，是一种国际争端。东盟国家解决国际税收争端的机制，主要包括国际税收争议 MAP 机制和国际税收仲裁机制。

（1）国际税收争议相互协商程序机制。

MAP 指国际税收协定中规定的缔约国之间相互协商税收问题所应遵循的规范化程序，是解决国际税收争议的主要方法。

东盟国家签订的双边税收协定中的相互协商程序条款，为两国税务当局之间协商解决税收争议提供了法律遵循。东盟国家税务官方网站公布的 MAP 指南，描述了本国在防止或解决不符合税收协定规定的征税程序方面的做法，为本国纳税人提供了防范跨境税收争议风险的路径和解决税收争议的程序参考。菲律宾 2022 年才正式发布关于提请相互协商的操作指引。

更新 MAP 的实施程序（新加坡、印度尼西亚、越南和泰国）。①居民纳税人、缔约国居民（新加坡和越南）有资格申请 MAP 服务；②税务当局审核和评估；③税务当局发起和处理 MAP 服务实施请求（协商）；④税务当局最长 1 个月内发布 MAP 服务实施结果；⑤后续联合协议的实施。

提升国际税收争议相互协商程序的效率（印度尼西亚、越南和泰国）。2020 年印度尼西亚共需要处理 65 件 MAP 案件，其中，当年接受的请求约 10 项，比 2019 年新增 2 项，共办结 23 件，办结率约 35%，较 2019 年提升

18.3 个百分点。截至 2020 年 12 月 31 日，越南共有 14 起 MAP 案件，均未处理完结。① 2020 年泰国共有 28 起 MAP 案件，均未处理完结。

（2）国际税收仲裁机制。

国际税收仲裁是指国际税收争议的双方将争议交予国际第三方机构居中评判和裁决的争议解决机制。国际税收仲裁指税收协定缔约国通过协议将它们之间的税收协定争议交付某一临时仲裁庭或某一常设仲裁机构审理，由其做出有法律约束力裁决的一种争端解决制度。国际税收仲裁是国际社会跳出MAP 框架找到的解决税收协定争议的一种新途径。多数发展中国家对国际税收仲裁持保留态度，东盟中的新加坡和马来西亚签订的部分双边税收协定中包含国际税收仲裁条款，老挝签署加入《承认和执行外国仲裁裁决公约》②（1958 年《纽约公约》），这为东盟国家解决双边税收争议提供了更多选择。仲裁条款的一般形式，即如果两国主管税务当局在一定时间内（通常为两年）无法就相互协商的事项达成一致，当事人可以请求将该事项提交仲裁。

（六）BEPS 行动计划成果的东盟落地行动发展基础

税基侵蚀和利润转移（Base Erosion and Profit Shifting，BEPS）指跨国企业利用不同税收管辖区的税制差异和规则错配进行税收筹划的策略，旨在人为造成应税利润"消失"或将利润转移到没有或几乎没有实质经营活动的低税负国家（地区），最大限度减少其全球总体的税负，甚至达到双重不征税的效果，造成对各国税基的侵蚀。为了应对 BEPS 的挑战，2013 年 6 月，OECD 发布《BEPS 行动计划》，该计划共 15 项，分为"最低标准""共同

---

① OECD/G20 Base Erosion and Profit Shifting Project, Making Dispute Resolution More Effective-MAP Peer Review Report, Vietnam（Stage 2），https：//www. oecd-ilibrary. org/taxation/making-dispute-resolution-more-effective-map-peer-review-report-viet-nam-stage-2_ 89ec62ed-en#: ~: text = Making%20Dispute%20Resolution%20More%20Effective%20%E2%80%93%20MAP%20Peer，and%20efficiency%20of%20the%20mutual%20agreement%20procedure%20%28MAP%29.

② Convention on the Recognition and Enforcement of Foreign Arbitral Awards, https：//treaties. un. org/Pages/showDetails. aspx? objid=080000028002a36b.

方法"和"最佳实践"项目。东盟国家结合自身国情，积极推进 BEPS 行动计划成果在本国落地转化，但成效参差不齐。

1. 加入 BEPS 包容性框架，全面推动 BEPS 行动计划成果在东盟国家落地转化

BEPS 包容性框架（Inclusive Framework，IF）是由 OECD 和 G20 在 2013 年创建的，以应对 BEPS 所带来的挑战，并努力引入一致性，提高透明度、税收确定性和遵守最低标准。已加入 BEPS 包容性框架的经济体称为 BEPS 包容性框架成员。截至 2021 年 11 月 4 日，新加坡、印度尼西亚、马来西亚、越南、泰国和文莱已加入 BEPS 包容性框架。已加入 BEPS 包容性框架的东盟 6 国将遵循 BEPS 包容性框架对成员分类实施 15 项 BEPS 行动计划的安排，全面参与 BEPS 行动计划项目，重点关注"最低标准"项目的实施，分类有序落地转化 BEPS 行动计划成果。

2. BEPS 行动计划"最低标准"项目成果的东盟落地

BEPS 行动计划 4 项"最低标准"是 BEPS 包容性框架成员必须执行的项目。已加入 BEPS 包容性框架的东盟 6 国，高度重视 BEPS 行动计划"最低标准"项目的落地执行。其中，印度尼西亚的"最低标准"执行质量较高，截至 2019 年，除第 5 项 BEPS 行动计划外，已经落实其他 3 项"最低标准"。

（1）第 5 项 BEPS 行动计划成果在东盟的落地极不均衡。第 5 项 BEPS 行动计划，即考虑透明度和实质性因素有效打击有害税收实践。

审查并规范税收优惠，落实第 5 项 BEPS 行动计划成果。2022 年马来西亚根据第 5 项 BEPS 行动计划要求，审查现行税收优惠，将特许权使用费和知识产权收入排除在其税收优惠之外。

作为签署 MLI 的必要条件，越南和泰国已加入 OECD 全球税收透明度和信息交换论坛，主动接受该论坛对其实施第 5 项 BEPS 行动计划成效的评估和监督，及时修正实施不到位的分项目。OECD 发布的《有害税收实践——2019 年同行评议报告》显示，越南用于税收裁决信息交换的流程及内部指导方案缺位，知识产权政策执行不达标；泰国知识产权、总部、银行

和保险以及分销和服务中心四类 10 项税收优惠政策中仅前两类各有 1 项政策达标（国际商业中心和国际经营中心），其余 8 项不达标的政策需要废除，同时没有就透明度框架范围内的所有税务裁定进行自发的信息交流。

（2）第 6 项 BEPS 行动计划成果在东盟的落地质量反差较大。

第 6 项 BEPS 行动计划成果，即防止税收协定优惠的不当授予。第一，升级双边协定，对接落地转化，防止税收协定滥用的项目成果，推动第 6 项 BEPS 行动计划成果落地转化。新加坡、印度尼西亚、越南、马来西亚和泰国均已修订实施《避免双重征税协定》议定书，引入防止滥用税收协定规则。新加坡税务当局增加成本分摊协议下的研发费用可全额扣除的新规定，对成本分摊协议不提供任何指导；印度尼西亚对非居民实施防止税收协定滥用主要目的测试规则，并对测试不达标的非居民征收 20% 的预提税处罚；越南则规定了拒绝授予税收协定优惠的三种情形；马来西亚新规定，成本分摊协议（CCA）可用于任何联合资助或分担成本和风险、开发或收购财产或获得服务，并规范了 CCA 的程序运行规则。第二，越南和泰国实施第 6 项 BEPS 行动计划成果未达标。2020 年 1 月 OECD 同行评议报告显示，越南已生效的 76 项税收协定因"利益限制"和"主要目的测试"规则缺位均不达标，泰国已生效的 61 份税收协定因防止协定滥用条款的缺位全部不达标。

（3）第 13 项 BEPS 行动计划成果在东盟全面落地和局部落地并存。

第 13 项 BEPS 行动计划成果，即转让定价同期资料和分国信息披露指引，规定了转让定价文档和国别报告义务。新加坡、印度尼西亚和马来西亚于 2016 年、越南于 2017 年分别通过国内税法来落地上述行动计划成果。OECD 分别于 2020 年和 2021 年发布第三轮和第四轮国别报告的同行评议报告，建议泰国尽快采取措施执行第 13 项 BEPS 行动计划最低标准。

一般居民集团企业履行境外关联交易同期资料报告义务（新加坡、印度尼西亚、越南）。第一，设置境外关联交易价值门槛的居民集团企业（新加坡）和无门槛的居民集团企业（印度尼西亚和越南）。新加坡设置了居民集团企业境外关联交易的价值门槛，只有达到规定价值门槛的居民集团企业才需要履行境外关联交易同期资料报告义务，从而免除了一些境外关联交易价值不高的中小居民集团企业的同期资料报告义务。印度尼西亚和越南则不设境外关联交易的价值门槛，赋予所有存在境外关联交易的居民集团企业以同期资料报告义务，但越南设置了提交同期资料中的主体文档和本地文档之间的门槛。第二，履行或豁免境外关联交易同期资料报告义务。一般居民集团企业需要准备和提交转让定价同期资料中的主体文档和本地文档，但越南《新转让定价管理法令（2020）》豁免符合规定的关联交易申报和同期资料准备，减轻企业准备同期资料的压力。第三，境外关联交易同期资料报告的提交方式。与企业所得税年度纳税申报表一并提交。

符合特殊规定的居民集团企业还需履行境外关联交易国别报告义务（印度尼西亚、越南和马来西亚）。第一，符合特殊规定的居民集团企业包含两类纳税人。①居民集团企业是纳税期内全球合并收入达到本国税法规定规模（11万亿印度尼西亚盾、18万亿越南盾和马来西亚10亿美元）的居民最终母公司。②居民集团企业的最终母公司是符合规定条件之一的外国税务主体。规定条件指最终母公司所在的经济体不要求提交国别报告；最终母公司所在的经济体未与居民集团企业所在国政府就税务信息交换达成协议，或者虽已达成了协议，但居民集团企业所在国政府无法从该经济体获得国别报告。第二，符合特殊规定的居民集团企业履行国别报告义务。居民最终母公司负责组织、保存和向主管税务当局提交以下资料：居民集团企业有义务提交国别报告的声明，国别报告，国别报告工作文件。最终母公司在境外的居民企业集团负责提供其境外最终母公司编制的国别报告复印件。第三，国别报告的提交时间及方式。国别报告的提交时间及方式与企业所得税纳税申报表同步。越南《新转让定价管理法令（2020）》将国别报告提交时限由3个月延长到12个月。第四，增加获得最终母公司国别报告的途径（越南）。越南《新转让定价管理法令（2020）》明确通过《金融账户涉税信息自动交换标准》（AEOI）机制从境外经济体获取境外最终母公司的国别报告。越南由于尚未签署关于国别报告交换的多边主管当局协议，因此尚不能接收来自其他国家通过自动信息交换系统传输的国别报告。

2019年OECD同行评议报告显示，印度尼西亚与另外6国（加蓬、匈牙利、立陶宛、马耳他、毛里求斯和俄罗斯）签署了《转让定价国别报告多边主管当局间协议》，实现国别信息自动共享的税务合作协议，已达标。泰国的国别报告备案规定缺位，而越南未明确跨国集团及组成实体的定义，跨境纳税人信息交换的多边协议缺位，两国均未达标。

（4）第14项BEPS行动计划成果在东盟的落地。

第14项BEPS行动计划成果，即创建更有效的争端解决机制。

MAP条款的合规达标。第一，MAP实施指南大体达标。印度尼西亚于2019年发布的"MAP实施指南"取代了传统的MAP条例，大体达标。第二，MAP条款不合规。越南未满足第14项BEPS行动计划的最低标准，现行78项税收协定中有19项MAP条款不合规，不到第14项BEPS行动计划最低标准的一半。

改进处理MAP案件的效率。第一，提升处理MAP案件的效率（印度尼西亚）。2020年印度尼西亚共需要处理65件MAP案件，其中，当年接受的请求约10项，比2019年新增2项，共办结23件，办结率约35%，较2019年提升18.3个百分点。第二，转让定价案件的结案率优于其他案件，但整体结案率偏低（泰国）。

3. BEPS行动计划"共同方法"项目成果选择性在东盟落地

BEPS行动计划"共同方法"项目成果，即第1、7、8~10、11和15项BEPS行动计划，这些项目成果虽然不属于执行监督的项目，却是未来可能发展成为"最低标准"的项目，主要东盟国家不同程度参与了这些BEPS行动计划。

（1）已部分对接第1项BEPS行动计划（应对数字经济的税收挑战）。

2016年以来，BEPS包容性框架东盟6国成员参与了OECD和G20应对经济数字化税收挑战全球方案的磋商工作，参与制定和支持第1项BEPS行动计划具有标志性的阶段性成果"双支柱"蓝图报告。[①]

东盟中5国开征数字服务增值税。第一，柬埔寨于2019年先后发布了

---

① 2020年10月BEPS包容性框架发布了该成果。

两份实施单边数字税的增值税法律规章，引入了非居民纳税人的跨境电子商务增值税管理制度。第二，新加坡于 2020 年初生效实施《数字商品及服务税法案》，对全球年度营业额超过 100 万新加坡元、在新加坡收入超过 10 万新加坡元的外国数字服务供应商征收商品及服务税。第三，印度尼西亚于 2020 年初公布《对进口数字商品和服务征收增值税指南》，对跨境电子交易外国商人开征增值税。第四，马来西亚于 2020 年初生效实施《数字服务税法（修正案）》，对年销售额超过 50 万马来西亚林吉特的外国数字服务供应商征收 6% 的数字增值税。第五，越南于 2020 年 7 月生效的《2019 年税收征管法》，首次对在越南无常设机构且从事电子商务或数字业务的海外供应商制定了税收管理规定。

引入跨境电子商务的税务登记或代扣税管理新规。第一，实施跨境电子商务增值税扣缴义务人制度（印度尼西亚和越南）。印度尼西亚规定扣缴义务人为符合规定标准的电子商务方，规定标准包括与本国客户的年度或月度交易额标准和交易或访问次数；扣缴义务人按季和年度分别代为提交增值税申报表和增值税报告。在越南开展 B2B 业务（企业之间的电子商务）但未在越南自行登记注册的海外供应商，其增值税扣缴义务人为越南客户；开展 B2C 业务（企业与消费者之间的电子商务）但未在越南自行登记注册的海外供应商，其增值税扣缴义务人为越南商业银行和支付中介机构。第二，符合规定的外国数字服务供应商需在消费地进行税务登记。强制消费国无常设机构的海外数字服务供应商在消费国自行或授权代理人纳税登记和申报（越南）。数字服务年营业额达到规定门槛的外国数字服务提供商有义务在消费国税务登记，否则将受到经济重罚或刑罚监禁（马来西亚）。第三，海外供应商及其代扣代缴义务人的纳税申报（越南）。自行登记注册的海外供应商自行通过电子税务门户网站按季纳税申报；开展 B2B 业务和 B2C 业务的海外供应商的代扣代缴人按月纳税申报。

（2）已部分对接第 7 项 BEPS 行动计划（防止人为规避构成常设机构）。

越南依法增加代理型常设机构的三条认定标准，应对跨境企业规避常设机构的安排。马来西亚规定从事"真正的准备性或辅助性活动"才不会被认定为常设机构。

（3）已部分对接第 8~10 项 BEPS 行动计划（无形资产转让定价指引）。

印度尼西亚制定了达标法规，即要求纳税人证明各方在开发知识产权方面的作用，但是否增加补充措施尚未确定。越南《转让定价管理法令》引入了"实质重于形式"原则，以确保关联交易恰当代表其商业行为。

（4）已部分对接第 11 项 BEPS 行动计划（衡量和监控 BEPS）。

2019 年，印度尼西亚和越南为 OECD《公司税统计》报告提供了公司所得税收入和税率等方面的历史数据信息，支持 BEPS 包容性框架扩大可用于分析 BEPS 的信息范围。印度尼西亚税务局提交的有关公司所得税收入和税率等方面的数据信息，被收录到 2020 年 7 月 OECD 公布的《公司税统计》（第二版）。

（5）已部分对接第 15 项 BEPS 行动计划（开发用于修订双边协定的多边工具）。

第 15 项 BEPS 行动计划提出制定多边工具，"一揽子"修订现行双边税收协定，落实与税收协定相关行动计划成果的建议。2016 年 11 月 24 日，BEPS 包容性框架通过《实施税收协定相关措施以防止税基侵蚀和利润转移的多边公约》（MLI），其主要内容包括第 2、6、7 和 14 项 BEPS 行动计划的成果建议，以及 MLI 缔约方可以做出保留和通知的选项。签署加入 MLI 的经济体可借此多边法律工具一次性批量实现本经济体现行双边税收协定的更新升级，更新后的双边协定仍然在双边情形下产生效力。第一，一次性批量实现现行双边税收协定的更新升级。新加坡于 2019 年 4 月 1 日生效实施 MLI，自 2020 年 10 月 1 日起一次性更新升级了其中 38 项双边税收协定。印度尼西亚于 2020 年生效实施的 MLI，涵盖了其已签署生效的 47 项双边税收协定，并对接 MLI 规定的 BEPS 最低标准等内容。第二，重点引入 BEPS 行动计划的"最低标准"。2020 年新加坡和印度尼西亚基于 MLI 升级更新的双边避免双重征税协定，不同程度引入了 MLI 框架下的反避税条款，重点引入 BEPS 行动计划的"最低标准"。

4. BEPS 行动计划"最佳实践"项目成果的东盟落地

BEPS 行动计划"最佳实践"项目为推荐使用项目，约束性较低，因此，东盟国家整体参与度或参与程度都不高。

（1）参考第 3 项 BEPS 行动计划成果（制定有效受控外国公司规则）。印度尼西亚制定了基于股息的 CFC 规则。

（2）参考第 4 项 BEPS 行动计划成果（用利息扣除和其他款项支付实现的税基侵蚀予以限制）。印度尼西亚制定了基于债权股权比例法的资本弱化管理规则，尚未采用 BEPS 推荐的固定或集团比例法。越南增加了对关联交易纳税人利息扣除上限的规定。马来西亚直接引入"限制扣除利息费用或等同利息付款"的规定，以确保此类费用与业务收入的相称性。

（3）参考第 12 项 BEPS 行动计划成果（强制披露规则）。截至 2020 年 12 月，新加坡、印度尼西亚和马来西亚和文莱 4 国签订《金融账户涉税信息自动交换多边主管当局间协议》①（MCAA），实施基于 AEOI② 的 MCAA③，遵循《通用报告准则》（CRS）规定的金融机构收集和报送外国税收居民个人和企业账户信息的相关要求和程序，与金融账户持有人居住经济体的税务主管当局进行了第一次非居民金融账户信息交换，为相关经济体进行跨境税源监管提供信息支持，推进了以 CRS 为框架的全球金融账户信息自动交换的发展，提高了税收透明度，有效打击了纳税人利用跨境金融账户逃避本国税收的行为。2020 年新加坡和德国生效实施的《避免双重征税协定》议定书，修正了税收信息交流条款，引入税收信息自动交换的国际新标准，推动第 12 项 BEPS 行动计划成果在两国落地转化。

---

① 《金融账户涉税信息自动交换多边主管当局间协议》，即 MULTILATERAL COMPETENT AUTHORITY AGREEMENT ON AUTOMATIC EXCHANGE OF FINANCIAL ACCOUNT INFORMATION，简称 MCAA。https：//www.chinatax.gov.cn/n810341/n810770/c2620245/content.html？eqid=c038c8d10000d4d800000003648bc605。

② 2014 年 2 月 13 日，OECD 发布 AEOI，该标准由《主管当局间协议范本》（Competent Authority Agreement，CAA）和《统一报告标准》（Common Reporting Standard，CRS）两部分组成，其中，CRS 是核心。

③ 见金融账户涉税信息自动交换标准简介，http：//www.chinatax.gov.cn/aeoi_index.html。

二 东盟国际税收管理发展变化（2021~2023年）

2021年以来，东盟国家在国际税收征收管理、税收协定下避免所得双重征税管理、国际反避税管理、居民纳税人国际税收服务、国际税务行政协助与合作，以及BEPS行动计划成果的落地行动等方面发生了新变化，取得了新进展。

（一）东盟国际税收征收管理发展变化

东盟国际税收征收管理的发展变化因国而异，不同国家变动的方向不尽一致。

1.东盟居民纳税人和非居民纳税人界定管理的发展变化

顺应全球疫情防控的新形势，部分东盟国家打破传统，开始调整居民和非居身份的认定标准。

（1）居民个人转换为非居民个人身份的新界定标准（印度尼西亚）。

连续12个月内居住在本国境外超过183天的居民个人，应被认定为外国税收居民个人（本国非居民个人）；而连续12个月内居住在本国境内超过183天的外国居民（非居民）个人，不再被认定为本国税收居民个人。

（2）疫情旅行限制背景下维持依企业管理控制地标准划分的税务居民和非税务居民原身份不变（新加坡）。

如果一家公司的管理和控制地在新加坡境内，该公司即为新加坡居民企业。管理和实际控制地通常是指公司董事会的召开地。公司因疫情旅行限制无法前往管理控制地东道国召开董事会会议，之前东道国认定的税务居民企业身份将不被更改；反之，之前被认定为非税务居民的身份同样得到维持。

（3）"非通常居民身份"政策延长5年（新加坡）。

新加坡暂停"非通常居民计划"，但延续"非通常居民身份"政策5年。

2.东盟居民企业境外所得管理的发展变化

（1）降低协定境外分支机构利润税（新加坡和印度尼西亚）。

降低境外分支机构利润税税率5个百分点，特殊规定除外；终止最惠国分支机构利润税税率条款。

（2）居民企业境外所得境内再投资由征税调整为免税。

居民企业取得来源于境外的股息所得境内再投资免税（菲律宾）。居民企业取得来源于境外的股息所得适用15%的企业所得税税率，但如果该所得用于境内再投资则享受免税待遇。

符合规定的境外企业所得境内再投资免税（印度尼西亚）。符合规定的条件如下。第一，居民纳税人从境外获得的所得不低于其税后利润的30%。第二，符合税收豁免的境外所得类型。包括：来源于境外常设机构所得；外国公司支付的股息；来源于境外非常设机构或国外子公司的主要业务所得。

（3）新增限制居民企业将境外投资所得部分或全部留存投资东道国的规定。

具体规定如下。第一，规定居民企业有权保留境外投资利润并再投资的3种情形。第二，规定居民企业境外投资利润汇回的时限及违规处罚。

（4）区别小规模企业的收入来源性质和税收待遇分类适用征免税申报（马来西亚）。

具体分类规定如下。第一，以境外业务收入为主且总收入不超过5000万令吉的小规模公司或有限责任合伙公司，需要办理申报纳税。但银行保险业、航空和船运公司除外。第二，享受高新技术税收优惠且商业总收入不超过5000万令吉的小规模公司或有限责任公司，仅需要办理免税申报。

（5）电子申报纳税路径作为享受优惠预提税率的必要条件（泰国）。

根据泰国财政部发布的《预提税减免政策指南》，作为应对新冠疫情的临时税收安排，通过"电子预扣税系统"缴纳预提税可适用从3%降至2%的优惠税率。

（6）企业所得税纳税申报期限及方式管理的变化（新加坡）。

具体变化如下。第一，纳税申报截止期限提前15天。即由每年的12月

15 日提前到 11 月 30 日。第二，禁止延期纳税申报。第三，统一实施电子纳税申报方式。

3. 东盟居民外国企业和个人所得管理的变化

（1）居民外国企业所得税率的变化。

企业所得税标准税率的下调（菲律宾）。居民外国企业和国内企业适用的企业所得税标准税率，2021 年 4 月起从 30% 降至 25%（追溯至 2020 年 7 月适用），未来 6 年还将每年降低一个百分点，到 2027 年最终降至 20%。

企业所得税优惠税率的调整（菲律宾）。第一，提高优惠税率标准。跨国公司地区运营总部来源于东道国收入适用的企业所得税优惠税率标准由 7.5% 提高到 15%。第二，临时下调最低企业所得税税率标准。2021 年 4 月（追溯至 2020 年 7 月适用）至 2023 年 6 月，居民外国企业和国内企业最低企业所得税税率由 2% 下调至 1%。

企业所得税特定所得预提税率标准的调整（菲律宾）。第一，统一资本利得的预提税率。销售、交换或以其他方式处置国内企业股权份额的净资本利得统一适用 15% 的预提税率。第二，上调转让股权所得预提税税率。居民外国企业出售未在证券交易所交易的股权所获得的财产收益，其适用的企业所得税预提税率由 5%/10% 上调到 15%。

（2）居民外国人所得税率的变化（菲律宾）。

下调个人所得税 5 档累进税率中的 4 档中低档税率。2023 年起中低档累进税率由 20%、25%、30% 和 32% 分别调整为 15%、20%、25% 和 30%，分别下调了 5 个、5 个、5 个和 2 个百分点，最高边际税率 35% 不变。

居民外国人经营所得的比例税率先降后升。2021 年 4 月（追溯至 2020 年 7 月）至 2023 年 6 月，居民外国人和公民个人经营所得适用 1% 的优惠比例税率。但自 2023 年 7 月起，该比例税率提高至 3%。

4. 东盟非居民纳税人税收管理发展变化

（1）下调非居民外国企业适用的企业所得税标准税率（菲律宾）。

未在菲律宾从事贸易或经营活动的外国企业即非居民外国企业，自 2021 年 1 月起，其来源于菲律宾的总收入适用的标准税率由 30% 下调至 25%。

（2）符合规定的非居民企业所得征税依法改向其居民企业代理人统一征收（新加坡）。

如果居民企业是该非居民企业的代理人，并且二者间的交易价格异常高于市场价格，税务局可依法就该非居民企业的利润改向其居民企业代理人征税。

（3）由通过境内保税仓销售货物的外国实体承担境内外国承包商的纳税义务。

外国实体通过东道国境内保税仓销售货物，如果货物所有权转移到保税仓内，则由销售货物的外国实体承担东道国外国承包商的纳税义务。

（4）严格非居民公司纳税人和雇主提交纸质版纳税申报表的管理（马来西亚）。

马来西亚税务当局规定，提交纸质纳税申报表（RF）的非居民公司纳税人和雇主，必须下载官方门户网站的申报表并以 PDF 格式打印后提交，并确保截止日期前被收到。

（二）东盟税收协定下避免所得双重征税管理的发展变化

2021 年以来，新加坡、印度尼西亚、马来西亚和越南等东盟国家在境外不同收入类型的管理，实施企业跨境交易外汇损益的所得征免扣税，以及享受税收协定优惠待遇申请的资格审批时限及条件等方向做出调整。

1. 东盟境外不同收入类型的管理发展变化

（1）东盟居民和非居民个人境外所得的税收管理变化。

取得税收居民身份的技能型外国人，视同非居民适用收入来源地有限管辖（印度尼西亚）。为吸引全球优秀人才，对于符合本国税收居民身份认定标准的外国人，如果符合某些技能条件，税务部门仅就其前 4 年来源于本国的收入征税。已享受协定税收优惠的收入除外。

（2）统一并提高非居民个人境外劳务所得与非劳务所得适用的个人所得税税率。

新加坡和马来西亚的非居民个人来源于境外商业、贸易或专业技能的职业所得，以及受雇所得，与其获得的境外权益性所得统一适用 30%（比 2016 年提高了 2 个百分点）的个人所得税率。

（3）境外权益性所得的税收管辖变化。

新加坡和印度尼西亚调整境外权益性所得的税收管辖规定。第一，特许权使用费预提税税率由单一税率调整为 2 档税率，分别下调 5 个百分点和 8 个百分点。第二，稳定利息预提税税率，但结构性调整税基。取消政府发行的（信用）债券的预提税免税待遇，将半政府金融机构纳入免税清单，将滞纳金从利息清单中剔除。

明确资本利得的征税权仅限资产出售方居民所在国，同时可视具体情形给予判定。转让符合规定的非上市股份和本国上市的股票取得的收益，转让收益可在不动产所在地征税。

（4）境外财产转让所得的税收管辖变化。

新加坡和马来西亚转让不动产、常设机构营业财产可以在不动产和常设机构（或其固定基地）所在国征税。转让国际运输的船舶或飞机取得的收益，应仅在转让方所在国征税。

（5）协定未规定的其他各项所得的征税权。

协定未做规定的一方居民的其他各项所得，一般应仅在其居民国征税。新加坡和印度尼西亚规定，如果该所得发生在协定另一方，则也可以在协定另一方征税。

2. 东盟企业跨境交易外汇损益的所得征免扣税规定（马来西亚）

（1）来源于已实现跨境贸易收入的外汇兑换收益和损失，分别适用所得征税和免税扣除规定。未实现的跨境贸易收入的外汇损益，或者已实现的非贸易交易的外汇损益均不适用上述规定。

（2）将资本交易性质的外汇损益排除于所得征免税边界。即无论该跨境资本交易所得是否实现，均不能适用征免税扣除规定。

3. 东盟居民纳税人境外所得税收抵免管理的发展变化

2021 年印度尼西亚税务总局颁布的规章，明确规定了对外国税收抵免的适用汇率和日期。其中，适用汇率：财政部决定的汇率，美元必须使用

BI 的中间汇率或国际市场上的每日即期汇率，美元以外的外币要转换为美元（如果货币未列在 BI 中间汇率）；交换日期：所得税在其他司法管辖区到期、缴纳或代扣的日期。[①]

4. 东盟享受税收协定优惠待遇程序的变化

引入非居民纳税人申请享受税收协定待遇的管理程序（菲律宾）。2021年 3 月菲律宾国内收入局发布的第 14-2021 号税务备忘录，首次明确非居民纳税人从菲律宾取得的所得申请享受税收协定待遇的程序。非居民纳税人可以通过扣缴义务人或收入支付人提交享受税收协定待遇的申请材料，如果扣缴义务人按常规预提所得税税率扣缴税款，则非居民纳税人可自行向菲律宾国内收入局提出享受税收协定待遇的申请，并要求退回多缴的税款。

调整享受税收协定优惠待遇申请的资格审批时限及条件（越南）。税务机关自 2021 年起必须在收到享受税收协定优惠待遇申请档案之日起 30 天（无须进行实物检查时）或 40 天内（需进行实物检查时），办结资格审批手续。

（三）东盟国际反避税管理发展变化

2021 年以来，东盟国家加大了反避税管理的力度。

1. 东盟特殊反避税管理的发展变化

引入 OECD 的转让定价规则。老挝《2021 所得税法实施细则》明确，转让定价规则参照 OECD 制定的《跨国公司转让定价指南》实施。

（1）转让定价管理规则的发展变化。

更新独立交易原则。第一，新增关联关系的"两个比例"认定标准（越南）。转让或接受超过公司实收资本总额的比例和关联公司的个人或关联方间借贷资金占企业实收资本总额的比例。第二，应用目的测试条款并配以某些补偿调整，降低新冠疫情对独立交易的影响（马来西亚）。第三，上调独立交易区间下限 10 个百分点（越南）。第四，符合条件的关联企业其

---

① 德勤官网，https://www2.deloitte.com/id/en.html。

借款利息支出允许豁免独立交易原则（柬埔寨）。第五，取消"申报方式"的限制条件，拓展转让定价管理规则适用对象的范围（越南）。

改进转让定价的内部管理。第一，扩大可比对象分析范围，使受关联交易得以选择独立可比较对象的交易（越南）。第二，强调税务官员对转让定价的科学管理（泰国）。主要规定了转让定价领域适用的规则、条件和方法，强调税务官员应使用内部和外部可比分析方法，评估或调整关联方之间的收入和费用，并明确被认定利润转移的商业或融资情形。第三，赋权税务机关基于数据库的纳税调整新手段（越南）。明确数据库包括商业数据库、公共数据库和政府内部数据库。

新增关联企业间签订成本分摊协议的规则（越南）。即按照收入与经营活动的比例进行成本分摊。关联纳税人未对各方生产经营活动领域的收入和费用进行监测和单独核算的，税务机关可按最高的适用税率对其净收入征收所得税。

（2）更新预约定价安排（APA）的程序。

印度尼西亚生效实施更新后的 APA 实施细则，具体规定了 APA 的申请程序、撤销申请以及延期等相关内容。

（3）受控外国公司规则的发展变化。

印度尼西亚税务总局于 2021 年颁布《受控外国公司规则实施指南》，明确了一些不确定性问题。第一，视同股息的时间安排。如果受控外国公司（CFC）的司法管辖区有权提交中期申报表，股息将被视为在提交最终申报表截止日期后的第 4 个月结束时产生。第二，计算 2019 财年及以后各年的视同收入时可扣除费用。第三，CFC 处理在另一司法管辖区设立的非上市公司的亏损。第四，明确适用的外汇汇率、CFC 规则在信托中的应用和年度纳税申报表可申报视同股息等。

2. 东盟更新一般反避税管理的发展变化

（1）针对避税安排加征所得税、商品及服务税和印花税等附加（新加坡）。计划对适用纳税调整后的应征所得税额加征 50% 的所得税附加，同时引入商品及服务税和印花税的附加，全方位加大打击避税安排的力度。

（2）引入市场价格关联的公允价值的定义及其确定。

老挝没有反避税规则，但老挝《2021 所得税法实施细则》明确与市场价格关联的公允价值的定义及其确定。

（3）引入享受税收协定优惠待遇的居住测试条件。

印度尼西亚没有一般反避税规则①，但获得收入的外国居民必须满足某些居住测试条件，才能享受税收协定优惠待遇。

（4）压缩税务当局处理避税案件的自由裁量权。

新加坡取消税务当局对纳税调整方案的否决权和更改权，保证纳税调整的公平。

（四）东盟国际税收服务发展变化

2021 年以来，东盟国家重点加大了出口货物劳务退税、转让定价、双边或多边预约定价安排和跨境纳税人权利保护等纳税服务优化的力度。

1. 优化出口货物劳务退（免）税办理服务

缩短税务机关审批免税申请的时限至原时限的三分之一。延长退税审批事后退税检查的时限至 5 年，以防范出口退税管理风险（越南）。

明确增值税零税率适用期限。菲律宾国内收入局第 21－2021 号税收条例，明确增值税零税率适用自出口企业注册之日起最长为 17 年，除非政府另行出台政策延长零税率适用期。

2. 优化转让定价的纳税服务

明确了转让定价文件（TPD）的范围和适用程序。特别发布转让定价指南的流程图，创新推出网络版"转让定价完整性自我检查"程序，方便纳税人模拟预演，保证提交的转让定价文件达到完整性要求（马来西亚）。

3. 优化双边或多边预约定价安排服务

（1）简约基础上强化 APA 服务流程的确定性。

印度尼西亚明确申请程序、实施程序和更新程序的时限及要件。简化申

---

① International Tax Indonesia Highlights 2022，更新截至 2022 年 1 月。

请程序至四个环节，即纳税人提交 APA 申请材料，税务当局审核 APA 申请材料，APA 的谈判，税务当局发布 APA 谈判结果。延展 APA 实施的有效期，增设无限弹性的追溯适用期选项。更新程序提供无缝对接 APA 申请的续订服务。

（2）优化 APA 申请程序的处理。

越南对关联交易企业适用 APA 提供指导。将"提交正式申请前的咨询"由强制性调整为选择性。强化 APA 的修改、延期和撤销方案批准等程序的办理规范。增加 APA 服务的"商业数据库"选项。重新设计 APA 申请表。缩短 APA 的有效期。

4. 创新跨境纳税人权利保护服务

（1）赋予跨境纳税人更多优质服务的权利。

越南禁止税务机关使用国别报告信息进行纳税调整，对纳税人的跨境涉税信息予以保密。赋予纳税人解释和辩护转让定价文件中可比信息的权利。延长纳税人更正纳税申报错误的时限至 10 年。

（2）创新跨境税收法律救济制度。

具体创新制度如下。第一，创新税务当局服务承诺违约罚息赔偿纳税人经济损失的制度（越南）。即税务当局延迟发布退税审批决定需支付罚息给纳税人作为经济赔偿。第二，提供转让定价法律救济（泰国）。为应对新冠疫情的挑战，降低转让定价披露表格延迟提交的罚款。第三，自愿披露计划禁止使用司法机构犯罪涉税信息作为证据。印度尼西亚《2021 自愿披露计划》涉及跨境纳税人救济权利保护的规定。在该项计划实施中，禁止税务总局使用最高人民检察院相关犯罪涉税信息作为开展跨境纳税人税务犯罪调查的证据，以保护跨境纳税人的救济权。

（3）创新性提出税收争端解决遵循的"实现纳税人陈述权的公正"原则。

2021 年 6 月，马来西亚税务局发布的《争端解决程序指南》，创新性提出上述原则，并明确该原则旨在"确保对上诉或救济申请进行审查的透明性和独立性"。

（五）东盟国际税务行政协助与合作发展变化

2021 年以来，东盟国家国际税务行政协助与合作模式逐渐由双边向多边转变，新加坡和越南强化税收仲裁机制建设。

1. 东盟税法赋予扩大国际税收合作的权限

印度尼西亚《税收规定统一法》（2021）提出，要扩大印度尼西亚与其他税收管辖区开展双边、多边国际税收管理合作的权限。2022 年印度尼西亚政府颁布的政府条例，进一步明确税务总局开展国际税收管理合作、签订双边或多边税收协议的具体权限。

2. 东盟签订国际税收条约的发展变化

（1）东盟签订双边税收协定的发展变化。

①签订和升级更新 DTA。

签订 DTA（菲律宾和柬埔寨）。2021 年菲律宾与文莱签订了避免双重征税协定，但尚未生效执行。柬埔寨适应扩大对外开放的需要，正加大签订避免双重征税协定的力度：2021 年与中国澳门签订的避免双重征税协定已生效（2024 年实施）；2022 年与土耳其签订了避免双重征税协定；与菲律宾和老挝正在谈签避免双重征税协定；与缅甸、吉尔吉斯斯坦、东帝汶、斯里兰卡和摩洛哥表达了谈签意愿。

生效实施 DTA（印度尼西亚）。2021 年，印度尼西亚与柬埔寨、新加坡和阿联酋签署的避免双重征税协定生效实施。

借助 MLI，新加坡升级更新了与 28 个缔约国的 DTA。其中，包括 2 个东盟国家（印度尼西亚和马来西亚），对接 MLI 规定的 BEPS "最低标准"等内容。印度尼西亚于 2020 年生效实施的 MLI，涵盖了其已签署生效的 47 项双边税收协定，并对接 BEPS "最低标准"等内容。

启动全面升级避免双重征税协定的谈判计划。2023 年 1 月，越南税务机构启动 2030 年前全面升级避免双重征税协定的谈判计划，全面审查已签署的 80 个双边税收协定的适用性，预计于 2030 年底前完成与协定各方的谈判并全面升级现行双边税收协定。

②东盟签订《税收情报交换协定》的发展变化。

已加入 MLI 的东盟 6 国同步完成了基于 OECD 最新协定范本的双边《税收情报交换协定》的升级。基于 MLI 更新的双边税收协定已升级为全面税收协定，即包括避免双重征税和税收情报自动交换的双重内容，并且协定内容根据 OECD 最新协定范本和 BEPS 行动计划成果进行了更新。其中，税收情报交换规定也由应邀交换升级为自动交换。升级版的税收情报交换适用税种几乎覆盖全部税种，并强调供应方不得以任何理由忽略需求方的情报请求（新加坡和印度尼西亚）。

引入特殊裁定自发信息交换程序。2022 年 6 月菲律宾国内收入局发布《纳税人特殊裁定自发信息交换程序与指引》，明确基于避免双重征税协定中的"信息交换"条款，自发交换纳税人的特殊裁定信息及程序，接收其他国家自发交换来的特殊裁定信息的程序等。

马来西亚强化基于美国《外国账户税收合规法案》（FATCA）的外国账户税收信息自动交换合作。2021 年马来西亚与美国签署 FATCA 的政府间协议（IGA），旨在提高税收透明度并实施 FATC。为了履行 IGA 下的尽职调查义务，马来西亚于 2022 年修订所得税法，引入马来西亚与美国政府关于提高国际税收遵从度和实施 FATCA 的协议，自动交换金融账户信息，以促进国际税收遵从并规范实施 FATCA 规则。

③双边国际运输协定的发展变化。

2021 年新加坡与 7 国签署了国际运输协定，与德国和印度尼西亚的协定重点界定有效管理地和征税权的分配，与其他发展中国家的协定重点界定利润的范围。

（2）东盟签署加入多边税收公约。

新增签署加入 MAAC 的东盟成员（越南）。2023 年 3 月 22 日，越南与 OECD 签署了《多边税收征管互助公约》（MAAC），显示其依法参与税收情报交换国际征管协作的决心。

新增签署加入 MLI 的东盟成员（越南）。2022 年 2 月 9 日，越南签署了《实施税收协定相关措施以防止税基侵蚀和利润转移的多边公约》（MLI）。

（3）加入无国界税务稽查项目（泰国）[①]。

泰国税务局已加入由 OECD 和联合国开发计划署联合发起的倡议项目，即"无国界税务稽查"项目（TIWB），并于 2021 年 11 月 4 日在线上启动，在项目帮助下提升其反避税的税务审计能力。

3. 东盟国际税收争议解决机制发展变化

（1）国内法规范 MAP 程序的规定。

法定 MAP 流程的确定性。印度尼西亚《税收规定统一法》（2021），引入了 MAP 流程的确定性条款，增加了一项"MAP 可以与国内争议解决一起进行"的规定，即 MAP 流程适用处理国内争议的反对、上诉或减少或取消错误"税收评估通知书"的请求等相同的流程。

更新申请相互协商程序协助的程序和指引。2022 年 6 月菲律宾国内收入局发布的《在菲律宾申请相互协商程序协助的程序和指引》，明确了纳税人提起相互协商申请的受理机关、案件类型、材料要求、时限要求、协商步骤等重要内容，并规定了相互协商程序与其他国内救济方式之间的法律关系。

（2）强化税收仲裁机制建设。

首签的双边税收协定统一引入相互协商程序及税收仲裁条款，旨在解决基于 MAP 久拖未决的双边税收争端案件。税收仲裁仅适用于 2 年内未解决的 MAP 案件，但缔约国任一方的法院或行政法庭已就该争议案件做出裁决的除外。2021 年新加坡分别与丹麦、亚美尼亚和土库曼斯坦的税收协定（第三次修订）生效，这些修订升级的税收协定都更新了 MAP 条款，引入税收仲裁机制，对双边 2 年甚至 3 年（与德国）未解决的合规 MAP 案件进行仲裁。

更新双边税收协定中仲裁条款的指导（新加坡）。更新的双边税收协定中仲裁条款的指导增加了强制约束性仲裁条款，对税收仲裁定义、申请人与申请情形和程序做出了新规定，为递延税项申请中的仲裁条款提供指导。新

[①] http://www.tiwb.org/about/faq/.

加坡与其缔约协定的伙伴税务当局需要缔结 CAA，以解决强制约束性仲裁条款的适用模式。

（3）建立税收争端救济机制，优化税收争议救济服务（马来西亚）。

马来西亚税务局发布《税收争端解决程序指南》（2021），明确不同类别税收争议救济的法律依据、申请税收救济的范围、申请主体的身份类别范围、税收争端解决的原则、税收争议解决程序和税收争端的处理等。

（六）BEPS 行动计划成果在东盟的落地行动发展变化

2021 年以来，东盟国家加大了 BEPS 行动计划成果国内落地转化的力度。

1.“最低标准”成果在东盟的落地发展变化

（1）第 5 项 BEPS 行动计划成果的东盟落地转化增加新成员。

成功落地转化第 5 项 BEPS 行动计划成果（印度尼西亚）。全球税收透明度论坛同行审议的最新结果显示，印度尼西亚税收制度评估结果为无害，税收裁决信息的交换评估结果为已审查、无改进建议。

修改征管法对接落地“税收裁决信息国际自动交换”成果（越南）。

（2）第 6 项 BEPS 行动计划成果在东盟的落地转化发展变化。

越南已生效的税收协定均未达到第 6 项 BEPS 行动计划成果的标准。OECD 于 2021 年 4 月发布的《防止税收条约滥用——关于滥用税收协定的第三个同行审查报告》① 证实上述结论。

（3）第 13 项 BEPS 行动计划成果在东盟的落地转化发展变化。

修订国内转让定价法律，对接落地转化转让定价同期资料豁免和国别报告义务的项目成果。第一，修订实施《转让定价文档指南》，对接落地转让定价本地文档的信息和基准研究要求的豁免标准（泰国）。主要包括：提供规定的转让定价本地文档的完整信息（泰语版）；提出转让定价基准研究的

---

① Prevention of Tax Treaty Abuse - Third Peer Review Report on Treaty Shopping: Inclusive Framework on BEPS: Action 6, https://www.oecd-ilibrary.org/sites/d6cecbb8-en/index.html? itemId=/content/publication/d6cecbb8-en.

豁免新标准。第二，修订国内转让定价管理法，对接落地国别报告的国际新标准，提高关联企业税收透明度标准（越南）。

（4）第 14 项 BEPS 行动计划成果在越南落地转化不达标。

优化 APA 的申请程序和覆盖对象。2021 年越南财政部规章简化了 APA 的部分申请程序，并将 APA 的申请对象覆盖关联企业的最新认定情形。

MPA 的越南落地转化不达标。2022 年 8 月 OECD 发布的《使争端解决更有效——越南（第二阶段）MAP 同行审查报告》[①] 显示，越南在 MAP 的可用性和访问、MAP 案例的解决、MAP 协议的执行 3 项预防税收争端指标上未取得实质性进展，未满足第 14 项 BEPS 行动计划成果的标准。截至 2022 年 9 月，越南平均每个 MAP 案件的处理时长为 17.77 个月，耗时较长，需要持续改进处理 MAP 案件的有效性。

2. "共同方法"规则项目在东盟的落地发展变化

（1）第 1 项 BEPS 行动计划在东盟的落地转化发展。

东盟 6 国成员参与签署"双支柱"全球最终协议，其中 1 国开征数字服务增值税（泰国）。

IF 的东盟 6 国成员参与签署 OECD《关于应对经济数字化税收挑战"双支柱"方案的声明》（2021 年"七月声明"和"十月声明"[②]），承诺按照"双支柱方案"全球实施的时间表转化落地数字经济国际税收新规则。

引入"双支柱"规则（印度尼西亚、新加坡和越南）。第一，国内税收法规引入"双支柱"相关规则。根据《税收规定统一法》（2021 所得税法修正案），印度尼西亚政府发布的 2022 年第 55 号政府条例引入了"双

---

① https：//www.oecd-ilibrary.org/taxation/making-dispute-resolution-more-effective-map-peer-review-report-viet-nam-stage-2_89ec62ed-en.

② 2021 年 7 月，全球 BEPS 包容性框架 136 名成员中 134 名成员签署通过《解决经济数字化带来的税收挑战的"双支柱"解决方案声明》，简称"七月声明"。同年 10 月，全球 BEPS 包容性框架 141 名成员中 139 名成员签署通过《解决经济数字化带来的税收挑战的"双支柱"解决方案声明》（修订版），简称"十月声明"，该声明得到 G20 背书，成为全球最终协议和 BEPS 包容性框架成员将遵循实施的国际税收新规则。

支柱"相关规则。第二，计划引入"支柱二"全球最低税规则。新加坡财政部长在《2023 年政府财政预算案声明》中指出，计划从 2025 年起实施"支柱二"全球反税基侵蚀（GloBE）规则和国内补足税（DTT），让跨国公司有效税率达到 15% 的全球最低标准。越南财政部于 2023 年 3 月发文征求企业所得税法修订草案的意见，计划引入"支柱二"全球最低税规则。

东盟 3 国引入数字服务增值税（泰国、菲律宾和老挝）。泰国电子服务增值税法于 2021 年 9 月生效实施，对外国电子服务征收增值税。老挝财政部于 2022 年 2 月发布《关于老挝人民民主共和国电子商务和数字平台服务增值税义务的通知》，将数字商品和数字平台服务纳入增值税和利润税的征税范围。2023 年 4 月菲律宾国内收入局就税收条例草案征求意见，该条例拟引入在线平台服务提供商向通过其平台销售商品或提供服务的卖方支付的款项总额征收税率为 1% 的预提税，适用于单笔交易金额超过 1 万比索，或年交易总额达到 6 笔或以上的纳税人。

引入跨境电子商务的税务登记或代扣税管理新规。第一，实施跨境电子商务增值税扣缴义务人制度（印度尼西亚和越南）。印度尼西亚规定扣缴义务人为符合规定标准的电子商务方，规定标准包括与本国客户的年度或月度交易额标准和交易或访问次数；扣缴义务人按季和年度分别代为提交增值税申报表和增值税报告。在越南开展 B2B 业务但未在越南自行登记注册的海外供应商，其增值税扣缴义务人为越南客户；开展 B2C 业务但未在越南自行登记注册的海外供应商，其增值税扣缴义务人为越南商业银行和支付中介机构。第二，符合规定的外国数字服务供应商需在消费地进行税务登记。强制消费国无常设机构的海外数字服务供应商在消费国自行或授权代理人进行纳税登记和申报（越南）。数字服务年营业额达到规定门槛的外国数字服务提供商有义务在消费国进行税务登记，否则将受到经济重罚或刑罚监禁（马来西亚）。第三，海外供应商及其代扣代缴义务人的纳税申报（越南）。自行登记注册的海外供应商自行通过电子税务门户网站按季纳税申报；开展 B2B 业务和 B2C 业务的海外供应商的代扣代缴人按月纳税申报。

（2）第 8~10 项 BEPS 行动计划在越南的落地转化发展。

修订国内转让定价法令，对接落地《OECD 跨国企业转让定价指南
（2017）》的相关建议（越南）。包括引入判断企业无形资产受益分配的标
准，注重对无形资产特征的分析等。

（3）第 11 项 BEPS 行动计划在东盟的落地转化发展。

修订国内转让定价和征管法，对接落地"构建来源多样的数据收集体
系、为衡量和监控 BEPS 行为提供数据支撑"的项目成果（越南）。

（4）第 15 项 BEPS 行动计划在东盟的落地转化发展。

MLI 生效实施。印度尼西亚和马来西亚于 2021 年、越南于 2022 年分别
生效实施 MLI。其中，印度尼西亚从 2021 年起对预扣税生效，2022 年起对
其他税收生效。

引入 MLI 规定的内容。马来西亚引入 BEPS 行动计划"最低标准"3 项
（第 13 项计划除外）和"共同方法"中的第 7 项计划，表明了近期的税收
立场。

借助 MLI 批量更新双边税收协定。新加坡自 2022 年 4 月起，借助 MLI
一次性更新了剩余的 48 项双边税收协定。基于 MLI 升级更新的双边避免双
重征税协定，不同程度地引入了 MLI 框架下的反避税条款，重点引入 BEPS
行动计划的"最低标准"。

签署 MLI 的相关文件提交。越南签署 MLI 协议时，提交了越南与其他
税收管辖区签订的 75 项税收协定清单，以及一份关于多边工具各项规定的
临时保留和通知清单。

3. BEPS 行动计划"共同方法"项目成果在东盟转化发展

（1）第 3 项 BEPS 行动计划成果在东盟的落地转化发展。

更新 CFC 确定性的法律法规。印度尼西亚《受控外国公司规则实施指
南》（2021），对标第 3 项 BEPS 行动计划成果《强化受控外国公司（CFC）
规则》，修订《印度尼西亚受控外国公司规则》，明确了《印度尼西亚受控
外国公司规则》中不确定的 6 大事项，规范了《印度尼西亚受控外国公司

规则》，推动第 3 项 BEPS 行动计划成果全面转化落地。

（2）第 4 项 BEPS 行动计划成果在东盟的落地转化发展。

修订国内法，对接落地关联交易纳税人利息扣除限额标准的项目成果。马来西亚对境内外受控交易全方位引入利息扣除限制规则。越南上调企业可抵扣利息支出总额占当期息税折旧摊销前利润的比例 10 个百分点，并允许当期抵扣余额结转 5 年。

（3）第 12 项 BEPS 行动计划成果在东盟的落地转化发展。

1 国完成（泰国）、1 国计划完成全球金融账户税收信息自动交换的法律框架（越南）。泰国于 2023 年首次启动全球金融账户税收信息自动交换。越南于 2022 年公布的《关于发布 2025 年税制改革计划的决定》①，计划于 2023 年 12 月前签署 MCAA，并于 2024 年之前完成与外国税务机关进行金融账户自动信息交换的法律框架，推动第 12 项 BEPS 行动计划成果在越南落地转化。

三　东盟国际税收管理发展前景

2021 年初《区域全面经济伙伴关系协定》（RCEP）的生效实施，以及应对经济数字化挑战的"双支柱"国际税收规则全球最终协议的达成，都将对东盟国际税收管理发展产生重大影响。

（一）东盟国际税收征管发展前景

东盟后疫情时代将延续疫情防控期间居民和非居民界定标准的特殊处理规定，以确保居民和非居民的税收权益不因不可抗力的疫情而受到损害，并将进一步强化境外投资所得的境内汇回管控。

---

① BAN HÀNH KẾ HOẠCH CẢI CÁCH HỆ THỐNG THUẾ ĐẾN NĂM 2025（越南财政部第 2439／QD-BTC 号决定），https：//hethongphapluat.com/quyet-dinh-2439-qd-btc-nam-2022-ve-ke-hoach-cai-cach-he-thong-thue-den-nam-2025-do-bo-truong-bo-tai-chinh-ban-hanh.html.

1. 基于疫情防控特定场景的居民和非居民界定标准的颠覆性变化仍将延续至后疫情时代

新加坡和印度尼西亚基于疫情旅行限制划分居民和非居民的"管理控制地"和"居住时间"标准双失灵的现实，对界定居民和非居民的两类划分标准分别做出极大调整。即为了确保疫情前已认定的居民和非居民身份不受疫情禁行令的影响，新加坡仍坚持法定的"管理控制地"的居民和非居民划分标准不变，实际操作上改变了根据法定标准认定疫情期间的居民和非居民的传统方法，将疫情前已认定的居民和非居民身份直接代入其疫情期间的居民和非居民身份，以此消除疫情期间境内境外出行禁令改变居民和非居民身份及其对纳税义务的影响；印度尼西亚则调整了法定的"居住时间"的居民和非居民划分标准，将原适用于居民的"居住时间"标准对调为适用于疫情期间的非居民认定标准，而将原适用于非居民的"居住时间"标准对调为疫情期间的居民认定标准，以此消除疫情期间海关出行禁令改变居民和非居民身份及其对纳税义务的影响。新加坡和印度尼西亚的做法，均维持疫情前已判定的居民和非居民身份不变，较好维护了疫情防控特定场景下居民和非居民的跨境税收权益。新加坡"管理控制地"通常指公司董事会的召开地，疫情旅行限制导致跨境董事会议失灵，如果维持原标准不变，则税收居民和非税收居民企业的身份将发生互换，将直接改变两种身份纳税人的纳税义务和税收负担，但新加坡选择维持原划分标准不变、原认定结果也不变的策略。疫情旅行限制同样导致印度尼西亚居民与非居民个人"居住时间"标准失灵，为了维护跨境个人纳税人的税收权益，印度尼西亚采取对调居民和非居民个人适用的"居住时间"长度标准，并联动调整两者适用的不同税收管辖权，确保疫情前认定的身份不变。

2. 加大境外投资所得为重点、覆盖全部境外所得的境内汇回管控

为了应对新冠疫情防控叠加经济下行压力持续增大的严峻形势，破解国内流动性短缺和投资严重不足的困局，以印度尼西亚为代表的区域成员国加大境外投资所得的管控，采取提高境外投资所得留存境外的门槛，重罚境外

投资所得不按规定境内汇回，以及鼓励境外各类所得境内再投资免税等多管齐下策略，倒逼境外所得回流境内投资市场，助力国内经济复苏。这对于区域大部分发展中经济体具有启示和借鉴意义。

（二）东盟税收协定下避免所得双重征税的管理发展前景

东盟将致力推动区域成员境外不同类型收入税收管辖精细化发展，并将在所得税税收抵免和税收饶让管理方向趋同。

1.东盟两国将引领区域境外不同类型收入税收管辖发展取向

新加坡和印度尼西亚对境外不同类型收入特别是非居民收入的税收管辖精细化倾向，可能影响东盟区域对境外不同类型收入税收管辖的取向。新加坡和印度尼西亚作为东盟区域经济的风向标，将这种精细化管理发挥到极致，持续加大居民国对非居民征税管辖界定的调整力度。包括强化居民国对常设机构财产转让、协定未约定的常设机构其他各项所得的征税权，弱化居民国取得税收居民身份的技能型外国人的境外个人所得管辖，非居民个人境外所得实施单一个人所得税率，降低境外权益性所得的预提税税率或者收窄税基等。

2.居民纳税人境外已纳税所得适用税收抵免、境外免税所得适用税收饶让管理，基本构成东盟区域成员的共同选择

区域成员的相关配套管理措施宽严差距较大，跨境投资活跃度较高的新加坡和马来西亚实施宽松的配套管理措施，不需要纳税人提供佐证材料，而越南实施严格的材料佐证和审查措施。区域此种管理格局暂时未见破局，似有固化的趋势。

（三）东盟国际反避税管理发展前景

东盟将持续优化区域成员的特殊反避税管理结构，并推动更多区域成员参与一般反避税管理。

1.优化东盟区域特殊反避税管理结构

除老挝外，东盟 7 国成员特殊反避税管理的重点是国内法对接转化

OECD 转让定价指南。因此，区域成员的转让定价和 APA 管理规则体系相对完善，而国内立法中受控外国企业、防止税收协定滥用和资本弱化等特殊反避税管理规则相对薄弱。东盟成员在引入转让定价方法和 APA 的划分类型、适用程序，以及独立交易原则的选择上等因国而异。为了应对关联交易高频度、高强度的逃避税行为，OECD 转让定价指南也处于频繁的更新变动之中。可以预见，紧跟 OECD 转让定价指南的脚步，适时将国际上转让定价最新成果对接转化为国内税收法律体系，补齐国内立法中受控外国企业和资本弱化管理规则的短板，将成为东盟区域成员特殊反避税规则管理的新方向。同时，区域成员间积累的简约 APA 程序，引入商业数据库的纳税调整新手段，完善交易价格后的补偿性措施，常态化纳税人 APA 自愿退出机制等内部管理经验也将获得借鉴光大。

2. 动员更多东盟区域成员参与一般反避税管理

与特殊反避税规则管理相比，东盟区域成员的一般反避税规则管理跛行严重。这不仅反映在仅有新加坡和越南两国引入了一般反避税规则，而且越南的一般反避税规则尚处于原则规定的起步阶段，操作性不强。因此，动员更多东盟区域成员参与一般反避税管理，以强化东盟反避税管理的合力，将成为区域反避税管理的艰巨任务。新加坡引入加征所得税、商品及服务税和印花税附加等打击避税的强力手段，以及压缩税务当局处理避税案件自由裁量权、维护纳税调整公平的管理动态，为区域反避税综合管理提供了值得重视的思路。

（四）东盟国际税收服务发展前景

东盟国家将持续在国际贸易税收规则和区域投资营商环境税收服务的优化上发力。

1. 东盟国际贸易税收规则合规及出口退税服务优化趋势

（1）东盟区域成员间跨境贸易税收规则的 WTO 合规审查与协调将引起关注。

RCEP 框架明确区域跨境贸易适用 WTO（税收）规则，即国民待遇和最惠国待遇规则。东盟区域存在已加入和尚未加入 WTO 的成员，需要分清和审查已加入 WTO 的成员现行税收规则是否符合 WTO 的国民待遇和最惠国待遇规则的适用规范；参考 WTO 规则加强对已加入 WTO 的成员与未加入 WTO 的成员之间的税收协调，使区域贸易税收规则总体符合 WTO 规则规范，以促进区域贸易税收政策合规，更好地服务区域跨境贸易发展。

（2）出口货物劳务退（免）税服务效率持续提升态势将延续。

出口货物劳务退（免）税服务效率直接影响出口贸易纳税人的出口退税资金占用成本，间接影响出口贸易的营商环境，已引起越南、新加坡等东盟成员国的关注。在出口货物劳务退（免）税服务中引入纳税信用等级分类管理办法，用好 RCEP 框架赋予海关程序与贸易便利化的增强条款，对纳税信用等级高的纳税人给予出口退税简便手续的绿色快速通道放行。

持续压缩一般出口货物劳务退（免）税服务办结时限，以改善相关服务效率。越南税务当局过去一年通过优化服务流程、引入逾期自罚利息补偿纳税人等综合手段，成功将退免税办理时限减半压缩，这为区域成员提供了示范导向指引。

2. 东盟成员国际税收服务改善区域跨境投资营商环境

借鉴国际和区域内成员的国际税收服务经验，可以降低优化区域跨境投资营商环境的成本。

（1）优化跨境所得的申报纳税服务。

借鉴国际经验，引入境外企业所得税优惠事项的办理程序由审批制转向备案制的路径，有效提升区域成员跨境所得的申报纳税效率。越南在完成企业所得税法修订后，将会出台配套的境外居民企业所得税优惠事项办理程序。

（2）优化税收居民身份证明的供给服务。

修订升级双边税收协定，统一成员国境内跨境投资纳税人税收居民身份证明的填写模版，应用于该成员国境内避免双重征税协定网络覆盖的全部缔约方，有效提升开具税收居民身份证明的服务效率。

（3）优化 APA 服务。

简化 APA 办理流程，量化并逐步缩短流程环节业务办结时限。推出单边预约定价安排适用简易程序。提高税收透明度，动态披露 APA 办理进程，便利纳税人跟进监督。允许符合条件的纳税人提交追溯到 APA 期前纳税年度的请求，更充分保障 APA 申请人的相关权利。

（五）东盟国际税务行政协助与合作发展前景

东盟国家将分别在 CAFTA、RCEP 和 MAAC 三个层面，持续强化东盟区域内税收征管合作、RCEP 区域内税收征管合作和 MAAC 机制下的国际税收征管合作。

1. 中国-东盟自由贸易区内双边税收协定的协调与合作存在结构性空间

（1）中国-东盟自由贸易区（CAFTA）避免双重征税协定网络架构的协调空间。

区域成员之间现行避免双重征税协定网络呈现三层次结构布局，层次之间差异程度非常大。经济欠发达的柬埔寨、缅甸和老挝，最近几年成长为区域内吸引对外投资的热点地区。但其签署的避免双重征税协定的总量偏少（分别为 3、10 和 11 个），与其作为区域内吸引对外投资热点地区的地位不匹配，难以保障来自非协定地区投资者的跨境投资税收权益。区域内中国签署避免双重征税协定的总量高达 106 个，与中国的全球双向投资大国地位相匹配；新加坡、马来西亚、越南和印度尼西亚签署的避免双重征税协定的总量基本平衡，分别为 74、74、75 和 69 个，位居区域内第二梯队。[①] 因此，CAFTA 区域内，柬埔寨、缅甸和老挝仍存较大的谈签避免双重征税协定的空间，需要加大谈签力度，争取尽快将避免双重征税协定网络覆盖到主要投资来源国。同时，区域内成员要尽快补全与区域成员之间的避免双重征税协定，推动健全区域成员间避免双重征税协定网络，为区域成员间的跨境投资双重征税提供基于税收协定的国际法律保障。

[①] 国家税务总局杭州市税务局课题组：《提升 RCEP 执行效应的税收对策研究》，载中国国际税收研究会：《多边自由贸易协定和投资协定框架下的税收政策分析课题研讨会文集》，2021 年 7 月。

（2）中国-东盟自由贸易区成员间双边国际运输税收协定协调合作的强化。

CAFTA 双边国际运输协定税收条款通常有 3 个载体，即避免双重征税协定下国际运输条款，国际运输收入税收协议或互函，国际航空或海运协定税收条款。除缅甸外，东盟区域其余 9 国都与中国签署了双边国际运输协定。但是，东盟成员各自签署的双边国际运输税收协定不仅总量偏少，而且鲜少覆盖东盟成员，即便区域中经济发展水平较高的新加坡也不例外。因此，拓展东盟成员国各自双边国际运输税收协定网络并对东盟成员全覆盖，当成为东盟区域成员间双边国际运输税收协定协调合作的方向。

2. 优先东盟区域与 RCEP 其他成员的国际税收征管合作

《区域全面经济伙伴关系协定》（RCEP）于 2022 年 1 月生效实施。2022 年 1 月 1 日，RCEP 对文莱、柬埔寨、老挝、新加坡、泰国、越南、中国、日本、新西兰和澳大利亚 10 国正式生效，2 月 1 日对韩国正式生效，3 月 18 日对马来西亚正式生效，5 月 1 日对缅甸正式生效；2023 年 1 月 2 日，RCEP 对印度尼西亚正式生效，6 月 2 日对菲律宾正式生效，至此，RCEP 包含的 15 个成员国全部完成生效程序。

东盟作为发起 RCEP 的核心区域组织，优先发展其与 RCEP 其他成员的国际税收征管合作符合东盟成员的国家利益，有利于东盟成员与 RCEP 其他成员共商共建 RCEP 区域，共同协调区域成员之间的跨境贸易与投资的税收政策，共同强化区域跨境贸易与投资的税收管理，共同打击区域跨境投资逃避税行为，共同保护 RCEP 区域跨境贸易和投资者的税收权益，共同维护 RCEP 区域的国际税收秩序，共同提高 RCEP 区域的国际税收竞争力和投资吸引力，共同推动 RCEP 区域的贸易和投资一体化发展，共同实现区域经济发展目标。

3. 推动东盟区域成员在 MAAC 框架下开展多边税收征管合作

基于东盟成员加入 MAAC 的不平衡性，先期加入 MAAC 的东盟 7 国，即新加坡、印度尼西亚、马来西亚、泰国、菲律宾、文莱和越南[1]，需要继

---

① https：//www.oecd.org/.

续深耕税收情报自动交换国际征管互助合作项目，同时积极探索 MAAC 允许保留的税款追缴和文书送达的国际征管互助合作，拓展多边税收征管合作的广度。而尚未加入 MAAC 的东盟其他 4 国，需要加快谈签 MAAC，尽快在 MAAC 框架下加入税收情报自动交换国际征管互助合作行列，有效提高区域跨境投资的税收透明度。

4. 东盟国家国际税收协定争端解决机制在协商程序框架外引入仲裁机制

东盟区域成员通过协商程序解决税收协定争端案件的办结率普遍不高，即便如国际税收管理基础较优的新加坡和马来西亚等成员国，其 MPA 案件的办结率也基本在 20% 以下。为了有效提高税收协定争端案件的办结率，新加坡和马来西亚等东盟成员国近年率先引入国际税收仲裁条款，约定双边用于解决 MPA 在 2 年或 3 年都未能解决的税收争端案件，并取得税收协定争端案件的办结率提升 1 倍的较明显成效，为东盟其他成员国有效解决双边协定税收争议提供了参考。

（六）BEPS 行动计划成果的东盟落地行动发展前景

东盟 BEPS 包容性框架成员将持续深耕参与 BEPS 行动计划，非 BEPS 包容性框架成员可能选择性参与 BEPS 行动计划。

1. 东盟 BEPS 包容性框架成员将持续拓展参与 BEPS 行动计划的广度和深度

为了推动 15 项 BEPS 行动计划成果的全球落地实施，G20 授权 OECD 建立 IF，吸纳更多发展中国家参与，共同监督、评估和推动 BEPS 行动计划成果实施。承诺实施 15 项 BEPS 行动计划是被接纳为 IF 成员的要件。东盟的新加坡、印度尼西亚、马来西亚、越南、泰国和文莱 6 国已加入 IF，成为 IF 成员。

（1）发力提升"最低标准"成果的东盟 IF 成员落地转化质量。

后加入 IF 的东盟新 3 国在"最低标准"达标上仍需付出更多努力。早期加入 IF 的东盟国家，即新加坡、印度尼西亚和马来西亚，深耕"最低标准"多年，已获得全球税收论坛同行评议的认可。而于近年加入 IF 的东盟新 3 国，即文莱、泰国和越南，由于加入时间短，对强制性要求的"最低标准"规范了解和把握不是很到位，缺乏实践经验，因而很多对接措施暂时难以获得全球税收论坛同行评议的认可，需要发力提升对接 4 项"最低标准"成果国内落地的质量。

（2）共同面对"共同方法"中第 1 项 BEPS 行动计划最新成果落地转化的硬仗。

"共同方法"虽然不属于执行监督项目，但由于第 1 项 BEPS 行动计划研究成果已超越经济数字化的范畴，上升为 BEPS2.0，因此，实施其最终研究成果甚至也超越了"最低标准"，成为包括非 IF 成员需要完成的全球公共税收硬任务。2021 年 10 月，在 IF 成员的共同努力下，应对经济数字化挑战的"双支柱"全球税收共识协议最终达成，确立了避免国际双重不征税的国际税收新规则。2023 年 7 月 11 日，IF138 个成员达成了新的历史性《成果声明》，计划年底前发布《实施"支柱一"金额 A 的多边公约》和《促进实施"支柱二"应税规则的多边公约》，开放供成员国签署并于成员国批准实施；"支柱二"全球反税基侵蚀规则（GLoBE 规则）计划从 2024 年起纳入国内立法。这显然成为东盟 6 国需要共同面对的硬任务。越南已于 2023 年 3 月就引入"支柱二"全球最低税修订企业所得税法，并计划于 2024 年 12 月前制定关于数字经济活动收入税收管辖权的新规定，并与有数字经济活动往来的国家就上述新规进行谈判。

2. 东盟非 BEPS 包容性框架成员可能选择加入 IF 或选择性参与 BEPS 行动计划

（1）东盟非 IF 成员可能选择加入 IF。IF 是开放性的平台，其大门随时向有意愿加入的非成员开放。

截至 2023 年 6 月，东盟的菲律宾、柬埔寨、缅甸和老挝 4 国尚未加入 IF，但不等于它们没有加入的意向或计划。在经济数字化和全球化迅猛发展的当下，任何经济体都很难置身国际经济税收规则之外。截至 2021 年，全球 233 个经济体中已有 141 个经济体加入 IF。CAFTA 经济一体化发展也会对区域成员共同参与全球国际税收治理行动提出要求。而作为区域成员的东盟 4 国（菲律宾、柬埔寨、缅甸和老挝）参与 IF 的获益必然大于其付出的实施成本。假以时日，或许我们可以从 IF 成员名单中看到东盟 4 国的身影。

（2）东盟非 BEPS 包容性框架成员也可能选择性参与 BEPS 行动计划。

IF 机制鼓励非成员自愿、选择性参与 BEPS 行动计划。它们虽然暂未加入或短期内也没有加入 IF 的计划，但这不影响其作为非 IF 成员身份参与 IF 的行动计划。它们可以视国际经贸形势发展和自身对外开放发展的客观性，有选择地参与 BEPS 专项行动计划，在 BEPS 行动计划的国际合作中，有效防止跨境经济活动中的国际双重不征税行为，更好地维护东盟区域国际税收利益，更好地维护本国的国际税收主权，更好地维护本国跨境纳税人的国际税收权利。

国 别 报 告

Country Reports

印度尼西亚国际税收管理
发展报告（2023）

摘　要：　近年印度尼西亚的国际税收管理取得了新的进展，主要表现为印度尼西亚跨境税收管理的加强，以转让定价管理规则和预约定价安排规则为代表的国际特殊反避税管理更完善，预约定价安排服务、相互协商服务等国际税收服务更便捷，与多国或地区构建了税收协定网络，国际税务行政协助与合作得到加强，BEPS 行动计划成果的落地取得进展。但目前印度尼西亚部分国际税收管理制度尚不完善，如部分 BEPS 行动成果的落地与 OECD 标准之间尚存在一定差距等，下一步随着国际化发展的需要及 OECD 对 BEPS 包容性框架成员的硬性要求都将倒逼印度尼西亚不断改革完善其国际税收管理制度。同时印度尼西亚将继续完善跨境税收争端解决机制和协商程序，并通过税收协定的签署和修订，在减少重复征税、规范文件、营造国际税收公平合理大环境上有所行动。

关键词： 印度尼西亚　国际税收管理　跨境所得税　税收协定　BEPS 行动计划

印度尼西亚已经构建起相对完善的国际税收管理体系，为居民企业境外所得管理、居民个人境外个人所得管理、非居民纳税人管理等工作提供了制度保障。同时，为避免所得国际重复征税，印度尼西亚政府签订了数量众多的《双边避免双重征税协定》，制定了居民纳税人境外已纳税所得的税收抵免条款。在国际税务行政协助与合作方面，印度尼西亚政府签订加入了《多边税收征管互助公约》，搭建了《税收情报交换协定》网络，制定了税收争议相互协商程序（MAP）机制。印度尼西亚作为 BEPS 包容性框架的成员，充分参与了 BEPS 行动计划项目并正积极通过《BEPS 多边公约》落实 BEPS 成果。

一　印度尼西亚国际税收管理发展基础（截至2020年）

经过多年发展，印度尼西亚已经构建起相对完善的国际税收管理体系，为居民纳税人和非居民纳税人的界定管理、居民企业境外所得的管理、居民个人境外个人所得的管理、非居民纳税人管理等工作提供了制度保障。

（一）印度尼西亚跨境税收管理基础

印度尼西亚对纳税人的跨境所得行使双重税收管辖权，即对居民纳税人的境外所得行使居民税收管辖权，对非居民纳税人来源于印度尼西亚境内的所得行使来源地税收管辖权。

1.印度尼西亚居民纳税人和非居民纳税人的界定管理

（1）居民企业与非居民企业的划分标准。

印度尼西亚立法分别对居民企业与非居民企业进行了清晰的界定。

①居民企业的界定管理。印度尼西亚 2008 年第 36 号《所得税法》① 规定印度尼西亚居民企业是指公司在印度尼西亚已设立或注册，或者在印度尼西亚国内具有有效的管理和控制。②

②非居民企业的界定管理。印度尼西亚《所得税法》将非居民所得税纳税人统称为外国税务主体。非居民企业指的是在印度尼西亚境外注册，通过印度尼西亚的常设机构经营业务或开展活动的企业，或者在印度尼西亚未设立常设机构但有来源于印度尼西亚境内所得的企业。

（2）常设机构的认定管理③。

常设机构认定管理。印度尼西亚在其国际税收协定中规定，如果外资企业在印度尼西亚进行了一段时间的运营，则该企业有可能被视为已于印度尼西亚成立常设机构。上述运营时间根据税收协定对各国或地区有不同的标准。

①一般常设机构的认定。印度尼西亚财政部于 2019 年 4 月 1 日发布了第 35/PMK. 03/2019 号条例④（简称"PMK-35"）进一步完善了印度尼西亚关于常设机构的判定规则及法律依据。根据 PMK-35，一般常设机构指实质上有永久性的固定营业地点，透过境外主体在印度尼西亚经营业务活动。

②工程型常设机构的认定。根据 PMK-35 规定，在印度尼西亚没有固定营业地点情况下，如果满足"在印度尼西亚进行建筑、安装或组装项目"条件，境外主体被认定为在印度尼西亚构成常设机构。

③劳务型常设机构的认定。PMK-35 对服务业常设机构进行了定义，其

---

① LAW OF THE REPUBLIC OF INDONESIA NUMBER 36 OF 2008 CONCERNING FOURTH AMENDMENT OF LAW NUMBER 7 OF 1983 CONCERNING INCOME TAX（Law No. 36/2008），https：//www. expat. or. id/info/2008-IncomeTaxSDSN-Amendment. pdf.

② 德勤官网，https：//www2. deloitte. com/id/en. html。

③ 本部分内容主要参考印度尼西亚 No. 35/PMK. 03/2019 号法规和普华永道官网（https：//www. pwc. com/id/en/）。

④ Peraturan Kementerian Keuangan（PMK）tentang Penentuan Bentuk Usaha Tetap（35/PMK. 03/2019），https：//peraturan. bpk. go. id/Home/Details/128023/pmk-no-35pmk032019.

与劳务型常设机构具有一定相似性。PMK-35 把服务业常设机构表述为：在印度尼西亚没有固定营业地点情况下，如果满足"以任何形式由员工或其他人员在连续 12 个月内提供超过 60 天的服务"条件，境外主体被认定为在印度尼西亚构成服务业常设机构。

④代理型常设机构的认定。根据 PMK-35 规定，由境外主体委托非独立代理人按照境外主体的旨意对外从事相关活动的个体将构成常设机构。如果该个体接受境外主体的领导和控制，或本身不承担任何业务或活动上的风险，则成为境外主体的代理人。

⑤保险业务常设机构的认定。根据 PMK-35 规定，保险公司的代理人或雇员如果在印度尼西亚赚取保险费或者为居住于印度尼西亚的保险购买方承担保险风险，却未在印度尼西亚设立公司或居住将构成常设机构。

2. 印度尼西亚居民企业境外所得的管理

（1）居民税收管辖权与来源地税收管辖权。

印度尼西亚《所得税法》规定印度尼西亚将对其税收居民的全球收入征税。对于非印度尼西亚的税收居民，印度尼西亚仅对其从印度尼西亚获得的收入征税，包括该国常设机构的收入。[①]

（2）居民企业境外所得的来源国确认标准。

根据《所得税法》第二十四条第三款的规定，居民企业不同境外所得的来源地确认标准如下。①股票和其他证券收入以及股份和其他证券转让的利润的征税权属于发行股票或证券的实体成立或住所所在的国家。②与使用动产有关的利息、特许权使用费和租金形式收入的征税权属于支付或被收取利息、特许权使用费、租金一方住所或所在地的国家。③与使用不动产有关的租金形式收入的征税权属于该财产所在的国家。④与服务、工作和活动有关的报酬形式收入的征税权属于支付或负担报酬的一方住所地或所在地的国家。⑤常设机构收入的征税权属于常设机构经营业务或开展活动的国家。⑥矿业公司转让部分或全部采矿权或参与融资或资本

---

① 德勤官网，https://www2.deloitte.com/id/en.html。

所得收入的征税权属于采矿地点所在国。⑦固定资产转移收益的征税权属于资产所在国。⑧常设机构资产转让所产生的收益的征税权属于常设机构所在的国家。

（3）居民企业境外应纳税所得额及计算管理。

印度尼西亚在《所得税法》及财政部第 192/PMK.03/2018 号条例①《关于外国收入税收抵免实施的规定》中对居民企业境外应纳税所得额的计算做出规定。居民纳税人和常设机构的应纳税所得额为根据总收入减去成本后所得到的金额。在计算应税收入时，国内纳税人须将同一财政年度内获取的境内外收入加总。

（4）居民企业境外所得纳税申报管理。

①居民企业境外所得申报管理。

居民企业须对其从印度尼西亚境外获得或赚取的收入纳税。印度尼西亚财政部在 243/PMK.03/2014 号条例②中对居民企业境外所得税申报的程序及所需资料提供了指导。

申报资料及提交方式。除被允许使用美元作为计价货币保存账簿并以英文报送的企业纳税人外，每位纳税人都必须以印度尼西亚语及印度尼西亚盾作为货币单位填报所得税申报表。提交方式包括现场报送、邮寄及信息技术渠道。

申报截止日期及违约规定。国内纳税人必须在财政年度结束后的 4 个月内提交年度所得税申报表。未在规定期限内报送所得税申报表的，税务部门根据经 2009 年第 16 号税法修订的 1983 年第 6 号《一般规定和税收程序法》③第七条第（一）项的规定施加处罚。

---

① Peraturan Kementerian Keuangan（PMK）tentang Pelaksanaan Pengkreditan Pajak Atas Penghasilan Dari Luar Negeri（192/PMK.03/2018），https：//peraturan.bpk.go.id/Home/Details/113693/pmk-no-192pmk032018.

② Peraturan Kementerian Keuangan（PMK）tentang Surat Pemberitahuan（SPT）（243/PMK.03/2014），https：//peraturan.bpk.go.id/Home/Details/122018/pmk-no-243pmk032014.

③ UNDANG-UNDANG REPUBLIK INDONESIA NOMOR 6 TAHUN 1983 TENTANG KETENTUAN UMUM DAN TATA CARA PERPAJAKAN（Undang-undang Nomor 6 Tahun 1983），https：//peraturan.bpk.go.id/Home/Details/46986.

②居民企业境外关联申报管理。

国别报告义务。印度尼西亚税务总局（Directorate General of Tax，简称DGT）发布第 PER-29/PJ/2017 号条例①《国别报告实施条例》，将第 213/PMK.03/2016 号条例②《关于纳税人与关联方进行交易时必须保留的文件类型、附加信息以及管理程序的规定》中纳税人国别报告义务的规定进一步细化。

关联交易报告及同期资料报告义务。印度尼西亚财政部发布的 213/PMK.03/2016 号条例明确了纳税人的关联交易报告及同期资料报告义务。存在关联交易的纳税人需准备详细的转让定价文档（包括主体文档、本地文档和国别报告），以证明关联方交易遵循独立交易原则。在同一财政年度全球合并收入达 11 万亿印度尼西亚盾的印度尼西亚最终母公司也须根据上述要求准备转让定价文档。

3. 印度尼西亚居民个人境外个人所得的管理

（1）居民个人境外所得的居民税收管辖权。

印度尼西亚税收居民包括个人或实体，印度尼西亚《所得税法》规定印度尼西亚将对其税收居民的全球收入征税，即印度尼西亚居民个人就其全球收入纳税，居民个人境外所得也需纳税。

（2）居民个人境外与境内个人所得的申报纳税。

居民个人境外个人所得纳税申报管理。对于获得或赚取境外收入的国内纳税人而言，在申报个人所得税时需要将境外收入与境内收入合并申报，对于已在国外缴纳或应缴纳的税款，可以在同一纳税年度根据《所得税法》

---

① PERATURAN DIREKTUR JENDERAL PAJAK NOMOR 29/PJ/2017 TENTANG TATA CARA PENGELOLAAN LAPORAN PER NEGARA （PER-29/PJ/2017），https：//datacenter.ortax.org/ortax/aturan/save/16414.

② PERATURAN MENTERI KEUANGAN REPUBLIK INDONESIA NOMOR 213/PMK.03/2016 TENTANG JENIS DOKUMEN DAN/ATAU INFORMASI TAMBAHAN YANG WAJIB DISIMPAN OLEH WAJIB PAJAK YANG MELAKUKAN TRANSAKSI DENGAN PARA PIHAK YANG MEMPUNYAI HUBUNGAN ISTIMEWA，DAN TATA CARA PENGELOLAANNYA （213/PMK.03/2016），https：//datacenter.ortax.org/ortax/aturan/show/16197.

的规定进行税款抵免。对于连续 12 个月在海外工作超过 183 天的海外印度尼西亚工人，印度尼西亚税务总局《关于海外印度尼西亚工人所得税待遇的条例》（PER-2/PJ/2009①）规定，其在国外工作获得或赚取的收入如果已经在国外纳税的，应认定为外国纳税主体，在印度尼西亚不需要申报及缴纳所得税。

居民个人境内个人所得纳税申报管理。居民个人如年收入金额超过年度不征税收入的限额，须在印度尼西亚税务局（Indonesian Tax Office，简称 ITO）进行登记并申报年度个人所得税。申报表内应披露包括受雇所得、投资、资本收益和其他所得等个人所有收入，并附上个人资产和负债的汇总表。一般情况下，一个家庭被视为一个纳税单位，拥有一个以一家之主（通常是丈夫）的名义注册的税号。其妻子及受其抚养的子女的收入也必须在丈夫名下的所得税申报表中一同申报；其妻子与子女的收入需要根据《所得税法》第二十一条来判定是否要同丈夫的收入一并征税。②

4. 印度尼西亚非居民纳税人管理

印度尼西亚《所得税法》将非居民所得税纳税人统称为外国税务主体。

（1）非居民企业来源于印度尼西亚所得的管理。

印度尼西亚《所得税法》第二十六条规定，对于外国税务主体从印度尼西亚赚取或获得的收入采用两种征税制度。①通过在印度尼西亚设置常设机构经营业务或开展活动的外国税务主体自行履行纳税义务。②在印度尼西亚未设置常设机构的外国税务主体由印度尼西亚的支付方就来源于印度尼西亚的收入预扣所得税。

（2）非居民个人来源于印度尼西亚所得的管理。

印度尼西亚《所得税法》第二十六条规定，对于外国税务主体从印度

---

① PERATURAN DIREKTUR JENDERAL PAJAK NOMOR PER - 2/PJ/2009 TENTANG PERLAKUAN PAJAK PENGHASILAN BAGI PEKERJA INDONESIA DI LUAR NEGERI（PER - 2/PJ/2009），https：//datacenter. ortax. org/ortax/aturan/save/13564.

② 普华永道官网，https：//www. pwc. com/id/en/。

尼西亚赚取或获得的收入采用两种征税制度。①通过在印度尼西亚开展活动的外国税务主体自行履行纳税义务。②在印度尼西亚未设置常设机构的外国税务主体由印度尼西亚的支付方就来源于印度尼西亚的收入预扣所得税。（该规定同"非居民企业来源于印度尼西亚所得的管理"）

（3）非居民纳税人货物和劳务税管理。

早在 2018 年，印度尼西亚财政部就出台了针对从事电子商务的非居民纳税人货物和劳务税的管理条例，即《关于通过电子系统（电子商务）进行的贸易交易的税务处理的规定》（210/PMK.010/2018①）。该条例规定，电子平台贸易商和电子服务提供商必须在每个纳税期的增值税申报表中报告通过市场平台提供商提交的应税货物或应税劳务交易额。

（二）印度尼西亚税收协定下避免所得双重征税的管理基础

为避免所得重复征税问题，印度尼西亚政府签订了数量众多的《双边避免双重征税协定》，制定了居民纳税人境外已纳税所得的税收抵免条款，并签订了《互免航空运输税收和关税的协定》等。

1. 印度尼西亚的避免双重征税协定网络

印度尼西亚税收协定网络基本情况如下。

（1）印度尼西亚《双边避免双重征税协定》签署数量。

印度尼西亚政府已与诸多国家或地区签署避免双重征税协定。截至 2020 年 12 月 31 日，已经与印度尼西亚政府签署《双边避免双重征税协定》的国家或地区共 71 个②。

（2）印度尼西亚政府避免双重征税的双边税收协定覆盖范围即主要协定伙伴见表1。

---

① Peraturan Kementerian Keuangan （PMK） tentang Perlakuan Perpajakan Atas Transaksi Perdagangan Melalui Sistem Elektronik （E - Commerce） （210/PMK.010/2018）, https：// peraturan. bpk. go. id/Home/Details/113749/pmk-no-210pmk0102018.

② 普华永道官网，https：//www.pwc.com/id/en/。

表1　印度尼西亚双边避免双重征税协定统计

序号	国家或地区	签署(或修订)时间	序号	国家或地区	签署(或修订)时间
1	阿尔及利亚	1995 年	34	新西兰	1987 年
2	澳大利亚	1992 年	35	挪威	1988 年
3	奥地利	1986 年	36	巴基斯坦	1990 年
4	孟加拉国	2003 年	37	巴布亚新几内亚	2010 年
5	白俄罗斯	2013 年	38	菲律宾	1981 年
6	比利时	1997 年	39	波兰	1992 年
7	文莱	2000 年	40	葡萄牙	2003 年
8	保加利亚	1991 年	41	卡塔尔	2006 年
9	加拿大	1979 年	42	罗马尼亚	1996 年
10	中国内地	2001 年	43	俄罗斯	1999 年
11	克罗地亚	2002 年	44	塞舌尔	1999 年
12	捷克共和国	1994 年	45	新加坡	2020 年
13	丹麦	1985 年	46	斯洛伐克	2000 年
14	埃及	1998 年	47	南非	1997 年
15	芬兰	1987 年	48	西班牙	1995 年
16	法国	1979 年	49	斯里兰卡	1993 年
17	德国	1990 年	50	苏丹	1998 年
18	中国香港	2010 年	51	苏里南	2003 年
19	匈牙利	1989 年	52	瑞典	1989 年
20	印度	1987 年	53	瑞士	1988 年
21	伊朗	2004 年	54	叙利亚	1997 年
22	意大利	1990 年	55	中国台湾	1995 年
23	日本	1982 年	56	泰国	2001 年
24	约旦	1996 年	57	突尼斯	1992 年
25	朝鲜	2002 年	58	土耳其	1997 年
26	韩国	1988 年	59	乌克兰	1996 年
27	科威特	1997 年	60	沙特阿拉伯	1991 年
28	卢森堡	1993 年	61	英国	1993 年
29	马来西亚	1991 年	62	美国	1988 年
30	墨西哥	2002 年	63	乌兹别克斯坦	1996 年
31	蒙古国	1996 年	64	委内瑞拉	1997 年
32	摩洛哥	2008 年	65	越南	1997 年
33	荷兰	2002 年	66	阿拉伯联合酋国	2019 年

　　说明：印度尼西亚税务总局官网（https://www.pajak.go.id/en）公布的主要协定伙伴及协定签署（修订）时间共66个，部分地区未公布具体信息。

（3）参照哪个协定范本签署协定。

印度尼西亚在签订国际税收协定时，同时参照了《关于发达国家与发展中国家间避免双重征税的协定范本》（简称"UN 范本"）和《关于对所得和财产避免双重征税的协定范本》（简称"OECD 范本"）所确立的税收协定的理论框架。

2. 印度尼西亚居民纳税人境外所得税收抵免管理

（1）居民纳税人境外已纳税所得税收抵免管理。

根据《所得税法》第二十四条第一款规定，居民纳税人就境外所得在外国缴纳的税款，可以在同一纳税年度根据《所得税法》的规定进行税款抵免。

具体而言，要申请外国税收抵免即纳税人将已缴纳或扣缴的相关财年外国所得税抵免，应满足印度尼西亚财政部第 192/PMK. 03/2018 号条例中规定的一些要求。

（2）居民纳税人境外所得税收抵免限额管理。

根据《所得税法》第二十四条第二款规定，税收抵免额应等于外国税收额，但不得超过根据《所得税法》计算的应纳税额。即印度尼西亚居民纳税人境外所得税收抵免限额，为该所得在印度尼西亚的应纳税额。可允许抵免额是按照国家（地区）分别计算的。[①]

3. 印度尼西亚的国际运输税收协定网络

印度尼西亚与孟加拉国、克罗地亚、老挝、摩洛哥、沙特阿拉伯和南非均签订了《互免航空运输税收和关税的协定》。[②]

印度尼西亚税务总局网站显示，印度尼西亚政府和沙特阿拉伯政府1991 年签署了两国《航空运输企业经营活动互免税收和关税协定》，该双边协定主要规定如下[③]。

（1）相关税种及免征规定。

主要涉及所得税等税种。对于印度尼西亚而言，涉及公司所得税、个人

---

① 德勤官网，https：//www2. deloitte. com/id/en. html。

② 安永官网，https：//www. ey. com/en_ gl。

③ 印度尼西亚税务总局官网，https：//www. pajak. go. id/en。

所得税和根据 1983 年第 7 号法案征收的其他收入税。对于沙特阿拉伯而言，涉及公司所得税、个人所得税和其他收入税。

免征关税和费用。缔约国双方承诺对本协议所附附表 A 和附表 B 所列的从缔约国一方进口或出口的供缔约国另一方航空运输企业自用的所有设备免征关税和费用。同时，经双方同意，此清单可进行书面修改。

（2）若干定义。

"经营航空运输"的定义。指缔约国一方企业进行的人员、动物、货物和邮件的航空运输经营活动，包括销售用于运输目的的机票和类似单证。

"国际运输"的定义。指由缔约国一方企业经营的任何航空器运输，无论是所有的、租赁的还是包租的。

"缔约国一方居民"的定义。指根据该缔约国法律，由于住所、居所或任何其他类似性质的标准，在该缔约国负有纳税义务的人。

（3）"航空运输"税收互免。

双边航空协定中所得税互免的主要条款。第一，缔约国一方航空运输企业从事国际运输取得的收入和利润，在缔约国另一方免税。第二，缔约国一方航空运输企业从事国际运输取得的收入和利润，还包括来自以下方面的收入和利润：飞机的出租、租赁或维修，以及缔约国航空运输企业向另一缔约国航空运输企业提供的培训计划、管理和其他服务。

避免双重征税协定中的增值税互免条款。在印度尼西亚分别与中国、韩国签订的对所得避免双重征税的双边协定中有航空运输免税条款，其规定在国际航线上进行航运或空运服务获取的收入免缴增值税。[①]

（4）"个人服务报酬"征税的主要条款。

第一，在缔约国一方航空运输企业经营国际运输的航空器上受雇取得的报酬，应仅在该缔约国征税。第二，缔约国一方航空运输企业的雇员在缔约国另一方受雇取得的报酬，按照缔约国一方有效的法律、法规，免征其税收

---

① 普华永道官网，https://www.pwc.com/id/en/。

和其他款项（除非其是另一缔约国的国民）。

（5）相互协商程序（MAP）。

缔约任何一方可随时为修改本协定或其适用或解释的目的要求磋商。此类磋商应在收到任何此类请求之日起60天内开始，并应在双方同意的情况下做出决定。

4. 享受税收协定待遇的程序①

（1）测试程序。

防止滥用税收协定测试。外国实体针对所有形态的来源于印度尼西亚的所得必须先满足防止滥用税收协定的测试。

如果这个外国实体对于所收到股利、利息或特许权使用费要适用租税协议，还需要满足受益所有人测试。

（2）享受优惠税率程序。

境外收款方至少要通过印度尼西亚支付方向印度尼西亚税务局出示登记证明（Certificate of Domicile，简称CoD）。此证明的形式可以是印度尼西亚税务总局规定的形式，也可以是协定国的形式（特定情况下适用）。若无此证明，国外方无资格享受税率优惠政策并需以20%的税率代扣预提税额。

（3）生效程序。

税收协定应自缔约国双方政府以书面形式相互通知对方已履行为协定生效所必需的各自法律程序的后一方通知之日起生效。②

（三）印度尼西亚国际反避税管理基础

近年来，跨国企业通过关联企业间的业务往来避税的现象越来越严重，为此印度尼西亚加大了对国际反避税问题的管理力度。印度尼西亚在转让定价管理规则、预约定价安排规则、受控外国公司管理规则、资本弱化管理规

---

① 普华永道官网, https://www.pwc.com/id/en/。

② 本部分内容参考印度尼西亚 PER-10/PJ/2017 号法规和《中国政府和印度尼西亚政府关于对所得避免双重征税和防止偷漏税的协定》第二十八条。

则方面均有规定。

1. 转让定价管理规则

（1）印度尼西亚税法对关联方的定义。

具体包括三层含义。第一，一纳税人对另一纳税人直接或间接的资本参与不低于 25%；两个或两个以上纳税人之间持有至少 25% 的所有权。第二，一纳税人直接或间接以同一控股权控制另一纳税人，或者两个或两个以上纳税人直接或间接被同一方控制。第三，一代以内的直系和/或旁系血亲和姻亲。①

（2）关联方的交易应遵守独立交易原则。

如违反了该原则，DGT 有权对交易中产生的应税所得或准予扣除项目重新进行计算。根据印度尼西亚《一般规定和税收程序法》，政府要求企业准备详细的转让定价文档来证明关联方交易遵循独立交易原则。

（3）转让定价文档的新规定。

财政部要求纳税人按照特定标准准备转让定价文档，即主体文档、本地文档和国别报告。如 DGT 询查，纳税人应及时提交主体文档和本地文档。

国别报告是按照纳税年度结束前的数据和信息完成。如果这个条件不满足，纳税人应被视为不适用公平原则。国别报告通知及国别报告（如需）须在纳税年度结束后 12 个月之内提交至税务局。国别报告必须以 213/PMK.03/2016 号条例附件规定的形式/格式编写。

（4）纳税人须在企业所得税申报表内披露详细的转让定价细节。

第一，关联方交易的性质和金额。第二，使用的转让定价方法及选择此方法的基础。第三，企业是否已准备了转让定价文档。

（5）如果遇到转让定价争议，可在印度尼西亚境内提出异议和诉讼或通过双边磋商的途径解决。

针对双边磋商而言，当涉及交易纠纷的关联方所在国已与印度尼西

---

① 普华永道官网，https://www.pwc.com/id/en/。

亚签订税收协定时，纳税人可依据税收协定中的 MAP 条款要求减免双重征税。

2. 预约定价安排规则

税法授权 DGT 与纳税人和/或另一国的税务机关订立预约定价协议（APAs），该协议规范了关联方的未来交易将遵循独立交易原则。

印度尼西亚财政部于 2020 年 3 月颁布新的《关于预约定价安排（APA）的实施程序》即 22/PMK. 03/2020 号条例①（简称 PMK-22），取代了原 2015 年第 7 号财政部条例（简称 PMK-7）。PMK-22 进一步解决了原 PMK-7 不完全符合第 14 项 BEPS 行动计划最低标准的问题，明确了预约定价安排（APA）的实施细则。该条例具体规定了 APA 的申请程序、撤销申请以及延期等相关内容。紧接着印度尼西亚税务总局发布第 PER-17/PJ/2020 号条例②（简称 PER-17）取代原 2010 年第 69 号条例，PER-17 作为财政部 PMK-22 条例的实施条例，进一步明确预约定价安排（APA）的实施细则。

根据 PMK-22，关于预约定价安排的主要内容如下。

（1）适用条件和范围。

PMK-22 规定印度尼西亚纳税人（"企业"）可以与税务机关就其关联交易的定价原则和计算方法达成预约定价安排。企业须向 DGT 提交预约定价安排申请。可申请的预约定价安排包括单边预约定价（Unilateral APA）或双边预约定价（Bilateral APA）。同时，预约定价安排也适用于纯粹的境内关联交易。与其他国家一致，任何情况下预约定价安排最长适用期限为 5 年。相比 PMK-7 的最长 3 年或 4 年，PMK-22 提供了较长的适

---

① Peraturan Kementerian Keuangan（PMK）tentang Tata Cara Pelaksanaan Kesepakatan Harga Transfer（Advance Pricing Agreement）（22/PMK. 03/2020），https：//peraturan. bpk. go. id/Home/Details/136873/pmk-no-22pmk032020.

② PERATURAN DIREKTUR JENDERAL PAJAK NOMOR PER - 17/PJ/2020 TENTANG TATA CARA PENYELESAIAN PERMOHONAN, PELAKSANAAN, DAN EVALUASI KESEPAKATAN HARGA TRANSFER（ADVANCE PRICING AGREEMENT）（PER - 17/PJ/2020），https：//datacenter. ortax. org/ortax/aturan/show/17168.

用期限。

（2）申请流程。

企业必须通过其主管税务局提交申请至 DGT。申请资料包括审计报告、年度企业所得税纳税申报单、同期资料（转让定价文档）及预约定价会谈申请书。

（3）取消和续签预约定价安排。

谈签结束之前，企业可以取消申请（使用 PMK-22 附录注销表）。取消之后，企业不得对取消的相关年度再次提出预约定价申请。相反，企业可以向 DGT 提出预约定价安排续签的申请，续签申请期限为前预约定价安排最后一年的 6 个月至 12 个月期间。

（4）其他事项。

达成预约定价之后，DGT 不对预约定价安排适用年度披露的交易做出转让定价纳税调整；发现企业有税务犯罪调查或审判，将终止预约定价安排；DGT 不得以其他目的使用企业所提供的资料和信息。①

3. 受控外国公司管理规则

2017 年印度尼西亚财政部发布第 107/PMK. 03/2017 号②关于受控外国公司（Controlled Foreign Companies，简称 CFC）规则的条例，2019 年 6 月印度尼西亚财政部发布第 93/PMK. 03/2019 号条例③（简称 PMK-93）对 2017 年的 CFC 规则进行修订，即关于受控外国公司核定派发利润的更新

---

① 印度尼西亚税务总局官网（https：//www. pajak. go. id/en），普华永道官网（https：//www. pwc. com/id/en/）。

② Peraturan Kementerian Keuangan（PMK）tentang Penetapan Saat Diperolehnya Dividen Dan Dasar Penghitungannya Oleh Wajib Pajak Dalam Negeri Atas Penyertaan Modal Pada Badan Usaha Di Luar Negeri Selain Badan Usaha Yang Menjual Sahamnya Di Bursa Efek （107/PMK. 03/2017），https：//peraturan. bpk. go. id/Home/Details/112794/pmk-no-107-pmk032017.

③ Peraturan Kementerian Keuangan（PMK）tentang Perubahan Atas Peraturan Menteri Keuangan Nomor 107/PMK. 03/2017 Tentang Penetapan Saat Diperolehnya Dividen Dan Dasar Penghitungannya Oleh Wajib Pajak Dalam Negeri Atas Penyertaan Modal Pada Badan Usaha Di Luar Negeri Selain Badan Usaha Yang Menjual Sahamnya Di Bursa Efek （93/PMK. 03/2019），https：//peraturan. bpk. go. id/Home/Details/128094/pmk-no-93pmk032019.

条例。

（1）受控外国公司的定义。

受控外国公司指被单一印度尼西亚纳税人直接持有至少50%或由超过一个印度尼西亚纳税人共同持有50%以上股权的外国公司。

（2）受控外国公司的所得。

包含了已被认定为印度尼西亚受控外国公司所持有，或被单一印度尼西亚纳税人的数个受控外国公司所共同持有，或超过一个受控外国公司所共同持有50%以上股权的受控外国公司所得。

（3）受控外国公司的判定。

取决于印度尼西亚纳税人会计年度结束日的持股百分比，也就是基于实收资本的百分比或有表决权的实收资本百分比。

（4）CFC规则目前仅限于股息收入。

如果CFC规则适用时，财政部部长被授权确定股息何时被认为是由印度尼西亚居民股东提供的。如果离岸公司未宣布股息或衍生股利，居民纳税人必须计算并报告被视为纳税申报表中的股息。

4. 资本弱化管理规则

印度尼西亚的资本弱化规则采用的是债权股权比例法（Debt-to-Equity Ratio，简称DER）。债权股权比例法从2016年财年开始采用，债权股权比例最高不超过4：1（某些特定的资本密集型行业如金融业除外），超过规定比例的债务利息支出则不允许在税前进行扣除。

债权股权比例法适用于关联方和非关联方的国内和国外债务。债务和权益的定义以及为此目的的借款费用的组成部分，进一步由财政部条例和DGT条例管辖。

5. 印度尼西亚一般反避税规则

印度尼西亚的税收立法中没有一般反避税规则（General Anti-Tax Avoidance Rule，简称GAAR），更多的是关于特殊反避税规则（Special Anti-Tax Avoidance Rules，简称SAAR）的内容。

（四）印度尼西亚国际税收服务

近年来印度尼西亚税务部门不断提高其在出口退（免）税服务、境外投资纳税人税收居民身份证明办理服务、跨境纳税人权利保护服务、国际税收服务热线规范等方面的国际税收服务水平。

1. 印度尼西亚出口退（免）税服务

（1）出口货物劳务退（免）税办理程序。

为简化退税的办理程序，提高从事部分活动纳税人的资金流动性，2018年3月，印度尼西亚财政部发布了39/PMK. 03/2018号条例[①]。该条例将纳税人划分为三种类型，即黄金纳税人、低退税价值纳税人、低风险增值税纳税人，并分别规定了上述三类纳税人的退税程序。其中，低风险增值税纳税人办理出口退税时必须符合以下条件。①在印度尼西亚证券交易所上市。②国有企业。③海关优先合作伙伴。④授权业务运营商。⑤在过去12个月按时提交增值税申报表的制造商或生产商。⑥每月增值税申报表中增值税退税最高10亿印度尼西亚卢比。低风险增值税纳税人的出口退税办理程序如下。①纳税人通过点击电子纳税申报表上的相关退税框，要求进行初步退税。②印度尼西亚税务部门将对退款请求进行某些正式和实质性的审查，并在规定时限内发布初步退税决定。

（2）跨境应税行为零税率或免税办理程序。

2019年3月29日，印度尼西亚财政部发布了32/PMK. 010/2019号条例[②]，扩大了适用于增值税零税率的出口服务清单，旨在提升本国服务业的全球竞争力[③]。

---

① Peraturan Kementerian Keuangan（PMK）tentang Tata Cara Pengembalian Pendahuluan Kelebihan Pembayaran Pajak （39/PMK. 03/2018），https：//peraturan. bpk. go. id/Home/Details/112141/pmk-no-39pmk032018.

② Peraturan Kementerian Keuangan（PMK）tentang Batasan Kegiatan Dan Jenis Jasa Kena Pajak Yang Atas Ekspornya Dikenai Pajak Pertambahan Nilai （32/PMK. 010/2019），https：//peraturan. bpk. go. id/Home/Details/128020/pmk-no-32pmk0102019.

③ https：//www. aseanbriefing. com/news/export-services-in-indonesia-zero-rated-vat/.

出口服务的定义。出口服务是指由应税企业或个人在印度尼西亚领土内为印度尼西亚境外接收者的利益而生产的服务。

符合增值税零税率的出口服务必须满足两项要求。第一，印度尼西亚应税企业与外国接收者之间必须有书面协议；协议内容必须包括出口服务类型、出口服务的价值以及由印度尼西亚应税企业提供并由外国接收方使用服务的描述。第二，出口服务接收方向印度尼西亚服务提供商付款的证明文件。未能满足上述要求将意味着服务被视为发生在印度尼西亚境内，并需缴纳 10% 的增值税。

2. 印度尼西亚境外投资纳税人"税收居民身份证明"办理服务

印度尼西亚税务总局于 2017 年 5 月 12 日发布了《关于税务条约适用框架下国内税务主体的住所证明的条例》，即 PER-08/PJ/2017 号条例①（简称 PER-08），以指导境外投资纳税人办理"税收居民身份证明"。具体程序如下。

（1）办理"税收居民身份证明"的纳税人需满足的条件。

符合《所得税法》第二条第三款所述的国内税收主体（即居民纳税人）的条件，且拥有纳税人识别号。

（2）填写和提交申请表。

满足规定条件的纳税人可填写 PER-08 号条例附件 III 中包含的样表，并提交至其住所所在地或注册地的税务服务办公室。在申请"税收居民身份证明"时，纳税人可针对整个财政年度或财政年度的一部分提出。

（3）税务机构核发"税收居民身份证明"及时限。

如果"税收居民身份证明"的申请符合 PER-08 号条例规定，则住所所在地或注册地的税务服务办公室负责人将代表印度尼西亚税务总局局长签发"税收居民身份证明"；如果申请不符合规定，则签发拒绝"税收居民身

---

① PERATURAN DIREKTUR JENDERAL PAJAK NOMOR PER－08/PJ/2017 TENTANG SURAT KETERANGAN DOMISILI BAGI SUBJEK PAJAK DALAM NEGERI INDONESIA DALAM RANGKA PENERAPAN PERSETUJUAN PENGHINDARAN PAJAK BERGANDA （PER-08/PJ/2017），https：//perpajakan. ddtc. co. id/index. php/peraturan-pajak/read/peraturan-dirjen-pajak-per-08pj2017.

份证明"申请的函件，并说明原因。上述流程需在收到"税收居民身份证明"申请之日起最多 10 个工作日内完成。"税收居民身份证明"自签发之日起 12 个月内有效，但对于发放给金融服务机构的"税收居民身份证明"，其有效期是发行日起的 36 个月。

3.跨境纳税人权利保护服务

印度尼西亚政府 2011 年第 74 号文①《关于实施税收权利和履行税收义务的程序的政府法规》赋予了跨境纳税人在向税务部门提出异议时可同时启动 MAP 申请流程和上诉程序。此外，印度尼西亚对跨境纳税人权利的保护还体现在对纳税人信息安全的保护上。印度尼西亚财政部颁布的第 70/PMK.03/2017 号条例②《为税务目的获取财务信息的规定》中对与税收有关的信息交换的保密要求进行了严格的规定，即不履行保密义务的所有官员，包括税务官员、在税务部门履行职责的各方以及税务总局局长任命的协助执行税收法律法规的专家，将根据《一般规定和税收程序法》的规定受到刑事制裁。

4.国际税收服务热线(外文税收服务)规范

印度尼西亚税务总局在其官方网站上提供了印度尼西亚语和英语两种语言的文字供浏览者选择，并建立了一个专门的国际税收模块③，其中包括关于国际税收协定、国际信息交换、APA 和 MAP 的详细资料。例如，通过浏览网页，纳税人可以便利查阅 MAP 主题下的各类信息，包括 MAP 的定义、目标、申请资格、请求机制、实施结果、撤回请求、仲裁立场、统计数据和主管当局的联系方式等。

（五）印度尼西亚国际税务行政协助与合作基础

在国际税务行政协助与合作方面，印度尼西亚政府签订加入了《多边

---

① Peraturan Pemerintah（PP）tentang Tata Cara Pelaksanaan Hak Dan Pemenuhan Kewajiban Perpajakan（pp nomor 74 tahun 2011），https：//datacenter.ortax.org/ortax/aturan/show/14931.

② Peraturan Kementerian Keuangan（PMK）tentang Petunjuk Teknis Mengenai Akses Informasi Keuangan Untuk Kepentingan Perpajakan（70/PMK.03/2017），https：//peraturan.bpk.go.id/Home/Details/112702/pmk-no-70pmk032017.

③ 印度尼西亚税务总局官网，https：//www.pajak.go.id/en。

税收征管互助公约》，搭建了《税收情报交换协定》网络，制定了税收争议相互协商程序（MAP）机制。

1. 印度尼西亚签订加入《多边税收征管互助公约》

印度尼西亚政府于 2011 年 11 月 11 日签订《多边税收征管互助公约》，该公约于 2015 年 5 月 1 日正式生效。印度尼西亚是东盟国家中较早签订《多边税收征管互助公约》的国家。

2. 印度尼西亚搭建《税收情报交换协定》网络

印度尼西亚与 6 个国家或地区签署了税收信息交换协议①，具体是巴哈马群岛、百慕大群岛、根西岛、马恩岛、泽西岛、圣马力诺。

另外，印度尼西亚签订并生效实施《金融账户涉税信息自动交换》。为减少逃税的可能性，经济合作与发展组织（OECD）制定了全球一级自动交换税务和金融信息的共同汇报标准。该标准规定与账户持有人居住国的税务机关交换非居民财务账户信息。②

3. 印度尼西亚跨境税收争议解决机制

（1）印度尼西亚税收争议相互协商程序（MAP）机制③。

2014 年 12 月印度尼西亚财政部颁布了第 240/PMK. 03/2014 号条例④，明确了关于 MAP 执行的更新规则。该规定于 2014 年 12 月 22 日正式生效，适用于任何正在进行请求的 MAP。2017 年印度尼西亚税务总局颁布了第 PER-10/PJ/2017 号条例⑤（简称 PER-10）取代了原 PER-61/PJ/2009 号条例关于 MAP 的规定。2019 年印度尼西亚财政部部长发布了关于"MAP

---

① 普华永道官网，https：//www.pwc.com/id/en/。

② 德勤：《印度尼西亚税务指南 2019~2020》。

③ 本部分内容参考印度尼西亚税务总局官网（https：//www.pajak.go.id/en）和德勤官网（https：//www2.deloitte.com/id/en.html）。

④ Peraturan Kementerian Keuangan（PMK）tentang Tata Cara Pelaksanaan Prosedur Persetujuan Bersama（Mutual Agreement Procedure）（240/PMK.03/2014），https：//peraturan.bpk.go.id/Home/Details/121988/pmk-no-240pmk 032014.

⑤ PERATURAN DIREKTUR JENDERAL PAJAK NOMOR PER - 10/PJ/2017 TENTANG TATA CARA PENERAPAN PERSETUJUAN PENGHINDARAN PAJAK BERGANDA（PER - 10/PJ/2017），https：//datacenter.ortax.org/ortax/aturan/show/16301.

实施指南"的第 49/PMK.03/2019 号条例①（PMK-49），该条例是印度尼西亚 MAP 框架的更新版本。目前印度尼西亚税务总局在其官网上公布了 MAP 实施指南，该指南描述了印度尼西亚 MAP 机制。MAP 实施指南具体规定如下。

①MAP 的申请人规定。MAP 的申请人为印度尼西亚税务居民、印度尼西亚公民（针对非歧视问题）、税务总局局长、税收协定伙伴国或税收协定伙伴管辖区的税务主管当局，在认为国家税务机关的行为导致或将导致不符合相关税收协定的征税时，均可以提出实施 MAP 的请求。

②申请人申请 MAP 应满足的条件。申请人申请 MAP 应满足以下条件。第一，请求应以印度尼西亚语书写。第二，请求应说明申请人（印度尼西亚纳税人或印度尼西亚公民）认为不符合税收协定规定的行为。第三，申请应在税收协定规定的时限内提交，或最迟在 3 年内提交。第四，请求应由申请人或其代表签署。

③可以提出实施 MAP 的情况。第一，由于转让定价调整、与利润归属相关的调整、其他应税利润的调整造成税收协定伙伴国税务机关双重征税的。第二，认为在税收协定伙伴国或管辖区的预扣税不符合税收协定规定的。第三，被税收协定伙伴国的税务管理部门确定为居民纳税人身份（双重居民）的。第四，在税收协定伙伴国或管辖区遭遇税收待遇歧视的。

④给予救济的范围。如果印度尼西亚主管当局得出结论认为某行为导致征税不符合税收协定的规定（并且 MAP 请求是可受理且合理的），则印度尼西亚主管当局将首先考虑该问题是否可以单方面解决。如可以单方面解决，印度尼西亚税务总局则可以根据条约的规定给予税收减免，而无须与其他税务机关进行讨论。如果印度尼西亚主管当局不能单方面解决问题，则印度尼西亚主管当局将与条约伙伴国的主管当局处理此事。

---

① Peraturan Kementerian Keuangan (PMK) tentang Tata Cara Pelaksanaan Prosedur Persetujuan Bersama (49/PMK.03/2019)，https：//peraturan.bpk.go.id/Home/Details/128035/pmk-no-49pmk032019.

⑤给予救济的方法。第一，根据相关税收条约的规定，在MAP期间达成的任何协议都将被执行，而不受国内法律的任何时间限制。第二，可以通过重新计算应纳税额的方式给予减免。例如，修改纳税评估通知书，修改反对决定，取消不正确的估税通知书，退还不应支付的税款（在预扣税的情况下）。

⑥MAP数据统计情况。截至2020年，印度尼西亚MAP数据统计见表2。

表2　2020年（含）以前印度尼西亚MAP数据统计

年份	项目	MAP
2016年之前	请求数	72
	关闭数	1
	期末数	71
2016年	期初数	71
	请求数	20
	关闭数	37
	期末数	54
2017年	期初数	54
	请求	18
	关闭	19
	期末数	53
2018年	期初数	53
	请求	27
	关闭	22
	期末数	58
2019年	期初数	58
	请求	8
	关闭	11
	期末数	55
2020年	期初数	55
	请求	10
	关闭	23
	期末数	42

资料来源：国际税收清单案例数据库理事会。

（2）印度尼西亚税收仲裁机制。

印度尼西亚与多国签订了多边投资条约，明确约定仲裁为条约中纠纷解决的首选方式。国际仲裁裁决在印度尼西亚申请承认和执行的情形有增加的趋势。

印度尼西亚《仲裁法》在应对国际经济交易纠纷、有效解决国际经济矛盾上发挥了重要作用，其主要对仲裁协议及仲裁员的选定，仲裁的申请与受理，仲裁的审理，仲裁裁决做出了规定。[①]

（六）BEPS 行动计划成果的落地行动基础

印度尼西亚作为 G20 成员充分参与了 BEPS 行动计划项目[②]。作为 BEPS 包容性框架的成员，印度尼西亚积极通过《实施税收协定相关措施以防止税基和利润转移的多边公约》（MLI）落实 BEPS 成果。

1. 加入 BEPS 包容性框架

印度尼西亚政府作为 G20 成员积极参与 BEPS 项目的讨论。印度尼西亚是 MLI 的签署国，而 MLI 是 BEPS 包容性框架的一部分。印度尼西亚提供"MLI 立场"（保留和通知清单），在某些重点领域适度采纳 OECD 对于 BEPS 项目的最终建议。

2. 签署 MLI

（1）是否签署 MLI。

2017 年 6 月 7 日，印度尼西亚政府签署了 MLI，公约中列示了待批准的保留与通知列表。印度尼西亚税务总局网站显示，印度尼西亚对 MLI 提出了保留意见。

2019 年 11 月 12 日，印度尼西亚政府批准了 MLI，批准文件列示印度尼西亚有 47 个双边税收协定涵盖在该公约中。

2020 年 4 月 28 日，印度尼西亚政府向 OECD 交存了该多边公约批准

---

① 中国国家税务总局官网，http：//www.chinatax.gov.cn/。
② 2013 年 OECD 发布 BEPS 行动计划。

书。印度尼西亚确定了公约所涵盖的 47 项税收协定。

2020 年 8 月 1 日，MLI 对印度尼西亚正式生效。印度尼西亚政府于 2020 年 11 月 26 日向 OECD 呈交通知函以确认双边协定内部程序已完结。

（2）通过 MLI 落实了哪些 BEPS 成果。

印度尼西亚作为 G20 成员充分参与了 BEPS 行动计划项目。目前 BEPS 行动计划成果在印度尼西亚已经实施或部分实施的有第 3 项 BEPS 行动计划《强化受控外国公司（CFC）规则》，第 4 项 BEPS 行动计划《对通过利息支出和其他款项支付实现的税基侵蚀予以限制》，第 5 项 BEPS 行动计划《考虑透明度和实质性因素，有效打击有害税收实践》，第 6 项 BEPS 行动计划《防止税收协定优惠的不当授予》，第 8~10 项 BEPS 行动计划《确保转让定价结果与价值创造相匹配》，第 11 项 BEPS 行动计划《构建针对 BEPS 行为的数据收集体系和分析指标体系，以及应对措施的监控方法》，第 13 项 BEPS 行动计划《转让定价同期资料和分国信息披露指引》，第 14 项 BEPS 行动计划《创建更有效的争端解决机制》，第 15 项 BEPS 行动计划《开发用于修订双边协定的多边工具》。

3. 其他落实 BEPS 行动计划"最低标准"项目成果的措施

作为 BEPS 包容性框架成员，印度尼西亚高度重视 BEPS "最低标准"规则项目的落地执行，并自觉接受 OECD 同行评议小组的监督。

（1）防止税收协定滥用。

印度尼西亚政府已制定防止滥用税收协定的规则，落实第 6 项 BEPS 行动计划成果《防止税收协定优惠的不当授予》。2018 年 11 月 21 日，印度尼西亚税务总局颁布了 DGT 第 PER－25/PJ/2018 号条例①（简称 PER-25），修订了印度尼西亚的防止税收协定滥用规则。该条例自 2019 年 1 月 1 日起生效。PER-25 旨在简化非居民获得条约救济的行政程序，同时还包含对获得印度尼西亚来源收入的非居民提出税收协定滥用测试

---

① PERATURAN DIREKTUR JENDERAL PAJAK NOMOR PER－25/PJ/2018 TENTANG TATA CARA PENERAPAN PERSETUJUAN PENGHINDARAN PAJAK BERGANDA（PER－25/PJ/2018），https：//datacenter. ortax. org/ortax/aturan/show/16572.

的附加要求。如果不满足这些条件，将意味着条约保护无法适用，如股息、服务、利息和特许权使用费，将需要缴纳20%的法定预扣税。税收协定滥用测试的附加要求具体如下，如果满足以下所有条件，则不存在税收协定滥用。

①该实体的设立或交易的执行具备相关的经济实质。

②该实体的设立或交易的执行具有相同的法律形式和经济实质。

③该实体有自己的管理团队处理自己的业务，而且这个管理团队有独立裁量权。

④该实体拥有足够的固定资产和非固定资产（从印度尼西亚产生收入的资产除外），它们足以在该条约国开展业务活动。

⑤该实体根据其业务范围拥有足够的具有专业知识和某些技能的员工。

⑥该实体除从印度尼西亚以股息、利息、特许权使用费的形式获得收入外，还有其他活动或活跃的业务。

⑦并非以违反税收协定的目标和宗旨而直接或间接获取税收协定的优惠为目的的交易。[1]

（2）标准化国别报告。

第13项BEPS行动计划成果即《转让定价同期资料和分国信息披露指引》在印度尼西亚落地。为了落实第13项BEPS行动计划，2017年1月印度尼西亚政府与另外6个国家[2]一起签署税务合作协议，该协议主要是为了持续提高跨国公司的透明度并实现国别信息的自动共享。至此，已经有57个国家或地区签署国别报告多边主管当局协议。印度尼西亚国内关于转让定价同期资料和国别信息（国别报告）的具体内容详见前文"转让定价管理规则"部分。

（3）有害税收实践同行审议。

2020年以来印度尼西亚落实"最低标准"规则项目体现为第5项

---

① 印度尼西亚税务总局官网（https：//www.pajak.go.id/en）、安永官网（https：//www.ey.com/en_gl）、普华永道官网（https：//www.pwc.com/id/en/）等。

② 具体为加蓬、匈牙利、立陶宛、马耳他、毛里求斯和俄罗斯。

BEPS 行动计划的落地。OECD 官网公布的最新信息显示①，其对印度尼西亚落实第 5 项 BEPS 行动计划《考虑透明度和实质性因素，有效打击有害税收实践》的两个项目的评估结果如下。①是否存在有害税收制度（Existence of harmful tax regimes），评估结果为无害（not harmful），即 OECD 认为印度尼西亚不存在有害税收制度。②税收裁决信息的交换（Exchange of information on tax rulings），评估结果为已审查/无建议（reviewed/no recommendations），即 OECD 通过审查认为印度尼西亚的税收信息交换也没有问题。

（4）税收争议解决。

第 14 项 BEPS 行动计划成果即《创建更有效的争端解决机制》在印度尼西亚落地。印度尼西亚财政部部长发布了关于"MAP 实施指南"的第 49/PMK.03/2019 号条例（简称 PMK-49），该条例是印度尼西亚 MAP 框架的更新版本，旨在满足第 14 项 BEPS 行动计划成果《创建更有效的争端解决机制》。该条例自 2019 年 4 月 26 日起生效，取代了先前的 MAP 条例，即财政部部长第 240/PMK.03/2014 号条例（该条例在 2015 年提交最终 BEPS 报告之前发布）。PMK-49 大体上符合印度尼西亚的立场和第 14 项 BEPS 行动计划的建议。PMK-49 作为印度尼西亚税务总局 2019 年关键改革议程的一部分发布，将在 MAP 进程中提供更多确定性，特别是在 MAP 行动后的时间安排方面。

4. 其他 BEPS 行动计划项目成果落地实施

目前印度尼西亚尚未实现第 2 项 BEPS 行动计划《消除混合错配安排的影响》和第 7 项 BEPS 行动计划《防止人为规避构成常设机构》的落地，但已参考第 3 项 BEPS 行动计划《强化受控外国公司（CFC）规则》和第 4 项 BEPS 行动计划《对通过利息支出和其他款项支付实现的税基侵蚀予以限制》的部分成果，已部分对接第 8~10 项 BEPS 行动计划《确保转让定价结果与价值创造相匹配》。

---

① OECD 官网，https：//www.oecd.org/。

①印度尼西亚政府已参考第 3 项 BEPS 行动计划成果制定了 CFC 规则，但该规则仅限于股息。第 3 项 BEPS 行动计划，即《强化受控外国公司（CFC）规则》。具体对接内容详见前文"受控外国公司管理规则"部分。

②印度尼西亚政府已参考第 4 项 BEPS 行动计划成果制定了资本弱化规则。第 4 项 BEPS 行动计划，即《对通过利息支出和其他款项支付实现的税基侵蚀予以限制》，印度尼西亚已对接落实。但是，印度尼西亚的资本弱化规则采用的是债权股权比例法，而不是 BEPS 推荐的固定或集团比例法。具体规定详见前文"资本弱化管理规则"部分。

③印度尼西亚政府已部分对接第 8~10 项 BEPS 行动计划。第 8~10 项 BEPS 行动计划，即《确保转让定价结果与价值创造相匹配》。印度尼西亚早在 2013 年就颁布法规要求纳税人证明各方在开发知识产权方面的作用。这一规定符合 OECD 转让定价准则，即保持应纳税所得额与创造价值相一致。不过，目前印度尼西亚尚未确定是否将采取其他与第 8~10 项 BEPS 行动相符的补充措施。

二　印度尼西亚国际税收管理发展变化（2021~2023年）

2021 年以来，印度尼西亚政府扩大了与其他税收管辖区进行国际税收管理的合作权限，包括避免双重征税、税基侵蚀和利润转移（BEPS）以及其他税务合作等。其中，在税收协定网络、受控外国公司管理、跨境纳税人权利保护服务等方面有所发展和改善。

（一）印度尼西亚跨境税收管理发展变化

印度尼西亚跨境税收管理的发展变化主要体现在税收居民境外所得管理上。根据 2021 年印度尼西亚财政部发布的第 196/PMK.03/2021 号条例①，

---

① Peraturan Kementerian Keuangan（PMK）tentang Tata Cara Pelaksanaan Program Pengungkapan Sukarela Wajib Pajak（196/PMK.03/2021），https：//peraturan.bpk.go.id/Home/Details/197503/pmk-no-196pmk032021.

对参与"自愿披露计划"（Program Pengungkapan Sukarela，简称 VDP 计划）的税收居民的境外所得，提出了报告要求，即参与 VDP 计划的纳税人必须在 2022 年 1 月 1 日至 6 月 31 日期间通过税务总局网站以电子方式提交资产披露申报书以及所需的证明文件。

（二）印度尼西亚税收协定下避免所得双重征税管理的发展变化

印度尼西亚税收协定下避免所得双重征税管理的发展变化主要体现在税收协定网络的扩大、税收协定执行管理以及纳税人境外所得税收抵免管理方面。

1. 印度尼西亚税收协定网络的发展变化

印度尼西亚和柬埔寨的《双边避免双重征税协定》自 2020 年 7 月 28 日起成规后，自 2021 年 1 月 1 日起生效。

印度尼西亚和新加坡的《双边避免双重征税协定》自 2020 年 2 月 4 日签署修订后，于 2021 年 5 月获印度尼西亚总统批准，自 2021 年 7 月 23 日起生效。

印度尼西亚和阿联酋的《双边避免双重征税协定》于 2019 年 7 月 24 日签署修订后，于 2021 年 5 月获印度尼西亚总统批准，新条约现已生效。

2. 印度尼西亚税收协定执行管理的发展变化

针对经 MLI 修改的印度尼西亚若干税收协定，2021 年印度尼西亚税务总局发布系列通函提供相关综合文本。通函中所附的综合文本旨在帮助明确 MLI 措施的实施对相关税收协定的影响，以更好地进行税收协定执行管理。

2020 年 MLI 对印度尼西亚正式生效且印度尼西亚政府于同年向 OECD 呈交通知函以确认双边协定内部程序已完结后，MLI 对印度尼西亚 22 项经 MLI 修改的条约（称为"涵盖的税收协议"或 CTA）生效。2021 年 2 月 18 日，印度尼西亚税务总局发布了从"05/PJ/2021"至"25/PJ/2022"的系列通函，提供了 21 份 CTA 的综合文本，以帮助理解 MLI 的实施对相关税收协定的影响。通函涵盖了印度尼西亚与以下司法管辖区签订的条约，见表 3。

表 3 "05/PJ/2021" 至 "25/PJ/2022" 系列通函统计

序号	通函	协定伙伴	序号	通函	协定伙伴
1	SE-05/PJ/2021	澳大利亚	12	SE-16/PJ/2021	荷兰
2	SE-06/PJ/2021	日本	13	SE-17/PJ/2021	印度
3	SE-07/PJ/2021	加拿大	14	SE-18/PJ/2021	阿联酋
4	SE-08/PJ/2021	芬兰	15	SE-19/PJ/2021	卡塔尔
5	SE-09/PJ/2021	比利时	16	SE-20/PJ/2021	新西兰
6	SE-10/PJ/2021	丹麦	17	SE-21/PJ/2021	新加坡
7	SE-11/PJ/2021	法国	18	SE-22/PJ/2021	卢森堡
8	SE-12/PJ/2021	英国	19	SE-23/PJ/2021	斯洛伐克
9	SE-13/PJ/2021	俄罗斯	20	SE-24/PJ/2021	韩国
10	SE-14/PJ/2021	波兰	21	SE-25/PJ/2021	塞尔维亚
11	SE-15/PJ/2021	葡萄牙			

资料来源：德勤官网（https：//www2.deloitte.com/id/en.html）。

3. 印度尼西亚居民纳税人境外所得税收抵免管理的发展变化

2021 年 12 月印度尼西亚税务总局颁布第 SE-55/PJ/2021 号通函[1]，明确规定了对外国税收抵免的适用汇率和日期。

在其他司法管辖区缴纳或代扣的所得税（外国税收抵免）。第一，适用由财政部决定的汇率；以美元记账的纳税人必须使用 BI 的中间汇率或国际市场上的每日即期汇率，将美元以外的外币税收抵免转换为美元（如果货币未列在 BI 中间汇率中）。第二，交换日期为所得税在其他司法管辖区到期、缴纳或代扣的日期。[2]

---

[1] SURAT EDARAN DIREKTUR JENDERAL PAJAK NOMOR SE - 55/PJ/2021 TENTANG PEDOMAN PELAKSANAAN PERATURAN MENTERI KEUANGAN NOMOR 107/PMK.03/2017 TENTANG PENETAPAN SAAT DIPEROLEHNYA DIVIDEN DAN DASAR PENGHITUNGANNYA OLEH WAJIB PAJAK DALAM NEGERI ATAS PENYERTAAN MODALPADA BADAN USAHA DI LUAR NEGERI SELAIN BADAN USAHA YANG MENJUAL SAHAMNYA DI BURSA EFEK SEBAGAIMANA TELAH DIUBAH DENGAN PERATURAN MENTERI KEUANGAN NOMOR 93/PMK.03/2019（SE - 55/PJ/2021），https：//datacenter.ortax.org/ortax/aturan/save/17672.

[2] 德勤官网，https：//www2.deloitte.com/id/en.html。

（三）印度尼西亚国际反避税管理发展变化

印度尼西亚国际反避税管理发展变化主要体现在受控外国公司管理方面，其通过颁布新《受控外国公司规则实施指南》，解决了原受控外国公司管理方面的一些不确定性问题。

1. 印度尼西亚受控外国公司管理的发展变化

2021 年 12 月 28 日，印度尼西亚税务总局颁布了《受控外国公司规则实施指南》（SE-55/PJ/2021 号通函，简称 SE-55），向税务机关提供受控外国公司（CFC）的详细指南。SE-55 解决了财政部 2017 年发布的 CFC 法规（即第 107/PMK.03/2017 号条例，经第 93/PMK.03/2019 号条例修订，以下简称"CFC 的 PMK 规则"）的一些剩余不确定性问题。SE-55 解决的问题主要如下。

（1）视同股息的时间安排。

CFC 的 PMK 规则仅适用于 CFC 需要或不需要提交年度所得税申报表的情况下，视同股息的时间安排。但对某些国家适用性存疑，在某些国家纳税人被允许在提交最终年度所得税申报表之前提交临时所得税申报表，如果 CFC 纳税人同时提交中期和最终年度所得税申报表，纳税人应使用哪个截止日期来确定视同股息的时间，存在不确定性。SE-55 明确，如果 CFC 的司法管辖区有权提交中期申报表，股息将被视为在提交最终申报表截止日期后的第 4 个月结束时产生。

（2）在计算 2019 财年及以后各年的视同收入时可扣除费用的规定。

从 2019 财年起只有被动收入受 CFC 规定的约束，相关费用可从收入中扣除。但是第 93/PMK.03/2019 号条例没有明确规定可扣除费用的标准。因此 SE-55 专门明确了必须遵守 CFC 管辖区适用的税务法规，以其确定可从被动收入中扣除的费用。

（3）CFC 处理在另一司法管辖区设立的非上市公司的亏损。

SE-55 明确了三点。第一，CFC 的损失不能用于抵消来自印度尼西亚的其他收入。第二，一个税收管辖区的 CFC 损失不能用另一个税收管辖区的 CFC 收益抵消。第三，如果在同一税务管辖区内存在直接和间接拥有的

CFC，则该管辖区内的 CFC 之间可能抵消损失和收益；如果这些 CFC 之间的利得和损失抵消产生了利得头寸，则将产生视同股息；但是，如果抵消导致亏损，则该亏损将不会用来自印度尼西亚的其他收入或来自其他税务管辖区的 CFC 的收益进行核算/补偿。

（4）明确适用的外汇汇率。

SE-55 明确了视同所得股息和实际收到股息的适用汇率和日期。其具体规定了在计算视同股息时，因使用不同汇率而产生的利得或损失可与实际收到的股息抵消，即如果计算的视同股息大于实际收到的股息，则超额视同股息可自收到股息之年起结转 5 年；如果计算的视同股息少于实际收到的股息，实际收到股息的超额部分应缴纳所得税，并在收到股息当年的年度所得税申报表中报告。

（5）明确 CFC 规则在信托中的应用。

如果 CFC 通过信托或类似实体拥有，则无论信托类型如何，信托或类似实体都会被"审查"。委托人被视为拥有 CFC 的一方，因此报告视同股息并主张外国税收抵免。但是，如果委托人死亡或无法确定其身份，受益人将被视为拥有 CFC 的一方。

（6）明确在年度纳税申报表中申报视同股息的规定。

CFC 的 PMK 规则提供了申报与 CFC 相关的可抵免外国所得税的表格，但未就如何在年度所得税申报表中申报视同股息提供明确指导。当纳税人拥有视同股息，但尚未分配实际股息，且无须使用外国税收抵免时，则可能造成混乱。SE-55 提供了关于如何申报视同股息和实际收到的股息，以及在 CFC 税务管辖区支付或代扣的股息所得税的指导。[①]

2. 印度尼西亚一般反避税管理的发展变化

印度尼西亚没有一般反避税规则[②]，但获得收入的外国居民必须满足某些居住测试要求，才能根据税收协定获得优惠待遇。如果税收协定规定了受益所有权要求，外国纳税人也必须满足该要求。

---

① 德勤官网，https://www2.deloitte.com/id/en.html。
② International Tax Indonesia Highlights 2022，更新截至 2022 年 1 月。

（四）印度尼西亚国际税收服务发展变化

印度尼西亚国际税收服务发展变化主要体现在跨境纳税人权利保护服务方面。2021 年 12 月 22 日，印度尼西亚财政部发布第 196/PMK. 03/2021 号条例（简称 PMK-196）对印度尼西亚自愿披露计划（VDP 计划）的相关申请流程、投资程序、报告要求、制裁等做出了规定。其中，涉及跨境纳税人权利保护服务方面的有：根据 PMK-196，在 VDP 计划实施中印度尼西亚税务总局无法使用最高人民检察院中包含的数据和信息作为开展跨境纳税人税务犯罪调查的依据。

（五）印度尼西亚国际税务行政协助与合作发展变化

印度尼西亚国际税务行政协助与合作发展变化主要体现在双边或多边税收合作发展以及跨境税收争议解决机制发展方面。

1. 印度尼西亚双边或多边税收合作发展变化

2021 年印度尼西亚颁布 2021 年第 7 号《税收规定统一法》[①]（Undang-Undang Harmonisasi Peraturan Perpajakan，简称"UU HPP"）提出将扩大与其他税收管辖区进行国际税收管理的合作权限，包括避免双重征税和防止逃税、税基侵蚀和利润转移（BEPS）、税务信息交流、协助征税以及其他税务合作。

2022 年印度尼西亚政府颁布了 2022 年第 55 号政府条例[②]，进一步明确税务总局有权签订与税务相关的双边或多边协议，协议形式可以是双重征税协议，MLI，交换税务信息协议，《多边税收征管互助公约》，税务机关之间的双边或多边协议，以及旨在解决与经济数字化和/或 BEPS 相关的税务问

---

① UNDANG-UNDANG REPUBLIK INDONESIA NOMOR 7 TAHUN 2021 TENTANG HARMONI SASI PERATURAN PERPAJAI（AN（Undang-undang Nomor 7 Tahun 2021），https：// peraturan. bpk. go. id/Home/Details/185162/uu-no-7-tahun-2021.

② Peraturan Pemerintah（PP）tentang Penyesuaian Pengaturan di Bidang Pajak Penghasilan（PP No. 55 Tahun 2022），https：// peraturan. bpk. go. id/Home/Details/233488/pp-no-55-tahun-2022.

题的协议。

2. 印度尼西亚跨境税收争议解决机制发展变化

印度尼西亚颁布《税收规定统一法》增加了 MAP 流程的确定性条款。该法增加了一项"MAP 可以与国内争议解决一起进行"的规定，即 MAP 流程将能够与反对、上诉或减少或取消错误"税收评估通知书（Surat Ketetapan Pajak，简称 SKP）的请求一起进行。

（1）如果发布税务上诉决定或司法审查决定，印度尼西亚税务总局将能够视情况采取相应行动。如果税务法院决定的事项不是 MAP 中谈判的事项，则继续 MAP 谈判；如果税务法院决定的事项与 MAP 中谈判的事项相同，则将该决定或裁决作为 MAP 谈判的基础，或停止 MAP 谈判过程。

（2）如果 MAP 谈判结束，相关司法管辖区主管当局相互同意的税务处理将在印度尼西亚执行，前提是主管当局相互通知可以执行商定的程序，并且纳税人已调整或撤回相关案件的持续争议解决尝试；如果 MAP 谈判未达成结论，将执行争议解决过程中达成的任何决定。

（3）如果 MAP 得出结论后税款被超额支付，税务机关必须在将超额支付的税款与无任何利息的任何到期税款进行抵消后退还税款。

（六）BEPS 行动计划成果的印度尼西亚落地行动发展变化

BEPS 行动计划成果在印度尼西亚落地发展变化主要体现在 MLI 的生效执行发展变化和其他 BEPS 成果在印度尼西亚落地发展变化方面。

1. MLI 生效执行发展变化

MLI 对印度尼西亚正式生效后，MLI 于以下日期在印度尼西亚对某些税收协定生效。①MLI 从 2021 年 1 月 1 日起对预扣税生效。②MLI 从 2022 年 1 月 1 日起对其他税收生效。

2. 其他 BEPS 成果在印度尼西亚落地发展变化

（1）解决印度尼西亚 CFC 法规在实施中的一些不确定性问题。

印度尼西亚政府早已参考第 3 项 BEPS 行动计划成果即《强化受控外国公司（CFC）规则》制定了 CFC 规则，但该规则在实施上一直具有不确定性。

2021 年印度尼西亚税务总局基于第 3 项 BEPS 行动计划颁布了第 SE-55/PJ/2021 号通函（简称 SE-55），即《受控外国公司规则实施指南》。SE-55 向税务机关提供了受控外国公司规则（CFC）的详细指南，SE-55 解决了印度尼西亚财政部 2017 年发布的第 107/PMK.03/2017 号条例即 CFC 法规（经第 93/PMK.03/2019 号条例修订）在实施中的一些剩余不确定性问题。具体对接内容详见前文"印度尼西亚受控外国公司管理的发展变化"部分。

（2）印度尼西亚在 BEPS 双支柱解决方案方面取得突破。

2022 年 12 月印度尼西亚政府发布了期待已久的第 55 号政府条例，以根据 2021 年第 7 号法律《税收规定统一法》实施所得税法修正案。第 55 号政府条例涵盖两个国际税务主题，即反避税措施和国际税务协定。该条例承认，分配征税权旨在赋予来源国更广泛的征税权，该概念建立在无须实体存在的新商业模式之上，同时，还有其他解决方案旨在结束利润向无税或低税管辖区的转移，并确保跨国企业按照协议规定缴纳全球最低税。第 55 号政府条例作为采用"双支柱"方法的法律依据如下。"第一支柱"，满足国际税收协定中确定的某些标准（如合并营业额和利润水平）的跨国企业被视为履行了纳税义务，因此需要在印度尼西亚纳税；"第二支柱"，属于国际税收协定范围内的跨国公司集团将根据该协定在印度尼西亚征收全球最低税。

三　印度尼西亚国际税收管理发展前景

印度尼西亚将持续完善跨境税收管理，关注税收协定下避免所得双重征税问题，优化国际税收服务，进一步巩固国际税收征管合作，强化国际税收协定争端解决机制等，在减少重复征税、规范文件、营造国际税收公平合理大环境上有所行动。

（一）印度尼西亚跨境税收管理发展前景

随着印度尼西亚经济社会的发展，部分国际税收管理制度的不足日渐明显，有待在未来的国际税收管理制度改革中不断完善。

1. 印度尼西亚居民纳税人境外所得管理发展前景

（1）居民企业境外所得管理。

印度尼西亚《所得税法》进行了多次修订，但在区分居民企业的境外所得和境内所得申报上不够具体，而是采取统一管理的方式。在经济全球化的背景下，未来印度尼西亚可能对居民企业的境内外所得实行纳税申报分类管理，以更好地为境外投资企业提供纳税申报指导。

另外，居民企业在境外投资的过程中容易遇到跨境税务事项不确定性的风险，因此根据管理需要来制定并完善跨境税务事项处理规则已成为包括印度尼西亚在内的各国税务部门亟待完成的任务。未来印度尼西亚有望总结实践经验，从制定跨境税务事项的事先裁定规则出发，为跨境纳税人自行衡量境外投资风险提供指导，对于未列入事先裁定规则的事项，明确告知纳税人相应的处理流程，以减少纳税人跨境投资的税收不确定性。

（2）居民个人境外所得管理。

印度尼西亚《所得税法》是指导居民个人境外个人所得税纳税申报管理的法律，对于未纳入法律而现实中需要的纳税申报管理规定，如居民个人境外所得年度自行申报管理、境内外派人员的委托纳税申报管理、境内派出机构的个人所得税代扣代缴管理有望在今后的修订中加以补充。

2. 印度尼西亚非居民纳税人税收管理发展前景

非居民纳税人的界定处在动态的发展过程之中，如 2020 年电子平台贸易商、电子平台服务提供商以及连续 12 个月内居住在印度尼西亚境外超过 183 天的居民个人被认定为非居民纳税人，而连续 12 个月内居住在印度尼西亚境内超过 183 天的外国居民个人不再被认定为非居民纳税人。由以上趋势可以推测，非居民纳税人税收管理规定将随着非居民纳税人界定标准的变动而相应调整。

（二）印度尼西亚税收协定下避免所得双重征税的管理发展前景

印度尼西亚财政部和税务总局长期关注税收协定下避免所得双重征税问

题，在避免双重征税协定管理方面，预计将进一步磋商和谈判，通过税收协定的签署和修订，在减少重复征税、规范文件、营造国际税收公平合理大环境上有所行动。

1.印度尼西亚税收协定网络发展变化前景

（1）关于税收协定的签署。

随着国际税收协定对国际税收的协调程度不断加深，对避免国际重复征税的作用不断提高，以及对税收管辖权的明确和税收公平无歧视原则的深化，可以预计印度尼西亚政府必然会进一步扩大其税收协定网络。第一，扩大税收协定缔约国数量，扩大双边税收协定合作范围。第二，扩大税收协定修订数量。基于当前国际反避税最新变化，在双边有效沟通且能达成一致的前提下，尽可能扩大原税收协定的修订数量，以符合印度尼西亚当局税收利益和国际税收合作新趋势。第三，随着国际经济融合程度的加深和跨国税务工作的复杂性，在新增税收协定或对原协定修订时，涉及的内容也将更多体现税务争议解决方法和程序。

同时，印度尼西亚政府将积极促进原已签字但还未批准的协议尽快进入批准流程，促进原已签署未生效的双边协定达到生效状态，促进政府间尽快交换批准文件。

（2）关于税收协定适用范围的发展前景。

随着国际税收协定行文日益严格，涉及的税种和征税对象日益扩大，出现的税收问题日趋复杂多样，已不是单纯的国际重复征税问题，协定的条款也由以前的十多项扩展到现今的几十项。种种变化都要求印度尼西亚在税收协定适用范围的管理上有更高的要求和准确的表达。印度尼西亚将继续规范对常设机构的认定和判定标准，通过法律条例为常设机构提供更详细的说明，为境外纳税人在印度尼西亚从事业务活动提供更多的法律依据。同时，在税种适用范围管理方面，随着跨境业务的深入发展，印度尼西亚列入税收协定的税种将比可预计的适度增多。

（3）关于不同类型收入的税收管辖发展前景。

不同类型收入的税收管辖权问题一直以来都是跨国重复征税的根源，国与国之间就该问题长期存在较多冲突，税收协定中关于此类条款均较为复杂。目前印度尼西亚税收协定中，不同类型收入的税收管辖涉及居民企业跨境经营所得税收管辖权（如常设机构营业利润和居民企业国际运输所得的征税权），居民个人境外劳务所得的税收管辖权（如居民个人境外劳务所得的征税权和免税待遇），居民境外权益性所得的税收管辖权（如境外股息税收优惠及征税权，境外利息税收优惠及征税权，境外特许权使用费优惠税率及征税权），居民企业境外财产所得征税权（如转让境外不动产所得、转让境外常设机构营业财产所得、转让境外运输工具所得、转让境外公司股权所得、转让境外其他财产收益的征税权）。随着国际间资本的流动，居民企业跨境经营、居民个人跨境劳务、居民跨国投资、居民企业转让境外财产等业务将越来越多，收入形式愈加丰富，同时也带来了更加复杂多变的国际重复征税问题，税收协定关于不同类型收入的税收管辖权的界定极为重要。很明显，包括印度尼西亚在内的各国都将对各主要国际所得的税收管辖权展开进一步磋商和谈判，通过税收协定的签署甚至对原协定的修订，在兼顾双方利益的同时巩固本国税收利益，通过税收协定明确征税方式，减除重复征税，营造国际税收公平合理大环境。

（4）关于享受税收协定待遇的程序发展前景。

印度尼西亚财政部和税务总局长期关注享受税收协定待遇的程序，在签订税收协定时也将严格落实相关程序。预计印度尼西亚将在关于税收协定待遇管理程序性文件规范上有所行动。

2. 印度尼西亚税收协定谈签立场发展变化

基于印度尼西亚很可能成为全球税制改革的受益者之一，其税收协定谈签预计以全球协调的税收改革计划为目标，以解决避税问题，提高国际税收规则的一致性，确保更加透明的税收环境并应对由此产生的来自数字经济的税收挑战。

同时，由于税收协定中规定税收饶让条款会对缔约国存在一定负面影响，出于对自身经济利益的考虑，部分国家在税收饶让条款规定上较为谨慎。作为发展中国家，印度尼西亚政府在研究税收饶让制度上可能保持谨慎立场，应区别不同国家采用不同原则，在谈判过程中坚定自己立场的同时完善印度尼西亚税收饶让条款。另外，目前印度尼西亚税收协定中已制定了居民税收非歧视（无差别）待遇条款，包括居民国籍税收非歧视、居民企业常设机构税收非歧视、居民企业所得税收扣除非歧视和居民企业资本税收非歧视等内容。保证税收无差别待遇是保护本国居民在缔约国投资收益免受不当侵夺，避免在他国承受过重税负的重要条款。可预计印度尼西亚政府将对税收协定中的非歧视待遇条款进一步完善和明确，以规避条款的解释与适用缺陷，特别是在遵循税收协定特有的解释规则下造成的非歧视待遇条款适用的不确定性。同时，针对个别缔约国以国内法推翻非歧视待遇条款的行为，也将完善协商程序和争端解决机制。

（三）印度尼西亚国际反避税管理发展前景

在国际反避税管理工作方面，印度尼西亚下一步的重点计划应是借鉴其他国家一般反避税管理经验，适时引入一般反避税规则，制定一般反避税措施的适用范围、判断标准、调整方法、工作程序和争议处理等。

1. 印度尼西亚转让定价管理的发展前景

转让定价管理对于制定和验证企业间关联交易是否符合公平交易原则起着非常重要的作用，是验证关联交易是否合理的关键指标。印度尼西亚已立法对转让定价进行了专门的规定和管理，反避税管理工作取得较大进展，关联企业也将面临更严格的合规性要求。下一步还需从"阐明交易双方定价安排的经济合理性以及如何让交易方的主管税务机关（不同国家或不同区域的主管税务机关）接受"等关键问题入手进行优化。

2. 印度尼西亚一般反避税管理发展前景

目前印度尼西亚还没有一般反避税规则，仅有针对特殊避税行为和事项的特殊反避税规则。但是，仅靠正列举形式进行特殊反避税工作是远远不够的，而一般反避税作为反避税的兜底措施，在整个反避税工作中的作用越发重要。世界上多数国家基本是在特殊反避税规则的基础上逐步引入一般反避税规则。因此，印度尼西亚有望在借鉴其他国家一般反避税管理经验做法的基础上，结合其工作实际适时引入一般反避税规则。例如，制定《一般反避税管理条例》，就税务当局采取一般反避税措施的适用范围、判断标准、调整方法、工作程序和争议处理等相关具体问题进行规范和明确。

3.印度尼西亚特殊反避税管理发展前景

2020年以来印度尼西亚财政部和税务总局相继发布2020年第22号条例（PMK-22）和第17号条例（PER-17），进一步规范了对转让定价和预约定价安排的管理。此外，印度尼西亚财政部还在2019年发布了第93号条例（PMK-93），以规范受控外国公司的利润分配问题。在这一系列条例的作用下，印度尼西亚的反避税管理工作取得较大进展，关联企业也将面临更严格的合规性要求。下一步有望从资本弱化管理规则、防止滥用税收协定等方面弥补特殊反避税管理的短板。

（四）印度尼西亚国际税收服务发展前景

近年印度尼西亚颁布的各项法规向公众传递出一个信号，即通过简化法规、优化流程及提升政府服务质效来提高企业在印度尼西亚经营业务的便利性已成为下一阶段印度尼西亚各项改革的出发点。因此，印度尼西亚国际税收服务的发展也将受上述趋势的影响。

1.印度尼西亚跨境贸易税收规则及出口退（免）税服务发展前景

出口退（免）税服务效率会对一国的对外贸易发展产生重要影响。预计下一步印度尼西亚将借鉴国际先进做法，如通过对出口企业实行分类管理以及对不同的管理类别适用差异化的退税情形等方式，提高出口退（免）税服务的效率。

2.印度尼西亚国际税收服务发展前景

（1）关于境外投资企业税收服务。

为使境外投资企业应享尽享税收优惠政策，提高印度尼西亚国际税收服务水平，同时减少税务部门的税收征管成本，根据境外企业所得税优惠事项办理的国际发展趋势推测，印度尼西亚可能将境外企业所得税优惠事项的办理程序由审批制发展为备案制，这意味着企业可以根据自行计算的减免税额现行填报所得税申报表，并将证明材料留存以备税务部门检查。

（2）关于"税收居民身份证明"的办理服务。

为使境外投资纳税人在协定缔约国（地区）享受避免双重征税协定待遇，印度尼西亚税务总局不断提高"税收居民身份证明"的办理效率，如将该项服务办理时长的上限设置为 10 个工作日，若超过此上限未办结即视为自动批准等。与此同时，为避免出现协定滥用的问题，印度尼西亚也提高了材料审核的严谨度，如要求纳税人提供最新月度的纳税申报表。由此可以推测该项服务未来的发展将依赖印度尼西亚税务总局在办税便利度和审查严谨度之间找到新的平衡。

（3）关于国际税收服务热线（外文税收服务）。

印度尼西亚尚未制定国际税收服务热线（外文税收服务）规范，但在印度尼西亚税务总局的官方网站上设置了专门的"国际税收"模块。由于该模块设置的内容主要是基于印度尼西亚落实 BEPS 各项行动计划成果的需要，可以预测的是印度尼西亚将根据 BEPS 各项行动计划成果的落实进度，不断丰富该模块的内容，以提高国际税收服务的透明度。

（4）关于跨境纳税人权利保护。

目前印度尼西亚跨境纳税人权利保护主要体现在印度尼西亚税务部门对于跨境纳税人信息安全的保护以及跨境纳税人在遇到国际税收争端时申请相互协商服务及税收仲裁服务权利的保护。但由于上述关于印度尼西亚跨境纳税人权利保护的法律条款散落于不同的法律法规中，未来印度尼西亚有望整合现有跨境纳税人权利保护条款，以充实跨境纳税人权益保障法制建设。

（五）印度尼西亚国际税务行政协助与合作发展前景

印度尼西亚将在国际税收征管合作方面和国际税收协定争端解决机制方面持续优化，维护公平税收秩序等，展现其负责任国家形象并维护其利益分配格局。

1. 印度尼西亚国际税收征管合作发展前景

多边税收合作是目前国际涉税行政合作的趋势和主流。《多边税收征管互助公约》影响力持续上升，参加税务事项行政协助公约的司法管辖区必将进一步扩大，印度尼西亚作为《多边税收征管互助公约》的签订国，未来也将根据《多边税收征管互助公约》严格执行国际税收征管协作相关条款，打击跨境逃避税，维护公平税收秩序，提高对跨境纳税人的税收征管与服务，以展现其负责任国家形象。

印度尼西亚是《金融账户涉税信息自动交换》协定的参与者，其在金融账户涉税信息自动交换方面已然开始并将继续扩大信息交换，积极参与国际税收合作。从印度尼西亚财政部此前出台的相关条例可知，印度尼西亚财政部极为关注金融账户涉税信息自动交换，其专门出台了专项条例为获取金融账户涉税信息提供技术指导，在之后的制度建设进程中也将重点关注该领域。

2. 印度尼西亚国际税收协定争端解决机制发展前景

加强国际税务行政协助与合作需要高效的跨境税收争议解决机制。作为现行解决国际税收争端的重要形式，印度尼西亚政府将努力通过 MAP 的实施提高争议解决程序的效率和有效性，使税基侵蚀与利润转移的争议解决更有效，并尽量减少意外双重征税的发生。

鉴于印度尼西亚的 MAP 服务目前仍存在一些不足，如 MAP 指南尚未涉及信息保密性的规定等，作为 BEPS 包容性框架成员，预计印度尼西亚将进一步对接第 14 项 BEPS 行动计划的最低标准，并根据 OECD 出具的同行评审报告建议，不断提高相互协商服务在解决国际税收争端中的效率。

当然，除了 MAP，国际税收新秩序的建立也需要其他跨境税收法律救济机制，如税收仲裁程序和国际司法程序。税收仲裁程序将是包括印度尼西亚政府在内的各国在税收争端不能协商解决时可以考虑的方式，而国际司法程序又在 MAP 和仲裁解决争端不足时具有一定的优势。预计税收仲裁程序和国际司法程序将得到印度尼西亚政府的重视以维护其利益。

（六）BEPS 行动计划成果的印度尼西亚落地行动发展前景

印度尼西亚作为 G20 成员一直积极参与 BEPS 项目的讨论，今后也将针对某些重点领域适度采纳 OECD 对于 BEPS 项目的最终建议。

1. "最低标准"规则项目的印度尼西亚落地发展前景

作为 BEPS 包容性框架的一员，印度尼西亚承诺实施"最低标准"规则项目，且"最低标准"规则的 4 个项目均有不同程度的落实。但是，考虑到落地实施情况与最低标准要求之间尚有一定的差距，预计下一步印度尼西亚将从以下方面加以努力。①进一步增强所得税制的透明度。特别是涉及无形资产的相关税收制度和政策，还应加强与其他国家的信息交换。②进一步完善"MAP 实施指南"。现行的指南（PMK-49）大体上符合第 14 项 BEPS 行动计划建议。未来有望进一步提升 MAP 的效率，使得 MAP 案件得到更及时的解决，并且要进一步发挥其对相关争议的预防作用。

2. "共同方法"规则项目的印度尼西亚落地发展前景

印度尼西亚尚未对接第 1 项 BEPS 行动计划成果，针对数字经济带来的税收征管挑战，印度尼西亚开始针对部分外国大型数字服务企业征收数字服务税。但是，2021 年 10 月 8 日 G20/OECD 包容性框架召开第十三次全体成员大会，136 个辖区就国际税收制度重大改革达成共识，并发布了《关于应对经济数字化税收挑战"双支柱"方案的声明》（以下简称《声明》）。按照《声明》要求各国应放弃诸如征收数字服务税等单边行动。因此，印度尼西亚将按照"双支柱"方案的要求调整相关政策，并积极参与后续多边的数字治理行动。此外，印度尼西亚还应参照第 7 项 BEPS 行动计划中关于 OECD 税收协定范本的修改意见，完善双边税收协定中关于常设机构的定义。

3. 国内税收法律的"最佳实践"规则项目的印度尼西亚落地发展前景

预计印度尼西亚将采取以下措施。①参照第 2 项 BEPS 行动计划中关于反错配规则和税收协定范本条款的建议，对国内法进行修改完善，以消除跨境交易中混合错配安排导致的税基侵蚀问题。②在国内立法中引入强制披露规则，并强化国际间的信息交换与合作，以增强税务机关和政策制定者早期获取激进或恶意税收筹划方案以及方案使用者的相关信息。③进一步细化受控外国公司管理规则和资本弱化管理规则，以应对由此导致的税基侵蚀和利润转移。

越南国际税收管理发展报告
（2023）

摘　要： 2020 年以来，越南《税收征管法》《转让定价管理法令》《企业法》《投资法》等多项法律法规迎来了重要修改，推动国际税收管理取得了新的进展。表现在越南对居民企业境外关联申报及从事数字业务的海外供应商的管理得到了加强，避免所得双重征税的管理更规范，以转让定价管理规则、预约定价安排规则为代表的国际特殊反避税管理更完善，预约定价安排服务、相互协商服务等国际税收服务更便捷，跨境纳税人的信息安全及申报信息解释和更正的权利得到保护，与 80 个国家（地区）构建了税收协定网络，国际税务行政协助与合作得到加强。《实施税收协定相关措施以防止税基侵蚀和利润转移的多边公约》《多边税收征管互助公约》的签署以及企业所得税法的启动修改有效推动了 BEPS 行动计划成果的落地实施，同时"审查避免双重征税协定的有效性及其对越南主要税收政策和调整方向的影响"项目的批准实施为国际税收管理制度改革指明了方向。但目前越南部分国际税收管理制度尚不完善，大部分 BEPS 行动成果的落地与 OECD 标准之间差距明显，未来越南将根据财政部《关于发布 2025 年税制改革计划的决定》中制定的《到 2025 年实施国际税收管理改革的路线图》不断完善国际税收管理制度。

关键词： 越南　国际税收管理　跨境所得税　税收协定　BEPS 行动计划成果

2021 年以来，越南在国际税收管理领域取得了诸多重要进展。本报告将从 2020 年及以前年度越南国际税收管理发展出发，基于 2021 年以来税务部门在跨境税收管理、税收协定下避免所得双重征税管理、国际反避税管理、国际税收服务、国际税务行政协助与合作及 BEPS 行动计划成果的落地行动六个方面的最新发展动态，研判其发展趋势，力图呈现越南在国际税收管理领域的发展图景。

一　越南国际税收管理发展基础（截至2020年）

2010~2020 年，越南《财政部第 156/2013/TT-BTC 号通知：指导实施税收征管法若干条款以及修订、补充税收征管法和政府 2013 年 7 月 22 日第 83/2013/ND-CP 号法令若干条款》①（以下简称《税收征管法实施细则》）、《财政部第 111/2013/TT-BTC 号通知：指导实施个人所得税法》②（以下简称《个人所得税法实施细则》）、《财政部第 78/2014/TT-BTC 号通知：指导实施企业所得税法（第 218/2013/ND-CP 号法令）》③（以下简称《企业所得税法实施细则》）、《政府指导实施〈增值税法〉若干条款的第 209/2013/ND-CP 号法令》④（以下简称《增值税法实施细则》）等法律制度及

①　Thông tư 156/2013/TT-BTC hướng dẫn Luật Quản lý thuế; Luật sửa đổi, bổ sung một số điều của Luật Quản lý thuế và Nghị định 83/2013/NĐ-CP do Bộ trưởng Bộ Tài chính ban hành, http：//vanban. chinhphu. vn/portal/page/portal/chinhphu/hethongvanban? class_ id=1&_ page=1&mode=detail&document_ id=171570.

②　Thông tư 111/2013/TT-BTC Hướng dẫn Luật thuế thu nhập cá nhân và Nghị định 65/2013/NĐ-CP do Bộtrưởng Bộ Tài chính ban hành, https：//thuvienphapluat. vn/van-ban/thue-phi-le-phi/Thong-tu-111-2013-TT-BTC-Huong-dan-Luat-thue-thu-nhap-ca-nhan-va-Nghi-dinh-65-2013-ND-CP-205356. aspx.

③　Thông tư 78/2014/TT-BTC hướng dẫn thi hành Nghị định 218/2013/NĐ-CP hướng dẫn Luật Thuế thu nhập doanh nghiệp do Bộ trưởng Bộ Tài chính ban hành, https：//thuvienphapluat. vn/van-ban/Doanh-nghiep/Thong-tu-78-2014-TT-BTC-huong-dan-218-2013-ND-CP-thi-hanh-Luat-Thue-thu-nhap-doanh-nghiep-236976. aspx.

④　Nghị định 209/2013/NĐ-CP hướng dẫn Luật thuế giá trị gia tăng, https：//thuvienphapluat. vn/van-ban/Thuong-mai/Nghi-dinh-209-2013-ND-CP-nam-2013-huong-dan-Luat-thue-gia-tri-gia-tang-216679. aspx.

规范性文件相继出台，有效减少了越南国际税收管理中的随意性，为越南国际税收管理的发展奠定了坚实的法律基础。

（一）越南跨境税收管理基础

越南对纳税人的跨境所得行使双重税收管辖权。具体来讲，针对居民企业或个人境外所得，越南行使居民税收管辖权，对居民纳税人来源于越南境外的所得征税；针对非居民企业或个人来源于越南境内的所得，越南行使来源地税收管辖权，对非居民企业来源于越南境内的所得征税。

1. 居民企业境外所得纳税申报管理

越南居民企业境外所得纳税申报管理的指导性文件是越南政府发布的第218/2013/ND-CP 号法令《企业所得税法详细规定和实施指引》[①] 及越南财政部针对上述法令颁布的《企业所得税法实施细则》。

（1）居民企业境外所得申报管理。

越南财政部在《企业所得税法实施细则》第七条第二十二款明确规定，越南企业从境外生产和经营活动中获得收入，即使在东道国享受所得税减免，也应根据越南现行企业所得税法申报和缴纳企业所得税。对违反上述规定的企业，越南税务机关可以对其境外生产经营活动的应纳税所得额进行评估。对于在缔约国的生产和经营活动所得，越南企业应根据国际税收协定进行申报和纳税。

居民企业境外所得在越南申报纳税时需提交的资料包括：①企业关于离岸投资项目利润分配的文件；②经独立审计机构认证的企业财务报表；③境外投资项目企业所得税申报表（经项目主管代表认证的副本）；④企业税务终结书面记录（如有）；⑤证明其在海外缴纳税款的文件。如果居民企业境外投资项目未产生任何应税收入（或正在遭受损失），在年度企业所得税申报和最终确定后，投资境外的越南企业只需提交财务报表（经投资所在国

---

① Nghị định 218/2013/NĐ-CP hướng dẫn thi hành Luật thuế thu nhập doanh nghiệp, https://thuvienphapluat.vn/van-ban/Doanh-nghiep/Nghi-dinh-218-2013-ND-CP-huong-dan-thi-hanh-Luat-thue-thu-nhap-doanh-nghiep-217811.aspx.

独立审计机构或主管机构认证）和项目所得税申报表（经项目主管机构认证并加盖企业印章的副本）。

（2）居民企业境外关联申报管理。

越南政府颁布的《转让定价管理法令》① 规定了关联交易报告、国别报告及关联交易同期资料的报送主体、报送内容、报送时限。

关联交易报告的相关规定。《转让定价管理法令》规定，关联交易纳税人必须在会计年度终了之日起 90 天内填报申报关联关系及关联交易信息表，在企业所得税汇算清缴时一并报送。

国别报告及关联交易同期资料报告义务的相关规定。《转让定价管理法令》将转让定价文档分为跨国集团所有成员标准化信息的主体文档，符合条件的居民企业提交的本地文档以及最高母公司的跨国利润报告三个部分。上述文件分别按该法令附录发布的 03 号、02 号及 04 号表格制作，提交期限为收到税务机关书面要求后 30 个工作日内，如纳税人有正当理由的，文档提交的期限可以顺延一次，但不超过自期满之日起的 15 个工作日。为减轻跨境纳税人的资料报送负担，该法令对国别报告的报送主体做出以下规定：只有纳税人是纳税期内全球合并收入达 18 万亿越南盾或以上的越南最终母公司，才需要向越南税务机关提供国别报告。如果纳税人在国外有最终母公司，则纳税人有责任向越南税务机关提供最终母公司编制的国别报告复印件。

（3）居民企业境外所得确认管理。

根据《企业所得税法》② 的相关规定，居民企业境外的不同所得类型，其来源地确认的标准不同。①销售货物所得的确认依据常设机构标准。②提供劳务所得的确认依据劳务提供地标准或劳务所得支付地标准。③权益所得

---

① Nghị định 20/2017/NĐ-CP quy định về quản lý thuế đối với doanh nghiệp có giao dịch liên kết，https：//thuvienphapluat. vn/van-ban/Doanh-nghiep/Nghi-dinh-20-2017-ND-CP-quan-ly-thue-doi-voi-doanh-nghiep-co-giao-dich-lien-ket-340892. aspx.

② 越南政府第 14/2008/QH12 号《企业所得税法》，后于 2013 年 6 月 19 日、2014 年 11 月 26 日及 2020 年 6 月 17 日进行修订。THUẾ THU NHẬP DOANH NGHIỆP，https：//thuvienphapluat. vn/van-ban/Doanh-nghiep/Luat-thue-thu-nhap-doanh-nghiep-2008-66935. aspx。

主要包括股息、利息、特许权使用费收入。其中，以股息支付公司的所在地为股息所得的来源地，利息以用于支付债务利息的所得来源地为标准，以特许权使用费支付者的居住地为特许权使用费的来源地。④转让财产所得分为转让不动产和转让动产两类。其中，以不动产的实际所在地为不动产所得的来源地，以动产销售或转让地为动产所得来源地。

（4）居民企业跨境税收扣除管理。

在涉及跨境关联企业之间共同支出和共同费用（分摊）扣除方面，《转让定价管理法令》规定如下。①在计算企业所得税时，居民企业境外投资项目产生的任何损失都不允许用企业在越南赚取的收入进行清算。②如果关联方之间存在服务交易，纳税人有权从当期应税费用中扣除服务费用，但需满足以下条件：一是此类交易必须在全集团范围内采用统一的关联交易价格计算方法或关联方之间的服务费分摊方法；二是能够提供合同文件、发票、计算方法、归因分析和集团对所提供服务的定价政策。

（5）居民企业境外应纳税所得额及计算管理。

居民企业境外应纳税所得额的计算可以细分为以下两种情况。

①适用境外税额抵免的应纳税所得额及计算。

越南财政部《企业所得税法实施细则》规定，居民企业境外应纳税所得额等于企业的境外生产经营所得减去生产经营活动的可扣除费用后再加上其他收入。如果企业的境外生产经营所得是外币收入，则必须按照越南国家银行公布的银行间外币市场平均汇率将外币兑换成越南盾。

当越南居民企业境外投资项目的收入已在东道国缴纳企业所得税（或类似税）时，在计算企业应纳税额时，可减去其在境外已缴纳的税款或其在东道国的合作伙伴为其代扣代缴的税款（包括股息税），但扣减金额不得超过根据越南企业所得税法计算的所得税金额。境外投资的越南企业从其海外投资项目中赚取的利润享受东道国税收减免的，减免税金额也可在确定该企业在越南应缴纳的所得税金额时予以扣除。

②境外分支机构应纳税所得额及计算。

《企业所得税法实施细则》第十三条对分支机构应纳税所得额的计算作

出了指导，但并未明确该项规定是否也适用于境外分支机构应纳税所得额的计算。具体规定如下：经营企业在不同地域有不同的独立成本核算生产机构的，独立成本核算分支机构的应纳税所得额等于一段时期内总公司应纳税所得额乘以该生产企业发生的费用与总公司发生的总费用之间的比例。费用比例由企业自行根据上一纳税年度的企业所得税完税数据确定。

2. 居民个人境外个人所得税申报管理

越南关于居民个人境外个人所得税申报管理的指导性文件是《个人所得税法实施细则》。

（1）居民个人境外所得年度自行申报管理。

纳税申报规则。《个人所得税法实施细则》第二十六条第二款规定，居民个人取得境外组织和个人支付的工资薪金所得，应按季向税务机关申报纳税。除工资薪金外的其他所得，居民个人应按次申报纳税。在计算应纳税额时居民个人可以扣除已在国外缴纳的税额，但可扣除税额不得超过根据越南税率计算的境外所得的应纳税额。此外，越南税务总局在 2019 年 1 月 3 日第 14/TCT-DNNCN 号官方信函中对上述规定进行了补充，即如果个人从境外机构获得收入（包括加班或夜班工作获得的工资支付），超过正常工作时间的收入部分仍有资格享受个人所得税豁免。

纳税申报材料。从境外赚取工资薪金收入、经营活动收入的居民个人应分别使用《税收征管法实施细则》附录中的 07 号、08 号表格申报纳税；从境外资本投资、版权、特许经营中获得收入的居民个人应使用附录中的 03 号表格申报纳税；从境外取得房地产、资金转让（包括证券转让）所得或者继承、赠与所得的居民个人，应当按照本实施细则第十六条第三至六款的规定申报纳税。为避免双重征税，个人必须附上证明其在境外缴纳所得税税款的文件。如果外国税务机关未按照其管辖范围核实已缴税款，纳税人可提交其扣税证明（注明纳税申报编号）的复印件，或境外银行扣款通知单的复印件。

纳税申报地点。从境外获得工资薪金收入的居民个人应向其工作或居住地的税务部门提交纳税申报表；从境外赚取非工资薪金收入的居民个人应向其居住地的税务部门提交纳税申报表。

纳税期限。从境外获得工资薪金收入的居民个人，纳税截止日期是其提交季度纳税申报表的截止日期。从境外获得非工资薪金收入的居民个人，其提交纳税申报表的截止日期为自获得收入之日起的 10 天内；如果居民个人在获得收入时不在越南，则必须在抵达越南之日起 10 天内提交纳税申报表。

（2）境内外派机构的个人所得税代扣代缴管理。

《个人所得税法实施细则》规定，与用人单位签订了 3 个月以上劳动合同的居民个人，收入支付单位或个人应当为该居民代扣代缴税款；对于与用人单位签订了 3 个月以上劳动合同但在劳动合同期满前离职的居民个人，其收入支付单位或个人仍需为其依法代扣代缴个人所得税。

3. 非居民纳税人税收管理

越南财政部于 2014 年 8 月 6 日发布的《关于指导〈在越南开展业务或在越南赚取收入的外国实体履行税收责任〉的通知》① 被视为非居民纳税人税收管理的指导性文件。

（1）非居民纳税人的界定管理。

越南非居民纳税人的界定可分为非居民企业和非居民个人两类。

非居民企业的界定管理。越南的法律未直接规定非居民企业的判定标准，通常非居民企业可以理解为不符合居民企业判定标准的组织。越南与缔约国签署的税收协定规定了居民企业的判定标准，即符合以下条件之一的，可视为越南居民企业。①该实体在越南设立或注册经营。②该实体在越南设有总部。③该实体在越南设有实际执行机构。如果该实体同时在两国设立或注册，或者在两国同时设有总公司或实际管理机构，越南主管当局需要与缔约国主管当局通过双边协商程序进行确认，最终主体只能为其中一国的居民企业，若未达成协议，该企业不得视为任何国家的居民企业。

---

① Thông tư 103/2014/TT-BTC hưởng dẫn thực hiện nghĩa vụ thuế áp dụng đối với tổ chức, cá nhân nước ngoài kinh doanh tại Việt Nam hoặc có thu nhập phát sinh tại Việt Nam do Bộ trưởng Bộ Tài chính ban hành，https：//thuvienphapluat. vn/van-ban/Thuong-mai/Thong-tu-103-2014-TT-BTC-huong-dan-thuc-hien-nghia-vu-thue-to-chuc-ca-nhan-nuoc-ngoai-kinh-doanh-Viet-Nam-243595. aspx.

非居民个人的界定管理。根据《个人所得税法实施细则》规定，非居民个人是指不符合居民个人界定标准的人。居民个人是指符合以下条件之一的人。①在一个日历年中或从在越南的第一天起连续 12 个月在越南停留 183 天或以上。②在越南有固定住所，包括永久居留登记地或根据定期租赁合同在越南居住的出租房屋，租赁合同期限为纳税年度 183 天或以上。

（2）非居民纳税人所得税管理。

根据税种的不同，越南非居民纳税人所得税管理包括非居民企业所得税管理和非居民个人所得税管理两类。

非居民企业所得税管理。《企业所得税法实施细则》规定了非居民企业所得税管理的范围，包括下列三种情况。①在越南设立常设机构的外国企业，应就其在越南境内产生的应纳税所得额以及与该常设机构的经营有关的在越南境外产生的应税收入纳税。②在越南设立常设机构的外国企业，应对在越南产生的与常设机构经营无关的应税收入纳税。③在越南未设常设机构的外国企业，应对其在越南产生的应税收入纳税。其中外国企业常设机构是指外国企业在越南进行部分或全部生产经营活动的生产经营机构，即在越南的分公司、行政办公室、工厂、车间、交通工具、油田、气田、矿山或其他自然资源开采场所；建筑工地、建筑、安装和装配工程；提供服务的机构，包括通过员工或其他组织或个人提供的咨询服务；外企代理；在越南的代表，包括有权以外国企业的名义签订合同的代表，或无权以外国企业的名义签订合同但经常进行商业交易的代表。

非居民个人所得税管理。《个人所得税法实施细则》规定了非居民个人所得税的申报主体和申报程序。该细则第二十五条规定，向非居民个人支付应纳税所得额的组织和个人，应根据纳税人在越南工作的合同或书面委派到越南工作的时间在支付所得前按月或按季为其代扣代缴个人所得税，并根据非居民个人的要求出具代扣代缴凭证。如果在一个月或一个季度内非居民个人的收入无须缴纳个人所得税，则无须申报纳税。

（3）非居民纳税人货物和劳务税管理。

越南非居民纳税人货物和劳务税管理主要涉及的是增值税的管理。《增值税法实施细则》规定，越南境内的生产经营组织和个人向在越南没有常设机构的外国组织或不在越南居住的海外个人购买服务（包括与货物有关的服务），应为增值税的纳税人。

（二）越南税收协定下避免所得双重征税的管理基础

截至 2020 年底，越南已与 80 个国家（地区）签署了避免双重征税协定。越南财政部第 205/2013/TT－BTC 号通知《指导越南与其他国家（地区）之间实施〈避免双重征税和防止偷税漏税协定〉》[①]（以下简称第 205 号通知）是纳税人使用协定条款的指导性文件。

1. 税收协定适用范围管理

税收协定的适用范围包括越南居民或与越南缔结协定的缔约国居民，或同时为越南及其协定缔约国的居民。

（1）自然人和法人居民身份的判定标准。

①自然人居民身份的判定标准。

符合以下条件之一的个人被视为越南居民。第一，在一个日历年内或从在越南的第一天起连续 12 个月在越南停留 183 天或以上。第二，在越南有固定住所，符合以下两种情况之一的。有符合居住法规定的常住户口；根据住房法的规定，在越南居住的出租房屋，租赁合同期限为纳税年度的 183 天或以上。

根据上述两条规定，若一个人既是越南居民又是与越南签订税收协定的缔约国居民，那么符合下列标准之一的可认为是越南居民。第一，如果该人在越南拥有永久住房（包括有所有权或租赁房屋的使用权）。第二，如果该人在这两个国家都有永久住房，但他/她在越南有更密切的经济关系，表现

---

① HƯỚNG DẪN THỰC HIỆN CÁC HIỆP ĐỊNH TRÁNH ĐÁNH THUẾ HAI LẦN VÀ NGĂN NGỪA VIỆC TRỐN LẬU THUẾ ĐỐI VỚI CÁC LOẠI THUẾ ĐÁNH VÀO THU NHẬP VÀ TÀI SẢN GIỮA VIỆT NAM VỚI CÁC NƯỚC VÀ VÙNG LÃNH THỔCÓ HIỆU LỰC THI HÀNH TẠI VIỆT NAM, https：//thuvienphapluat.vn/van-ban/Thuong-mai/Thong-tu-205-2013-TT-BTC-huong-dan-Hiep-dinh-tranh-danh-thue-hai-lan-Viet-Nam-voi-cac-nuoc-217929.aspx.

在他/她在越南有工作、营业场所、个人财产管理场所，或有更密切的个人关系，如家庭关系（包括父亲、母亲、配偶、子女等关系）及社会关系（包括社会组织、专业协会的成员等）。第三，如果无法确定该个人在哪个国家有更密切的经济或个人关系，或者他/她在任何一个国家都没有永久住所，但纳税年度内在越南停留的时间更长。第四，如果该个人经常在越南以及与越南签署协定的缔约国，或不在上述两国，但他/她持有越南国籍，或根据越南现行的国籍原则被确定为越南公民。第五，如果该个人同时拥有或同时不拥有越南和与越南签署协定的缔约国国籍，越南主管当局应通过与缔约国主管当局的相互协议程序解决上述问题。

②法人居民身份的判定标准。

法人居民系根据越南法律成立和运作的组织。如果一个法人既是越南居民又是与越南签署协定的缔约国居民，满足以下条件之一可判断其为越南居民。第一，在越南设立或注册经营。第二，在越南设有总部。第三，在越南设有实际执行机构。如果上述标准未能判断，越南主管当局和缔约国主管当局应通过相互协商程序确定该主体的居民身份。

（2）非居民身份管理。

越南与缔约国签署的国际税收协定中没有专门针对自然人和法人税收非居民身份的界定，一般认为不符合上述税收居民身份界定标准但有来源于越南境内所得的个人和企业，即可认定为自然人和法人非居民。

（3）常设机构认定管理。

越南将常设机构分为一般常设机构、工程型常设机构、劳务型常设机构和代理型常设机构四类，具体的认定标准如下。

一般常设机构。同时满足下列条件的缔约国企业可被视为在越南设有常设机构，即在越南有永久性的设施，且企业通过该机构进行全部或部分经营活动。

工程型常设机构。企业在越南拥有建筑工地或装配项目，或进行与之相关的监督活动，且该工地、项目在越南的持续时间超过3个月或6个月（取决于各项协定），则构成常设机构。

劳务型常设机构。缔约国一方企业通过雇员或者雇佣的其他人员，在缔约国另一方为同一个项目或相关联的项目提供劳务，且提供劳务的时间在任何 12 个月中连续或者累计超过 183 天的，构成常设机构。

代理型常设机构。若企业在越南有经纪代理人、佣金代理人或任何其他代理人，该代理人为企业从事全部或大部分代理活动，且该代理人通常以企业名义谈判订立合同；或者代理人以自己的名义订立合同，但存在约束该企业义务和责任的条款；或者代理人没有这样的权力，而是习惯性地代表该公司在越南交付货物，则该代理人应被视为该企业在越南的常设机构。

（4）税种适用范围管理。

双边税收协定的税种适用范围一般包括所得税和财产税，但在不同的税收协定中涵盖的税种存在差异，具体的适用范围通常可以在协定的第二条第三款中查看。

2. 不同类型收入的税收管辖

居民的境外所得包括境外经营所得、劳务所得、权益性所得以及财产所得。针对居民的境外所得，越南行使居民税收管辖权和来源地税收管辖权，且根据不同的收入类型适用不同的税收管辖权标准。

（1）居民企业跨境经营所得税收管辖权管理。

双边税收协定中居民企业跨境经营所得通常包括归属常设机构营业利润及国际运输所得两类。

①归属常设机构营业利润征税权管理。

缔约国一方企业的收入或利润应仅在该缔约国一方征税。如果企业通过设在缔约国另一方的常设机构在缔约国另一方开展业务，则企业的收入或利润可以在缔约国征税，但仅限于归属于该常设机构的部分。

②居民企业国际运输所得的征税权管理。

缔约国一方企业以船舶、飞机等运输工具经营国际运输业务取得的利润，应仅在该缔约国征税。

（2）居民个人境外劳务所得税收管辖权管理。

双边税收协定对居民个人境外劳务所得税收管辖权以及境外劳务所得免

税待遇做了详细的规定。

①居民个人境外劳务所得征税权法规。

居民个人境外劳务所得主要包括境外受雇所得、境外董事费所得、境外退休及社会保障金所得三类。具体税收管辖权规则如下。

居民个人境外受雇所得的征税权法规。根据个人从事的劳务活动是否具有独立性，可以将居民个人境外受雇所得分为独立个人劳务收入和非独立个人劳务收入。其一，独立个人劳务收入的征税权法规。缔约国一方居民从事专业服务或其他具有独立性质的活动取得的收入，具体包括独立的科学、文学、艺术、教育或教学活动，以及医师、律师、工程师、建筑师、牙医和会计师的独立活动取得的收入，应仅在该缔约国一方征税。但具有以下情况之一的，可在缔约国另一方征税：在缔约国另一方有固定基地供其定期使用以履行职责的，缔约国另一方可就缔约国一方的居民在该固定基地产生的所得部分征税；在一个日历年中，缔约国一方的居民在该缔约国另一方停留的时间连续或累计超过183天的，该缔约国另一方可以仅对在该缔约国进行活动取得的所得征税。其二，非独立个人劳务收入的征税权法规。缔约国一方居民在缔约国另一方因受雇工作取得的薪金、工资和其他类似报酬，应在该缔约国另一方征税。但同时满足以下条件的，可在缔约国一方征税：收款人在一个日历年中在该缔约国另一方停留的时间连续或累计不超过183天；该项报酬并非由缔约国另一方居民的雇主或者雇主的代理人支付；该项报酬不是由雇主设在该缔约国另一方的常设机构或固定基地所负担。

境外董事费所得征税权法规。缔约国一方居民作为缔约国另一方居民公司的董事会成员取得的董事费和其他类似款项，可以在该缔约国另一方征税。

境外退休及社会保障金所得征税权法规。包括以下几种方式：仅在养老金领取者为居民的国家征税；仅在支付养老金的国家征税；当养老金支付者同时是两个国家的居民或常设机构时，养老金领取者为其居民的国家和养老金产生的国家均拥有征税权。如果该项所得由缔约国一方国家设立的基金支付，则该退休金将仅在缔约国一方征税。

②居民个人境外劳务所得免税待遇法规。

享受居民个人境外劳务所得免税待遇的情形包括三类。

第一，艺术家和运动员的境外所得享受免税待遇。在两国政府文化交流项目框架下，与缔约国签订协议的越南居民个人或公司进行艺术、体育表演的，该越南个人或公司在缔约国从事艺术或体育表演取得的所得，应在缔约国免税。

第二，跨境教师、研究人员的境外所得享受免税待遇。在访问缔约国另一方之前是缔约国一方居民的个人，应缔约国另一方主管当局承认的任何一所大学、学院、学校或其他类似教育机构的邀请，仅为了在该教育机构进行教学或研究或两者兼有的目的而进行的访问，该缔约国一方应自其第一次到达之日起，2年内就此类教学或研究的任何报酬免税。

第三，学生和实习人员的境外所得享受免税待遇。如果学生、学徒或实习生在访问缔约国一方接受教育、学习或职业培训之前是缔约国另一方的居民，则应在缔约国一方免征下面两种收入类型的所得税：其一是为在缔约国一方学习和生活而从海外取得的收入；其二是与在越南的学习、研究和职业培训活动直接相关且金额在税收协定规定的免税范围内的收入。

（3）居民境外权益性所得税收管辖权管理。

居民境外权益性所得包括来自境外的股息、利息、特许权使用费和技术服务费所得四类，具体的税收管辖权规则如下。

境外利息税收优惠及征税权规则。根据税收协定，对利息收入征税的规定应仅适用于直接提供贷款、直接收取利息并同时作为此类利息受益所有人的居民。发生于缔约国一方而支付给缔约国另一方居民的利息，可以在该缔约国另一方征税。该利息也可以在产生利息收入的缔约国一方按照该国的法律征税，但必须对该收入适用消除双重征税的办法，且所征收的税款不得超过利息总额的10%。此外，发生于缔约国一方并支付给缔约国另一方政府的利息，应在该缔约国一方免税。

境外利息税收优惠及征税权规则。发生于缔约国一方而支付给缔约国另一方居民的利息，可以在该缔约国另一方征税。该利息也可以在产生利息收入的缔约国一方按照该国的法律征税，但必须对该收入适用消除双重征税的办法，且所征收的税款不得超过利息总额的10%。

境外特许权使用费税收优惠及征税权规则。以版权为例，根据税收协定，越南有权对产生于越南的版权以限制税率（通常不超过10%）征税。如果越南居民收到在缔约国产生的版权收入，该缔约国有权对其征收所得税，越南也有权按照现行税法对该收入征税，但同时必须对该收入适用消除双重征税的办法。

境外技术服务费所得征税权规则。在收款人与受益所有人一致的前提下，缔约国有权对在其境内产生并支付给越南居民的技术服务费征税，税率以限制税率（通常不超过10%）为准。越南也有权按照现行税法对该收入征税，但是必须对这一收入适用消除双重征税的办法。

（4）居民企业境外财产所得征税权管理。

居民企业境外财产所得通常来源于转让境外不动产、境外常设机构营业财产、境外运输工具、境外公司股权等方面。关于转让境外财产所得的税收规定，通常列于双边税收协定的第十三条。

转让境外不动产所得征税权管理。缔约国一方居民从位于缔约国另一方的不动产取得的所得，可在该缔约国另一方征税。

转让境外常设机构营业财产所得征税权管理。转让不动产以外的财产所得、利润或收益，构成越南居民在缔约国另一方拥有的常设机构营业财产的一部分的，或越南居民为提供独立个人服务而在缔约国另一方使用固定基地的，越南居民转让该常设机构或该固定基地所得的利润或收益可在缔约国另一方征税。

转让境外运输工具所得征税权管理。转让由缔约国的国际运输企业管理并以国际运输方式经营的船舶和飞机收入，应仅在经营这些船舶或飞机的企业为其居民的缔约国征税。

转让境外公司股权所得征税权法规。越南居民转让作为缔约国一方居民的公司股份或类似权益取得的收益，可在该缔约国征税。

转让境外其他财产收益征税权管理。转让除上述四条所述以外的其他财产取得的收益，应仅在转让人为其居民的国家征税。

3.居民企业境外所得税收饶让抵免管理

为了避免双重征税，越南允许符合条件的居民企业在境内申报纳税时抵免该笔境外所得已在境外缴纳的税款，适用的方法包括税收饶让、直接抵免及间接抵免。

（1）境外所得税收饶让管理。

如果越南居民从缔约国获得收入并必须在缔约国缴纳税款，并且在税收协定中越南承诺该居民在越南申报所得税时适用视同税款的扣除方法，则该笔收入应计入其在越南的应纳税所得额，视同税额应从其在越南的应纳税额中扣除。纳税人在进行税收饶让申请时应遵循以下原则，即已在缔约国缴纳并扣除的税额必须为税收协定规定的税额；应扣除的税款不超过根据越南现行税法从缔约国一方取得的所得在越南应纳的税款；在缔约国已经缴纳的税款是在越南纳税年度内发生的税款。

对于适用税收饶让的情形，纳税人需向越南税务部门提交扣除已付税款的书面申请、与已付税款相关的交易信息、加盖企业公章的境外收入申报表复印件、商业登记证复印件（或证明海外业务的文件）、由外国税务机关签发的免税或减税证明以及减税符合缔约国条约和法律的证明。税务机关应在收到上述文件后 10 个工作日内，决定是否批准该申请。

专栏 1　视同税款扣除法的运用案例

越南 Q 公司在乌兹别克斯坦设有常设机构。2019 年，该常设机构的收入被确定为 100000 美元。根据乌兹别克斯坦税法，该收入作为一项特殊优惠免税（如果不免税，将按 33% 的税率征税）。Q 公司必须按现行的基本税率（20%）在越南纳税。根据《越南－乌兹别克斯坦协定》，越南有义务扣除视同税款（即本应缴纳但在乌兹别克斯坦免税的税额）。在这种情况下，在越南，Q 公司的纳税申报和视同税额的支付和扣除应按如下所示。

第一步，确定在乌兹别克斯坦缴纳的视同税额（根据乌兹别克斯坦税法）。

100000×33%＝33000（美元）

第二步，确定越南应纳税额（根据越南现行税法）。

100000×20%＝20000（美元）

因此，Q 公司应被视为已支付 20000 美元，并从越南的应纳税额中扣除该税款（意味着它不必在越南纳税）。

资料来源：越南财政部第 205/2013/TT-BTC 号通知。

（2）境外所得税收抵免管理。

越南居民纳税人境外所得税收抵免的方法包括直接抵免法和间接抵免法。

①直接抵免管理。

如果越南居民从与越南签署协定的缔约国取得收入并已在缔约国纳税，且在该协定中越南承诺采用直接抵免法，则该居民在越南申报所得税时，该笔收入应计入其在越南的应纳税所得额，并应从越南的应纳税额中扣除已在缔约国缴纳的税款。直接抵免法的使用应遵循以下原则：在缔约国已经缴纳的税款，应当从税收协定规定的税款中扣除；扣除的税额不得超过根据越南现行税法在缔约国取得的报酬计算在越南的应纳税额，也不得扣除或退还超过在缔约国已缴纳的税款；在缔约国已缴纳的税款是在越南纳税年度内发生的税款。

在申请适用直接抵免法时，纳税人需向越南税务部门提交书面申请表、经纳税人证明的境外收入申报表复印件、境外完税凭证复印件以及外国税务机关出具的完税证明原件。税务机关应在收到上述文件后 10 个工作日内，决定是否批准该申请。

专栏 2　直接抵免法的运用案例

越南 V 公司在老挝设有常设机构。2019 年，该常设机构的收入确定为 100000 美元。根据《越南-老挝协定》（第 7 条第 1 款：企业利润）以及老挝税法，V 公司有义务对该常设机构的确定收入缴纳所得税（税率为 20%）。在这种情况下，在越南，V 公司的纳税申报和老挝已缴税款的支付和扣减应如下。

在老挝缴纳税额的确定（根据老挝税法）：

100000×20%＝20000（美元）

越南应纳税额的确定（根据越南现行税法）：

100000×20%＝20000（美元）

在越南应进一步缴纳的税额：

20000−20000＝0（美元）（意味着它不必在越南纳税）

资料来源：越南财政部第205/2013/TT-BTC号通知。

②间接抵免管理。

如果越南居民从与越南签署协定的缔约国获得收入，并且缔约国居民在将所得分配给该越南居民之前已缴纳了税款，在该协定中越南承诺采用间接抵免法，则在越南申报所得税时该笔收入应计入越南应纳税所得额，并且在缔约国已经缴纳的间接负担税额应从越南应纳税额中扣除。适用于该方法的前提是越南居民至少直接控制股份公司最低比例的投票权（通常为10%）。

在申请适用间接抵免法时，纳税人需向越南税务部门提交书面申请表、证明纳税人与扣款申请人的关系和出资比例的文件、股息支付人缴纳资本所得税款的申报表复印件（经纳税人证明）、从股息中扣除的税款申报表复印件（经纳税人证明）、外国税务机关出具的证明文件。税务机关应在收到上述文件后10个工作日内，决定是否批准该申请。

专栏3　间接抵免法的运用案例

越南V公司向俄罗斯联邦N公司投资10000000美元（相当于20%的股权）。2019年，N公司的收入为100000美元，必须根据俄罗斯联邦税法纳税（税率为20%）。N公司的税后利润按其股份比例分给V公司，并在俄罗斯联邦按10%的税率征税（《越南-俄罗斯联邦协定》第10条第2.a款：股息）。根据越南税法，V公司必须按现行税率（20%）纳税。在这种情况下，V公司在越南的纳税申报和间接税的支付和扣除应如下。

越南V公司在俄罗斯联邦N公司利润总额中的税前利润为：

$100000 \times 20\% = 20000$（美元）

根据俄罗斯联邦税法，俄罗斯联邦 N 公司已就 V 公司的上述利润缴纳的企业所得税金额为：

$20000 \times 20\% = 4000$（美元）

分配给 V 公司的税后股息为：

$20000 - 4000 = 16000$（美元）

根据越南-俄罗斯联邦协议，V 公司在俄罗斯联邦的股息应缴纳的税款为：

$16000 \times 10\% = 1600$（美元）

V 公司在俄罗斯联邦的应付税款总额（包括 V 公司就其股息支付的直接税和 N 公司就其收入支付的间接税，N 公司拥有 V 公司的投资资本）为：

$1600 + 4000 = 5600$（美元）

根据越南现行税法，V 公司在越南的应纳税额为：

$20000 \times 20\% = 4000$（美元）

在这种情况下，V 公司在俄罗斯联邦已支付的 5600 美元总额中最多可扣除 4000 美元，差额 1600 美元不允许从 V 公司国内所得税（如有）中扣除。

资料来源：越南财政部第 205/2013/TT-BTC 号通知。

4.居民税收非歧视（无差别）待遇管理

居民税收非歧视（无差别）待遇包括居民国籍税收非歧视、居民企业常设机构税收非歧视、居民企业所得税扣除非歧视和居民企业资本税收非歧视四个方面的内容。关于居民税收非歧视（无差别）待遇的条款，通常列于越南与缔约国签署的税收协定第二十四条。

（1）居民国籍税收非歧视管理。

缔约国一方居民在缔约国另一方负担的税收或者有关条件，不应与该缔约国另一方国民在相同情况下，负担或可能负担的税收或者有关条件不同或比其更重。

（2）居民企业常设机构税收非歧视管理。

缔约国一方企业在缔约国另一方常设机构的税收负担，不应高于该缔约国另一方对其本国进行同样活动的企业。

（3）居民企业所得税收扣除非歧视管理。

除协定规定的特殊情况外，缔约国一方企业支付给缔约国另一方居民的利息、特许权使用费和其他款项，在确定该企业应纳税所得额时，应与在同等情况下支付给本国居民一样予以扣除。

（4）居民企业资本税收非歧视管理。

缔约国一方企业资本的全部或部分、直接或间接为缔约国另一方居民拥有或控制，该企业在该缔约国一方负担的税收或者有关条件，不应与该缔约国一方其他同类企业的负担或可能负担的税收或者有关条件不同或比其更重。

虽有上述四款规定，缔约国一方为促进经济发展，根据其税法的规定，对其国民征收的税收不同于对缔约国另一方国民征收的税收，不应视为差别待遇。

5. 享受税收协定待遇的程序

根据国际税收协定，有资格享受税收协定待遇的缔约国法人和自然人（以下简称外国实体）应遵循以下程序办理。

（1）外国实体直接向税务机关申报纳税的情形。

该实体应在与越南方签订合同之日起的 3 个工作日内，向申请税务登记的税务机关提交以下系列材料：税收协定的复印件、由拟定税收协定的机构认证的免税或减税通知、经认证的与越南方签订的合同复印件等。税务机关收到外国实体的免税或减税通知后，应进行核对，并与税收协定进行比较，以确保其准确性和真实性。

（2）外国实体未直接向税务机关申报纳税的情形。

该实体应授权合作的越南方企业进行材料报送，越南方企业必须在收到外国实体档案后的 3 个工作日内，将档案报送至其申请税务登记的税务机关。

（三）越南国际反避税管理基础

近年来，跨国企业通过关联企业间的业务往来规避税收的现象日益严重，为此越南加大了对国际反避税问题的管理力度。截至 2020 年底，越南的立法中已包含了部分特殊反避税规则，但较少涉及一般反避税规则。

1. 越南特殊反避税规则

随着《关于关联交易企业税务管理的第 20/2017/ND–CP 号法令》①（简称《转让定价管理法令》）、《关于在税务管理中适用预约定价协议的指导》② 等税务管理法律及规范性文件的出台，越南在特殊反避税规则的立法上取得了明显进步。

（1）转让定价管理规则。

2017 年，越南政府出台了第 20 号法令，即《转让定价管理法令》，取代了此前发布的《转让定价管理条例》，随后越南财政部发布了第 41 号通知，详细指导第 20 号法令的实施。

独立交易原则。第 20 号法令第三条规定，税务机关应当根据独立交易原则和实质重于形式原则管理和检查纳税人的关联交易价格，对企业减少纳税义务的关联交易应进行价格调整，以确保企业正确履行纳税义务。

转让定价的主要方法。判断企业与其关联方之间的业务往来是否存在转让定价行为主要有三种方法，即关联方交易价格与独立交易价格比较法，纳税人利润率与独立可比对象利润率的比较法，关联方利润分配法。

转让定价调查。企业有下列情况之一的，税务机关有权进行转让定价调查及责令企业做出相应调整。①企业关联交易的相关资料和数据不合法、不合理或无法清楚说明其来源的。②企业造假独立交易或将关联交易伪造成独立交易的。③企业在发生关联交易时未申报或未完整申报的。④税务机关怀疑企业不适用或未正确适用相关规定，且企业自收到税务机关通知之日起

① Nghị định 20/2017/NĐ–CP quy định về quản lý thuế đối với doanh nghiệp có giao dịch liên kết, https：//thuvienphapluat. vn/van–ban/Doanh–nghiep/Nghi–dinh–20–2017–ND–CP–quan–ly–thue–doi–voi–doanh–nghiep–co–giao–dich–lien–ket–340892. aspx.

② Thông tư 201/2013/TT–BTC hướng dẫn áp dụng Thỏa thuận trước vềphương pháp xác định giá tính thuế(APA) trong quản lý thuế do Bộ trưởng Bộ Tài chính ban hành, https：//thuvienphapluat. vn/van–ban/Thue–Phi–Le–Phi/Thong–tu–201–2013–TT–BTC–huong–dan–phuong–phap–xac–dinh–gia–tinh–thue–APA–trong–quan–ly–thue–217933. aspx.

90 日内无法做出证明的。

（2）预约定价安排规则。

第 201 号通知建立了单边、双边及多边预约定价安排（简称 APA）规则。该通知规定，APA 申请对象的范围包括以下三类。①生产、经营商品和服务的组织。该组织须是企业所得税的纳税人，与关联方存在业务往来，且在履行申报义务前申请了 APA。②税务机关，包括税务总局、省市税务局。③其他与 APA 应用有关的国家机关、组织和个人。

（3）防止滥用税收协定规则。

越南主要有以下两项规则。

主要目的测试规则。主要目的测试规则是防止税收协定滥用的方法之一，也是利益限制规则的有效补充。越南财政部第 205 号通知第六条规定，如果越南税务机关判断"合同或协议的主要目的是享受税收协定项下的税收减免"，即可以拒绝纳税人适用税收协定。

成本分摊协议管理规则。越南仅在《转让定价管理法令》的附表三《需要在全球概况中提供的信息和文件清单》中要求企业提交与关联方之间的成本分摊协议，而详细的成本分摊协议管理规则尚未出台。

2. 越南一般反避税规则

越南尚未出台专门的一般反避税管理办法，但在越南财政部第 205 号通知中涵盖了一般反避税的判定标准。该通知规定，税务机关在认定主体为受益所有人时，应根据实质重于形式原则，避免企业存在避税行为。符合以下情形之一的，该主体将不被视为受益所有人，且不能享受税收协定待遇。①申请人是非居民，有义务在获得收入后 12 个月内将其收入的 50% 以上分配给第三国居民。②如果申请人是非居民，除财产所有权或创收权外，无（或几乎无）任何商业活动。③申请人为非居民企业，但资产数额、企业规模或雇员人数与所得收入不相称。④申请人为无（或几乎无）控制权或决定权的非居民，且收入、资产或创收权未遭受或几乎未遭受风险的。⑤如果申请人与越南实体之间的贷款、版权或技术服务协议包括了申请人与第三方签订的其他协议中的条件和规定，但在其他协议中，申请人是贷款、版权或技术服务的接受者。⑥申请人为不征收所得税或低税率（低于10%）的国家或地区的居民（除国家鼓励投资的原因外）。⑦申请人是在缔约国设立的，仅为避税、减税、让利而不参与生产、贸易、提供服务等主要经营活动的代理人或中介公司。

（四）越南国际税收服务

近年来越南税务部门不断提高国际税收服务水平，在出口退（免）税服务，境外投资纳税人"税务居民身份证明"办理服务，双边或多边预约定价安排服务，避免双重征税的相互协商服务等方面制定了操作性较强的办理流程。

1.出口货物劳务退（免）税服务

越南企业出口货物劳务的退税和免税分别遵循不同的办理流程。

（1）出口货物劳务退税办理程序。

纳税人申请退税的材料包括退税申请书以及与退税申请有关的文件，上述材料应当向有权退税的税务机关或者海关报送。① 纳税人符合税法规定，并依法通过银行支付税款的，税务机关应当自收到完整的退税档案之日起6个工作日内决定是否退税。如果税务机关依法在退税前对纳税人进行了检查，税务机关应自收到完整的退税档案之日起40个工作日内决定是否退税。

（2）出口货物劳务免税办理程序。

越南政府颁布的《指导进出口税法的第134/2016/ND-CP号法令》② 第三十一条规定了海关办理免税手续的流程。首先，纳税人在办理海关手续时，确定申报货物的数量及免税额，并依法承担法律责任。其次，办理海关手续的海关应根据免税资料与现行规定进行比较，按规定给予免税。最后，电子数据处理系统应扣除免税清单上的出口数量。

2.境外投资纳税人"税收居民身份证明"办理服务

越南财政部第156/2013/TT-BTC号通知第四十四条第六款详细规定了

① Luật quản lý thuế sửa đổi 2012, https：//thuvienphapluat. vn/van-ban/Thue-Phi-Le-Phi/Luat-quan-ly-thue-sua-doi-2012-21-2012-QH13-152714. aspx.

② Nghị định 134/2016/NĐ-CP hường dẫn Luật thuế xuất khẩu, thuế nhập khẩu, https：//thuvienphapluat. vn/van-ban/Xuat-nhap-khau/Nghi-dinh-134-2016-ND-CP-huong-dan-Luat-thue-xuat-khau-thue-nhap-khau-323602. aspx.

境外投资纳税人办理"税收居民身份证明"的程序。

（1）申请人是纳税人的办理程序。

申请人是纳税人，向其申请税务登记的省税务局提交"税收居民身份证明"申请表（格式见附件06/HTQT）。如果纳税人授权法定代表人代办，应提交授权书。

（2）申请人不是纳税人的办理程序。

如果申请人不是纳税人，除向其申请税务登记的省税务局提交"税收居民身份证明"申请书和授权书（如有）外，还需要提交由当地政府颁发的永久居留地（针对个人）或注册地（针对组织）证明，以及收入付款人出具的证明。

（3）税务机关审核期限。

在收到申请后的7个工作日内（不包括申请人提供额外文件和解释的时间），税务机关应审核并决定是否向申请人发放"税收居民身份证明"。

3. 双边或多边预约定价安排服务

越南财政部第201号通知规定了双边或多边APA服务的申请流程，具体包括以下五个步骤。

第一步，正式申请前的咨询。纳税人须向越南税务总局提出谈签意向并说明APA是其解决所涉交易相关转让定价问题的合适方法。自协商完成之日起30个工作日内，越南税务总局根据APA协商会议的结论向纳税人做出是否批准的书面答复。

第二步，提交正式申请文件。纳税人应在收到越南税务总局的正式批复之日起120日内提供正式的APA申请卷宗。如果纳税人因客观原因无法在到期日前提交申请，则必须向越南税务总局提交延长截止日期的书面请求。税务机关批准延长的截止日期不超过原始到期日后的30天。

第三步，APA申请材料的评估。自收到纳税人正式APA申请之日起15日内，越南税务总局与纳税人召开会议，审核申请材料，讨论APA的实施方案。

第四步，APA内容的交流与协商。APA内容的交流与协商可以采取会议、电话会议、网络电视会议、邮件交换文件等方式进行。在单边APA中，签谈的内容草案由税务机关制作，可事先邮寄给纳税人；在双边、多边

APA 中，经税务部门同意，纳税人可派代表参加后续的签谈工作，以进一步提供资料、文件或就相关问题进行解释，税务机关可就签谈进度、签谈结果向纳税人做简要通知。

第五步，APA 的签署与流通。APA 草案经税务机关、纳税人同意后成为定稿并签署传阅。APA 的生效日期不得早于纳税人正式提交 APA 申请的日期；APA 的有效期最长为 5 年，满足条件的情况下可以续签，但续签不得超过 5 年。

4. 基于双边协定的税收争议相互协商服务

在双边税收协定的框架下，越南为其居民纳税人和缔约国纳税人在出现国际税收争议时提供官方层面的协商服务。具体的服务流程如下。

（1）与越南签署协定的缔约国居民。

缔约国居民若认为其纳税义务与协定内容不一致的，申诉人可直接向越南主管当局或其税务居民身份所在的缔约国主管当局提出申诉，但申诉必须在收到税务机关第一次发送的税务处理决定之日起 3 年内进行，且申诉人必须履行税务机关在投诉前和投诉期间做出的税务处理决定。

（2）越南居民。

越南居民若认为与越南签署协定的缔约国确定其纳税义务与协定内容不一致的，申诉人可以要求越南主管当局按照协定规定办理相互协商程序，但在此之前，申诉人必须履行越南税务机关和缔约国税务机关在税务处理决定中通知的义务。

（五）越南国际税务行政协助与合作基础

2017 年以来，越南先后加入了 BEPS 包容性框架以及 OECD 主持的全球税收透明度和信息交换论坛，国际税收合作取得了实质性进展。

1. 国际税收征管合作

（1）签订多边税收条约。

2017 年，越南成为 BEPS 包容性框架下的一员，致力于营造更为透明的税收环境和实施覆盖面更广、效率更高的信息交换标准。2020 年，越南加入 OECD 主持的全球税收透明度和信息交换论坛，由于参加该论坛是签署

《实施税收协定相关措施以防止税基侵蚀和利润转移的多边公约》（MLI）的必要条件，因此这一进展为其后续参与全球多边税收合作奠定了基础。

（2）签订双边税收协定。

经过多年的发展，越南已搭建起包括《双边避免双重征税协定》《双边税收情报交换协定》《双边交通运输协定》在内的税收协定网络。

①《双边避免双重征税协定》网络及规则。

越南财政部第 156 号通知规定了跨境纳税人在越南申请适用避免双重征税协定的程序。越南财政部第 205 号通知从税收协定的适用范围、避免双重征税的方法、主管部门的职责和权力等方面指导纳税人理解和应用税收协定条款。截至 2020 年底，越南已与全球 80 个国家或地区签署了税收协定①，其中与 6 个国家或地区（新）签署的协定尚未生效（见表 1）。

表 1 越南已签署的避免双重征税和防止偷税漏税协定情况（截至 2020 年）

序号	国家（地区）	生效日期	序号	国家（地区）	生效日期
1	澳大利亚	1992 年 12 月 30 日	13	中国内地	1996 年 10 月 18 日
2	法国	1994 年 1 月 7 日	14	丹麦	1996 年 4 月 24 日
3	泰国	1992 年 12 月 29 日	15	挪威	1996 年 4 月 14 日
4	俄罗斯	1996 年 3 月 21 日	16	日本	1995 年 12 月 31 日
5	瑞典	1994 年 8 月 8 日	17	德国	1996 年 12 月 27 日
6	韩国	1994 年 9 月 11 日	18	罗曼语	1996 年 4 月 24 日
7	英国	1994 年 12 月 15 日	19	马来西亚	1996 年 8 月 13 日
8	新加坡	1994 年 9 月 9 日；2013 年 1 月 11 日	20	老挝	1996 年 9 月 30 日
9	印度	1995 年 2 月 2 日；2017 年 2 月 21 日	21	比利时	1999 年 6 月 25 日新协议未生效
10	匈牙利	1995 年 6 月 30 日	22	卢森堡	1998 年 5 月 19 日
11	波兰	1995 年 1 月 28 日	23	乌兹别克斯坦	1996 年 8 月 16 日
12	荷兰	1995 年 10 月 22 日	24	乌克兰	1996 年 11 月 22 日

---

① http://www.gdt.gov.vn/wps/portal/home/thueqt.

续表

序号	国家 （地区）	生效日期	序号	国家 （地区）	生效日期
25	瑞士	1997 年 10 月 12 日	53	摩洛哥	2012 年 9 月 12 日
26	蒙古国	1996 年 10 月 11 日	54	中国香港	2009 年 8 月 12 日； 2015 年 1 月 8 日
27	保加利亚	1996 年 4 月 10 日	55	阿联酋	2010 年 4 月 12 日
28	意大利	1999 年 2 月 20 日	56	卡塔尔	2011 年 3 月 16 日
29	白俄罗斯	1997 年 12 月 26 日	57	科威特	2011 年 2 月 11 日
30	捷克共和国	1998 年 3 月 2 日	58	以色列	2009 年 12 月 24 日
31	加拿大	1998 年 12 月 16 日	59	沙特阿拉伯	2011 年 1 月 2 日
32	印度尼西亚	1999 年 2 月 10 日	60	突尼斯	2013 年 3 月 6 日
33	中国台湾	1998 年 6 月 5 日	61	莫桑比克	2011 年 3 月 7 日
34	阿尔及利亚	尚未生效	62	哈萨克斯坦	2015 年 6 月 18 日
35	缅甸	2003 年 8 月 12 日	63	圣马力诺	2016 年 1 月 13 日
36	芬兰	2002 年 12 月 26 日	64	塞尔维亚	2013 年 10 月 18 日
37	菲律宾	2003 年 9 月 29 日	65	新西兰	2014 年 5 月 5 日
38	冰岛	2002 年 12 月 27 日	66	巴勒斯坦	2014 年 2 月 4 日
39	朝鲜	2007 年 8 月 12 日	67	乌拉圭	2016 年 7 月 26 日
40	古巴	2003 年 6 月 26 日	68	阿塞拜疆	2014 年 11 月 11 日
41	巴基斯坦	2005 年 2 月 4 日	69	土耳其	2017 年 6 月 9 日
42	孟加拉国	2005 年 8 月 19 日	70	伊朗	2015 年 6 月 26 日
43	西班牙	2005 年 12 月 22 日	71	马其顿	尚未生效
44	塞舌尔	2006 年 7 月 7 日	72	葡萄牙	2016 年 9 月 11 日
45	斯里兰卡	2006 年 9 月 28 日	73	美国	尚未生效
46	埃及	尚未生效	74	爱沙尼亚	2016 年 11 月 14 日
47	文莱	2009 年 1 月 1 日	75	马耳他	2016 年 11 月 25 日
48	爱尔兰	2009 年 1 月 1 日	76	巴拿马	2017 年 2 月 14 日
49	阿曼	2009 年 1 月 1 日	77	拉脱维亚	2018 年 8 月 6 日
50	奥地利	2010 年 1 月 1 日	78	柬埔寨	2019 年 2 月 20 日
51	斯洛伐克语	2009 年 7 月 29 日	79	中国澳门	2018 年 10 月 2 日
52	委内瑞拉	2009 年 5 月 26 日	80	克罗地亚	尚未生效

②《双边税收情报交换协定》网络及规则。

2018 年 8 月 13 日，越南税务总局颁布了《避免双重征税协定项下信息交流条例》。① 该条例赋予越南税务总局国际合作司在促进越南与外国税务机关之间信息交流工作的重要职能，并规定了双边税务信息交换的原则、交换的信息类型以及信息交换、应用的流程。

③《双边交通运输协定》税收条款规则。

对国际运输人员收入的征税规定。根据税收协定，国际运输企业应根据下列标准加以确定：企业由越南居民或者与越南签署协定的缔约国居民管理；企业在越南或者与越南签署协定的缔约国拥有有效经营场所的，该企业至少拥有或有权使用全部运输工具，并将该运输工具用于国际交通线路上的货物和（或）旅客运输。参与上述活动的国际运输人员所得的收入应在越南或与越南缔结协定的缔约国享受减税或免税。

对企业国际运输收入的征税规定。与越南签署协定的缔约国企业在越南免税或减税的范围包括：企业直接管理的国际运输工具和国际运输附带的辅助活动的收入；部分运输工具包机（也称为空间包机）或由企业直接管理的整个运输工具包机的营业额；合作经营国际运输航线的货物或者旅客运输营业额；使用其他企业经营的运输工具运输旅客或者货物的收入；短期出租（保管）集装箱作为企业直接经营的运输工具的辅助活动取得的收入；对企业直接经营的运输工具的国际运输业务有辅助作用的光船、飞机租赁营业额。如果协定只规定了所得税减免的百分比（如越南与孟加拉国、泰国和菲律宾的协定），企业必须就不减免的百分比缴纳国际运输所得税。

2. 跨境税收争议解决机制

越南在双边税收协定框架下加入了税收争议相互协商程序，并建立起与

---

① https：//www.gdt.gov.vn/wps/portal/！ut/p/z1/tVPJTsMwEPOVLj1aniRuEo5pG7I1hQIJG18iyl0IECelVhe-HgcQAqE2oKq－zIw0894sz5jiKaaCbYolk0Ul2LOKM2rm_ XHUT6MUwE5uBhDEsZUmwQDg3sKT jwTP8Yk1VAnEAwhI73rk98caBAam3－u9MdEhcL2wN7p1NbjqftbDgedAW32KKaZcyFo－4Gw5kxe 8EnIuZAfWLFfxuxXz7frLySXbdUDTkQ6arRyY6aBzhroLsBExuIZszTSRcWlbwLscTEYajpoXM5z9KXv StjR6fORJw9ey1TaMTPVgHewhVE1uivkWJ6J6KdWd7＿ 45ot_ KYJ7IcBTei－C88PqJ8OFP3f6Wg PpYxeNqRR2l3kaxO4mnZ5NvXSZJaRt79LSIXYNk4ea1N0KNGTpvAYj8CA!！/dz/d5/L2dBISEvZ 0FBIS9nQSEh/.

国际接轨的税收仲裁机制及跨境税收法律救济机制。

（1）税收仲裁机制。

越南没有专门的税收仲裁法律，所有关于税收仲裁机制的规定均包含在商事仲裁机制框架下。2014 年越南政府出台的《越南投资法》[①] 第十四条规定，越南投资者与外商投资商业组织之间，或越南投资者、外商投资商业组织与越南监管机构之间就越南境内商业投资发生的任何争议，应由越南仲裁庭或法院解决。近年来，越南的商事仲裁机制逐渐与国际接轨。比如，《越南商事仲裁法》[②] 规定，涉及外国投资者的争议，越南认可外国仲裁、国际仲裁和争议各方设立的仲裁庭。

（2）税收争议相互协商程序（MAP）机制。

越南与其他国家（地区）签署的所有税收协定均包含了 MAP 条款，通常载于协定的第二十五条。越南税务总局是执行 MAP 的主管当局，其职能包括与越南缔结协定的缔约国主管当局协调解决在执行协定过程中的争端、投诉、建议及有关事项。由于越南税务总局在解决 MAP 案件方面经验有限，且未承诺办理 MAP 案件的时限，最终导致许多 MAP 案件在实际处理中出现延误。截至 2020 年 12 月 31 日，越南共有 14 起 MAP 案件未处理完结。[③]

（3）其他跨境税收法律救济机制。

在越南，税收行政复议及法律诉讼是解决跨境税务纠纷的有效途径。如果纳税人不同意税务机关的税务决定，必须先向税务机关提请行政复议。若纳税人不同意行政复议处理结果，才有权向主管法院提起诉讼。2015 年《行政诉讼法》出台后，纳税人拥有了更灵活的上诉渠道，纳税人可以不经行政复议程序，直接向主管法院提起诉讼。

① Luật Đầu tư 2014, https://thuvienphapluat.vn/van-ban/Dau-tu/Luat-Dau-tu-2014-259729.aspx。
② Luật Trọng tài thương mại 2010, https://thuvienphapluat.vn/van-ban/Thu-tuc-To-tung/Luat-Trong-tai-thuong-mai-2010-108083.aspx.
③ OECD/G20 Base Erosion and Profit Shifting Project, Making Dispute Resolution More Effective-MAP Peer Review Report, Vietnam (Stage 1), https://www.oecd.org/countries/vietnam/making-dispute-resolution-more-effective-map-peer-review-report-viet-nam-stage-1-417776da-en.htm.

（六）BEPS 行动计划成果的越南落地行动基础

越南通过修改转让定价规则、MAP 规则等项目的国内立法，争取 BEPS "最低标准" 规则项目的落地，但离满足 BEPS "最低标准" 仍有较大差距。截至 2020 年底，越南对 BEPS "共同方法" 规则项目的成果采取选择性对接，主要对接的是第 7 项、第 8~10 项以及第 11 项 BEPS 行动计划成果，尚未对接的是第 1 项和第 15 项 BEPS 行动计划成果。此外，越南尚未实现 BEPS "最佳实践" 规则项目中第 2 项、第 3 项以及第 12 项 BEPS 行动计划成果的落地，但已参考第 4 项 BEPS 行动计划的部分成果，明确规定了跨国企业集团关联企业间的利息扣除标准。

1. "最低标准" 规则项目的越南落地

作为 BEPS 包容性框架的一员，越南高度重视 BEPS 四项 "最低标准" 规则项目的落地执行，并自觉接受 OECD 同行评议小组的监督。

（1）第 5 项 BEPS 行动计划成果的越南落地。

第 5 项 BEPS 行动计划成果，即《考虑透明度和实质性因素，有效打击有害税收实践》。越南加入 OECD 全球税收透明度和信息交换论坛，强调实质性经营活动在认定受益所有人享受税收协定优惠待遇上的重要性，并对关联企业转让定价资料报送义务做出严格规定，表明越南税务机关对于税收透明度的要求不断提高。OECD 发布的《有害税收实践——2019 年同行评议报告》显示，第 5 项 BEPS 行动计划 "最低标准" 在越南的落地仍存在以下不足：尚未制定一套用于税收裁决信息交换的流程以及内部指导方案；知识产权制度也未符合第 5 项 BEPS 行动计划中透明度的要求。

（2）第 6 项 BEPS 行动计划成果的落地。

第 6 项 BEPS 行动计划成果，即《防止税收协定优惠的不当授予》。为应对税收协定滥用问题，越南财政部在第 205 号通知的第六条规定了拒绝授予税收协定优惠的三种情形，并要求税务机关在认定主体为受益所有人时，应根据实质重于形式原则执行。但根据 OECD 于 2020 年 1 月发布的第二次同行评议报告，越南尚未在税收协定中引入利益限制规则和主要目的测试规则，已生效的税收协定均不符合第 6 项 BEPS 行动计划的最低标准。

（3）第 13 项 BEPS 行动计划成果的越南落地。

第 13 项 BEPS 行动计划成果，即《转让定价同期资料和分国信息披露指引》。2017 年越南政府颁布的《转让定价管理法令》对转让定价同期资料的提交主体及其资料报送义务做出了明确规定，扩充了同期资料的内容，并细化了关联关系判定标准。不足之处在于以下几点。①未明确跨国集团及组成实体的定义。②对于转让定价资料中关于本地文档的要求是一种比最低标准更广泛的本地备案形式。③尚未签署涉及跨境纳税人信息交换的多边协议，从其他国家获得转让定价同期资料的能力有限。

（4）第 14 项 BEPS 行动计划成果的越南落地。

第 14 项 BEPS 行动计划成果，即《创建更有效的争端解决机制》。根据 OECD 发布的《使争端解决更有效——越南（第一阶段）MAP 同行审查报告》①，2017~2019 年，越南满足的最低标准不到第 14 项 BEPS 行动计划最低标准的一半。主要表现在以下方面。①越南未达到"预防争端"指标的最低标准，如越南签署的税收协定中有 19 项不合规。②在"MAP 的可用性和访问"指标方面。越南虽然对所有符合条件的案件都提供了 MAP 访问权限，但并未发布 MAP 指南。③"MAP 案件的解决"指标方面。由于越南存在 MAP 统计数据不完备、主管当局没有足够的征管资源等问题，越南存在未来 MAP 案件无法及时解决的风险。越南表示，目前正在起草 MAP 指南。在越南语版本的 MAP 指南发布后，英文版本的 MAP 指南将在 15 个工作日内提供给公众。

2. "共同方法"规则项目的越南落地

越南国内税法对"共同方法"规则项目的成果实行选择性对接，主要对接的是第 7 项、第 8~10 项以及第 11 项 BEPS 行动计划成果，尚未对接第 1 项和第 15 项 BEPS 行动计划成果。

---

① OECD/G20 Base Erosion and Profit Shifting Project, Making Dispute Resolution More Effective-MAP Peer Review Report, Vietnam (Stage 1).

（1）第 1 项 BEPS 行动计划的越南落地。

第 1 项 BEPS 行动计划，即《关于数字经济面临的税收挑战的报告》。越南尚未对接第 1 项 BEPS 行动计划成果，但越南加大了对线上交易所得的监控力度。《越南网络安全法》规定，自 2019 年 1 月 1 日起在越南通过在线活动获得收入的外国企业须在越南本地存储数据并开设驻越南的分公司和办事处，以便国家机构可以监控该公司的现金流，为外国企业履行纳税义务提供依据。

（2）第 7 项 BEPS 行动计划的越南落地。

第 7 项 BEPS 行动计划，即《防止人为规避构成常设机构》。针对跨境企业不恰当规避常设机构的安排，越南财政部第 205 号通知中增加了代理型常设机构的三条认定标准。该通知规定，符合以下情形之一的代理人应被视为常设机构：该代理人为企业从事全部或大部分代理活动，且该代理人通常以企业名义谈判订立合同；代理人以自己的名义订立合同，但合同内容存在约束该企业义务和责任的条款；代理人虽然没有以自己的名义订立合同的权利，但是习惯性地代表该公司在越南交付货物。

（3）第 8~10 项 BEPS 行动计划的越南落地。

第 8~10 项 BEPS 行动计划，即《确保转让定价结果与价值创造相匹配》。为确保转让定价结果与价值创造相匹配，《转让定价管理法令》引入了实质重于形式原则，并指出税务部门通过分析关联方之间的数据和实际交易，确保关联交易恰当代表其商业行为。

（4）第 11 项 BEPS 行动计划的越南落地。

第 11 项 BEPS 行动计划，即《构建针对 BEPS 行为的数据收集体系和分析指标体系，以及应对措施的监控方法》。在 OECD 发布的第一版《公司税务统计》报告中，越南提供了企业所得税收入和法定企业所得税税率两项数据。从国内立法的衔接上来看，《转让定价管理法令》中提到了"税务机关资料库"的建设规划，并规定税务机关应根据《税收征管法》的要求，开发、管理与纳税人有关的信息和数据。

（5）第 15 项 BEPS 行动计划的越南落地。

第 15 项 BEPS 行动计划，即《开发用于修订双边协定的多边工具》。截至 2020 年底，越南尚未表达引入 MLI 的意向。

3. 国内税收法律的"最佳实践"规则项目的越南落地

越南尚未实现"最佳实践"规则项目中第 2 项、第 3 项以及第 12 项 BEPS 行动计划成果的落地，但已参考第 4 项 BEPS 行动计划《对通过利息支出和其他款项支出实现的税基侵蚀予以限制》，在《转让定价管理法令》第八条第三款中增加了对关联交易纳税人利息扣除上限的规定，即发生关联交易的企业在计算企业所得税应纳税所得额时，可抵扣的利息支出总额（扣除存款利息和贷款利息后）不得超过当期息税折旧摊销前利润（EBITDA）的 20%。

二　越南国际税收管理发展变化（2021~2023年）

近年来，随着《2019 年税收征管法》① 及其指导文件《指导税收征管法的第 126/2020/ND-CP 号法令》②（简称"126 号法令"）、《关于关联交易企业税收管理的第 132/2020/ND-CP 号法令》③（简称"《新转让定价管理法令》"）、《2020 年企业法》④、《财政部关于指导关联交易企业适用预约定价安排（APA）的 45/2021/TT-BTC 号通知》⑤（简称"45 号通知"）

---

① Luật Quản lý thuế 2019, https：//thuvienphapluat. vn/van-ban/Thue-Phi-Le-Phi/Luat-quan-ly-thue-2019-387595. aspx。该文件发布时间为 2019 年 6 月 13 日，实际生效时间为 2020 年 7 月 1 日。

② Nghị định 126/2020/NĐ-CP vềhướng dẫn Luật Quản lý thuế, https：//thuvienphapluat. vn/van-ban/Thue-Phi-Le-Phi/Nghi-dinh-126-2020-ND-CP-huong-dan-Luat-Quan-ly-thue-455733. aspx.

③ Nghị định 132/2020/NĐ-CP quy định về quản lý thuế đối với doanh nghiệp có giao dịch liên k ết, https：//thuvienphapluat. vn/van-ban/Doanh-nghiep/Nghi-dinh-132-2020-ND-CP-quy-dinh-quan-ly-thue-doi-voi-doanh-nghiep-co-giao-dich-lien-ket-452218. aspx.

④ Luật Doanh nghiệp 2020, https：//thuvienphapluat. vn/van-ban/Doanh-nghiep/Luat-Doanh-nghiep-so-59-2020-QH14-427301. aspx.

⑤ Thông tư 45/2021/TT-BTC hường dẫn việc áp dụng cơchế Thơa thuận trước vềphương pháp xác định giá tính thuế(APA) trong quản lý thuếđối với doanh nghiệp có giao dịch liên kết do Bộ Tài chính ban hành, https：//thuvienphapluat. vn/van-ban/Doanh-nghiep/Thong-tu-45-2021-TT-BTC-ap-dung-co-che-Thoa-thuan-truoc-ve-phuong-phap-xac-dinh-gia-tinh-thue-478609. aspx.

等法律法规及规范性文件的生效实施，越南在国际税收管理上取得了重要进展。为了与签署 MLI 保持一致，越南总理于 2021 年 12 月 10 日发布第 2072/QD-TTg 号决定，批准了"审查避免双重征税协定的有效性及其对越南主要税收政策和调整方向的影响"项目，其中涉及越南在 2021～2030 年税收协定的谈判和签署战略、制定数字经济活动收入协议的计划、与税收协定相关的国内法的调整计划、履行与税收协定相关的国际承诺的计划等[①]。为此，越南财政部、税务总局于 2022 年 8 月 1 日发布了税务部门贯彻落实上述决定的行动计划（即第 1223/QD-TCT 号决定）[②]。

（一）越南跨境税收管理发展变化

越南跨境税收管理的发展变化主要体现在对居民企业境外关联申报的管理以及对境内从事电子商务、数字业务的海外供应商和通过越南保税仓进行货物销售的非居民纳税人的管理上。

1. 居民企业境外所得纳税申报管理发展变化

越南政府颁布的 132 号法令《新转让定价管理法令》自 2020 年 12 月 20 日起生效实施，取代了之前的 20 号法令，对居民企业境外关联申报管理产生

---

① PHÊ DUYỆT ĐỀ ÁN "RÀ SOÁT ĐÁNH GIÁ HIỆU QUẢ CỦA CÁC HIỆP Đ ỊNH TRÁNH Đ ÁNH THUẾ HAI LẦN, TÁC ĐỘNG ĐỐI VỚI KHÔNG GIAN CHÍNH SÁCH THUẾ CỦA VIỆT NAM VÀ Đ ỊNH HƯỚNG ĐIỀU CHỈNH, https：//thuvienphapluat. vn/van-ban/Thue-Phi-Le-Phi/Quyet-dinh-2072-QD-TTg-2021-hieu-qua-Hiep-dinh-tranh-danh-thue-hai-lan-tac-dong-chinh-sach-thue-497491. aspx.

② VỀ VIỆC BAN HÀNH KẾ HOẠCH HÀNH ĐỘNG CỦA TỔNG CỤC THUẾ TH ỰC HIỆN QUYẾ T Đ ỊNH SỐ662/Q Đ-BTC NGÀY 6/5/2022 CỦA BỘTÀI CHÍNH VỀ TRIỂN KHAI TH ỰC HI ỆN QUYẾT Đ ỊNH SỐ2072/QĐ-TTG NGÀY 10/12/2021 CỦA THỦ TƯỚNG CHÍNH PHỦ PHÊ DUYỆT ĐỀÁN "RÀ SOÁT ĐÁNH GIÁ HIỆU QUẢ CỦA CÁC HIỆP Đ ỊNH TRÁNHĐÁNH THU Ế HAI LẦN, TÁC ĐỘNG ĐỐI VỚI KHÔNG GIAN CHÍNH SÁCH THUẾ CỦA VIỆT NAM VÀ Đ ỊNH HƯỚNG ĐIỀU CHỈNH", https：//thuvienphapluat. vn/van-ban/Thue-Phi-Le-Phi/Quyet-dinh-1223-QD-TCT-2022-Ke-hoach-thuc-hien-Quyet-dinh-662-QD-BTC-524672. aspx.

了如下两点变化。

（1）扩大了制作同期资料的豁免范围。

根据 132 号法令第十九条第一款规定，纳税人若满足以下条件之一可免于申报关联交易和准备同期资料，从而减轻企业准备同期资料的压力。①仅与越南居民企业发生关联交易。②交易双方适用相同的企业所得税税率。③交易双方未享受任何税收优惠。

（2）对国别资料报告义务予以详细说明。

①将纳税期内全球合并收入超过 18 万亿越南盾的越南最终母公司提交国别报告的时限由财政年度终了后的 90 天延长至 12 个月。②对于在外国拥有最终母公司的越南纳税人，原则上越南税务局可通过自动情报交换（AEOI）机制从境外司法管辖区获取其国别报告。

若由于以下情况之一无法获取的，则该越南公司需要在最终母公司的财政年度结束前进行本地备案。①越南与各境外司法管辖区之间没有签署主管当局间协议。②自动交换信息系统失效。

2. 非居民纳税人税收管理发展变化

近年来越南加强了对境内从事电子商务、数字业务的海外供应商以及通过越南保税仓进行货物销售的非居民纳税人的税收管理。

（1）对在越南无常设机构且开展电子商务或数字业务的海外供应商的税收管理。

2020 年 7 月 1 日生效的《2019 年税收征管法》首次对在越南无常设机构且从事电子商务或数字业务的海外供应商制定了税收管理规定。越南财政部第 80/2021/TT-BTC 号通知《税收管理法部分条款和政府第 126/2020/ND-CP 号法令部分条款的实施说明》①（简称"80 号通知"）对这一规定进行了细化。

---

① Thông tư 80/2021/TT-BTC hướng dẫn Luật Quản lý thuế và Nghị định 126/2020/NĐ-CP hướng dẫn Luật Quản lý thuế do Bộ trưởng Bộ Tài chính ban hành, https：//thuvienphapluat.vn/van-ban/Thue-Phi-Le-Phi/Thong-tu-80-2021-TT-BTC-huong-dan-Luat-Quan-ly-thue-Nghi-dinh-126-2020-ND-CP-466716.aspx.

海外供应商须自行或授权越南方代表进行税务登记。《2019 年税收征管法》规定，在越南没有常设机构但从事电子商务或数字业务并在越南境内获得收入的海外供应商，必须直接或授权越南方代表向越南税务机关进行纳税人登记、申报和纳税。

不同的纳税申报方式下，海外供应商及其扣缴义务人需承担的责任不同。80 号通知规定，针对自行登记注册的海外供应商应通过税务总局的电子门户网站按季进行纳税申报；针对开展企业对企业（B2B）业务且不在越南自行登记注册的海外供应商，其越南客户须代表海外供应商向当地税务机关申报、代扣代缴税款外国承包商税；针对开展企业对消费者（B2C）业务且未在越南自行登记注册的海外供应商，越南商业银行和支付中介机构必须每月代表其向当地税务机关申报、代扣代缴适用税款。税务总局应与相关机构协调，确定并公布尚未注册、申报和纳税的外国供应商名称和网址，并通知商业银行、支付中介服务机构等扣缴义务人。如果商业银行或支付中介机构不能代表非注册海外供应商代扣代缴税款，则应当负责监控转移至非注册海外供应商账户的金额，并使用指定的表格，在每个月的第 10 天之前向税务总局报送。

（2）对外国实体之间通过越南保税仓进行货物销售的税务管理。

2020 年 9 月 24 日，越南税务总局在 3997/TCT-CS 号官方信函①中规定，外国公司将越南保税仓库用作货物仓库以支持国际运输活动、口岸中转、货物储存或其他企业加工的，在越南原则上不征收企业所得税。外国公司将货物加工外包给出口加工区企业，然后放入保税仓库出售给境外客户的，在货物出口到国外前，外国公司有责任在越南缴纳企业所得税。

（二）越南税收协定下避免所得双重征税管理发展变化

越南税收协定下避免所得双重征税管理将发生较大的变化。根据越南财

---

① Tổng cục Thuế nhận được công văn số 14062017/PICO ngày 14/06/2017 của Công ty Cổ phần PICO về việc thực hiện hóa đơn điện tử trong hoạt động bán hàng, https://www.hoidapthue.vn/cong-van-3997-tct-cs-ngay-24-09-2020-chinh-sach-thue-nha-thau/.

政部、税务总局的第 1223/QD-TCT 号决定可知，税务部门计划于 2030 年底完成避免双重征税协议的谈判。同时，将全面审查已签署的 80 个税收协定的适用性，并计划于 2025 年 12 月前明确与伙伴国家重新谈判的内容。

在避免所得双重征税管理方面，80 号通知规定税务机关自 2021 年起需在收到税收减免申请档案之日起 30 天（无须进行实物检查时）或 40 天内（需进行实物检查时），需就纳税人是否符合避免双重征税的协议或国际税收协定项下的税收减免资格发出书面通知。

（三）越南国际反避税管理发展变化

随着《新转让定价管理法令》《2019 年税收征管法》《2020 年企业法》的实施以及越南财政部 45 号通知的发布，越南转让定价管理规则、预约定价安排规则、防止滥用税收协定规则、受控外国企业管理规则以及法律责任规则均发生了不同程度的变化。

1. 转让定价管理规则发展变化

越南政府于 2020 年 11 月 5 日颁布的第 132 号法令《新转让定价管理法令》使转让定价管理规则产生了如下变化。

（1）独立交易原则的发展变化。

新增了关联关系的认定标准。132 号法令新增了两项关联关系的类型：在课税期间，转让或接受超过公司实收资本总额的 25%；与经营或控制公司的个人或关联方之间的借贷资金占企业实收资本总额的 10% 以上。

修改独立交易区间。独立交易区间由 25%～75% 调整为 35%～75%，如果税务机关对纳税人的评估结果不在此区间，即需要进行转移定价调整。

扩宽转让定价管理规则适用对象的范围。此前，20 号法令的适用对象包括采用申报方式缴纳企业所得税并发生关联交易的从事货物或劳务生产经营的组织。132 号法令删除了"申报方式"的表述，意味着未采用申报方式缴纳企业所得税的纳税人（如外国承包商）也适用该法令。

（2）转让定价主要方法的发展变化。

针对因关联交易性质特殊而无法选择独立可比较对象的交易，132 号法令允许其扩大可比性分析范围，包括选择与纳税人同一市场、区域和国家内与纳税人的子行业经营活动最相近的可比较对象，以及区域内产业条件和经济发展水平相近的其他国家的可比较对象。

（3）转让定价调查的发展变化。

《2019 年税收征管法》规定，当纳税人的关联申报不合规或者提交的资料不齐全时，税务机关有权根据法律允许的数据库进行纳税调整。132 号法令进一步明确了商业数据库的含义，并赋予税务机关在进行转让定价管理时可以使用商业数据库、公共数据库及政府内部数据库对其进行纳税调整。

2. 预约定价安排规则的发展变化

2021 年 6 月 18 日，越南财政部 45 号通知对预约定价安排（APA）的适用范围作了两方面的调整：一是删除了申请 APA 的纳税人必须满足"履行申报义务前申请 APA，并在 APA 申请期间的第一年纳税"的限制条件；二是新增了两条关联关系的认定标准，即在课税期间转让或接受超过公司实收资本总额的 25%，以及与经营或控制公司的个人或关联方之间的借贷资金占企业实收资本总额的 10% 以上的均可认定为存在关联关系。

3. 防止滥用税收协定规则的发展变化

132 号法令增加了对企业与其关联企业之间签订成本分摊协议的规定。该法令第十九条规定，关联企业管理时，纳税人在生产经营活动中各个领域发生的成本应单独核算，不能单独核算的，按照收入与经营活动的比例进行成本分摊。纳税人未对各生产经营活动领域的收入和费用进行监测和单独核算的，税务机关可按最高的适用税率对其净收入征收所得税。

4. 受控外国企业管理规则发展变化

在越南《2020 年企业法》中出现了限制居民企业将境外投资所得部分或全部留存投资东道国的规定。该法第六十七条规定，企业仅在以下三种情况下有权保留从对外投资中获得的利润并用于再投资。①资本尚未全部注册的，继续对外投资。②增加对外投资资本。③在海外执行新的投资项目。自投资东道国法律规定的纳税申报表或同等文件提交之日起 6 个月内，投资者应返还从对外投资中获得的全部利润和其他收入。如果未在规定期限内汇回，投资者应向越南计划投资部和国家银行发出书面通知，否则将受到处罚。

5.法律责任规则的发展变化

在特殊反避税管理中，为督促纳税人准确、及时地提交转让定价资料，越南制定了严格的法律责任规定。132号法令中规定，纳税人须对转让定价认定案卷中信息和文件的完整性和准确性依法承担法律责任。《2019年税收征管法》第十七条规定，参与关联交易的纳税人有责任根据政府规定，制作、保留、申报和提供纳税人及其关联方的文件。

（四）越南国际税收服务发展变化

《2019年税收征管法》的出台及其指导文件第126/2020/ND-CP号法令的颁布为越南国际税收服务带来了诸多积极的改变，主要体现在出口货物劳务退（免）税服务、双边或多边预约定价安排服务以及跨境纳税人权利保护服务方面。

1.出口货物劳务退（免）税服务发展变化

越南出口货物劳务退（免）税服务的发展变化主要表现为税务部门办税流程的简化以及办税效率的提升，并且税务部门在提供服务的过程中更加注重对纳税人合法权益的保护。

（1）出口货物劳务退税办理程序的发展变化。

《2019年税收征管法》对出口货物劳务退税的办理程序做出了如下调整。①增加了如果税务机关未在约定时限内发布退税决定需支付利息的规定。对于在退税前进行检查的情形，税务机关应在收到退税申请之日起40个工作日内决定是否提供退税或拒绝索赔。如果税务机关未能在上述期限内发布退税决定，税务机关应就可退税金额和延迟天数支付0.03%的利息。②调整了退税后检查的时限。越南政府第21/2012/QH13号法律规定税务机关应当自退税决定发布之日起1年或10年内，按照涉税风险管理的规定，对符合退税条件的纳税人进行检查，而《2019年税收征管法》将上述时限统一为5年。

（2）出口货物劳务免税办理程序的发展变化。

《2019 年税收征管法》对税务机关处理免税申请的时限做出了调整。对于需要进行检查以决定是否免税的情形，税务机关应在收到有效申请后 40 天内决定是否给予免税，较此前的规定时限缩短了 20 天。

2. 双边或多边预约定价安排服务（程序）发展变化

与越南财政部 201 号通知相比，越南政府 126 号法令对处理 APA 申请程序的规定做出了如下调整。①201 号通知中规定"提交正式申请前的咨询"是 APA 申请程序中不能省略的第一步，而 126 号法令中不再将"提交正式申请前的咨询"作为强制步骤。②201 号通知粗略规定了 APA 的修改、延期、撤销方案由财政部批准，126 号法令进一步规定了上述程序的办理方法。③APA 服务可使用的数据库增加了"商业数据库"选项。④重新启用了一套纳税人申请 APA 的表格。⑤APA 的有效期从 5 年缩短为 3 年，且不得超过纳税人在越南经营业务和申报缴纳企业所得税的年限。

3. 跨境纳税人权利保护服务

《2019 年税收征管法》为跨境纳税人权利提供了更多的保护。①税务机关禁止使用从国别报告中获得的信息来进行纳税调整。②税务机关须允许纳税人对转让定价文件中使用的可比较信息进行解释和辩护。③纳税人可在纳税申报提交截止日期后的 10 年内，以及税务机关或其他主管部门宣布税务审计或检查之前，对错误纳税申报进行更正。

（五）越南国际税务行政协助与合作发展变化

2021 年以来，越南先后签署了 OECD《关于解决经济数字化带来的税收挑战的两大支柱解决方案的声明》[①]（简称"双支柱解决方案"）、《实施税收协定相关措施以防止税基侵蚀和利润转移的多边公约》（MLI）以及《多边税收征管互助公约》（MAAC），并建立起税收争议相互协商程序

---

① Statement on a Two-Pillar Solution to Address the Tax Challenges Arising from the Digitalisation of the Economy, https：//www.oecd.org/tax/beps/statement-on-a-two-pillar-solution-to-address-the-tax-challenges-arising-from-the-digitalisation-of-the-economy-october-2021.htm.

（MAP）机制，国际税务行政协助与合作模式正逐渐由双边向多边转变。

1. 国际税收征管合作

2021 年以来，越南通过以下三个事件推动国际税收合作。2021 年 10 月 8 日，越南签署同意了"双支柱解决方案"，积极参与制定国际税收规则。2022 年 2 月 9 日，越南签署了《实施税收协定相关措施以防止税基侵蚀和利润转移的多边公约》（MLI），MLI 作为第 15 项 BEPS 行动计划的重要成果，能够实现税收协定网络的一次性规范化更新，助力越南国际税收管理水平不断提升。2023 年 3 月 22 日，越南与 OECD 签署了《多边税收征管互助公约》（MAAC），旨在与签约国共同开展国际税收征管协作，打击跨境逃、避税行为，维护税收秩序公平。

2. 跨境税收争议解决机制

在 MAP 机制的运行方面，根据 OECD 发布的《使争端解决更有效——越南（第二阶段）MAP 同行审查报告》①，截至 2022 年 9 月，越南虽然已经建立了 MAP 机制，但由于 MAP 案件的数量较少，其在 MAP 案件的处理经验依然有限，致使每个 MAP 案件的处理时间较长。2017~2020 年平均每个 MAP 案件的处理时长为 17.77 个月。

（六）BEPS 行动计划成果的越南落地行动发展变化

《2019 年税收征管法》和《新转让定价管理法令》的出台对 BEPS 行动计划成果在越南的落地行动产生了积极影响，包括加强了对关联企业的国别报告义务的管理和参与国际税收裁决信息交换行动的规范；简化了 APA 的部分申请程序，并将 APA 的申请对象覆盖到关联企业的最新认定情形；制定了处理与无形资产相关的转让定价问题的规则；规范了海外供应商的注册

---

① OECD/G20 Base Erosion and Profit Shifting Project, Making Dispute Resolution More Effective – MAP Peer Review Report, Vietnam（Stage 2）, https：//www.oecd – ilibrary.org/taxation/ making – dispute – resolution – more – effective – map – peer – review – report – viet – nam – stage – 2_ 89ec62ed – en#：~：text = Making%20Dispute%20Resolution%20More%20Effective%20% E2% 80% 93% 20MAP%20Peer, and% 20efficiency% 20of% 20the% 20mutual% 20agreement% 20procedure%20%28MAP%29.

登记制度，并签署同意了"双支柱解决方案"；修改了国内法中关联交易纳税人利息扣除限额上限的规定；制定了 BEPS 行为数据收集体系的构建方案。2022 年以来，随着 MLI 和 MAAC 的相继签署，BEPS 行动计划成果在越南的落地行动取得了明显进展。

1. "最低标准"规则项目的越南落地发展变化

（1）第 5 项 BEPS 行动计划的越南落地发展变化。

对接税收裁决信息交换行动的做法。《2019 年税收征管法》对指导税务机关参与国际税收裁决信息交换行动产生了重要影响。《2019 年税收征管法》第九十六条规定，根据越南签署的国际条约和国际协定，税务机关应采取专业的措施，收集、交换和处理国内外税务机关及其主管部门的官方信息。此外，《2019 年税收征管法》第九十九条进一步规定越南税务机关应向缔约国税务机关提供纳税人信息，以便其进行诉讼、检查和审计。

提高税收透明度标准的做法。《新转让定价管理法令》加强了对关联企业的国别报告义务的管理，详细规定了越南子公司必须报送国别报告的各类情形，对企业报送信息的透明度提出了更高的要求。

（2）第 6 项 BEPS 行动计划成果的越南落地发展变化。

虽然越南财政部在 205 号通知中规定了税务机关可以拒绝纳税人适用税收协定的三种情形，并且于 2020 年承诺在税收协定中加入上述规则，但是根据 OECD 于 2021 年 4 月发布的《防止税收条约滥用——关于滥用税收协定的第三个同行审查报告》①，越南已生效的税收协定均不符合第 6 项 BEPS 行动计划的最低标准。2022 年 2 月 9 日，越南与 OECD 签署了 MLI 协议，但截至 2023 年 3 月 23 日，该协议尚未进入生效实施阶段。

（3）第 13 项 BEPS 行动计划成果的越南落地发展变化。

《新转让定价管理法令》加强了对关联企业的国别报告义务的管理。①延长了国别报告的提交时间。纳税期内全球综合收入超过 18 万亿越南盾的越南

---

① Prevention of Tax Treaty Abuse - Third Peer Review Report on Treaty Shopping：Inclusive Framework on BEPS：Action 6，https：//www. oecd-ilibrary. org/sites/d6cecbb8-en/index. html? itemId=/content/publication/d6cecbb8-en.

最终母公司提交国别报告的时间由相关财政年度结束后 90 天内延长至 12 个月内。②减轻了跨国公司的资料报送负担。对于拥有外国母公司的越南居民企业而言，如果税务机关可以通过自动交换信息的过程获得国别报告，则不需要将国别报告申报文件在本地提交。③详细规定了越南子公司必须在财政年度结束后的 12 个月内报送国别报告的各类情形：最终母公司没有义务在子公司所在的司法管辖区提交国别报告；最终母公司所在的司法管辖区与越南签署了国际税收协定，但在国别报告提交截止日期时与越南没有签署关于自动交换信息的多边主管当局协议；最终母公司所在的司法管辖区与越南签署了多边主管当局协议，但已暂停信息自动交换机制，或向越南自动提供国别报告时未能成功。同一最终母公司在越南有多个子公司的情况下，最终母公司必须通知指定唯一一代表为其提交国别报告，此类通知必须在最终母公司财政年度结束日期前完成。

截至 2023 年 4 月，越南尚未签署多边主管当局间国别报告交换协议（CbC MCAA），尚不能接收其他国家通过自动信息交换系统传输的国别报告。根据越南财政部、税务总局发布的第 1223/QD-TCT 号决定和财政部《关于发布 2025 年税制改革计划的决定》① 可知，越南计划签署《多边主管当局间协议》（MCAA），并于 2024 年之前完成与外国税务机关进行自动信息交换的法律框架。

（4）第 14 项 BEPS 行动计划成果的越南落地发展变化。

根据 OECD 于 2022 年 8 月底发布的《使争端解决更有效——越南（第二阶段）MAP 同行审查报告》②，越南尚未满足第 14 项 BEPS 行动计划最低标准项下要求的一半，但从第二阶段的监测情况来看，越南一直在努力解决其短板问题。一方面，越南签署 MLI，并计划通过 MLI 更新其所有税收协

---

① BAN HÀNH KẾ HOẠCH CẠI CÁCH HỆ THỐNG THUẾ ĐẾN NĂM 2025, https：//hethongphapluat. com/quyet-dinh-2439-qd-btc-nam-2022-ve-ke-hoach-cai-cach-he-thong-thue-den-nam-2025-do-bo-truong-bo-tai-chinh-ban-hanh. html.

② https：//www. oecd-ilibrary. org/taxation/making-dispute-resolution-more-effective-map-peer-review-report-viet-nam-stage-2_ 89ec62ed-en.

定，使其符合第 14 项 BEPS 行动计划最低标准的要求；另一方面，简化 APA 申请程序，2021 年 6 月越南财政部发布的 45 号通知简化了 APA 的部分申请程序，减轻了纳税人的行政成本，并将 APA 的申请对象覆盖关联企业的最新认定情形。

2. "共同方法"规则项目的越南落地发展变化

经过近三年的发展，越南国内税法在对接"共同方法"规则项目的成果上发生了重要变化，除第 15 项 BEPS 行动计划无进展外，越南在落实第 1 项、第 7 项、第 8~10 项以及第 11 项 BEPS 行动计划成果上均取得了一定成效。

（1）第 1 项 BEPS 行动计划的越南落地发展变化。

2020 年越南开始规范海外供应商注册登记制度，旨在从源头上堵塞跨境纳税人的逃避税行为。《2019 年税收征管法》明确规定，在越南没有常设机构但从事电子商务或数字业务并在越南境内产生收入的海外供应商，必须直接或授权越南方代表按规定在越南申请纳税人登记、申报和纳税。如果海外供应商未向越南税务机关进行税务登记，越南方在向上述海外供应商付款时，越南方客户、商业银行或支付中介服务机构等扣缴义务人需为海外供应商代扣代缴税款。此外，2021 年越南签署同意了"双支柱解决方案"，积极加入国际税收规则的改革进程。

（2）第 7 项 BEPS 行动计划成果的越南落地发展变化。

虽然目前越南签署了 MLI，但关于实施常设机构变更的 MLI 条款尚未生效实施，因此作为双边税收协定的重要组成部分，越南关于"常设机构"的认定标准自 2014 年 2 月以来未发生变化。

（3）第 8~10 项 BEPS 行动计划成果的越南落地发展变化。

在处理与无形资产相关的转让定价问题时，越南采纳了 2017 年版 OECD《跨国企业转让定价指南》[①] 的相关建议，并在越南政府 132 号法令的第十条做出以下规定。①判断企业无形资产受益的分配时，不仅基

[①] OECD Transfer Pricing Guidelines for Multinational Enterprises and Tax Administrations 2022, https：//www.oecd.org/tax/transfer-pricing/oecd-transfer-pricing-guidelines-for-multinational-enterprises-and-tax-administrations-20769717.htm.

于无形资产的法定所有权，还必须考虑无形资产的受益是否与其价值贡
献相符。②要注重对无形资产特征的分析，确定与开发、维护、利用无
形资产相关的实际关联交易，并核查合同约定的条款是否与当事人的实
际履行情况相吻合。

（4）第 11 项 BEPS 行动计划成果的越南落地发展变化。

越南税务机关计划广泛运用现代信息技术，构建来源多样的数据收集
体系，为分析 BEPS 行为提供数据支撑。越南政府 132 号法令第十七条规
定，如果纳税人的关联申报不合规或者提交的资料不齐全，税务机关可以
通过商业数据库，股票市场公开披露的企业信息和数据，公开发布的国内
外商品和服务交易的信息和数据以及国内部委机构或其他官方渠道公开发
布的信息进行纳税调整。税务机关用于转让定价管理的数据库，除了上述
四类，还包括与合作国税务机关交换的信息和数据，国内各部委向税务机
关提供的信息以及税务机关风险管理数据库。此外，《2019 年税收征管
法》还规定，为了满足税务管理服务的需要，税务机关可以从国内外供应
商处购买信息、资料和数据。

（5）第 15 项 BEPS 行动计划成果的越南落地发展变化。

如前所述，2022 年 2 月 9 日，越南签署了 MLI 协议，签署协议时，越
南提交了越南与其他司法管辖区签订的 75 项税收协定清单以及一份关于多
边工具各项规定的临时保留和通知清单。

3. 国内税收法律的"最佳实践"规则项目的越南落地

越南仍未实现"最佳实践"规则项目中第 2 项、第 3 项以及第 12 项
BEPS 行动计划成果的落地，但是第 4 项 BEPS 行动计划成果在越南的落地情
况发生了变化。越南政府《修改 20/2017/ND-CP 号法令的第 8 条第 3 款及对
关联交易企业税务管理做出规定的第 68/2020/ND-CP 号法令》①（简称"68

---

① Nghị định 68/2020/N Đ-CP sửa đổi Khoản 3 Điều 8 Nghị định 20/2017/N Đ-CP quy định về
  quản lý thuế đối với doanh nghiệp có giao dịch liên kết, https://thuvienphapluat.vn/van-ban/
  Doanh-nghiep/Nghi-dinh-68-2020-ND-CP-sua-doi-Nghi-dinh-20-2017-ND-CP-quan-ly-
  thue-doanh-nghiep-431368. aspx.

号法令"）对关联交易纳税人利息扣除限额上限的规定调整如下。发生关联交易的企业在计算企业所得税应纳税所得额时，可抵扣利息支出总额从不超过当期息税折旧摊销前利润（EBITDA）的20%上升至30%。在确定可抵扣利息费用总额后当期不可抵扣的部分，可结转到下一纳税期，但累积不超过5年。

三　越南国际税收管理发展前景

本部分将基于越南国际税收管理的发展基础，结合近年来国际税收管理的发展动态，研判越南国际税收管理的发展趋势。总的来看，目前越南部分国际税收管理制度尚不完善，大部分BEPS行动计划成果的落地与OECD标准之间差距明显，未来越南将根据越南财政部、税务总局第1223/QD-TCT号决定以及财政部《关于发布2025年税制改革计划的决定》中制定的《到2025年实施国际税收管理改革的路线图》不断完善国际税收管理制度。

（一）越南跨境税收管理发展前景

2023年3月13日，财政部发布《关于征求企业所得税法修订草案意见的通知》（第2298/BTC-CST号文）[①]，表明越南将致力于完善适用于全球最低税率规则的国内法律，以加强跨境税收管理。

1. 居民企业境外所得纳税申报管理发展前景

根据第13项BEPS行动计划最终成果的指引，越南在居民企业境外关联申报管理方面的国内立法上取得了较大进展，颁布了《转让定价管理法令》。虽然经过了一次修改，但该法令仍有不完善之处，如尚未规定漏报、错报转让定价文档需要承担的法律责任，同时对于越南在国际税收协定中使用信息自动交换机制的承诺尚未落到实处。基于此，预计越南下一步将致力于补充《新转让定价管理法令》的法律责任条款，并采用全球自动情报交换（AEOI）

[①] V/v lấy ý kiến về việc lập đề nghị xây dựng dự án Luật thuế thu nhập doanh nghiệp sựa đổi，https：//thuvienphapluat.vn/cong-van/Thue-Phi-Le-Phi/Cong-van-2298-BTC-CST-2023-lay-y-kien-du-an-Luat-thue-thu-nhap-doanh-nghiep-sua-doi-559714.aspx.

机制，畅通从境外司法管辖区直接获取跨境企业转让定价文件的渠道，进一步减轻纳税人的办税负担。此外，由于居民企业境外所得申报及确认、跨境税收扣除、境外应纳税所得额计算等方面的管理规定均遵照越南财政部78/2014/TT-BTC 号通知《企业所得税法实施细则》执行，但该细则并未纳入一些关键内容，如居民企业境外所得申报程序、居民企业境外购进货物或劳务支出所得税前扣除规定等，因此未来越南可能就上述缺失内容加以补齐。

2. 居民个人境外个人所得税纳税申报管理发展前景

目前越南《个人所得税法实施细则》对居民个人境外所得年度自行申报制定了详细的规则，但对境内外派机构个人所得税代扣代缴管理规则的陈述较为笼统，且境内外派人员的委托纳税申报管理规则未见列明，预计越南下一步将完善境内外派人员在委托纳税申报和由外派机构代扣代缴两种方式下的纳税申报规则。

3. 非居民纳税人税收管理发展前景

目前越南的法律只规定了居民纳税人的判定标准，并未直接规定非居民纳税人的判定标准，因此在实际执行过程中可能存在纳税人理解偏差而导致税收遵从度降低的问题。根据世界各国非居民纳税人税收管理的趋势推测，越南可能在之后的法律修订中补充非居民纳税人的判定标准，以达到从根源上避免法律执行偏差的目的。同时，为应对数字经济发展带来的 BEPS 问题，随着"双支柱解决方案"的落地实施，更多从事与数字经济相关业务的海外供应商可能纳入非居民税收管理的范畴。

4. 跨境税务事项处理规则发展前景

越南现行的《企业所得税法》和《指导企业所得税法实施的第 218/2013/ND-CP 号法令》中均未涉及跨境税务事项处理规则，鉴于居民企业在境外投资过程中容易遇到跨境税务事项不确定性带来的风险，因此制定跨境税务事项的事先裁定规则，帮助"走出去"企业预判跨境投资的税收风险，有望成为越南《企业所得税法》修订时需要考虑的内容。

5. 非境内注册居民企业税务管理发展前景

目前越南尚未制定非境内注册居民企业的税务管理规定，为规范和加强境外注册越资控股居民企业的税务管理，未来越南有望从非境内注册居民企业身份确认、税务登记管理、纳税申报管理、代扣代缴管理、账簿凭证管理等方面制定相应的管理办法。

（二）越南税收协定下避免所得双重征税的管理发展前景

加入 MLI 后，越南计划对其现有的 80 项税收协定进行修订，为税收协定下避免所得双重征税的管理提供支撑。

1. 税收协定适用范围管理发展前景

越南税收协定的适用范围管理存在以下两方面的发展趋势。一方面，鉴于目前越南与缔约国签署的国际税收协定中只有对自然人和法人税收居民身份的界定，为提高协定执行的效率，未来越南可能补充税收协定适用范围中对非居民身份的界定标准。另一方面，参照第 7 项 BEPS 行动计划中关于 OECD 税收协定范本的修改意见，修改及完善企业所得税法和双边税收协定中关于常设机构的定义。

2. 不同类型收入的税收管辖管理发展前景

随着越南经济社会的发展以及参与国际税收合作进程的加速，过去立法未考虑到的收入类型的税收管辖权划分，如数字经济收入的税收管辖权，有望纳入越南双边税收协定的考虑范畴。越南财政部、税务总局第 1223/QD-TCT 号决定提出，在 2024 年 12 月前制定关于数字经济活动收入税收管辖权的新规定，并与有数字经济活动往来的国家就上述新规进行谈判。

3. 居民企业境外所得税收饶让抵免管理发展前景

未来越南居民企业境外所得税收饶让抵免的申请流程及材料可能进一步简化，在时机成熟时可能借鉴他国做法，对于部分情形可能采取经企业申请及主管税务机关核准的简易办法对境外已纳税额计算抵免额，或者将居民企业境外所得税收饶让抵免业务由审批制改为备案制。

4. 居民税收非歧视（无差别）待遇管理发展前景

越南居民税收非歧视（无差别）待遇管理涵盖了国际上已达成共识的四个方面，即居民国籍税收非歧视、常设机构税收非歧视、居民企业所得税扣除非歧视和居民企业资本税收非歧视，为顺应国家吸引投资的政策导向，预计未来越南将继续严格贯彻执行上述居民税收非歧视（无差别）待遇的管理规定。

5.享受税收协定待遇的程序发展前景

越南财政部第80号通知①新增了税务机关须就纳税人是否符合DTA或IT项下的税收减免资格发出书面通知的规定，由此可见越南税务机关在优化纳税人享受税收协定待遇流程上的努力。为了进一步提高纳税人享受税收协定待遇的便捷性，预计越南将参考国际先进做法，简化纳税人提交的税收减免资格申报材料，或将纳税人享受协定待遇由审批制改为资料留存备查的形式。

（三）越南国际反避税管理发展前景

1.越南特殊反避税管理发展前景

2020年以来，越南政府颁布的第132号法令和越南财政部发布的第45号通知极大促进了越南在转让定价管理和预约定价安排管理方面的发展，关联企业由此面临着更严格的合规性要求。但是越南特殊反避税的管理仍任重道远，作为BEPS包容性框架的一员，预计下一步越南将从RCEP成员国间的国际反避税合作出发，根据BEPS行动计划的相关成果，补齐国内立法中受控外国企业管理规则、资本弱化管理规则、防止滥用税收协定等方面的特殊反避税管理短板。

2.越南一般反避税管理发展前景

目前越南关于一般反避税的管理还处于起步阶段，仅对一般反避税的判定标准、适用范围作了笼统的规定，下一步越南有望借鉴国际上的先进做法，制定专门的一般反避税管理办法，对上述规则做进一步细化，明确一般反避税的调查程序、调查内容，以方便税务机关在实践中更精准地掌握及运用一般反避税规则。

（四）越南国际税收服务发展前景

2014年以来，越南政府一直把改善营商环境、增强竞争力作为改革的

---

① 越南财政部第80/2021/TT-BTC号通知。

重点和优先任务。为实现政府在《关于 2022 年改善营商环境、提升国家竞争力的主要任务和解决方案》① 中提出的 2025 年总体目标，税务部门提出将继续推进税收征管程序改革，改善纳税指数，此举为越南国际税务服务在未来的发展提供了良好的制度环境。

1. 出口退（免）税服务发展前景

近年来越南出口货物劳务退（免）税服务的效率得到了显著提升，如《2019 年税收征管法》将税务部门办理免税的时限由 40 天缩短为 20 天，同时在提供纳税服务的过程中更加注重对纳税人合法权益的保护，如延期退税时向纳税人支付相应的利息。为提高税收征管的效率，预计下一步越南将根据国际惯例，结合纳税人的纳税信用等级，扩大检查前退税的适用情形，并持续在服务流程及服务效率上下功夫。此外，RCEP 正式实施后，成员国间关税和非关税壁垒将逐渐消除，也会促使越南进一步提高出口退（免）税服务效率。

2. 境外企业所得税优惠事项办理程序发展前景

《指导企业所得税法实施的第 218/2013/ND-CP 号法令》第十九条企业所得税优惠适用条件中规定，企业从越南境外生产经营活动取得的收入不适用该条例第一、四、十五、十六条所列举的企业所得税优惠政策。根据财政部发布的《关于征求企业所得税法修订草案意见的通知》（第 2298/BTC-CST 号文）推测，越南高度重视跨境税收管理，在完成企业所得税法修订后，将出台配套的境外居民企业所得税优惠事项办理程序。

3. 境外投资纳税人"税收居民身份证明"服务发展前景

由于越南"税收居民身份证明"的申请表样式与缔约国税务机关要求使用的协定格式不一致，因此越南税务机关需要审核协定格式要求的内容是否已包含于申请表中。即使内容已完全覆盖，税务机关仍需要根据缔约国税

① VỀ NHỮNG NHIỆM VỤ, GIẢI PHÁP CHỦ YẾU CẢI THIỆN MÔI TRƯỜNG KINH DOANH, NÂNG CAO NĂNG LỰC CẠNH TRANH QUỐC GIA NĂM 2022, https：//thuvienphapluat. vn/van-ban/thuong-mai/nghi-quyet-02-nq-cp-2022-nhiem-vu-giai-phap-cai-thien-moi-truong-kinh-doanh-500204. aspx.

务机关的要求在申请表中添加一份证明。为了方便赴境外投资的居民纳税人能够在缔约国顺利享受税收协定待遇，预计未来越南将依据协定要求的格式修改"税收居民身份证明"的申请表样式，RCEP成员国内"税收居民身份证明"的办理或将实现在统一平台通办。

4. 双边或者多边预约定价安排服务发展前景

从越南政府126/2020/ND-CP号法令及越南财政部45/2021/TT-BTC号通知关于双边或者多边预约定价安排服务的改革内容来看，越南税务机关APA服务的发展可能存在以下趋势。①为了减轻纳税人的办税负担，APA申请的流程有望进一步简化。②由于目前尚未规定税务机关审批APA申请的具体时限，为提高APA服务的效率，提高纳税人满意度，未来越南税务机关可能将上述时限加以明确。③45号通知规定越南税务总局可以考虑采用税务检查、审计等税务管理措施，以验证纳税人提供APA申请信息的完整性、准确性、合法性和合理性，但该通知尚未明确越南税务总局可以进行税务检查、审计的程度和范围，越南有望在未来的政策制定中加以明确。

5. 避免双重征税的相互协商服务发展前景

虽然越南财政部第205/2013/TT-BTC号通知规定了纳税人在申请避免双重征税的相互协商服务时的申请条件、申请时限，但是该通知对税务机关的办理流程和办理时限并未做明确规定。为提高跨境纳税人享受纳税服务的确定性，上述未规定业务办理时限可能导致的低效率问题有望在未来的纳税服务改革中得以解决。

6. 国际税收服务热线（外文税收服务）规范发展前景

目前越南税务总局虽已建立了一个英文网站，并公布了一些英文版的税收政策文件以及部分业务的流程指引，但是整体来看该网站涉及国际税务服务的内容较少，且更新较为滞后。从越南政府相继颁布的《2020年企业法》和《2020年投资法》可以看出，越南政府对于吸引外资、提高本国营商环境的重视程度日益提高。此外，随着RCEP的正式实施，区域内跨境税收服务合作机制建设将加速推进，因此可以推测未来更多的外文税收服务将被启动，更多的国际税收业务办税指南将以英文版本同步提供。

7. 跨境纳税人权利保护服务发展前景

预计未来越南将为跨境纳税人维护自身权益提供更多保障。这主要基于以下两方面的判断。一方面，《2019年税收征管法》规定了税务机关、税务人员、原税务人员、提供和交换纳税人信息的机关、税务代理人应当承担依法为纳税人信息保密的义务，并明确了税务机关对纳税人提供的信息的使用权限及范围，如税务机关禁止使用从国别报告中获得的信息来进行纳税调整，为进一步加强对跨境纳税人信息安全的保护提供了法律依据。另一方面，随着越南税务总局国际税收争议相互协商服务的升级以及国际税收仲裁机制的完善，企业在遇到税跨境收争议时的合法权利有望得到切实的保障。

（五）越南国际税务行政协助与合作发展前景

由越南财政部、税务总局在第1223/QD-TCT号决定中制定的路线图和时间表可以看出，越南国际税务行政协助与合作发展前景较好。《多边税收征管互助公约》（MAAC）和《多边主管当局间协议》（MCAA）的签署实施，将进一步提升越南在国际税收征管协助的广度和深度，也将进一步提高跨境税收争议的解决效率。

1. 国际税收征管合作发展前景

随着越南先后加入BEPS包容性框架以及全球税收透明度和信息交换论坛，以及签署MLI和MAAC，越南开启了参与全球多边税收合作以及全球税收治理体系重构的新篇章。由越南财政部、税务总局发布的第1223/QD-TCT号决定可知，到2030年以前越南国际税收征管合作的重点是利用多边工具与已有及潜在的合作伙伴国就税收协定的更新及签署事宜开展谈判，并且通过利用已签署的MAAC和即将签署的MCAA，加强国际税收征管合作。

2.跨境税收争议解决机制发展前景

目前行政复议、司法程序仍然是越南解决跨境税收争议问题的重要机制，但各国税制差异、双边税收协定体系不完善等原因导致的跨境税收争议通常牵涉到国家主权问题，因此以第14项BEPS行动计划最低标准项下的要求为指引，根据越南财政部、税务总局在第1223/QD-TCT号决定中制定的时间表和路线图，利用MLI不断完善双边税收协定框架下的税收争议相互协商程序，减少潜在争端，同时长期、深入地培养一支国际税收人才队伍，构建与国际标准相衔接的国际税收仲裁机制，提高争端解决效率，将成为越南解决国际涉税争议的重要发展方向。

（六）BEPS行动计划成果的越南落地行动发展前景

越南推动MLI的生效和MCAA的签订，均表明其积极兑现关于BEPS行动计划成果的落地承诺。下一步，越南将依据财政部、税务总局在第1223/QD-TCT号决定中制定的路线图和时间表，审查避免双重征税协定的有效性，完成受税收协定影响的国内法调整，制定数字经济活动收入协议，并履行与税收协定相关的国际承诺。

1."最低标准"规则项目的东盟落地发展前景

作为BEPS包容性框架的一员，越南承诺实施"最低标准"规则项目。考虑到实施现状与最低标准要求之间的差距，预计下一步越南将从以下几方面加以努力。①制定一套用于税收裁决信息交换的程序以及内部指导方案，并根据第5项BEPS行动计划"最低标准"的要求提高知识产权制度的透明度。②推动MLI的生效实施，并参照第6项BEPS行动计划中"最低标准"的要求，在已签署的税收协定中批量修改关于防止税收协定滥用的条款。③参照第13项BEPS行动计划的"最低标准"，改革转让定价文件中关于本地文档的报送要求，积极签署CbC MCAA。④起草MAP指南，推进MAP机制建设。

2."共同方法"规则项目的越南落地发展前景

为促进"共同方法"规则项目的落地，下一步越南的努力方向可能在于以下几个方面。①开展多边数字治理合作，积极参与 BEPS 包容框架下应对经济数字化"双支柱解决方案"达成后的具体设计及后续磋商，发布《关于征求企业所得税法修订草案意见的通知》（财政部第 2298/BTC-CST 号文），修订其企业所得税税收激励条款，并计划实施国内最低补足税（QDMTT），推动"第二支柱"全球最低税方案在越南的落地。① ②参照第 7 项 BEPS 行动计划中关于 OECD 税收协定范本的修改意见，修改及完善企业所得税法和双边税收协定中关于常设机构的定义。③为 OECD 在 BEPS 包容框架下构建的数据收集系统和分析工具提供更多的数据支持。④推进 MLI 的生效实施。

3. 国内税收法律的"最佳实践"规则项目的越南落地发展前景

为促进国内税收法律的"最佳实践"规则项目的落地，预计越南将采取以下措施。①参照第 2 项 BEPS 行动计划中关于反错配规则和税收协定范本条款的建议，完善国内立法。②整合现有《企业法》和《企业所得税法》中避免跨国集团将利润归集低税负非居民关联企业的相关规定，制定详细的受控外国公司立法。③在国内立法中设计强制披露规则，并与国际间的信息共享制度相配合，利用已签署的 MAAC 和即将签署的 MCAA，在早期获取激进或滥用税收筹划安排的纳税人信息。

---

① https://gov.sohu.com/a/650502613_121123909.

马来西亚国际税收管理发展报告 （2023）

摘　要： 马来西亚国际税收政策相对比较简单，2022年前马来西亚的居民纳税人（包括法人纳税人、自然人纳税人）和非居民纳税人仅对其源于马来西亚境内的收入缴纳税款，其中居民纳税人中银行业、保险业、航空公司、船运公司这四类法人纳税人需要对其来源于马来西亚境内境外的所有收入承担纳税义务；自然人纳税人如果是被借调到境外工作且属于马来西亚的雇员，则需要对其境内境外收入承担纳税义务。2022年后，居民法人纳税人（包括合伙企业）必须就源于马来西亚境内外的收入纳税，但股息收入除外。马来西亚税收管理制度的革新变化速度较缓，其主体税种的税法——《所得税法》依旧沿用1967年的版本，随着时代的发展变化，该法被不断修正和完善。马来西亚积极参与并融入国际税收活动，是较早地加入BEPS系列行动的国家之一，在国家税收管理方面，马来西亚做到了与世界同频，与时代同步。

关键词： 马来西亚　国际税收管理　税收协定　BEPS行动

一　马来西亚国际税收管理发展基础（截至2020年）

（一）马来西亚跨境税收管理基础

1.居民法人纳税人境外所得纳税申报管理

（1）居民法人纳税人境外所得申报管理。

根据马来西亚1967年版《所得税法》（ITA），马来西亚居民法人纳税人仅就来源于马来西亚的收入纳税，来源于境外的收入无须在马来西亚缴税，但是从事银行业、保险业的公司及航空公司、船运公司需要对其源自马来西亚境内和境外的收入申报纳税。

（2）居民法人纳税人境外关联申报管理。

专栏1　跨国企业集团居民实体报告

马来西亚跨国企业集团必须按税法规定向马来西亚内陆税收局总部国际税务部报告实体信息。主要包括：第一，马来西亚跨国企业集团居民实体（母公司或代理控股实体）相关信息报告表。第二，马来西亚企业集团境内成员实体名单。第三，马来西亚企业集团境外成员实体名单。

马来西亚跨国企业集团居民实体信息

马来西亚税务局总部国际税务部：

回复：根据《2016年所得税（国别报告）法》第6（1）款规则的通知/《2017年纳闽商业活动税（国别申报）条例》第6（1）款规定的通知，［居民实体名称］，马来西亚税收居民，是［跨国企业集团］的［最终母实体或代理控股实体］（以下简称"报告实体"），并将提交截至［日期］报告期的［跨国公司集团］的国别报告。特此报告税务局局长。

报告实体的信息

税务识别号：	
注册号码：	
通信地址：	
联系人：	
电话号码：	
任命：	
电邮地址：	

备注：报告实体提交的国别报告旨在满足［跨国公司集团］的所有成员实体的备案要求，这些实体要么是税务居民，要么是开展业务的分支机构或常设机构（适用于马来西亚境内的成员实体），要么是适用于马来西亚境外的成员实体。

签名：

年　月　日

名称：公司董事/授权代表/授权税务代理人（实体盖章）

地址和电话号码：

马来西亚企业集团境内成员实体名单

报告实体名称：　　　　　　　　税务识别号：

马来西亚境内成员实体名单

序号	成员实体	税号	财政年度终结
1			
2			

备注：成员实体包括停业、歇业和清算中的公司。

马来西亚境外成员实体名单

报告实体名称：　　　　　　　　税务识别号：

马来西亚境外成员实体名单

序号	成员实体	税号	财政年度结束	成员实体居民纳税人身份所在国家
1				
2				

备注：成员实体包括停业、歇业和清算中的公司。

专栏2 跨国企业集团国别报告（CbCR）

《2016年马来西亚所得税（国别报告）规则》[PU（A）357/2016]已于2016年12月23日在马来西亚宪报刊登。该规则适用于总部位于马来西亚、集团总收入超过30亿令吉的跨国公司，其中要求它们提供与跨国公司集团之间的运营收入、已缴纳税款和经济活动地点的某些指标与全球分配相关的总体税收信息。需提供的信息为2017年以后的财务信息。

总部设在马来西亚的跨国公司集团的最终控股实体负责在财政年度结束后一年内向马来西亚内陆税收局（IRBM）提交CbCR。需要在另一个国家报告CbCR的跨国公司集团的马来西亚纳税人也需在财政年度结束前向IRBM报告他们的实体公司及其居住地。

需要上报的信息必须以附件的模板（3张表格）为准。这些表格包含集团的全球活动和财务信息。马来西亚国家税务局在其官网的国别报告专栏上网络化地管理国别报告，并制作了国别报告的教学视频。国别报告的模板如下。

马来西亚税收管辖区的所得、税收和业务活动分布

跨国公司集团名称：

财政年度：　年　月　日至　年　月　日

使用的货币：

税收管辖区	收入			税前利润（亏损）	已缴纳企业所得税（收付实现制）	本年度计提的企业所得税	注册资本	留存收益	雇员人数	有形资产（除现金及现金等价物）
	非关联方	关联方	全部的							
1										
2										

根据第 13 项 BEPS 行动计划，马来西亚国别报告中每个国家（地区）的每个汇总报告中应包括跨国企业集团所有成员实体列表。

国别报告——跨国企业集团成员实体名单

国家（地区）	该国家（地区）的成员实体名称	成员实体注册成立地	主要业务活动											
			研发	持有或管理无形资产	采购	生产制造	销售、市场营销或分销	行政、管理或支持服务	向非关联方提供服务	集团内部融资	金融服务	保险	持有股份或其他权益工具	非营运企业	其他
1	2	3	4	5	6	7	8	9	10	11	12	13	14	15	16

注：请在"附加信息"部分详细说明成员实体经营活动的性质。

马来西亚跨国企业集团可以用表格3提供其他资讯或解释，以协助马来西亚税务机关了解表格1及表格2的内容。

马来西亚国别报告（附加说明）

跨国公司集团名称：

　　　　　　相关财政年度：

请补充您认为必要的任何进一步的简短信息或解释，或将有助于了解国家报告中提供的强制性信息。

2. 居民个人境外个人所得税纳税申报管理

马来西亚仅对源自马来西亚境内的收入征收个人所得税，唯一特例是对借调到境外的马来西亚雇员的境外收入征个人所得税。

2011年2月7日IRBM发布了第1/2011号公告，即《马来西亚借调到境外雇员的税收管理办法》，该办法的具体内容如下。

（1）相关概念的界定。

借调。"借调"是指雇主调离雇员到境外其他地方临时履行职责，雇员完成临时任务后，回到同一雇主处继续工作。

雇主。"雇主"就雇佣而言，是指存在主仆关系的主人，或不存在主仆关系，却向雇佣员工支付或负责支付报酬的人，甚至有可能该人和该雇员是以不同身份做事的同一个自然人。

雇员。"雇员"是指存在主仆关系的仆人、受雇人；如果不存在主仆关系，则是持有构成雇佣关系的被任命或受雇的人。

境外收入。境外收入是指从马来西亚境外取得的收入，或在双边抵免的情况下，包括从马来西亚取得的、需缴纳外国税的收入。

就业。就业是指存在主仆关系的雇佣关系，或应支付报酬的任何任命或职位，无论是否公开，也无论该主仆关系是否存在。

（2）涉税要素和范围的界定。

纳税主体范围。适用于借调至海外的马来西亚雇员，但受雇于马来西亚公共服务部门或法定机构而在海外工作的马来西亚公民除外。

就业收入的评估范围。一个课税年度基准年的就业收入为该课税年度的收入。例如，2010 年 1 月 1 日至 2010 年 12 月 31 日的就业收入被评估为 2010 课税年度的收入。

就业收入范围。ITA 第 13 条第（1）款解释了作为就业总收入的收入类型。根据 ITA 第 13 条第（2）款规定，在以下任何时期内产生的就业收入，应被视为来自马来西亚的收入。第一，在马来西亚就业期间。第二，休假可归因于在马来西亚工作。第三，该雇员在马来西亚境外履行与在马来西亚工作相关的职责。第四，在此期间，该雇员是居住在马来西亚的公司的董事。第五，在此期间，该雇员的就业是在马来西亚的船舶或飞机上进行的。

（3）借调到海外的马来西亚员工的税收待遇。

双重征税。被借调到海外工作的员工在马来西亚和海外受访国纳税时可能被双重征税。双重征税是指两个国家对同一纳税人的同一收入征收所得税。

避免双重征税协定（DTA）。为了减轻双重征税对从境外获得收入的本国居民的影响，马来西亚与海外国家签订了 DTA，与马来西亚签订此类协议的国家称为条约国家，未与马来西亚签订此类协议的国家称为非条约国家。

依赖 DTA 的自然人服务劳务条款。第一，就业收入征税依据。DTA 的附属条款规定了对一国居民在另一国就业（包括专业服务）所得报酬的征税依据。第二，海外东道国免税。如果满足以下所有条件，则在条约国工作的居民可获得该国的海外免税待遇（措辞可能因 DTA 而异）。首先，在财政年度/日历年度开始或结束的任何 12 个月内，员工在海外受访国（来源国）停留时间不超过 183 天。其次，报酬由非海外东道国的雇主或其代表支付。最后，该报酬不由雇主在海外东道国的常设机构或固定基地承担。换言之，薪酬不作为可扣除费用记入雇主在海外东道国常设机构持有的损益账户。

为此，相关 DTA 中非独立自然人劳务（受雇所得）条款中的"报酬"

和"承担方式"一词具有以下含义。第一，报酬指薪金、工资和其他类似报酬，包括因受雇而获得的实物福利。第二，承担的方式指该报酬可作为税收的扣除项目，而不只是作为常设机构利润的扣除项目。如果满足上述所有条件，则该员工将在海外东道国获得免税待遇。居住国将拥有全部征税权，不会出现双重征税问题。

如果不满足上述条件，雇员可能在海外东道国缴税。当同一收入在居住国和海外东道国缴税时，可以从居住国申请双边抵免，以减少向海外东道国支付税款。但这受相关国家或地区的税法约束。

（4）所得税申报表。

在海外履行职责而成为某课税年度基准年非居民的员工，需要提交该课税年度的所得税表格，即 M 表。如果他们在该纳税年度仍然是税收居民，则应提交 BE 表或 B 表。所得税表应在下一课税年度的 4 月 30 日或 6 月 30 日前或当日提交给 IRBM。

3. 非居民纳税人税收管理

（1）非居民纳税人税收管理总况。

马来西亚的税制相对简单，不因非居民纳税人的不同收入性质对其分别进行管理，而用统一的纳税管理办法对非居民纳税人的所有收入进行管理，但同一个办法明确规定了不同收入性质，并实行区别税率，如不同类型收入适用不同税率（大部分类型收入适用统一税率 10%，小部分类型收入适用区别税率 3%）。对非居民纳税人的税收管理主要有两个文件：IRBM 于 2012 年 5 月 3 日发布的第 2/2012 号公告，即《外籍工作人员在马来西亚——税收协定减免》；2019 年 12 月 10 日发布的第 10/2019 号公告，即《应税的特殊类别收入的预扣税管理办法》。

（2）非居民纳税人的税务登记管理。

个人所得税税务编码登记渠道。非居民纳税人可以在就近的 IRBM 分支机构申请注册所得税编码，也可以通过互联网上的 e-Daftar 程序进行在线注册获得。

个人所得税编码登记所需文件。第一，一份最新的薪资报表（EA/EC

表）或最新的薪资单副本。第二，身份证、警察证、军人证、国际护照复印件。第三，结婚证复印件（如有需提供）。

外国人所得税的税务登记管理。如果是在该国工作的外国人，必须在抵达马来西亚后 2 个月内向非居民管理分支机构或就近的 IRBM 分局报告其收入。

（3）非居民纳税人收入的税收管理。

根据马来西亚税法，如果一个课税年度中在马来西亚停留少于 182 天，无论公民身份、国籍，均属非居民纳税人。马来西亚的非居民纳税人就其在马来西亚境内取得的收入适用不同的税率缴纳个人所得税，具体征税范围及税率如表 1。

表1　非居民纳税人征税范围与税率

单位：%

收入类型	税率
商业、贸易或(需要高等教育或专门技能的)职业收入	30 （自 2020 年 1 月生效）
受雇收入	
股息、红利	
租金	
公众艺人收入	15
利息	
特许权使用费	10
处置工厂、机械等任何经营性财产的收入或收取与安装有关的服务费用	
收取技术管理或任何技术服务的费用,收取商业项目经营、创新的费用,或对计划实施技术管理与管理相关的技术咨询、协助或服务的费用	
租用任何动产的租金或其他费用	

资料来源：https：//www.hasil.gov.my/bt_ goindex.php？bt_ kump＝5&bt_ skum＝1&bt_ posi＝2&bt_ unit＝1&bt_ sequ＝1.

非居民纳税人所得税起征点。从 2015 年起，马来西亚非居民纳税人所得税的起征点为 34000 令吉（年收入），该收入为扣除养老保险金（EPF）

171

后的收入。非居民纳税人可选择在马来西亚缴纳 EPF，但在缴纳 EPF 前必须进行税务登记注册。

（4）非居民纳税人的税收优惠。

根据 ITA，以下情况无须纳税。①在马来西亚工作不到 60 天。②在马来西亚的船上工作。③年龄满 55 岁，并领取马来西亚退休养老金。④获得的特定银行利息。⑤获得的免税股息。

4.非居民法人纳税人税务管理

（1）非居民法人纳税人身份确认、税务登记管理。

①公司和法人团体必须符合某些标准才能被视为马来西亚税收居民。ITA第 8 条规定了印度教联合家庭、公司或社会团体（信托机构除外）、有限责任合伙企业和商业信托的居民身份的确定，而 ITA 第 61 条第（3）款规定了信托机构的居民身份的确定。

②不符合马来西亚税收居民标准的公司和社会团体是非居民法人纳税人。

（2）非居民法人纳税人的登记管理。

①非居民法人纳税人登记渠道。在马来西亚设立代表处（办事处）、分公司、有限责任公司或股份有限公司等法人纳税人，法人纳税人可以通过互联网（www.ssm.com.my）的 e-Daftar 程序进行在线注册或者到就近的 IRBM 地方机构的公司注册委员会提交书面申请（注册表可以从 IRBM网站下载）。

②非居民法人纳税人登记所需文件。第一，2 份 9-CCM 表注册证书（SSM）。第二，2 份 49 表及董事姓名和地址，且所有文件必须经过公司秘书的认证。公司注册官员首先审查拟用的公司名称是否被使用，如未被使用，则该名称为申请者保留 3 个月。3 个月之内，申请者依据企业的不同类型向注册官提供相应的文件。公司注册官审查申请材料，批准公司注册，并发出同意公司注册的文书及公司税务代码。公司注册完毕后，可凭有关文件到马来西亚当地银行开设公司银行账户，但必须在业务发生之日起 3 个月内向信息处理中心提交 CP204 表，且新公司必须从开始运营的基准期的第 6个月起按期申报缴税。

（3）非居民法人纳税人纳税申报管理。

①非居民法人纳税人纳税申报流程和方式。第一，非居民法人纳税人在马来西亚常设机构开展业务时需缴纳马来西亚税收，且应就其在马来西亚产生或来自马来西亚的收入进行申报纳税。第二，非居民法人纳税人必须在税收基准期（或财政年度）的 30 天前提供其应付税款的预估数，预估税应从基准期次月开始分 12 次等额分期支付，支付期为每个月的前 15 日之内。马来西亚实行自我评估、自主申报缴税制度。根据该制度，公司必须在财政年度结束后的 7 个月内提交纳税申报表，所提交的纳税申报表被视为已对其应纳税额做出了评估。从 2014 课税年度起，纳税申报表必须以电子方式提交，并在提交申报表时缴纳应付税款，且必须在征收期内支付应付税款。第三，马来西亚实行开业税收优惠，即马来西亚中小型企业可以在开始营业的课税年度和紧接的下一个课税年度内免缴税款。

②非居民法人纳税人征收范围及税率。在马来西亚，非居民法人纳税人（其中房地产投资信托基金的不同纳税人身份对应不同的税率）所适用的税率，是根据其收入来源类型确立的，详见表 2。

表 2　马来西亚非居民法人纳税人税率情况

单位：%

收入来源类型	税率
商贸	25
租赁	25
股息（免税）	0
股息（单层）*	25
艺人演出收入	15
利息	15
特许权使用费	10
特殊收入类别	
·动产出租	10
·在马来西亚提供技术或管理服务的收入	10
·在马来西亚,出租或安装不动产或工厂、机器等场地和设备,或提供相关服务而收取的费用	10

续表

收入来源类型	税率
房地产投资信托基金（REIT）	
·公司以外的实体	10
·外商投资机构	10
·非居民公司	25

＊随着 2008 年 1 月 1 日单层股息制度的引入，所有股东手中的股息都是零税率的。然而，原 ITA 第 108 条所列举的金融公司在 2013 年 12 月 31 日之前有一个过渡期，该过渡期中金融公司可以免税收取和发放正常的股息，能够完全享受 ITA 第 108 条的税收优惠政策。

资料来源：Non-resident Tax rate, https：//www. hasil. gov. my/bt＿goindex. php？bt＿kump = 5&bt＿skum = 2&bt＿posi = 3&bt＿unit = 1&bt＿sequ = 1.

根据 ITA 第 8 条第（2）款规定，当 IRBM 确定法人公司在某一课税年度是马来西亚居民时，该公司在随后的每个课税年度均被视为马来西亚居民，直到相反证明成立。

（二）马来西亚税收协定下避免所得双重征税的管理基础

1. 税收协定适用范围管理

（1）居民个人纳税人身份的界定。

居民个人纳税人是指根据 ITA 第 7 条确定的课税年度（YA）的基准年居住在马来西亚的自然人纳税人。

马来西亚居民个人纳税人身份。马来西亚居民个人纳税人身份取决于该自然人在马来西亚的实际居住时间，而不是他的国籍或公民身份。在某些情况下，在确定居民个人纳税人身份时，还必须考虑特定 YA 之前和之后的课税年度里该自然人在马来西亚居住的时间。如果个人永久居住在马来西亚，则不会出现需要确定其居民纳税人身份的问题。马来西亚公民并不是自动的居民个人纳税人。在确定居民个人纳税人身份时，尽管该自然人在马来西亚逗留了一天的部分时间，但在计算时应被视为在马来西亚居住了一整天。

个人居民纳税人的确定标准。第一，在一个 YA 中，在马来西亚的实际居住时间为 182 天或更长。第二，在一个 YA 中，在马来西亚的实际居住时间少于 182 天，但在上一个 YA 的下半年和下一个 YA 的上半年，在马来西亚的实际居住时间至少连续超过 182 天；如果因个人工作或疾病、直系亲属的疾病或社交访问而离开马来西亚，时间不超过 14 天，则暂时离开被视为连续存在马来西亚期间的一部分。第三，在一个 YA 内在马来西亚居住至少 90 天，如在之前的三个 YA 均是居民纳税人，那么在下一个 YA 也是居民纳税人。这是唯一一种自然人在特定 YA 内没有实际居住在马来西亚也有资格成为居民纳税人的情况。

（2）非居民个人的界定。

非居民个人纳税人是指居民个人纳税人以外的自然人纳税人。

（3）法人居民纳税人身份界定。

法人居民纳税人的界定。公司和法人团体必须符合某些标准才能被视为马来西亚税收居民。

印度教联合家庭的税收居民身份。根据 ITA 第 8（1）（a）段，如果管理人或卡尔塔①是某个课税年度的税收居民，则该印度教联合家庭在该课税年度是马来西亚税收居民。因此，如果管理人或卡尔塔是非税收居民，则该印度教联合家庭被视为马来西亚非税收居民。

从事商业活动的公司或社会团体的税收居民身份。根据 1967 年 ITA 第 8（1）（b）段，从事贸易或劳务的公司或社会团体（非印度教联合家庭）在一个课税年度的任何时间内的事务管理和控制权是在马来西亚境内行使的，或是由马来西亚的其他董事或其他控制机构（如管理委员会、董事会）行使的，该公司或社会团体在该课税年度内是马来西亚税收居民；如果是投资控股公司，其事务的管理和控制还包括投资方面的管理和重要决策。

外国公司在马来西亚的子公司或分支机构的税收居民身份。外国公司通常通过在马来西亚设立子公司或在马来西亚注册分支机构，将其业务活动扩展到马来西亚。外国公司子公司的税收居民身份由 1967 年 ITA 第 8（1）（b）和第 8（1）（c）段确定。外国公司在马来西亚的分支机构通常被视为

---

① 家庭里最年长的女性成员，现可以作为法律上的户主，也被称为"karta"。

马来西亚非税收居民，除非可以确定其外国公司的管理和控制权通常通过在马来西亚设立子公司或注册分支机行使。换句话说，外国公司的马来西亚分公司由其海外母公司控制和管理，其分公司被视为马来西亚非税收居民。但若拥有马来西亚分公司的外国公司声称是马来西亚税收居民，则必须证明其事务、业务或外国公司有任何业务的管理和控制权均在马来西亚行驶。

商业信托机构的税收居民身份。根据 1967 年《国际信托法》第 61（3）款，仅仅当信托的任何受托人是该课税年度的税收居民时，商业信托机构才被视为该课税年度的马来西亚税收居民。

有限责任合伙企业（LLP）的税收居民身份。开展劳务和投资活动的 LLP 的税收居民身份确定如下。第一，根据 1967 年 ITA 第 8（1A）（a）段，如果在该课税年度内的任何时间，其业务或其任何一项业务的管理和控制在马来西亚行使，则经营业务的 LLP 在该课税年度内是马来西亚税收居民。第二，根据 ITA 第 8（1A）（b）段，任何其他 LLP 在课税年内的任何时间，其事务的管理和控制由其合伙人在马来西亚执行，则该 LLP 在该课税年度是马来西亚的税收居民。第三，如果外国 LLP 将其业务活动扩展至马来西亚，则根据 ITA 第 8（1A）（a）和 8（1A）（b）段确定其税收居民身份。

（4）非居民法人纳税人的界定。

不符合马来西亚税收居民法人标准的公司和社会团体是非居民法人纳税人。

2. 居民法人纳税人境外所得税收饶让抵免管理

外国税收抵免适用于马来西亚应缴纳的外国所得税或已缴纳的外国税款者。对于非条约国家，可用外国税收抵免（仅限于已缴纳外国税收的一半）。

（1）双边税收抵免。

如果马来西亚与其他国家之间有 DTA，则根据 DTA 的规定进行双边税收抵免。马来西亚和不同国家所签订的 DTA 的内容表述会有所不同。

（2）单边税收抵免。

如果马来西亚与其他国家之间没有 DTA，则根据 ITA 第 133 条，可以采用单边抵免减免。

3.居民税收非歧视（无差别）待遇管理

马来西亚缔约国之间的非歧视（无差别）待遇包括以下内容。

（1）缔约国一方国民在缔约国另一方的税负或涉税条件，在相同情况下不应与该缔约国另一方国民有不同，或有过重的税负或不利的涉税条件。

（2）缔约国一方企业在缔约国另一方常设机构的税负，不应高于该缔约国另一方在本国从事同样经营活动企业的税负。

（3）缔约国一方企业的资本全部或部分，直接或间接被缔约国另一方一个或一个以上的居民拥有或控制，该企业在该缔约国一方税负或者涉税条件，不应与该缔约国一方其他同类企业的相关条件不同或有较重的税负。

（4）本条不应理解为：①缔约国一方由于民事地位、家庭负担给予该缔约国国民的任何个人扣除、优惠和减税也必须给予属于该缔约国另一方的税收个人居民；②马来西亚在本协定签字之日起，根据法律向属于马来西亚国民提供的税收个人扣除、优惠和减免也必须给予在马来西亚的外国国民。

（5）本条不限制缔约国双方为促进本国经济的发展而向其国民提供的税收激励。

4.享受税收协定待遇的程序

对于因借调而在马来西亚就业的外籍人士，或因借调而在海外工作的马来西亚雇员，均适用马来西亚 DTA 中的相关税收协定减免条款或税收协定的独立个人劳务（DPS）条款。然而，每个 DTA 中 DPS 条款的内容可能因不同国家而有差异。

税收协定减免不会自动给予，应在纳税人提交所得税申报表时申请税收协定减免。根据自我评估制度，在进行审计时，要求税收协定减免的外国国民必须向 IRBM 证明他们确实有资格获得减免。提出申请减免时所需文件如下。

（1）海外另一国税务机关出具的税收居民证明，以证明在马来西亚的外籍人士每年的税收居民身份。

（2）经核证的外国国民护照真实副本和进出马来西亚日期清单，以确定在马来西亚实际停留的天数。

（3）海外国家雇主对以下方面进行书面确认。①外国人的报酬由谁承担。②在马来西亚工作的外国人的薪酬是否由以下人员承担。第一，在海外其他国家的雇主。第二，在马来西亚的公司。第三，在马来西亚的常设机构（PE）。如果报酬或补偿报酬由海外其他国家的雇主支付，则报酬费用是否由在马来西亚的公司或马来西亚的 PE 报销。

（三）马来西亚国际反避税管理基础

（1）转让定价管理规则。

转让定价通常是指相关纳税人之间转移商品、服务和无形资产的公司间的定价安排。马来西亚于 2012 年制定了《转让定价指南》，并于 2017 年 7 月发布更新了《转让定价指南》，根据独立交易原则标准化管理和规范有关联关系的纳税人之间的交易事务。马来西亚的《转让定价指南》主要基于转让定价（TP）的管理标准，即 OECD 指南中确立的公平交易原则，马来西亚尊重并遵守 OECD 指南的一般原则。

转让定价调查。第一，保留记录，根据 ITA 第 82 条第（1）（a）款的规定，纳税人需保留 7 年的涉税业务记录，以便税务当局能确定企业的收入或损失。第二，转让定价文档，包括同期转让定价文件（在编制文件时，必须根据最合理的最新可靠数据确定独立转让价格），更新完善转让定价文件（鼓励相对稳定的工作人员准备转让定价文件，只要业务条件保持不变，在支持转让定价文件的数据库中最好每三年而非每年更新一次），转让定价文件提交（30 天内提交），文件例表（清晰地准备好每个转让定价说明性文件及其目录），准备提交主文件，相关的同期文件的范围，可接受的文件（遵守相关条件，确保文件的可接受性），语言（可通过马来西亚语和英语提交转让定价文件）。

（2）预约定价安排规则。

预约定价安排（APA）是纳税人与税务局或税务主管当局之间的安排，用于确定转让定价方法，以确定特定关联的纳税人之间及与外国附属公司在特定时期内、特定条款和条件下交易的预期公平交易价格。预约定价安排旨在为纳税人提供有关转让定价政策的确定性，并减少成本高昂且耗时的转让定价审计和检查。马来西亚于 2012 年制定了所得税（预约定价安排）规则，2017 年修订了所得税（预约定价安排）规则。

适用范围。对于跨境交易可以签订预约定价协议的纳税人或任何与跨境交易有关的纳税人均可向 IRBM 提出签订预约定价申请。IRBM 收到申请后可以与该纳税人订立预约定价安排；或者根据 ITA 第 132 条，主管税务机关可与该纳税人订立预约定价安排，以确定将来在任何收入分配或扣除中使用转让定价方法，目的是确保该交易遵从独立交易价格。

（3）防止滥用税收协定规则。

成本分摊协议（CCA）是以合约形式达成的，由两个以上企业议定的确定在研发、生产或获得资产、服务和权利等方面如何分担成本和风险，并确定每个参与者在这些资产、服务或权利中的利益和份额的框架。CCA 可用于任何联合资助或分担成本和风险，开发或收购财产或获得服务，如参与者集中资源开发市场上常见的广告活动。如果一项服务安排会导致任何财产的生产、开发或获利，集团内服务的原则将适用于该安排。CCA 的开始、撤销和终止应按照如下规定进行。第一，如参与者的分摊与 CCA 的预期份额不一致，参与者可能需要平衡各自所付的对价金额，以调整各自的分摊。第二，如参与者将 CCA 的先前权利转让给新参与者，现有参与者必须基于转让利益的公平价值进行补偿。买入所支付的金额应根据独立方对新参与者获得的权利需支付的价格来确定，同时考虑到从 CCA 中获得的总体预期收益的比例。第三，如果参与者处置其部分或全部利益，应获得以独立交易价格支付的补偿。

（4）受控外国企业管理规则。

受控外国企业管理中的税务调整适用《转让定价指南》中的交易利润法，以检查关联交易中受控交易产生的利润，包括独立交易原则下的交易利润分割法和交易净利润法。

（5）资本弱化管理规则。

自 2019 年 1 月 1 日起，IRBM 引入了收入剥离规则，取代了资本弱化规则，利息扣除限制（ESR）基于第 4 项 BEPS 行动计划中的原则，限制了受控交易中给予财务援助的利息扣除，解决关联公司之间的贷款利息扣除过多导致的税收流失问题。该规则适用于在一个课税年度的计税基期内，在受控交易中获得财务援助（包括跨境和国内财务援助）的利息支出总额超过 50 万令吉的情况。IRBM 于 2019 年 7 月 5 日发布了《利息扣除限制指南》（ESR 指南），并规定：当一个纳税人有多类营业收入时，50 万令吉门槛是所有营业收入累计的利息扣除限制，且每类营业收入应单独计算利息扣除限制。

（6）法律责任规则。

国别报告相关法律责任。没有提供国别报告，或提供错误的收益报表、信息申报或报告，未能遵守"相互援助"政策，将被处以 2 万～10 万令吉的罚款或不超过 6 个月的监禁，或两者兼施。

转让定价相关法律责任。根据转让定价的审核结果进行税收调整，少征的税款将适用以下罚则。第一，没有同期转让定价文件时，适用 35% 的罚款。第二，转让定价文件没有按照《转让定价指南》要求准备时，适用 25% 的罚款。不属于免提交范围且尚未编制同期转让定价文件的纳税人，将可能被处以 25% 的罚款。若纳税人阻碍或干扰转让定价审计，或在转让定价检核之后未能遵守独立交易原则，罚款将增加 20%（比照上次违规罚款），但不超过少征税额的 100%。

（四）马来西亚国际税收服务

1. 出口退（免）税服务（程序）

根据 1990 年颁布的纳闽离岸商业活动税法的规定①，相关退（免）规定如下。

（1）离岸业务活动。

离岸业务活动包括以下几种。①离岸交易活动，包括银行、保险、贸

---

① https：//www. hasil. gov. my/bt_ goindex. php？bt_ kump = 5&bt_ skum = 5&bt_ posi = 6&bt_ unit = 1&bt_ sequ = 2.

易、管理、许可或其他不属于离岸非贸易活动的活动，不包括航运和石油业务。②离岸非交易活动，包括离岸公司的代表持有证券、股票、贷款、存款和不动产投资的活动。当上述两项活动均由离岸公司进行时，该公司被视为从事离岸贸易活动。

（2）免税内容。

①贸易活动免税。离岸公司从离岸非贸易活动中获得的收入无须纳税。②行业减税。出租合格资产相关的业务减税，个人在纳闽经营与合格资产相关的业务或出租合格资产的收入免税，最高可达该来源调整后收入的50%。③股息免税，纳闽离岸公司支付或收到的股息无须纳税。对离岸公司向非居民或其他离岸公司支付的特许权使用费、利息、技术或管理费用不征收预扣税。④大部分商品无进出口税（除石油和石油产品外），无销售税、进口税、消费税和出口税。⑤印花税豁免。离岸公司与离岸业务活动相关的所有文书均无须缴纳印花税。

2. 境外投资纳税人"税收居民身份证明"办理服务

当交易、管理和控制权在马来西亚境外行使，而一些董事会会议在马来西亚举行时，以下文件可能有助于确定公司的居民状态。①公司章程和组织大纲或2016年公司法规定的公司注册地以及公司章程中是否有相关住所的规定。②公司的信笺头。③如果章程确实提供了管理和控制的场所，那么章程是否正在实施。④董事会会议记录，说明会议在何处举行以及做出了哪些与管理和控制有关的决定。⑤股东大会的会议记录，显示在何处举行了此类会议以及在这些会议上发生了什么。

3. 双边或者多边预约定价安排服务

转让定价调整了向条约伙伴国关联方转让或从关联方转让的商品或服务的价格，转让定价调整还可能涉及其他关联方交易的调整，如成本分摊安排和财务安排，或涉及转让定价调整的其他交易。在此类转让定价调整中，马来西亚纳税人可要求马来西亚主管当局（CA）减少或撤销调整，条约合作伙伴的CA允许对相关方的收入进行相应调整，以防止双重征税。

马来西亚居民纳税人或根据该国国内法被视为条约伙伴的居民，两个条约国家都声称该纳税人是其税收居民，如果问题得不到解决，纳税人相同的收入可能被两国征税。纳税人应向其居住国家的 CA 咨询双边或者多边预约定价安排服务，请求 CA 协助启动 CA 之间关于适当应用税收条约居民条款中所包含的平分规则。

4. 避免双重征税的相互协商服务

马来西亚税收条约中关于税收争议相互协商程序（MAP）的条款允许马来西亚 CA 与条约伙伴 CA 的互动，以解决不符合税收条约规定的税收问题。包括涉及双重征税的国际税务纠纷，以及在相互同意的基础上解释或适用与税收协定不一致的地方。MAP 机制独立于国内法所规定的可用的法律补救措施。马来西亚税务条约中的 MAP 条款还允许马来西亚 CA 与条约伙伴 CA 谈判双边预约定价安排（BAPA）和多边预约定价安排（MAPA）。BAPA 和MAPA 保证了马来西亚及其相关条约伙伴的税务机关将接受未来固定时期内确定一套受控交易的公平价格和利润的标准。MAP 指南适用于 BAPA 和 MAPA。

MAP 在于为马来西亚与条约伙伴签订的有效税收条约范围内的纳税人提供源自马来西亚 CA 的援助指导，向纳税人提供这种援助是为了解决不符合税收协定规定的税收问题。

（五）马来西亚国际税务行政协助与合作基础

1. 多边税收合作

（1）签订多边税收条约。

①签订和实施《金融账户涉税信息自动交换》（CRS）。根据 CRS，马来西亚金融机构（MYFI）必须收集非居民纳税人的金融账户信息，并向 IRBM 报告。IRBM 将非居民纳税人的账户信息同外国税务当局交换。马来西亚已承诺从 2018 年起履行 CRS，并从其他国家税务机关接收马来西亚居民纳税人的金融账户信息。这有助于确保在其他国家拥有金融账户的居民纳税人遵守其国内税法，并对逃税起到威慑作用。

马来西亚通过立法的形式强化了金融账户涉税信息交换。如 2016 年《所得税（金融账户信息自动交换）规则》、2017 年《所得税（金融账户信息自动交换）（修订）规则》和 2018 年《纳闽商业活动（金融账户信息自动交换）条例》等，历年的立法进一步强化了 CRS 义务。

马来西亚和美国已于 2021 年 7 月 21 日签署了实施 FATCA 的模型 1（美国境外的金融机构向其国内相关机构报告美国人的账户信息，而后者将向美国国内收入署提供信息）的政府间协议（IGA），因此，马来西亚已被列入美国财政部的司法管辖区名单。根据马来西亚-美国 IGA 的条款，马来西亚的金融机构将提供 IRBM 以及所需的美国人的账户信息，然后 IRBM 将与美国税务当局交换该信息。

②签订和实施《实施税收协定相关措施以防止税基侵蚀和利润转移的多边公约》（MLI）。马来西亚参与了 MLI 的发展，2018 年 1 月 24 日在巴黎 OECD 总部，马来西亚财政部第一副部长代表该国签署了 MLI。

（2）加入 BEPS 包容性框架。

由于跨境交易快速发展，跨国公司利用现行税法的差异，将利润转移到低税率或免税国家。为了应对这种不符合各国税收立法精神的交易，OECD 组建并发展了 BEPS 包容性框架。马来西亚作为 BEPS 的成员，IRBM 采取了以下行动。

BEPS 包容性框架是一个动态组织框架，IRBM 更新和修订 ITA 与其相关的税收法律法规（如 IRBM 发布了 2013 年审计框架，该框架取代了 2009 年 1 月发布的框架，该框架为马来西亚如何开展和实施 TP 审计提供了指导），以与国际标准保持一致，并保证相关标准在当地的适用性。

目前 IRBM 正在审查相关税收立法，以跟上 OECD 授权下 BEPS 项目的变化和发展。同时 IRBM 成立了 BEPS 行动委员会，并将之作为协调论坛，讨论各种 BEPS 会议的结果、某些问题的建议或后续行动及其对国内法的影响，并向政府提出相关的建议。

2. 签订双边税收协定

（1）《避免双重征税双边协定》网络及规则。

截至 2019 年 6 月 21 日，马来西亚《避免双重征税双边协定》（DTA）签订状态及其预扣税率见表 3、表 4。

表3 马来西亚签订的有效 DTA

序号	国家（地区）	税率(%)			
		红利	利息	特许权使用费	技术人员
1	阿尔巴尼亚	无	10	10	10
2	澳大利亚	无	15	10	无
3	奥地利	无	15	10	10
4	巴林	无	5	8	10
5	孟加拉国	无	15	10	10
6	比利时	无	10	10	10
7	波斯尼亚和黑塞哥维那	无	10	8	10
8	文莱	无	10	10	10
9	柬埔寨	无	10	10	10
10	加拿大	无	15	10	10
11	智利	无	15	10	5
12	中国内地	无	10	10	10
13	克罗地亚	无	10	10	10
14	捷克	无	12	10	10
15	丹麦	无	15	10	10
16	埃及	无	15	10	10
17	斐济	无	15	10	10
18	芬兰	无	15	10	10
19	法国	无	15	10	10
20	德国	无	10	7	7
21	匈牙利	无	15	10	10
22	中国香港	无	10	8	5
23	印度	无	10	10	10
24	印度尼西亚	无	10	10	10
25	伊朗	无	15	10	10
26	爱尔兰	无	10	8	10
27	意大利	无	15	10	10
28	日本	无	10	10	10
29	约旦	无	15	10	10

续表

序号	国家（地区）	税率（%）			
		红利	利息	特许权使用费	技术人员
30	哈萨克斯坦	无	10	10	10
31	吉尔吉斯斯坦	无	10	10	10
32	科威特	无	10	10	10
33	老挝	无	10	10	10
34	黎巴嫩	无	10	8	10
35	卢森堡	无	10	8	8
36	马耳他	无	15	10	10
37	毛里求斯	无	15	10	10
38	蒙古国	无	10	10	10
39	摩洛哥	无	10	10	10
40	缅甸	无	10	10	10
41	纳米比亚	无	10	5	5
42	荷兰	无	10	8	8
43	新西兰	无	15	10	10
44	挪威	无	15	10	10
45	巴基斯坦	无	15	10	10
46	巴布亚新几内亚	无	15	10	10
47	菲律宾	无	15	10	10
48	波兰	无	15	10	10
49	卡塔尔	无	5	8	8
50	罗马尼亚	无	15	10	10
51	俄罗斯	无	15	10	10
52	圣马力诺	无	10	10	10
53	沙特阿拉伯	无	5	8	8
54	塞舌尔	无	10	10	10
55	新加坡	无	10	8	5
56	斯洛伐克	无	5	10	5
57	南非	无	10	5	5
58	韩国	无	15	10	10
59	西班牙	无	10	7	5
60	斯里兰卡	无	10	10	10
61	苏丹	无	10	10	10

续表

序号	国家（地区）	税率（%）			
		红利	利息	特许权使用费	技术人员
62	瑞典	无	10	8	8
63	叙利亚	无	10	10	10
64	瑞士	无	10	10	10
65	泰国	无	15	10	10
66	土耳其	无	15	10	10
67	土库曼斯坦	无	10	10	无
68	阿拉伯联合酋长国	无	5	10	10
69	联合王国	无	10	8	8
70	乌兹别克斯坦	无	10	10	10
71	委内瑞拉	无	15	10	10
72	越南	无	10	10	10
73	津巴布韦	无	10	10	10

资料来源：避免双重征税税收协定及税率，https：//phl. hasil. gov. my/pdf/pdfam/DTA_ WHT_ Rates_ Feb_ 2021. pdf。

表4　马来西亚签订的有限双重征税协定

序号	国家	税率（%）			
		红利	利息	特许权使用费	技术人员
1	阿根廷	无	15	10	10
2	美国	无	15	10	10

（2）《双边税收情报交换协定》网络及规则。

2009年，马来西亚承诺遵守国际公认的税务事项——国际信息交流标准。自2013年7月1日起，马来西亚通过了一项政策决定，根据2005年OECD税收协定范本第26条第5款的规定交换银行信息。马来西亚已于2014年1月30日就此事向所有签约伙伴国发出通知。条约伙伴国可以将交换信息以原件或正本，通过邮寄、传真或电子邮件的方式发送至IRBM。

（3）《双边航空协定》《双边海运协定》税收条款规则。

马来西亚与美国、阿根廷签订了仅涵盖飞机和船舶运输业务的有限协议。①缔约国一方居民企业纳税人以飞机经营国际运输业务所取得的利润，只在该缔约国一方缴税。②缔约国一方企业以船舶经营国际运输业务从缔约国另一方取得的收入，可以在该缔约国另一方缴税。但该缔约国另一方对该项所得减半征收其应纳税款。③前两项的规定也适用于参加合伙经营、联合经营或者参与国际经营机构而取得的收益。

3. 跨境税收争议解决机制

（1）税收仲裁机制。

根据 2005 年《马来西亚仲裁法》第 4 条规定，双方根据仲裁协议同意提交仲裁的任何争议均可以通过仲裁裁决，除非仲裁协议违反公共政策。

（2）税收争议相互协商程序（MAP）机制。

提交马来西亚 CA 援助案件的时限取决于适用 MAP 特定税收条约的具体条款。若有关税收条约中没有规定提起诉讼的时间限制，马来西亚 CA 将按照 OECD 关于收入和资本形式的税收公约第 25 条所规定的时间限制处理（即从产生税收收入后运营 3 年内）。在 IRBM 对税收或收入进行税务稽查的情况下，鼓励纳税人在收到税务当局发出的评估通知后，纳税人根据 ITA 第 99 条第 1 款提出上诉，通知 MAP 办公室要求 CA 协助适用 MAP。

（3）其他跨境税收法律救济机制。

①CA 在收到 MAP 的请求后将与 MAP 办公室联合评估所述请求。②如果请求有缺陷，地方办公室应要求纳税人采取补救措施。③如果属于以下情况，马来西亚 CA 将接受协助请求。第一，该问题或交易与马来西亚签订"税收条约"的国家有关。第二，一国或两国的行为已经明显导致或将导致税款征收不符合"税收条约"。第三，纳税人的诉讼结果不符合"税收条约"规定的可接受的时间限制。第四，就政策而言，这个问题不是马来西亚 CA 或条约合作伙伴 CA 所决定的。

（六）BEPS 行动计划成果的马来西亚落地行动基础

1."最低标准"规则项目落地马来西亚

（1）第 5、6 项 BEPS 行动计划成果在马来西亚落地。

第 5、6 项 BEPS 行动计划即《考虑透明度和实质性因素，有效打击有害税收实践》《防止税收协定优惠的不当授予》。有害税收实践论坛（FHTP）目前的工作包括三个关键领域。第一，对优惠税收制度进行评估，以确定这些税收制度的特征。这些特征可能促进税基侵蚀和利润转移，从而可能对其他司法管辖区的税基产生不公平的影响。第二，通过强制交换纳税人特定裁决的有关信息，对第 5 项 BEPS 行动计划透明度框架进行同行审查和监测。第三，审查无税区或仅名义税收区的实质性活动，以确保公平竞争环境。在 2021 年 4 月的会议上，FHTP 更新了 18 个优惠税收制度的结论。BEPS 包容性框架于 2021 年 6 月 7 日批准了这些结果，8 月 BEPS 包容性框架发布了关于优惠税收制度审查的最新结论（是对近 8 年的相关内容的审查）。其中，对马来西亚优惠税收制度及其透明度进行了评估，以确定其特征，及其是否可能促进税基侵蚀和利润转移，从而对其他司法管辖区的税基产生不公平的影响。

（2）第 13 项 BEPS 行动计划成果在马来西亚落地。

2012 年马来西亚发布《转让定价指南》，该指南解释了 ITA 和 2012 年转让定价规则中第 140A 条的规定，该指南基于公平交易原则的标准和规则，适用于关联企业之间的交易。2017 年马来西亚修改了《转让定价指南（2012 版）》，重新定义了"长臂原则"，完善了无形资产交易条款，确定关联企业之间商品转让公平交易价格的合适定价方法，完善了同期转让定价文件的内容，及提交和保存转让文件的措施。

《2016 年马来西亚所得税（国别报告）规则》［PU（A）357/2016］已于 2016 年 12 月 23 日在宪报刊登，并发布了国别报告指南，2017 年又进一步完善了国别报告指南。国别报告指南要求跨国公司集团报告每个税收管辖区范围内与收入、所得税前利润或亏损、已缴纳所得税、应计所得税、法定资本和累计收益的全球分配相关的汇总信息，以及跨国公司集团经营所在的每个司法管辖区相关的员工人数和除现金或现金等价物以外的有形资产。

（3）第 14 项 BEPS 行动计划成果在马来西亚落地。

2012 年马来西亚发布《预约定价指南》，详细规范了所得税（预先定价安排）规则，以防止税务当局与纳税人之间产生关于所得税、价格方面的争议。

在 IRBM 实施税务稽查时，鼓励纳税人收到评估通知后，根据 ITA 第 99

条第 1 款提出上诉，并通知 MAP 办公室要求 CA 协助适用 MAP。如果请求有缺陷，地方办公室应要求纳税人采取补救措施。如果纳税人的 MAP 请求还涉及与马来西亚的条约伙伴，条约伙伴 CA 可一起加入双边预约定价安排（BAPA）或多边预约定价安排（MAPA），马来西亚 CA 应与条约伙伴 CA 积极互动，在固定时期内共同接受或制定一套确定的公平的受控交易价格（利润）的标准。

根据 2005 年《马来西亚仲裁法》第 4 条规定，双方根据协议同意提交仲裁的任何争议均可以通过仲裁裁决，除非仲裁协议违反公共政策。

2."共同方法"规则项目落地马来西亚

（1）第 1 项 BEPS 行动计划成果在马来西亚落地。

2019 年 4 月 4 日，马来西亚《数字服务税法（2018 年）》的法律修改草案在提交议会审议后公布。该草案规定，国外服务提供商向国内用户提供数字服务，以 6% 的税率征收服务税，且比较宽泛地定义了数字服务的内容，涵盖了通过互联网或任何电子网络形式提供或订阅的任何类型的服务。草案规定，连续 12 个月的应税服务总营业额超过或预计超过规定标准的外国服务商，有义务进行服务税登记，不遵守规定的，将被处以最高 5 万令吉罚款和（或）最高 3 年监禁。

马来西亚不仅明确了数字经济的税务登记、起征点等具体规定，还规定了该行业的业务费用、资本津贴的种类及其纳税调整的扣除比例等事项，具体列举了数字经济所涉及的行业及其业务类型、征税原则，以明确从事数字服务的个人或公司的涉税责任。

（2）第 7 项 BEPS 行动计划成果在马来西亚落地。

马来西亚在 MLI 第 13 条"通过特定活动豁免，人为避免常设机构地位"中倾向可选条款，规定只有真正的准备性或辅助性活动才会被排除在常设机构的定义之外，同时还防止相关实体为了获得这种豁免而分散其经营活动。

（3）第 15 项 BEPS 行动计划成果在马来西亚落地。

实施税收协定相关措施，以防止税基侵蚀和利润转移的 MLI 是 BEPS 项目的成果之一。根据国际商定的税收标准和实施 BEPS 行动计划方面的承诺，马来西亚在签署 MLI 时，根据《多边投资协议》第 28 条第 7 款和第 29 条第 4 款交存了一份关于可选条款和最低标准的清单。MLI 已于 2020 年 8 月 4 日通过 PU（A）224 号公报公布，马来西亚已于 2021 年 2 月 18 日交存了批准书。马来西亚的 MLI 已于 2021 年 6 月 1 日生效。

3. 国内税收法律的"最佳实践"规则项目落地马来西亚

第 4 项 BEPS 行动计划成果，即《对通过利息支出和其他款项支付实现的税基侵蚀予以限制》。马来西亚于 2019 年发布的所得税（利息扣除限制）规则［PU（A）175］[①] 和 1967 年 ITA 第 140C 条已引入限制扣除利息费用或任何其他在经济上等同于利息的付款，以确保此类费用与业务收入的相称性。该利息限制的立法是基于第 4 项 BEPS 行动计划，目的是通过限制使用过多的利息支出或任何付款来防止税基侵蚀。该立法的一部分直接采用了第 4 项 BEPS 行动计划中的相关规定，还有一部分是定制的，以确保遵守该法案和马来西亚 IRBM 的程序，以及符合国内实际情况。

二 马来西亚国际税收管理发展变化（2021~2023年）

（一）马来西亚跨境税收管理发展变化

1. 非居民纳税人税务管理发展变化

（1）月薪不低于 25000 令吉并担任关键职位或高管职位的非居民个人将连续 5 年按 15% 的统一税率纳税。该激励措施仅限于受雇于获得搬迁税收激励的公司的非税收居民个人（每家公司仅 5 人能享受此优惠），优惠时间从马来西亚投资和发展局在 2022 年 12 月 31 日前收到申请，延长至 2024 年底）。

（2）非税收居民公司、非公司或外国机构投资者的金融服务激励措施。来自房地产投资信托基金的收入分配的最终预扣税免征以下税款。①非公司

[①] https：//phl. hasil. gov. my/pdf/pdfam/PUA_ 175_ 28062019. pdf.

或外国机构投资者：10%（直到 2025 估税年）；②非税收居民公司：24%。

2.居民法人纳税人税务管理发展变化——外汇损益税务管理

IRBM 于 2019 年 12 月发布了第 12/2019 号公告，即《汇兑损益税务处理》，该公告自 2020 年 1 月全面实施，具体内容如下。

（1）跨境交易及外汇损益。

在涉及两种不同货币（即业务功能货币和外币）的任何跨境业务交易中，一种货币与另一种货币的价格随时间变化而产生外汇损益问题。

（2）跨境交易。

①进口、购买或出口以外币计价的相关贸易商品或服务。②拥有国外贸易业务（如子公司、分公司、联营公司或合资企业），在那里以外币计价收购或处置资产，产生或结算负债。③借进款项或出借款项，其应付或应收款项以外币计价。

（3）外汇损益。

①将外币转换为企业的功能货币。由于跨境交易涉及外币，且外币汇率波动，因此外币在转换为企业功能货币时的价值将根据现行汇率而变化。将外币转换为企业的功能货币通常发生在记录发票、付款或报告期末。②在结算交易金额时确认外汇损益。当在两个不同的日期（如交易日期和付款结算日期）将以外币计价的资产或负债的价值与以马来西亚货币（功能货币）计价的价值进行比较时，产生汇兑损益。

（4）外币汇兑损益的可征税性和可抵扣性。

为了确定一个实体是否需要对其外币汇兑换收益或损失征税，必须确定收益或损失的性质。换句话说，有必要确定外汇损益是如何产生的。就所得税而言，只有来自已经实现收入的交易外汇收益或损失才可征税或扣除。资本性质的外汇收益或损失，无论是否实现，均不应纳税或扣除。

①跨境交易的基本性质。必须对每项跨境交易的基本性质的事实和情况进行实质性审查，以分辨该等损益是否由以下原因引起的。第一，贸易或非贸易交易。第二，收入或资本交易。第三，已实现或未实现的交易。已实现是指在确定等值的马来西亚货币金额时进行付款结算。如

果金额通过外币账户以外币结算，则在金额被视为变现之前无须对货币进行实际转换。

②贸易损益。如果交易被认定为贸易交易且本质上是收入，则归属于该基础交易的外汇收益将作为交易实现基期内业务总收入的一部分。再者，根据 ITA 第 33（1）小节的规定，在交易实现的基期内，允许扣除其基础交易产生的外汇损失（本质上是收入）。对于未实现的基础收入交易产生的外汇损益，这些损益不应纳税或扣除。如果贸易交易本质上是资本交易，则外国投资者归属于该基础交易的汇兑损益既不应纳税也不可扣除。

③非贸易损益。第一，非贸易交易产生的外汇收益或损失不应纳税或扣除，无论其是否已实现。第二，ITA 第 4B 节规定，利息收入不能作为 ITA 第 4A 段规定的业务收益或利润而征税，但 ITA 第 24（5）小节规定的利息收入除外。个人因经营业务而获得的利息收入［不包括 ITA 第 24（5）小节规定的利息收入］应按照 ITA 第 4C 款的规定征税。

④收入或资本。外汇损益本质上是收入还是资本是一个事实问题，必须检查基础交易的所有事实和情况，包括会计处理和应用公认的税收原则都是决定交易性质是资本还是收入的必要条件。

收入交易。第一，收入账户上的交易是指与正常创收业务相关的交易，或直接与业务运营相关的交易。一般而言，在进行交易业务过程中产生的外汇收益或损失被视为收入，如购买交易股票。第二，如果在外币兑换过程中产生收益或损失（该外币是企业交易资产的一部分），则必须确定该收益或损失是在经营过程中发生的还是附带的。在其正常经营过程中使用或打算使用的外币升值或贬值产生的损益将被视为贸易损益。第三，因收取收入、支付费用、应付给贸易债权人或贸易债务人的贸易债务的结算而产生的外汇差额本质上是收入。

流动资金。第一，流动资本是指被周转的资本，在周转过程中产生利润或亏损。而固定资本是所有者通过持有它而获得利润的东西。第二，当一项外汇项目归属于正常经营过程中的流动资本时，则该收入或费用将被视为交易性质，即商业运营产生的利润或损失。第三，一些企业可能持有外汇，为其日常运营提供资金，或确保购买资本资产所需资金的可用性。如果企业持有外币，则必须检查相关的外汇损益。必须确定是在短期内使用外币为日常运营提供资金，还是持有外币用于购买资本资产，因收入或资本性质的基础交易产生的外汇收益或损失应纳税，不可抵扣。

资本交易。资本交易是指涉及具有持久价值的资产的交易，即固定资本、投资和个人正常赚取收入活动以外的投机活动。如果费用是一次性支付，为交易的持久利益带来资产或优势，则该支出可能是资本性质的支出。如果支出的目的是建立、替换或扩大企业的资本结构，则该支出被视为资本性质的支出。外汇收益不征税，因为它纯粹是投机性的，是一项临时投资的增值。

⑤借款及借款费用。第一，借款用途。企业实体签订贷款协议的目的及其他因素，如借款期限和其他条款，以及个人交易的性质，对于确定交易性质是收入还是资本至关重要。偿还贷款时已实现的外汇损益本质上是收入还是资本取决于归属于损益的基础交易。第二，借款的收入或资本性质。首先，如果外币借款用于实体的正常业务运营过程（即用于支付业务的日常运营费用，如购买交易股票），偿还借款产生的任何外汇收益或损失将被视为收入。其次，如果财务公司在其正常业务过程中进行外币借款，以向客户提供贷款资金，则偿还借款产生的任何外汇收益或损失将被视为收入。再次，如果外币借款用于购买资本资产，偿还借款产生的任何外汇收益或损失将被视为资本。最后，如果外币借款用于弥补实体资本不足，则偿还借款的外汇收益或损失在性质上并不自动视为资本。在大多数情况下，外汇损益的性质取决于所借资金的用途。然而，借款可能构成实体自有资金的一部分，在这种情况下，借款通常被视为构成企业永久营运资本的一部分，并在性质上被视为资本。由此产生的任何外汇收益或损失都将被视为资本性质，无论借来的资金最终如何使用。

⑥货币贬值。第一，在确定因外币贬值而产生的外汇损失是否为收入或资本损失时，必须确定造成外汇损失的基础交易是否为收入或资本性

质。第二，一般而言，一个人因货币贬值而遭受的汇兑损失将在其资本账户上，除非该人的业务直接涉及货币交易。第三，就借款而言，必须确定贬值时贷款金额的使用情况，而不是获得贷款的目的。第四，外币贷款的初衷可能是为了购置固定资产，并且该贷款用于购置该固定资产。然而，在外币贬值时，固定资产的性质可能已经改变，并呈现出贸易存量或收入性质的新特点。因此，外币贬值造成的外汇损失将是收入损失，而不是资本损失。

3. 来源于国外业务的收入的申报

IRBM 于 2020 年 12 月 21 日发布了"4/2020 号"《关于申报公司或有限责任合伙企业不超过 5000 万令吉业务来源的总收入的通知》，其中第 4 条第 5 节、第 6 节关于税收收入申报的规定如下。

（1）第 5 节。

从国外业务中获得总收入的公司或有限责任合伙公司，在确定其业务总收入不超过 5000 万令吉时，应将它视为来源于国外业务的总收入（银行业、保险业、航空公司、船运公司除外）。

（2）第 6 节。

享受某种激励或税收激励公司或有限责任公司，如享受先锋地位或投资准备金，在确定其商业总收入不超过 5000 万令吉时，应考虑将其来自商业的总收入予以豁免。

（二）马来西亚税收协定下避免所得双重征税管理的发展变化

1. 不同收入类型的管理发展变化

（1）马来西亚对非居民个人纳税人征缴的个人所得税，是根据其在马来西亚所取得收入的不同类型适用不同税率。

2020 年马来西亚提高了非居民个人纳税人的一些收入类型的税率，具体情况见表 5。

表 5　马来西亚非居民纳税人收入类型与税率变化

收入类型	税率变化
商业、贸易或（需要高等教育或专门技能的）职业收入	28%
受雇收入	（2016 年 1 月至 2019 年 12 月）；
股息、红利	30%
租金	（自 2020 年 1 月生效）

资料来源：https：//www. hasil. gov. my/bt_ goindex. php？ bt_ kump = 5&bt_ skum = 1&bt_ posi = 2&bt_ unit = 1&bt_ sequ = 1.

（2）IRBM 还在其官网上公布了马来西亚语版的《2020 年月度税收扣除指南所得税（薪酬扣除）修正案》，进一步规范了所得税的申报。

2. 对申报管理的发展变化

IRBM 于 2020 年 1 月 4 日在其官网的公司纳税人义务专栏上鼓励公司纳税人和雇主使用电子申报方式提交申报表（RF）。并在 2021 年申报表（RF）提交方案中规定[①]以下事项。①提交纸质 RF 的非公司/非纳闽公司纳税人和雇主必须采用从 IRBM 官方门户网站→主页→表格→下载以 PDF 格式打印 RF 的方式。②纳税人确保相关的 RF 在截止日期或宽限日期内被 IRBM 收到，如果 IRBM 没有在截止日期或宽限日期收到 RF，IRBM 将根据 ITA 第 112 条和 120 条采取相应的行动。

3. 缴税范围的发展变化

从 2022 年 1 月 1 日起税收居民公司和有限责任合伙企业（LLP）应就来自境外的收入缴纳公司所得税，但 2022 年 1 月 1 日至 2022 年 6 月 30 日来自境外的股息收入可免税（从事银行、保险、海运或空运业务的居民公司或 LLP 除外）。

（三）马来西亚国际反避税管理发展变化

1. 转让定价管理规则发展变化

2021 年 2 月 12 日，IRBM 发布了《马来西亚转让定价指南制》，该指南是

---

① 　https：//phl. hasil. gov. my/pdf/pdfam/ProgramMemfailBN_ 2021_ 2. pdf.

从 2012 版《马来西亚转让定价指南制》中发展完善而来，无论新指南第 1.3.1 段规定的门槛如何调整，PE 都应准备一份完整的转让定价文件（TPD）。同时新指南明确了转让定价文件（TPD）的范围和适用程序，并特别发布了转让定价指南的流程图。同时在 IRBM 网站上推出了一个新的"转让定价完整性自我检查"程序，纳税人可以在线上预查 PE 编制的 TPD 文件的完整度。

2. 预约定价安排规则发展变化

2020 年 10 月 7 日 IRBM 网上发布了一则《COVID-19 流行病背景下有关预约定价安排（APA）处理的常见问题解答》，并说明：没受到 COVID-19 显著影响的企业仍可以基于当前 APA 规则和 APA 指南进行 APA 申请，以前 APA 申请的标准 APA 程序仍然适用；考虑 COVID-19 对独立交易的影响，IRBM 可以考虑应用目的测试条款，并且在 APA 独立交易期结束时进行某些补偿调整；考虑 COVID-19 对效率的影响，纳税人可以根据之前提交给 IRBM 的信息继续进行 APA，或者纳税人也可以选择退出 APA。

（四）马来西亚国际税收服务发展变化

1. 双边或者多边预约定价安排服务发展变化

IRBM 网上发布了一则自 2021 年 1 月 15 日起生效的通知——《申请 APA 主管部门的联系方式》①，该通知公开了接收 APA 申请的电子邮箱、负责接收 MAP 申请的税务部门通信地址及其主管领导的姓名和电子邮箱，同时要求所有的 MAP 请求都应寄给国际税务部主管部门。

2. 避免双重征税的相互协商服务发展变化

IRBM 网上发布了一则自 2021 年 1 月 15 日起生效的通知——《负责 MAP 申请的主管部门联系方式》，该通知公开了接收 MAP 申请的电子邮箱，以及负责接收 MAP 申请的相关税收部门（如国际税务部税务条约司、国际税收部主任）、通信地址及其主管领导的姓名、电话号码及其电子邮箱。该通知不仅要求所有的 MAP 请求都应寄给国际税务部的主管部门，还要求将

---

① https：//phl. hasil. gov. my/pdf/pdfam/CA_ ctc_ details_ APA_ 15012021. pdf.

其副本寄送给马来西亚财政部税务司，并在通知上附上了马来西亚财政部税务司的通信地址。

3.跨境纳税人权利保护的发展变化

（1）税务稽查中对跨境纳税人权利保护之变化。

2020年1月1日生效的《税务稽查框架（2020）》（简称"框架"）明确规定："纳税人可能需要在IRBM办公室提供信息和口头解释，IRBM官员也可以访问纳税人的营业场所，并在访问前发出书面通知"，"在审查过程中告知纳税人其权利和责任义务"，"有资格的律师可以在陈述记录时间在场"，"建议纳税人指定某税务代理人作为调查案件的代表"，"该官员必须遵守IRBM制定的规则和道德规范"，"纳税人的（各项）相关权利"，"信息保密"等内容。这些规定充分保护了纳税人的知情权、自我辩护权、依靠专业指导权等，同时也规范了IRBM税务人员的行政行为，极大保护了包括跨境纳税人在内的纳税人权益。

（2）法律救济程序对纳税人权利的保护。

2020年10月7日，IRBM发布了《对评估的上诉和救济申请》（第7/2020号公告），及时更新了2017年版的《对评估的上诉和救济申请》，2020版更改的地方主要有以下两处。一是关于延长申请的时间限制。二是对2019年开始修改生效的ITA第99（1A）款内容做出新调整。比如，提交申请的表格为Q表，替代了以前的N表，充分保护了包括跨境纳税人在内的纳税人权利。

（五）马来西亚国际税务行政协助与合作发展变化

1.税务行政合作协议发展变化

马来西亚-美国政府间协议（IGA）于2021年7月21日签署，旨在提高税收透明度并实施《外国账户税收合规法案》（FATCA）。为了履行IGA下的尽职调查义务，马来西亚政府于2022年9月1日在宪报刊登了以下附属立法。

（1）PU（A）278/2022所得税令。

马来西亚政府与美国政府关于提高国际税收遵从度和实施《外国账户

税收合规法案》的协议。

（2）PU（A）279/2022 所得税令。

马来西亚政府与美国政府之间自动交换金融账户信息，以提高国际税收遵从并规范实施《外国账户税收合规法案》的规则。

（3）PU（A）280/2022 纳闽商业活动税令。

马来西亚政府和美国政府之间自动交换金融账户信息，以提高国际税收遵从并规范实施《外国账户税收合规法案》的规则。

纳税人根据 FATCA 向 IRBM 提交 2014 年、2015 年、2016 年、2017 年、2018 年、2019 年、2020 年、2021 年和 2022 年可报告信息和零申报。

2.《金融账户涉税信息自动交换》规则发展变化

2020 年 8 月 28 日 IRBM 根据 1967 年 ITA 第 53 号法案第 154（1）c 段授予的权力，修订了《2016 年所得税（金融账户信息自动交换）规则》［PU（A）355/2016］，形成了《2020 年所得税（金融账户信息自动交换）（修订）规则》（PU<A>267)①。

（1）附表 2 的修订。

用新的附表 2 代替原"附表 2"［第 4（4）（b）段］。

（2）不包括的账户（不在金融账户信息交换范围之类的账户）。

不包括的账户是指休眠的存款账户（年金合同除外），其标准如下。第一，余额不超过 1000 美元。第二，账户持有人最近 3 年未就该账户或账户持有人持有的任何其他账户在申报金融机构发起交易的。第三，账户持有人在过去 6 年内未与报告金融机构针对账户或在报告金融机构所持有的任何其他账户进行交易联系的。第四，针对现金价值保险合同而言，报告金融机构在过去 6 年内未针对账户持有人在报告金融机构持有的账户或任何其他账户与账户持有人进行交易联系。

3.跨境税收争议解决机制发展变化

2021 年 6 月 15 日马来西亚税务局发布了《争端解决程序指南》②，该指

---

① https：//phl. hasil. gov. my/pdf/pdfam/PUA_ 267_ CRS_ Rules_ Amendment_ 2020. pdf.

② https：//phl. hasil. gov. my/pdf/pdfam/GP_ Prosiding_ Resolusi_ Pertikaian_ 2. pdf.

南的主要内容如下。一是编制指南的目的系提供实施税收争议解决程序（DEP），提出解决纳税人向 IRBM 提出的上诉或救济申请争议的机制。二是纳税人就不同类别诉求而申请 DRP 的法律依据以及纳税人可以提出申请 DRP 的范围（即可以就哪些涉税事项提出申请）。三是能提出申请 DRP 的主体范围，即个人、公司、合作社、信托机构、协会和其他类型纳税人均可申请 DRP。四是 DRP 的原则，实现纳税人陈述权的公正原则，确保对上诉或救济申请进行审查的透明性和独立性。五是争议解决程序，即纳税人申请填写和发出，申请收到，邀请信（邀请纳税人参加 DRP），DRP 结论。六是 DRP 的处理，即 IRBM 争议解决部门（包括哪些部门）何时何地通过会议为纳税人处理 DRP。

（六）BEPS 行动计划成果马来西亚落地行动发展变化

1. 第1项 BEPS 行动计划落地发展变化——对数字经济开始征税的发展变化

2019 年 4 月 4 日，马来西亚议会通过立法决定自 2020 年 1 月 1 日起，对数字经济开始征税。法案还规定，连续 12 个月的应税服务总营业额超过或预计超过规定 50 万令吉（门槛值）的外国数字服务提供商，有义务进行服务税登记，如不遵守登记规定，将处以最高 5 万令吉罚款和/或最高 3 年监禁。

该法案中的"外国服务提供商"是指位于马来西亚境外并向境内用户提供数字服务的纳税人。在马来西亚运营在线平台的任何外国人及其代表，以及提供数字服务并进行交易的人也涵盖在此定义范围内。"数字服务"涵盖的范围较广，包括通过互联网或任何形式的电子网络提供或订阅的任何类型的数字服务，该服务只有通过使用信息技术才能获取，而且服务的交付基本上是自动实现的。"用户"需要满足以下三个条件中的任意两个：居住在马来西亚；使用马来西亚金融机构或公司发行的信用卡或借记卡来支付数字服务；使用在马来西亚注册登记的 IP 地址或通过马来西亚国际移动电话的国家代码来获取的数字服务。

2. 第4项 BEPS 行动计划成果落地发展变化

2019 年马来西亚新出了一则《所得税（利息扣除限制）规则指南》

（2020 年全面实施）。具体内容如下。

（1）关于所得税规则和利息扣除限制（ESR）的适用范围问题。

ESR 仅适用于受控交易，因此在根据现有规则计算利息限制时，需要将公司间借款与第三方借款分开评估。

根据马来西亚现行任何规则计算利息限制时，下列财务援助产生的任何利息费用应与任何其他借款分开评估。①支付或应付给马来西亚境外关联方的利息。②支付或应付给马来西亚境外通过马来西亚常设机构运营的关联人士的利息。③向马来西亚境外的第三方支付或应付的利息，该第三方的财务援助由其控股公司或同一跨国公司集团下的任何其他企业担保（无论担保人是哪一个国家的税收居民）。

（2）ESR 不仅适用于跨境金融援助，也适用于国内金融援助。

根据 1967 年 ITA 第 140C 节和 2019 年《所得税（利息扣除限制）规则》，利息限制条款适用于受控交易，不区分跨境或国内受控交易。然而，在 DGIR 提供的指导中，该利息限制条款仅适用于《利息扣除限制》第 4 段规定的人员。

（3）利息扣除限制是否仅适用于在马来西亚运营的公司。

《所得税（利息扣除限制）规则》第 4 条 b 款规定，如果公司有以下交易，公司将受 1967 年 ITA 第 140 条 C 款的约束。①向马来西亚境外的关联方支付利息。②向境外通过马来西亚常设机构运营的关联方支付利息。③向境外的第三方支付利息，该第三方的财务援助由其控股公司或同一跨国公司集团下的任何其他企业担保（无论担保人是哪一国的税收居民）。

3. 第5项 BEPS 行动计划成果落地发展变化

2022 年马来西亚已根据第 5 项 BEPS 行动（更有效地打击有害税收做法，考虑透明度和实质性）的要求，对其税收优惠进行了审查，并将特许权使用费和知识产权收入排除在其税收优惠之外。为制造业和服务业的高科技活动以及其他有利于马来西亚经济的活动提出了批准的奖励计划。根据该计划，财政部部长规定提供不超过 20% 的优惠税率。

4. MLI 在马来西亚落地的新发展

马来西亚的 MLI 已于 2020 年 8 月 4 日通过 PU（A）224 号公报公布，并于 2021 年 2 月 18 日交存了批准书，马来西亚的 MLI 于 2021 年 6 月 1 日生效。一般来说，这些规定将在 MLI 对各缔约国生效后 6 个月期满生效。

马来西亚的 MLI 在以下方面表明了立场。一是签订税收协定不是为了逃税或避税。二是要进行目的测试（PPT）防止税收协定滥用。三是通过相互协定程序（MAP）解决有关双重征税问题或解决税收争端以及消除双重征税的情况。四是支持税收主权的透明实体原则。五是通过委托安排和类似策略及特定活动豁免等手段人为地避免常设机构地位。

三　马来西亚国际税收管理发展前景

（一）马来西亚跨境税收管理发展前景

1. 居民法人纳税人税务管理发展前景——外汇损益税务管理的前景

尽管马来西亚仅对银行业、保险业、航空公司、船运公司的境外收入征税，但在后疫情时代，在防止美元汇率波动冲击国内经济的情况下，为发挥税收在经济中的调节作用，马来西亚将进一步加强对外汇损益税务的严格管理，严格区分外币汇兑损益的来源途径或性质，严格区分可征税性和可抵扣性，确保应收尽收。

2. 对来源于企业总收入的申报管理前景

马来西亚对企业总收入申报管理的前景会体现在以下两个方面。①IRBM 会继续鼓励企业投入海外市场，赢取海外利润。②继续使那些高科技含量的企业享受先锋地位或投资准备金扣减等优惠政策，以给予政策利好。

（二）马来西亚税收协定下避免所得双重征税管理的发展前景

1. 应税收入管理发展前景

IRBM 对收入管理的总趋势是对收入进行分类和精细化管理，而且对非居民纳税人的个人所得税的征缴力度会越来越大，非居民个人纳税人的税负重于居民个人纳税人，而且非居民个人纳税人的税负呈现加重趋势。

2. 申报管理的发展前景

IRBM 会加强税收管理的数字化、电子化进程，尤其会重视税收申报管理的数字化、电子化。同时 IRBM 在申报管理上实行宽严相济，一方面给纳税人在申报期结束后一个较宽限期，另一方面会对在放宽限期内未做到申报的纳税人根据 ITA 做出相应的处罚。

（三）马来西亚国际反避税管理发展前景

1. 转让定价管理规则发展前景

马来西亚从仅对少部分公司（银行业、保险业、航空公司、船运公司）的境外收入征收公司所得税转变为对所有税收居民公司和税收居民 LLP 的境外收入征收公司所得税（小部分公司境外股息收入可免税）。马来西亚在扩大其国际税收税基范围的基础上，会更加积极参与国际税收规则的共建，进一步加强对企业转让定价的管理和指导，并将给出更为规范、精细、便利和电子化的管理和指导。

2. 预约定价安排规则发展前景

尽管预约定价是一项由纳税人申请发起的涉税行为，IRBM 能根据国内经济社会发展的具体环境迅速做出反应，灵活做好预约定价相关涉税程序的调整与安排，并尽可能完善独立交易价格或做好交易价格后的补偿性措施，甚至为基于效率的安排，将形成常态化纳税人预约定价的自愿退出机制。

（四）马来西亚国际税收服务发展前景

1. 双边或者多边预约定价安排服务发展前景

在 IRBM 税收数字化、电子化管理的背景下，马来西亚双边或多边预约定价安排服务发展总体趋势会顺应数字化、电子化发展方向，双边或者多边预约定价安排服务将更加简捷、便利、灵活，税企互动也会更加频繁和高效。

2. 避免双重征税的相互协商服务发展前景

随着 IRBM 税收管理数字化、电子化进程的发展，马来西亚避免双重征税的相互协商服务方式将进一步数字化、电子化，而且避免双重征税的相互协商服务会更加规范化、程序化。无论是纳税人提请协商申请，还是相关 CA 之间的 MAP，都将更常规化、便利化，CA 协商的形式将更多样，程序将更简单、便捷。

3. 跨境纳税人权利保护服务发展前景

马来西亚对纳税人权利的保护将达到荷兰国际财税文献局（IBFD）关于纳税人权利保护的最低标准，并向最佳实践靠近。比如，在税务稽查领域，马来西亚已公布《税务稽查框架（2020）》，对纳税人的知情权、陈述权、信息保密权及其辩护权、依托专业人员帮助等基础性权利做出明确的规定。IRBM 不仅会更具体地规定税收稽查原则、程序、时限及要求出具税稽查报告等规则，还会拓宽纳税人权利保护的领域，如将在征管、纳税评估等环节，重视对纳税人权利保护及建立相关纳税人权利保护机构等。同时会进一步在法律救济环节加强对纳税人权利的保护，除落实并实施《对评估的上诉和救济申请》（第 7/2020 号公告）中关于延长申请的时间限制和执行延长具体税种（如所得税）的征期外，还将关注行政复议或上诉程序前税费清缴程序，会朝着减少行政复议或上诉的羁绊方向努力。

（五）马来西亚国际税务行政协助与合作发展前景

1. 《金融账户涉税信息自动交换》规则在马来西亚落地的发展前景

为了畅通金融账户涉税信息交换渠道，简化金融账户涉税信息交换程序，提高金融账户涉税信息交换效率，IRBM 将关注经济社会的发展，注重与金融账户持有人的信息互动和沟通交流，适时调整或改善金融账户涉税信息交换的细节或规则，提高金融账户涉税信息交换的效益。

2. MLI 在马来西亚落地的发展前景

IRBM 不会改变自己积极参与国际税收协调、防止税基侵蚀和利润转移的使命，会一如既往积极参加 MLI，并会采取一定的措施来防止纳税人人为地利用常设机构来逃税、避税的行为。

3.跨境税收争议解决机制发展前景

IRBM 的跨境税收争议解决机制将朝着更具体、务实、便捷的方向前进，而且将更注重保护纳税人的权利，更加注重听取纳税人的意愿，更关注纳税人的诉求，力求在公正的基础上，以更和谐、简便易行的方式去解决跨境税收争议。

（六）BEPS 行动计划成果落地发展前景

1.第1项 BEPS 行动计划落地发展前景

数字经济是未来经济发展的热点和新经济增长点，囿于马来西亚境内的数字经济相对落后，IRBM 一方面为了在世界范围内获取数字经济税收的份额，维护其税收主权，另一方面为了保护和促进其境内数字经济的发展，将会对"外国服务提供商"提供的数字经济进行较为苛严的税收管理。①较广地定义"数字服务"的含义，即扩大数字经济的征税范围。②对数字经济的征税环节进行具体管理，即减少数字经济税收流失的可能。③对违反税收征管法律法规的数字经济服务提供商给予相对严格的处罚。

2.第4项 BEPS 行动计划成果落地发展前景

所得税是马来西亚的主体税种，对所得税（利息扣除限制）的严格规范管理，既是马来西亚加强主体税源管理的必要，也是深入国际税收征管合作的一种重要形式，所以 IRBM 随后几年将重点落实所得税（利息扣除限制）的政策要求，执行相关政策条款，并具体宣传和指导纳税人适用相关政策，确保第 4 项 BEPS 行动计划成果落地。

3.MLI 的发展前景

尽管马来西亚的 MLI 已于 2021 年 6 月 1 日生效，MLI 在立场相同的缔约国之间将"一揽子"的生效，但其与非缔约国或立场不一样的缔约国之间还存在诸多需要协调的问题，所以马来西亚的 MLI 发展前景会比较顺畅，但也有许多工作需要去协调。

新加坡国际税收管理发展报告（2023）

摘　要： 本报告从跨境税收管理、税收协定下避免所得双重征税管理、国际反避税管理、居民纳税人国际税收服务、国际税务行政协助与合作、BEPS 行动计划成果在新加坡落地行动等方面，介绍了新加坡国际税收管理的基础内容，分析其发展变化，并对新加坡国际税收管理发展前景进行了展望，方便读者了解新加坡国际税收管理的新特点、新变化和新发展。

关键词： 新加坡　跨境税收管理　国际反避税　BEPS 行动计划

新加坡国内市场规模小，经济外向型程度高，因此，新加坡政府一直积极参与并推动全球贸易自由化进程。1973 年，新加坡加入《关税与贸易总协定》（GATT），其也是 1995 年 1 月 1 日世界贸易组织（WTO）创建时的正式成员。新加坡是亚太经合组织（APEC）、亚欧会议（ASEM）、东南亚国家联盟（ASEAN）等区域合作组织的成员，也是世界上签订多边和双边自由贸易协定最多的国家之一。新加坡签订的自贸协定涵盖了 21 个国家和地区，涉及 32 个贸易伙伴。新加坡的货物贸易伙伴主要集中在邻近的东南亚地区以及中国、日本、韩国和美国；主要出口市场为中国内地、中国香港、马来西亚、印度尼西亚、美国、日本、韩国和中国台湾；主要进口来源地为中国内地、马来西亚、美国、中国台湾、日本、韩国、印度尼西亚和德国。中国为新加坡第一大货物贸易伙伴、第一大出口市场和第一大进口来源国。目前新加坡正参与商谈的主要区域协定包括《跨太平洋伙伴关系协定》（TPP）和《区域全面经济伙伴关系协定》（RCEP）。新加坡政府设有国内税务局负责全国税收工作，现行的主要税种包括公司所得税、商品和劳务税、财产税、印花税、个人所得税等。新加坡是以征收所得税为主的国家，税制比较简单，易于推行和操作。

一 新加坡国际税收管理发展基础（截至2020年）

新加坡一直积极推进各成员提升贸易便利化水平，提出了不少重要主张，树立了其大力推动全球贸易自由化进程的形象。随着以北美自由贸易区（NAFTA）为代表的小范围自贸机制的迅速发展，新加坡大力推动双边自贸外交。新加坡的税务条约网络涵盖众多国家和地区，为跨国企业在新加坡开展实质性经济活动提供了有力支持。

（一）新加坡跨境税收管理基础

新加坡按属地原则征税。任何人（包括公司和个人）在新加坡发生或取得来源于新加坡的收入，或在新加坡取得或被视为在新加坡取得的收入，都属于新加坡的应税收入，需要在新加坡纳税。即使发生于或来源于新加坡之外的收入，只要是在新加坡取得的，就需要在新加坡纳税。另外，在新加坡收到的境外赚取的收入也须缴纳所得税，有税务豁免的除外（如股息、分公司利润、服务收入等）。

1. 居民企业境外所得纳税申报管理

（1）居民企业境外所得纳税申报管理。

对新加坡的居民企业在境外取得的股息、分支机构利润及服务收入（上述所得统称为"特定境外所得"），符合相关规定的境外所得免于征税；不满足相关条件的，在新加坡境内取得的特定境外所得可依据特定方案或在特定情形下获得免税待遇，但必须经过批准。[①]

---

① 参见《中国居民赴新加坡投资税收指南》。

《新加坡所得税法》（ITA）规定①，自2004年1月1日起，除通过合伙企业获得境外收入外，新加坡居民企业取得的境外收入在符合以下条件的情况下可以适用"境外所得税收豁免计划"②（Tax Exemption for Foreign-Sourced Income，FSIE）：①该笔收入已在境外国家纳税；②境外国家企业所得税的名义税率至少为15%；③居民企业从中受益。

如要适用FSIE，居民企业无须提供任何证明文件（如股息凭证、国外的评估报告等），但应当保留这些证明文件，以应对税务局的核实检查。居民企业只需在所得税申报表中申报符合免税条件的特定的境外所得，并包含以下内容：①境外收入的性质和数额；②收入的来源国；③收入来源国的名义税率；④已在收入来源国纳税。

如果居民企业在境外进行实质性商业活动，导致境外收入在来源国被豁免纳税，这种情况仍被视为符合"已在境外纳税"的条件。但居民企业应当准备和保留以下文件：①公司声明，证实在该境外国家进行实质性商业活动导致的境外收入豁免纳税；②国外的税收优惠证明或批准函复印件。对于从外国获得的股息，需要出示股息凭证（若适用），以证明由于公司在该国开展实质性业务活动，而给予该股息免税优惠。

如果FSIE不适用，居民企业可以申请"外国税收抵免计划"（Foreign Tax Credit，FTC）。对于同一笔收入，居民企业在境外缴纳的税款可抵免新加坡的应纳税额。若境外收入来源国已与新加坡签订避免双重征税协定（Double Taxation Agreements，DTA），则居民企业可申请"双重税收减免"（DTR），否则只能申请"单边税收抵免"（UTC）。

FTC申请应在提交所得税申报表（表格C）时提出，申请FTC的居民企业不能使用表格C-S或表格C-S（精简版）。居民企业申请FTC时无须提

---

① ITA S（13）-13（11），https：//www.iras.gov.sg/quick-links/tax-acts.
② Tax Exemption for Foreign-Sourced Income（Third Edition）．https：//www.iras.gov.sg/media/docs/default-source/e-tax/tax-exemption-for-foreign-ssourced-income-（third-edition）.pdf?sfvrsn=b5092fba_0.

供任何证明文件，但应当保留相关证明文件，以应对税务局的核实检查①。

（2）居民企业境外关联申报管理。

2016 年 11 月 3 日，新加坡税务局对新加坡纳税人提出新的要求，明确从 2018 纳税年度起，符合条件的纳税人必须完成关联交易申报表。若纳税人纳税年度的关联交易总金额超过 1500 万新加坡元（约合 1030 万美元），该纳税人在提交企业所得税申报表（申报表 C）时必须一并提交关联交易申报表（在相关纳税年度的 11 月 30 日前提交）。

根据关联交易申报要求，关联交易申报表（一页文档）必须包含以下信息。第一，最终控股公司的名字和地址。第二，下述类别关联交易的金额。具体包括：①商品的销售和采购；②服务收入和费用；③特许权使用费及许可费收入和费用；④利息收入和费用；⑤不属于上述类别的其他收入和费用；⑥年末贷款余额和非贸易往来金额。第三，与境外前五名关联方的交易（基于购销活动的总价值）。

关联交易申报表是申报表 C 的一部分，如纳税人未申报或未正确提交申报表 C，新加坡税务局可对其上述行为处以未缴纳税款 100%～400% 的罚金，甚至可能对其处以监禁和罚款。

新加坡税务局规定了关联交易的价值门槛（见表 1），当关联交易的价值超过该价值门槛时，纳税人必须准备相关的同期资料。

表 1　新加坡关联交易的价值门槛情况

单位：万新加坡元

关联交易的类型	限额（每个财年）
从所有关联方购买货物	1500
向所有关联方销售货物	1500
向所有关联方的借款	1500

---

① https：//www.iras.gov.sg/taxes/corporate-income-tax/income-deductions-for-companies/claiming-reliefs/foreign-tax-credit.

关联交易的类型	限额（每个财年）
向所有关联方提供的贷款	1500
关联交易的其他类型	100（每类）
◆服务费收入	
◆服务费支出	
◆特许权使用费收入	
◆特许权使用费支出	
◆租赁收入	
◆租赁支出	
◆担保费收入	
◆担保费支出	
◆其他	

纳税人不需要准备和提供关联交易同期资料的规定。主要包括以下内容。第一，纳税人与新加坡境内的关联方发生关联交易（不包括关联贷款），且双方适用相同的新加坡税率或双方均免税。第二，纳税人与新加坡境内的关联方发生境内贷款交易，且贷款人不从事借贷业务。第三，纳税人对关联贷款适用指导性利率。第四，纳税人对关联交易中的常规服务交易适用 5% 的成本加成。第五，关联交易的类型为预约定价安排所涵盖。

（3）居民企业境外所得的确认管理。

根据 ITA，居民企业获得的以下收入须在新加坡纳税。①来源于新加坡或在新加坡计提的收入。②在新加坡境内取得的境外收入。根据 ITA 第 10（25）条，以下列举的境外收入属于前述"在新加坡境内取得的境外收入"范畴：通过境外汇入、转交或携带进入新加坡境内的；用于偿还在新加坡进行贸易或商业活动所产生的债务；在海外购置有形动产（如设备、原材料等），并将该有形动产进口至新加坡境内。

用于海外再投资而未汇回新加坡的境外收入，不属于前述"在新加坡境内取得的境外收入"范畴。这意味着境外收入的征税时点将延迟至海外再投资结束且境外收入汇回新加坡境内时。①

新加坡的居民企业在境外取得股息、分支机构利润及服务收入等"特定境外所得"，符合相关要求的免税；不满足相关条件的，免税待遇同居民企业境外所得申报管理。第一，来源于境外的股息。由非新加坡税收居民公司支付的股息以及外国股息均属于"来源于境外的股息"，后者可能是由特定的居民纳税人在新加坡开展交易或业务所取得的收入（例如，新加坡的银行税收居民收到的股息）。第二，外国分支机构利润。外国分支机构是指新加坡公司在境外注册的经营实体。外国分支机构利润是外国分支机构在境外开展交易或业务所获得的利润，不包括外国分支机构的非交易或非业务收入（消极收入）。第三，境外服务收入。服务性所得，是指特定居民纳税人在业务活动中提供的专业、技术、咨询或者其他服务所得。只有在境外的固定经营机构提供服务获取的收入才被认定为境外服务收入，否则该项收入被视为来自新加坡境内。

新加坡居民企业境外收入来源国的确定，取决于该笔收入的性质和交易方式。确定某笔收入来源的标准②主要包括以下几个方面。第一，确定产生相关收入的经营所在地。第二，如果居民企业在境外没有业务，而主要经营所在地位于新加坡，则该业务所赚取的收入很可能被视为来自新加坡。第三，确定买卖合约生效的地点，如协商、签订和执行合约的地点。第四，对于以赚取佣金为业务的公司，须确定代理商在哪里开展业务，如果这些业务在新加坡开展，则收入将被视为来自新加坡。

（4）居民企业跨境税收扣除管理。

居民企业可扣除的费用必须满足规定的全部条件。①费用的产生全部且仅为产生该所得而发生。②必须为收益性开支。③不能为新加坡税法中其他明令规定的不可扣除的款项。为便利创业，企业取得第一笔贸易收入当年的

---

① 《中国居民赴新加坡投资税收指南》。

② Tax Exemption for Foreign-Sourced Income（Third Edition）. https://www.iras.gov.sg/media/docs/default-source/e-tax/tax-exemption-for-foreign-ssourced-income-（third-edition）.pdf?sfvrsn=b5092fba_0.

第一天，视为该企业已开展经营活动。企业开始经营活动前一会计年度内（不得超过 12 个月）的营运性开支亦可扣除。投资控股公司的费用扣除要受特定规定的限制。

归为境外来源的所得的费用不可扣除，除非该所得在新加坡境内获得且为新加坡的课税对象。一般而言，境外亏损不能用于冲抵境内来源的所得。

（5）居民企业境外应纳税所得额及计算管理。

境外税收抵免（Foreign Tax Credit，简称 FTC）额为境外实际纳税额（或应纳税额）和该所得在新加坡的应纳税额中的较低者。FTC 采用分国分项的方式，满足相关条件后该居民纳税人可以选择将税额合并。

来自未与新加坡签订 DTA 的国家（或地区）的所得也可获得与 FTC 相似的单边税收抵免。新加坡与超过 80 个国家（或地区）签订了 DTA，美国不在其中。

申请境外所得抵免的条件。新加坡居民企业须满足以下所有条件才能申请境外所得抵免。第一，公司在相关年度内是一家新加坡税收居民企业。第二，在外国税收管辖区的收入所应缴税款已支付，或在特殊情况下为应支付。第三，该笔收入为新加坡应税所得且须在新加坡纳税（即不适用于处于亏损状态的居民企业）。

境外机构构成常设机构。当居民企业在境外构成常设机构，并且境外所得来源于该常设机构时，该笔收入将在境外被征税。若该笔收入在新加坡也要征税，境外所得税抵免就可以被适用。

（6）境外投资者免征预提所得税报告。

根据新加坡税法规定，若境外企业有来源于新加坡的应税所得且该所得未经支付企业代扣税款，则要求该境外企业向新加坡税务局纳税申报。如果非居民纳税人①在新加坡境内无固定营业场所，则通常由其代扣代缴义务人代扣税款。因此，不可直接评税且应缴纳税款的非居民纳税人，无论其代扣

---

① 非居民纳税人分为两种，即非居民纳税人（企业）和非居民纳税人（个人），分别简化表述为"非居民企业"和"非居民个人"。非居民纳税人亦可简化表述为"非居民"。

代缴义务人是否收到收入凭据，都将以其代扣代缴义务人的名义进行申报缴纳税款。税务机关有权指定非居民纳税人的代扣代缴义务人，要求其代为履行非居民纳税人的纳税义务。

向非居民纳税人支付款项的企业须履行缴纳预提所得税的义务，在支付款项次月的 15 日之前向新加坡税务局提交预提所得税申报表且缴纳税款。

一般而言，向非居民的贷款和债务支付的利息以及其他款项需缴纳 15% 的预提所得税。然而，由经核准的新加坡银行向非居民纳税人存款支付的利息免于征税，前提是该非居民（企业）未在新加坡设立常设机构，且并未在新加坡以自身名义或以与其他企业相联系的方式从事经营活动，或该存款的来源并非其设立在新加坡的常设机构的基金。此外，满足特定条件的，在 2018 年 12 月 31 日以前（含 2018 年 12 月 31 日）向未在新加坡设立常设机构的非居民企业发行债券的利息免征预提所得税。这项免税政策同样适用于在新加坡设立了常设机构，但并未使用其运营常设机构获得的资金来购买该债券的非居民企业。由新加坡境外非居民纳税人（企业）进行的与贷款或债务有关的安排、管理和服务的支付，及由非居民担保公司提供的贷款或债务免征预提所得税。2012 年 2 月 17 日至 2021 年 3 月 31 日，银行、金融企业和经核准的特定实体向非居民纳税人（个人）支付的利息和其他款项免征预提所得税，前提为该支付是出于贸易或经营活动目的而非规避在新加坡的税收。

2. 居民个人境外个人所得税纳税申报管理

根据 ITA 第 S13（7A）（b）条的"免税受益"条款，自 2004 年 1 月 1 日起，居民个人在新加坡收到的所有国外来源的所得（通过合伙企业取得的除外）都是免税的。通过合伙企业取得境外收入的居民个人属于"指定居民纳税人"，可以在符合条件（同居民企业）时申请 FSIE[①]。

---

① Tax Exemption for Foreign-Sourced Income （Third Edition），https：//www.iras.gov.sg/media/docs/default-source/e-tax/tax-exemption-for-foreign-ssourced-income-（third-edition）.pdf?sfvrsn=b5092fba_0.

3.非居民纳税人税收管理

（1）非居民纳税人的界定管理。

根据新加坡相关法律法规的规定，以税收为目的定义的非居民纳税人是指在纳税年度的前一年在新加坡实际居住或就业（公司董事除外）不超过183天的个人。

非居民纳税人应就其在新加坡境内提供服务获得的受雇所得纳税，而无论酬金是来自新加坡境内还是境外。非居民纳税人在新加坡境内取得的外国来源的收入则明确免征个人所得税。

非居民纳税人在一个日历年中在新加坡就业不超过60天的，对其受雇所得中来源于新加坡的部分，免征个人所得税。这种免税不适用于公司董事、公众艺人或者从事专业工作的人员。

①登记备案。第一，扣缴义务人。扣缴义务人为非居民从新加坡取得所得进行代扣代缴税款申报，无须履行备案手续。例如，合同备案或扣缴义务人备案，仅须填写扣缴税款申报表。第二，货物和劳务税。"无机构经营实体"是指在新加坡没有经营活动或者固定的营业场所。如果一个在新加坡的无机构经营实体生产的应税产品价值超过登记门槛（即在12个月间应税商品的价值超过100万新加坡元），则应当强制性进行货物和劳务税登记。一个无机构经营实体必须指定当地的税务代表来进行货物和劳务税登记。当地的税务代表要负责该机构在新加坡的所有货物和劳务税税收事务。例如，货物和劳务税的缴纳，填写货物和劳务税纳税申报表。

②分类管理。第一，境内设立机构场所的。外国企业在新加坡设立机构场所进行经营并取得境内所得的，需要在新加坡进行税务登记，并按年度申报纳税。第二，境内未设立机构场所的。根据新加坡税法规定，若境外企业有来源于新加坡的应税所得且该非居民在新加坡境内无固定营业场所，则通常由其代扣代缴义务人扣缴税款。

（2）非居民纳税人所得税管理。

根据新加坡税法规定，新加坡税务局有权要求境外企业对其取得的来源于新加坡的应税所得进行纳税申报。在实际操作中，如果非居民在新加坡境内无固定营业场所，则新加坡税务局有权指定非居民的代扣代缴义务人，并由代扣代缴义务人扣缴税款。因此，有新加坡应税所得且有纳税义务的非居民，无论其代扣代缴义务人是否收到收入凭据，都将以其代扣代缴义务人的名义进行申报缴纳税款。

（3）非居民纳税人货物和劳务税管理。

新加坡货物和劳务税的登记门槛为 100 万新加坡元。如果一个在新加坡的无机构经营实体生产的应税产品价值超过登记门槛，则会被强制性进行货物和劳务税登记。

在货物和劳务税登记失败、延迟缴纳货物和劳务税、未按时提交货物和劳务税申报表和提交的纳税申报表不正确的情况下，纳税人均会受到相应处罚。

目前新加坡暂未在法规层面单独规定非居民企业的股权转让、财产转让、股息红利及特许权使用费等事项的征收管理。

4. 非境内注册居民企业税务管理

（1）非境内注册居民企业身份确认、税务登记管理。

外国企业在新加坡设立机构场所进行经营并取得境内所得的，需要在新加坡进行税务登记，并按年度申报纳税。

（2）非境内注册居民企业纳税申报管理。

根据新加坡税法规定，若境外企业有来源于新加坡的应税所得且该非居民在新加坡境内无固定营业场所，则通常由其代扣代缴义务人扣缴税款。

（3）非境内注册居民企代扣代缴管理。

扣缴义务人为非居民从新加坡取得所得进行代扣代缴税款申报，无须履行备案手续。例如，合同备案或扣缴义务人备案，仅须填写扣缴税款申报表。

（二）新加坡税收协定下避免所得双重征税的管理基础

新加坡已与 80 多个国家或地区签订了避免双重征税协定（DTA），协定的主要目的是防止收入从一个国家转移到另一个国家时被征收两次税款，从国外收入和资产中受益的公司和个人只被征税一次。通常 DTA 会为两个签署国提供适用于某些特定类型收入的减税和优惠税率。拥有税务居民身份的新加坡公司从 DTA 合作伙伴那里获得外国收入时，可以根据 DTA 申请免征或减征税款。

1.税收协定适用范围管理

（1）居民、非居民身份管理。

在适用主体方面，有权适用税收协定的主体是签订税收协定双方的居民。作为居民的"人"包括个人、公司和其他团体。根据税收协定，"缔约国一方居民"是指按照该缔约国法律，由于住所、居所、管理机构所在地、总机构所在地、注册地或任何其他类似标准，在该缔约国负有纳税义务的"人"，也包括该缔约国、地方当局或法定机构。

对于居民企业而言，同时为缔约国双方居民的"人"（包括公司和其他团体），应认为是其实际管理机构所在缔约国的居民。如果其实际管理机构不能确定，应由缔约国双方主管当局通过协商解决。

对于个人居民而言，同时为缔约国双方居民的个人，其身份确定的规则，主要包括以下几个方面。第一，应认为仅是其永久性住所所在缔约国的居民。如果在缔约国双方同时有永久性住所，应认为是与其个人和经济关系更密切（重要利益中心）所在缔约国的居民。第二，如果其重要利益中心所在国无法确定，或者在缔约国任何一方都没有永久性住所，应认为是其有习惯性居处所在国的居民。第三，如果其在缔约国双方都有习惯性居所，或者都没有习惯性居所，应认为仅是其国民所属缔约国的居民。第四，在其他任何情况下，缔约国双方主管当局应通过协商解决。

（2）常设机构认定管理。

常设机构是指企业进行全部或部分营业的固定场所。具体包括：管理场所，分支机构，办事处，工厂，作业场所，矿场、油井或气井、采石场或者其他开采自然资源的场所。这些列举并不是穷尽的，并不影响对其他场所按照概括性规定的定义进行常设机构的判定。

部分税收协定同时针对场所型常设机构提供了负面清单，即在以下情形下不构成常设机构。第一，专为储存、陈列或者交付本企业货物、商品而使用的设施。第二，专为储存、陈列或者交付而保存本企业货物、商品的库存。第三，专为另一企业加工而保存本企业货物、商品的库存。第四，专为本企业采购货物或者商品，或者搜集情报而设的固定营业场所。第五，专为本企业进行其他准备性或者辅助性活动而设的固定营业场所。第六，专为上述活动的结合所设的固定营业场所，且这种结合使该固定营业场所全部活动属于准备性质或辅助性质。

工程型常设机构认定。工程型常设机构是指连续 6 个月以上的建筑工地，建筑、装配或安装工程，或者与其有关的监督管理活动，但仅以该工地、工程或活动连续 6 个月以上为限。

劳务型常设机构认定。根据税收协定的相关规定，缔约国一方企业通过雇员或者其他人员，在缔约国另一方（为同一个项目或相关联的项目）提供的劳务，包括咨询劳务，如在任何 12 个月中连续或累计停留超过 183 天，则视同在缔约国另一方构成常设机构。

代理型常设机构认定。根据税收协定的相关规定，非独立代理人在缔约国一方代表缔约国另一方的企业进行活动，有权并经常行使这种权利，如以该企业的名义签订合同，应认为该企业在该缔约国一方设有常设机构。也就是说，缔约国一方的居民企业在缔约国另一方的代理人按照税收协定的规定能够构成非独立代理人的，那么该居民企业的代理人就构成在缔约国另一方的代理型常设机构。

2. 不同类型收入的税收管辖

不同类型收入的税收管辖，以中国和新加坡税收协定（以下简称"中新税收协定"）为例。

（1）居民企业跨境经营所得税收管辖权管理。

①居民企业跨境营业利润所得的税收管辖。根据中新税收协定第七条第一款的规定，中国居民企业取得来源于新加坡的营业利润，中国政府有权向中国居民企业征税；中国居民企业通过在新加坡设立的常设机构取得来源于新加坡的营业利润，新加坡政府有权向中国居民企业的常设机构征税，但应以属于该常设机构的利润为限。

根据中新税收协定第七条第三款的规定，常设机构有权扣除自身进行营业发生的各项费用，无论该费用发生于常设机构所在国还是其他任何地方。

②关联企业所得的税收管辖。根据中新税收协定第九条的规定，符合下列情况之一，即可以将这部分利润计入该企业的所得，并据以征税。第一，中国企业直接或者间接参与新加坡企业的管理、控制或资本。第二，同一人直接或者间接参与中国企业和新加坡企业的管理、控制或资本，如果两个企业之间建立商业或财务关系的条件不同于独立企业之间建立商业或财务关系的条件，并且这些条件的存在导致其中一个企业没有取得本应取得的利润，则可以将这部分利润计入该企业的所得，并据以征税。

中国将新加坡已征税的企业利润（在两个企业之间的关系是独立企业之间关系的情况下，这部分利润本应由中国企业取得）包括在中国企业的利润内征税时，新加坡应对这部分利润所征收的税额加以调整。

③海运和空运所得的税收管辖。根据中新税收协定第八条的规定，中国企业以船舶或飞机经营国际运输业务所取得的利润，应仅在中国征税。上述规定也适用于参加合伙经营、联合经营或者参加国际经营机构取得的利润。

中国企业从附属于以船舶或飞机经营国际运输业务有关的存款中取得的利息收入，应视为从该船舶或飞机经营业务中所取得的利润。

以船舶或飞机经营国际运输业务取得的利润，具体包括以下内容。第一，以光租形式租赁船舶或飞机取得的利润。第二，使用、保存或出租用于运输货物或商品的集装箱（包括拖车和运输集装箱相关的设备）取得的利润。上述租赁、使用、保存或出租，根据具体情况，应是船舶或飞机经营国际运输业务的附属活动。

（2）居民个人境外劳务所得的税收管辖权管理。

居民个人境外劳务所得主要包括境外受雇所得、境外董事费所得、境外退休及社会保障金所得三类。具体的税收管辖权规则如下。

独立个人劳务所得的税收管辖。第一，新加坡政府征收的独立个人劳务所得。主要包括两类情况：一是中国居民个人以从事独立个人劳务为目的在新加坡设立了经常使用的固定基地（固定基地的判断标准与常设机构类似），该固定基地产生的所得。二是中国居民个人在任何 12 个月中连续或累计停留在新加坡达到或超过 183 天，在此期间产生的所得。第二，中国政府征收的独立个人劳务所得。中国居民个人从事专业性劳务或其他独立性活动取得的收入，除规定由新加坡政府征税的两类情况外，均由中国政府征税。

居民个人境外受雇所得的征税权法规。第一，中国政府征税的受雇所得。中国居民个人因受雇取得的薪金、工资和其他类似报酬，除在新加坡从事受雇的情况外，应仅在中国征税。第二，新加坡政府征税的受雇所得。在新加坡受雇取得的报酬，应在新加坡征税。如果同时满足以下条件，则不在新加坡征税，而由中国政府征税。第一，收款人在任何 12 个月中在新加坡连续或累计停留不超过 183 天。第二，该项报酬由并非新加坡居民的雇主支付或代表该雇主支付。第三，该项报酬不是由雇主设在新加坡的常设机构或固定基地所负担。但对于中国居民在中国某企业受雇，在经营国际运输的船舶或飞机上从事受雇的活动取得的报酬，仅中国政府可以征税。

境外专业性劳务所得的税收管辖。第一，列举"专业性劳务"。具体包括独立的科学、文学、艺术、教育或教学活动，以及医师、律师、工程师、建筑师、牙医师和会计师的独立活动等。第二，艺术家和运动员专业性劳务所得的税收管辖。中国表演家（如戏剧、电影、广播或电视艺术家，音乐家）或者运动员在新加坡从事其个人活动取得的所得，新加坡均有权就该部分所得征税。此外，若中国表演家或运动员在新加坡从事个人活动取得的所得并不归属于表演家或运动员个人，而是归属于中国其他居民，新加坡仍然对该部分所得有征税权。第三，政府服务所得的税收管辖。政府部门及其行政机构或地方当局支付给向其提供服务的个人的报酬，一般应在支付国进行征税，除非提供服务的个人是缔约国另一方居民且上述服务在缔约国另一方提供。例如，如果新加坡政府雇用中国居民个人向其提供服务，新加坡政府支付给该个人的除退休金以外的报酬应在新加坡纳税。但如果上述劳务是由中国个人在中国提供，那么上述所得应在中国征税。第四，留学生所得的税收管辖。学生或企业学徒是，或者在紧接前往新加坡之前曾是中国居民，仅由于接受教育或培训的目的，停留在新加坡，对其为了维持生活、接受教育或培训而收到的来源于新加坡以外的款项，新加坡应免予征税。

境外董事费所得的征税权法规。中国居民担任新加坡居民企业的董事会成员取得的董事费和其他类似款项，可以在新加坡征税。

境外退休及社会保障金所得的征税权法规。第一，境外企业退休金的税收管辖。因以前的雇佣关系支付给中国居民的退休金和其他类似报酬，应仅在中国征税，即对中国居民而言，从新加坡企业退休以后，取得的退休金或其他类似报酬，应在中国进行征税。第二，境外政府退休金的税收管辖。新加坡政府支付给向其提供服务的个人的退休金，应仅由新加坡政府征税；但是，如果向新加坡政府提供服务的个人是中国居民并且是中国国民的，那么其退休金收入仅由中国政府征税。

（3）居民境外权益性所得的税收管辖权管理。

居民境外权益性所得包括来自境外的股息、利息、特许权使用费和技术服务费所得四类，具体的税收管辖权规则如下。

①境外股息的税收管辖。根据中新税收协定第十条第一款、第二款和第三款的规定，新加坡居民公司支付给中国居民公司的股息，可以在中国征税，也可以按照新加坡法律征税。但是，如果中国居民企业是股息受益所有人并直接拥有支付股息的新加坡居民公司至少 25% 的资本的情况下，则所征税款不应超过股息总额的 5%。在其他情况下（中国居民企业仍须是股息受益所有人），所征税款不应超过股息总额的 10%。本款规定，不应影响对该新加坡公司支付股息前的利润所征收的公司利润税。

第四款规定，如果股息受益所有人，作为中国税务居民，通过其在新加坡的常设机构进行营业或者通过设在新加坡的固定基地从事独立个人劳务，新加坡公司据以支付股息的股份与该常设机构或固定基地有实际联系的，不适用第一款和第二款的规定。在这种情况下，应视具体情况适用第七条（营业利润）或第十四条（独立个人劳务）的规定。

第五款规定，中国居民公司从新加坡取得利润或所得，新加坡不得对该公司支付的股息征收任何税收，也不得对该公司未分配的利润征税，即使支付的股息或未分配的利润全部或部分是发生于新加坡的利润或所得。但支付给新加坡居民的股息或者据以支付股息的股份与设在新加坡的常设机构或固定基地有实际联系的除外。

②境外利息所得的税收管辖。根据中新税收协定第十一条第四款规定，"利息"一语是指从各种债权取得的所得，不论其有无抵押担保或者是否有权分享债务人的利润；特别是从公债、债券或者信用债券取得的所得，包括其溢价和资金。由于延期支付的罚款，不应视为本条所规定的利息。

第一款和第二款规定，发生于新加坡而支付给中国居民的利息，可以在中国征税。然而，这些利息也可以按照新加坡的法律征税。如果利息受益所有人是中国居民，则所征税款在该项利息是由银行或金融机构取得的情况下，不应超过利息总额的7%；在其他情况下，不应超过利息总额的10%。

第三款规定，从缔约国一方取得的利息应在该国免税。如果受益所有人是：第一，中国。中华人民共和国政府和任何地方当局、中国人民银行、国家开发银行、中国农业发展银行、中国进出口银行、全国社会保障基金理事会、中国出口信用保险公司，以及缔约国双方主管当局随时可同意的，由中国政府完全拥有的任何机构。第二，新加坡。新加坡共和国政府、新加坡金融管理局、新加坡政府投资有限公司、法定机构，以及缔约国双方主管当局随时可同意的，由新加坡政府完全拥有的任何机构。

第五款规定，如果利息受益所有人是中国居民，在利息发生的新加坡，通过设在该新加坡的常设机构进行营业或者通过设在新加坡的固定基地从事独立个人劳务，据以支付该利息的债权与该常设机构或者固定基地有实际联系的，不适用第十一条第一款和第二款的规定。在这种情况下，应视具体情况适用第七条（营业利润）或第十四条（独立个人劳务）的规定。

第六款规定，如果支付利息的人为中国居民，应认为该利息发生在中国。然而，当支付利息的人不论是否为新加坡居民，在新加坡设有常设机构或者固定基地，支付该利息的债务与该常设机构或者固定基地有联系，并由其负担该利息，上述利息应认为发生于该常设机构或固定基地所在的新加坡。

第七款规定，由于支付利息的人与受益所有人之间或者他们与其他人之间的特殊关系，就有关债权所支付的利息数额超出支付人与受益所有人没有上述关系所能同意的数额时，本条规定应仅适用于后来提及的数额。在这种情况下，对该支付款项的超出部分，仍应按中国及新加坡的法律征税，但应对本协定其他规定予以适当注意。

③特许权使用费的税收管辖。根据中新税收协定第十二条第三款规定，"特许权使用费"一语是指使用或有权使用文学、艺术或科学著作，包括电影影片、无线电或电视广播使用的胶片、磁带的版权，专利、商标、设计或模型、图纸、秘密配方或秘密程序所支付的作为报酬的各种款项，或者使用或有权使用工业、商业、科学设备或有关工业、商业、科学经验的情报所支付的作为报酬的各种款项。

第一款和第二款规定，发生于新加坡而支付给中国居民的特许权使用费，可以在中国征税，也可以按照新加坡的法律征税。但是，如果收款人是特许权使用费受益所有人，则所征税款不应超过特许权使用费总额的10%。

第四款规定，如果特许权使用费受益所有人是中国居民，在特许权使用费发生的新加坡，通过设在新加坡的常设机构进行营业或者通过设在新加坡的固定基地从事独立个人劳务，据以支付该特许权使用费的权利、财产或合同与该常设机构或固定基地有实际联系的，不适用第一款和第二款的规定。在这种情况下，应视具体情况适用第七条（营业利润）或第十四条（独立个人劳务）的规定。

第五款规定，如果支付特许权使用费的人是中国居民，应认为该特许权使用费发生在中国。然而，当支付特许权使用费的人不论是否为新加坡居民，在新加坡设有常设机构或者固定基地，支付该特许权使用费的义务与该常设机构或者固定基地有联系，并由其负担这种特许权使用费，上述特许权使用费应认为发生于该常设机构或者固定基地所在的新加坡。

第六款规定，由于支付特许权使用费的人与受益所有人之间或他们与其他人之间的特殊关系，就有关使用、权利或情报支付的特许权使用费数额超出支付人与受益所有人没有上述关系所能同意的数额时，本条规定应仅适用于后来提及的数额。在这种情况下，对该支付款项的超出部分，仍应按中国及新加坡的法律征税，但应对本协定其他规定予以适当注意。

（4）居民企业境外财产所得的税收管理。

中新税收协定第十三条就财产转让产生的收益，包括转让各类动产、不动产和权力产生的收益的征税权划分问题做出了规定。

①转让境外不动产所得的税收管辖。转让不动产取得的收益可以由不动产所在国征税。如果中国居民转让位于新加坡的不动产产生收益的，新加坡政府有权向该中国转让方征税。"不动产"的确定按照中新税收协定第六条的规定处理。第六条规定，中国居民使用位于新加坡的不动产而产生的所得，新加坡政府可以向中国居民征税。"使用"的形式包括直接使用、出租以及任何其他形式的使用。"不动产"的界定按照财产所在地的法律规定确定，但中新税收协定规定了最小范畴，即"不动产"应当包括附属于不动产的财产，农业和林业所使用的牲畜和设备、地产的权利、不动产的用益权以及开采或有权开采矿藏、水源和其他自然资源的权利。同时，中新税收协定明确规定船舶和飞机不属于不动产。

中国居民取得来源于新加坡的不动产使用所得，不考虑其是否在新加坡设有常设机构，新加坡政府均有税收管辖权。本条款的规定仅限于不动产使用所得，对于中国居民转让新加坡不动产而产生的转让收益适用财产所得条款。

②常设机构营业财产转让所得的税收管辖。转让企业常设机构用于营业财产中的动产所取得的收益，可以由常设机构所在国征税。如果中国居民企业在新加坡设有常设机构，那么其转让营业财产中的动产所产生的收益，新加坡政府有权向该常设机构征税。

③股权转让所得的税收管辖。中国居民转让其在新加坡居民公司的股份取得的收益，在满足以下任一条件时，新加坡税务当局有权征税。一是被转让新加坡居民公司的财产50%以上直接或间接由位于新加坡的不动产构成。二是中国居民在转让行为前的12个月内曾经直接或间接参与被转让新加坡居民公司25%及以上的股份。

中国居民转让其在上述财产以外的其他财产取得的收益，新加坡政府无权征税。

（5）其他境外所得的税收管辖。

凡上述各条未作规定并且发生于新加坡的各项所得，可以在新加坡征税。

3. 新加坡避免双重征税协定

新加坡避免双重征税协定是新加坡与另一个司法管辖区（条约合作伙伴）达成的协定，该协议的目的是减轻其他管辖区居民在一个司法管辖区所获得的收入的双重征税。新加坡一直致力于与更多经济体签订自贸协定，并积极倡导和推进东盟与其他经济体达成自贸协定等贸易便利化安排。新加坡于 2001 年与新西兰签署首个自贸协定。新加坡共签署了 27 个多双边自贸协定，与印度、澳大利亚和印度尼西亚等 80 多个国家或地区签订了避免双重征税协定。

（1）DTA 的目的。

DTA 规定了新加坡与其条约合作国之间就两个管辖区跨境经济活动产生的不同类型收入的征税权。DTA 还规定对某些类型的收入减免税收。只有新加坡税务居民和条约合作国的税务居民才能享有 DTA 的优惠政策。

（2）DTA 的好处。

DTA 的主要目的是确定何时以及如何在进行创收活动或付款的国家实施税收，其可以界定跨境交易的司法管辖权。DTA 也明确界定了每个国家的征税权。DTA 也通过授权缔约国税务局之间的信息交流来防止国际逃税。DTA 允许个人或公司申请减免海外缴税。

（3）DTA 的类型。

新加坡已缔结两种类型的 DTA。一是全面的双重征税协定，涵盖所有类型的收入。二是有限的避免双重征税协定，仅涵盖来自航运或航空运输活动的收入。

（4）DTA 的受益人。

只有居民才能从 DTA 的申请中获益，新加坡所得税法第 2 章规定居民的定义如下。①居民个人，是指在纳税年度的前一年，除了合理且与该个人为新加坡居民的判定不相矛盾的暂时离开之外，居住在新加坡的个人，包括纳税年度的前一年在新加坡实际居住或就业（公司董事除外）183 天或以上的个人；以及②公司或团体，指公司或团体的管理和控制地在新加坡境内，该公司即为新加坡居民企业。如果个人或公司从一个缔约国获得外国收入，该个人或公司有权根据相关税收协定向外国递交居留证明（Certificate of Residence，COR）以申请税务减免。COR 是新加坡税务居留的证明。如果个人或公司是缔约国的税务居民，该个人或公司需要向新加坡税务局提交完整的非居民居留证明（避免双重征税协定下的新加坡所得税减免申请），经缔约国税务机构正式认证。

当公司从缔约国赚取收入时，其可能根据 DTA 的规定享有一些优惠的税收政策，即新加坡税务居民在该国能享有降低税率或免税的福利。如要享受这项福利，公司需要向外国税务机构提交新加坡居留证明，以证明其是新加坡税务居民。

当公司在新加坡获得外国收入时，可能被要求缴税。如果 DTA 的利益不是免税，而是降低税率，那么新加坡公司在外国管辖区也会被要求纳税。这样的话，DTA 允许新加坡公司针对同样的收入以申请外国税收抵免的方式来减轻新加坡的课税征税，从而减轻双重征税。

新加坡的条约合作国的税务居民在新加坡获得收入时，也可以享有 DTA 的优惠政策。如要申请这项福利，公司必须向新加坡税务局递交完整的非居民居留证明（避免双重征税协定下的新加坡所得税减免申请），即经其居住国的税务机构正式认证，以证明该公司是条约合作国的纳税居民。

4. 居民企业境外所得税收饶让抵免管理

（1）境外所得税收饶让管理。

新加坡与部分国家（地区）签订了包含税收饶让条款的协议，包括加拿大、马来西亚、毛里求斯、新西兰和越南等。

新加坡与部分发展中国家和以资本输出的发达国家间签署的税收饶让协议主要以税收优惠来吸引外商投资。

新加坡消除双重征税的税收抵免规定。以中新税收协定为例，新加坡居民从中国取得的按该协定规定可以在中国纳税的所得，根据新加坡关于在其他国家所缴税款允许抵免新加坡税收的法律规定，新加坡将允许对该项所得无论是以直接或扣缴方式缴纳的中国税款，在该居民新加坡所得的应缴税款中予以抵免。当该项所得是中国居民公司支付给新加坡居民公司的股息，同时该新加坡公司直接或间接拥有支付公司股本不少于20%时，该项抵免应考虑支付股息公司就据以支付股息部分的利润所缴纳的中国税款。此"缴纳的中国税款"应包括假如没有按《中华人民共和国企业所得税法》及其实施条例规定给予免除、减少、退还，而可能缴纳的税款。

（2）境外所得税收抵免管理。

抵免方式。新加坡公司可以通过以下两种方式避免双重征税。第一种方式为适用 DTA 的税收抵免。新加坡税收居民就相同收入在境外司法管辖区已支付的税额，在新加坡可以申请税收抵免。第二种方式为单边税收抵免。从 2009 年开始，新加坡税收居民从未与新加坡签订税收协定的国家（地区）取得的收入，均可获得单边税收抵免。

适用范围。申请新加坡税收抵免的条件如下。①公司为新加坡税收居民。②公司已就同一收入在外国司法管辖区支付税款。③该收入在新加坡应纳税。处于亏损状态的新加坡公司不能取得税收抵免。

抵免限额的确定。税收抵免限额受 DTA 中与相关缔约方规定的特定条款和条件的约束。境外所得税收抵免额为以下两者中较低者。第一，实际缴纳的外国税额。第二，新加坡税额中归属于该境外所得的部分。

境外税收抵免额不得结转至以后年度。若企业在境外应缴纳的外国税额低于该境外所得在新加坡应缴纳的税额，企业应当就差额部分在新加坡补充申报额外的税金。

抵免留存备查资料。企业取得境外所得抵免的相关材料无须提交至税务机关，但企业需要将规定的信息及资料留存备查（应至少留存 5 年）。第一，境外税额已经支付所在司法管辖区。第二，所得的性质。第三，所提供服务的阐述，所得是否来源于境外常设机构及判断依据，如适用。第四，支付方的名称。第五，扣缴税款收据凭证的日期。第六，总收入，扣缴税率，扣缴税额（外币计量，及相应新加坡元金额）。第七，对于申请避免双重征税，与扣缴税款相关的税收协定条款。第八，扣缴税款收据凭证。

5. 居民税收非歧视（无差别）待遇管理

以中新税收协定为例。

（1）中国居民和常设机构在新加坡的税收非歧视待遇。

①中国居民在新加坡的税收非歧视待遇管理。中国居民在新加坡负担的税收或者有关条件，不应与新加坡国民在相同情况下，特别是在居民身份相同的情况下，负担或可能负担的税收或者有关条件不同或比其更重。

②中国企业在新加坡常设机构的税收非歧视待遇管理。中国企业在新加坡常设机构的税收负担，不应高于新加坡进行同样活动的企业的税收负担。

（2）新加坡的无差别待遇原则。

①不应理解为新加坡政府负有以下义务。一是新加坡给予本国居民的任何个人扣除、优惠和减税也必须给予中国居民。二是新加坡给予不在本国居住的国民或在本国税法中指定的其他人的个人扣除、优惠和减税也必须给予中国国民。

②新加坡企业的全部或部分资本，直接或间接为中国一个或一个以上的居民拥有或控制，该企业在新加坡负担的税收或者有关条件，不应与新加坡其他同类企业负担或可能负担的税收或者有关条件不同或比其更重。

③新加坡为促进社会或经济发展根据其国家政策和标准给予其国民的税收优惠，按照中新税收协定第二十三条规定不应被理解为歧视待遇。

6. 享受税收协定待遇的程序

（1）新加坡执行协定的模式。

根据新加坡的相关规定，纳税人享受税收协定优惠不需要新加坡税务局的预先批准。纳税人在享受税收协定优惠时，新加坡税务局要求其在电子申报预提所得税相关截止日期前提交居民国税务主管机关发放的居民身份证明即可。

（2）享受协定待遇办理流程。

若取得收入的企业是与新加坡签订了避免双重征税协定的国家（或地区）（如中国）的居民，则其收入可适用协定规定的优惠税率。但是，纳税人需要从其居民国的主管税务机关取得正式出具的居民身份证明，以证明其是该国税收居民，方可适用协定规定的优惠税率。

（3）新加坡税务局对外国税收居民开具身份证明的要求（以中国为例）。

①采用英文。如果该证明为非英文语言的，则要求其提供一份对应的、已公证的英文译文。

②附有中国税务机关盖章。

③证明内容。第一，该纳税人是中国税收居民。第二，居民身份证明的适用年限。若居民身份证明写清年限，则该居民身份证明可沿用多年。

④居民身份证明必须由中国税务机关认证，并在规定截止日期前提交给新加坡税务局。第一，如果该居民身份证明适用申请当年，则应在下一年度3月31日前提交。第二，如果该居民身份证明追溯到上一年度，则应在IR37申报表提交后3个月内提交。

（三）新加坡国际反避税管理基础

国际避税是纳税人在税收义务发生之前，通过税收筹划等合法方式来安排自己的经济和税收事务，从而达到逃避纳税之目的。合理性避税行为在一定范围内是合法的，因为税收本身就存在着优惠政策和减免措施。而国际反避税是指采取措施防止和打击各种违法逃避纳税行为，以保障各国财政稳定。对于国际避税行为，新加坡通过完善和修改相关税法或税收规则来进行国际反避税管理。

1. 新加坡特殊反避税规则

（1）转让定价管理规则。

①独立交易原则。《新加坡所得税法》第34D部分阐述了独立交易原则在关联交易中的应用。独立交易原则指关联企业之间的交易，应当按照非关联企业之间在可比条件及情况下的交易原则进行。独立交易原则的前提是在市场力量的推动下，独立交易中商定的条款和条件，以及交易的定价将反映各方在该交易中做出贡献的真实经济价值。

②转让定价主要方法。基于非关联方企业在类似交易中的价格或毛利，《新加坡转让定价指南》提供了五种评估纳税人转让价格或毛利的方法。

第一，可比非受控价格法。可比非受控价格法是指在可比条件下将一项关联交易中转让财产或提供服务的价格与一项非关联企业交易转让财产或提供服务的价格进行对比，上述两个价格之间若存在差异，可能表明关联方的交易不符合独立交易原则。因此，关联交易中的价格可能需要由独立交易中的价格代替。

可比非受控价格法适用的条件。一是关联交易与独立交易之间存在较高的可比性。二是可以进行合理准确的调整，以消除关联交易与独立交易实质差异的影响。

可比非受控价格法适用于评估具有相似特征（如类型、物理特征、交易质量和数量等）的产品的交易，并且该交易在类似的市场或经济条件下进行，如广泛交易的商品。

第二，再销售价格法。再销售价格法适用于从关联方购进产品再销售给非关联方。在再销售价格法中，以关联方购进商品再销售给非关联方的价格减去可比非关联交易毛利后的金额作为关联方购进商品的公平成交价格。

再销售价格法通常适用于分析分销功能，再销售者未对商品产生实质性的改变。如再销售者对商品进行实质性增值（如通过复杂的加工或与其他商品组装），再销售价格法则不适用，尤其是再销售者在其业务活动中有无形资产（如商标和商品名称）发挥重要作用的情况。

第三，成本加成法。成本加成法侧重于供应商向其关联方提供财产转让或服务时可获得的加成的毛利。成本加成法通常适用于转让财产及提供服务。在成本加成法中，关联交易中发生的商品或服务的成本（"成本基础"）加上可比毛利，以达到该交易的公平成交价格。成本加成法通常适用于关联方之间出售半成品或在关联交易中涉及提供服务。

第四，交易利润分割法。交易利润分割法是将企业及其关联方的合并利润在各方之间进行分配。交易利润分割法适用于以下情形。①交易互相关联，不能单独评估各方交易。②双方为交易做出独特而有价值的贡献。③存在独特的无形资产，难以找到可靠的可比性。一般而言，交易利润分割法有两种方法，即剩余利润分割法和贡献分析法。

第五，交易净利润法。交易净利润法以可比非关联交易的适当基数

（如成本、销售或资产）确定关联交易的净利润。净利润和适当基数的比值通常被称为净利润指标或利润水平指标。

与再销售价格法和成本加成法一样，交易净利润法通常仅适用于交易中涉及的一方。这意味着交易净利润法所需的被测试方和可比公司的可比性水平与上述两种转让定价方法相似。

（2）预约定价安排规则。

预约定价安排是基于新加坡税收协定中的相互协商程序及国内法下的争议预防机制。预约定价安排是指企业就其未来一定纳税年度关联交易的定价原则，提前与新加坡税务局协商确认后达成的协议。预约定价安排有效避免了对企业转让定价的重复征税。

①预约定价安排的类型及适用范围。预约定价安排可以分为单边预约定价安排、双边预约定价安排和多边预约定价安排三种类型。第一，企业与新加坡税务局签署的预约定价安排为单边预约定价安排。第二，企业与新加坡税务局及另一国家（或地区）税务主管当局签署的预约定价安排为双边预约定价安排。双边预约定价安排需要双方税务主管当局就企业关联交易的定价原则和方法达成一致，对各方都具有约束力。第三，企业与新加坡税务局及另两个或两个以上国家（或地区）税务主管当局签署的预约定价安排为多边预约定价安排。多边预约定价安排需要多方税务主管当局之间就企业关联交易的定价原则和方法达成一致，对各方都具有约束力。

预约定价安排的适用范围。第一，双边及多边预约定价安排的适用。即身份为新加坡税收居民的企业；非新加坡税收居民，但在新加坡有分支机构的企业。然而，此条件仅针对与新加坡有税收协定的税收管辖地，且企业为该税收管辖地的税收居民。第二，单边预约定价安排适用于所有企业，无论其是否为新加坡纳税人。

②预约定价安排的程序。企业申请预约定价安排须交由新加坡或有关外国税务主管当局进行审批，申请程序为预约定价安排预备会谈，正式申报，审批与协商，执行。

第一，预约定价安排预备会谈。企业有谈签预约定价安排意向的，应于预约定价安排开始适用日期之前（至少提前9个月），由企业或其代理人向新加坡税务局提出预备会谈申请。申请预备会谈时，企业或其代理人应当作简要说明。若新加坡税务局和企业在预约会谈期间达成一致意见且倾向接受预约定价安排申请，应于预约定价安排开始适用日期之前（至少提前4个月）通知该企业正式申请的具体安排和需要准备的材料。

第二，正式申报。新加坡税务局正式通知同意企业进行申请后，企业须在3个月内以电子版和纸质版的资料向新加坡税务局递交正式申请，延迟递交可能导致预约定价安排申请被拒绝。

递交的申请材料应包含适用年度关联交易财务预测、纳税人最终控股公司、直接母公司及有关联交易的关联方的税收管辖地、名称、地址及税号。同时，纳税人还需提供其转让定价的方法及详细分析、相关的关联方、关联交易和适用年度的详细描述。若新加坡税务局有需要，企业还需提供额外的相关资料。

第三，审批与协商。若新加坡税务局接受该预约定价安排申请，应在1个月内向纳税人及外国税务主管部门发出接受通知书。若新加坡税务局拒绝纳税人申请，将以书面形式通知纳税人并告知拒绝理由。

接受申请后，新加坡税务局将与相关外国税务主管部门开展预约定价安排讨论，并阐明其所持立场。在此期间，新加坡税务局可能需要纳税人提供更多详细信息（如收入费用的明细、收费费用的波动幅度等），与纳税人进行讨论或前往企业对关键人员进行实地访谈和调查。

第四，执行。新加坡税务局与相关外国税务主管当局达成协议后，新加坡税务局应在达成协议后的1个月内与纳税人讨论协议的实施细节，企业将决定是否接受该协议。

预约定价安排协议生效后，企业应在适用年度遵循预约定价安排的条款，新加坡税务局亦不会对企业的转让价格进行审计。然而，企业每年必须在提交所得税申报表时一并提交税务合规报告，证明其遵守预约定价安排协议的相关条款。

（3）成本分摊协议管理。

根据现行法律，自2018纳税年度起，成本分摊协议下的研发费用可全额扣除。从转让定价的角度来看，新加坡税务局对成本分摊协议不提供任何指导。但是，新加坡税务局为例行支持服务（如成本汇总合同等）提供管理实践的指导。

根据现行法律，成本分摊协议中与研究开发相关的成本扣除受到某些特定条件的限制，因而部分费用支出不允许进行纳税扣除（如资本减免费用）。因此，税务机关将就成本分摊协议下的支出项目审查其明细，以剔除不可扣除项目。

（4）法律责任规则。

纳税人应正确申报关联交易申报表。新加坡转让定价相关法规规定，如纳税人未申报或未正确提交关联交易申报表（该表为申报表 C 的组成部分），新加坡税务局可对纳税人上述行为处以未缴纳税款 100%~400% 的罚金，甚至可能对其处以监禁和罚款。

纳税人应按要求准备同期资料。新加坡转让定价相关法规规定，如纳税人未按要求准备同期资料，新加坡税务局可对纳税人上述行为处以最高可达 1 万新加坡元的罚款。

若新加坡税务局认为纳税人在进行企业所得税申报时反映的关联交易价格不符合独立交易原则，新加坡税务局会按照独立交易原则对其交易价格进行转让定价调整，并按 5% 的比值对调整部分征收罚息。

纳税人应按要求保留当期与关联方之间的转让定价文件，并在新加坡税务局要求提交之日起的 30 天内提供该文件。无法按时提供上述同期转让定价文件的纳税人，可能因为未按所得税法有关规定进行文档资料留存备案而被处以最高 1000 新加坡元的罚款（若未按规定缴纳罚款，纳税人可能被处以最长 6 个月的监禁）、调增关联交易所得、失去获得主管税局帮助的资格、预约定价协议申请被拒绝以及自发调整被驳回。[①]

---

① 安永会计师事务所：《2018~2019 全球转让定价参考指南—新加坡》，https：//www.ey.com/Publication/vwLUAssets/ey-worldwide-transfer-pricing-referen ce-guide-2018-19/%24File/ey-worldwide-transfer-pricing-reference-guide-2018-19. pdf。

2.新加坡一般反避税规则：特别纳税调整

新加坡一般反避税条款参见《新加坡所得税法》第33条。本质上，第33条授权新加坡税务局否定以避税为主要目的之一而非出于真正商业理由而进行的安排，并对这些安排做出调整。

（四）新加坡国际税收服务

多年来，新加坡税务局始终本着"公平、正直、专业、合作、创新"的核心理念，致力于培育具有国际竞争力的税收环境，提高税务机构和职员的工作效率，为纳税人提供优质的纳税服务，努力实现税法遵从最大化。

1.出口退（免）税服务（程序）

如果纳税人有证据表明商品在60天内离境新加坡，则出口商品按零税率征收货物和劳务税。需要的证据包括出口许可证、海运提单或航空运单、原始发票等。

2.境外企业所得税优惠事项办理程序

新加坡优惠政策的主要依据是《所得税法案》和《经济扩展法案》以及每年政府财政预算案中涉及的一些优惠政策。新加坡采取优惠政策主要是为了鼓励投资、出口，增加就业机会，鼓励研发和生产高新技术产品，以及支持使整个经济更具有活力的生产经营活动，如对涉及特殊产业和服务（如高技术、高附加值）的企业、大型跨国公司、研发机构、区域总部、国际船运以及出口企业等给予一定期限的减免税优惠或资金扶持等。外资企业基本上可以和本土企业一样享受政府推出的各项优惠政策。

（1）全球贸易商计划的优惠公司税率。

为促进新加坡贸易的增长，创造高价值的专业、管理和行政工作职位，新加坡国际企业发展局于2001年6月启动了"全球贸易商计划"。"全球贸易商计划"为符合要求的贸易收入提供5%或10%的优惠公司税率，为期3~5年。如果奖励接受人被证实已经履行在创造和维持就业职位及新加坡的经济活动中的实质性承诺，奖励时间可延续。该计划适用于以新加坡为基地从事国际贸易的各类型公司。

（2）产业税收优惠政策。

新加坡经济发展局为鼓励、引导企业投资先进制造业和高端服务业，提升企业劳动生产力，推出了先锋计划、投资加计扣除计划、业务扩展奖励计划、金融与资金管理中心税收优惠、特许权使用费奖励计划、批准的外国贷款计划、收购知识产权的资产减值税计划、研发费用分摊的资产减值税计划等税收优惠措施，以及企业研究奖励计划和新技能资助计划等财政补贴措施。

（3）中小企业税收优惠。

新加坡标新局为扶持中小企业发展，鼓励创新，提升企业劳动生产力，推出了天使投资者税收减免计划、天使基金、孵化器开发计划、标新局起步公司发展计划、技术企业商业化计划、企业家创业行动计划、企业实习计划、管理人才奖学金、高级管理计划、业务咨询计划、人力资源套餐、知识产权管理计划、创意代金券计划、技术创新计划、品牌套餐、企业标准化计划、生产力综合管理计划、本地企业融资计划、微型贷款计划等财税优惠措施。

3. 跨境纳税人权利保护服务发展变化

目前东盟各国均没有专门针对纳税人权益保护进行立法。但值得关注的是，新加坡税务官员对纳税人态度的转变，新加坡税务官员认为纳税人提交的信息都是真实的。税务官员与纳税人打交道时并不意味着税务官员只收取税款，还意味着税务官员在回应和为纳税人提供更便利的服务，使公民纳税更为容易。这种以纳税人为本的服务理念代表着税收工作改进的方向[①]。

（五）新加坡国际税务行政协助与合作基础

新加坡深度参与国际规则制定，深化与重点国家和国际组织的双边、多边合作，进一步优化国际税收征管流程，完善跨境税收争议解决机制，促进经济要素全球流动。

[①] 参见凌荣安、蒙强：《东盟国家税收征管运行模式探析》，《经济研究参考》2009 年第 53 期。

1. 加入 BEPS 包容性框架

新加坡是 BEPS 项目全球实施包容性框架（IF）的成员。自发交换某些裁决的信息是 BEPS 成员实施 BEPS 项目的最低标准。

新加坡在国际商定的框架内参加强制性自发交流某些裁决的信息。在此框架下，新加坡承诺自发交换以下类别的裁决信息：①与优惠制度有关的裁决；②关于转让定价的单方面预约定价协议（APA）或其他跨境单方面裁决；③规定下调应税利润的跨境裁定；④常设机构（PE）裁决；⑤关联方渠道裁决。

2. 加入《新加坡调解公约》

2018 年 12 月 20 日，联合国大会第七十三届会议通过了《联合国关于调解所产生的国际和解协议公约》（以下简称《新加坡调解公约》），并于 2019 年 8 月 7 日，包括中国、美国、印度在内的 46 个国家和地区签署了《新加坡调解公约》。2020 年 9 月 12 日，《新加坡调解公约》共获得卡塔尔、新加坡、斐济三国批准，由此生效。2020 年 9 月 10 日，有 53 个国家和地区签署了《新加坡调解公约》。[①] 该公约为调解协议的跨境执行提供新依据，是国际社会在商事调解领域的最新成果。该公约从国际法层面将调解上升为与仲裁、诉讼具有同等地位的国际商事争端解决方式。

3. 与各国修订的海运和空运协定不相同

新加坡与各国修订的海运和空运协定各不相同。相同的条款有两项。其一，缔约国一方企业经营船舶或航空器从事国际运输的利润，应仅在该缔约国征税。其二，第一款的规定也应适用于参加联营企业、联合企业或国际经营机构而获得的利润。

4. 跨境税收争议解决机制

（1）税收仲裁机制。

仲裁条款是经济合作与发展组织（OECD）为提高相互协商程序的效率，确保税收协定的实施而制定的条款。其一般形式是：如果两国主管当局

---

① 《一文读懂〈新加坡调解公约〉》，https：//www.sohu.com/a/420562732_750649。

在一定时间内（通常为 2 年）无法就相互协商的事项达成一致，当事人可以请求将该事项提交仲裁。新加坡对外签署的部分税收协定包含仲裁条款。

（2）税收争议相互协商程序（MAP）机制。

①税收争议。以中新税收协定为例。中新税收协定争议是指中国和新加坡之间因税收协定条款的解释和适用而引发的争议。从本质上来说，该争议是一种国际税务争议，是两国因税收协定适用不明确而导致的税收管辖权冲突。

②相互协商程序。即两国主管当局为解决上述争议，在双边税收协定相互协商程序条款的框架内共同协调磋商的机制。中新税收协定第二十四条协商程序条款，为两国主管当局之间的协商解决机制提供了法律依据。

中新税收协定对相互协商程序的规定。当一个人认为，缔约国一方或者双方所采取的措施，导致或将导致对其不符合本协定规定的征税时，可以不考虑各缔约国国内法律的补救办法，将案情提交本人为其居民的缔约国主管当局；或者如果其案情属于第二十三条第一款，可以提交本人为其国民的缔约国主管当局。该项案情必须在不符合本协定规定的征税措施第一次通知之日起 3 年内提出。

上述主管当局如果认为申请人所提意见合理，又不能单方面圆满解决时，应设法同缔约国另一方主管当局相互协商解决，以避免不符合本协定的征税行为。达成的协议应予执行，而不受各缔约国国内法律的时间限制。

缔约国双方主管当局应通过协议设法解决在解释或实施本协定时发生的困难或疑义，也可以对本协定未做规定的消除双重征税问题进行协商。

缔约国双方主管当局为达成上述各款的协议，可以相互直接联系。

③符合条件的申请人。相互协商程序的申请人应满足以下条件：纳税人是新加坡税收居民；纳税人不是新加坡税收居民但是在新加坡有设立分支机构。对于此情形，应由与新加坡签订协定待遇的缔约国的税收居民来提交相互协商程序的申请。

例如，境外企业可以为其在新加坡的分支机构向新加坡税务局申请享受相互协商程序，其位于新加坡的分支机构有义务将该申请告知新加坡税务局；对于在境外设立了分支机构的新加坡税收居民企业，可以向新加坡税务局就其位于新加坡的分支机构的税务事项申请享受相互协商程序。

④相互协商程序的方式、时限和具体情形。新加坡相互协商程序主要有四个环节。

提交申请。纳税人在确定需要适用相互协商程序后，应在规定时间内向新加坡税务局提交申请。纳税人无须填写申请表，仅需提交书面说明，同时根据适用情况提交规定的文件资料。新加坡税务局并不会向纳税人收取任何享受相互协商程序的费用。

评估。纳税人提交申请后，新加坡税务局进行审核与评估。审核与评估方式包括与纳税人会面并要求纳税人对特定事项进行细致解释说明，对纳税人进行实地考察，询问企业关键人员等。经过审核与评估后，新加坡税务局将出具是否接受纳税人申请的意见。如果新加坡税务局拟接受纳税人提交的申请，将在自收到申请及有关证明材料起1个月内向纳税人及相关外国主管税务机关签发申请接收函。如果新加坡税务局拟不接受纳税人的申请，其将以书面形式告知纳税人及相关外国主管税务机关。

协商。新加坡税务局接受纳税人的申请后，将与外国主管税务机关针对该案件展开协商，并定期向纳税人更新与外国主管税务机关协商的进度及结果，以消除任何不符合《避免双重征税协定》规定的双重征税行为。一般来说，新加坡税务局将在收到纳税人申请后的24个月内完成案件。

执行。当新加坡税务局与外国主管税务机关就该案件达成一致意见后，新加坡税务局将在达成意见后1个月内以书面形式通知纳税人，并告知纳税人下一步的行动。纳税人必须决定是否接受两国税局商定的结果。如纳税人并未拒绝两国税局商定的结果，新加坡税务局将与外国主管税务机关继续执行相互协商程序。如果纳税人在两国被征收了任何与申请享受相互协商程序的税收行为相关的利息或罚金，相互协商程序可用于判断是否应适当退还此类利息或罚款。在新加坡，相互协商程序应在税收协定相互协商程序条款规定的年限内（如3年）执行，否则可能无法适用相互协商程序。

此外，纳税人可在税收协定规定的年限内，就多个纳税年度内重复出现的双重征税问题寻求解决方案。然而，纳税人只有在有充分理由认定双重征税行为将发生或已经发生的情况下，才可以适用相互协商程序。

（六）BEPS 行动计划成果的新加坡落地行动基础

新加坡于 2017 年 6 月签订了《实施税收协定相关措施以防止税基侵蚀和利润转移的多边公约》（MLI），以实施关于防止税基侵蚀和利润转移（BEPS）的税收协定（税收安排）相关措施。此前，新加坡已加入 BEPS 项目行动计划，将与其他参与管辖区开展合作，共同确保执行 BEPS 行动计划下的措施，营造跨国公平竞争环境。作为 BEPS 行动计划的支持者，新加坡承诺将执行 BEPS 行动计划的四项最低标准，即打击有害税收行为，防止税收协定（税收安排）滥用，推行转让定价同期文档及加强争议解决，执行包括第 6、13、14 项 BEPS 行动计划。

第 6 项 BEPS 行动计划提出了应对择协避税的最低标准等建议以防止税收协定/税收优惠的不当授予，对享受税收协定（税收安排）待遇的条件将更加严格审查。

在第 13 项 BEPS 行动计划，即在转让定价文档和国别报告的影响下，新加坡税务局为提高信息披露的要求，要求企业在有限的时间内完成信息搜集和转让定价文档及国别报告准备。

第 14 项 BEPS 行动计划，即《创建更有效的争端解决机制》致力于提升税收争议解决机制的效力和效率，以此减少不确定性及双重征税的风险。第 14 项 BEPS 行动计划旨在改善税收争议解决机制，为未来跨国公司税收争议的处理提供便利。

新加坡已于 2018 年 12 月 21 日正式交存 MLI 的批准书并进行相关安排。其 MLI 于 2019 年 4 月 1 日正式生效。

二 新加坡国际税收管理发展变化（2021~2023年）

随着经济的高速发展，新加坡国际税收制度也日趋完善，政府也在不断完善国际税收管理，助力本地企业发展海外业务，持续吸引跨国公司前来投资，推动货物贸易、服务贸易和双向投资增长，新加坡还与更多经济体签订自贸协定，并积极倡导和推进东盟与其他经济体达成自贸协定等贸易便利化安排。

（一）新加坡跨境税收管理发展变化

1.居民企业境外所得优惠安排及纳税申报管理发展变化

（1）居民企业境外所得优惠安排。

一是总部计划。总部计划适用于所有在新加坡境内建立或注册的、为其区域性的或全球性的公司网络提供总部服务的企业。根据该计划，企业如承诺在新加坡开展实质性总部活动，以管理、协调和控制区域商业业务，可享受先锋奖励或发展和扩张优惠。企业符合条件的所得在特定时期内可享受免税、5%或10%的优惠税率，优惠幅度取决于新加坡总部在集团中的重要性，而重要性由多重因素决定，包括职员数量、企业的开支和雇员的质量等。

二是海事部门激励计划（MSI）。船舶运营者、船舶租赁商和航运配套服务的提供者可依据 MSI 享受相应税收优惠。该计划包括以下三大类。①国际船舶企业。②海运（船只或集装箱）出租者。③航运配套服务。税收优惠包括税收减免和税率优惠（5%或10%）。

拥有或运营国际船队的船舶企业可申请 MSI 核准国际船舶企业（MSI-AIS）奖励。申请通过者将依据其运营规模获得 MSI-AIS 资格或 MSI-AIS（初级）资格。依据该计划，在公海定期航行的挂有非新加坡旗帜的船队所获得的所得及其他符合条件的所得免于征税。MSI-AIS 资格期为 10 年，可延期，总期限最长不得超过 40 年，而 MSI-AIS（初级）资格期为 5 年且不可延期，但满足相应条件即可升级为 MSI-AIS 资格。MSI-AIS（初级）资格的申请期为 2011 年 6 月 1 日至 2026 年 12 月 31 日。

依据 MSI 海上（船舶）租赁奖励，经核准的船舶投资企业（新加坡境内注册建立的船舶租赁公司、海运基金、商业信托及合伙制企业）取得符合规定的所得（包括向符合条件的个人或法人包租或融资租赁在新加坡港界外使用的远洋船只）可享受免税待遇。此外，经核准的船舶投资即由经营核准的船舶投资企业获得的所得及从事其他规定的服务或经营活动取得的所得，可享受 10% 的优惠税率，申请期为 2011 年 3 月 1 日至 2026 年 12 月 31 日，申请通过者可享受 5 年期的优惠待遇。

依据 MSI 海上（集装箱）租赁奖励，经核准的集装箱投资企业（新加坡境内注册建立的公司、商业信托及合伙制企业）符合条件的所得（包括包租或融资租赁用于国际货物运输的集装箱所取得的所得）可享受 5% 或 10% 的优惠税率。此外，经核准的集装箱投资即由经营核准的集装箱投资企业获得的所得及从事其他规定的服务或经营活动取得的所得，可享受 10% 的优惠税率，申请期为 2011 年 3 月 1 日至 2026 年月 31 日，申请通过者可享受 5 年期的优惠待遇。

MSI 航运配套服务（MSI-SSS）旨在鼓励新加坡境内辅助运输服务的提供，并鼓励航运集团将其服务职能设在新加坡。经核准的 MSI-SSS 企业因提供经核准的航运配套服务（如船舶经纪、远期运费协议交易、船舶经营、船舶中介、货运代理及物流服务）所取得的增值额可享受 10% 的优惠税率。申请期为 2011 年 6 月 1 日至 2026 年 12 月 31 日，申请通过者可获得为期 5 年的 MSI-SSS 待遇。

海事部门激励计划（MSI）已进一步修正，并且进一步明确了关于海运租赁奖励的范围，修订案已于 2018 年 12 月 12 日开始生效。在海事部门激励计划下，对于船舶运营商的免税范围拓宽，涵盖由融资租赁获取的收入，以及享受海事部门激励计划的公司可以选择以下处理方式，一经选定，不得再次更改。①作为承租人，对于租赁船舶和集装箱发生的支出不得扣除或资本减免。②作为转租人，不得出于税务安排而对于船舶和集装箱转租收入进行再分类，即接受会计准则下分类。

此修订案确保了海事部门激励计划与行业内商业模式发展保持步伐一致，并减缓了租赁会计准则的变化（即租赁财务报告准则"FRS116"）而导致的行政成本增加，明确了海事部门激励计划的海运租赁奖励（MSL-ML）下认可的收入范畴，即适用海运租赁奖励的公司从获批认证的关联方取得的租赁船舶、集装箱的收入（既包括经营租赁，也包括金融租赁），也属于符合此优惠下认可的收入范围。

三是全球贸易商计划（GTP）。该计划旨在鼓励跨国公司在新加坡建立基地以进行或管理其区域性的或全球性的贸易活动。依据该计划，经核准的公司从事符合条件的有关特定商品（包括能源、农产品、建筑、工业产品、电气产品、消费品、碳排放量）或金融衍生工具的交易，及结构性商品融资可享受5%或10%的优惠税率。此外，根据有关部门的规定，从事符合条件的液化天然气的交易获得的所得在2021年3月31日前可继续享受原有的5%优惠税率（即使该公司仅得到10%的GTP优惠税率）；2021年3月31日后，液化天然气交易所得收入将与其他GTP合规产品一样，根据该公司的GTP优惠税率（5%或10%）享受税收优惠。根据目前规定，2026年12月31日以后，将不再批准享受该优惠政策。

（2）居民企业境外所得纳税申报管理的变化。

纳税申报管理的变化。①纳税申报期限。新加坡所得税的申报为年度申报。2020年企业所得税申报截止日期为2020年12月15日，自2021年起企业所得税申报截止日期调整为每年的11月30日，上述申报时间不得延期。②纳税申报渠道。从2020纳税年度起，新加坡所有企业都必须采用电子申报方式。

2. 非居民纳税人税务管理发展变化

非通常居民（Not Ordinarily Resident，简称NOR）计划逐渐停用。最后一个非通常居民计划中的"非通常居民身份"将在接下来的5年内继续有效，从2020年持续至2024年。

新加坡新增加非居民针对房产交易的税收政策。对于2023年3月11日之后的所有非居民销售不动产的交易，将不再享有25%的固定利率，并且可以根据总收益进行不同的分层次预扣税。

（二）新加坡税收协定下避免所得双重征税管理发展变化

1. 税收协定适用范围管理发展变化

居民、非居民身份管理发展变化。如果一家公司的管理和实际控制地在新加坡境内，该公司即为新加坡居民企业。管理和实际控制地通常是指公司董事会的召开地。如果一家公司因新冠疫情相关的旅行限制而无法在新加坡召开董事会会议，新加坡税务局可以考虑将该公司视为 2021 课税年度（YA）的新加坡税务居民，前提是该公司需满足相关条件。相反，如果一家公司在 2020 课税年不是新加坡的税务居民，那么新加坡税务局可以继续将该公司在 2021 课税年视为非税务居民，前提是该公司需满足相关条件。[①]

2. 不同类型收入的税收管辖发展变化

新加坡对销售大部分应税货物和服务，以及全部进口货物的行为征收货物和服务税（GST），除非进口货物适用进口 GST 减免或享有豁免（例如，进口投资性金属）。从 2020 年 1 月 1 日开始，新加坡将对某些从海外进口的服务征收 GST，如新加坡的接收企业是 GST 注册企业并无法收回其产生的所有 GST，或接收企业并非 GST 注册企业，但该海外供应商提供的服务是证明征税的数码服务（如线上游戏、线上媒体订阅等）。

（三）新加坡一般反避税管理发展变化

新加坡财政部于 2020 年 7 月 20 日发布《2020 年所得税法修订草案》（以下简称《草案》）并征询公众意见。《草案》重申了新加坡反对避税的立场，并建议重新颁布一般的反避税规定。此外，对根据一般反避税条文所做的调整征收附加费。

1. 对避税安排加征所得税等附加

拟从 2023 纳税年度起（对应 2022 财政年度）针对避税安排加征所得税附加。现行所得税法规定下允许对避税行为进行纳税调整。为进一步打击避税安排，《草案》提出，税务局对避税安排实施纳税调整的，该纳税人纳税调整后征收的所得税税额，应加征 50% 的所得税附加。

2. 预计对避税安排同时加征印花税和商品及服务税附加

预计《印花税法》和《商品及服务税法》将引入类似的附加，以打击印花税与货物和劳务税方面的避税安排。

---

① 参见德勤：《东南亚税收指南—2021》，https：//www2.deloitte.com/content/dam/Deloitte/vn/Documents/international-specialist-services/vn-iss-guide-to-taxation-in-sea-2021.pdf。

3.取消税务局在处理避税案件时的自由裁量权

当税务局可选择否定或更改有关安排，并根据现行法例做出其认为适当的调整时，将被要求无视或改变安排，并在提议的改变后做出其认为适当的调整。

（四）国际税收服务发展变化

对进口服务征收货物和劳务税。新加坡财政部部长于 2018 年 2 月 19 日提交了 2018 年预算案计划。该预算案计划规定，货物和劳务税税率将在 2021 年至 2025 年，从目前的 7% 提高到 9%（但根据 2020 年预算案，货物和劳务税税率将不会在 2021 年提升）。自 2020 年 1 月 1 日起，新加坡对进口服务征收货物和劳务税。

（五）新加坡国际税务行政协助与合作发展变化

1.多边税收合作发展变化

一是多边税收合作的发展变化。生效《实施税收协定相关措施以防止税基侵蚀和利润转移的多边公约》（MLI），更新税收协定网络。MLI 于 2019 年 4 月 1 日生效。自 2022 年 4 月 1 日起，新加坡与 48 个缔约国的税收协定已被更新。

新加坡根据 MLI 修订与多个国家（地区）的双边税收协定（DTA）。一些 DTA 已由 MLI 修订；一些 DTA 规定了强制性的具有约束力的仲裁条款，或者已被 MLI 的第六部分（仲裁）修改为包括强制性的具有约束力的仲裁条款。

二是《新加坡调解公约》的发展变化。

截至 2023 年 6 月 26 日，《新加坡调解公约》的签署方为 56 个，缔约方为 11 个。[①]

《新加坡调解公约》的发展变化详见表 2。

[①] 联合国官方网站，https：//treaties. un. org/Pages/ViewDetails. aspx？ src ＝ TREATY&mtdsg_no＝XXII-4&chapter＝22&clang＝_ en。

表2 《新加坡调解公约》的发展变化

参与者	签名	批准、接受(a)、核准(AA)、加入(a)
阿富汗	2019 年 8 月 7 日	
亚美尼亚	2019 年 9 月 26 日	
澳大利亚	2021 年 9 月 10 日	
白俄罗斯	2019 年 8 月 7 日	2020 年 7 月 15 日 AA
贝宁	2019 年 8 月 7 日	
巴西	2021 年 6 月 4 日	
文莱	2019 年 8 月 7 日	
乍得	2019 年月 26 日	
智利	2019 年 8 月 7 日	
中国	2019 年 8 月 7 日	
哥伦比亚	2019 年 8 月 7 日	
刚果	2019 年 8 月 7 日	
刚果(金)	2019 年 8 月 7 日	
厄瓜多尔	2019 年月 25 日	2020 年 9 月 9 日
斯威士兰	2019 年 8 月 7 日	
斐济	2019 年 8 月 7 日	2020 年 2 月 25 日
加蓬	2019 年月 25 日	
格鲁吉亚	2019 年 8 月 7 日	2021 年 12 月 29 日
加纳	2020 年 7 月 22 日	
格林纳达	2019 年 8 月 7 日	
几内亚比绍	2019 年月 26 日	
海地	2019 年 8 月 7 日	
洪都拉斯	2019 年 8 月 7 日	2021 年 9 月 2 日
印度	2019 年 8 月 7 日	
伊朗	2019 年 8 月 7 日	
以色列	2019 年 8 月 7 日	
牙买加	2019 年 8 月 7 日	
约旦	2019 年月 7 日	
哈萨克斯坦	2019 年月 7 日	2022 年 5 月 23 日
老挝	2019 年月 7 日	

续表

参与者	签名	批准、接受(a)、核准(AA)、加入(a)
马来西亚	2019 年月 7 日	
马尔代夫	2019 年月 7 日	
毛里求斯	2019 年月 7 日	
黑山	2019 年月 7 日	
尼日利亚	2019 年月 7 日	
北马其顿	2019 年月 7 日	
帕劳	2019 年月 7 日	
巴拉圭	2019 年月 7 日	
菲律宾	2019 年月 7 日	
卡塔尔	2019 年月 7 日	2020 年 3 月 12 日
韩国	2019 年月 7 日	
卢旺达	2020 年 1 月 28 日	
萨摩亚	2019 年月 7 日	
沙特阿拉伯	2019 年 8 月 7 日	2020 年 5 月 5 日
塞尔维亚	2019 年月 7 日	
塞拉利昂	2019 年月 7 日	
新加坡	2019 年 8 月 7 日	2020 年 2 月 25 日
斯里兰卡	2019 年月 7 日	
东帝汶	2019 年月 7 日	
土耳其	2019 年月 7 日	2021 年 10 月 11 日
乌干达	2019 年月 7 日	
乌克兰	2019 年 8 月 7 日	
英国	2023 年 5 月 3 日	
美国	2019 年 8 月 7 日	
乌拉圭	2019 年 8 月 7 日	2023 年 3 月 28 日
委内瑞拉	2019 年 8 月 7 日	

2. 签订双边税收协定网络发展变化

（1）新加坡《双边税收情报交换协定》网络及规则发展变化。

新加坡与美国于 2018 年 11 月 13 日签署的《税务信息交换协议》（TIEA），于 2020 年 3 月 5 日生效。TIEA 将允许新加坡和美国出于税收目的交换信息。这加强了两国之间的税收合作。两国还致力于在 2020 年底前批准互惠的《外国账户税收合规法案》示范 1 政府间协议（互惠 FATCA IGA）。这一新的互惠 IGA 在生效时将取代当前的非互惠 IGA。

（2）《双边航空协定》和《双边海运协定》税收条款内容发展变化。

针对不同的国家，新加坡签订了不同的海运和空运协定，新增了税收条款，但规定了不同的条款内容（见表3）。

表3　2020~2021 年新加坡签署双边航空、海运协定新增税收条款情况

缔约另一方	批准时间	新增条款内容
德国	2021 年 3 月 29 日	税收管辖： 如果航运企业的有效管理地点在船上，则应视为位于船舶母港所在的缔约国； 如果没有母港，则应视为位于船舶经营者为居民的缔约国
印度尼西亚	2021 年 7 月 23 日	税收管辖： 缔约国一方企业因经营船舶从事国际运输而取得的所得，可以在缔约国另一方征税； 但是，在该缔约国另一方征税，应当减免相当于该缔约国另一方税收 50%的税额
乌拉圭	2020 年 2 月 6 日	经营船舶、航空器从事国际运输的利润范围： 光船租赁船舶或飞机的利润； 使用、维修或租用用于运输货物或商品的货柜(包括拖架及有关运输货柜的设备)而获得的利润； 与船舶或航空器经营有关的资金的利息； 在国际运输中，此种使用、维修或租用，或此种利益(视情况而定)与船舶或飞机的经营无关
巴巴多斯	2021 年 4 月 1 日	
塞尔维亚	2021 年 8 月 16 日	
巴西	2021 年 12 月 1 日	
亚美尼亚	2021 年 12 月 23 日	经营船舶、航空器从事国际运输的利润范围： 光船租赁船舶或飞机的利润； 使用、维修或租用用于运输货物或商品的货柜(包括拖架及有关运输货柜的设备)而获得的利润

3.跨境税收争议解决机制发展变化

（1）税收争议相互协商程序（MAP）机制发展变化。

新加坡和德国于 2019 年 12 月 9 日签署了一项议定书，修订了 2004 年 6 月 28 日《新加坡共和国与德意志联邦共和国关于对收入和资本税避

免双重征税的协定》。此项议定书还纳入了国际商定的打击滥用条约的最低标准，并修正了信息交流条款，以符合国际商定的应请求交换信息的标准。议定书还更新了 MAP 条款，以提供一种机制，允许纳税人对新加坡和德国主管当局之间 3 年内未解决的符合条件的 MAP 案件申请仲裁。

（2）税收仲裁机制发展变化。

①新版双重课税协议指南中仲裁条款的更新。2021 年 10 月 23 日，新加坡税务局出版了最新的《电子税务指南—避免双重课税协议（第三版）》，为纳税人提供了新加坡双重课税协议的解释和应用指南，以及新加坡双重课税协议下的 MAP。第三版的主要更新包括对新加坡双重课税协议中仲裁条款的新指导。指南更新了第 7 节"相互协议程序和仲裁"的内容，为新加坡递延税项申请中的仲裁条款提供了指导。指南中增加了以下内容："7.4 在与我们的 DTA 合作伙伴进行双边讨论后，或在 MLI 修改 DTA 以在 MLI 的第 VI 部分包含强制性约束性仲裁条款时，新加坡的一些 DTAs 中包含强制约束性仲裁条款。"指南删除了第二版中的以下内容："7.8 主管当局决定是否接受 MAP 的申请。个人退休计划会根据个案的是非，考虑纳税人的申请。"指南增加了仲裁部分的内容，主要对仲裁定义、申请人与申请情形、程序做出了新规定。

第一，提交仲裁小组的税收争议（7.38）。

7.38 DTA 中的仲裁条款规定，如果纳税人以书面形式提出要求，主管当局仍未解决的问题需提交给仲裁小组，以便在规定时间内（一般是自 MAP 案件的"开始日期"10 日起 2 年或 3 年，或主管当局之间商定的不同时间段，并在规定时间内告知纳税人）予以解决。

第二，仲裁小组的决定是最终决定，对主管当局具有约束力（7.39）。

仲裁小组需要在规定时间内做出决定。通常情况下，新加坡的仲裁条款规定，仲裁小组的决定是最终决定，对主管当局具有约束力，除非纳税人选择不同意该决定，或者纳税人选择在新加坡或外国司法管辖区寻求其他国内追索权来解决争端。此外，一些 DTA 中规定，仲裁小组的决定对主管当局没有约束力，如果主管当局在仲裁小组的决定交付给他们后的 3 个月内就所有未解决的问题达成不同的解决方案，则不应执行。

第三，与仲裁有关的申请程序和规则（7.40）。

仲裁申请人的条件（7.41）。纳税人可在符合下列所有条件的情况下，以书面形式提出申请，要求将 MAP 案件提交仲裁。①强制约束性仲裁条款已就 MAP 案件生效。②主管当局无法在 DTA 规定的时间内就 MAP 案件的所有问题达成协议，且主管当局之间没有事先达成协议，以延长具体 MAP 案件的时间。主管机关另有约定的，应当及时通知纳税人。③由于新加坡或 DTA 合作伙伴根据 MLI 第 28（2）（a）条做出的保留，或 DTA 中指定的保留，未解决的问题不会被排除在仲裁条款之外。④新加坡法院或行政法庭或 DTA 合作伙伴尚未就 MAP 案件中未解决的问题做出决定。

申请仲裁（7.42）。纳税人必须以书面形式向合同居住地管辖的主管机关提出申请。请求必须包含足够的信息来识别 MAP 案例。请参阅有关仲裁的主管当局协议（“CAA”）了解更多信息。

仲裁申请的提交（7.43）。①邮寄。向新加坡主管当局提出的任何仲裁请求应寄给：主管机关新加坡税务局国际税务及关系司，纽顿路 55 号税务大楼，新加坡 307987。②电子方式提交。仲裁申请可以提交到新加坡 IRAS 网站（www.iras.gov.sg）上新加坡主管当局提供的电子邮件地址。

仲裁程序的两种类型（7.44）。CAA 将包含仲裁过程的信息。仲裁程序有两种类型，即“最终报价”和“独立意见”。新加坡采用了 MLI 规定的“最终报价”仲裁程序，这是默认的仲裁程序。因此，包含仲裁条款的 DTA 一般会遵循“最终报价”仲裁程序。最终报价——新加坡及其 DTA 合作伙伴的主管当局将各自向仲裁小组提交拟议的解决方案，仲裁委员会将选择其中一个拟议的解决方案作为最终决定。独立意见——仲裁小组将考虑主管当局提交的资料和相关法律来源，以得出最终决定。

CAA 仲裁（7.47）。新加坡及其 DTA 合作伙伴的主管当局需要缔结 CAA，以解决强制约束性仲裁条款的适用模式。CAA 将包含以下信息：申请仲裁的方式；对案件进行实质性审议所需的最少信息；仲裁员的任命；仲裁过程；信息沟通和保密；操作程序；成本；未能在规定的时间内沟通该决定；最终决定；执行仲裁决定；强制性仲裁条款生效；被排除在仲裁范围之外的案件。

核准申请的公布渠道（7.48）。已完成的核准申请将作为递延税款申请的附件，刊登在 IRAS 网站（www.iras.gov.sg）上。

②与部分国家双边税收协定中仲裁条款的更新。

第一，与丹麦的双边税收协定。

丹麦已通知 MLI 的保存人，丹麦撤回了根据 MLI 第 28 条第（2）款（a）项做出的保留。2021 年 6 月 30 日，丹麦提出保留撤回的通知之后，新加坡-丹麦 DTA 第 25A 条第 12 款被删除，自 2021 年 6 月 30 日起生效。新增第 25a~25h（仲裁条款），具体内容见《电子税务指南—避免双重课税协议（第三版）》仲裁相关内容。

第二，与土库曼斯坦、亚美尼亚的税收协定。

2020 年 4 月 30 日土库曼斯坦、2021 年 12 月 23 日亚美尼亚与新加坡之间的所得税和资本税条约生效，新增条款："（相互协商程序）包括一项规定，如果主管当局无法在 2 年内解决 MAP 案件，则如果提出案件的人提出要求，该案件引起的任何未决问题可提交仲裁。但是，如果缔约国任何一方的法院或行政法庭已经就未决问题做出裁决，则不得将未决问题提交仲裁。"与新加坡签订的首个此类条约会新增此条款，若为更新条约，则不增加此条款。

4. RCEP 框架下区域税收协调机制发展变化

作为全球规模最大的自由贸易协定，《区域全面经济伙伴关系协定》（RCEP）于 2022 年 1 月 1 日正式生效。RCEP 是一个由 15 个国家签署的大型贸易协定，这些国家的总人口约占世界人口的三分之一。税收是影响经济一体化的重要因素，RCEP 框架下加强税收协调有利于成员国间畅通经济循环，提升区域内贸易投资的自由化便利化水平，打造高质量贸易圈。由于 RCEP 涉及的税收措施主要是关税及税收协定，而成员国间关税壁垒逐步消除，通过降低关税和采取贸易便利措施，该协定推动各成员国的贸易，成员国之间的物流、人流、资金流变得更加频繁、便捷。2021 年 4 月，新加坡完成区 RCEP 官方核准程序，RCEP 将为新加坡带来更多的投资，也将为新加坡企业带来新的商机。

三 新加坡国际税收管理发展前景（2021~2023年）

（一）新加坡跨境税收管理发展前景

由于国际税源的流动性、隐蔽性较强，税收收入容易流失且难以挽回。当前对一些流动性大的非居民税源的监控难度明显加大，居民身份、常设机构、所得来源等判定日益复杂，跨国纳税人避税的态势有所增强，尤其是在贸易全球化的今天，数字经济背景下跨境贸易正处于一种高速增长的状态，对新加坡的跨境税收管理影响非常大。因此，跨境数字贸易将是新加坡未来税收监管的重点。设立专门国际税收管理机构来服务跨境数字经济相关行业，并配备专职的税收管理人员与数字贸易企业相对接，并提供个性化、常态化的涉税服务，将是新加坡加强跨境税收管理的发展趋势。另外，新加坡的跨境税收问题不能仅依靠自身的法律或规章去解决，在涉及跨国公司税收征管问题时，要加强跨境税收管理战略合作，与其他国家或地区之间要做好信息、数据、资料的交流和互通，避免因信息不对称造成税收征管漏洞。

（二）税收协定下避免所得双重征税的管理发展前景

目前世界各国对跨国所得的课税原则大致可分为两类：一是单一行使来源地税收管辖权；二是同时行使来源地税收管辖权和居民税收管辖权，采用抵免法或扣除法消除或减轻双重征税。不过，在国际税收实践中，许多实行居民税收管辖权的发达国家为了促进本国跨国公司与东道国公司开展公平竞争，增强本国税制的国际竞争力，在其公司所得税制中部分地或有条件地引入免税法，从而使其税制呈现出居住地课税原则与来源地课税原则相互融合，并逐步向来源地课税原则转移的趋势。在不断扩大的经济合作过程中，新加坡有望通过税收协调工作，明确其国内跨国纳税人的各种跨国所得能否征税、如何征税、征多少税，以及对哪些所得可单方征税，对哪些所得由双方或多方征税等。通过税收协定明确相应的征税权，避免重复征税，防范不合理的税收竞争，实现产业、投资项目、技术、劳动力等方面的全球自由流动，推动新加坡经济社会的稳步发展。

（三）新加坡国际反避税管理发展前景

近年来，国际经济形势变化、国际税收竞争加剧、国际税制改革成果落地以及新国际税收规则形成，导致跨境交易版图及国际税收管理风险图景变化，各国税基安全受到严峻挑战。新加坡在国际反避税管理方面有望做出如下改变。一是加强关联交易管理。关联交易是当前世界公认的转移利润、侵蚀税基最为常见和最隐蔽的方向，特别是无形资产、费用扣除以及资产报损中可能侵蚀税基的行为。二是加强对外投资税收管理，关注受控外国企业，完善居民境外投资和所得信息报告制度，健全境外税收管理机制等。

（四）BEPS 行动计划成果的新加坡落地行动发展前景

当前，数字化促成的三个重要现象——大规模的数据应用、对无形资产的依赖以及数据的中心性——对全球税收体系的基础要素构成了严峻挑战。一方面，数字经济价值驱动因素的出现彻底改变了整个行业的发展，创造了新的商业模式，同时不断削弱与目标市场物理接近的需求。同时不断挑战现有利润分配和关联规则的有效性，所有国家，无论是发达国家还是发展中国家，都可以对跨境活动产生的收入征税。另一方面，新技术通过将跨国企业的利润转移到低税收或无税收管辖区来促进避税。这是税基侵蚀和利润转移（BEPS）项目的本质，也是 BEPS 包容性框架 143 个成员①工作的重中之重。

---

① 2023 年 6 月 9 日，OECD 宣布，乌兹别克斯坦加入 BEPS 包容性框架，成为 BEPS 包容性框架的第 143 个成员，乌兹别克斯坦也是第 139 个承诺实施该"双支柱"计划的包容性框架成员。

在当前脆弱的全球经济中，单边行动将损害投资和经济增长，从而阻碍政府筹集收入和投资计划的能力。近年来快速而广泛的数字化转型对经济和社会发展产生了深远的影响，对新加坡的国际税收管理产生重大影响。数字化转型在许多法律和监管领域引发了全球辩论，新加坡的国际税收管理也受到数字化转型的广泛影响。

截至 2023 年 6 月 9 日，包括新加坡在内，已有 139 个国家和地区加入了"双支柱"计划。该计划旨在改革国际税收规则，并确保跨国企业无论在何处经营，都缴纳公平份额的税款。

2023 年 2 月 14 日，新加坡副总理兼财政部部长黄循财发表 2023 年政府财政预算案声明，指出新加坡计划从 2025 年起实施两项措施，即全球反税基侵蚀（GloBE）规则和国内补足税（DTT），让跨国公司有效税率达到 15% 的全球最低标准，顺应第二代防止税基侵蚀和利润转移（BEPS 2.0）的全球发展。作为更广泛的国际行动的一部分，以统一大型跨国企业的最低全球公司税率，将跨国企业在新加坡的有效税率补足到 15%。新加坡将继续关注国际税制的进展情况，根据进展情况适时调整国际税制的实施时间表。同时，新加坡将评估和更新行业发展计划，确保新加坡在吸引和保留投资方面具备竞争力。

泰国国际税收管理发展报告（2023）

摘　要： 本报告将重点关注 2020～2023 年泰国国际税收管理的现状、变化与未来。本报告共分三部分。第一部分是泰国国际税收管理发展基础，主要介绍了 2020 年底以前泰国国际税收管理的情况，包括泰国跨境税收管理基础、泰国税收协定下避免所得双重征税的管理基础、泰国国际反避税管理基础、泰国国际税收服务、泰国国际税务行政协助与合作基础和 BEPS 行动计划成果的泰国落地行动基础；第二部分将依然围绕上述视角，阐述 2021～2023 年 4 月泰国国际税收管理发展的变化；第三部分对泰国国际税收管理的未来进行展望，泰国税务部门将通过简化纳税遵从，向纳税人精准推送提示提醒信息，避免所得双重征税，更好地服务跨境纳税人。泰国将扩大和完善税收协定网络，完善转让定价制度，并将"支柱二"方案以及其他重要的国际反避税措施引入国内税收法律制度，既避免对所得的双重征税，又防范国际避税。

关键词： 泰国　国际税收管理　跨境所得税　税收协定　BEPS 行动计划

泰国现行税收法律体系的根本法是于 1938 年由泰国国王签署颁发，并在泰国国会通过后生效的《税法典》。泰国财政部有权修改《税法典》条款，税务局依法履行税收征收管理职能。

由于国际税收更多是指跨境所得税的国际协调问题，因此本报告更多围绕所得税展开，并在必要的时候适当涉及间接税的国际协调问题。

一 泰国国际税收管理发展基础（截至2020年）

目前，泰国直接税体系有3个主体税种，分别为企业所得税、个人所得税和石油所得税。泰国企业所得税是对在泰国经营或未在泰国经营但取得来源于泰国的特定收入的企业征收的一种直接税，同时实行地域税收管辖权和居民税收管辖权。泰国企业所得税以应税收入减去相关费用及扣除项目后的余额作为应纳税所得额，一般按20%的企业所得税税率计算应纳税款，每年进行2次纳税申报。泰国个人所得税是对个体收入征收的一种直接税。泰国个人所得税以应税收入减去费用扣除项、所得扣除项后的余额，按0～35%的超额累进税率征收，按年计算缴纳。泰国石油所得税是对在泰国开采石油或开展石油业务的企业征收的一种直接税。

（一）泰国跨境税收管理基础

跨境税收管理涉及的纳税人是跨国纳税人，涉及的课税对象主要是跨国所得和跨国财产。正确行使税收管辖权的第一个前提是判定纳税人的居民身份，对居民纳税人可以行使居民税收管辖权，对非居民纳税人只能行使地域税收管辖权。

1. 居民企业境外所得纳税申报管理

（1）居民企业判定标准。

根据泰国相关法律规定，所有依据泰国法律成立的公司和合伙企业都被视为居民企业，须向泰国缴纳企业所得税；所有在外国法律下成立的公司和合伙企业都被视为非居民企业，只有当其在泰国营业时才须向泰国缴纳企业所得税。

（2）应税境外所得管理。

泰国企业所得税实行居民税收管辖权，居民企业须就其国内外一切所得纳税（无限纳税义务）。泰国居民企业就不同类型的境外所得须按不同的计算方法计征税款。①营业所得。境外营业所得适用与国内营业所得一致的规则，同时，在外国的常设机构营业所得须按国内法规定重新核算。适用税率为 20%。②股息所得。一般而言，来源于外国的股息所得须向泰国税务部门缴税。对于股息所得中已在外国缴纳税款的部分，可以进行税收抵免。与此同时，来源于外国的股息满足一定条件可免征税款。这些条件包括：泰国居民公司持有支付股息的外国公司至少 25% 有表决权的股份；泰国居民公司在收到股息前至少已持有支付股息的外国公司的股份 6 个月；股息须已在支付股息的公司所在国按不少于 15% 的税率缴纳所得税的利润中支付。如果外国有特别规定，对支付股息的利润减征或免征应纳税额（如果原税率不低于 15%），则可以免税。③利息、特许权使用费、租赁所得。来源于国外的利息、特许权使用费、不动产和动产租赁所得等，适用于国内所得的一般规则征税。④资本利得。来自国外的资本利得按国内资本利得的一般规则征税。

（3）外国亏损抵减。

泰国税法将外国亏损与国内亏损同等对待，国外净亏损可以结转 5 年。

（4）双重征税减免。

居民企业要对其全球所得缴税。针对双重征税的单方面减免，以外国税收抵免的形式提供。这适用于根据泰国法律成立的公司和合伙企业，无论所得来源国是否与泰国签订了税收协定，都适用。

税收抵免即实际缴纳的国外税款可以从应纳泰国的企业所得税中扣除，但不得超过国外所得应缴纳泰国的企业所得税税款。在计算企业应税所得时，任何未被扣除的国外所得税额均可作为费用扣除。

（5）其他征税规定。

位于泰国境外的房产不需要向泰国缴纳房屋和土地税或地方开发税。对从泰国移民到其他国家的纳税人，无须缴纳移民税或弃籍税。

2.非居民企业税收管理

泰国企业所得税实行地域管辖权，非居民企业只需对来自泰国境内的所得缴税，即不对未在泰国营业的非居民企业或合伙企业的净利润征收企业所得税，但对在泰国或从泰国向非居民支付的款项征收预提所得税。

在泰国纳税的非居民企业可分为两类。①

（1）按照外国法律成立的法人公司或法人股份公司。

①按照外国法律成立的，在泰国及其他地区经营业务的法人公司或法人股份公司。②按照外国法律成立的，在泰国及其他地区经营国际运输业务的法人公司或法人股份公司。③按照外国法律成立的未在泰国经营业务，但有从泰国取得或支付应纳税所得的法人公司或法人股份公司。④按照外国法律成立的因在泰国拥有雇员、办事代表或业务联络员而在泰国取得收入或收益的法人公司或法人股份公司。

（2）以商业或营利为目的而开展业务的机构。

①外国政府。②外国政府机构。③依照外国法律成立的其他法人。

3. 居民个人境外个人所得税纳税申报管理

泰国税法规定，一个自然年度内在泰国居留 180 天或以上的个人将被视为泰国纳税居民。泰国个人所得税采用累进税率，税率为 0%～35%。个人净收入（扣除标准扣除金额和减免金额之后的收入）中不超过 15 万泰铢的部分通常免缴个人所得税。资本利得也适用累进税率征税，但出售在泰国证券交易所上市公司股票的资本利得可豁免个人所得税。

支付给居民和非居民个人的股息通常须按 10% 的税率缴纳预提税，享受投资促进委员会优惠政策的某些公司所支付的股息可能适用 0 预提税。预提税通常可以用于抵扣居民纳税人的最终个人所得税。泰国银行或泰国金融机构支付给个人的利息须按 15% 的税率缴纳预提税。因转让债券和其他公司债务票据而获得的所得，以及因提供服务而支付给非居民的费用须按 15% 的固定税率缴纳预提税。

外籍人员因受雇于泰国境内符合资格要求的国际商业中心（International Business Center, IBC）而向泰国境内外的分支机构或关联企业提供管理、技术或支持服务的情况下，外籍人员的个人所得税税率可以适用 15% 的固定

---

① 国家税务总局国际税务司国别（地区）投资税收指南课题组：《中国居民赴泰国投资税收指南》。

税率。此优惠税率的有效期为国际商业中心享受税收优惠之日起至外籍人员从国际商业中心离职之日止，或至国际商业中心所享受的税收优惠到期为止。

4. 非居民个人税收管理[①]

（1）双重雇佣安排。

非居民个人可以与其外国雇主签订双重雇佣合同，以向泰国税务机关证明离岸收入与纳税人在泰国的收入是分开的，因此不应纳税。

在双重雇佣合同安排下，纳税人就其在泰国的工作签订一份合同，而就其在海外的工作签订另一份合同。如果纳税人在泰国境外履行其所有离岸合同项下的服务，其在该合同项下的收入不需要在泰国纳税，前提是该合同的收入没有带入泰国。

但是，如果双重雇佣合同的结构、文件和分割不合理，税务局可能会忽略离岸合同，并在泰国对两份合同产生的总收入征税。

签订双重雇佣合同时，应考虑的因素有：雇员对泰国和外国实体的职责应该是分开和明确的，任何重叠都应尽量减少；泰国实体对外国实体应具有有限的控制权；雇员的报酬应当与其所履行的职责相称。

（2）离境清税制度。

下列人士在离开泰国前须办理税收清缴手续：接受过纳税评估的外国人；作为在泰国经营的外国公司的代表并代表其纳税的外国人；在泰国有可评税收入的公共演艺人员，无论其收入在泰国境内或境外获得。

税收清缴凭证的有效期为 15 天。如果经常离开泰国，并且有良好的合规记录，则可以获得有效期为 6 个月的清缴证书。

离开泰国的外国人必须在离开泰国前 15 天内通过表格 P. 1 申请清税证明，无论是否有任何应缴税款。表格 P. 1 须连同下列文件一并递交：护照；外国人证明（如有）；居留证明（如有）；工作许可证或其申请（如有）；税务识别卡；银行或信誉良好人士出具的保函；申请人所代理的公司或者合

[①] https://research. ibfd. org/#/doc?url =/collections/gm/html/gm_th_s_003. html.

伙企业近 3 年的纳税记录，包括代扣代缴税款的凭证或者纳税凭证；税务局所要求的其他证明。

离境时应向移民官员出示清税证明。在没有清税证明的情况下离开或试图离开泰国的外国人将被征收税款金额 20%的附加费。此外，他会被处不超过 1000 泰铢的罚款或不超过 1 个月的监禁，或两者并罚。

清税证明是由税务局局长或省长或授权机构颁发给离开泰国的外国人的证明，表明他已经缴纳了税款，或者他已经提供了担保人或证券作为纳税义务和应付税款的担保。

税务局发出的清税证明有两种。①P.3 完税证。单次出境有效，自签发之日起 15 日内使用。如个人未在规定期限内离开泰国，则该完税证除非在有效日前补办，否则无效。②P.3.1 税务清关证明。由于业务或职业原因，多次定期进出泰国，本凭证自完税证出具之日起，有效期不超过 180 天，不允许续期。

在泰国过境的外国人，或在一个纳税年度内进入泰国或在泰国居住一段或几段时间累计不超过 90 天而没有获得可评估收入的外国人，或由局长规定并经部长批准的外国人，不需要申请清税证明。

5. 应对新冠疫情的救济政策

2020 年 3 月，泰国财政部发布关于应对新冠疫情的预提税减免政策指南。[1] 具体包括：2020 年 4 月 1 日至 2020 年 9 月 30 日，支付某些应税所得适用的预提税，税率从 3%降至 1.5%；2020 年 10 月 1 日至 2021 年 12 月 31 日，如果通过电子预扣税系统支付某些应税所得适用的预提税，税率将从 3%降至 2%。该项政策不适用于向慈善基金会、协会支付的款项。

泰国劳动部发布关于应对新冠疫情的社会保障救济措施指南。[2] 具体措

---

[1] https：//home. kpmg/us/en/home/insights/2020/03/tnf-thailand-withholding-tax-rate-reduction-tax-relief-covid-19. html.

[2] https：//home. kpmg/us/en/home/insights/2020/04/tnf-thailand-social-security-related-relief-covid-19. html.

施包括：降低社会保障缴款费率，延长提交社会保障报表和缴纳社会保障款项的时间。2020 年 3 月至 5 月的工资周期内，降低社会保障缴款费率，其中雇主的缴费率从 5% 降至 4%，雇员的缴费率从 5% 降至 1%。2020 年 3 月的社会保障报表提交截止日期从 4 月 15 日延长至 7 月 15 日，4 月报表提交截止日期从 5 月 15 日延长至 8 月 15 日，5 月报表提交截止日期从 6 月 15 日延长至 9 月 15 日。

6. 吸引外商投资的税收优惠政策

为吸引外国投资者将生产基地迁往泰国，提高泰国的竞争力，2020 年 4 月 28 日，泰国通过"一揽子"税收优惠政策，为公司或法人合伙企业在 2019 年 1 月 1 日至 2020 年 12 月 31 日发生的某些特定费用提供额外的税收减免政策。① 一是促进自动化系统投资的税收优惠政策。自动化系统投资项目下对自动化机器所使用的软件投资产生的费用（不包括维修此类机器所产生的费用），允许加计扣除 100% 的费用。二是鼓励雇用高技能人才的税收优惠政策。支付给科学、技术、工程和数学领域高技能员工的工资总额，允许加计扣除 50% 的费用，但工资最高不超过 10 万泰铢。三是鼓励员工发展的税收优惠政策。派遣员工参加指定机构认证的培训课程所产生的费用，允许加计扣除 150% 的费用。

（二）泰国税收协定下避免所得双重征税的管理基础

1963 年泰国与瑞典签订的避免所得双重征税协定是泰国对外签订的第一个避免所得双重征税的双边协定。之后，泰国双边税收协定网络不断扩大和更新。截至 2019 年底，泰国共对外签署 61 个避免所得双重征税的双边税收协定，并已全部生效。

本报告将主要以《中华人民共和国政府和泰王国政府关于对所得避免双重征税和防止偷漏税的协定》（以下简称"中泰税收协定"）为例，对税收协定下避免所得双重征税的管理基础展开论述。

---

① https：//home. kpmg/th/en/home/insights/2020/05/th-tax-news-flash-issue-79. html.

1. 税收协定适用范围管理

（1）税种适用范围。

中泰税收协定规定，税种适用范围是各缔约国或其地方当局对所得征收的所有税收，不论其征收方式如何。对全部所得或某项所得征收的税收，包括对转让动产或不动产的收益征收的税收以及对资本增值征收的税收，应视为对所得征收的税收。

具体而言，中泰税收协定适用的泰国现行税种是所得税，即个人所得税、企业所得税和石油所得税，不涵盖其他间接税，如增值税和特别营业税。税收协定也适用于协定签订之日后增加或者代替现行税种的相同或者实质相似的对所得征收的税收。缔约国双方主管当局应将各自税法（税种）的重要变动通知对方。

（2）居民身份认定。

中泰税收协定规定，"缔约国一方居民"是指按照该缔约国法律，由于住所、居所、总机构、注册所在地或者其他类似的标准，在该国负有纳税义务的人。也就是说，居民身份的认定按各自国内法执行，只有同时被认定为双方居民的，才按照税收协定的判定规则解决有关冲突。

根据泰国国内税法，泰国居民个人是指在一个纳税年度内在泰国居住累计不少于180天的个人。泰国居民企业是指依照泰国民商法律注册的公司与合伙企业；非居民企业是指依照外国法律注册的公司和合伙企业。

（3）常设机构认定。

泰国对外签订的双边税收协定一般都设有常设机构条款。"常设机构"是指一个企业进行全部或部分营业的固定营业场所，例如，管理场所、分支机构、办事处、工厂、车间、仓库或开采自然资源的场所等。

泰国通常遵循OECD税收协定范本对常设机构的定义，但也有一些例外。例如，根据泰国—德国税收协定，如果建筑工地、建筑或装配项目的存在时间超过规定的时间，则将被视为常设机构。具体而言，厂房、设备或机器的安装或设置，包括此类安装或设置所需的任何辅助建筑，为6个月；其他情况下，为3个月。根据泰国-丹麦税收协定，在泰国超过3个月的建筑、安装或组装项目或类似项目被视为常设机构。根据泰国与日本、挪威、瑞典签订的税收协定，任何建筑、安装、组装项目等均被视为常设机构。

税收协定还规定，如果一个个体（包括企业和个人）习惯性地在泰国获得订单，完全或几乎全部属于外国企业及其控制或拥有控股权益的其他企业，则被视为外国企业的非独立代理人。

2. 不同类型收入的税收管辖

一般来说，税收协定规定了来源国或居民国是否有权对特定类型收入征税。如果来源国具有征税权，则所得收入将按照该国国内法征税。税收协定还规定了投资收益（股息、利息和特许权使用费）的税率水平，来源国可以不超过协议规定的税率对此类收入征税。在许多情况下，与国内税率相比，税收协定内的税率较低，以减少跨境贸易和投资的税收障碍。税收协定的一些条款明确规定，不允许来源国对国际航空运输收入和商业利润等收入行使征税权，前提是该业务不是通过来源国的常设机构进行的。

以下对几种典型收入展开分析。①

（1）股息。

支付给泰国企业和非居民企业实体的股息须按10%的税率缴纳预提税。若满足《税法典》或《投资促进法》有关条件的可免缴预提税。例如，一家泰国公司向另一家泰国公司支付股息在某些情况下可免缴预提税，前提条件是不存在交叉持股情况的收款方为泰国证券交易所上市公司，或持有付款方至少25%的有投票权的股份。

支付给居民个人或非居民个人的股息须按10%的税率缴纳预提税，且此预提税可被视为最终税项。就支付给非居民的股息所征收的预提税可根据适用的税收协定予以减免。

---

① 德勤：《2021年泰国税收及投资指南：共识、相关、可靠》。

（2）利息。

支付给非居民企业或非居民个人的利息须按 15% 的税率缴纳预提税，或者可根据适用的税收协定予以减免。

根据适用的税收协定，如果提供贷款的银行、金融机构或保险公司是与泰国签订税收协定国家的居民企业，贷款利息通常须按 10% 的税率缴纳预提税。但上述机构根据旨在促进农业、工业或商业发展的法律所发放的贷款而取得的利息可免缴预提税。

一家泰国公司支付给另一家泰国公司的利息，或者一家泰国公司支付给泰国金融机构的信用债券或债券利息（银行或金融公司间的存款或流通票据利息除外）须按 1% 的税率缴纳预提税。支付给从事营利活动的基金会或协会的利息须按 10% 的税率缴纳预提税。

支付给泰国税收居民个人的利息须按 15% 的税率缴纳预提税，此预提税可被视为最终税项，或在年度个人所得税申报时用以抵扣。

（3）特许权使用费与技术服务费。

在泰国境内支付的特许权使用费或技术服务费将被视为正常应纳税收入。一家泰国公司支付给另一家泰国公司的特许权使用费与技术服务费须按 3% 的税率缴纳预提税，预提税可以用于抵扣该会计期间内应缴的企业所得税。支付给泰国税收居民个人的特许权使用费与技术服务费须按个人所得税累进税率征收预提税。向境外支付的特许权使用费与技术服务费须按 15% 的税率缴纳预提税，或可根据税收协定予以减免。

（4）分支机构利润汇出税。

泰国对于分支机构利润汇出或视同支付总机构的税后利润征税，税率为 10%。根据泰国与中国香港签订的税收协定，目前中国香港是唯一可以享受分支机构利润汇出税豁免的地区。

（5）薪酬税与社会保险费。

雇主通常每月须就雇佣收入代扣税款并缴纳给税务机关。雇主和雇员均须按雇员月薪（上限为 15000 泰铢）的 5% 缴纳社会保险费（每月缴款上限为 750 泰铢）。

（6）其他税费。

支付给非税收居民的租金、专业服务费和资本利得，泰国付款方须按15%的税率缴纳预提税。但在符合税收协定的条件时可以降低税率或豁免预提税。

3. 消除双重征税的方法

消除国际重复征税是税收协定所要解决的重点问题。每个双边税收协定都规定居民国可采用不同的方法来消除双重征税。①免税法，适用于根据税收协定在来源国征税而居民国不予征税的所得。②抵免法，适用于已在来源国征税而居民国保留征税权利的所得。

以中泰税收协定为例，第23条"消除双重征税"规定，除本协定有明确的相反规定以外，缔约国任何一方的现行法律，应继续有效于各自一方对所得的征税。如果一项所得应在缔约国双方纳税时，则应按照本条下列各款给予消除双重征税。

在泰国方面，有关从中国取得的所得应缴纳的中国税收，应允许在该项所得应缴纳的泰国税收中抵免。但是该项抵免不应超过对该项所得给予抵免前所计算的相应的泰国税收数额。

在中国方面，有关从泰国取得的所得应缴纳的泰国税收，应允许在该项所得应缴纳的中国税收中抵免。如果该项所得是泰国居民公司支付给中国居民公司的股息，该中国居民公司拥有支付股息公司不少于10%的股份，该项抵免应考虑支付该股息公司就该项所得缴纳的泰国税收。但是该项抵免不应超过对该项所得给予抵免前所计算的相应的中国税收数额。

4. 税收饶让

税收饶让是居民国对从事国际经济活动的本国居民采取的一种税收优惠措施。泰国对外签订的一些税收协定规定，对某些类别的外国收入给予固定的外国税收抵免，即使根据来源国的法律，这种收入可以免除外国税收或只缴纳较低水平的税收。表1是泰国税收协定中税收饶让的规定。

表 1　泰国税收协定中税收饶让的基本情况

国家或地区	所得类型	抵扣率	协定条款	生效日期
丹麦	营业利润	最多 25%	24(2)(g)	2010 年 1 月 1 日
	股息	最多 25%		
	特许权使用费	最多 25%		
中国香港	所有所得	全部	23(3)	2013 年 1 月 1 日
韩国	股息	最多 10%	23(6)	2013 年 1 月 1 日
	利息	最多 10%		
	特许权使用费	5%~15%		
卢森堡	股息	最多 15%	24(3)(d)(iv)	2011 年 1 月 1 日
	利息	10%		
	特许权使用费	最多 15%		
斯洛文尼亚	所有所得	全部	23(2)	2015 年 1 月 1 日
乌克兰	所有所得	全部	23(4)	2015 年 1 月 1 日

注：抵扣率中的"全部"是指如果没有税收优惠本应缴纳的税款。

（三）泰国国际反避税管理基础

泰国《税法典》中没有专门针对诸如"税收协定滥用""受控外国公司"和"资本弱化"等特殊反避税规则的条款，但有零星条款对转让定价做出规定，以及有一条规制程度有限的一般反避税规则条款，即规定税收部门有权禁止纳税人人为虚列费用。在《税法典》以外，泰国的《外商投资法》对资本弱化有简单的规定，即将公司接受关联方债权性投资与权益性投资的比例限制在 7∶1 以内。泰国的《转让定价法》对关联企业转让定价做出限制性规定。由于泰国国际反避税政策措施主要集中在转让定价领域，因此本报告主要介绍泰国转让定价的有关规定。

1. 泰国转让定价基本规定

泰国转让定价的法律基础主要是于 2018 年 11 月 18 日公布、于 2019 年 1 月 1 日生效执行的新修订的《转让定价法》和《税法典》中与转让定价相关的部分条款。

泰国税法规定，法人公司、合伙企业无正当理由以低于"市场价格"的价格向关联方转让资产、提供劳务、借贷，税务机关有权根据"市场价格"重新评估该交易的价值。评估后的价格计入法人公司或合伙企业的应税收入，用于计算企业所得税。"市场价格"是指市场进行正常交易的价格。目前，税务部门认为，如果关联方①之间的交易价格与非关联方之间的交易价格不同，则发生了转让定价行为。

泰国发布的一项部门指令规定，经济合作与发展组织（OECD）发布的《跨国企业与税务机关转让定价指南》（以下简称《OECD转让定价指南》)②可用作泰国税务部门确定"市场价格"的指南。该指南不仅适用于跨国交易，也适用于国内交易。

2. 转让定价文档准备及披露要求

泰国税法规定，年营业收入超过2亿泰铢的公司须按税务机关的要求准备并提供其关联交易转让定价文档，不遵守该规定的公司将被处以最高20万泰铢的罚款。

虽然年营业收入不超过2亿泰铢的公司无须准备或提供此类文档，但在税务机关开展税务检查时，纳税人必须向税务机关提供以下文档：①详细说明相关关联方之间关系的文档，包括集团结构；②相关实体的定价政策、产品盈利能力、市场信息和利润分享政策；③使用特定转让定价方法的额外理由。

纳税人应在开展关联交易时准备好这些文档，并在纳税人的营业场所保存。此外，纳税人还可与税务机关签订预约定价安排协议，该协议将决定未来关联方之间交易的定价方法。

3. 泰国转让定价调整方法及程序③

泰国关联交易转让定价可采用国际公认的转让定价方法，具体包括可比非受控价格法、再销售价格法、成本加成法、利润分割法和交易净利润法。前三种属于传统交易法，后两种属于交易利润法。无论哪种方法，都要将关

---

① 泰国税法规定，当一实体直接或间接参与另一实体的管理、控制（如制定业务政策或战略）或投资时，即构成关联方。

② 《OECD转让定价指南》有2009、2010、2017、2022年等多个版本。

③ https：//www.rd.go.th/english/15201.html.

联交易与所参照的非关联交易进行可比性分析。

泰国税务部门建议纳税人采取特定程序来确定公平交易价格。该特定程序可将独立交易原则、可比性分析和有关转让定价方法联结到一起。具体步骤如下。

步骤一：描述关联方之间的跨国交易情况。

确定与关联方跨国交易的范围、类型、价值与时间。识别经济上重要的活动并描述每个商业实体的运营。

步骤二：选择最合适的计算方法。

识别可为关联方之间的交易确定市场价格的数据。根据特定案例的事实和情况，确定最合适的计算市场价格的方法。

步骤三：计算公平交易价格。

该步骤的目标是应用上一步骤选择的方法来计算合理可信的市场价格。有必要考虑从步骤一中获得的数据，以便正确评估可比性。纳税人应该调整数据以消除重大差异。

这一步骤计算出的市场价格可能是单一价格，也可能是一个价格区间。

步骤四：审查前序步骤，以确保所使用的方法是适当的。

在步骤三确定市场价格后，无论得出单一价格还是一个价格区间，纳税人都应重新审查步骤一至步骤三的评估流程，以确保所选择的方法是合适的。如果方法合适，应将计算出的市场价格应用于与关联方当前和未来的交易。

如果发生影响计算市场价格的重大变化，即信息或选择的方法已经过时，发生的事件直接影响所使用的假设，或者发现更好的可比性分析信息或信息来源，纳税人必须重新进行这些步骤。

4. 应对新冠疫情带来的挑战

为应对新冠疫情带来的挑战，2020 年 9 月 9 日，泰国税务局宣布降低延迟提交转让定价披露表格的罚款。[①] 具体而言，应于 2020 年 8 月 31 日前

---

① https://home.kpmg/th/en/home/insights/2020/09/th-tax-news-flash-issue-84.html.

提交的转让定价披露表格，若延迟提交，并能赶在 2020 年 12 月 30 日前通过"电子填表"提交，遭受的罚款从 20 万泰铢降低至 5000 泰铢。此外，为方便纳税人网上填报披露表格，税务局允许纳税人以网络渠道上传披露表格。表格模板可从泰国税务局网站"电子填表"栏目下载。

5. 转让定价操作指引的更新

2020 年 11 月 6 日，泰国财政部发布一份部长条例，主要规定了泰国税务官员在转让定价领域应使用的某些规则、条件和方法。① 该部长条例允许税务官员评估或调整不遵守独立交易原则关联方的收入和支出，尤其是导致关联方之间的利润不当转移。该部长条例还确定了以下商业或融资情形会被认定利润转移：关联方之间通过对商品或服务制定不同的价格或信贷条件；制定不同的利率或财务费率；其他与收入或费用相关的措施，导致关联方之间与可比独立交易同等条件下的商业或财务状况相比，利润发生较大偏移。部长条例指出，税务官员应使用内部可比分析方法和外部可比分析方法，评估或调整关联方之间的收入和费用。

（四）泰国国际税收服务基础

1. 预约定价安排服务（APA）②

预约定价安排是指纳税人与税务机关之间做出的一项安排，即就一定时期内集团内公司间的交易预先提供转让定价的方法和条件。为避免转让定价重新评估引起的任何潜在争议或双重征税问题，纳税人可以申请双边预约定价安排。

（1）提交申请。

根据泰国法律成立的公司或法人合伙企业，与泰国协定伙伴居民的关联公司进行集团内交易时，可以直接向税务局局长提交书面意向文件（预约定价安排提案）。在这种情况下，只接受双边预约定价安排。必要时，纳税

---

① https：//home. kpmg/th/en/home/insights/2020/11/th-tax-news-flash-issue-85. html.
② Guidance on APA Process，https：//www. rd. go. th/fileadmin/download/GUIDANCE-ON-APA-PROCESS-EN. pdf.

人可以提供外语翻译人员或预约定价安排方面的专家。预约定价安排通常在3~5个会计期间内生效。

（2）申请流程。

步骤一：预备会谈。

预备会谈的目的：讨论申请 APA 的原因；根据步骤三①至⑥提交重要的预备文件；讨论 APA 申请所附的相关文件；注明 APA 申请日期；尽量减少考虑过程所花费的时间。

预备会谈的申请：有意申请 APA 的纳税人必须至少在 APA 生效的第一个会计期间的最后一日之前的 6 个月，向税务局局长提交书面的意向文件（预备会谈）。根据步骤三①至⑥，纳税人必须在预备会谈前 15 日提交重要的预备文件。但是，如果有合理理由，可以延迟提交。

步骤二：APA 申请。

为了申请 APA，纳税人应以书面形式、依据税务部门设定的形式，根据步骤三中的其他所需文件，在 APA 的第一个会计期间之前或最后一日向税务局局长提交文件。

步骤三：所需文件和证据。

APA 申请所需文件如下。①纳税人名称和地址，实体和交易的会计期间。②相关方的结构和关系，关联方及其股东的业务类型。③显示所有交易的商业收入账户的详细资料。关联方之间的交易类型，包括其定价政策和选择该政策的原因。④详细分析所有交易的资产和风险。⑤详细分析产业结构及其市场份额。⑥选择的转让定价方法及选择原因。⑦对可比物的基准研究。⑧关键假设。⑨审计历史和状态。过去 5 个会计期间内任何转让定价交易的调查报告。⑩其他相关文件（如有），如关联方的会计准则。⑪税务局要求提供的其他文件。

纳税人向外国税务局提供的任何与 APA 相关的文件，亦须在 7 个工作日内提供给泰国税务局，时间从文件送达外国税务局之日起计算。

步骤四：批准通知。

税务局应在申请 APA 和提交步骤三规定的文件后 3 个月内将申请结果

通知纳税人。纳税人可以在 APA 生效之前以书面形式向税务局局长提出撤销 APA 申请。

（3）APA 结论公告。

在泰国税务局与外国税务局签署 APA 后，泰国税务局应以书面形式通知纳税人。

（4）APA 的终止。

APA 的终止在书面通知中呈现。然而，在某些情况下，税务局有权在 APA 终止前取消或撤销 APA。例如，①纳税人提供的信息不正确或不充分。②纳税人不符合 APA 的规定、程序和条件。③纳税人拒绝与税务局合作。④纳税人或税务局要求修改、取消或撤回 APA。⑤任何改变或影响 APA 规定的条件或假设的事件。⑥与 APA 相关的国内法律和国际协议的任何修改。对此，税务局应提前书面通知纳税人，允许纳税人在考虑取消或撤销 APA 之前的时间内提交补充信息或提出异议。

2.税收争议解决机制之相互协商服务①

税收争议相互协商程序（MAP）是指税收协定缔约国指定代表参与解决国际税收争议的程序。就泰国而言，财政部部长或其授权的代表为主管当局。主管当局应努力解决有关双边税收协定解释或适用时产生的任何困难或疑问。

（1）MAP 发起人。

发起人需为符合税收协定中所定义的泰国税收居民。

（2）发起 MAP。

纳税人可以要求启动程序，表明其对案件的立场，并以书面形式对与程序本身及其结果有关的相关事实和法律问题发表意见。然后，泰国税务局与有关国家税务主管当局启动 MAP。不论各国国内法是否提供法律救济，都可能提出发起 MAP 的请求。纳税人可以提出 MAP 请求的情况如下。①根据

---

① Mutual Agreement Procedure Guideline 2021, https：//rd. go. th/fileadmin/user_ upload/porsor/final_ MAPmanualEN. pdf.

各自国内法，纳税人被同时认定为两个国家的居民。②纳税人就常设机构或对某些收入项目的定性，与税务机关存在分歧。③纳税人与税务机关对双重征税协定条款的解释和适用存在分歧。④就已经发生或即将进行的跨国关联企业之间的转让定价调整。⑤已经发生或将发生归属于另一国企业所在国常设机构的利润调整。①

为避免因转让定价而引起的任何潜在争议或双重征税问题，纳税人也可以申请双边预约定价安排。

（3）形式及内容。

MAP 的发起必须由纳税人以泰语书面形式提供，并与案件相关文件和资料一并递交，没有特定的模板或表格。

发起文件应载有下列信息。①发起人的身份证明和联系方式（姓名、地址、税号）。②涉税相关人员的身份证明。③授权委托书（如有，由授权人提交）。④相关的国家。⑤关于案件事实和情况的详细信息。⑥发生双重征税或不符合税收协定规定的征税期。⑦关于双重征税或不符合税收协定规定的征税行为的详细信息。⑧认为缔约国一方或双方的行动导致或将导致不符合税收协定规定的分析和支持理由。⑨在泰国或其他国家为避免双重征税而采取的任何行动的详细信息（与税务主管当局的通信、意见等）。⑩在泰国或其他国家寻求补救的详细信息（如果使用）。⑪关于是否也向另一国家主管当局提交了申请 MAP 的资料。⑫关于 MAP 请求中所有信息和文件的准确性和完整性的声明，以及纳税人将协助主管当局提供主管当局要求的任何其他信息或文件。⑬证明是否已在税务事先裁定、预约定价安排或判决以及相关决定中解决了提出发起 MAP 请求的问题。⑭任何有助于解决案件的其他信息。所提交的信息和文件副本应以电子格式提供。如有需要，纳税人须提供部分英文文件。

---

① 第①至⑤条是纳税人可能提出 MAP 请求的情况示例。纳税人可以根据各自的 DTA 提交 MAP 请求。

（4）递交申请的期限。

在首次收到不符合税收协定规定的征税通知后的一定时限内（税收协定所规定的），向税务局提交申请。

（5）审理 MAP 的发起是否符合条件。

主管机关审核申请是否符合条件，以及纳税人的意见是否合理后，才开始发起 MAP。

（6）MAP 的处理。

①MAP 由泰国主管当局发起。当满足以下所有条件时，主管机关发起 MAP。第一，纳税人的请求是合格的。第二，纳税人的意见是合理的。第三，主管机关不能单方面撤销不符合税收协定的征税。

②MAP 由缔约国另一方主管当局发起。泰国税务部门会审查启动程序的请求是否符合要求。经核实后，税务部门尽快书面通知缔约国另一方主管当局其对此事的立场。

（7）执行达成的协议。

在程序完成后，主管机关立即将程序的结果和应采取的行动通知纳税人。纳税人必须以书面形式声明，其接受已达成的协议，并已终止所有已启动的法律程序，将不再采取任何后续法律行动，以执行该协议。

（8）MAP 和国内救济程序的兼容性。

发起 MAP 请求并不禁止个人寻求其他法律补救措施。

在主管机关审理纳税人 MAP 请求阶段，其未缴税款、适用附加费或罚款的支付仍将按照《税法典》的规定进行。

（9）纳税人合作的重要性。

纳税人应全程践行诚信；遵守与 MAP 申请过程有关的所有要求；提供所有相关文件的访问权限；乐于提供与 MAP 适用有关的完整、可靠的资料和优质分析；在规定的时间线内向泰国税务部门和缔约国另一方主管部门提供可能要求的澄清、信息和分析；及时向泰国税务局更新其向缔约国另一方主管当局提供或从缔约国另一方主管当局收到的所有信息；向泰国税务局和缔约国另一方主管部门提供相同信息。

（五）泰国国际税务行政协助与合作基础

1. 多边税收合作

（1）多边税收征管互助。

《多边税收征管互助公约》是 OECD 与欧盟委员会于 1988 年共同开发、于 2010 年经公约议定书修正，适用于绝大部分类型的税收合作，是目前全球最全面的税收征管多边协议。自 2009 年以来，二十国集团（G20）一直鼓励各国签署该公约。但是，截至 2019 年底，泰国尚未签署《多边税收征管互助公约》。

（2）税收透明度和信息交换全球论坛。

税收透明度和信息交换全球论坛（以下简称"全球论坛"）是致力于在全球范围内实施全球透明度和信息交换标准的领先国际机构。通过全球论坛，各国都实施了强有力的标准，促使税收事务的透明度达到前所未有的水平。目前全球论坛拥有 163 个成员。2017 年 1 月，泰国成为全球论坛的成员。

（3）"一带一路"税收征管合作机制。

2019 年 4 月，"一带一路"税收征管合作机制正式成立。截至 2020 年 10 月 22 日，"一带一路"税收征管合作机制共有 36 名成员、30 名观察员。泰国是"一带一路"税收征管合作机制观察员。

（4）税基侵蚀和利润转移包容性框架。

2017 年 2 月 6 日，泰国加入 BEPS 包容性框架，成为 BEPS 包容性框架第 98 个成员。

2. 签订双边税收协定

泰国拥有广泛的税收协定网络。税收协定通常针对各类收入提供双重征税减免，限制一个国家对他国居民企业征税，同时保护某国居民企业免受他国的税收差别待遇。泰国的税收协定通常包含符合 OECD 要求的信息交流规定。

公司无须事先满足特定要求或出具、申请特定文件即可自行判定适用税收协定的条款。实际上税务局官员在税务审计或其他情况下可能要求公司出具某些文件（如纳税居民证明等），以确保公司正确运用税收协定的条款。

截至 2020 年底，泰国已与 63 个国家或地区签订了避免双重征税协定，其中，泰国与埃及、肯尼亚、蒙古国等国签署的双边税收协定，截至 2023 年 5 月还未生效执行（见表 2）。

表 2　泰国签署的避免双重征税协定情况

序号	签约国	签署日期	生效日期	执行日期	涉及的征税对象	
					所得	资本
1	德国	1967 年 7 月 10 日	1968 年 12 月 4 日	1967 年 1 月 1 日	1	
2	法国	1974 年 12 月 27 日	1975 年 8 月 29 日	1975 年 1 月 1 日	1	
3	荷兰	1975 年 9 月 11 日	1976 年 6 月 9 日	1976 年 1 月 1 日	1	1
4	意大利	1977 年 12 月 22 日	1980 年 5 月 31 日	1978 年 1 月 1 日	1	
5	比利时	1978 年 10 月 16 日	1980 年 12 月 28 日	1980 年 1 月 1 日	1	1
6	波兰	1978 年 12 月 8 日	1983 年 5 月 13 日	1983 年 1 月 1 日	1	
7	巴基斯坦	1980 年 8 月 14 日	1981 年 1 月 7 日	1979 年 1 月 1 日	1	
8	英国	1981 年 2 月 18 日	1981 年 11 月 20 日	1981 年 1 月 1 日(泰)；1981 年 4 月 1 日(英)	1	
9	马来西亚	1982 年 3 月 23 日	1983 年 5 月 9 日	1983 年 1 月 1 日	1	
10	加拿大	1984 年 4 月 11 日	1985 年 7 月 16 日	1985 年 1 月 1 日	1	
11	芬兰	1985 年 4 月 25 日	1986 年 3 月 28 日	1987 年 1 月 1 日	1	
12	澳大利亚	1985 年 5 月 8 日	1986 年 7 月 1 日	1986 年 1 月 1 日	1	1
13	中国内地	1986 年 10 月 27 日	1986 年 12 月 29 日	1987 年 1 月 1 日	1	
14	瑞典	1988 年 10 月 19 日	1989 年 9 月 26 日	1990 年 1 月 1 日	1	
15	斯里兰卡	1988 年 12 月 14 日	1990 年 3 月 12 日	1991 年 4 月 1 日(斯)；1991 年 1 月 1 日(泰)	1	
16	匈牙利	1989 年 5 月 18 日	1989 年 12 月 10 日	1990 年 1 月 1 日	1	
17	日本	1990 年 4 月 7 日	1990 年 8 月 31 日	1991 年 1 月 1 日	1	
18	越南	1992 年 12 月 23 日	1992 年 12 月 23 日	1993 年 1 月 1 日	1	
19	捷克共和	1994 年 2 月 12 日	1995 年 8 月 14 日	1996 年 1 月 1 日	1	
20	以色列	1996 年 1 月 22 日	1996 年 12 月 24 日	1997 年 1 月 1 日	1	
21	南非	1996 年 2 月 12 日	1996 年 8 月 27 日	1997 年 1 月 1 日	1	
22	瑞士	1996 年 2 月 12 日	1996 年 12 月 19 日	1997 年 1 月 1 日	1	
23	卢森堡	1996 年 5 月 6 日	1998 年 6 月 22 日	1999 年 1 月 1 日	1	
24	罗马尼亚	1996 年 6 月 26 日	1997 年 4 月 3 日	1998 年 1 月 1 日	1	
25	美国	1996 年 11 月 26 日	1997 年 12 月 15 日	1998 年 1 月 1 日	1	
26	孟加拉国	1997 年 4 月 20 日	1998 年 7 月 9 日	1998 年 7 月 1 日(孟)；1999 年 1 月 1 日(泰)	1	

续表

序号	签约国	签署日期	生效日期	执行日期	涉及的征税对象	
					所得	资本
27	老挝	1997 年 6 月 20 日	1997 年 12 月 23 日	1998 年 1 月 1 日	1	
28	毛里求斯	1997 年 10 月 1 日	1998 年 8 月 6 日	1998 年 7 月 1 日（毛）；1999 年 1 月 1 日（泰）	1	
29	西班牙	1997 年 10 月 14 日	1998 年 9 月 16 日	1999 年 1 月 1 日	1	
30	尼泊尔	1998 年 2 月 2 日	1998 年 7 月 14 日	1999 年 1 月 1 日（泰）；1999 年 10 月 1 日（尼）	1	
31	丹麦	1998 年 2 月 23 日	1999 年 2 月 11 日	2000 年 1 月 1 日	1	
32	新西兰	1998 年 10 月 22 日	1998 年 12 月 14 日	1999 年 1 月 1 日（泰）；1999 年 4 月 1 日（新）	1	
33	乌兹别克斯坦	1999 年 4 月 23 日	1999 年 7 月 21 日	2000 年 1 月 1 日	1	
34	中国台湾	1999 年 7 月 9 日	2012 年 12 月 19 日	2013 年 1 月 1 日	1	
35	俄罗斯	1999 年 9 月 23 日	2009 年 1 月 15 日	2010 年 1 月 1 日	1	
36	阿拉伯联合酋长国	2000 年 3 月 1 日	2000 年 12 月 28 日	2001 年 1 月 1 日	1	
37	保加利亚	2000 年 6 月 16 日	2001 年 2 月 13 日	2002 年 1 月 1 日	1	
38	塞舌尔	2001 年 4 月 26 日	2006 年 3 月 13 日	2007 年 1 月 1 日	1	
39	印度尼西亚	2001 年 6 月 15 日	2003 年 10 月 23 日	2004 年 1 月 1 日	1	
40	巴林	2001 年 11 月 3 日	2003 年 12 月 27 日	2004 年 1 月 1 日	1	
41	亚美尼亚	2001 年 11 月 7 日	2002 年 11 月 12 日	2003 年 1 月 1 日	1	1
42	塞浦路斯	2001 年 11 月 27 日	2000 年 4 月 4 日	2001 年 1 月 1 日	1	
43	缅甸	2002 年 2 月 7 日	2011 年 8 月 15 日	2012 年 1 月 1 日（泰）；2012 年 4 月 1 日（缅）	1	
44	土耳其	2002 年 4 月 11 日	2005 年 1 月 13 日	2006 年 1 月 1 日	1	
45	斯洛文尼亚	2003 年 7 月 11 日	2004 年 5 月 4 日	2005 年 1 月 1 日	1	
46	科威特	2003 年 7 月 29 日	2006 年 4 月 25 日	2007 年 1 月 1 日	1	
47	挪威	2003 年 7 月 30 日	2003 年 12 月 29 日	2004 年 1 月 1 日	1	
48	阿曼	2003 年 10 月 13 日	2004 年 2 月 27 日	2005 年 1 月 1 日	1	
49	乌克兰	2004 年 3 月 10 日	2004 年 11 月 24 日	2005 年 1 月 1 日	1	
50	中国香港	2005 年 9 月 7 日	2005 年 12 月 7 日	2006 年 1 月 1 日（泰）；2006 年 4 月 1 日（香）	1	
51	白罗斯	2005 年 12 月 15 日	2006 年 9 月 2 日	2007 年 1 月 1 日	1	1
52	埃及	2006 年 1 月 29 日			1	
53	蒙古国	2006 年 8 月 17 日			1	
54	智利	2006 年 9 月 8 日	2010 年 5 月 5 日	2011 年 1 月 1 日	1	

续表

序号	签约国	签署日期	生效日期	执行日期	涉及的征税对象	
					所得	资本
55	韩国	2006 年 11 月 16 日	2007 年 6 月 29 日	2008 年 1 月 1 日	1	
56	肯尼亚	2006 年 12 月 26 日			1	
57	爱沙尼亚	2012 年 9 月 25 日	2013 年 12 月 23 日	2014 年 1 月 1 日	1	
58	塔吉克斯坦	2013 年 5 月 17 日	2013 年 12 月 23 日	2014 年 1 月 1 日	1	
59	菲律宾	2013 年 6 月 21 日	2018 年 3 月 5 日	2019 年 1 月 1 日	1	
60	爱尔兰	2013 年 11 月 4 日	2015 年 3 月 11 日	2016 年 1 月 1 日	1	
61	新加坡	2015 年 6 月 11 日	2016 年 2 月 15 日	2017 年 1 月 1 日	1	
62	印度	2015 年 6 月 29 日	2015 年 10 月 13 日	2016 年 1 月 1 日（泰）；2016 年 4 月 1 日（印）	1	
63	柬埔寨	2017 年 9 月 7 日	2017 年 12 月 26 日	2018 年 1 月 1 日	1	

资料来源：根据 IBFD 网站的资料整理得来，https：//research. ibfd. org/#/search？ N = 0 + 4294967121+4293744759&Ne = 7487&Nr = AND（3，10）&Nu = global_ rollup_ key&Np = 2&Ns = sort_ multilateral | 0 | | sort_ country_ one | 0 | | sort_ country_ two | 0 | | sort_ organization_ one | 0 | | ibfd-tt-signdate-s | 1 | | sort_ date_ common | 1。

　　除此之外，泰国没有对外签订关于行政协助、征税和信息交换的单独协定。泰国没有关于对海上和空中运输所得征税的特别协定，也没有规定对这种所得征税的一般运输协定。然而，泰国国际航空公司与中华航空公司之间签有协议。泰国尚未缔结任何遗产税或赠与税协定。泰国尚未缔结任何社会保障税协定。

　　3. 跨境税收争议解决机制

　　所有泰国对外签署的税收协定均包含 MAP 条款，以解释和适用税收协定中的条款。其 MAP 条款大多数是遵照 OECD 税收协定范本第 25 条第 1 至 3 段制定的。目前仲裁机制并不适用于解决与前述税收协定相关的税收争议。①

---

　　① Thailand Dispute Resolution Profil，https：//www. oecd. org/ctp/dispute/Thailand - Dispute - Resolution-Profile. pdf.

（六）BEPS 行动计划成果的泰国落地行动基础

税基侵蚀和利润转移（BEPS）项目是 G20 领导人在 2013 年圣彼得堡峰会委托 OECD 启动实施的国际税收改革项目，旨在通过修改国际税收规则，遏制跨国企业规避全球纳税义务、侵蚀各国税基的行为。2015 年 10 月，OECD 发布了 BEPS 项目最终成果，包括所有 15 项行动计划报告和一份解释性声明，可大致分为三个方面的内容：一是保持跨境交易相关国内法规的协调一致；二是突出强调实质经营活动并提高税收的透明度；三是提高税收的确定性。

为了延续发展中国家在参与 BEPS 行动计划时表现出的积极性，2016 年 6 月，G20 和 OECD 成员以及其他在 BEPS 项目中平等参与的国家和地区携手共建了 BEPS 包容性框架。BEPS 包容性框架致力于框架内各成员合作实施 BEPS 各项国际税改项目。2017 年 2 月 6 日，泰国正式加入 BEPS 包容性框架。目前泰国正在审核 BEPS 行动计划，但尚未公开宣布此行动计划的实施范围。以下重点介绍 BEPS 行动计划最低标准[①]及其他个别项目在泰国的落地情况。

1. 第1项 BEPS 行动计划：应对数字经济的税收挑战

解决经济数字化带来的税收挑战是当前 BEPS 包容性框架的首要任务，也是 BEPS 项目自启动以来重点关注的领域。泰国作为 BEPS 包容性框架的一员，在推动应对经济数字化税收挑战的解决方案的形成中发挥了应有的贡献。2015 年 10 月，OECD 发布《应对数字经济的税收挑战》报告，对应对经济数字化税收挑战的方案做了诸多探索，但并未形成建议各国实施的解决方案。此后，一些国家（地区）为维护本国税收利益，开

---

① BEPS 行动计划根据约束性强弱分为"最低标准""共同方法"和"最佳实践"三大类。最低标准约束性最强，将纳入监督执行机制。最低标准共四项，分别为第 5、6、13、14 项 BEPS 行动计划。

始酝酿和推出单边措施。① 2017 年，G20 再次委托 OECD 通过 BEPS 包容性框架制定数字经济国际税收规则多边方案。2018 年，多国向 OECD 提交了建议提案，如英国提出"用户参与"提案，美国提出"营销型无形资产"提案等。2019 年 5 月，OECD 发布了一项工作计划，提出并行研究"双支柱"。

2020 年 1 月，OECD 发布了"支柱一"融合方案框架文件和"支柱二"进展情况报告，"双支柱"方案基本框架逐步确立。2020 年 10 月，OECD 分别发布了"支柱一"和"支柱二"的蓝图报告，"双支柱"方案各要素的技术研究都取得了显著进展。

2. 第5项 BEPS 行动计划：考虑透明度和实质性因素，有效打击有害税收实践

第 5 项 BEPS 行动计划是 BEPS 包容性框架全部成员承诺实施的四项最低标准之一。目前第 5 项 BEPS 行动计划有三项重点工作任务。第一，对各国税收优惠政策进行评估，以确定是否会导致税基侵蚀和利润转移，对其他国家（地区）的税基产生不公平的影响。第二，通过强制自发信息交换，对透明度框架进行同行审查和监督，减少可能引起 BEPS 的担忧。第三，审查"不征收或只征收名义税"的国家（地区）实质性经营活动要求，以确保公平的竞争环境。和泰国相关的是前两项。

（1）在审查有害税收实践的税收优惠制度进展方面。

2017 年 10 月和 2019 年 1 月，OECD 有害税收实践论坛（FHTP）分别发布了有害税收实践中的税收优惠制度评议最新进展报告，揭示了自 BEPS 行动计划启动以来，开展第 5 项 BEPS 行动计划最低标准税收优惠制度审查

---

① 为应对经济数字化税收挑战，各国或通过采取单边措施维护本国税收利益，或积极推进国际税收规则改革，或两者兼施。目前形成的解决方案主要有单边、双边和多边三种。单边方案是在国际规则缺位的情况下，一国单方面采取的措施，如法国征收的数字服务税、印度征收的衡平税等；双边方案是两国通过协商处理两国间数字经济税收问题的方案，如《联合国关于发达国家与发展中国家间避免双重征税的协定范本（2021 年版）》第 12B 条中的"自动化数字服务"条款即是一个双边方案样版；多边方案是各国协商一致形成具有广泛国际共识的数字经济国际税收规则。

的结果。此后，FHTP 及时更新评议情况。表 3 是截至 2019 年 7 月 17 日泰国税收优惠政策同行评议结果。

表 3　泰国税收优惠政策同行评议结果

序号	类型	政策	结论	评论
1	知识产权政策	国际商业中心	无害	新政策,制度设计符合 FHTP 标准
2		国际总部及财务中心	废除	不存在"祖父条款"
3		区域运营总部 1	废除	不存在"祖父条款"
4		区域运营总部 2	废除	不存在"祖父条款"
5	总部优惠政策	国际经营中心	无害	新政策,制度设计符合 FHTP 标准
6		国际总部及财务中心	废除	不存在"祖父条款"
7	总部优惠政策	区域运营总部 1	废除	不存在"祖父条款",但必须保证受益群体不再进行新的活动,FHTP 未来将加以核实
8		区域运营总部 2	废除	不存在"祖父条款"
9	银行和保险优惠政策	银行保险设施	废除	在 FHTP 确定的期限内存在"祖父条款"
10	分销和服务中心优惠政策	国际商业中心	废除	不存在"祖父条款"

注：祖父条款，也称为祖父法则、不追溯条款，是指颁布实施一项新的法律后，过往已存在、已形成的事实可以不受新法律的约束和影响，新法律只适用现在和未来发生的情况。

资料来源：Harmful Tax Practices—Peer Review Results：Update（as of July 2019）。

原先泰国设置区域总部税收优惠政策，具体包含了区域运营总部、国际总部及财务中心、国际经营中心。由于该税收优惠政策被 OECD 确认为有害税收实践，2018 年 10 月 10 日，泰国内阁通过了关于取消原区域总部税收优惠政策的审议，取而代之的是国际商业中心税收优惠政策。2018 年 10 月 10 日起，泰国政府不再接受纳税人申请区域总部税收优惠政策，对于之前已享受税收优惠政策的纳税人，将继续享有申请时的优惠政策，直到过期。当然，也可将其转为享受国际商业中心税收优惠政策。

（2）在有害税收实践的税收透明度方面。

2016~2019年，OECD共发布了4份税收信息交换同行评议报告。2018年（第三轮）和2019年（第四轮）同行评议报告涉及泰国。

2018年同行评议报告显示，这是泰国首次审查透明度框架的执行情况。在审查年度内，泰国没有就透明度框架范围内的所有税收裁决进行自发的信息交换。因此，报告提出一项改进建议，即继续努力完成有关裁决的模板，并确保尽快交换关于裁决的信息。除此之外，泰国已经满足了2018审查年度职责范围的所有方面。泰国可以在透明度框架范围内合法地做出一种裁决。在实践中，泰国在透明度框架范围内发布了以下裁决：182项过去的裁决，以及2018年4月1日至2018年12月31日的36项未来裁决。

2019年同行评议报告显示，除了建立国内法律框架，以自动交换关于裁决的信息以及及时交换关于过去和未来裁决的信息外，泰国已经履行了2019审查年度职权范围的所有方面。泰国收到两项建议：一是尽快敲定修正案，建立国内法律基础，以启动信息交换；二是确保在国内法律基础生效后，尽快交换关于过去和未来裁决的所有信息。泰国可以在透明度框架范围内合法地做出一种裁决。在实践中，泰国在透明度框架范围内发布了以下裁决：182项过去的裁决，2018年的36项未来裁决，以及审查年度的157项未来裁决。

3. 第6项BEPS行动计划：防止税收协定优惠的不当授予

第6项BEPS行动计划认为，协定滥用尤其是择协避税是产生BEPS问题的重要原因。鉴于择协避税对收入造成的风险，各国承诺将确保采用防止择协避税的最低限度措施，即第6项BEPS行动计划，第6项BEPS行动计划是四项最低标准之一，要求BEPS包容性框架成员承诺在其税收协定中包含解决协定滥用的条款，以确保最低水平的保护协定不被滥用。最低标准要求各辖区在其税收协定中包括两个组成部分。①要求各国在税收协定（通常在序言）中明确阐述各国共同的愿景是在不为偷漏税和避税创造机会的前提下消除双重征税。②采取解决协定滥用问题的三种方法之一。即在税收协定中包含：第一，利益限制（LOB）① 及主要目的测试（PPT）规则②；第二，仅 PPT 规则；第三，LOB 规则，辅以能够应对协定上无法解决的融资导管安排的机制。

第 6 项 BEPS 行动计划最低标准的实施情况需要同行评议审查。2019 年 2 月，OECD 发布了防止协定滥用的第一轮同行评议报告。③ 根据同行评议结果，绝大多数 BEPS 包容性框架成员正在修改其协定网络，以实施 BEPS 行动计划的最低标准。迄今为止，它是 BEPS 包容性框架成员实施最低标准的首选工具。但是，泰国生效的 61 份双边税收协定中，还没有任何防止协定滥用的条款。泰国有签署《实施税收协定相关措施以防止税基侵蚀和利润转移的多边公约》（MLI）的意向。

4. 第13项 BEPS 行动计划：转让定价同期资料和分国信息披露指引

缺乏高质量的企业税收数据一直是衡量避税的财政和经济影响的主要限制，使得税务主管当局难以对关联公司之间的交易进行转让定价评估，更难以进行审计。第 13 项 BEPS 行动计划提供了一个跨国公司每年在其每个营业的税收辖区列明其中的关键营业信息的报告模板。该报告被称为国别报告。

为促进国别报告标准的实施，OECD 制定了国别报告实施框架，其中包括一个立法范本（即各国要求跨国企业集团的最终母公司在其居民国提交国别报告，包括备案要求）和三个主管当局协议范本（税收行政互助多边公约、双边税收协定、税务信息交换协议），用于促进国别报告交换的实施。

---

① 利益限制（Limitation-on-Benefits，LOB）规则，是指将协定优惠限定在满足特定条件的实体中。依据缔约国居民实体的法律性质、所有权及日常活动而制定的这些条件，旨在确保该实体与其所在国有足够的关联。目前少数国家的税收协定中包含了 LOB 条款，且证明该规则在应对择协避税的情形上是有效的。
② 主要目的测试（Principal Purposes Test，PPT）规则，是指若交易或安排的主要目的在于获取税收协定优惠，除非能够证明优惠与协定规则的目标及目的密切相关，否则优惠将不会被授予。
③ OECD. *Prevention of Treaty Abuse：Peer Review Report on Treaty Shopping*. OECD Publishing, 2019.

2017 年 2 月，OECD 发布了第 13 项 BEPS 行动计划最低标准同行评审的职权范围和方法，并于 2020 年 10 月加以更新。同行评议审查要点包括：国内法律及行政法规制度，信息交换制度，以及国别报告的保密性及适当使用。

OECD 分别于 2018 年 5 月、2019 年 9 月发布第一轮、第二轮国别报告同行评议报告。根据第一轮国别报告同行评议报告，泰国目前还没有按照第 13 项 BEPS 行动计划国别报告的最低标准要求对国别报告的备案提出要求。①国内法律及行政法规制度。报告指出，泰国没有实施国别报告的法律及行政法规，因此在 2016 年度没有执行国别报告的要求。报告建议，泰国应采取措施，制定国内法律及行政法规制度，尽快实施和执行国别报告要求。②信息交换框架。报告建议，泰国应采取措施，与BEPS 包容性框架成员签订符合保密要求的合格主管当局协议，即实际上允许自动交换税务信息的国际信息交换协议。报告还建议，泰国应采取措施，执行必要的程序（或书面的），以确保信息交换的方式符合与信息交换框架有关的职权范围。③国别报告的保密性及适当使用。报告建议，泰国应采取措施，确保在第一次交换信息之前满足"适当使用"的条件。

OECD 于 2020 年 10 月和 2021 年 10 月发布第三轮和第四轮国别报告的同行评议报告。由于泰国还没执行第 13 项 BEPS 行动计划最低标准，因此同行评议报告给出的结论与之前的一样，即建议泰国尽快采取措施执行第13 项 BEPS 行动计划最低标准。

5. 第 14 项 BEPS 行动计划：创建更有效的争端解决机制

第 14 项 BEPS 行动计划最低标准旨在改善各国家（地区）之间税收争议的解决。BEPS 包容性框架成员已承诺通过健全的同行审查程序对各国（地区）的争端解决机制进行审查和监督，以遵守最低标准。该程序旨在提高效率并提高解决双重征税争端的及时性。泰国 MAP 基本情况见表 4。

表 4　泰国 MAP 基本情况

年份	类型	年初数量（件）	新增数量（件）	结案数量（件）	年末数量（件）	平均耗时（月）	结案率（%）
2018	所有案件	17	2	12	7	31.75	67
	转让定价	7	0	7	0	48.3	100
	其他类型	10	2	5	7	8.57	45
2019	所有案件	10	3	1	12	9.79	9
	转让定价	1	0	1	0	9.79	100
	其他类型	9	3	0	12	没有结案	没有结案
2020	所有案件	13	0	0	13	没有结案	没有结案
	转让定价	13	0	0	13	没有结案	没有结案
	其他类型	0	0	0	0	没有结案	没有结案

6. 第15项 BEPS 行动计划：开发用于修订双边协定的多边工具

《实施税收协定相关措施以防止税基侵蚀和利润转移的多边公约》（MLI）为各国政府通过将 BEPS 项目的结果转化为全球双边税收协定以弥补税收协定漏洞提供了具体的解决方案。

二　泰国国际税收管理发展变化（2021~2023年）

泰国国际税收管理的发展变化，除鼓励外国投资者将生产基地搬迁至泰国外，主要体现在国际税务行政协助合作与 BEPS 行动计划成果在泰国落实方面。

（一）鼓励外国投资者将生产基地搬迁至泰国

2021 年 5 月 25 日，泰国通过了支持"工业 4.0"研发的税收优惠政策，以鼓励外国投资者将生产基地搬迁至泰国。[①] 公司或法人合伙企业在 2021年 1 月 1 日至 2022 年 12 月 31 日期间发生的某些费用可享受免税或加计扣

---

① https：//home. kpmg/us/en/home/insights/2021/06/tnf-thailand-tax-incentives-to-encourage-personnel-development-foreign-investments. html.

除政策。一是向政府教育机构、私立大学或私立学校设立的中心捐赠"工业4.0"自动化系统的机器、设备和计算机软件而产生的费用，享受200%的加计扣除政策。如果计算应税利润时不把捐赠资产的成本作为可扣除费用，那么这些捐赠可免征增值税和企业所得税。二是因投资于自动化机器和软件而产生的费用，享受100%的加计扣除政策。三是支付受雇于科学、技术、工程和数学领域的高技能员工所产生的费用，享受50%的加计扣除政策，但工资最高不超过10万泰铢。四是派遣员工参加指定机构认证的培训课程所产生费用，享受150%的加计扣除政策。

（二）泰国国际反避税管理发展变化

2021年9月30日，泰国税务局发布了关于转让定价文档指南的通知。[①]具体而言，该通知针对转让定价本地文档的信息和基准研究要求的豁免标准做出新的要求，适用于2021年1月1日及以后的所有会计期间。

1. 转让定价本地文档的信息

该指南指出，提交转让定价本地文档时，应提供如下信息或文件。第一，商业模式、管理架构；带有员工人数的当地组织结构图；价值链、关键供应商、客户和竞争对手信息；商业战略和经济环境分析。第二，包括股权信息的关系结构图。第三，关联方业务重组及其影响的说明。第四，收到或转移给关联方的无形资产及其影响的说明。第五，与交易对手方和国家进行的受控交易性质与金额。第六，对每项受控交易的解释和转让定价政策，并在设定价格时使用假设（除非此类受控交易无关紧要）。第七，与这些受控交易相关的协议，以及协议中规定的关键信息、条件和价格的摘要。第八，功能、资产和风险分析。第九，用于确定价格的财务信息。第十，适用于每一笔交易的转让定价方法，说明选择（或不选择）一种方法的理由，并指明这种受控交易的交易对手方，以进行转让定价测试。第十一，对具有财务

---

① https：//home. kpmg/us/en/home/insights/2021/10/tnf－thailand－new－requirements－transfer－
pricing－local－file－documentation. html.

指标、独立薪酬范围、搜索方法和信息来源的不受控制的可比交易或独立可比公司的解释（即"基准研究"）。第十二，以上未列出但评估官员要求并经总干事批准的任何其他必要文件或证据。转让定价本地文档及上述列出的相关信息和文件必须是泰语形式。只有当纳税人从税务机构收到文件收据编号或任何其他收据证据时，才能认为本地文件是完整提交的。

2. 转让定价基准研究的豁免标准

如果纳税人在约定的期限内与政府机构签订预约定价安排协议或所得税协议下的任何义务，则可以获得基准研究豁免。同时需要满足的条件是：会计期间的业务或相关业务收入不超过 5 亿泰铢；与适用不同企业所得税税率的关联方之间不存在受控交易；与境外关联方无受控交易；在会计期间没有使用亏损结转，受控交易中的关联方无类似损失。

（三）泰国国际税收服务发展变化

为应对新冠疫情，泰国财政部延长了提交月度纳税申报表和税款缴纳的截止期限。例如，2021 年 5 月 24 日，泰国财政部发布了第 5 号通知，规定纳税人通过税务局电子申报系统提交月度纳税申报表和税款缴纳的最后截止期限再延长 2 个月（见表 5）。①

表 5　泰国延长报表提交和税款缴纳截止期限状况

税种	表格	新的合规纳税期间	正常到期日期	延长到期日期
预提所得税	PND. 1、PND. 2、PND. 3、PND. 53 和 PND. 54	2021 年 6 月至 7 月（之前扩展到 5 月）	下个月的 15 日	下个月的 15 日
增值税	PP. 30	2021 年 6 月至 7 月（之前扩展到 5 月）	下个月的 23 日	下个月的最后一日
自估增值税	PP. 36	2021 年 6 月至 7 月（之前扩展到 5 月）	下个月的 15 日	下个月的最后一日

---

① https：//home. kpmg/us/en/home/insights/2021/06/tnf-thailand-monthly-tax-return-filing-payment-deadlines-extended-covid-19. html.

（四）国际税务行政协助与合作发展变化

泰国在国际税务行政协助与合作方面的发展主要体现在批准通过了《多边税收征管互助公约》，加入了无国界税务稽查计划。

1. 多边税收征管互助

2020 年 6 月 3 日，泰国签署《多边税收征管互助公约》（经 2010 年议定书修订）。然而，由于泰国并未在 2021 年 8 月 31 日的最后期限前批准通过《多边税收征管互助公约》，欧盟出于税收目的，于 2021 年 10 月 5 日将泰国列入非合作税收管辖区名单[①]的附件二，即灰名单。

泰国在 2022 年 2 月 9 日批准通过了《多边税收征管互助公约》。[②]

2. 加入无国界税务稽查项目

无国界税务稽查（Tax Inspectors Without Borders，TIWB）是一项由 OECD 和联合国开发计划署（United Nations Development Programme，UNDP）联合发起的倡议，重在提高发展中国家的税收征管能力。它主要采用"干中学"的方法，促进向发展中国家税务主管部门传输税务审计知识和技能。[③] 泰国税务局已加入 TIWB 项目，并于 2021 年 11 月 4 日在线上启动，以加强其税务审计能力建设，提高税收公平和税务稽查员的技能，防止国际避逃税。

---

① 近年来，欧盟在努力改善国际税收治理环境。欧盟认为，不公平的国际税收竞争将会对欧盟成员国的税基构成外部挑战。因此，欧盟理事会于 2017 年 12 月 5 日通过了一份非合作税收管辖区清单，并在此后多次更新，认为清单里鼓励滥用税收实践（abusive tax practices）的非欧盟成员国家侵蚀了欧盟成员国的公司税税基。欧盟理事会列举清单的做法拟解决以下问题：一是税务欺诈或逃税，即非法拖欠或少缴税款；二是避税，即使用合法手段尽量减少纳税义务；三是洗钱，即隐瞒非法所得资金的来源。与此同时，欧盟理事会将已承诺进行有关改革但尚未遵守国际税收标准的国家（地区）附于非合作税收管辖区清单的附件二中。如果附件二里的国家（地区）履行了其所有税改承诺，就可从附件中删除。资料来源：https：//www.consilium.europa.eu/en/policies/eu-list-of-non-cooperative-jurisdictions/。

② https：//www.oecd.org/countries/thailand/lesotho-thailand-and-viet-nam-sign-landmark-agreement-to-strengthen-their-tax-treaties.htm。

③ http：//www.tiwb.org/about/faq/。

（五）BEPS 行动计划成果的泰国落地行动发展变化

2020 年 1 月，OECD 发布了"支柱一"融合方案框架文件和"支柱二"进展情况报告，"双支柱"方案基本框架逐步确立。2020 年 10 月，OECD 分别发布了"支柱一"和"支柱二"的蓝图报告，"双支柱"方案各要素的技术研究都取得了显著进展。

1. 第1项 BEPS 行动计划：应对数字经济的税收挑战

经过各国的不懈努力和频繁磋商，2021 年 7 月 1 日，包括泰国在内的 BEPS 包容性框架 130 个成员发布了《关于应对经济数字化税收挑战"双支柱"方案的声明》，提出跨国企业利润再分配和全球有效最低税两大支柱的核心要素，就"双支柱"方案达成初步共识。泰国一直以来本着开放态度和合作意愿加强多边合作，支持就应对经济数字化税收挑战多边方案关键要素的声明达成共识，支持达成更加稳定、平衡的包含两个支柱的最终共识方案。

"支柱一"方案主要聚焦征税权的重新分配。"支柱二"方案主要解决全球反税基侵蚀的遗留问题。为确保新规则能够得到有效和高效的管理，泰国将接受 OECD 为发展中国家提供的能力建设支持工作。这项工作将与区域组织和开发银行合作，并通过广泛的技术援助计划来进行。

2. 第6项 BEPS 行动计划：防止税收协定优惠的不当授予

2020 年 3 月和 2021 年 4 月，OECD 分别发布了防止协定滥用的第二轮和第三轮同行评议报告。目前绝大多数 BEPS 包容性框架成员正在修改其协定网络，以实施 BEPS 行动计划的最低标准。迄今为止，它是 BEPS 包容性框架成员实施最低标准的首选工具。大多数 MLI 签署国已将其几乎所有税收协定列于 MLI 之下。

根据第三轮同行评议报告，泰国对同行评审问卷答复道，泰国目前有 61 个正在有效实施的税收协定，但没有一份税收协定符合最低标准或修订为标准文本。泰国目前还没有签署 MLI，但正在努力中。由于泰国尚未签署 MLI 或未在其税收协定中执行反协定滥用措施，OECD 秘书处拟提供帮助，制定执行最低标准的计划，以强化其协定网络。

3.第13项BEPS行动计划：转让定价同期资料和分国信息披露指引

OECD 分别于 2020 年 10 月和 2021 年 10 月发布了第三轮和第四轮国别报告同行评议报告。由于泰国还没执行第 13 项 BEPS 行动计划最低标准，因此同行评议报告给出的结论与之前一样，即建议泰国尽快采取措施执行第 13 项 BEPS 行动计划最低标准。

泰国财政部 2021 年 10 月 21 日发布公告，延长了国别报告的提交期限，具体如下：对于根据泰国法律成立的最终母公司或最终母公司的代表，报告必须在相关会计期间结束后 12 个月内提交（之前设定的截止日期为相关会计期结束后 150 天）；而且对于在泰国经营业务并需要在泰国提交报告的组成实体，报告必须在收到税务机关的提交通知之日起 60 天内提交。延长了国别报告的提交期限适用于 2021 年 1 月 1 日或之后的会计期间。[①]

2021 年泰国 MAP 基本情况见表 6。

表 6 2021 年泰国 MAP 基本情况

年份	类型	年初数量（件）	新增数量（件）	结案数量（件）	年末数量（件）	平均耗时（月）	结案率（%）
2021	所有案件	17	4	1	20	1.8	5
	转让定价	0	0	0	0	没有结案	没有结案
	其他类型	17	4	1	20	1.8	5

资料来源：https://www1.compareyourcountry.org/map-statistics/en/0/all/default。

三 泰国国际税收管理发展前景

泰国税务部门将在跨境税收管理、避免所得双重征税、反国际避税、国际税收服务、国际税务行政合作等方面进一步优化管理措施。

---

① https://www.rd.go.th/272.html.

（一）泰国跨境税收管理发展前景

泰国税务部门将通过简化纳税遵从，向纳税人精准推送提示提醒信息，帮助境外投资者应享尽享优惠政策。

1. 简化纳税遵从

未来，泰国税务部门将通过以下几方面继续简化纳税遵从。一是进一步完善税制，根据纳税人的需求不断修订征管制度；二是完善纳税服务体系，有效降低纳税成本，提高纳税人的获得感，增强纳税人的遵从意识；三是建立政府部门信息共享机制，打破"数据孤岛"，增加第三方信息对比力度。

2. 加强涉外税务信息推送和经济分析

未来，泰国税务部门将向纳税人精准推送提示、提醒信息，帮助境外投资者应享尽享优惠政策。

（二）泰国税收协定下避免所得双重征税的管理发展前景

泰国将扩大和完善税收协定网络，签署 MLI 框架下修订双边税收协定来加强既避免对所得的双重征税，又防范国际避税。

1. 进一步扩大和完善税收协定网络

展望未来，泰国将进一步扩大和完善税收协定网络，实施好对所得避免双重征税的双边税收协定，推动与更多国家（地区）开展税收协定谈签工作，避免和消除国际重复征税，降低纳税人在东道国的税收负担。一是重新与一些协定伙伴开展谈判，对相关协定作出修改；二是重新审视税收协定网络，加大税收协定谈签力度；三是加快 MLI 在国内的批准生效，从立法、执法、技术与人才等方面为 MLI 的落地执行做好准备，提高协定修订效率。

2. 有望签署 MLI 以修订双边税收协定

截至 2021 年 11 月 25 日，已有 96 个国家（地区）签署 MLI，其中 67

个国家（地区）开始实施。[①] 未来泰国有望短期内加入 MLI，同时提交一份暂定清单。由于目前还未知晓会有多少个被涵盖税收协定，且任何一个税收协定只有在各缔约方均视其为被涵盖税收协定，同时就修订内容达成合意的前提下，才会被公约修订，目前暂不清楚泰国将有多少协定受影响。

（三）泰国国际反避税管理发展前景

预期泰国将完善转让定价制度，并将支柱二方案以及其他重要的国际反避税措施引入国内税收法律制度。

1. 完善转让定价制度

鉴于 2017 年版《转让定价指南》发布之后，OECD 更新了多个事项的转让定价指引，因此预计 OECD 会在 2022 年或之后发布新版《转让定价指南》，特别是将交易利润分割法的应用、难以估值的无形资产税务管理、金融交易转让定价纳入新的一版《转让定价指南》。可以预测，泰国也会紧随其后，将国际上转让定价最新成果纳入国内税收法律体系。

（1）将《交易利润分割法修订指南》纳入国内转让定价制度。

在经济全球化和价值链融合的背景下，采用利润分割法分析特定跨国企业转让定价安排可能更符合商业和经济实质，并且可对关联交易各方的贡献进行直接评估。《交易利润分割法修订指南》对利润分割法在哪些情景下可能是最适当的转让定价方法，以及在这些情境下如何应用该方法增加了解读与案例。

（2）将《关于难以估值的无形资产适用方法的税务机关指南》纳入国内转让定价制度。

税务机关可以将事后结果作为判断事前转让定价安排合理性的推定证

---

① 2022 年 2 月 9 日，泰国正式签署了 MLI，成为第 98 个加入公约的税收管辖区。截至 2022 年 2 月 1 日，批准、接受或核准 MLI 的管辖区共计 68 个，其中 880 多个税收协定已被 MLI 修订。一旦 MLI 得到所有签署管辖区的批准，将修订另外 940 个税收协定。参见 OECD. Lesotho, Thailand and Viet Nam Sign Landmark Agreement to Strengthen Their Tax Treaties, https：//www. oecd. org/countries/thailand/lesotho－thailand－and－viet－nam－sign－landmark－agreement-to-strengthen-their-tax-treaties. htm。

据。如果事后经修正的估值结果表明事前制定的转让价格严重低于或者高于独立交易价格，则税务机关可以按照修正后的估值结果进行转让定价调整。

（3）将《金融交易转让定价指南》纳入国内转让定价制度。

该指南聚焦于跨国集团内部资金融通交易（如资金借贷、资金池安排）、对冲交易、担保和集团自保险等安排。例如，在资金融通交易转让定价领域，强调了判定融资安排属于债务性质或是资本性质对跨国税收及转让定价分析的重要性，只有属于债务性质的融资安排所产生的利息可在税前抵扣。

2.将 OECD"支柱二"方案引入国内税收法律制度

根据《关于应对经济数字化税收挑战"双支柱"方案的声明》和实施计划，BEPS 包容性框架将进一步推动多边方案的细节技术研究和落地实施。"支柱二"方面，预计 2021 年 12 月完成国内立法模板制定和应税规则协定条款设计，2022 年中完成应税规则多边工具开发，2022 年底前建立协调各国实施全球反税基侵蚀规则的审议机制等实施框架，2023 年正式实施"支柱二"方案。因此，泰国会根据实施计划的路线图，将"支柱二"方案"全球反税基侵蚀规则"（GloBE）引入国内税收法律制度，建立全球最低税制度，确保大型跨国企业在每个辖区的有效税率都至少达到全球最低税率标准，并做好与税收征管的衔接。

3.引入其他重要的国际反避税措施

（1）受控外国公司制度。

跨国企业进行国际避税的重要手段就是将利润长期滞留在避税地公司不做利润分配或只分配不汇回，从而规避居住国的税收。

（2）资本弱化管理规定。

比如，可以使用公平交易法或比例法，限定允许税前扣除利息的债务规模。

（四）泰国国际税收服务发展前景

预期泰国在国际税收服务方面，将完善预约定价安排、相互协商程序服务，并将引入国际仲裁制度、支柱一的税收争议预防与解决机制。

1. 完善预约定价安排

提高税收透明度，加强预约定价安排年度情况披露。对符合条件的纳税人，推出单边预约定价安排适用简易程序，促进税企合作，提高对跨境投资者的个性化服务水平和税收确定性。

2. 完善相互协商程序服务

未来，泰国将加快运用相互协商程序解决税收争议，同时接受 OECD 第二轮、第三轮等后续同行评议。

3. 在特定情形下引入国际仲裁制度

OECD 税收协定范本在第 25 条（相互协商程序）新增第 5 款，允许纳税人将 2 年内未解决的税收争议案件中产生的任何未决事项提交仲裁，除非缔约国任何一方的法院或行政法庭已经就这些未决事项做出了裁决。由此可见，为提高税收确定性，向纳税人提供更好的国际税收服务，在将来泰国可能会在税收协定中引进国际仲裁制度，将规定年限内税收争议未解决事项提交国际仲裁庭仲裁。

4. 引入"支柱一"新的税收争议预防与解决机制

根据《关于应对经济数字化税收挑战"双支柱"方案的声明》，"支柱一"金额 A 将引入一项新的强制性有约束力的税收争议预防与解决机制。具体而言，适用范围内的跨国企业将受益于争议预防与解决机制，避免金额 A 的双重征税。该强制性有约束力的税收争议预防与解决机制适用范围包括所有与金额 A 有关的事项（如转让定价和营业利润争议）。对于判断某事项是否与金额 A 有关的争议，也将通过强制性有约束力的方式进行确认，但确认争议属性不应延迟实质性的税收争议预防与解决机制。具有推迟第 14 项 BEPS 行动计划同行审议资格①且相互协商程序争议案件数量为零或者较少的发展中国家，可选择适用强制性有约束力的税收争议预防与解决机制，但仅限于与金额 A 有关事项的争议。相关管辖区选择适用机制的资格，将

---

① 关于推迟第 14 项 BEPS 行动计划同行审议的条件，参见目前已发布的第 14 项 BEPS 行动计划同行审议文件中《第 14 项行动计划评估方法》第 7 段的描述。

被定期审议；相关管辖区一旦被审议认定为丧失资格，在后续年度将无法恢复。

（五）泰国国际税务行政协助与合作发展前景

泰国已批准通过《多边税收征管互助公约》，在国际税务行政协助方面主要发展前景：一是通过参加无国界税务稽查等活动，提高税收征管能力，增强和提高税务审计人员的技能。由于国际商业环境的变化，特别是与集成和无国界的在线业务相关的国际交易，许多国家在税收管理方面面临挑战。此外，还有来自跨国企业的挑战，这些企业为了避税和降低税收合规性而采取税收筹划。因此，无国界税务检查员（TIWB）计划将加强和提高税务审计人员的技能，包括能够调查与未注册外国公司或个人有关的税务筹划案件，并根据瞬息万变的世界修改税法。二是继续强化与"一带一路"税收征管合作机制的合作。

（六）BEPS 行动计划成果的泰国落地行动发展前景

泰国作为 BEPS 包容性框架的成员，在制定国内税收法律、政策时，将会考虑国内税收法律政策与 BEPS 行动计划的相应衔接。

1.第1项 BEPS 行动计划：应对数字经济的税收挑战

展望未来，包括泰国在内的 BEPS 包容性框架各成员还将进一步发布完善的应对经济数字化税收挑战"双支柱"方案，以期对"双支柱"方案核心要素和关键参数达成全面共识。

2.第5项 BEPS 行动计划：考虑透明度和实质性因素，有效打击有害税收实践

泰国新推出的税收优惠政策，必将审视是否符合经济实质的要求。

3.第13项 BEPS 行动计划：转让定价同期资料和分国信息披露指引

由于目前泰国尚未执行第 13 项 BEPS 行动计划最低标准，因此可以展望，未来泰国将按照第 13 项 BEPS 行动计划最低标准的要求，为国别报告和信息交换建立国内法律或行政法规，并开展信息交换，以及确保信息的保密性和使用的恰当性。

菲律宾国际税收管理发展报告（2023）

摘　要： 作为东盟重要的成员国，菲律宾有着完整的税收制度，但其国际税收管理体系尚不完善。新冠疫情后，菲律宾降低法定税率，出台税收优惠政策，大力促进经济复苏和产业升级，同时也发布了一些优化国际税收管理的操作性政策。未来，随着菲律宾经济发展水平的提升，其国际税收管理体系可能会逐步得到完善。

关键词： 企业所得税税率　个人所得税税率　税收协定　反避税　CREATE 法案

一　菲律宾国际税收管理发展基础（截至2020年）

菲律宾的税收基本法是《菲律宾共和国国家税务法典（1997）》①（以下简称《税务法典1997》），自1997年发布以来历经多次修订。《税务法典1997》涵盖了菲律宾国内收入局的组织与职能、所得税、遗产税与赠与税、增值税、比例税、消费税、印花税、救济措施、合规要求、违法行为与处罚等内容。菲律宾还发布了许多税收条例、税收备忘录等规范性文件，这些条例和文件与《税务法典1997》共同构成了菲律宾的税收法律基础。菲律宾所得税税制完整，但在国际税收管理制度方面尚不完善。

---

① National Internal Revenue Code of 1997 as amended by Republic Act（RA）No. 10963, RA 11256, RA 11467 and RA11534（CREATE），https：//www. bir. gov. ph/index. php/tax - code. html.

（一）菲律宾跨境税收管理基础

菲律宾的企业所得税税制和个人所得税税制比较完善，对于居民纳税人和非居民纳税人的划分，不同类型纳税人的纳税义务、适用税率、税款计算都有明确的规定。菲律宾的所得税税制与中国的所得税税制相似，居民纳税人就全球所得承担纳税义务，非居民纳税人仅就来源于菲律宾的所得承担纳税义务。

1. 菲律宾外国纳税人分类界定

（1）菲律宾企业所得税外国企业纳税人的划分标准。

根据《税务法典1997》的规定，企业包括一人独资公司、合伙企业、合股企业、共有账户、社团和保险公司。企业纳税人依据注册地的不同可分为国内企业和外国企业。其中，国内企业是指在菲律宾境内成立或组建，或者依据菲律宾法律成立或组建的企业；外国企业是指不属于菲律宾国内企业的企业。

外国企业又可分为居民外国企业和非居民外国企业。其中，居民外国企业是指在菲律宾境内从事贸易或经营活动的外国企业；非居民外国企业是指未在菲律宾境内从事贸易或经营活动的外国企业。

国内企业应就其来源于菲律宾境内和境外的全部所得缴纳企业所得税，外国企业仅就其来源于菲律宾境内的所得缴纳企业所得税。

（2）菲律宾个人所得税非居民公民和外国人纳税人的划分标准。

依据《税务法典1997》的规定，需承担个人所得税纳税义务的主体包括个人、信托基金以及遗产。《税务法典1997》根据自然人的国籍和与菲律宾的经济联系紧密程度，将自然人纳税人划分为四类：居民公民、非居民公民、居民外国人和非居民外国人。

居民公民是指居住在菲律宾的菲律宾公民。非居民公民包括身居国外且明确计划长居国外的菲律宾公民，因移民或永久工作原因在纳税年度内移居国外的菲律宾公民，纳税年度的大部分时间在国外工作并从国外取得收入的菲律宾公民等。居民外国人是指居住在菲律宾，但不具有菲律宾公民身份的个人。非居民外国人是指不居住在菲律宾境内且不具有菲律宾公民身份的个人。

居民公民应就其来源于菲律宾境内和境外的全部所得缴纳个人所得税，非居民公民、居民外国人和非居民外国人仅就其来源于菲律宾境内的所得缴纳个人所得税。

2.菲律宾所得税收入来源地判定标准

《税务法典1997》根据所得类型的不同，规定了相关所得是来源于菲律宾境内的所得，还是来源于菲律宾境外的所得，具体规定详见表1。

表1　菲律宾所得税法收入来源地判定规则

所得类型	来源于菲律宾境内	来源于菲律宾境外
利息	从菲律宾境内取得的利息，及由债券、本票或其他有息债务产生的利息	来源于菲律宾境内的利息之外的利息
股息	从国内企业取得的股息；从外国企业取得的股息，前提是外国企业在派息前三年内50%及以上总收入来源于菲律宾内，但仅以外国企业来源于菲律宾的收入占其所有收入的比例确认来源于菲律宾的股息数额	来源于菲律宾国内的股息之外的股息
服务	在菲律宾境内提供劳务或服务取得的报酬	在菲律宾境外提供劳务或服务取得的报酬
租金及特许权使用费	由位于菲律宾境内的财产或因该财产的权益取得的租金或特许权使用费，包括： (1)在菲律宾境内使用或有权使用或有优先权使用的版权、专利、设计或模型、设计图、秘密配方或工艺、商誉、商标、品牌，或其他类似财产或权利； (2)在菲律宾境内使用或有权使用的任何工业、商业或科研设备； (3)提供的科研、技术、工业或商业知识或信息； (4)为支持实施前述三项而提供的任何辅助性和附属性支持；	由位于菲律宾境外的财产或因该财产的权益取得的租金或特许权使用费，包括为了在菲律宾境外使用或优先使用专利、版权、秘密工艺及配方、商誉、商标、品牌、特许权及其他类似财产而取得的租金或特许权使用费

所得类型	来源于菲律宾境内	来源于菲律宾境外
租金及特许权使用费	（5）非居民或其雇员提供的与从该非居民处购买的品牌、机器或其他设备的安装或运营，或相关财产或与权利的使用有关的服务； （6）提供与任何科学、工业或商业事业、项目、工程或方案的技术管理或经营相关的技术建议、协助或服务； （7）使用或有权使用：电影胶片、用于电视的影片或录像带、用于广播的录音带	
销售不动产	销售位于菲律宾境内的不动产取得的收益、利润及所得	销售位于菲律宾境外的不动产取得的收益、利润及所得

对于除前述可明确区分的所得之外的总收入、成本费用、亏损和扣除项，根据菲律宾财政部和国内收入局的有关规定确定来源地，或按一定比例进行分配。

3. 菲律宾企业所得税的跨境税收管理

（1）菲律宾国内企业的跨境所得税收管理。

菲律宾企业所得税法定税率为25%。一般情况下，国内企业应就其来源于全球的净所得按25%的法定税率缴纳企业所得税。但总资产不超过1亿比索且应纳税所得总额不超过500万比索的小型国内企业，就其来源于全球的净所得按20%的税率缴纳企业所得税。此外，从开始运营的第四个纳税年度开始，国内企业需适用最低企业所得税制度，最低企业所得税税额为企业总收入的2%。国内企业需按照25%净所得企业所得税应纳税额和2%总收入最低企业所得税应纳税额孰高原则，确定应缴纳的企业所得税税额。从2020年7月1日起，最低企业所得税税率由2%临时下调至1%。

针对消极所得，菲律宾采用预提税制度。第一，利息和特许权使用费收入，适用20%的税率，但是国内企业在外币扩张储蓄制度下取得的利息收入应按该利息收入的15%缴纳最终所得税。第二，除了通过股票交易所出售或处置股票以外，销售、交换或以其他方式处置持有国内企业股权份额所实现的净资本利得，缴纳 15% 的最终所得税。第三，在外币扩张储蓄制度下，储蓄银行开展外币交易取得的所得，免于纳税；在外币扩张储蓄制度下，由储蓄银行向居民提供的外币贷款产生的利息收入，应按照 10% 的税率缴纳最终所得税。第四，国内企业从另一家国内企业处获取的股息无须纳税。第五，从销售、交易或处置未实际用于企业经营但被视作资本资产的土地、建筑所实现的资本利得，应基于该土地、建筑的总售价或公允市场价值二者中较高的金额，按照 6% 的税率缴纳所得税。

国内企业在实际取得或收到来源于国外的收入时，计算缴纳相关所得的企业所得税。对于国内企业海外子公司取得的所得，仅在相关所得作为股息分配给菲律宾股东时才缴纳企业所得税。

国内企业海外分支机构取得的所得，在其所属年度计入国内企业的应纳税所得额。海外分支机构的亏损可用于抵减菲律宾公司的其他盈余。

（2）菲律宾居民外国企业的企业所得税税收管理。

除有特殊规定外，在菲律宾境内从事贸易或经营活动的居民外国企业，仅就其来源于菲律宾的所有所得按 25% 的税率缴纳企业所得税。居民外国企业同样适用税率为 2% 的最低企业所得税制度，2020 年 7 月 1 日起，最低企业所得税税率由 2% 临时下调至 1%，即在一般情况下，居民外国企业与国内企业基本采用相同的纳税方式。通过分支机构在菲律宾开展贸易或经营活动的外国企业，即为菲律宾所得税法中的居民外国企业，与我国企业所得税法中在中国境内有机构场所的非居民企业概念类似。

针对居民外国企业的特殊规定。第一，国际航运承运人就来源于菲律宾的总收入按照 2.5% 的税率缴纳企业所得税。第二，跨国公司地区运营总部没有来源于菲律宾的所得，主要从事亚太地区分支机构的监管、沟通、协调中心职能，免征企业所得税；跨国公司地区运营总部取得的来源于菲律宾的收入，按 10% 的税率缴纳企业所得税。第三，居民外国企业从菲律宾境内取得储蓄利息和特许权使用费，适用 20% 的税率缴纳所得税；居民外国企业在外币扩张储蓄制度项下取得的利息，按利息收入的 15% 缴纳所得税。第四，离岸银行开展外币交易所得免税；但离岸银行向居民提供外币贷款产生的利息收入，按照 10% 的税率缴纳企业所得税。第五，除了通过股票交易所出售或处置股票以外，销售、交换或以其他方式处置所拥有的国内企业股权份额所实现的净资本利得，不超过 10 万比索的按照 5% 的税率征收最终所得税，超过 10 万比索的按照 10% 的税率缴纳最终所得税。依据《菲律宾共和国企业复苏和税收激励法案》（CREATE），此类收入调整为统一按 15% 的税率缴纳所得税。第六，居民外国企业从国内企业处获取的股息免征企业所得税。

菲律宾对于分支机构汇回利润征收分支机构利润税，即任何由分支机构向其总部汇回的利润（注册于菲律宾经济区署的活动除外），都应就其汇回的总利润缴纳 15% 的预提所得税，总利润额不得做任何税收扣除。

（3）菲律宾非居民外国企业的企业所得税税收管理。

菲律宾非居民外国企业就来源于菲律宾的总收入按 30% 的税率缴纳企业所得税。总收入包括利息、股息、租金、特许权使用费、工资、保险费（不包括再保险保费）、年金、报酬，或其他固定或可确定年度或定期或偶然的收益、利润、所得及资本利得等。

特殊行业的非居民企业可适用较低的优惠税率。第一，非居民外国企业向菲律宾公民或企业出租船舶取得的租金，按照总收入的 4.5% 缴纳企业所得税。第二，出租航空器、机器及其他设备取得的租金，按照总收入的 7.5% 缴纳企业所得税。

非居民外国企业取得特定消极所得适用的税率。第一，外国贷款利息，按照利息数额的 20% 缴纳预提所得税。第二，对于非居民外国企业从国内企业处取得的股息，应按照股息金额的 15% 缴纳预提所得税。第三，除通过股票交易所出售或处置股票外，非居民外国企业销售、交易、交换或以其他方式处置所拥有的国内企业股权取得的净资本利得，在不超过 10 万比索时，适用 5% 的税率，超过 10 万比索时，适用 10% 的税率。依据 CREATE 法案，此类收入调整为适用 15% 的税率。

4.菲律宾个人所得税的跨境税收管理

（1）公民和居民外国人个人所得税税收管理。

关于工资薪金所得，根据《税务法典1997》规定，对菲律宾公民和居民外国人的薪资所得按累进税率征收个人所得税（见表2）。

表2　2018～2020年菲律宾公民和居民外国人个人所得税税率

应纳税所得	上一档应纳税额（万比索）	累进税率（%）
不超过25万比索	0	0
超过25万比索,但不超过40万比索	0	20
超过40万比索,但不超过80万比索	3	25
超过80万比索,但不超过200万比索	13	30
超过200万比索,但不超过800万比索	49	32
超过800万比索	241	35

关于经营所得，根据《税务法典1997》，菲律宾公民和居民外国人如从事自营职业或专业服务，所取得个人收入也适用上述累进个人所得税税率。但是，如果相关公民和居民外国人的总销售收入和其他非营业收入合计未达增值税起征点，即300万比索，也可选择将总销售收入和其他非营业收入扣除25万比索后的余额作为应纳税所得额，适用8%的单一税率，以此替代累进税率个人所得税和比例税（个人营业收入除需缴纳个人所得税外，还需缴纳比例税率，2020年7月1日起适用的比例税率为总收入1%的优惠税率）。

关于混合所得，根据《税务法典1997》，对于个人既有薪金所得，又有从事商业或专业服务所得的情况，其所取得的全部薪金所得，适用个人所得税累进税率；其所取得的全部商业或专业服务收入总额，如未超过增值税起征点，可选择适用个人所得税累进税率，或适用单一税率8%的个人所得税和比例税合并替代税；如全部商业或专业服务收入总额超过增值税起征点，则只能适用个人所得税累进税率。

关于消极所得税率，菲律宾个人所得税实行分类税制（见表3），消极所得不与薪金所得、经营所得合并纳税，而是根据不同所得类型适用不同税率，并享受优惠税率。其中，股息、利息、特许权使用费、奖金，按总收入一定比例缴纳个人所得税；出售股权或不动产取得的财产收益，按扣除成本后的净所得缴纳个人所得税。其中，非通过证券交易市场销售或处置股票的方式，销售、交换、兑换或以其他方式处置国内公司股份取得的净资本利得，按照处置净所得的 15% 征收最终所得税。出售、交换或以其他方式处置位于菲律宾的不动产，对相关财产收益征收 6% 的最终所得税，其中处置不动产价格以总售价和当前市场公允价值孰高为准。

表 3　菲律宾居民外国人消极所得适用个人所得税税率

所得项目		适用税率
股息		10%
利息	长期存款或投资利息	0(持有 5 年以上)， 5%(持有 4 年以上不足 5 年)， 12%(持有 3 年以上不足 4 年)， 20%(持有不足 3 年)
	外币储蓄扩张机制下储蓄利息	15%
	其他储蓄存款利息	20%
特许权使用费	书籍、文学、音乐作品等版权	10%
	其他特许权使用费	20%
奖金	1 万比索以上	20%
财产收益	非二级市场处置公司股权	15%
	不动产	6%

（2）非居民外国人的个人所得税税收管理。

菲律宾税法将非居民外国人又区分为在菲律宾从事贸易或经营活动的非居民外国人，不在菲律宾从事贸易或经营活动的非居民外国人，以及受雇于特定类型企业的非居民外国人，这三类非居民外国人分别适用不同的税收规定。在菲律宾从事贸易或经营活动的非居民外国人，是指在任一纳税年度内在菲律宾境内累计停留超过 180 天的非居民外国人。在菲律宾从事贸易或经营活动的非居民外国人应就其从菲律宾取得的全部所得缴纳个人所得税，与菲律宾公民和居民外国人采用相同的个人所得税计算方法，但对于消极所得适用的个人所得税税率有一些差异（见表4）。

表4 菲律宾非居民外国人消极所得适用个人所得税税率

所得项目		适用税率
股息		20%
利息	长期存款或投资利息	0(持有5年以上)； 5%(持有4年以上不足5年)； 12%(持有3年以上不足4年)； 20%(持有不足3年)
	其他利息	20%
特许权使用费	书籍、文学、音乐作品等版权	10%
	电影或类似作品版权	25%
	其他特许权使用费	20%
奖金	1万比索以上	20%
财产收益	非二级市场处置公司股权	15%
	不动产	6%

不在菲律宾从事贸易或经营活动的非居民外国人，应在每个纳税年度内就其从菲律宾取得的利息、股息、租金、薪酬、保费、年金、收益、利润、收入以及资本收益，按照收入的25%缴纳个人所得税。不在菲律宾从事贸易或经营活动的非居民外国人通过证券市场以外的方式出售菲律宾国内企业股权或位于菲律宾的不动产，与菲律宾公民和居民外国人采用相同方式缴纳个人所得税。

此外，受雇于跨国公司地区或区域总部及区域运营中心、离岸银行、石油服务承包商和转包商，以及博彩服务提供商的外国人，按其取得工资、薪酬、年金、补偿、报酬和其他酬金总额的15%，计算缴纳菲律宾个人所得税。

（二）菲律宾税收协定下避免所得双重征税的管理基础

菲律宾作为发展中国家，虽然开始谈签避免双重征税协定的时间较中国早，但其税收协定网络规模并不大，且所签订的税收协定条款体现出注重维护来源国税收管辖权的明显特征。菲律宾执行税收协定，对于非居民纳税人享受税收协定待遇管理较为严格，但近年呈简化程序、放松审批的趋势。

1. 菲律宾的避免双重征税协定网络

（1）菲律宾税收协定网络基本情况。

菲律宾于 1976 年 1 月 9 日与法国签订了第一个避免双重征税协定，该协定于 1978 年 8 月 24 日生效，并自 1978 年 1 月 1 日开始执行。菲律宾与中国在 1999 年 11 月 18 日签订了避免双重征税协定及其议定书，相关协定和议定书自 2002 年 1 月 1 日开始执行。截至 2023 年 6 月，菲律宾共与 45 个国家或地区签订了税收协定，其中，与中国台湾、文莱签订的税收协定尚未生效执行。在税收协定与国内法适用关系方面，菲律宾认为税收协定优先于国内税法，享有更高的法律位阶。

税收协定的主要作用是在所得来源国和纳税人居民国之间对于不同所得的征税权进行划分。参照《联合国关于发达国家与发展中国家双重征税的协定范本》（简称《UN 协定范本》）和《经济合作与发展组织关于对所得和财产避免双重征税的协定范本》（简称《OECD 协定范本》）规定，菲律宾对外签订的税收协定也对不动产所得、营业利润、国际运输收入、股息、利息、特许权使用费、财产收益、独立个人劳务收入、非独立个人劳务收入、董事费、演艺人员和运动员收入、退休金、政府服务收入、学生收入、其他所得等不同类型所得进行了征税权划分。

关于常设机构和营业利润，菲律宾参照《UN 协定范本》，在其税收协定的第五条"常设机构"条款中大多规定了劳务型常设机构，如中菲税收协定中规定："缔约国一方企业通过雇员或者其他人员，在缔约国另一方为同一个项目或相关联的项目提供的劳务，包括咨询劳务，仅以在任何 12 个月中连续或累计超过 6 个月以上的为限。"对于可归属于常设机构的营业利润确定，菲律宾在遵从独立交易原则的基础上，也认可采取比例分配法，以适应其作为发展中国家的征管能力，如中菲税收协定第七条规定："如果缔约国一方习惯于以企业总利润按一定比例分配给所属各单位的方法来确定常设机构的利润，则第二款规定并不妨碍该缔约国按这种习惯分配方法确定其应纳税的利润。但是，采用的分配方法所得到的结果，应与本条所规定的原则一致。"此外，菲律宾早年所签订的税收协定还纳入了常设机构利润归属的引力原则，如菲律宾与加拿大税收协定第七条第一款规定："缔约国一方企业的利润应仅在该国征税，但该企业通过设在缔约国另一方的常设机构在该缔约国另一方进行营业的除外。如果该企业如前所述正进行或已进行营业，则该企业的利润可以在另一国征税，但应仅以可归属于以下情况的利润为限：（一）该常设机构；或（二）所售货物或商品种类与通过该常设机构销售的货物或商品相同或相似，或所开展的其他商业活动与通过该常设机构开展的商业活动相同或相似。"引力原则可以有效扩大来源国的征税权，使来源国不仅可对非居民企业可归属于常设机构的利润征税，还可以对非居民企业一些其他来源于常设机构所在国的利润征税。

关于股息优惠税率，菲律宾在其税收协定网络中大多规定了较高的股息所得协定税率，普遍为 15%，受益所有人为企业且持股超过一定比例的纳税人，可能享受 10% 左右的协定税率。如中菲税收协定第十条"股息"条款规定："如果收款人是股息受益所有人，则所征税款不应超过：（一）如果受益所有人是直接拥有支付股息公司至少 10% 资本的公司，为股息总额的 10%；（二）其他情况下，为股息总额的 15%。"

关于利息优惠税率，菲律宾在其税收协定网络中大多规定了 10% 或 15% 的利息所得协定税率。部分税收协定设置了两档协定税率，如菲律宾与奥地利签订的税收协定第十一条"利息"条款规定："如果收款人是利息受益所有人，则所征税款不应超过：（一）如果菲律宾居民就公开发行债券、债券或类似义务向奥地利居民支付的利息，为利息总额的 10%；（二）其他情况下，为利息总额的 15%。"此外，菲律宾大多在利息条款中规定缔约国政府、地方当局、中央银行等取得的利息免税。

关于特许权使用费优惠税率，菲律宾参照《UN 协定范本》，将机器设备租金纳入特许权使用费征税范围，且机器设备租金一般适用较低一档的特许权使用费协定税率。如中菲税收协定第十二条"特许权使用费"条款规定："如果收款人是特许权使用费受益所有人，则所征税款不应超过：

（一）使用或有权使用文学、艺术或科学著作，包括电影影片、电视或广播使用的磁带的版权，为特许权使用费总额的15%；（二）使用或有权使用专利、商标、设计或模型、图纸、秘密配方或秘密程序，以及使用或有权使用工业、商业、科学设备，或有关工业、商业、科学经验的情报，为特许权使用费总额的10%。"

　　根据协定伙伴的不同，菲律宾会对股息、利息、特许权使用费的协定税率做出一些特殊规定，形成两档，甚至三档的协定税率。菲律宾税收协定规定的股息、利息、特许权使用费协定税率见表5。

表5　菲律宾税收协定税率

协定伙伴	股息（%）		利息（%）	特许权使用费（%）
	个人、不符合条件公司	符合条件公司		
澳大利亚	15/25	15/25	10/15	15/25
奥地利	25	10	10/15	10/15
巴林	15	10	10	10/15
孟加拉国	15	10	15	15
比利时	15	10	10	15
巴西	15/25	15/25	10/15	15/25
加拿大	25	15	10/15	25
中国	15	10	10	10/15
捷克	15	10	10	10/15
丹麦	15	10	10	15
芬兰	15	15	10/15	15/25
法国	15	10	10/15	15
德国	15	5/10	10	10
匈牙利	20	15	15	15
印度	20	15	10/15	15
印度尼西亚	20	15	15	15/20
以色列	15	10	10	15
意大利	15	15	10/15	15/25
日本	15	10	10	10/15
韩国	10/25	10	10/15	10/15
科威特	15	10	10	20
马来西亚	15/25	15/25	15	15/25

续表

协定伙伴	股息（%）		利息（%）	特许权使用费（%）
	个人、不符合条件公司	符合条件公司		
墨西哥	15	5/10	12.5	15
荷兰	15	10/15	10/15	10/15
新西兰	15	15	10	15
尼日利亚	15	12.5	10	20
挪威	25	15	15	7.5/25
巴基斯坦	25	15	10/15	15/25
波兰	15	10	10	15
卡塔尔	15	10	10	15
罗马尼亚	15	10	10/15	10/15/25
俄罗斯	15	15	15	15
新加坡	25	15	10/15	15/25
西班牙	15	10	10/15	10/15/20
斯里兰卡	15/25	15	15	15/25
瑞典	15	10	10	15
瑞士	15	10	10	15
泰国	15	10	10/15	15
土耳其	15	10	10	10/15
阿联酋	15	10	10	10
英国	25	15	10/15	15/25
美国	25	20	10/15	15/25
越南	15	10	15	15

（2）菲律宾税收协定独特条款。

根据本国国内税法和经济发展的实际情况，菲律宾在其税收协定中签订了一些独特的条款。

分公司利润税条款。根据菲律宾国内税法，对于外国企业位于菲律宾的分支机构汇回总部的利润，应在不对汇回利润总额做任何扣除的情况下，就汇回利润总额按15%的税率征收预提所得税。该预提所得税率与非居民外国企业从菲律宾国内企业取得股息所得适用的预提所得税税率一致。设置分公司利润税，是为了使外国企业在本国境内的分公司和子公司享有同等税收待遇，以确保实现税收中性原则，避免税收因素影响外国企业对菲律宾投资时的投资形式选择。鉴于菲律宾的国内税法，菲律宾对外签订的税收协定中也会设置分公司利润税条款，如中菲税收协定第七条第七款第二项规定："分公司支付给总机构的利润汇出时按不超过汇出额的10%征税。"也就是说，赴菲律宾投资的中国企业在菲律宾设立的分支机构向中国总机构汇回利息时，菲律宾对汇回的总利润额仅按10%的协定优惠税率征收预提所得税。

教师和研究人员条款。为吸引发达国家的教育和研究人才，服务于公共教育和科研事业，提升菲律宾的科技水平，菲律宾在与部分国家签订的税收协定中纳入了《UN协定范本》和《OECD协定范本》都未涉及的"教师和研究人员"条款，为来菲律宾的外国教师和研究人员提供一定年限的免税优惠。例如，中菲税收协定第二十条规定："一、任何个人是或者在紧接前往缔约国一方之前曾是缔约国另一方居民，主要是为了在该缔约国一方的大学、学院、学校或为该缔约国一方政府承认的教育机构和科研机构从事教学、讲学或研究的，停留在该缔约国一方，那么对其由于教学、讲学或研究取得的报酬，该缔约国一方应自其第一次到达之日起，二年内免予征税。二、本条第一款的规定不适用于不是为了公共利益而主要是为某个人或某些人的私利从事研究取得的所得。"此外，菲律宾与澳大利亚、孟加拉国、巴西、丹麦、法国、匈牙利等国签订的税收协定中也纳入了"教师和研究人员"条款。

最惠国待遇条款。菲律宾与部分协定伙伴签订的税收协定中设置了最惠国待遇条款，规定如果未来菲律宾与其他国家或地区签署的税收协定对某一所得类型提供更为优惠的协定待遇，则此待遇同样适用于该协定伙伴国的税收居民。例如，中菲税收协定议定书即规定："如果菲律宾签订任何条约或协议对另一国居民以船舶或飞机经营国际运输业务所取得的收入给予免征或减征菲律宾所得税，菲律宾将给予中国居民同样的免税或减税待遇。同时，中国也将给予菲律宾居民相应的免税或减税待遇"，"如果菲律宾签订任何条约或协议对另一国居民取得的股息免征或减征菲律宾税收，菲律宾将给予中国居民同样的免税或减税待遇。"菲律宾与文莱、丹麦、瑞典等国家或地区签订的税收协定也纳入了关于股息预提税率的最惠国待遇条款，与以色列、意大利、美国等国家或地区签订的税收协定纳入了关于特许权使用费预提税率的最惠国待遇条款。

2. 菲律宾境外已纳税款消除双重征税和税收饶让管理

（1）菲律宾企业纳税人境外已纳税款消除双重征税。

菲律宾国内企业就其来源于海外的所得在其他国家（或地区）缴纳的企业所得税税款，可在菲律宾申请消除双重征税。菲律宾提供两种消除双重征税的方法。第一，抵免法，即允许国内企业在本国税法规定的限度内，用向其他国家缴纳的所得税，抵减应向菲律宾汇总缴纳的企业所得税税额。第二，扣除法，即允许国内企业将向其他国家缴纳的所得税作为一个费用扣除项目，冲减菲律宾应纳税所得额，再就其余额计缴企业所得税。

如果国内企业选择适用抵免法，需同时满足两个抵免限额。第一，分国抵免限额。向任一国家支付税款的抵免数额占根据菲律宾所得税法汇总计算应纳税款的比例，不得超过来源于该国的应纳税所得额占国内企业在同一纳税年度内全部应纳税所得额的比例。第二，综合抵免限额。海外已纳税款的抵免数额占根据菲律宾所得税法汇总计算应纳税款的比例，不得超过所有来源于菲律宾境外应纳税所得额占国内企业在同一纳税年度内全部应纳税所得额的比例。

居民外国企业只允许使用扣除法消除境外已纳税款的双重征税，且以境外已纳税款与来源于菲律宾的有关所得为限。居民外国企业不得使用抵免法。

（2）菲律宾个人纳税人境外已纳税款消除双重征税。

菲律宾自然人纳税人境外已纳税款消除双重征税的方法与企业纳税人类似。仅赚取薪金收入的自然人可适用抵免法消除双重征税，从事自营职业的自然人可自主选择采用抵免法还是扣除法。自然人适用抵免法消除境外已纳税款的双重征税需要同时满足分国抵免限额和综合抵免限额。但是，外国自然人不允许适用抵免法，只能采取扣除法，且以境外已纳税款与来源于菲律宾的所得为限。

（3）境外免税所得的税收饶让管理。

税收饶让是指居民国政府对其居民在国外得到减免税优惠的那一部分税款，视同已经缴纳，同样给予税收抵免待遇，不再按居民国税法规定的税率补征税款。税收饶让是配合抵免方法的一种特殊方式，是税收抵免内容的附加，属于一种优惠措施。在菲律宾与其他国家签订且有效的税收协定中，菲律宾对本国的居民公司从表6所列国家取得的所得提供税收饶让优惠抵免。

表6　税收协定中菲律宾给予缔约方税收饶让情况统计

国家	涵盖范围	具体协定条款	终止日期
印度	所有所得	第24条	无
印度尼西亚	所有所得	第23条	无
马来西亚	所有所得	第22条	无
墨西哥	所有所得	第23条	无
巴基斯坦	所有所得	第23条	无
波兰	所有所得	第23条	无
罗马尼亚	所有所得	第22条	无
斯里兰卡	所有所得	第23条	无
新加坡	所有所得	第22条	无
泰国	所有所得	第23条	无
越南	所有所得	第23条	无

另外，在与菲律宾签订税收协定的缔约国当中，对菲律宾给予的税收优惠适用饶让抵免条款的国家见表7。

表7　税收协定中缔约方给予菲律宾税收饶让情况统计

国家	涵盖范围	抵免税率	终止日期
印度	所有所得		无
印度尼西亚	所有所得		无
马来西亚	所有所得		无
墨西哥	所有所得		无

续表

国家	涵盖范围	抵免税率	终止日期
新西兰	特许权使用费	10%	无
挪威	股息、利息、特许权使用费		2007 年 1 月 1 日
巴基斯坦	所有所得		无
波兰	所有所得		无
罗马尼亚	所有所得		无
新加坡	所有所得		无
斯里兰卡	股息、利息		无
泰国	所有所得		无
越南	所有所得		无

3. 菲律宾的国际运输税收协定网络

菲律宾只与塞浦路斯单独签订了海洋运输专项税收协定。该协定于1984 年 9 月 7 日签订，并于 1985 年 6 月 6 日生效执行。该协定规定，根据缔约一方法律法规注册的航运企业在国际运输中取得的营业利润应仅在其注册地的缔约一方征税；作为缔约一方公民的海员取得的收入应仅在其为公民的缔约一方征税。菲律宾与其他国家的国际运输所得征税权划分均在避免双重征税协定中体现。

4. 享受税收协定待遇的程序

菲律宾税收协定待遇享受程序采用申请审批制，纳税人必须在交易发生之前，向菲律宾国家税务局的国际税务部门提出享受税收协定待遇的申请。未在规定时间内递交申请，可能导致申请人丧失享受税收协定优惠待遇的资格。纳税人须根据拟享受协定待遇的所得类型填写不同的申报表格，并提交税收居民身份证明、公司章程、在菲律宾业务存续证明、无待审案件证明等材料。菲律宾国家税务局的国际税务部门应在收到所有税收协定优惠申请材料之日起 60 个工作日内做出裁决，若收入类型不符合税收协定待遇申请条件，则应在收到所有申请材料之日起 30 个工作日内做出裁决。纳税人在收到不利裁决的 30 日内，可向菲律宾财政部申请重新审查。

2017 年，菲律宾国内收入局对股息、利息和特许权使用费所得享受税收协定待遇的申请流程进行了简化。纳税人须在相关所得支付前，提交相关报告表和证明材料给扣缴义务人，如果未提交视为没有享受税收协定待遇的要求，将就相关所得按菲律宾国内税法规定的税率纳税。扣缴义务人收到纳税人提供的报告表和材料后扣缴预提所得税，并在代扣税款30天内向菲律宾国内收入局的国际税务部门进行申报。

（三）菲律宾国际反避税管理基础

菲律宾于2013年发布首份《转让定价指引》①，对于关联企业的受控交易定价进行规范管理，但在相较于发达国家和新兴经济体，菲律宾的国际反避税管理体系并不成熟。

1. 转让定价管理规则

贸易全球化的迅猛发展加剧了有害税收实践，跨国企业利用税收制度漏洞，通过操控关联交易价格将利润转移到低税的国家或地区，从而达到降低集团整体税负水平的目的，有害税收实践使各国政府遭受了巨大的税收损失，转让定价问题已成为各国税务机关共同面临的重要问题。2013年1月23日，菲律宾财政部国内收入局发布了《转让定价指引》，为税务部门开展转让定价管理提供了操作指南。该指引主要基于《OECD转让定价指南》所规定的独立交易原则，既适用于关联企业间的跨境交易，也适用于关联企业间的国内交易。

关联企业之间的跨境和国内受控交易定价应符合独立交易原则。所谓独立交易原则，是指没有关联关系的交易各方，按照公平成交价格和营业常规进行业务往来遵循的原则。《转让定价指引》规定独立交易原则适用分三步：第一步，进行可比性分析；第二步，确定受测试方和合适的转让定价方法；第三步，确定符合独立交易原则的结果。第一步主要是分析关联企业交易与独立方交易在条件和特征方面的异同，具体需从商品、服务或无形资产

---

① Transfer Pricing Guidelines（Revenue Regulations No. 2 - 2013），https：//www. bir. gov. ph/index. php/archive/2013-revenue-regulations. html.

的性质，功能、风险和资产分析，商业和经济环境三个方面进行可比分析。第二步应根据个案情况选择最合适的转让定价方法，可选择的转让定价方法有可比非受控价格法、再销售价格法、成本加成法、利润分割法、交易净利润法。此外，在缺少可比交易或数据源难以适用前述五种方法时，菲律宾税务机关还会考虑选取其他行业中的企业作为可比分析对象，或结合或混合适用前述方法。第三步将所确定的转让定价方法适用于独立交易数据，以形成符合独立交易原则的结果。通常情况下是确定符合独立交易原则的区间，如用四分位法将上下四分位之间的区间（25%~75%）视为合理区间，若关联企业间的受控交易价格落在该区间内，则被认为符合独立交易原则。

近年，菲律宾的转让定价管理规则进一步细化，菲律宾税务机关的征管能力也进一步提高，对企业的转让定价审计开展得更加普遍。目前，菲律宾税务机关特别关注的转让定价审计目标对象有四个：结束所得税免税期并适用特殊总收入税率（5%）的公司，持续报告亏损却总资产增长的公司，从事管理和其他集团内服务的公司，特许权使用费支付。

根据《转让定价指引》的规定，纳税人在实施转让定价的年度应当准备同期资料。同期资料不必在纳税申报时提交，但应当在规定期限内妥善保存，并接受税务机关的检查。纳税人须准备的同期资料包括但不限于：组织机构，企业或行业性质以及市场状况，受控交易，假设、策略与政策，成本分摊协议，可比性、功能和风险分析，转让定价方法的选取，转让定价方法的适用，背景文档，文档索引。

2. 预约定价安排规则

所谓预约定价安排，是指企业与税务机关就企业未来年度关联交易的定价原则和计算方法达成的一致安排。菲律宾《转让定价指引》第十一部分"预约定价安排和相互协商程序"对菲律宾税务机关可开展的预约定价安排进行了明确。菲律宾认为预约定价安排的目的是降低转让定价调查和双重征税的风险，是为从事跨境交易的纳税人提供的便利服务。菲律宾可开展单边预约定价安排、双边预约定价安排和多边预约定价安排。税务机关对纳税人是否采取预约定价安排并无强制要求，纳税人可以自主选择采用单边预约定价安排，还是双边或多边预约定价安排。一般认为，单边预约定价安排可以为企业提供税收确定性，双边或者多边预约定价安排在此基础上还可以帮助纳税人避免和消除国际重复征税。目前菲律宾暂无详细的预约定价安排指引。

3. 受控外国公司规则

所谓受控外国公司，是指由居民企业或者由居民企业和居民个人控制的、设立在实际税负较低的国家或地区，并非出于合理经营需要对利润不做分配或减少分配的外国企业。居民企业通过关联企业间的关联交易将利润中的一部分转移到设在避税地或低税地的受控外国公司，并利用居民国利润汇回时才课税的有关规定将利润长期滞留在境外，不汇回国内或要求境外子公司对利润不做相应的分配，从而达到规避居民国企业所得税纳税义务的目的。受控外国公司规则是针对上述情况，规定如果居民企业可对设在避税地的外国企业进行控制，并且出于避税目的对该外国企业的利润不进行应有的分配，那么应将相关外国企业利润计入居民企业当期收入总额一并纳税。可以说，受控外国公司规则是一项重要的反避税规则。可能因为目前菲律宾海外投资规模有限，菲律宾暂未实施受控外国公司规则。

4. 资本弱化管理规则

所谓资本弱化，是指增加债权性筹资、减少权益性筹资，通过增加利息税前扣除的方式降低企业所得税税负的税收筹划行为。很多国家的税法中有防止资本弱化的规定，对企业取得的债资比做出限制，对超过一定债资比的借款利息支出不允许税前扣除。我国《企业所得税法》第四十六条即规定："企业从其关联方接受的债权性投资与权益性投资的比例超过规定标准而发生的利息支出，不得在计算应纳税所得额时扣除。"目前菲律宾国内税法并没有针对资本弱化的规定。但是，菲律宾税务机关认为高负债率受控公司是利用公司架构规避税收常见的方式。在实务中菲律宾税务机关通常认为合理的债资比是 3：1，超额支付的利息将面临被重新定性为股息并征税的风险。

5. 一般反避税规则

菲律宾在反避税问题上并没有一套完整的规则和条例。法院在具体案件中会基于一些测试原则和方法来应对反避税行为。例如，"实质重于形式"的原则、"阶梯交易"原则以及"穿透公司面纱"方法。

（四）菲律宾国际税收服务

与大多数国家一样，菲律宾实行增值税出口退税制度，并为服务其出口导向型发展战略制定了很多鼓励加工出口的增值税政策。在保护跨境纳税人合法权益方面，除可适用避免双重征税协定下的相互协商程序外，菲律宾也提供行政复议、行政诉讼、税务和解、税务调解等多种救济渠道或税企争议处理方式。

1. 菲律宾出口退（免）税服务

菲律宾自 1988 年 1 月 1 日起开始征收增值税，以增值税进项税额抵扣销项税额，差额为增值税应纳税额。菲律宾增值税适用于所有进口到菲律宾的货物，在菲律宾境内销售、交易、交换或租赁的商品或财产，以及在菲律宾境内提供的服务。所有销售货物或财产、提供服务、进口货物的人为增值税纳税人。如果相关纳税人年销售或服务收入总额超过 300 万比索，则须办理增值税税务登记。

菲律宾增值税的标准税率为 12%，但向政府或其任何地方政府、行政机构（包括政府拥有或控制的公司）销售商品和提供服务的适用 5% 的最终预提增值税。菲律宾对符合条件的商品和服务提供增值税零税率。①出口商品适用增值税零税率，包括从菲律宾向其他国家销售商品。②向非居民买家出售原材料或包装材料，并由菲律宾出口导向型国内企业代为制造、加工、包装，赚取外汇。③向出口销售额占年总产量 70% 以上的出口导向型企业销售原材料或包装材料。④根据相关特别法律规定视为出口销售的交易。在菲律宾境内提供出口服务适用增值税零税率，包括以下几项。①为在菲律宾境外开展经营活动的人提供加工、制造或重新包装货物服务，货物随后出口，服务费以外币支付。②向在菲律宾境外开经营活动的人或在菲律宾境外不从事经营活动的非居民提供加工、制造或重新包装以外的其他服务，服务费以外币支付。③向根据菲律宾签署的特别法律或国际协定享受豁免待遇的个人或实体提供的服务，而根据上述特别法律或国际协定此类服务实行零税率。④向从事国际航运或空运业务的人提供包括财产租赁在内的服务，前提是这些服务专门用于国际航运或空运业务。⑤分包商、承包商为出口销售额超过年总产量 70% 以上的企业提供制造、加工、转换货物的服务。⑥通过国内飞机或船舶将乘客和货物从菲律宾运送到外国。⑦销售通过可再生能源生产的电力或燃料，但不扩展至产生电力或能源的工厂维护或运营服务。⑧向注册出口企业提供的服务，包括提供基本的基础设施、公用设施和维护、设备维修和大修等，但服务须直接且专门用于出口企业注册的项目或活动，该零税率优惠自注册之日起最长可享受 17 年。

适用零税率的销售也是增值税的应税交易，却不会产生销项税额，但是与零税率销售相关的商品、财产或服务在购买过程中会产生进项税额，相关进项税额可用于税收抵免或退税。如果增值税进项税额对应的是零税率销售，纳税人可以选择申请现金退税或税收抵免证明，后者可在遵守法律和其他实施细则限制性规定的前提下用于抵减其国内收入的纳税义务。

2. 菲律宾开具"税收居民身份证明"服务

菲律宾税务机关可向符合条件的纳税人开具"税收居民身份证明"，以便有来源于其他国家所得的菲律宾税收居民可以享受税收协定的优惠待遇。开具"税收居民身份证明"须向菲律宾国内收入局国际税收事务处申请。居民公民申请者须提交申请表、收入证明、护照（或居住证）、上一年度所得税申报表、委托办理的授权书；国内企业申请者需提交申请表、在菲律宾成立的证明、收入证明、合伙人名单（如申请人为普通专业合伙企业）、上一年度所得税申报表、委托办理的授权书。如果申请人提交材料不全，税务机关受理后会发布补充提供材料的通知，办理时间在 1~3 天。如果申请人材料齐全，税务机关在 7 日内做出是否开具"税收居民身份证明"的决定。

3. 菲律宾跨境纳税人权利保护服务

跨境纳税人如果在菲律宾遇到税收争议，如遭遇不符合税收协定规定的征税行为、遭遇转让定价调查导致双重征税等，可以通过多种渠道获得救济。一类是国际救济，主要通过税收协定规定的相互协商程序，由缔约双方税务主管当局协商为纳税人解决税收争议，消除双重征税。另一类是国内救济，在菲律宾的行政体系内部寻求争议解决，菲律宾的国内争议解决机制有税务和解、税务行政复议、税务行政诉求、税务调解等。

税务和解，是指税务机关为降低行政成本，达成有效征税的目的，与纳税人通过平等协商、互相妥协就税收争议或纳税金额达成合意的处理方案。纳税人与税务机关达成和解协议，意味着纳税人对税务审计人员的检查结果做出让步，接受双方商定的调整税额，并补缴税款；税务机关也同意放弃继续检查，接受纳税人所缴纳的税款低于纳税评估的检查结果所计算的税额。税务和解是纳税人和税务机关互相妥协的结果，有利于快速解决争议，节约征纳双方的时间和成本，并保证合理金额的税款征收。但根据《税务法典1997》的规定，只有以下两种情况，纳税人才能通过和解少缴税款：一是对不利于纳税人的主张的合法性存在合理的质疑；二是纳税人提出以其当前的财务状况无法按照国家税务局的要求缴纳足额税款。

税务行政复议，是指税务行政行为当事人不服税务机关做出的税务具体行政行为，依法向上级税务机关提出申请，重新审理税务机关具体行政行为的一种救济方式。

税务行政诉讼，是指税务行政行为当事人认为其自身合法权益受到税务机关不法或不当行为的侵害，向法院申诉请求撤销或制止这种违法行为并赔偿其损失的一种救济手段。

根据菲律宾相关法律法规，纳税人有权申请税务行政复议或税务行政诉讼，以解决涉税争议，寻求行政救济。

税务调解，该争议解决机制需要公正客观的第三方调解员的参与。调解员必须是退休的法官、资深法律从业人员或资深注册公共会计师，或者至少具有从事税法或海关法 5 年以上工作经验的且得到法律许可的海关经纪人。同时，上述法律从业者也要求至少具有 10 年实践经验。调解员帮助双方确定争议并提出解决争议的相应方案。一旦形成双方都能接受的协议，该协议将变成法院判决的依据。在法庭已经接管审理具体税务案件后，法院附设调解的程序需要在法庭的主持下进行。

（五）菲律宾国际税务行政协助与合作基础

在国际税务行政协助上，菲律宾起步较晚。在涉税信息情报交换和利用相互协商程序解决跨境税收争议等方面，菲律宾相较其他辖区并无独特之处。

1. 菲律宾加入《多边税收征管互助公约》

《多边税收征管互助公约》于 1988 年 1 月 25 日开放签署，并于 2010 年 5 月 27 日开放了修订公约的议定书的签署。《多边税收征管互助公约》是目前处理跨境逃避税问题最为全面的多边法律文书，在尊重纳税人基本权利的前提下，促进缔约方通过开展国际合作更好地落实本国税收法律法规。《多边税收征管互助公约》规定了从税务信息交换到委托代征等几乎所有可能的征管合作形式。截至 2023 年 6 月，已有 147 个辖区加入《多边税收征管互助公约》，菲律宾也于 2014 年 9 月 26 日签署了《多边税收征管互助公约》及其议定书。

2. 菲律宾双边税收情报交换协定网络

截至 2023 年 6 月，菲律宾没有对外正式签订任何双边税收情报交换协定，仅与墨西哥于 2012 年 8 月 31 日签订了关税领域的双边征管互助协议，该协议于 2013 年 6 月 15 日起生效执行。2015 年 7 月 13 日，菲律宾与美国签署了《外国账户税收合规法案》（FATCA）政府间协议，菲律宾金融机构可向菲律宾税务主管当局报送美国公民持有账户信息，并由菲律宾税务主管当局将相关信息传递给美国国内收入局，但目前两国政府间协议的生效状态不明。

此外，菲律宾还与奥地利、比利时、加拿大、丹麦、法国、德国、日本、韩国、卢森堡、荷兰、葡萄牙、西班牙、瑞典、瑞士、英国等国签订了《社会保障协定》。

3. 菲律宾跨境税收争议解决机制

（1）税收争议相互协商程序机制。

税收争议相互协商程序（MAP）是避免双重征税协定建立的争端解决机制。根据避免双重征税协定"相互协商程序"条款规定，当一个人认为缔约国一方或双方的措施导致或将导致对其不符合协定规定的征税时，可以不考虑国内法律所规定的补救方法，将案情提交其本人为居民或国民的缔约国一方主管税务机关。如果主管税务机关认为所提意见合理又不能单方面解决时，应与缔约国另一方主管税务机关协商解决。相互协商程序是目前世界各国解决跨境税收争议最主要的方式，但该机制只适用于缔约一方或双方的征税措施可能导致不符合税收协定规定的征税结果的情况。例如，纳税人无法通过相互协商程序解决增值税税收争议，因为该机制只适用于税收协定适用税种的争议，而除极特殊的规定外，避免双重征税协定只适用于所得税类税种（部分税收协定适用于财产税）。菲律宾于 2022 年正式发布关于提请相互协商的操作指引。

（2）税收仲裁机制。

《OECD 协定范本》和《UN 协定范本》在"相互协商程序"条款下都设置了仲裁条款，即如果缔约双方税务主管当局无法在两年内通过相互协商程序解决税收争议，纳税人可就未解决的争议事项提请仲裁。但多数发展中国家对仲裁持保留态度，菲律宾与其他国家或地区签订的避免双重征税协定中均未规定税收仲裁条款。

（六）BEPS 行动计划成果的落地行动基础

BEPS 行动计划明确了"确保利润在经济活动发生地和价值创造地征税"的基本原则，并提出四项最低标准。为使 BEPS 行动计划下的各项成果在全球范围内得到广泛、一致且有效的落地，也为使发达国家、发展中国家等不同类型的经济体可以公平参与到 BEPS 行动计划落实和后续规则完善工作中，2016 年，BEPS 包容性框架（简称包容性框架）成立。截至 2023 年6 月，菲律宾未加入包容性框架，除在税收透明度方面有所行动外，没有落地任何 BEPS 行计划成果。

二 菲律宾国际税收管理发展变化（2021~2023年）

2021 年，菲律宾发布《菲律宾共和国企业复苏和税收激励法案》（CREATE 法案），出台"组合式"企业所得税减免和优惠政策，以刺激经济的复苏与增长，同期，出口退税政策也有往复调整。近三年，菲律宾也出台了一些简化税收协定执行程序、开展自发涉税信息交换、规范相互协商程序的税收程序性文件，菲律宾国际税收管理制度体系逐步建立。

（一）菲律宾跨境所得税和增值税制度发展变化

2021 年 3 月 16 日，菲律宾总统发布 CREATE 法案，该法案自 2021 年 4 月 11 日起生效执行。CREATE 法案是为应对新冠疫情而制定的，着力减轻在菲律宾开展贸易和经营活动的国内企业和外国企业的税收负担，对特定地区、特定行业的企业提供免税期、特殊优惠税率、成本费用加计扣除等刺激性优惠政策，在支持企业度过疫情冲击的同时促进菲律宾的经济复苏和产业发展。CREATE 法案被认为是菲律宾近代历史上对企业最大的财政刺激措施。

1. 菲律宾跨境企业所得税税制改革

（1）外国企业适用企业所得税税率的调整。

CREATE 法案未改变菲律宾对国内企业、居民外国企业和非居民外国企业的定义，但对相关纳税人不同所得适用税率做了较大调整。该法案下调了国内企业和外国企业适用的企业所得税税率（从30%降至25%），并追溯至 2020 年 7 月 1 日起适用。未来 6 年，外国企业所得税税率还将每年降低一个百分点，到 2027 年最终降至20%。CREAT 法案实施前后菲律宾外国企业所得税税率对比见表 8。

表 8　CREAT 法案实施前后菲律宾外国企业所得税纳税人适用税率变化

纳税人	原税率（%）	新税率（%）	实施日期
居民外国企业	30	25	2020 年 7 月 1 日
居民外国企业最低企业所得税	2	1	2020 年 7 月 1 日至 2023 年 6 月 30 日
非居民外国企业	30	25	2021 年 1 月 1 日
地区运营总部	10	25	2020 年 7 月 1 日
非增值税纳税人比例税	3	1	2020 年 7 月 1 日至 2023 年 6 月 30 日
不当累积利润税	10	取消	—

（2）居民外国企业适用企业所得税税率的调整。

根据 CREATE 法案，居民外国企业最低企业所得税税率适用临时性优惠税率。2021 年 4 月 11 日至 2023 年 6 月 30 日，菲律宾居民外国企业最低企业所得税税率适用 1% 的临时优惠税率，并追溯至 2020 年 7 月 1 日起适用。该项优惠税率政策与国内企业所享优惠税率相同。

延续和取消跨国公司地区运营总部的企业所得税优惠税率政策。2021年，跨国公司地区运营总部取得的来源于菲律宾的收入，延续 2020 年按10% 的优惠税率缴纳企业所得税的政策。但是，根据 CREATE 的规定，该类地区运营总部自 2022 年 1 月 1 日起，恢复按照企业所得税法定税率 25% 纳税。

（3）非居民外国企业适用企业所得税税率的调整。

自 2021 年 1 月 1 日起，除有特殊规定外，未在菲律宾从事贸易或经营活动的外国企业，应就其在纳税年度内取得的所有来源于菲律宾的总收入按照 25% 的优惠税率缴纳企业所得税，即符合规定的非居民外国企业适用的企业所得税税率下调了 5 个百分点，由原 30% 下调到25%。

（4）消极所得适用企业所得税税率的调整。

CREATE 法案还对部分消极所得适用税率进行了调整，提高了区域运营总部和居民外国企业取得股权转让所得的适用税率。另外，来源于外国的股息在同时符合以下两个条件时可以享受免税待遇：第一，实际收到或汇入菲律宾的股息在收到该股息的下一个纳税年度内重新投资于在菲律宾开展业务运营的国内企业，且资金使用仅限于为运营资本、资本支出、股息支付、投资国内子公司及基础设施项目提供资金；第二，在股息分配时，国内公司直接持有外国公司的流通股占比不低于 20%，且持有期不低于两年。CREATE 法案实施前后菲律宾消极所得适用企业所得税税率变化见表 9。

表9 CREATE 法案实施前后菲律宾消极所得适用企业所得税税率变化情况

税目	旧税率	新税率
居民外国企业出售未在证券交易所交易的股权所获得的财产收益	5%/10%	15%
地区运营总部	7.5%	15%
国内企业取得来源于外国的股息	15%	免税，但需在菲律宾进行再投资

（5）跨境企业所得税税收优惠政策调整。

出口型企业适用企业所得税减免税政策。CREATE 法案提出了一系列企业所得税刺激政策，主要是根据企业所处地区和所属行业的不同，提供4～7年不等的免税期，免税期结束后还可继续享受按照5%特殊企业所得税税率就总收入纳税的政策（替代中央和地方税收），或者享受5～10年不等的成本费用加计扣除优惠。总体而言，出口型企业可享受的税收优惠期长于国内市场企业，且出口型企业可选择适用5%特殊企业所得税税率或加计扣除优惠，而国内市场企业只能适用加计扣除优惠；边远地区企业可享受的税收优惠期长于首都和大城市地区企业；高新技术行业企业可享受的税收优惠期更长，这充分体现了菲律宾的出口导向型发展策略，支持落后地区发展的政策导向和推进高新技术企业发展的产业政策。CREATE 法案下菲律宾出口型企业适用企业所得税优惠分类情况见表10。

表10 CREATE 法案下菲律宾出口型企业适用企业所得税优惠分类情况

地点/行业分类	第一类	第二类	第三类
首都地区	4 年免税期 + 10 年加计扣除/特殊所得税税率	5 年免税期 + 10 年加计扣除/特殊所得税税率	5 年免税期 + 10 年加计扣除/特殊所得税税率
大都市区或首都周边地区	5 年免税期 + 10 年加计扣除/特殊所得税税率	6 年免税期 + 10 年加计扣除/特殊所得税税率	7 年免税期 + 10 年加计扣除/特殊所得税税率
所有其他地区	6 年免税期 + 10 年加计扣除/特殊所得税税率	7 年免税期 + 10 年加计扣除/特殊所得税税率	7 年免税期 + 10 年加计扣除/特殊所得税税率

出口型企业适用企业所得税成本费用加计扣除政策。CREATE 法案对于出口型企业和国内市场企业可享受的成本费用加计扣除，根据不同的成本费用类型制定了不同的加计扣除比例。详细扣除比例见表 11。

表 11　CREATE 法案实施前后菲律宾出口型企业成本费用加计扣除比率对比

详细项目	CREATE 法案实施前	CREATE 法案实施后
电费	100%	150%
人工费用	150%	150%
培训费用	100%	200%
研发费用	100%	200%
国内投入支出	100%	150%
制造业再投资津贴	无	最高为再投资利润的 50%（自再投资之日起 5 年内）
折旧津贴	无	建筑 10%，机械 20%

适用跨境企业所得税税收优惠政策的企业条件。菲律宾政府发布的《2020 年菲律宾共和国投资优先计划》①（IPP）和《2022 年菲律宾共和国战略投资优先计划》②（SIPP）明确了可适用上述不同税收优惠政策的三类企业所属行业。

第一类企业包括但不限于从事以下活动的企业。①合格的制造活动，包括农产品加工。②农、渔、林产品。③集成电路设计。④创意产业和知识型服务。⑤飞机的维护、修理和大修。⑥替代能源汽车充电/加油站。⑦工业废物处理。⑧电信。⑨大规模住宅。⑩基础设施和物流。

第二类企业是从事有助于升级菲律宾产业价值链活动的企业，包括但不限于以下行业的企业。①绿色生态系统：电动汽车（EV）组装、电动汽车零部件制造、可再生能源、储能、回收再利用等。②健康相关活动：疫苗自

①　Approving the 2020 Investment Priorities Plan（Memorandum Order No. 50 s. 2020），https：//www. officialgazette. gov. ph/2020/11/18/memorandum-order-no-50-s-2020/.

②　Approving the 2022 Strategic Investment Priority Plan（Memorandum Order No. 61 s. 2022），https：//www. officialgazette. gov. ph/2022/05/24/memorandum-order-no-61-s-2022/.

力更生计划和其他健康相关计划支持的制造活动、药物、活性药物成分、专科医院等。③国防相关活动：经国防部、菲律宾武装部队或国家安全委员会批准的活动。④与解决产业价值链差距相关的活动：解决钢铁、纺织品、化学品、绿色金属加工、原油精炼和实验室规模晶片制造价值链差距的活动。⑤与粮食安全有关的活动。

第三类是从事对菲律宾经济转型具有战略重要性活动的企业，包括但不限于以下行业的企业。①采用第四次工业革命的先进数字生产技术的研发和活动：机器人、人工智能（AI）、添加剂制造、数据分析、数字化转型技术、纳米技术、生物技术、生产和/或使用新的杂交种子等。②高新技术制造业、创新产品和服务生产：设备、零件和服务的制造、知识产权商业化和产品/服务研发、航空航天、医疗设备、物联网设备和系统、全尺寸晶片制造、先进材料等。③建立创新支持设施：研发中心、管理中心、科技园区、创新孵化中心、科技初创企业、创投企业、孵化器和加速器以及空间基础设施。

2. 菲律宾跨境个人所得税管理的发展变化

（1）公民和居民外国人个人所得税税率调整。

2021~2022 年延续既有的累进税率政策。根据 2018 年 1 月 1 日生效的《菲律宾共和国促进发展增速和包容性税收改革法案》①（简称《2018 税收改革法案》），2021~2022 年，菲律宾公民和居民外国人的个人所得继续适用 2018 年以来的个人所得税五档累进税率。见表 12。

表 12   2021~2022 年菲律宾公民和居民外国人个人所得税税率

应纳税所得	上一档应纳税额（万比索）	累进税率（%）
不超过 25 万比索	0	0
超过 25 万比索,但不超过 40 万比索	0	20
超过 40 万比索,但不超过 80 万比索	3	25
超过 80 万比索,但不超过 200 万比索	13	30
超过 200 万比索,但不超过 800 万比索	49	32
超过 800 万比索	241	35

① The Tax Reform for Acceleration and Inclusion Act, （TRAIN）（Republic Act No. 10963）, https：//www. dof. gov. ph/ra-10963-train-law-and-veto-message-of-the-president/.

2023 年起下调四档中低档累进税率。根据《2018 税收改革法案》，自 2023 年 1 月 1 日起，菲律宾个人所得税税率在保持五档级距保持不变的情况下，低档累进税率有所下调，由 20%、25%、30%、32% 和 35% 五档调整为 15%、20%、25%、30% 和 35% 五档，对于低收入个人减税效应较为明显。见表 13。

表 13　2023 年 1 月 1 日起菲律宾公民和居民外国人个人所得税税率

应纳税所得	上一档应纳税额（万比索）	累计税率（%）
不超过 25 万比索的部分	0	0
超过 25 万比索，但不超过 40 万比索	0	15
超过 40 万比索，但不超过 80 万比索	2.25	20
超过 80 万比索，但不超过 200 万比索	10.25	25
超过 200 万比索，但不超过 800 万比索	40.25	30
超过 800 万比索	220.25	35

（2）公民和居民外国人经营所得的比例税率调整。

根据 CREATE 法案，2021 年 4 月 11 日至 2023 年 6 月 30 日，菲律宾公民和居民外国人的个人经营所得适用 1% 的优惠比例税率，并追溯至 2020 年 7 月 1 日起适用。但是，自 2023 年 7 月 1 日起，该比例税率提高为 3%。

3. 菲律宾进口增值税优惠政策调整

在增值税领域，CREATE 法案也提供了一系列的优惠政策，主要是对原适用 12% 税率的特定产品和服务豁免征收增值税。主要规定见表 14。

表 14　CREAT 法案实施前后菲律宾进口增值税税收优惠政策变化

项目	CREATE 法案实施前	CREATE 法案实施后	有效期
销售用于 PPE 生产的资本设备和原材料的增值税	12%	豁免	
进口所有针对 COVID-19 的处方药、医疗用品、设备的增值税	12%	豁免	2021 年 1 月 1 日至 2023 年 12 月 31 日

续表

项目	CREATE 法案实施前	CREATE 法案实施后	有效期
销售或进口 COVID-19 疫苗的增值税	12%	豁免	
进口联合国教科文组织协议适用的电子书的增值税	12%	豁免	
销售和进口针对癌症、精神疾病、肺结核和肾脏相关疾病的处方药的增值税	12%	豁免	2021 年 1 月 1 日至 2023 年 12 月 31 日

（二）菲律宾税收协定下避免所得双重征税管理的发展变化

近三年，菲律宾仅对外新签订了一个税收协定，但建立起了非居民纳税人申请享受税收协定待遇的管理程序。

1.菲律宾税收协定网络的发展变化

2021 年 7 月 16 日，菲律宾与文莱签订了避免双重征税协定，此后至 2023 年 6 月，菲律宾未再与其他国家新签署避免双重征税协定。菲律宾与文莱的税收协定尚未生效。

2.菲律宾税收协定执行管理的发展变化

2021 年 3 月 31 日，菲律宾国内收入局发布第 14-2021 号税务备忘录（RMO 14-2021）①，明确非居民纳税人就从菲律宾取得的所得申请享受税收协定待遇的程序。该税务备忘录明确非居民纳税人可以通过扣缴义务人或收入支付人提交享受税收协定待遇的材料，由扣缴义务人在纳税年度结束次年的第 4 月最后一日之前向菲律宾国内收入局国际税务司提交确认非居民纳税人适用协定优惠税率适当性的申请。如扣缴义务人按常规预提所得税税率扣

---

① https：//www.bir.gov.ph/index.php/revenue-issuances/revenue-memorandum-orders/2021-revenue-memorandum-orders.html.

缴税款，非居民纳税人可自行向菲律宾国内收入局提出享受税收协定待遇的申请，并要求退回多缴税款。该税务备忘录发布后，暂无关于税收协定执行管理的新规定或新要求。

（三）菲律宾国际反避税管理的发展变化

菲律宾的反避税管理规则体系并不完善，2013 年，菲律宾国内收入局发布《转让定价指引》（2013 年第 2 号税收条例），此后少有进一步的政策动作。2020 年，菲律宾国内收入局更新了关联方交易信息报告表。2022 年6 月，菲律宾国内收入局发布了《在菲律宾申请相互协商程序协助的程序和指引》①，明确了菲律宾税务机关受理相互协商申请的具体要求，此外并无重大发展变化。

（四）菲律宾出口货物劳务退（免）税办理服务的发展变化

2021 年 6 月 9 日，菲律宾国内收入局发布第 9-2021 号税收条例②，对之前适用零税率的出口货物和服务改为征收 12%的增值税。具体涉及的交易包括：①向非居民买家出售原材料或包装材料，交付给当地出口导向型居民企业，用于在菲律宾制造、加工、包装或重新包装非居民买家的货物，并以外币支付；②向出口销售额超过年生产总量 70%的出口企业销售原材料或包装材料（出口销售额超过上一纳税年度年生产总量 70%的企业为出口企业）；③根据伊斯兰教义或其他特别法律被视为出口销售的交易；④为在菲律宾境外开展业务的其他人加工、制造或重新包装货物，这些货物随后出

---

① https：//www. bir. gov. ph/index. php/revenue – issuances/revenue – regulations/2022 – revenue – regulations. html.

② Amends certain provisions of RR No. 16-2005, as amended by RR No. 13-2018 and as further amended by RR No. 26-2018, to implement the imposition of 12% VAT on transactions covered under Section 106（A）（2）（a）subparagraphs（3），（4），and（5），and Section 108（B）subparagraphs（1）and（5）of the NIRC of 1997, as amended by RA No. 10963（TRAIN Law）（Revenue Regulations No. 9-2021），https：//www. bir. gov. ph/index. php/revenue-issuances/revenue-regulations/2021-revenue-regulations. html.

口，并以外币支付；⑤分包商或承包商为出口销售额超过年总产量 70% 的企业提供的加工或制造服务。

2021 年 7 月，菲律宾国内收入局宣布暂停对上述交易征收 12% 的增值税。同年 12 月 3 日，菲律宾国内收入局发布了第 21-2021 号税收条例①，恢复对某些出口货物和服务适用增值税零税率，并明确增值税零税率适用自出口企业注册之日起最长为 17 年，除非政府另行出台政策延长零税率适用期。

（五）菲律宾国际税务行政协助与合作发展变化

2022 年，菲律宾同时制发了两份关于自发信息交换和相互协商程序申请的税收条例，推动国际税务行政协助与合作迈出重要一步。

1. 菲律宾双边税务信息交换的发展变化

2022 年 6 月 30 日，菲律宾国内收入局发布了第 11-2022 号税收条例《纳税人特殊裁定自发信息交换程序与指引》②。该税收条例明确菲律宾税务机关基于避免双重征税协定中的"信息交换"条款，自发交换纳税人的特殊裁定信息，具体涉及与优惠税制有关的裁定，与转让定价相关的单边预约定价安排和其他单边税务裁定（如预先税务裁定），单边下调纳税人应税利润跨境裁定，常设机构裁定和关联方导管公司裁定。该税收条例还规定菲律宾国内收入局收到其他国家自发交换来的特殊裁定信息，如果评估认为信息有助于税收调查，将发地方税务机关进行调查。

---

① Amends certain provisions of RR No. 16-2005, as amended by RR Nos. 4-2007, 13-2018, 26-2018 and 9-2021 to implement Sections 294（E）and 295（D），Title XIII of the NIRC of 1997, as amended by RA No. 11534（CREATE Act），and Section 5, Rule 2 and Section 5, Rule 18 of the CREATE Act Implementing Rules and Regulations（Revenue Regulations No. 21-2021），https：//www. bir. gov. ph/index. php/revenue-issuances/revenue-regulations/2021-revenue-regulations. html.

② Prescribes the Guidelines and Procedures for the Spontaneous Exchange of Taxpayer Specific Rulings（Revenue Regulations No. 11-2022），https：//www. bir. gov. ph/index. php/revenue-issuances/revenue-regulations/2022-revenue-regulations. html.

2. 菲律宾跨境税收争议解决机制的发展变化

2022 年 6 月 30 日，菲律宾国内收入局发布第 10-2022 号税收条例《在菲律宾申请相互协商程序协助的程序和指引》①，明确了纳税人提起相互协商申请的受理机关、案件类型、材料要求、时限要求、协商步骤等重要内容。如果纳税人认为避免双重征税协定缔约双方或任一方所采取的税收行为与税收协定的规定不一致，即可在规定时间内提起相互协商申请。菲律宾国内收入局受理相互协商申请的争议类型主要有预提所得税税率适用不当、居民身份认定、常设机构构成、常设机构利润归属、转让定价调整等。

该税收条例还规定了相互协商程序与其他国内救济方式之间的法律关系。①与行政诉讼或行政复议的关系。纳税人正在进行行政诉讼或行政复议不影响其提起相互协商申请的权利，但相互协商程序不可与行政诉讼或行政复议同时进行，纳税人需明确优先采用哪种救济方式，其他救济方式需相应暂停。如果纳税人优先选择相互协商程序，但相互协商程序未能达成协议或纳税人不接受协商结果，则纳税人可继续采取其他救济方式解决争议。②相互协商程序不能推翻法院判决，故只有法院尚未做出最终判决的事项，才能通过相互协商程序处理。③菲律宾税务主管当局不受外国法院判决的约束，可选择单边处理税收争议。④相互协商期间，符合菲律宾相关法律法规规定的纳税人可以申请税款暂停征收。

该税收条例还明确纳税人申请通过相互协商程序签订预约定价安排的程序和指引将另行规定。

（六）BEPS 行动计划成果的菲律宾落地行动发展变化

菲律宾并未加入包容性框架，没有落实 BEPS 行动计划成果建议的义务，但菲律宾关于相互协商程序申请和特殊裁定自发信息交换的规定已在一定程度上体现了 BEPS 行动计划成果的重要理念。

---

① Prescribing the Guidelines and Procedures for Requesting Mutual Agreement Procedure （"MAP"） Assistance in the Philippines. （Revenue Regulations No. 10-2022）, https：//www. bir. gov. ph/index. php/revenue-issuances/revenue-regulations/2022-revenue-regulations. html.

2017 年起，包容性框架为完成第一项行动计划遗留工作，加速推进应对经济数字化税收挑战多边共识性解决方案的研究与谈判。2021 年 10 月 8 日，包容性框架 136 个辖区就应对经济数字化税收挑战的"双支柱"方案达成框架性共识。菲律宾由于未加入包容性框架，没有参与谈判，也没有加入多边共识。然而，在数字经济快速发展的时代背景下，菲律宾也在相关税收问题上有所行动。2022 年 7 月，菲律宾总统小费迪南德·马科斯在他的第一次国情咨文中宣布将对税收制度进行改革，引入对数字经济征收增值税的措施，并大力促进纳税便利化。2023 年 4 月，菲律宾国内收入局就一份拟发布的税收条例草案征求意见，该条例拟规定对在线平台服务提供商向通过其平台销售商品或提供服务的卖方支付的款项总额征收预提税，预提税税率为 1%，税基为在线平台服务提供商向商品或服务卖方汇款总额的一半。单笔交易金额超过 1 万比索，或在一纳税年度交易达到 6 笔或以上的，需缴纳该预提税。

三　菲律宾国际税收管理发展前景

2021 年，菲律宾出台 CREATE 法案，从推动从疫情中复苏、促进经济长期健康发展的角度出发，对跨境税源管理制度进行了重大改革。近三年，菲律宾也出台了一些税收政策和操作指引，以完善其国际税收管理体系。但从现状看，菲律宾的国际税收法律基础和征管体制仍存在一些空白，参与国际税收合作也较为有限。展望未来，随着 CREATE 法案政策效果的显现，菲律宾经济发展水平将不断提升，对外开放程度将逐步扩大，其对强化国际税收管理的重视程度也会有所提升，相关制度体系也将趋于完善。

（一）菲律宾跨境税收管理发展前景

《税务法典 1997》对于居民纳税人和非居民纳税人的界定是相对稳定的，即使 2021 年的 CREATE 法案被视为菲律宾近代历史上对企业最大的财政刺激政策，也未对居民纳税人和非居民纳税人的划分做出调整。预计未来相关定义会在较长时间里保持稳定。

CREATE 法案体现了菲律宾跨境税收管理理念的变化，即实现居民企业和非居民企业同等税收待遇，并强化国内实体经济的发展。CREATE 法案发布前，非居民外国企业在菲律宾设立地区运营总部取得的积极所得和消极所得适用税率都显著低于国内企业和居民外国企业。菲律宾对外国企业实施超国民税收待遇，希望以此吸引跨国企业总部投资。CREATE 法案发布后有以下几点变化。①非居民外国企业地区运营总部的税收待遇与国内企业和居民外国企业趋同。②针对不同行业的实体企业提供长达 4~7 年的免税期，以及以后年度的成本费用加计扣除和 5% 特殊企业所得税税率。③国内企业从境外取得股息也可享受和从国内企业取得股息相同的免税待遇，前提是相关资金要进行国内再投资。这一系列政策都体现出菲律宾转向以税收优惠吸引实体产业投资、促进产业链升级的政策取向。未来，如无重大政策变化，菲律宾应会沿着既定经济发展战略执行并不断优化跨境税收政策。

（二）菲律宾税收协定下避免所得双重征税的管理发展前景

税收协定网络将进一步扩大。菲律宾自 20 世纪 70 年代开始谈签避免双重征税协定，但截至 2023 年 6 月，仅签署了 45 个税收协定，且大部分协定于 20 世纪签署。2010 年以后，菲律宾仅与德国、泰国、墨西哥、文莱新签订了税收协定，并与法国、意大利、巴林岛签署了修订税收协定的议定书。菲律宾的税收协定网络已基本覆盖了主要发达经济体和发展中经济体，菲律宾与新加坡、马来西亚、印度尼西亚、越南、泰国、文莱等其他东盟成员国也建立了税收协定网络，目前东盟成员国中仅缅甸、老挝、柬埔寨尚未与菲律宾签署税收协定。2022 年后，世界各国跨境交流活动再次活跃，菲律宾可能会选择与经济联系较为紧密的辖区开展税收协定谈判，进一步扩大本国的税收协定网络。

税收协定条款将更加注重维护来源国税收管辖权。菲律宾作为发展中国家，注重维护所得来源国的征税权，其所签订的税收协定主要参照《UN 协定范本》有关规定，但也会援引《OECD 协定范本》的注释来解释所签订的税收协定条款。营业利润、股息、利息、特许权使用费是跨国经贸往来中规模最大的几种所得类型，也是各国谈签税收协定和非居民纳税人享受税收协定待遇的重点。菲律宾在其税收协定网络相关条款的规定中较为明显地体现出注重维护来源国税收利益的特征。在日趋复杂的国际经贸环境下，随着菲律宾对外经贸的活跃，其税收协定的谈签将保持甚至更凸显维护来源国税收管辖权的特征。

税收协定待遇管理呈简化程序、放松审批的趋势。菲律宾执行税收协定，对于非居民纳税人享受税收协定待遇管理较为严格，但近年呈简化程序、放松审批的趋势。2021年，菲律宾国内收入局发布税务备忘录明确非居民纳税人申请享受税收协定待遇的程序。从其新规看，菲律宾正在简化税收协定待遇享受程序，并逐步减少政府审批干预。未来菲律宾的税收协定待遇管理可能向便利纳税人、促进跨境经贸的方向发展，与此同时菲律宾亦可能加强对税收协定滥用的管理。

（三）菲律宾国际反避税管理发展前景

菲律宾的反避税管理法律法规基础较为薄弱，《税务法典（1997）》中并没有专门规定反避税的章节，2013年发布的《转让定价指引》才建立起对关联方之间受控交易进行转让定价管理的基本制度，而受控外国公司、资本弱化、一般反避税等更是处于法律空白状态，更多是税务机关在实务中摸索对于跨境逃避税的管理。目前菲律宾仍重点关注利用税收优惠吸引外国投资以促进国内经济发展、产业升级。同时，菲律宾也尚未发展出一定数量的本国跨国企业，实施受控外国公司规则的必要性不大。

未来，随着菲律宾经济体量增长，开放程度提高，吸纳外国直接投资规模变大，其所面临的税基侵蚀和利润转移问题会逐渐突显。届时，菲律宾可能有更强动机建立相对完善的国际反避税政策体系，并强化相关税收管理工作。

（四）菲律宾国际税收服务发展前景

菲律宾对出口商品和服务实施增值税零税率符合国际通行做法。菲律宾近两年曾试图取消对特定出口商品和服务类型适用零税率，改为按照12%的标准税率征税，但很快又取消了这项恢复征税的政策。这一政策调整可能是受新冠疫情影响。目前菲律宾对相关零增值税税率政策规定了纳税人最长可享受的期限，但到期后纳税人如果选择关厂重建则可重新开始享受零增值税税率的优惠待遇，因此，未来菲律宾可能需要强化政策制定的科学性、协调性，并有效强化税收征管。

（五）菲律宾国际税务行政协助与合作发展前景

2022年12月10日，印度-太平洋经济框架（IPEF，简称印太经济框架）第一轮谈判在布里斯班举行。该框架旨在创造伙伴地区的可持续经济增长，由四个支柱组成：贸易，供应链，清洁能源、去碳化和基础设施，税收和反腐败。印太经济框架的合作伙伴包括澳大利亚、文莱、斐济、印度、印度尼西亚、日本、韩国、马来西亚、新西兰、新加坡、泰国、美国、越南和菲律宾，成员国GDP占全球GDP的40%。印太经济框架中所涉及的税收议题内容尚不明朗。菲律宾加入印太经济框架，可能是希望借此扩大对外出口，这符合其当前所实施的出口导向型发展战略，而印太经济框架对菲律宾国际税务合作的影响还有待进一步观察。

2023年1月20日，菲律宾宣布加入"亚洲倡议"，签署《巴厘岛宣言》。新冠疫情使世界经济发展遭受重大冲击，发展中国家提供公共产品和服务的资金筹措能力也受到影响，因此更加重视打击逃税和非法资金流动。对此，部分全球税务透明度和情报交换论坛（全球论坛）的亚洲成员辖区于2021年11月17日启动了亚洲税收透明度倡议，旨在使亚洲国家在推进税收透明度议题讨论过程中发挥更为重要的地区作用，同时将国际税务合作纳入国内资源调动和经济复苏战略中，在多边合作中彰显地区影响力，并促进亚洲国家之间的知识共享。2022年7月14日，中国内地、文莱、中国香港、印度、印度尼西亚、日本、哈萨克斯坦、韩国、中国澳门、马尔代夫、马来西亚、巴基斯坦、新加坡、泰国共同在印度尼西亚巴厘岛发布了《巴厘岛宣言》，强调要实施全球论坛建立的税收透明度标准，强化在税务信息交换领域的国际税务合作，并呼吁各国加入全球论坛、签署《多边税收征管互助公约》、参与相关能力建设项目。随后，蒙古国、亚美尼亚在2022年下半年先后加入《巴厘岛宣言》。菲律宾宣布加入"亚洲倡议"是其在税收透明度多边合作方面迈出的重要一步。

（六）BEPS 行动计划成果的菲律宾落地行动发展前景

菲律宾是东盟中重要的成员国，其人口数仅次于印度尼西亚，是世界上第十三人口大国，在制造业、服务业和农林渔产业方面也有自身优势。但截至2023年6月，菲律宾并未加入包容性框架，也未加入应对经济数字化税收挑战双支柱方案多边共识。参加国际税收规则的制定，意味着自身将承担更多的国际义务，税收政策自主权会受到一定的制约。但脱离国际税收规则制定进程，很可能导致无法在规则设计过程中表达自身的合理诉求。未来菲律宾会如何选择，是否会采取更为积极主动的姿态，提升自身的国际话语权，发挥国际影响力，都有待进一步观察。

柬埔寨国际税收管理发展报告（2023）

摘　要： 了解柬埔寨的国际税收管理制度旨在为中国企业投资柬埔寨提供便利。本报告对柬埔寨国际税收管理制度的基础与变化做了介绍，并对其变化特点和趋势进行分析，方便读者了解柬埔寨国际税收管理的新变化、新特点和新趋势。

关键词： 柬埔寨　国际税收管理　税收协定

柬埔寨现行国际税收管理法律体系包括 1997 年颁布的《柬埔寨王国税法》（以下简称《税法》）、2003 年颁布的《柬埔寨王国税法修正案》、2004 年和 2020 年柬埔寨经济财政部更新的《柬埔寨王国所得税令》（以下简称《所得税令》）、双边税收协定，以及《柬埔寨王国投资法》（以下简称《投资法》）等。

一　柬埔寨国际税收管理发展基础（截至2020年）

柬埔寨国际税收管理的法律制度以《税法》、《所得税令》和双边税收协定为主。柬埔寨国际税收合作以双边合作为主，极少参与国际多边税收合作。在特殊反避税规则下，柬埔寨对转让定价做出了一定安排，对资本弱化等其他特殊反避税没有专门规定。

（一）柬埔寨跨境税收管理基础

1.柬埔寨居民纳税人和非居民纳税人的界定管理

（1）居民纳税人。

国内税法中的居民自然人和居民法人（或实体）。居民自然人的界定采用居所标准和停留超过特定期限标准，居民法人的界定采用主要营业活动所在地标准。根据柬埔寨《税法》第 3 条第 1 款，居民纳税人是指在柬埔寨王国有住所或主要居所的任何自然人，或在一个日历年度内在柬埔寨王国境内停留达到或超过 183 天的人；在柬埔寨王国成立或管理，或在柬埔寨王国设有主要营业地点的任何法人或穿透实体。

国际税法中的税收居民。根据柬埔寨签订的避免所得税双重征收的税收协定，税收居民是指根据缔约国法律，由于住所、居所、成立地、实际管理机构所在地、管理机构所在地、主要营业地或者其他类似的标准，在该缔约国负有纳税义务的人，并且包括该缔约国及其地方当局。但是，这一概念不包括仅因来源于该缔约国的所得而在该缔约国负有纳税义务的人。加比规则如下。①应认为仅是其永久性住所所在国的居民；如果在缔约国双方同时有永久性住所，应认为仅是与其个人和经济关系更密切（重要利益中心所在）的缔约国的居民。②如果其重要利益中心所在国无法确定，或者在缔约国双方都没有永久性住所，应认为仅是其习惯性居所所在国家的居民。③如果其在缔约国双方都有或者都没有习惯性居所，应认为仅是其国籍所属国家的居民。④如果发生双重国籍问题，或者其不是缔约国任何一方的国民，缔约国双方主管当局应通过协商解决。

（2）非居民纳税人。

柬埔寨国内税法定义的非居民纳税人，指不满足柬埔寨《税法》第 3 条第 1 款规定的但是有来源于柬埔寨境内所得的纳税人。

（3）常设机构。

一般常设机构。第一，国内税法中的一般常设机构。柬埔寨《税法》将具有固定性、持续性和经营性的营业场所认定为一般常设机构，但不包括从事协定所列举的专门从事准备性、辅助性活动的机构。柬埔寨《税法》第 3 条第 4 款规定：常设机构指外国公司在柬埔寨境内的分支机构、外国公司常驻柬埔寨境内的代理人，以及非居民个人在柬埔寨境内开展业务的固定营业场所。常设机构还包括与非居民在柬埔寨从事经济活动相关联的场所。第二，国际税法中的一般常设机构。柬埔寨签订的双边税收协定中，一般常设机构是指企业进行全部或部分营业的固定营业场所，具体包括：①管理场所；②分支机构；③办事处；④工厂；⑤作业场所；⑥仓库（部分协定中，将仓库限定为给他人提供储存设施，如文莱、中国香港）；⑦矿场、油井或气井、采石场或者其他开采自然资源的场所；⑧农场或种植园。

工程型常设机构的认定。柬埔寨签订的双边税收协定规定：①建筑工地（工程）一般规定以 6 个月（与中国香港、中国澳门、新加坡、泰国）、9 个月（与中国内地、马来西亚、韩国）或 183 天（与文莱、印度尼西亚、越南）为限，没有超过 12 个月的规定；②因勘探或开采自然资源而进行的活动（包括大型设备的操作）一般以任何 12 个月中连续或累计超过 90 天为限（与马来西亚的约定为 183 天）。

劳务型常设机构的认定。柬埔寨签订的双边税收协定一般规定以在任何 12 个月期间内连续或累计超过 183 天为限（与中国、韩国没有劳务型常设机构的约定）。

2. 柬埔寨企业所得税的跨境所得管理

（1）并行地域和居民双重税收管辖权。

居民纳税人就其全球收入缴税，非居民纳税人包括常设机构仅就来源于柬埔寨的收入缴税。

来源于柬埔寨境内所得。柬埔寨《税法》第 33 条规定，以下收入为来源于柬埔寨境内所得，应向柬埔寨承担纳税义务：柬埔寨居民企业、居民个人或政府机构支付的利息；居民企业分配的股息；在柬埔寨提供服务的收入；居民个人支付的管理和技术服务报酬；来自柬埔寨境内动产或不动产的收入；居民个人支付或非居民个人通过在柬埔寨设立的常设机构支付的使用或有权使用无形资产的特许权使用费；出售位于柬埔寨境内的不动产或转让位于柬埔寨境内的不动产的任何权益而获得的收益；柬埔寨风险保险或再保险的保费；出售动产收益，该动产属于柬埔寨非居民纳税人常设机构经营财产的一部分；非居民通过在柬埔寨的常设机构进行的商业活动的收入。

（2）企业跨境所得的预提税税率。

国内税法规定的预提税一般税率。预提税的一般税率适用于境内的企业向境外支付特定所得。柬埔寨《税法》第27条规定，居民纳税人向非居民支付利息、特许权使用费、租金、与使用财产相关的收益、经济财政部规定的管理费和技术服务费及股息时，要按规定预提税款，且预提的税款属于最终税，不能抵免应纳的利润税税款。根据2017年1月1日起生效的《2017年财政管理法》①的规定，任何经营业务的居民纳税人，包括非居民的常设机构，向非居民纳税人支付《税法》第33条所定义的任何来源于柬埔寨的收入，必须按已支付金额的14%预提税款。预提税不适用于柬埔寨境内支付的财产保险费或风险再保险费。

预提税的协定优惠税率。与柬埔寨签订避免双重征税协定的国家（地区）适用预提税的协定优惠税率（见表1）。

表1　柬埔寨已生效的避免双重征税协定下预提税优惠税率情况

单位：%

序号	缔约方	股息	利息	特许权使用费
1	新加坡	10	10	10
2	中国内地	10	10	10
3	文莱	10	10	10
4	泰国	10	10/15*	10
5	印度尼西亚	10	10	10
6	越南	10	10	10
7	中国香港	10	10	10
8	马来西亚	10	10	10
9	韩国	10	10	10
10	中国澳门	10	10	10
11	土耳其	10	10	10

*10%的预提税税率适用于包括保险公司在内的任何金融机构，其他的适用15%的税率。
资料来源：根据柬埔寨与相应国家（地区）签订的税收协定整理而成。

---

① Law on Financial Management for 2017, https：//www.tax.gov.kh/u6rhf7ogbi6/gdtstream/19462e82-a3ba-4a67-bd6a-ac9aa6c1165f.

3. 柬埔寨个人所得税的跨境所得税收管理

（1）居民个人跨境所得的征税范围。

①居民个人境外劳务所得。

主要包括境外受雇所得、境外董事费所得、境外退休及社会保障金所得三类。

居民个人境外受雇所得。根据个人从事的劳务活动是否具有独立性，可以将居民个人境外受雇所得分为独立个人受雇收入和非独立个人受雇收入。独立个人受雇收入，指缔约国一方居民从事专业服务或其他具有独立性质的活动取得的收入，具体包括独立的科学、文学、艺术、教育或教学活动，以及医师、律师、工程师、建筑师、牙医和会计师的独立活动取得的收入。非独立个人受雇收入，指缔约国一方居民因受雇取得的薪金、工资和其他类似报酬，包括受雇国际运输企业所得。受雇国际运输企业所得指在缔约国一方企业经营国际运输的船舶、飞机或公路车辆上从事受雇活动取得的报酬。

居民个人境外董事费所得。缔约国一方居民作为缔约国另一方居民公司的董事会成员取得的董事费和其他类似款项。

居民个人境外退休及社会保障金所得。缔约国一方政府或地方当局按社会保险制度的公共福利计划支付给缔约国另一方受雇居民的退休金和其他类似报酬（或当地受雇非居民个人）。

②居民个人境外权益性所得。

个人境外权益性所得包括个人来源于境外股息、利息、特许权使用费和技术服务费的收入。如果收款人也是权益性收益所有人，需要根据缔约双方协商的限制税率征税。柬埔寨与缔约各方约定的对利息征税的税率为10%，但与泰国约定的泰国取得来源于柬埔寨非金融机构的利息税率为15%。

（2）居民个人境外劳务所得的税收优惠待遇。

居民个人境外劳务所得的免税待遇，主要包括以下几类人群的境外劳务所得。

艺术家和运动员的境外所得免税待遇。在签订税收协定的两国政府文化交流项目框架下，与缔约一方签订受雇协议的居民个人或合伙企业到缔约另一方进行艺术、体育表演的，该个人或合伙企业在缔约另一方从事艺术或体育表演取得的所得，应在缔约另一方免征个人所得税。

跨境教师、研究人员的境外所得免税待遇。在访问缔约一方（A）之前是缔约另一方（B）的居民个人，为了在缔约一方（A）的大学、学院、学校或为该缔约一方（A）政府承认的教育机构和科研机构从事教学、讲学或研究工作，停留在缔约一方（A）并取得教学、讲学或研究报酬，缔约一方（A）应免征个人所得税。该免税规定不适用于不是为了公共利益而主要是为某个人或某些人的私利从事研究取得的所得。该项免税规定仅适用于柬埔寨与文莱、韩国、中国澳门的税收协定。该项目下的免税期限因国家或地区而异，有的是约定两年，如柬埔寨与韩国；有的是约定三年，如柬埔寨与文莱、中国澳门。

学生、企业学徒和实习人员的境外所得免税及税收非歧视待遇。第一，免税待遇。学生、企业学徒或实习生在紧接前往缔约一方（A）之前曾是缔约另一方（B）居民，仅由于接受教育或培训停留在缔约一方（A），他们为了维持生活、接受教育或培训收到来源于缔约一方（A）以外的款项，该缔约方（A）（学生等人员停留地）应免税。第二，税收非歧视待遇。上述学生、企业学徒或实习生取得的不在免税待遇范围内的赠款、奖学金和劳务报酬，在接受教育或培训期间，应与其所停留地居民享受同样的免税、优惠或减税待遇。该项税收非歧视条款仅适用柬埔寨与印度尼西亚的税收协定。

（二）柬埔寨税收协定下避免所得双重征税的管理基础

1.柬埔寨避免所得双重征税协定网络

截至 2020 年 12 月，柬埔寨已与 9 个国家或地区签订了关于对所得避免双重征税和防止偷漏税的协定，其中生效 9 个（见表2）。

表2　截至2020年12月柬埔寨签署的关于对所得避免
双重征税和防止偷漏税协定的情况

序号	缔约方	签署日期	生效日期	执行日期
1	新加坡	2016年5月20日	2017年12月20日	2018年1月1日
2	中国内地	2016年10月13日	2018年1月28日	2019年1月1日
3	文莱	2017年7月27日	2018年4月26日	2019年1月1日
4	泰国	2017年9月7日	2017年12月26日	2018年1月1日
5	印度尼西亚	2017年10月13日（金边） 2017年10月23日（雅加达）	2020年7月28日	2021年1月1日
6	越南	2018年3月31日	2019年2月20日	2020年1月1日
7	中国香港	2019年6月20日（金边） 2019年6月26日（中国香港）	2019年12月27日	2020年1月1日（柬埔寨） 2020年4月1日（中国香港）
8	马来西亚	2019年9月3日	2020年12月28日	2021年1月1日
9	韩国	2019年11月25日	2021年1月29日	2022年1月1日
10	日本	磋商中	—	—
11	俄罗斯	磋商中	—	—

资料来源：柬埔寨国家税务总局网站"国际关系"专栏，荷兰国际财税文献局（IBFD）税务信息平台。

2. 不同类型跨境所得的征税权划分

（1）居民企业不同类型跨境所得的征税权划分。

①居民企业跨境经营所得的征税权划分。

居民企业国际运输所得实行居民地和来源地独享或共享企业所得税征管权，即由经营国际运输业务的企业总机构所在地的缔约国负责征税。柬埔寨税收协定根据不同运输类型的利润，实行差别税收征管权：对于航空运输业务的利润，均规定仅由居民国进行征税；对于海运和水运业务的利润，征税权由居民国和来源国分享，缔约另一方可以征税，但应减征一半的税款；对陆路国际运输的利润，因泰国、越南与柬埔寨接壤，因此，这两国的征税权与柬埔寨分享，缔约另一方可以征税，但应减征一半的税款。

归属常设机构的营业利润实行来源地税收征管权，即由常设机构所在地的缔约国征税。柬埔寨与新加坡、中国内地、泰国、中国香港、马来西亚、韩国和中国澳门的税收协定规定仅以属于该常设机构的利润为限；而柬埔寨与文莱、印度尼西亚、越南对归属于常设机构的利润范围多了两种情形：①在缔约另一方销售的货物或商品与通过常设机构销售的货物或商品相同或类似；②在缔约一方进行的其他营业活动与通过常设机构进行的营业活动相同或类似。

②居民企业转让境外财产所得的征税权划分。

居民企业转让境外财产所得征税权的具体规定。第一，转让境外不动产所得，居民地与来源地分享征税权，可以由不动产所在地的缔约方征收。第二，转让境外常设机构营业财产所得，居民地与来源地分享征税权，可以由常设机构所在地的缔约方征税。第三，转让境外运输工具所得，实行居民地独享征税权，仅由该企业总机构所在地的缔约方征税。第四，转让境外公司股权所得，居民地与来源地分享征税权。财产结构规定：转让主要由不动产组成的境外公司股权收益的，可以由不动产所在地的缔约方征税；转让非不动产组成的境外公司股权收益的，由居民企业所属缔约方征税。第五，转让境外其他财产收益，居民地独享征税权，仅在转让者为其居民的缔约方征税。

（2）居民个人不同类型跨境所得的税收征管权划分。

①居民个人境外劳务所得的征税权。

独立个人劳务收入的征税权。柬埔寨税收协定（与韩国的税收协定除外）规定，对独立个人劳务收入实行居民地征税权，应仅在缔约一方征税。但具有以下情况之一的，也可在缔约另一方征税，分享征税权：在缔约另一方有固定基地供其定期使用以履行职责的，缔约另一方可就缔约一方的居民在该固定基地产生的所得部分征税；在"12 个月"期间，缔约一方的居民在缔约另一方停留的时间连续或累计超过 183 天的，缔约另一方可以仅对在缔约另一方取得的所得征税。"12 个月"的界定，新加坡、文莱、印度尼西亚和马来西亚规定任意连续的 12 个月，中国内地、泰国、越南、中国香港和中国澳门则规定一个相应的纳税（财政）年度内。

非独立个人劳务收入的征税权。具体分两种情况，一是实行居民税收管辖权：缔约一方居民因受雇取得的薪金、工资和其他类似报酬，除在缔约另一方从事受雇的活动外，应仅在缔约一方征税；二是实行分享税收管辖权：在缔约另一方从事受雇的活动取得的报酬，可以在缔约另一方（所得来源地）征税。同时满足以下条件的，实行分享征税权，可在缔约另一方（所得来源地）征税：一是收款人在有关历年中在缔约另一方停留连续或累计不超过183天；二是该项报酬由并非缔约另一方居民的雇主支付或该雇主代表支付；三是该项报酬不是由雇主设在缔约另一方的常设机构或固定基地所负担。

国际运输受雇所得的征税权。在缔约一方企业经营国际运输的船舶、飞机或公路车辆上从事受雇的活动取得的报酬，实行居民地征税权，应仅在该企业总机构所在缔约方征税。

境外董事费所得的征税权。缔约一方居民作为缔约另一方居民公司的董事会成员，取得的董事费和其他类似款项，可以在缔约另一方征税。

高级管理人员的境外受雇所得的征税权。柬埔寨与中国、印度尼西亚、越南、马来西亚的双边税收协定规定，缔约一方居民作为缔约另一方居民公司的高级管理人员取得的薪金、工资和其他类似报酬，可以由缔约另一方征税。

境外退休及社会保障金所得的征税权。除涉及政府服务另有规定外，因以前的雇佣关系支付给缔约一方居民的退休金和其他类似报酬，应仅在缔约一方征税。

②个人境外权益性所得的征税权划分。

个人境外股息所得实行股息来源地与受益人所在地分享征税权，即由收到股息或者支付股息的自然人根据居民身份判定条件，确定收入归属的缔约方征税。

个人境外利息所得实行利息来源地与受益人所在地分享征税权，即由收到利息或者支付利息的自然人根据居民身份判定条件，确定所得归属的缔约方征税。

个人境外特许权使用费所得实行来源地与受益人所在地分享征税权，即由收到特许权使用费或支付特许权使用费的自然人根据居民身份判定条件，确定所得归属的缔约方征税。

3.居民税收非歧视（无差别）待遇管理

居民税收非歧视（无差别）待遇包括国籍非歧视、常设机构非歧视、支付非歧视和资本非歧视四个方面的内容。柬埔寨政府签订的税收协定中，一般约定以下非歧视条款。

（1）居民国籍税收非歧视管理。

缔约国一方居民在缔约国另一方负担的税收或者有关条件，不应与缔约国另一方国民在相同情况下，负担或可能负担的税收或者有关条件不同或比其更重。

（2）居民企业常设机构税收非歧视管理。

缔约国一方企业在缔约国另一方常设机构的税收负担，不应高于缔约国另一方对其本国进行同样活动的企业。但该项规定不应理解为缔约国一方出于民事地位、家庭负担的考虑给予本国居民的任何税收扣除、优惠和减免也必须给予缔约国另一方居民。

（3）居民企业所得税收扣除非歧视管理。

除税收协定规定的特殊情况外，缔约国一方企业支付给缔约国另一方居民的利息、特许权使用费和其他款项，在确定该企业应纳税所得额时，应与在同等情况下支付给本国居民一样予以扣除。

（4）居民企业资本税收非歧视管理。

缔约国一方企业的资本全部或部分、直接或间接为缔约国另一方一个或一个以上的居民拥有或控制时，该企业在缔约国一方负担的税收或者有关条件，不应与缔约国一方其他同类企业的负担或可能负担的税收或者有关条件不同或比其更重。

虽有上述四款的规定，缔约国一方为促进经济发展的目的，根据其税法的规定，对其国民征收的税收不同于对缔约国另一方国民征收的税收，不应视为差别待遇。

4.柬埔寨居民纳税人境外所得税收抵免和税收饶让管理

（1）居民纳税人境外已纳税所得的税收抵免管理。

根据柬埔寨政府签订的税收协定，实行抵免法消除所得双重征税。柬埔寨与中国、韩国的税收协定限制支付股息的股份比例。柬埔寨对居民纳税人取得的境外收入，实行税收抵免，按国或地区分别计算抵免额。税收抵免额为在国外实际缴纳的税额与依照柬埔寨税法计算出的税额中的较低者，后者指依柬埔寨税法适用的税率计算的同期所有来源的利润税总额，乘以在该国取得的所得占全部来源所得总额的比例。

抵免额超过应纳税额的可向后 5 年结转。抵免额超出部分可结转至后续年度使用，直至产生抵免额的次年计算的第 5 年。如果税收抵免超过 1 年，则必须按照抵免额发生的先后按顺序进行税收抵免。

税收抵免扣除的限额管理。税收抵免是针对柬埔寨居民在每个外国缴纳的税款单独确定的。但是，在纳税年度允许扣除的税收抵免是以下较小者：在国外实际缴纳的税额；按照《税法》第 20 条规定的税率计算的同期所有来源的利润税总额，乘以在该国取得的所得占全部来源所得总额的比例后的数额。

税收抵免的实施条件。居民纳税人从国外获得收入并根据国外税法缴纳税款的，能够出示税务机关指定的各种确认文件，特别是外国纳税人和外国税务机关的证明，才可获得税收抵免，即从柬埔寨应纳的利润税总额中扣除在国外已纳缴税款。为了计算扣除此税收抵免前在柬埔寨应缴纳的税款，应考虑从柬埔寨来源和外国来源获得的收入总额。

（2）居民纳税人境外免税所得的税收饶让管理。

柬埔寨签订的避免所得双重征税的税收协定中，仅与其中 7 个国家或地区实行税收饶让，具体为泰国、印度尼西亚、越南、马来西亚、韩国、中国内地和中国香港，其中，泰国、韩国、中国内地和中国香港规定税收饶让的期限为 10 年。

（三）柬埔寨国际反避税管理基础

1. 转让定价管理规则

2017 年 10 月 10 日，柬埔寨经济财政部发布了柬埔寨第一份转让定价指南——经济财政部第 986 号公告《关于关联方之间收入和支出分配的规则和程序（转让定价）的公告》①（简称《2017 转让定价》）。该公告涵盖了关联交易的关键问题：独立交易原则的应用、可比交易、转让定价方法、关于无形资产和集团内部服务的具体指导、转让定价文档要求和对违规的税收处罚。《2017 转让定价》采纳了 OECD 转让定价指南中的独立交易原则，重点阐述了关联方、本地和跨境之间收入和支出分配的解释和程序。

（1）转让价格。

转让定价的定义。《2017 转让定价》将转让价格定义为"关联方之间收取的商品、服务或财产的价格"。转让定价是指使用最合适的转让定价方法设定关联方之间的交易价值（例如，商品或服务的销售或购买、特许权使用费、利息）。如果交易不合理，税务机关可能会调整价值并相应地征税。转让定价规则通常是确保相关实体以与转让的财产价值或提供的服务价值相称的金额适当地相互补偿，并防止实体在关联方之间操纵利润。

转让定价方法及调整。《2017 转让定价》规定，确定公平定价的可接受方法是经济合作与发展组织（OECD）发布的《跨国企业与税务机关转让定价指南（2017）》中认可的方法，即可比非受控价格法、再销售价格、成本加成法、交易净利润法和利润分割法。纳税人必须准备并提供证据和证明文件来证明所用方法的适当性，如果没有充分理由证明所用方法的适当性，则税务机关有权对所适用的方法进行调整。

转让定价文档管理。转让定价文档包括但不限于以下几种。第一，企业及关联方基本情况（关联方结构、经营战略等）。第二，关联交易情况（交易单据，包括供货、运输和付款、产品、协议等单据）。第三，转让定价方法信息（定价政策、市场信息、支持所选转让定价方法的文件及其他相关文件等）。纳税人在提交年度企业所得税申报表时还必须披露关联方交易，并在税务机关要求的情况下提供相关的转让定价文件。

（2）关联方。

关联方的定义。柬埔寨《税法》第 3 条第 10 款仅明确以下经济主体与

---

① https：//www.tax.gov.kh/u6rhf7ogbi6/gdtstream/dd8748 a7-7a8f-4ae3-b639-25b1db01c92e.

纳税人具有关联关系，构成纳税人的关联方。第一，纳税人的家庭成员。第二，能控制纳税人、受纳税人控制，或与纳税人共同控制的企业，其中，控制是指拥有企业51%或以上的股权价值或表决权。纳税人为自然人的，其控制程度应当考虑纳税人直接或间接拥有的所有股权。《2017 转让定价》则针对跨国企业的控制权定义关联方：纳税人的亲属或能控制纳税人、受纳税人控制或者与纳税人共同控制的企业，其中，将控制的持股（表决）比例降至20%。控制权指拥有企业 20%或以上的股权或董事会的投票权。

无形资产的所有权。关联方管理或使用无形资产，其所有权属应按以下步骤确定：第一，确定具有重大经济意义的风险，如经营中管理或使用的无形资产的开发、增强、维护、保护和开发；第二，审查注册条件、许可条款和其他证明合法所有权的法律文件以及关联方之间的其他权利和义务，包括重大风险计划，检查确定合法所有权的协议；第三，分析与无形资产的开发、价值提升、维护、保护和利用相关的每一方的功能实践、财产使用和风险管理，以确定负责管理外部功能和重大经济风险的一方；第四，检查协议条件和各方的实际做法之间的一致性；第五，证明实际控制交易涉及无形资产的开发、价值提升、维护、保护、利用；第六，确定这些交易的公平交易价格与相关各方的功能、资产和风险状况保持一致。对于涉及无形资产的交易，各方应按照公平交易的原则，根据实际情况，让企业分享收益，包括基于相关方承担的与无形资产的开发、价值提升、维护、保护和利用相关的费用和投资的分享。

（3）独立交易原则。

独立交易原则的应用。为评估受控价格的独立交易性质而进行的可比性分析必须满足以下两个条件之一：第一，可比交易没有影响市场价格的显著差异；第二，可以进行合理准确的调整，以消除显著差异的影响。

独立交易范围和转让定价调整。独立交易范围是一组与财务有关的指标（即价格或利润率），通过应用适当的转让定价方法从可比非受控交易中确定指标。受控交易财务相关指标属于独立交易范围，不予调整。若财务相关指标超出独立交易区间，则通过独立交易区间的中位数进行调整。

（4）集团内劳务交易的规定。

在分析集团成员内向关联方提供的劳务时，必须审查以下两点：第一，是否实际提供了劳务；第二，劳务费是否符合独立交易原则。在进行劳务费审查时，需要对集团内成员进行功能性分析，以确定劳务与成员相关行为之间的关系。集团内服务的独立交易价格的设定必须满足《2017 转让定价》中可比条件、独立交易范围和转让定价方法的规定。

（5）文档规定及违规处罚。

纳税人必须为所有交易开具发票，同时根据相关税收规定记录和保存会计凭证、法律文件和其他财务文件。这些文件必须从纳税年度结束之日起保存 10 年。转让定价文档包括但不限于企业及关联方基本情况（关联方组织架构、经营战略等），企业经营信息（包括供货，运输和付款的交易描述、产品特性和功能描述，合同的谈判、签订、履行和终止的相关文件），转让定价方法选择信息（价格政策、产品供应情况、市场信息、所选转让定价方法的说明文件及其他相关文件等）。纳税人在提交年度企业所得税申报表时还必须披露关联方交易，并在税务机关要求的情况下提供相关的转让定价文件。

税收违规处罚。如果纳税人的文档不符合上述管理规范，税务机关可以给予以下处罚：①吊销纳税人税务合规证书或重新评估税务合规情况，并依据《税法》第 133 条规定，对纳税人进行处罚；②对涉嫌犯罪的，依据《税法》第 134 条至第 138 条规定，对涉税刑事犯罪进行指控并予以处罚。

2.资本弱化管理规则

柬埔寨的税法体系虽然没有关于资本弱化的专门规定，但有利息支出的扣除比例限制和结转规定。《税法》第 12 条规定，纳税人在纳税年度内为开展业务而支付或发生的利息费用，应允许扣除。任何年度的利息扣除限额为利息收入加上扣除利息收入和利息支出后净利润的 50%。超出的不可扣除的利息费用可以无限期结转至下一纳税年度。

（四）柬埔寨国际税务行政协助与合作基础

柬埔寨没有加入 BEPS 包容性框架，因此没有参与 BEPS 行动计划框架下诸如《多边税收征管互助公约》《实施税收协定相关措施以防止税基侵蚀和利润转移的多边公约》等多边性质的国际税务行政协助与合作项目，其参与的国际税务行政协助和合作项目非常有限。截至 2020 年，柬埔寨税务局签署了《"一带一路"税收征管合作谅解备忘录》，参与"一带一路"税收征管合作机制；2016 年 8 月与美国正式签署了《外国账户税收遵从法案》（协议模式为 Model 1B），并于 2016 年 12 月 23 日生效。

二　柬埔寨国际税收管理发展变化（2021~2023年）

（一）柬埔寨非居民跨境电子商务增值税管理发展变化

2021 年，柬埔寨先后发布了两份实施单边数字税的增值税法律规章，建立了非居民纳税人跨境电子商务增值税管理制度。2021 年 4 月，柬埔寨发布第 65 号《柬埔寨王国电子商务增值税实施细则》次级法令①（简称《电子商务增值税细则》），正式实施单边电子商务增值税。同年 9 月，柬埔寨经济财政部发布第 542 号《关于柬埔寨王国增值税电子商务实施程序的部长令》②（简称《电子商务增值税程序》），明确将非居民纳税人及其跨境电子商务业务纳入电子商务增值税管理制度。

1.将与非居民跨境电子商务活动相关的纳税人纳入电子商务增值税纳税人范围

《电子商务增值税细则》和《电子商务增值税程序》规定，电子商务增值税纳税人具体包括两类：第一，在柬埔寨没有常设机构，但向柬埔寨境内提供跨境数字商品或服务，或者任何电子商务活动，有义务办理柬埔寨增值税纳税登记的非居民纳税人；第二，接受非居民纳税人提供的跨境数字商品

---

① Sub-Decree on the Implementation of VAT on E-Commerce（65 ANKr. BK），https://www.tax.gov.kh/u6rhf7ogbi6/gdtstream/75a4e4b8-e17a-443e-80a1-8df0ab3720ba.
② PROKAS ON RULES AND PROCEDURES FOR IMPLEMENTING THE VALUE ADDED TAX ON E-COMMERCE TRANSACTIONS（542 MEF. PrK），https://www.tax.gov.kh/u6rhf7ogbi6/gdtstream/f9358213-3609-4951-8a56-c4b02b0c696d.

或服务，或任何电子商务活动，均须自主纳税申报的纳税人。

2. 将与非居民相关的跨境电子商务活动纳入电子商务增值税的征税范围

根据《电子商务增值税细则》和《电子商务增值税程序》，电子商务增值税的征税范围为跨境数字商品和数字服务，具体包括：第一，非居民电子商务供应商通过电子系统或电子商务活动，从柬埔寨境外向柬埔寨境内供应的任何数字商品或数字服务；第二，柬埔寨居民纳税人接受非居民电子商务供应商通过电子系统或电子商务活动，从柬埔寨境外向柬埔寨境内供应的任何数字商品、数字服务或和电子商务活动。在此，数字商品指完全在线购买、供应和交付的无形商品；数字服务指在线提供的服务；电子商务指数字商品或数字服务的购买、销售、出租、交换，包括网上商业活动。

（二）柬埔寨税收协定网络管理的发展变化

柬埔寨新签署两项税收协定，其中生效执行一项，未生效执行一项。2021年柬埔寨与中国澳门签署避免所得双重征税协定。柬埔寨于2022年8月18日批准该协定，中国澳门于2023年1月12日批准该协定并最终生效，执行日期为2024年1月1日。2022年2月，柬埔寨与土耳其在安卡拉签订了避免所得双重征税协定，2022年8月18日柬埔寨政府批准该协定，待土耳其政府批准后生效，目前生效执行时间待定（见表3）。

表3 2021~2023年柬埔寨新谈签税收协定情况

序号	缔约国（地区）/意向国（地区）	签署日期/状态	生效日期
1	中国澳门	2021年2月24日（中国澳门），2021年4月23日（金边）	2022年8月18日批准（柬埔寨），2023年1月12日批准（澳门）
2	土耳其	2022年2月27日（安卡拉）	未生效，2022年8月18日批准（柬埔寨）
3	菲律宾	2019年12月进行第二轮磋商	—
4	老挝	2021年2月第一轮磋商	—
5	吉尔吉斯斯坦	2021年6月表达意愿	—

续表

序号	缔约国（地区）/意向国（地区）	签署日期/状态	生效日期
6	东帝汶	2022 年 1 月表达意愿	—
7	斯里兰卡	2022 年 6 月表达意愿	—
8	缅甸	2022 年 8 月表达意愿	—
9	摩洛哥	2023 年 3 月表达意愿	—

资料来源：荷兰国际财税文献局（IBFD）税务信息平台。

已进行磋商的有 2 项。其中，柬埔寨与菲律宾已于 2019 年 12 月进行了第二轮磋商，柬埔寨与老挝已于 2021 年 2 月进行了第一轮磋商。

已表达谈签意愿的有 5 项。其中，2021 年 6 月表达谈签意愿 1 项，2022年 1 月、6 月和 8 月分别表达谈签意愿，共 3 项；2023 年 3 月表达谈签意愿 1 项。

（三）柬埔寨关联企业独立交易原则的发展变化

符合条件的关联企业其借款利息支出允许豁免独立交易原则的规定。2022 年 5 月 25 日柬埔寨税务总局发布《关于关联方利率证明文件的说明》①，其中对某些关联企业的借款利息支出允许豁免独立交易原则进行了规定，具体内容如下。

（1）柬埔寨企业与关联方之间的借款，可以按照双方约定的利率确定利息，而无须遵从经济财政部《关于关联方之间收入和支出分配的规则和程序（转让定价）的公告》（第 986 号公告）中规定的独立交易原则。

（2）企业享受豁免新政策的条件。①企业需要提供含以下文件证明的贷款：有规定贷款条款和还款义务的贷款协议，提供借款时的商业计划或当前/预测财务报表和借款目的及解释，董事会的决议（适用于非单一成员私

---

① Instructions on Supporting Documents for the Interest Rate among related Parties（10979 GDT），https：//www. tax. gov. kh/en/categories/ON86y770444897446.

人有限公司的企业）。②企业向关联方借款时，企业所使用的利率不得超过借款时的市场通行年利率。市场通行年利率是柬埔寨五家大型银行贷款利率的平均值，市场利率由税务总局每年发布一次。③企业从关联方收到的现金垫款，自收到之日起一年内偿还的，将不被视为第986号公告中独立交易原则下的关联方贷款。

三　柬埔寨国际税收管理发展前景

柬埔寨经济发展较为落后，国际经济交往以与周边国家为主，是国际资本流动中的资本输入国，税制改革的重点在完善国内税制上，加上税收征管水平的制约，其国际税收管理呈现制度不完善、双边税收协定网络覆盖小及国际多边税收合作参与程度低等特点，制约了其国际投资税收营商环境。根据世界银行发布的《柬埔寨2020年营商环境报告》①，2020年，在190个国家（地区）中柬埔寨整体排名第144位，纳税排名第138位。

根据柬埔寨《2019~2023年国家发展战略计划》，柬埔寨经济社会发展的目标是扩大国家经济基础，加快国家经济发展在区域与全球的竞争力，实现2030年进入中等偏高收入国家行列，以及2050年进入高收入国家行列的目标。在此背景下，无论是为了改善投资税收营商环境、促进经济发展，还是维护自身的税收利益，柬埔寨都有理由致力于建立健全本国的国际税收管理制度，以积极的姿态参与全球特别是区域国际税收合作，强化其国际税收管理能力。

（一）柬埔寨税收协定下避免所得双重征税的管理发展前景

柬埔寨谈签的双边税收协定总量偏少，且未覆盖全部东盟和RCEP国家。柬埔寨一共谈签了11个双边税收协定，其中生效9个，无论是在东盟成员国还是在RCEP成员国中，其谈签的税收协定数都较少。柬埔寨与越南

---

① EASE OF DOING BUSINESS IN Cambodia, https：//archive. doingbusiness. org/en/data/exploreeconomies/cambodia.

和泰国谈签了双边税收协定，未与老挝谈签双边税收协定。作为东盟成员国，柬埔寨与 6 个东盟成员国签订了税收协定，未与老挝、缅甸和菲律宾签订税收协定，但相关的谈判已经开始。作为 RCEP 成员国，柬埔寨已与 8 个成员国签订税收协定，与 6 个成员未签署税收协定（见表4）。柬埔寨的双边税收协定谈签国以发展中国家为主。柬埔寨谈签的 13 个双边税收协定中，缔约国是发达国家的只有韩国，其余 10 个双边税收协定的缔约国都属于发展中国家，且全部是亚洲国家。

表4　柬埔寨与东盟和 RCEP 成员国签订双边税收协定情况

东盟成员国	协议状态	RCEP 成员国	协议状态
柬埔寨	—	柬埔寨	—
文莱	签订并生效	文莱	签订并生效
印度尼西亚	签订并生效	印度尼西亚	签订并生效
老挝	未签订(磋商中)	老挝	未签订(磋商中)
马来西亚	签订并生效	马来西亚	签订并生效
缅甸	未签订(磋商中)	缅甸	未签订(磋商中)
菲律宾	未签订(磋商中)	菲律宾	未签订(磋商中)
新加坡	签订并生效	新加坡	签订并生效
泰国	签订并生效	泰国	签订并生效
越南	签订并生效	越南	签订并生效
		中国	签订并生效
		日本(OECD 成员国)	未签订(磋商中)
		韩国(OECD 成员国)	签订并生效
		澳大利亚(OECD 成员国)	未签订
		新西兰(OECD 成员国)	未签订

区域经济一体化的加快发展，将推动柬埔寨努力拓展基于区域成员的双边税收协定网络。积极与区域成员中的主要投资来源国、"一带一路"共建国家加快谈签税收协定，将成为柬埔寨改善跨境投资环境的主攻方向。

升级更新传统的双边税收协定，使跨境投资税收环境更加公平。柬埔寨既有的双边税收协定基本是基于联合国 2011 年的范本谈签的，与联合国最新的协定范本有较大差距，在避免国际双重征税和反偷漏税方面的竞争力不足。柬埔寨未来有望对标联合国最新的协定范本，跟踪 BEPS 行动计划框架下国际税收规则的最新成果，引入反避税规则和防止税收协定滥用规则，更新国际税收情报自动交换规则，增加税收行政合作条款和税收争端解决条款，强化双边税收协定在防止跨境逃避税、提高税收透明度和外国投资者权益保护方面的功能。

（二）柬埔寨国际反避税管理发展前景

柬埔寨所得税法暂无明确的一般反避税规则，也缺乏转让定价、资本弱化和受控外国公司等特殊反避税规则方面的税收法律安排。BEPS 行动计划显示全球反避税形势空前严峻，为了在扩大开放中更好地维护本国的税收权益，柬埔寨未来将重视建立健全本国国际反避税规则体系，在企业所得税法律和其他税收法规中引入一般反避税规则和特殊反避税规则。

（三）柬埔寨国际税务行政协助与合作发展前景

柬埔寨是传统农业国，工业基础薄弱。2022 年柬埔寨主要出口市场为美国（占 39.9%）、越南（占 9.6%）、中国（占 5.5%）、日本（占 5.2%）和加拿大（占 5.0%），主要进口来源地为中国内地（占 34.9%）、越南（占 13.2%）、泰国（占 12.8%）、新加坡（占 10.8%）、印度尼西亚（占 3.1%）和中国台湾（3.5%）。2021 年中国和柬埔寨双边贸易额达 116.9 亿美元。[①] 在吸引外资方面，中国是柬埔寨外国直接投资最多的国家，2021 年中国对柬埔寨的 FDI 金额为 12 亿美元。柬埔寨经济和投资合作的迫切需求必然推动其寻求更大更强的国际税收合作。

（四）BEPS 行动计划成果的柬埔寨落地行动发展前景

BEPS 行动计划自 2013 年启动，在 BEPS 包容性框架成员的共同努力

---

① 《柬埔寨海关国际贸易统计》，https：//stats. customs. gov. kh/en/publication。

下，至今已取得丰富的成果。柬埔寨的主要贸易伙伴、主要投资来源地及双边税收协定的签约国（地区）基本参与了 BEPS 行动计划。柬埔寨暂时没有加入 BEPS 包容性框架，也没有实质性参与 BEPS 行动计划，因此暂时无法分享其中的成果。从柬埔寨签订双边税收协定的时点上看，最早的是 2016年 5 月与新加坡签订的税收协定，最新的是 2022 年 2 月与土耳其签订的税收协定，这显示出柬埔寨虽然加入双边税收合作的时间较晚，但赶上了 BEPS 行动计划成果持续推出的机遇。然而由于其审慎地选择了以 2011 年联合国税收协定范本为框架谈签税收协定，导致其双边税收协定未能及时吸纳 BEPS 行动计划的相关成果。[①]

随着柬埔寨对 BEPS 行动计划的深入了解，出于审慎考虑，柬埔寨有望在不加入 BEPS 包容性框架的前提下，有选择地将 BEPS 行动计划成果纳入其双边税收协定的谈签和修订中，如将"最低标准"的 4 项成果（防止税收协定滥用、防止有害税收竞争、转让定价国别报告和争端解决）尽早纳入升级版或新谈签的税收协定中。

[①] 韩霖、高阳：《国际视野下税收协定的最新发展与展望》，《国际税收》2017 年第 6 期。

老挝国际税收管理发展报告
（2023）

摘　要： 2019 年 6 月，老挝通过了《老挝人民民主共和国税务管理法（修订版）》和《老挝人民民主共和国所得税法》，于 2020 年正式实施。新的税法对老挝国际税收管理制度做出了新的规定。本报告主要对老挝国际税收管理制度的基础与变化做主要介绍，并对其变化特点和趋势进行分析，方便读者了解老挝国际税收管理的新变化、新特点和新趋势。

关键词： 老挝　国际税收管理　税收征管　税收协定

2019 年之前老挝税收制度由《老挝人民民主共和国税法》（以下简称《税法》）进行规定，2019 年《老挝人民民主共和国所得税法》（以下简称《所得税法》）①、《老挝人民民主共和国税务管理法（2019 修订）》（以下简称《税务管理法》）② 相继从《税法》中剥离成单行法律，这些税收法律构成了老挝国际税收管理的法律基础。

一　老挝国际税收管理发展基础（截至2020年）

2019 年 6 月老挝国民议会通过新的《税务管理法》和《所得税法》，实际于 2020 年 2 月 17 日开始生效。《所得税法》对税收居民身份进行了明确的界定。

---

① Law on Income Tax（No. 67NA），http：//laotradeportal. gov. la/index. php？r＝site/display&id＝1831.

② Law on Tax Administration（Amended version）（No . 66 NA），https：//www. laotradeportal. gov. la/index. php？r＝site/display&id＝1889.

（一）老挝跨境税收管理基础

1. 老挝居民纳税人和非居民纳税人的界定管理

（1）居民纳税人与非居民纳税人的划分标准。

①国内税法中的居民纳税人与非居民纳税人。《所得税法》对纳税人的居民身份和非居民身份根据住所标准和停留时间标准进行了界定，并实行分类征收管理。《所得税法》第三条、第十二条和第三十二条对"纳税人""居民"和"非居民"的概念和判定标准进行了定义。

一般定义。居民是指在老挝境内永久居住、生活、谋生或经营者。非居民是指在老挝境内谋生或从事经营，但不长期在老挝生活，没有永久居住地者。

②国际税法中的居民纳税人与非居民纳税人。老挝签订的避免双重征税税收协定中，居民是指根据缔约国法律，由于住所、居所、成立地、注册地、实际管理机构所在地、管理机构所在地、主要营业地或者其他类似的标准，在该缔约国负有纳税义务的人，并且包括该缔约国及其地方当局。但是，这一概念不包括仅因来源于该缔约国的所得而在该缔约国负有纳税义务的人。加比规则为：第一，应认为仅是其永久性住所所在国的居民；如果在缔约国双方同时有永久性住所，应认为仅是与其个人和经济关系更密切（重要利益中心所在）的缔约国的居民；第二，如果其重要利益中心所在国无法确定，或者在缔约国双方都没有永久性住所，应认为仅是其习惯性居所所在国家的居民；第三，如果其在缔约国双方都有或者都没有习惯性居所，应认为仅是其国籍所属国家的居民；第四，如果发生双重国籍问题，或者其不是缔约国任何一方的国民，缔约国双方主管当局应通过协商解决。

③国际法中自然人居民的身份管理。老挝税收协定对自然人居民身份判断的标准为住所、居所或者其他类似的标准。如果同时为缔约国双方的居民，则按下列加比规则确定：永久性住所标准、重要利益中心标准、习惯性居所标准、国籍标准、其他标准。

（2）常设机构的认定管理。

一般常设机构的认定。老挝国内税法没有对"常设机构"进行界定。在老挝对外签订的税收协定中，一般常设机构是指企业进行全部或部分营业的固定营业场所。"常设机构"包括：管理场所、分支机构、办事处、工厂、作业场所、矿场、油井或气井、采石场或者其他开采自然资源的场所（与缅甸和印度尼西亚签订的税收协定中多了"用于勘探或开采自然资源的装置、结构、钻井平台或工作船"）、农场或种植园、仓库、给他人提供储存设施的人（仅见与文莱、泰国签订的税收协定）。

工程类常设机构的认定。老挝与其他国家（地区）签订的税收协定具体规定了认定工程型常设机构的居住时间标准。建筑工地（工程）类常设机构的认定，老挝与越南的税收协定规定为183天，老挝与中国、新加坡的税收协定均规定为12个月。劳务类常设机构的认定，即企业通过雇员或企业为此目的雇用其他人员提供服务的常设机构，其居住时间一般限定为183天（6个月）。服务类常设机构机构（包括咨询服务）的认定，一般以超过6个月不超过12个月为限。

2. 老挝利润税

老挝境内的自然人、法人和组织，向在老挝境内没有固定住所，也没有设立企业的自然人和法人购买商品与服务的（居民纳税人向非居民纳税人购买商品与服务的），要计提利润税。

3. 老挝企业所得税的跨境所得管理

（1）企业跨境所得并行居民税收管辖权与来源地税收管辖权。

老挝同时实行地域和居民双重税收管辖权。具体而言，在老挝法律下成立的实体，通常对其全球收入征税，无论其收入来源是境内还是境外。在老挝经营业务的外国实体，其在老挝的收入需要征税。常设机构仅对其来源于老挝的收入征税。老挝《所得税法》第十二条规定，利润税[①]的纳税人包括

[①] 老挝《所得税法》中的所得税包括企业所得税和个人所得税，其中企业所得税又分为对一般企业征收的利润税和对小微企业征收的所得税。

依照老挝法律设立的企业，不管是否有固定的生产经营地址，以及未在老挝设立企业，但有来源于老挝的收入的非居民。但对于如何确定收入是否源于老挝，《所得税法》及其实施细则均没有规定。

（2）企业跨境所得的征税范围。

纳入企业所得税征税范围的跨境所得主要包括以下收入类型。第一，企业跨境经营所得，包括企业国际运输所得和归属常设机构的营业利润。第二，企业境外权益性所得，包括境外股息、利息和特许权使用费收入。企业境外权益性所得的收款人如果同时是该权益性所得的收益所有人，根据缔约双方协商的限制税率征税。老挝与韩国、文莱、马来西亚、印度尼西亚、卢森堡和新加坡6国约定的限制资本比例为10%；与缔约各方约定的限定利率均不超10%，但与秦国约定的限定利率放宽到不超过15%。第三，企业转让境外财产所得，包括转让境外不动产所得、转让境外常设机构营业财产所得、转让境外运输工具所得、转让境外公司股权所得，以及转让境外其他财产所得。

（3）企业预提利润税的税率。

①公司预提利润税的一般税率。预提利润税的一般税率适用于境内企业向境外支付特定所得（见表1）。

表1　老挝企业预提利润税的一般税率情况

所得类型	一般预提税率(%)
股息(包括合伙企业收入分配)	10
非银行贷款利息和担保费	10
特许权使用费	5
其他	税率依据产生收入的活动而不同

②公司预提利润税的协定优惠税率。与老挝签订有避免双重征税协定的国家间，适用公司预提利润税的协定优惠税率（见表2）。

表2　老挝已生效的税收协定下企业预提利润税的优惠税率情况

单位：%

签订国家（地区）	股息	利息	特许权使用费
越南	10	10	10
泰国	15	10/15[6]	15
中国	5	5	5
朝鲜	10	10	5
韩国	5/10[1]	10	5
文莱	5/10[1]	10	10
缅甸	5	10	10
马来西亚	5/10[1]	10	10
印度尼西亚	10/15[2]	10	10
卢森堡	5/15[3]	10	5
白俄罗斯	5/10[4]	8	5
新加坡	5/8[5]	5	5

注：①如果受益所有人是直接持有支付股息公司资本至少10%的公司，则股息的预提税率为5%，其他情况为10%；②如果受益所有人是直接持有支付股息公司资本至少10%的公司，则股息的预提税率为10%，其他情况为15%；③如果受益所有人是直接持有支付股息公司资本至少10%的公司，则股息的预提税率为5%，其他情况为15%；④如果受益所有人是直接持有支付股息公司资本至少20%的公司，则股息的预提税率为5%，其他情况为10%；⑤如果受益所有人是直接持有支付股息公司资本至少10%的公司，则股息的预提税率为5%，其他情况为8%；⑥如果收到利息的是金融机构（包括保险公司），则利息的预提税率为10%，其他情况为15%。

资料来源：①相应的双边税收协定；②https：//taxsummaries.pwc.com/lao-pdr/corporate/withholding-taxes。

（4）企业预提利润税的代扣代缴。

居民纳税人向非居民纳税人购买商品与服务的，由支付款项的居民纳税人承担预提税的代扣代缴义务，并自该利润税计提之日或款项支付之日起15个工作日内上缴财政。

（5）外国供应商的预提税。

外国供应商的公司预提税是对外国供应商征收的最终税，由预提利润税和预提增值税构成。适用于在老挝境内注册设立的实体与未在境内注册的外国商品和服务供应商签订合同的情形。无论这些服务是在老挝境内还是在老挝境外提供的，都需要向老挝政府缴纳外国企业预提税。

外国供应商预提利润税的计算及确定。按应税营业收入与核定利润率计算核定所得额，用核定所得额乘以利润税税率，计算出核定的预提利润税征税率。根据合同或商业活动的实质确定核定利润率。

外国供应商公司预提税的扣缴和备案义务。外国供应商公司预提税的扣缴和备案义务由老挝境内客户承担，老挝境内客户向外国供应商付款之前履行预提税的扣缴和备案义务。

4. 老挝个人所得税的跨境所得管理

（1）居民个人和外国人跨境所得的税收管辖权。

居民个人境外所得的税收管辖权。老挝《所得税法》第三十三条规定，老挝居民个人到国外工作并获得收入，需要缴纳个人所得税，但避免双重征税协定中另行规定的除外。

外国人老挝境内所得的税收管辖权。老挝《所得税法》第三十三条规定，在老挝工作并有收入的外国人需要缴纳个人所得税；在老挝工作的外国人，但在国外领取工资的，如果一年内连续或累计在老挝停留达到或超过183天的需要缴纳个人所得税。但避免双重征税协定、老挝政府与投资者的投资协议中另行规定的除外。

（2）居民个人跨境所得的征税范围。

①居民个人境外劳务所得。主要包括境外受雇所得、境外董事费所得、境外退休金及社会保障金所得三类。

居民个人境外受雇所得。根据个人从事的劳务活动是否具有独立性，可以将居民个人境外受雇所得分为独立个人受雇收入和非独立个人受雇收入。独立个人受雇收入指缔约国一方居民从事专业服务或其他具有独立性质的活动取得的收入，具体包括独立的科学、文学、艺术、教育或教学活动，以及医师、律师、工程师、建筑师、牙医和会计师的独立活动取得的收入。非独立个人受雇收入指缔约一方居民因受雇取得的薪金、工资和其他类似报酬。此外，还有受雇国际运输企业所得，指在缔约一方企业经营国际运输的船舶、飞机或公路车辆上从事受雇活动取得的报酬。

境外董事费所得。指缔约一方居民作为缔约另一方居民公司的董事会成员取得的董事费和其他类似款项。

境外退休金、社会保障金所得。包括两个方面：一是除涉及政府服务另有规定外，因以前的雇佣关系支付给缔约一方居民的退休金和其他类似报酬；二是缔约一方政府或地方当局按社会保险制度的公共福利计划支付的退休金和其他类似款项。

②居民个人境外权益性所得。

个人境外权益性所得包括个人来源于境外股息、利息、特许权使用费和技术服务费的收入。如果收款人也是权益性收益所有人，需要根据缔约双方协商的限制税率征收。老挝与韩国、文莱、马来西亚、印度尼西亚、卢森堡和新加坡 6 国约定的资本比例限制为 10%（收取股息的一方为股息支付企业的大股东，大股东标准为持股比例至少达到 10%），满足条件的股息享受相应条约中较低税率，否则按较高税率征收；老挝与缔约各方约定对利息征税的税率一般为 10%，但与中国、新加坡约定的税率为 5%，与泰国约定的、泰国取得来源于老挝非金融机构的利息为 15%。

（3）居民个人境外劳务所得的税收优惠待遇。

居民个人境外劳务所得的免税待遇，主要包括以下三类人群的境外劳务所得。

艺术家和运动员的境外所得免税待遇。在两国政府文化交流项目框架下，与缔约国（地区）签订协议的居民个人或合伙公司进行艺术、体育表演的，该个人或公司在缔约国（地区）从事艺术或体育表演取得的所得，应在缔约国（地区）免税。

跨境教师、研究人员的境外所得免税待遇。在访问缔约一方（A）之前是缔约另一方（B）居民的个人，为了在缔约一方（A）的大学、学院、学校或为该缔约一方（A）政府承认的教育机构和科研机构从事教学、讲学或研究工作，停留在该缔约一方（A），对其由于教学、讲学或研究取得的报酬，缔约一方（A）应免予征税。但是，该免税规定不适用于不是基于公共利益而主要是基于某个人或某些人的私利从事研究取得的所得。需要注意的是，老挝签订的税收协议中，并不是所有的税收协定都对此项免税进行约定，如老挝与越南的税收协定就没有该项免税约定。此外，对于该项目下的免税期限，有的税收协定是 2 年，如老挝与俄罗斯的税收协定（未生效）；有的税收协定是 3 年，如老挝与中国的税收协定。

学生、企业学徒和实习人员的境外所得的税收待遇。第一，免税待遇。学生、企业学徒或实习生，或者在紧接前往缔约一方（A）之前曾是缔约另一方（B）居民，仅由于接受教育或培训的目的，停留在该缔约一方（A），对其为了维持生活、接受教育或培训获得的来源于该缔约一方（A）以外的款项，该缔约一方（A）（学生等人员停留方）应免税。第二，税收非歧视待遇。上述学生、企业学徒或实习生取得的不在免税待遇范围内的赠款、奖学金和劳务报酬，在接受教育或培训期间，应与其所停留国（地区）居民享受同样的免税、减税等税收优惠待遇。

（二）老挝税收协定下避免所得双重征税的管理基础

1. 老挝避免双重征税协定网络

截至 2020 年 12 月，老挝已与 13 个国家签订了关于对所得避免双重征税和防止偷漏税的协定，其中生效 12 个（见表 3）。

表 3　老挝政府关于对所得避免双重征税和防止偷漏税协定的签订情况

序号	国别	签订时间	生效时间	执行时间
1	越南	1996 年 1 月 14 日	1996 年 9 月 3 日	1997 年 1 月 1 日
2	泰国	1997 年 6 月 20 日	1997 年 12 月 23 日	1998 年 1 月 1 日
3	中国	1999 年 1 月 25 日	1999 年 6 月 22 日	2000 年 1 月 1 日
4	俄罗斯	1999 年 5 月 14 日	尚未生效	
5	朝鲜*	2001 年 7 月 17 日	2004 年 5 月 1 日	2005 年 1 月 1 日
6	韩国	2004 年 11 月 29 日	2006 年 2 月 9 日	2007 年 1 月 1 日
7	文莱	2006 年 4 月 22 日	2010 年 10 月 20 日	2011 年 1 月 1 日
8	科威特	2008 年 8 月 5 日	尚未生效	
9	缅甸	2009 年 11 月 20 日	2010 年 9 月	2011 年 1 月 1 日
10	马来西亚	2010 年 6 月 3 日	2011 年 2 月 23 日	2012 年 1 月 1 日
11	印度尼西亚	2011 年 9 月 8 日	2016 年 10 月 11 日	2017 年 1 月 1 日（预提税）2018 年 1 月 1 日（其他税项）

序号	国别	签订时间	生效时间	执行时间
12	卢森堡	2012 年 11 月 4 日	2014 年 3 月 21 日	2015 年 1 月 1 日
13	白俄罗斯	2013 年 7 月 1 日	2014 年 3 月 15 日	2015 年 1 月 1 日
14	新加坡	2014 年 2 月 21 日	2016 年 11 月 11 日	2017 年 1 月 1 日
15	菲律宾	磋商中		
16	柬埔寨	磋商中		

* Internationaltaxreview. Laos：Luxembourg becomes first EU member to sign tax treaty with Laos，https：//www. internationaltaxreview. com/article/2a69mqfz5xkj4b2cdr20w/laos - luxembourg - becomes - first - eu - member - to - sign - tax - treaty - with - laos.

资料来源：荷兰国际财税文献局（IBFD）税务信息平台。

2. 不同类型跨境所得的征税权划分

（1）企业跨境所得的征税权划分。

企业境外经营所得的征税权划分。第一，企业国际运输所得实行居民征税权，由经营国际运输业务的企业总机构所在地的缔约方征税。船运企业的总机构设在船舶上的，应以船舶母港所在缔约方为所在地；没有母港的，以船舶经营者为其居民的缔约国方为所在地。第二，归属常设机构的营业利润实行来源地征税权，由常设机构所在地的缔约方征税，但应仅以属于该常设机构的利润为限。

企业境外权益性所得的征税权划分。第一，境外股息所得实行股息来源国（地区）与受益人所在国（地区）共同分享征税权，由收到股息或者支付股息的法人根据居民身份判定条件确定归属的缔约国（地区）征税。第二，境外利息所得实行利息来源国（地区）与受益人所在国（地区）分享征税权。由收到利息或者支付利息的法人根据居民身份判定条件确定归属的缔约国（地区）征收。第三，境外特许权使用费所得实行来源国（地区）与受益人所在国（地区）分享征税权。由收到特许权使用费或支付特许权使用费的法人根据居民身份判定条件确定归属的缔约国（地区）征税。

企业境外财产所得的征税权划分。第一，转让境外不动产所得实行居民国（地区）与来源国（地区）分享征税权，可以由不动产所在地的缔约国（地区）征税。第二，转让境外常设机构营业财产所得实行居民国（地区）与来源国（地区）分享征税权，可以由常设机构所在地的缔约国或地区征税。第三，转让境外运输工具所得实行居民国（地区）征税权，仅由该企业总机构所在地的缔约国（地区）征税。第四，转让境外公司股权所得实行居民国（地区）与来源国（地区）分享征税权。根据财产结构分别规定：转让主要由不动产组成的境外公司股权收益的，可以由不动产所在地的缔约国（地区）征税；转让非不动产组成的境外公司股权收益的，由居民企业所属缔约国（地区）征税。第五，转让境外其他财产收益实行居民国（地区）征税权，应仅在转让者为其居民的缔约国（地区）征税。

（2）个人境外所得的征税权划分。

①居民个人境外劳务所得的征税权划分。

居民个人境外劳务所得的征税权划分。第一，独立个人劳务收入征税权划分。一般规定，对独立个人劳务收入实行居民国（地区）征税权。应仅在该缔约一方征税。但具有以下情况之一的，可在缔约另一方征税，分享税收管辖权：在缔约另一方有固定基地供其定期使用以履行职责的，缔约另一方可就缔约一方的居民在该固定基地产生的所得部分征税；在一个日历年中，缔约一方的居民在该缔约另一方停留的时间连续或累计超过183天的，该缔约另一方可以仅对在该缔约方进行活动取得的所得征税。第二，非独立个人劳务收入的征税权划分。具体分两种情况。一是实行居民国（地区）征税权，即缔约一方居民因受雇取得的非独立个人劳务收入，除在缔约另一方从事受雇的活动以外，应仅在该缔约一方征税。二是来源国（地区）分享征税权，即非独立个人劳务收入也可以在该缔约另一方（来源地）征税。但必须同时满足以下条件：一是获得收入的个人在有关历年中在该缔约另一方停留连续或累计不超过183天；二是该项收入由并非该缔约另一方居民的雇主支付或代表该雇主支付；三是该项收入不是由雇主设在该缔约另一方的常设机构或固定场所负担。第三，受雇国际运输企业所得的征税权划分。实行居民国（地区）征税权，应仅在该国际运输企业总机构所在缔约国（地区）征税。

境外董事费所得实行居民国（地区）或来源国（地区）共享征税权。

境外退休金、社会保障金所得实行居民国（地区）征税权。

②个人境外权益性所得的征税权划分。

个人境外股息所得实行来源国（地区）与受益人所在国（地区）分享征税权。由收入股息或者支付股息的自然人根据居民身份判定条件确定归属的缔约方征收。

个人境外利息所得实行利息来源国（地区）与受益人所在国（地区）分享征税权。由收到利息或者支付利息的自然人根据居民身份判定条件确定归属的缔约国（地区）征收。

个人境外特许权使用费所得实行来源国（地区）与受益人所在国（地区）分享征税权。由收到特许权使用费或支付特许权使用费的自然人根据居民身份判定条件确定归属的缔约国（地区）征税。

3. 老挝居民纳税人境外所得税收抵免和税收饶让管理

（1）居民纳税人境外已纳税所得的税收抵免管理。

对于居民纳税人境外已纳税所得的税收抵免政策，老挝《所得税法》等国内相关税收法律法规没有做出相关规定，与税收抵免相关的规定出现在与其他国家（地区）的双边税收协定中。

老挝政府签订的税收协定中，消除双重征税的方法均为抵免法，其中，与韩国、文莱、马来西亚、印度尼西亚、卢森堡和新加坡的税收协定中，支付股息有股份比例限制。老挝对居民纳税人取得的境外收入，实行税收抵免，按国（地区）分别计算抵免额，抵免额为在国外实际缴纳的税额与依照老挝税法计算出的税额两者中的较低者。依照老挝税法计算出的税额，指依老挝税法适用的税率计算的同期所有来源的利润税总额，乘以该外国取得的所得占全部来源所得总额的比例。对抵免额超过应纳税额的处理，老挝相关法规没有明确规定。

（2）居民纳税人境外免税所得的税收饶让管理。

老挝签订的避免双重征税的税收协定中，与 4 个国家①实行税收饶让，分别为泰国、缅甸、马来西亚和印度尼西亚，这些协定中未设置税收饶让期限。

（三）老挝国际反避税管理基础

对转让定价、受控外国公司管理和资本弱化等特殊反避税规则，老挝没有制定相关的法律法规进行明确规定。老挝《所得税法》也没有明确的一般反避税规则，其第十八条"不得扣除的项目"中列举一项"超过市场价格的不合理支出"，该规定是一个原则性规定，对何为市场价格及不合理的标准，有待将来的实施细则进行明确。

（四）老挝国际税务行政协助与合作基础

老挝没有加入 BEPS 包容性框架，因此没有参与 BEPS 行动计划框架下诸如《多边税收征管互助公约》《实施税收协定相关措施以防止税基侵蚀和利润转移的多边公约》等多边性质的国际税务行政协助与合作项目。其参与国际税务行政协助和合作项目主要是跨境税收争议解决机制。

1. 老挝税收争议相互协商程序（MAP）机制

老挝签订的双边税收协定中，规定了相互协商程序条款，均设置了 3 年内提出的时限。

2. 老挝税收仲裁机制

国际投资税收争端解决方式。《老挝人民民主共和国投资促进法（2016修订版）》（以下简称《投资促进法》）第九十三条规定了对于国际投资争端的解决方式。与国际投资有关的税收争议解决可以通过以下方式进行：友好协商；行政争议解决；通过老挝经济争端解决办公室或老挝参加的国际

---

① 因资料收集限制，缺少老挝与朝鲜、科威特的税收协定文本，本报告涉及的双边税收协定的分析均不考虑老挝与朝鲜、科威特的情况。

组织解决；向老挝作为一方当事人的国内法院或国际法院提出诉讼。

认可外国或国际仲裁裁决。老挝不是《关于解决国家和他国国民之间投资争端公约》[1]（ICSID 公约）的成员国，它是《承认和执行外国仲裁裁决公约》[2]（1958 年《纽约公约》）的签署国。《投资促进法》第九十六条规定："当发生与投资有关的争端时，任何一方有权要求经济争端解决办公室按照争端当事方的约定在老挝人民民主共和国境内或国外解决。老挝人民民主共和国承认并执行经老挝人民民主共和国人民法院认证的外国或国际仲裁裁决。"

二　老挝国际税收管理发展变化（2021～2023年）

2019 年以来，老挝开始了新一轮的税制改革，颁布了新的所得税法和税务管理法。2021 年和 2022 年，老挝发布了两份有关企业所得税反避税与电子商务和数字平台服务增值税的法律法规。截至 2023 年 6 月老挝关于国际税收管理方面的法律法规较少，这显示该阶段老挝国际税收管理总体没有发生大的变革，呈现相对稳定状态。

（一）老挝企业所得税国际反避税规则的发展变化

2021 年 2 月，老挝财政部发布第 0819 号《老挝人民民主共和国所得税法实施细则》[3]（以下简称《2021 所得税法实施细则》），该细则涉及所得税一般反避税规则和特殊反避税规则的调整。

1. 企业所得税一般反避税规则的调整

明确《所得税法》中与市场价格关联的公允价值的定义及其确定方式。

---

① CONVENTION ON THE SETTLEMENT OF INVESTMENT DISPUTES BETWEEN STATES AND NATIONALS OF OTHER STATES, https：//icsid. worldbank. org/resources/lists/icsid-3.

② Convention on the Recognition and Enforcement of Foreign Arbitral Awards, https：//treaties. un. org/Pages/showDetails. aspx? objid=080000028002a36b.

③ Guidelines for Income Tax Law（No. 0819MOF），http：//laotradeportal. gov. la/index. php? r=site/display&id=2226.

《2021 所得税法实施细则》第 2 条第 15 款规定："公允价值是指买卖双方自愿出售、交换或赠送的财产（货物）、服务或利益，以市场价格或当时使用的利益为基础的合理价格；如果无法确定财产（商品）、服务或其他利益的公允价值，则税务管理部门将根据市场普遍接受的估价原则来确定交易价格。"

2. 企业所得税特殊反避税规则的调整

明确转让定价规则的实施依据。《2021 所得税法实施细则》第 2 条第 22 款规定，转让定价规则参照经济合作与发展组织（OECD）制定的《跨国公司转让定价指南》实施。

（二）老挝跨境增值税和利润税纳税人和征税范围的发展变化

2022 年 2 月，老挝财政部发布 0541 号《关于老挝人民民主共和国电子商务和数字平台服务增值税义务的通知》①（以下简称《2022 数字增值税》），涉及国际税收管理的相关规定如下。

1. 将数字商品和数字平台服务纳入增值税和利润税的征税范畴

根据《2022 数字增值税》，将数字商品和数字平台服务纳入增值税和利润税的征税范围：①提供观看电影、在线音乐、游戏和各种应用程序的服务，例如，Youtube、JOOX、TikTok、Humble、Zoom、CODASHOP；②流媒体服务，例如，NETFLIX、Apple TV +、Disney +；③提供广告服务，广告媒体如 Facebook、Google；④提供酒店、住宿、旅游预订服务，例如，agoda、Booking.com、airbnb 等；⑤充当买卖双方之间的纽带，例如，Shopee、Lazada 等。

2. 将提供数字商品和数字平台服务的非居民纳入增值税和利润税的纳税人范围

根据《2022 数字增值税》，将向老挝国内用户提供电子交易和数字平台服务的非居民纳入增值税和利润税的纳税人范围。非居民企业电子交易和数字报备利润税的计税依据，应根据《OECD 关于电子商务和数字服务税的规定》，计算其在老挝取得的收入和相应的利润税。

---

① Notification on VAT obligations from electronic commerce and digital platform services in Lao PDR,（No. 0541 MOF），http：//laotradeportal. gov. la/index. php？r＝site/display&id＝2569.

三　老挝国际税收管理发展前景

老挝正在积极融入国际经济交往，加强与外部经济互动。未来，老挝有望完善国际税收管理制度，并以更积极的姿态参与全球特别是区域国际税收合作进程。

（一）老挝国际税收管理将迎来加速发展期

老挝主要进口来源国为泰国、中国、越南、日本、韩国和印度等，主要出口对象国为泰国、中国、越南、印度、日本和德国等。2019 年中老双边贸易额达 39.2 亿美元，创下历史新高。在吸引外资方面，中国是老挝外国直接投资最多的国家。老挝与中国经济互补性强，合作潜力很大。[1]

在国际资本流动中作为资本输入国，老挝税制改革的重点在完善国内税制上，加上受税收征管水平较低以及缺乏专业的税务人员制约，其国际税收管理呈现制度不完善、双边税收协定网络覆盖小及国际多边税收合作参与程度低等特点，制约了其国际投资及税收环境。根据世界银行发布的《老挝 2020 年营商环境报告》[2]，2020 年老挝营商环境的全球排名为第 154 位，纳税环境全球排名为第 157 位，在全球 190 个国家（地区）中，特别在东盟国家中排名偏后。

根据《老挝人民民主共和国 2030 年愿景和 10 年社会经济发展战略（2016~2025）》（以下简称《10 年规划》），老挝 2030 年的愿景是"到 2030 年……具有与地区和国际更广泛、更深层次的联系和联系的能力"；《10 年规划》中"区域和国际一体化对接战略"的重点工作主要包括以下几项。①多方位、多层次地同各国和地区携手并进，开放关系，持续改善，

---

① 《对外投资合作国别（地区）指南：老挝（2020 年版）》，商务部网站，https：//fdi.mofcom.gov.cn/go-touziyoushi-con.html？id=281。

② EASE OF DOING BUSINESS IN Lao PDR, https：//archive.doingbusiness.org/en/data/exploreeconomies/lao-pdr.

增进关系。②加强国家在国际舞台上的政治和经济作用，在吸引外国直接投资和促进共同合作关系方面取得进展。③成为地区和国际一体化进程的一部分，继续改善投资环境。④继续升级和发展公路、铁路和航空基础设施，以连接周边地区和其他国家；完善物流服务体系，使其更加便捷、安全、现代化。可以预见，为了实现以上对外开放战略，老挝将加快国际税收管理改革的步伐。

（二）老挝税收协定下避免所得双重征税的管理发展前景

老挝双边税收协定未覆盖全部的东盟和 RCEP 国家。老挝一共谈签了 13 个双边税收协定。与 4 个邻国（中国、越南、泰国和缅甸）谈签了双边税收协定，未与柬埔寨谈签双边税收协定；作为东盟成员国，与 7 个东盟其他成员国签订了税收协定，目前未与菲律宾、柬埔寨签订双边税收协定；作为 RCEP 成员国，仅与其他 9 个成员国签订了税收协定（见表 4）。老挝谈签的双边税收协定以亚洲国家和发展中国家为主，缔约国是发达国家的有 3 个，分别是卢森堡、韩国和新加坡（其中卢森堡和韩国属于 OECD 成员国）。

表 4　老挝与 RCEP 成员国双边税收协定签订情况

RCEP 成员国		协议状态
东盟成员国	老挝	—
	柬埔寨	未签订（磋商中）
	文莱	签订并生效
	印度尼西亚	签订并生效
	马来西亚	签订并生效
	缅甸	签订并生效
	菲律宾	未签订（磋商中）
	新加坡	签订并生效
	泰国	签订并生效
	越南	签订并生效

续表

RCEP 成员国	协议状态
中国	签订并生效
日本（OECD 成员国）	未签订
韩国（OECD 成员国）	签订并生效
澳大利亚（OECD 成员国）	未签订
新西兰（OECD 成员国）	未签订

1. 积极谈签新的双边税收协定

老挝主要外贸对象为泰国、越南、中国、日本、欧盟、美国、加拿大和其他东盟国家。① 中国、泰国、法国、越南和日本是老挝最大的外商投资来源国②，其中，中国自 2008 年以来已经成为老挝最大的投资来源国③。在此背景下，老挝有望优先与主要的贸易国和投资来源国谈签税收协定，再逐步与 RCEP 国家谈签。

2. 更新已签订的双边税收协定内容

老挝作为资本输入国和资源输出国，双边税收协定的谈签主要是在联合国范本的基础上进行的。2000 年之后，不管是 OECD 税收协定范本还是联合国税收协定范本都经历了多次修订。2011 年联合国根据国际税收政策和实践的发展，对税收协定范本做出重要修订，如加入新的强制税收仲裁方式、国际税收情报自动交换协定、协定国相互协作征税规则和解决资本利得税中可能的逃税问题等。2017 年的税收协定范本根据国际税收领域的新变化，特别是 BESP 问题做出重要修订。老挝签订双边税收协定的时间早，内容较为陈旧，难以满足国际税收管理的需要，特别是其中的税收情报交换条款相对简单，指导性弱，难以满足当前形势下应对国际税基侵蚀和情报交换

---

① 《老挝国家概况》，外交部网站，https：//www.fmprc.gov.cn/web/gjhdq_676201/gj_676203/yz_676205/1206_676644/1206x0_676646/。

② 2021 Investment Climate Statements：Laos. https：//www.state.gov/reports/2021-investment-climate-statements/laos/。

③ 《中国位居老挝最大外资来源地》，商务部网站，http：//la.mofcom.gov.cn/article/jmxw/201409/20140900739208.shtml。

的需求。未来老挝有望与缔约方开展旧协定的修订升级工作，修订的重点可能为以下几方面。在双边税收协定中引入反避税规则和防止税收协定滥用规则，更新到国际税收情报自动交换，增加税收行政合作条款和争端解决条款，突出双边税收协定防止跨境逃避税，提高税收透明度和外国投资者权益保护的作用。

（三）老挝国际反避税管理发展前景

老挝税法暂无明确的一般反避税规则，也缺乏有关转让定价、资本弱化和受控外国公司等的特殊反避税规则。未来老挝有望完善对居民企业境外所得的税收管理制度，完善非居民企业的税收管理制度，完善相关的国际反避税制度，制定转让定价和文档管理办法、资本弱化和受控外国公司方面的政策等，提升其国际税收管理的现代化水平。

（四）老挝国际税务行政协助与合作发展前景

老挝目前尚未参加诸如《"一带一路"税收征管合作谅解备忘录》等多边性质的税收合作项目。作为"一带一路"共建国家，老挝既不是"一带一路"税收征管合作机制理事会成员和观察员，也不是"一带一路"税收征管能力促进联盟成员和合作方。经济全球化深入发展使得国际经济贸易往来日益密切，国际税收合作是经济全球化的必然结果，未来老挝有望根据自身实际落实国际税收合作项目，参与"一带一路"税收征管合作机制，及其他全球或区域性的税收合作组织。

（五）BEPS 行动计划成果的老挝落地行动发展前景

2013~2015 年，为应对全球普遍存在的税基侵蚀和利润转移问题，OECD 和二十国集团（G20）先后联合发布 15 项 BEPS 行动计划成果。截至 2022 年 12 月，全球已经有 138 个国家（地区）签署《关于应对经济数字化带来的税收挑战的双支柱解决方案的声明》，100 个国家（地区）签署《多边税收征管互助公约》，老挝的主要贸易伙伴、主要投资来源国（地区）及双边税收协定的签约国（地区）基本加入了 BEPS 包容性框架，参与了 BEPS 行动计划。

老挝还没有加入 BEPS 包容性框架，暂时没有实质性参与 BEPS 行动计划。从老挝签订的双边税收协定的时点上看，基本上所有的双边税收协定都没有纳入 BEPS 相关成果。

国际税基侵蚀和利润转移是全球税务机关的共同挑战。随着 RCEP 区域经济一体化的发展，以及老挝参与国际化程度的加深，不管是为了维护自身的税收权益还是更好地融入区域化和国际化发展，老挝都有可能会逐步、有选择地参与 BEPS 行动计划，如参与"最低标准"的 4 项成果：防止税收协定滥用、防止有害税收竞争、转让定价国别报告和争端解决机制。

主要参考文献

图书、期刊类

韩霖、高阳：《国际视野下税收协定的最新发展与展望》，《国际税收》2017 年第 6 期。

何杨、孟晓雨、赵姗：《2022 年国际税收研究综述》，《税务研究》2023 年第 3 期。

何杨、王路、孟晓雨：《2021 年国际税收研究综述》，《税务研究》2022 年第 3 期。

霍军：《BEPS 的中国治理方略》，《经济研究参考》2018 年第 47 期。

霍军：《跨境经济数字化与国际税收规则变局》，《税务研究》2021 年第 8 期。

刘书明、余燕：《RCEP 国家区域性国际税收协调机制研究》，《税务研究》2021 年第 5 期。

张琳、王亮亮、徐秀军：《RCEP 框架下的国际税收合作与协调》，《国际税收》2021 年第 11 期。

中国国际税收研究会：《世界税制发展研究报告（2018）》，中国税务出版社，2019。

中国国际税收研究会：《世界税制发展研究报告（2019）》，中国税务出版社，2020。

中国国际税收研究会：《世界税制发展研究报告（2020）》，中国税务出版社，2021。

中国国际税收研究会：《世界税制发展研究报告（2021）》，中国税务出版社，2022。

朱青：《国际税收（第九版）》，中国人民大学出版社，2018。

网站类

安永，https：//www. ey. com/。

CNBC 印度尼西亚官网，https：//www. cnbcindonesia. com。

德勤，https：//www2. deloitte. com/。

菲律宾法律网站，https：//lawphil. net/。

菲律宾国内收入局官网，www. bir. gov. ph。

菲律宾海关网站，https：//mysst. customs. gov. my/SSTAct。

菲律宾马卡蒂市奥坎波和苏拉尔沃律师事务所网站，https：//www. ocamposuralvo. com/。

菲律宾政府官方公报平台，https：//www. officialgazette. gov. ph。

菲律宾政府网站，https：//phl. hasil. gov. my。

国际税收条约网站，http：//internationaltaxtreaty. com/。

《国际税务评论》网站，https：//www. internationaltaxreview. com/。

国家信息对比网站，《税收合作》，https：//www1. compareyourcountry. org/tax-cooperation/en/。

荷兰国际财税文献局（IBFD）税务信息平台，https：//www. ibfd. org/。

柬埔寨国家税务局网站，https：//www. tax. gov. kh。

经济合作与发展组织官网，www. oecd. org。

JDIH 网，https：//peraturan. bpk. go. id/。

老挝国会官方网站，https：//na. gov. la。

老挝司法部官方文件发布平台，http：//laoofficialgazette. gov. la/。

老挝政府官方网站，http：//www. laogov. gov. la。

老挝政府贸易门户网站法规搜索平台，http：//laotradeportal. gov. la。

老挝政府投资网站，http：//www. investlaos. gov. la。

联合国条约网站，https：//treaties. un. org/。

马来西亚内陆税收局网站：https：//www. hasil. gov. my。

美国国务院网站，https：//www. state. gov/。

ORTAX 网，https：//datacenter. ortax. org/。

普华永道，https：//www. pwc. com/vn/en。

全球法规网，http：//policy. mofcom. gov. cn/page/nation/Indonesia. html。

世界银行国际投资仲裁中心，https：//worldbank. org/icsid/。

泰国财政部网站，https：//www. mof. go. th。

泰国税务局网站，https：//www. rd. go. th。

新加坡商务部网站，https：//www. mof. gov. sg。

新加坡税务局网站，https：//www. iras. gov. sg/。

印度尼西亚统计局官网，http：//www. bps. go. id/。

越南法律图书馆，https：//thuvienphapluat. vn/。

中国外交部网站，https：//www. fmprc. gov. cn/。

中华人民共和国国家税务总局网站，http：//www. chinatax. gov. cn/。

中华人民共和国商务部网站，https：//fdi. mofcom. gov. cn/。

后　记

　　在广西财经学院的大力支持下，广西（东盟）财经研究中心举全力打造的东盟特色研究品牌项目——《东盟税收发展报告（2023）》（全三册）问世了。编辑委员会成员为：主任夏飞，校长、二级教授、博士研究生导师（广西财经学院）；副主任、主编刘进，副校长、研究员、博士（广西财经学院）；主编、总策划、总统稿人霍军，二级研究员、博士［广西（东盟）财经研究中心］；组织协调委员秦斌，主任、教授［广西（东盟）财经研究中心办公室］。总报告部分，《东盟税收制度发展报告（2023）》、《东盟税收征收管理发展报告（2023）》和《东盟国际税收管理发展报告（2023）》的执笔人为霍军和中国人民大学财政金融学院肖乃夫博士研究生。国别报告部分，《印度尼西亚税收制度发展报告（2023）》和《印度尼西亚税收征收管理发展报告（2023）》的执笔人为广西职业师范学院龙丽佳副教授；《印度尼西亚国际税收管理发展报告（2023）》的执笔人为中国财政科学研究院公共收入研究中心刘昶助理研究员、博士，龙丽佳，广西大学经济学院唐玉爽博士研究生；《越南税收制度发展报告（2023）》、《越南税收征收管理发展报告（2023）》和《越南国际税收管理发展报告（2023）》的执笔人为唐玉爽；《马来西亚税收制度发展报告（2023）》、《马来西亚税收征收管理发展报告（2023）》和《马来西亚国际税收管理发展报告（2023）》的执笔人为广西（东盟）财经研究中心刘丽君博士；《新加坡税收制度发展报告（2023）》的执笔人为国家税务总局税收科学研究所刘和祥研究员、博士，李森焱副教授、博士；《新加坡税收征收管理发展报告（2023）》的执笔人为李森焱、刘和祥；《新加坡国际税收管理发展报告（2023）》的执笔人为国家税务总局税收科学研究所龚辉文研究员、博士，陈文东研究员、博士，刘和祥，陈雏音助理研究员；《泰国税收制度发展报告（2023）》和《泰国税收征收管理发展报告（2023）》的执笔人为广西财经学院财政与公共管理学院王红晓教授；《泰国国际税收管理发展报告（2023）》的执笔人为《国际税收》编辑部韩霖主任、编审、博士和叶琼微编辑、邓汝宇编辑，王红晓；《菲律宾税收制度发展报告（2023）》的执笔人为中国国际税收研究会理论部付茂劲副主任，厦门大学管理学院李成教授、博士研究生导师；《菲律宾税收征收管理发展报告（2023）》的执笔人为李淼焱、刘和祥；《菲律宾国际税收管理发展报告（2023）》的执笔人为国家税务总局国际税务司张瑾副处长；《柬埔寨税收制度发展报告（2023）》、《柬埔寨税收征收管理发展报告（2023）》和《柬埔寨国际税收管理发展报告（2023）》的执笔人为广西财经学院财政与公共管理学院陆华讲师、国际教育学院廖菲菲讲师；《老挝税收制度发展报告（2023）》、《老挝税收征收管理发展报告（2023）》和《老挝国际税收管理发展报告（2023）》的执笔人为陆华、廖菲菲。

在全三册套书出版之际，谨向为全三册套书作总序的国家税务总局原副局长、中国国际税收研究会原会长卢仁法表示崇高的敬意和诚挚的谢意！向对全三册套书给予支持的广西壮族自治区财政厅和广西泛北东盟财经研究中心表示崇高的敬意和诚挚的谢意！向对广西（东盟）财经研究中心及全三册套书研究工作给予大力支持和帮助的中国国际税收研究会、中国税务杂志社、国家税务总局税收科学研究所，以及广西财经学院的领导和同志们，表示诚挚的谢意！向对本套图书出版给予大力支持和帮助的社会科学文献出版社的领导和编辑表示诚挚的谢意！

编　者

2023 年 9 月

Abstract

The ASEAN International Taxation Administration Development Report (2023) consists of nine reports in two parts: the general report and the country reports. This report comprehensively and systematically compiles and examines the development foundation of ASEAN international taxation administration, administration for avoidance of double taxation on income under tax treaties, international anti-avoidance administration, international taxation services, international administrative assistance and cooperation in tax matters, and implementation of the BEPS Plan of Action up to 2020 from the perspective of ASEAN as a whole and from country-specific perspectives respectively, informally presents the practice of the eight ASEAN Member States' international tax administrations, compares It analyses the changes in international taxation administration in ASEAN and its member states from 2021 to June 2023, and provides a forecast for the development of international taxation administration in ASEAN and its member states in the coming period.

ASEAN countries with high and middle income levels have established a relatively complete international taxation administration system. (1) They have established international taxation administration systems for the foreign income of resident enterprises and individuals, as well as the income of non-resident taxpayers. (2) Administrative systems have been established for the avoidance of double taxation of income under tax treaties, i. e. , tax jurisdiction over different types of income earned outside the country by resident enterprises and labour income earned outside the country by resident individuals, preferential tax rates for income tax under bilateral tax treaties, tax credits and tax concessions for income earned outside the country by resident taxpayers, non-discriminatory treatment of income for tax purposes, as well as procedures for enjoying the benefits of tax treaties, and other administrative systems. (3) Most countries have established special anti-avoidance administrative systems, while a few countries have also established general anti-avoidance administrative systems. (4) An international taxation service system has been established, i. e. , tax refund (exemption) for exports, processing of Tax Resident Identity Certificates for taxpayers investing abroad, bilateral or multilateral appointment pricing arrangements, mutual consultation for avoidance of double taxation, and services for protection of inter-nation taxpayers' rights. (5) It has established mechanisms for tax administrative assistance and cooperation based on bilateral and multilateral tax agreements, as well as mechanisms for negotiation and settlement of inter-nation tax disputes. (6) Taking into account their own national conditions, they have actively promoted the implementation and transformation of the results of the BEPS Action Plan in their own countries, but the results have been uneven. 6 countries have joined the BEPS Inclusive Framework, focusing on promoting the implementation of the results of the Minimum Standards project of the BEPS Action Plan, and selectively participating in the implementation of the results of the Common Approach project of the BEPS Action Plan. The six countries have joined the BEPS Inclusive Framework, focusing on the implementation of the results of the "Minimum Standards" project of the BEPS Action Plan and selective participation in the results of the "Common Approach" project of the BEPS Action Plan.

ASEAN countries' international tax administrations have undergone significant changes in 6 dimensions and 12 elements. 20 From 2021 to June 2023, ASEAN countries have undergone different levels of changes and made different levels of progress in the following dimensions. (1) Responding to the new situation of global epidemic prevention and control, reducing the tax burden of resident foreign income and non-resident taxpayers, and the related tax administration is lenient and strict. Resident enterprises are exempted from tax on domestic reinvestment of foreign income, the profit tax on foreign branches of agreements is lowered, and the income tax rates for resident and non-resident foreign enterprises and foreigners are adjusted downward. Some ASEAN countries have broken with the tradition and adjusted the identification criteria of resident and non-resident status in reverse, and taxed the income of non-resident enterprises to the agents of their resident enterprises in accordance with the law, as well as strictly restricting the retention of the income of resident enterprises from offshore investments in the host country of the investment, and forcing taxpayers and employers of non-resident companies to submit tax returns in paper form. (2) The major ASEAN countries have made adjustments in the direction of management of different types of income from abroad, implementation of income tax exemption and tax deduction for foreign exchange gains and losses from cross-border transactions of enterprises, as well as the time limit and conditions of eligibility for approval of applications to enjoy preferential treatment under tax treaties. (3) A few countries introduced special anti-avoidance rules and general anti-avoidance rules. Some countries have updated the independent transaction principle and the procedures for appointment pricing (APA) arrangements, improved the internal management of transfer pricing, and perfected the rules for controlled foreign companies; levied additional taxes on tax avoidance arrangements, and compressed the discretionary power of the tax authorities in dealing with tax avoidance cases. (4) Focusing on increasing efforts to optimise tax services such as tax refunds for exported goods and services, transfer pricing, bilateral or multilateral appointment pricing arrangements and protection of cross-border taxpayers' rights. (5) The mode of international tax administrative assistance and cooperation has gradually shifted from bilateral to multilateral, and some countries have strengthened the construction of tax arbitration mechanisms. (6) Strengthening efforts to translate the results of the BEPS Action Plan into practice in China, with a focus on promoting the translation of the first and fifteenth BEPS Action Plans, introducing the "two-pillar" rule and the value-added tax (VAT) on digital services, and implementing the fifteenth Action Plan.

In the coming period, ASEAN countries will continue to make efforts to deepen the reform of major tax regimes. (1) In the direction of international tax administration, the special treatment provisions on the criteria for defining residents and non-residents during the outbreak prevention and control period will be continued, and the control of domestic repatriation of income from offshore investments will be further strengthened. (2) Promote the refinement of tax jurisdiction of different types of income of regional members abroad, and will converge in the direction of income tax credit and tax sparing management. (3) Continuously optimising the special anti-avoidance management structure of regional members and promoting the participation of more regional members in general anti-avoidance management. (4) Continuously promote compliance with international trade tax rules, enhance the efficiency of tax refund (exemption) services for exported goods and services, and optimise international taxation services to improve the regional business environment for cross-border investment. (5) It will continue to strengthen cooperation in tax administration within the ASEAN region, RCEP region and international tax administration under the MAAC mechanism at the levels of CAFTA, RCEP and MAAC respectively, and introduce arbitration mechanism to enhance the quality and efficiency of international tax dispute resolution. (6) Members of the BEPS Inclusive Framework will continue to expand the breadth and depth of their participation in the BEPS Action Plan, while non-members of the BEPS Inclusive Framework may participate in the BEPS Action Plan on a selective basis.

Contents

I　General Report

Abstract: This report makes comprehensive use of qualitative analysis and country comparison methods to describe the basis for the development of international taxation administration, administration for avoidance of double taxation on income under tax treaties, international anti-avoidance administration, international taxation services, international administrative assistance and cooperation in tax matters, and action on the implementation of the results of the BEPS Plan of Action in the ASEAN countries up to 2020, and analyzes the development changes of international taxation administration in the ASEAN countries between 2021 and June 2023 Analyze the development of international taxation administration of ASEAN countries from 2021 to June 2023, summarize the development of international taxation administration of ASEAN countries in terms of the criteria for identifying residents and non-residents, the tax declaration and tax collection methods for non-resident enterprises' income, the management of residents' income outside the country, the rules and management of special and general anti-avoidance rules, the refund of tax on exported goods and labor and the protection of the rights of cross-border taxpayers, the modes of international administrative assistance and cooperation in tax matters, and the transformation of the results of the BEPS Plan of Action in the field. On the basis of the changing features of the international taxation administration of ASEAN countries, we are looking forward to the development of the international taxation administration of ASEAN countries, which is to further strengthen the control of domestic repatriation of income from offshore investment, to promote the refinement of the tax jurisdiction of different types of offshore incomes of the regional members, to continue to optimize the special anti-avoidance administration structure of the regional members and to promote the participation of more regional members in general anti-avoidance administration, to optimize the international tax services and to improve the business environment of the region in cross-border investment. It will continue to strengthen international tax administration cooperation within the ASEAN region, the RCEP region and the MAAC mechanism, and continue to expand the breadth and depth of its participation in the BEPS action plan.

Keywords: ASEAN; International Tax Administration; Cross-border Income Tax; Tax Treaty; BEPS Action Plan

Ⅱ　Country Reports

Development Report on the International Taxation

Administration of Indonesia 2023　　　　　　　　　　／068

Abstract: In recent years, Indonesia has made new progress in international tax administration, including the strengthening of cross-border tax administration; improved international special anti tax avoidance management represented by transfer pricing management rules and advance pricing arrangement rules; more convenient international tax services such as appointment pricing arrangement services and mutual negotiation services; established a tax treaty network with multiple countries or regions; strengthening of international tax administrative assistance and cooperation; effective progress has been made in implementing the results of the BEPS action plan. But currently, some international tax administration systems are not yet perfect in Indonesia, such as there is still a certain gap between the implementation of some BEPS action results and OECD standards. The next step, with the need for international development and the OECD's strict requirements for member countries of the BEPS inclusive framework, will force Indonesia to continuously reform and improve its international tax administration system. At the same time, Indonesia will continue to improve its cross-border tax dispute resolution mechanism and negotiation procedures, and take action to reduce duplicate taxation, regulate documents, and create a fair and reasonable international tax environment through the signing and revision of tax agreements.

Keywords: Indonesia; International Taxation Administration; Cross-border Income Tax; Tax Treaties; BEPS Action Plan

Development Report on the International Taxation Administration of Vietnam 2023 / 111

Abstract: A number of laws and regulations in Vietnam, including the Law on Tax Administration, the Decree on Transfer Pricing Management, the Law on Enterprises, and the Law on Investment, have ushered in important amendments to promote new progress in international tax administration since 2020. It is manifested that Vietnam has strengthened the management of overseas affiliated declarations of resident enterprises and overseas suppliers engaged in digital business, the management of avoidance of double taxation on income is more standardized, the international special anti-avoidance management represented by transfer pricing management rules and appointment pricing arrangement rules is better, international tax services such as appointment pricing arrangement services and mutual negotiation services are more convenient, the information security and declaration information of cross-border taxpayers and their rights to interpretation and correction are protected, a tax agreement network has been built with 80 countries (regions), international tax administrative assistance and cooperation have been strengthened. The signing of the Multilateral Convention on

Implementing Tax Treaty Related Measures to Prevent BEPS, the Multilateral Convention on Mutual Assistance in Tax Collection and Management, and the initiation and modification of the Enterprise Income Tax Law have effectively promoted the implementation of the BEPS Action Plan, The approval and implementation of the "Review of the Effectiveness of Double Taxation Avoidance Agreements and Their Impact on Vietnam's Main Tax Policies and Adjustment Directions" project have pointed out the direction for the reform of the international tax management system. However, some of Vietnam's international tax administration system is still imperfect, and the gap between the implementation of most BEPS action results and OECD standards is obvious. In the future, Vietnam will continuously improve the international tax management system in accordance with the "Roadmap for Implementing International Tax Management Reform by 2025" formulated by the Ministry of Finance in its "Decision on Issuing the 2025 Tax System Reform Plan".

Keywords: Vietnam; International Taxation Administration; Cross-border Income Tax; Tax Treaties; BEPS Action Plan Results

Development Report on the International Taxation
Administration of Malaysia 2023 / 164

Abstract: Malaysia's international tax policy is relatively simple. Before 2022, resident taxpayers and non resident taxpayers (including corporate taxpayers and natural person taxpayers) in Malaysia only pay taxes on their income originating from within Malaysia. Among them, four types of corporate taxpayers, namely banking, insurance, aviation companies, and shipping companies, are required to bear tax obligations for all their income originating from within and outside Malaysia; If a natural person taxpayer is seconded to work abroad and is an employee employed in Malaysia, they need to bear tax obligations on their domestic and foreign income. After 2022, corporate taxpayers (including partnerships) must pay taxes on income originating from within and outside

Malaysia, except for dividend income. The pace of reform and change in Malaysia's tax management system is relatively slow, and its main tax category, the Income Tax Law, still follows the 1967 version. With the development and changes of the times, this law has been continuously revised and improved. Malaysia actively participates in and integrates into international tax activities, and is one of the early countries to join the BEPS series of actions.

Keywords: Malaysia; International Taxation Administration; Tax Treaties; BEPS Action Plan

Development Report on the International Taxation Administration of Singapore 2023

Abstract: This report introduces the basic contents and changes of Singapore's international tax administration from the aspects of cross-border tax administration, tax treaty, avoidance of double taxation on income, international anti-tax avoidance administration, resident taxpayer, international tax service, international tax administrative assistance and cooperation, the results of BEPS action plan landed in Singapore, etc, analyzes its development and changes, and looks forward to the development prospect of Singapore's international tax administration, so as to help readers understand the new features, changes and developments of Singapore's international tax administration.

Keywords: Singapore; Cross-border Tax Administration; International Anti-tax Avoidance; BEPS Action Plan

Development Report on the International Taxation Administration of Thailand 2023

Abstract: In this report, we will focus on the current status, changes and future of international tax administration in Thailand in 2020~2023. The report is divided into three parts. The first part is the development basis of Thailand's international tax administration, which mainly introduces the situation of Thailand's international tax administration before the end of 2021. It includes the basis of cross-border tax administration in Thailand, the management basis of avoiding double taxation on income under the Tax Agreement of Thailand, the management basis of anti-tax avoidance in Thailand, the international tax service in Thailand, the administrative assistance and cooperation basis of the International Tax Administration in Thailand, and the landing action basis of BEPS action Plan results in Thailand. The second part will still focus on the above perspective, and explain the changes in the development of international tax administration in Thailand from 2022 to April 2023. The third part looks into the future of international tax administration in Thailand. Thai tax authorities will push prompt and reminder information to taxpayers precisely by simplifying tax compliance, so as to avoid double taxation of income and better serve cross-border taxpayers. Thailand will expand and improve the network of tax treaties, improve the transfer pricing system, and introduce Pillar II and other important international anti-tax avoidance measures into the domestic tax legal system to avoid double taxation of income and prevent international tax avoidance.

Keywords: Thailand; International Tax Administration; Cross-border Income Tax; Tax Treaties; BEPS Action Plan

Development Report on the International Taxation Administration of Philippines 2023 / 292

Abstract: As an important member of ASEAN, the Philippines has a complete tax system, though its international tax regime is not yet perfect. In order to stimulate economic recovery and promote industrial upgrading, the Philippines carried out a set of tax reforms after the COVID-19 pandemic, such as reducing the statutory tax rate, adopting preferential tax policies, issuing international taxation regulations, etc. In next decades, the international tax regime of the

Philippines may be improved gradually with its economic development.

Keywords: CIT Rate; IIT Rate; Tax Treaty; Anti-avoidance; CREATE

Development Report on the International Taxation

Administration of Cambodia 2023   / 332

Abstract: Understanding Cambodia's international tax administration system can provide convenience for Chinese enterprises investing in Cambodia. This report primarily introduces the basics and changes in Cambodia's international tax administration system and tax collection management system, and analyzes its changing characteristics and trends, facilitating readers' understanding of the new changes, features, and trends in Cambodia's international tax administration and tax collection management.

Keywords: Cambodia; International Tax Administration; Tax Treaties

Development Report on the International Taxation

Administration of Laos 2023   / 353

Abstract: In June 2019, Laos officially implemented the "Tax Administration Law (Revised Edition) " and the "Income Tax Law of the Lao People's Democratic Republic. " The new tax laws have introduced new provisions regarding Laos' international tax administration and tax collection management system. This report primarily introduces the basics and changes in Laos' international tax administration system, and analyzes its changing characteristics and trends, facilitating readers' understanding of the new changes, features, and trends in Laos' international tax administration and tax collection management.

Keywords: Laos; International Tax Administration; Tax Collection Management; Tax Treaties

图书在版编目（CIP）数据

东盟国际税收管理发展报告. 2023 / 刘进，霍军主
编. --北京：社会科学文献出版社，2023.12
（东盟税收发展报告. 2023）
ISBN 978-7-5228-2828-2

Ⅰ.①东⋯　Ⅱ.①刘⋯ ②霍⋯　Ⅲ.①税收管理-研
究报告-东南亚国家联盟-2023　Ⅳ.①F813.301

中国国家版本馆 CIP 数据核字（2023）第 225400 号

东盟税收发展报告（2023）（全三册）

东盟国际税收管理发展报告（2023）

主　　编／刘　进　霍　军

出 版 人／冀祥德
责任编辑／孔庆梅
责任印制／王京美

出　　版／社会科学文献出版社·经济与管理分社（010）59367226
　　　　　地址：北京市北三环中路甲 29 号院华龙大厦　邮编：100029
　　　　　网址：www.ssap.com.cn
发　　行／社会科学文献出版社（010）59367028
印　　装／三河市龙林印务有限公司

规　　格／开 本：787mm×1092mm　1/16
　　　　　印 张：25.25　字 数：384 千字
版　　次／2023 年 12 月第 1 版　2023 年 12 月第 1 次印刷
书　　号／ISBN 978-7-5228-2828-2
定　　价／498.00 元（全三册）

读者服务电话：4008918866

▲ 版权所有 翻印必究

东盟税收发展报告

（2023）

（全三册）

东盟税收制度
发展报告
（2023）

REPORT ON THE DEVELOPMENT OF TAXATION
SYSTEM IN ASEAN
(2023)

刘进　霍军　主编

社会科学文献出版社
SOCIAL SCIENCES ACADEMIC PRESS (CHINA)

　　本套书为国家社科基金一般项目"经济数字化视阈下泛东盟地区国际投资税收协定规则协同变革研究"（项目编号：22BGJ026）的阶段性研究成果。

《东盟税收发展报告（2023）》（全三册）
编辑委员会

主　任　夏　飞

副主任　刘　进

委　员　（按姓氏拼音排序）

陈雏音　陈文东　陈　晓　程　媛　邓汝宇

范海燕　付茂劲　龚辉文　韩　霖　贺清哲

霍　军　赖　敏　李　成　李淼焱　廖菲菲

刘　昶　刘和祥　刘　进　刘丽君　龙丽佳

陆崇芳　陆　华　秦　斌　苏　娜　唐玉爽

王红晓　夏　飞　肖乃夫　叶琼微　张　慧

张　瑾

主　编　刘　进　霍　军

总　序

　　《东盟税收发展报告（2023）》（全三册）是广西壮族自治区高校重点智库——广西财经学院广西（东盟）财经研究中心精心组织、汇集众智研创的东盟特色税收学术品牌和标志性科研成果之一，是国内第一部也是当下唯一一部全面系统研究东盟税收的发展报告，填补了国内同类研究的空白。综览本套书，其呈现以下特点。

　　研究主题的学术前沿性和鲜明时代性。构建更为紧密的中国-东盟命运共同体是中央和国家的重大战略决策。2013 年 10 月，中国国家主席习近平在印度尼西亚国会发表重要演讲，提出"携手建设更为紧密的中国-东盟命运共同体"。2021 年 11 月 22 日，在中国-东盟建立对话关系 30 周年纪念峰会上，习近平主席正式宣布建立中国东盟全面战略伙伴关系，提出要"构建更为紧密的中国-东盟命运共同体"。2023 年是习近平主席提出"建设更为紧密的中国-东盟命运共同体"和共建"一带一路"倡议 10 周年，中国与东盟的经贸合作稳步升级，中国连续 14 年保持东盟最大贸易伙伴地位，双方连续 3 年互为最大贸易伙伴。东盟自古以来就是"海上丝绸之路"的重要枢纽，是高质量共建"一带一路"的重点地区，而东盟国家税收特别是国际税收是影响东盟跨境贸易和投资的重要因素，是东盟营商环境的重要组成部分。习近平主席在"推进'一带一路'建设工作座谈会"上强调，要"加强'一带一路'建设学术研究、理论支撑、话语体系建设"。《东盟税收发展报告（2023）》（全三册）的研究主题契合中央和国家关于构建更为紧密的中国-东盟命运共同体的重大战略决策精神，契合习近平主席关于加强"一带一路"建设学术研究的重要指示精神，对于助力推动构建更为紧密的中国-东盟命运共同体、高质量服务"一带一路"建设具有重要的前沿学术价值、可靠的决策参考价值和重大的时代意义。

研究对象的全面性和创新性。与既有的有关东盟税收制度的著作、论文等研究成果针对单一研究对象的显著区别是，《东盟税收发展报告（2023）》（全三册）由《东盟税收制度发展报告（2023）》《东盟税收征收管理发展报告（2023）》《东盟国际税收管理发展报告（2023）》三个分册组成。它首次以东盟税收为研究对象，全面涵盖东盟税收制度、税收征收管理和国际税收管理等税收要件，研究的国别对象虽然暂时没有包含缅甸和文莱两个国家，但是涵盖了东盟10个国家中税收法律法规可获得或与中国投资、经贸关系相对密切的8个国家，即印度尼西亚、越南、马来西亚、新加坡、泰国、菲律宾、柬埔寨和老挝（也即全三册套书三个总报告中统称的东盟国家）。

研究框架结构的系统性和逻辑统一性。与既有以单册为主、总报告和分报告逻辑结构不求统一的其他年度发展报告的显著区别是，《东盟税收发展报告（2023）》（全三册）由三个分册组成，虽然三个分册的具体研究对象和研究内容各异，但是一、二级研究提纲架构均统一为发展基础、发展变化和发展前景；三个分册均由总报告和8个国别报告组成，各报告在研究主题、研究内容、谋篇布局和三级研究内容方面都力求对应统一，从而保持各分册研究框架结构的系统性和逻辑统一性。

研究组织机构及研究团队的高度专业性和开放性。孕育《东盟税收发展报告（2023）》（全三册）的摇篮是广西财经学院，诞生的母体广西（东盟）财经研究中心是广西壮族自治区高校重点智库，它坚持为财经改革、为领导决策、为经济社会发展提供智力服务的"三服务"方向，坚持以打造东盟特色为重心，为锻造《东盟税收发展报告（2023）》（全三册）的专业影响力、学术影响力、决策影响力和公众影响力提供了组织保障。《东盟税收发展报告（2023）》（全三册）研究团队汇集了中国顶层税务机构、国家税收科学研究机构和高等院校等国际税收研究领域的专家学者，既有国家税务总局国际税务司的实务专家，也有中国国际税收研究会、国家税务总局税收科学研究所和中国财政科学研究院公共收入研究中心等知名税收智库的国际税收研究专家，还有厦门大学和广西财经学院等高等院校的国际税收学者专家，更有《国际税收》编辑部等国际税收权威编审专家。研究团队具有高度的学科专业性和合作的开放性，他们勇当东盟税收的学术排头兵、思想探路人和创新先行者，充分展现了国际税收学术界、智库界和实务界的专业观察与思考，充分体现了各个角度、各种背景的专业知识和见解。

研究成果兼具"6性"和"六位一体"的应用功能。《东盟税收发展报告（2023）》（全三册）主要基于东盟国家税收法律法规等专业性和权威性的原始文件，采取合理的技术路线和科学的研究方法，系统梳理了东盟国家经过迭代的目前仍然有效的税收法律法规，开展基础性、前瞻性、战略性和储备性研究，研究成果具有"6性"即学科专业性、史料权威性、学术前沿性、理论创新性、研究科学性和原创性、决策应用性，以及独树一帜的"六位一体"即"研究成果储备+学术研究拓展+专业教学教材+政府决策依据+企业东盟贸易投资参考+东盟税收科学普及"的应用功能。《东盟税收发展报告（2023）》（全三册）既是有关东盟国家税收制度、税收征收管理和国际税收管理研究的重要成果，也是研究东盟国家税收制度、税收征收管理和国际税收管理的重要史料来源，更是近年来不可多得的一项厚重的东盟税收决策咨询成果，既可以为中央和地方各级党政、财税部门的东盟税收决策提供独立的专业判断和可靠的咨询服务，也可以作为高等院校税收学专业的师生难觅的教材，还可以为"走出去"的企业——在东盟投资的企业提供系统、专业和权威的有关东盟税收制度、税收征收管理和国际税收管理的咨询服务，为社会各界了解东盟税收发展情况提供专业的窗口。

《东盟税收发展报告（2023）》（全三册）是一项有思想含量、学术分量、决策参考重量、贸易投资咨询质量和潜量的优秀研究成果。希望研创团队踔厉奋发、笃行不息、赓续前行，将其打造为服务"构建更为紧密的中国-东盟命运共同体"和共建"一带一路"倡议的税收智库精品、具有东盟区域影响力乃至国际影响力的中国税收学术品牌。

卢仁法

2023 年 10 月 1 日

摘　要

　　《东盟税收制度发展报告（2023）》由总报告和国别报告两部分9篇报告组成。本报告分别从东盟整体和国别视角全面、系统地梳理和审视了截至2021年东盟税收制度体系、所得税类制度、货物劳务税类制度、财产税类制度和其他税类制度的发展基础，翔实地呈现了东盟8个成员国①税收制度的实践样态，比较、分析了2022年至2023年6月东盟及其成员国在税收制度体系及税类制度结构方面的变化特征，并对未来一段时期东盟及其成员国税收制度发展态势进行了预测展望。

　　东盟国家建立了较完备的税收制度。（1）建立起较完善的税收法律体系和复合税种制度结构。5国宪法规定了税收法定、制定了税收基本法或税收综合法，6国完成了60%以上税种实体制度的立法。（2）所得税类制度主要由企业所得税和个人所得税制度构成。东盟国家所得税纳税人、课税对象和计税方法等税制要素的规定大同小异，但税率、法定扣除项目及标准、税收优惠安排存在国别差异。（3）货物劳务税类制度主要由增值税（商品及服务税）、消费税、特别营业税、奢侈品销售税和进出口税制度构成，其中增值税（商品及服务税）和消费税是共同的主要税种。增值税纳税人、课税对象和计税方法等税制要素的规定大同小异，但税率、具体计算公式及可抵扣进项税额的范围、税收优惠安排存在国别差异。5国引入了数字商品及服务增值税。6国选择了消费税制度，普遍将烟酒类和高档交通工具纳入课税对象，对消费税免税持谨慎态度，计税方法各具特色。（4）财产税类制度

---

　　① 受数据可得性限制，本书暂未把缅甸和文莱纳入研究范围。

主要由房地产税、土地使用税和自然资源税构成，普遍选择房地产税制。
（5）其他税类制度主要由印花税和环境保护税等税种制度构成。6国选择实施印花税制度，仅2国选择实施环境保护税（碳税）制度。

2022年至2023年6月，东盟国家在以下5个维度发生了不同程度的变化，取得了不同程度的进展。（1）税收收入结构和税收制度法律体系变化明显。后疫情时代，随着全球经济逐步修复，东盟国家经济税收也不同程度地向好回升，但差距明显。所得税类、货物劳务税类收入比重普遍上升。3国修正了个别税收法律，6国引入了2项主体税种的税收实体性行政法规，2国更新了双边税收协定。（2）3国更新了企业所得税纳税人、课税对象、税率制度和计税方法，将加密资产交易、煤炭开采行业和提供电子商务及数字平台服务纳入企业所得税课税范围。2国调整了个人所得税税率制度和计税方法，1国引入了个人数字商品服务所得的征收率和计税方法，3国调整了优惠政策。（3）3国引入了数字商品服务增值税，1国将加密资产交易纳入了增值税课税范围，5国对增值税税率进行了重大调整，7国不同程度地调整了优惠政策。消费税个别商品税目及税率发生了变化。（4）2国调整了土地使用税税率、计税方法和优惠政策，1国下调了不动产利得税税率和收窄了自然资源税纳税人的认定范围。（5）1国调整了房地产买方和卖方印花税课税范围、税率制度和计税方法，1国调高了上市股份或股票交易文书的最高定额税率，1国引入了碳税制度。

未来一段时期，东盟国家将在主要税种制度的深化改革上持续发力。（1）将持续深化税制改革，完善税收法律体系，支持国家中长期经济发展战略目标的实现。稳定并加速税收增长、助力财政的可持续性成为共同选择。将持续优化税种收入结构和税制结构，补足税种、税制结构短板。将根据国家经济发展和税制改革战略，完备各国现行税收法律体系，充分体现税收法定原则。（2）所得税类制度深化改革将更加关注促进经济复苏和公平的支持政策。企业所得税制度深化改革将更加关注促进经济和投资复苏的支持政策，企业所得税激励政策转向投资和创新。个人所得税制度深化改革将更加关注促进经济社会公平的支持政策，扩大个人所得范围，调高高收入群体个人所得税边际税率，扩大合理费用扣除，调节收入分配差距。（3）货物劳务税类制度改革将主要基于增税和环境目标，支持财政和经济的可持续性。增值税制度改革将主要基于增税目标，1 国将引入数字经济和电子商务增值税，3 国将调高增值税税率。将配合 RCEP 的关税减让政策，优化增值税和消费税进出口税收政策。消费税制度改革深化将兼顾增税和环境保护目标，调控重点依然是有害健康的商品，降低鼓励电动汽车消费的税率。（4）财产税类制度改革取向为增收与调节功能并重。将调高房地产税税率，拓展资源税征税范围，开征财富税，以缓解收入与财富不平等问题。（5）环境保护税制度将迎来"绿化"和收入功能双升格局，印花税将在调节经济和社会公平方面取得新平衡。

目 录 ⤵

I   总报告

II   国别报告

总 报 告

General Report

东盟税收制度发展报告（2023）

摘　要： 本报告主要采用聚类分析方法和从抽象到具体的叙述方法，阐述
截至 2021 年东盟国家税收制度体系、所得税类制度、货物劳务
税类制度、财产税类制度和其他税类制度的发展基础，比较、分
析 2022 年至 2023 年 6 月东盟国家税收制度体系及税类制度结构
的发展变化，总结东盟国家税收制度发展在税收收入结构和税收
制度法律体系、企业所得税和个人所得税制度要素、增值税和消
费税制度要素、土地使用税制度要素和房产税税率及自然资源税
纳税人认定制度、印花税和碳税制度要素方面的变化特征，并在
此基础上展望东盟国家税收制度发展前景，即将持续深化税制改
革、完善税收法律体系，所得税制度深化改革将更加关注促进经
济和投资复苏的支持政策，增值税和消费税制度改革基于增税目
标和配合 RCEP 的关税减让政策，房地产税和资源税制度改革取
向为增收与调节功能并重，环境保护税制度将迎来"绿化"和
收入功能双升格局，印花税制度将在调节经济和社会公平方面取
得平衡。

关键词： 东盟　税收法律制度　所得税类　货物劳务税类　财产税类

税收制度是国家以法律或法令形式规定的各种课税制度的总称，包括税种制度、税收制度法律和税制结构，是国家财政制度和营商环境的有机组成部分。各国的政治、经济和财政条件不同，税收制度也不尽相同。从一国视角，在不同发展阶段，由于政治、经济和财政条件不同，税收制度也存在不同程度的差异。而在经济税收区域化、国际化的现实环境中，各国税制相互影响、相互关联的必然性愈益显著，对区域和国际经济贸易及投资合作发展的影响愈益深化。研究东盟税收制度的发展基础、发展变化及发展前景，旨在助力中国-东盟自由贸易区3.0版的建设，为中国-东盟经贸投资伙伴提供东盟税收制度营商环境参考。

一　东盟税收制度发展基础（截至2021年）

税种制度是税收制度的基础，构成税收制度法律和税制结构的基础要素。它由实体性要素和程序性要素构成，前者即纳税人、征税对象、税率、征税方法和税收优惠等，后者属于《东盟税收征收管理发展报告（2023）》的研究范畴，本报告不做研究。

税收制度法律是税制的法律构件，由它的效力、职能和税收管辖权结构组成。基于税法效力的税收制度法律结构可细化为宪法对税收的规定、税收法律、税收行政法规和税收部门规章，基于税法职能作用的税收制度法律结构区分为税收实体法和税收程序法，基于税收管辖权的税收制度法律结构区分为国内税收制度法律和国际税收条约等。

税制结构，即税制分类，是税收制度的核心内容，它反映了一个国家税收制度的基本特征。税制分类标准和方法是多元的，基于课税对象性质标准划分为所得税类、货物劳务税类、财产税类和其他税类结构，这通常被认为是最重要、最基本的、国际上最常用的税制分类或税类结构，也是判断一国税制的标准。因此，本报告将其单列并重点研究。

由税种制度、税收制度法律和税制结构构成的税收制度体系，基于课税对象性质标准划分的税制结构，以及构成税种制度的实体性要素等成为本报告的研究依据及研究逻辑。据此考察东盟 8 国税制发展轨迹，研究发现，经过多年发展，除了经济欠发达的老挝，东盟其余 7 国已经构建起相对完备的税制体系，为本国税务部门管理经济贸易、投资活动及纳税人提供了税收制度保障。

（一）东盟税收制度体系发展基础

本部分从税种制度体系、税制结构和税收制度法律体系 3 个层面，概述东盟 8 国税收制度体系的发展基础。

1. 东盟税种制度体系发展基础

东盟国家已逐步形成完整的税种制度体系，企业所得税和增值税或商品及服务税是东盟国家共同的主要税种。2021 年，即便受到新冠疫情的冲击，仍然有 6 个东盟国家保持了较快的税收增长，这 6 国保持宏观税负在两位数上运行。

（1）税种制度体系和主要税种

税种制度体系。东盟国家税种制度体系集中在 9~16 个税种，印度尼西亚和马来西亚税种制度体系最丰富，达十五六个税种，而老挝的税种制度体系最简单，仅 5 个税种。拥有超过 10 个税种的 5 个国家分别是：印度尼西亚 16 个、马来西亚 15 个、柬埔寨 13 个、新加坡 12 个、菲律宾 11 个。拥有 10 个税种以下的 3 个国家分别是：泰国 10 个、越南 9 个、老挝 5 个。

主要税种。企业所得税和增值税（或商品及服务税）是东盟国家共同的主要税种。基于东盟各国经济发展水平的差异，其主要税种的数量和税类属性存在国别差异。越南、新加坡、印度尼西亚、菲律宾、柬埔寨和老挝 6 国的主要税种有 4 个。越南的主要税种为增值税、企业所得税、特别消费税和个人所得税，2021 年以上税种的税收收入分别约占税收总额的 33.28%、23.22%、11.91% 和 10.84%，累计占税收总额比重高达 79.25%。新加坡的主要税种为企业所得税、个人所得税、商品及服务税、印花税，2021 年以上税种的税收收入分别约占税收总额的 30.00%、23.00%、21.00% 和 11.00%，累计占税收总额比重高达 85.00%。印度尼西亚的主要税种为企业所得税、个人所得税、增值税和奢侈品销售税，2022 年前两个税种的税收收入约占税收总额的 54.48%，后两个税种的税收收入约占税收总额的

43.17%，4 个税种的税收收入累计占税收总额比重高达 97.65%。^① 菲律宾的主要税种为增值税、企业所得税、个人所得税和特定商品消费税，2021 年以上税种的税收收入分别约占税收总额的 21.10%、20.20%、14.60% 和 13.30%，累计占税收总额比重高达 69.20%。柬埔寨的主要税种为增值税、消费税、企业所得税和个人所得税，2020 年以上税种的税收收入分别约占税收总额的 30.56%、22.75% 和 22.83%（企业所得税和个人所得税的合计），累计占税收总额比重高达 76.14%。老挝的主要税种为增值税、消费税、企业所得税和个人所得税，2021 年以上税种的税收收入分别约占税收总额的 29.92%、25.31%、8.77% 和 8.52%，累计占税收总额比重高达 72.52%（见表1）。

表 1　2021 年东盟 6 国主要税种收入结构

单位：%

国家	企业所得税	个人所得税	增值税或商品及服务税	消费税	印花税	累计占税收总额比重
越南	23.22	10.84	33.28	11.91	—	79.25
新加坡	30.00	23.00	21.00	—	11.00	85.00
印度尼西亚	54.48		43.17	—	—	97.65
菲律宾	20.20	14.60	21.10	13.30	—	69.20
柬埔寨	22.83		30.56	22.75	—	76.14
老挝	8.77	8.52	29.92	25.31	—	72.52

注：越南的特别消费税收入计入本表消费税项下，印度尼西亚的增值税收入包括奢侈品销售税收入，菲律宾的特定商品消费税计入本表消费税项下。

（2）税收收入和宏观税负

2021 年，东盟 8 国中 6 国保持税收正增长、2 国出现税收负增长。马来西亚 2021 年税收收入为 136.29 亿美元，比 2020 年增加 39.44 亿美元，增长 40.74%；^② 新加坡 2021 财年^③税收收入为 607 亿新加坡元^④，比 2020 年

---

① 2021 年数据缺失，因此用 2022 年数据代替。
② 2020 年和 2021 年数据分别为 2020 年 1 月至 2021 年 1 月数据和 2021 年 1 月至 2022 年 1 月数据，见 https://www.ceicdata.com.cn/zh-hans/indicator/malaysia/tax-revenue。
③ 财年是财政年度的简称，新加坡财年起止时间为每年 4 月 1 日至次年 3 月 31 日。
④ 不含社会保障费。

增长 22.40%；老挝 2021 年税收收入为 17.52 万亿基普，比 2020 年增加 2.15 万亿基普，增长 13.96%①；泰国 2021 年税收收入为 2.41 万亿泰铢②，比 2020 年增加 0.025 万亿泰铢，增长 10.06%；菲律宾 2021 年税收收入为 2.72 万亿菲律宾比索，比 2020 年增加 0.23 万亿菲律宾比索，增长 9.24%③；印度尼西亚 2021 年税收收入为 1547.8 万亿印度尼西亚盾，恢复到 2019 年的水平，比 2020 年增加 103.33 万亿印度尼西亚盾，增长 7.15%④；越南 2021 年税收收入为 994.37 万亿越南盾，比 2020 年减少 156.06 万亿越南盾，负增长 13.57%；柬埔寨 2021 年税收收入为 19.69 万亿瑞尔，比 2020 年减少 1.19 万亿瑞尔，负增长 5.70%（见表 2）。

表 2　2021 年东盟 8 国税收增长及宏观税负水平

单位：%

国家	税收增长	宏观税负	
		水平	增长
马来西亚	40.74	18.00	—
新加坡	22.40	11.38	—
老挝	13.96	8.79	0.51
泰国	10.06	14.90	—
菲律宾	9.24	14.03	—
印度尼西亚	7.15	9.12	−1.90
越南	−13.57	11.84	−6.42
柬埔寨	−5.70	17.82	—

2021 年，东盟 8 国中，6 国宏观税负保持在 11%~18%，其中，马来西亚为 18.00%，柬埔寨为 17.82%（同比下降 1.9 个百分点），泰国为 14.90%⑤，

---

① 不含关税收人。
② 此税收口径不含海关收入。
③ http：//ph. mofcom. gov. cn/article/jmxw/202201/20220103277880. shtml.
④ http：//cistudy. ccnu. edu. cn/info/1124/11317. htm.
⑤ GDP 数据来源：https：//xueqiu. com/5296061618/212027291。

菲律宾为 14.03%①，新加坡为 11.38%②，越南为 11.84%（同比下降 6.42
个百分点）；2 国宏观税负低于 10%，其中，印度尼西亚为 9.12%，老挝为
8.79%（同比上升 0.51 个百分点）。

2. 东盟税制结构发展基础

东盟国家税种制度和税类结构的分化反映其经济发展程度与水平的差
异。东盟国家税类结构中趋同的主要税种有：企业所得税和个人所得税
（所得税类）、增值税（商品及服务税）和消费税、不动产税（财产税类）、
印花税（其他税类）。

（1）税种制度

东盟国家税种制度均为复合税种制度结构，与各国经济发展水平相匹
配。东盟国家税种制度结构可分为 4 个类型。第一，高收入水平国家是以所
得税种为主、其他税种相配合的复合税种制度结构模式，如新加坡。第二，
中等偏高收入水平国家或接近此收入水平的国家是以企业所得税和增值税种
为主、其他税种相配合的复合税种制度结构模式，如泰国、菲律宾和印度尼
西亚。第三，中等收入水平国家是以增值税为主体、企业所得税为副、其他
税种相配合的复合税种制度结构模式，如越南和柬埔寨。第四，中等偏低收
入水平国家是以增值税和消费税为主体、企业所得税为补充、其他税种相配
合的复合税种制度结构模式，如老挝。

（2）税类结构

①东盟 3 国实行中央和地方两级课税制度。

印度尼西亚将税制结构划分为中央税类、州地方税类和市地方税类。
其中，中央税类有 5 个税种：所得税、增值税、奢侈品销售税、关税、印
花税；州地方税类有 4 个税种：机动车税、机动车燃油税、地表水税、香
烟税；市地方税类有 7 个税种：土地与建筑物税、土地与建筑物产权购置
税、地下水税、广告税、非金属矿物和岩石税、对某些商品和服务征税、

---

① GDP 数据来源：https：//gov.sohu.com/a/584366556_120048357？_f=index_pagefocus_3。
② 该数据为 2021 财年数据，且不含社会保障费。

燕窝税。

马来西亚将税制结构划分为联邦税类和州税类。其中，联邦税类有8个税种：公司所得税、个人所得税、石油收入税、销售税、服务税、进口税、出口税、印花税；州（联邦直辖区）税类有7个税种：土地税、矿山税、森林税、执照税、娱乐税、酒店税、门牌税。

菲律宾将税制结构划分为中央税类和地方税类。其中，中央税类有8个税种：企业所得税、个人所得税、增值税、特定商品消费税、其他比例税、关税、遗产税及赠与税、单据印花税。地方税类有3个税种：不动产税、不动产转让税、商业税。

越南、新加坡、泰国、柬埔寨和老挝实施财政预算统一调整的税收管理体制，没有上述分类税制结构。

②东盟国家普遍选择基于课税对象属性的税类结构。

依据课税对象的属性标准，将税制结构划分为所得税类、货物劳务税类、财产税类和其他税类。这是国际上也是东盟8国普遍选择的税种分类。

2021年东盟国家税类税种情况见表3。

表3　2021年东盟国家税类税种

国家	所得税类	货物劳务税类	财产税类	其他税类
越南	企业所得税、个人所得税	增值税、特别消费税、进出口税	非农业土地使用税、农业土地使用税、自然资源税	环境保护税
印度尼西亚	企业所得税、个人所得税	增值税、奢侈品销售税、消费税	遗产及赠与税	印花税、娱乐税、电台与电视税、道路税、机动车税、自行车税、广告税、外国人税、发展税
新加坡	企业所得税、个人所得税	商品及服务税、消费税	不动产税	印花税、碳排放税、机动车税、博彩税
马来西亚	企业所得税、石油收入税、个人所得税	销售税、服务税	不动产利得税、土地税、矿山税、森林税	印花税、纳闽商业税（联邦税）、执照税、娱乐税、酒店税、门牌税（地方税）

续表

国家	所得税类	货物劳务税类	财产税类	其他税类
泰国	企业所得税、石油所得税、个人所得税	增值税、特定营业税和国货税	土地与建筑物税、遗产及赠与税	印花税、广告招牌税
菲律宾	企业所得税、个人所得税	增值税、特别消费税	遗产税及赠与税、不动产税、不动产转让税	单据印花税、商业税
柬埔寨	所得税、工资税	增值税、消费税	不动产税、土地闲置税、房屋和土地租金税	印花税、专利税、最低税、运输工具税、公共照明税、住宿税
老挝	企业所得税、小微企业所得税、个人所得税	增值税、消费税	土地税	

③东盟国家经济发展水平决定的4层次税类收入结构。

东盟国家税类收入结构可区分为4个层次，反映了东盟国家所处的经济发展阶段（见表4）。

表4　东盟6国主要税种的税类收入结构

单位：%

国家	所得税类收入占比	货物劳务税类收入占比	财产税类收入占比	其他税类收入占比
新加坡	53.38	20.76	0.0063	11.20
印度尼西亚	54.48	43.17	2.35	—
越南	34.06	51.35	2.22	6.66
菲律宾	34.80	34.40	—	—
柬埔寨	29.26	65.94	4.70	0.10
老挝	17.29	55.24	0.89	—

注：受数据可得性限制，柬埔寨为2020年数据，新加坡、越南、菲律宾和老挝为2021年数据，印度尼西亚为2022年数据。

第一层次：高收入水平国家以所得税类收入为主。2021 年，新加坡所得税类收入占比为 53.38%，货物劳务税类收入（不含关税）占比为 20.76%，财产税类收入占比为 0.0063%，其他税类收入占比为 11.20%。

第二层次：中等偏高收入水平国家或接近此收入水平的国家以所得税类收入和货物劳务税类收入为主。2022 年，印度尼西亚所得税类收入占比为 54.48%，货物劳务税类收入占比为 43.17%，财产税类收入占比为 2.35%。2020 年菲律宾所得税类收入占比为 34.80%，货物劳务税类收入占比为 34.40%。

第三层次：中等收入水平国家以货物劳务税类收入为主、所得税类收入为辅。2020 年，柬埔寨货物劳务税类收入占比为 65.94%，所得税类收入占比为 29.26%，财产税类收入占比为 4.70%，其他税类收入占比为 0.10%。2021 年，越南货物劳务税类收入占比为 51.35%，所得税类收入占比为 34.06%，财产税类收入占比为 2.22%，其他税类收入占比为 6.66%。

第四层次：中等偏低收入水平国家以货物劳务税类收入为主。2021 年，老挝货物劳务税类收入占比为 55.24%，所得税类收入占比为 17.29%，财产税类收入占比为 0.89%。[①]

3. 东盟税收制度法律体系发展基础

税收制度法律体系是由一国现行的全部税收法律规范分类组合为不同的税法部门而形成的有机联系的统一整体。它包含宪法框架下税收法律规定、税收法律、税收行政法规、税收行政规章和国际税收条约 5 个效力层次。除宪法框架下税收法律规定外，其他 4 个效力层次均由税收实体法（法规、规章）和税收程序法（法规、规章）构成。东盟国家都建立起了较为完善的税收制度法律体系。

（1）宪法框架下税收法律规定

宪法是每个民主国家最根本的法的渊源，其地位和效力是最高的。宪法作为税法的渊源表现在两个方面：一是直接渊源，即宪法中关于税收的直接

---

① 税收总额不含关税收入。

规定；二是间接渊源，即宪法中的各项原则规定，在税收立法、司法、执法中必须严格遵循，不得违背。东盟有7国的宪法作为国家根本大法为其税收法律体系的建立提供了直接或间接的基础和依据。

宪法框架下税收法定。越南、泰国、柬埔寨和老挝4国宪法规定税收法定；新加坡宪法规定税法动议法定，征收任何国家税或地方税均需经法律批准；印度尼西亚和柬埔寨宪法规定年度财政预算法定。

宪法框架下税收授权立法。菲律宾宪法授权"国会应制定渐进的税收制度"；柬埔寨宪法授权国会具有立法权，批准国家预算以及税收的征收、修改或废除；泰国宪法授权国王在国会休会期间制定税收法律。

宪法框架下税收立法原则。菲律宾宪法规定税收规则应统一和公平。

宪法框架下依法税收征管。印度尼西亚宪法规定依法征税，建立财政检查机构负责审查、审计和结算国家财政账目，并向国会提出审计结果。

宪法框架下公民依法纳税义务。越南宪法规定公民有依法纳税的义务。

（2）税收法律

税收法律是享有国家立法权的国家最高权力机关，依照法律程序制定的规范性税收文件，包括税收实体法和税收程序法。它的税收法律地位及法律效力低于宪法而高于税收行政法规和规章。根据税收法定原则，税收法律构成税收制度法律体系的主体。

①东盟5国制定了税收基本法。

税收基本法或税收综合法是对税收实体法和税收程序法做出的一般规定。东盟5国制定了税收基本法，具体包括：《印度尼西亚共和国税收规定统一法》（2021年第7号法律）；菲律宾税收基本法主要由《国家税务法典(1997)》和《地方政府法典（1991）》两部法律构成；泰国《税法典》主要规制企业所得税、个人所得税、增值税、特别营业税和印花税5个主要税种法律；《柬埔寨人民共和国税法（2004年修正）》主要规制企业所得税、工资税、最低税和增值税等4个主要税种法律；《老挝人民民主共和国税法》。

②东盟6国完成了60%以上税种制度的立法。

作为税收法律主体的税收实体法是规定税收法律关系主体的实体权利、

义务的法律规范的总称，其构成要素与税种制度的构成要素相一致。东盟6国完成了60%以上税种制度的立法，其中，越南税种制度的立法层次最高，全部税种均完成税收立法，泰国、老挝和菲律宾分别完成了90%、80%和78%税种的立法。柬埔寨和印度尼西亚税种制度的立法层次较低，特别是印度尼西亚仅约30%的税种制度完成立法。

越南税种制度的整体立法层次最高，全部税种制度均完成税收立法。截至2021年，越南全部9个税种和社会保障费制度均取得规范的税收法律载体，立法层次高且相对稳定，但更新进展总体滞后且差异较大。货物劳务税类税种的立法更新较频繁，最新更新时间均为2016年；所得税类税种的立法更新2~3次，最新更新时间均为2014年，但社会保障费的立法未更新；财产税类税种中，仅自然资源税于2014年更新一次，其他两税自生效实施至今未更新；其他税类税种自立法至2021年从未更新。与税（费）种相对应，越南2021年有效的税（费）实体法主要包括以下12部，即《所得税法》（71/2014/QH13，第四次修正）、《个人所得税法》（71/2014/QH13，第二次修正）、《社会保险法》（58/2014/QH13）、《健康保险法》（25/2008/QH12）、《就业法》（38/2013/QH13）、《增值税法》（106/2016/QH13，第四次修正）、《特别消费税法》（106/2016/QH13，第四次修正）、《进出口税法》（107/2016/QH13，第三次修正）、《非农业土地使用税法》（48/2010/QH12，2012年1月1日起生效实施）、《农业土地使用税法》（23-L/CTN，1994年1月1日起生效实施）、《自然资源税法》（71/2014/QH13，第一次修正）、《环境保护税法》（57/2010/QH12，2012年1月1日起生效实施）。

泰国9个税种制度完成税收立法，占全部税种的90.00%。《税法典》是企业所得税、个人所得税、增值税、特别营业税和印花税5种税法的集合；《石油税法》、《消费税法案》（1984）、《泰王国土地和建筑物税法》（2019）和《遗产税法》（2015）单独立法。

老挝4个税种制度完成税收立法，占全部税种的80.00%。《增值税法》（2014）、《所得税法》（2019）（企业所得税和个人所得税合并立法）和《消费税法》（2019）单独立法。

菲律宾 7 个主要税种制度完成税收立法，约占全部税种的 77.78%。税收实体法的内容主要在《国家税务法典（1997）》第二编至第七编，具体规定了所得税（包括企业所得税和个人所得税）、遗产税及赠与税、增值税、其他比例税、特别消费税、单据印花税等国税税种的法规。

新加坡 6 个税种制度完成税收立法，约占全部税种的 67%。企业所得税和个人所得税合并立法，商品及服务税、关税、财产税和印花税单独立法。未查证其他 3 个税种的立法情况。

马来西亚 9 个主要税种制度完成税收立法，约占全部税种的 60%，分别由《印花税法》《所得税法》《石油（收入）税法》《不动产利得税法》《销售税法》《数字服务税法》《关税法》《商业活动税法》立法规定。

柬埔寨 7 个税种制度完成税收立法，占全部税种的 53.85%。《税法》规制了企业所得税、最低税、工资税、增值税和特定商品及服务税。《运输工具税法》《印花税法》《专利税法令》单独立法。

印度尼西亚 5 个税种制度完成税收立法，占全部税种的 31.25%，分别由《所得税法》（2008 年第 36 号法律，第 5 次修订）、《增值税法》（2009年第 42 号法律，第 1 次修订）、《消费税法》（2007 年第 39 号法律，第 1 次修订）、《印花税法》（2020 年第 10 号法律，第 1 次修订）、《土地与建筑物税法》（1985 年第 12 号法律）立法规定。

③东盟 8 国均完成了税收征管法的立法。

税收程序性法律是规定国家征税权行使程序和纳税人纳税义务履行程序的法律规范的总称，旨在规范税收征纳行为和保证税收制度法律的实施。它主要包括税收征管法、税收处罚法和税收救济法，其中，税收征管法被称为税收程序法中的根本大法。

东盟 8 国均完成了税收征管法的立法，其中 3 国单独立法、5 国寓于税收基本法。第一，3 国完成了单独税收征管法的立法程序，取得了规范的税收征管法律载体。这 3 国即越南《税收征收管理法》（38/2019/QH14，第二次修正）、新加坡《税收征管法》、老挝《税法》。第二，5 国寓税收征管法于税收基本法。这 5 国即印度尼西亚、菲律宾、泰国、柬埔寨和老挝。它们没有单独的税收征管法，其税收基本法包括税收征管法，即印度尼西亚《一般规定和税收程序法》（1983 年第 6 号法律，第一次修正），菲律宾《国家税务法典（1997）》第一编（国内税收总局的组织及职能）、第八编（救济措施）、第九编（合规要求）、第十编（违法行为及处罚）和第十二编（监督委员会），泰国《税法典》，柬埔寨《税法》第 5 章税务规程规定，以及老挝《税法》。

（3）税收行政法规

税收行政法规是指国家最高行政机关、地方立法机关根据其职权或国家最高权力机关的授权，依据宪法和税收法律，通过法律程序制定的规范性税收文件。它包括中央税收行政法规和地方税收行政法规。

①东盟 6 国颁布实体性税收行政法规的数量差异较大。

越南主要涉及 9 个税种，共 30 多项税收实体性行政法规。越南税收实体性行政法规作为税收法律的指导性文件，通常在税收法律颁布后以法令的形式配套出台，与税（费）种数量相对应。越南现行税收实体性行政法规包括企业所得税、增值税和进出口税更新。2021 年，非农业土地使用税和环境保护税尚分别延用的是 2011 年和 2012 年的。企业所得税和增值税法规补充频率最高（7 项），具体如下：企业所得税 7 项（最新为 110/2021/ND-CP）和个人所得税 4 项（最新为 12/2015/ND-CP）；增值税 7 项（最新为 110/2021/ND-CP）、特别消费税 3 项（最新为 14/2019/ND-CP）和进出口税 2 项（最新为 18/2021/ND-CP）；非农业土地使用税 1 项（最新为 53/2011/ND-CP）、农业土地使用税 3 项（最新发布文号为 74-CP）和自然资源税 2 项（最新为 12/2015/ND-CP）；环境保护税 2 项（最新为 69/2012/ND-CP）。

柬埔寨主要涉及 6 个税种，共 12 项税收实体性行政法规。企业所得税 3 项（最新为 2019 年 01 ANKr. BK），石油税 1 项（2018 年 52 ANKr. BK），增值税 4 项（最新为 2021 年 65 ANKr. BK），关税和特别税 2 项（2017 年 214 ANKr. BK），印花税 1 项（2015 年 40 ANKr. BK），运输工具税 1 项（1991 年 114 ANKr. BK）。

印度尼西亚主要涉及 3 个税种，共 6 项税收实体性行政法规。印度尼西亚税收行政法规以政府条例的形式公布。具体包括：所得税 3 项（最新为 2020 年第 29 号政府条例）；所得税与增值税综合 1 项（最新为 2017 年第 53 号政府条例）；奢侈品销售税 2 项（最新为 2021 年第 74 号政府条例）。

泰国主要涉及 3 个税种，共 3 项税收实体性行政法规，即《遗产税条例》《土地和建筑物税法》《广告招牌税条例》。

新加坡和老挝各 1 项税收行政法规。新加坡可查证的税收实体性行政法规主要有《货物和服务税收条例》；老挝主要涉及 1 个税种，即《土地税条例（2007）》。

②东盟 3 国颁布程序性税收行政法规，但数量极有限。

税收程序性行政法规一般与税收程序性法律配套出台，是对税收程序性法律的具体补充。越南现行税收程序性行政法规划分为税务登记、纳税申报及税务行政违法行为的处罚 3 类，共 10 项。柬埔寨主要有 1 项程序性税收规章，《电子注册子法令（2020）》。老挝涉及 2 项税收程序性法规，即《发票条例（2006）》和《纳税人识别号条例（2007）》。

（4）税收行政规章

东盟 4 国颁布实施了相对丰富的税收实体性规章，5 国颁布实施有限的税收程序性规章。

税收行政规章是指国家税收管理职能部门、地方政府根据其职权和国家最高行政机关的授权，依据宪法、税收法律和税收行政法规制定的税务部门及地方政府规范性税收文件。前者可称税收部门规章，后者可称地方税收规章。

①东盟 4 国颁布实施了相对丰富的税收实体性规章，其中越南和柬埔寨的相关文件最丰富。

越南主要涉及 9 个税种，共 54 项税收实体性规章。越南税收实体性规章通常由财政部以通告形式颁布，是对税收法律和税收法规在实施过程中的具体说明，与税（费）种数量相对应。越南现行税收实体性规章覆盖全部税种：企业所得税 6 项（最新为 25/2018/TT-BTC）和个人所得税 4 项（最新为 12/2015/ND-CP）；增值税 15 项（最新为 43/2021/TT-BTC）、特别消费税 3 项（最新为 20/2017/TT-BTC）和进出口税 4 项（最新为 80/2019/TT-BTC）；非农业土地使用税 7 项（最新为 80/2021/TT-BTC）、农业土地使用税 7 项（最新为 80/2021/TT-BTC）和自然资源税 5 项（最新为 44/2017/TT-BTC）；环境保护税 3 项（最新为 106/2018/TT-BTC）。

柬埔寨主要涉及 3 个税种，40 项税收实体性规章，主要由经济财政部以部长令的形式发布。具体包括：企业所得税 16 项（最新为 2020 年 346 MEF.PrK），工资税 2 项（最新为 2021 年 543 MEF.PrK），石油税 1 项（2018 年 536 MEF.PrK）；增值税 8 项（最新为 2021 年 542 MEF.PrK），消费税 1 项（2015 年 139 MEF.PrK）；财产税 1 项（2010 年 493 MEF.Prk），土地闲置税 2 项（最新为 2007 年 452 MEF.BK.GDT），租赁税 1 项（2015 年 1704 MEF.PrK）；印花税 2 项（最新为 2016 年 273 MEF.Prk），专利税 2 项（最新为 2021 年 193 MEF.PrK），运输工具税 1 项（2018 年 531 MEF.PrK），公共照明税 1 项（2017 年 976 MEF.PrK），住宿税 1 项（2005 年 380 MEF.GDT），登记税 1 项（2017 年 507 MEF.PrK）。

印度尼西亚主要涉及 4 个税种，共 10 项税收实体性规章。印度尼西亚税收部门规章以财政部或税务总局条例的形式公布。具体包括：所得税 2 项（最新为第 96/PMK.010/2020 号财政部条例），增值税 3 项（最新为第 18/PMK.03/2021 号财政部条例），奢侈品销售税 3 项（最新为第 141/PMK.010/2021 号财政部条例），消费税 2 项（最新为第 193/PMK.010/2021 号财政部条例）。

老挝主要涉及 3 个税种，共 4 项税收实体性规章。老挝的税收实体性规章主要由财政部制定发布，具体包括车辆消费税（2015）、增值税和所得税实施条例（2021）、投资促进政策实施关税和税收政策的指示（2012）。

②东盟 5 国颁布实施的税收程序性规章。

根据税收程序内容的不同，越南现行税收程序性行政法规分为税务登记、纳税申报以及税务行政违法行为、税务领域的电子交易指南、税务机关投诉处理程序的处罚 5 类 12 项。印度尼西亚主要涉及 5 个税种，共 5 项税收程序性规章。具体包括：纳税服务 2 项（最新为第 PER-22/PJ/2021 号税

务总局条例），国际税收管理 2 项（最新为第 PER-17/PJ/2020 号税务总局
条例），税种（关税）管理 1 项（第 141/PMK. 04/2020 号财政部条例）。柬
埔寨主要由经济财政部以部长令的形式发布，截至 2023 年 5 月仍然有效的
税收程序性规章主要有 28 部。老挝主要由财政部和国家税务总局制定发布，
现行有效的主要有 15 项。马来西亚仅有《税收遵从审计框架》。

（5）国际税收条约

国际税收条约是指一国作为国际法主体同外国缔结的双边、多边税收协
议和其他具有条约、协定性质的税收文件。

①东盟国家建立了较健全的双边税收协定网络，越南、新加坡和泰国的
双边税收协定网络最发达。

越南已搭建起覆盖范围较广的避免双重征税和防止偷税漏税协定网络，
截至 2021 年底，越南与全球 80 个国家或地区签署了避免双重征税和防止偷
税漏税的税收协定，其中与 6 个国家或地区（新）签署的协定尚未生效①。
新加坡与超过 80 个国家或地区签订了双边税收协定。印度尼西亚与 70 个国
家或地区签订了双边税收协定。泰国与 63 个国家或地区签署了避免双重征
税的税收协定，其中有 60 个协定处于生效、执行中，有 3 个协定尚未生效。
菲律宾与 43 个国家或地区签订了避免双重征税的税收协定，与塞浦路斯签
订了海洋运输专项税收协定，与 12 个国家或地区签订了社会保障协定。老
挝与 14 个国家或地区签署了关于对所得避免双重征税和防止偷税漏税的税
收协定，其中生效 12 个。柬埔寨与 10 个国家或地区签署了关于对所得避免
双重征税和防止偷税漏税的税收协定，其中生效 9 个。

②东盟 5 国加入了多边税收条约，新加坡、印度尼西亚和马来西亚参与
度最高。

印度尼西亚加入 4 项多边税收条约，即《多边税收征管互助公约》《实
施税收协定相关措施以防止税基侵蚀与利润转移的多边公约》《金融账户涉
税信息自动交换多边主管当局间协议》《转让定价国别报告多边主管当局间

---

① https：//www. gdt. gov. vn/wps/portal/home/thueqt.

协议》。新加坡签订并生效《联合国关于调解所产生的国际和解协议公约》。越南 2017 年以来先后加入 BEPS 包容性框架、全球税收透明度和信息交换论坛，为其参与全球多边税收合作奠定了基础。菲律宾 2014 年 9 月加入并签署了《多边税收征管互助公约》，2015 年与美国签订了《海外账户税收合规法案》（FATCA）。泰国 2020 年 6 月加入并签署了《多边税收征管互助公约》。老挝 2016 年 8 月与美国正式签署了《美国海外账户税收遵从法案（Model 1B）》，并于 2016 年 12 月 23 日生效。

（二）东盟所得税类制度发展基础

所得税类指以实现的所得、收益为课税对象的税种类别。东盟 8 国所得税类制度主要由企业所得税制度和个人所得税制度构成。

1. 东盟企业所得税制度发展基础

（1）纳税人制度

纳税人（全称为"纳税义务人"），又称课税主体，指依法参与税收法律关系，享有权利、承担义务，对国家负有并实际履行纳税义务的公民、法人或其他社会组织成员。纳税人分为法人和自然人两类，是税种制度构成的最基本的要素之一。

东盟 8 国企业所得税纳税人的规定基本趋同，包括居民企业和非居民企业，但菲律宾和泰国还包括合伙企业。

（2）征税对象和税率制度

征税对象指税法规定的课税目的物，它说明对什么征税，反映了一个税种征税的基本范围和界限。它分为对人课税的"人"和对物课税的"物"。与征税对象相联系的税种要素，主要有征税范围、税目、计税依据。税率指应纳税额与课税对象（计税依据）之间的比例，是计算应纳税额的尺度，体现了征税的深度。它一般有比例税率、累进税率和定额税率 3 种形式。

①征税对象。

东盟 8 国企业所得税征税对象的规定基本趋同。第一，从纳税人身份视角。居民企业来源于全球所得，有常设机构的非居民企业来源于境内计提的所得及境内取得的境外所得，无常设机构的非居民企业来源于境内计提的所得。第二，从所得性质视角。课税对象基本包括企业生产经营、商业和劳务所得；投资所得，如股息、利息和租金；特许权使用费、保险费；财产及转让所得；其他实质性所得。但境内外投资所得不同，项目征税方面存在国别差异。

②税率制度。

以复合税率结构为主。东盟国家企业所得税税率结构基本为"标准税率+优惠税率（或最高税率）"的复合税率结构，仅新加坡为单一税率结构（见表5）。

表5 2021年东盟8国企业所得税税率结构

单位：%

国家	标准税率	优惠税率	特别优惠税率	最高税率	征收率
菲律宾	25	20	5		15
马来西亚	24	17	——	——	——
印度尼西亚	22	0.5	3	——	——
泰国	20	10		——	3+（0、15、20以下累进）
越南	20	——		32～50	
柬埔寨	20	——		30	5
老挝	20	——		22+35	0、1、2、3
新加坡	17	——			

标准税率水平呈现3个层次。第一，标准税率为20%的国家有4个，即越南、泰国、柬埔寨和老挝。第二，标准税率为超出20%的国家有3个，即菲律宾、马来西亚和印度尼西亚。第三，标准税率为低于20%的国家是新加坡。

东盟8国中有4个国家选择优惠税率。其中，菲律宾优惠税率最高，为20%，适用于应税收入不超过500万菲律宾比索、总资产不超过1亿菲律宾比索的菲律宾国内中小企业：特别优惠税率5%，适用于出口企业、最低投资资本为5亿菲律宾比索的国内市场企业，以及符合SIPP规定的从事"关键"活动的国内市场企业。马来西亚为17%，仅适用于中小型居民企业前60万令吉的营业额，其余超过60万令吉的营业额仍适用标准税率；泰国为10%，适用于银行将非居民企业的外币资金贷给非居民企业取得的贷款利息收入；印度尼西亚为"最低税率0.5%+特别优惠税率3%"，最低税率适用于中小微企业，特别优惠税率适用于印度尼西亚证券交易所上市的合规居民企业。

东盟8国中有3个国家选择最高税率，越南行业差别税率为32%～50%，适用于境内从事油气勘测、勘探、开采活动的企业。老挝为22%+35%，22%次高税率适用于生产、进口及销售香烟的企业，35%超高税率适用于矿产特许经营利润。柬埔寨为30%，适用于合同约定的石油或天然气生产分成所得和特定自然资源开采所得。

东盟8国中有4个国家设置了征收率，但税率水平和适用对象差距都较大。菲律宾为15%，适用于企业销售成本与其境内外总销售额或总收入之比不超过55%的企业。柬埔寨为5%，适用于保险（非寿险）和再保险所得。老挝4档优惠征收率（0、1%、2%、3%）适用于小微企业。泰国为3%+3档超额累进征收率（0、15%、20%），3%适用于外国航空或运输企业在泰国境内经营收入和特定中小型企业，3档超额累进征收率适用于一般中小型企业。

（3）计税方法

一般计税方法指计算一般纳税人发生应税行为的应纳税额的方法。企业所得税应纳税额是根据一个纳税期内应纳税所得额与适用税率的乘积计算所得。

东盟国家企业所得税计税方法基本相同，但在法定扣除项目及标准方面存在国别差异。一般企业所得税应纳税额＝企业应纳税所得额×适用税率，其中，企业应纳税所得额＝企业应税收入总额－法定扣除额。特殊企业所得税应纳税额＝特殊企业总销售额或总收入×适用征收率。

（4）企业所得税优惠制度

税收优惠制度是税收制度中对某些纳税人和课税对象给予鼓励与特殊照顾的一种规定，分为直接税收优惠和间接税收优惠。

东盟国家企业所得税制度性税收优惠取向两极化。中等偏低收入水平国家基于社会公平目标，更关注低收入群体、困难群体和社会公益类组织；而高收入水平国家和中等偏高收入水平国家则更关注资本利得、股息、特定境外所得、遗产及赠与和捐赠等。

东盟国家企业所得税非制度性税收优惠普遍基于效率目标，聚焦鼓励投资。具体鼓励政策国别特色明显。

越南。第一，4类税率优惠。即：15年期10%的税率，适用于高新技术等新投资项目；10年期17%的税率，适用于高档钢材、节能产品、灌溉设备和精炼饲料等新投资项目；10%的税率，适用于社会化领域投资；17%的税率，适用于人民信贷资金和小额信贷机构的收入。第二，3类税额减免。即：四免九减半，适用于科技开发和困难地区社会化领域新投资项目；四免五减半，适用于非困难地区社会化领域新投资项目；两免四减半，适用于优质钢材、节能产品生产和工业园新投资项目。第三，专项税收优惠。即：所得税税前扣除聘用特定女职工和少数民族职工增加的支出；优先转让技术给困难地区的组织和个人，给予减半征收企业所得税。第四，应对新冠疫情的临时减免税政策。

印度尼西亚。第一，一般性免税和临时性免税（进口防疫物资的药品）。一般性免税适用于合规的捐赠收入和遗产；工作或服务补偿；实体收到的资产，境内企业来源于境内企业的股息，居民企业来源于外国常设机构的境外股息和税后收入，风险投资公司来源于境内合作实体的利润分成；获准的养老基金收费；合伙企业、协会、公司和商业协会等的利润分成，合作社留存收入的分配，注册的非营利组织来源于教育或研发的盈余、注册的社会和宗教机构的盈余，等等。第二，中小微型企业的减半征税和适用最低税率的疫情期间临时性免税。第三，投资所得税收优惠。包括：合规的业务部门和地区投资所得免税或税收补贴；特定领域或特定地区投资享受投资津贴

（不超过 30%）、加速折旧和摊销、股息所得税 10%征收率和亏损结转（10 年及以下）。

新加坡。第一，制度性税收减免。免税，适用于资本利得和特定境外所得；免征 75%税款，分别适用于企业和合规的新设私营公司应纳税所得额 1 万新加坡元、10 万新加坡元以下部分；减半征税，分别适用于企业和合规的新设私营公司应纳税所得额 1 万~19 万新加坡元、11 万~20 万新加坡元部分。第二，税收优惠政策。先锋企业 15 年免税，新办企业比照执行新设私营公司免税政策，投资免税，风险投资基金免税期 15 年，股票利得的税收确定性免税；发展和扩张税率优惠，即 5 年+5 年延期（累计不超过 40 年）、5%或 10%的优惠税率；金融部门激励计划（FSI）的 5%、10%、12%或 13.5%税率优惠；金融和财政中心（FTC）的 8%税率优惠；研发税收扣除和加计 150%扣除优惠；知识产权发展税收优惠；经核准的特许权使用费、技术支持费用和研发费用（R&D）预提税减免政策。

马来西亚。第一，投资免税 5~10 年，适用于占据先锋地位的行业。第二，投资税收优惠政策。投资税收补贴（投资额的 60%~100%）、加速资本补贴、双重扣除和再投资补贴（投资额的 60%），适用于占据先锋地位的行业；加速资本津贴和自动化设备津贴，适用于向"工业 4.0"转型的企业。第三，应对新冠疫情的临时性税收优惠。纳入税收扣除的费用项目包括个人防护设备成本费用、公司合规捐赠（限于总收入的 10%）。

菲律宾。第一，特别企业所得税税率 5%。适用于出口企业、最低投资资本为 5 亿菲律宾比索的国内市场企业，以及投资 SIPP"关键"项目的国内市场企业。第二，免税期 4~7 年+5 年或 10 年特别税率 5%或加计扣除。出口企业和投资 SIPP"关键"项目的国内市场企业，可享受免税期 4~7 年+10 年税率 5%或加计扣除待遇；投资 SIPP 非"关键"项目的国内市场企业，可享受免税期 4~7 年+5 年特别税率 5%或加计扣除待遇。第三，加计扣除。具体包括特定条件的资本支出加计扣除：建筑物 10%、机器和设备 20%；年人工费用、国内投入费用、能源类费用各 50%；年研发费用和培训费用各 100%；制造业再投资补贴的扣除；已注册制造业企业未分配利润再投资于 SIPP 任何项目，给予 5 年再投资金额扣除；净营业损失加计结转。该优惠政策适用于出口企业、国内市场企业和投资"关键"项目的国内市场企业。

泰国。第一，免税。适用于特定利润分红；《泰国促进投资法》框架下特定投资免税 3~13 年，从促进投资业务中取得收入，符合《泰国投资促进法》规定的 15 项重点鼓励产业免税 8 年。第二，减税。适用于政府间免税协议规定的项目；BOI 针对设立在 20 个目标省份的企业经营活动给予额外的税收优惠，包括：额外 3~8 年减免税，原 8 年税收优惠+额外 5 年减半税，合规的营业项目 10 年内运输费和水电费加计扣除+制造设备安装及建设费额外扣除 25%；特定企业减免期限为 15 年；特定企业减半征税期限为 10 年；投资支出额外扣除 70% 费用的期限为 10 年；特定区域合规高新技术企业减免税期限为 3~10 年，对于对国家或整个行业有利的企业给予额外的基于业绩的税收奖励：追加减免期限为 1~3 年，特定地区特定行业企业 2 年减免或 3 年减半征税或额外 5 年减半征税。

柬埔寨。第一，制度免税。适用于政府收入、非营利组织收入、符合规定的出售自产的农产品收入。第二，鼓励合格投资优惠政策。A. 3~9 年免税+6 年递减减税（2 年减 75%+2 年减半+2 年减 25%）；附加 1% 的预缴税免税；合规最低税免税；出口免税。B. 特殊折旧优惠。资本支出特殊扣除；特定费用 200% 加计扣除 9 年；特定时期内豁免预缴所得税、合规最低税和出口税。C. 额外加计扣除 150% 的鼓励措施。适用于注册为合格投资项目的投资活动支出。包括：研究、开发和创新支出；升级机器以服务于生产线；以开发人力资源为目的的职业培训和技能支出；员工宿舍、食堂、托儿所和其他福利支出。

老挝。第一，免税。投资于贫困地区的鼓励类项目免税 10 年+特定项目额外延长 5 年；投资于社会经济基础设施较多地区的鼓励类项目，免税 4 年+特定项目额外延长 3 年；投资于经济特区，税收优惠以具体政策为准；再投资免税 1 年。第二，税率优惠。A. 临时优惠税率 13%，适用于特定上市公司自注册之日起 4 年期限；B. 免税期结束后优惠税率 5%，适用于投资于特定人力资源开发相关项目、特定医疗项目。C.免税期结束后优惠税率7%，适用于投资创新、环保和节能技术应用项目。

2. 东盟个人所得税制度发展基础

（1）纳税人制度

复合标准是共同选择。东盟国家个人所得税纳税人的判定标准基本选择两个标准及以上的复合标准。居住时间标准成为共同选择，国籍标准和居住地标准的选择存在国别差异。多数国家选择居住地标准+居住时间标准，少数国家选择国籍标准+居住时间标准。

东盟国家统一选择居住时间标准，但呈现3个具体天数标准差异。越南、印度尼西亚、新加坡（含183天）和老挝选择居住时间累计183天及以上。马来西亚和柬埔寨选择居住时间累计超过182天。菲律宾和泰国选择居住时间累计超过180天。

越南、印度尼西亚、马来西亚、泰国和柬埔寨同时选择居住地标准，并且结合居住地标准，将个人所得税纳税人区分为居民个人和非居民个人。

新加坡、菲律宾和老挝同时选择国籍标准，并且结合国籍标准，将个人所得税纳税人区分为公民、永久居民（新加坡）、外国居民个人（居民外国人）和非居民个人。

（2）课税对象和税率制度

①课税对象。

基于所得来源的地域范围课税对象。东盟国家居民纳税人（东盟5国）和公民（新加坡、菲律宾和老挝）来源于全球的所得，居民外国人（新加坡、菲律宾和老挝）和非居民纳税人（东盟8国）来源于境内所得。

基于所得的性质范围课税对象。东盟国家基本包括以下类别的所得：工资薪金劳务或受雇所得；个人权益类所得，如稿费和特许权使用费或溢价；投资所得；财产处置所得；等等。但各类别所得的具体适用范围存在国别差异，资本得利不征税是主流。

②税率制度。

东盟国家个人所得税税率结构。东盟国家普遍选择多级超额累进税率，越南、老挝和马来西亚补充引入差别或单一比例税率，适用于特定所得。越南 4 档差别比例税率（5%、10%、20% 和 25%）适用于非经常所得项目。老挝 4 档差别比例税率（1%、2%、5% 和 10%）适用于非受雇所得项目。马来西亚单一比例税率 15% 仅适用于回国专家和合规技术居民工人，期限 5 年。

东盟国家个人所得税税率级次。2 个国家税率级次大于 10，即：马来西亚 12 级，位居东盟第一；新加坡 11 级，位居东盟第二。其他 6 个国家税率级次均小于 10，其中，印度尼西亚的税率级次最少，仅为 4。相同税率幅度下超额累进税率级次越细化，对纳税人越公平。

东盟国家个人所得税累进税率幅度。东盟 8 国可分为 3 个累进税率幅度标准，最高边际税率为 35% 的有 3 个国家，即越南、菲律宾和泰国，为东盟个人所得税高税负国；最高边际税率为 30% 的有 2 个国家，即印度尼西亚和马来西亚，为东盟个人所得税中税负国；最高边际税率为 20%~25% 的有 3 个国家，即老挝、新加坡和柬埔寨，为东盟个人所得税低税负国。显然，柬埔寨个人所得税最高边际税率在东盟国家中最低，与 3 个高税负国相比低了 15 个百分点（见表 6）。

表 6　2021 年东盟 8 国个人所得税税率结构

国家	税率级次	超额累进税率	比例税率
越南	7	5%~35%	5%、10%、20% 和 25%（非经常所得项目）
菲律宾	6	0~35%	
泰国	8	0~35%	
印度尼西亚	4	5%~30%	
马来西亚	12	0~30%	15%（5 年）
老挝	6	0~25%	1%、2%、5% 和 10%
新加坡	11	0~22%	
柬埔寨	5	0~20%	

（3）计税方法

东盟国家个人所得税计税方法基本相同，即：个人所得税应纳税额 = 个人应纳税所得额×适用税率，其中，应纳税所得额＝应税收入总额－法定扣除额。但在法定扣除项目及标准方面存在国别差异。

越南个人经常所得和非经常所得分别适用不同的计税方法。个人经常所得的个人所得税应纳税额＝应税收入×适用税率－速算扣除数，应税收入＝收入总额－法定扣除额－家庭情况扣除额－捐助。个人非经常所得的个人所得税应纳税额＝应纳税所得额×适用税率，不同项目适用不同的应纳税所得额：证券转让＝证券售价－（购入价款＋转让费用），不动产转让＝销售价格－（购买价格＋相关合理成本），继承或赠与＝继承或赠与物品价值。

马来西亚个人所得税退税计算方法。按纳税人个人/家庭退税，或按项目分项定额退税。个人退税：个人应税收入不超过35000令吉的，退税400令吉；家庭退税：夫妻共同应税收入不超过70000令吉的，退税800令吉。

（4）税收优惠制度

东盟国家个人所得税优惠制度国别特色鲜明。其中，新加坡、马来西亚和印度尼西亚个人所得税减免税政策比较具体、标准细化，优惠力度大，可操作性强。

新加坡。第一，年限额减免税。适用于专项费用8万新加坡元；1000新加坡元（55岁以下）、6000新加坡元（55~59岁）和8000新加坡元（60岁及以上）的劳动收入；股东分红减免；课程费5500新加坡元；退休辅助计划1.53万新加坡元（公民）和3.57万新加坡元（外国人）；合格子女4000新加坡元（每个孩子）和7500新加坡元（每个残障孩子）；每孩年限额为5万新加坡元的在职妈妈收入减免；无职业祖父母照顾孩子3000新加坡元；限1位女佣年薪2倍雇佣费；照顾父母5500新加坡元（与申报人不同居的健康老人）、9000新加坡元（与申报人不同居的健康老人）、1万新加坡元（与申报人不同居的残障老人）和1.4万新加坡元（与申报人同居的残障老人）；配偶2000新加坡元（年收入低于4000新加坡元）；捐赠额250%的慈善捐赠。第二，年限额退税。适用于生孩子5000新加坡元（一孩）、1万新加坡元（二孩）和2万新加坡元（三孩）。

马来西亚。第一，个人经营所得的免税，适用于注册船舶的居民所有者经营业务中的船舶使用收入。第二，个人受雇所得的税收优惠。免税，适用于特定特许教育项目的费用或酬金，从认证的电子竞技比赛中获得的奖金，退休金，纳闽实体的非马来西亚公民取得的董事费收入（2025 年前），失业补偿和限制性契约付款（健康不佳者）。年度费用限额扣除：扣除 2000 令吉适用于合规的长期服务津贴、创新等额外津贴（现金或实物），扣除 1 万令吉适用于为同一集团的同一雇主/公司服务所得。第三，个人权益性所得的税收优惠。免税，适用于合作社向其成员分配的股息，合规的各项利息，联邦或州政府的补贴，居民个人存款所得，境内合规的各类证券所得。年度特许权使用费限额扣除：扣除 1 万令吉适用于任何艺术作品出版、使用或使用权；扣除 2 万令吉适用于任何文学作品、任何音乐作品或原创绘画的出版、使用或使用权。

印度尼西亚。第一，免税。适用于雇员的新年津贴、生产奖金、小费、劳务费或其他形式的收入（可税收扣除），以实物或权益形式取得的工作补偿；遗产；保险公司支付的健康、事故、人寿或教育险；奖学金和双重索赔的赔付款；公民合规地支付境内外从基础到高等教育的学费、考试费、研究费、书籍费和合理生活费；合规的困难群众或团体的补助金，获赠的意外、疾病、死亡等保险费或奖学金；合作社留存收入的分配。第二，合规的特定纳税人免征预扣税。

菲律宾。第一，免税，适用于雇主为雇员提供的医疗保险费。第二，特定和额外福利按还原后现金价值的 35% 计税。额外福利指雇主以现金或者实物形式向雇员（不包括普通雇员）提供的任何商品、服务或其他福利。特定条件的非居民外国人、外国居民个人，额外福利的课税计算方式另有不同。第二，应对新冠疫情的临时税收优惠政策。免税，适用于政府防疫特殊风险津贴和卫生工作者的实际危险工资，以及私营企业员工领取的退休福利。捐赠给公立学校的电脑设备等全额扣除。

越南。免税，适用于夫妻间转让不动产、奖学金、直接从事农业的家庭和个人销售未加工或初加工成另一种产品取得的收入等；应对新冠疫情的临时免税；纳税困难的减税（不得超过应纳税额）。

老挝。免税，适用于月薪和其他收入合计不超过 130 万基普，境内工作的外国机构人员和专家的工资收入；合规的补助、补贴、津贴、项目，退休金、奖学金，特定加班费；残疾人劳务费，奖金所得，特定受赠礼物、奖金和奖品；特定政府奖励、奖金；公益活动所得；特定投资类和财产类所得。

泰国。免税，适用于特定 10 项收入。

柬埔寨。免税，适用于外交及外国官员薪金所得；法定雇员工资；附加福利税的免税津贴；工龄补偿收入。

（三）东盟货物劳务税类制度发展基础

货物劳务税类指以实现销售的货物或劳务为课税对象的税种类别。所得税类指以实现的所得、收益为课税对象的税种类别。东盟国家货物劳务税类制度主要由增值税（商品及服务税）制度、消费税制度、特别营业税制度、奢侈品销售税制度和进出口税制度构成。

1. 东盟增值税（商品及服务税）制度发展基础

东盟 8 国都选择了增值税或与增值税同质的商品及服务税。

（1）纳税人制度

东盟国家增值税纳税人的规定基本相同，一般包括境内生产销售商品和提供服务的个人与实体，进出口商品的个人与实体。是否包括提供进出口服务的纳税人存在国别差异。

东盟 5 国引入了提供数字商品及服务的纳税人。新加坡引入数字商品及服务的纳税人，指全球收入超过 100 万新加坡元、对新加坡客户提供 B2C 电子服务超过 10 万新加坡元的海外供应商。泰国引入外国电子服务提供商（年收入超过 180 万泰铢）和电子平台纳税人。马来西亚引入提供数字商品及服务的纳税人。柬埔寨和老挝引入通过电子系统向其境内提供数字商品及服务的非居民纳税人。

（2）课税对象和税率制度

①课税对象。

东盟国家增值税课税对象的规定基本相同，一般包括境内生产销售的商品和提供的服务，进出口商品。对进出口服务的课税存在国别差异。

东盟 5 国增值税课税对象引入了数字商品及服务。新加坡将特定跨境数字商品及服务（主要是 B2C 电子服务）纳入增值税课题范围。泰国引入电子服务，包括电子商务平台、在线广告、在线住宿预订、在线音乐和电影流媒体、在线游戏以及应用程序等课税对象。马来西亚引入数字服务课税对象。柬埔寨和老挝引入通过电子系统提供的跨境数字商品及服务。

②税率制度。

东盟国家增值税税率结构模式。东盟 8 国基本为"标准税率+零税率"的复合税率结构，其中，东盟 4 国引入了低税率，1 国还引入了高税率，形成多重复合税率结构。印度尼西亚选择"标准税率 10%+幅度高税率（10%~15%）+幅度低税率（5%~10%）+零税率"的多重复合税率结构，引入了高税率和低税率。马来西亚选择"标准税率 10%+优惠税率 5%"的税率结构，引入的单一比例优惠适用于《销售税法》附件清单列举的 793 种商品；服务税税率结构为"标准税率 6%+从量定额优惠税率 25 令吉每年每卡"，引入的从量定额优惠税率适用于每张主卡或附属卡提供收费服务或信用卡服务。菲律宾选择"标准税率 12%+最终预提税 5%+零税率"的复合税率结构，引入的最终预提税适用于商品销售或服务的对象是政府或行政分区，或政府所有或控制的机构或公司。越南选择"标准税率 10%+优惠税率 5%+零税率"的税率结构，引入的优惠税率适用于清洁用水、肥料、饲料、新鲜食品、农业生产专用机械和设备、医疗设备和仪器、教学材料、科技服务等 15 种商品和服务。

东盟国家增值税标准税率分 3 个层次。第一，个别国家选择较高税率。菲律宾稳居东盟个人所得税税率霸主地位，即 12%。第二，东盟 5 国选择 10% 的中等税率水平，即越南、印度尼西亚、马来西亚、柬埔寨和老挝。第三，东盟 2 国选择 7% 的较低税率水平。新加坡 7% 的税率是其常规标准税率，泰国 7% 的税率是由常规标准税率 10% 临时下调的，有效期仅至 2023 年 9 月。

东盟国家增值税零税率的适用范围差异。印度尼西亚和新加坡零税率适用于商品出口和跨境服务。越南零税率适用于所有出口商品和服务、国际运输业务及法定免征增值税的 25 种情形，但不包括离岸再保险服务、对外信贷服务、邮政和电信服务以及向国外转让技术、知识产权所得等 10 种情形。菲律宾零税率适用于以下服务项目：为境外经营者处理、加工或改装并出口商品且接受外币支付报酬，为境外经营者或境外非经营者的非居民提供其他服务且接受外币支付报酬的合规服务，为享有国际税收协定免税待遇，并适用增值税零税率的个人或公司提供服务；为从事国际船运或航空运输提供服务，转包商或承包商为出口额超过年总产量 70% 的企业提供处理、加工制造产品的服务；海上或航空客运或货运；销售通过可再生能源产生的能量或燃料。泰国零税率适用于：出口商品；法定的境内产生、境外使用的劳务；特定国际空运或海运服务；特定项目向政府和国有企业出售货物或提供服务；向联合国等国际机构销售商品或提供劳务；同一保税仓库之间、免税区经营者之间提供的合规有形商品销售和无形劳务。柬埔寨零税率适用于出口商品或提供境外的国际运输服务，以及向出口商提供特定商品和服务的配套行业或分包商。老挝零税率适用于：使用国内产品或特定进口商品用于生产和投资固定资产的原材料、化学品、材料、机械和生产车辆；特定区域出口货物和自然资源成品。

（3）计税方法

东盟国家增值税计税方法的基本规则趋同，但具体计算公式和可抵扣进项税额的范围存在国别差异。

越南：第一，税收抵免法，适用于年营业额达 10 亿越南盾及以上，并且完全遵守会计、发票和文件法规定的商品销售与服务提供商，或者未达到上述要求但自愿注册申请税收抵免法的商业机构。增值税的计算方法是：应纳增值税税额 = 增值税销项税额 - 可抵扣增值税进项税额。第二，直接计算法，适用于年营业额达 10 亿越南盾以下或新成立的企业、合作社、经营户和个人，在越南从事生产经营活动、未严格遵守会计法规的外国组织或个人等。（金、银、宝石交易活动）增值税的计算方法是：应纳增值税税额 = 金、银、宝石的增值额 × 增值税税率，其中，增值额 = 金、银、宝石的销售额 - 购进金、银、宝石的价款；（其他交易活动）增值税的计算方法是：应纳增值税税额=销售商品或服务的增加值×增值税税率，其中，增加值=所售商品或服务的支付价格－购买相应商品或服务的支付价格。

新加坡：应纳税额=商品及服务税销项税额－可抵扣商品及服务税进项税额。其中，进项税额指纳税人购买或者进口至新加坡的商品和服务，用于或将用于纳税人从事或准备从事的任何经营活动的商品所发生的商品及服务税；可抵扣进项税额具体包括广告，存货的购买，卡车和货车的购进、租赁、雇用和维修，业务招待费和会议出席费等。

马来西亚（销售税和服务税）：第一，销售税计税方法。应纳税额＝（销售额－扣除额）×适用税率，销售额为应税商品的销售价值，扣除额为法定允许其从销售额中扣除的金额。第二，服务税计税方法。应纳税额=应税服务额×相应从价比例税率或从量定额税率。

菲律宾：销售商品或财产的增值税应纳税额=商品或财产的总售价或总价值×12%=商品或财产销项税额－可抵扣商品或财产进项税额，总售价指买方支付的总货币金额，包含消费税。销售服务的增值税应纳税额=总收入×12%=销售服务的销项税额－可抵扣服务进项税额，总收入包括合同价款、报酬、服务费、租金或特许权使用费在内的总金额或其等价物。进口商品增值税应纳税额=［关税+消费税（如有）+其他费用］×12%。

泰国：应纳税额=销项税额－可抵扣进项税额，或者，应纳税额=税基额×适用税率。具体税基如下：销售商品和服务税基=商品和服务的总价值；出口商品税基=离岸价格（FOB）成交的商品价值+国货税+规定的其他税费或手续费，但并不包括出口税；国际运输服务的税基=运送乘客或商品的国内运送费+手续费+其他任何利益；进口商品的税基=以到岸价格成交的商品价值+进口税+国货税+促进投资法定的特殊费用+税款+法定的其他费用；法定的烟草和石油产品税基=商品零售价－增值税。

柬埔寨：第一，一般商品和服务的计税方法。应纳税额=销项税额－可抵扣进项税额，销售税额=计税价格×适用税率，计税价格=卖方向买方收取的商品或服务的价格。进口商品应纳税额=海关完税价格×适用税率，海关完税价格=货物离岸价格+保险费+运费+关税+特定商品及服务税，如果没有此类调整后的海关完税价格，则应使用公平市场价值。第二，数字商品和服务的计税方法。应纳税额＝销售额×适用税率，销售额＝卖方向买方收取的数字商品或服务的价值＝对价的公平市场价值（以非现金形式直接或间接利益支付对价）。

老挝：增值税应纳税额＝增值税的增值额×适用税率＝销项税额－进项税额，销售税额＝应税行为的计税依据×适用税率，进项税额＝购买的商品或服务价格×适用税率，或者按取得的发票上注明的税额。进口货物计税依据＝海关的成交价＋运费加保险费＋关税＋消费税（如有）。

印度尼西亚：应纳税额＝计税基础×适用税率＝销项税额－可抵扣进项税额。

（4）税收优惠制度

东盟国家增值税优惠制度，除了印度尼西亚和马来西亚的优惠政策相对丰富之外，多数国家实施有限的增值税优惠政策。

越南。第一，免税。适用于25种商品和服务，包括动植物种苗、农业生产资料、法律规定的教育和职业培训等；营业额在1亿越南盾以下的经营户和个人。第二，应对新冠疫情的临时30%的税额减免。

新加坡。第一，免税。适用于住宅物业的出售或租赁、法定金融性交易、对贵金属投资或进口、供应电子支付货币。第二，坏账减免。第三，退税。适用于可抵扣的进项税额超过同期销项税额的部分，以及无机构经营实体已缴纳的商品及服务税。

菲律宾。第一，免税。适用于特定的28项交易；适用于进出口商品的专项规定：销售和进口规定药品，进口易腐烂的农业食品。第二，应对新冠疫情的临时性税收优惠。投资免税期适用于能够减轻、控制或消除新冠疫情影响的经营活动所提供的投资。进口疫苗活动免税。

印度尼西亚。第一，免税。适用于合规的不动产销售，包括销售简易廉价住房、公寓、学生宿舍和供底层劳工或工人使用的住房。第二，退税。包括：剩余的可抵扣进项税额可申请退税；出口货物和劳务按月退税。第三，临时性免税。适用于进口新冠疫情防控相关的应税货物和服务；政府接收的应税物资与服务（含捐赠品）和使用的境外应税服务。

马来西亚（销售税和服务税）。第一，销售税优惠政策。A. 免税，适用于出口的应税货物；年销售额超过 1000 万令吉，且至少 80% 的年销售额来自出口贸易商和制造商供货；无须缴纳消费税。B. 定率费用扣除：注册制造商从当地贸易商处购入的应税原材料、组件或包装材料，征收 5% 税率的应税商品给予购买商品总价值 2% 的费用扣除，征收 10% 税率的应税商品给予购买商品总价值 4% 的费用扣除销售税。第二，服务税优惠政策。免税，适用于特定公司对公司（B2B）服务。退税，适用于本地服务税注册公司从外国注册人处购入的数字服务。

柬埔寨。第一，一般免税。适用于公共邮政服务；医疗服务及其附带商品；国有独资公共客运系统；保险服务；合规金融服务；免征关税且合规的个人自用物品进口；合规非营利活动；电力和清洁水供应；教育服务；废物清除/收集；未经加工的农产品；合规的外交使团和国际组织进口的商品及个人自用商品，他国政府的技术合作机构进口的公务用货物。第二，投资法鼓励投资的免税优惠。适用于进出口合规投资项目所需建材、建筑和生产设备和生产投入品；为合规投资项目购入境内生产的投入物。

泰国。免税。适用于特定货物；合规劳务。

老挝。免税。适用于农资、初级农产品、教育服务、卫生服务和公益服务；出口货物。

2. 东盟消费税制度发展基础

东盟 6 国选择实施消费税制度，包括越南、印度尼西亚、菲律宾、泰国、柬埔寨和老挝，新加坡和马来西亚没有选择消费税。

（1）纳税人制度

东盟 5 国消费税纳税人的规定趋同，指制造、销售和进口特定货物，以及提供特定服务的组织和个人，印度尼西亚规定为从事《消费税法》所列应税行为的单位或个人。

（2）课税对象和税率制度

①课税对象。

东盟 6 国消费税的课税对象差异较大，烟酒类和高档交通工具选择较普遍。越南应税商品包括特定烟、酒、24座以下汽车、飞机、游艇等；应税服务包括经营性歌舞厅、赌场、博彩业务、高尔夫业务和房车等。印度尼西亚为销售和消费"具有特定性质或特征的某些商品"，或者可能会对社会和环境造成负面影响的货物，主要包括特定酒精类饮品和烟草制品等产品；进口特定消费品。泰国应税货物包括特定燃料、游艇、汽车、摩托车，电器、电池，饮料和酒精饮料、香烟，香水、水晶，地毯，大理石，以及电信服务。柬埔寨为制造（销售）或进口的特定商品和服务。老挝仅限特定奢侈品和服务。

②税率制度。

东盟6国消费税税率结构和标准的国别差异较大。菲律宾的消费税税率结构较为复杂，泰国和老挝的消费税税率结构相对简单。

菲律宾。第一，酒类税率结构为从价定率25%+从量定额（40~937比索/升）。蒸馏酒类税率为从价定率25%+从量定额50比索/升；气泡酒或香槟酒税率为从量定额（每年提高10%）335比索/升和937比索/升；无气葡萄酒和葡萄汽酒税率为从量定额（每年提高10%）40比索/升和80比索/升；特定啤酒税率为从量定额50比索/升。第二，烟草税率结构为从价定率20%+从量定额。烟丝税率为（每年提高9%）1.75比索/公斤；雪茄烟税率为每支零售价的20%+5比索；手工包装和机器包装的卷烟税率为（每年提高9%）60比索/包。第三，石油产品税率结构为14级、6档差别从量定额（3、4、5、5.35、6、10）。第四，矿产品税率结构为从价定率（0、4%、6%）+从量定额（150比索/吨）。零税率适用于本地生产的天然气和液化天然气；4%税率适用于本地开采或生产和进口的非金属及金属矿石；6%税率适用于国产石油。150比索/吨适用于煤炭和焦炭。第五，含糖饮料税率结构为零税率+差别从量定额（6比索/升或12比索/升）。第六，车辆税率结构为8档差别税率（0、2%、4%、5%、10%、20%、25%、50%）。零税率适用于纯电力动力车辆和专用于自由港的汽车；汽车适用4档差别税率（4%、10%、20%、50%）；混合动力车辆适用4档差别税率（2%、5%、10%、25%）。第七，奢侈品税率适用从价定率（20%）。第八，审美目的的整容手术税率为单一比例税率5%。

越南。特别消费税。税率结构为差别税率。24座以下汽车适用10%~150%税率；次高边际税率75%，适用于雪茄、卷烟和不考虑汽缸容量的房车；第三高税率70%，仅适用于明器；第四高税率65%，适用于啤酒和酒精浓度在20度及以上的酒；其他多数商品适用30%~40%的税率。

印度尼西亚。税率结构为4档定额税率（幅度税率）+比例税率。差别定额税率分别适用于酒精（2万印度尼西亚盾/升）和浓缩酒精（1000印度尼西亚盾/克）。定额幅度税率（1.5万~13.9万印度尼西亚盾/升），适用于酒精饮料。定额幅度税率+比例税率，适用于烟草制品（10万~11万印度尼西亚盾/支或克升；特定产品57%）。

柬埔寨。税率结构为10级、13档差别税率。第一，汽车及零配件适用3档（含最高边际）高税率：15%、25%、45%。第二，酒类适用2档次高税率：30%（啤酒）和35%。第三，特定石油、汽柴油和特定电子产品适用4档次高税率：4%、10%、25%、33%。第四，香烟适用单一比例税率20%。第五，电信服务适用最低边际税率：3%。第六，机票、娱乐服务、非酒精饮料，以及进口润滑油、刹车油、机油原料等适用单一比例税率：10%。

泰国。税率为定额税率。

老挝。税率为19级、10档比例税率（5%~90%）。

（3）计税方法

东盟6国消费税计税方法各有特色。越南特别消费税计税方法相对复杂，印度尼西亚、泰国和老挝消费税计税方法相对简洁。

越南。特别消费税。从价计税。应纳税额=特别消费税计税价格×适用税率，其中，国内生产产品的计税价格=［售价（不含增值税）-环保税（如有）］/（1+特别消费税率）；进口产品的计税价格=进口价格+进口税，减免税进口货物的计税价格=进口价格；加工产品的计税价格=委托加工方的产品售出价的完税价格或同类=同期产品的销售价；分期和延期付款货物的计税价格是不含分期和延期利息在内的售价；劳务计税价格是经营机构的劳务提供价格；用于非商业目的产品和劳务的计税价格是同一时期产品和劳务的消费税完税价格。

菲律宾。应纳税额=总销售价格×适用税率。总销售价格包括商品在产地以批发的方式销售或通过代理商销售给公众所采用的价格，但不包括增值税部分。本地开采的非金属及金属矿产品和砂石资源的总销售价格为该资源转移时总产值的实际市场价格，进口的非金属及金属矿产品和砂石资源的总销售价格为海关基于关税确定的价值。国产石油的总销售价格为公平国际市场价格。

柬埔寨。第一，国产商品应纳税额=出厂销售价格×适用税率，出厂销售价格=（增值税+公共照明税+特定商品及服务税）税前售价×90%。销售机票应纳税额=机票价值×适用税率。酒店和电信服务应按发票金额征税。第二，进口商品应纳税额=海关完税价格×适用税率，海关完税价格=货物的离岸价格+保险费+运费和关税。

印度尼西亚。应纳税额=出厂价/零售价×适用税率。进口消费税应纳税额=海关完税价格/零售价×适用税率+进口关税。

泰国。从量计税。应纳税额=出厂价/零售价×定额税率，进口商品消费税应纳税额=（到岸价+其他特定费用）×定额税率+关税。

老挝。应纳税额=应纳税所得额×适用税率，应纳税所得额=商品和服务的销售额或者进口货物到岸价，进口货物到岸价=完税价格。

（4）税收优惠制度

东盟6国普遍对消费税的免税采取谨慎态度，印度尼西亚和泰国考虑了消费税退税，越南考虑了给予困难减免税优惠。

印度尼西亚。第一，免税。适用于生产非应税最终产品的原材料或辅助材料，供研发用应税消费品，合规的外国代表及其官员、外国专家需要的应税消费品，被损坏的酒精饮料；合规的进口应税消费品，包括合规入境人员携带的物品或其他国家赠送的规定数量的物品，进口到保税区的应税消费品，因出口成品而进口大部分原材料和样品，用于社交目的的进口应税消费品；直接离开关境的乘客和船员消费的酒精饮料与烟草制品。第二，退税。

适用于出口应税货物，税务法院裁决或计算错误而多缴税款，应税商品再加工或被销毁，等等。

泰国。第一，免税。适用于特定商品和服务。具体包括：特定捐赠；出售给享受泰国国际条约特权的人的货物；特定飞机或船舶使用的燃料及其相关产品；特定出口货物。第二，退税。适用于特定进口货物。

越南。第一，免税。适用于人道主义救援物品、无偿援助品等进口商品；适用于运输货物、乘客、游客的商业飞机和游艇；适用于安全和国防目的的飞机；从国外进口至非关税区的货物；等等。第二，困难减免。

柬埔寨。投资法鼓励投资的免税优惠。适用于进出口合格投资项目中的建筑材料和设备、生产设备及投入物；为实施合格投资项目而购入境内生产的生产投入物。

菲律宾和老挝规定免税适用于特定商品及服务。

3. 东盟（泰国）特别营业税制度发展基础

东盟国家中，仅泰国选择实施特别营业税制度。

（1）纳税人制度

特定业务的经营者，包括境内经营金融、投资、人寿保险业和典当业务，为获利出售不动产、证券和法定其他业务的自然人、非法人个人团体或法人。

（2）征税对象和税率制度

征税对象。缴纳特别营业税的业务，包括境内经营金融、投资、人寿保险业和典当业务，为获利出售不动产、证券和法定其他业务。

税率制度。2档差别比例税率（2.5%和3%）。税率2.5%适用于人寿保险业和典当业务；税率3%适用于经营金融、投资业务和营利性出售不动产业务。

（3）计税方法

特别营业税应纳税额＝销售收入×适用税率，地方税应纳税额＝特别营业税应纳税额×10%。

（4）税收优惠制度

免税。适用于特定银行、工业金融公司，农业合作和储蓄合作（借贷）

信用社，特定生活储备基金，国家住房部不动产出售或出租，以及特定典当等业务。不计税的特定收入。

4. 东盟（印度尼西亚）奢侈品销售税制度发展基础

东盟国家中，仅印度尼西亚选择实施奢侈品销售税。

（1）纳税人制度

奢侈品销售税的纳税人为奢侈品的制造商或进口商。

（2）课税对象和税率制度

课税对象。指商品生产商生产的归类为奢侈品的应税商品，或进口归类为奢侈品的应税商品，具体分为豪华机动车和非车辆奢侈品（如豪宅、联排别墅、豪华游艇、枪支和子弹等）两大类。

税率制度为差别税率。第一，豪华机动车，根据车辆类型、汽缸容量、燃料消耗或二氧化碳排放水平以及所使用的技术，分别适用 8 档、15% ~ 95% 的差别税率。第二，非车辆奢侈品，根据不同的税目，分别适用 4 档、20% ~ 75% 的差别税率。

（3）计税方法

奢侈品销售税基于《增值税法》立法实施，其计税基础与增值税基本一致，其纳税环节为仅在生产环节或进口环节一次性征收。应纳税额＝计税基础×适用税率，进口奢侈品销售税应纳税额＝（完税价格+进口关税）×适用税率。

5. 东盟（越南）进出口税制度发展基础

东盟国家中，仅越南选择实施进出口税制度。

（1）纳税人制度

进出口税纳税人指进出口货物的所有人、进出口委托机构、携带进出口货物出境或入境的人员，以及被授权、提供担保和代表纳税人纳税的人。

（2）课税对象和税率制度

课税对象：进出口货物。

税率制度。包括标准税率（各项优惠税率的 150%）、优惠税率（每项标准税率的 50% 以下）和特惠税率 3 档。其中，优惠税率适用于原产自与越南贸易关系中适用最惠国待遇的国家、国家集团或地区的进口货物；或者从非关税区进口到国内市场的、与越南贸易关系中签订最惠国待遇协定的国家、国家集团或地区原产地条件的商品。特惠税率适用于原产自与越南贸易关系中签订进口税特别优惠协定的国家、国家集团或地区的进口货物；或从非关税区进口到国内市场的、与越南贸易关系中签订进口税特别优惠协定的国家、国家集团或地区原产地条件的货物。

（3）计税方法

越南规定了3种进出口税计税方法。第一，百分比计税法。应纳税额＝完税价格×关税税率。第二，绝对计税法。应纳税额＝货物实际数量×单位税额。第三，混合计税法。应纳税额＝完税价格×关税税率（百分比计税法）＋货物数量×单位税额（绝对计税法）。

（4）税收优惠制度

一般免税。适用于享有特权和豁免的外国组织与个人的货物；外国与越南组织和个人互赠的规定额度内礼物和赠品；合规组织和个人购买一定额度的动产；出入境人员免税行李额内的物品；免税店出售的进口商品；边境居民购销和交换的货物。

进出口货物免税。适用于加工进出口货物和进出口加工产品，规定期限内暂时进出口货物，造船、保障社会安全、符合国际条约的进出口货物；用于生产数字产品的进口原材料等；用于服务石油和天然气、国防和安全、教育等的进口货物，享受投资优惠的主体为生产出口货物而进口的固定资产；出口的动植物品种、肥料和植保药品以及原材料、供应品和零部件，在非关税区内制造、加工、回收或组装的出口货物，服务印钞造币活动的出口货物，规定额度内的快递出口货物。

减免税。适用于海关监管的有损毁或灭失的进出口货物。

（四）东盟财产税类制度发展基础

财产税类指以纳税人拥有或支配的财产为课税对象的税种类别。财产税是调节收入分配的重要工具，也是调控经济运行的重要手段。东盟国家财产税类制度主要由房地产税、土地使用税和自然资源税等税种制度构成。

1. 东盟房地产税制度发展基础

东盟 8 国中，除老挝外，其他 7 国选择房地产税制度。尽管东盟 7 国房地产税的名称不同，课税范围宽窄不同，但税种性质趋同。

（1）纳税人制度

印度尼西亚、泰国土地和建筑物税的纳税人制度。第一，印度尼西亚土地与建筑物税有 3 类纳税人。①土地与建筑物税纳税人。即对一块土地或对某一建筑物享有所有权、控制权或从中获得利益的个人和组织。②土地与建筑物产权购置税（简称产权购置税）纳税人。即土地与建筑物产权的受让者（买方）。③土地与建筑物转让税（简称转让税）纳税人。即将土地或建筑物产权转让至受让人的转让者（卖方）。第二，泰国土地和建筑税纳税人。即拥有土地/或建筑物（包括公寓）所有权/或使用权的个人和公司。

柬埔寨房地产税有 3 类纳税人。第一，不动产税纳税人。即在省会城市或市政当局区域内持有不动产的所有人。第二，闲置土地税纳税人。即位于城市和特定地区未建设用地与废弃建设用地的土地所有人。第三，土地和房屋租赁税纳税人。即取得房屋和土地租金的业主或租赁权利人。

新加坡、菲律宾和马来西亚不动产税的纳税人制度。第一，新加坡和菲律宾不动产税纳税人指拥有诸如土地、建筑物、机械和其他改进设施等不动产（新加坡为全部不动产）的所有人。第二，马来西亚（不动产利得税）指处置境内不动产的股份，并获得转让不动产收益的居民和非居民纳税人。

（2）课税对象和税率制度

①课税对象。

印度尼西亚、泰国土地和建筑物税的课税对象。第一，印度尼西亚土地与建筑物税主要包括以下两类。①土地与建筑物税：所有土地与建筑物，但不包括以下土地与建筑物：林业，种植业；矿产和煤炭，石油、天然气和地热矿区；位于国家海域上并在领土外的其他产业。②产权购置税：土地和建筑物产权转让行为，包括买卖、授予、继承、拍卖、企业并购、合并及扩张等。第二，泰国土地和建筑税。即土地或建筑物（包括公寓）所有权或使用权。

柬埔寨房地产税主要包括以下三类。第一，不动产税：位于省会城市或市政当局区域的市场价值超过1亿瑞尔的不动产，包括土地、房屋、建筑物及该土地上建造的其他建筑物。第二，闲置土地税：位于城市和特定地区未建设用地与废弃建设用地。第三，土地和房屋租赁税：来源于特定住宅和商业建筑；工业和商业安装设备；用于居住或营业的浮动房屋或船只；未经建设的土地的租金。

新加坡、菲律宾、马来西亚不动产税的课税对象。新加坡所有不动产，包括房屋、建筑物和土地。菲律宾不动产，具体包括土地、建筑物、机械和其他法律未豁免的改进等。马来西亚（不动产利得税）指在马来西亚处置任何不动产（包括土地权益和不动产公司的股份）所获得的所有收益。

②税率制度。

土地和建筑物税。第一，印度尼西亚土地与建筑物税税率分3类。土地与建筑物税：最高税率0.3%；产权购置税：比例税率5%；转让税：税率结构为标准税率2.5%+低税率1%。低税率适用于从事房地产开发的纳税人转让廉价房屋和廉价公寓。第二，泰国土地和建筑物税税率结构为4类"9+11+6+6"档；额外的空置税税率为0.3%。地方政府定期公布的年度税率，上限不得超过法定最高税率。4类"9+11+6+6"档中，农业用地共9档7个差别比例税率（0、0.01%、0.03%、0.05%、0.07%、0.10%和0.15%），居住用地11档5个差别比例税率（0、0.02%、0.03%、0.05%和0.10%），商业用地6档6个差别比例税率（0.03%、0.04%、0.05%、0.06%、0.07%和1.20%），荒地6档6个差别比例税率（0.03%、0.04%、0.05%、0.06%、0.07%和1.20%）。额外的空置税税率适用于空置或弃置土地连续3年以上，其后每3年增加0.3%，但总数不超过3%。

柬埔寨房地产税税率分3类。第一，不动产税税率为单一比例税率0.1%。第二，闲置土地税税率为单一比例税率2%。第三，土地和房屋租赁税税率为单一比例税率10%。

新加坡、菲律宾、马来西亚不动产税税率。第一，新加坡。税率结构为住宅房地产适用累进税率，其他房地产适用10%的单一比例税率。住宅房地产累进税率又细分为自用型和非自用型两种税率标准，自用型适用8档、0~16%的税率标准，非自用型则适用6档、10%~20%的税率标准。第二，菲律宾。税率结构为3档从价定率（1%+2%+3%）。标准税率3%，最低税率1%适用于省级不动产，次低税率2%适用于城市不动产。第三，马来西亚（不动产利得税）。税率结构为4档差别税率（10%、15%、20%、30%）。根据不动产处置者不同的身份（公司、公民和永久居民、非公民和非永久居民）、对不动产拥有的不同年限（3~6年），适用不同的差别税率，3年内处置的不区分身份统一适用最高税率30%。

（3）计税方法

印度尼西亚、泰国土地和建筑物税的计税方法。第一，印度尼西亚计税方法有3类。①土地与建筑物税：应纳税额=（课税对象的销售价-非应税价值）×适用税率。非应税价值的最低值设定为1000万印度尼西亚盾。②产权购置税：应纳税额=课税对象收购价值或市场（交易）中价值较高者×适用税率-允许的非课税限额。非课税限额因地区而不同，最低额为6000万印度尼西亚盾，继承的最低额为3亿印度尼西亚盾。③转让税：应纳税额=实际交易价值或应收取价款中价值较高者×适用税率。（买方为政府）应纳税额=交易文件中政府规定的金额×适用税率，（政府拍卖）应纳税额=相关拍卖契约规定的金额×适用税率。第二，泰国土地和建筑物税的计税方法为：应纳税额=政府评估的土地或建筑物价值×适用税率。

柬埔寨房地产税的计税方法。第一，不动产税应纳税额=市场价值×0.1%，市场价值=不动产总价值（土地价值+建筑成本）×80%-1亿瑞尔。第二，闲置土地税应纳税额=闲置土地市场价值×税率2%，闲置土地市场价值=闲置土地总面积×评估土地价值。第三，土地和房屋租赁税应纳税额=租金总额×10%，租金总额即与承租人签订合同或约定的租金。

新加坡、菲律宾、马来西亚不动产税的计税方法。第一，新加坡：应纳税额=不动产年值×适用税率。不动产年值根据不动产的年租金收入估算，每年审核调整。第二，菲律宾：应纳税额＝不动产评估价值×适用税率。第三，马来西亚（不动产利得税）：应纳税额＝不动产利得×适用税率。

（4）税收优惠制度

印度尼西亚、泰国土地和建筑物税的税收优惠制度。第一，印度尼西亚免税制度适用于中央政府或地方政府；用于公众利益，或非营利用途；用于墓园、古代遗址或类似地点；特定森林、国家公园、受村庄管控的牧场及无使用权的国有土地；特定用于外交代表和国际组织机构或代表处。第二，泰国免税制度适用于因政策目标（如社会需要或经济需要）而使用的土地和建筑物。

柬埔寨房地产税的税收优惠制度。第一，不动产税免税制度。适用于农业用地；政府或其机构的不动产；专为宗教或慈善目的而组织或经营的社区或个人的不动产；特定外交机构的不动产；特定公共基础设施的不动产；用于农业活动而在农业用地上建造的特定建筑物；因灾害严重损坏的不动产；特定在建房屋等建筑物；经济特区内的特定不动产。第二，土地和房屋租赁税免税制度，适用于总额低于 50 万瑞尔的租金。

新加坡、马来西亚不动产税的税收优惠制度。第一，新加坡免税制度适用于公共宗教礼拜场所、获财政补助的公共学校、慈善目的等建筑。第二，马来西亚（不动产利得税）的税收优惠制度。①免税。适用于公民身份的直系亲属或祖父母与孙子女之间通过赠与或遗赠方式转让的资产；向特定机构捐赠的资产；各级政府获得的资产收益；将资产处置给房地产投资和财产信托基金；符合伊斯兰教主张的融资计划处置应课税资产；法律强制收购而处置的资产；特定的集团内公司之间转让不动产。②限额费用扣除。处置持有的全部不动产，其扣除费用为 1 万令吉或应税收益的 10%（取较高者）；处置自 2015 年 12 月 31 日起持有的全部资产的一部分，其费用扣除＝（全部资产的一部分金额/全部资产金额）×1 万令吉或应税收益的 10%（取较高者）。

2. 东盟土地使用税制度发展基础

东盟有 2 国选择实施土地使用税，即越南和老挝。越南有 2 项土地使用税，即非农业土地使用税和农业土地使用税。

（1）纳税人制度

越南土地使用税的纳税人分两类。第一，非农业土地使用税纳税人。一般纳税人：具有法定的拥有农村和城市宅基地、非农业生产经营用地使用权的组织、家庭和个人。特殊纳税人：国家出租土地用于实施投资项目，其住宅用地的承租人；承包土地使用权合同约定的纳税人；已获得证书的争议土地，争议解决之前的土地使用者；共同拥有同一块土地使用权的人选出的合法代表；以土地使用权出资设立新的法人实体。第二，农业土地使用税纳税人。包括使用土地进行农业生产的单位和个人，以及取得农业土地使用权而不使用的农户。

老挝土地税的纳税人。即土地和财产使用的个人、法人或组织，或者土地使用权和利用权的持有人。

（2）课税对象和税率制度

①课税对象。

越南土地使用税的课税对象分两类。第一，非农业土地使用税课税范围：法定的农村和城市宅基地；产业园区、生产经营场所建设用地，矿产开采和加工用地；商业用途的非农业土地。第二，农业土地使用税课税范围：用于农业生产的土地，包括农家院、水产养殖的水面土地、人工林地等。

老挝土地税的课税对象为土地使用权和利用权。

②税率制度。

越南土地使用税的税率制度分两类。第一，非农业土地使用税税率结构包括累进税率和比例税率。累进税率：适用于住宅用地，根据多层多户住宅、公寓楼和地下建筑土地的限额内应税土地面积的不同等级，分别适用0.03%、0.07%和0.15% 3档税率标准。比例税率：区分经批准的不同投资项目、用途不当、被侵占和挪用的3类土地，分别适用0.03%、0.15%和0.2% 3档税率标准。第二，农业土地使用税适用多级定额税率。根据作物的生产周期和土地等级的不同分别适用不同的税率标准，一年生作物用地和水面养殖用地分别适用6级、50~550公斤大米（每单位土地面积）的税率标准；多年生作物用地分别适用 5 级、80~650 公斤大米的税率标准。

老挝土地税的税率制度。税率结构为定额税率。农业用地类为 5 类 15 档额度税率（0.5、0.6、0.8、0.9、1、1.2、1.4、1.5、1.6、2、2.5、3、3.5、4、4.5 基普/公顷/年）。非农业用地类为 4 类 20 档定额税率（5、8、10、15、20、25、30、40、45、60、80、100、120、150、160、180、200、240、250、300 基普/平方米/年）。

（3）计税方法

越南土地使用税的计税方法分两类。第一，非农业土地使用税的 2 类计税方法。A. 住宅和生产经营用地以及商业用途的非农业土地，应纳税额 = 发生税额 - 减免税额（如有），发生税额 = 应税土地面积（平方米）×每平方米应税土地价格×适用税率。其中，无法确定经营性用地面积的商业用途非农业土地，发生税额 = 用于商业用途的土地面积×每平方米土地价格×税率，用于商业用途的土地面积 = 总用地面积×（商业营业额÷年营业总额）。B. 多层多户住宅、公寓楼和地下建筑的土地，应纳税额 = 发生税额 - 减免税额（如有），发生税额 = 每个组织、家庭或个人的房屋面积（平方米）×分配系数×对应土地每平方米价格×税率。第二，农业土地使用税的计税方法。应纳税额 = 土地面积×每类土地单位面积大米公斤数税率。税率是每单位土地面积的大米公斤数。

老挝土地税的计税方法为：应纳税额 = 土地面积×每平方米应税土地价格×适用的定额税率。

（4）税收优惠制度

越南土地使用税的税收优惠制度分两类。第一，非农业土地使用税的优惠。免税适用 9 种合规情形，减半征税适用 4 种合规情形。主要用于鼓励投资，发展经济，扶持贫困地区、贫困户、少数民族、革命有功者家庭。第二，农业土地使用税的优惠。免税，适用于研究和试制、国家分配给贫困户、合规的用于农业生产的土地等。

老挝土地税的税收优惠制度分两类。第一，农业用地免税 3 年，适用于特定研发的农用地，新开垦的水田，特定种植园，停止刀耕火种而转为农业、畜牧业的土地；全年免税适用于受灾水田和原稻田（全年免税），火灾的家庭。第二，建设用地免税，适用于特定民族英雄和残疾人居住用地的特定面积；服务于科技组织、技术科研、国防和安全任务、教育医疗卫生、国家体育场和公园的土地；寺庙、特定宗教场所和其他考古遗址；合规民办学校；特定外国组织和外国人、无国籍人用地。

3. 东盟（越南）自然资源税制度发展基础

东盟国家中，仅越南选择实施自然资源税制度。

（1）纳税人制度

自然资源税纳税人指开采应税自然资源的单位或个人。

（2）课税对象和税率制度

课税对象。适用于合规的 9 类资源。

具体适用税率由省、中央直辖市人民政府依法确定。原油适用最高税率6%~40%；天然林产品适用税率 1%~35%；非金属矿产适用税率 3%~30%，天然气和煤气适用税率 1%~30%；金属矿产适用税率 7%~25%；天然燕窝适用税率 10%~20%，其他资源适用税率 1%~20%；天然海产品和天然水适用税率 1%~10%。

（3）计税方法

自然资源税实行从价计征，应纳税额＝应税资源产量×资源单位应税价格×资源税税率，资源单位应税价格是从事开采的单位或个人销售一单位自然资源产品的价格（不含增值税）。

（4）税收优惠制度

免税。适用于意外灾害造成已申报缴纳的自然资源受损；天然海产品；个人用于日常生活的天然林产品；家庭和个人用于水力发电与日常生活的天然水；用于农、林、渔、盐生产的天然水；在划拨或租用土地范围内就地开发使用的土地。

4. 东盟遗产税和赠与税制度发展基础

（1）纳税人制度

泰国。遗产税纳税人为泰国国民和法定拥有永久居留权的外国人，继承泰国境内资产的外国人；泰国法人。赠与税为接受父母赠与不动产的子女，接受赠与或赡养费收入的直系亲属，接受特定非长辈、后辈和配偶赠与礼物的个人。

菲律宾。遗产税纳税人为接受遗产继承的个人；赠与税纳税人为接受赠与的个人。

（2）课税对象和税率制度

①课税对象。

泰国。第一，遗产税：任何国籍的个人或法人实体继承已亡遗嘱人的遗产，具体包括不动产、法定证券、银行存款或遗嘱人有权可从金融机构或个人处取回或认领回类似性质的钱款、已登记的交通工具和法定金融资产。第二，赠与税：父母转让给子女的数额超过 2000 万泰铢的不动产；直系继承人、直系子孙或配偶超过 2000 万泰铢的赠与或赡养费收入；特定从非长辈、后辈、配偶处获得的超过 1000 万泰铢的礼物收入。

菲律宾。遗产税为居民和非居民死者的净遗产。赠与税为赠与人的净赠与，即受赠人在公历年内从赠与转让中获得的净经济利益。

②税率制度。

泰国。第一，遗产税税率结构为标准税率 10%+优惠税率 5%。标准税率适用于净遗产中超过 1 亿泰铢的部分，优惠税率适用于由死者的父母或者其后代继承的遗产。第二，赠与税税率为单一比例税率 5%。

菲律宾。第一，遗产税税率结构为标准税率 5%+零税率，零税率适用于净值 20 万菲律宾比索以下的房地产遗产，标准税率适用于净值 20 万~50 万菲律宾比索的房地产遗产。第二，赠与税税率为单一比例税率 6%，适用于公历年内总额超过 25 万菲律宾比索的赠与。

（3）计税方法

泰国。第一，遗产税应纳税额=净遗产×适用税率。净遗产=遗产总值-1 亿泰铢。第二，赠与税应纳税额=赠与的应纳税价值×5%，（赠与不动产和赡养费等）赠与的应纳税价值=赠与价值-2000 万泰铢，（赠与礼物）赠与的应纳税价值=赠与价值-1000 万泰铢。

菲律宾。第一，遗产税应纳税额＝居民和非居民死者的净遗产×5%。净遗产＝总遗产－法定扣除额。总遗产是对所有人死亡时的公允市场价值进行的估价，非上市普通股按其账面价值估值，而非上市优先股按票面价值估值。上市的股票，如果所有人死亡当天没有报价，则公允市场价值是最接近所有人死亡日期的最高报价和最低报价之间的算术平均值。法定扣除项目共9项。第二，赠与税应纳税额＝居民和非居民赠与的净经济利益×6%。如果财产（已缴纳最终资本利得税的不动产除外）以低于货币或货币价值的适当对价转让，则除资本利得税外，卖方还应缴纳赠与人的间接赠与税，即所售股份的公允市场价值与实际对价之间的差额。捐赠按捐赠时的公允市场价值进行估价。

（4）税收优惠制度

菲律宾。第一，遗产税优惠。免税适用于无产权所有人的用益权合并；信托继承人或受遗赠人向信托委员会交付遗产；第一继承人和受遗赠人按照前任人的意愿向另一受益人转让；向福利、文化和慈善机构的合规遗赠或转让；社会保障福利。第二，赠与税优惠。免税适用于向政府、合规非营利实体、各级政府及部门赠与的礼物；以教育、社会福利公司、合规的非政府组织、信托或慈善组织、研究机构为受益人的礼物；向选举委员会正式报告的政治捐款。

（五）东盟其他税类制度发展基础

其他税类指除了所得税类、货物劳务税类和财产税类外的其他所有税种组成的税种类别，这类税种通常不多。东盟国家其他税类制度主要由印花税、环境保护税等税种制度构成。

1. 东盟印花税制度发展基础

东盟中6国选择实施印花税制度，包括新加坡、柬埔寨、马来西亚、印度尼西亚、菲律宾和泰国。其中，新加坡、柬埔寨和马来西亚印花税制（以下简称3国财产印花税）的课税对象比较相近（新加坡和柬埔寨的课税对象更接近），都涉及证券、不动产和财产转让凭证，具有类似财富税的调节功能。印度尼西亚、菲律宾和泰国的印花税制以下简称 3 国一般印花税。

（1）纳税人制度

3 国财产印花税。第一，新加坡。即签订股票交易合同的企业，物业交易合同的买方（住宅和非住宅物业）和卖方（住宅物业），租赁物业交易合同的租赁人。第二，柬埔寨。即转让不动产、交通工具和公司股份的所有权或占有权的人，签订政府采购合同的人，以及取得具有法律性质文书（证照）的人。第三，马来西亚。即境内书立、受让各类财产、证券和贷款合同、票据的参与方。

3 国一般印花税。第一，印度尼西亚。即文件受益人，包括：由两方或多方准备文件的两方或多方，单方制作文件的接收文件一方；特殊例外情况，证券形式的文件为证券发行方。第二，菲律宾（单据印花税）。即单据等文件或文书的制作者、签字人、接收者或转移者。如果应税文件的其中一方享有免税待遇，则由不享受免税待遇的另一方直接承担纳税义务。第三，泰国。即书立、领受和使用税法所列举的凭证和法律文书的单位或个人。

（2）课税对象和税率制度

①课税对象。

3 国财产印花税。第一，新加坡：股票、物业和租赁物业交易的合同等应税凭证。第二，柬埔寨：转让不动产、交通工具和公司股份的所有权或占有权，政府采购合同，以及具有法律性质的文书（证照）。第三，马来西亚：书立、受让各类财产、证券和贷款的合同与票据。

3 国一般印花税。第一，印度尼西亚：为解释民事事件而准备的文件和法庭上用作证据的文件，法定的除外。第二，菲律宾：单据、文书、贷款协议，以及证明接受、分配、销售、转移某一责任、权利或资产的文件。第三，泰国：书立、领受和使用税法所列举的凭证与法律文书。

②税率制度。

3 国财产印花税。

第一，新加坡印花税税率结构为单一比例税率和超额累进税率。①股票和租赁物业分别适用 0.2% 和 0.4% 的单一比例税率。②住宅物业适用累进税率和差别税率，非住宅物业适用累进税率。首先，住宅物业的买方分别适用累进税率和差别税率，一般累进税率标准为 4 档（1%~4%），针对纳税人身份和住宅套数加征的买方额外印花税适用 5 档（5%~25%）的差别税率标准；非住宅物业的买方累进税率标准为 3 档（1%~3%）。其次，住宅物业的卖方累进税率标准分为 4%、8% 和 12% 共 3 档。

第二，柬埔寨税率结构为 5 级 2 档比例税率（0.01%+4%）+1 档定额税率（100 万瑞尔）。税率 0.01% 适用于转让公司股份和政府采购合同，税率 4% 适用于转让不动产的所有权或占有权，以及转让运输工具税应税范围的运输工具或车辆的所有权或占有权。定额税适用于具有法律性质的文书（证照）。

第三，马来西亚。①税率结构为 4 档差别比例税率（1%、2%、3% 和 4%），适用于转让财产价值。②股权转让文件按照交易对价的 0.3% 征收。③非上市股份、股票或有价证券。基于对价或价值，每 1000 令吉或其任何部分为定额税率 3 令吉，取价值较大者。④境内证券交易所上市的股份或股票和有价证券。股份或股票根据其交易价值，每 1000 令吉收取定额税率 1.5 令吉（税率为 1.5‰）；有价证券根据交易价值，每 1000 令吉收取定额税率 1 令吉（税率为 1‰）。⑤服务协议和贷款协议。a. 贷款协议适用 0.5% 的从价税率，外币贷款协议印花税一般上限为定额税率 2000 令吉。b. 服务协议。单层服务协议，适用 0.1% 的从价税率；多层服务协议中的非政府合同，其第一层级服务协议适用 0.1% 的从价税率，后续层级服务协议适用定额税率 50 令吉；多层服务协议中的政府合同，第一层级服务协议免税，第二层级服务协议适用 0.1% 的从价税率，后续层级服务协议适用定额税率 50 令吉。

3 国一般印花税。第一，泰国。税率结构为 28 类+4 档差别比例税率（0.05%、0.10%、0.40%、10%）+9 档定额税率（1、2、3、5、10、20、30、50、100）。差别比例税率适用于土地租赁、贷款、分期付款、人寿和损失保险、仲裁赔偿和雇工协议，其余凭证适用定额税率。第二，印度尼西亚。定税额 1 万印度尼西亚盾。第三，菲律宾。税率结构为从量定额。23 个税目 35 档。

（3）计税方法

①3 国财产印花税。

新加坡。第一，股票印花税的应纳税额＝股票买入价和股票价值的孰高者×0.2%。第二，物业印花税的应纳税额。住宅物业买方印花税的应纳税额＝住宅物业买入价和市场价的孰高者×相应累进税率，住宅物业买方额外印花税的应纳税额＝住宅物业购买成交价和市场价值中的较高者×相应差别税率，住宅物业卖方印花税的应纳税额＝住宅物业销售对价和市场价值中的较高者×相应累进税率；非住宅物业买方印花税的应纳税额＝非住宅物业买入价和市场价的孰高者×相应累进税率。第三，租赁物业印花税的应纳税额＝已申报的租金和市场租金的孰高者×0.4%。

柬埔寨。应纳税额 1＝产权转让价值×适用比例税率，应纳税额 2＝具有法律性质的文书（证照）持有数量×100 万瑞尔。

马来西亚。应纳税额＝转让财产价值×适用差别税率，股权转让文件应纳税额＝交易对价×0.3%；（非上市股份、股票或有价证券转让文件）应纳税额＝交易对价或价值的孰高者×3‰；（境内证券交易所上市的股份或股票转让文件）应纳税额＝交易价值×1.5‰；（境内证券交易所上市的有价证券转让文件）应纳税额＝交易价值×1‰；贷款协议应纳税额＝贷款金额×0.5%。

②3 国一般印花税。

第一，印度尼西亚。每份文书固定税额 1 万印度尼西亚盾。第二，泰国。应纳税额＝合同等凭证规定的转让财产价值×适用税率。第三，菲律宾。根据不同税目的票面金额、协议金额、被保险价值、货物价值和发行价格，分别适用不同的定额税率。

（4）税收优惠制度

3 国财产印花税。第一，马来西亚。①免税制度。适用于公司重组和公司转型；合规的证券交易文书；夫妻之间不动产转让文书；特定关联公司内部之间的房地产所有权转让；合规的第一套价值不超过 50 万令吉的住宅物业的转让文书；合规的融资文书。②减半征税制度。适用于特殊关系人之间不动产转让文书；房产价值的余额在征收从价印花税的基础上再减免 50%。

第二，新加坡。免税制度。适用于合规时限购买的住宅用房地产持有 3 年后再出售的卖方；年平均租金不超过 1000 新加坡元的租赁物业。第三，柬埔寨。免税制度。适用于转让政府授予的特许土地，取得国家机构库存不动产，特定外国使领馆等机构的不动产，以及配偶和直系亲属之间转让不动产等所有权或占有权；特定转让交通工具和特定股份。

3 国一般印花税。第一，印度尼西亚。免税制度。适用于处理和恢复自然灾害后社会状况、宗教或非商业活动的土地转让和建筑权文件；与实施政府计划和货币金融政策有关的文件；执行国际协议有关的文件。减免税 0.1%。适用于无担保且可按需偿还或一次性还款马来西亚货币贷款协议的文书可享受 0.1% 的印花税减免。第二，泰国。免税制度适用于政府部门缴纳的印花税。第三，菲律宾。免税制度。适用于价值不超过 10 万菲律宾比索的人寿保险合同，并且仅适用于买卖双方的其中一方。

2. 东盟环境保护税（碳税）制度发展基础

东盟中 2 国选择实施环境保护税（碳税）制度，即越南和新加坡。

（1）纳税人制度

越南环境保护税的纳税人为生产或者进口环境保护税应税货物的组织、家庭和个人，包括：接受进口货物委托人；采购小煤矿无法出示货物已缴纳环境保护税证明文件的牵头组织、家庭或个人。

新加坡碳排放税的纳税人为年排放等于或超过 2.5 万吨二氧化碳当量温室气体的工业企业。

（2）课税对象和税率制度

课税对象。第一，越南环境保护税的课税对象主要包括汽油、机油、油脂、煤炭、塑料袋、除草剂、白蚁杀虫剂等 7 类污染物。第二，新加坡碳排放税的课税对象为年排放等于或超过 2.5 万吨二氧化碳当量温室气体的工业设施。

税率制度。第一，越南环境保护税实行差别税率，分别适用于 8 大类共 17 个税目。塑料袋适用最高税率 5 万越南盾；煤炭 4 个税目分别适用 1.5 万越南盾和 3 万（无烟煤）越南盾；汽油、机油和润滑脂共 7 个税目分别适用 1000~4000 越南盾；限制使用的白蚁杀虫剂、林产品防腐剂和消毒剂适用 1000 越南盾；限制使用的除草剂适用最低税率 500 越南盾。第二，新加坡碳排放税实行固定税率，即每吨温室气体 5 新加坡元。

（3）计税方法

越南环境保护税的计税方法为：应纳税额＝应税货物单位数×规定的单位货物绝对税率，其中，应税货物单位数，国产货物为销售、交换、内部消费或捐赠而生产的货物数量，进口货物则为进口货物数量。

新加坡碳排放税的计税方法为：应纳税额＝应税货物单位数×固定税率。

3. 东盟（马来西亚）石油（收入）税制度发展基础

（1）纳税人制度

在马来西亚石油领域上游行业的企业，包括马来西亚国家石油公司、与马来西亚—泰国联合开发区签署石油行业有关协议的纳税个体。

（2）课税对象和税率制度

课税对象。马来西亚境内开采和运营石油获得的收入。

税率制度。标准税率为比例税率 38%，优惠税率为 3 档差别税率（0%、10% 和 20%）。其中，零税率适用于石油生产后前 8 年的收入，10% 税率适用于石油生产后第 8~15 年的收入，20% 税率适用于石油生产后第 15 年后的收入。

（3）计税方法

应纳税额＝（评估年度应纳税收入总额－法定扣除额）×38%。

石油运营收入的应纳税额（石油生产后前 8 年）＝（评估年度应纳税收入总额－法定扣除额）×0；石油运营收入的应纳税额（石油生产后第 8~15 年）＝（评估年度应纳税收入总额－法定扣除额）×10%；石油运营收入的应纳税额（石油生产后第 15 年）＝（评估年度应纳税收入总额－法定扣除额）×20%。

（4）税收优惠制度

免税。适用于为避免双重征税而豁免本税；因其石油作业或准备石油作业而形成的合规勘探支出费用；合规勘探资本支出；合规的工厂或建筑等资本支出。

减免税。财政部基于正义和公平全部或部分免除纳税人已缴或应缴税款；依法豁免基于双边联合勘探和开采石油协议的任何纳税人全部或部分收入。

退税。适用于纳税人因过度评估或其他错误而多缴的税款，可在评估年度结束后 5 年内以书面形式申请退税。

4. 东盟（马来西亚）纳闽商业税制度发展基础

东盟国家中，仅马来西亚实施纳闽商业税制度。

（1）纳税人制度

依照相关纳闽法成立的、从事纳闽商业活动的纳闽实体为纳闽商业税的纳税义务人。

（2）课税对象和税率制度

课税对象。纳税实体在纳闽境内、自纳闽或通过纳闽从事纳闽贸易或非贸易商业活动取得的应纳税利润（会计净利润）。

税率制度：标准税率 3%+高税率 24%。标准税率适用于符合法律规定的纳闽商业活动要求的会计净利润。

（3）计税方法

应纳税额=纳税年度会计净利润×3%。如果纳闽实体从事的纳闽商业活动不满一个会计年度，则该纳闽实体应在该年度缴纳 20000 令吉的应纳税额。

（4）税收优惠制度

免税。适用于来自非贸易活动的离岸公司收入；离岸公司在纳闽岛支付或收取的股息；离岸公司支付给非居民或其他离岸公司的特许权使用费、利息、技术费或管理费；在纳闽地区进行非商业活动（需要自开始评估年起 3 个月内向内陆税收局提交免税声明）。

减半征税。适用于个人在纳闽提供专业服务或经营与合格资产相关的业务或出租合格资产所获得的收入。

二 东盟税收制度发展变化（2022~2023年）

2022年至2023年6月，东盟国家在税收制度体系、所得税类、货物劳务税类和财产税类等制度建设方面发生了不同程度的变化，取得了不同程度的进展。

（一）东盟税收制度体系发展变化

1.东盟税种制度体系发展变化

2022年以来，东盟国家税种制度体系和主要税种比较稳定，仅印度尼西亚引入个别税种。各国税收收入增长整体好于预期，除泰国外，其余国家均实现正增长，其中4国实现两位数的快速增长。但宏观税负情况不容乐观，除柬埔寨和菲律宾弱税收收入有所回升外，其余国家继续下行。

（1）税种制度体系和主要税种

印度尼西亚法定开征重型设备税；允许地方政府开征机动车税、机动车转让费、非金属矿物和岩石税3个税种的附加税。

（2）税收收入发展变化

后疫情时代，随着全球经济逐步复苏，东盟国家经济税收也不同程度地向好回升。2022年，除泰国外，其他东盟国家税收实现正增长，但差距明显。

东盟4国税收收入实现两位数增长，领跑东盟国家，即柬埔寨、菲律宾、新加坡和印度尼西亚，柬埔寨是唯一税收增长超过20%的东盟国家。2022年，柬埔寨税收收入23.96万亿瑞尔，比2021年增长20.97%。菲律宾2022年税收收入3.2万亿菲律宾比索①，比2021年增长17.4%，稳居东盟国家第二位；预算方面，2023年将征税3.436万亿菲律宾比索，比2022

---

① 此税收口径为含海关收入，不含海关收入的税收收入为2.39万亿菲律宾比索。https：//finance. sina. com. cn/money/forex/forexinfo/2022-12-27/doc-imxycfee3683131. shtml。

年增长 7.38%。新加坡 2022 财年税收收入达到 684.1 亿新加坡元，比 2021 财年增长 12.7%。① 印度尼西亚 2022 年税收收入达到 1716.8 万亿印度尼西亚盾，比 2021 年增长 10.92%。

越南后来者居上。2022 年，越南税收收入达到 11.23 亿越南盾，比 2021 年增长 5.45%，预计 2023 年比 2022 年增长 18.5%。

泰国 2022 财年税收收入达到 2.16 万亿泰铢，比 2021 财年减少 0.25 万亿泰铢，负增长 10.37%，这缘于消费税的减收。②

（3）宏观税负发展变化

后疫情时代，虽然东盟区域宏观经济和税收收入增长好于其他地区，但由于经济社会恢复发展是一个渐进的过程，前期应对疫情的大规模税收优惠政策逐步收缩但尚未全面退出，因此，2022 年东盟国家的宏观税负除 2 国弱回升外，其余 6 国延续走低态势，但降幅基本控制在 1 个百分点之内，且差距明显收窄至 0.05~0.43 个百分点。

少数东盟国家宏观税负回归上升通道。2022 年，柬埔寨宏观税负水平升至 19.79%，比 2021 年上升 1.87 个百分点；菲律宾宏观税负微升至 14.53%，比 2022 年上升 0.1 个百分点。③

多数东盟国家宏观税负继续下降，但仍在两位数上低端运行。泰国、越南和新加坡宏观税负延续下滑趋势，其中泰国降幅最大，越南和新加坡降幅收窄且趋近。泰国 2022 财年宏观税负为 12.44%，比 2021 年下降 2.46 个百分点④，高于越南和新加坡降幅。2022 年，越南宏观税负进一步下降至 11.08%，比 2021 年略降 0.74 个百分点。新加坡 2022 财年宏观税负

---

① 小口径税收总量仅统计企业所得税、个人所得税、预扣税、商品及服务税、房地产税、印花税和博彩税 7 个税种收入，与 2021 财年税收总量口径相同。https://tablebuilder. singstat. gov. sg/table/TS/M015651。

② https://baijiahao. baidu. com/s? id＝1748984107277964804&wfr＝spider&for＝pc。

③ 菲律宾 GDP 数据来源：https://baijiahao. baidu. com/s? id＝1758356200578454602&wfr＝spider&for＝p。

④ 泰国 GDP 数据来源：https://baijiahao. baidu. com/s? id＝1758356200578454602&wfr＝spider&for＝p。

10.59%（小口径），比 2021 财年下降 0.79 个百分点。[①] 越南与新加坡宏观税负降幅相差 0.05 个百分点。

个别国家宏观税负个位数、降幅最低，双指标东盟居前。2022 年，印度尼西亚宏观税负为 8.76%，比 2021 年下降 0.36 个百分点。这两个指标在东盟 8 国中居前，提升了印度尼西亚在东盟区域的税收竞争力，但是宏观税负偏低可能制约其财政可持续性。

2. 东盟税收收入结构发展变化

东盟国家税种制度结构和税类结构相对稳定，但税种收入结构和税类收入结构都发生了不同程度的变化。

（1）税种收入结构发展变化

企业所得税和增值税收入比重差别双升，企业所得税收入比重回升幅度最大。新加坡 2022 财年企业所得税比重为 33.24%，同比上升 3.24 个百分点，领先升幅排名第二的商品及服务税比重 3.1 个百分点。[②] 印度尼西亚 2022 年所得税收入高速增长 45.15%，增幅领先排名第二的增值税和奢侈品销售税 20.55 个百分点。

个人所得税和消费税收入比重双升。2022 年，越南这两个税种的收入比重均衡双升，分别同比上升了 0.37 个百分点和 0.45 个百分点，两者相差仅 0.08 个百分点。印度尼西亚这两个税种收入比重差距双升，消费税收入增长 16%，所得税收入高速增长。

印花税、环境保护税和房地产税收入比重降幅居前。新加坡 2022 财年，印花税收入占比 8.51%，同比下降 2.49 个百分点，降幅居首；房地产税收入占比 7.40%，同比下降 0.6 个百分点。[③] 越南 2022 年环境保护税收入占比下降了 0.89 个百分点，降幅居首。

---

① https：//tablebuilder. singstat. gov. sg/table/TS/M015651；https：//www. singstat. gov. sg/find - data/search-by-theme/economy/national-accounts/latest-data.

② https：//tablebuilder. singstat. gov. sg/table/TS/M015651.

③ https：//tablebuilder. singstat. gov. sg/table/TS/M015651.

（2）税类收入结构发展变化

2022 年，东盟国家主体税类收入比重普遍上升，财产税类和其他税类收入比重普遍下滑，呈现此消彼长格局。

①双主体税类收入比重普遍上升，主税类收入比重升幅高于副税类收入比重。

所得税类和货物劳务税类高度双主体结构模式继续强化。2022 年，印度尼西亚所得税类收入占比高达 51.36%，占据半壁江山；货物劳务税类收入占比 47.05%，凸显所得税类和货物劳务税类双主体结构。① 菲律宾 2023 年预算中所得税类收入占比 48.50%、货物劳务税类收入占比 40.19%、财产税类收入占比 5.51%、其他税类收入占比 5.8%。②

以所得税类为主和货物劳务税类为副的主副收入占比双升。2022 财年，新加坡所得税类和货物劳务税类收入占比分别为 55.72% 和 21.14%，同比分别上升 2.72 个百分点和 0.14 个百分点，所得税类收入占比升幅最大。③

以货物劳务税类为主和所得税类为副的主副收入占比双升。2022 年，越南货物劳务税类和所得税类收入占比分别为 51.80% 和 34.36%，双双小幅上升，升幅分别为 0.45 个百分点和 0.30 个百分点，货物劳务税类收入占比升幅高于所得税类收入占比 0.15 个百分点。

②财产税类和其他税类收入占比两极分化。

财产税类收入占比畸低且继续下滑。印度尼西亚和越南的财产税类收入比重处于个位数的末端，在东盟 8 国中排后两位，即便在全球也属于偏低，且与其经济发展水平和社会财富程度不匹配。2022 年，越南财产税类收入占比为 2.13%，降幅为 0.09 个百分点；印度尼西亚财产税类收入占比低于 1.59%，严重制约财产税对社会财富差距的调节功能和其他税类中环境保护税对环境可持续发展的调节功能。而其他东盟国家财产税类收入比重基本处于个位数的中高段，新加坡 2022 财年财产税类收入占比 7.40%，较 2021 财

---

①　2022 年印度尼西亚税收总额为 1943.7 万亿印度尼西亚盾，据此计算各税类收入的占比。

②　https：//finance.sina.com.cn/money/forex/forexinfo/2022-12-27/doc-imxycfee3683131.shtml.

③　https：//tablebuilder.singstat.gov.sg/table/TS/M015651.

年下降 0.6 个百分点。

其他税类收入占比严重偏高但降幅明显。新加坡其他税类税种最多，收入占比居东盟 8 国之首，高达两位数，甚至逼近 20%，这在国际上都罕见。2022 财年，新加坡其他税类收入占比较 2021 财年下降了 2.53 个百分点，但仍高达 15.75%。而其他东盟国家的其他税类收入占比基本是个位数，且处于中低段水平。2022 年，越南其他税类收入占比 5.77%，降幅 0.89 个百分点；印度尼西亚其他税类收入占比低于 1.59%。

3. 东盟税收制度法律体系发展变化

2022 年以来，东盟国家在税收法律、税收行政法规、税收部门规章及国际条约的签署方面均有不同程度的进展。

（1）税收法律发展变化

越南、印度尼西亚和老挝个别税收法律修正，总体上东盟国家税收法律基本稳定。

中央与地方财政关系法的修正。印度尼西亚《中央与地方财政关系法（修正案）》涉及税收法律规定的新变化如下：精简地方税制（如合并某些地方税）；开征重型设备税；允许地方政府开征机动车税、机动车转让费、非金属矿物和岩石税 3 个税种的附加税；规制地方税征税对象和适用税率的范围。

税收基本法的修正。老挝 2022 年生效实施《税法部分条款的修正案（2021）》，该修正案对《增值税法》《所得税法》《消费税法》和《税务管理法》的部分条款进行了修正。

引入企业所得税和增值税法律规定。2022 年，越南国会"关于财政和货币政策的第 43 号决议"决定实施应对新冠疫情的企业所得税前扣除项目增加和增值税优惠税率政策。菲律宾众议院第 372 号法案澄清对数字服务提供者征收增值税，创造传统企业和数字企业之间的公平竞争环境。

消费税法的修订。2022 年，越南《特别消费税法修正案》调整"电动汽车"等个别商品税目及税率；菲律宾众议院法案第 4102 号决定对一次性塑料征收消费税。

越南修正 3 个税种的法律。第一，自然资源税法的修订。2022 年，越南《石油法修正案》，调整《自然资源税法》中纳税人的认定范围，自 2023 年 7 月起生效实施。第二，土地使用税法的修订。越南 "2022 年第 18-NQ/TW 号决议" 为农业土地使用税和非农业土地使用税制度的改革指明了方向。第三，环境保护税法的修订。越南 "第 18/2022/UBTVQH15 号决议" 和 "第 20/2022/UBTVQH15 号决议"，继续调低石油产品环境保护税税率。

（2）税收行政法规发展变化

①税收实体性行政法规的发展变化。

所得税和增值税综合法规的颁布。2022 年，泰国政府颁布了 2 部税收法规，即皇家法令第 755 B. E. 2565 号和第 751 B. E. 2565 号，延长应对新冠疫情的进口和捐赠（电子系统捐赠）抗疫用医疗物品及用品的增值税免税和所得税扣除政策。

所得税法规的修订。2022 年，印度尼西亚修订了 3 部，菲律宾和柬埔寨各修订了 1 部公司所得税法规。印度尼西亚一是颁布 2022 年第 55 号政府条例，修订了所得税行政法规，废除了 2009～2020 年颁布的有关所得税的 5 项行政法规；二是颁布 2022 年第 9 号政府条例，更新建筑服务最终所得税税率规定；三是颁布 2022 年第 15 号政府条例，修订煤矿行业公司应纳税规定。菲律宾政府签署第 3-2022 号收入条例，调整公司所得税税率。柬埔寨政府颁布 2022 年第 42 ANKr. BK 次级法令，对证券业实施税收优惠政策。

增值税法规的修订。印度尼西亚、越南和马来西亚各修订了 2 部增值税法规。印度尼西亚一是颁布 2022 年第 44 号政府条例，修订了 2021 年第 9 号政府条例中增值税的相关规定；二是颁布 2022 年第 49 号政府条例，修订了增值税政策，规定了进口和交付某些商品及服务具有追溯效力和过渡性安排，同时废除了 2000～2019 年 4 项有关增值税的政府条例。越南一是 "第 49/2022/ND-CP 号法令" 调整了不动产转让和电力集团电力生产活动增值税进项税额的计算方法；二是 "第 15/2022/ND-CP 号法令" 对越南国会 "关于财政和货币政策的第 43 号决议" 中增值税优惠税率适用规定的实施提供指导。马来西亚增加了新型烟草产品的消费税条款，一是颁布《2022 年销售税（免税货物）令》，修订了《2018 年销售税（免税货物）令》，调整了课税对象、适用税率和免税范围；二是 2023 年引入《进口低价值商品销售税条例》，将进口低价值商品纳入销售税征税范围。

消费税条例的修订。菲律宾颁布第 14-2022 号税收条例，增加了新型烟草产品的消费税条款。

旅游税条例的修正。马来西亚修订了 2 部法规：颁布实施《2023 年旅游税条例（修正）》，修正了《2017 年旅游税条例》；颁布实施《2023 年数码平台服务供应商条例（修正）》，修正了《2021 年数码平台服务供应商条例（修正）》。

②税收程序性行政法规的发展变化。

印度尼西亚修订《一般规定和税收程序法》实施条例（2022 年第 50 号条例），规定了税收争议相互协商程序、碳税征收程序、"初步证据税务审计"程序、减少或取消税务决定通知书程序、司法审查有关处罚、纳税人退税权利、纳税人税务识别号整合和税务电子认证效力等。老挝修订《发票管理条例》（2022）。

（3）税收部门规章发展变化

①税收实体性规章的发展变化。

所得税规章的颁布实施。2022 年，印度尼西亚分别颁布了第 113/PMK.03 号、第 114/PMK.03 号财政部条例，延长部分税收优惠政策实施时间。马来西亚分别颁布了《2022 年所得税令》医药产品制造商津贴计划、全球交易中心津贴计划、股权众筹投资激励计划、船舶激励计划和提供服务业奖励的搬迁计划 5 项行政法规，扩大企业所得税免税项目范围。柬埔寨经济财政部发布了 2023 年第 002 号 MEF.PrK3 部长令，加大制衣业企业所得税减免力度。

增值税规章的颁布实施。2022 年，印度尼西亚颁布了 10 项财政部条例，分别对自建活动，特定液化石油气，烟草产品，二手车，农业部门补贴肥料，保险代理服务，保险经纪人服务和再保险经纪人服务，金融技术，特定应税服务的缴税，以及饮食产品、艺术娱乐服务、酒店服务、停车场服务与餐饮服务的免税做出规定。马来西亚颁布《服务税决定》（2022 年第 2号），明确《服务税法（2018）》第 34（3）（b）款，即合规的联合开发区（JDA）的资质运营商公司可申请退税。柬埔寨经济财政部发布了 2022 年第009 号 MEF. PrK 部长令，给予食品免税优惠。老挝财政部颁布《关于在老挝实施电子商务和数字平台服务税收义务的通知》，将数字经济纳入增值税和所得税的征税范围。

消费税规章的颁布实施。印度尼西亚修订了电子烟和其他烟草加工产品的消费税税率。老挝修订了《消费税实施细则》（2022），对《消费税法》的计算、征收、管理和监督等进行了详细的解释与说明。

其他税种规章的颁布实施。第一，奢侈品销售税规章的颁布实施。印度尼西亚决定延长"政府承担符合奖励条件机动车的奢侈品销售税"的优惠政策。第二，引入纳闽商业税规章。马来西亚于 2022 年 4 月颁布《纳闽国际商业和金融中心的纳闽活动指南》，配套实施《2021 年纳闽商业活动税（纳闽商业活动需求）条例》。第三，旅游税规章的颁布实施。马来西亚皇家海关署发布了《旅游税政策（1 号/2023）》，引入线上跨境交易旅馆的旅游税课税规定。

②税收程序性规章的发展变化。

印度尼西亚于 2022 年颁布了约 10 项税收程序性规章，主要涉及所得税、增值税、关税、消费税。

越南财政部 2023 年修订了税务行政违法行为的部分处罚条款（18/2023/TT-BTC）。

柬埔寨 2022 年颁布了 2 项税收程序性规章，即经济财政部发布 2022 年第 1080 号 MEF. PrK 部长令，实施博彩税管理程序；2022 年第 217 号 MEF. PrK 部长令，鼓励自愿修改纳税申报表。

老挝财政部和税务总局 2022 年颁布了 3 项税收程序性规章，即 No. 0191 MOF，终止出售一套增值税发票；No. 0590 MOF 和 No. 0701 TAX，规范和核实使用商品及服务销售记录器注册和请求许可事项。

（4）国际条约发展变化

2022 年以来，新加坡和柬埔寨更新了双边税收协定。越南、新加坡、泰国、印度尼西亚和菲律宾生效了多边国际条约。

更新双边税收协定。新加坡依据《多边公约》，于 2022 年 4 月起更新了与 48 个缔约国的税收协定。柬埔寨与土耳其签署避免所得税双重征收的双边税收协定，并向东帝汶、斯里兰卡、缅甸和摩洛哥表达了磋商两国间税收协定的意愿。

多边国际条约的发展变化。第一，签署或生效多边征管公约。①多边征管公约的签署。2022 年，越南、泰国先后与 OECD 签署了《多边税收征管互助公约》（MAAC）和《实施税收协定相关措施以防止 BEPS 的多边公约》（MLI），旨在与签约国共同开展国际税收征管协作。②多边征管（行政）互助公约的生效实施。2022 年《多边税收行政互助公约》对泰国生效。第二，RCEP 在东盟国家生效。2023 年，RCEP 对印度尼西亚和菲律宾生效。第三，引入"十月声明"支柱二最低有效税率。新加坡 2022 年预算案计划引入支柱二最低有效税率。

（二）东盟所得税类制度发展变化

1. 东盟企业所得税制度发展变化

印度尼西亚、老挝和泰国更新了企业所得税纳税人、课税对象、税率和计税方法，将加密资产交易、煤炭开采行业和提供电子商务及数字平台服务纳入企业所得税课税范围。越南、马来西亚、印度尼西亚、新加坡和泰国着力调整企业所得税优惠政策，延续和引入政策并重，重视扩大税基、强化税收收入功能。

（1）纳税人制度发展变化

引入独资企业和煤矿行业许可证持有人为纳税人。印度尼西亚明确了独资企业为企业纳税人，而非个人纳税人，不能享受个人所得税免税政策，并将煤矿行业许可证持有人引入纳税人范围，包括合规的采矿营业执照、特殊采矿业务许可证和其他符合规定的许可证等。

（2）课税对象和税率发展变化

课税对象的调整。印度尼西亚将加密资产交易和煤炭开采行业、老挝将非居民企业向境内用户提供电子商务和数字平台服务纳入企业所得税课税范围。

税率的调整。印度尼西亚更新建筑服务分类，调整实施 5 档 1.75%～6% 的最终所得税税率。2023 年，马来西亚调整公司所得税税率，居民企业适用 24% 的标准税率，而实收资本为 250 万令吉或以下、营业总收入不超过 5000 万令吉的居民企业适用 3 档超额累进税率（15%、17% 和 24%）。2022～2023 年，泰国分别调整电子代扣税系统的企业所得税代扣税税率为 2% 和 1%。老挝引入特定中小微企业税率优惠规定，已注册增值税纳税人的微型企业适用 0.1% 的税率，新成立的小型和中型企业分别适用 3 年期限的 3% 和 5% 的优惠税率；取消矿产特许经营利润税 35% 的高税率（见表 7）。

表 7　东盟 8 国企业所得税税率结构

单位：%

国家	标准税率	优惠税率	特别优惠税率	最高税率	征收率
菲律宾	25	20	5	—	15
马来西亚	24	15*、17、24*	—	—	—
印度尼西亚	22	0.5	3、1.75～6 的最终所得税税率*	—	—
泰国	20	10	0、15、20（超额累进税率）	—	3
越南	20	—	—	32～50	—
柬埔寨	20	—	—	30	5
老挝	20	3*、5*（3 年*）	0.1*	22*	0、1、2、3
新加坡	17	—	—	—	—

注：* 为新变化。

（3）计税方法发展变化

调整煤炭开采行业许可证持有人的所得计税方法。印度尼西亚明确煤炭开采行业许可证持有人收入的确认：煤炭销售收入和其他收入；明确其可税收扣除的费用：勘探成本、可行性研究成本、一般研究成本、非税国家收入贡献、开采后成本和生产运营成本等。

引入特定电力和矿产所得的核定利润率。老挝引入30%的核定利润率，适用于会计核算不健全的电力和矿产纳税人。

（4）税收优惠政策发展变化

引入税收优惠政策。第一，越南引入税前扣除政策，企业和组织参加疫情防控活动的开支，允许计入当年企业所得税税前可扣除费用。印度尼西亚新增免税商品，适用于以电子货币或电子钱包形式存在的货币和某些证券产品。泰国2023年引入EV汽车电池生产的投资方企业所得税优惠税率由8%降到1%，电动汽车生产企业的财政补贴免征企业所得税，投资和使用电子税务系统企业所得税"双倍费用扣除"等优惠政策。第二，马来西亚引入合格医药产品（包括疫苗）制造公司优惠税率政策：首个10年内，享受10%以内的所得税税率；第11~20年享受10%的所得税税率；有资质的全球交易中心的交易活动所产生的应税收入可连续5个课税年度享有10%的优惠税率，5年合规的还可再延长5个课税年度享受该政策；被股权众筹平台或提名企业投资的公司居民个人免税；利用船舶在海上运输乘客/货物或出租船舶业务的居民纳税人免税；被选定公司的合格经营活动所取得的应税收入可连续10年享受所得税优惠税率，其中新公司适用0~10%的所得税优惠税率，现有公司适用10%的所得税优惠税率。

延续一般性税收优惠政策。第一，印度尼西亚延续政府承担特定劳动激励计划纳税人的所得税优惠政策。第二，新加坡2022~2023年延续2021年仍有效的系列企业所得税优惠政策，支持企业创新活动。一是延续免税政策，适用于先锋企业和先锋服务公司、合规投资、合规风险投资基金、基于保障税收确定性的企业股票的资本利得。二是延续减免税政策。适用于合规的特许权使用费、技术支持费用和研发费用，以及新办企业。三是延续税率优惠政策。适用于合规的企业发展和扩张、金融部门、金融和财政中心。四是延续研发普惠性税收扣除和特定研发额外税收扣除政策。五是延续知识产权发展税收优惠政策。第三，印度尼西亚、马来西亚和泰国延续或引入应对新冠疫情影响的税收政策。印度尼西亚延长部分减免税政策，进口应税基本货物、购买和销售疫情防控必要的商品免税，政府承担某些建筑服务的最终所得税，符合条件的纳税人每月分期减半纳税。马来西亚延长新冠肺炎基金捐赠扣除（限于总收入的10%）政策。泰国延长新冠疫情期间的企业所得税临时优惠措施至2023年底。

强化财政可持续性税收政策。第一，取消税收优惠、恢复征税。马来西亚取消居民公司境内收到来自境外的所得免税政策，自2022年1月1日起居民公司和有限责任合伙企业应就来自境外的收入缴纳企业所得税（特定时间自境外的股息收入和特定公司除外）。菲律宾取消为应对新冠疫情出台的《企业复苏和税收优惠法》相关企业所得税优惠税率政策，自2023年7月开始，适用企业所得税最低税率的特定公司由1%优惠税率恢复至正常税率，一般公司恢复正常税率征税。第二，增税政策。马来西亚对2022年应纳税所得超过1亿令吉的高收入公司加征一次性特别税，即"繁荣税"，税率为33%。

2. 东盟个人所得税制度发展变化

（1）税率的调整

提高了个人工资和生产经营所得的免征额标准。自2023年起，柬埔寨生效实施新的工资税率和个人生产经营所得税税率，分别将工资税免征额由原来的每月130万瑞尔提高到150万瑞尔，将自然人、独资企业和合伙企业的生产经营所得免征额由原来每年1600万瑞尔提高到1800万瑞尔。

引入居民个人数字商品和服务所得的征收率。老挝引入居民纳税人来源于电子商务或数字服务所得适用2%税率的规定，即居民个人从电子商务或数字服务中获得的收入按总收入的2%征收所得税，不可扣除任何费用或支出。

（2）计税方法的调整

引入居民个人数字商品和服务所得的计税方法。老挝引入居民个人数字商品和服务所得的应纳税额＝居民个人从电子商务或数字服务中获得的收入×2%。

（3）优惠政策的调整

引入鼓励消费的免税或额外税收扣除政策。印度尼西亚引入鼓励雇主向其员工提供实物福利，以及某些由国家、地区或村庄预算资助的实物福利的免税政策。马来西亚居民个人收到的所有类型的境外收入免税，但从事合伙业务的居民个人除外。泰国引入特定个人国内消费支出的额外税收抵扣，个人教育捐款的加倍税收抵扣，个人合规转让加密货币和数字代币的盈亏可相抵等优惠政策。

延长工薪阶层个人所得税税率调降优惠政策。菲律宾延续 2018 年开始实施的《加速成长与扩大包容税收改革法案》中工薪阶层个人所得税税率调降政策，自 2023 年 1 月起，再次将所有收入低于 800 万菲律宾比索的工薪阶层个人所得税税率降低 2%~5%。

延长新冠疫情期间部分税收激励政策。印度尼西亚延长员工所得税激励政策，更新获得税收减免的操作指南。泰国延长抗击新冠疫情个人捐赠额外税收扣除。

（三）东盟货物劳务税类制度发展变化

2022 年以来，东盟进出口税制度基本稳定，货物劳务税类制度的发展变化主要体现在增值税制度和特别消费税制度上，前者在纳税人、课税对象、计税方法和优惠制度方面发生较大变化，特别是税率调整动作较大；而后者涉及个别商品税目及税率的变化。

1. 东盟增值税制度发展变化

（1）纳税人制度的调整

引入数字交易纳税人。菲律宾引入在线商品和在线服务的供应商为数字服务增值税的纳税人，非居民数字服务提供商为数字服务增值税的代扣代缴人。马来西亚引入在线进口低价值商品销售纳税人，即在线销售以任何运输方式进口到马来西亚的低价值商品，12 个月内在马来西亚总销售额不超过 50 万令吉，且该在线销售方已事先注册成为进口低价值商品卖家的任何人。老挝引入向老挝用户提供电子商务和数字平台服务的非居民公司为增值税纳税人。

（2）增值税课税对象和税率的发展变化

第一，引入数字商品及服务税目。菲律宾将数字交易引入增值税课税范围。老挝将非居民向老挝用户提供电子商务和数字平台服务纳入增值税课税范围。马来西亚和新加坡将在线进口低价值商品纳入增值税课税范围。印度尼西亚定义商业活动为与经营和非经营活动相关的所有应税货物或应税服务的交付，将加密资产交易纳入增值税课税范围。第二，引入具有特殊消费税功能的税目。马来西亚（销售税）推迟对电子烟和用于生产电子烟的液体或凝胶征收销售税，并计划将销售税课税范围扩大到电子烟和用于生产电子烟的含尼古丁液体或凝胶及低价值进口商品。柬埔寨将博彩业纳入增值税课税范围。第三，引入非居民提供商品税目。老挝将非居民企业和设立在经济特区的企业提供的货物纳入增值税课税范围。

税率的调整。第一，越南、老挝下调税率水平。2022 年，越南将增值税标准税率由 10% 下调至 8%，分别适用于进口、制造、加工和贸易环节，以及采用税收抵免法计算增值税的企业。老挝下调增值税一般税率至 7%；扩大零税率适用范围，由特定商品扩大到一般商品。第二，印度尼西亚、新加坡、马来西亚上调增值税税率水平。印度尼西亚将增值税标准税率从 10% 调高至 11%。新加坡调高标准税率和烟草税率，前者由 7% 调高至 8%，后者调高至 15%。马来西亚（销售税）更新了销售税免税法令，大面积调整税率，即除特定物品实行 5% 的税率外，普遍实行 10% 的税率；计划将纳入征税范围的电子烟和电子烟的含尼古丁液体或凝胶的适用税率，从每毫升 0.4 令吉提高到每毫升 1.2 令吉；引入进口低价值商品适用税率，统一按 10% 的比例税率征税；进口特定货物适用低税率 5%，进口到马来西亚或同任何进入马来西亚的人一起进口的货物，或装在其行李中的非商业用途货物，包括机动车辆、酒类、烈酒、烟草、香烟、轮胎和管道等。第三，菲律宾引入数字服务销售增值税单一比例税率 12%，柬埔寨引入博彩业增值税标准税率 10%。

（3）增值税计税方法的调整

调整不动产转让和发电企业增值税进项抵扣项目与应税价格的确定方

法。2022 年，越南增加不动产转让的增值税进项抵扣项目，规定可抵扣土地价格为购买土地使用权时的价格；规定发电企业增值税应税价格的确定方法，下调水力发电企业增值税应纳税额的计算依据标准。

引入新税目的计税方法。马来西亚（销售税）引入进口低价值商品的计税方法，用于计算销售税的销售价值不包括对进口低价值商品征收的任何税费。柬埔寨引入博彩业增值税计税方法，博彩业应纳税额=博彩的毛收入×税率 10%。老挝一是引入一般进口货物和服务的计税依据，边境进口自用货物应税收入=边境实际进货价格+进口关税+消费税（如有）+进口自用货物的利润总额；进口自用、交换或免费赠送货物或跨境电子商品和服务应税收入=实际价值或市场价值+消费税（如有）。二是引入进口矿物的计税依据，边境进口矿物应税收入=边境口岸实际进货价或政府定价+进口税；在本国经济特区供应或收购、出口到国外、自用、交换或捐赠的矿产，其应税收入=实际收购价格或国际市场价格或政府定价。三是引入电力计税方法，电力应税收入 1=每月记录的电表的电能单位数量×电能生产商国内外销售合同的价格；电力应税收入 2=政府制定的用电量水平×电力企业与用户签订的购售电协议的电价。

（4）增值税优惠政策的调整

引入免税政策。印度尼西亚引入适用于以电子货币或电子钱包形式存在的货币及某些证券的免税政策。越南给予采用直接法计算增值税的企业按收入的 80%缴纳增值税的优惠政策。马来西亚引入销售税和服务税免税政策，分别适用于环保型电动车等物品（销售税）、联合开发区运营商公司提供服务税（包括退税）、与大马交易所上市股票交易相关的经纪服务、本地非银行服务供应商数字支付服务；引入进口低价值商品过渡期免税政策，进口低价值商品征税条例生效前进口的低价值商品无须缴纳销售税；扩大一般进口商品的免税范围；引入整车组装电动汽车和摄影棚及拍摄制作设备免税政策。菲律宾引入数字服务税免税政策，适用于特定私营教育机构提供的在线课程和网络研讨会等教育服务。泰国 2022 年引入合规的加密货币或数字代币转让免税政策至 2023 年底。柬埔寨引入国家负担的基本食品定期 2 年免税政策。老挝引入电力销售和进口增值税的免税政策，以及向国外和经济特区出口矿产品及电力的免税政策。

延续一般税收优惠政策。印度尼西亚延长由政府承担合规的有地房屋和住宅单元销售增值税，但减半政府承担税金的比例为25%或50%。马来西亚延续电动汽车进口零部件销售税的特定免税政策；延续个人拥有的出租车或出租汽车的特定免税政策，但将时间限制条件由7年下调为5年。

延续应对新冠疫情的税收优惠政策。印度尼西亚延长应对新冠疫情税收优惠政策至2022年底。泰国延长增值税7%优惠税率适用期限至2023年9月，延长特定捐赠增值税免税政策至2023年底。

2. 东盟消费税制度发展变化

课税对象的调整。越南将电动汽车税目细分为电池驱动和其他电动汽车两类。老挝将电子烟和电子烟液移出消费税的税目范围；引入老虎机、各种博彩机和具有适当授权的各种赌博机新税目，替代传统的投币游戏机、各类游戏机税目。

消费税税率的调整。第一，基于健康目标继续上调烟草消费税税率。2023年，印度尼西亚分别提高电子烟和其他烟草加工产品的消费税税率至15%和6%；菲律宾继续提高卷烟税税率到60菲律宾比索，并从2024年起再提高5%至63菲律宾比索。第二，基于节约能源目标下调电动汽车消费税税率。越南全面降低电动汽车适用的消费税税率，其中，电池驱动类电动汽车税率的降幅是同级其他电动汽车税率降幅的1倍以上。泰国实施限期3个月的柴油消费税定额税率由每升5.99泰铢下调至每升3泰铢的优惠政策。

（四）东盟财产税类制度发展变化

1. 东盟土地使用税制度发展变化

越南和泰国调整了土地使用税的税率、计税方法和优惠政策。

（1）土地使用税税率调整

调高税率。越南对土地面积大、房屋多、土地投机、土地使用缓慢和废弃土地的使用者实行更高的税率。

（2）土地使用税计税方法调整

越南建立确定土地价格的机制和方法。

（3）土地使用税优惠政策调整

越南根据国际惯例、本国实际情况，采取与国家重点投资领域、重点扶持区域、重点扶持人群相匹配的土地使用税优惠政策。泰国引入 2023 年减征特定土地和建筑物税 15% 的政策，适用于农业种植用地、住宅和商业用地与建筑物、闲置空地。

2. 东盟房地产税税率的调整

马来西亚下调不动产利得税税率。纳税人（公民或永久性居民）在取得应纳税资产（不动产或不动产公司股份）之日起第 6 年或之后处置该资产时所适用的税率由 5% 下调为 0。

3. 东盟自然资源税纳税人制度的调整

收窄纳税人的适用范围。越南将开采矿山、矿群、油气田的企业和个人排除在自然资源税纳税人范围之外。

（五）东盟其他税类制度发展变化

2022 年以来，新加坡和马来西亚调整了印花税制度，印度尼西亚引入了碳税制度，其他税种制度相对稳定。

1. 东盟印花税制度发展变化

（1）扩大房地产买方和卖方印花税课税范围

自 2023 年起，新加坡扩大房地产卖方印花税课税范围，新增工业用途房地产税目；同时扩大住宅房地产的买方额外印花税课税范围，新增生前信托的住宅房地产税目。

（2）税率的调整

引入住宅的额外买方印花税税率和工业用途房地产卖方印花税税率。自 2023 年起，新加坡住宅房地产转移到生前信托的买方额外印花税，适用 35% 的高税率；工业用途房地产卖方印花税税率，根据置存期的不同分别适用 5%、10% 及 15% 的差别税率。

调高高价值住宅和非住宅的买方税率。自 2023 年起，价值 150 万~300 万新加坡元的住宅，买方税率由 4% 上调至 5%；超过 300 万新加坡元的住宅，买方税率由 4% 上调至 6%；而价值 100 万~150 万新加坡元的非住宅，买方税率为 4%；价值 150 万新加坡元以上的非住宅，买方税率由 3% 上调至 5%。

调高上市股份或股票交易文书的最高定额税率。马来西亚对合规时间内出售上市股份或股票的合约票据适用的印花税最高定额税率，由 200 令吉增至 1000 令吉。

（3）计税方法的调整

引入工业用途房地产卖方印花税计税方法。新加坡工业用途房地产卖方印花税应纳税额＝销售对价和市场价值中的较高者×相应的税率。

调整买方印花税的计税方法。新加坡房地产首个 18 万新加坡元，适用税率 1%；房地产第二个 18 万新加坡元，适用税率 2%；其余价值的部分分别适用 3% 至 4% 的税率。

（4）税收优惠政策的调整

引入减免税政策。马来西亚引入印花税的减免政策，批准的结构性认股权证或交易所交易基金买卖交易单据免税；合规的第一套住宅交易 50 万令吉以内免税，50 万~100 万令吉减免 75%；特定纳税人之间不动产转让的，价值前 100 万令吉免税，超出余额减半征税；合规的废弃房屋项目免税。

延续的免税政策。马来西亚延续免税政策，适用于合规的公司组建；与沙巴发展走廊内的酒店或度假村有关的被认可的旅游项目，且规定期限已签订转移不动产的文书；在东爪哇经济区进行资质经营活动所使用的不动产转让、土地和建筑物租赁文书。

2. 东盟环境保护税制度发展变化

（1）纳税人制度的调整

纳税人。印度尼西亚自 2022 年 4 月起开征碳税，明确碳税纳税人为符合规定的主观和客观要求的个人或公司或碳税征收人，具体为购买含碳商品或从事一定时期内产生一定碳排放量的活动的个人或单位。

（2）课税对象和税率的调整

课税对象。印度尼西亚明确碳税课税对象为对环境产生负面影响的碳排放。

税率的调整。第一，引入碳税结构税率。印度尼西亚设计碳税税率结构为标准税率+最低税率，标准税率设定为大于或等于每千克二氧化碳当量或等量单位的碳市场碳价，如果碳市场中的碳价低于每千克二氧化碳当量或当量单位30.00印度尼西亚盾，则最低碳税税率设定为30.00印度尼西亚盾。第二，石油产品环境保护税税率由降到恢复的调整。越南2022年两次下调石油产品税率，2023年重新恢复石油产品税率至2018年法定的税率水平。

（3）税收优惠制度的发展变化

引入参与碳排放交易的减税等优惠政策。印度尼西亚对依法参与碳排放交易的主体，给予减少碳税和履行碳税义务的其他优惠待遇。

三　东盟税收制度发展前景

（一）东盟税收制度体系发展前景

进入后疫情时代，东盟国家将持续深化税制改革，完善税收法律体系，支持国家中长期经济发展战略目标的实现。

1. 东盟税制体系发展前景

（1）保持税种制度体系稳定前提下持续深化税制改革

基于税收营商环境目标的税制优化。收入水平中等偏下的越南税制改革远景目标是建设"同步、统一、公平、高效、简便、符合社会主义市场经济体制"要求的现代税制。2030年以前，越南税种制度体系将维持稳定，但会在结构优化上发力。为优化税收营商环境，越南计划对标国际税收制度标准，完善本国的税收制度体系，稳步降低货物劳务税类收入比重，相应提升所得税类收入比重，推动税收环境的优化，强化税制的竞争力。

建立一个更公平、更高效和更具韧性的税收制度。重视税制竞争力的高收入水平国家新加坡和中等偏低收入水平国家菲律宾，其税制深化改革的愿景凸显更公平、更高效和更具韧性。新加坡税制改革的中短期目标是追求税制的更公平和更具韧性，将在保持税种制度稳定的框架下，通过优化现行具有公平调节功能的税种制度，加大个人所得税、房产税和印花税制度调节收入分配差距、财富分配差距和保障民生的功能，强化后疫情时代财政的可持续性。菲律宾税制改革愿景是建立一个公平、高效和简易的税收制度，以支持菲律宾的经济增长和社会发展，提高菲律宾的国际竞争力和区域一体化水平。为此，菲律宾将更加关注降低个人和企业的所得税负担，降低工薪阶层家庭的过重所得税负担，简化资本市场税制并降低所得税负担，使资本所得税制更简单、更公平、更高效和更具竞争力，进一步提升菲律宾吸引投资的税收竞争力，推动实现更高效、可持续和更具包容性的增长。

强化税制的财富调节和环境调节功能。财产税类和环境税调节功能弱化是印度尼西亚税制结构的两大短板。中等偏上收入水平国家印度尼西亚经济发展水平高，社会财富税源充裕，为其优化税类结构、强大财产税的财富分配功能奠定了基础，因此有必要强化财产税的财富调节功能，抑制财产过度集中于少数人的趋势，通过完善财产税等明显具有调节财富分配的功能性税种的制度建设，达到社会财富分配公正性的目的。而应对全球气候变化、减少碳减排是人类社会面对的共同问题，印度尼西亚近期引入了碳税，政府也明确提出了"2023年财政政策旨在支持可持续的经济转型"，绿色经济将继续被鼓励，未来将助力其强化税制的环境调节功能，促进经济社会的可持续发展。印度尼西亚税制财富调节功能和环境调节功能的强化，将能够补足其税制结构的短板，推动其税制的持续优化。

强化税制的收入增长弹性。经济决定税收，税收兼具经济调控和组织收入的双重功能，能够在促进经济增长的同时收获税收的同步增长。对于偏低段中等偏低收入水平国家，经济税收增长无疑是首要方向，2023年，柬埔寨新一届政府首次内阁会议宣布实施"五角战略"及其第一阶段的国家发展计划，引领国家在未来25年内致力于实现高收入的发展愿景，其第一阶段目标是增长、就业、平等、效率和可持续性。可以预见柬埔寨未来税制深化改革将致力于服务国家"五角战略"，近期重点是服务第一阶段国家发展计划，聚集促进经济发展和财政收入的双重功能，进一步强化税制的收入增长弹性，促进可持续的经济快速增长，保持收入的可持续性在最佳水平，充分发挥税收政策对收入公平的调节作用，简化税制提高税制的执行效率，助力柬埔寨由中等偏低收入水平国家向中等偏高收入水平国家跨越。老挝在过去20多年里一直以惊人的速度发展着，实现了低收入水平国家向中等偏低收入水平国家的跨越，但总体来看，老挝和柬埔寨同样处于中等偏低收入水平的偏低端，经济发展程度仍然较低，聚集经济税收增长仍然是其中长期的主要方向。后疫情时代，老挝面临通货膨胀率飙升、资金供应紧张和财政收支失衡、经济下行等发展难题，而税种体系单薄（仅有5个税种），难以支撑支持经济快速发展和重塑财政可持续性的双重重任。因此，老挝税制深化改革似应考虑强化财产税类的收入功能，进一步扩大土地税的税基，引入资源税和房产税等收入功能与财富调节功能兼具的税种，同时考虑引入受到越来越多国家青睐的其他税类中的印花税和碳环境保护税，既可增加财政收入，又可促进作为资源型国家资源开发中的环境保护。

（2）稳定并加速税收增长，助力财政的可持续性

后疫情时代，稳定并加速税收增长，助力财政的可持续性成为东盟国家的共同选择。经济基础好、经济发展水平高的东盟国家，经济恢复能力较强，税收增长的潜力也大。新加坡和印度尼西亚率先摆脱新冠疫情的影响，疫情后经济强劲增长，推动了税收的快速修复和增长，这两个国家将继续保持两位数的税收增长。印度尼西亚2023年预算案，预期2023年税收收入2016.9万亿印度尼西亚盾，这需要17.48%的增速支持。而中等偏低收入水平国家，虽然经济基础薄弱，但具有后发优势，经济税收增长潜力大。柬埔寨和菲律宾自新冠疫情暴发以来，经济增速有所放缓，但税收收入仍保持两位数的增长，在东盟国家中居于领跑地位，特别是柬埔寨成为东盟国家中唯一税收增长超过20%的国家，这得益于其成为外来投资的关注热点国家。

随着东盟吸引外部投资的热点国家切换，柬埔寨和菲律宾将迎来新的吸引外资的高潮，助推并强化其税收增长。

经济发展水平中等的东盟国家，经济恢复能力相对一般，税收增长的压力不低。后疫情时代，越南经济税收增长将保持稳定节奏，不追求速度，短期税收增长将继续保持个位数，助力实现 2030 年以前"确保各时期税费收入占国家预算总收入的比重保持在稳定合理水平"，力争达到 86%~87% 的目标，8 年共缓慢提升 3 个百分点。

（3）宏观税负稳中微升，但中长期仍然难以恢复疫情前的宏观税负水平

新冠疫情同样重创东盟国家的经济社会生活，东盟各国经济税收急速下滑，居民收入水平骤降；为应对疫情带来的经济社会风险，东盟国家均颁布实施大规模减税和大力度财政支出救助政策。经济税收收入下滑叠加大规模减税支出，导致税收收入总量及其在财政收入占比、GDP 占比的大幅减少和下滑。后疫情时代，受疫情重创的经济社会恢复起来将是一个渐进的过程，税收收入的恢复性增长亦需要时间，同时大规模减税政策也不能在短时间内全面退出，为市场主体减税纾困政策需要持续，因此，中长期东盟国家宏观税负水平会稳中缓慢回升，逐步弥补因疫情下滑的部分缺口，但难以弥补全部的下滑缺口，即维持低于疫情前的宏观税负水平。

持续追求相对低税负的营商环境。新加坡将继续保持全球营商环境居前的轻税负、低税区的优势地位，以稳固其全球吸引外资的税收竞争力。基于国内贫富差距拉大和协调国际税收规则变革的客观性，新加坡宏观税负将稳中缓慢爬升。后疫情时代，新加坡外资持续大规模引入和外来高净值移民群体的加快涌入，引发国内房价暴涨和高通货膨胀等问题，拉大收入差距和财富差距，影响了社会稳定。政府已关注到国内经济社会的这些新问题，并开始提高高价值房地产税和印花税的边际税率，并扩大其税基；计划于 2025 年引入全球最低税，将使其吸引外资的企业所得税实际税负上升到 15%，这些增税措施将推动其宏观税负攀升。但政策制定者已然定调，其财富税制度的任何扩展都必须以"增加我们的收入弹性而不损害我们的整体竞争力"为前提。由此可以预见，新加坡宏观税负将呈现稳中缓慢爬升的态势。越南

将关注降低税负，以优化税收营商环境。预期越南 2025 年宏观税负回升 13%~14%，2030 年继续回升到 14%~15%，即 8 年回升 3 个百分点，仍低于疫情暴发前 2019 年约 3 个百分点，维持一个相对低税负状态。

2. 东盟税制结构发展前景

东盟国家将持续优化税种收入结构和税制结构，补足税种结构、税制结构短板，推动税种结构、税制结构进一步合理化。

（1）优化主要税种收入结构

优化主要税种收入结构与辅助税种收入结构并重。越南主要税种即增值税和特别消费税的税收收入比重将持续下调，而辅助税种非农业土地使用税和自然资源税的税收收入比重需要合理提升。越南增值税税率在全球处于较低水平，但增值税税收收入占比稳居首位，高于排名第二位的企业所得税收入约 10.6 个百分点，排名第三位的特别消费税收入比重高于个人所得税收入比重约 1.07 个百分点，这两个主要税种均为货物劳务税类税种，其占比过高，加重了消费者税收负担和企业现金支出负担，预期这两个税种的税收收入比重持续小幅下降。而非主要税种的非农业土地使用税的税收收入比重不到 0.2%，自然资源税税收收入比重也仅约 2%，这两个税种的税收收入占比均严重偏低，制约了税收对房地产和自然资源开发的调节功能发挥，显然，这两个税种的税收收入占比有较大的上升空间。

重点优化辅助税种收入结构。印花税税收收入比重可能适当下调，而房产税税收收入比重可能合理提升。新加坡所得税类和货物劳务税类共 3 个主要税种的税收收入比重的合理度在东盟国家中最高，与其经济和收入发展水平相匹配。其房产税税收收入比重虽然不属偏低，但与其房地产发展水平和房地产市场活跃度在匹配度上尚有上升空间。作为其他税类税种的印花税，其税收收入比重明显偏高，不仅在东盟国家甚至在全球都属于高位，而房地产交易是其重要来源，这既反映出新加坡房地产市场的活跃度，也为降低房地产交易印花税税收收入比重、相应提升房地产税税收收入比重，使房地税和印花税都回归其本源功能提供可能。

（2）优化税类收入结构将是部分东盟国家的长期任务

合理提升财产税类收入比重将成为东盟国家的普遍选择。根据世界银行公布的人均国民总收入（GNI）标准，东盟国家中新加坡为高收入水平国家，马来西亚、印度尼西亚和泰国为中等偏高收入水平国家，越南、菲律宾、柬埔寨和老挝为中等偏低收入水平国家①，除老挝、柬埔寨的 GNI 靠近中等偏低收入水平的中低段外，越南和菲律宾的 GNI 已接近中等偏高收入水平的低段，属于准中等偏高收入水平国家，而中等偏高及以上收入水平国家的社会财富水平也相对较高，收入和财富分配差距也处于上升期，可见缓解社会贫富差距、实现社会公平的迫切性。而财产税主要在国民收入再分配领域发挥财富差距的调节作用，东盟国家财产税类收入比重普遍在个位数的中低段，限制了其调节社会财富分配差距功能的发挥。2022 年，印度尼西亚、越南和菲律宾财产税类收入占比分别为 1.59%、2.13% 和 5.51%，新加坡财产税类收入比重在东盟国家中最高，但也不足 8%，与其收入发展水平和社会财富水平极不相称。因此，合理提升财产税类收入比重应该引起东盟国家的关注。

大幅降低货物劳务税类收入过高的占比以弱化其对经济的制约。越南国民收入初次分配领域以市场调节为主体，税收尽可能少介入并保持中性以促进经济公平；再分配领域则以税收等经济杠杆调节为主，促进社会公平。货物劳务税主要在国民收入初次分配领域发挥作用，但其固有的累退性容易导致制约经济和造成社会不公平。越南货物劳务税收入占据全部税收收入的半壁江山，一家独大，显示其在国民收入初次分配领域对市场经济的介入过度，并且有悖国际上以所得税类和货物劳务税类并重的税类结构趋势。因此，优化税类收入结构将是越南税制结构改革的长期任务，重点是大幅降低货物劳务税类收入比重，而致力于大幅提升财产税类收入比重，稳步增加所得税类收入比重。

合理降低所得税类收入比重以强化税制的竞争力。所得税类收入的税基

---

① https：//baijiahao.baidu.com/s？id=1772016418184484269&wfr=spider&for=pc.

是企业利润和个人收入，高收入水平国家的企业盈利能力普遍较强，个人收入水平也较高，高所得税类收入比重通常与高收入水平相匹配。菲律宾属于中等偏低收入水平国家，所得税类税源相对有限，但其所得税类收入比重超过50%，在东盟国家中几乎最高，与其中等偏低收入水平国家的财富水平不匹配，更为重要的是直接加重了企业和个人的税收负担，弱化了其税制的竞争力。因此，菲律宾税制结构优化的重点应该是降低所得税类收入比重，重塑其税制竞争力。

大幅降低其他税类收入比重以规范税制。税类结构中，所得税类和货物劳务税类是主体，财产税类是重要补充，其他税类是微不足道的存在。新加坡所得税类和单一货物劳务税收入比重的合理性堪称经典，使之能够以单一货物劳务税的轻税负将对经济的制约降至最低。但其他税类4个税种收入占比高达18%，是财产税类收入比重的1倍多，有喧宾夺主之嫌，严重影响了税类结构和税制的合理性。未来，新加坡有必要大幅降低其他税类收入比重，重点降低印花税收入比重，适当降低预提税比重，合理提高碳排放税收入比重。

3. 东盟税收制度法律体系发展前景

东盟国家将根据国家经济发展和税制改革战略，完备各自现行税收法律、法规、规章体系，提升税收法律效力级次，充分体现税收法定原则，为税收执法提供税法依据，以进一步优化税收营商环境。

（1）预期更新或新增的税收法律。

预期更新或新增的税收实体法。越南将于2025年前，最晚不超过2030年，修订更新个人所得税法（2014年至今未更新）、增值税法和进出口税法（2016年至今未更新）、农业和非农业土地使用税法①，以及社会保障费3法（即于2014年、2008年和2013年分别颁布至今未被修订的社会保险法、健康保险法和就业法）；并预期制定颁布财产税法，统筹农业和非农业土地使用税法、自然资源税法等。

---

① 虽然2022年做出改革决定，但未进入实质程序。

预期更新或新增的税收程序法。越南将于 2025 年前，最晚不超过 2030 年，修订更新税收征收管理法，升级现行税收处罚法规为法律，并制定颁布税收救济法。

（2）税收行政法规发展前景

预期与税收实体法更新或新增同步更新或新增税收实体性行政法规。越南将于 2030 年前同步修订更新个人所得税令、增值税法、进出口税法、农业和非农业土地使用税法，以及社会保险法、健康保险法和就业法等指导性法令；并可能同步制定颁布财产税法指导性法令。

预期与税收程序法更新或新增同步更新或新增税收程序性行政法规。越南将于 2030 年前同步修订更新税收征收管理法指导性法令，同步升级税收处罚规章为指导性法令，并同步制定颁布税收救济法指导性法令。

（3）预期配套更新或新增税收部门规章

更新或新增实体性税收部门规章。越南将顺序更新 2015 年停止的企业所得税法和个人所得税法指导性通告，2017 年停止的特别消费税法和自然资源税法指导性通告，2018 年停止的环境保护税法指导性通告和 2019 年停止的进出口税法指导性通告。

更新或新增程序性税收部门规章。越南将根据电子商务发展优先更新税收征管法中的税务登记、纳税申报指导性通告和电子交易税收指南，配套更新税收行政处罚法规升级为法律的税务行政处罚指导性通告，以及更新税收救济立法前的税务机关投诉处理程序的指导性通告。

（二）东盟所得税类制度发展前景

后疫情时代，东盟国家政策制定者寻求经济复苏和促进公平。因此，其企业所得税制度深化改革更关注促进经济和投资复苏的支持政策，而个人所得税制度深化改革更关注促进经济社会公平的支持政策。

1. 东盟企业所得税制度发展前景

东盟企业所得税税率经过 2022 年和 2023 年的连续调整后进入相对稳定时期。后疫情时代，随着东盟国家寻求促进投资和经济复苏，应对能源价格快速上涨的影响，企业所得税政策将发挥关键作用。

（1）更大力度的企业所得税支持政策呈现区域分化趋势

企业所得税制改革旨在刺激投资和经济复苏，而更大力度的企业所得税支持政策是刺激投资增长和促进经济复苏的有效政策性工具之一，国家财政空间则对企业所得税支持政策的广度和深度起着关键作用。拥有更大财政空间的高收入水平国家如新加坡等，能够采用更广泛和更有力度的企业所得税支持政策，引入降低税率、减税、加速折旧和税收递延等措施，最大限度地减轻企业所得税负担，抵御通货膨胀，刺激投资复苏。而财政空间有限的低收入水平国家，其企业所得税支持政策可能局限于为困难企业纾困，难以发挥刺激投资恢复的作用。

（2）轻税负吸引外资政策仍然可行，但空间有限

轻税负是吸引外资最关键的政策工具，也是东盟成为国际上吸引外资最活跃区域的有效政策工具。受疫情冲击，东盟经济步入缓慢增长期，国际贸易低速增长，吸引外资势头减弱。后疫情时代，为了恢复吸引外资的能力，东盟国家仍然有必要保持甚至加大企业所得税轻税负政策力度。但考虑到全球"支柱二"企业所得税最低有效税将于2024年生效实施，东盟企业所得税轻税负政策需要与之协调，政策空间可能受限，以确保东盟不触发征收企业所得税最低补足税为限。

越南审查、修改或取消不再适应经济社会发展要求和与国际税收规则脱轨的有害税收优惠政策；将吸引外资的政策从力求数量转向关注质量，鼓励各经济体参与重点行业和领域的投资。特别是以低税负营商环境著称的新加坡、马来西亚和印度尼西亚等东盟国家，更需要对标全球企业所得税最低有效税的规范，审视本国吸引外资的企业所得税税率和税收优惠政策，做出适应性调整。印度尼西亚2023年预算案显示，已暂时取消将企业所得税标准税率下调2个百分点的计划，继续保持现行22%的税率水平。泰国延续电子代扣税系统的企业所得税代扣税低税率1%政策至2025年底。

（3）企业所得税激励政策转向投资和创新

这是促进后疫情时代经济复苏的关键政策性工具之一。投资是拉动经济

增长的三驾马车之一，创新是经济增长的主要推动力量。后疫情时代，东盟国家将经济复苏作为国家发展的重心，面对全球技术竞争日益激烈的新形势，其企业所得税激励政策将定向投资和技术创新，并将加大对战略性技术行业投资的税收政策支持力度，以提高企业的国际竞争力水平。

企业所得税激励政策转向创新。新加坡一是加倍税收扣除新政策鼓励创新。2024～2028 年，企业研发、知识产权、员工科技培训等创新活动，享受400%应纳税所得额扣除的激励政策。二是延续已有的鼓励企业创新活动的支持政策。具体包括：一般研发税收扣除和特定研发额外税收扣除，以及合规风险投资基金定期免税政策延续至 2025 年；特许权、技术和研发等费用预提所得税减免税政策延续至 2028 年。泰国为特定投资创新项目提供企业所得税优惠，重点是促进企业创造价值。

企业所得税激励政策转向投资。新加坡企业处置股票资产获得的资本利得免税政策延续至 2027 年，助力企业投资。马来西亚将以一系列减税或税收条件式豁免等优惠政策，吸引或扶持新兴经济或现代服务公司到马来西亚投资发展。泰国降低 EV 汽车电池生产的投资方企业所得税优惠税率到 1%，降低 7 个百分点，促进新能源汽车的发展，该政策适用期到 2025 年；延长投资电子税务系统的相关费用"可以双倍扣除"的企业所得税优惠政策到2025 年底。

（4）扩大跨国公司税基以增加财政收入

越南根据国家的社会经济情况和国际惯例稳步扩大税基，继续推动BEPS 15 项计划成果在越南取得新进展，防止税基侵蚀和利润转移。新加坡跨国公司在新加坡建立金融和财政地区总部享受 8%优惠税率政策延续至2026 年；2025 年生效实施数字经济"支柱二"最低有效税率，提升跨国公司企业所得税有效税率至 15%。马来西亚未来会拓宽对居民公司海外收入的所得税征收范围，增加财政收入。

（5）延长应对新冠疫情的企业所得税临时优惠措施

延长继续助力小微企业纾困的企业所得税优惠政策。因为疫情，东盟国家的产业链供应链都受到不同程度的影响，尤其以小微企业受到的冲击为甚，因此，东盟各国基本都延续助力小微企业纾困的企业所得税扶持政策。印度尼西亚将加快推进中小微企业和超微企业的发展，明确独资企业被视同为企业纳税人，而符合微型企业和小型企业标准的个人可以建立完全自主的实体即独资企业，符合条件的则有资格享受法定的企业所得税优惠。

延长抗击疫情的企业所得税额外税收扣除的优惠政策。泰国延长企业抗击疫情的捐赠和购买生物降解塑料产品企业所得税额外税收扣除政策至2024年底。

2. 东盟个人所得税制度发展前景

后疫情时代，东盟国家政策制定者寻求经济复苏和促进公平，因此，将更关注个人所得税制的合理性和公平性，减轻民生支出的个人所得税负担，收窄个人所得税税基并聚焦特定人群。

（1）扩大所得范围，增强税制的合理性和公平性

越南将逐步缩小分类征收范围，相应扩大综合征收范围，将财产租赁和转让所得、资本得利等分类收入纳入综合所得范围，以更好地体现量能赋税的原则，促进税制合理和公平。马来西亚将把个人某些类型的海外收入纳入征税范围。

（2）调高高收入群体个人所得税边际税率，调节收入分配差距

新加坡从2024纳税年度起，调高2档高收入群体个人所得税税率，50万~100万新加坡元的应税收入将适用23%的税率，超过100万新加坡元应税收入的税率将从22%上调至24%，最高边际税率提升2个百分点。

（3）注重民生福祉，扩大合理费用扣除

后疫情时代，受俄乌冲突和大国博弈等多方面因素的影响，全球能源价格与粮食价格骤升，通货膨胀持续上扬，资本市场不振，经济复苏艰难，各国民生急需得到改善。因此，东盟发展中国家个人所得税政策将在教育、医疗、就业、日常生活支出等方面，增加费用扣除。印度尼西亚计划今后在税收福利上有针对性地提高特定人群在个人所得税方面的优惠待遇并优化税务政务服务，加快改善低收入人群的生活质量。泰国延长对通过电子教育捐款通道捐款的国外教育机构个人所得税加倍税收抵扣政策至

2024 年底。

增加合理费用扣除项目。越南将借鉴 OECD 成员国的成熟经验，根据经济社会发展和人民生活水平提高的客观性，逐步将赡养老人、住房贷款利息、职业发展教育、医疗费用和养老保险等各种合理费用纳入费用扣除项目范围，进一步降低中低收入者的个人所得税负担。

提高费用扣除标准。新加坡提升 2024 年及以后在职母亲生育费用扣税标准，由三胎差别税率（母亲收入的 15%、20% 和 25%）扣除，调整为差别定额扣除（8000 新加坡元、10000 新加坡元、12000 新加坡元）。马来西亚将提高个人及子女教育费用的个人所得税扣除额标准。

（4）个人所得税激励政策定向特定人群

新冠疫情期间，政府采取了普惠性税收措施支持不同类型家庭和行业应对疫情冲击，因此，全社会的个人所得税负担总体上呈现下降趋势。后疫情时代，为进一步增强个人所得税制的合理性、公平性，并促进经济复苏，政府将退出全面普惠性个人所得税政策，转向对特定人群和特定行业的精准激励，如对劳动者阶层纾困减税、对专业人才的税收激励等。

（三）东盟货物劳务税类制度发展前景

从东盟货物劳务税类改革的趋势和共性来看，增值税和消费税改革基于增税目标，而进出口税制度改革主要基于配合 RCEP 的关税减让政策。为了抵消增税对低收入群体的影响，将增税对经济的扭曲和负面分配影响降至最低，部分国家延续疫情时期的纾困政策。

1.东盟增值税制度发展前景

（1）引入数字经济和电子商务增值税

这是增值税最重要的改革。新冠疫情加速数字服务发展，对数字交易征收增值税可以为数字企业和传统企业提供公平的竞争环境，特别是那些不能转向数字平台的企业，同时还可以增加财政收入。菲律宾正努力跟上数字经济时代的步伐，对数字服务征收增值税。数字服务业务的复杂性和交易的隐藏性对数字服务征管提出了新挑战，菲律宾未来需要继续探索符合国情的数字服务税收征管的有效模式，在提升数字服务税收管理有效性的前提下，促进数字服务的有序快速发展。

（2）基于增税目标的增值税税率结构的变化

多数东盟国家增值税标准税率保持稳定，但少数国家调高增值税标准税率。新加坡计划2024年继续调高增值税税率1个百分点，即由8%调高至9%，以强化财政的可持续性，应对后疫情时代不断增加的各类政府性支出。越南计划分步提高增值税税率。印度尼西亚计划在2025年1月前再次提高增值税标准税率1个百分点，即由11%提高至12%。

（3）保持简化的税率档次

越南为保证增值税抵扣链条的完整性，将继续实行当前"一档标准税率+一档优惠税率+一档零税率"的税率模式，以实现增值税中性的良税目标。

（4）增值税政策延续减税政策

后疫情时代，为促进经济复苏，部分东盟成员国延续或新增增值税减免政策。后疫情时代，东盟虽然是全球经济恢复最好的区域之一，但东盟成员国经济增长不同程度乏力，企业发展仍面临诸多困境，部分国家仍处于新冠疫情的各种负面影响中。因此，不少东盟国家增值税改革选择延续疫情期间减免税措施，继续为企业纾困解难，助力经济增长，增加就业。

2. 东盟基于健康和环境保护的消费税制度改革深化

东盟国家消费税制度改革根据社会消费趋势的转变，融入环境保护等理念，坚持健康环保消费导向，越来越多地被用作影响对健康或环境有害行为的工具。

（1）基于增税目标优化消费税税率结构

继续加强"寓禁于征"，调控对象重点依然是有害健康的烟酒类、甜饮料类和奢侈品类商品，以具有成本效益的方式促进健康。虽然不同国家的税目和税率调整存在一定差异，但趋同性比较明显。

基于健康消费的税率调高和税目增加。越南、印度尼西亚和菲律宾是

"有害"烟酒税政策改善最大的东盟国家。第一，提高危害健康消费品的税率。越南计划在 2030 年前逐步提高无益健康的烟酒类产品的消费税税率，以限制此类商品的生产和消费，引导居民养成健康的生活方式。印度尼西亚计划在 2023 年和 2024 年提高电子烟和其他烟草加工产品的消费税税率，平均每年分别提高 15% 和 6%。菲律宾计划在 2024 年分别提升特定酒精饮品和蒸馏酒、啤酒和其他发酵酒的消费税税率至每升 66 菲律宾比索和 43 菲律宾比索，并从 2025 年开始每年增加 6%；在接下来的几年里，对加热烟草和汽化产品的消费税每年增加 5%。第二，研究引入防止低端有害健康消费品替代的复合税率。越南研究并计划对无益健康的烟酒类产品引入比例税率和绝对税率相结合的复合税率，防止现行从价计征方式下消费者选择价格更低廉的替代品导致抑制消费数量目标失灵的状况。基于"有害"产品消费者未来的医疗保健成本更多，因此，"有害"产品将可能被征收更高税率的消费税，并且未来或有更多的相关产品被认定为"有害"产品而征收消费税。

（2）基于环境保护的消费税税目和税率调整

增加环境有害物的税目。越南计划在 2030 年前逐步将一些高耗能、高污染的产品纳入消费税的征收范围，以控制损害环境行为。菲律宾为了减少一次性塑料制品对环境的污染，于 2023 年启动为期 5 年的一次性塑料制品征收消费税的法案，并计划从 2026 年起消费税征收率每年增加 4%。这对减轻气候变化的风险和影响，以及促进管理经济风险和恢复国家所需的收入都是有益的。但如何提升这项政策的实效，需要在未来的税收管理过程中给予关注。

鼓励电动汽车消费的税率降低。越南计划在 2027 年 2 月前，全面降低电动汽车适用的消费税税率，其中，电池驱动类电动汽车税率的降幅是同级其他电动汽车税率降幅的 1 倍以上。马来西亚基于建立绿色税制的愿景，对环境友好型产品（如非化石能源电动车）给予税收激励，以促进低碳经济发展。

3. 东盟将配合 RCEP 关税减让政策优化进出口税制

RCEP 自 2022 年 1 月 1 日起正式落地生效就释放出显著红利，在世界经济不确定中逆风前行，拉动区域成员特别是东盟成员国外贸增长成效显现，让区域内货物贸易成本明显降低、产业链供应链价值链深度融合，区域合作由此迈向更高水平。截至 2023 年 1 月，东盟国家中，文莱、柬埔寨、老挝、新加坡、泰国、越南、马来西亚、缅甸、印度尼西亚 9 国正式开始实施 RCEP 协定。随着 RCEP 协定的深入实施，其对区域内贸易投资的促进作用将持续显现。中国商务部研究院报告显示，到 2035 年，RCEP 将带动区域整体的实际国内生产总值（GDP）、出口和进口增量分别较基准情形累计增长 0.86%、18.30% 和 9.63%，出口和进口累计增量规模将分别达到 8571 亿美元和 9837 亿美元[①]。因此，进一步优化进出口税制，配合 RCEP 的关税减让政策，持续推进 RCEP 区域贸易增长，将成为东盟成员国进出口税制改革的方向。

（四）东盟财产税类制度发展前景

后疫情时代，东盟财产税改革取向为增收与调节功能并重。新冠疫情时期，东盟各国推出大规模减免税政策，并加大公共卫生方面财政支出，财政收入压力空前增大。另外，一些东盟国家仍然面临收入分配不平等的突出问题，需要运用税收进行调节。而财产税增税政策针对的是富裕阶层，既缓解了财政收入压力，又调节了社会财富分配的不平等。因此，一些东盟国家调高了房地产税税率、拓展了资源税征税范围，以增加财政收入；一些东盟国家酝酿开征财富税等新税种，以调节收入分配。

1. 东盟房地产税深化改革的重点将是促进累进性和公平性

提高税率或扩大税基将成为东盟房地产税深化改革的主要政策工具，旨在促进现有住房存量的有效使用，减少将房地产作为投资工具的行为，提高房地产市场的公平性，同时增加财政收入。

（1）税率提升和扩大税基并重的房地产税改革

新加坡大幅提高房地产税的最高边际税率，并降低了相应的应税房产年

[①] 《2022 年外贸数据出炉：进出口总值创新高，RCEP 合作走深走实》，扬子晚报网，http://news.yangtse.com/zncontent/2659493.html。

价值，以增加财政收入和调节财富分配差距。2023 年预算案计划自 2024 年起，分别调高自用住宅和非自用住宅房地产税税率，最低边际税率增加 1 个百分点，而最高边际税率则增加 9 个百分点，进一步强化房地产税对高财富的调节作用。

（2）限制房地产投机活动的财产税改革

越南财政部计划在 2025 年前颁布实施财产税法，整合现行的非农业和农业土地使用法，增加房地产税措施，统筹并规范房地产税收制度，强化房地产税收的调控功能，鼓励房屋和土地的有效使用，限制房屋和土地的投机活动。马来西亚将根据本国不动产经济的发展目标，按拥有应纳税资产（不动产或不动产公司股份）的年限设置不同的税率。

（3）税收优惠政策延续对农村经济发展的支持

越南延长农业土地使用税的减免政策至 2025 年底，促进农村经济发展。该政策适用于研究和试制的农用地、国家分配给贫困户的全部农用地、农用地分配指标内用于农业生产的土地等。

2. 东盟资源税深化改革将主要配合环境保护税发力促进节能减排

（1）引入资源税，助力资源环境保护和增加税收收入

东盟国家普遍对资源税重视不足，仅越南选择了资源税，与东盟丰富的自然资源及其合理利用的需求不匹配。征收资源税既可以促进资源的合理利用和环境保护，又可以增加税收收入，强化后疫情时代的财政可持续性。因此，东盟国家有必要考虑引入资源税。柬埔寨自然资源丰富，森林覆盖率高，盛产名贵木材；矿藏主要有石油、天然气、磷酸盐、宝石、金、铁、铝土等，基于资源和环境保护及扩大税收来源的双重考虑，柬埔寨有必要引入资源税。

（2）拓展征税范围与节能减排税收优惠并重改革

资源税深化改革旨在配合环境保护税改革，重点调节资源级差收益，促进资源利用，引导企业节能增效，保护生态环境，同时增加税收收入。越南财政部计划于 2025 年底前研究并改革资源税，扩大资源税征税范围，优化资源税税率结构，税收优惠向开发天然气等清洁能源、节能减排贡献突出的

企业倾斜，鼓励资源深加工，提升自然资源的利用价值，促进节能减排，同时增加税收收入。

3.东盟开征财富税、富豪税和弃籍税正成为后疫情时代财产税改革的新取向

全球收入和财富差距及不平等问题非常严重。新冠疫情进一步加大了国家间、国家内地区间、性别间的收入和财富差距及不平等。财富是未来经济收益的首要来源，为解决收入与财富不平等问题，促进社会公平，后疫情时代一些东盟成员国也在酝酿开征财富税或富人税，如新加坡和菲律宾。

（五）东盟其他税类制度发展前景

环境保护税将成为助力东盟实现气候和环境绿色政策目标、重振区域经济、助力财政可持续发展的有用政策工具。印花税作为辅助性政策工具，将配合主要税种，继续助力后疫情时期市场主体的纾困。

1.东盟印花税将在调节经济和社会公平方面取得平衡

（1）将更关注印花税的经济行为引导和激励作用

将更加灵活地设置印花税政策以激励市场主体的经济行为。马来西亚给予部分文书一定的印花税税收优惠政策，激励部分市场主体及其某些特定的经济行为。

延长再投资贷款和财产转让合同的印花税优惠政策。马来西亚为了减轻再投资和中小微企业融资的印花税负担，助力疫情后再投资，延续再投资贷款和财产转让合同的印花税优惠政策。

延续证券与保险行业的印花税免税政策。马来西亚延长批准的结构性认股权证或交易所交易基金买卖交易单据，以及合规保险协议和伊斯兰保险证书的免税政策至2025年底；延长出售上市股份或股票合约票据的最高定额税率调增为1000令吉的政策至2026年底。菲律宾为了公平债务和股权的税收待遇，延续每年减少股票交易税0.1个百分点，直到2026年达到零；同时对上市的债务工具暂时征收0.1%的交易税直到2026年。这些政策有利于降低企业的投融资成本，以及金融机构的金融服务成本，同时推升股市和债市的交易流量，整体上提高马来西亚和菲律宾资本市场的竞争力。

（2）加大对中小微企业和低收入群体的印花税优惠支持

延长或扩大针对中小微企业和困难群体的印花税优惠政策。减轻中小微企业和困难群体的印花税负担，优化营商环境，助力相关群体发展。马来西亚延长对中小微企业与投资者在规定的点对点平台筹集资金签订的贷款或融资协议免税政策至2026年底；延长借款人因财务状况恶化无法遵守现有还款计划而重组或重新安排商业贷款或融资协议免税政策至2024年底。

延续不动产印花税优惠政策。马来西亚延长合规第一套住宅，以及购买被认定为与废弃项目有关的物业文书免税政策至2025年底。

新增低价值购房印花税优惠政策。马来西亚给予低价值购房印花税减免待遇，减轻低收入者的购房印花税负担。

2. 东盟环境保护税制度将迎来"绿化"和收入功能双升格局

绿色经济是世界经济发展的趋势。后疫情时代，东盟国家面临的国内外、区域内外政治经济环境比较复杂：一是全球气候恶化，对生产与生活造成重大影响；俄乌冲突爆发，世界能源价格上涨，企业与家庭负担加重，各国运用税收应对气候变化的紧迫性增强。二是应对疫情的积极财政政策造成国家债务风险；应对后疫情时代的减税纾困经济政策增加财政可持续性的压力。而引入或增加环境保护税可以在不伤害低收入群体和困难市场主体的情况下增加财政收入，支持财政的可持续性，同时减少二氧化碳排放，降低温室气体对气候的影响，这些都值得东盟国家关注。

（1）引入碳税与碳排放交易制度，或调高碳税税率

碳税引起了更多东盟国家的关注。受到碳达峰碳中和行动的影响，东盟国家致力于减少碳排放，积极进行低碳型经济转型，以达到改善居民生活质量、完成绿色经济发展的目的。碳税与碳排放交易制度作为碳定价的两种形式，在降低碳排放方面发挥重要作用，被越来越多的国家采用。菲律宾能源部发布的《碳税可行性研究报告》显示，减少二氧化碳排放，降低温室气体对气候的影响，设计合理的碳税征收办法是有效的手段，但是支持和反对的声音都有，因此，有必要从理论、政策和新技术层面深化引入碳税的可行性研究，重点研究论证开征碳税的税制要素，并设计税制

初步方案，为开征碳税做好预案。泰国财政部消费税厅 2022 年开始研究引入碳税，推进碳税课征工作将引入欧盟和新加坡等相关标准，借鉴欧盟排放权交易体系措施对生产过程直接征收碳税，税率将基于泰国温室气体自愿减排项目（T-VER）中的碳信用额度价格，预计 2023 年完成碳排放产品征税指导性研究。柬埔寨也启动了碳税的研究。预期未来有更多东盟国家加入征收碳税的行列。

碳税开征计划和电力行业率先引入碳排放交易制度。印度尼西亚早已计划开征碳税，虽然受到能源市场波动的冲击，宣布 2022 年暂停实施碳税开征计划，但是先行对电力行业引入碳排放交易制度的进程不变。

持续、分步、大幅提高碳税税率。新加坡为兑现 2030 年前碳达峰承诺，2022 财年预算案计划分 3 个阶段大幅调高碳税税率：2024～2025 年，上调至每吨 25 新加坡元；2026～2027 年，进一步上调至每吨 45 新加坡元，增加 20 新加坡元、增长了 80%；2030 年进一步上调至每吨 50~80 新加坡元，增加 5~35 新加坡元、增长了 11%~78%。

（2）环境保护税征税范围将稳步拓展

环境保护税拓展征税范围与调整税率并重。越南计划修订《环境保护税法》，"扩大环境保护税的征税范围、调整环境保护税税率"，促进环境保护税成为国家限制污染环境商品进口、生产和使用的重要经济工具。

（3）绿色税收优惠政策促进碳减排

一些东盟国家考虑引入碳税，并加大激励企业低碳转型的税收支持政策力度。对能源和车辆使用征收环境保护税，已日益成为东盟国家促进环境绿色发展和保护低收入群体的政策核心。

马来西亚是《联合国气候变化框架公约》缔约方会议的签署国，官方承诺在 2030 年前将国内温室气体（GHG）生产总值排放量相对于 2005 年的水平降低 45%。因此，马来西亚政府将加大绿色税收的建设力度，考虑引入碳税，整合销售税、服务税、不动产利得税、石油收入税和印花税等绿色税收政策，强化这些税种的绿色功能，助力解决环境问题。

国 别 报 告
Country Reports

印度尼西亚税收制度发展报告（2023）

摘　要： 印度尼西亚有较为完善的税收制度体系，建立了涵括所得税类、货物劳务税类、财产税类及其他税类的多层级的税收制度体系。2022 年以来，印度尼西亚在税收制度建设上取得了新的发展，主要表现为对所得税制度、增值税制度、奢侈品销售税制度、关税制度和消费税制度等颁布了提高区域税收能力、改善营商环境、促进国民经济发展的系列新规，但在绿色税收体系构建（如碳税制度建设）上尚不完善。同时，作为复合税制国家的印度尼西亚具备该种税制的普遍优点，如税源充裕、弹性较大、各税种互为补充，但是也存在税负分布不均、征收复杂等缺点。为了弥补上述不足，印度尼西亚将持续对其税收制度进行改革完善，以建立各税种间更为协调的税收体系。

关键词： 印度尼西亚　税收制度　所得税　货物劳务税

印度尼西亚实行中央和地方两级课税制度，税收立法权和征收权主要集中在中央，现行税种体系有货物劳务税、所得税、财产税及其他税类。

现行的税收实体法主要有 2008 年第 36 号《所得税法》、2009 年第 42 号《增值税法》、2007 年第 39 号《消费税法》、2020 年第 10 号《印花税法》等；印度尼西亚现行税收程序法为经 2009 年第 16 号税法修订的 1983 年第 6 号《税收程序法》。值得一提的是，在货物劳务税方面，印度尼西亚开征了奢侈品销售税；在财产税方面，印度尼西亚开征了土地与建筑物税。经过印度尼西亚政府多年的税制改革，目前已经形成了较为成熟的税收制度体系。

一　印度尼西亚税收制度发展基础（截至2021年）

印度尼西亚是实行多税种相互配合、相辅相成的复合税制国家，有较为健全的税收法律体系；其中印度尼西亚的企业所得税、个人所得税、增值税的法律制度体系均较为完善，有包括法律法规、规章等在内的多层级的制度保障；印度尼西亚各税种在纳税人制度、征税对象和税率制度、计税方法、税收优惠制度等方面均有详细的规定。总体而言，印度尼西亚税收制度起到了保证政府支出并促进国民经济发展的作用。

（一）印度尼西亚税收制度体系发展基础

印度尼西亚现行税种丰富、税制结构相对稳定、税收法律体系较公平有效，其国家税种制度体系发展、税制结构发展和税收制度法律体系发展情况良好。

1.印度尼西亚税种制度体系发展基础

印度尼西亚现行的税种制度和税收收入情况主要如下。

（1）税种制度体系和主要税种

印度尼西亚实行中央和地方两级课税制度，税收立法权和征收权主要集中在中央，同时依照属人原则和属地原则行使其税收管辖权。印度尼西亚地方政府拥有一定制定部分地方税规范的权力。印度尼西亚现行税种制度体系分为货物劳务税、所得税、财产税和其他税类。现行主要税种有：企业所得税、个人所得税、增值税、奢侈品销售税、关税、消费税、土地与建筑物税、印花税、娱乐税、电台与电视税、道路税、机动车税、自行车税、广告税、外国人税和发展税等。①

（2）税收收入和宏观税负

2021 年，印度尼西亚税收收入为 1547.8 万亿印度尼西亚盾。2021 年的税收收入达到了印度尼西亚国家预算设定目标的 107.15%，并超过了 2019 年 1546.1 万亿印度尼西亚盾的水平。②

2021 年，印度尼西亚全年 GDP 合计为 16970.8 万亿印度尼西亚盾；按平均汇率换算，印度尼西亚 2021 年 GDP 约为 11867.28 亿美元。③ 经计算，2021 年印度尼西亚宏观税负为 9.12%。

2.印度尼西亚税制结构发展基础

印度尼西亚是复合税制国家，实行中央和地方两级课税制度，税收立法权和征收权主要集中在中央，地方政府拥有一定的制定部分地方税规范的权力；《印度尼西亚共和国中央政府与地方政府财政关系法》④（以下简称《央地财政关系法》或 HKPD）对中央和地方两级课税制度进行了规范。

（1）税种制度结构

印度尼西亚的税种制度由多种税类的多个税种组成，各税种相互配合、相辅相成，组成了一个完整的税收体系。印度尼西亚实行的复合税制具备该种税制度的普遍优点，如税源充裕、弹性较大、各税种互为补充、能保证财政需要并适应其变化、有利于涵养税源、促进经济与社会的协调发展。但是，该复合税制亦有缺点，如税种设置过多、税负分布不均、征收复杂等。为了弥补上述不足，印度尼西亚政府对其复合税制不断改革完善，以建立各税种间更为协调的税收体系。

---

① 国家税务总局国际税务司国别（地区）投资税收指南课题组：《中国居民赴印度尼西亚共和国投资税收指南》，http://www.chinatax.gov.cn。
② 中国商务部官网，http://id.mofcom.gov.cn/。
③ 印度尼西亚统计局官网，http://www.bps.go.id/。
④ Hubungan Keuangan antara Pemerintah Pusat dan Pemerintahan Daerah（Law No. 1 of 2022/Undang-Undang Nomor 1 Tahun 2022），https://jdih.maritim.go.id/cfind/source/files/uu/uu-nomor-1-tahun-2022.pdf.

（2）税类结构

基于课税对象不同性质标准的税类结构发展基础。基于课税对象性质不同，印度尼西亚现行税种分为货物劳务税、所得税、财产税和其他税类。目前，印度尼西亚货物劳务税包括增值税、消费税、奢侈品销售税、关税等。印度尼西亚的所得税包括企业所得税和个人所得税，其所得税存在预提税课征情况，如需缴纳预提税，一般由支付方负责代扣代缴。印度尼西亚征收的财产税主要有土地与建筑物税。另外，印度尼西亚政府还开征了印花税、道路税、广告税、外国人税和发展税等税种。

基于收入归属层级标准的税类结构发展基础。印度尼西亚实行中央和地方两级课税制度，税收立法权和征收权主要集中在中央，地方政府拥有一定权力制定部分地方税规范。

印度尼西亚中央税包括所得税、增值税、奢侈品销售税、关税、印花税等税种。印度尼西亚州政府地方税有机动车税、机动车燃油税、地表水税、香烟税；印度尼西亚市级地方税有土地与建筑物税、土地与建筑物产权购置税、地下水税、广告税、非金属矿物和岩石税、对某些商品和服务征税、燕窝税。

3.印度尼西亚税收制度法律体系发展基础

印度尼西亚税收制度法律体系较为完善，包括宪法框架下的税收法律规定、税收法律、税收行政法规、税收规章和国际条约。

（1）宪法框架下的税收法律规定

印度尼西亚现行《印度尼西亚共和国宪法》（以下简称《宪法》）[1] 于1945 年 8 月 18 日颁布实施，曾于1949 年 12 月和1950 年 8 月被《印度尼西亚联邦共和国宪法》和《印度尼西亚共和国临时宪法》替代，1957 年 7 月5 日恢复实行。在 1999 年 10 月至 2002 年 8 月间先后进行过 4 次修改（经1999 年第一修正案、2000 年第二修正案、2001 年第三修正案和 2002 年第

---

[1] The 1945 Constitution of the Republic of Indonesia, as Amended 2002, https：//www.wipo.int/wipolex/en/text/200129.

四修正案修正）。除序言外共 16 章 37 条。①

印度尼西亚宪法框架下关于税收法律的规定。宪法第二十三条第一款规定，每年度财政预算（收入与支出）以法律规定之；如国会不通过政府所提出的财政预算，政府则实行上一年度的预算；第二款规定，国家所需的各项税收以法律为根据；第五款规定，成立一个财政检查机构以审查、审计、结算所有属于国家财政方面的账目，此项审计结果向国会提出。

（2）税收法律

①税收实体法。

印度尼西亚现行的税收实体法主要有：

《印度尼西亚共和国所得税法》②（以下简称《所得税法》）。目前，印度尼西亚所得税由《所得税法》立法实施，该法律于 2009 年 1 月 1 日生效，并修订了 2000 年、1994 年、1991 年和 1983 年的所得税法规定。印度尼西亚针对个人与企业征收的所得税均适用同一部法律即 2008 年第 36 号《所得税法》，该法对完善印度尼西亚现行税制有着重要意义和作用。

《印度尼西亚共和国增值税法》③（以下简称《增值税法》）。目前，印度尼西亚增值税由 2009 年第 42 号《增值税法》立法实施，该法律于 2010 年 4 月 1 日生效，并修订了原核心立法即 1983 年第 8 号法律《印度尼西亚共和国增值税和奢侈品销售税法》④（以下简称《销售税法》）。此外，其

---

① http://policy. mofcom. gov. cn/page/nation/Indonesia. html.

② LAW OF THE REPUBLIC OF INDONESIA NUMBER 36 OF 2008 CONCERNING FOURTH AMENDMENT OF LAW NUMBER 7 OF 1983 CONCERNING INCOME TAX（Law No. 36/ 2008），https：//www. expat. or. id/info/2008-IncomeTaxSDSN-Amendment. pdf.

③ UNDANG-UNDANG REPUBLIK INDONESIA NOMOR 42 TAHUN 2009 TENTANG PERUBAHAN KETIGA ATAS UNDANG-UNDANG NOMOR 8 TAHUN 1983（Undang-Undang Nomor 42 Tahun 2009），https：//datacenter. ortax. org/ortax/aturan/save/13964.

④ UNDANG-UNDANG REPUBLIK INDONESIA NOMOR8 TAHUN 1983 TENTANG PAJAK PERTAMBAHAN NILAI BARANG DAN JASA DAN PAJAK PENJUALAN ATAS BARANG MEWAH（Undang-Undang Nomor 8 Tahun 1983），https：//peraturan. bpk. go. id/Home/Deta ils/46990.

实施细则提供了更多与技术相关的细节，包括政府条例、财政部条例、税务总局条例、通知和通函等。

《印度尼西亚共和国消费税法》① （以下简称《消费税法》）。目前，印度尼西亚消费税由 2007 年第 39 号《消费税法》立法实施，该法律于 2007 年 8 月 15 日颁布生效，并修订了原 1995 年第 11 号《消费税法》。

《印度尼西亚共和国印花税法》② （以下简称《印花税法》）。目前，印度尼西亚印花税由 2020 年第 10 号《印花税法》立法实施。该法律于 2020 年 10 月 26 日颁布并于 2021 年 1 月 1 日生效，其取代了原 1985 年第 13 号《印花税法》。新法引入了 10000 印度尼西亚盾（约合 0.7 美元）的标准税率，并引入了新的电子印花税制度。为了与信息技术发展保持一致，印度尼西亚《印花税法》规定了构成印花税对象的文件包括纸质文件和非纸质文件，其中包括在信息和电子交易领域具有法律依据的某些电子文件。

《印度尼西亚共和国土地与建筑物税法》③ （以下简称《建筑物税法》）。目前，印度尼西亚土地与建筑物税基于 1985 年第 12 号法律《土地与建筑物税法》立法实施，后印度尼西亚又制定了平衡中央与印度尼西亚地方财务的 2004 年第 33 号法律④、关于地方税和地方收费的 2009 年

---

① LAW OF THE REPUBLIC OF INDONESIA NO. 39/2007 CONCERNING AMENDMENT TO LAW NO. 11/1995 CONCERNING EXCISE（Law No. 39/2007），http：//www.flevin.com/id/lgso/translations/JICA%20Mirror/english/3003_ UU_ 39_ 2007_ e.html.

② Consolidation of Stamp Duty Law：Consolidation of Law of The Republic of Indonesia Number 10 of 2020 concerning Stamp Duty（Law No. 10/2020），https：//perpajakan-id.ddtc.co.id/sumber-hukum/peraturan-pusat/konsolidasi/consolidation-of-stamp-duty-law.

③ UNDANG-UNDANG REPUBLIK INDONESIA NOMOR 12 TAHUN 1985 TENTANG PAJAK BUMI DAN BANGUNAN（UNDANG-UNDANG NOMOR 12 TAHUN 1985），https：//peraturan.bpk.go.id/Home/Details/46963.

④ UNDANG-UNDANG REPUBLIK INDONESIA NOMOR 33 TAHUN 2004 TENTANG PERIMBANGAN KEUANGAN ANTARA PEMERINTAH PUSAT DAN PEMERINTAHAN DAERAH（Law No. 33/2004），https：//www.resourcedata.org/dataset/rgi-law-no-33-2004-on-fiscal-decentralization/resource/84134e0e-c4c4-4ecf-a0c6-a8e37dcfaa4f.

第 28 号法律①和 2020 年第 11 号法律《印度尼西亚共和国创造就业综合法》②（以下简称《就业综合法》）对其部分内容进行了修订。

②税收程序法。

印度尼西亚现行税收程序法为根据 1983 年第 6 号经 2009 年第 16 号税法修订的《印度尼西亚共和国一般规定和税收程序法》③（以下简称《税收程序法》），修订后的《税收程序法》自 2009 年 3 月 25 日起生效，以印度尼西亚国家税收活动中所发生的程序关系为调整对象，规定了印度尼西亚征税权行使程序和纳税人纳税义务履行程序，为印度尼西亚征纳双方提供了行为准则并为法院的审判活动提供了审判准则。

③税收综合法。

2021 年，印度尼西亚总统签署并颁布了印度尼西亚 2021 年第 7 号法律《印度尼西亚共和国税收规定统一法》④（Undang-Undang Harmonisasi Peraturan Perpajakan，以下简称《税收统一法》或 UU HPP），该法于 2021 年 10 月 29 日生效（部分规定在指定日期生效）。UU HPP 是一部综合性法案，由其一项立法同时修订了多项税收法律和法规，该法修改了包括一般税收程序、增值税、所得税、碳税、税收赦免和消费税制度在内的许多基本制度规定；促进了印度尼西亚政府对现行税收制度的重大改革和持续优化以适应当前经济形势。

---

① UNDANG-UNDANG REPUBLIK INDONESIA NOMOR 28 TAHUN 2009 TENTANG PAJAK DAERAH DAN RETRIBUSI DAERAH（Law No. 28 of 2009/ Undang-Undang Nomor 28 Tahun 2009），https：//peraturan. bpk. go. id/Home/Details/38763/uu-no-28-tahun-2009.

② Undang-Undang Republik Indonesia Nomor 11 Tahun 2020 Tentang Cipta Kerja（Law No. 11/2020 / Undang-Undang Nomor 11 Tahun 2020），https：//www. ilo. org/dyn/natlex/natlex4. detail？p_ isn = 110587.

③ UNDANG-UNDANG REPUBLIK INDONESIA NOMOR 6 TAHUN 1983 TENTANG KETENTUAN UMUM DAN TATA CARA PERPAJAKAN（Undang-undang Nomor 6 Tahun 1983），https：// peraturan. bpk. go. id/Home/Details/46986.

④ UNDANG-UNDANG REPUBLIK INDONESIA NOMOR 7 TAHUN 2O2I TENTANG HARMONI SASI PERATURAN PERPAJAI（AN（Undang-undang Nomor 7 Tahun 2021），https：//peraturan. bpk. go. id/Home/Details/185162/uu-no-7-tahun-2021.

（3）税收行政法规

印度尼西亚税收实体性行政法规汇总见表1。

表1　印度尼西亚税收实体性行政法规汇总

相关税种	行政法规
所得税	①2010年第93号政府条例[1]:关于可从总收入中扣除的捐赠和社会基础设施建设成本的规定。 ②2018年第37号政府条例[2]:关于对矿产开采业务部门的税收处理或非国家税收收入的规定。 ③2020年第29号政府条例[3]:关于给予符合条件的企业的企业所得税税率额外降低3%的优惠
所得税、增值税	2017年第53号政府条例[4]:关于对石油和天然气业务的总拆分生产及分成合同的商业活动的征税规定
奢侈品销售税	①2020年第61号政府条例[5]:关于对非车辆奢侈品征收奢侈品销售税的规定。 ②2021年第74号政府条例[6]:关于对汽车等奢侈品征收奢侈品销售税的规定

注：1. Peraturan Pemerintah（PP）tentang Sumbangan Penanggulangan Bencana Nasional Sumbangan Penelitian Dan Pengembangan Sumbangan Fasilitas Pendidikan Sumbangan Pembinaan Olah Raga Dan Biaya Pembangunan Infrastruktur Sosial Yang Dapat Dikurangkan Dari Penghasilan Bruto（PP No. 93 Tahun 2010），https：//peraturan. bpk. go. id/Home/Details/5118.

2. Paturan Pemerintah（PP）tentang Perlakuan Perpajakan dan/atau Penerimaan Negara Bukan Pajak di Bidang Usaha Pertambangan Mineral（PP No. 37 Tahun 2018），https：//peraturan. bpk. go. id/Home/Details/88908/pp-no-37-tahun-2018.

3. Peraturan Pemerintah（PP）tentang Fasilitas Pajak Penghasilan Dalam Rangka Penanganan Corona Virus Disease（Covid-19）（PP No. 29 Tahun 2020），https：//peraturan. bpk. go. id/Home/Details/138977/pp-no-29-tahun-2020.

4. Peraturan Pemerintah（PP）tentang Perlakuan Perpajakan pada Kegiatan Usaha Hulu Minyak dan Gas Bumi dengan Kontrak Bagi Hasil Gross Split（PP No. 53 Tahun 2017），https：//peraturan. bpk. go. id/Home/Details/127658/pp-no-53-tahun-2017.

5. Peraturan Pemerintah（PP）tentang Barang Kena Pajak yang Tergolong Mewah Selain Kendaraan Bermotor yang Dikenai Pajak Penjualan atas Barang Mewah（PP No. 61 Tahun 2020），https：//peraturan. bpk. go. id/Home/Details/150325/pp-no-61-tahun-2020.

6. Peraturan Pemerintah（PP）tentang Perubahan atas Peraturan Pemerintah Nomor 73 Tahun 2019 tentang Barang Kena Pajak yang Tergolong Mewah Berupa Kendaraan Bermotor yang Dikenai Pajak Penjualan atas Barang Mewah（PP No. 74 Tahun 2021），https：//peraturan. bpk. go. id/Home/Details/171112/pp-no-74-tahun-2021.

资料来源：法律文献信息网（JDIH），https：//peraturan. bpk. go. id/。

（4）税收规章

①税收实体性规章。印度尼西亚税收实体性规章涉及所得税、增值税、奢侈品销售税、消费税、关税等。印度尼西亚税收实体性规章汇总见表2。

表2　印度尼西亚税收实体性规章汇总

相关税种	规章
所得税	①第169/PMK.010/2015号财政部条例[1]：关于公司计算所得税的资产负债率的规定。 ②第96/PMK.010/2020号财政部条例[2]：关于对某些业务部门或某些地区的投资所得税优惠
增值税	①第31/PMK.04/2020号财政部条例[3]、第34/PMK.04/2020号财政部条例[4]、第83/PMK.04/2020号财政部条例[5]：关于给予特定进口防疫物资免征增值税的规定。 ②第28/PMK.03/2020号财政部条例[6]、第143/PMK.03/2020号财政部条例[7]：关于政府、医院或其委托的第三方从境内外购买与应对疫情相关的应税货物和服务可享受增值税优惠的规定。 ③第18/PMK.03/2021号财政部条例[8]：关于不视为销售增值税应税货物或服务的规定
奢侈品销售税	①第31/PMK.010/2021号财政部条例[9]：关于给予符合条件的机动车奢侈品销售税由政府承担的优惠政策。 ②第96/PMK.03/2021号财政部条例[10]：关于对非车辆奢侈品的奢侈品销售税税率规定。 ③第141/PMK.010/2021号财政部条例[11]：关于对豪华机动车辆征收奢侈品销售税的规定
消费税	①第158/PMK.010/2018号财政部条例[12]：关于酒精、含酒精饮料和含酒精浓缩物的消费税税率 ②第193/PMK.010/2021号财政部条例[13]：关于电子烟和其他烟草加工产品的消费税税率
关税	第141/PMK.04/2020号财政部条例[14]：关于禁止或限制货物进出口的监管

注：1. Peraturan Kementerian Keuangan（PMK）tentang Penentuan Besarnya Perbandingan Antara Utang Dan Modal Perusahaan Untuk Keperluan Penghitungan Pajak Penghasilan（169/PMK.010/2015），https：//peraturan.bpk.go.id/Home/Details/116077/pmk-no-169pmk-0102015.

2. Peraturan Kementerian Keuangan（PMK）tentang Perubahan atas Peraturan Menteri Keuangan Nomor 11/PMK.010/2020 tentang Pelaksanaan Peraturan Pemerintah Nomor 78 Tahun 2019 tentang Fasilitas Pajak Penghasilan untuk Penanaman Modal di Bidang-bidang Usaha Tertentu dan/atau di Daerah-daerah Tertentu（96/PMK.010/2020），https：//peraturan.bpk.go.id/Home/Details/143651/pmk-no-96pmk0102020.

3. Peraturan Kementerian Keuangan（PMK）tentang Insentif Tambahan Untuk Perusahaan Penerima Fasilitas Kawasan Berikat Dan/Atau Kemudahan Impor Tujuan Ekspor Untuk Penanganan Dampak Bencana Penyakit Virus Corona（Corona Virus Disease 2019/COVID 19）（31/PMK.04/2020），https：//peraturan.bpk.go.id/Home/Details/136935/pmk-no-31pmk042020.

续表

4. Peraturan Kementerian Keuangan（PMK）tentang Pemberian Fasilitas Kepabeanan Dan/Atau Cukai Serta Perpajakan Atas Impor Barang Untuk Keperluan Penanganan Pandemi Corona Virus Disease 2019（COVID 19）（34/PMK. 04/2020）, https：//peraturan. bpk. go. id/Home/Details/136940/pmk-no-34pmk 042020.

5. Peraturan Kementerian Keuangan（PMK）tentang Perubahan atas Peraturan Menteri Keuangan Nomor 34/PMK. 04/2020 Tentang Pemberian Fasilitas Kepabeanan Dan/Atau Cukai Serta Perpajakan atas Impor Barang Untuk Keperluan Penanganan Pandemi Corona Virus Disease 2019（Covid-19）（83/PMK. 04/2020）, https：//peraturan. bpk. go. id/Home/Details/140493/pmk-no-83pmk042020.

6. Peraturan Kementerian Keuangan（PMK）tentang Pemberian Fasilitas Pajak Terhadap Barang Dan Jasa Yang Diperlukan Dalam Rangka Penanganan Pendemi Corona Virus Disease 2019（28/PMK. 03/2020）, https：//peraturan. bpk. go. id/Home/Details/136919/pmk-no-28pmk032020.

7. Peraturan Kementerian Keuangan（PMK）tentang Pemberian Fasilitas Pajak terhadap Barang dan Jasa yang Diperlukan dalam rangka Penanganan Pandemi Corona Virus Disease 2019 dan Perpanjangan Pemberlakuan Fasilitas Pajak Penghasilan Berdasarkan Peraturan Pemerintah Nomor 29 Tahun 2020 tentang Fasilitas Pajak Penghasilan Dalam Rangka Penanganan Corona Virus Disease 2019（COVID-19）（143/PMK. 03/2020）, https：//peraturan. bpk. go. id/Home/Details/147392/pmk-no-143pmk032020.

8. Peraturan Kementerian Keuangan（PMK）tentang Pelaksanaan Undang-Undang Nomor 11 Tahun 2020 tentang Cipta Kerja di Bidang Pajak Penghasilan, Pajak Pertambahan Nilai dan Pajak Penjualan atas Barang Mewah, serta Ketentuan Umum dan Tata Cara Perpajakan（18/PMK. 03/2021）, https：//peraturan. bpk. go. id/Home/Details/162653/pmk-no-18pmk032021.

9. Peraturan Kementerian Keuangan（PMK）tentang Pajak Penjualan Atas Barang Mewah Atas Penyerahan Barang Kena Pajak Yang Tergolong Mewah Berupa Kendaraan Bermotor Tertentu Yang Ditanggung Pemerintah Tahun Anggaran 2021（31/PMK. 010/2021）, https：//peraturan. bpk. go. id/Home/Details/164419/pmk-no-31pmk0102021.

10. Peraturan Kementerian Keuangan（PMK）tentang Penetapan Jenis Barang Kena Pajak Selain Kendaraan Bermotor yang Dikenai Pajak Penjualan atas Barang Mewah dan Tata Cara Pengecualian Pengenaan Pajak Penjualan atas Barang Mewah（96/PMK. 03/2021）, https：//peraturan. bpk. go. id/Home/Details/173530/pmk-no-96pmk032021.

11. Peraturan Kementerian Keuangan（PMK）tentang Penetapan Jenis Kendaraan Bermotor yang Dikenai Pajak Penjualan atas Barang Mewah dan Tata Cara Pengenaan, Pemberian dan Penatausahaan Pembebasan, dan Pengembalian Pajak Penjualan atas Barang Mewah（141/PMK. 010/2021）, https：//peraturan. bpk. go. id/Home/Details/181941/pmk-no-141pmk0102021.

12. Peraturan Kementerian Keuangan（PMK）tentang Tarif Cukai Etil Alkohol, Minuman Yang Mengandung Etil Alkohol, Dan Konsentrat Yang Mengandung Etil Alkohol（158/PMK. 010/2018）, https：//peraturan. bpk. go. id/Home/Details/113471/pmk-no-158pmk0102018.

13. Peraturan Kementerian Keuangan（PMK）tentang Tarif Cukai Hasil Tembakau Berupa Rokok Elektrik dan Hasil Pengolahan Tembakau Lainnya（193/PMK. 010/2021）, https：//peraturan. bpk. go. id/Home/Details/197500/pmk-no-193pmk0102021.

14. Peraturan Kementerian Keuangan（PMK）tentang Pengawasan Terhadap Impor Atau Ekspor Barang Larangan Dan/Atau Pembatasan（141/PMK. 04/2020）, https：//peraturan. bpk. go. id/Home/Details/148018/pmk-no-141pmk042020.

资料来源：JDIH 网, https：//peraturan. bpk. go. id/。

②税收程序性规章。印度尼西亚税收程序性规章主要有：第 22/PMK.03/2020 号财政部条例①：关于实施预约定价协议的程序；第 PER-17/PJ/2020 号税务总局条例②：关于实施预约定价协议的申请、执行和评估的完成程序；第 54/PMK.03/2021 号财政部条例③：关于个人纳税人出于税收目的的记录和某些标准的程序规定；第 PER-22/PJ/2021 号税务总局条例④：关于对原第 PER-09/PJ/2020 号条例关于纳税单填写格式、内容和程序的修正案。

（5）国际条约

双边条约。目前，印度尼西亚政府签订的双边避免双重征税协定的国家或地区为 70 个⑤。

多边条约。目前，印度尼西亚签订的多边税收条约有《多边税收征管互助公约》（2011 年 11 月 11 日签订、2015 年 5 月 1 日正式生效）、《金融账户涉税信息自动交换多边主管间协议》（2018 年 9 月已进行首次信息交换）、《多边主管当局间协议》（2011 年 11 月 3 日签署税收事务行政互助协议、2014 年 10 月 17 日获批复）、《实施税收协定相关措施以防止税基侵蚀与利润转移的多边公约》（2017 年 6 月 7 日签订、2020 年 8 月 1 日生效）。⑥

---

① Peraturan Kementerian Keuangan（PMK）tentang Tata Cara Pelaksanaan Kesepakatan Harga Transfer（Advance Pricing Agreement）（22/PMK.03/2020），https：//peraturan.bpk.go.id/Home/Details/136873/pmk-no-22pmk032020.

② TATA CARA PENYELESAIAN PERMOHONAN, PELAKSANAAN, DAN EVALUASI KESEPAKATAN HARGA TRANSFER（ADVANCE PRICING AGREEMENT）（PER-17/PJ/2020），https：//datacenter.ortax.org/ortax/aturan/show/17168.

③ Peraturan Kementerian Keuangan（PMK）tentang Tata Cara Melakukan Pencatatan dan Kriteria Tertentu serta Tata Cara Menyelenggarakan Pembukuan untuk Tujuan Perpajakan（54/PMK.03/2021），https：//peraturan.bpk.go.id/Home/Details/168825/pmk-no-54pmk032021.

④ PERUBAHAN ATAS PERATURAN DIREKTUR JENDERAL PAJAK NOMOR PER-09/PJ/2020TENTANG BENTUK, ISI, DAN TATA CARA PENGISIAN SURAT SETORAN PAJAK（PER-22/PJ/2021），https：//datacenter.ortax.org/ortax/aturan/show/17643.

⑤ 根据安永会计师事务所 2021 年发布的《全球个人税务和移民指南》（资料统计截至 2020 年 7 月 1 日），印度尼西亚政府签订的双边避免双重征税协定的国家或地区为 70 个。

⑥ 根据德勤《2019~2020 年印度尼西亚税务指南》、德勤《2020~2021 年印度尼西亚税务指南》、普华永道《2019 印度尼西亚税收袖珍指南》、普华永道《2021 印度尼西亚税收袖珍指南》整理所得。

（二）印度尼西亚所得税类制度发展基础

印度尼西亚针对个人与企业征收的所得税均适用同一部法律即《所得税法》，该法规定了印度尼西亚现行企业所得税和个人所得税的基本规范。

1. 印度尼西亚企业所得税制度发展基础①

根据《所得税法》规定，企业所得税适用于企业纳税人，对在印度尼西亚设立或实际管理机构在印度尼西亚或在印度尼西亚拥有常设机构的所有法人实体征收企业所得税。法人实体包括有限责任公司、合资企业、基金会、办事处、合作社或其他形式的实体。

（1）纳税人制度

居民企业纳税人。在印度尼西亚境内设立或实际管理机构在印度尼西亚的任何组织，除符合特定标准的某些政府机构外，均被视为出于税务目的的税收居民主体。如果无法确定住所，税务局有权进行判定。

居民企业纳税人的判定标准。符合以下情况，公司将被视为印度尼西亚居民企业：公司章程规定其住所在印度尼西亚；总部、行政中心或财务中心办公室在印度尼西亚；在印度尼西亚设有控制办公室，负责管理活动；战略决策的董事会会议在印度尼西亚举行；管理成员居住或定居在印度尼西亚。

不被视为居民企业纳税人的特定政府机构。同时满足以下标准的政府机构不被视为居民企业纳税人：依照法律建立；由国家或地方政府预算资助，其收入涵盖在国家预算或地方政府预算中；其会计账簿由政府审计师审计；受益人所遗留的应作为一个整体不可分割的财产。

扣缴义务人。在印度尼西亚，企业所得税"扣缴义务人"是指：因劳动关系支付薪酬的雇主；因劳动关系支付薪酬的政府机构；因以往劳动关系

---

① 国家税务总局国际税务司国别（地区）投资税收指南课题组：《中国居民赴印度尼西亚共和国投资税收指南》，http：//www.chinatax.gov.cn，2022年1月27日。

支付养老金的机构；因取得服务向个人支付报酬的单位；由于组织活动向其他个人支付服务费用的个人。

（2）征税对象和税率制度

①征税对象。

所得税征税对象为纳税人的所得，具体表现为从印度尼西亚和海外收到或应收的、可用于消费或增加纳税人财富的所得。

居民企业及其常设机构需就来源于印度尼西亚境内外的收入缴纳企业所得税。非居民企业仅就其从印度尼西亚获得或收到的收入缴纳企业所得税。

②税率制定。

一般规定。根据印度尼西亚《税收统一法》，印度尼西亚居民企业及其常设机构的企业所得税税率为22%，该法取消了此前印度尼西亚政府提出的进一步降低税率的规定。

中小微型企业适用最低税率。在一个会计年度内赚取或获得的总收入不超过48亿印度尼西亚盾的公司纳税人如中小微型企业（不包括外国公司常设机构），在一定时期内可按照总收入的0.5%缴纳企业所得税。

优惠税率。流通股比例不低于40%和满足其他相关条件的在印度尼西亚证券交易所上市的居民企业可享受企业所得税税率额外降低3%的优惠。

（3）计税方法

①应纳税所得额的计算。

根据《所得税法》的规定，计算应纳税所得额时，应将应税收入总额减去税法规定的可扣除项目金额及可弥补亏损后的余额为应纳税所得额。

应税收入的确定。根据《所得税法》的规定，应税收入主要包括：营业利润；扣除费用后取得的退税；债务豁免取得的所得；外汇收益；资产重估收益；符合条件的慈善组织从成员处收到或应收的捐款；来自未征税收入的净财富增加；伊斯兰教业务收入；一般性和税务法律规定的补偿收入；印度尼西亚银行的盈余；等等。

税前可扣除项目的确定。居民纳税人及常设机构可以就与取得收入相关的支出进行扣除，主要包括：与经济活动直接相关的成本；符合条件的折旧费和摊销费用；财政部认定的养老基金缴纳的费用；经济活动中使用的房产的转让损失；汇兑损失；印度尼西亚境内开展的研发活动费用；奖学金、实习及培训支出；符合条件的纳税人已核销的坏账；符合条件的对灾难的捐赠支出、对境内研发活动的捐赠支出、对教育设施的捐赠支出；合理的总公司费用；汽车费用；其他与取得收入有关的杂项费用。

税前不可扣除项目。税前不可扣除项目主要包括：任何方式的利润分配；准备金（符合规定的除外）；所得税费用；为其他纳税人或其亲属支付的费用；对外无偿提供的礼品、援助或捐赠，政府另有规定的除外；罚款罚金；等等。

亏损弥补。在某一特定年度发生的损失通常可结转 5 年。对某些行业或某些欠发达地区的投资，如果纳税人符合要求，亏损结转期可延长至 10 年。大多数采矿活动承揽合同的损失结转期可延长至 8 年。

②应纳税额的计算。

应纳税额的计算方式。应纳税额＝应纳税所得额×适用税率。另外，根据法规按照核定利润率征收所得税的纳税人，应将收入乘以核定利润率，再对应纳税所得额进行计算。

预缴企业所得税规定。纳税人应每月申报预缴企业所得税。另外，根据印度尼西亚避免双重征税的规定：居民纳税人在境外已缴纳或应缴纳的所得税可在当年抵免境内所得税；允许抵免的限额为该境外所得按照境内所得税法计算的税额。

③预扣税。

基本规定。根据《所得税法》第二十二条的规定，符合以下条件的企业所得税需要代扣税款（预扣税）：进口活动；国库或国有企业购买商品；特定产品的本地采购；购买奢侈品。一般而言，除某些最终税外，《所得税法》第二十二条规定的所得税先预扣税款后，再由纳税人抵扣其企业所得税税负。《所得税法》第二十二条预扣所得税根据不同情况适用不同的预扣税税率。如果纳税人没有税号，将增加 100% 的额外预扣税税率。

预扣税的豁免。第一，自动豁免。进口/购买免征所得税的商品；免征或不征收进口关税和增值税的进口商品；临时进口货物；特定货物的再进口；将进口的金条加工成珠宝用于出口；等等。第二，依据预扣税豁免证书豁免。

（4）税收优惠制度

免税收入。免税收入主要包括：符合条件的捐款、资产赠款、遗产；符合规定的实体收到的资产，包括作为股份或投资补偿的现金支付；符合条件的工作或服务的补偿；境内企业收到的来源于境内企业的股息；符合条件的居民企业收到的外国常设机构的境外股息和税后收入；已获财政部批准的养老基金收费；符合条件的合伙企业、协会、公司和商业协会等的利润分成；合作社留存收入的分配；符合条件的风险投资公司从在印度尼西亚开展业务和活动的合作实体中获得的利润分成；符合条件的注册非营利组织在教育或研发方面获得的盈余、注册的社会和宗教机构获得的盈余；等等。

中小微型企业优惠。针对年度总应税收入最高不超过 48 亿印度尼西亚盾的居民企业：如果其年度总收入（指企业在扣除所有支出与费用前，通过商业活动在印度尼西亚境内和境外所取得的收入总额）低于 500 亿印度尼西亚盾的，可以享受 50% 的所得税税收减免。另外，根据印度尼西亚财政部第 86/PMK.03/2020 号条例、第 9/PMK.03/2021 号条例和第 82/PMK.03/2021 号条例：在 2020 年 4 月至 2021 年 12 月期间，对年度总收入不超过 48 亿印度尼西亚盾的中小微型企业，其按总收入 0.5% 缴纳的最终税由政府承担。

投资优惠。第一，2020 年印度尼西亚财政部颁布第 96/PMK.010/2020 号条例对符合条件的业务部门和地区的投资提供所得税优惠，包括免税和税收补贴，附加条件是投资者需要于申请到税收优惠之后一年之内实现他们的投资承诺。第二，印度尼西亚 2007 年第 1 号政府条例《关于在特定行业和特定地区实行所得税优惠的规定》：在特定领域或具有国家鼓励发展的特定地区投资的纳税人可以享受：A. 最高30%的投资津贴；B. 加速折旧和摊销；C. 按10%征收股息所得税；D. 最长可实行不超过10年的亏损结转。

部分进口货物免税优惠。根据印度尼西亚财政部第31/PMK.04/2020号条例和第34/PMK.04/2020号条例，进口特定防疫物资和药品免征按《所得税法》第二十二条规定征收的所得税。

延期纳税优惠。在前一个纳税期已履行全部纳税义务的境内纳税企业或符合条件的常设机构，可享受就固定资产评估增值的所得，在不超过12个月的期间内延期缴纳所得税的税收优惠，该所得对应的税率为10%。

2.印度尼西亚个人所得税制度发展基础

印度尼西亚针对个人与企业征收的所得税均适用同一部《所得税法》。因此，个人所得税的征税范围和计算方式与企业所得税有很多相同规定。

（1）纳税人制度

居民个人。印度尼西亚税务总局第PER-43/PJ/2011号条例①规定了税收居民的认定准则，如果个人满足以下任一条件，则其就被视为印度尼西亚的税务居民（除非税收协定优先于这些规则）：第一，该个人居住在印度尼西亚（指在印度尼西亚有住所或定居在印度尼西亚，后者指出生且居住在印度尼西亚）；第二，该个人在任意连续12个月内在印度尼西亚居住累计超过183天；第三，该个人在一个财年内居住在印度尼西亚并打算继续留驻印度尼西亚（留驻意图能通过以下证明：工作签证；有限逗留许可证；在印度尼西亚进行的超过183天的雇佣合同、商业合同或其他活动合同；租赁房屋作为住所；或将家人迁至印度尼西亚）。

扣缴义务人。在印度尼西亚，个人所得税的很大一部分是通过雇主代扣代缴方式征收的。雇主每月从支付给雇员的工资和其他报酬中预扣所得税（预扣税）。根据《所得税法》第二十一条的规定，代扣代缴适用范围（应缴纳预扣税的人员）包括：永久雇员和兼职/临时/合同雇员；非雇员或自

---

① PERATURAN DIREKTUR JENDERAL PAJAK NOMOR PER-43/PJ/2011 TENTANG PENENTUAN SUBJEK PAJAK DALAM NEGERI DAN SUBJEK PAJAK LUAR NEGERI DENGAN RAHMAT TUHAN YANG MAHA ESA（PER-43/PJ/2011），https：//datacenter.ortax.org/ortax/aturan/show/14889.

由职业者；前雇员；活动参与者；委员；国家官员及其退休人员；遣散费、养老金或养老金福利以及老年福利的领取者。

个人所得税"扣缴义务人"。即因劳动关系支付薪酬的雇主；因劳动关系支付薪酬的政府机构；因以往劳动关系支付养老金的机构；因取得服务向个人支付报酬的单位；由于组织活动向其他个人支付服务费用的个人。

（2）征税对象和税率制度

①征税对象。

居民纳税人应就其全球范围收入缴纳所得税。非居民纳税人对在印度尼西亚取得的收入进行税收评估后缴纳所得税。

②居民个人税率。

收入。自2009年1月1日起，居民个人的收入按表3的超额累进税率纳税。

表3　印度尼西亚个人所得税税率

应纳税所得额（印度尼西亚盾）	税率（%）
不超过5000万的部分	5
5000万至2.5亿的部分	15
2.5亿至5亿的部分	25
超过5亿的部分	30

资料来源：国家税务总局国际税务司国别（地区）投资税收指南课题组：《中国居民赴印度尼西亚共和国投资税收指南》，http：//www.chinatax.gov.cn/。

预扣税。预扣税可以是居民个人的最终所得税，或（预付）预缴税款，居民个人缴纳的符合条件的预扣税可用于抵扣最终所得税负，超出部分可以退税。如果付款需要缴纳预扣税，则由付款方承担代扣代缴的责任。

居民个人的就业收入、利息、特许权使用费都需征收可抵扣的预扣税。其主要规定如下：第一，就业收入。居民的就业收入应缴纳5%~30%的累进预扣税；但日工资低于45万印度尼西亚盾的工人无须缴纳预扣税。如果纳税人没有税号，则适用20%的额外预扣税税率。第二，利息。居民通常应按收到利息总额的 15% 缴纳预扣税。如果纳税人没有税号，预扣税将增加 100%，即税率为 30%。特殊情况对利息收入总额征收 20% 的最终预扣税。此外，收入低于所得税起征点的个人可以要求退税。第三，特许权使用费。居民的特许权使用费收入全额的 15% 缴纳预扣税。如果纳税人没有税号，预扣税将增加 100%，即税率为 30%。

（3）计税方法

个人所得税应纳税额的计算方法与企业所得税应纳税款的计算方法基本相同。但是，《所得税法》针对个人所得税应纳税额的计算还有以下特殊规定：

已婚人士除非符合以下情况，否则应与配偶合并纳税，即据丈夫和妻子的总收入确定税负：双方已根据法庭判决分居；双方签订财产分离协议；妻子选择单独拥有纳税权利与义务。①

已婚女性的所得或者损失，包括以前年度累积的亏损，应视同其丈夫的所得或损失，除非该所得已由某一雇主扣缴所得税并且该雇佣关系与其丈夫或其他亲属无关；损失可无限制结转 5 年（特殊情况 10 年），从以后年度利润中弥补。

未成年人的所得应计入其父母的应纳税所得额。

符合条件的利息费用、保险费、捐款等，可以税前扣除。

（4）税收优惠制度

免税优惠。主要有：第一，雇员或工人收到的新年津贴、生产奖金、小费、劳务费或其他形式的收入可以作为个人免税额从收入中扣除。第二，遗产；以实物或权益形式收到的工作或服务上的补偿；保险公司支付的健康、事故、人寿或教育险；奖学金和双重索赔的赔付款等为免税收入。第三，自 2009 年 1 月 1 日起，印度尼西亚公民获得的符合条件的用以支付在印度尼西亚国内或国外接受基础、中学、高中和高等教育所需的学费、考试费、研究费、书籍费以及合理生活费的奖学金免税。第四，指定社会保障机构发放

---

① 印度尼西亚已婚妇女可选择以个人名义对其全部收入进行纳税评估。

到生活在国家贫困线以下，或发放到受自然灾害或困难影响的群众或团体手中的补助金免税。第五，合作社留存收入的分配。

抵扣与抵免优惠。居民个人缴纳的预扣税可用于抵扣最终所得税税负，超出部分可以退税。

居民个人就来源于境外的收入已在境外缴纳的税款，无论是单边还是根据税收协定（安排），都可用于一般税收抵免。

其他优惠规定。特定的居民纳税人可以通过获取豁免函或免税函申请免征预扣税，这些纳税人包括：第一，可以证明因弥补亏损而不会产生任何应纳税款的纳税人；第二，可以证明已扣缴或待扣缴的所得税款会超过应纳所得税额的纳税人；第三，应就全部收入缴纳最终税的纳税人。

（三）印度尼西亚货物劳务税类制度发展基础

基于组织财政收入、调节经济、加强对货物劳务流转过程的监管等多种原因，印度尼西亚开征了包括增值税、消费税、关税、奢侈品销售税等在内的多个货物劳务税。

1.印度尼西亚增值税制度发展基础

印度尼西亚增值税由 2009 年第 42 号《增值税法》立法实施，该法律于 2010 年 4 月 1 日生效，并修订了原核心立法即 1983 年第 8 号法律《销售税法》。

（1）纳税人制度

根据《增值税法》，增值税纳税人被定义为提供应税商品或提供应税服务并根据增值税法纳税的企业家。上述企业家是指在经营或工作过程中生产货物、进口货物、出口货物、从事贸易业务、使用来自关境外的无形货物、从事服务业务或使用来自关境外的服务的任何个人或实体；上述企业家包括《增值税法》第三A条第（一）款所述的已注册为增值税应税企业家和应注册但尚未注册的增值税应税企业家。

此外，在下一年提供超过 48 亿印度尼西亚盾的应税商品或应税服务的企业家有义务报告其企业并注册为增值税应税企业家，并有义务申报增值税；收益低于 48 亿印度尼西亚盾的企业实体或个人也可申请被视为增值税应税企业家。

（2）征税对象和税率制度

①征税对象。

根据《增值税法》，增值税的征税对象包括：在印度尼西亚境内提供应税货物；进口应税货物；在印度尼西亚境内提供应税服务；在印度尼西亚境内使用印度尼西亚境外的应税无形货物；在印度尼西亚境内使用印度尼西亚境外的应税服务；出口应税货物；出口应税无形资产；出口应税服务。

不视为销售应税货物或服务的行为。第 18/PMK.03/2021 号财政部条例规定：自己使用或免费赠送的应税货物或服务；总分公司之间或分公司之间的移送；移送原本不出售的资产；移送与主营业务无关的应税货物或服务。

非应税商品和非应税服务。具体见表4。

表4　印度尼西亚增值税非应税商品和非应税服务

不属于增值税应税范围的商品	不属于增值税应税范围的服务
a. 直接从源头获取的采矿或钻探结果产生的货物； b. 日用品； c. 在宾馆、饭店、摊点等场所提供的食品和饮料，包括在现场或非现场消费的食品和饮料，以及餐饮企业提供的食品和饮料； d. 货币、金条和有价证券	a. 医疗保健服务； b. 社会服务； c. 邮政快递服务； d. 金融服务； e. 保险服务； f. 宗教服务； g. 教育服务； h. 艺术和娱乐服务； i. 广播服务（非广告）； j. 公共陆路和水路运输服务以及作为外国航空运输服务组成部分的国内航空运输服务； k. 劳务； l. 酒店服务； m. 政府提供的有关服务； n. 车位供应服务； o. 使用硬币的公共电话服务； p. 邮政汇票汇款服务； q. 食物及餐饮服务

资料来源：《增值税法》。

②税率。第一，标准税率为10%。印度尼西亚的增值税标准税率为10%，但根据《增值税法》第7条第（3）款规定，上述标准税率可以调整为最低5%和最高15%，即可调整范围为5%～15%。第二，零税率。印度尼西亚出口应税货物或服务适用零税率，包括：应税有形货物的出口；应税无形货物的出口；应税服务的出口。

（3）计税方法

应纳税额。根据《增值税法》第8条和第9条的规定：应纳增值税税额按前述税率乘以计税基础（包括销售价格、进口价值、出口价值或其他价值等）得到；印度尼西亚增值税采用购进扣税法计算，一个纳税期内的进项税与同一纳税期内的销项税进行抵扣，如果在一个纳税期内，销项税大于进项税，则差额构成应税企业家必须缴纳的增值税；如果在一个纳税期内，可抵扣的进项税大于销项税，则差额为下一个纳税期补偿的超额税款。

进项税抵扣。抵扣进项税必须使用符合《增值税法》第13条第(5)款和第（9）款规定要求的税收发票。税收发票必须包含有关交付应税货物或交付应税服务的信息；税收发票必须符合形式和实质要求。

退税。对于前述提到的超额进项税，可以在财政年度结束时提交退税申请。另外，对于超出的进项税，也可以在每个纳税期内申请退还，符合条件的低风险应税企业家可按照规定通过预退超额税款的方式得到退税。

不可抵扣的进项税。具体为：在企业家被确认为应税企业家之前购买应税商品或应税服务；取得与商业活动没有直接关系的应税商品或应税服务；购买和维护轿车与旅行车形式的机动车辆，除非它们是商品或出租；在企业家被确认为应税企业家之前，从关境外使用无形应税商品或应税服务；取得应税货物或应税服务，其税收发票不符合规定；从关境外使用无形应税货物或应税服务，其税收发票不符合规定；收购应税商品或应税服务，其进项税调整为税收审计后的税务评估结果；取得应税货物或应税服务后，其进项税未在增值税申报表中报告；等等。

（4）出口退税制度

下列纳税人可以选择按月退税：出口无形应税货物的增值税纳税人；出口无形应税服务的增值税纳税人。

（5）税收优惠制度

销售不动产减免。符合条件的增值税纳税人销售简易廉价住房、公寓、学生宿舍和供非正规部门的底层劳工或工人使用的住房，可以免征销售不动产的增值税。

对疫情相关的应税货物和服务的优惠。根据第 28/PMK.03/2020 号财政部条例和第 143/PMK.03/2020 号财政部条例，政府、医院或其委托的第三方从境外、境内购买与应对疫情相关的应税货物和服务的，可享受以下优惠：①免征进口增值税；②政府承担当地交付的应税物资与服务（含捐赠品）的增值税；③政府承担使用境外应税服务的增值税。

2. 印度尼西亚消费税制度发展基础

2007 年 8 月 15 日，印度尼西亚总统颁发了 1995 年第 11 号关于消费税法律的修正案即 2007 年第 39 号《消费税法》。根据该法，印度尼西亚消费税是针对销售和消费可能会对社会造成负面影响的货物而征收的一种税。

（1）纳税人制度

从事印度尼西亚《消费税法》所列应税行为的单位或个人，为印度尼西亚消费税的纳税人。

（2）征税对象和税率制度

征税对象。根据《消费税法》，消费税是对具有本法规定的性质或特征的某些商品征收的国家税。"具有特定性质或特征的某些商品"指：①需要控制它们的消费；②需要对其分发进行监督；③可能会对社区和环境造成负面影响；④需要对其征收国家税以实现公正和平衡。上述商品为消费税的应税货物。目前，印度尼西亚政府对酒精、浓缩酒精、酒精饮料和烟草制品等产品征收消费税。

不应征收消费税的范围。以下情况不应征收消费税：①被直接运往关境外；②出口；③被进口到工厂或储存场所；④在构成应税商品的最终产品的生产中用作原材料或辅助材料的；⑤在从工厂、仓库放行或签发进口使用许可之前已被销毁或损坏。

税率。印度尼西亚消费税税率见表5。

表5　印度尼西亚消费税税率

税目	税率
酒精	20000 印度尼西亚盾/升
浓缩酒精	1000 印度尼西亚盾/克
酒精饮料	15000~139000 印度尼西亚盾/升
烟草制品	10~110000 印度尼西亚盾/支（或克），或某些烟草制品适用57%

资料来源：印度尼西亚税务总局官网，https：//www.pajak.go.id/en。

（3）计税方法

烟草制品和其他应税货物为印度尼西亚生产的，可用出厂价/零售价计税。

在下列情况下，应准予退还已缴纳的消费税：A. 因计算错误而多付；B. 出口应税货物；C. 应税商品在工厂再次加工或被销毁；D. 超额支付可归因于税务法院的决定；等等。

（4）进口征税制度

烟草制品和其他应税货物为进口的，可用完税价格加进口关税，或零售价计税。

（5）税收优惠制度

符合以下条件的商品可免征消费税：在生产非应税商品的最终产品中用作原材料或辅助材料的；用于科研开发需要的；用于根据互惠原则派驻印度尼西亚的外国代表及其官员的需要的；用于满足在印度尼西亚的国际机构或组织工作的外国专家的需要的；旅客、机组人员、过境人员携带的物品或其他国家赠送的规定数量的物品；用于社交目的的；进口到保税储存场所的。

某些应课税商品也可免征消费税。被破坏从而变得不适合饮用的酒精饮料；直接离开关境的承运人、乘客和船员消费的酒精饮料与烟草制品。

3.印度尼西亚奢侈品销售税制度发展基础

基于平衡低收入消费者和高收入消费者税负、控制奢侈品的消费方式、保护小规模或传统生产者和确保国家收入，印度尼西亚政府开征了奢侈品销售税。印度尼西亚奢侈品销售税基于《增值税法》立法实施。该税种仅对制造商或应税商品生产商提供的归类为奢侈品的应税商品或进口归类为奢侈品的应税商品征收一次税。

（1）纳税人制度

奢侈品销售税只在制造商销售奢侈品或进口商进口奢侈品时征收，对出口货物不征收奢侈品销售税。奢侈品销售税的纳税人为奢侈品的制造商或进口商。

（2）征税对象和税率制度

征税对象。应税奢侈品商品必须满足以下标准：非基本日常所需；被特定人群消费的商品；高收入人群普遍消费的商品；消费该商品可显示自身地位。目前，纳入征税范围的奢侈品分为豪华机动车和非车辆奢侈品两大类。

税率。奢侈品销售税的税率根据奢侈品的分类有所不同。第一，豪华机动车的税率。根据经 2021 年第 74 号政府条例修订的 2019 年第 73 号政府条例和财政部第 141/PMK.010/2021 号条例关于对豪华机动车征收奢侈品销售税的规定，对豪华机动车征收的奢侈品销售税税率分别有15%、20%、25%、40%、50%、60%、70%和95%，该税率的应用取决于车辆类型、气缸容量、燃料消耗或二氧化碳排放水平以及所使用的技术。第二，非车辆奢侈品的税率。根据 2020 年第 61 号政府条例和财政部第 96/PMK.03/2021 号条例，根据不同的税目，非车辆奢侈品（如豪宅、联排别墅、豪华游艇、枪支和子弹等）的税率分别有 20%、40%、50%和 75%。

（3）计税方法

奢侈品销售税的计税基础与增值税的计税基础基本一致，其纳税环节为仅在生产环节或进口环节一次性征收。此外，为鼓励使用节能环保型的机动车，印度尼西亚政府不仅对环保型机动车的奢侈品销售税税率进行了区分，还对其税基进行了区分（税基的计算取决于所使用的技术类型、发动机容量、油耗和每公里产生的二氧化碳排放水平）。

4. 印度尼西亚关税制度发展基础

为了维护国家主权和经济利益、保护自然资源和维持某些商品价格的稳定，印度尼西亚政府开征了关税。印度尼西亚关税基于 2006 年第 17 号法律《印度尼西亚共和国海关法》①（以下简称《海关法》）立法实施，该法是 1995 年第 10 号海关法的修正案，因原 1995 年第 10 号法律关于海关的若干规定不再符合管理，为进一步保障法律的确定性、公平性、透明性和问责性，颁布了此修正案。

（1）纳税人制度

印度尼西亚关税的纳税人为进口货物的进口商和出口货物的出口商。

（2）征税对象和税率制度

征税对象。印度尼西亚出口关税并非对所有商品征收，仅对某些特定商品征收。目前，需缴纳出口关税的出口商品包括：皮革和木材；可可豆；棕榈果；棕榈油、毛棕榈油及其衍生产品；金属矿物加工产品；符合特定标准的金属矿物产品。

印度尼西亚进口关税的征税范围很广。具体包括：汽车及其零部件；船舶；飞行工具；电子产品；纺织品及配饰；饮品、酒精及酒精饮料；农产品；家具；玩具；等等。

税率制度。第一，大多数进口商品和出口商品适用比例税率，仅少量进出口商品适用定额税率。例如，出口商品中的棕榈果、棕榈油、毛棕榈油及其衍生产品适用每公吨 0~264 美元的定额税率，其他则适用 0~25% 的比例税率；而进口商品中如大米、食糖和部分影视制品适用定额税率，其他大部分则适用比例税率。第二，东盟关税。印度尼西亚政府从 2010 年 1 月 1 日起开始执行东盟商品贸易协定，通过降低大部分商品进口税率至零税率来加

---

① LAW OF THE REPUBLIC OF INDONESIA No. 17/2006 CONCERNING AMENDMENT OF CUSTOMS LAWS No. 10/1995（Law No. 17/2006），http://www.flevin.com/id/lgso/translations/JICA%20Mirror/english/7201_UU_17_2006_EN.html.

强东盟成员国之间的贸易往来。第三，自由贸易区协定关税。印度尼西亚与中国、韩国、印度、澳大利亚、新西兰、中国香港、日本、巴基斯坦、智利、巴勒斯坦等国家或地区达成自由贸易区协定关税税率。

（3）计税方法

进口关税计算。进口关税使用以下公式计算：

从价关税：进口关税 = 进口关税税率 × 海关完税价格

从量关税：进口关税 = 每单位商品的税率 × 商品单位数

其中，印度尼西亚的海关完税价格按照到岸价格计算。

出口关税计算。出口关税可根据海关完税价格的一定比例，或依照商品单位数乘以税率计算。

（4）税收优惠制度①

印度尼西亚政府对国内外投资者提供进口关税减免和延期支付等优惠政策。印度尼西亚财政部部长于 2019 年 12 月 31 日签署条例，规定每批价值低于 3 美元的进口货物可以免征进口关税和所得税。除此以外，特殊项目和特定区域的优惠政策有：第一，国外贷款或拨款资助的政府项目的总承包商、咨询公司和供应商就该项目进口商品与使用国外应税服务或国外无形商品时，可享受免征进口关税的优惠。第二，位于综合经济开发区、保税区内的企业可申请延期缴纳进口资本性货物、设备、用于加工的货物和原料的关税。第三，对保税储存区域的纳税人提供延期缴纳特定商品进口关税优惠。第四，在经济特区的纳税人可以享受延期支付资本性货物、设备及用于加工的货物和原料的关税。第五，出口免税和退税优惠。A. 免税。因出口成品而进口大部分原材料和样品的，免征进口关税、增值税和奢侈品销售税。B. 退税。如果进口的原材料用作制造随后用于出口的成品，则已缴纳的原材料进口关税可以申请退税。

---

① 国家税务总局国际税务司国别（地区）投资税收指南课题组：《中国居民赴印度尼西亚共和国投资税收指南》，http：//www.chinatax.gov.cn，2022 年 1 月 27 日。

（四）印度尼西亚财产税类制度发展基础①

在印度尼西亚较为典型的财产税是土地与建筑物税，其早在 1985 年就由《土地与建筑物税法》立法实施，为印度尼西亚政府保证经济稳定和调节贫富差距起到了一定作用。

1. 印度尼西亚土地与建筑物税制度发展基础

针对土地与建筑物税，印度尼西亚 1985 年制定了《土地与建筑物税法》，后又制定了平衡中央与地方财务的 2004 年第 33 号法律、关于地方税和地方收费的 2009 年第 28 号法律和 2020 年第 11 号法律。

（1）纳税人制度

土地与建筑物税是对所有土地或建筑物征收的财产税，享受特别豁免的除外。若某个人或组织对一块土地或对某一建筑物享有所有权、控制权或从中获得利益，则该个人或组织将被认定为该土地或建筑物的土地与建筑物税法定纳税人。

（2）征税对象和税率制度

征税对象。土地与建筑物税的征税对象包括所有土地与建筑物，但以下由其他法规管辖的除外：林业，种植业，矿产和煤炭，石油、天然气和地热矿区，位于国家海域上并在领土外的其他产业。

税率。土地与建筑物税的税率最高为 0.3%。

（3）计税方法

土地与建筑物税根据地方政府每年签发的《应纳税额征缴函》进行课征，其应纳税额以课税对象的销售价扣除非应税价值为计税依据按照相应税率计算。非应税价值的最低设定为 1000 万印度尼西亚盾。

（4）税收优惠制度

以下情况免征土地与建筑物税：用于中央或地方政府；用于公众利益，

---

① 国家税务总局国际税务司国别（地区）投资税收指南课题组：《中国居民赴印度尼西亚共和国投资税收指南》，http://www.chinatax.gov.cn，2022 年 1 月 27 日。

包括宗教和社会事务、健康、教育和国民文化及其他非营利用途；用于墓园、古代遗址或类似地点；受保护的森林、自然保护区森林、旅游区森林、国家公园、受村庄管控的牧场及无使用权的国有土地；依据互惠待遇原则为外交代表所用；依据财政部决议用于国际组织机构或代表处。

2.印度尼西亚土地与建筑物产权购置税制度发展基础

土地和建筑物产权转让也会给受让一方带来土地与建筑物产权购置税的缴纳。

（1）纳税人制度

受让者（买方）为土地与建筑物产权购置税的纳税人；在其未全额缴纳该税款之前，公证人不得在产权转让契约上签字。

（2）征税对象和税率制度

符合征税资格的土地和建筑物产权转让行为包括买卖、授予、继承、拍卖、企业并购、合并及扩张等。

土地与建筑物产权购置税应在相关土地与建筑物产权转让契约公证前缴清。在企业并购、合并或扩张情况下，应纳税额应在并购、合并或扩张的文件签署时缴清。在拍卖情况下，应纳税额应在拍卖公告签署当日缴清。

土地与建筑物产权购置税作为地方税收的一部分需遵循《地方税收和处罚条例》，适用税率为5%。

（3）计税方法

土地与建筑物产权购置税以课税对象收购价值为基础，该计税依据在大多数情况下取自市场（交易）价值或收购价值中的较高者。应纳税额应根据收购价值与适用税率（5%）相乘后减去允许的非课税限额来得出。

非课税限额因地区而不同。最低为6000万印度尼西亚盾，然而在继承情况下最低限额为3亿印度尼西亚盾。政府可颁布条例更改非课税限额。

3.印度尼西亚土地与建筑物转让税制度发展基础

在印度尼西亚，转让者（卖方）将土地或建筑物产权转让至受让人时，应按规定缴纳土地与建筑物转让税。

（1）纳税人制度

转让者（卖方）为土地与建筑物转让税的纳税人。该税未全额缴纳前，公证人不得在产权转让契约上签字。

（2）税率制度

土地与建筑物转让税税率设定为总转让价值（计税依据）的 2.5%。从事房地产开发的纳税人转让廉价房屋和廉价公寓的，税率为 1%。

（3）计税方法

一般而言，计税依据是《土地和建筑物产权转让文契》以及《买卖协议》中实际的交易价值或应收取价款中的较高者。当土地与建筑物产权转让至政府时，计税依据则是交易文件中政府官员规定的金额。在政府举办的拍卖活动中，转让总价值应是相关拍卖契约所规定的金额。

（五）印度尼西亚其他税类（印花税）制度发展基础

在印度尼西亚的其他税类中，只有印花税一种。根据 2020 年第 10 号《印花税法》，印度尼西亚印花税是对文件征税，文件是可以作为证据或信息的书面材料或文字，可以是手写、印刷或电子形式。

1. 印花税的纳税人制度

印花税的纳税人为文件的受益人，具体为：第一，对于由两方或多方准备的文件，每一方都应为其收到的文件支付印花税；第二，如果文件是单方面制作的，则印花税由接收文件的一方支付；第三，特殊例外情况，适用于证券形式的文件，其印花税由证券发行方缴纳。

2. 印花税的征税对象和税率制度

征税对象。一般而言，印花税适用于两类文件，即为解释民事事件而准备的文件；在法庭上用作证据的文件。

需课证印花税的文件具体如下：协议书及其副本；公证契约及其副本和摘录；物业转让契约及其副本和摘录；任何名称和形式的证券及证券交易文件；证书、声明书或其他类似信件及其副本；拍卖文件；金额超过 500 万印度尼西亚盾的文件；在法庭上用作证据的文件；在海外准备的民事文件。

税率。每份文件征收一次印花税，自2021年1月1日起是以固定金额1万印度尼西亚盾附于特定文件上缴纳。虽然税率目前固定，但根据《印花税法》，印花税可根据国家经济状况和人民收入水平而增加或减少。此外，政府还可以为某些文件设定不同的固定税率，以实施政府计划并支持货币当局或金融部门政策的实施。

3. 印花税计税方法

承担印花税的各方可以使用粘贴印花或纳税单支付印花税。每种印花税支付方式都有自己的程序。例如，粘贴印花通过贴上有效且从未使用过的黏性印章来缴纳；此外，还可以通过访问特定网址来执行电子印花税的支付。

4. 印花税税收优惠制度

下列文件的印花税免税：用于处理和恢复自然灾害后社会状况的土地转让与建筑权文件；仅用于宗教或非商业活动的土地转让和建筑权文件；与实施政府计划和货币或金融政策有关的文件；与根据具有约束力的国际条约或互惠法执行国际协议有关的文件。

印花税不适用于许多其他文件。其中包括与人员和货物运输有关的文件（如提货单或收货单）、文凭、工资支付、税收收据等。

二　印度尼西亚税收制度发展变化
（2022~2023年）

2022~2023年，印度尼西亚税收制度法律体系、所得税类制度、货物劳务税类制度等均有所变化。例如：印度尼西亚RCEP的生效给其进口关税带来了重要影响；针对UU HPP的系列新条例的颁布实施给增值税、所得税、税收征管程序都带来了重大影响；等等。

（一）印度尼西亚税收制度体系发展变化

近年来，印度尼西亚颁布了包括企业所得税、增值税、奢侈品销售税、关税、消费税和税收征管程序等在内的一系列新规，涉及税收实体性和程序性行政法规以及部门规章，其发展变化主要如下。

1. 印度尼西亚税收收入和宏观税负的发展变化

（1）税收收入及其构成的主要发展变化

2022 年，印度尼西亚税收收入达到 1716.8 万亿印度尼西亚盾。具体来看，石油和天然气所得税收入达到 77.8 万亿印度尼西亚盾，同比增长 47.3%；非石油和天然气所得税收入达到 920.4 万亿印度尼西亚盾，同比增长 43%；增值税和奢侈品销售税收入达到 687.6 万亿印度尼西亚盾，同比增长 24.6%；财产税和其他税收入达到 31 万亿印度尼西亚盾，同比增长 3%。[①]

（2）宏观税负的主要发展变化

2022 年，印度尼西亚 GDP 为 19588.4 万亿印度尼西亚盾，约为 1.32 万亿美元。经计算，2022 年印度尼西亚宏观税负为 8.76%。[②]

2. 印度尼西亚基于收入归属层级标准的税类结构发展变化

为了实现国民收入在中央与地方政府之间的有效分配，印度尼西亚政府颁布了 HKPD。该法修改了原 2004 年第 33 号关于财政平衡的法律和 2009 年第 28 号关于地方税和地方收费法律的条款内容，以强化地方税收绩效，增强地方财政能力。

总体来看，该法包含 3 个变化：第一，精简地方税制（如某些地方税被合并），旨在优化地方税收并简化纳税人在履行纳税义务时必须承担的成本。第二，出台附加税，允许地方政府在某些税种的基础上额外征收附加税。此方案适用于 3 种类型的税，即机动车税、机动车转让税和

---

① 中国商务部官网，http://id.mofcom.gov.cn/。
② 印度尼西亚统计局官网，http://www.bps.go.id/。

非金属矿物和岩石税。第三，开征新税种，引入了一个新税种，即重型设备税，该税是作为宪法法院第 15/PUU-XV/2017 号决定①的后续行动而被引入的。

HKPD 规定了印度尼西亚地方税的类型和适用税率。地方税的具体适用因地区而异，但征税对象和适用税率必须在该法规定的范围内。

3. 印度尼西亚税收制度法律体系发展变化

2022~2023 年，印度尼西亚税收实体性行政法规、税收程序性行政法规、税收实体性规章、税收程序性规章和国际条约均有所发展变化。

（1）税收行政法规发展变化

税收实体性行政法规发展变化。2022 年，印度尼西亚政府颁布了针对 UU HPP 的系列新实施条例，具体见表 6。

表 6　UU HPP 新实施条例变化

相关税种	行政法规	主要变化
所得税	2022 年第 55 号政府条例[1]（简称 PP-55）	该条例自 2022 年 12 月 20 日起生效，修订了所得税政策。PP-55 撤销了以下政府条例：①2010 年第 94 号政府条例的第 2A 条（经多次修订，最近一次由 2021 年第 9 号政府条例修订）；②2009 年第 18 号政府条例；③2018 年第 23 号政府条例；④2020 年第 29 号政府条例第 10 条；⑤2020年第 30 号政府条例
增值税	2022 年第 44 号政府条例[2]（简称 PP-44）	该条例自 2022 年 12 月 2 日发布当日生效，修订了增值税政策。PP-44 撤销了原 2012 年第 1 号增值税条例（经 2021 年第 9 号条例修订）相关内容，原实施条例仍然有效，前提是它与 PP-44 中的规定不冲突

---

① DEMI KEADILAN BERDASARKAN KETUHANAN YANG MAHA ESA MAHKAMAH KONSTITUSI REPUBLIK INDONESIA （15/PUU-XV/2017），https：//peraturan.go.id/common/dokumen/putusan/2017/15_ PUU-XV_ 2017.pdf.

续表

相关税种	行政法规	主要变化
增值税	2022 年第 49 号政府条例[3]（简称 PP-49）	该条例自 2022 年 12 月 12 日发布当日生效,修订了增值税政策。PP-49 生效后自 2022 年 4 月 1 日起对进口与交付某些商品及服务具有追溯效力,并对 2022 年 1 月 1 日至 12 月 31 日的进口与交付某些商品及服务做出了过渡性规定。PP-49 撤销了以下政府条例:①2000 年第 146 号条例（经 2003 年第 38 号条例修订）;②2015 年第 81 号条例（经 2020 年第 48 号条例修订）;③2015 年第 40 号条例（经 2021 年第 58 号条例修订）;④2019 年第 50 号条例

注：1. Peraturan Pemerintah（PP）tentang Penyesuaian Pengaturan di Bidang Pajak Penghasilan（PP No. 55 Tahun 2022）, https：//peraturan. bpk. go. id/Home/Details/233488/pp-no-55-tahun-2022.

2. Peraturan Pemerintah（PP）tentang Penerapan terhadap Pajak Pertambahan Nilai Barang dan Jasa dan Pajak Penjualan atas Barang Mewah（PP No. 44 Tahun 2022）［EB/OL］, https：//peraturan. bpk. go. id/Home/Details/232656/pp-no-44-tahun-2022.

3. Peraturan Pemerintah（PP）tentang Pajak Pertambahan Nilai Dibebaskan dan Pajak Pertambahan Nilai atau Pajak Pertambahan Nilai dan Pajak Penjualan atas Barang Mewah Tidak Dipungut atas Impor dan/atau Penyerahan Barang Kena Pajak Tertentu dan/atau Penyerahan Jasa Kena Pajak Tertentu dan/atau Pemanfaatan Jasa Kena Pajak Tertentu dari Luar Daerah Pabean（PP No. 49 Tahun 2022）, https：//peraturan. bpk. go. id/Home/Details/232943/pp-no-49-tahun-2022.

资料来源：JDIH 网, https：//peraturan. bpk. go. id/。

此外，印度尼西亚政府颁布 2022 年第 9 号政府条例[1]更新之前受 2008 年第 51 号条例（经 2009 年第 40 号条例修订）监管的建筑服务最终所得税税率；颁布 2022 年第 15 号政府条例[2]，涉及煤矿行业公司应支付的税收规定。

税收程序性行政法规发展变化。2022 年 12 月 12 日，印度尼西亚政府颁布了《税收程序法》的新实施条例即 2022 年第 50 号条例[3]。该实施条例

① https：//peraturan. bpk. go. id/Home/Details/199710/pp-no-9-tahun-2022.

② Peraturan Pemerintah（PP）tentang Perlakuan Perpajakan dan/atau Penerimaan Negara Bukan Pajak di Bidang Usaha Pertambangan Batubara（PP No. 15 Tahun 2022）, https：//peraturan. bpk. go. id/Home/Details/206051/pp-no-15-tahun-2022.

③ Peraturan Pemerintah（PP）tentang Tata Cara Pelaksanaan Hak dan Pemenuhan Kewajiban Perpajakan（PP No. 50 Tahun 2022）, https：//peraturan. bpk. go. id/Home/Details/232952/pp-no-50-tahun-2022.

自 2022 年 12 月 12 日起生效，其在税收争议相互协商程序、碳税的税收程序性规定、"初步证据税务审计"程序、减少或取消税务决定通知书程序、司法审查有关处罚、纳税人退税权利、纳税人税务识别号整合和税务电子认证效力等方面都有所规定。

（2）税收规章发展变化

税收实体性规章发展变化。税收实体性规章发展变化主要涉及所得税、增值税、奢侈品销售税、关税、消费税，具体见表7。

表7　印度尼西亚税收实体性规章发展变化

相关税种	规章
所得税、增值税	第68/PMK.03/2022号财政部条例[1]：关于确认加密资产交易的增值税及所得税处理的规定
所得税	第113/PMK.03/2022号财政部条例[2]、第114/PMK.03/2022号财政部条例[3]：关于将2022年6月30日到期的部分税收优惠延长的规定
增值税	①第61/PMK.03/2022号财政部条例[4]：关于自建活动增值税的规定。 ②第62/PMK.03/2022号财政部条例[5]：关于特定液化石油气交付增值税的规定。 ③第63/PMK.03/2022号财政部条例[6]：关于烟草产品交付增值税的规定。 ④第65/PMK.03/2022号财政部条例[7]：关于二手车交付增值税的规定。 ⑤第66/PMK.03/2022号财政部条例[8]：关于农业部门补贴肥料交付增值税的规定 ⑥第67/PMK.03/2022号财政部条例[9]：关于保险代理服务、保险经纪人服务和再保险经纪人服务交付增值税的规定。 ⑦第69/PMK.03/2022号财政部条例[10]：关于对金融技术征税的规定。 ⑧第70/PMK.03/2022号财政部条例[11]：关于饮食产品、艺术娱乐服务、酒店服务、停车场服务及餐饮服务免征增值税的规定。 ⑨第71/PMK.03/2022号财政部条例[12]：关于特定应税服务交付增值税的规定。 ⑩延长2021年12月31日到期的一些税收优惠政策：第6/PMK.010/2022号财政部条例[13]延长原第103/PMK.010/2021号财政部条例关于为销售符合条件的房屋提供政府承担增值税的优惠政策
奢侈品销售税	第5/PMK.010/2022号财政部条例[14]延长原第31/PMK.010/2021号财政部条例关于给予符合奖励条件机动车的奢侈品销售税由政府承担的优惠政策

续表

相关税种	规章
关税	①第 1/PMK. 010/2022 号财政部条例[15]：关于确定需缴纳出口关税和相关出口货物的规定。 ②第 13/PMK. 010/2022 号财政部条例[16]：关于鼓励发展四轮或四轮以上机动车辆产业，并加速基于电池的道路运输电动汽车项目的规定。 ③第 144/PMK. 04/2022 号财政部条例[17]：关于修订进口关税计算规则的规定。 ④第 209/PMK. 04/2022 号财政部条例[18]：关于进口货物征收进口关税的规定。 ⑤印度尼西亚财政部为确定 RCEP 计划国家的进口关税，针对东盟国家颁布了第 221/PMK. 010/2022 号条例[19]；针对澳大利亚颁布了第 222/PMK. 010/2022 号条例[20]；针对韩国颁布了第 223/PMK. 010/2022 号条例[21]；针对中国颁布了第 224/PMK. 010/2022 号条例[22]；针对日本颁布了第 225/PMK. 010/2022 号条例[23]；针对新西兰颁布了第 226/PMK. 010/2022 号条例[24]
消费税	第 192/PMK. 010/2022 号财政部条例[25]：关于修订电子烟和其他烟草加工产品的消费税税率的规定

注：1. Peraturan Kementerian Keuangan（PMK）tentang Pajak Pertambahan Nilai dan Pajak Penghasilan atas Transaksi Perdagangan Aset Kripto（68/PMK. 03/2022），https：//peraturan. bpk. go. id/Home/Details/215539/pmk-no-68pmk032022.

2. Peraturan Kementerian Keuangan（PMK）tentang Perubahan atas Peraturan Menteri Keuangan Nomor 226/PMK. 03/2021 tentang Pemberian Insentif Pajak terhadap Barang yang Diperlukan dalam Rangka . Penanganan Pandemi Corona Virus Disease 2019 dan Perpanjangan Pemberlakuan Fasilitas Pajak Penghasilan bagi Sumber Daya Manusia di Bidang Kesehatan Berdasarkan Peraturan Pemerintah Nomor 29 Tahun 2020 tentang Fasilitas Pajak Penghasilan dalam Rangka Penanganan Corona Virus Disease 2019（COVID-19）（113/PMK. 03/2022），https：//peraturan. bpk. go. id/Home/Details/217317/pmk-no-113pmk032022.

3. Peraturan Kementerian Keuangan（PMK）tentang Perubahan atas Peraturan Menteri Keuangan Nomor 3/PMK. 03/2022 tentang Insentif Pajak untuk Wajib Pajak Terdampak Pandemi Corona Virus Disease 2019（114/PMK. 03/2022），https：//peraturan. bpk. go. id/Home/Details/217318/pmk-no-114pmk032022.

4. Peraturan Kementerian Keuangan（PMK）tentang Pajak Pertambahan Nilai atas Kegiatan Membangun Sendiri（61/PMK. 03/2022），https：//peraturan. bpk. go. id/Home/Details/206311/pmk-no-61pmk032022.

5. Peraturan Kementerian Keuangan（PMK）tentang Pajak Pertambahan Nilai atas Penyerahan Liquefied Petroleum Gas Tertentu（62/PMK. 03/2022），https：//peraturan. bpk. go. id/Home/Details/215504/pmk-no-62pmk032022.

6. Peraturan Kementerian Keuangan（PMK）tentang Pajak Pertambahan Nilai atas Penyerahan Hasil Tembakau （63/PMK. 03/2022），https：//peraturan. bpk. go. id/Home/Details/215514/pmk-no-63pmk032022.

7. Peraturan Kementerian Keuangan（PMK）tentang Pajak Pertambahan Nilai atas Penyerahan Kendaraan Bermotor Bekas（65/PMK. 03/2022），https：//peraturan. bpk. go. id/Home/Details/215532/pmk-no-65pmk032022.

8. Peraturan Kementerian Keuangan （PMK） tentang Pajak Pertambahan Nilai atas Penyerahan Pupuk Bersubsidi untuk Sektor Pertanian （66/PMK.03/2022）, https：//peraturan. bpk. go. id/Home/Details/215520/pmk-no-66pmk032022.

9. Peraturan Kementerian Keuangan （PMK） tentang Pajak Pertambahan Nilai atas Penyerahan Jasa Agen Asuransi, Jasa Pialang Asuransi, dan Jasa Pialang Reasuransi （67/PMK.03/2022）, https：// peraturan. bpk. go. id/Home/Details/215536/pmk-no-67pmk032022.

10. Peraturan Kementerian Keuangan （PMK） tentang Pajak Penghasilan dan Pajak Pertambahan Nilai atas Penyelenggaraan Teknologi Finansial （69/PMK.03/2022）, https：//peraturan. bpk. go. id/Home/Details/215543/pmk-no-69pmk032022.

11. Peraturan Kementerian Keuangan （PMK） tentang Kriteria dan/atau Rincian Makanan dan Minuman, Jasa Kesenian dan Hiburan, Jasa Perhotelan, Jasa Penyediaan Tempat Parkir, serta Jasa Boga atau Katering, yang Tidak Dikenai Pajak Pertambahan Nilai （70/PMK.03/2022）, https：//peraturan. bpk. go. id/Home/Details/215547/pmk-no-70pmk032022.

12. Peraturan Kementerian Keuangan （PMK） tentang Pajak Pertambahan Nilai atas Penyerahan Jasa Kena Pajak Tertentu （71/PMK.03/2022）, https：//peraturan. bpk. go. id/Home/Details/215559/pmk-no-71 pmk032022.

13. Peraturan Kementerian Keuangan （PMK） tentang Pajak Pertambahan Nilai atas Penyerahan Rumah Tapak dan Satuan Rumah Susun yang Ditanggung Pemerintah Tahun Anggaran 2022 （6/PMK.010/2022）, https：//peraturan. bpk. go. id/Home/Details/214735/pmk-no-6pmk0102022.

14. Peraturan Kementerian Keuangan （PMK） tentang Pajak Penjualan Atas Barang Mewah Atas Penyerahaan Barang Kena Pajak Yang Tergolong Mewah Berupa Kendaraan Bermotor Tertentu Yang Ditanggung Pemerintah Tahun Anggaran 2022 （5/PMK.010/2022）, https：//peraturan. bpk. go. id/Home/Details/212485/pmk-no-5pmk0102022.

15. Peraturan Kementerian Keuangan （PMK） tentang Perubahan Ketiga atas Peraturan Menteri Keuangan Nomor 13/PMK.010/2017 tentang Penetapan Barang Ekspor yang Dikenakan Bea Keluar dan Tarif Bea Keluar （1/PMK.010/2022）, https：//peraturan. bpk. go. id/Home/Details/197504/pmk-no-1pmk0102022.

16. Peraturan Kementerian Keuangan （PMK） tentang Perubahaan Keempat Atas Peraturan Menteri Keuangan Nomor 6/PMK.010/2017 tentang Penetapan Sistem Klasifikasi Barang dan Pembebanan Tarif Bea Masuk atas Barang Impor （13/PMK.010/2022）, https：//peraturan. bpk. go. id/Home/Details/214754/pmk-no-13pmk0102022.

17. Peraturan Kementerian Keuangan （PMK） tentang Nilai Pabean untuk Penghitungan Bea Masuk （144/PMK.04/2022）, https：//peraturan. bpk. go. id/Home/Details/230635/pmk-no-144pmk042022.

18. Peraturan Kementerian Keuangan （PMK） tentang Tata Cara Pengenaan Tarif Bea Masuk atas Barang Impor Berdasarkan Persetujuan Kemitraan Ekonomi Komprehensif Regional （209/PMK.04/2022）, https：//peraturan. bpk. go. id/Home/Details/235444/pmk-no-209pmk042022.

19. Peraturan Kementerian Keuangan （PMK） tentang Penetapan Tarif Bea Masuk Dalam Rangka Regional Comprehensive Economic Partnership Agreement （Persetujuan Kemitraan Ekonomi Komprehensif Regional） untuk Negara-Negara Anggota Perhimpunan Bangsa-Bangsa Asia Tenggara （221/PMK.010/2022）, https：//peraturan. bpk. go. id/Home/Details/235239/pmk-no-221pmk010 2022.

20. Peraturan Kementerian Keuangan（PMK）tentang Penetapan Tarif Bea Masuk Dalam Rangka Regional Comprehensive Economic Partnership Agreement（Persetujuan Kemitraan Ekonomi Komprehensif Regional）untuk Australia（222/PMK. 010/2022），https：//peraturan. bpk. go. id/Home/Details/235243/pmk-no-222pmk0102022.

21. Peraturan Kementerian Keuangan（PMK）tentang Penetapan Tarif Bea Masuk Dalam Rangka Regional Comprehensive Economic Partnership Agreement（Persetujuan Kemitraan Ekonomi Komprehensif Regional）untuk Republik Korea（223/PMK. 010/2022），https：//peraturan. bpk. go. id/Home/Details/235285/pmk-no-223pmk0102022.

22. Peraturan Kementerian Keuangan（PMK）tentang Penetapan tarif Bea Masuk dalam rangka Regional Comprehensive Economic Partnership Agreement（Persetujuan Kemitraan Ekonomi Komprehensif Regional）untuk Republik Rakyat Tiongkok（224/PMK. 010/2022），https：//peraturan. bpk. go. id/Home/Details/235288/pmk-no-224pmk0102022.

23. Peraturan Kementerian Keuangan（PMK）tentang Penetapan Tarif Bea Masuk Dalam Rangka Regional Comprehensive Economic Partnership Agreement（Persetujuan Kemitraan Ekonomi Komprehensif Regional）untuk Jepang（225/PMK. 010/2022），https：//peraturan. bpk. go. id/Home/Details/235290/pmk-no-225pmk0102022.

24. Peraturan Kementerian Keuangan（PMK）tentang Penetapan Tarif Bea Masuk Dalam Rangka Regional Comprehensive Economic Partnership Agreement（Persetujuan Kemitraan Ekonomi Komprehensif Regional）untuk Selandia Baru（226/PMK. 010/2022），https：//peraturan. bpk. go. id/Home/Details/235292/pmk-no-226pmk0102022.

25. Peraturan Kementerian Keuangan（PMK）tentang Perubahan atas Peraturan Menteri Keuangan Nomor 193/PMK. 010/2021 tentang Tarif Cukai Hasil Tembakau Berupa Rokok Elektrik dan Hasil Pengolahan Tembakau Lainnya（192/PMK. 010/2022），https：//peraturan. bpk. go. id/Home/Details/234091/pmk-no-192pmk0102022.

资料来源：JDIH 网，https：//peraturan. bpk. go. id/。

税收程序性规章发展变化。税收程序性规章发展变化主要涉及所得税、增值税、关税、消费税等约 10 项。

（3）国际条约发展变化

在多边条约发展变化方面，自 2023 年 1 月 2 日起，RCEP 对印度尼西亚生效。[①] 协定生效后，印度尼西亚将按照 RCEP 协定的承诺与成员国相互实施 RCEP 协定税率。

---

① 中国商务部官网，http：//id. mofcom. gov. cn/。

（二）印度尼西亚所得税类制度发展变化

2022～2023年，在企业所得税方面，印度尼西亚对其征税对象有了更详细的规定，同时加大了部分行业的税收优惠力度；另外，对个人所得税的税收优惠也有了新的规定。

1. 印度尼西亚企业所得税制度发展变化

印度尼西亚企业所得税的纳税人制度、征税对象和税率制度、税收优惠制度主要发展变化如下。

（1）纳税人制度发展变化

印度尼西亚明确了独资企业被视为企业纳税人。因印度尼西亚2020年在《就业综合法》和2021年在部分法规中引入了一种新的独资概念，即符合微型企业标准和小型企业标准的个人可以建立一个完全自主的实体。然而，由于该实体本质上不再是个人，且独资企业的法律要求不同于普通有限责任公司，故出现了有关独资企业税务登记要求和所得税处理的问题。2022年7月7日，印度尼西亚税务总局发布了编号为SE-20/PJ/2022的通函[①]，就上述问题和事项提供指导与澄清。该通函明确独资企业被视为企业纳税人。因此，该通函不符合适用于年总收入高达5亿印度尼西亚盾的个人纳税人的所得税豁免。

（2）征税对象和税率制度发展变化

建筑服务分类及其最终所得税税率更新。2022年2月21日，印度尼西亚政府颁布2022年第9号条例更新之前受2008年第51号条例（经2009年第40号条例修订）监管的建筑服务最终所得税税率。该条例自颁布之日起生效，将建筑服务征税范围重新分类并修改了建筑服务最终所得税税率。适用的新的最终所得税税率以提供的建筑服务类型、服务提供商的业务分类和

---

① SURAT EDARAN DIREKTUR JENDERAL PAJAK NOMOR SE-20/PJ/2022 TENTANG PENDAFTARAN DAN EMBERIAN NOMOR POKOK WAJIB PAJAK SERTA PENGENAAN PAJAK PENGHASILAN BAGI PERSEROAN PERORANGAN（SE - 20/PJ/2022），https：// datacenter. ortax. org/ortax/aturan/show/24962.

某些授权监管机构颁发的资格证书为依据，设置了1.75%、2.65%、3.5%、4%、6%多档税率。

加密资产交易适用企业所得税处理。2022年3月30日，印度尼西亚财政部发布第68/PMK.03/2022号条例，确认加密资产交易适用的所得税规定，该条例自2022年5月1日起生效。

煤炭开采行业应缴纳企业所得税规定。2022年4月11日，印度尼西亚政府颁布2022年第15号条例（简称PP-15），涉及煤矿行业公司应支付的税收规定。该条例自2022年4月17日起生效。第一，适用范围。PP-15适用于以下煤矿行业许可证持有人：现行采矿法下的采矿营业执照；国家储备区内的特殊采矿业务许可证；其他符合条件的许可证；等等。第二，所得税处理。收入的确认：煤炭开采行业许可证持有人获得的收入包括煤炭销售收入和其他收入。可抵扣的费用：可从税收中扣除的费用包括勘探成本、可行性研究成本、一般研究成本、非税国家收入贡献、开采后成本和生产运营成本等。

（3）税收优惠制度发展变化

加大对部分行业的税收优惠。根据第3/PMK.03/2022号财政部条例，某些符合条件的活动的所得税可由政府承担。符合该条件的纳税人是指相关政府机构指示其执行对农业部门至关重要的特定劳动激励计划的纳税人，如改善灌溉用水的加速计划的纳税人。

延长新冠疫情期间部分税收优惠条例。基于新冠疫情给许多纳税人带来的经济和金融挑战，2022年7月11日印度尼西亚财政部颁布了第113/PMK.03/2022号条例和第114/PMK.03/2022号条例，将2022年6月30日到期的与新冠疫情相关的部分税收优惠延长至2022年12月31日。第一，延长符合条件的纳税人进口应税基本货物的所得税免税。第二，延长为应对新冠疫情而购买和销售必要商品的所得税免税。第三，扩大了税收减免，包括：符合条件的纳税人每月分期纳税额减少50%；政府承担某些建筑服务的最终所得税。

新增免税商品。2022年3月30日，印度尼西亚财政部发布第69/

PMK. 03/2022 号关于金融科技企业所得税和增值税处理的条例，规定以电子货币或电子钱包形式存在的货币以及某些证券属于免税商品。具体为：第一，电子货币或电子钱包形式存在的货币，包括奖金、充值、奖励和版税积分；第二，众筹服务和投资管理服务项下提供的某些证券。

2.印度尼西亚个人所得税制度发展变化

2022~2023 年，印度尼西亚个人所得税制度发展变化不大，其税收优惠待遇有一定更新。

（1）延长新冠疫情期间部分税收优惠条例

2022 年，印度尼西亚财政部颁布第 113/PMK. 03/2022 号条例，将 2022 年 6 月 30 日到期的与新冠疫情相关的部分税收优惠延长至 2022 年 12 月 31 日，包括：根据 2020 年第 29 号政府条例提供的员工所得税激励；更新如何获得税收减免的操作指南。

（2）明确实物福利免税范围

印度尼西亚政府 2022 年第 55 号条例明确了从 2022 财年起以下雇主向其员工提供的实物福利是免税的：第一，工作场所被税务局批准为偏远地区，雇主在该工作场所为员工及其家人提供的基础设施福利；第二，执行工作任务所需的实物福利，如制服、安全设备、员工班车服务等；第三，某些由国家、地区或村庄预算资助的实物福利。

（三）印度尼西亚货物劳务税类制度发展变化

2022~2023 年，印度尼西亚货物劳务税类制度发展变化主要涉及增值税制度发展变化、消费税制度发展变化、奢侈品销售税制度发展变化以及关税制度发展变化。

1.印度尼西亚增值税制度发展变化

印度尼西亚增值税制度主要在征税对象、税率制度和税收优惠制度上有了若干新的规定。

（1）征税对象和税率制度发展变化

明确定义"商业活动"。根据印度尼西亚政府 2022 年第 44 号条例，将商业活动定义为与经营活动和非经营活动相关的所有应税货物或应税服务的交付。经营活动是指除投资和融资活动外的创收与其他活动，以及可能影响营业收入的交易和事件。非经营活动是指属于上述经营活动定义范围以外的活动。

颁布加密资产交易增值税处理规定。财政部发布第 68/PMK.03/2022 号条例，确认加密资产交易需要征收增值税及其规定。

税率调整。根据 UU HPP 第 7 条的规定，自 2022 年 4 月 1 日起，印度尼西亚增值税标准税率从 10% 提高至 11%（且将不迟于 2025 年 1 月 1 日提高至 12%）。

（2）税收优惠制度发展变化

①延长到期的部分税收优惠政策。

延长 2021 年 12 月 31 日到期的一些税收优惠政策。2022 年 2 月 2 日，印度尼西亚财政部发布第 6/PMK.010/2022 号条例（简称 PMK-6），延长财政部原第 103/PMK.010/2021 号条例（简称 PMK-103）。PMK-6 规定，为了保持房地产行业的购买力，延长为销售符合条件的房屋提供政府承担增值税的优惠政策，但承担比例有所变化，具体为：符合条件地出售有地房屋和住宅单元，将根据房产售价由政府承担 25% 或 50% 的增值税（此前政府承担的增值税比例为 50% 或 100%）。

延长到期的新冠疫情期间部分税收优惠。2022 年，印度尼西亚财政部颁布第 113/PMK.03/2022 号条例，将 2022 年 6 月 30 日到期的与新冠疫情相关的部分税收优惠延长至 2022 年 12 月 31 日。

②新增免税商品。

2022 年 3 月 30 日，印度尼西亚财政部发布第 69/PMK.03/2022 号关于金融科技企业所得税和增值税处理的条例，规定以电子货币或电子钱包形式存在的货币以及某些证券属于免税商品。

2. 印度尼西亚消费税制度发展变化

提高电子烟和其他烟草加工产品的消费税税率。根据财政部第 192/PMK.010/2022 号（修订财政部原第 193/PMK.010/2021 号条例）关于修订电子烟和其他烟草加工产品的消费税税率的条例，印度尼西亚设定了两年（2023~2024年）提高电子烟和其他烟草加工产品的消费税税率。具体规定为：对2023~2024年电子烟产品和其他烟草加工产品的消费税与零售价做了限制性规定，2023~2024年电子烟产品和其他烟草加工产品的消费税平均每年提高15%和6%。

3.印度尼西亚奢侈品销售税制度发展变化

奢侈品销售税制度主要在税收优惠制度上有所调整。

（1）延长2021年12月31日到期的一些税收优惠政策

2022年2月2日，印度尼西亚财政部发布第5/PMK.010/2022号条例（简称PMK-5），延长财政部原第31/PMK.010/2021号条例关于给予符合奖励条件的机动车奢侈品销售税由政府承担的优惠政策。根据PMK-5，政府承担特定车型销售时应支付的奢侈品销售税。

（2）免征进口税和奢侈品销售税政策

根据印度尼西亚政府2022年第49号条例的规定，有几种应税商品既免征进口税又免征奢侈品销售税。该条例规定了免征进口税和奢侈品销售税的商品清单，包括用于研发的货物、临时进口的货物、中小企业的机械等。

4.印度尼西亚关税制度发展变化

印度尼西亚关税制度的征税对象、税率制度、计税方法和税收优惠政策都有了发展变化。

（1）征税对象和税率制度发展变化

2022年，印度尼西亚棕榈仁壳出口关税发生了变化。为了支持以棕榈油为基础的工业商品出口，印度尼西亚财政部发布了第1/PMK.010/2022号条例（简称PMK-1），修改财政部原第13/PMK.010/2017号条例。PMK-1修改了棕榈仁壳的出口关税，并自2022年1月11日起生效。

（2）计税方法发展变化

2022年，印度尼西亚修订了进口关税计算方法。根据印度尼西亚财政部发布的第144/PMK.04/2022号条例（简称PMK-144），修订了计算进口关税的海关价值的确认。该条例自2023年1月1日起生效，其撤销了原经财政部第 62/PMK. 04/2018 号条例修订的第 160/PMK. 04/2010 号条例。
PMK-144 的主要变化如下：

扩大自交易价值中排除的费用。在出口国发生的内部税务费用被添加到应从交易价值中排除的费用列表中。交易价值被用作计算进口关税需确定的海关价值的基础。

引入海关价值确认新规。PMK-144 取消了海关价值信息规定，引入了海关价值确认新规。

（3）税收优惠政策发展变化

印度尼西亚财政部颁布了第 13/PMK. 010/2022 号条例（简称 PMK-13），修改了 2020 年第 17 号条例中关于确定货物分类制度和对运输业进口货物征收进口关税的规定。PMK-13 旨在鼓励发展四轮或四轮以上机动车产业，并加速基于电池的道路运输电动汽车项目。根据 PMK-13，在 2022 年印度尼西亚海关关税手册中增加了部分电动汽车，以提供进口关税优惠政策来支持印度尼西亚交通运输业的发展。

（四）印度尼西亚碳税制度发展变化

在其他税类制度发展变化方面，主要涉及碳税的征收。根据 UU HPP，印度尼西亚政府对纳税人征收碳税自 2022 年 4 月 1 日起生效。

1. 碳税纳税人制度

碳税的纳税人被定义为符合 2021 年第 7 号 UU HPP 第 13 条主观和客观要求的个人或公司或碳税征收人。可以通过以下方式支付碳税：由纳税人支付；由碳税扣缴义务人代付。

2. 碳税征税对象和税率制度

征税对象。征税对象包括：对环境产生负面影响的碳排放企业；购买含碳商品或从事在一定时期内产生一定碳排放量的活动的个人或单位。

税率制定。碳税税率设定为高于或等于每千克二氧化碳当量或等量单位的碳市场碳价。如果碳市场中的碳价低于每千克二氧化碳当量或当量单位 30.00 印度尼西亚盾，则碳税税率最低设定为 30.00 印度尼西亚盾。

3.碳税税收优惠制度

碳税纳税人根据环保领域的法律法规参与碳排放交易等，可获得：减少碳税；履行碳税义务的其他待遇。

三 印度尼西亚税收制度发展前景

根据《2023 年印度尼西亚共和国国家收入和支出预算案》（简称 APBN 2023）以及前述税制变化方向，预期印度尼西亚将从提高区域税收能力、营造绿色投资环境、完善营商便利度和民生福祉方面优化税收制度。

（一）印度尼西亚税收制度体系发展前景

印度尼西亚作为复合税制国家具备该种制度的普遍优点，如税源充裕、弹性较大、各税种互为补充等，但是也存在税负分布不均、征收复杂等缺点。为了弥补上述不足，印度尼西亚将持续改革完善其税收制度，以建立更为协调的税收体系。

印度尼西亚未来的税制改革，一是在税制结构方面，将从加强中央税和地方税的协同入手，同时提高区域税收能力、推动地方政府税收立法规范以及加大改善经济和社会福利；二是在税收制度法律体系方面，将继续保持从中央层面巩固税收立法，自上而下建立更为科学合理的税收法律制度。

1.印度尼西亚税种制度体系发展前景

（1）根据 APBN 2023，印度尼西亚将继续进行税制改革

税制改革将通过扩大税基、提高合规性、改进税收治理和征管来进行，并达到提高税收比例的目的。此外，印度尼西亚将通过提供各种适当且可衡量的税收优惠措施来加速经济复苏，提高国家投资的竞争力，并刺激经济转型。

（2）印度尼西亚的税收增长预期存在一定压力

根据 APBN 2023，印度尼西亚政府计划在 2023 年实现国家总支出为

3041.7 万亿印度尼西亚盾，实现国家总收入为 2443.6 万亿印度尼西亚盾；其中，国家总收入包括 2016.9 万亿印度尼西亚盾的税收收入和 426.3 万亿印度尼西亚盾的非税收国家收入；2023 年印度尼西亚国家预算赤字估计将达到 598.2 万亿印度尼西亚盾。2023 年 APBN 的国家支出计划为 3041.7 万亿印度尼西亚盾，明显低于 2022 年国家支出的 3169.1 万亿印度尼西亚盾，印度尼西亚 2023 年预算案明确表示要较上年缩小国家总支出，侧面体现出印度尼西亚财政赤字压力较大。同时，对比 2021 年的税收收入 1547.8 万亿印度尼西亚盾和 2022 年的税收收入 1716.8 万亿印度尼西亚盾，2023 年预期 2016.9 万亿印度尼西亚盾的税收收入较上年需保持 17.48% 的增速，印度尼西亚 2023 年税收收入压力并不大。[①]

2. 印度尼西亚税制结构发展前景

（1）加强中央税和地方税的协同，提高区域税收能力

根据 APBN 2023，印度尼西亚政府 2023 年向地方的转移预算金额将被引导到 5 件事上：加强中央和地方财政政策的协同作用，协调中央和地方支出；大力推动印度尼西亚政府 2022 年颁布的 HKPD 的实施，改进地区转移管理质量；加大对地方转移支付支持重点领域的力度；在保持投资环境、营商便利度和民生福祉的同时，提高区域税收能力；优化区域支出的使用，以加强公共服务的可行性和质量。

同时，印度尼西亚政府根据 HKPD 开征了新的地方税并修改完善原关于财务平衡的 2004 年第 33 号法及关于地方税和地方收费的 2009 年第 28 号法等，可预期印度尼西亚将强力推动中央和地方税制改革。改革目标预期为：在优化地方税结构的同时，加强中央税和地方税的协同，提升地方税收绩效，提高区域税收能力，增强地方财政能力。

（2）推动地方政府税收立法规范，加大改善经济福利和社会福利的力度

HKPD 实施的后续措施是要求印度尼西亚地方政府必须在 2024 年 1 月 5 日之前修订其区域法规，以符合 HKPD 的规定。印度尼西亚地方政府将有

---

① CNBC 印度尼西亚官网，https://www.cnbcindonesia.com/。

2023年整整一年的时间来对新规定进行修改和调整，以提高地方法规的规范性和合法性。同时，印度尼西亚中央政府目前正在制定一项政府法规草案作为HKPD的衍生法规，该草案的其中一项内容是关于地方税收和收费的一般规定，这将为地方政府起草有关地方税收和收费的地方性法规提供指导。

另外，该草案还将规范中央政府和地方政府之间、地方政府和第三方之间在优化税收征收方面的合作，可预期印度尼西亚地方政府将提供更多旨在改善经济福利和社会福利的税收政策。

3.印度尼西亚税收制度法律体系发展前景

2022~2023年，印度尼西亚税收实体性行政法规和规章都有一定程度的发展与变化，如颁布系列实施条例、各税种财政部规章以及税务总局规章等，主要涉及所得税类、货物劳务税类；在税收程序性法规和规章方面，也出现了一定调整，主要涉及《税收程序法》的新实施条例、所得税、货物劳务税的程序性规定。以上说明印度尼西亚的税收法制化建设在不断增强，从中央政府通过行政法规和中央各部门通过部门规章等对税收制度法律体系不断建设与完善，都可预期印度尼西亚在未来一段时间将继续保持从中央层面巩固税收立法，自上而下建立更为科学合理的税收法律制度，完善税收实体性法律法规体系和程序性法律法规体系。

（二）印度尼西亚所得税类制度发展前景

在企业所得税方面，预期印度尼西亚政府将加强推动小微企业税收助力发展计划并实施更为审慎的税收优惠政策；在个人所得税方面，预期印度尼西亚政府提出将加快改进低收入群体生活质量的税收政策。

1.印度尼西亚企业所得税制度发展前景

（1）加强推动小微企业税收助力发展计划

具体计划。第一，根据APBN 2023主要内容，印度尼西亚政府将加快推进中小微企业和超微企业的发展。第二，2022~2023年，印度尼西亚企业所得税制度的一大变化是明确独资企业视同为企业纳税人，而符合微型企业标准和小型企业标准的个人可以建立一个完全自主的实体即独资企业，符合条件的则有资格享受《所得税法》第三十一 E 条规定的企业所得税优惠。通过以上变化均可预计印度尼西亚政府将继续对小微企业保持重点关注并给予其税收便利。

（3）实施更为审慎的税收优惠政策

2022 财年，印度尼西亚居民企业的企业所得税税率继续保持在 22%（取消了之前将税率降到 20% 的计划），再次从侧面反映出印度尼西亚税收收入压力，预期印度尼西亚政府将对包括企业所得税在内的各税种税收优惠措施实行更审慎的原则。

2. 印度尼西亚个人所得税制度发展前景

根据 APBN 2023，印度尼西亚政府提出将加快改进低收入人群的生活质量。在财政税收政策上，印度尼西亚政府将以保障和改善民生为目标，着力优化民生福祉。印度尼西亚今后在税收福利上将有针对性地提高特定人群在个人所得税方面的优惠待遇并优化税务政务服务。

（三）印度尼西亚货物劳务税类制度发展前景

在增值税制度方面，将保持增值税税率上调、优化征税范围、扩大增值税税基；在消费税制度方面，预期印度尼西亚将更严格地管控电子烟及烟草产品的消费税征收；在其他货物劳务税种制度方面，预期将继续进行规范化建设，以推动国民经济的可持续发展。

1. 印度尼西亚增值税制度发展前景

在增值税制度发展前景方面，印度尼西亚将保持增值税税率上调、优化征税范围、扩大增值税税基。从前述印度尼西亚增值税制度发展变化可知，印度尼西亚增值税税率未来将持续上调。增值税税率已于 2022 年 4 月从 10% 提高至 11%；而自 2025 年 1 月 1 日起，增值税税率又将从 11% 继续上调至 12%；另外，印度尼西亚增值税征税范围也在扩大，特别是针对加密资产交易，专门颁发了增值税和所得税处理规定等。

同时，近年受新冠疫情影响，印度尼西亚的产业链供应链受到了极大的冲击，尤其是小微企业受到的冲击更为明显。从 APBN 2023 可知，印度尼西亚对小微企业和超微企业的扶持目的极为明显，且 APBN 2023 多次提及鼓励融资计划，预期印度尼西亚将利用包括增值税在内的税收法制化建设、小微企业税收扶持、融资便利性政策等多方面完善营商便利度，以提振市场信心、助力企业纾困、促进经济发展。

2. 印度尼西亚消费税制度发展前景

印度尼西亚将持续进行消费税制度改革，促进调结构和转方式，包括调整优化征收范围、税率和征税环节，引导居民合理消费，调节收入分配。同时继续发挥印度尼西亚消费税构成国家收入和实现国家福利的作用。此外，根据印度尼西亚政府专门设立的 2023~2024 年提高电子烟和其他烟草产品消费税税率计划，可预期印度尼西亚将更严格地管控电子烟和其他烟草产品的消费税征收。

3. 印度尼西亚其他货物劳务税种制度发展前景

预期印度尼西亚将继续进行本国其他货物劳务税种制度规范化建设，如利用关税调节国民经济和对外贸易，保护民族产业和提高本国产品在国际市场上的竞争力；同时，在征收出口关税时，进一步实现其保护自然资源、满足国内需求、维持某些商品价格稳定的目标。在征收奢侈品销售税上，则加大调控印度尼西亚奢侈品的消费方式、平衡低收入消费者和高收入消费者税负等，尽最大努力推动国民经济的可持续性发展。

（四）印度尼西亚财产税类制度发展前景

印度尼西亚将继续强化财产税的调节作用，抑制财产过度集中于少数人的趋势，通过完善财产税等明显具有调节财富分配的功能性税种的制度建设，达到社会分配公正性目的。另外，财产税是印度尼西亚地方政府的主要财政来源之一，其对平衡印度尼西亚中央财政收入和地方财政收入具有重要意义；可预期印度尼西亚政府将继续巩固这一稳定的地方收入来源，并利用地方税制度建设协调好中央和地方的财政分配关系。

（五）印度尼西亚绿色税收制度发展前景

2022 年 8 月，印度尼西亚总统佐科·维多多（Joko Widodo）在印度尼西亚人民代表全体会议上提出，"2023 年的财政政策旨在支持可持续的经济转型；继续进行高质量的财政整顿，以此作为政府维持财政健康的承诺的一种形式，保持强劲的复苏势头"①。印度尼西亚政府表示将继续推动经济结构转型，以建立更稳固和可持续的经济增长引擎；将继续鼓励绿色经济，并且必须优先使用国内产品。同时，基于印度尼西亚现行税收制度可知，其在绿色税收体系构建上税种单一且经验不足，如碳税的征收自 2022 年 4 月 1 日起才生效；绿色税收体系建设仍尚不完善。基于此，印度尼西亚的碳税制度预期将会进一步被重点关注和优化。而随着碳税计划于 2025 年开始由个别行业推动扩展到其他行业全面实施，预期印度尼西亚将利用税制优化、营造绿色投资环境，绿色税收助力绿色发展。而今后投资印度尼西亚也更具机遇和挑战，既要关注市场发展趋势，又要留意低碳和可持续发展政策。

---

① Baca Baik-baik! Arah Kebijakan & RAPBN Jokowi Tahun 2023, CNBC 印度尼西亚官网，https://www.cnbcindonesia.com/news/20220816160336-4-364277/baca-baik-baik-arah-kebijakan-rapbn-jokowi-tahun-2023。

越南税收制度发展报告（2023）

摘　要： 革新开放政策实施以来，随着市场化改革的不断深入，越南逐
步建立起以货物劳务税、所得税为主，九大税种相互配合的复
合税制。经过多次税制改革，越南的税收法治建设取得了长足
的进步，由 9 部税收实体法、1 部税收程序法及若干与之配套
的税收行政法规、规章共同组成的税收法律体系基本完善，为
税收法治建设提供了坚实的保障。在此框架下，所得税类制度、
货物劳务税类制度、财产税类制度和其他税类制度的构成要素
不断完善，税收已成为调节经济社会发展的重要手段。2022
年，越南全面部署《到 2030 年税制改革战略》，随后财政部制
定了税改战略的落地行动方案。在此背景下，越南对税收制度
进行了一系列调整和完善：推出所得税和增值税的优惠政策，
并两次下调了石油产品的环境保护税税率；调整自然资源税的
纳税人范围，并大幅下调“电动汽车”的特别消费税税率；提
出建立土地价格形成的机制和方法，并计划通过审查与完善土
地税收法律和政策，打击房屋和土地投机行为。下一阶段，越
南将分步骤完善税收制度体系，不断夯实税收法治基础，为
2021~2030 年经济社会发展 10 年战略目标的实现提供重要的资
金保障。

关键词： 越南　税收制度　税收法律体系　所得税类制度　货物劳务税类
制度

　　2022 年是越南全面部署《到 2030 年税制改革战略》的落地之年，是

《到 2025 年税制改革计划》[①] 及《实施 2030 年税制改革战略的行动计划》[②] 的启动之年，同时也是后疫情时代支持经济社会恢复发展的政策实施的重要时期。在此背景下，越南对税收制度进行了一系列调整和完善。本报告将从 2021 年及以前越南税收制度发展的基础出发，并基于 2022 年以来越南在税收制度体系、所得税类制度、货物劳务税类制度、财产税类制度、其他税类制度等方面的发展动态，研判其未来的发展趋势，力图梳理越南税收制度演进脉络并呈现其未来的发展图景。

一　越南税收制度发展基础（截至2021年）

（一）越南税收制度体系发展基础

1. 越南税种制度体系发展基础

随着市场化改革的不断深入，越南一改过去以国营企业上缴利润为主要财政收入来源的状况，通过实行税收制度改革，逐步建立起了涵盖九大主要税种的制度体系。

（1）税种制度体系和主要税种

革新开放（1986 年）以前，越南实行计划经济体制，这一时期财政收入以国营企业上缴的利润为主，国家开征的税种较少，尚未形成完整的税种制度体系。随着市场化改革的不断深入，20 世纪 90 年代初期，为利用好税收组织财政收入和调节经济的职能作用，越南开启了第一阶段的税收改革，营业税、特别消费税、所得税和进出口税逐渐成为国家的主要税种。20 世

[①] BAN HÀNH K ÉHO A CH C ẢI CÁCH H Ệ TH ỐNG THU ỂĐẾN N ĂM 2025, https：// thuvienphapluat. vn/van-ban/Thue-Phi-Le-Phi/Quyet-dinh-2439-QD-BTC-2022-Ke-hoach-cai-cach-he-thong-thue-den-2025-541422. aspx.

[②] PHÊ DUY ẸT CH ƯƠNG TRÌNH HÀNH ĐỘNG TRI ỂN KHAI TH ỰC HI ỆN CHI ẾN L ƯỢC C Ả I CÁCH H Ệ TH ỐNG THU ỂĐẾN N ĂM 2030，https：//thuvienphapluat. vn/van-ban/Thue-Phi-Le-Phi/Quyet-dinh-2438-QD-BTC-2022-Chuong-trinh-thuc-hien-Chien-luoc-cai-cach-he-thong-thue-den-2030-541431. aspx.

纪 90 年代末期，越南加入东盟贸易自由区，并启动了与 WTO 的谈判。在此背景下，越南致力于构建现代税收制度，引入了增值税和企业所得税两个税种，由进出口税、增值税、特别消费税、企业所得税、农业土地使用税、土地使用权转让税、个人所得税、住房税八大税种构成的税种制度体系初步形成。2006~2010 年，越南新增了自然资源税、非农业土地使用税、环境保护税，新增的税种在一定程度上弥补了越南对 WTO 的减税承诺带来的预算收入损失。2011 年 5 月，越南总理发布了《关于批准〈2011~2020 年税制改革战略〉的决定》[1]，该战略明确了越南在 2011~2020 年实施的主要税种，标志着涵盖了增值税、特别消费税、出口税和进口税、企业所得税、个人所得税、自然资源税、农业土地使用税、非农业土地使用税、环境保护税九大税种的税种制度体系正式形成。

（2）税收收入和宏观税负

越南财政部的统计数据显示，2017~2021 年，越南税收收入从8619480 亿越南盾增加到 9943670 亿越南盾。[2] 受益于新冠疫情的成功防控，2020 年越南成为世界上少数几个 GDP 实现正增长的国家，税收收入也较 2019 年同期增长了 6.6%。2021 年，由于新冠疫情的反弹，越南政府面临较大的疫情防控压力，为支持经济社会恢复发展，越南开始实施积极的财政政策，包括出台减免税政策、延长缴纳税费的期限等，税收收入同比下降了 13.57%。

具体来看越南的宏观税负[3]（见图 1），2017~2021 年越南宏观税负平均为 17.01%，并整体呈波动下降的趋势。宏观税负下降幅度最大的年份是2021 年。从税收收入占财政收入的比重来看，2017~2021 年税收收入占财

---

[1] VỀ VIỆC PHÊ DUYỆT CHIẾN LƯỢC CẢI CÁCH HỆ THỐNG THU ẾGIAI ĐOẠN 2011 – 2020，https://thuvienphapluat. vn/van-ban/Thue-Phi-Le-Phi/Quyet-dinh-732-QD-TTg-phe-duyet-Chien-luoc-cai-cach-he-thong-thue-124157. aspx.
[2] 数据来源于越南财政部每年公布的财政结算报告。由于截至目前（2023 年 4 月 3 日）越南财政部尚未公布 2021 年财政结算报告，因此该年数据取自 2021 年财政预算报告公布的数据，https://mof. gov. vn/webcenter/portal/btcvn/pages_r/cddh/cong-khai-ngan-sach-btc。
[3] 这里的宏观税负是指小口径宏观税负。

政收入的比重平均为 76%，这与越南在《2011~2020 年税制改革战略》中提出的 80% 的目标值仍有一定差距。

图 1　2017~2021 年越南税收收入及宏观税负

2. 越南税制结构发展基础

（1）税种制度结构

革新开放前，越南超过 70% 的人口从事与农业相关的工作，纳税主体仅为 1000 个左右。[①] 革新开放后，越南解除了对私营企业的禁令，市场主体的数量快速增长。同时，产权制度的变革使国有企业由上缴全部利润变为按比例上缴所得税。随着市场主体的不断壮大，所得税、货物劳务税（以下简称"货劳税"）、财产税、其他税等税种逐渐丰富，越南的税种制度结构从仅以货劳税、所得税为主的税制模式，转为以货劳税、所得税为主，九大税种相互配合的复合税制。

（2）税类结构

越南所有的税收收入均由财政预算统一调整，没有中央税、地方税及中央地方共享税之分。根据课税对象的性质，越南的税类结构可以分为所得

---

① https：//successfulsocieties. princeton. edu/sites/successfulsocieties/files/LS_Vietnam_Tax_Hai%20Quotes_Final_SET_JRG. pdf.

税、货劳税、财产税、其他税 4 类。从税类收入占税收收入总量的比重来看（以 2021 年为例），货劳税是越南税收收入的主要来源，占比已超过 50%，其中增值税的贡献最大，占比为 33.28%。此外，所得税也是越南税收收入的重要来源（占比为 34.06%），其对税收收入的贡献度与增值税相当。从纵向来看，与 2017 年相比，2021 年所得税、其他税的占比分别增加了 2.81个百分点和 1.35 个百分点，而货劳税出现了较大的降幅（见表 1）。

表 1　2017 年与 2021 年越南的税类结构对比

单位：%

按课税对象的性质划分	税种名称	税种收入占比（2021 年）	税种收入占比（2017 年）
所得税	企业所得税	23.22	21.86
	个人所得税	10.84	9.39
货劳税	增值税	33.28	39.13
	特别消费税	11.91	13.32
	进出口税	6.16	9.12
财产税	非农业土地使用税	0.18	0.14
	农业土地使用税	0.0004	0.0031
	自然资源税	2.04	1.72
其他税	环境保护税	6.66	5.31

3.越南税收制度法律体系发展基础

（1）宪法框架下的税收法律规定

2013 年 11 月 28 日，越南国会通过了《越南共和国宪法》①，于 2014 年1 月 1 日起正式实施。宪法作为根本大法，为越南税收法律体系的建立提供了直接或间接的基础和依据。一方面，《越南共和国宪法》回答了税法立法权的归属问题，明确规定了"国会是人民的最高代表机关，是越南社会主义共和国的最高国家权力机关，税收法律的规范、修改或废除要经过国会批

---

① NƯỚC CỘNG HÒA XÃ HỘI CHỦNGHĨA VIỆT NAM, https://thuvienphapluat.vn/van-ban/Bo-may-hanh-chinh/Hien-phap-nam-2013-215627.aspx.

准才能生效执行"，是税收法定原则的依据。另一方面，《越南共和国宪法》明确规定了"依法纳税是每位公民应尽的义务"，为税收法治建设提供了根本遵循。此外，《越南共和国宪法》明确规定了"个人和组织投资、生产、经营的合法财产受法律保护"，促进了税收优惠政策的制定及纳税人权利保护制度的产生。

（2）税收法律

经过多次税制改革，越南税收法治建设已取得了长足进步，税收法律体系基本完善，为国家经济社会的发展提供了坚实的保障。截至 2021 年底，越南税收法律体系主要由 9 部税收实体法和以《越南共和国税收征收管理法》为主的税收程序法构成。

税收实体法。以税种为划分标准，越南的税收实体法主要包括以下 9 部，即《企业所得税法》《个人所得税法》《增值税法》《特别消费税法》《非农业土地使用税法》《农业土地使用税法》《自然资源税法》《环境保护税法》《进出口税法》。表 2 详细罗列了越南九大税收实体法的名称、编号/生效时间及修订情况。

表 2　越南九大税收实体法的名称、编号/生效时间及修订情况

名称	编号/生效时间	修订情况
《企业所得税法》	57/1997/L-CTN[1] 1999 年 1 月 1 日	09/2003/QH11 14/2008/QH12[2] 32/2013/QH13[3] 71/2014/QH13[4]
《个人所得税法》	04/2007/QH12[5] 2009 年 1 月 1 日	26/2012/QH13 71/2014/QH13
《增值税法》	57/1997/L-CTN 1999 年 1 月 1 日	13/2008/QH12 31/2013/QH13 71/2014/QH13 106/2016/QH13[6]
《特别消费税法》	05/1998/QH10[7] 1999 年 1 月 1 日	27/2008/QH12 70/2014/QH13 71/2014/QH13 106/2016/QH13

续表

名称	编号/生效时间	修订情况
《进出口税法》	5-HDNN8[8] 1988 年 2 月 1 日	64-LTC/HDNN8 45/2005/QH11 107/2016/QH13[9]
《非农业土地使用税法》	48/2010/QH12[10] 2012 年 1 月 1 日	—
《农业土地使用税法》	23-L/CTN[11] 1994 年 1 月 1 日	—
《自然资源税法》	45/2009/QH12[12] 2010 年 7 月 1 日	71/2014/QH13
《环境保护税法》	57/2010/QH12[13] 2012 年 1 月 1 日	

注：1. THUẾ THU NHẬP DOANH NGHIỆP, https：//thuvienphapluat. vn/van-ban/EN/Doanh-nghiep/Law-No-57-1997-L-CTN-of-May-10-1997-on-enterprise-income-tax/79546/tieng-anh. aspx.

2. THUẾ THU NHẬP DOANH NGHIỆP, https：//thuvienphapluat. vn/van-ban/Doanh-nghiep/Luat-thue-thu-nhap-doanh-nghiep-2008-66935. aspx.

3. SỬA ĐỔI, BỔ SUNG MỘT SỐ ĐIỀU CỦA LUẬT THUẾ THU NHẬP DOANH NGHIỆP, https：//thuvienphapluat. vn/van-ban/Doanh-nghiep/Luat-thue-thu-nhap-doanh-nghiep-sua-doi-2013-197250. aspx.

4. SỬA ĐỔI, BỔ SUNG MỘT SỐ ĐIỀU CỦA CÁC LUẬT VỀ THUẾ, https：//thuvienphapluat. vn/van-ban/Thue-Phi-Le-Phi/Luat-sua-doi-cac-Luat-ve-thue-2014-259208. aspx.

5. THUẾ THU NHẬP CÁ NHÂN（04/2007/QH12），https：//thuvienphapluat. vn/van-ban/Thue-Phi-Le-Phi/Luat-thue-thu-nhap-ca-nhan-2007-04-2007-QH12-59652. aspx.

6. SỬA ĐỔI, BỔ SUNG MỘT SỐ ĐIỀU CỦA LUẬT THUẾ GIÁ TRỊ GIA TĂNG, LUẬT THUẾ TIÊU THỤ ĐẶC BIỆT VÀ LUẬT QUẢN LÝ THUẾ, https：//thuvienphapluat. vn/van-ban/Thuong-mai/Luat-thue-gia-tri-gia-tang-Luat-thue-tieu-thu-dac-biet-Luat-quan-ly-thue-sua-doi-2016-309816. aspx.

7. THUẾ TIÊU THỤ ĐẶC BIỆT CỦA QUỐC HỘI SỐ 05/1998/QH10 NGÀY 20 THÁNG 05 NĂM 1998，https：//thuvienphapluat. vn/van-ban/Thue-Phi-Le-Phi/Luat-Thue-tieu-thu-dac-biet-1998-05-1998-QH10-41676. aspx.

8. THUẾ XUẤT KHẨU, THUẾ NHẬP KHẨU HÀNG MẬU DỊCH, https：//thuvienphapluat. vn/van-ban/Xuat-nhap-khau/Luat-thue-xuat-khau-thue-nhap-khau-hang-mau-dich-1987-5-HDNN8-374 69. aspx.

9. THUẾ XUẤT KHẨU, THUẾ NHẬP KHẨU, https：//thuvienphapluat. vn/van-ban/Xuat-nhap-khau/Luat-thue-xuat-khau-thue-nhap-khau-2016-280693. aspx.

10. THUẾ SỬ DỤNG ĐẤT PHI NÔNG NGHIỆP, https：//thuvienphapluat. vn/van-ban/Thue-Phi-Le-Phi/Luat-thue-su-dung-dat-phi-nong-nghiep-2010-108065. aspx.

11. THU Ế S Ử D ỤNG ĐẤT NÔNG NGHI ỆP S Ố23–L/CTN NGÀY 10/07/1993 C ỦA QU ỐC H ỘI, https：//hethongphapluat. com/luat-thue-su-dung-dat-nong-nghiep-1993. html.

12. THU ẾTÀI NGUYÊN， https：//thuvienphapluat. vn/van-ban/Thue-Phi-Le-Phi/Luat-thue-tai-nguyen-nam-2009-98731. aspx.

13. THU ẾB ẢO V Ệ MÔI TR ƯỜNG, https：//thuvienphapluat. vn/van-ban/Thue-Phi-Le-Phi/Luat-thue-bao-ve-moi-truong-2010-115247. aspx.

税收程序法。越南的税收程序法是《越南共和国税收征收管理法》（以下简称《税收征收管理法》），该法的最早版本于 2007 年 7 月 1 日生效实施，现行的 2019 年《税收征收管理法》是其第二个修订版本（见表 3）。

表 3　越南税收程序法的名称、编号/生效时间及修订情况

法律名称	法律编号/生效时间	修订情况
《税收征收管理法》	78/2006/QH11[1] 2007 年 7 月 1 日	21/2012/QH13 38/2019/QH14[2]

注：1. LU ẬT QU ẢN L ÝTHU Ế, https：//thuvienphapluat. vn/van-ban/Thue-Phi-Le-Phi/Luat-quan-ly-thue-2006-78-2006-QH11-15871. aspx.

2. LU ẬT QU ẢN L ÝTHU Ế, https：//thuvienphapluat. vn/van−ban/Thue-Phi-Le-Phi/Luat-quan-ly-thue-2019-387595. aspx.

（3）税收行政法规

税收行政法规包括实体性和程序性两类，在越南，制定税收行政法规的机构统一为中央政府。

第一，税收实体性行政法规。越南的税收实体性行政法规作为税收法律的指导性文件，通常在税收法律的颁布后以法令的形式配套出台。以税种为划分标准，越南现行税收实体性行政法规主要包括以下几类（见表 4）。

表4　越南现行税收实体性行政法规[1]

法令名称	法令编号
《企业所得税法》 指导性法令	92/2013/ND-CP 218/2013/ND-CP 91/2014/ND-CP 12/2015/ND-CP 146/2017/ND-CP 57/2021/ND-CP 110/2021/ND-CP
《个人所得税法》 指导性法令	100/2008/ND-CP 65/2013/ND-CP 91/2014/ND-CP 12/2015/ND-CP
《增值税法》 指导性法令	209/2013/ND-CP 91/2014/ND-CP 12/2015/ND-CP 100/2016/ND-CP 10/2017/ND-CP 146/2017/ND-CP 110/2021/ND-CP
《特别消费税法》 指导性法令	108/2015/ND-CP 100/2016/ND-CP 14/2019/ND-CP
《进出口税法》 指导性法令	134/2016/ND-CP 18/2021/ND-CP
《非农业土地使用税法》 指导性法令	53/2011/ND-CP
《农业土地使用税法》 指导性法令	64-CP 73-CP 74-CP
《自然资源税法》 指导性法令	50/2010/ND-CP 12/2015/ND-CP
《环境保护税法》 指导性法令	67/2011/ND-CP 69/2012/ND-CP

资料来源：Danh mục Luật, Bộ luật hiện hành tại Việt Nam, https：//thuvienphapluat. vn/van-ban/Thue-Phi-Le-Phi/Luat-thue-tai-nguyen-nam-2009-98731. aspx.

第二，税收程序性行政法规。税收程序性行政法规一般与税收程序性法律配套出台，是对税收程序性法律的具体补充。根据程序的内容，可以将越南现行税收程序性行政法规划分为税务登记、纳税申报、税务行政违法行为的处罚 3 类 10 项。

（4）税收规章

税收规章通常由财政部以通告形式颁布，是对税收法律和税收法规在实施过程中的具体说明。

税收实体性规章。以税种为划分标准，越南税收实体性规章主要包括以下几类（见表 5）。

表 5　越南税收实体性规章[1]

规章名称	规章编号
《企业所得税法》 指导性通告	78/2014/TT-BTC
	151/2014/TT-BTC
	119/2014/TT-BTC
	96/2015/TT-BTC
	130/2016/TT-BTC
	25/2018/TT-BTC
《个人所得税法》 指导性通告	111/2013/TT-BTC
	65/2013/ND-CP
	91/2014/ND-CP
	12/2015/ND-CP
《增值税法》 指导性通告	150/2010/TT-BTC
	219/2013/TT-BTC
	72/2014/TT-BTC
	119/2014/TT-BTC
	151/2014/TT-BTC
	92/2015/TT-BTC
	193/2015/TT-BTC
	26/2015/TT-BTC
	80/2021/TT-BTC
	130/2016/TT-BTC
	173/2016/TT-BTC
	93/2017/TT-BTC
	25/2018/TT-BTC
	40/2021/TT-BTC
	43/2021/TT-BTC

续表

规章名称	规章编号
《特别消费税法》 指导性通告	195/2015/TT-BTC 130/2016/TT-BTC 20/2017/TT-BTC
《进出口税法》 指导性通告	38/2015/TT-BTC 39/2018/TT-BTC 14/2021/TT-BTC 80/2019/TT-BTC
《非农业土地使用税法》 《农业土地使用税法》 指导性通告	89-TC/TCT 92/TTLB 03/1997/TC-TCT 117/1999/TT-BTC 153/2011/TT-BTC 45/2011/TT-BTNMT 80/2021/TT-BTC
《自然资源税法》 指导性通告	105/2010/TT-BT 152/2015/TT-BTC 174/2016/TT-BTC 12/2016/TT-BTC 44/2017/TT-BTC
《环境保护税法》 指导性通告	152/2011/TT-BTC 159/2012/TT-BTC 106/2018/TT-BTC

注：Danh mục Luật, Bộ luật hiện hành tại Việt Nam, https：//thuvienphapluat. vn/van-ban/Thue-Phi-Le-Phi/Luat-thue-tai-nguyen-nam-2009-98 731. aspx.

税收程序性规章。税收程序性规章主要是为指导税务部门的业务开展而制定的。根据程序内容的不同，可以将越南现行税收程序性规章分为税务登记、纳税申报、税务行政违法行为、税务领域的电子交易指南、税务机关投诉处理程序的处罚5类12项。

（5）国际条约

双边条约方面，越南已搭建起覆盖范围较广的避免双重征税和防止偷税漏税协定网络，截至 2021 年底，越南与全球 80 个国家或地区签署了避免双重征税和防止偷税漏税协定，其中与 6 个国家或地区（新）签署的协定尚未生效。[①] 多边条约方面，2017 年以来，越南先后加入 BEPS 包容性框架以及全球税收透明度和信息交换论坛，为其参与全球多边税收合作奠定了基础。

（二）越南所得税类制度发展基础

1. 越南企业所得税制度发展基础

（1）纳税人制度

企业所得税纳税人是指从事生产、经营商品和劳务的由《企业所得税法》规定应纳税的组织，具体包括：根据越南法律设立的企业；根据外国法律设立的，在越南设有或不设有常设机构的企业；根据合作社法成立的组织；根据越南法律设立的非经营单位；其他有创收生产经营活动的组织。

（2）征税对象和税率制度

企业所得税是针对企业生产经营商品、劳务所得以及其他收入征税。其中，其他收入包括资金转让收入、不动产转让收入，财产所有权和使用权收入，财产转让、租赁或清算所得，存款、贷款和外币销售利息收入，收回已核销坏账，无法识别债权人的应付账款，查补以前年度的营业收入和其他收入等。

越南的企业所得税基本税率总体呈下降趋势。根据第 14/2008/QH12 号《企业所得税法》规定，企业所得税的基本税率为 25%，对于在越南境内从事油气勘测、勘探、开采活动的，适用的企业所得税税率为 32%~50%。外商投资企业和内资企业采用统一的税率标准。2013 年 6 月 19 日，越南国会颁布第 32/2013/QH13 号法律，首次下调企业所得税基本税率至 22%，并自 2016 年 1 月 1 日起将这一税率进一步下调至 20%。此外，越南为扶持中小企业的发展，规定自 2013 年 7 月 1 日起年收入总额不超过 200 亿越南盾的

[①] https：//www.gdt.gov.vn/wps/portal/home/thueqt.

中小企业，适用 20% 的企业所得税税率。①

（3）计税方法

企业所得税应纳税额是由一个纳税期内应纳税所得额与适用税率的乘积计算所得。一个纳税期内的应纳税所得额，由应税收入减去以前年度结转的免税所得和亏损确定。其中，应税收入等于营业额减去生产经营活动的可扣除费用加上其他收入（包括在越南境外获得的收入）。具体的计算公式如下：

企业所得税应纳税额＝［应纳税所得额−科技基金拨款②（如有）］×税率
应纳税所得额＝总收入−可扣除费用＋其他收入−结转的以前年度损失−免税收入

（4）税收优惠制度

为鼓励市场主体加大投资力度，越南制定了较为完善的企业所得税优惠制度，包括 4 类税率优惠、3 类税额减免，并针对聘用女职工、少数民族职工等情形给予了一定程度的优惠政策。

①税率优惠。根据越南国会第 32/2013/QH13 号法律的规定，自 2014 年 1 月 1 日起，企业所得税税收优惠包括 15 年期 10% 的税率、10 年期 20% 的税率③、10% 的税率、20% 的税率④ 4 类。其中，15 年期 10% 的税率主要适用于企业在高新技术等领域实施新投资项目取得的收入，10 年期 20% 的税率主要适用于企业投资高档钢材、节能产品、灌溉设备、精炼饲料等新投资项目生产取得的收入，10% 的税率适用于企业在社会化领域（如教育培训、卫生保健等）的投资所得，20% 的税率适用于人民信贷资金和小额信贷机构的收入。

根据越南国会第 71/2014/QH13 号法律的补充规定，越南总理可以对满足以下条件的企业延长其适用优惠税率时间，但延长期限不得超过 15 年：一是国家急需引进的大型高新技术投资项目，二是企业在生产领域实施的投

---

① 越南政府第 92/2013/ND-CP 号法令。

② 依照越南法律设立和经营的企业用于设立企业科技发展基金的额度不得超过其年度应税收入的 10%。

③ 部分 10 年期 20% 的税率自 2016 年 1 月 1 日起下调至 17%。

④ 20% 的税率自 2016 年 1 月 1 日起下调至 17%。

资项目（不包括生产特别消费税商品的项目和矿业项目）。最低投资资本规模为 12 万亿越南盾，自获准投资之日起 5 年内支付全部注册投资资本，且技术已通过国家相关法律的评估，同时满足以下标准之一：生产具有全球竞争力的产品和商品，自投资项目获得收益之日起 5 年内每年营业额不低于 2000 亿越南盾，员工不低于 6000 人，基础设施领域的投资项目。

②税额减免。税额减免主要分为以下几种类型。

第一类是四免九减半，即前 4 年免税，后 9 年减免 50% 的应纳税额，主要适用于两种情形：一是企业在科学研究和技术开发等领域实施新投资项目取得的收入；二是企业在社会经济条件困难或极其困难的地区实施社会化领域的新投资项目取得的收入。

第二类是四免五减半，即前 4 年免税，后 5 年减免 50% 的应纳税额，主要适用于企业在非困难地区实施社会化领域新投资项目所得。

第三类是两免四减半，即前 2 年免税，后 4 年减免 50% 的应纳税额，主要适用于企业在生产优质钢材、制造节能产品等领域的新投资项目所得，以及企业在工业园区实施的新投资项目所得（位于具有良好社会经济条件地区的工业园区除外）。

此外，其他情形的减免税规定还包括以下 4 种：第一，制造业、建筑业、交通运输企业大量聘用女职工的，可享受与女职工增加支出等额的企业所得税减免；第二，企业大量聘用少数民族职工的，可享受与少数民族职工增加支出等额的企业所得税减免；第三，企业将优先转让领域的技术转让给社会经济条件困难地区的组织和个人，其技术转让所得，可以减征 50% 的企业所得税；第四，自 2015 年 1 月 1 日起，拥有主管部门出具的配套产业产品生产优惠证书的企业可以申请享受企业所得税优惠政策。[①] 需要注意的是，同一时期企

---

① HƯỚNG DẪN VỀ KHAI THUẾ GIÁ TRỊ GIA TĂNG VÀ ƯU ĐÃI THUẾ THU NHẬP DOANH NGHIỆP THEO QUY ĐỊNH TẠI NGHỊ ĐỊNH SỐ 111/2015/NĐ-CP NGÀY 3/11/2015 CỦA CHÍNH PHỦ VỀ PHÁT TRIỂN CÔNG NGHIỆP HỖ TRỢ, https://thuvienphapluat.vn/van-ban/Doanh-nghiep/Thong-tu-21-2016-TT-BTC-khai-thue-gia-tri-gia-tang-uu-dai-thue-thu-nhap-doanh-nghiep-theo-111-2015-ND-CP-299212.aspx.

业对同一收入享受不同税收优惠的，可以选择适用最优惠的税收条款。

③应对新冠疫情的减免税政策。为扶持受疫情影响的企业恢复生产和经营，越南政府于 2021 年 10 月 27 日颁布第 92/2021/ND-CP 号法令①，规定 2021 年纳税期内营业额不超过 2000 亿越南盾的企业，其在 2021 年纳税期内的企业所得税应纳税额可以减免 30%。

2. 越南个人所得税制度发展基础

越南《个人所得税法》颁布于 2007 年 11 月 21 日，并自 2009 年 1 月 1 日起正式生效。2008 年 9 月 8 日，越南政府颁布第 100/2008/ND-CP 号法令，详细说明并指导《个人所得税法》的实施。2012 年 11 月，越南国会通过了第 26/2012/QH13 号法律②，对《个人所得税法》的部分条款进行了修改和补充。随后，越南政府颁布的第 65/2013/ND-CP 号法令及越南财政部发布的 111/2013/TT-BTC 号通告对其实施进行了详细指导。2020 年 6 月，越南国会常务委员会发布了关于个人所得税优惠政策的第 954/2020/UBTVQH14 号决议。③

（1）纳税人制度

越南居民个人需就其全球收入纳税，不允许以家庭为单位纳税。居民身份的判断可以遵循停留时间或住所两类标准，即符合以下任意条件的人可以被判定为越南居民：在一个日历年中或从在越南的第一天起连续 12 个月在越南停留 183 天或以上的；有居住法规定的正常居住地，或根据居住法在越南有租赁房屋居住，租赁合同期限为纳税年度 183 天或以上的。

---

① QUY ĐỊNH CHI TIẾT THI HÀNH NGHỊ QUYẾT SỐ406/NQ-UBTVQH15 CỦA ỦY BAN THƯỜNG VỤ QUỐC HỘI BAN HÀNH MỘT SỐGIẢI PHÁP NHẰM HỖ TRỢ DOANH NGHIỆP, NGƯỜI DÂN CHỊU TÁC ĐỘNG CỦA DỊCH COVID-19, https：//thuvienphapluat. vn/van-ban/Doanh-nghiep/Nghi-dinh-92-2021-ND-CP-huong-dan-Nghi-quyet-406-NQ-UBTVQH15-ho-tro-doanh-nghiep-do-Covid19-492584. aspx.

② SỬA ĐỔI, BỔSUNG MỘT SỐĐIỀU CỦA LUẬT THUẾTHU NHẬP CÁ NHÂN, https：//thuvienphapluat. vn/van-ban/Thue-Phi-Le-Phi/Luat-thue-thu-nhap-ca-nhan-sua-doi-2012-26-2012-QH13-152719. aspx.

③ VỀ ĐIỀU CHỈNH MỨC GIẢM TRỪ GIA CẢNH CỦA THUẾTHU NHẬP CÁ NHÂN, https：//thuvienphapluat. vn/van-ban/Thue-Phi-Le-Phi/Nghi-quyet-954-2020-UBTVQH14-dieu-chinh-muc-giam-tru-gia-canh-cua-thue-thu-nhap-ca-nhan-444106. aspx.

（2）征税对象和税率制度

越南实行分类与综合相结合的个人所得税制。应税所得包括经常所得和非经常所得，其中经常所得包括工资薪金、经营所得，非经常所得包括资本投资所得、中奖所得、不动产转让所得等。越南对经常所得实行7级超额累进税率，税率为5%~35%（见表6）；对非经常所得实行差别税率（见表7）。

表6　越南经常所得个人所得税超额累进税率

级次	每月应纳税收入 （百万越南盾）	每年应纳税收入 （百万越南盾）	税率(%)
1	5 及以下	60 及以下	5
2	5~10	60~120	10
3	10~18	120~216	15
4	18~32	216~384	20
5	32~52	384~624	25
6	52~80	624~960	30
7	80 以上	960 以上	35

表7　越南非经常所得个人所得税税率

应税收入	税率
资本投资所得	5%
资本转移所得（证券除外）	净收益的20%
证券转让所得	净收益的20%或转让价格的0.1%
不动产转让所得	净收益的25%或转让价格的2%
特许权使用费和特许经营收入	5%
中奖收入	10%
继承和赠与所得	10%
版权所得	5%

（3）计税方法

纳税人的经营所得、工资薪金等经常所得的计税方法为

个人所得税应纳税额＝应税收入×适用税率−速算扣除数

以兼有经营所得和工资薪金所得的个人为例，其应税收入由应税经营所得加上应税工资薪金所得后，再减去合理费用及法定扣除额后计算而得出。法定扣除额包括三个部分：第一，社会保险、失业保险和健康保险等强制保险与自愿退休基金。根据财政部的指导，从应税收入中扣除的自愿退休基金的缴款水平不得超过100万越南盾/月（1200万越南盾/年）。第二，家庭情况扣除，包括个人所得税免征额和每个受抚养人的扣除额。[①] 家庭情况扣除额会随物价的变动而进行调整，当消费者价格指数与《个人所得税法》生效时或最近一次家庭扣除调整时的情况相比波动超过20%，政府须向国会常务委员会申请额度的调整。自《个人所得税法》生效以来，越南经营所得、工资薪金家庭情况扣除额度经历了3次调整（见表8）。第三，纳税人对慈善基金、人道主义基金、学习促进基金的捐助。

表8　越南经营所得、工资薪金家庭情况扣除额的调整情况

生效/调整时间	生效/调整依据	免征额（万越南盾/月）	每个受抚养人的扣除额（万越南盾/月）
2009年1月1日	越南国会第04/2007/QH12号《个人所得税法》	400	160
2013年7月1日	越南国会第26/2012/QH13号《个人所得税法》	900	360
2020年7月1日	越南国会第954/2020/UBTVQH14号决议	1100	440

非经常所得的计税方法：个人所得税应纳税额＝应纳税所得额×适用税率。其中，证券转让所得的应纳税所得额按证券售价减去购入价款和转让相关费用后的金额确定；不动产转让的应纳税所得额由销售价格减去购买价格和相关合理成本确定；继承或赠与的应纳税所得额为继承或赠与物品的价值。

---

① 每个受抚养人只能被一个纳税人扣除一次。

（4）税收优惠制度

越南对处于以下情形的纳税人给予减征：纳税人因自然灾害、火灾、事故、致命疾病而纳税困难的，经核实可减征所得税，但减征额不得超过应纳税额。同时，越南对纳税人获得的下列所得给予免税：夫妻之间转让不动产取得的收入，奖学金收入，直接从事农业生产、林业、制盐、水产养殖和渔业的家庭及个人销售未经加工或仅初步加工成另一种产品取得的收入等。

为扶持受新冠疫情影响的家庭和个人恢复生产和经营，越南政府于2021年10月27日颁布第92/2021/ND-CP号法令，规定开展生产和商业活动的家庭与个人在2021年第三季度和第四季度免征个人所得税。但上述免税规定不适用于家庭与个人提供的软件商品及服务、含数字信息内容的商品及服务、数字广告所取得的收入。

3.越南社会保障费制度发展基础

越南社会保障机构负责在全国范围内实施社会保障政策并管理社会保障基金，其管理的法律依据是《越南共和国社会保险法》①《越南共和国健康保险法》② 和《越南共和国就业法》③。以下将详细介绍越南社会保障费制度的缴费人、征费对象和费率制度、计费方法。

（1）缴费人制度

越南的社会保障费包括强制性社会保险、失业保险和健康保险3类，对于以下适用范围内的在职雇员，雇主必须按规定比例为其扣缴社会保障费：第一，社会保险的适用范围。2018年12月1日前，社会保险仅适用于越南个人。自2018年12月1日起，与越南公司签订无限期、一年或一年以上劳动合同且具有工作证的外国人，皆应参加强制性社会保险。但依照公司计

---

① BẢO HIỂM XÃ HỘI, https：//thuvienphapluat. vn/van-ban/Bao-hiem/Luat-Bao-hiem-xa-hoi-2014-259700. aspx.

② BẢO HIỂM Y TẾ, https：//thuvienphapluat. vn/phap-luat-doanh-nghiep/bai-viet/muc-dong-bao-hiem-xa-hoi-bhyt-bhtn-bhtnld-bnn-bat-buoc-nam-2023-2539. html.

③ VIỆC LÀM, https：//thuvienphapluat. vn/van-ban/Lao-dong-Tien-luong/Luat-viec-lam-nam-2013-215628. aspx.

划，内部移转到越南工作或已达法定退休年龄（60 岁以上男性或 55 岁以上女性）的外国个人，不受强制参加社会保险的规定。第二，失业保险的适用范围。失业保险仅适用于越南个人，外籍个人无须购买。第三，健康保险的适用范围。强制健康保险适用于在越南签订超过 3 个月劳动合同的越南人和非越南人。

（2）征费对象和费率制度

在越南的社会保障费中，社会保险、失业保险和健康保险的费率及雇主、雇员分别承担的比例各不相同（见表9）。第一，社会保险。自 2017 年 7 月 1 日起，越南雇员和外国雇员均须按合同工资的 8.0% 向社会保险基金缴费，其雇主则需按合同工资的 17.5% 缴纳社会保险。第二，失业保险。越南雇员及其雇主必须各自缴纳合同工资的 1.0% 作为失业保险金，聘用外国员工的雇主则无须缴纳。第三，健康保险。自 2009 年 7 月 1 日起，健康保险的最低缴款金额为合同工资的 4.5%，其中 3.0% 由雇主缴纳，1.5% 由雇员缴纳，缴款金额上限为国家公布的最低工资的 20 倍。

表 9　2021 年越南雇员和外国雇员的社会保障费率

单位：%

项目	越南雇员	越南雇员的雇主	外国雇员	外国雇员的雇主
社会保险	8.0	17.5	8.0	17.5
健康保险	1.5	3.0	1.5	3.0
失业保险	1.0	1.0	—	—
负担率	10.5	21.5	9.5	20.5
负担率总计	32.0		30.0	

（3）计费方法

社会保障费的缴纳金额为工资基数（合同工资金额）与负担率的乘积。值得注意的是，计算社会保障费的工资基数有上限和下限的规定。其中，工资基数上限基于当地最低工资的 20 倍计算而得，并随着最低工资的变化而变化；工资基数下限根据地区发展水平的不同分为 4 档。

（三）越南货劳税类制度发展基础

1. 越南增值税制度发展基础

越南《增值税法》① 于 1999 年 1 月 1 日起生效实施，并先后经过第 13/ 2008/QH12、31/2013/QH13、71/2014/QH13、106/2016/QH13 号法律的修订和完善。与上述法律相配套的有越南政府颁布的 7 个指导性法令和财政部发布的 15 个指导性通告。

（1）纳税人制度

根据《增值税法》的规定，在越南境内生产、提供应税商品、服务以及进口应税商品的单位或个人为增值税的纳税人。在越南境内生产经营的组织和个人向在越南未设常设机构的外国组织，或不在越南居住的海外个人购买服务（包括与货物有关的服务）的，应视为增值税纳税人。

（2）征税对象和税率制度

增值税税率分为零税率、5%、10%（基本税率）3 类，零税率适用于所有出口商品和服务、国际运输业务以及《增值税法》规定免征增值税的 25 种情形，但不包括离岸再保险服务、对外信贷服务、邮政和电信服务以及向国外转让技术、知识产权所得等 10 种情形。5% 的税率适用于生产和提供日常生活的清洁用水、肥料、饲料、新鲜食品、农业生产专用机械和设备、医疗设备和仪器、教学材料、科学技术服务等 15 种商品和服务。所有不适用于零税率和 5% 税率的商品和服务均按 10% 的税率征税。

（3）计税方法

增值税应纳税额的计算有两种方法。

税收抵免法。采用税收抵免法计算的应纳增值税税额为增值税销项税额减去可抵扣增值税进项税额。其中，增值税销项税额为增值税发票上标明的销售货物和劳务的增值税总额，可抵扣增值税进项税额为购买货物或服务的增值税发票中注明的增值税总额。税收抵免法适用于年营业额达 10 亿越南

---

① 越南国会第 57/1997/L-CTN 号法律。

盾或以上并且完全遵守会计、发票和文件法规定的商品销售与服务提供商，或者未达到上述要求但自愿注册申请税收抵免法的商业机构。

直接计算法。这种方法适用于以下情形：黄金、白银和宝石交易；年营业额在 10 亿越南盾以下的企业、合作社（自愿按抵免法登记纳税的除外）；新成立的企业、合作社（自愿按抵免法登记纳税的除外）；经营户、个人；在越南从事生产经营活动，未严格遵守会计法规的外国组织或个人等。

①对于金、银、宝石交易活动：应纳增值税税额＝金、银、宝石的增值额×增值税税率，其中金、银、宝石的增值额＝金、银、宝石的销售额－购进金、银、宝石的价款。

②对于其他情况：应纳增值税税额＝销售商品或服务的增加值×增值税税率，其中，销售商品或服务的增加值由所售商品或服务的支付价格减去购买相应商品或服务的支付价格确定，适用的增值税税率如下：分销和供应货物为1%；不承包原材料的劳务、建筑服务为5%；与货物、建筑相关并承包原材料的生产、运输和劳务服务为3%；其他经营活动为2%。

（4）税收优惠制度

越南财政部指导《增值税法》第 5 条罗列了 25 种不属于增值税征税对象的商品和服务情形，包括动植物种苗、农业生产资料、法律规定的教育和职业培训等。同时，为扶持中小企业及个体户的发展，营业额在 1 亿越南盾以下的经营户和个人免征增值税。

为扶持受新冠疫情影响严重的企业恢复生产和经营，越南政府于 2021 年 10 月 27 日颁布第 92/2021/ND-CP 号法令。该法令规定，在 2021 年 11 月 1 日至 2021 年 12 月 31 日期间，提供运输服务，住宿、餐饮服务，旅行社服务，电影摄影和电视节目制作服务，艺术、运动和娱乐服务以及图书馆、档案馆、博物馆等文化活动服务的企业和组织有权享受 30% 的增值税税额减免。

2.越南特别消费税制度发展基础

越南首部《特别消费税法》自 1999 年 1 月 1 日起生效实施。此后，《特别消费税法》第 27/2008/QH12 号法律、第 70/2014/QH13 号法律、第 71/2014/QH13 号法律和第 106/2016/QH13 号法律先后对其进行修订。

（1）纳税人制度

特别消费税纳税人包括生产、进口货物及提供适用特别消费税的服务的组织和个人。从事出口业务的组织或者个人向生产企业购买应征特别消费税的货物，如上述货物不用于出口而在国内消费的，从事出口业务的组织或者个人应当被视为特别消费税的纳税人。

（2）征税对象和税率制度

越南特别消费税的征收范围涵盖商品和服务两大类（见表10），其中应税商品包括雪茄、卷烟，24座以下汽车，飞机，游艇等，应税服务包括经营歌舞厅、博彩业务、高尔夫业务等。除于2016年7月1日起新增了不考虑汽缸容量的房车这一税目外，特别消费税的征收范围基本保持不变。值得注意的是，为了引导消费者养成健康的消费习惯，2009年以来越南大幅提高了烟、酒等产品的特别消费税税率。例如，将雪茄、卷烟的特别消费税税率由65%提高至75%，将啤酒以及酒精浓度在20度及以上的酒的特别消费税税率由45%提高至65%。

表 10　越南特别消费税税目及税率变化

商品/服务	税率
商品类	
雪茄、卷烟	65%（2009 年 4 月 1 日至 2015 年 12 月 31 日）、70%（2016 年 1 月 1 日至 2018 年 12 月 31 日）、75%（自 2019 年 1 月 1 日起）
酒精浓度在20 度及以上的酒	45%（2010 年 1 月 1 日至 2012 年 12 月 31 日）、60%（2017 年 1 月 1 日至 2017 年 12 月 31 日）、65%（自 2018 年 1 月 1 日起）
酒精浓度在20 度以下的酒	25%（2010 年 1 月 1 日至 2015 年 12 月 31 日）、30%（2016 年 1 月 1 日至 2017 年 12 月 31 日）、35%（自 2018 年 1 月 1 日起）
啤酒	45%（2010 年 1 月 1 日至 2012 年 12 月 31 日）、60%（2017 年 1 月 1 日至 2017 年 12 月 31 日）、65%（自 2018 年 1 月 1 日起）

续表

商品/服务	税率
24 座以下汽车	10%~150%
不考虑汽缸容量的房车	70%（2016 年 7 月 1 日至 2017 年 12 月 31 日）、 75%（自 2018 年 1 月 1 日起）
汽缸容量为 125cm³ 以上的摩托车	20%
飞机	30%
游艇	30%
汽油	7%~10%
功率为 90000BTU 以下的空调	10%
明器	70%
纸牌	40%
服务类	
经营歌舞厅	40%
经营推拿按摩、卡拉 OK	30%
经营赌场、赌机	30%（2009 年 4 月 1 日至 2015 年 12 月 31 日）、 35%（自 2016 年 1 月 1 日起）
经营博彩业务	30%
经营高尔夫业务	20%
经营彩票	15%

（3）计税方法

特别消费税均为从价计税，计算公式为：特别消费税应纳税额＝特别消费税计税价格×比例税率。其中，关于特别消费税计税价格的具体规定如下①：

---

① 国家税务总局国际税务司国别（地区）投资税收指南课题组：《中国居民赴越南投资税收指南》，http://www.chinatax.gov.cn/chinatax//n810219/n810744/n1671176/n1671206/c2582500/5116193/files/a9558a038b7a44bf97f242cb7125f7a9.pdf。

对于国内生产的产品，计税价格为

$$特别消费税计税价格=\frac{售价（不含增值税）-环保税（如有）}{1+特别消费税率}$$

对于进口产品，计税价格是进口价格加上进口税。进口货物属于免征或减征进口税的，计税价格不包括免征或减征的进口税额。

对于加工产品，计税价格是委托加工方的产品售出价的完税价格或同类、同期产品的销售价。

对于以分期付款、延期付款方式销售的货物，计税价格是该货物按照一次性付款方式交易的不含分期利息、延期利息在内的出售价。

对于劳务，计税价格是经营机构的劳务提供价格。

对于用于交换、赠与、捐赠或内部消费的产品和劳务，计税价格是同一时期的产品、劳务的特别消费税完税价格。

（4）税收优惠制度

免征特别消费税的情形。具体包括：人道主义救援物品、无偿援助物品等进口商品，用于运输货物、乘客、游客的商业飞机和游艇，用于安全和国防目的的飞机，从国外进口至非关税区的货物等。

纳税人生产适用特别消费税的商品，因自然灾害或意外事故等发生困难时，可享受减税优惠。其中，减免税款按因自然灾害或意外事故造成的实际损失确定，但不得超过损失发生当年应纳税额的30%，且不超过受损财产经赔偿后的价值。

3. 越南进出口税制度发展基础

越南《进出口税法》颁布于1987年12月29日，并自1988年2月1日起正式实施，此后采用以新法代替旧法的形式进行了3次重大修订，现行的法律是自2016年9月1日起实施的第107/2016/QH13号《进出口税法》。

（1）纳税人制度

根据第107/2016/QH13号《进出口税法》第1章第3条的规定，进出口货物的所有人、进出口委托机构、携带进出口货物出境或入境的人员以及被授权、提供担保和代表纳税人纳税的人均为进出口税的纳税义务人。

（2）征税对象和税率制度

越南进出口税税率层次的变化主要经历了以下几个阶段。第一，2006年1月1日以前，进出口税率包括两个层次：普通税率（或称正常税率），即《进出口税法》规定的税率；优惠税率（或称最低税率），即对与越南签订了税收优惠协定的国家进出口所适用的税率，该税率不得超过每项正常税率的50%。第二，2006年1月1日以后，进出口税率增加至3个层次，即普通税率、优惠税率和特惠税率（见表11）。其中，优惠税率适用于产自与越南贸易关系中适用最惠国待遇的国家、国家集团或地区的进口货物；或者从非关税区进口到国内市场的符合与越南贸易关系中适用最惠国待遇的国家、国家集团或地区原产地条件的商品。特惠税率适用于产自与越南贸易关系中签订进口税特别优惠协定的国家、国家集团或地区的进口货物；或从非关税区进口到国内市场的符合与越南贸易关系中签订进口税特别优惠协定的国家、国家集团或地区原产地条件的货物。不符合优惠税率和特惠税率情形的进口货物适用于普通税率，税率为各项目优惠税率的150%。

表 11　越南进出口税税率层次的变化情况

法律编号	5-HDNN8	64-LTC/HDNN8	45/2005/QH11	107/2016/QH13
实施日期	1988年2月1日	1992年3月1日	2006年1月1日	2016年9月1日
税率层次	优惠税率	优惠税率	特惠税率	特惠税率
	普通税率	普通税率	优惠税率	优惠税率
	—	—	普通税率	普通税率

在必要情况下，政府应提请国会常务委员会修改和补充进出口关税表。税率的确定需遵循以下原则：鼓励原材料进口，优先进口国内尚未满足需求的品种；重点发展高科技、节能环保等领域；符合国家经济社会发展方向和越南在国际条约中关于进出口税的承诺；有助于稳定市场和增加国家预算收入；简单、透明、方便纳税和税收征管程序改革；对性质、结构、用途和技术特点相同的货物，适用统一税率；进口税率应从成品到原材料逐渐降低，而出口税率应由成品向原材料逐渐递增。

（3）计税方法

进出口税的计税方法主要有 3 种，即百分比计税法、绝对计税法和混合计税法。适用百分比计税法的货物，进出口税额可以按计税时各项目的完税价格与税率的乘积确定；适用绝对计税法的货物，进出口税额按照计税时进出口货物的实际数量与规定的单位货物绝对税额的乘积确定；适用混合计税法的货物，进出口税额为按照百分比计税法和绝对计税法计税后的数值加总确定。具体计算公式为：

百分比计税法：应纳税额＝完税价格×关税税率
绝对计税法：应纳税额＝货物数量×单位税额
混合计税法：应纳税额＝完税价格×关税税率+货物数量×单位税额

（4）税收优惠制度

《进出口税法》的税收优惠制度包括免税及减税规定。

一般免税。享有特权与豁免的外国组织和个人的货物，出入境人员免税行李额内的物品，在免税店出售的进口商品，外国组织和个人对越南组织和个人（反之也适用）在一定额度内的礼物与赠品，边境居民购销、交换货物免税，部分组织和个人购买一定额度的动产（不包括汽车和摩托车）免税。

进出口免税。加工进口货物和出口加工产品免税；加工出口货物和进口加工产品免税；用于生产出口货物的进口货物免税；一定期限内暂时进口复出口或暂时出口再进口的货物免税；享受投资优惠的主体为形成固定资产而进口的货物免税；原材料、供应品和零部件自投入生产起享 5 年免税优惠；为石油和天然气活动服务的进口货物免税；进口造船货物和出口造船货物免税；植物品种、动物品种、肥料、植保药品免税；直接为国防和安全服务的进口货物免税；直接用于教育的进口货物免税；在非关税区内制造、加工、回收或组装的货物免税；直接服务于信息技术产品、数字内容和软件生产的进口原材料、用品和组件免税；为印钞造币活动服务的货物免税；部分情况下非商业用途货物免税；为保障社会安全，克服自然灾害、灾难、流行病和其他特殊情况的后果而进出口的货物免税；通过快递服务寄送的一定价值额度内的货物免税；符合越南签订的国际条约的进出口货物免税。

减税规定。海关监管的进出口货物，如有损毁或灭失，经主管评估机构或组织证明，可享受减税优惠。减税与货物的实际损失率相对应。如果出口或进口货物全部损坏或丢失，则无须纳税。

（四）越南财产税类制度发展基础

1. 越南非农业土地使用税制度发展基础

2010 年 6 月 17 日，越南国会颁布《非农业土地使用税法》（第 48/2010/QH12 号），并自 2012 年 1 月 1 日起生效。该法律取代了越南国会于 1992 年 7 月 31 日通过的《住房和土地税条例》[①]。2011 年 7 月 1 日，越南政府颁布了第 53/2011/ND-CP 号法令，详细说明并指导实施《非农业土地使用税法》，随后，越南财政部发布了《非农业土地使用税指南》[②]。

（1）纳税人制度

纳税人是指具有《非农业土地使用税法》规定的拥有农村宅基地、城市宅基地、非农业生产经营用地使用权的组织、家庭和个人。《非农业土地使用税法》还对特殊情况下的纳税人规定如下：国家出租土地用于实施投资项目的，则住宅用地的承租人为纳税人；土地使用权人以合同的形式承包土地的，则按照承包合同的约定确定纳税义务人，如合同中没有约定纳税人，则以土地使用权人为纳税人；若土地已获得证书但存在争议，则在争议解决之前，当前土地使用者为纳税人；若不止一个人拥有同一块土地的使用权，则纳税人是拥有同一块土地使用权的人选出的合法代表；若土地使用权

---

① CỦA CHÍNH PHỦ SỐ 94-CP NGÀY 25-8-1994 QUY ĐỊNH CHI TIẾT THI HÀNH PHÁP LỆNH VỀ THUẾ NHÀ, ĐẤT VÀ PHÁP LỆNH SỬA ĐỔI, BỔ SUNG MỘT SỐ ĐIỀU CỦA PHÁP LỆNH VỀ THUẾ NHÀ, ĐẤT, https：//thuvienphapluat. vn/van-ban/Thue-Phi-Le-Phi/Nghi-dinh-94-CP-thue-nha-dat-de-huong-dan-thi-hanh-Phap-lenh-ve-thue-nha-dat-va-Phap-lenh-sua-doi-bo-sung-Phap-lenh-ve-thue-nha-dat-39031. aspx.

② HƯỚNG DẪN VỀ THUẾ SỬ DỤNG ĐẤT PHI NÔNG NGHIỆP, https：//thuvienphapluat. vn/van-ban/Thue-Phi-Le-Phi/Thong-tu-153-2011-TT-BTC-huong-dan-thue-su-dung-dat-phi-nong-nghiep-132319. aspx.

人以土地使用权出资设立新的法人实体，则新的法人实体为纳税人。

（2）征税对象和税率制度

非农业土地使用税的征收范围。具体包括以下 3 类：《土地法》及其指导性文件规定的农村宅基地、城市宅基地、产业园区建设用地、生产经营场所建设用地、矿产开采用地、矿产加工用地等非农业生产经营用地，商业用途的非农业土地。

非农业土地使用税实行累进税率和比例税率相结合的税率制度。具体如下。

住宅用地（包括商业住宅用地）。若用于多层多户住宅、公寓楼和地下建筑，则适用 0.03% 的税率；其余均适用于累进税率（见表 12）。

表 12　越南住宅用地三级累进税率

税级	应税土地面积	税率（%）
1	限额内面积	0.03
2	面积≤限额的 3 倍	0.07
3	面积>限额的 3 倍	0.15

非农业生产经营用地和商业用途的非农业土地，适用 0.03% 的税率。

用途不当或违规使用的土地适用 0.15% 的税率。

投资者登记并经国家主管部门批准的不同投资项目的土地，适用 0.03% 的税率。

被侵占、挪用的土地，适用 0.2% 的税率。

（3）计税方法

每个地块应缴纳的非农业土地使用税应按其用途和所属类型加以确定，具体的计税方法有以下 3 种：

①住宅用地、生产经营用地以及商业用途的非农业土地，其应纳税额按下列公式计算：

应纳税额=发生税额-减免税额（如有）

发生税额=应税土地面积(平方米)×每平方米应税土地价格×税率

②多层多户住宅、公寓楼（含地下室）和地下建筑的土地，其应纳税额的计算公式如下：

$$应纳税额=发生税额-减免税额(如有)$$
$$发生税额=每个组织、家庭或个人的房屋面积(平方米)×$$
$$分配系数×对应土地每平方米价格×税率$$

③无法确定经营性用地面积的商业用途非农业土地，按照下列公式确定发生税额：

$$发生税额=商业用途的土地面积×每平方米土地价格×税率$$
$$商业用途的土地面积=总用地面积×(商业营业额÷年营业总额)$$

（4）税收优惠制度

《非农业土地使用税法》的减免税政策。它既体现了越南政府鼓励投资、发展经济的政策导向，也体现了越南政府对于贫困地区、贫困户、少数民族、革命有功者家庭的扶持。其中，适用免税条款的非农业土地共9类：第1类是属于特别鼓励投资领域的投资项目用地、位于社会经济条件特别困难地区内的投资项目用地、位于社会经济条件困难地区内且属于鼓励投资领域的投资项目用地、50%以上的劳动力为荣兵或患病士兵的企业用地。第2类是教育、职业培训、保健、文化、体育和环保领域的社会化活动机构用地；第3类是感恩之家、大同之家、孤寡老人、残疾人、孤儿抚养机构、社会医疗机构建设用地；第4类是社会经济条件特别困难地区限额内的住宅用地；第5类是符合《非农业土地使用税法》第9条规定的军人、烈士等家庭的住宅用地；第6类是贫困线标准下的贫困家庭住宅用地；第7类是根据已通过的总体规划，在一年内被国家收回的家庭或个人住宅用地；第8类是经国家主管机关认定为历史文物之花园洋房土地；第9类是纳税人因不可抗力而面临困难，且与土地和房屋有关的价值损失超过应税价格50%的土地。

符合以下情形的，应纳税额可以减免50%：①属于鼓励投资领域的投资项目用地、位于社会经济条件困难地区内的投资项目用地、有20%~50%的员工为荣军或患病士兵的企业用地；②社会经济困难地区限额内的住宅用地；③符合《非农业土地使用税法》第10条规定的军人、烈士等家庭的住宅用地；④土地和土地上房屋的损失价值达到应税价格的20%~50%，且纳税人将因上述不可抗力事件而面临困难。

2. 越南农业土地使用税制度发展基础

《农业土地使用税法》颁布于1993年7月10日，并自1994年1月1日起正式实施，该法取代了此前的《越南共和国农业税条例》。同年10月15日，越南政府颁布了关于将农业土地分配给家庭和个人以稳定其进行农业生产的第64-CP号法令[1]。

（1）纳税人制度

农业土地使用税的纳税人不仅包括使用土地进行农业生产的单位和个人，还包括取得农业土地使用权而不使用的农户。

（2）征税对象和税率制度

①农业土地使用税的征税对象。即用于农业生产的土地，包括农家院、用于水产养殖的水面土地、人工林地，不包括有天然林的土地、天然牧场、居住用地等。《农业土地使用税法》根据土壤物质、地点、地形、天气条件、灌溉条件等因素确定土地等级，一年生作物种植地及水面水产养殖地分为6级，多年生作物种植地分为5级，应税土地等级在10年内保持稳定。

②农业土地使用税采用定额税率。根据土地等级的不同适用不同的税率，税率以每级土地每公顷的大米公斤数计算。具体如下：

第一，越南一年生作物种植地及水面水产养殖地的农业土地使用税税率见表13。

---

① CỦA CHÍNH PHỦ SỐ 64-CP NGÀY 27-9-1993 VỀ VIỆC BAN HÀNH BẢN QUY ĐỊNH VỀ VIỆC GIAO ĐẤT NÔNG NGHIỆP CHO HỘ GIA ĐÌNH, CÁ NHÂN SỬ DỤNG ỔN ĐỊNH LÂU DÀI VÀO MỤC ĐÍCH SẢN XUẤT NÔNG NGHIỆP, https://thuvienphapluat.vn/van-ban/Bat-dong-san/Nghi-dinh-64-CP-ban-Quy-dinh-ve-viec-giao-dat-nong-nghiep-cho-ho-gia-dinh-ca-nhan-su-dung-on-dinh-lau-dai-vao-muc-dich-san-xuat-nong-nghiep-38630. aspx.

表 13　越南一年生作物种植地及水面水产养殖地的农业土地使用税税率

土地等级	定额税率（公斤/公顷）
第 1 级	550
第 2 级	460
第 3 级	370
第 4 级	280
第 5 级	180
第 6 级	50

第二，越南多年生作物种植地的农业土地使用税税率见表 14。

表 14　越南多年生作物种植地的农业土地使用税税率

土地等级	定额税率（公斤/公顷）
第 1 级	650
第 2 级	550
第 3 级	400
第 4 级	200
第 5 级	80

　　第三，在一年生作物种植地种植多年生果树的税率。如果一年生作物种植地属于第 1、2、3 级土地，则税率相当于一年生作物种植地农业土地使用税的 1.3 倍；如果一年生作物种植地属于第 4、5、6 级土地，则税率与种植同一级一年生作物的农业土地使用税相同。此外，对于一次性采伐的用材林木和多年生林木，按采伐产值的 4% 征收农业土地使用税。

　　（3）计税方法

　　农业土地使用税的计算方法较为简单，即按土地面积与每级土地定额税率的乘积计算得出，计算公式①如下：

---

　　①　无论是种植地还是水面水产养殖地，农业土地使用税均以大米公斤数计算，并以现金形式征收。征税季每公斤大米价格由省、直辖市人民委员会确定，不得低于当地市场价格的 10%。特殊情况下，税务部门可以直接以大米形式征收税款。

农业土地使用税＝土地面积（公顷）×每级土地定额税率

（4）税收优惠制度

为发挥农业作为经济支撑的重要作用，2020 年 6 月 10 日，越南国会通过了第 107/2020/QH14 号决议①，自 2021 年 1 月 1 日起，将农业用地使用税的免征期延长至 2025 年 12 月 31 日，适用范围包括用于研究和试制的农用地、国家分配给贫困户的全部农用地、农用地分配指标内用于农业生产的土地等。

3. 越南自然资源税制度发展基础

2009 年 11 月 25 日，越南国会颁布了《自然资源税法》②，取代了此前的《越南共和国自然资源税条例》③，该法自 2010 年 7 月 1 日起正式实施，2014 年 11 月 26 日越南国会第 71/2014/QH13 号④法律对其部分条款进行了修订，主要涉及天然水定义及家庭和个人使用天然水免税规定的变化。相应地，越南政府先后颁布了第 50/2010/ND-CP 号⑤和第 12/2015/ND-CP 号指

---

① VỀ KÉO DÀI THỜI HẠN MIỄN THUẾ SỬ DỤNG ĐẤT NÔNG NGHIỆP ĐƯỢC QUY ĐỊNH TẠI NGHỊ QUYẾT SỐ55/2010/QH12 NGÀY 24 THÁNG 11 NĂM 2010 CỦA QUỐC HỘI VỀ MIỄN, GIẢM THUẾ SỬ DỤNG ĐẤT NÔNG NGHIỆP ĐÃ ĐƯỢC SỬA ĐỔI, BỔ SUNG MỘT SỐĐIỀU THEO NGHỊ QUYẾT SỐ28/2016/QH14 NGÀY 11 THÁNG 11 NĂM 2016 CỦA QUỐC HỘI, https：//thuvienphapluat. vn/van-ban/Thue-Phi-Le-Phi/Nghi-quyet-107-2020-QH14-keo-dai-thoi-han-mien-thue-su-dung-dat-nong-nghiep-446267. aspx.

② 越南国会第 45/2009/QH12 号法律。

③ CỦA UỶ BAN THƯỜNG VỤ QUỐC HỘI SỐ05/1998/PL–UBTVQH10 NGÀY 16 THÁNG 4 NĂM 1998 VỀ THUẾTÀI NGUYÊN (SỬA ĐỔI), https：//thuvienphapluat. vn/van-ban/EN/Thue-Phi-Le-Phi/Ordinance-No-05-1998-PL-UBTVQH10-of-April-16-1998-on-natural-resource-tax-amended/75126/tieng-anh. aspx .

④ SỬA ĐỔI, BỔ SUNG MỘT SỐĐIỀU CỦA CÁC LUẬT VỀ THUẾ, https：//thuvienphapluat. vn/van-ban/Thue-Phi-Le-Phi/Luat-sua-doi-cac-Luat-ve-thue-2014-259208. aspx.

⑤ QUY ĐỊNH CHI TIẾT VÀ HƯỚNG DẪN THI HÀNH MỘT SỐĐIỀU CỦA LUẬT THUẾTÀI NGUYÊN, https：//thuvienphapluat. vn/van-ban/Thue-Phi-Le-Phi/Nghi-dinh-50-2010-ND-CP-huong-dan-Luat-Thue-tai-nguyen-2009-105607. aspx.

导法令①对《自然资源税法》的实施提供指导。

（1）纳税人制度

自然资源税纳税人是指开采应税自然资源的单位或个人。《自然资源税法》对部分情况下自然资源税纳税人的规定如下：①以合资方式设立自然资源开采企业的，合资企业为纳税人；②如果越方与外方签订开采自然资源的合作经营合同，合作经营合同中必须明确双方的纳税义务；③资源被组织或个人开采的，以采购方为纳税人。

（2）征税对象和税率制度

越南政府对9类资源开征自然资源税。自然资源税实行幅度税率，其具体适用税率由省、中央直辖市人民政府根据该应税资源的品类、开采条件以及对生态环境的影响等情况，在表15规定的税率幅度内提出，报国会常务委员会决定。

表15　越南自然资源税税目及税率

序号	税目	税率(%)
1	金属矿产	7~25
2	非金属矿产	3~30
3	原油	6~40
4	天然气、煤气	1~30
5	天然林产品	1~35
6	天然海产品	1~10
7	天然水	1~10
8	天然燕窝	10~20
9	其他资源	1~20

① QUY ĐỊNH CHI TIẾT THI HÀNH LUẬT SỬA ĐỔI, BỔ SUNG MỘT SỐ ĐIỀU CỦA CÁC LUẬT VỀ THUẾ VÀ SỬA ĐỔI, BỔ SUNG MỘT SỐ ĐIỀU CỦA CÁC NGHỊ ĐỊNH VỀ THUẾ, https：//thuvienphapluat. vn/van-ban/Thue-Phi-Le-Phi/Nghi-dinh-12-2015-ND-CP-huong-dan-Luat-sua-doi-bo-sung-mot-so-dieu-cua-cac-Luat-ve-thue-266168. aspx.

（3）计税方法

自然资源税实行从价计征，计税依据是应税资源产量、资源单位应税价格和自然资源税税率。计税方法为：

自然资源税应纳税额＝应税资源产量×资源单位应税价格×自然资源税税率

其中，应税资源产量的确定应遵循以下规定：第一，应税资源产量通常为实际开采资源的数量、质量或体积。第二，对含有多种物质的资源，应按筛选后所得的每一种物质的数量、质量或体积确定应税资源产量。第三，对未销售而投入生产其他产品的资源，如不能直接确定实际开采的数量、质量或体积，应根据计税期内生产的产品产量和单位产品使用量确定应税资源产量。第四，对用于水力发电的天然水，应税资源产量为水电站生产设施的发电量或电力销售合同列明的销售量。第五，对用于工业目的的自然矿泉水、天然热水、天然水，应税资源产量以立方米或升计税。

资源单位应税价格是指从事开采的单位或者个人销售一单位自然资源产品的价格（不含增值税）。未能确定销售价格的，可以遵照以下规定：用于水电站发电的天然水的计税价格为平均商业电价；木材的计税价格为交货场的销售价格；原油、天然气、燃气的计税价格为交割点的销售价格；用于出口的开采资源的计税价格为出口价格。

（4）税收优惠制度

符合以下情况的纳税人可以享受税收减免：自然资源纳税人因自然灾害、火灾或意外事故造成已申报缴纳的自然资源受损的情形；天然海产品免税；供个人用于日常生活的天然林产品免税；家庭和个人用于水力发电的天然水、日常生活中使用的天然水免税；用于农、林、渔、盐生产的天然水免税；在划拨或租用土地范围内就地开发使用的土地免征税款。

（五）越南其他税类（环境保护税）制度发展基础

越南其他税类制度主要是指环境保护税制度，2010 年 11 月 15 日，越南国会审议通过了《环境保护税法》，并于 2012 年 1 月 1 日起正式实施。2018 年 9 月 26 日，越南国会颁布第 579/2018/UBTVQH14 号决议①，对环境保护税税率进行调整，新的税率自 2019 年 1 月 1 日起正式执行。

1. 纳税人制度

环境保护税是一种针对产品和货物在使用时对环境造成的不利影响而征收的间接税。环境保护税的纳税人通常是指生产或者进口环境保护税应税货物的组织、家庭和个人，部分情况下的环境保护税的纳税人可以按以下规定确认：货物委托进口的，以接受进口货物委托的人为纳税人；牵头组织、家庭或个人采购小煤矿无法出示货物已缴纳环境保护税的证明文件的，该组织、家庭或个人为纳税人。

2. 征税对象和税率制度

环境保护税的征税对象主要包括汽油、机油、润滑脂，煤炭，塑料袋，限制使用的除草剂、限制使用的白蚁杀虫剂等污染物。根据越南国会颁布的第 579/2018/UBTVQH14 号决议，自 2019 年 1 月 1 日起环境保护税迎来了新的变革，主要体现在以下几个方面。第一，将环境保护税由浮动税率改为固定税率。浮动税率会导致不同地区针对同一种污染物规定的税率存在差异，从而产生"税收洼地"，削弱环境治理的功效，因此越南规定在全国范围内实行统一的税率。第二，提高部分产品的环境保护税税率。为了促使污染企业达到减排目标，保护生态环境，越南按照原《环境保护税法》规定的浮动税率的上限对绝大部分的汽油、机油、润滑脂产品以及塑料袋、氢氯氟烃（HCFC）溶液征税，意味着上述产品的生产企业会面临更高的环境保护税税率（见表 16）。

---

① NGHỊ QUYẾT VỀ BIỂU THUẾ BẢO VỆ MÔI TRƯỜNG，https：//thuvienphapluat. vn/van-ban/Thue-Phi-Le-Phi/Nghi-quyet-579-2018-UBTVQH14-Bieu-thue-bao-ve-moi-truong-374960. aspx.

表 16　越南环境保护税税目及税率

序号	商品	单位	2012 年税率 （越南盾/商品单位）	2019 年税率 （越南盾/商品单位）
1	汽油、机油、润滑脂			
①	汽油,不包括乙醇	升	1000～4000	4000
②	飞行燃料	升	1000～3000	3000
③	柴油	升	500～2000	2000
④	燃料	升	300～2000	1000
⑤	燃油	升	300～2000	2000
⑥	润滑油	升	300～2000	2000
⑦	润滑脂	千克	300～2000	2000
2	煤炭			
①	褐煤	吨	10000～30000	15000
②	无烟煤(无烟煤)	吨	20000～50000	30000
③	木炭	吨	10000～30000	15000
④	其他煤炭	吨	10000～30000	15000
3	氢氯氟烃（HCFC）溶液,包括含 HCFC 溶液的混合物中的 HCFC 溶液	千克	1000～5000	5000
4	塑料袋	千克	30000～50000	50000
5	限制使用的除草剂	千克	500～2000	500
6	限制使用的白蚁杀虫剂	千克	1000～3000	1000
7	限制使用的林产品防腐剂	千克	1000～3000	1000
8	限制使用的消毒剂	千克	1000～3000	1000

3. 计税方法

应缴纳的环境保护税税额等于应税货物单位数乘以规定的单位货物绝对税率。其中,应税货物数量的计算规定如下:①对于国产货物,应税货物数量是指为销售、交换、内部消费或捐赠而生产的货物数量;②对于进口货物,应税货物数量为进口货物数量。

4. 税收优惠政策

《环境保护税法》尚未对"税收减免"做出规定,这也意味着税收优惠政策在科学引导污染企业向环保型企业转型方面仍有很大的改进空间。

二 越南税收制度发展变化（2022~2023年）

2022 年是越南《到 2030 年税制改革战略》的启动之年，为将税制战略落地见效，越南财政部随后制定了《实施 2030 年税制改革战略的行动计划》与《到 2025 年税制改革计划》，对深化税制改革做出了全面部署。在此背景下，越南对税收制度进行了一系列调整和完善：为支持社会经济的复苏和发展，推出了所得税和增值税的优惠政策，并两次下调了石油产品的环境保护税税率；为促进资源合理利用、保护生态环境，调整了自然资源税的纳税人范围，并大幅下调了"电动汽车"的特别消费税税率；为提高土地的管理和利用效率，提出了建立土地价格形成机制，并计划通过审查完善土地税收法律和政策，打击房屋和土地投机行为。

（一）越南税收制度体系发展变化

2022 年以来，越南的税种制度体系、税制结构基本稳定，税收制度法律体系的发展变化主要体现在税收收入、宏观税负、税类收入结构以及税收制度法律体系方面。

1. 越南税种制度体系发展变化

越南的税种制度体系和主要税种保持稳定，但税收收入和宏观税负发生了一定程度的变化。根据越南财政部公布的预算数据[①]，2022 年越南税收收入预计同比增长 5.45%，达到 11227895 亿越南盾，但鉴于越南为扶持社会经济恢复发展的优惠政策仍持续发挥作用，预计 2022 年越南的宏观税负进一步下降至 11.08%。随着疫情后经济持续回暖，主要行业和领域经济向好回升，预计 2023 年税收收入的同比增长率可达 18.5%。

---

① 由于截至目前（2023 年 4 月 3 日）越南财政部尚未公布 2022 年和 2023 年的财政结算报告，因此这部分数据取自 2022 年和 2023 年财政预算报告公布的数据，https：//mof.gov.vn/webcenter/portal/btcvn/pages_r/cddh/cong-khai-ngan-sach-btc。

2. 越南税制结构发展变化

越南的税制结构相对稳定，但税类结构（主要是税类收入结构）存在一定幅度的波动。2022 年收入占比下降的税种主要有企业所得税、进出口税、财产税及环境保护税，而收入占比上升的税种有个人所得税、增值税及特别消费税（见表 17）。

表 17 2021 年与 2022 年越南税类结构对比情况

单位：%

按课税对象的性质划分	税种名称	税种收入占比（2021 年）	税种收入占比（2022 年）
所得税	企业所得税	23.22	23.15
	个人所得税	10.84	11.21
货劳税	增值税	33.28	33.36
	特别消费税	11.91	12.36
	进出口税	6.16	6.08
财产税	非农业土地使用税	0.18	0.17
	农业土地使用税	0.0004	0.0001
	自然资源税	2.04	1.96
其他税	环境保护税	6.66	5.77

3. 越南税收制度法律体系发展变化

2022 年以来，越南在税收法律、税收行政法规、税收规章及多边国际条约的签署方面均有不同程度的进展（见表 18）。税收法律方面，越南国会第 03/2022/QH15 号法律[①]对《特别消费税法》中"电动汽车"这一税目及

---

① SỬA ĐỔI, BỔ SUNG MỘT SỐ ĐIỀU CỦA LUẬT ĐẦU TƯ CÔNG, LUẬT ĐẦU TƯ THEO PHƯƠNG THỨC ĐỐI TÁC CÔNG TƯ, LUẬT ĐẦU TƯ, LUẬT NHÀ Ở, LUẬT ĐẤU THẦU, LUẬT ĐIỆN LỰC, LUẬT DOANH NGHIỆP, LUẬT THUẾ TIÊU THỤ ĐẶC BIỆT VÀ LUẬT THI HÀNH ÁN DÂN SỰ, https://thuvienphapluat.vn/van-ban/dau-tu/Luat-sua-doi-Luat-Dau-tu-cong-Luat-Dau-tu-theo-phuong-thuc-doi-tac-cong-tu-486653.aspx.

税率进行了补充修改。税收行政法规方面，越南政府第 49/2022/ND-CP 号法令①调整了不动产转让和电力集团电力生产活动计税时增值税进项的相关规定。税收规章方面，越南财政部第 18/2023/TT-BTC 号通告②对税务行政违法行为的部分处罚条款进行了修订。多边国际条约的签署方面，越南与OECD 签署了《实施税收协定相关措施以防止税基侵蚀和利润转移的多边公约》（MLI）和《多边税收征管互助公约》（MAAC），旨在与签约国共同开展国际税收征管协作。

表 18　2022 年以来越南税收制度法律体系发展变化情况汇总

税收制度类型	文件类型/条约名称	文件编号
税收法律	特别消费税	03/2022/QH15
税收行政法规	增值税	49/2022/ND-CP
税收规章	税务行政违法行为的处罚	18/2023/TT-BTC
多边国际条约	MLI、MAAC	——

（二）越南企业所得税优惠政策发展变化

2022 年以来，越南所得税制度的发展变化主要表现为企业所得税优惠

---

① SỬA ĐỔI, BỔSUNG MỘT SỐĐIỀU CỦA NGHỊ ĐỊNH SỐ209/2013/N Đ-CP NGÀY 18 THÁNG 12 NĂM 2013 CỦA CHÍNH PHỦQUY ĐỊNH CHI TIẾT VÀ HƯỚNG DẪN THI HÀNH MỘT SỐĐIỀU CỦA LUẬT THUẾGIÁ TRỊ GIA TĂNG ĐÃ ĐƯỢC SỬA ĐỔI, BỔSUNG MỘT SỐĐIỀU THEO NGHỊ ĐỊNH SỐ12/2015/N Đ-CP , NGHỊ ĐỊNH SỐ100/2016/N Đ-CP VÀ NGHỊ ĐỊNH SỐ146/2017/N Đ-CP , https://thuvienphapluat.vn/van-ban/Thue-Phi-Le-Phi/Nghi-dinh-49-2022-ND-CP-sua-doi-Nghi-dinh-209-2013-ND-CP-huong-dan-Luat-Thue-gia-tri-gia-tang-524299.aspx.

② QUY ĐỊNH VỀ THỦTỤC THU, NỘP TIỀN PHẠT, BÙ TRỪ SỐTIỀN NỘP PHẠT CHÊNH LỆCH, BIÊN LAI THU TIỀN PHẠT VÀ KINH PHÍ TỪ NGÂN SÁCH NHÀ NƯỚC BẢO ĐẢM HOẠT ĐỘNG CỦA CÁC LỰC LƯỢNG XỬ PHẠT VI PHẠM HÀNH CHÍNH, https://thuvienphapluat.vn/van-ban/Thue-Phi-Le-Phi/Thong-tu-18-2023-TT-BTC-thu-nop-tien-phat-bu-tru-so-tien-nop-phat-vi-pham-hanh-chinh-chenh-lech-560392.aspx.

政策的调整。2021 年新冠疫情的防控形势严峻，对越南对外贸易和生产活动产生了负面影响，导致全年经济增速放缓。为支持社会经济的复苏和发展，越南国会于 2022 年 1 月 11 日通过了关于财政和货币政策的第 43 号决议①，规定在 2022 年 2 月 1 日至 2022 年 12 月 31 日期间，在确定 2022 年企业所得税应税收入时，企业和组织参加疫情防控活动的开支（包括疫情捐款与购买防疫工具的开销），允许计入可扣除费用。

（三）越南货劳税类制度发展变化

2022 年以来，越南进出口税制度基本稳定，货劳税类制度的发展变化主要体现在增值税制度和特别消费税制度上，前者涉及优惠制度和计税方法的变化，后者涉及个别商品税目及税率的变化。

1. 越南增值税制度发展变化

（1）税率的发展变化

财政和货币政策的第 43 号决议规定，在 2022 年 2 月 1 日至 2022 年 12 月 31 日期间，原适用标准税率（10%）的商品和服务的增值税税率降至 8%，但享受增值税税率优惠的领域不包括电信、信息技术、金融活动以及银行、保险、股票交易、房地产业、金属生产和采矿业（煤炭除外）、石油焦生产、石油、化工以及征收特别消费税的商品和服务②。越南政府第 15/2022/ND-CP 号法令对上述规定的实施提供指导。③ 该法令规定，上述商品和服务的增值税减免，除煤炭只适用于销售环节外，其余商品和服务统一适用于进口、制造、加工和贸易环节。采用税收抵免法计算增值税的企业应对符合上述规定的货物和服务缴纳 8%的增值税，采用直接法计算增值税的企

---

① VỀ CHÍNH SÁCH TÀI KHÓA, TIỀN TỆ HỖ TRỢ CHƯƠNG TRÌNH PHỤC HỒI VÀ PHÁT TRIỂN KINH TẾ-XÃ HỘI, https：//thuvienphapluat. vn/van-ban/Thuong-mai/Nghi-quyet-43-2022-QH15-chinh-sach-tai-khoa-tien-te-phuc-hoi-phat-trien-kinh-te-xa-hoi-500776. aspx.

② https：//vietnam. acclime. com/news-insights/the-authorities-approve-a-2-vat-reduction-on-applicable-goods-and-services-starting-with-february-2022/.

③ https：//thuvienphapluat. vn/van-ban/Thuong-mai/Nghi-dinh-15-2022-ND-CP-mien-giam-thue-theo-Nghi-quyet-43-2022-QH15-chinh-sach-tai-khoa-501143. aspx.

业可以按收入的80%缴纳增值税。

（2）计税方法的发展变化

2022年7月29日，越南政府颁布了第49/2022/ND-CP号法令（简称49号法令），该法令调整了不动产转让和电力集团电力生产活动中可抵扣的增值税进项的相关规定。具体地，在计算不动产转让应缴纳的增值税税额时，可以抵扣用于补偿和场地清理的费用，也可以扣除土地使用费和应付土地租金。同时，可抵扣土地价格为购买土地使用权时的价格，不包括土地上附着的基础设施价值，如需抵免基础设施的进项税额，企业需按规定另行申报。此外，由于越南政府第209/2013/ND-CP号法令只规定了水力发电企业增值税应税价格的确定方法，49号法令根据社会经济发展的情况分别就水力发电企业、火力发电企业和其他发电企业增值税应税价格的确定方法进行规定，同时将水力发电企业增值税应纳税额的计算依据由上年不含增值税的平均零售电价的60%降至35%。

2. 越南特别消费税制度发展变化

越南特别消费税制度的发展变化体现为"电动汽车"等个别商品税目及税率的变化。2022年1月11日，越南国会第03/2022/QH15号法律对《特别消费税法》中"电动汽车"这一税目及税率进行了补充修改。主要变化如下：第一，将"电动汽车"这一税目细分为电池驱动的电动汽车和其他电动汽车两类，每类下再根据汽车座位数和用途不同适用不同的税率。第二，大幅降低电池驱动的电动汽车的特别消费税税率（见表19）。以电池驱动的9座或以下载人类型的汽车为例，特别消费税税率将由此前的25%降至3%。需要关注的是，电动汽车特别消费税税率的最大降幅将集中在2022年3月1日至2027年2月28日，此后税率将有一定程度的回升。

表19　越南电动汽车适用特别消费税税率变化

税目：电动汽车	税率（修改前）
9座或以下载人类型	25%
10~15座载人类型	15%

续表

税目：电动汽车	税率（修改前）
16~24 座载人类型	10%
可载人载物的设计类型	10%
税目：电动汽车	税率（修改后）
（1）电池驱动的电动汽车	
9 座或以下载人类型	3%（2022 年 3 月 1 日至 2027 年 2 月 28 日）；11%（自 2027 年 3 月 1 日起）
10~15 座载人类型	2%（2022 年 3 月 1 日至 2027 年 2 月 28 日）；7%（自 2027 年 3 月 1 日起）
16~24 座载人类型	1%（2022 年 3 月 1 日至 2027 年 2 月 28 日）；4%（自 2027 年 3 月 1 日起）
可载人载货的设计类型	2%（2022 年 3 月 1 日至 2027 年 2 月 28 日）；7%（自 2027 年 3 月 1 日起）
（2）其他电动汽车	
9 座或以下载人类型	15%
10~15 座载人类型	10%
16~24 座载人类型	5%
可载人载货的设计类型	10%

（四）越南财产税类制度发展变化

1. 农业土地使用税制度和非农业土地使用税制度发展变化

2022 年 6 月 16 日，越南国会发布了第 18-NQ/TW 号决议[①]，该决议为农业土地使用税制度和非农业土地使用税制度的改革指明了方向。具体表现在：第一，建立确定土地价格的机制和方法。为农业土地使用税和非农业土地使用税计税价格的确定提供依据。第二，税率调整。审查并完善现行农业

---

① HỘI NGHỊ LẦN THỨ NĂM BAN CHẤP HÀNH TRUNG ƯƠNG ĐẢNG KHÓA XIIIVỀ "TIẾP TỤC ĐỔI MỚI, HOÀN THIỆN THỂ CHẾ, CHÍNH SÁCH, NÂNG CAO HIỆU LỰC, HIỆU QUẢ QUẢN LÝ VÀ SỬ DỤNG ĐẤT, TẠO ĐỘNG LỰC ĐƯA NƯỚC TA TRỞ THÀNH NƯỚC PHÁT TRIỂN CÓ THU NHẬP CAO", https://thuvienphapluat.vn/van-ban/Bat-dong-san/Nghi-quyet-18-NQ-TW-2022-hoan-thien-the-che-su-dung-dat-tao-dong-luc-phat-trien-thu-nhap-cao-518813.aspx.

土地税收和非农业土地税收政策和法律，确保对土地面积大、房屋多、土地投机、土地使用缓慢、废弃土地的使用者实行更高的税率。第三，调整税收优惠政策。根据国际惯例、本国实际情况，采取与国家重点投资领域、重点扶持区域、重点扶持人群相匹配的土地使用税优惠政策。

2.越南自然资源税制度发展变化

自然资源税纳税人的认定范围的变化。根据越南国会第 12/2022/QH15 号①法律的相关规定，《自然资源税法》调整了自然资源税纳税人的认定范围，自 2023 年 7 月 1 日起，开采矿山、矿群、油气田 3 类自然资源的企业和个人不再属于自然资源税的纳税人。

（五）越南其他税类（环境保护税）制度发展变化

2022 年，越南石油产品的环境保护税税率经历了两次调整（见表 20），减免税额达 32 万亿越南盾。② 2022 年 3 月 23 日，越南国会颁布了第 18/2022/UBTVQH15 号决议③（简称第 18 号决议），规定在 2022 年 4 月 1 日至 2022 年 12 月 31 日期间，对汽油（不含乙醇）、柴油、燃油、润滑油、润滑脂降低 50% 的环境保护税税率，对燃料降低 70% 的环保税税率。2022 年 7 月 6 日，越南国会又颁布了第 20/2022/UBTVQH15 号决议④，进一步降低石油产品的环境保护税税率，即将汽油（不含乙醇）、柴油的环境保护税税率降至第 18 号决议规定的 50%，燃油、润滑油、润滑脂的环境保护税税率降至第 18 号决议规定的 30%。自 2023 年 1 月 1 日起，上述商品的环境保护税

---

① LUẬT DẦU KHÍ, https：//thuvienphapluat. vn/van-ban/EN/Tai-nguyen-Moi-truong/Law-12-2022-QH15-Petroleum/554432/tieng-anh. aspx.

② https：//mof. gov. vn/webcenter/portal/btcvn/pages_r/l/tin-bo-tai-chinh? dDocName＝MOFUCM254073&dID＝270399.

③ VỀ MỨC THUẾ BẢO VỆ MÔI TRƯỜNG ĐỐI VỚI XĂNG, DẦU, MỠ NHỜN, https：//thuvienphapluat. vn/van-ban/Thue-Phi-Le-Phi/Nghi-quyet-18-2022-UBTVQH15-muc-thue-bao-ve-moi-truong-xang-dau-mo-nhon-505929. aspx.

④ VỀ MỨC THUẾ BẢO VỆ MÔI TRƯỜNG ĐỐI VỚI XĂNG, DẦU, MỠ NHỜN, https：//thuvienphapluat. vn/van-ban/Thue-Phi-Le-Phi/Nghi-quyet-20-2022-UBTVQH15-muc-thue-bao-ve-moi-truong-doi-voi-xang-dau-mo-nhon-521311. aspx.

税率又恢复到 2018 年 9 月 26 日越南国会第 579/2018/UBTVQH14 号决议规定的税率水平。

表 20　越南汽油、机油、润滑脂等商品的环境保护税率变动情况

序号	税目	单位	修改前的税率（越南盾/商品单位）	2022 年第一次修改后的税率（越南盾/商品单位）	2022 年第二次修改后的税率（越南盾/商品单位）
1	汽油（不含乙醇）	升	4000	2000	1000
2	柴油	升	2000	1000	500
3	燃料	升	1000	300	300
4	燃油	升	2000	1000	300
5	润滑油	升	2000	1000	300
6	润滑脂	公斤	2000	1000	300

三　越南税收制度发展前景

（一）越南税收制度体系发展前景

为优化税收营商环境，越南计划对标国际良好的税收制度标准，围绕"同步、统一、公平、高效、简便、符合社会主义市场经济体制"的目标要求，同步完善本国的税收制度体系。

1. 越南税种制度体系发展前景

目前，越南已形成了主体税种明确，辅助税种各具特色、功能互补的税种制度体系。根据《到 2030 年税制改革战略》，2030 年以前越南的税种制度体系维持稳定，主要税种仍然为增值税、特别消费税、进出口税、企业所得税、个人所得税、自然资源税、农业土地使用税、非农业土地使用税、环境保护税。

在税费收入和宏观税负方面，"确保各时期税费收入占国家预算总收入

的比重保持在稳定合理水平，以满足实施国家经济社会发展战略的资源需求"，也是越南 10 年税制改革的主要内容。具体地，到 2025 年税费收入占 GDP 的比重为 13% ~ 14%，税收收入占财政收入的比重力争达到 85% ~ 86%；到 2030 年税费收入占 GDP 的比重计划增至 14% ~ 15%，税收收入占财政收入的比重力争达到 86% ~ 87%。

2. 越南税制结构发展前景

目前，越南仍是一个以增值税、特别消费税、进出口税等间接税为主体的国家，企业所得税和个人所得税的占比约为 30%，下一阶段，越南将致力于把直接税与间接税控制在合理比例，同时不断挖掘财产税、自然资源税、环境保护税等税种在改善税类结构和保持财政预算收入可持续性上的重要作用，不断朝着扩大税基、改善营商环境的方向完善税制结构。

3. 越南税收制度法律体系发展前景

2025 年以前，越南政府将通过对《增值税法》《特别消费税法》《企业所得税法》《个人所得税法》《自然资源税法》《环境保护税法》的修订、补充以及对《财产税法》的颁布实施，不断扩大税基，确保税法能够覆盖所有收入来源，且与相关法律文件保持同步更新。同时，尽量减少税法和减税政策的整合，确保税收中性，避免税收成为影响资源配置的决定因素。此外，完善与税收法律相配套的行政法规、部门规章，使其简单、透明、清晰、便于理解且易于实施。

（二）越南所得税类制度发展前景

越南企业所得税类制度的改革将围绕扩大税基和规范税收优惠制度两个方面展开，而个人所得税类制度的改革则将重点放在补充税收减免规定上，以减轻纳税人的税收负担，更好地体现量能赋税原则。

1. 越南企业所得税制度发展前景

进一步规范税收优惠制度。一方面，审查、修改或取消不再适应经济社会发展要求和与国际规则脱轨的减免税优惠政策；另一方面，落实小微企业所得税优惠政策，同时将吸引外资的政策从力求数量转向关注质量，鼓励各经济体参与重点行业和领域的投资。此外，中长期内保持减免税政策的稳定实施，尽量减少社会政策与减免税政策的结合，确保税收中性。

扩大企业所得税的税基。根据国家的社会经济情况和国际惯例稳步扩大税基，继续推动 BEPS15 项计划成果在越南取得新进展，防止税基侵蚀和利润转移。

2. 越南个人所得税制度发展前景

目前，越南个人所得税以自然人个人为申报主体，没有其他申报模式可供选择，相对 OECD 成员国而言，越南只是把工资薪金、经营所得并入综合所得范围，不能全面衡量纳税人真实的纳税能力，同时家庭情况扣除只包括基本费用扣除（免征额）和抚养子女费用扣除，扣除项目有待进一步完善。为此，越南拟研究、修改和补充个人所得税的税收减免规定，完善费用扣除项目，以减轻纳税人的税收负担，同时考虑将财产租赁所得、财产转让所得等收入类型纳入综合所得范围，以更好地体现量能赋税的原则，促进税制公平。

3. 越南社会保障费制度发展前景

越南的社会保障费制度从 1947 年实施至今已有 70 余年历史，相关法律经不断修改和完善，为社会保障费制度的确立提供了坚实的基础。通过《到 2030 年税制改革战略》的内容不难推测，2030 年之前越南社会保障费制度"费改税"的可能性不大，但税务总局与社会保障局在工作协调、信息交流方面的合作将有望进一步深化。早在 2014 年 12 月 31 日，两部门就已经签署了合作条例①，明确了双方信息交流的方式及内容。为解决信息交流过程中存在的突出问题，双方于 2021 年 12 月 6 日又签署了《税务机关与社会保险经办机构工作合作条例实施细则》②，为后期进一步的深入合作提供了制度框架。

---

① https：//thuvienphapluat. vn/van-ban/Thue-Phi-Le-Phi/Quy-che-5423-QCPH-BHXH-TCT-2014-phoi-hop-cong-tac-Bao-hiem-xa-hoi-Viet-Nam-Tong-cuc-Thue-262821. aspx.

② https：//thuvienphapluat. vn/cong-van/Thue-Phi-Le-Phi/Cong-van-4740-TCT-DNNCN-2021-quy-che-phoi-hop-cong-tac-giua-co-quan-Thue-Bao-hiem-xa-hoi-514376. aspx.

（三）越南货劳税类制度发展前景

1. 越南增值税制度发展前景

下一阶段，越南增值税制度将迎来 6 项重大改革，涉及税基、税率、计税方法、增值税相关法律法规等方面。

扩大税基。目前，越南不征收增值税的商品和服务组共计 25 个，适用 5% 税率的商品和服务组共计 15 个，计划未来通过减少不征收增值税及适用 5% 税率的商品和服务组来扩大税基。

提高税率。目前，越南增值税的标准税率为 10%，而大多数国家增值税的标准税率设置在 10%~20%。[①] 下一步，越南财政部有望根据《到 2025 年税制改革计划》制定的路线图，分步提高增值税税率。

保持简化的税率档次。保证增值税抵扣链条的完整性，继续实行当前"一档标准税率+一档优惠税率+一档零税率"的税率模式，以实现增值税中性的良税目标。

审查和调整适用税收抵免法的收入门槛。目前，税收抵免法适用于年营业额达 10 亿越南盾及以上的商品销售和服务提供商，为适应实际情况的需要，未来会适度调整税收抵免法的收入门槛。

调整直接计算法的计税方法，对年营业额低于 10 亿越南盾或不适用税收抵免法的纳税人，目前的做法是采用直接计算法并按 4 档计税，下一阶段将研究统一实行按营业额百分比计税的办法。

完善出口货物和服务增值税的相关法律法规，确保其与当前的国际规则相统一。

2. 越南特别消费税制度发展前景

根据社会消费趋势的转变，合理调整特别消费税税目，及时补充特别消费税主体。现行特别消费税征税范围中，与环境保护及收入分配调节相关的

---

① 何杨、王文静：《增值税税率结构的国际比较与优化》，《税务研究》2016 年第 3 期，第 90~94 页。

税目较少，一些高耗能、高污染的产品及高档消费品均未被纳入特别消费税的征收范围，因此下一阶段拟发挥特别消费税在引导居民消费、调节居民收入分配等方面的作用，稳步扩大特别消费税的征收范围。

优化特别消费税税率设置，提高给人体健康带来危害的品目税率。计划根据 2021 年至 2030 年期间的社会经济条件，审查和调整若干项目的特别消费税税率，包括提高烟、酒等消费品的特别消费税税率，以限制此类商品的生产和消费，引导居民养成健康的生活方式。

研究并计划对部分商品和服务采用比例税率与绝对税率相结合的计税方法。目前，越南特别消费税采用的是从价计征的方法，这一计征方法虽然能够确保税收与应税消费品价格水平的变动保持一致，但如果消费者选择价格更低廉的同类商品，则通过征收特别消费税来抑制消费数量的目标难以达到，因此未来越南计划对部分消费品（如烟、酒）采用复合计征方法。

3. 越南进出口税制度发展前景

修改和完善出口税制度，以鼓励高附加值产品的生产和出口，减少低附加值加工品的出口，并限制未加工自然资源的出口。

降低进口税税率。力争到 2025 年将进口税税率从目前的 32% 降至 25% 左右，并于 2030 年进一步降至 20%。

根据国家经济社会发展的需要和国际条约的承诺，进一步完善进出口税优惠政策，以促进先导产业、配套产业和重点领域的发展。

研究修订现场进出口（也称就地进出口）、非关税区进出口的相关规定，确保《进出口税法》与《海关法》[1] 等相关法律同步，从而更好地防范偷逃税行为。

（四）越南财产税类制度发展前景

由于 2022 年提出的《土地法》（修正案）涉及众多内容调整[2]，因此越

---

[1] https://thuvienphapluat.vn/van-ban/Thuong-mai/Luat-Hai-quan-2014-238637.aspx.

[2] https://thuvienphapluat.vn/cong-dong-dan-luat//tong-hop-07-du-an-luat-moi--lay-y-kien-tai-ky-hop-thu-4-quoc-hoi-khoa-xv-201241.aspx.

南财政部计划于 2023~2025 年提请国会颁布一部综合的《财产税法》，以确保财产税制与《土地法》的规定同步。同时，越南财政部将全面总结评价非农业用地使用税和农业用地使用税政策的总体执行情况，并在此基础上，围绕提高土地监管水平、完善房屋税收征管制度等方向做好研究，鼓励房屋和土地的有效使用，限制房屋和土地的投机活动。此外，为继续贯彻落实越南党中央关于"三农"工作的方针政策和决策部署，促进农村经济发展，越南将延长农业用地使用税的减免政策至 2025 年 12 月 31 日。

为更好地发挥资源税、环境保护税在调节资源级差收益、促进资源利用、引导企业节能增效、保护生态环境等方面的作用，越南财政部计划于 2025 年底前研究并提请国会修改《自然资源税法》关于税率、应税价格、应税资源产量、减免税的相关规定，扩大资源税征税范围，优化资源税税率结构，对开发天然气等清洁能源、节能减排贡献突出的企业给予必要税收优惠，形成《自然资源税法》（修正案），以鼓励资源深加工，提升自然资源的利用价值。

（五）越南其他税类制度发展前景

环境保护税方面，目前，越南《环境保护税法》的征税范围只包括汽油、煤炭、塑料袋、限制使用的除草剂、限制使用的白蚁杀虫剂等，征税范围较窄，且征税范围自《环境保护税法》实施以来从未发生改变，为此越南计划从扩大环境保护税的征税范围、调整环境保护税税率两个角度出发，对《环境保护税法》进行修订，以促进环境保护税成为国家限制污染环境商品进口、生产和使用的重要经济工具。

马来西亚税收制度发展报告（2023）[*]

摘　要： 马来西亚的税收制度是以直接税为主体的复合税制。马来西亚财
政部负责制定和修改相关税收政策，并统一管理全国税收事务，
其两个所属机构负责税收征管，即马来西亚内陆税收局和马来西
亚皇家海关总署分别负责征收直接税与间接税。马来西亚税收制
度相对简单，税收法律和税收规范性文件较少，没有关于规范税
收征收管理的程序法。马来西亚税收法律体系主要有以下几个层
级：由国会产生的法律法规，由马来西亚内陆税收局局长、皇家
海关总署署长签发的公告决定，由马来西亚内陆税收局、皇家海
关总署发布的规章及指南。马来西亚税制的主要特点——守成和
与时俱进，即马来西亚目前使用的税收法律大多是其最初版，随
着经济与社会的发展，不断对其进行修改完善；马来西亚税收制
度发展、改革的主要趋势是降税负、宽税基、严征管。

关键词： 马来西亚　税收制度　所得税　货物劳务税　不动产利得税

马来西亚的税收制度属于复合税制。马来西亚实行分税制，其中联邦政
府负责征收所得税类的直接税［如个人所得税、公司所得税、石油（收入）
税等］、流转类的间接税（如进口税、出口税、销售税、服务税等），以及
其他税种（如印花税等），13 个州及 3 个联邦直辖区负责征收财产类税和资
源环境类税（如土地税、矿山税、森林税、执照税①）及娱乐税、酒店税、

---

[*]　关于非居民企业（个人）的涉税事项、预提税、双边多边税收协定等内容的介绍均在《东
盟国际税收管理发展报告（2023）》一书中。

①　该执照税不含机动车电气设备和商业注册执照。

门牌税等。马来西亚的税收收入是其财政收入的主要来源，以2022年为例，财政收入的80%是税收收入，20%为非税收入；而且马来西亚的税收环境相对宽松，近年来的宏观税负在18%左右。

一 马来西亚税收制度发展基础（截至2021年）

马来西亚财政部统一管理全国税收事务，负责制定，修改相关税收政策及税收规范性文件和帮助纳税人更好地了解税收政策，从而提高纳税人的自愿纳税遵从率。马来西亚财政部有两个主管税收征收的机构：马来西亚内陆税收局（Inland Revenue Board of Malaysia，IRBM）和马来西亚皇家海关总署（Royal Malaysian Customs Department，RMCD）。IRBM负责征收直接税和行为类税（印花税、纳闽商业活动税等税种），RMCD负责征收间接税。马来西亚的直接税占税收收入总额的54%左右，间接税占税收收入总额的46%左右。

（一）马来西亚税收法律体系

马来西亚税收环境相对宽松，宏观税负（税收收入与GDP的比）较轻，近年来的宏观税负一直保持在18%左右[①]；税收制度也比较简单，税收法律和税收规范性文件较少。

1. 马来西亚税收法律体系的特点

马来西亚的税收环境相对宽松，税收法律尤其是国会正式立法的税收法律数量比较少，而且马来西亚国会立法的税收法律多为直接税法律。

（1）没有单独的税收征收管理程序法

马来西亚没有关于规模税收征收管理的程序法，所有与税收征管相关的程序性规定或违反税法的惩处性内容均在某一具体税法（如《所得税法》）

---

① 根据中国国家税务总局国际税务司国别（地区）投资税收指南课题组发布的《中国居民赴马来西亚投资税收指南（2022）》中相关数据计算得出。

中被明确而完整地表述。

（2）税收法律体系的守成和与时俱进二位一体

守成。马来西亚的税法都沿用其最初版，没出现新法替代旧法的现象，比如现在使用的依旧是《印花税法（1949）》[①]（以下简称《印花税法》）、《所得税法（1967）》[②]（Icome Tax Act，以下简称《所得税法》或ITA）、《石油（收入）税法（1967）》[③]（以下简称《石油税法》）、《不动产利得税法（1976）》[④]（以下简称《利得税法》）等。

与时俱进。马来西亚根据不断变化的社会经济形势，及时进行局部修正或全面调整其税法。比如局部修正，马来西亚2022年第5号关于"居民纳税人的应税利息的税务处理及计税方式"的公告[⑤]就是对《所得税法》进行的修正，而且公告表明是对《所得税法》的某条某款进行修订。再如全面调整，2018年9月1日对销售税和服务税进行了重大的调整，即重新用销售税和服务税取代了货物劳务税税法（Goods and Services Tax，GST，该货物劳务税税法于2015年5月1日取代了之前的销售税法和服务税法）。

2.马来西亚税收法律体系结构

马来西亚税收法律法规虽然数量不多，但是每项税收立法法理清晰、法律条款具体，税收法律体系中法与法之间相互连接又相对独立。

（1）根据税收征收对象划分

所得税类税法体系。如《所得税法》《石油税法》等。

---

① STAMP ACT 1949（Act 378），https：//phl. hasil. gov. my/pdf/pdfam/Act_ 378_ 01062021_ 2. pdf.

② INCOME TAX ACT 1967（Act 53，https：//phl. hasil. gov. my/pdf/pdfam/Act_ 53_ 01032021_ 2. pdf.

③ PETROLEUM（INCOME TAX）ACT 1967（Act 543），https：//phl. hasil. gov. my/pdf/pdfam/Act_ 543_ 01032020_ 2. pdf.

④ AKTA CUKAI KEUNTUNGAN HARTA TANAH 1976（Akta 169），https：//phl. hasil. gov. my/pdf/pdfam/Act_ 169_ 01122021_ 1. pdf.

⑤ TAXATION OF A RESIDENT INDIVIDUAL PART II -COMPUTATION OF TOTAL INCOME AND CHARGEABLE INCOME（PUBLIC RULING NO. 5/2022），https：//www. hasil. gov. my/media/qwfbqhog/pr-5_ 2022. pdf.

货物劳务税类税法体系。如《关税法》《销售税法》①《服务税法》② 等。

财产类税法体系。如《不动产利得税法》等。

其他税法体系。如《纳闽商业活动税法》③《投资促进税法》④，以及其他社会经济管理税收法律体系等。

（2）根据税收法律产生的层级划分

法律法规。由议会产生或修订的税收法律、法令或法规，如《所得税法》、《关税法》、《2019 年服务税（数字服务）法规》⑤（以下简称《数字服务税法》）。

裁决或决定公告。由马来西亚内陆税收局发布经该局首席执行长或内陆税收局局长、皇家海关总署署长签发的裁决或决定公告，概述了内陆税收局局长、皇家海关总署署长对税法的某些规定及其适用的政策和程序的解释，目的是向公众和本系统的官员提供涉税指导，如马来西亚内陆税收局发布的2022 年第 13 号文件——《关于对公共资源研发成果商业化的资质公司给予税收优惠的公告》。

规章。由马来西亚内陆税收局发布的为指导本系统官员及纳税人进行相应的涉税行为的框架性的规章，如税务调查框架、征税框架、IRBM 治理框架、税务公司治理框架。

指南。由马来西亚内陆税收局发布的指导纳税人处理涉税事项的规范性文件，如 2021 年第 3 号《关于公司、有限责任合伙企业和纳闽实体的税务结算的指南》等。

---

① SALES TAX ACT（Act 806），https：//mysst. customs. gov. my/SSTAct.

② SERVICE TAX ACT（Act 807），https：//mysst. customs. gov. my/SSTAct.

③ AKTA CUKAI AKTIVITI PERNIAGAAN LABUAN 1990（Akta 445），https：//phl. hasil. gov. my/pdf/pdfam/Act_445_15032021_1. pdf.

④ PROMOTION OF INVESTMENTS ACT 1986（Act 327），https：//phl. hasil. gov. my/pdf/pdfam/Act_327_01052014_2. pdf.

⑤ SERVICE TAX（DIGITAL SERVICES）REGULATIONS 2019［P. U.（A）269］，https：//mystods. customs. gov. my/storage/app/media/pdf/legislation/2-servicetaxdigitalservicesregulations 2019. pdf.

3.马来西亚税制变化

近年来，为了应对经济社会的新发展，马来西亚在税制方面进行了一系列改革，其税制改革的主要走势是降税负、宽税基、严征管。

（1）降税负

所得税方面。2019年，马来西亚政府经过两次降低税率行动，将税率由2016年度的19%下调至17%，以及根据个人所得税不同收入级差，减免个人所得税所对应的税率，减幅为2个百分点。

（2）宽税基

2019年，马来西亚先后颁布了《数字服务税法》和《2019年马来西亚联邦服务税（数字服务）修订法规》（以下简称《数字服务税修订法规》），决定自2020年1月1日起向为马来西亚消费者提供数字服务的外国服务供应商征收数字服务税，这意味着马来西亚扩大了服务税的征税范围，夯实了税收征收基础。

（3）严征管

近年来，马来西亚政府出台或修订了一系列严格审计与税收执法的措施，如近年来密集修订了《金融和保险审计框架》《石油收入税审计框架》《雇主审计框架》《税收遵从审计框架》等。这些举措一方面降低了税负、涵养了税源；另一方面又扩大了征税范围、堵塞了税收流失漏洞，提高了马来西亚政府收入，促进了国民经济和社会的全面发展。

（二）马来西亚所得税制度

马来西亚是以所得税为主体税的税制结构，所得税体系包括的税种比较多，主要有企业所得税、个人所得税、石油（收入）税、预提税、社会保障税等。

1.马来西亚企业所得税

马来西亚征收企业所得税的法律依据是《所得税法》及其相关修正法案。马来西亚企业采用单层税制，对股息不征税，对境内利息收入征税；企业经营亏损，可以无限期后转，但所有权发生重大变更的除外。

（1）纳税义务人

马来西亚企业所得税纳税人分为居民企业纳税人（就来源于马来西亚境内外的所得向政府缴税）和非居民企业纳税人（仅就来源于马来西亚境内所得向政府缴税）。居民企业判断标准为：公司董事会每年在马来西亚召开，公司董事是在马来西亚境内掌管公司业务的法人。

（2）征税对象和税率制度

征税对象。根据 ITA 及其修正法案，企业取得的所有经营所得，股息、利息等投资所得，资产租赁费、使用费、佣金等资产所得以及其他所得性质的利得或收益均是企业所得税的征税对象。

税率制度。实缴资本超过 250 万令吉的马来西亚企业所得税税率为24%；但马来西亚还有一档优惠性的企业所得税税率，即 17%。享受优惠税率的条件为：在一个课税年度内实缴资本不超过 250 万令吉且全年总营业额不超过 5000 万令吉的中小型居民企业申报缴纳税款时，仅对其前 60 万令吉的营业额适用 17% 的所得税税率，其余超过 60 万令吉的营业额仍适用 24%的所得税税率。

非居民企业是指不在马来西亚组建或者其控制、管理地不在马来西亚的企业。非居民企业企业所得税的缴纳实行预提税制度，预提税税率为 10%～15%。征税范围包括利息、特许权使用费、技术服务费等，但不包括股息。非居民企业企业所得税来源于马来西亚的利息缴纳预提税，但来源于马来西亚中央政府、州政府、地方当局或法定实体提供信贷收取的利息不交预提税；还可申请按双边税收协定的税率缴纳一些特定款项的预提税。

（3）计税方法

企业所得税计税方法。即将一个纳税年度的收入总额（经营所得、投资所得、资产所得以及其他所得性质的利得或收益之和）减去为取得收入所发生的费用、损失和允许扣除的支出后的余额作为应纳税所得额，再乘以适用税率，得出的结果为企业所得税税额。

企业所得税税前扣除的具体内容。第一，判定各类支出是否被允许在所得税税前扣除的标准。即该支出没有被相关法律特别规定不得列支，该支出与经营活动相关的，该支出在经营年度内是为获得收入而发生的，但该支出绝不应是资本性支出。第二，税务处理上允许所得税税前扣除的项目。可从当期所得中扣除的折旧（按税法规定折旧率和年限从不动产、机器设备中提出），结转以后年度扣除的经营亏损（当期所得不足扣除），向国外子公司支付的特许权使用费、管理服务费和利息费（按规定以独立交易价格支付）。

（4）税收优惠制度

①行业税收优惠政策。马来西亚将行业产业或环境友好型税收优惠政策与奖励先锋型和头部企业结合起来，为制造业、酒店业、医疗保健服务、信息技术服务、生物技术、伊斯兰金融、风险投资、旅游、节能和环境保护等行业提供广泛的税收优惠；对先锋地位的行业实行诸多奖励措施，如长达10年的免税期、资本投资额60%~100%的投资税收补贴、加速资本补贴、双重扣除和再投资补贴（给予与合格项目有关的60%的资本投资补贴）；为向"工业4.0"（与此相关的领域为"大数据"分析、自主机器人、工业物联网等技术领域）转型的企业提供加速资本津贴和自动化设备津贴。

②《投资促进法》框架下企业所得税优惠。《投资促进法》是一项旨在通过减免所得税的方式，促进马来西亚工业、农业和其他商业企业的建立和发展，并进一步促进出口及附带的相关经济发展目的的法案。

《投资促进法》主要内容包括先锋地位（Pioneer Status，PS）的解释，先锋公司或工厂如何申请、获取先锋地位，以及获取先锋地位后，被鼓励的经营活动或生产被鼓励的产品；先锋公司或工厂如何申请获得税收减免，税收减免期内经营收入的核算方法及相关限制，以及投资减税的相关规定。先锋地位是一种免税形式的激励措施，授予参与鼓励经济活动或生产鼓励产品的公司5年或10年的免税期。先锋地位激励的替代方案通常是投资免税，投资免税是根据用于推广活动或生产推广产品的工业建筑、机械工厂的资本支出授予的激励措施，这种激励措施通常是为期5年或10年的免税期。

由于《投资促进法》并不是一种特定税种，而是一种条件式的税收优惠政策，所以本报告不从税制角度详细描述该法。

③个人防护设备成本费用扣除的规定。为应对新冠疫情，2021 年第 5 号《所得税条例》①针对个人防护设备成本费用扣除规定，自 2020 年 3 月 1 日起，允许雇主扣除为员工购买个人防护设备的成本；企业向经批准的基金或机构的捐赠（限于总收入的 10%），如向卫生部设立的新冠肺炎基金提供现金和实物捐助；向国家灾害管理局设立的新冠肺炎基金提供的现金捐款。

2. 马来西亚个人所得税制度

马来西亚个人所得税制度是一种综合超额累进所得税制，马来西亚个人所得税法受《所得税法》及其相关修正法案的约束。

（1）纳税义务人

《所得税法》将个人所得税纳税人分为居民个人纳税人和非居民个人纳税人。居民纳税人的判定采用纳税人的居住地和居住时间等作为标准，具体为：第一，在一个纳税年度（公历年，下同）中在马来西亚居住至少 182 天；第二，在一个纳税年度中在马来西亚居住不足 182 天，但与相邻纳税年度连续居住之和至少为 182 天；第三，在 4 个纳税年度中有 3 个纳税年度居住不少于 90 天；第四，在该纳税年度的前 3 年是居民纳税人。

（2）征收对象与税率制度

征收对象。马来西亚个人所得税②应税收入为来源于马来西亚境内的个人收入，具体包括以下收入项目：经营的所得或收益，利润、受雇所得，股息、利息、折扣，租金、特许权使用费或溢价，养老金、年金或其他定期收

---

① Taxation of A Resident Individual Part I-Gifts or Contributions and Allowable Deductions，https：//www. hasil. gov. my/en/legislation/public-rulings.

② 本文所称个人所得税均为居民个人所得税，非居民个人所得税规定在《东盟国际税收管理发展报告（2023）》中介绍。

入，其他收益或利润。

个人所得税税率。2023年马来西亚个人所得税累进税率见表1。

表1 2023年马来西亚个人所得税累进税率

单位：令吉

应纳税所得的区间段	税率(%)	各区间段应缴税金	累进税金
0~5000(含)	0	0	0
5000~20000	1	150	150
20000~35000	3	450	600
35000~50000	6	900	1500
50000~70000	11	2200	3700
70000~100000	19	5700	9400
100000~400000	25	75500	84400
400000~600000	26	52000	136400
600000~2000000	28	392000	528400
超过2000000	30	—	—

资料来源：Tax Rate, Assessment Year 2023 , https：//www. hasil. gov. my/en/individual/individual-life-cycle/how-to-declare-income/tax-rate/。

回国专家征税范围与税率。根据回归专家计划，获得批准的专家居民回国，连续5个纳税年度内均按15%的税率征收个人所得税。居住在马来西亚依斯干达的资质技术工人居民，在指定地区指定公司从事高级技术工作的，也按15%的税率对其征收个人所得税。

（3）计税方法

马来西亚个人所得税的缴税方法有两种：一种是纳税人自行计算缴纳个人所得税，另一种是税务部门给居民纳税人退税（该居民纳税人已被扣缴和代缴了个人所得税）。

纳税人缴纳税款的计税方法：居民纳税人将各种应纳税所得总额减去各种合理扣除项目（见表2）的相应金额后的余额，乘以其对应的累进税率。

应纳税额 =（应纳税所得总额 - 各扣除项目金额）× 适用税率

表2 2022课税年马来西亚个人所得税扣除项目

单位：令吉

序号	扣除项目	扣除金额
1	个人和受抚养亲属（基本扣除）	9000
2	父母的医疗、特殊需求和照顾费用（需医疗证明）	最高限额8000
3	为残疾人（本人、配偶、子女或父母）购置基本辅助设备	最高限额6000
4	本人为残疾人（对本人的额外救济）	6000
5	教育费（本人）：（1）除硕士或博士学位外的法律、会计、伊斯兰金融、运动、职业、工业、科学或技术课程；（2）硕士或博士学位的任何课程；（3）为提高技能或自我提升而进行的学习课程（限额2000）	最高限额7000
6	医疗费用：（1）本人、配偶或子女的严重疾病费用；（2）本人或配偶的生育治疗费用；（3）本人、配偶及子女注射疫苗的费用（限额1000）；（4）其他限额1000的医疗支出：本人、配偶或子女体检费用，为本人、配偶或子女购买的COVID-19检测测试工具包费用，为本人、配偶或子女进行的心理健康检查或咨询费用	最高限额8000
7	本人、配偶或子女受益的以下生活支出：（1）购买或订阅书籍、杂志、报纸、其他类似出版物（非禁止刊物）；（2）购买个人电脑、智能手机或平板电脑（非商业用途）；（3）购买1997年《体育发展法》规定的体育活动的体育器材及支付健身房会员费；（4）以本人名义支付每月的网络订阅费用	最高限额2500
8	本人、配偶或子女受益的以下生活支出：（1）支付体育设施的租金或入场费；（2）为1997年《体育发展法》规定的体育活动购买体育设备；（3）据1997年《体育发展法》，体育赛事主办人为获取体育署长批准及颁发牌照支付的费用	最高限额500
9	为2岁及2岁以下儿童购买的哺乳设备费用	最高限额1000
10	为6岁及6岁以下儿童向托儿中心或幼儿园支付的儿童照顾费用	最高限额3000
11	为孩子向国家教育储蓄计划账户存入的资金（截至2022年）	最高限额8000
12	丈夫或妻子给前配偶支付赡养费	最高限额4000
13	残疾配偶	5000
14a	每个未婚子女接受全日制教育（包括"A级"证书、大学入学考试或预备课程）	2000
14b	未婚子女教育费用扣除条件：在马来西亚接受文凭或高等教育，在马来西亚境外接受学位或同等学力（包括硕士或博士学位）的进修，教育机构由政府有关部门批准	8000

续表

序号	扣除项目	扣除金额
14c	残疾儿童	6000
	对 18 岁及以上、未结婚、在马来西亚境内外攻读学士学位或以上学历的残疾孩子（相对于父母而言）的额外豁免	8000
15	(1)人寿保险和紧急保险基金：人寿保险保费（限额 3000）；(2)向紧急保险基金或任何被核准计划提供的捐赠款（限额 4000）	最高限额 7000
16	递延年金及私人退休计划	最高限额 3000
17	教育和医疗保险金	最高限额 3000
18	对社会保障组织的捐赠	最高限额 350
19	国内旅游开支：(1)据 1992 年《旅游业法》向与旅游业专员合作机构支付的住宿费；(2)据 1992 年《旅游业法》在旅游专员处登记的持牌旅行社购买的国内旅游套餐；(3)支付旅游景点的入场费	最高限额 1000
20	为电动车收费设施支付的费用（非商业用途）	最高限额 2500

资料来源：Tax Reliefs, Year of Assessment 2022, https：//www. hasil. gov. my/en/individual/individual-life-cycle/how-to-declare-income/tax-reliefs/。

退税的计税方法。马来西亚退税方法是按纳税人个人/家庭退税，或按项目分项退税。第一，纳税人个人应税收入不超过 35000 令吉的，予以退税 400 令吉。第二，如果夫妻分开评估，并且夫妻各自应税收入不超过 35000 令吉的，那么夫妻两人每人退税 400 令吉；如果夫妻共同评估，且共同应税收入不超过 70000 令吉的，那么夫妻两人共同退税 800 令吉。第三，支付的天课、节日或其他伊斯兰宗教会费的退税按实际支出金额退税；因前往圣地朝圣（一生中最多两次）而支付的离境税据实予以退税，任何超额部分（如一生中两次以上的朝圣）均不予退还。

（4）税收优惠制度

①个人经营所得的个人所得税优惠。根据《1952 年商船条例》（以下简称《商船条例》）注册的船舶的居民所有者的经营业务中的船舶使用收入免征个人所得税。

②个人受雇所得的个人所得税优惠。第一，长期服务津贴（在同一雇主处工作超过 10 年），对成就或卓越服务、创新或效率所奖励的额外津贴

（现金或实物），每个纳税年度最高豁免金额或价值为 2000 令吉。第二，纳闽实体的非马来西亚公民董事在 2025 估税年之前收取的董事费收入免征个人所得税。第三，失业补偿和限制性契约付款。如果健康不佳，则完全免除；为同一集团的同一雇主/公司服务，每完成一年可获得 10000 令吉的豁免。第四，从 2004 估税年起，用于验证或认证高等教育机构的特许教育项目的费用或酬金（不是公务的一部分），免征个人所得税。第五，从认证的电子竞技比赛中获得的奖金免税。第六，退休金完全免税。因健康不佳而退休；年满 55 岁或其他法定退休年龄时或之后。

③个人权益性所得的个人所得税优惠。第一，合作社向其成员支付、贷记或分配的股息，联邦或州政府给予的补助金或补贴，居民个人从存放在持牌金融机构的存款中获得的利息或红利、收益或利润，免征个人所得税。第二，因在马来西亚证券交易所上市的证券而产生的收入（股息、借贷费用、抵押品利息和回扣除外）以及相同或等价证券的返还，以及与证券借贷相关的抵押品交换收入、根据证券借贷协议进行的交易的收入，均免征个人所得税。第三，马来西亚居民个人的特许权使用费每课税年度豁免金额。具体如下：任何艺术作品/唱片或磁带的出版、使用或使用权为 10000 令吉；任何文学作品或任何原创绘画的出版、使用或使用权和任何音乐作品为 20000 令吉。第四，以下单位、信托和上市封闭式基金向任何个人支付/贷记的各项利息或折扣免税。具体包括：政府发行或担保的债券或证券；由 SC 批准或授权或存放在 SC 的债券或伊斯兰债券（可转换贷款股票除外）；或者马来西亚国家银行发行的 Bon Simpanan Malaysia；国行发行的独立债券向任何个人支付/贷记的利息；政府认证的储蓄机构向任何人支付/贷记的利息；由马来西亚 SC 批准或授权以马来西亚令吉以外的任何货币发行的伊斯兰债券（可转换贷款股票除外），或纳闽金融服务管理局 FSA 批准的债券利息。豁免不适用以下用于支付或贷记的利息：同一集团内的一家公司；持牌银行、持牌伊斯兰银行和指定的发展金融机构；由特殊目的机构（SPV）向公司发行且被 SC 或纳闽 FSA 批准的资产券，其中公司和设立 SPV 的人属于同一集团（自 2022 年 1 月 1 日起）；有限责任合伙企业支付、贷记或分配给合作伙伴的利润。

（三）马来西亚货物劳务税类制度发展基础

近年来，马来西亚的货物劳务税类制度发生较大的变化，2015 年 5 月 1 日，马来西亚实施了 GST，用 GST 取代了之前的《销售税法》和《服务税法》，开始对所有商品及服务统一征收 6% 的 GST。然而 2018 年马来西亚废除 GST，恢复原来的销售税和服务税。随后又对销售税和服务税进行了进一步的修订：如 2022 年颁布《马来西亚联邦销售税（免税货物）（修改）令》（以下简称《2022 销售税免税修改令》）取代 2018 年的《马来西亚联邦销售税（免税货物）令》（以下简称《2018 销售税免税修改令》），除特殊物品实施 5% 的税率外，全面实施 10% 的税率；2019 年 9 月和 12 月分别颁布了《数字服务税法》和《数字服务税修订法规》，决定自 2020 年 1 月 1 日起向为马来西亚消费者提供数字服务的外国服务供应商征收数字服务税，进一步扩大服务税的税基。

1. 马来西亚服务税制度发展基础

马来西亚服务税是对注册人在马来西亚提供的任何应税服务（包括数字服务）或获得的任何进口应税服务，以及外国注册人向马来西亚消费者提供的任何数字服务而征收的一种间接税，其本质上是一种单一征收环节的税种，在供应链中没有进项税制度。服务税适用于除指定区域、自由区、许可仓库、许可制造仓库和马来西亚-泰国联合开发区外的整个马来西亚。

（1）纳税义务人

2018 年，《服务税法》将纳税人定义为任何人，即任何个人、企业、合伙企业、俱乐部、信托机构、合作社或协会，只要其应纳税服务营业额连续 12 个月超过或者预期超过该法规定的注册门槛，且进行过税务登记均成为服务税的纳税人，显然任何提供应税服务并超过相应门槛的纳税人都必须进行税务登记。

《服务税法》附表一中列出了完整的马来西亚服务税纳税义务人及应税品目清单（见表 3）。

表3 马来西亚服务税纳税义务人及应税品目清单

单位：令吉

类别	纳税义务人	规定注册门槛
1. 住宿	酒店、旅店、寄宿、酒店式公寓、家庭寄宿及任何其他类似机构或场所，但不包括：(1)联邦政府、任何法定机构或地方当局根据《1996年私立教育机构法》注册为教育、培训或福利设施的任何私立高等教育机构；(2)由雇主提供给雇员的设施；(3)在马来西亚注册的社团或根据任何成文法律注册的从事宗教或福利活动的地方(任何宗教或福利机构商用活动处除外)	500000
2. 餐饮	(1)餐厅、酒吧、小吃店、食堂、咖啡厅或任何提供餐饮场所的经营者(包括店内享用或外卖，不包括教育机构或宗教机构经营的食堂)；(2)提供餐饮服务的人员；(3)美食中心的经营者	1500000
3. 娱乐	夜总会、舞厅、保健中心、按摩院、酒吧与啤酒屋的经营者，但不包括：(1)任何根据1998年《私人医疗设施与服务法》注册的提供类似活动的设施；(2)任何政府医疗设施；(3)根据《1971年大学和大学学院法案》或《1976年技术学院MARA法案》设立的任何大学管理的医疗设施	500000
4. 俱乐部	私人俱乐部经营者、高尔夫俱乐部和高尔夫练习场的经营者	500000
5. 博彩	博彩活动(投注及彩票供应商，包括投注、彩票、抽奖、博彩游戏机或投机游戏等)的服务提供者	500000
6. 专业服务	(1)辩护律师、事务律师；(2)伊斯兰法律师；(3)公共会计师；(4)有执照的或注册的测量师；(5)专业工程师；(6)建筑师；(7)咨询服务提供者，不包括研发公司；(8)信息技术服务提供者；(9)管理服务提供者，但不包括：由开发商、联合管理体或管理公司对在分层地契下的建筑拥有者提供的服务；在马来西亚证券委员会持牌或注册从事基金管理活动的人士；或者任何人、政府机构、地方当局、法定团体提供的以宗教、福利、丧亲、健康或公共交通服务为目的的管理服务；(10)职业介绍所；(11)私人机构；(12)数字服务提供者	500000
7. 卡服	信用卡或签账卡服务提供者及海关代理	无门槛要求
8. 代理	海关代理	无门槛要求
9. 其他服务	(1)保险及伊斯兰保险服务提供者；(2)电信和付费电视服务提供商；(3)停车场运营商；(4)提供汽车维修服务或汽车维修中心的经营者；(5)快递服务经营者；(6)机动车租驾和租赁服务供应商；(7)广告服务；(8)为马来西亚国内提供输配电的电力(不包括在每个计费周期为至少28天的600千瓦时的电力)供应商；(9)国内航运服务(除乡村航空服务外)提供商	500000

资料来源：①《中国居民赴马来西亚投资税收指南》（2023年6月）；②PwC Malaysia，https：//www.pwc.com/my/en/publications/mtb/service-tax.html。

（2）征税对象和税率制度

征税对象。对规定的应税服务征收服务税，包括数字服务，国内航空客运、电信服务，提供住宿、食品和饮料服务，提供健康、保健和高尔夫服务，某些专业服务及货物交付服务（包括电子商务平台提供的交付服务）。马来西亚境内消费者从马来西亚境外的任何供应商购买的进口应税服务也需缴纳服务税。

税率制度。除提供收费或信用卡服务外，所有应税服务和数字服务的服务税税率为从价6%。每张主卡或附属卡提供收费服务或信用卡服务的服务税为每年每卡25令吉。

（3）计税方法

服务税的计税方法比较简单，即应纳税金额乘以相应的从价的比例税率或从量的定额税率。

（4）税收优惠制度

服务税的税收优惠主要体现在特定企业对企业服务的服务税豁免，即为尽量减少对企业的税收金字塔效应，注册人向注册相同服务的另一注册人提供的某些应税专业服务或广告服务可免征服务税，但须符合资格标准。比如，提供某些应税专业服务或广告服务的服务税注册企业可免除进口应税服务税，即免除从外国服务提供商处获得的相同专业服务或广告服务应缴纳的服务税，但服务提供者须符合资格标准。此外，提供数字服务的本地服务税注册企业如果从外国注册人那里获得的数字服务与其提供的数字服务相同，则可以要求退还已缴纳的服务税。

2. 马来西亚国家销售税制度发展基础

2018年9月1日，马来西亚恢复实行的销售税是对注册制造商在马来西亚（但不包括指定地区和特殊地区）生产制造的应税商品和进口的应税商品征收的税种，是对所有在本地制造并销售的产品和进口商品（除可免税商品外）征收的一种税，销售税也是单一环节税。在特定区域（纳闽岛、兰卡威群岛、刁曼岛和邦喀岛）和特殊区域（自由区、许可仓库、许可制造仓库和联合开发区）的销售会获得特殊待遇。

（1）纳税义务人

销售税的纳税人指制造销售（不包括以施工为目的的机器安装或设备安装）应税商品且在 12 个月内其应税商品总销售额超过 50 万令吉的注册制造商。

成为注册制造商的前提。12 个月内，应税商品总销售额超过 50 万令吉的应税商品制造或从事应税商品分包工作的制造商；如没有达到上述销售额或者获豁免注册的制造商，可以自愿申请登记成为注册制造商。

（2）征税范围和税率制度

销售税通常是从价税，由注册生产商在马来西亚生产、销售商品或生产自己使用、处置的商品；任何进口到马来西亚的商品，无论其是否被征收了关税，只要其属于应税商品就应缴纳销售税（目前仅对某些类别的石油，如精炼石油征收特定的销售税）。《销售税法》附件清单显示，对 5612 种商品征收 10% 的销售税，对 793 种商品征收 5% 的销售税。

（3）计税方法

马来西亚《销售税法》规定销售税计税公式如下：

$$应纳税额 =（销售额 - 扣除额）\times 税率$$

其中，销售额为应税商品的销售价值；扣除额是当纳税人在满足扣除条件的前提下，该法案允许其从销售额中扣除的金额。

销售额的确认。在马来西亚境内生产、销售商品或生产自己使用、处置的商品的销售额根据其销售价值确认；进口应税商品的销售额应为"该商品的价值（在其本国的销售价值）"加上"已支付或要支付的关税"加上"已支付或将要支付的消费税"的金额之和。

扣除额的确认。征收 5% 销售税的应税商品的扣除限额是应税商品购入时价值的 2%；征收 10% 销售税的应税商品的扣除限额是应税商品购入时价值的 4%。

扣除应该满足的条件。产品购买自非关联供应商；购买的来自供应商产品已经缴纳了销售税；从供应商处取得产品时应同时取得相关发票；从供应商处购买的产品应当用于可扣除进项税额的应税产品的生产；注册制造商应当将关于销售税扣除的相关的所有记录保留 7 年，以确保税务官员可以随时检查。

（4）税收优惠制度

销售税减免。注册制造商可以向海关总署申请对从当地贸易商处获得并用于制造应税商品的应税原材料、组件或包装材料减免以下金额的销售税：如果应税商品已征收 5% 的销售税，则为购买的应税商品总价值的 2%；如果应税商品已征收 10% 的销售税，则为购买的应税商品总价值的 4%。

销售税的豁免。马来西亚出台了主要出口商豁免批准计划，该计划是为年销售额超过 1000 万令吉且至少 80% 的年销售额来自出口的贸易商和制造商推出的。此类经海关总署批准的贸易商和制造商在进口或购买商品时可获得全额销售税豁免待遇。

出口免税。出口的应税货物无须缴纳消费税。

（四）马来西亚财产税类（不动产利得税）制度

马来西亚不征收资本利得税，但对处置不动产和不动产公司股份的利得征收不动产利得税（RPGT）。不动产利得税是马来西亚内陆税收局对纳税人处置在马来西亚境内不动产（包括不动产公司股份）所产生的收益征收的一种税，处置通常指通过出售、运输、结算、转让等方式，将资产所有权从一个人转移给另一个人。

1. 纳税义务人

无论是否为居民纳税人，只要处置马来西亚境内的不动产（包括不动产公司的股份），并获得转让不动产的收益的，均为不动产利得税纳税人，必须缴纳不动产利得税。

2. 征收对象与税率制度

居民与非居民处置马来西亚的不动产。在马来西亚处置任何不动产（包括土地权益和不动产公司股份）所获得的所有收益为应征税收益，应被征收不动产利得税，但根据处置者不同的身份（公司，公民、永久居民，非公民、非永久居民）以及对不动产拥有的不同年限，适用不同的税率，如公民、永久居民的累进税率最高可达30%；非公民、非永久居民5年内处置不动产将按30%的固定税率纳税（见表4）。

表4　马来西亚各类资产处置者处置不同年限资产的适用税率

		公司2021~2022年度税率(%)	非公民、非永久居民2021~2022年度税率(%)	公民、永久居民2021年度税率(%)	公民、永久居民2022年度税率(%)
在收取应纳税资产之日起	3年内处置	30	30	30	30
	第4年处置	20	30	20	20
	第5年处置	15	30	15	15
	第6年处置	10	10	5	0

注：根据马来西亚内陆税收局2022年1月25日公布的RPGT的内容进行了更新。

资料来源：Real Property Gains Tax（RPGT）Rates，https：//www.hasil.gov.my/en/rpgt/real-property-gains-tax-rpgt-rates/。

3. 计税方法

将不同类型纳税人处置其每项应税资产的利得乘以相应的税率就得到应缴的不动产利得税税额。

4. 税收优惠制度

个人不动产优惠。公民或永久居民（居民或非公民）处置马来西亚私人住宅，有资格获得一处住宅出售的不动产利得税的豁免。第一，处置持有的全部不动产，其免税额为10000令吉或者应征税收益的10%，以较高者为准。第二，处置自2015年12月31日起持有的全部资产的一部分，与此处置有关的免税额按照下列公式进行确定：

$$免税额 = (A/B) \times C$$

其中：A 是处置部分的应纳税资产的金额；

B 是应税资产的总金额；

C 是10000令吉或者应征税收益的10%，以较高者为准。

其他免税情况。夫妻、父母与子女或祖父母与孙子女之间通过赠与或遗赠方式转让的资产，前提是捐赠者是公民；向政府、州政府、地方当局或经批准的慈善机构捐赠的资产；政府、州政府或地方当局获得的资产收益；将资产处置给房地产投资信托基金和财产信托基金；符合伊斯兰教原则的融资计划处置应课税资产；根据任何法律强制收购而处置资产；经 DGIR 事先批准，一家企业将不动产按规定条件（以 75% 的股份作为对价）转让给同一集团内的另一家企业，以提高运营效率，均获得免税资格。

（五）马来西亚其他税类制度

马来西亚其他税类的税种比较多，但大多是一些小税种，如离境税、娱乐税等。由马来西亚内陆税收局征收的比较大的其他税种是印花税、石油（收入）税和纳闽商业活动税。

1. 马来西亚印花税

1949 年，马来西亚出台了《印花税法》，它是针对各类文书（票据、合同）而非针对交易行为按比例税率或定额税率征收的一种税。文书可以是任何书面文件，通常是具有法律、商业和金融性质的文书，并被《印花税法》附表一一列出。

（1）纳税义务人制度

马来西亚印花税的纳税义务人指在马来西亚境内书立、受让各类合同、票据的参与方，印花税纳税义务人被《印花税法》附表 3 详细列出，具体如下：首次执行合同、协议或协议备忘录的人；债券债务人或为其他（赎回）提供担保的人；产权转让受让人、代理人或担保人；收费或抵押时的收费人、抵押人或债务人；租赁或租赁协议中的承租人和出租人；合同注明的进行买卖的各方；平等交换股份的各方。

（2）征税对象和税率制度

马来西亚的印花税是针对各类文书（票据、合同）而非交易行为征收的，所以如果在马来西亚不创建转让文书的情况下进行的交易，无须缴纳印花税；在马来西亚境外执行在马来西亚境内转让财产的文书，必须缴纳印花税。印花税税率视票据的性质和交易的价值不同而有所区别，因而大额财产转让可能会产生大量印花税。

财产合同、票据（但股份、股票或有价证券的合同、票据除外）税率。印花税按照转让财产价值的 1%~4% 征收（对股权转让文件则按照交易对价的 0.3% 征收）。马来西亚财产合同、票据的印花税税率或最低限额情况见表 5，该表适用于马来西亚公民和马来西亚永久公民（自 2024 年 1 月 1 日起生效）。

表 5 马来西亚财产合同、票据的印花税税率或最低限额情况

单位：令吉

财产合同、票据金额		价值	税率	最低限额
100 万以内的税率	100000（含）以内	100000	1% 或最低限额	1000
	100000~400000	400000	2% 或最低限额	8000
	400000~500000	500000	3% 或最低限额	15000
		1000000		24000
超过		1000001	4%	

资料来源：普华永道会计师事务所，https://www.pwc.com/my/en/publications/mtb/stamp-duty.html。

非上市股份、股票或有价证券。基于对价或价值，每 1000 令吉或其任何部分为 3 令吉，以较大者为准。印花税管理办通常采用以下两种方法之一对非上市普通股进行估价：有形资产净额、出售对价。

在马来西亚证券交易所上市的股份或股票和有价证券。在证券交易所上市的股份或股票，根据其交易价值，每 1000 令吉收取 1.50 令吉（税率为 1.5‰）；上市有价证券，根据交易价值，每 1000 令吉收取 1 令吉（税率为 1‰）。

贷款协议和服务协议。第一，贷款协议，贷款协议通常按贷款价值的 0.5% 征收印花税，但无担保且可按需偿还或一次性还款马来西亚货币贷款协议的文书可享受 0.1% 的印花税减免；外币贷款协议的印花税一般上限为 2000 令吉。第二，服务协议。对于所有单层服务协议，适用 0.1% 的从价税

率。多层服务协议中的非政府合同（私人实体和服务提供商之间的合同），其第一层级服务协议适用0.1%的从价税率，后续层级服务协议适用定额税率50令吉；多层服务协议中的政府合同（联邦/州政府或州/地方当局与服务提供商之间的合同），第一层级服务协议豁免印花税，第二层级服务协议适用0.1%的从价税率，后续层级服务协议适用定额税率50令吉。

（3）税收优惠制度

印花税优惠的政策比较多，归纳起来有以下几种类型。

公司组建型豁免。第一，重组豁免。在公司重组或合并的情况下，免除印花税。第二，公司转型豁免。传统合伙公司或私人公司转变为有限责任合伙公司时，有关的所有土地、业务、资产和股份转让文书，豁免其印花税。

证券行业的豁免。以证券交易为目的的特定工具的印花税豁免；与发行、要约认购或购买，或邀请认购或购买证监会批准的债券或伊斯兰证券以及此类债券、证券的转让有关的所有文书均豁免其印花税；与出售在资质证券交易所上市的股份或股票有关的所有合同票据文书，可免除超过1000令吉的印花税；出售在资质证券交易所上市的有价证券，以及本地经纪人与外国经纪人授权代理人之间销售在马来西亚或其他地方注册成立的公司的股份、股票或有价证券的，如其印花税超过200令吉，可免除与其相关的合约票据文书的印花税。

不动产转让优惠。第一，特殊关系人之间的豁免。免除父母和子女之间作为自愿处置的不动产转让文书应征收的印花税的50%，反之亦然，前提是接收人是马来西亚公民。父母与子女、祖父母与孙辈之间通过爱和感情的方式转让财产的文书（自2023年4月1日起执行）的印花税豁免，仅限于财产价值的前100万令吉，前提是接收人是马来西亚公民。房产价值的余额在征收的从价印花税的基础上可再减免50%。免除夫妻之间自愿处置的不动产转让文书的印花税。第二，关联公司豁免。关联公司内部之间的房地产所有权转让，免除印花税。后来增加了豁免性条件，即马来西亚政府提出对获取免税资格增加附属条件：财产转让是为了达到更高的经营效率，且财产受让方公司必须在马来西亚注册成立公司、转让方公司与受让方公司不得在转让之日起 3 年内终止其关联关系，以及受让方公司自财产转让之日起 3 年内不得处置或售卖该财产。第三，第一套住宅印花税优惠政策，首先享受优惠政策的前提是购买人是马来西亚公民，其次在时间和住宅价值方面有所规定。具体内容如下：根据国家住房部的先租后买（RTO）计划，马来西亚公民购买第一套价值不超过 50 万令吉的住宅物业的转让文书的印花税豁免。豁免在转移的两个阶段给予，即从房地产开发商（PD）到合格的金融机构（FI），以及从 FI 到马来西亚公民。豁免须在 2020 年 1 月 1 日至 2022 年 12 月 31 日期间执行以下协议，即 PD 与 FI 之间的买卖协议以及 FI 与马来西亚公民之间的 RTO 协议。

融资性豁免。借款人与参与银行或金融机构之间关于微型融资计划（经国家中小企业发展委员会批准）的贷款或融资协议文书免征印花税。借款人与国家储蓄银行之间最高 50000 令吉豁免、与专业服务基金有关的所有贷款或融资的印花税豁免。客户与金融机构根据伊斯兰教原则签署的资产出售协议和资产租赁协议的所有文书均免征印花税，以更新任何伊斯兰循环融资设施，前提是现有设施的文书已加盖印花。与任何金融机构根据伊斯兰教原则以回租为目的购买财产的所有文书，或金融机构根据主要买卖协议承担客户合同义务的任何文书均免征印花税。

2. 马来西亚石油（收入）税

石油（收入）税是对在马来西亚境内开采和运营石油获得的收入征收的一种税。

（1）纳税义务人

马来西亚石油（收入）税的纳税人及其扣缴义务人有以下 3 种情况。

一般情形。纳税人及其扣缴义务人为在马来西亚石油领域上游行业的企业，包括马来西亚国家石油公司、与马来西亚-泰国联合开发区签署石油行业有关协议的纳税个体。就公司而言，纳税义务人和扣缴义务人是该公司或在马来西亚承担管理运营的经理或其他主要人员、董事、秘书，或任何行使以上职能的人；就个体而言，纳税义务人和扣缴义务人是管理者、财务主管、秘书、拥有其控股权的成员。

任命代理。内陆税收局局长可以正式通知委任（或撤销）任何人成为石油（收入）纳税代理人。

替代相关涉税人承担涉税责任的代理人。代理人可以代表委托人支付支出、纳税并在需要时提供开支、纳税详情的相关单据，或提供送达的任何材料；如纳税委托人涉税违法，代理人也连同违法，并承担被委托人追偿的义务，但不得就委托人所犯而代理人没有参与的罪行向代理人施加任何定罪或判处罚款。

（2）征税对象和税率制度

《石油（收入）税法》规定石油（收入）税的征税对象和税率制度。具体如下：纳税人每个评估年度应纳税额是该评估年度应纳税收入的38%（自1975年4月1日起开始实施应纳税收入核算方式），但对纳税人来源于马来西亚-泰国联合发展区的石油运营收入的应纳税额适用以下情况：石油生产后的前8年为其年应税收入的0；石油生产后的第8~15年为其年收入的10%；石油生产第15年后为其年收入的20%。

（3）计税方法

根据《石油（收入）税法》第（22）条规定，应纳税收入的确定依据如下政策。

扣除款项。纳税人在纳税年度的应纳税收入为该纳税年度的应税评估收入总额减去该纳税年度纳税人向政府、州政府、地方当局或经批准的机构或组织捐赠的款额（纳税人捐赠给有受捐资质的组织和机构的捐赠额或捐赠价值不超过其石油运营收入的7%的部分能予以扣除），减去赠与的现金或者其在纳税年度为残疾人福利向政府或州政府提供的公共基础设施的实物款项，减去纳税人在该纳税年度向任何人捐赠经卫生部批准的医疗设备的费用或价值（经卫生部核证，但该金额不得超过20万令吉）。

减除批准扣除。纳税人在纳税年度的应纳税收入应为该纳税年度的应税评估收入总额减去由马来西亚博物馆或国家档案馆确定的，纳税人在评估年制作的送给政府或中央政府的工艺品、手稿或画的价值；减去纳税人在该纳税年度捐赠给国家艺术馆或任意一个州的美术馆的画的价值（由国家艺术馆或任意一个州的美术馆决定）；减去相关人员在该年度向经财政部部长同意的任何体育活动，或者向依照 1997 年《体育发展法》任命的体育专员批准的任何体育团体捐赠的金钱或实物捐赠费用，但扣除金额不应该超过相关人员法定所得的 7%；减去赠给财政部部长批准的任何与国家利益有关的项目的任何现金或实物的价值。以上应纳税收入减去相关捐赠额后的余额适用其相应税率。如果确定的应纳税收入与两个生产期间的收入相关，则应将应纳税收入分配给两个生产期（分配比例按相应生产期的月数占基期总月数的比例计算），应纳税额按照其适用的每个相关生产期的税率乘以该生产期所分配到的应纳税收入计算。

（4）税收优惠制度

马来西亚关于石油（收入）税的税收优惠政策具体且变动不大，主要有 3 种优惠形式。

减免税。根据《石油（收入）税法》第（65C）条规定的减免：财政部部长（非内陆税收局）可因正义和公平要求全部或部分地免除纳税人已付或应付的税款；第（65A）条规定，为避免本法征收的税与马来西亚境内的任何外国税收双重征收，而豁免依据本法所征或应征的税收；第（65B）条规定，财政部部长可依法豁免任何纳税人全部或部分收入，以落实政府与马来西亚境外政府为在边境双重管辖地区联合勘探和开采石油所达成的任何协议或安排；第（66）条规定，纳税人在任何纳税年度若因过度评估或其他某些错误而多缴税款的，纳税人可在评估年度结束后 5 年内以书面形式向内陆税收局局长提出税收减免申请。

符合条件的资本支出免税。纳税人因其石油作业或准备石油作业而形成的符合条件的勘探支出费用应免税（有特殊规定的除外）。比如，为取得石油矿床，或石油矿床之内或之上的勘探权利的费用支出，为寻找、发现和测试可能获取石油储量的费用支出，为建造一些工程或建筑物（该工程在不进行石油作业时可能极少用或毫无价值）的费用支出，或在首次出售或处置应税石油的日期之前或在没有生产出石油之前的管理费用，均可算作可以扣除的资本支出。符合条件的勘探资本支出也可以予以扣除，比如在进行石油勘探时发生的一些资本支出，允许纳税人在纳税时从其石油运营收入中扣除。

符合条件的工厂或建筑等资本支出可以税前扣除。纳税人为提供用于石油作业的机械或设备而发生的资本支出属于符合条件的可予以扣除的支出，包括：纳税人因更换现有建筑物而安装机械或设备所发生的支出，以及因安装设备而发生的其他偶然支出；纳税人为安装该机械或活动工厂，在准备、挖掘或平整土地过程中发生的开支，即为石油经营目的而发生的不超过其本身总额及任何其他符合条件的工厂开支的 10% 的部分；纳税人为提供或建造固定的海上平台而进行钻井、生产或其他石油作业所发生的支出（但本部分不包括安装在该平台上的机械或设备）；工厂的机动车辆（不是由有关当局批给货物或乘客的商用运输汽车）如果符合工厂支出的条件，且在 2000 年 10 月 28 日或以后购买的、一手的且机动车辆的总成本不超过 15 万令吉，则工厂支出最高限额须增至不超过 10 万令吉。如果纳税人根据 2014 年商品及服务税法进行过登记注册，该纳税人有权将这一数额计入进项税额，那么纳税人发生的符合条件的支出，不得包括纳税人为该汽车支付或应支付的商品及服务税的进项税所付的金额。

以上符合条件的工厂支出或建筑支出可以根据具体情况从《石油（收入）税法》规定的相应资本支出中予以扣除。

3. 纳闽商业活动税

纳闽商业活动税是对在纳闽地区从事应税商业活动进行征税，且对在纳闽地区从事商业活动的企业给予比较优惠的税务待遇，比如较低的企业所得税（固定税率 3% 或最高税额 2 万令吉）及一些税收豁免（不动产利得税或遗产税），以促进纳闽地区发展成为繁荣的国际金融中心和商业服务离岸金融中心。

（1）纳税义务人

依照相关纳闽法成立的、从事纳闽商业活动的纳闽实体为纳闽商业活动税的纳税义务人。纳闽商业活动指在纳闽区域内、自纳闽或通过纳闽进行的贸易或非贸易活动（不包括违法行为）。

纳闽实体是指依照纳闽系列法案成立的纳闽公司、纳闽基金、纳闽伊斯兰基金会、纳闽伊斯兰合作伙伴关系、纳闽有限合伙公司、纳闽有限责任合伙公司、纳闽伊斯兰信托、纳闽信托、马来西亚伊斯兰银行许可人、马来西亚银行持牌人、任何纳闽金融机构以及财政部部长依照《纳闽商业活动税法》宣布是纳闽实体的任何人。

（2）征税对象和税率

纳闽商业活动税的征收范围为纳税实体从事纳闽商业活动的应纳税利润，即纳税实体在该纳税年度基准期内的纳闽商业活动会计账目中所反映的净利润；纳闽商业活动税适用3%的税率。只有符合法律规定的纳闽商业活动要求的会计净利润才适用3%的税率，否则，将适用24%的企业所得税税率。

（3）计税方法

纳闽商业活动税的计税方法比较简单，即将某一纳税年度的基准期内的纳闽商业活动的会计账目中所反映的净利润乘以3%的税率，即可得到纳闽商业活动税应纳税额；如果纳闽实体在纳闽地区所从事的纳闽商业活动不满一个会计年度的基准期，那么该纳闽实体应在该年度缴纳20000令吉的应纳税额。

（4）税收优惠制度

根据《纳闽商业活动税法》第9条规定，纳闽实体纳税年度基准期内在纳闽地区进行非商业活动，不需要在该纳税年度纳税。根据该法案第10条的规定，从事纳闽非交易活动的纳闽实体，应在自开始评估年起3个月内向内陆税收局提交免税声明。

所得税税收优惠。从事离岸贸易和非离岸贸易活动的离岸公司可享受纳闽商业活动税税收优惠待遇，进行离岸贸易活动的离岸公司可按审计账目所显示的公司净利润的3%税率纳税，或由公司选择支付20000令吉的固定税额；来自非贸易活动的离岸公司收入不纳税。

服务减税税收优惠。自2001年起个人在纳闽提供专业服务，或经营与合格资产相关的业务，或出租合格资产所获得的收入，免税额为上述来源收入调整后的 50%。

税收豁免。具体包括：离岸公司在纳闽地区支付或收取的股息无须缴税；离岸公司支付给非居民或其他离岸公司的特许权使用费、利息、技术费或管理费无须缴纳预扣税；除石油和石油产品外，无销售税、进口税、消费税和出口税；离岸公司进行的与离岸业务有关的所有中介活动均无须缴纳印花税。

二 马来西亚税收制度发展变化（2022～2023年）

相较往年，2022～2023 年马来西亚税收制度的发展变化比较大。一方面由于通信技术和数字经济的快速发展，跨境电商越来越发达，马来西亚政府基于财政收入和经济社会管理的原因，加强了对在线进口小商品的税收管理和征收。另一方面为了发展马来西亚紧要的产业和行业，平衡国内产业发展需求，出台税收优惠政策鼓励马来西亚境外公司搬迁至马来西亚境内；同时，对公司众筹行为、生产防疫物品和相关捐赠行为等均给予了不同的税收优惠政策。

（一）马来西亚所得税类制度发展变化

1. 马来西亚企业所得税制度发展变化

2022～2023 年，马来西亚企业所得税最大的变化是所得税增税和所得税减免两种手法并存，即拓宽税基、增加财政收入与加大税收优惠力度、刺激重要产业行业发展态势并存。比如：居民企业（除从事银行、保险、海运或空运业务的企业外）开始就国外的收入（除股息外）缴纳所得税，这将极大地增加马来西亚的税收收入；同时现代服务业、众筹行为及与应对新冠疫情相关的产业行业都获得较大的税收激励政策，以及新增一档较低税率，这些都将有利于推动马来西亚经济发展。

（1）企业所得税税率新变化

2023 年，马来西亚企业所得税税率出现了新的变化，即居民企业按

24%的税率纳税，而实收资本为250万令吉或以下①营业总收入不超过5000万令吉的马来西亚居民企业，应税收入按表6税率纳税。

表6 2022年及2023年马来西亚部分企业所得税税率

应税收入(令吉)	2022年税率(%)	2023年税率(%)
第一个150000		15
第一个600000(150001~600000，自2023年起生效)	17	17
超出600000	24	24

资料来源：Tax Rate of Company，https：//www.hasil.gov.my/en/company/tax-rate-of-company。

（2）一般性税收优惠政策的发展变化

居民企业所得税优惠发展变化。除从事银行、保险、海运或空运业务的企业外，居民企业须就产生或源自马来西亚的所得缴税，在马来西亚收到来自境外的所得免税。但自2022年1月1日起，居民企业不再适用该项免税，将适用新的税收政策。

自2022年1月1日起，居民企业和有限责任合伙企业（LLP）应就来自境外的收入缴纳企业所得税，但2022年1月1日至2022年6月30日来自境外的股息收入可免税（从事银行、保险、海运或空运业务的居民企业或LLP除外）。2022年，对应纳税所得超过1亿令吉的高收入企业（不包括中小型企业）还征收一次性特别税，即"繁荣税"，税率为33%。即在2022纳税年度，对高收入企业的首个1亿令吉的应税收入按24%征企业所得税，对其超过1亿令吉的应纳税收入按33%的税率征收繁荣税；居民企业或LLP在2022纳税年度从境外取得的收入超过1亿令吉的部分无须缴纳33%的繁荣税。

《2022年所得税令（医药产品制造商津贴计划）》规定：合格并符合条件的医药产品（包括疫苗）制造企业可享受以下优惠税率：首个10年

---

① 如果企业的任何关联企业的实收资本超过250万令吉，且自2024年起，其实收资本的20%（直接或间接）由在马来西亚境外注册的企业或非马来西亚公民所有，则企业不算是企业集团的一部分。

内，适用 0~10% 的所得税税率；第 11~20 年适用 10% 的所得税税率，但制造企业必须于 2022 年 12 月 31 日之前向马来西亚投资发展局（MIDA）提交申请。

《2022 年所得税令（全球交易中心津贴计划）》规定，由有资质的全球交易中心的交易活动所产生的应税收入可连续 5 个纳税年度享有 10% 的所得税优惠税率，并在符合规定条件下该优惠政策可再延长 5 个纳税年度，但须于 2022 年 12 月 31 日之前向 MIDA 提交上述津贴的申请。

《2022 年所得税令（股权众筹投资激励计划）》规定，被股权众筹平台或提名企业投资的企业的居民个人享受所得税豁免，但须符合相关条件。豁免是在投资的纳税年度之后的第二个纳税年度，上限为每纳税年度 50000 令吉或总收益的 10%，以较低者为准。

《2022 年所得税令（船舶激励）》将 100% 的所得税豁免扩展至利用马来西亚船舶在海上运输乘客/货物或出租马来西亚船舶的居民纳税人，直至 2023 年。豁免须经过马来西亚交通部每年核实。

《2022 年所得税令（提供服务业奖励的搬迁计划）》为特殊选定的服务行业企业提供税收优惠，以激励被选定企业迁往马来西亚。被选定企业的合格经营活动所取得的应税收入可连续 10 年享受所得税优惠税率，其中新企业适用 0~10% 的所得税优惠税率；现有企业适用 10% 的所得税优惠税率。前提是必须向马来西亚皇家海关署提出申请。

（3）为应对新冠疫情的所得税优惠政策

为应对新冠疫情，企业提供以下捐赠（限于总收入的 10% 以内）被视为符合所得税法规定的税前扣除条件：向卫生部设立的新冠肺炎基金提供的现金和实物捐助；向国家灾害管理局设立的新冠肺炎基金提供的现金捐款；向被视为符合《所得税法》第 44（6）节规定的机构提供的捐赠。

2. 马来西亚个人所得税制度发展变化

2022~2023 年，马来西亚个人所得税政策变化不大，其变化主要集中在对居民纳税人身份确定的时间问题上，因为新冠疫情下的离境限制有可能导致纳税人离境或出境的时间被迫超出法定期限。

（1）居民纳税人身份确定的时间标准发展变化

因疫情滞留的居民身份。在确定税收居民时，马来西亚的居民个人因新冠疫情旅行限制而暂时离境的时间将仍旧被统计到其在马来西亚的居住时间内。相应地，如果非居民个人由于同样的原因暂时停留在马来西亚，则在确定其税收居民身份时，将不考虑上述在马来西亚的时间。

时间因素的居民身份。不论公民身份或国籍如何，马来西亚税法规定在马来西亚居住少于 182 天的个人为非居民纳税人。在由新冠疫情引起的旅游限制政策被执行之前，就因公司指派或者度假到达马来西亚，并且在马来西亚为其海外雇主工作的非居民个人，只要满足以下条件，将不会在临时居留期间被视为在马来西亚从事工作：在马来西亚的临时居留是由于新冠疫情的旅行限制；临时驻马来西亚期间所做的工作与公司在马来西亚的指派任务无关，工作仅是由于新冠疫情旅行限制才在马来西亚进行；在新冠疫情旅行限制之前受雇于同一海外雇主；在马来西亚对新冠疫情的旅行限制结束后，会立即离开马来西亚。

（2）征税对象和税率制度发展变化

居民个人从 2022 年 1 月 1 日至 2026 年 12 月 31 日收到的所有类型的境外收入在马来西亚免税，但在马来西亚从事合伙业务的居民个人除外（在 2022 年 1 月 1 日之前，其境外收入也免税）。

（二）马来西亚货物劳务税类制度发展变化

由于通信技术与数字经济的迅猛发展，2022~2023 年马来西亚货物劳务税类制度发生比较大的变化：首先最明显的是加强对线上或网络平台销售跨境低值商品的税收征收与管理，以及为了绿色可持续发展，豁免了电动汽车买卖及数字服务的相关税费；其次为强化双边贸易，加大对开发区的税收支持力度。

1. 马来西亚服务税发展变化

2022~2023 年，马来西亚服务税的发展变化有比较明显的特点：首先服务税税收管理上比较明显地区别对待居民纳税人和非居民纳税人；其次为鼓励数字服务业的发展、支持开发区等特殊区域发展而实施特殊的税收激励政策。

（1）为联合开发区运营商公司提供服务税全额免税和退税

财政部部长根据《服务税法（2018）》第 34（3）（b）款，签署了 2022 年第 2 号《服务税决定》，进一步明确：自 2022 年 8 月 15 日起，联合开发区的资质运营商公司申请退还根据《服务税法（2018）》已支付的应税服务的服务税。

退税条件。第一，所涉服务必须是完全为联合开发区运营商公司的官方、日常事务的服务；为非官方的、私人个人提供的服务不符合退还服务税条件。第二，出于监管和协调的目的，运营商公司需要提供相关证明材料，马泰联合管理署（MTJA）需要验证该服务是否完全用于联合开发区运营商公司的官方目的。第三，服务必须由联合开发区运营商公司购买。第四，服务税退税的申请必须在皇家海关总署规定的期限内向海关总署提出，并必须遵守皇家海关总署所规定的其他条件和程序。

退税申请。服务税退税申请必须按季向皇家海关总署署长提出，即在每个季度第一个月的最后一天前提交，在此之后提交的退税申请将不被受理。

不豁免进口服务税，进口应税服务不具备获得豁免服务税的资格，这包括境外注册纳税人向 MTJA 和联合开发区运营商公司提供的数字服务的服务税。

（2）金融、证券行业免征服务税

马来西亚皇家海关总署 2022 年 3 月 1 日发布公告，具体内容为：自 2022 年 1 月 1 日起，生效的服务税豁免仅适用于与大马交易所上市股票交易相关的经纪服务，不适用于其他类型的经纪服务（如其他类型的证券及其衍生品）。但 2022 年 1 月 1 日之前提供的股票交易经纪服务须缴纳服务税，即此日之前的经纪、金融、保险服务提供者也必须缴纳服务税。

马来西亚皇家海关总署发布 2022 年第 1 号决定：2022 年 8 月 1 日至 2025 年 7 月 31 日期间，本地非银行服务供应商可获得豁免数字支付服务的服务税的待遇。

2. 马来西亚销售税制度发展变化

2022~2023 年，马来西亚的销售税制度有了比较大的调整：首先更新了销售税免税法令，大面积调整税率，即除特定物品实行 5% 的税率外，普遍实行 10% 的税率；其次开始对以各种途径进入马来西亚并通过在线或网络平台销售的低价商品征收销售税并进行税收监管；最后对环保型电动车等物品进行销售税豁免。

（1）具体产品的销售税变化

托盘销售税不予豁免。2022 年 11 月 16 日，马来西亚内陆税收局更新了 2022 年第 1 号文的销售税政策，规定用于运输货物、可重复使用或将退还给注册制造商的托盘不得归类为包装材料，因此没有资格获得销售税豁免的待遇。

拟打算征收消费税的产品政策变化。2022 年马来西亚预算建议，推迟对电子烟和用于生产电子烟的液体或凝胶征收消费税，具体包括：将消费税扩大到电子烟和用于生产电子烟的含尼古丁液体或凝胶；电子烟和用于生产电子烟的含尼古丁液体或凝胶的消费税税率从每毫升 0.40 令吉提高到每毫升 1.20 令吉。

（2）颁布《马来西亚联邦进口低价值商品（LVG）销售税条例》

马来西亚内陆税收局在广泛征求意见后，颁布了《马来西亚联邦进口低价值商品（LVG）销售税条例》，于 2023 年 1 月 1 日起正式生效，并于 2023 年 4 月 1 日起开始征收 LVG 消费税。[①]

LVG 销售税纳税人。任何人不论是马来西亚人还是外国人或在线市场运营商，只要他在线销售以任何运输方式进口到马来西亚的 LVG，并在 12 个月内在马来西亚的总销售额不超过 50 万元令吉，且该在线销售方注册成为 LVG 卖家后，即可成为 LVG 销售税纳税人。

征税对象和税率制度。对销售价值不超过一定价值的进口商品统一按 10% 的税率征税。

---

① https://mysst.customs.gov.my/TaxPolicySales.

计税方法。用于计算销售税的销售价值不包括对进口 LVG 征收的任何税费或其他费用。

税收优惠。马来西亚内陆税收局给予 LVG 一段过渡时期的税收优惠政策：在对 LVG 征收销售税的生效日期之前购买的 LVG，即使 LVG 在生效日期之后交付到马来西亚，也无须缴纳销售税。

（3）颁布《2022 年销售税（免税货物）令》

财政部部长行使《2018 年马来西亚联邦销售税法》（第 806 号法案）第 35（1）（a）段赋予的权力，做出以下命令：本命令替代《2018 年销售税（免税货物）令》，自 2022 年 6 月 1 日起生效。

豁免范围。附表 A（略）第（3）栏所指明的货品：第一，只有第（3）栏中所列的与第（1）栏标题相对应的货物才能被豁免。其他货物，尽管可能被归类在相同的标题下，如没有具体说明，不被豁免。第二，如果第（3）栏中的货物描述是属于第（2）栏小标题所显示的，则该栏小标题内的所有此类货物都应被豁免。第三，扩大豁免范围，豁免范围包括从保税仓库、LMW 或自由区运输的指定豁免货物（以前只涵盖从保税仓库或 LMW 进口或购买的货物）。第四，该令规定指定的豁免货物允许用于制造应税货物和豁免货物。就豁免制成品而言，必须出口（如果制成品在进口、运输或购买之日起 12 个月内或其他批准期限内未出口，则免税的销售税将由获得豁免的人到期支付）。

征税对象和税率制度。所有货物的销售税税率均为 10%，但以下情况税率为 5%："进口到马来西亚或同任何进入马来西亚的人一起进口的货物，或装在其行李中的非商业用途货物，包括机动车辆、酒类、烈酒、烟草、香烟、轮胎和管道。"

（4）税收优惠政策

电动汽车（EV）销售税的特定豁免。原来全散件（CKD）EV 的零部件完全免征进口税，CKD EV 完全免征消费税和销售税，免征期限为从 2022 年 1 月 1 日至 2025 年 12 月 31 日，后又延长至 2027 年 12 月 31 日；原来整车组装电动汽车也获得全额进口税和消费税豁免，消费税免征期限为从

2022年1月1日至2023年12月31日，后又延长至2025年12月31日。

个人拥有的出租车或出租汽车的特定豁免。自2023年3月1日起，个人出售转让私人使用或买卖出租车、公务性出租车、一般性出租车、机场出租和租用的汽车将获得销售税与消费税全额豁免的待遇。原来享受这项政策的条件是这些车辆自注册之日起至少已持有7年，后改为5年。

摄影棚及拍摄制作设备销售税和进口税的豁免。自2023年4月1日至2026年3月31日（以收到申请日期为准），对工作室及电影制作设备的销售税和进口税给予豁免，该设备包括后期制作的与摄影、拍摄相关的设备。

（三）马来西亚不动产税类制度发展变化

马来西亚财产税相对比较简单，它不对资本利得征税，仅对不动产利得征税，而且不动产利得税也相对稳定，仅在税率上做出变动（如2019年、2022年）。

减轻公民或居民非投资性不动产税负。2022年，马来西亚当局减轻马来西亚公民或马来西亚永久性居民非投资性不动产的税负，既促进不动产市场的流动性，又限制靠不动产炒作赚取暴利。

下调不动产利得税税率。2022年，马来西亚内陆税收局对纳税人在取得应纳税资产（不动产或不动产公司股份）之日起第6年或之后处置该资产时所适用的不动产利得税税率进行了调整，即如果不动产处置者为马来西亚公民或马来西亚永久性居民，那么6年之后的不动产处置税率自5%下调为0，这次政策调整自2022年1月1日起实施。

（四）马来西亚其他税类制度发展变化

马来西亚其他税类的税种不多，2022年以来仅印花税、纳闽商业活动税和旅游税制度发生了变化。

1.马来西亚印花税制度的发展变化

2022年，马来西亚在"降税负、宽税基、严征管"的理念下，更新了印花税豁免申请指南，规范了印花税相关方的涉税流程和涉税事项办理的要求，以及为激励相关行业或相关市场主体给予了适当的印花税税收优惠政策。

（1）更新印花税豁免申请指南

马来西亚内陆税务局更新印花税豁免申请指南，并于 2022 年 3 月 1 日起生效，以取代 2019 年发布的旧指南，显著更改如下。

受让方公司和现有公司必须向马来西亚内陆税务局提交为期 3 年的报税表格，于受让方公司注册/成立之日或转让方公司决议增加受让方公司的已发行股本之日起。

受让方和转让方公司以及涉及财产转让的联营公司，必须在转让完成后提供 3 个财政年度的经济审计账目。

指南进一步阐明现行立法的适用范围及印花税豁免申请程序、所需文件清单及批准证明文件的授权人。

（2）印花税征税对象及税率的发展变化

2022 年 1 月 1 日至 2026 年 12 月 31 日期间，有关出售上市股份或股票的合约票据的印花税上限由 200 令吉增至 1000 令吉。出售有价证券的合约票据的印花税仍为 200 令吉。

（3）印花税的发展变化主要体现在印花税税收优惠政策上

公司组建型豁免。借款人因财务状况恶化无法遵守现有还款计划，而进行重组或重新安排商业贷款的贷款协议或融资协议的印花税被予以豁免，该优惠政策的期限为 2021 年 7 月 1 日至 2022 年 12 月 31 日，后又延长至 2024 年 12 月 31 日。

证券与保险行业的印花税豁免。2025 年 12 月 31 日之前对由证券委员会（SC）批准的结构性认股权证或交易所交易基金买卖交易单据的印花税予以豁免。2022 年 1 月 1 日至 2026 年 12 月 31 日期间，对中小微企业与投资者在 SC 注册和认可的点对点平台筹集资金所签订的贷款或融资协议予以豁免印花税。对 2022 年 1 月 1 日至 2025 年 12 月 31 日签发的 Perlindungan Tenang 保单和伊斯兰保险证书的印花税予以豁免，其条件是每年的保费或供款不超过 150 令吉。

不动产印花税豁免。第一，第一套住宅的印花税豁免。自 2021 年 1 月 1 日至 2025 年 12 月 31 日，买卖价值 50 万令吉以内的第一套住宅，印花税 100%豁免；2023 年 12 月 31 日之前买卖价值 50 万~100 万令吉的第一套住宅，印花税的 75%予以豁免。第二，特定纳税人之间不动产转让的印花税优惠。自 2023 年 4 月 1 日起，父母与子女、祖父母与孙子女之间以爱等感情方式进行的财产转让的文书的印花税予以豁免，前提条件是接收者为马来西亚公民，豁免仅限于不动产价值的前 100 万令吉，不动产价值的余额减免 50%后从价征收印花税。第三，废弃房屋项目豁免印花税。购买开发商或承包商开发的且由地方政府主要领导人批准的救援性住房的文书免征印花税；为复兴住宅物业而进行修复或转让的废弃项目，享受印花税豁免，前提是该项目必须在 2025 年 2 月 31 日之前执行；2025 年 12 月 31 日之前购买者签署文书要购买被认定为与废弃项目有关的物业享受印花税全部豁免。

（4）印花税豁免顺延

《2018 年印花税（豁免）（第 8 号）令》规定，与沙巴发展走廊内的酒店或度假村有关的被认可的旅游项目，且在 2020 年 12 月 31 日前已签订转移不动产的文书给予印花税豁免待遇；《2022 年印花税（豁免）（第 8 号）（修订）令》将豁免期再延长两年，至 2022 年 12 月 31 日。

《2016 年印花税（豁免）（第 2 号）令》规定，在东爪哇经济区进行资质经营活动所使用的不动产转让、土地或建筑物租赁（2020 年 12 月 31 日之前实施）的文书，可获得印花税豁免；《2022 年印花税（豁免）（第 8 号）（修订）令》将豁免期再延长两年，至 2022 年 12 月 31 日。

2.马来西亚纳闽商业活动税制度的发展变化

马来西亚纳闽商业活动相关法律相对比较稳定，自 20 世纪 90 年代《纳闽商业活动税》出台后的两年内，马来西亚也出台了一些政策文件对该法进行解释说明和补充；后来《纳闽商业活动税》经历了比较长时间的政策稳定期，政策变动不大。鉴于社会经济的发展，2021 年马来西亚又出台了《2021 年纳闽商业活动税（纳闽商业活动需求）条例》，进一步规范了纳闽商业活动的税收规则。

继《2021 年纳闽商业活动税（纳闽商业活动需求）条例》颁布后，2022 年 4 月发布的《纳闽国际商业和金融中心的纳闽活动指南》，进一步澄清"其他交易活动"所涵盖的业务活动类型，即行政服务、会计服务、法律服务、后台处理服务、薪资服务、人才管理服务、代理服务、破产相关服务和纳闽公司管理以外的管理服务，进一步规范了对纳闽商业活动的管理。

2022 年 6 月 9 日，《2022 年纳闽实体法令（修订）》发布，并正式实施。其显著修改的内容为：取消居民使用马来西亚币交易的限制，纳闽实体必须有至少一名居民董事，关于受益所有权限的新规定。

3. 马来西亚旅游税制度的发展变化

（1）2023 年第 1 号旅游税政策

2023 年 2 月 16 日，马来西亚皇家海关署发布了《旅游税政策（1 号/2023）》，该政策涉及外国游客在网上通过已注册旅游税的数码平台服务供应商预订在马来西亚的住宿场所时，相关旅游税的征收和缴税机制。

（2）2023 年旅游税（修正）条例

2023 年 3 月 2 日，《2017 年旅游税条例》的修正版本《2023 年旅游税（修正）条例》正式实施。具体修正如下：第一，细化住宿运营商向游客开具发票或收据的规定。第二，更新住宿运营商向游客发出的贷记单或借记单上的规定。第三，修正旅游税报税表的呈交方式。第四，修正《2017 年旅游税法条例》中旅游税等缴纳方式。

（3）《2023 年旅游税（数码平台服务供应商）（修正）条例》

2023 年 3 月 2 日，《2023 年旅游税（数码平台服务供应商）（修正）条例》替代《2021 年旅游税（数码平台服务供应商）条例》实施。

三　马来西亚税收制度发展前景

马来西亚税收制度在守成的基础上，随着经济数字化的发展和经济社会发展目标的演化，不断创新和完善。马来西亚税收制度主要的发展趋势是降税负、宽税基、严征管，一方面马来西亚税收当局会对新的经济形式或经济行为予以征税，以增加财政收入，维护税收主权；另一方面马来西亚税收当局会减税免税、减轻税负，以激励市场主体，或提振相关产业、行业，或引导相关区域的经济发展，实现经济社会发展目标。

（一）马来西亚所得税类制度发展前景

马来西亚在扩大税基、增加财政收入的进程中，在面临以税收形式管理和服务新的经济形态与现代服务业的进程中，会利用好税收杠杆，制定和完善相关所得税税收政策，以实现既定经济社会发展目标。

1. 企业所得税制度发展前景

马来西亚有可能拓宽对居民企业海外收入的所得税征收范围；增加对新兴经济或现代服务业的所得税管理，为了吸引或扶持新兴经济或现代服务公司到马来西亚本土发展壮大，而给予这类企业一系列减税或税收条件式豁免等所得税优惠政策。

2. 马来西亚个人所得税制度发展前景

马来西亚个人所得税制度相对稳定，变化较少，将来可能会在以下方面有所变化：一是将个人某些类型的海外收入拉入征税范围；二是对个人合伙企业海外收入的税收管理将会比照其他企业的形式进行；三是在特定时期（如疫情时期）实事求是地判定个人的税收居民身份将会成为常规性做法。

（二）马来西亚货物劳务税类制度发展前景

随着通信技术与数字经济的发展，马来西亚货物劳务税类制度有可能会发生以下变化：第一，进一步完善对线上或网络平台等跨境电商的税收征收与管理工作；第二，为了绿色发展理念，进一步加强对非化石能源汽车的税收支持；第三，短期内强化双边贸易税收优惠力度，长期有望在 RCEP 框架下重新调整税收政策，以加大与区外经济的交流合作。

1. 马来西亚服务税发展前景

马来西亚可能会进一步强化对新兴服务业和现代服务业的税收征收管

理，且在税收上区别对待一般服务业与新兴的、现代的服务业；尤其是为了平衡区域经济发展结构和规模，给予不同类型市场主体不同的税收政策支持。

2.马来西亚销售税制度发展前景

马来西亚可能会进一步完善对跨境电商产品销售税的征收管理；也会基于建立绿色税制的愿景，对环境友好型产品（如非化石能源电动车）给予税收激励，以促进低碳经济发展。

（三）马来西亚不动产利得税制度发展前景

马来西亚的财产税相对简单，不动产利得税发展空间不大。未来最可能的变化为：根据本国不动产经济的发展目标，按拥有应纳税资产（不动产或不动产公司股份）的年限设置不同的税率。

（四）其他税种制度发展前景

1.马来西亚印花税制度发展前景

马来西亚并没有将印花税的财政收入目的放在首要地位，而是比较关注印花税的经济行为引导和激励作用。未来马来西亚有可能会更加灵活地设置印花税政策以激励市场主体的经济行为。为了激励部分市场主体及其某些特定的经济行为，马来西亚将会给予部分文书一定的印花税税收优惠政策。

2.马来西亚纳闽商业活动税制度发展前景

纳闽地区特殊的区位优势使得纳闽商业税可能有两种截然相反的发展前景：如果纳闽地区仅保持目前开发区的地位，那么历经二三十年的开发区税收政策已比较成熟和稳定，不会有大的变化；如果纳闽地区将来的目标是打造成为自贸港（世界一流自贸港），那么纳闽商业税会经历巨大的改变，甚至会被一个新税种所取代。

3.马来西亚旅游税制度发展前景

随着数字经济与服务业的交融发展，马来西亚旅游业的数字化程度将越来越深，旅游税有可能会率先实现数字化征收。

新加坡税收制度发展报告（2023）

摘　要： 随着新加坡经济的高速发展，其税收制度也日趋完善，政府不断调整和完善税收制度，确保财政收入稳定和经济持续发展。新加坡分两个阶段提高商品及服务税税率，2023 年上调至 8%，2024年将上调至 9%。高收入群体的个人所得税边际税率、额外征收的豪车税、住宅物业征收的财产税等税率均有所提高。为实现 2025 年的零碳排放政策，新加坡的碳税税率也将逐步提高。此外，新加坡政府计划从 2025 年起实施数字经济"支柱二"，统一对大型跨国公司征收 15% 的全球最低有效税率。

关键词： 新加坡　税收制度　所得税类　货物劳务税类　财产税类

新加坡作为东南亚唯一的发达经济体，一直吸引着全世界的目光，"亚洲四小龙""世界经商环境最好的国家""极少数拥有标准普尔 AAA 信贷评级的国家"等一众荣誉更让其成为海外投资者关注的焦点。随着《区域全面经济伙伴关系协定》（RCEP）落地等一系列积极因素推动，新加坡完善的城市基础设施、世界一流的企业人才库以及良好的营商环境，吸引众多投资者前来投资。新加坡又是一个税基窄、税种少、税法简单的自由贸易国度，以低税闻名全球，被誉为"东方瑞士"。

一　新加坡税收制度发展基础（截至2021年）

新加坡按照属地原则征税，全国实行统一的税收制度。任何公司或个人（包括外国公司或个人）在新加坡发生或来源于新加坡的收入，或在新加坡取得或被视为在新加坡取得的收入，都属于新加坡的应税收入，需要在新加坡纳税。也就是说，即使是发生于或来源于新加坡之外的收入，只要是在新加坡取得的，就需要在新加坡纳税，有税务豁免的除外，如股息、分公司利润、服务收入等。

（一）新加坡税收制度体系发展基础

1. 新加坡税种制度体系发展基础

（1）主要税种制度

新加坡现行主要税种有：企业所得税（公司所得税）、个人所得税、中央公积金（相当于社保公积金）、商品及服务税（消费税，GST）、关税、不动产税（房地产税）、印花税、博彩税，以及对引进外国劳工的新加坡公司征收的劳工税、碳排放税（遗产税于2008年取消）。[①]

（2）税收收入和宏观税负

税收收入。新加坡2021财年税收收入为607亿新加坡元，较2020财年增长22.4%（见图1）。其中占比排在前几位的税种是：企业所得税达182亿新加坡元，约占30%；个人所得税达142亿新加坡元，约占23%，其中约80%来自年收入超过15万新加坡元的高收入群体；商品及服务税为126亿新加坡元，约占21%；印花税为68亿新加坡元，约占11%；财产税为384万新加坡元。[②]

宏观税负。2021年，新加坡名义GDP为5333.52亿新加坡元，小口径的宏观税负（税收收入占GDP的比重）为11.38%。

2. 新加坡税制结构发展基础

（1）基于课税对象不同性质标准的税制结构发展基础

货物劳务税类：商品及服务税（消费税，GST）、关税。

---

① 国家税务总局国际税务司国别（地区）投资税收指南课题组：《中国居民赴新加坡共和国投资税收指南（2021年版）》，https：//www.yidaiyilu.gov.cn/p/162034.html，第13页。

② https：//www.iras.gov.sg/docs/default - source/archive/fy2020 - iras - financial - statements - （signed）.pdf？sfvrsn=4a6968c2_7.

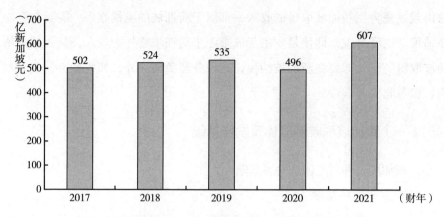

图1　2017~2021财年新加坡税收收入变化趋势

资料来源：新加坡税务局官网，https：//www.iras.gov.sg/news-events/newsroom/iras-annual-report-fy2021-22。

所得税类：企业所得税、个人所得税。

财产税类：不动产税（房地产税）、印花税。

其他税类：博彩税、劳工税。

（2）基于收入归属层级标准的税制结构发展基础

新加坡政府是一个单层次政府，没有地方行政机构，中央政府直接管理各项事务。因此，新加坡所有税种均为中央税。

3. 新加坡税收制度法律体系发展基础

（1）宪法框架下税收法律规定

税法动议的规制。《新加坡共和国宪法》① 第五十九条第二款规定，新加坡有关法案或修正案可以直接或间接提出制定或增加任何税收，或者废除、减少或豁免任何现有税收。

征收任何国家税或地方税均须经法律批准。《新加坡共和国宪法》第一百四十三条规定：除经法律规定或法律批准外，不得征收任何税款或制定税率。

---

① 参见 https：//sso.agc.gov.sg/Act/CONS1963。

（2）税收法律法规

新加坡税收法律。主要包括：《新加坡共和国所得税法》《新加坡共和国经济发展鼓励法》《新加坡共和国遗产税法》①《新加坡共和国财产税法》《新加坡共和国印花税法》《新加坡共和国商品及服务税法》《新加坡共和国海关法》。

新加坡税收行政法规。主要有《新加坡共和国货物和服务税收条例》等。每个税种分别依据不同的法律法规进行征管，构成了新加坡的税收法律体系。

（3）国际税收条约②

双边税收条约。新加坡与超过 80 个国家或地区签订了双边税收协定（或税收安排），美国不在其中。

多边税收条约。新加坡于 2017 年 6 月签订了落实防范税基侵蚀和利润转移与税收条约相关措施的多边公约，以实施关于防范税基侵蚀和利润转移的税收协定（税收安排）相关措施（BEPS）。《实施税收协定相关措施以防止税基侵蚀和利润转移的多边公约》（MLI，以下简称《多边公约》）于 2019 年 4 月 1 日生效。③ 截至 2020 年 10 月 1 日，新加坡与 38 个缔约国的税收协定已更新。2019 年 8 月 7 日，新加坡等 46 个国家或地区在新加坡签署了《联合国关于调解所产生的国际和解协议公约》（以下简称《调解公约》）；2020 年 9 月 12 日，《调解公约》获得新加坡政府批准，由此生效。④

（二）新加坡所得税类制度发展基础

所得税是新加坡政府第一大收入来源（2020~2021 财年占新加坡政府收入的 39.0%）。

---

① 新加坡已于 2008 年 2 月 15 日正式取消遗产税。
② 商务部国际贸易经济合作研究院、中国驻新加坡大使馆经济商务处、商务部对外投资和经济合作司：《对外投资合作国别（地区）指南——新加坡（2021 年版）》，https：//www.investgo.cn/upfiles/swbgbzn/2021/xinjiapo.pdf，第 24~25 页。
③ 国家税务总局国际税务司国别（地区）投资税收指南课题组：《中国居民赴新加坡共和国投资税收指南（2021 年版）》，https：//www.yidaiyilu.gov.cn/p/162034.html。
④ 《一文读懂〈新加坡调解公约〉》，搜狐网，https：//www.sohu.com/a/420562732_750649。

1. 新加坡企业所得税制度发展基础

（1）纳税人制度

企业有发生于新加坡或来源于新加坡的收入，或在新加坡取得或被视为在新加坡取得的收入，则该企业为新加坡企业所得税纳税人。

居民企业纳税人。根据《2021 年新加坡所得税法（修订）》的规定，若一家企业的管理和实际控制机构在新加坡境内，则认定其为新加坡的居民企业。管理和实际控制机构是指对企业的经营决策及战略做出决定的机构。通常情况下，企业做出战略决策的董事会会议的召开地点是判定管理和实际控制机构所在地的关键性因素，进而判定企业是否为新加坡的居民企业。

境外企业纳税人。根据新加坡税法的规定，若境外企业有来源于新加坡的应税所得且该应税所得未经支付企业代扣税款，则要求该境外企业向新加坡税务局进行纳税申报。

企业所得税的扣缴义务人。在新加坡境内无固定营业场所的非居民支付款项的企业，须履行代扣代缴税款的义务。

（2）征税对象和税率制度

居民企业所得税课税项目。根据新加坡税法，企业获得的以下收入需在新加坡纳税：来源于新加坡或在新加坡计提的收入；在新加坡境内取得的境外收入。在新加坡境内取得的境外收入指位于新加坡的企业在新加坡境内收到的境外收入，但不包括境内企业用于海外再投资而未汇回新加坡的境外收入，这意味着境外收入的征税时点将延迟至海外再投资结束且境外收入汇回新加坡境内时；不在新加坡境内经营的非居民企业，在新加坡境内所取得的境外收入也不属于企业所得税的征税范围。

不征税或免于征税项目。第一，资本利得。新加坡企业所得税对资本利得不课税。但如果纳税人从事股权或财产买卖业务，则其股权或财产转让所得的收益将被视为一般性收入。[①] 在特定情形下，新加坡税务局可能将涉及

[①] 德勤：《2023 年东南亚税收指南（新加坡税务重点）》，https://www2.deloitte.com/content/dam/Deloitte/cn/Documents/international - business - support/deloitte - cn - csg - sea - taxation-guide-bilingual-20230327.pdf，第 144、146 页。

获得或处置房地产、股票或股份的交易认定为贸易活动，从而对相应交易的收益课税。某项收益是否应被课税要考虑每笔交易的具体情形和有关事实。第二，符合规定或经批准的特定境外所得。特定境外所得指居民企业在境外取得的源自商业贸易或活动的所得；源自投资的收益，如股息、利息和租金；特许权使用费、保险费和源自财产的其他所得；其他实质性所得。符合相关规定的特定境外所得免于征税。不满足相关条件的特定境外所得，可依据特定方案或在特定情形下享受免税待遇，但必须经过批准。

企业所得税税率。第一，企业所得税标准税率为17%，适用于法人企业及集团企业的分支机构。新加坡企业所得税标准税率从2005年开始逐渐下降，由2005年的20%降到2008年的18%，2010年降到17%以后保持稳定至今。第二，预提税税率。股息收入适用零预提税率，利息收入适用15%的优惠预提税率，特许权使用费适用最低档的预提税率（10%）（见表1）。

表1　新加坡企业所得税税目及对应税率

单位：%

税目	对应税率
企业所得税标准税率	17
分支机构税率	17
预提税税率	—
股息	0
利息	15
特许权使用费	10
分支机构汇回利润	不适用

资料来源：国家税务总局国际税务司国别（地区）投资税收指南课题组：《中国居民赴新加坡共和国投资税收指南（2021年版）》，https://www.yidaiyilu.gov.cn/p/162034.html，第16页。

（3）计税方法

应纳税所得额。根据新加坡企业所得税法，应纳税所得主要包括以下几方面：源自商业贸易或活动的所得；源自投资的收益，如股息、利息和租金；特许权使用费、保险费和源自财产的其他所得；其他实质性所得。

（4）企业所得税优惠

①一般性税收优惠。

企业应纳税所得额在 10000 新加坡元以下的部分，75% 可免于征税；10000~190000 新加坡元的部分，50% 可免于征税。符合特定条件的新设私营公司在第一个连续的 3 个纳税年度内，应纳税所得额在 100000 新加坡元以下的部分，75% 可免于征税；下一个 100000 新加坡元的部分，50% 可免于征税。

②税收优惠政策。

先锋企业和先锋服务公司的企业所得税优惠政策。该项税收优惠政策的目的是鼓励企业积极从事促进新加坡经济和科技发展的经营活动。先锋企业符合规定的利润可享受至多 15 年的免征企业所得税的待遇。

发展和扩张税收优惠政策（DEI）。该项优惠主要针对在新加坡境内从事高附加值经营活动但又不符合先锋企业税收优惠条件或其享受的先锋企业税收优惠已到期的企业。享受 DEI 待遇的企业可就其从事符合规定的经营活动而获得的增值部分享受一定的税收减免（税率为 5% 或 10%）。该优惠的初始授予期限最长不得超过 5 年，但可获得延期，一次延期不得超过 5 年，总优惠期限不得超过 40 年。

研发税收优惠政策。2009~2025 纳税年度，从事任意领域的研发费用均可获得相应税收扣除，不再要求该研发项目与企业从事的贸易或经营活动相关，符合特定条件的研发费用还可获得额外的税收减免。2019~2025 纳税年度，在新加坡境内发生的、符合特定条件的研发项目的人工成本及耗材可获得额外的高达 150% 的税收减免，该计划中的其他条件保持不变。

知识产权发展税收优惠政策（IDI）。IDI 优惠引入了国际公认的知识产权税收优惠激励标准，旨在鼓励纳税人使用研发产生的知识产权，相关知识产权收入可享受 IDI 优惠。该优惠结合了税基侵蚀与利益转移-修正关联方法，已于 2018 年 7 月 1 日生效，截止日期为 2023 年 12 月 31 日。

经核准的特许权使用费、技术支持费用和研发费用（R&D）预提税减免政策。支付给非居民企业的经核准的特许权使用费、技术支持费用和研发费用可免征或减征预提所得税。根据 2022 年新加坡预算案，新加坡政府继续鼓励公司利用新技术和新知识来发展本地的劳动力资源，抓住新的增长机会，继续简化激励措施，进一步涵盖更多可以适用特许权使用费协议的经营类别。

新企业的免税政策。在一定条件下，新建立的新加坡（税收）居民企业的应税收入中，前 100000 新加坡元的部分可获得 75% 免税，100001 ~ 200000 新加坡元的部分可获得 50% 的税收减免。该项免税政策只在符合规定的企业成立的前 3 年内有效。

投资免税政策。经批准后，从事符合规定项目的企业可获得除一般折旧的税收扣除外的投资免税额，金额为在投资生产设备过程中发生的投资额乘以特定比例（最高为 100%）后的后果。

风险投资基金优惠政策。该项优惠旨在鼓励新加坡风险投资行业的繁荣发展。处置经核准的资本取得的收益、可转换债券股的利息和来自经核准的资本的股息在期限内可享受免税优惠，且可获得每次不超过 5 年的延期，但优惠的总期限不得超过 15 年。[①]

金融部门激励计划（FSI）的税率优惠政策。该项计划旨在鼓励新加坡境内高增长和高附加值的金融业务的发展。经核准的新加坡境内的 FSI 企业，从事符合条件的经营活动获得的所得可享受 5%、10%、12% 及 13.5% 的优惠税率。根据 2018 年预算案计划，FSI 计划延期至 2023 年 12 月 31 日。

对金融和财资中心（FTC）的税率优惠政策。该项优惠政策是为鼓励跨国企业在新加坡设立 FTC，从事财务、融资和其他金融服务等业务。为了吸引更多企业在新加坡财资中心运营，经批准的 FTC 公司有资格获得 8% 的公司所得税减免税率，该税率适用于被批准的网络公司（ANC）。

居民企业享受的其他的税收优惠政策。一是居民企业享有新加坡与其他国家签署的避免双重征税协定（DTA）规定的优惠待遇。二是对居民企业

---

① 国家税务总局国际税务司国别（地区）投资税收指南课题组：《中国居民赴新加坡共和国投资税收指南（2023 年版）》，https：//www. chinatax. gov. cn/chinatax/n810219/n810744/n1671176/n1671206/c2582367/5116191/files/e6ab77fef5574cfcb77dbc36ee61d669. pdf？eqid = 84b2ec0800012494000000066448893c，第 19 ~ 24 页。

从境外取得的股息、境外分支机构的利润、境外劳务收入实施税收减免。三是新设立的居民企业最多可享受 3 年的税收减免政策。[①]

针对处置股票资产产生的资本利得的税收确定性免税政策。为保障税收确定性，在 2012 年 6 月 1 日至 2027 年 12 月 31 日期间，企业因处置普通股获得的资本利得无须纳税，前提是该符合条件的投资方公司在处置相关股份前，连续 24 个月或以上在法律和实际权益上持有该被投资公司 20%以上（含 20%）的普通股。自 2022 年 6 月 1 日起，以上税收确定性不适用于处置从事持有、交易和开发不动产业务的非上市公司股票产生的收入。

2. 新加坡个人所得税制度发展基础

（1）纳税人制度

居民纳税人。满足下列条件之一即为居民纳税人：通常居住在新加坡境内的新加坡公民；在新加坡实际居住或在新加坡工作（公司董事除外）183 天及以上的外国个人；通常居住在新加坡的外国个人。在新加坡雇佣期内至少连续 3 个课税年的外国个人可在所有 3 个课税年被视为新加坡税务居民，即使该个人在抵达年、离开年，或抵达年和离开年两个年度在新加坡停留的时间可能少于 183 天。如果该外国个人在抵达新加坡的所属年度在新加坡履职时间少于 183 天，但预计该员工在当年和次年两个日历年度内在新加坡的连续履职时间会超过 183 天，则该员工在这两个年度都会被认定为新加坡的居民纳税人。

非居民纳税人。以税收为目的定义的非居民个人是指在纳税年度的前一年在新加坡实际居住或就业（公司董事除外）不超过 183 天的个人。非居民纳税人只需对发生于或来源于新加坡的收入缴纳所得税。

（2）征税对象和税率制度

征税对象。个人所得税征税范围涵盖受雇所得、财产租赁、股息（特

---

① 德勤：《2023 年东南亚税收指南（新加坡税务重点）》，https：//www2. deloitte. com/content/dam/Deloitte/cn/Documents/international - business - support/deloitte - cn - csg - sea - taxation-guide-bilingual-20230327. pdf，第 114、146 页。

定）、利息、经营所得等。居民纳税人（特定例外情况除外）发生于或来源于新加坡的收入，通过新加坡有限合伙企业收到或者被视为收到的来源于国外的收入（自2004年1月1日起），或者受雇于国内企业、在国内企业收到的来源于国外的收入，都要依法缴纳个人所得税。非居民纳税人只需对发生于或来源于新加坡的收入缴纳个人所得税。

不征税或免于征税的收入。居民纳税人在新加坡收到或被视为收到的来源于国外的收入，非居民纳税人发生于或来源于新加坡境外的收入，都不征收个人所得税。支付给新加坡居民的特许权使用费和技术服务费，不征预提税。

税率。新加坡个人所得税实行11档累进税率，个人所得税税率保持在0~22%。新加坡税收居民自然人的个人所得税按照应税所得的高低适用不同税率水平。自2020纳税年度起，个人应税所得不超过20000新加坡元的适用零税率，应税所得超过320000新加坡元的适用22%税率（见表2）。

表2 2020纳税年度后新加坡个人所得税税率

应税所得（新加坡元）	税率(%)	应纳税额（新加坡元）	累计应纳税额（新加坡元）
不超过20000的部分	0	0	0
20000至30000的部分	2	200	200
30000至40000的部分	3.5	350	550
40000至80000的部分	7	2800	3350
80000至120000的部分	11.5	4600	7950
120000至160000的部分	15	6000	13950
160000至200000的部分	18	7200	21150
200000至240000的部分	19	7600	28750
240000至280000的部分	19.5	7800	36550
280000至320000的部分	20	8000	44550
320000以上的部分	22	——	——

资料来源：国家税务总局国际税务司国别（地区）投资税收指南课题组：《中国居民赴新加坡共和国投资税收指南》（2021年版），https：//www. investgo. cn/upfiles/swbgbzn/2021/xinjiapo.pdf，第36页。

（3）计税方法

居民个人的应纳税所得额为个人收入总额扣除费用、捐赠和减免税后的所得，即实际纳税收入＝年收入-税收减免金额。非居民个人的应纳税所得额为个人收入总额扣除费用和捐赠后的所得，其减免的税收不能从收入中扣除。个人所得税应纳税额按照表2方法计算。

（4）税收优惠制度

减免税。新加坡纳税居民有权就子女抚养费、职业培训费、保险费及公积金缴款等事项享受个人所得税减免。从2018纳税年度起，个人可以申请的个人所得税减免最高限额为每年80000新加坡元。

公积金减免。公积金减免上限根据保健Medisave余额来定。公积金现金充值减免，新加坡永久居民（Permanent Resident，PR）和公民可以为自己或家人的公积金特别/退休账户进行现金账户充值。此项减免上限为每年7000新加坡元。

劳动收入减免。税务局自动给予减免，无须手动申报。此项与收入无关，只与年龄有关。年长者可以得到更多的收入减免：55岁以下减免上限为每年1000新加坡元；55～59岁减免上限为每年6000新加坡元；60岁及以上减免上限为每年8000新加坡元。

股东分红减免。股东分红给到新加坡税务居民，个人不需要再就该笔所得纳税。

课程费用减免。新加坡工作人士皆可申报。课程包含获得政府认可的学术、专业或职业资格认证的课程、研讨会或会议费用；或与目前自身工作、职业相关的课程、研讨会或会议费用。此项减免上限为每年5500新加坡元。

退休辅助计划减免（Supplementary Retirement Scheme Relief，SRS）。类似于开设一个普通的银行账户，在新加坡有收入且年满18岁的个人可自愿参与，不限身份。向SRS账户存入的钱可获得免税，其投资回报在提取前也免税，退休时只有提取的50%的金额需要纳税。新加坡公民/PR每年最多可在自己的SRS账户存入15300新加坡元，外国人每年可存入35700新加坡元，减免上限与之相对应。

合格子女减免（Qualifying Child Relief，QCR）。在新加坡工作的夫妻，在满足以下全部条件的情况下可获得减免：与孩子存在法律关系（亲生、寄养、收养）；孩子年龄在16岁以下，或者16岁以上但在过去一年在全日制大学、学院或其他教育机构学习；孩子在过去一年内年收入少于4000新加坡元。夫妻二人共同申请减免上限为4000新加坡元每个孩子，如果有残障情况，则提升至7500新加坡元每个孩子，双方各自申请额度可自行决定。

在职妈妈减免（Working Mother's Child Relief，WMCR）。孩子是新加坡公民的新加坡在职妈妈在满足以下全部条件的情况下可获得减免：申请人为已婚、离异或丧偶的在职妈妈；申请人通过就业、退休金、商业贸易获得应纳税收入；申请人的孩子符合QCR条件。为每个孩子申请的减免金额基于孩子出生或被合法收养的时间，并与申请人收入的百分比相匹配：第一个孩子可减免母亲收入的15%；第二个孩子可减免母亲收入的20%；第三个孩子及以上可减免母亲收入的25%。所有子女WMCR总和上限为母亲收入的100%，每个孩子最高可减免50000新加坡元。

祖父母照顾孩子减免。长辈照看孩子，在满足以下条件的情况下，孩子的妈妈（需为新加坡公民）可以获得税收减免：申请人为已婚、离异或丧偶的在职妈妈；孩子为新加坡公民，在过去一年年龄为12岁及以下；或孩子为新加坡公民，未婚残疾；在过去一年内，申请人的（祖）父母或（祖）公婆在新加坡居住超过8个月，在这段时间内照顾这个孩子，且没有从事任何职业或商业贸易。此项减免上限为3000新加坡元。

女佣征费减免。养孩子有可能需要雇用女佣，在职妈妈在满足以下条件的情况下可获得减免：在过去一年内雇用女佣；已婚并与丈夫同居；或已婚但丈夫为非新加坡纳税人；或与丈夫分居、离婚或丧偶，与孩子同住并且孩子符合合格子女减免条件。减免上限为在过去一年内女佣年薪的2倍。只适用于雇用一名女佣。

父母减免。第一，父母、祖父母，以及配偶的父母及祖父母均适用。（祖）父母、（祖）公婆在新加坡的工作人士，在满足以下全部条件的情况下可获得减免：在过去一年里长辈住在申请人的家里；在过去一年里如果长辈不住在申请人的家里，申请人为长辈花费 2000 新加坡元以上；长辈的年龄在 55 岁以上；长辈在过去一年里的年收入少于 4000 新加坡元。第二，每个人最多只能获得奉养两位老人的税收减免。第三，减免上限视不同情况而定。老人身体健康，且申请人和他们住在一起，减免上限为 9000 新加坡元每位老人；老人身体健康，且申请人不和他们住在一起，减免上限为 5500 新加坡元每位老人；老人身有残疾，且申请人和他们住在一起，减免上限为 14000 新加坡元每位老人；老人身有残疾，且申请人不和他们住在一起，减免上限为 10000 新加坡元每位老人。

配偶减免。在新加坡工作的夫妻，在满足以下条件的情况下可获得减免：申请人的配偶在过去一年里和申请人住在一起并且依赖其收入生活；申请人的配偶在过去一年里年收入少于 4000 新加坡元。此项减免上限为 2000 新加坡元。

捐赠减免。对公共慈善机构捐赠金钱、古董、建筑、土地、艺术品、新交所上市的股票和其他证券等，可获得捐赠额的 250% 的税收减免。

退税。生养孩子可直接获得现金退税。生养第一个孩子直接退税 5000 新加坡元；生养第二个孩子直接退税 10000 新加坡元；生养第三个孩子及以上，直接退税 20000 新加坡元。

（三）新加坡货物劳务税类制度发展基础

1. 新加坡商品及服务税制度发展基础

新加坡的商品及服务税是对进口货物及所有在新加坡提供货物和劳务服务征收的一种税，税负由最终的消费者负担，相当于世界上其他国家的增值税。

（1）纳税人制度

商品及服务税的纳税人指的是已登记或者按要求应当登记商品及服务税的纳税人。

数字商品及服务税的纳税人。自 2020 年 1 月 1 日起，针对海外供应商向新加坡非商品及服务税注册消费者提供 B2C 数字服务的情况，若该海外供应商全球收入超过 100 万新加坡元，对新加坡客户提供 B2C 数字服务收入超过 10 万新加坡元，则需遵从海外供应商注册机制并缴纳商品及服务税。

（2）征税对象和税率制度

①征税对象。

应税商品是指负有商品及服务税纳税义务的商品及服务，包括适用于零税率减免的商品。

商品及服务税的征税对象。新加坡商品及服务税征收对象适用于以下的交易：在新加坡，纳税人从事的经营活动中生产的应纳税商品和提供的应纳税服务；进口至新加坡的商品；自 2020 年 1 月 1 日起，被部分豁免商品及服务税的商家收到的进口服务；自 2020 年 1 月 1 日起，由海外供应商提供给新加坡未注册商品及服务税者的进口电子服务。

数字商品及服务税的征税对象。数字服务包括从移动平台下载的数字内容应用、电子书、数字影片等，以及供订阅的媒体内容（如新闻、杂志、流媒体影音、网络游戏等）。

不征或免征商品及服务税的对象。免征税商品及服务或不适用商品及服务税的商品是指获得商品及服务税税收豁免的商品及服务，具体包括出售和租赁无家具的住宅物业、进口和本地供应贵重金属的投资、金融服务、商品在海外进行销售、私人交易等。免税商品增加了对进项税的限制。

②税率。

标准税率。自 2007 年 7 月 1 日起，新加坡商品及服务税的标准税率为 7%，包括提供海外数字服务的商品及服务税。

商品出口和跨境服务适用零税率。商品及服务税法案中详细列出了符合零税率资格的跨境服务，包括但不限于跨境运输服务与相关保险服务、境外广告、与位于新加坡境外土地相关的建造服务及由地产代理、拍卖师、建筑师、测量师、工程师及其他涉及土地事宜的人士提供的服务、与位于新加坡境外的货物有关的服务。[①]

---

① 《货物劳务税法案第 21 条》，https：//www. iras. gov. sg/irasHome/uploadedFiles/irasHome/GST/ListOfInternationalServices. pdf。

（3）计税方法

①销售额的确认。

商品及服务税应在满足纳税条件的时间即纳税时点缴纳。商品及服务税纳税时点通常是指以下活动中最早开始的活动的时间：税务发票签发的日期；款项收到的日期。但是，以上纳税时点的判定规则也存在例外，如对于进口商品，纳税时点为进口日期或货物离开暂缓纳税制度所在地或自由贸易区的日期中的一个。对于销售商品或提供服务取得预收款项的征税时点，按照上述一般规则执行，企业需对预收款项征收商品及服务税，并在收到款项的会计期间核算。如预付款可退还并具备担保性质，则无须缴纳商品及服务税。如果上述交易最终没有发生（例如，顾客取消了订单），商品及服务税纳税人需要开具贷记单据，并将预收款项退给顾客。然而，按照一般商业规定，商品及服务税纳税人可能会要求对方支付违约金或相关交易费用。对于发出或退回商品，货物销售时间应以客户确认收货的时间为准，而非发出货物的时间。

商品及服务税征税时点应以每笔定期付款的到期日及收到每笔定期付款的日期较早者为准。对于租赁资产，以分期付款（附有一定条件）的方式进行交易的，分期付款协议下开出第一期发票的时间作为全额供货时间。对于以其他方式进行交易的租赁资产，不适用特殊的供应时间规则，可以适用于上述一般供应时间规则。对于进口货物，供应时间是进口日期或货物离开暂停征税制度所在地或自由贸易区的日期中的一个。

②应纳税额的计算。

纳税人的商品及服务税税款抵扣。如果进项税额是因生产应税商品或某些规定的商品而发生的，则纳税人可以抵扣销项税额。进项税额指的是纳税人购买或者进口至新加坡的商品和服务，用于或将用于纳税人从事或准备从事的任何经营活动的商品所发生的商品及服务税。纳税人通常通过商品及服务税纳税申报表，将进项税额从销项税额（对生产供应的商品征收的商品及服务税）中减去，以冲抵销项税额。进项税额申报要求提供有效的税务发票或进口许可。如果超过到期日后的 12 个月款项还未支付给供给方，那么纳税人应当向新加坡税务局缴纳相应抵扣的进项税款。

可抵扣的进项税额支出事项举例（如果与应税经营活动相关）。广告，存货的购买，卡车和货车的购进、租赁、雇用和维修费用，业务招待费，会议出席。

登记前进项抵扣。根据商品及服务税（一般性）规章规定的某些条件，从事经营活动者需要在其第一张纳税申报表中申报其发生在商品及服务税有效登记日期之前的经营费用所产生的进项税。这要求从事经营活动者对其纳税申报义务进行自我审阅。

不可扣除的进项税额。一是购进不用于经营目的的商品及服务（如纳税人购进用于私人用途的商品）而产生的进项税额不能用于税款抵扣。二是部分免税。直接与免税商品生产相关的进项税额通常是不可抵扣的。如果纳税人同时生产免税商品和应税商品，那么该纳税人只能抵扣部分进项税额。这种情况被称为"部分免税"。在这种情况下，零税率商品被视为应税商品。三是某些事项的经营支出不能作为进项税额抵扣。四是进项税额不能被抵扣的支出事项举例。非经营用途的购进，私人汽车的购进、租赁、雇用、维修和运行费用，雇员的医疗费用及保险费用，休闲俱乐部的会员费。

资本货物。在新加坡，资本货物可被定义为企业在若干年内使用的资本支出项目。对于资本货物，没有特殊的进项税转回规则，可适用于上述商品及服务税的正常进项税法规。

（4）税收优惠

免税商品。包括住宅物业的出售或租赁、在商品及服务税法案第4附表列出的金融性交易和对贵金属的投资或进口和供应电子支付货币（自2020年1月1日起）。

坏账减免。如果纳税人满足以下条件，可以申请坏账减免，以返还之前已经入账的销项税：账目中全部或部分坏账的供应价格已经转回；在供货日期之后的12个月或者债务人在12个月内已经破产；已采取合理的方式回收坏账；货物价值等于或低于市场公允价格；货物的所有权已经转移给债务人。

退税。第一，如果在一个期间内商品及服务税可抵扣的进项税额超过了同一时期的销项税额，则超过的部分可以获得退税。对商品及服务税的强制性电子退税自 2022 年 1 月 3 日起生效。任何未完成的商品及服务税退税应当按照基本贷款利率来支付利息。利息的计算日期从商品及服务税管理当局做出应退税决定的当天起。第二，无机构经营实体的商品及服务税退税。新加坡对没有在新加坡进行商品及服务税登记的无机构经营实体不给予商品及服务税退税。

2. 新加坡关税制度发展基础

（1）纳税人制度

新加坡关税的纳税人为特定商品的进口商。

（2）征税对象和税率

新加坡仅对石油产品、汽车、烟草产品和白酒等少数商品征收进口关税，适用比例税率。

（3）计税方法

新加坡关税以特定进口类型的税率征收，或者以从价方式征收。也就是说，按照所征税的物品的价格按比例征收。

（四）新加坡财产税类（房地产税）制度发展基础

1. 纳税人制度

房地产税是对所有不动产（如房子、建筑物和土地）征收的一种税。所有的不动产所有人都应为所拥有的不动产缴纳房地产税。

2. 征税对象和税率制度

（1）征税对象

房地产税征税对象指所有不动产，如房子、建筑物和土地。

（2）税率

新加坡对自用型住宅房地产及非自用型住宅房地产实施累进房地产税税率，对其他房地产，如商业及工业房地产，适用 10% 税率；自用型住宅房地产适用较低税率，非自用型住宅房地产适用较高税率。

对自用型住宅房地产实施 8 档 0~16% 的累进房地产税制度（PPTR）（见表 3），自 2015 年 1 月 1 日起生效。

表3　新加坡自用型住宅房地产税税率

年价值(新加坡元)	税率(%)
不超过 8000 的部分	0
8000 至 55000 的部分	4
55000 至 70000 的部分	6
70000 至 85000 的部分	8
85000 至 100000 的部分	10
100000 至 115000 的部分	12
115000 至 130000 的部分	14
130000 以上的部分	16

资料来源：国家税务总局国际税务司国别（地区）投资税收指南课题组：《中国居民赴新加坡共和国投资税收指南》（2021 年版），https：//www. investgo. cn/upfiles/swbgbzn/2021/xinjiapo. pdf，第 51 页。

　　一般非自用型住宅适用 6 档 10%~20% 的累进税率（见表 4）。自 2015年 1 月 1 日起，PPTR 同时适用于非自用型住宅房地产。此类房地产此前适用 10% 的房地产税税率。新加坡非自用型住宅房地产税税率见表 4。

表4　新加坡非自用型住宅房地产税税率

年价值(新加坡元)	税率(%)
不超过 30000 的部分	10
30000 至 45000 的部分	12
45000 至 60000 的部分	14
60000 至 75000 的部分	16
75000 至 90000 的部分	18
超过 90000 的部分	20

资料来源：国家税务总局国际税务司国别（地区）投资税收指南课题组：《中国居民赴新加坡共和国投资税收指南》（2021 年版），https：//www. investgo. cn/upfiles/swbgbzn/2021/xinjiapo. pdf，第 51 页。

　　用于规定用途的非自用型住宅房地产仍适用 10% 的房地产税税率。非自用型住宅房地产取得规划批准后用于以下用途的，仍适用 10% 的房地产税税率，无须向新加坡税务局另行申请：体育及休闲俱乐部内的住宿设施；度假休闲屋（Chalet）；托儿所、学生护理中心或幼儿园；福利院；医院、收容所或康复、复原、护理或类似目的的场所；酒店、背包客旅舍、招待所或宾馆；酒店式公寓；根据《新加坡房地产税法》第6条（6）中豁免缴税的员工宿舍；学生公寓或宿舍；工人宿舍。

（3）计税方法

房地产税应纳税额＝不动产年值×适用税率。

房地产税按年缴纳，纳税基数为不动产的年值。不动产的年值是根据不动产的年租金收入估计的，估计的年租金收入不包括出租的家具、装置和服务费。不动产出租、自用或空置适用同样的纳税基数。新加坡税务局每年会对不动产的年值进行审核调整。

（4）税收优惠制度

专门用于以下目的的建筑免税：公共的宗教礼拜场所；获得政府财政补助的公共学校；慈善目的；其他有利于新加坡社会发展的目的。

（五）新加坡其他税类制度发展基础

1. 新加坡印花税制度发展基础

印花税只对不动产、股票和股份的相关凭证征收。印花税的税率根据凭证的类型和交易的价值有所不同。[①]

（1）股票印花税

企业签订购买或获得股票的合同需要缴纳印花税，并按照股票的成交价格或价值孰高者缴付税款。转让股票时，按照股票买入价或股票价值孰高者的0.2%缴付印花税。

（2）物业印花税

买方印花税。第一，计税基础。按照不动产买入价或市场价孰高者进行缴付。第二，税率。在2018年2月20日前，买方印花税的税率最高为3%。

---

① 国家税务总局国际税务司国别（地区）投资税收指南课题组：《中国居民赴新加坡共和国投资税收指南（2023年版）》，https://www.chinatax.gov.cn/chinatax/n810219/n810744/n1671176/n1671206/c2582367/5116191/files/e6ab77fef5574cfcb77dbc36ee61d669.pdf？eqid=84b2ec0800012494000000066448893c，第64~67页。

自 2018 年 2 月 20 日起，住宅物业及非住宅物业的买方印花税最高税率有所不同，住宅物业的买方印花税税率最高为 4%，非住宅物业的买方印花税税率最高为 3%（见表 5、表 6）。

表 5　2018 年新加坡预算案计划修订前印花税税率

物业买入价或市场价孰高者（新加坡元）	买方印花税税率（%）
不超过 180000 的部分	1
180000 至 360000 的部分	2
超过 360000 的部分	3

资料来源：国家税务总局国际税务司国别（地区）投资税收指南课题组：《中国居民赴新加坡共和国投资税收指南》（2021 年版），https：//www.investgo.cn/upfiles/swbgbzn/2021/xinjiapo.pdf，第 53 页。

表 6　2018 年新加坡预算案计划修订后印花税税率

物业买入价或市场价孰高者（新加坡元）	住宅物业的买方印花税税率（%）	非住宅物业的买方印花税税率（%）
不超过 180000 的部分	1	1
180000 至 360000 的部分	2	2
360000 至 1000000 的部分	3	3
超过 1000000 的部分	4	3

资料来源：国家税务总局国际税务司国别（地区）投资税收指南课题组：《中国居民赴新加坡共和国投资税收指南》（2021 年版），https：//www.investgo.cn/upfiles/swbgbzn/2021/xinjiapo.pdf，第 53 页。

卖方印花税。适用于 2010 年 2 月 20 日及之后购买的住宅用房地产。第一，课税对象。卖方印花税根据标准从价税税率对转让、分配或转移的财产征收。第二，免于征税。对 2017 年 3 月 11 日及之后购买的住宅用房地产，如果其在持有 3 年后再进行出售，那么该卖方无须缴纳印花税。第三，计税基础和税率。如果购买的住宅用房地产在其持有 3 年内进行出售，根据置存期的不同，以销售对价和市场价值中的较高者为计税基础，税率分别为 4%、8% 及 12%。

买方额外印花税。第一，计税基础。买方额外印花税的计税基础为购买

成交价和市场价值中的较高者。第二，税率及其适用对象。自 2011 年 12 月
8 日起，购买住宅用房地产（包括住宅用地）除适用卖方印花税税率外，还
适用买方额外印花税。自 2018 年 7 月 6 日起，买方额外印花税税率如下：
25%，适用于非法人团体、联合投资的受托方、商业信托的基金管理人和合
伙企业购买任何住宅用房地产（房地产开发商为 30%）；20%，适用于外国
人购买任何住宅用房地产；15%，适用于新加坡永久居民购买其第二套及以
上的住宅用房地产；15%，适用于新加坡公民购买其第三套及以上的住宅用
房地产；12%，适用于新加坡公民购买其第二套住宅用房地产（首套不征收
印花税）；5%，适用于新加坡永久居民购买其首套住宅用房地产。

（3）租赁物业印花税

租赁物业印花税根据已申报的租金或市场租金孰高者，按租赁物业印花
税税率缴付（见表7）。

表7　新加坡租赁物业印花税税率及计算方式

年平均租金（新加坡元）	印花税税额
不超过 1000 的部分	免税
超过 1000 的部分	
租期 4 年或以下	租期内总租金×0.4%
租期长于 4 年或不定期	租期内年平均租金的 4 倍×0.4%

注：年平均租金为合同约定的年租金与市场年租金的较高者，并包括以下款项：广告招租费
用、家具装修费用、维护费用、服务费用、其他费用（不含货物劳务税）。

资料来源：国家税务总局国际税务司国别（地区）投资税收指南课题组：《中国居民赴新加坡共
和国投资税收指南》（2021 年版），网址：https：//www.investgo.cn/upfiles/swbgbzn/2021/xinjiapo.
pdf，第 54~55 页。

2.新加坡碳排放税制度发展基础

（1）纳税人制度

任何每年排放等于或超过 2.5 万吨二氧化碳当量温室气体的工业设施企
业都必须注册为应税单位，并每年提交一份监测计划和一份排放报告。自
2019 年 1 月 1 日起，所有应税单位必须缴纳碳税。

（2）税率制度

2019~2021 年，碳税税率为每吨温室气体 5 新加坡元。

3. 新加坡劳工税制度发展基础

（1）纳税人制度

以雇主为纳税人。

（2）征税对象和税率制度

征税对象。主要是雇主支付给在新加坡从事贸易、商业、专业或其他职业的雇工的全部报酬，包括用现金支付的工资、薪金、手续费、奖金、津贴、董事费和其他报酬等。

税率和免征额。一般税率为 2%，免征额为每月 500 新加坡元。

4. 新加坡下注税、博彩税制度发展基础

（1）纳税人制度

向所有体育赌注者征收下注税。

（2）征税对象和税率制度

征税对象。对私人俱乐部或社团举办的彩票、投注和抽奖等收益征税。目前，在新加坡，只有两个场所可以合法赌博。

税率。足球下注的税率是 20%，赛马下注的税率是 12%。2015 年，新加坡政府将博彩税税率由 25%调整至 30%。

二 新加坡税收制度发展变化

在新加坡建国初期，税收制度基本上沿用其作为马来西亚一个州时的税制，开征的税种比较少。随着经济的高速发展，新加坡税收制度也日趋完善，政府不断地调整和完善税收制度，总体上由过去以间接税为主的税收制度向以所得税为主的税收制度转变，确保财政收入稳定和经济持续发展。

（一）新加坡税收制度体系发展变化

1. 新加坡税收收入和宏观税负的发展变化

2022 年，新加坡全年国内生产总值达到 6435.46 亿新加坡元，按照 2022

年新加坡元对美元平均汇率来计算，大约是 4670 亿美元，在东南亚七国中居第三位。相比 2021 年，2022 年 GDP 增加了 700 多亿美元，年增长率达 3.6%。

2022 年 8 月 11 日，新加坡国税局发布《2021 财年年报》。该年报显示，新加坡 2021 财年税收增加了 111 亿新加坡元，增长 22.4%，总量达 607 亿新加坡元，占政府营业收入的 73.6%，小口径宏观税负为 11.4%。① 首先是企业所得税收入总额达 182 亿新加坡元，在税收收入总量中占比最大（30%）。其次是个人所得税收入达 142 亿新加坡元，当中约 80% 来自年收入超过 15 万新加坡元的高收入群体。商品及服务税和印花税分别为 126 亿新加坡元和 68 亿新加坡元（见图 2）。

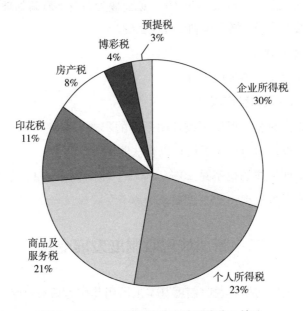

图 2　2021 财年新加坡分税种税收收入情况

与 2020 财政年度相比，2021 财政年度新加坡税收增加了 111 亿美元。由于房地产市场的活跃和房地产交易的增加，首先是印花税增加了 29 亿美元，占了最大的份额。其次是商品及服务税增加了 23 亿美元，原因是随着

---

① 小口径宏观税负＝税收收入/GDP。

新冠疫情管控的放松和经济反弹，消费量有所增加。企业所得税增加了21亿美元，个人所得税增加了14亿美元，反映了2020财政年度收入的提高以及推迟纳税，以帮助企业应对新冠疫情的影响。

2.新加坡国际税收条约的发展变化

（1）《多边公约》的发展变化

《多边公约》于2019年4月1日起生效，自2022年4月1日起，新加坡与48个缔约国的税收协定已更新。

（2）最低有效税率的发展变化

新加坡政府计划引入OECD"支柱二"规则的最低有效税率。根据新加坡2022年度财政预算案，为了应对OECD发布的数字经济"支柱二"规则，新加坡政府计划引入最低有效税率，这将会把跨国集团在新加坡的有效税率提高至15%，本规则适用于在新加坡经营年收入不低于7.5亿欧元的跨国集团。

（二）新加坡企业所得税制度发展变化

根据新加坡2022年度财政预算案，2022~2023年新加坡延续2021年仍有效的企业所得税优惠政策，支持企业创新活动。

1.延续到2023年12月31日的企业所得税优惠政策

具体包括：第一，合规的先锋企业和先锋服务公司继续享受最长15年的免税政策。第二，延续企业发展和扩张5~40年税率优惠（5%或10%）政策（DEI）。第三，延续合规投资免税（生产设备投资额最高为100%）政策。第四，延续知识产权发展税收优惠政策（IDI）。第五，延续金融部门优惠税率（5%、10%、12%及13.5%）激励计划（FSI）。

2.延续到2025~2028年纳税年度的企业所得税优惠政策

（1）延续到2025年纳税年度的企业所得税优惠政策

具体包括：第一，延续研发普惠性税收扣除和特定研发额外税收扣除（150%）优惠政策。第二，延续合规风险投资基金定期（5~15年）免税优惠政策。

（2）延续到 2026～2028 年纳税年度的企业所得税优惠政策

具体包括：第一，延续金融和财政中心（FTC）适用 8% 优惠税率政策。该项政策有效期至 2026 年。第二，延续基于保障税收确定性的企业处置股票资产获得的资本利得免税政策。该项政策有效期至 2027 年。第三，延续经核准的特许权使用费、技术支持费用和研发费用（R&D）免征或减征预提所得税政策。该项政策有效期至 2028 年。

（3）延续新企业（成立前 3 年）减免税（50%～75%）计划

（三）新加坡商品及服务税制度发展变化

根据新加坡 2022 年度财政预算案，新加坡将持续调高商品及服务税特别是烟草商品及服务税税率和超级豪华车的缴费率，并扩大商品及服务税的征税范围。

1. 进口低值产品纳入商品及服务税征税范围

自 2023 年 1 月 1 日起，从海外运来新加坡的所有低值产品（低于 400 新加坡元）也将征收商品及服务税。

2. 调高商品及服务税税率

新加坡一般商品及服务税税率，自 2023 年 1 月 1 日起从 7% 调高至 8%，2024 年将继续调高至 9%。所有烟草商品及服务税税率统一调高至 15%。预计这项政策将带来约 1 亿新加坡元的额外税收。

（四）新加坡房地产税制度发展变化

1. 持续调高高端房产买家的房地产税税率

根据新加坡 2022 年度财政预算案，自 2022 年 2 月 15 日起，新加坡提高对高端房产买家的税率，以应对全球富裕家庭涌入所导致的日益扩大的贫富差距。对于价值在 150 万新加坡元（约 113 万美元）以上至 300 万新加坡元以下的房屋，房地产税税率将提高 1 个百分点，即由 4% 上调至 5%；超过 300 万新加坡元的房屋，房地产税税率将提高 2 个百分点，即由 4% 上调至 6%。

2.持续调高自住和非自住房产的房地产税税率

（1）上调自用型住宅房地产税税率

自用型住宅房地产是业主居住（"占用"）的公寓、组屋或其他住宅物业等房地产，自用型住宅房地产享受自住税率。根据新加坡2023年度财政预算案，2023年1月1日至2023年12月31日，年价值超过3万新加坡元部分的自用型住宅房地产税率，将由4%~16%调高至5%~23%（见表8）。

表8　2023年新加坡自用型住宅房地产税税率

年价值（新加坡元）	应付房地产税（新加坡元）	税率（%）
首个8000 下一个22000	0 880	1 4
首个30000 下一个10000	880 500	— 5
首个40000 下一个15000	1380 1050	— 7
首个55000 下一个15000	2430 1500	— 10
首个70000 下一个15000	3930 2100	— 14
首个85000 下一个10000	6030 2700	— 18
首个100000 100000以上	8730	— 23

资料来源：新加坡税务网站，https：//www.iras.gov.sg/quick-links/tax-rates/property-tax-rates。

（2）上调非自用型住宅房地产税税率

非自用型住宅房地产是业主不居住（"占用"）的公寓、组屋或其他住宅物业等房地产，不适用自住业主的税率。根据新加坡2023年度财政预算案，2023年1月1日至2023年12月31日，非自用型住宅房地产税税率，将由10%~20%上调至11%~27%（见表9）。

表 9　2023 年新加坡非自用型住宅房地产税税率

年价值(新加坡元)	应付房地产税(新加坡元)	税率(%)
首个 30000	3300	11
下一个 15000	2400	16
首个 45000	5700	11
下一个 15000	3150	21
首个 60000	8850	11
下一个 60000		27

资料来源：新加坡税务局网站，https：//www.iras.gov.sg/quick-links/tax-rates/property-tax-rates。

（五）新加坡物业印花税制度发展变化

根据新加坡 2022 年度财政预算案，为了调节收入分配，高价值物业印花税税率政策配合商品及服务税税率政策，联合加强了对高收入群体的税收调控。

1. 调整高价值住宅买家印花税税率及计算公式

调高高价值住宅的买方印花税税率。根据新加坡 2023 年度财政预算案，自 2013 年 1 月 12 日起，调高高价值住宅的买方印花税税率。住宅价值在 150 万~300 万新加坡元：买方印花税税率由现有的 4%上调至 5%；住宅价值在 300 万新加坡元以上：买方印花税税率由现有的 4%上调至 6%。

住宅房地产信托适用高额的买方额外印花税。2022 年 5 月 8 日，新加坡政府宣布自 2022 年 5 月 9 日起，所有将住宅房地产转移到生前信托（Living Trust）的交易，须支付税率为 35%的买方额外印花税。而将住宅房地产转移到住房开发商信托的，将继续适用 40%的买方额外印花税税率（5%不减免，35%有条件的预付税）。

2. 调整高价值非住宅项目的印花税税率

根据新加坡 2023 年度财政预算案，自 2013 年 1 月 12 日起，非住宅项目价值在 100 万~150 万新加坡元：适用 4%印花税税率；非住宅项目价值在

150 万新加坡元以上：印花税税率由现有的 3% 上调至 5%。

3. 修改买家印花税的计算公式

买家印花税的计算公式改为：首 18 万新加坡元征收 1%，次 18 万新加坡元征收 2%，其余部分分别征收 3%~4%。

4. 卖方印花税扩围、适用高计税基础和高税率

将工业用途房地产纳入卖方印花税征税范围。自 2013 年 1 月 12 日起，对 2013 年 1 月 12 日及之后购买或获得的，并且在 3 年内出售或处理的工业用途房地产，同样征收卖方印花税。

工业用途房地产卖方印花税适用高计税基础和高税率。根据置存期的不同，工业用途房地产卖方印花税以销售对价和市场价值中的较高者为计税基础，税率分别适用 5%、10% 及 15% 的高税率。

三　新加坡税收制度发展前景

根据经济学人智库发布的 2022 年第四季度营商环境排名，新加坡在 82 个国家或地区中排名第一。未来 5 年，新加坡仍将是全球营商环境最佳经济体。因此，新加坡作为世界金融中心及亚洲金融中心，有着优越的营商环境，吸引了世界各地投资者的目光，而吸引众多投资者的另外一个重要原因就是新加坡税种少、税率低、税收制度相对简单。新加坡税收政策制定的根本宗旨是保持企业和个人的税率都具有竞争力。保持企业税率的竞争力将有助于新加坡继续吸引外资。

（一）新加坡税收制度体系发展前景

新加坡税收制度体系发展前景如下。

1. 重视民生问题

新加坡作为全球最亲商且最强韧稳定的经济体之一，其优惠稳定的税收政策也为新加坡吸引外资、发展经济提供了强有力的动能。例如，新加坡无资本得利税、无分红税、无遗产税、无赠与税，存在 80 多个避

免双重征税的税收协定、跨国公司在新加坡设立总部有总部税务优惠计划、基金享受免税优惠计划等。不过，和世界上其他国家一样，新加坡也在努力解决由疫情所带来的公共财政枯竭和贫富差距增大的问题。而且，新加坡可能比大多数国家都要重视民生问题，因为新加坡是个民主国家，每5年一次的大选对于执政的人民行动党来说，不可谓没有压力。

2.缩小贫富差距

新加坡是个需要不断引入外资和外来移民来发展本国经济的国家，但是如果外来移民包括高净值人士涌入过多过快，就会引起国内高通货膨胀、房价暴涨等问题，这必定会引起民众的不满，伴随而来的就是支持率的下降。如何在执政期间充分考虑老百姓的需求，在经济发展与保障民生之间寻找平衡点，可谓是一个艰巨的长期任务。

3.遵循税收公平原则

新加坡副总理兼财政部部长黄循财表示："我们要打造一个公平的系统，每个人都要缴纳某种形式的税款，但是那些财力更雄厚的人——富人与收入更高的人，当然需要缴纳更多。为打造这个系统，不仅可以通过税收系统实现，还能以政府的分配来实现，确保政府支出是能够真正帮助到低收入、更有需求的人的。"而且，他曾经在2021年10月的经济圆桌会议上指出，新加坡财富税收制度的任何扩展都必须以"增加我们的收入弹性而不损害我们的整体竞争力"的方式来进行。① 随着后疫情时代的到来，新加坡确实也在审慎地修订税收制度。新加坡财政部于2022年2月发布了以"携手开拓前进路"为主题的2022年度财政预算案。该预算案在税收部分强调——新加坡要建立一个更公平、更具韧性的税收制度，以便更好地支撑不断增加的开支与需求。

一向以睿智、理性、务实著称的新加坡政府，在对待税收制度上，尤其

---

① Minister Lawrence Wong's Opening Speech at The 35th Singapore Economic Roundtable on 15 October 2021, www.mof.gov.sg/news - publications/speeches/minister - lawrence - wong - s - opening-speech-at-the-35th-singapore-economic-roundtable-on-15-october-2021.

是对于高净值人士特别敏感的遗产税、资本利得税和分红税是非常审慎的；而对于个人所得税、房产税的调整，其目的还是以稳固国内物价、保障民生为主。

（二）新加坡所得税类制度发展前景

1. 新加坡企业所得税制度发展前景

（1）加大鼓励企业创新活动的企业所得税优惠力度

企业创新活动享受400%应纳税所得额扣除的新优惠政策。新加坡副总理兼财政部部长黄循财宣布，从2024估税年（即2023年1月1日~2023年12月31日）至2028估税年，企业在开展创新活动时，可通过新的企业创新计划，为5项主要创新活动的支出申请400%的应纳税所得额扣除。这5项主要创新活动包括：在新加坡进行的研发工作；注册专利、商标和设计等知识产权；收购知识产权与取得许可证；在理工学院和工艺教育学院开展创新工作；企业通过获得新加坡精深技能发展局批准，采用符合技能框架的课程对员工进行培训。

延续已有的鼓励企业创新活动的优惠政策。一是延续研发普惠性税收扣除和特定研发额外税收扣除（150%）优惠政策至2025纳税年度。二是延续经核准的特许权使用费、技术支持费用和研发费用（R&D）免征或减征预提所得税政策至2028年12月31日。三是延续合规风险投资基金定期（5~15年）免税优惠政策至2025年12月31日。

（2）继续支持金融、财政跨国企业地区总部的发展

根据新加坡2022年度、2023年度财政预算案，延续金融和财政中心（FTC）适用8%优惠税率政策至2026年12月31日，继续鼓励和支持跨国企业在新加坡建立金融和财政的地区总部。

（3）延续企业股票利得免税政策，确保企业处置股票资产的税收确定性

延续基于保障税收确定性的企业处置股票资产获得的资本利得免税政策至2027年12月31日，降低企业处置股票资产的企业所得税风险。

（4）实施数字经济"支柱二"最低有效税率，将影响跨国企业在本地的竞争力

新加坡政府正在探讨为跨国企业实施最低实际税率的差额税款，并将从2025年起实施，这将使跨国企业在本地的有效税率上调至15%。

2.新加坡个人所得税制度发展前景

（1）大力鼓励生育

在职母亲子女估税扣税优待。为鼓励生育，2024年以后出生的儿童对应的在职母亲WMCR扣除项目限额上调，且由按比例扣除改为按金额扣除（见表10）。

表10　2024年及以后新加坡在职母亲子女估税扣税优待明细

	出生于2023年2月14日~2023年12月31日	出生于2024年1月1日及以后
第一胎	在职母亲收入的15%	8000新加坡元
第二胎	在职母亲收入的20%	10000新加坡元
第三胎及以后	在职母亲收入的25%	12000新加坡元

资料来源：新加坡税务局网站，https：//www.iras.gov.sg/quick-links/tax-rates/property-tax-rates。

（2）更加重视公平

调高高收入群体个人所得税边际税率。新加坡将从2024估税年起，调高个人所得税税率，主要针对高收入群体。个人所得税的最高边际税率将从2024年开始调高，征税收入超过50万新加坡元到100万新加坡元之间的应税收入，将适用23%的个人所得税税率，而100万新加坡元以上的应税收入，个人所得税税率将从22%调高至24%。近年来，随着许多高收入、高净值人群涌入新加坡，收入差距加大已成为新加坡政府不得不解决的问题。因此，未来新加坡所得税制必然更加重视公平。

（三）新加坡货物劳务税类制度发展前景

自1994年征收商品及服务税开始，新加坡税务局已前后4次调高商品

及服务税税率。1994 年 4 月 1 日开始征收商品及服务税，起始税率为 3%；2003 年税率增加为 4%；2004 年税率增加为 5%；2007 年 7 月 1 日税率增加为 7%；2023 年 1 月 1 日上调商品及服务税税率至 8%。自 2023 年 1 月 1 日起，消费者从商品及服务税注册公司购买商品或订购服务时，需支付 8% 的商品及服务税，而不是之前的 7%。如果消费者订购的是将持续一段时间的服务，那么 2023 年 1 月 1 日前的服务会按 7% 的税率计算商品及服务税，2023 年 1 月 1 日或之后的服务则按 8% 的税率计算商品及服务税。

预计 2024 年以后，新加坡商品及服务税税率会继续调高。新加坡政府计划自 2024 年 1 月 1 日起，将商品及服务税税率从 8% 调高至 9%。后疫情时代，面对不断增加的各类政府性支出，新加坡政府需要提高商品及服务税税率，以增加税收收入、减轻人口老龄化带来的财政压力。新加坡政府估计，到 2030 年，65 岁及以上人口占总人口比例将达到 1/4。因此，提高商品及服务税税率也是为新加坡下一阶段的发展奠定坚实可靠的财政基础。

（四）新加坡房地产税制度发展前景

新加坡房地产税制度发展前景：更加重视公平。

根据新加坡 2023 年度财政预算案，自 2024 年起，新加坡将继续大幅调整房地产税，主要针对高收入群体。

（1）继续调高自用型住宅房地产税税率。根据新加坡 2023 年度财政预算案，自 2024 年起，年价值超过 3 万新加坡元部分的自用型住宅房地产税税率，将由 5%~23% 调高至 6%~32%（见表 11）。这项调整将影响年价值最高的高档自住房产。

表 11　新加坡自用型住宅房地产税税率（自 2024 年 1 月 1 日起生效）

年价值(新加坡元)	应付房地产税(新加坡元)	税率(%)
首个 8000	0	1
下一个 22000	880	4
首个 30000	880	—
下一个 10000	600	6

续表

年价值（新加坡元）	应付房地产税（新加坡元）	税率（%）
首个 40000	1480	—
下一个 15000	1500	10
首个 55000	2980	—
下一个 15000	2100	14
首个 70000	5080	—
下一个 15000	3000	20
首个 85000	8080	—
下一个 15000	3900	26
首个 100000	11980	—
100000 以上		32

资料来源：新加坡税务局网站，https：//www.iras.gov.sg/quick-links/tax-rates/property-tax-rates。

（2）根据新加坡 2023 年度财政预算案，自 2024 年 1 月 1 日起，非自用型住宅房地产税税率，将由 11%~27%上调至 12%~36%（见表12）。

表 12　新加坡非自用型住宅房地产税税率（自 2024 年 1 月 1 日起生效）

年价值（新加坡元）	应付房地产税（新加坡元）	税率（%）
首个 30000	3600	12
下一个 15000	3000	20
首个 45000	6600	12
下一个 15000	4200	28
首个 60000	10800	12
下一个 60000		36

资料来源：新加坡税务局网站，https：//www.iras.gov.sg/quick-links/tax-rates/property-tax-rates。

（五）其他税种制度发展前景

持续低碳发展战略。由于碳定价机制是激励排放者减少温室气体排放最直接的方式，世界各国以及国际组织纷纷将其作为低碳发展的策略之一。新加坡承诺于 2030 年前实现碳达峰。新加坡政府发布 2022 年度预算，计划分 3 个阶段调高碳税税率：第一阶段，2024~2025 年，碳税税率上调至每吨 25 新加坡元；第二阶段，2026~2027 年，将进一步上调至每吨 45 新加坡元；第三阶段，2030 年，再进一步上调至每吨 50~80 新加坡元。虽然，新加坡碳税的纳税人仅涉及大型排放企业，但碳税税率上调后，从石油巨头到发电企业再到最终客户，都将会受到不同程度的影响。

泰国税收制度发展报告（2023）

摘　要： 本报告主要介绍泰国的税收法律体系及其制度结构，包括泰国的所得税类制度、货物劳务税类制度、财产税类制度及其他税类制度。本报告分三大部分：一是泰国税收制度发展基础，主要介绍截至 2021 年底泰国的税收制度，与税收有关的主要有《宪法》、《税法典》、《石油税法》、《海关法》及遗产税、土地或建筑物税、广告牌税等法律或条例；二是泰国税收制度发展变化，主要介绍 2022 年到 2023 年 3 月泰国税收制度的发展变化，主要是为应对新冠疫情，政府出台的一些旨在刺激经济的税收优惠政策；三是泰国税收制度发展前景，主要预测泰国税收制度的发展方向，如有望在 2023 年出台股票交易税，未来还可能开征碳税，未来个人所得税的变化可能只是税率级距的微调，以及生计扣除的适时调高。随着疫情影响降低、经济的好转，增值税的税率或许会恢复到标准税率，即 10%。

关键词： 泰国　税收制度　所得税类　货物劳务税类　财产税类

一　泰国税收制度发展基础（截至2021年）

泰国关于税收的基本法律是 1938 年颁布的《税法典》①。财政部有权修改《税法典》条款。同时，各立法机关根据经济发展情况、国际公约或涉及公共安全紧急问题时，可以通过制定皇家法令草案对《税法典》进行修改和修订，并由泰国内阁最终批准后立法实施。

---

① 泰国税务局网站，https：//www.rd.go.th/315.html。

（一）泰国税收制度体系发展基础

《税法典》由王室法令、部级条例、税务局局长通知、部门条例、部门指示、部门通知和根据《税法典》发布的部长通知、国家执行委员会法令、革命党法令和税务裁决委员会法令等补充。

1. 泰国税种制度体系发展基础

税种制度体系和主要税种。《税法典》主要管理个人所得税、企业所得税、增值税、特别营业税和印花税。另外，《石油税法》管理石油和燃气的特许经营行为，《海关法》管理关税和进出口行为，遗产税、土地和建筑物税、广告牌税依照各自法律或条例管理。

税收收入和宏观税负。泰国财政年度是自上年 10 月开始至当年 9 月结束，泰国政府 2021 财年的净收入见表 1，泰国 2021 财年的收入相比 2020 财年是下降的，相对于当年的预算也是下降的。①

表 1　泰国政府 2021 财年的净收入

单位：百万泰铢

收入来源	2021 财年	2020 财年	2021 财年和 2020 财年相比		2021 财年预算目标	2021 财年和 2021 财年预算目标相比	
			增加数	增加比例		增加数	增加比例
1. 税务厅	1875579	1833812	41767	2.3	2085300	-209541	-10
2. 国货税厅	531606	548362	-16756	-3.1	634000	-102394	-16.2
3. 海关厅	102395	93898	8497	9	104800	-2405	-2.3
三部门收入合计	2509580	2476072	33508	1.4	2824100	-314520	-11.1
4. 国有企业	160070	188861	-28791	-15.2	159800	270	0.2
5. 其他部门	159398	199630	-40232	-20.2	173000	-13602	-7.9
5.1 其他政府机构	152162	189323	-37161	-19.6	164300	-12138	-7.4
5.2 财政部	7236	10307	-3071	-29.8	8700	-1464	-16.8
收入总额	2829048	2864563	-35515	-1.2	3156900	-327852	-10.4

---

① 数据来源于泰国财政部《年度报告 2021》，https：//www.mof.go.th/th/ebooks/viewfilp/c80675b0a7e2aeb5c08bee25b6e2c78e2cea79958f6808d0b7/th。

续表

收入来源	2021 财年	2020 财年	2021 财年和 2020 财年相比		2021 财年预算目标	2021 财年和 2021 财年预算目标相比	
			增加数	增加比例		增加数	增加比例
减去	341529	374245	−32716	−8.7	358900	−17371	−4.8
分成给地方政府前净收入	2487519	2490318	−2799	−0.1	2798000	−310481	−11.1
分享给地方政府的增值税收入	115160	102042	13118	12.9	121000	−5840	−4.8
净收入	2372359	2388276	−15917	−0.7	2677000	−304641	−11.4

注：2021 年"减去"的数据包括：（1）税务局退税3008.77亿泰铢；（2）海关退税74.87亿泰铢；（3）省级行政机构增值税分配206.87亿泰铢；（4）出口货物税费补偿124.78亿泰铢。

资料来源：泰国财政部《年度报告2021》，https://www.mof.go.th/th/ebooks/viewfilp/c80675b0a7e2aeb5c08bee25b6e2c78e2cea79958f6808d0b7/th。

2.泰国税制结构发展基础

（1）税种制度结构：复合税制

泰国实行的是复合税制结构，不仅有对商品、劳务征收的间接税，对自然人、法人的所得征收的直接税，还有对财产征收的各种财产税。

（2）税类结构（包括税类收入）

基于课税对象不同性质标准的税类结构发展基础。泰国对商品、劳务征收的间接税有增值税、特别营业税、国货税（消费税）和关税等；对自然人、法人的所得征收的直接税有个人所得税、企业所得税、石油所得税；对财产征收的税种有土地和建筑物税、遗产税和赠与税；其他税类有广告牌税、印花税、社会保障缴款等。

基于收入归属层级标准的税类结构发展基础。土地和建筑物税是市政财政重要的收入来源，增值税的1/10归地方财政，特别营业税的纳税人还须缴纳特别营业税的10%作为城市维护税等地方政府收入。

3. 泰国税收制度法律体系发展基础

（1）宪法框架下税收法律规定

2017 年 4 月 6 日，泰国颁布实施新宪法①（以下简称《2017 宪法》），规定了税收等法律的权利。第一，参议院具有控制、监视、进谏政府，审议、修改和废除（税收等）法律等权利。第二，内阁和下议员有权提出"涉及财政的"法案，但需满足相关规定（第 137 条）。下议员在提出涉及财政的法案时，须得到内阁总理的认同。下议员只能在得到本人所在政党的授权，并有属于本党的下议员 20 人以上附议时才能提出法案。在下议员对某项法案是否涉及财政问题及是否需要征得总理同意时，由下议院主席做出判断。"涉及财政的"法案是指涉及以下各条的全部或其中某一条内容的法案：税收的设立、取消、减免、放宽或税法的制定、修改；国家财政收支计划或调整国家财政开支预算；导致增加国家财政开支的工作机构的设立；借贷、担保或偿还贷款；货币。第三，国会休会期间，国王也可以制定具有法律效力的税收法律（第 174 条）。在国会休会期间，为了保护国家利益，如果必须紧急秘密制定有关税收和货币方面的法规，国王也可以制定具有法律效力的规定。

（2）税收法律

①税收实体法。泰国现行的税收实体法主要有《税法典》，《税法典》是个人所得税、企业所得税、增值税、特别营业税和印花税 5 种税法的合集。

税收的根本法律是《税法典》。该法典原本是各类税法的汇编，现在仅是个人所得税、企业所得税、增值税、特别营业税和印花税 5 种税法的合集。另外，《石油税法》管理石油和燃气的特许经营行为，《海关法》管理关税和进出口行为，遗产税、土地或建筑物税、广告牌税依照各自法律或条例管理。

财政部有权修改《税法典》条款。同时各立法机关根据经济发展情况、

---

① https：//www.tba.in.th/2021/07/2560.html.

国际公约或涉及公共安全紧急问题时，可以通过制定皇家法令对《税法典》进行修改和修订，并由泰国内阁最终批准后立法实施。

②税收程序法。泰国税收程序法与税收实体法通常是合一的，即在同一部法律中规定。例如，泰国《税法典》对个人所得税、企业所得税、增值税、特别营业税和印花税5种税，不仅规定了相应的纳税人、征税对象、计税依据、税率等实体要素，同时也规定了申报与缴纳的时间、地点、表格样式、罚金、处罚等程序要素。

（3）税收行政法规

税收实体性行政法规。遗产税、土地或建筑物税、广告牌税依照各自法律或条例管理。

税收程序性行政法规。泰国的税收程序性行政法规与税收实体性行政法规通常是合一的，即在同一部条例中规定。例如，泰国《遗产税条例》中不仅规定了遗产税制的实体要素——纳税人、计税依据、税率，还规定了程序要素——缴纳税款、罚款与附加费的申报、上诉、罪责与刑罚。

（4）国际税收条约

双边税收条约。泰国签署的国际税收条约有些已经终止，此处仅介绍2021年12月31日前签署并有效力或还未生效的国际税收条约。截至2021年12月31日，泰国已与63个国家和地区签署了关于避免对所得（和资本）双重征税的国际条约，其中有60个条约处于生效、执行中，有3个条约尚未生效，有5个条约涉及对资本征税。

多边税收条约。泰国2020年6月加入并签署了《多边税收征管互助公约》。

（二）泰国所得税类制度发展基础

泰国所得税包括企业所得税、个人所得税和石油所得税。特定"法人公司或者法人股份公司"取得收入要缴纳"企业所得税"，个人取得收入要缴纳个人所得税，石油运营取得收入要缴纳石油所得税。《税法典》对企业所得税和个人所得税的征收做出规定，《石油税法》对石油所得税的征收做出规定。

1. 泰国企业所得税制度发展基础

（1）纳税人制度

泰国企业所得税纳税人为在泰国具有法人资格的公司，分为居民企业和非居民企业。在泰国境内按照泰国法律设立的公司或合伙企业为泰国居民企业，具体包括按照泰国法律成立的法人公司或法人股份公司，合资、基金会及财团法人团体组织，以及其他经财政部核准并经财政部部长发布的法人。居民企业以外的企业归为非居民企业。

（2）征税对象和税率制度

泰国居民企业应就其来源于泰国境内外全部经营所得，在泰国计算缴纳企业所得税。

泰国企业所得税的法定税率为20%。以下情况可享受税率优惠：第一，银行将非泰国居民企业的外币资金贷给非泰国居民企业从而取得的贷款利息收入，适用的企业所得税税率为10%。第二，外国航空或运输企业在泰国境内经营，按照其取得的收入全额按3%计算缴纳企业所得税。第三，符合以下条件的中小型企业（SME）可适用表2所示的税率，获得企业所得税的减免：一是截至会计周期的最后一天，实收资本不超过500万泰铢；二是年度销售商品或提供服务的收入总额不超过3000万泰铢。

表2　泰国中小型企业企业所得税税率（自2016年至今）

应纳税所得额（泰铢）	所得税税率（%）
0～300000（含）	免税
300000～3000000	15
超过3000000	20

资料来源：https：//research. ibfd. org/#/doc？ url＝/collections/cta/html/cta＿th＿s＿001. html%23 cta＿th＿s＿1. 10. 1。

预提所得税（WHT）税率。指泰国纳税人在向外国法人实体支付指定收入时代扣代缴的税金，具体税率见表3。

表3　泰国预提所得税税率

收入类型	税率(%)
特许权使用费	15
利息	15
股利	10
资本利得	15
租金	15
经纪服务费	15
专业服务费	15

资料来源：https：//research. ibfd. org/#/doc？ url＝/collections/cta/html/cta_ th_ s_ 001. html%23 cta_ th_ s_1. 10. 3。

（3）计税方法

居民企业以收入总额扣除相关成本费用后的净利润作为应纳税所得额计算缴纳企业所得税。

①税前扣除费用。具体包括：第一，与经营业务相关的费用，泰国税法有特别规定的除外。第二，在合理范围内的与经营业务相关支付的权利金、管理费及利息费用。第三，向经核准的慈善团体或公共福利事业，包括教育科技发展基金、教育或体育团体及其他符合规定的社会福利组织捐赠，其金额不超过应缴税金的2%。第四，可100%加计扣除的费用支出。包括：企业内部图书室用的书籍及电子设备的支出，不得超过5万泰铢；员工教育训练的费用，包括向外部培训机构支付的费用及内部教育培训发生的费用；经税收厅核准，在泰国境内发生，雇用政府机构或私人部门提供科技及创新服务的研究发展支出，可根据支出金额额外扣除100%的费用；2015年1月1日至2019年12月31日发生的研究发展支出，在根据企业所得所计算的限额内，可再根据支出金额额外扣除100%的费用；

2016 年 11 月 1 日至 2021 年 12 月 31 日，企业支付借记卡付款的电子支付装置的费用（上述企业指的是在会计年度截止日，实收资本额未超过 500 万泰铢，其销售商品或提供服务的收入合计未超过 3000 万泰铢的企业），可根据支出金额额外扣除 100% 的费用。第五，投资电子税务系统的相关费用可以双倍扣除。符合条件的公司和合伙法人发生的使用电子税务发票、电子收据和电子代扣税系统的相关费用，得以扣除双倍费用。第六，娱乐支出的扣除，合计不能超过会计周期内扣除任何开支前的收入总量或销售总额的 0.3%，或者截至会计周期最后一天已投资额的 0.3%，取数额较高者，但是此项扣除额最高不能超过 1000 万泰铢。第七，捐赠的扣除，以纯利润的 2% 为限。

②不可税前扣除项目。具体包括：各种准备金；提取的基金准备金，已登记的年金基金除外；私人性质的费用及赠送；所得税费用；增值税，特定情况除外；税法规定的罚款、罚金及滞纳金；支付给股东超过合理范围的薪酬；虚假的支出；与资本、保留款及公司专款准备金相关的利息支出；无合理凭证支持的支出；于会计年度结束后再确定或支付的费用；未按规定确认的坏账费用；已取得保险或赔偿的灾害损失。

③企业所得税应纳税额的计算。企业所得税的纳税人须在任何一个会计期间内分两次计算、申报和缴纳企业所得税。

计算半个会计期间的企业所得税。纳税人根据估算的净利润来计算半个会计期间的企业所得税。估算净利润的企业所得税可作为会计期间结束后企业所得税的已缴税款，从应纳所得税中扣除。估算净利润预缴的所得税额大于整个会计期间应纳所得税额时，纳税人可申请退回多缴税款。

计算会计期间结束后的企业所得税。纳税人按照《税法典》规定的条件计算净利润后，将净利润乘以企业所得税税率，得到应纳企业所得税税额。出现没有净利润或净亏损的，纳税人不用缴纳企业所得税。估算净利润预缴的所得税额大于整个会计期间应纳所得税额时，纳税人可申请退回多缴税款。

（4）税收优惠制度

①符合条件的分红所得减半或不计计作净利润。

第一，将利润分红的一半作为净利润计算企业所得税。泰国证券交易所上市的泰国公司，从泰国联合基金或金融机构为促进农业、工商业提供贷款取得的利润分红，或从共同贸易活动中取得的利润分红，在特定条件下，只将利润分红的一半作为净利润计算企业所得税，或不用将获得的全部利润分红作为净利润。第二，分红所得不作为净利润。未在泰国证券交易所上市的泰国公司，持有不少于25%的分红有限公司的投票权股份，且分红有限公司未直接或间接持有接受分红有限公司的股份，在特定条件下，该持股公司不将从分红有限公司取得的分红作为净利润。

②企业所得税减免税。

免税。第一，利润分红免企业所得税。一是泰国联合经营的业务中，支付给下列对象的利润分红：按泰国法律成立的公司或法人股份公司；按外国法律成立的在泰国经营业务的公司或法人股份公司。二是按《证券和证券市场法》成立的联合基金的利润分红，符合特定条件的，可免企业所得税。第二，财政部认证的政府机构或私人研究机构用于科研和发展科技的收入，可100%免缴企业所得税。第三，按《私立中小学校法》成立的私立中小学校、按《私立高等学校法》成立的高等学校，经营所得的净利润免除企业所得税。相应地，从上述学校净利润中取得的分红也可免企业所得税。第四，免除泰国纳税人等同于在国外已缴纳的企业所得税数额的企业所得税。第五，根据竞争力加强法，BOI（泰国投资促进委员会）针对以下10项主要从事核心技术的经营活动，提供最高13年的免征企业所得税（无上限）的税收优惠：生物科技；纳米科技；先进材料科技；数字科技；电子设计；研究发展；工程设计；科学实验室；校验服务；职工培训中心。第六，2018年4月17日，内阁批准了皇家法令草案，为商业银行合并提供税收优惠：给予商业银行股东从商业银行合并或全部业务转让中取得的资本利得免税的优惠。

减税。第一，根据政府间免税协议，给予企业所得税减免。第二，BOI 针对设立在 20 个目标省份的企业经营活动给予额外的税收优惠，包括：在 BOI 提供的税收优惠的基础上，提供额外 3 年的税收减免优惠，但合计不得超过 8 年；若原税收优惠已达 8 年，则提供额外 5 年的企业所得税减半的税收优惠；自 BOI 核准的营业项目开始产生收入起 10 年内，在计算企业所得税时，相关的运输费用及水电费可加倍扣除；自 BOI 核准的营业项目开始产生收入起 10 年内，在计算企业所得税时，与制造设备安装及建设相关的折旧费用，可额外扣除 25% 的费用。

③投资促进法律法规框架下企业所得税优惠政策。

BOI 发布《投资委员会关于投资促进政策和准则的公告（第 2/2557 号）》，自 2015 年 1 月 1 日起生效。其涉及的企业所得税优惠的规定如下。

免税。第一，纳税人按《泰国促进投资法》得到促进投资的可免 3～13 年的企业所得税。BOI 规定，从得到促进投资的经营活动中取得的净利润，从获利当日起可免征 3～13 年的企业所得税。第二，从得到促进投资的业务中取得收入的纳税人可免缴企业所得税。一是根据合同得到促进投资者商誉费、版权费及其他特许权使用费，BOI 已同意免除的，自该促进投资项目取得收入之日起 5 年内不用缴纳所得税，其标准和方法由 BOI 规定；二是从得到促进投资免缴企业所得税的业务中取得的利润分红，在投资者获得促进投资支持免缴企业所得税期间，不用缴纳企业所得税。第三，根据投资促进法规，针对以下 15 项重点鼓励产业，BOI 给予最高 8 年免征企业所得税（无上限）的税收优惠：经济树木种植（不包括桉树）；创意设计服务及产品开发；制造航空设备零组件，如引擎、螺旋桨及电子设备；电子设计；软件开发；废弃物衍生燃料；能源服务企业；工业园区或与科学、技术、软件及数据中心相关之园区；云端服务；研究及开发；生物科技；工程设计；科学实验室；校验服务；经 BOI 核准的培训中心。

减税。第一，经 BOI 核准，在特定期间内符合规定的企业可享受：

减免企业所得税优惠（最长优惠期限为 15 年）；在未适用任何税收优惠的情况下，减免 50% 的企业所得税，最长优惠期限为 10 年；用于投资的支出可额外扣除最高 70% 的费用，最长优惠期限为 10 年。第二，为促进现代机械和机器人系统在制造业中的应用，A 区（特定活动区）采用高新技术的企业，可享受最长 8 年（支持目标技术的活动可享受最长 10 年）的企业所得税减免，以及机械、原材料进口关税等税收优惠。适用于 2022 年 12 月最后一个工作日之前提交的申请。A 区又进一步细分为 A1~A4 组，A1 组企业将获得 8 年（无上限）的企业所得税减免（或支持目标技术的活动不超过 10 年），而 A2~A4 组企业将分别获得 8 年、5 年和 3 年的企业所得税减免。可获得的最大豁免上限为初始投资金额。第三，对国家或整个行业有利的企业，将给予额外的基于业绩的企业所得税优惠奖励。一是追加企业所得税减免期限 1~3 年。适用于投资评估委员会规定的特定活动，如研发、先进技术培训、产品及包装设计等方面进行投资或支出的企业。二是根据提高产业竞争力的投资额和支出额，给予最长 3 年企业所得税减免优惠。三是"投资促进区"的企业可获得追加企业所得税减免税 3 年的优惠。A1 组和 A2 组的企业在 8 年和 5 年的企业所得税免税期结束后，将获得促销活动产生的净利润减免 50% 的企业所得税优惠，基础设施的安装或建造、交通、水电等费用获得额外扣除。

④东部经济走廊（EEC）的特定行业（目标活动）的企业所得税减免政策。

第一，位于东部经济走廊的特定行业（目标活动），根据活动范围的不同，有资格获得最多 2 年的企业所得税减免或 3 年 50% 的 CIT 减免，适用于 2020 年 1 月 2 日至 2022 年最后一个工作日提交的申请（东部空港城、东部创新经济走廊、泰国数字园区、泰国法政综合医疗创新中心豁免或减免申请无终止期）。第二，对设立在东部经济走廊 3 个省份的企业投资者，在其享受上述针对经营活动的税收优惠到期后，BOI 提供额外 5 年的企业所得税减半的税收优惠政策（见表 4）。

表 4　东部经济走廊税收优惠政策

区域	额外的税收优惠
A 区（特定活动区）	将企业所得税免征期限延长 2 年
东部空港城（EEC-A）； 东部创新经济走廊（EEC-I）； 泰国数字园区（EEC-D）	额外 5 年,企业所得税减少 50%
B 区（目标工业区）	额外 5 年,企业所得税减少 50%
C 区（推广工业园区或工业区）	额外 3 年,企业所得税减少 50%

资料来源：https：//research. ibfd. org/#/doc? url =/collections/cta/html/cta_ th_ s_ 001. html%23 cta_ th_ s_ 1. 9. 4。

2. 泰国个人所得税制度发展基础

（1）纳税人制度

个人所得税纳税人包括自然人、死亡人、未分割遗产者、普通合伙企业或非法人团体。居民纳税人应就来源于泰国的所得和带进泰国的外国来源所得缴纳税款。一个日历年度在泰国居住满 180 天及以上的个人即是税收居民。

（2）征税对象和税率制度

征税对象。泰国个人所得税的征税范围包括雇佣收入、经营收入、投资收入、受赠收入等广泛活动的收入，这些收入可以是现金形式，也可以是其他形式。雇主提供的福利视同应税所得，包括房租、供私人使用的车辆和司机费用、雇主代雇员缴纳的税款。

税率制度。泰国个人所得税的税率适用超额累进税率，根据经济发展情况，处于不断调整中。

1992～2012 年泰国个人所得税税率见表 5。

2013～2016 年泰国个人所得税采用 8 级超额累进税率，且未超过 150000 泰铢的应税所得可获得税收豁免，相比原来的 5 级超额累进税率，纳税人的税收负担是下降的（见表 6）。

表 5　泰国个人所得税税率（1992~2012 年）

应税所得	税率（%）
未超过 100000 泰铢的部分	5
超过 100000 泰铢但未超过 500000 泰铢的部分	10
超过 500000 泰铢但未超过 1000000 泰铢的部分	20
超过 1000000 泰铢但未超过 4000000 泰铢的部分	30
超过 4000000 泰铢的部分	37

资料来源：广西壮族自治区地方税务局、广西国际税收研究会译《泰国税法典概览（2015 年版）》，中国税务出版社，2017。

表 6　泰国个人所得税税率（2013~2016 年）

应税所得	税率（%）
未超过 150000 泰铢的部分	豁免
超过 150000 泰铢但未超过 300000 泰铢的部分	5
超过 300000 泰铢但未超过 500000 泰铢的部分	10
超过 500000 泰铢但未超过 750000 泰铢的部分	15
超过 750000 泰铢但未超过 1000000 泰铢的部分	20
超过 1000000 泰铢但未超过 2000000 泰铢的部分	25
超过 2000000 泰铢但未超过 4000000 泰铢的部分	30
超过 4000000 泰铢的部分	35

资料来源：广西壮族自治区地方税务局、广西国际税收研究会译《泰国税法典概览（2015 年版）》，中国税务出版社，2017。

自 2017 年起，泰国个人所得税仍采用 8 级超额累进税率，但适用最高税率的应税所得额提高了，高收入纳税人的税收负担相比原来仍是下降的（见表 7）。

表 7　泰国个人所得税税率（自 2017 年起）

应税所得（泰铢）	低金额的税收（泰铢）	超额部分的税率（%）
0~150000（含）	0	豁免
150000~300000	0	5
300000~500000	7500	10
500000~750000	27500	15

应税所得（泰铢）	低金额的税收（泰铢）	超额部分的税率（%）
750000~1000000	65000	20
1000000~2000000	115000	25
2000000~5000000	365000	30
超过5000000	1265000	35

资料来源：https://research.ibfd.org/#/doc？url=/collections/gthb/html/gthb_th_s_001.html%23gthb_th_s_1.9.1。

预提税。自2019年11月13日起，个人和公司获得的来自债务证券与共同基金的投资收入将按15%的税率缴纳预提税；根据《泰国证券市场法》转让特定互惠基金投资单位所取得的相应投资收入予以免税。

（3）计税方法

计税依据。个人所得税计税依据为应税所得，即应税收入总额扣除法定扣除项目后的收入。一般情况下，所有类型的收入都需要课税，除非法律明文豁免。应税收入总额是由不同类别的收入在分别扣除一定的费用后的总和，法定扣除项目有各种生计扣除。

收入的费用扣除。第一，受雇的收入，扣除收入的50%，但扣除额不得超过100000泰铢。第二，特许权使用收入，扣除收入的50%，但扣除额不得超过100000泰铢。第三，租赁收入。建筑和码头的租赁收入，扣除收入的30%；来自农业用地的租赁收入，扣除收入的20%，其他用地的租赁收入，扣除收入的15%；机动车的租赁收入，扣除收入的30%；其他财产的租赁收入，扣除收入的10%。第四，律师、工程师、建筑师、会计师和承包商等自由职业者的收入可按实际支出扣除，或者按收入的30%扣除，医疗专业人员的收入可扣除60%，演艺人员的收入可扣除40%~60%。第五，承包人取得的收入，可以扣除承包人提供必要的材料和工具的实际费用，或者收入的70%。第六，来自商业、农业、工业、运输或上述未列明活动中的收入，可扣除实际费用，或者根据收入的种类扣除收入的40%~85%。

生计扣除。第一，纳税人可扣除 60000 泰铢（不管在泰国境内居住时间是否达到 180 天）。年龄 65 岁及以上的年长纳税人、65 岁以下的残障纳税人可扣除 190000 泰铢。第二，纳税人的配偶可扣除 60000 泰铢（联合申报）。第三，纳税人的婚生子女、养子女、继子女扣除。25 岁以下并接受全日制教育的每个子女扣除 30000 泰铢（最多 3 个子女）。第四，保险费扣除。纳税人纳税年度实际支付不超过 10000 泰铢的保险费，仅限于 10 年以上的人寿保险单保险，且只担保被保险人在泰国境内的人身安全。第五，年金扣除。按照规定存入职业年金的金额，实际支付不超过 10000 泰铢的可扣除。第六，纳税人向银行、其他金融机构、人寿保险公司或合作信用社支付的房贷利息。第七，社会保险金扣除。纳税人按法律规定实际缴纳社会保险金的金额。第八，赡养父母扣除。纳税人赡养父母的费用，包括赡养配偶父母的费用，可每人扣除 30000 泰铢，父母年龄必须超过 60 岁、收入不能满足生活所需且需要纳税人赡养。

计税方法。个人所得税的应纳税额＝（净收入-本级低金额）×税率+低金额的税收（净收入是指应税收入总额扣除法定支出额、减免额和捐赠金额后的收入余额）。

（4）税收优惠制度

按税法规定，以下 10 项收入免征个人所得税：员工合理的出差津贴或交通费；由雇主向雇员提供的部分差旅费，即雇员跨地区上岗首次发生的差旅费以及合同终止后雇员返回原籍地所发生的差旅费（若雇员在解聘返回原地后的 365 天内又获得原雇主提供的工作，则该差旅费不能豁免）；由雇主支付雇员及其家庭的医疗费用；由于某个传统习俗的纪念会而发生的道德义务、遗产、继承、馈赠等所得的收入；出售的动产来自遗赠或不以经营为目的的交易或礼物；教育或科研的奖励；由于不法行为而获得的赔偿，资金来源于保险或某个葬礼援助计划；来自非注册普通合伙人或不认定为法人的合作人的利润分配；在泰国证券交易所出售有价证券取得的收入，不包括出售债券和公债取得的收入；按社会保险法规定，被保险人从社会保险基金获得的补偿收益。

3. 泰国社会保障税（费）制度发展基础

在泰国，根据法律规定，社会保障税（费）缴款是强制性的，并根据雇员的基本工资计算。社会保障税（费）由 B.E. 2533（1990）《社会保障法》规范，其中最新修订为 B.E. 2558（2015）《社会保障法》（第 4 号）。泰国的社会保障税（费）缴款分两种类型：受雇者和自由职业者。

（1）纳税人制度

拥有一名或多名员工的雇主必须注册并缴纳社会保障基金（SSF），这是一种劳动福利制度，覆盖在受伤或疾病、分娩、身体或精神残疾、死亡、儿童福利和退休情况下的员工。由雇员和雇主分别缴纳。在泰国就业的外国人也有义务向社保基金缴款。

注册合伙企业的合伙人如可被视为合伙企业的雇员，则必须向社会保障基金缴款。自雇人士的供款不是强制性的，但可以通过《社会保障法》第 40 条规定的自愿渠道供款。

（2）征税对象和税率制度

雇员对社保基金的供款总额为雇员工资的 5%（最高供款为每月 750 泰铢），雇主必须另外供款 5%。雇主须按上述比例及以上述上限为限，扣缴雇员的社会保障缴款。政府的供款为员工工资的 2.75%（最高供款为每位员工每月 412 泰铢）。供款和福利非常有限，因此没有规定允许雇员额外的自愿供款。2022 年 5 月至 7 月，雇主和雇员的缴费率暂时降至 1%。

（3）计税方法

雇员和雇主的每月供款额均按下式计算。

$$供款额 = 每月薪金额（不超过 15000 泰铢）× 5\%$$

计算供款的最高薪金为每月 15000 泰铢。雇员的实际供款金额可作为税前抵扣，每年最高不超过 9000 泰铢。雇主同样数额的供款是免税的。

（4）税收优惠制度

包括政府官员及政府工作人员、在学校或大学工作的学生、国际组织或其他国家组织的雇员等获豁免公积金的缴纳。

（三）泰国货物劳务税类制度发展基础

自公历 1992 年 1 月 1 日起，泰国开始征收增值税和特别营业税，取代原先的营业税。增值税是对一般的商品交易或服务征税，特别营业税是对特定的业务经营征税。增值税和特别营业税均为间接税，由泰国财政部税务厅负责征收。作为对增值税的补充，国货税（消费税）由财政部国货税厅征收。

1. 泰国增值税制度发展基础

（1）纳税人制度

不论居民或非居民均负有缴纳增值税的义务。增值税纳税人可以分为三大类：经营商、进口商和法律规定特殊情况下负有纳税义务的纳税人；在泰国提供应税商品和服务的经营商，年度营业额超过 180 万泰铢的；进口商进口商品到泰国适用增值税，无论该进口商是否登记为增值税纳税人。

自 2021 年 9 月 1 日起，泰国开始向外国电子服务提供商征收增值税，泰国电子服务法规定，通过向该国非增值税注册客户提供电子服务而年收入超过 180 万泰铢的外国电子服务提供商和电子平台有义务进行增值税登记，提交增值税申报表并缴纳增值税销项税。该法适用的电子服务包括电子商务平台、在线广告、在线住宿预订、在线音乐和电影流媒体、在线游戏及应用程序。

（2）征税对象和税率制度

①征税对象。

在泰国境内销售商品或提供商业、专业技能服务以及进口商品到泰国境内都要征收增值税。对于销售商品的，只有在泰国境内发生才征收增值税；对于提供服务的，征收增值税不仅包括在泰国境内提供服务且接受服务，还包括在泰国境内发生的服务（无论接受服务是否在泰国境内）和在泰国境外发生的服务但在泰国境内接受的服务。

②税率制度。

普通税率。根据《税法典》第 80 条，泰国增值税法定的普通税率为

10%（包括地方行政增值税，即市政税，以中央增值税税率的 1/9 征收）。但自 1999 年 4 月 1 日起，泰国通过法令形式将增值税税率降至 6.3%，加上地方市政税税率 0.7% 则为 7%，特定种类的奢侈品消费或服务另外要缴纳国货税。增值税 7% 的税率适用期限也自此进行周期性的延长。最近一次延长至 2023 年 9 月 30 日。

零税率。零税率适用于以下经营：注册经营者的商品出口；符合法律规定的在泰国境内产生并在境外使用的服务；国际空运或海运服务，经营者为法人；利用外国贷款或补贴资助的项目向政府机构和国有企业出售货物或提供服务；向联合国、联合国的专门机构、大使馆和领事馆销售商品或提供服务；同一保税仓库之间、免税区经营者之间（无论是否在同一免税区）所进行的提高商品效益、增加商品价值的有形商品销售和无形服务提供，也包括保税仓库和免税区经营者之间的商品销售和服务。

（3）计税方法

计算增值税时，一般采用销项税减进项税，或税基乘以税率。具体税基如下。

销售商品和服务的税基。收取的价款或从销售商品或提供服务取得的总价值，无论货币、财产、酬劳、服务费或者其他收益等形式，包括国货税。

出口商品的税基。以离岸价格（FOB）成交出口的商品价值，加上国货税或规定的其他税费或手续费，但并不包括出口税。

国际运输服务的税基。运送乘客或商品产生的扣除费用前的国内收取的运送费、手续费或其他任何利益。

进口商品的税基。以到岸价格（CIF）成交进口的商品价值，加上进口税、国货税、促进投资法律规定的特殊费用、税款及法律规定的其他费用。

符合法律规定的烟草和石油产品的税基。为商品零售价减去增值税后的商品价值，即不含税价格。

（4）进口征税和出口退税制度

进口商品到泰国境内要征收增值税，以到岸价格成交进口的商品价值，加上进口税、国货税、促进投资法律规定的特殊费用、税款及法律规定的其他费用作为税基，乘以增值税税率计算应纳增值税额。

适用增值税零税率的纳税人，也要按月进行纳税申报。计算方法与增值税税率为7%的注册经营者相同（应缴税额＝销项税额－进项税额）。但在销项税额方面有所不同，对于出口商经营者，其出口应纳销项税为0，进项税大于销项税，可获得退税。

（5）税收优惠制度

特定货物免税。在泰国对农作物、动物、肥料、鱼料、饲料、专用于动植物的药品或化学产品、报纸、杂志、教材的销售，免征增值税。

符合规定的服务免征增值税。具体包括：公众演员提供符合规定的服务；泰国境内的运输服务；国际运输服务（非空运和海运）；提供不动产租赁服务；为地方政府提供的服务，但不包括商业服务和盈利服务；国家部门所得收入（未扣支出前）全部上交政府的商品销售或服务提供；为政府公立的教育机构、私立高等教育机构、私立学校提供教育服务；提供艺术和文化方面服务；提供治疗、查账、辩护服务或从事其他规定的自由职业；法律规定的医疗部门提供的医疗服务；符合规定的研究或学术服务；图书馆、博物馆、动物园提供的服务；按照劳动合同所提供的服务；组织业余体育比赛的服务；所得收益不能用于其他方面支出，为宗教利益或国内慈善公共事业的商品销售或服务提供。

2.泰国特别营业税制度发展基础

泰国特别营业税自1992年起与增值税一起征收，是一种对消费活动征收的间接税。为避免重复征税，对纳入特别营业税范围的业务不再征收增值税。特别营业税按月征收，在次月15日前缴纳。此外，还须缴纳特别营业税的10%作为城市维护税等地方政府收入。

（1）纳税人制度

特定业务的经营者须缴纳特别营业税，包括在泰国国内经营银行业、投资业务、证券业务和不动产信贷业务、人寿保险业、典当业务、类同银行的业务、为获利出售不动产、出售证券和法令规定的从事其他业务的自然人、非法人个人团体或法人。

（2）征税对象和税率制度

缴纳特别营业税的业务。具体包括：《商业银行法》或特别法规定经营的银行业；《资金业务、信托业务和不动产信贷业务经营法》规定从事的投资业务、证券业务和不动产信贷业务；《人寿保险法》规定经营的人寿保险业（自公历 1999 年 1 月 1 日起，根据《灾害保险法》承保灾害险的属于增值税范围）；《典当行业法》规定经营的典当业务；类同银行的业务，包括主营业务和其他附属业务；为获利出售不动产；《泰国证券市场法》规定证券市场的证券出售；法令规定从事的其他业务。

泰国特别营业税税率见表 8。

表 8　泰国特别营业税税率

业务	税基	税率(%)
银行业务或同类业务、金融业务、不动产信贷业务和证券业务	（1）利息、贴现、手续费、服务费或从可兑现债务证券或凭证交易中取得的扣除费用前的利润 （2）从货币销售、可兑现债务证券或凭证发行，或外币汇入汇出业务中取得的扣除费用前的总利润	3
人寿保险	利息、手续费或服务费	2.5
典当业务	（1）利息、手续费 （2）从出售绝当物品取得的或应收的款项、财产或收益	2.5
为获利或商业模式的不动产销售	扣除费用前的总收入	3
泰国证券交易所(SET)的证券销售	扣除费用前的总收入(公历 1991 年第 240 号免征)	0.1

资料来源：SUMET SIRIKUNCHOAT、KAMTHORN SIRICHUTIWONG、ADISAK SUEPPRADIT、PHIRAT CHIARANAI 编《泰国税法典概览（2015 年版）》，广西壮族自治区地方税务局、广西国际税收研究会译，中国税务出版社，2017。

（3）计税方法

特别营业税的应纳税额为税基乘以税率。此外还要缴纳地方税，地方税税额为上述特别营业税税额的 10%。税基和税率根据表 8 确定。

（4）税收优惠制度

符合规定的业务免征特别营业税。具体包括：泰国银行、储蓄银行、住房保障银行、农业合作信用社的业务；泰国工业金融公司的业务；储蓄合作信用社的业务，仅限于对用户或其他储蓄合作信用社提供的借贷业务；按照《生活储备基金法》设立的生活储备基金的业务；国家住房部不动产出售或出租的业务；符合规定的典当业务；1991 年第 240 号法令规定的业务；规定的其他免征特别营业税的业务。

符合规定的收入不计算缴纳特别营业税。具体包括：商业银行国际业务中的银行业务收入；开展类同银行的业务取得的收入；经营银行业务、资金业务、证券业务、不动产信贷业务及类同银行的业务，每月债务证券交易取得扣除费用前的收入，可免征特别营业税，金额与当月债务证券交易亏损额相等（公历 2001 年第 388 号法令）；根据《泰国证券市场法》和销售及回购证券合同，按照税务机构公布的原则、方法和条件（公历 2001 年第 392 号法令）计算的证券交易中证券出让方向受让方转让证券的收入；规定的特定不动产交易活动的收入。

3.泰国消费税制度发展基础

消费税是对许多商品征收的，无论是本地生产的还是进口的，根据《消费税法案（1984）》《消费税分配法案（1984）》《烈酒法案（1950）》《烟草法案（1966）》《纸牌法案（1943）》征收的税各不相同。[①]

（1）纳税人制度

须缴纳消费税的纳税人士包括制造商、服务提供者和进口商。

（2）征税对象和税率制度

征税对象。须征收消费税的货物种类包括燃料及其相关产品、汽车、电器、饮料和酒精饮料、香水、游艇、水晶、地毯、摩托车、电池、大理石、电信服务和香烟等。

税率制度。消费税采用定额税率，除国内香烟税外，消费税是根据商品的数量而不是价值或价格征收的。

---

① https：//research.ibfd.org/#/doc？url=/linkresolver/static/cta_th_s_14.5.&refresh=168450823770 7%23cta_th_s_14.5.

（3）计税依据

对于在泰国制造的商品，消费税的税基是出厂价，而进口商品的税基是到岸价加关税和其他特定费用，但不包括增值税。但是，如果免除关税，则必须将免除的关税金额作为计算消费税的税基。就服务而言，消费税是根据从业务中获得的收入计算的。

（4）税收优惠制度

符合规定的商品及服务可豁免征收消费税。[①] 具体包括：捐赠给公众的特定商品及服务（通过泰国政府机构）；捐赠给泰国政府的特定货物或服务；出售给根据泰国与联合国签订的协定或其他双边/多边条约享有某些特权的人的货物；超过 500 吨的飞机或船舶所使用的燃料或其他与燃料有关的产品，但该飞机或船舶须获海关批准从泰国离港；从国内或海外产地出口的货物，或从一个自由区出口到另一个自由区的货物，也可免征消费税。

消费税退税。根据关税法，符合退税资格的进口货物可退还消费税。

（四）泰国财产税类制度发展基础

泰国的财产税包括土地和建筑物税、遗产税和赠与税。

1. 泰国土地和建筑物税制度发展基础

2019 年 3 月 12 日，泰国《皇家公报》（Royal Gazette）网站公布了新《泰王国土地和建筑物税法》。该税法取代了《泰王国房屋和土地税法案》（1932），自 2020 年 1 月 1 日起生效。[②] 该法案的重要变化如下。

（1）纳税人制度

拥有土地或建筑物（包括公寓）所有权或使用权的个人和公司为土地和建筑物税的纳税人。

---

① https：//research. ibfd. org/#/doc？url=/linkresolver/static/cta_th_s_14. 5. &refresh=168450
   8237707%23cta_th_s_14. 5.

② https：//research. ibfd. org/#/doc？url=/linkresolver/static/cta_th_s_5. 3. &refresh=168450
   7822378%23cta_th_s_5. 3.

（2）计税依据

已由年租金改为政府评估的土地或建筑物价值。

（3）税率制度

地方政府将在每年 2 月 1 日前公布年度税率。年度税率根据财产用途的不同而异，税率将由当地政府规定，但不得超过在皇家法令法律中规定的最高税率。土地和建筑物税的税率因用途而异（见表 9）。

表 9　泰国土地和建筑物税税率

土地类型	价值（百万泰铢）	税率（%）
农业用	法人，2020~2021 年	
	不超过 75	0.01
	75~100	0.03
	100~500	0.05
	500~1000	0.07
	超过 1000	0.10
	法人，自 2022 年起	最大值 0.15
	自然人，2020~2022 年	不征税
	自然人，自 2023 年起	
	不超过 50	不征税
	超过 50	最大值 0.15
居住用	2020~2021 年，主要住宅（住宅所有者，而不是土地所有者）	
	不超过 10	不征税
	10~50	0.02
	50~70	0.03
	70~100	0.05
	超过 100	0.10
	自 2022 年起，主要住宅	
	超过 10	最大值 0.3
	2020~2021 年，第二套或更多住宅	
	不超过 50	0.02
	50~70	0.03
	70~100	0.05
	超过 100	0.10
	自 2022 年起，第二套或更多住宅	最大值 0.3

续表

土地类型	价值（百万泰铢）	税率(%)
居住用商业用	2020~2021 年	
	不超过 50	0.30
	50~200	0.40
	200~1000	0.50
	1000~5000	0.60
	超过 5000	0.70
	自 2022 年起	最大值 1.20
荒地	2020~2021 年	
	不超过 50	0.30
	50~200	0.40
	200~1000	0.50
	1000~5000	0.60
	超过 5000	0.70
	自 2022 年起	最大值 1.20

资料来源：https：//research. ibfd. org/#/doc? url =/linkresolver/static/cta _ th _ s _ 5. 3. &refresh = 16845078 22378%23cta_th_s_5. 3。

额外的空置税税率。空置或弃置土地连续 3 年以上的，须缴纳 0.3% 的额外土地和建筑物税款。其后每 3 年增加 0.3%，但总数不超过 3%。

（4）免税制度

该法案还为出于某些原因（如社会或经济需要）而使用的土地和建筑物提供了广泛的免税优惠。

2. 泰国遗产税制度发展基础

泰国自 1933 年起按照《泰王国遗产税条例》开始正式征收遗产税，但在 1944 年废止了该条例。2015 年 8 月 5 日，泰国正式公布了《泰王国遗产税法》，该法自 2016 年 2 月 1 日起生效。

（1）纳税人制度

遗产税的纳税人，包括泰国国民；根据移民法在泰国拥有永久居留权的外国人；继承泰国境内资产的外国人；以及泰国法人。任何国籍的个人或法人实体继承已亡遗嘱人的遗产都可按照《税法典》免除个人所得税，但须缴纳遗产税。

（2）征税对象和税率制度

征税对象。适用遗产税的财产包括不动产、《泰国证券交易法》规定的证券、银行存款或遗嘱人有权从金融机构或个人处取回或认领回类似性质的钱款、已登记的交通工具和皇家法令规定的金融资产。

税率制度。对继承的净遗产中超过1亿泰铢的部分征收10%的税；由死者的父母或者后代继承的，税率减为5%；应缴遗产税可以分期缴纳，最长可为2年（无息）或5年（带息）。

（3）税基

继承的净遗产超过1亿泰铢的部分。

3. 泰国赠与税制度发展基础

赠与税一般和遗产税配套征收。泰国的赠与税是根据《税法典》（第40号）修正案 B. E. 2558（2015）征收的，也是正常个人所得税计算的一部分，适用于所有纳税人。

（1）征税对象

泰国主要对下列收入征收赠与税：父亲或母亲将不动产转让给子女，数额超过2000万泰铢；直系继承人、直系子孙或配偶超过2000万泰铢的赠与或赡养费收入；依风俗习惯，在某些仪式或场合从非长辈、后辈、配偶处获得的超过1000万泰铢的礼物收入。

（2）税率制度

泰国赠与税税率为5%，即按赠与的应纳税价值（超过应纳税起点的价值）的5%缴纳。或者，赠与的应纳税价值可以与纳税人的其他收入合并，在这种情况下适用个人所得税的累进税率。

（五）其他税种制度发展基础

泰国的其他税种还有印花税和广告牌税。

1. 印花税

印花税是按照《税法典》对于凭证和法律文书征收的一种税。

（1）纳税人

印花税的纳税人是在泰国境内书立、领受和使用税法所列举的凭证和法律文书的单位及个人。

（2）征税对象和税率制度

印花税是对《税法典》中印花税表所列的若干文件和交易征收的。自2015年4月起，一些文书的印花税必须以现金支付，而不是在文书上加盖印花税章。例如，有限公司的组织章程大纲和章程细则，合同价值超过100万泰铢的雇佣工作协议，合同价值超过100万泰铢的租赁协议和服务协议（见表10）。

税率制度。印花税税率根据单据文书的性质而定。《税法典》中的印花税税目税率表列明了28类凭证和法律文书的税目与适用税率。① 自2015年以来的印花税税目税率和纳税人情况见表11。股份转让的印花税按转让价值的0.1%支付。

表 10　泰国印花税税额或税率

泰国印花税表文件类型	税额或税率
1. 土地租赁协议	
−豁免包括农地及种植用地的租赁	0.10%
2. 仲裁赔偿	
−现金赔偿	0.10%
−非现金赔偿	THB 10
3. 贷款或银行透支协议，或抵押协议	0.05%
4. 保险单	
−人寿及其他保险	0.05%
−损失保险	0.40%
−再保险	1 泰铢

---

① https：//research. ibfd. org/#/doc？url=/linkresolver/static/cta_th_s_14. 5. &refresh=1684502
392436%23cta_th_s_14. 3.

续表

泰国印花税表文件类型	税额或税率
5. 承运人的收货单、发货单	1 泰铢
6. 提单	2 泰铢
7. 汇票、本票、支票	3 泰铢
8. 合伙合同	
−建立	100 泰铢
−修改	50 泰铢
9. 股票或债券凭证	5 泰铢
10. 代理	
−单次会议	20 泰铢
−多次会议	100 泰铢
11. 授权书	
−单行为	10 泰铢
−多重行为	30 泰铢
12. 信用证	
−在泰国发行,价格低于 10000 泰铢	20 泰铢
−在泰国发行,价格不低于 10000 泰铢	30 泰铢
−在泰国境外发行,在泰国付款	20 泰铢
13. 旅行支票	3 泰铢
14. 分期付款的协议	0.1%
15. 雇佣工作协议	0.1%
16. 仓单	1 泰铢

表 11　泰国印花税税目税率和纳税人情况（自 2015 年起）

印花税目及范围	印花税额	纳税义务人	印花税票划线注销人
1. 租赁土地、房屋、其他建筑、水上住房等。租赁期间租金、无偿给付的款项或两者总金额,每 1000 泰铢缴纳 1 泰铢。 注:(1)若租赁合同未指明租赁期限,则视租赁期限为 3 年。 (2)注(1)规定的租赁合同到期或满 3 年,出租人知情下仍由承租人持有不动产,且出租人不提出异议或双方不订立新合同,视已订立无固定期限的新合同,合同生效之日起 30 天内须缴纳印花税。 (3)租赁不动产用于种植、耕耘、农用的不需要缴纳印花税	1 泰铢	出租人	承租人

续表

印花税目及范围	印花税额	纳税义务人	印花税票划线注销人
2. 转让企业、组织、团体和其他机构等发行的股票、债券、公债和证券。 交易价格或凭证标示价格（采用较高者），每1000泰铢缴纳1泰铢。 下列不需要缴纳印花税： (1)转让泰国政府发行的公债； (2)转让合作社或农业合作银行发行的股票、债券以及债务凭证	1泰铢	转让人	受让人
3. 租赁财产。 租赁财产取得的所有收入，每1000泰铢缴纳1泰铢。 租赁财产用于种植、耕耘、农用的不需缴纳印花税	1泰铢	出租人	承租人
4. 雇佣定作加工。 规定的雇佣费，每1000泰铢缴纳1泰铢。 注：(1)订立雇佣合同时未明确雇佣价格的按一般雇佣标准价格纳税。 (2)分次收取雇佣费或原先只缴纳部分税款的，须缴纳每次收取雇佣费应增加的税款直至缴纳完全部税款。 (3)雇佣定作加工结束后发现多缴税款的可退税。 (4)国外订立的合同或按合同规定不在泰国工作的不需要缴纳印花税	1泰铢	受雇人	雇佣人
5. 银行贷款或信用透支。 最高贷款金额或信用透支金额，每2000泰铢缴纳1泰铢。 从贷款合作社或农业合作银行获得贷款的不需要缴纳印花税	1泰铢	放款人	贷款人
6. 保险单。 (1)灾害保险单：按每份保险单的保费，每250泰铢缴纳1泰铢。 (2)人寿保险单：保险获益金额，每2000泰铢缴纳1泰铢（人寿保险单印花税高于20泰铢的减按20泰铢征收）。 (3)其他保险单：保险获益金额，每2000泰铢缴纳1泰铢。 (4)年金保险单：按投保金额贴花，投保金额每2000泰铢缴纳1泰铢印花税。无法计算具体金额的，则按年金成本的33 1/3计算投保金额后，再按每2000泰铢缴纳1泰铢计算印花税。 (5)保险受益者转让收益权的保险单。 (6)续约原保险单记录。 不需要缴纳印花税的情况。 (1)农业犬兽保险。 (2)将会出具正式保险单的保险记录或临时保险单（但投保人申请增加其他投保项到保险单中，须先贴上与正式保险单上一致的贴花）	1泰铢 1泰铢 1泰铢 1泰铢 1泰铢 按原保险单标准	受保人 受保人 受保人 受保人 受保人 受保人	受保人 受保人 受保人 受保人 受保人 受保人

续表

印花税目及范围	印花税额	纳税义务人	印花税票划线注销人
7. 授权书。 无合同凭证性质但属于代表授权的证明,其中包括仲裁授权书。 授权有以下几种情形: (1)单次授权给个人或多人; (2)多次授权给个人或多人共同行使权利; (3)多次授权多人根据授权办理不同的各自业务。 注:对于不在同一份凭证授权多个授权人的,须根据单个授权来确定。 下列不需要缴纳印花税: (1)任命自己员工、授权作为代表在法院起诉的任命书和授权书; (2)根据相关动物法律条例的转移或其他行为的授权书; (3)接受钱财或物品的授权书; (4)合作社作为授权者的授权书和授权合作社作为代表处理事务并获得不动产权的授权书	10泰铢 30泰铢 30泰铢	授权者 授权者 授权者	授权者 授权者 授权者
8. 公司会议表决的授权委托书。 (1)单次授权委托会议表决的授权书; (2)多次授权委托会议表决的授权书	20泰铢 100泰铢	授权人 委托人	授权委托人
9. (1)汇票或类似汇票作用的凭证,每张缴纳3泰铢; (2)本票或类似本票作用的凭证,每张缴纳3泰铢。 以下不需要缴纳印花税:出具的整套票证且首页已贴完整印花,其他页不必再贴,但必须在尾页签注"已纳税"	3泰铢 3泰铢	支付者 支付者	支付者 支付者
10. 提货单。 注:整套出具的提货单,每页都须贴完整印花	2泰铢	订立人	订立人
11. (1)公司、协会或其他机构发行的股票、债券或债务证明; (2)各国政府在泰国出售的债券。 每100泰铢缴纳1泰铢。 合作社的股票、债券或债务凭证不需要缴纳印花税	5泰铢 1泰铢	持证人 持证人	持证人 持证人
12. 支票或各类取代支票的凭证,每张缴纳3泰铢	3泰铢	付款人	付款人
13. 含利息的定期银行存款单	5泰铢	收款人	收款人

印花税目及范围	印花税额	纳税义务人	印花税票划线注销人
14. 信用证 (1)泰国开具的:金额低于10000泰铢; 金额等于或高于10000泰铢; (2)国外开具但在泰国支付的,每次缴纳20泰铢。 注:信用证由泰国开具但在国外付款的,须提交信用证副本存档。缴纳税款的,须贴完整印花,尤其是信用证副本	20泰铢 30泰铢 20泰铢	凭证开具人 凭证开具人 泰国负责人	凭证开具人 凭证开具人 泰国负责人
15. 旅行支票 (1)泰国开具的,每张缴纳3泰铢; (2)国外开具但在泰国支付的,每张缴纳3泰铢	3泰铢 3泰铢	出票人 泰国境内首位持有人	出票人 泰国境内首位持有人
16. 担保书。 水路、陆路、空运等运输业务出具的,凭证上须有工作人员或运输货品人员的签名,没有出具提货单的需在凭证上注明。每件缴纳1泰铢。 注:整套担保书需在每页贴印花	1泰铢	担保人	担保人
17. 债务担保。 (1)无金额限制的; (2)金额不超过1000泰铢的; (3)金额超过1000泰铢但不超过10000泰铢的; (4)金额在10000泰铢以上的。 下列不需要缴纳印花税: (1)政府提供的国民贷款或以农业消费为目的借款的债务担保; (2)合作社提供给成员的贷款或借款的债务担保	10泰铢 1泰铢 5泰铢 10泰铢	担保人 担保人 担保人 担保人	担保人 担保人 担保人 担保人
18. 典当。 每项债务总额,每2000泰铢缴纳1泰铢; 典当行未限制债务额度。 下列不需要缴纳印花税: (1)典当行依法开具的抵押票; (2)与贷款有关,已根据第5条规定贴上完整印花	1泰铢 1泰铢	抵押人 抵押人	抵押人 抵押人
19. 货仓收据单	1泰铢	货仓管理员	货仓管理员

续表

印花税目及范围	印花税额	纳税义务人	印花税票划线注销人
20. 送货指令凭证。 明确承运、托运双方业务关系的运输单据的凭证,此凭证直接显示身份或直接印有承运人、托运人姓名,凭此身份有权接收船坞、海港或货仓的货物。有时为顺利收取货品存放租赁费,港口货主会在凭证上签字或委托他人签字,以此证明货运应税凭证真实性	1 泰铢	指令人	指令人
21. 代理。 (1)特别授权; (2)普通授权。 以合作社为主要代理的授权不需缴纳印花税	10 泰铢 30 泰铢	发起人 发起人	发起人 发起人
22. 仲裁人裁决。 (1)存在异议需要进行仲裁的金额,每 1000 泰铢缴纳 1 泰铢; (2)未涉及金额或价格	1 泰铢 10 泰铢	仲裁人 仲裁人	仲裁人 仲裁人
23. 配套或三联单凭证。 凭证内容与原件或合同原件相符,制定凭证者的签名和原件签名一致。 (1)原件纳税不超过 5 泰铢的; (2)原件纳税超过 5 泰铢的。 不需要缴纳印花税的情况:须缴纳税款的一方为合作社的	1 泰铢 5 泰铢	(1)无另一方为合同对象的,原凭证纳税人为现凭证纳税人; (2)有另一方为合同对象的,则另一方合同对象为纳税人	原凭证划线注销人 原凭证划线注销人
24. 提供给注册人的有限公司契约合同书	200 泰铢	股东	股东
25. 提供给注册人的有限公司章程	200 泰铢	董事会	董事会
26. 提供给注册人的有限公司新章程或更新的契约合同书副本	50 泰铢	董事会	董事会

印花税目及范围	印花税额	纳税义务人	印花税票划线注销人
27. 股份公司的合同书。 （1）股份公司订立的合同书； （2）股份公司修订的合同书	100 泰铢 50 泰铢	股东 股东	股东 股东
28. 收据。 每张金额或尾款自 200 泰铢起征收印花税，且仅限以下范围： （1）政府出具的彩票奖金单； （2）依法注册并具有法律效力的关于不动产转移或建立所有权的收据； （3）依照有关法律注册，关于商品销售或代理销售、出售或转让车辆的收据。 不需要缴纳印花税的情况：收入须缴纳增值税或特别营业税的收据	1 泰铢	立据人	立据人

（3）税收优惠

如果有义务支付印花税的一方是政府部门，则豁免印花税。

2. 广告牌税

（1）纳税人

广告牌所有者为广告牌税的纳税人。

（2）征税对象和税率制度

征税对象。广告牌税（Signboard Tax）是对用于广告宣传或提供商业信息的展示名称、商标或产品的标识或广告牌征收的税。

税率制度。根据广告牌的尺寸大小和所书语言来确定。泰文的广告牌税为 3 泰铢/500 平方厘米；同时有泰语和外文的广告牌税为 20 泰铢/500 平方厘米；仅有外文或泰文位于外文下方的广告牌税为 40 泰铢/500 平方厘米。

（3）税收优惠

符合规定的广告牌可免广告牌税。具体包括：由政府所有的在公共场所或机构的广告牌；在私立学校校园范围内的广告牌；宗教机构或慈善组织和团体的广告牌；在临时展会上安放的广告牌；公共放映的戏院或电影院展放的广告牌；产品或容器上的广告牌；限于商业内部场地的广告牌；农民产品的广告牌；在交通工具、人体或动物身体上贴挂的广告牌。

二 泰国税收制度发展变化（2022～2023年）

泰国税收制度在2022～2023年没有发生根本性变化，只是有一些政策的微调。

（一）泰国税收制度体系发展变化

2022～2023年，泰国税收制度体系除了签署了3个涉及税收征管的多边条约之外，没有什么大的变化。

1.泰国税种制度体系发展变化

（1）税收收入和宏观税负发展变化

根据泰国政府网，2023财政年度前5个月（2022年10月～2023年2月）泰国政府的净收入为989837百万泰铢，高出上年同期90451百万泰铢，增长率为10.1%，高于上年同期的增长率7.8%，具体构成见表12。

表12　泰国政府2023财政年度前5个月的净收入

单位：百万泰铢

收入来源	2023年	2022年	2023年和2022年相比		预期	2023年和预期相比	
			增加数	增加比例（%）		增加数	增加比例（%）
1.税务厅	754048	702005	52043	7.4	682287	71761	10.5
2.国货税厅	198177	231052	-32875	-14.2	231764	-33587	-14.5
3.海关厅	56135	43265	12870	29.7	43500	12635	29.0

收入来源	2023 年	2022 年	2023 年和 2022 年相比		预期	2023 年和预期相比	
			增加数	增加比例(%)		增加数	增加比例(%)
三部门合计	1008360	976322	32038	3.3	957551	50809	5.3
4. 国有企业	75633	58009	17624	30.4	49756	25877	52.0
5. 其他部门	96607	60778	35829	59.0	61942	34665	56.0
5.1 其他政府机构	91234	56339	34895	61.9	56725	34509	60.8
5.2 财政部	5373	4439	934	21.0	5217	156	3.0
收入总额	1180600	1095109	85491	7.8	1069249	111351	10.4
减去 2	168886	156906	11980	7.6	147693	21193	14.3
分享给地方政府前净收入	1011714	938203	73511	7.8	921556	90158	9.8
分享给地方政府的增值税收入	21877	20328	1549	7.6	22170	-293	-1.3
净收入	989837	917875	71962	7.8	899386	90451	10.1

注："减去"的数据包括四部分：（1）税务局退税；（2）海关退税；（3）省级行政机构增值税分配；（4）出口货物税费补偿。

资料来源：https://www.mof.go.th/th/view/file/31b361c6e920f7d4f249e7ed2061779d68d7659f83b1779731。

政府收入增长的原因。主要有：企业所得税、增值税和个人所得税收入随着经济的增长而增长；海关由于进口价值的增长，以及案件判决后的回溯；由于全球原油价格居高不下，政府部门的收入远远超过了柴油消费税上调的预期。

2. 泰国税收实体性行政法规发展变化

自 2022 年以来，泰国税收实体性行政法规发展变化主要体现在所得税和增值税实体性行政法规的发展变化。

政府颁布了皇家法令 2022 年第 755 B. E. 2565 号。为应对新冠疫情大流行，政府颁布了皇家法令 2022 年第 755 B. E. 2565 号，在 2022 年采取延长以下临时税收优惠措施：进口和捐赠用于治疗、诊断和预防新冠疫情的医疗物品与用品的增值税豁免和所得税扣除（皇家法令 2021 年第 720 B. E. 2564 号，如适用），延长至 2023 年 12 月 31 日。

政府颁布了皇家法令 2022 年第 751 B. E. 2565 号。政府颁布了皇家法令 2022 年第 755 B. E. 2565 号，延长以下税收优惠措施：通过电子捐赠系统向国家政府捐款的所得税减免和增值税豁免（皇家法令 2021 年第 723 B. E. 2564 号，如适用），延长至 2023 年 12 月 31 日。

3. 国际多边税收条约发展变化

泰国已于 2022 年 2 月 9 日签署了《多边税收征管互助公约》《实施税收协定相关措施以防止税基侵蚀和利润转移的多边公约》，并提交了《泰国政府对〈公约〉做出最终保留和通知的完整清单》。2022 年 4 月 1 日，经 2010 年议定书修订的《多边税收征管互助公约》将对泰国生效。[①]

（二）泰国所得税类制度发展变化

泰国所得税类制度的发展变化主要体现在计税依据和税率的变化，为了应对新冠疫情，泰国政府出台了一些临时性优惠政策。

1. 泰国企业所得税制度发展变化

（1）征税对象和代扣税税率制度发展变化

电子代扣税系统的企业所得税代扣税税率的调整。2021 年第 336 号部门法令规定，到 2022 年 12 月 31 日的电子代扣税系统的企业所得税代扣税税率为 2%。2023 年 1 月 23 日，泰国内阁决定，2023 年 1 月 1 日至 2025 年 12 月 31 日，将通过电子代扣税系统的企业所得税特定付款代扣税税率降至 1%（见表 13）。[②]

---

① https：//research. ibfd. org/#/search?N=0+4294967121+4293744759&Ne=7487&Nr=AND（3，10）& Nu=global_rollup_key&Np=2&Ns=sort_multilateral｜0｜｜sort_country_one｜0｜｜sort_country_two｜0｜｜sort_organization_one｜0｜｜ibfd-tt-signdate-s｜1｜｜sort_date_common｜1.

② https：//mp. weixin. qq. com/s/GRLJgEo0LgklitE1bKRN7A.

表 13　泰国通过电子代扣税系统代扣企业所得税税率降至 1% 的款项汇总

支付给公司和合伙法人（不包括基金会或协会）	支付给个人
1. 工作所得收入，如佣金、红利 2. 商誉（当公司出售自身业务时将产生商誉）、版权 3. 出租物业（除了出租船只） 4. 自由业收入，亦即工程、建筑 5. 来自工作合同的收入 6. 因承揽、比赛、抽奖，或其他类似性质取得的收入	1. 出租物业（除了出租船只） 2. 自由业收入，即工程、建筑 3. 来自工作合同的收入 4. 因承揽、比赛、抽奖，或其他类似性质取得的收入 5. 支付给泰国居民的演员收入

（2）企业所得税优惠政策的调整

①授权投资委员会制定实施投资企业所得税优惠政策。

根据 B. E. 2520（1977）《泰王国投资促进法案》［经 B. E. 2534（1991）第 2 部投资促进法案修订］、B. E. 2544（2001）《泰王国投资促进法案》（第 3 部）、《投资委员会公告》第 2/2557（2014）号和第 8/2565（2022）号，投资委员会可以促进有助于提高国家竞争力、环境友好、节约能源或使用替代能源来推动平衡和可持续增长的投资。

投资委员会第 8/2565（2022）号公告规定了一项投资政策，为属于 A 组或 B 组的项目提供企业所得税优惠，重点是促进企业创造价值。有关政策详情及条件见投资委员会第 9/2565（2022）号公告。

②鼓励投资 EV 汽车电池生产的投资方企业所得税优惠税率及财政补贴政策。

财政补贴电动汽车生产企业 430 亿泰铢（为期 3 年）。2022 年，泰国内阁宣布实施《2022~2025 年国家电动汽车产业发展计划》，计划总财政补贴支出达 430 亿泰铢。

EV 汽车电池生产的投资方企业所得税优惠税率降到 1% 和财政补贴 240 亿泰铢。2023 年 2 月 2 日，泰国新能源汽车政策委员会在 2023 年首次例会上回顾以 EV 电动汽车为代表的新能源汽车发展历程，通过了关于推进新能源汽车产业可持续综合产业链发展中 EV 汽车电池工厂投资企业所得税税率优惠的措施，其中，投资方的企业所得税税率将由 8% 降至 1%，政府财政补贴将提供 240 亿泰铢的预算支持，补贴发放原则上是"先投先得"。

电动汽车生产企业的财政补贴免征企业所得税。2023 年 3 月初，泰国内阁例会通过了又一项电动汽车税收补贴方案，同意免征电动汽车即摩托车的财政补贴企业所得税。该税收优惠政策被视为《2022~2025 年国家电动汽车产业发展计划》系列税收补贴措施之一。

③延长或实施投资和使用电子税务系"双倍费用扣除"优惠政策。

延长企业所得税"投资电子税务系统的相关费用可以双倍扣除"的企业所得税优惠政策。2023 年 1 月 23 日，泰国内阁核准企业所得税"投资电子税务系统的相关费用可以双倍扣除"的优惠政策延长至 2025 年 12 月 31 日。①

实施使用电子税务"双倍费用扣除"优惠政策。如果公司和合伙法人符合规定条件（见表 14）发生的使用电子税务发票、电子收据和电子代扣税系统的相关费用，企业所得税可以扣除双倍费用。

表 14　泰国投资电子税务系统的相关费用可以双倍扣除的条件

序号	费用性质	条件
1	投资电子发票和电子收据系统相关的费用，包括： 投资电子信息准备系统和数据接收系统。 采购电脑程序、电脑和其他使用在电脑或是用于记录电子证明的设备。 然而，(1)电子信息准备或是传输服务提供者，或销售或是提供服务的电脑程式开发商，或是(2)设备维修产生的费用，不符合可额外扣除的资格	该费用必须在 2023 年 1 月 1 日到 2025 年 12 月 31 日期间支付。 投资的资产必须符合以下条件： 1. 该资产尚未被使用过； 2. 该资产得以摊销或是折旧，并在 2025 年 12 月 31 日前采购＆使用； 3. 该资产在泰国； 4. 该资产从采购和得以使用之年度开始连续使用至少 3 年； 5. 该资产没有享受全部或是部分税收优惠； 6. 该资产没有全部或是部分使用和根据有关投资促进、维护竞争力产业或是在东部经济走廊相关法律豁免企业所得税的相关业务活动；
2	投资电子代扣税系统产生的费用，包括采购电脑程序、电脑、电子证书储存设备。 维修系统费用不在可额外扣除的范围	7. 其他泰国税务局（TRD）公布的条件
3	使用电子税务发票、电子收据系统、电子代扣税系统服务，向服务提供商支付的费用	该费用必须在 2023 年 1 月 1 日到 2025 年 12 月 31 日期间支付。 其他 TRD 公布的条件

① https：//mp. weixin. qq. com/s/GRLJgEoOLgklitE1bKRN7A.

④延长应对新冠疫情的企业所得税临时优惠措施。

为应对新冠疫情，2022年政府延长了以下企业所得税的临时优惠措施。

第一，延长权益类收入的企业所得税优惠政策。

将有回购条款的财产转让给房地产投资信托的收入。公司或法人合伙必须在2022年7月18日起2年内将物业出售给房地产投资信托，并在出售之日起5年内买回物业。①

转让目标公司和风险投资公司的股份，以及投资于目标公司的风险投资信托的单位所获得的收入。但上述收入必须符合以下条件：卖方在转让前持有这些股份或单位至少24个月；目标公司必须经营政府持续推广的业务，并从该业务中产生的收入不低于总收入的80%。②

第二，延长符合规定的捐赠免征企业所得税政策。通过电子捐赠系统向政府的捐款享受企业所得税减免政策，延长至2023年12月31日。③

第三，延长符合规定的捐赠享受额外税收扣除的企业所得税优惠政策。通过电子捐款系统捐款给下列受赠人，可获额外税收扣除，但须满足相关限制条件。④

教育机构。2022年12月27日，泰国内阁决议决定，该项税收优惠政策延长期限，从2022年1月1日至2024年12月31日。

某些基金会。Siriraj基金会或Chulabhorn基金会，适用税收优惠延长期限从2021年1月1日至2022年12月31日⑤；由玛哈·扎克里·诗琳通公主赞助的Phramongkutklao医院基金会，适用税收优惠延长期限从2022年4月26日至12月31日⑥；由玛哈·扎克里·诗琳通公主倡议成立的柴芭达那基金会和信息技术基金会，或由玛哈·扎克里·诗琳通公主赞助的拉玛蒂波迪基

---

① 第753 B. E. 2565（2022）号皇家法令。
② 第750 B. E. 2565（2022）号皇家法令。
③ 第723 B. E. 2564（2021）号和第751 B. E. 2565（2022）号皇家法令。
④ https：//research. ibfd. org/#/doc？url=/linkresolver/static/cta_th_s_1. &refresh=1684401300935%23cta_th_s_1.
⑤ 第741 B. E. 2564（2021）号皇家法令。
⑥ 第754 B. E. 2565（2022）号皇家法令。

金会，适用税收优惠延长期限从 2022 年 7 月 26 日至 2024 年 12 月 31 日。①

根据国家计量系统发展法律设立的计量系统发展基金，根据卫生系统研究科学研究所法律设立的公共卫生系统发展基金，根据科学技术发展法律设立的科学技术发展基金，以及根据高等教育政策委员会、科学研究和国家创新法律设立的泰国科学研究和创新基金，适用税收优惠延长期限从 2021 年 5 月 26 日至 2022 年 12 月 31 日（捐赠实际支付时间）。②

第四，延长符合规定时间的费用支出享受额外税收扣除的企业所得税优惠政策。

2021 年 9 月 14 日至 2022 年 12 月 31 日，雇主为自己的员工购买的新冠病毒检测包的费用，可额外扣除 50%。③

2021 年 1 月 1 日至 2022 年 12 月 31 日，雇主支付的员工接受教育或培训费用，或组织员工参加总干事宣布的政府机构认可课程培训的费用，可额外扣除 150%。④

2019 年 1 月 1 日至 2024 年 12 月 31 日，企业购买的生物降解塑料产品的购买价，可额外扣除 25%。⑤

第五，延长进一步降低通过电子收费系统付款的预扣税税率优惠政策。

2020 年 10 月 1 日至 2022 年 12 月 31 日，通过电子收费系统付款的预扣税税率降至 2%。上述政策延长期限从 2023 年 1 月 1 日至 2025 年 12 月 31 日，并且将通过电子收费系统付款的预扣税税率进一步降至 1%。⑥

2. 泰国个人所得税税收优惠政策调整

（1）个人支出费用的税收抵扣优惠政策

①持续加大申请合规的个人国内消费支出的额外税收抵扣优惠政策

---

① 第 756 B. E. 2565（2022）号皇家法令。

② 第 717 B. E. 2564（2021）号皇家法令。

③ 第 733 B. E. 2564（2021）号和第 752 B. E. 2565（2022）号皇家法令。

④ 第 740 B. E. 2564（2021）号皇家法令。

⑤ 第 702 B. E. 2563（2020）号皇家法令和第 749 B. E. 2565（2022）号皇家法令。

⑥ https：//research.ibfd.org/#/doc？url＝collections/cta/html/cta_th_s_001.html%23cta_th_s_1.10.3.1.

力度。

2022 年，给予最高限额 30000 泰铢的个人国内消费支出的额外税收抵扣优惠。为了促进国内消费，个人纳税人的国内消费支出给予最高 30000 泰铢的额外税收抵扣优惠，并允许提前至 2022 年 1 月 1 日至 2 月 15 日期间申请抵扣。

2023 年，给予最高限额 40000 泰铢的个人国内消费支出的额外税收抵扣优惠。最高抵扣限额提高了 10000 泰铢，并允许个人纳税人选择提前至 2022 年 1 月 1 日至 2 月 15 日期间申请抵扣。

②个人合规转让加密货币和数字代币的盈亏可相抵优惠政策。

个人在授权的数字资产交易中心转让加密货币和数字代币的利润可以被同一纳税年度内转让加密货币和数字代币的损失抵消。①

③个人教育捐款的个人所得税加倍税收抵扣优惠政策。

个人教育捐款最高 2 倍的税收抵扣优惠。2022 年 12 月底，泰国税务厅宣布个人教育捐款税收抵扣优惠政策，个人所得税的教育捐款抵扣最高可达 2 倍。该优惠措施可回溯至 2022 年 1 月 1 日，但仅限于教育系统内的公私立教育机构。

扩大通过教育捐款通道 e-Donation 捐款的受赠教育机构范围。教育捐款通道 e-Donation 可接受捐款的对象扩大到国外教育机构，具体包括公立学校及机构、私立学校及机构、国外高等教育机构以及获得政府支持在泰国建立分支机构的国外教育机构等。通过教育捐款通道 e-Donation 捐款的生效时间，自 2022 年 1 月 1 日起至 2024 年 12 月 31 日止。②

（2）延长应对新冠疫情的个人捐赠可额外税收扣除的临时优惠政策

通过电子捐赠系统向政府捐款支出的个人所得税扣除优惠政策，延长至

---

① 第 380 B. E. 2565（2022）号部长法规 . https：//research. ibfd. org/#/doc？ url =/collections/ita/html/ita_ th_ s_001. html.

② https：//thaizhonghua. com/2022/12/28/105233. html.

2023 年 12 月 31 日。①

2021 年 5 月 26 日至 2022 年 12 月 31 日，个人通过电子捐赠系统向以下合规基金的捐赠给予个人所得税额外扣除。第一，根据第 717 B. E. 2564（2021）号皇家法令建立的各种发展基金；第二，根据第 732 B. E. 2564（2021）号皇家法令建立的公平教育基金（2021 年 1 月 1 日至 2023 年 12 月 31 日）；第三，根据第 741 B. E. 2564（2021）号皇家法令、第 754 B. E. 2565（2022）号皇家法令和第 756 B. E. 2565（2022）号皇家法令建立的某些基金会。②

3. 泰国社会保障税（费）制度发展变化

泰国社会保障缴款分两种类型：受雇者和自由职业者。自 2022 年以来，泰国社会保障缴款制度仅征税对象和税率发生变化。

为了应对新冠疫情对经济的影响，对雇佣者的社会保障缴款，从 2022 年 5 月至 7 月，雇主和雇员的缴费率暂时降至 1%。

（三）泰国货物劳务税类制度发展变化

泰国的货物劳务税制度近两年没有大的变化，仅是为应对新冠疫情出台了一些优惠政策。

1. 泰国增值税优惠政策调整

（1）延长应对新冠疫情的临时增值税优惠政策

增值税 7% 的优惠税率适用期限，延长至 2023 年 9 月 30 日。

延长符合规定的捐赠免征增值税政策。2022 年，通过电子捐赠系统向政府的捐款享受增值税免税政策（如合规），该项政策延长至 2023 年 12 月 31 日。③

---

① 第 723 B. E. 2564（2021）号和第 751 B. E. 2565（2022）号皇家法令. https：//thaizhonghua. com/2022/12/28/105233. html.

② https：//research. ibfd. org/#/doc？url=/collections/ita/html/ita_th_s_001. html.

③ 第 723 B. E. 2564（2021）号和第 751 B. E. 2565（2022）号皇家法令. https：//research. ibfd. org/#/doc？url=/linkresolver/static/cta_th_s_1. &refresh=1684401300935%23cta_th_s_1.

（2）合规的加密货币或数字代币转让暂时免征增值税

从 2022 年 4 月 1 日至 2023 年 12 月 31 日，通过数字资产交易中心进行的加密货币或数字代币转让免征增值税。①

2. 泰国柴油消费税优惠政策调整

2022 年，限期实施柴油消费税优惠税率政策。为了帮助缓解高能源价格对运输和消费品成本的影响，2022 年 2 月 15 日，泰国内阁同意将柴油消费税额从当时的每升 5.99 泰铢下调至每升 3 泰铢，该项税额优惠政策适用期 3 个月。柴油消费税的减税是为了维持油价每升 30 泰铢的价格上限。②

泰国内阁 2022 年 5 月 17 日决定，为维持国内柴油价格稳定，自 5 月 21 日至 7 月 20 日，继续实施柴油降税措施 2 个月，每升柴油减税 5 泰铢，为此政府税收将减少 200 亿泰铢（约合 39 亿元人民币）。泰国总理府发言人当天表示，上一轮柴油降税措施实施了 3 个月，于 5 月 20 日到期，每升柴油降税 3 泰铢，政府为此投入 170 亿泰铢（约合 33 亿元人民币）。③

此后，内阁又多次延长这一减免优惠措施。

2023 年，限期延长柴油消费税减免优惠措施。2023 年 1 月 17 日，泰国内阁同意在到期后继续延长柴油消费税减免优惠措施，即税务厅将每升 5 泰铢柴油税减免措施从 2023 年 1 月 21 日延长至 5 月 20 日。④

3. 泰国关税优惠政策调整

电动汽车 9 个关键零配件的进口关税免税优惠政策。2023 年 3 月初，泰国内阁例会通过了又一项电动汽车税收补贴方案，批准修改《泰王国财政部条例》，免除电动汽车 9 个关键零配件的进口关税。该税收优惠政策被视为《2022~2025 年国家电动汽车产业发展计划》系列税收补贴措施之一。

---

① 第 744 B. E. 2565（2022）号皇家法令 . https：//research. ibfd. org/#/doc？url =/collections/ cta/html/cta_ th_ s_ 013. html.

② http：//songkhla. mofcom. gov. cn/article/jmxw/202202/20220203280482. shtml.

③ http：//stock. 10jqka. com. cn/20220517/c639181343. shtml.

④ https：//thaizhonghua. com/2023/01/17/105535. html.

（四）泰国土地和建筑物税优惠政策发展变化

1.减征土地和建筑物税的政策背景

新周期政府土地评估价格上调。2023年1月1日，泰国政府公布的《2023~2026年全国土地评估价格》显示，2023~2026年度全国土地评估价格将比上一轮评估平均上调约8.93%，但不同地区的土地评估价格的上调幅度有差异。例如，曼谷市黄金地段如无线电路（拉玛4路-奔集路段）的土地评估价格比上一轮评估平均上调约33%，东部经济走廊特区（EEC）平均上调20%~30%，春武里等府平均上调超过47%。

新周期土地和建筑物税纳税人税负也相应加重。政府土地评估价格的上调，使土地所有人须缴纳的土地和建筑物税金额随之增加。

减征土地和建筑物税旨在相应对冲土地和建筑物评估价格上调导致土地所有人税负的加重。土地和建筑物税减征政策有助于部分减轻土地所有人因土地评估价格上调而增加的税务支出负担。对于拥有多于一套住宅的个人而言，减征土地和建筑物税也有助于减轻税务支出负担，但减少的金额不大，因为住宅所有者户籍所在的土地价值不超过5000万泰铢的住宅（首套住宅）（独栋别墅、双拼别墅、联排别墅和公寓）免征土地和建筑物税。

2.减征土地和建筑物税

2023年3月19日，泰国政府宪报公布《降低部分类别土地和建筑物税第3号法令》（2023年），自公布之日起生效。该法令的主要内容如下：第一，2023年减征土地和建筑物税15%。第二，减征税收优惠政策适用范围。本次减征应征收的土地和建筑物税15%，涵盖农业种植用地、住宅和商业用地和建筑物以及闲置空地。根据《土地和建筑物税法》已减征50%税额的土地和建筑物仍可再减征15%。第三，减征税收优惠政策适用限制。根据《土地和建筑物税法》，已减征90%税额的土地和建筑物，如动物园、游乐园和学校等，不再适用减征15%的税收优惠政策。

三　泰国税收制度发展前景

新冠疫情期间泰国政府出台了总规模超过 1.5 万亿泰铢的稳经济救助财政预算案，与此同时，还通过松绑财政道德风险将公共债务负债上限从多年来实施的 60% 提高至 70%。而这也让泰国政府公共债务额迅速从 50% 左右飙升至 60% 以上。①

（一）泰国税收制度体系发展前景

随着经济形势的发展，泰国将会出台一些新的税种，削减一些过时的税种，但对税制结构不会进行大的调整。

1. 泰国税种制度体系发展前景

（1）有望在 2023 年出台股票交易税

2023 年 2 月初，针对股票交易税"搁浅"流言引发的证券股价上涨，泰国财政部部长阿空出面给予否认，强调政府没有任何改变课征股票交易税的计划，并强调仍在走必要的法律流程，同时拒绝给出何时会公布实施的时间表。财政部预想，如按 0.11% 税率课征股票交易税，那么政府财政每年能够获得 150 亿~160 亿泰铢的税金。这对地方财政非常重要。有官员曾透露，如果一切顺利，最快会在 2023 年第二季度生效实施。②

（2）近几年有可能开征碳税

泰国财政部消费税厅在 2016 年修订汽车税结构时首次引入了基于二氧化碳排放量的递进税率。2022 年，泰国财政部消费税厅开始研究征收碳税，思路包括对产品的间接征收，以及根据欧盟排放交易体系（EU-ETS）措施对生产过程的直接征收。预计泰国将有 45163 家能源密集型产业的工厂须向消费税厅报告其温室气体排放量。而能耗最高的前 5 个行业分别是：发电

---

① https://thaizhonghua.com/2023/04/11/106660.html.

② https://thaizhonghua.com/2023/02/02/105708.html.

厂、化学品和化工产品、非金属制品、食品以及饮料。预计税率将基于泰国温室气体自愿减排项目（T-VER）中的碳信用额度价格。2022 年 10 月 28 日，其平均价格为每吨二氧化碳 20 ~ 1874.93 泰铢，相当于每吨二氧化碳 0.5 ~ 50 美元。[①] 目前泰国正在推进的碳税课征工作会借鉴欧盟和新加坡等相关标准，预计 2023 年会完成碳排放产品征税指导性研究，原则上将对所有碳排放活动的商品和服务征收碳税。[②]

2. 泰国税制结构发展前景

泰国税制结构仍将保持以直接税——所得税和财产税为主的税制结构，但其所占比重会有所降低。

（二）泰国所得税类制度发展前景

泰国的所得税类制度应该不会有大的变化，其中个人所得税可能会有税率级距、生计扣除的微调。

1. 泰国企业所得税制度发展前景

泰国企业所得税的标准税率为 20%，与越南、柬埔寨、老挝相同；比新加坡、文莱高；比菲律宾、马来西亚、印度尼西亚、缅甸低，印度尼西亚自 2023 年起与泰国相同。泰国的企业所得税税负相对来说较低，很有竞争力，加之泰国内阁在 2023 年 3 月 7 日批准了支持实施全球最低税负制的主要措施，亦即推行经济合作与发展组织（OECD）发布的 BEPS 2.0 "支柱二" 的国内立法。获得批准的 "支柱二" 则是对每个跨国企业经营所在地适用 15% 的最低税率。如果其中一个国家（根据 OECD 规则计算）的有效税率低于 15%，则需要缴纳补足税。

所以，近几年泰国既不会提高也不会降低企业所得税的标准税率，为了支持实施全球最低税负制，可能会对企业所得税的一些优惠措施进行清理调整，以使非居民企业在本国的有效税率不低于 15%。

---

① https：//thaizhonghua.com/2023/01/20/105584.html.

② https：//thaizhonghua.com/2023/01/09/105393.html.

2.泰国个人所得税制度发展前景

泰国的个人所得税实行的是综合所得税制，征税范围广，纳税人规定比较清晰，计税依据的计算（生计扣除、收入的费用扣除）规定得都比较详尽、科学，近几年应该不会有大的变化。1992年至今，个人所得税的超额累进税率进行了两次调整：第一次是在2013年增加了级数，降低了最高边际税率；第二次是在2017年，级数和税率都没有变化，但将最后两级的临界点提高了，减轻了高收入者的税收负担。预计未来个人所得税的变化可能只是税率级距的微调，以及生计扣除的适时调高。

3.泰国社会保障税（费）制度发展前景

泰国的社会保障缴款覆盖了受雇者和自由职业者，既有死亡、疾病、伤残和生育等健康保险，还有养老金和子女抚养费、失业救济和公积金。泰国的社会保障缴款覆盖范围比较广，近期应该不会有大的变化。

（三）泰国货物劳务税类制度发展前景

泰国的货物劳务税制度的框架不会有什么大的变更，一些优惠政策随着疫情的过去、经济的好转，可能会有所调整。

1.泰国增值税制度发展前景

泰国的增值税制度比较成熟，已将电商数字服务纳入征税范围。未来的调整估计主要是税率的调整。泰国的增值税标准税率是10%，但自1999年4月1日起降至7%，这一降低是阶段性的，但一次次地被延长，预计随着新冠疫情的过去、经济的好转，有望恢复到10%的标准税率。

2.泰国消费税制度发展前景

根据经济形势、国内消费状况的变化，泰国消费税制度有可能对其税目及税率进行调整。

3.泰国关税制度发展前景

泰国关税的基本制度，如纳税人、计税依据不会改变，随着国内、国际贸易的变化，关税的税率及优惠政策会做一定的调整。

（四）泰国土地和建筑物税制度发展前景

泰国自 2020 年起开征土地和建筑物税，恰逢新冠疫情开始蔓延，加重了遭受经济不景气影响的土地和建筑物所有人的税务负担。拥有较多房地产或位于黄金地带的高价值房地产但收入有限的个人以及拥有大量土地但缺乏开发资金的房地产所有人，将比其他群体面临更大的压力。

2023 年，减征土地和建筑物税不会改变正面临各种挑战的泰国房地产市场大势。2024 年，若经济形势进一步好转，则土地和建筑物税税率可能恢复正常税率，不过到时政府也可能重新审视土地和建筑物税的税率。

（五）其他税种制度发展前景

泰国财政部曾向内阁提交征收证券交易税的议案，但在 2023 年 3 月初被退回财政部。按照财政部提交的议案，证券交易税税率按总交易金额的 0.11% 征收，其中将分两阶段实施，第一阶段按 0.055% 税率征收，第二阶段开始按全额征收。鉴于 2023 年新大选临近，预计该税种课征工作要由新政府来推进了。①

---

① https://thaizhonghua.com/2023/03/03/106116.html.

菲律宾税收制度发展报告（2023）

摘 要： 菲律宾的税收体制可以分为国税以及地方税两种，税务管理部门
包括国家税务局和地方税务机关。菲律宾税法的基本法律渊源是
《国家税务法典（1997）》，后在此基础上对所得税和增值税进
行了实质性改革。为有效实施国家税法，财政部部长通常会颁布
所需的税收条例。这一法律框架为菲律宾税制提供了法治基础，
为税收管理提供了明确的法律依据。为适应不断变化的经济和政
治环境，菲律宾的税收制度经历了多次改革和调整。目前来看，
菲律宾税收制度改革的主要目标是建立更为简化、公平和有效的
税收制度，力图实现财政可持续性，促进投资和创造更加稳定的
税收收入来源。

关键词： 菲律宾 税收制度 制度发展

一 菲律宾税收制度发展基础（截至2021年）

20 世纪初，菲律宾开始迈向独立，税收制度也逐渐发展起来。在此过
程中，菲律宾政府采取了一系列措施完善税收制度，包括增加税种、完善税
收征管机制、加强税收执法等。目前，菲律宾政府已经制定了一套相对完善
的税收制度和规则。本部分将对菲律宾税收制度体系以及各税种制度发展基
础展开介绍。

（一）菲律宾税收制度体系发展基础

菲律宾税收法律体系主要由《国家税务法典（1997）》（以下简称《税

法典》）和《地方政府法典（1991）》（以下简称《地方法典》）两部法律构成，涵盖国税和地方税两大类。此外，财政部、国家税务局、最高法院等机构也会根据授权发布相关的税收条例、命令、裁定和判决，对菲律宾税收法律进行解释和实施。本部分将对菲律宾税收制度进行概述，介绍其税制结构、法律渊源、国际条约等方面的内容。

1.菲律宾税收制度体系发展基础

（1）税收制度体系和主要税种

菲律宾税收体制可以分为国税和地方税两种。其中，国税是指由中央政府基于《税法典》及其修正案的规定，通过国内税收局征收的税种，主要包括企业所得税、个人所得税、增值税、特别消费税、其他比例税、关税、单据印花税、遗产税及赠与税。地方税是指由地方政府基于宪法的授权性规定，依据《地方法典》的规定，通过地方税务机关征收的税种，主要包括不动产税、不动产转让税、商业税。

（2）税收收入和宏观税负水平

根据菲律宾国家税务局 2017 年至 2021 年 5 月的数据，菲律宾国家税收收入在 2017 年为 22506.78 亿菲律宾比索，且在后续年份呈上升趋势。2020年，由于受新冠疫情的影响，国家税收收入出现短时期的下降。随着经济的恢复，税收收入在 2021 年已经有所增长（见图 1）。①

近年来，菲律宾总体宏观税负波动不大，约为 14%。这意味着菲律宾政府从国内经济活动中收取了大约 14%的总税收，这在发展中国家属于相对较低的水平，也低于其他东南亚国家的平均水平，这可能会限制政府实施更多的公共开支和基础设施建设等方面的支出计划。

2.菲律宾税制结构的现状

（1）税制结构：单一税制或复合税制

从菲律宾目前立法开征的税种来看，所得税、货物劳务税共同构成了中央政府税收收入的主要来源，而基于财产开征的不动产税和不动产转让税则

---

① 数据来源于菲律宾国家税务局官方网站公布的年度报告。

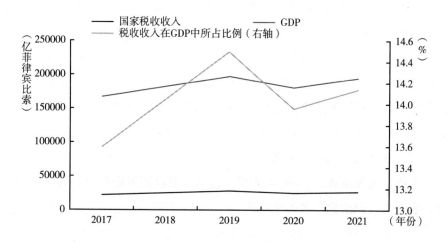

图 1　2017～2021 年菲律宾税收收入与宏观税负水平

资料来源：BIR 2021 annual report，https：//www.bir.gov.ph/index.php/transparency/bir-annual-report.html。

是地方政府财力的组成部分。因此，从税收收入的构成来看，菲律宾符合复合税制模式的标准，即所得税、货物劳务税双主体结构。

（2）分税种的结构分析

税收结构是指每项税收在税收总收入中所占的份额。2020 年，菲律宾全国税收收入的最高份额来自增值税（21.1%），位居第二的是企业所得税（20.2%），个人所得税占 14.6%，消费税占 13.3%。[①]

3. 菲律宾税收制度法律体系发展基础

（1）税收法律体系的构成

菲律宾税收法律体系由宪法、税收基本法、地方法规构成。第一，宪法对税收法律制度的规定。《菲律宾共和国宪法》第六条第二十八款规定"税收规则应统一和公平"，"国会应制定渐进的税收制度"。第二，税收基本法。1997 年，菲律宾国会通过了共和国第 8424 号法令，颁布了

---

① 数据来源：Revenue Statistics in Asia and the Pacific：Key findings for the Philippines，https：//www.oecd.org/tax/tax-policy/revenue-statistics-asia-and-pacific-philippines.pdf。

《税法典》① 作为税收基本法。2005 年 11 月 1 日起实施的共和国第 9337 号
法令②，对《税法典》的所得税和增值税进行了实质性改革，此后与该法案
的各个修正案共同构成国内税收法律的基础。第三，地方政府的税收立法。
根据共和国第 7160 号法令通过的《地方法典》③ 的授权，地方政府制定地
方税收立法。根据该法典，地方政府可以征收税和其他费用以支持地方的发
展任务、扩大服务范围并减少对中央政府的经济依赖。

（2）税收法律的内容分类

菲律宾《税法典》共分为 14 编，包括了税收实体法和税收程序法的内
容。表 1 是《税法典》各编的标题。

表 1 　《税法典》各编的标题

序号	标题	序号	标题
第一编	国内税收总局的组织及职能	第八编	救济措施
第二编	所得税	第九编	合规要求
第三编	遗产税及赠与税	第十编	违法行为及处罚
第四编	增值税	第十一编	国内税收的分配
第五编	其他比例税	第十二编	监督委员会
第六编	特别消费税	第十三编	废除条款
第七编	单据印花税	第十四编	最终条款

资料来源：菲律宾《税法典》。

---

① "Tax Reform Act of 1997"（An Act Amending the National Internal Revenue Code, As Amended, and For Other Purposes）Republic Act No. 8424, https://www.officialgazette.gov.ph/1997/12/11/republic-act-no-8424/.

② An Act Amending Sections 27, 28, 34, 106, 107, 108, 109, 110, 111, 112, 113, 114, 116, 117, 119, 121, 148, 151, 236, 237 and 288 of the National Internal Revenue Code of 1997, as Amended, and for Other Purposes, REPUBLIC ACT NO. 9337, https://lawphil.net/statutes/repacts/ra2005/ra_9337_2005.html#:~:text=%2D%20The%20Commissioner%20shall%2C%20by%20rules, lower%20than%20the%20actual%20market.

③ "Local Government Code of 1991"（An Act Providing for a Local Government Code of 1991）, Republic Act No. 7160, https://www.officialgazette.gov.ph/1991/10/10/republic-act-no-7160/.

菲律宾税收实体法的内容主要在第二编到第七编，具体规定了所得税、遗产税及赠与税、增值税、其他比例税、特别消费税、单据印花税等国税税种的法规，后续会分税种加以介绍。菲律宾税收程序法的内容则在第一编、第八编到第十编中体现。

（3）税收法律的层级分类

为有效实施《税法典》，财政部部长通常会参考国家税务局局长的意见颁布所需的税收条例，国家税务局局长享有《税法典》排他性的解释权，但这一解释权受财政部部长的审查。用于解释《税法典》条文的行政性文件包括以下几种不同的类型：

税收条例（Revenue Regulations，RRs）。为了有效地实施《税法典》及相关法律，由财政部部长参考国家税务局局长的意见所签发的，用于规定、说明或界定的规则和条例。

税收备忘录命令（Revenue Memorandum Orders，RMOs）。税收规定指令或指引的文件，提供相关指南，并概述在实施国家税务局所述的政策、目标、计划和项目时必要的过程、运作、活动、工作流程、方法以及程序（除审计以外）。

税收备忘录裁定（Revenue Memorandum Rulings，RMRs）。由国家税务局局长发布有关《税法典》及其他税收法律的可适用于特定事实的裁令、意见和解释。国家税务局局长可随时颁布RMRs，从而为纳税人提供在具体情况下适用税法及其结果的指引。

国家税务局的裁令（BIR Rulings）。国家税务局对于纳税人及其他利益相关人提出咨询的官方立场，国家税务局的裁令不能与RMRs冲突，否则无效。

税收备忘录通告（Revenue Memorandum Circulars，RMCs）。由国家税务局或其他机构/办公室发布的适用有关法律法规、条例及先例的相关细节规定。

税收行政命令（Revenue Administrative Order，RAOs）。涵盖有关国家税务局的行政设置的事项。具体包括组织框架、职能声明，以及国家税务局各部门责任、权力的定义与委托，人员的编制、要求与绩效标准等。

税收委任权命令（Revenue Delegation Authority Orders，RDAOs）。国家税务局局长根据法律授权给各级税务官员的职能。

在菲律宾，最高法院的判决也是税收法律制度的组成部分。最高法院可以对较低层级的法院做出的涉及税收合法性、课征、核查、处罚等案件的判决或裁令进行审查、改判、修改或确认，由最高法院做出的判决可以构成对菲律宾税法具有法律约束力的解释。上诉法院以及税务上诉法院的终极和可执行判决也是被认可的对菲律宾税法的解释。

4.国际税收条约

（1）税收双边条约

迄今为止，菲律宾共与包括中国在内的 43 个国家或地区签订了避免双重征税的税收协定，并单独与塞浦路斯签订了海洋运输专项税收协定。在社会保障领域，菲律宾共与 12 个国家或地区签订了《社会保障协定》。

（2）税收多边条约

在税收征管互助及税收情报交换方面，菲律宾于 2014 年 9 月加入并签署了《税收行政征管互助公约》。2015 年，菲律宾与美国签订了《海外账户税收合规法案》（FATCA）。

（二）菲律宾所得税类制度发展基础

菲律宾所得税类制度的发展基础可以追溯到 20 世纪初。菲律宾政府在 20 世纪初开始实行所得税制度，以增加国家财政收入和改善财政状况。1997 年，菲律宾政府进行了重大税制改革，对菲律宾居民在境内和境外的所得一律征税。在随后的几十年中，菲律宾政府不断完善所得税制度，包括调整税率、增加税收优惠政策、加强税收执法等，以提高税收征收的效率和公平性。本节将对菲律宾企业所得税、个人所得税以及社会保障税（费）制度进行概述，介绍其纳税人制度、征税对象和税率制度、计税方法和税收优惠制度等方面的内容。

1. 菲律宾企业所得税制度发展基础

（1）纳税人制度

菲律宾纳税企业包括合伙企业、股份公司、联合账户与协会等。根据《税法典》第 23 节第（E）条和第（F）条，企业纳税人依据注册地的不同可分为两种不同类型：国内企业和外国企业。企业在菲律宾境内成立或组建，或者依据菲律宾的法律成立或组建，即构成菲律宾税法上的国内企业。企业并非在菲律宾境内成立或组建，也未依据菲律宾的法律成立或组建，即构成"外国企业"。但是，若其在菲律宾境内从事交易或经营活动，可被划分为"居民外国企业"。

国内企业应对其来源于境内和境外的所得负有纳税义务；而外国企业，无论其是否在菲律宾境内从事交易或经营活动，仅就其来源于菲律宾境内的所得负有纳税义务（见表 2）。在认定国内企业与居民外国企业的企业所得税税负时，应当采用正常企业所得税与最低企业所得税之间的较高者，非居民外国企业则不受此限制。

表 2　菲律宾国内企业和外国企业征税范围

主体类型	构成要件	税收义务范围
国内企业	在菲律宾境内成立或组建，或者依据菲律宾的法律成立或组建的企业	对其来源于境内和境外的所得负有纳税义务
居民外国企业	在菲律宾境内从事交易或经营活动的外国企业	仅就其来源于菲律宾境内的所得负有纳税义务
非居民外国企业	并未在菲律宾境内从事交易或经营活动的外国企业	

资料来源：菲律宾《税法典》。

（2）征税对象和税率制度

《税法典》第二编第四章规定了企业所得税的税率，第 27 节和第 28 节分别规定了针对国内企业和外国企业适用的税率。《税法典》第二编第四章第 27 节规定了国内企业的一般性税率、特定主体适用的税率（如私人教育机构、医院）、最低的企业所得税税率，以及针对不同类型消极所得适用的税率。

除私人教育机构、医院①，政府持有或控制的企业、机构或部门②外，菲律宾国内企业在某一纳税年度就其来源于境内和境外的应纳税所得额，按照35%的税率缴纳企业所得税。根据第9337号修正案，自2009年1月1日起这一税率调整为30%。③

依据菲律宾参议院第1906号法案，自2019年1月1日起，国内企业在每一纳税年度从境内外取得的所有收入，均适用25%的税率。④ 这一税率在2021年3月公布的《菲律宾企业复苏和企业税收激励法案》⑤（以下简称CREATE法案）第6节中再次被确认。该节规定，除《税法典》另有规定外，自2020年7月1日起，根据第22（B）条及本节的规定，在菲律宾境内成立或根据菲律宾法律设立的应税公司，如果在每个纳税年度存在来源于境内外的应纳税收入，仍然按照25%的税率缴纳所得税。

但是，应税收入不超过500万菲律宾比索、总资产不超过1亿菲律宾比索的国内企业，适用20%的税率；在计算时，总资产不应当包括在纳税年度内特定商业实体的办公室、厂房和设备所在的土地。

当企业的销售成本占其从境内外取得的总销售额或收入的比重不超过55%时，该企业可选择以总收入乘以15%的适用税率计算其应纳税额。企业一旦做出这一选择后，在其满足上述条件的连续3个纳税年度内不得撤回该选择。

---

① National Internal Revenue Code of 1997, Title 2, Chapter IV, Section 27（B）. R. A. 8424（lawphil. net）.
② National Internal Revenue Code of 1997, Title 2, Chapter IV, Section 27（C）. R. A. 8424（lawphil. net）.
③ Senate and House of Representative of the Philippines, Act No. 9337, approved on May 4, 2005, Section 1（B）, https：//www. officialgazette. gov. ph/2005/05/24/republic-act-no-9337-2/.
④ See Senate S. B. No. 1906, Sec. 8, https：//issuances-library. senate. gov. ph/bills/senate-bill-no-1906-15th-congress-republic.
⑤ Corporate Recovery and Tax Incentives for Enterprises（CREATE）Act, https：//taxreform. dof. gov. ph/tax-reform-packages/p2-corporate-recovery-and-tax-incentives-for-enterprises-act/.

（3）计税方法

根据《税法典》第 31 节的规定，"应纳税所得额"是指本法中规定的总收入相关项目，减去本法及其他特别法所允许的各项扣除或免税项目。"应纳税所得额"乘以相适用的税率标准，考察是否存在税收优惠条款，最终得到应纳税额。

根据《税法典》第 32 节的规定，无论收入取得的来源地是否为菲律宾，总收入包括且不限于以下项目：第一，以任何形式支付的服务酬劳。包括但不限于费用、薪酬、工资、佣金及类似项目；从事交易或营业活动，或从事职业取得的总收入；处置财产取得的收益；利息；租金；特许权使用费；股息；年金；奖励及奖金；养老金；合伙人从普通专业合伙的净收入获得的分配股。第二，有一些项目不包括在总收入中。例如：根据税收协定给予免税的所得，外国政府取得的所得，政府或其政治职能机构取得的所得，销售债券、企业债券或其他 5 年期以上的负债证明取得的收益，赎回在共有基金中股份取得的收益等。

（4）税收优惠制度

根据 CREATE 法案第 16 节的规定，在符合《税法典》第 295 节和第 296 节规定的条件与期限的前提下，可对已登记的项目或活动给予以下类型的税收优惠。

所得税免税期。对于出口企业和《战略投资优先计划》（Strategic Investment Priority Plan，SIPP）从事被列为"关键"活动的国内市场企业，可享受 4~7 年的所得税优惠待遇，并在 10 年内享受特殊企业所得税税率或加计扣除；对于 SIPP 下不被列为从事"关键"活动的国内市场企业，所得税免税期为 4~7 年，然后在 5 年内享受特殊企业所得税税率或加计扣除。

特别企业所得税（Special Corporate Income Tax，SCIT）税率。对于出口企业、最低投资资本为 5 亿菲律宾比索的国内市场企业，以及根据 SIPP 从事被列为"关键"活动的国内市场企业，自 2020 年 7 月 1 日起，根据所得总收入，享受相当于 5% 的税率，以代替该企业应当缴纳的所有中央税和地方税。

加计扣除。对于出口企业、国内市场企业和从事"关键"活动的国内市场企业，根据 CREATE 法案第 16 节，从事 SIPP 下"关键"活动的企业，是指所在行业属于经国家经济和发展局确定的、对国家发展至关重要的行业。可以允许下列扣除：第一，为企业生产货物和提供服务而购置的资产的折旧津贴（符合条件的资本支出）——建筑物的折旧津贴增加 10%；机器和设备的折旧津贴增加 20%。第二，在纳税年度内发生的人工费用，可额外扣除 50%。第三，在纳税年度内发生的研究和开发费用，可额外扣除 100%。第四，在纳税年度内发生的培训费用，可额外扣除 100%。第五，在纳税年度内发生的国内投入费用，可额外扣除 50%。第六，在纳税年度内发生的能源类费用支出，可额外扣除 50%。第七，对制造业再投资补贴的扣除。第八，当从事制造业的已注册企业将其未分配利润或盈余再投资于 SIPP 中所列的任何项目或活动时，自再投资之日起的 5 年内，再投资的金额应允许从其应税所得中扣除。第九，净营业损失加计结转。登记项目或活动在开始商业运营后前 3 年内的净经营亏损，如果此前没有从总收入中被抵消或扣减的，可以在该亏损发生年度之后的连续 5 个纳税年度内结转，并从相应年度的总收入中扣减。

2.菲律宾个人所得税制度发展基础

（1）纳税人制度

依据《税法典》第 22 节第（A）条、第（B）条的规定，菲律宾税法上承担个人所得税纳税义务的主体包括个人、信托基金以及遗产。[①] 同时，更进一步划分可知，个人所得税的纳税主体可以分为"菲律宾公民"、"外国个人"（包括居民和非居民）、遗产和信托基金。

依据《税法典》第 23 节第（A）条至第（D）条的规定[②]，菲律宾个人所得税征管中，划分居民与非居民的标准为"国籍"，所有的菲律宾公民均

[①] National Internal Revenue Code of 1997, Title 2, Chapter II, Section 22（A）-（B）. R. A. 8424（lawphil. net）.

[②] National Internal Revenue Code of 1997, Title 2, Chapter II, Section 23（A）-（D）. R. A. 8424（lawphil. net）.

被视为居民。具体分类时，自然人可以分为 4 种类型，具体的税收待遇如下：居住在菲律宾的菲律宾公民，就其来源于菲律宾境内和境外的所得纳税；非居民的菲律宾公民，仅就其来源于菲律宾境内的所得纳税；作为海外劳工在境外工作并取得所得的菲律宾个人公民，仅就其来源于菲律宾境内的所得纳税；外国个人无论是否为菲律宾居民，仅就其来源于菲律宾境内的所得纳税。

（2）征税对象和税率制度

根据《税法典》的规定，对居民的应纳税所得按表 3 所示的个人所得税税率征税。资本利得通常应按标准所得税税率征收，但是买卖特定股份和不动产应按照预提税税率征收（见表 4）。

表3　菲律宾个人所得税税率

应纳税所得（菲律宾比索）	上档累进税额（菲律宾比索）	适用税率(%)
不超过 25 万的部分	0	0
超过 25 万但不超过 40 万的部分	0	20
超过 40 万但不超过 80 万的部分	30000	25
超过 80 万但不超过 200 万的部分	130000	30
超过 200 万但不超过 800 万的部分	490000	32
超过 800 万的部分	2410000	35

资料来源：Congress of Philippine, Tax Reform for Acceleration and Inclusion, Section5（A）（2）（a）Republic Act No.10963, https：//www. officialgazette. gov. ph/downloads/2017/12dec/20171219-RA-10963-RRD. pdf。

表4　菲律宾个人所得税预提税税率

项目	适用税率
不动产	［销售、交换或以其他形式处置位于菲律宾的不动产取得的总销售额的或当前公允市场价值(取较高值)的］6%
	［将不动产销售或处置给政府(或者其他政治分区、机关)、或由政府所有(或控制)的公司］由纳税人选择适用表 3 的税率或 6% 的税率
股息	(在菲律宾从事商贸和经营的)20%
	(没有在菲律宾从事商贸和经营的)25%

续表

项目	适用税率
利息	（在菲律宾从事商贸和经营的）20%
	（没有在菲律宾从事商贸和经营的）25%
特许权使用费	（在菲律宾从事商贸和经营的）20%（对书籍、文学作品和音乐作品的特许权使用费按10%征收）
	（没有在菲律宾从事商贸和经营的）25%
（技术）费	（没有在菲律宾从事商贸和经营的）25% 技术费可能被归类为特许权使用费
（董事）费	（没有在菲律宾从事商贸和经营的）25%

资料来源："Tax Reform Act of 1997"（An Act Amending the National Internal Revenue Code, As Amended, and For Other Purposes）Title 2, Chapter III, Section25；文号：Republic Act No. 8424, R. A. 8424（lawphil. net）。

（3）计税方法

《税法典》第二编第五至第七章规定了个人的应纳税所得额的计算方法，应纳税个人所得是指全部收入减去准予扣除额。

应纳税所得。包括薪水、生意收入、资本利得（来自买卖房地产及股权交易）、股息、利息、租金、特许权使用费、年金、退休金及合伙人在一般职业合伙关系净收入中的分配份额。低工资收入者薪资收入、假日工资、加班工资、夜班差别工资及危险津贴，都可以得到个人所得税的豁免。

税前扣除项目。个人从事生意或专业工作的，在计算其应纳税所得时，可以选择按不超过其总销售额或总收益40%的标准申报扣除，即可选择的扣除标准（OSD）。一旦确定选择使用OSD，该课税年的税务申报即不可改变。本地法律规定强制性社会保险和非应纳税收入（例如，上限至9000菲律宾比索的非应纳税奖金和微量的福利），可被允许抵扣个人总收入。

（4）税收优惠制度

①对于额外福利的税收待遇。

额外福利是指由雇主以现金或者实物的形式向雇员（不包括普通雇员）提供的任何商品、服务或其他福利，包括但不限于以下各项：房屋；报销账户；各种交通工具；家庭服务人员，比如佣人、司机以及其他；对于低于市场利率的借贷，市场利率和实际利率之间的差额；由雇主为雇员承担的参加社交和运动俱乐部或其他组织的会员费、应付款和其他费用；出国旅行的费用；节假日费用；为雇员或其受养人支付的教育支助；人寿或健康保险、其他非人寿保险金，或类似超出法律所允许的数额。

自 2018 年 1 月 1 日起，对于雇主提供给雇员的额外福利还原后的现金价值，按照 35% 的最终税率课征所得税①。还原的现金价值是指将额外福利的实际现金价值除以 65%。对于不在菲律宾从事贸易或商业的非居民外国人，受雇于跨国公司地区或区域总部以及区域运营总部的外国人，受雇于境外银行单位的外国人，以及受雇于石油服务承包商和转包商的外国人，额外福利的课税计算方式另有不同。

雇主为雇员提供的医疗保险费免税。根据菲律宾参议院第 2112 号法案，雇主为雇员提供的医疗保险费，可免缴个人所得税和附加福利税。

规定的额外福利并非应税收入。《税法典》第 33 节第（C）条规定，以下额外福利并非应税收入：根据特别法给予免税的额外福利；为雇员退休、保险和住院福利计划所缴纳的费用；给予普通员工的福利，无论是否为基于集体谈判协议而达成的；由菲律宾财政部参照国家税务局局长的建议发布规

---

① "Tax Reform for Acceleration and Inclusion（TRAIN）"（An Act Amending Sections 5, 6, 24, 25, 27, 31, 32, 33, 34, 51, 52, 56, 57, 58, 74, 79, 84, 86, 90, 91, 97, 99, 100, 101, 106, 107, 108, 109, 110, 112, 114, 116, 127, 128, 129, 145, 148, 149, 151, 155, 171, 174, 175, 177, 178, 179, 180, 181, 182, 183, 186, 188, 189, 190, 191, 192, 193, 194, 195, 196, 197, 232, 236, 237, 249, 254, 264, 269, and 288; Creating New Sections 51-A, 148-A, 150-A, 150-B, 237-A, 264-A, 264-B, and 265-A; and Repealing Sections 35, 62, And 89; All Under Republic Act No. 8424, Otherwise Known as the National Internal Revenue Code of 1997, as Amended, and for Other Purposes）Section10. R. A. 10963（lawphil. net）.

章中所规定的最低福利。

②针对新冠疫情的相关税收优惠政策。

新冠疫情期间，2020 年 9 月 11 日，菲律宾总统签署有关扩大疫情期间税收优惠的第二次刺激计划法案①，其中个人所得税优惠政策如下：第一，免征个人所得税。在国家紧急状态期间，政府向防疫工作者提供的防疫特殊风险津贴，以及政府向在一线服务的卫生工作者提供的实际危险工资；2020 年 6 月 5 日至 12 月 31 日期间，私营企业员工领取的退休福利，均免征个人所得税。第二，捐赠全额扣除。捐赠给公立学校的电脑设备金额，捐赠者可全额扣除。

3. 菲律宾社会保障税（费）制度发展基础

（1）纳税人制度

社会保障缴款是对雇员和雇主征收的。共和国法案第 8282 号②规定社会保障制度（SSS）方案必须从就业之日起，涵盖 60 岁以下的所有雇员（包括外籍居民）及其雇主、家庭佣工和自营职业者。SSS 授予员工在医疗保险和员工补偿计划中的自动成员资格。如果是产假和疾病津贴，则雇主必须向雇员预付适当的金额；SSS 计划随后将全额补偿给雇主。

（2）征税对象和税率制度

员工薪酬计划。保险费由雇主收取，并支付给由雇员赔偿委员会管理的国家保险基金。该方案的目的是帮助因工作而患病，或受伤而残疾或死亡的工人。福利包括医疗和康复服务，以及残疾或死亡援助。

医疗保险。包括外籍员工在内的所有员工都必须向菲律宾健康保险公司（PhilHealth）缴纳医疗保险费。医疗保险福利包括菲律宾医疗保健委员会规定的住院、手术、医药和医生费用的医疗津贴。成员的法定家属也包括在

---

① "Bayanihan to Recover As One Act" （AN ACT PROVIDING FOR COVID-19 RESPONSE AND RECOVERY INTERVENTIONS AND PROVIDING MECHANISMS TO ACCELERATE THE RECOVERY AND BOLSTER THE RESILIENCY OF THE PHILIPPINE ECONOMY, PROVIDING FUNDS THEREFOR, AND FOR OTHER PURPOSES） R. A. 11494 （lawphil. net）.

② Republic Act No. 8282, https：//elibrary. judiciary. gov. ph/thebookshelf/showdocs/2/4414.

内。随着 1995 年《国家健康保险法》（RA 7875）① 的通过，SSS 和 GSIS（政府服务保险体系）将医疗保险计划的管理权移交给 PhilHealth，以采取综合和全面的健康发展方法。

（3）计税方法

对社会保障和雇员补偿方案的缴款。根据 2013 年 10 月 2 日社会保障局 2013-010 号的通知（自 2014 年 1 月起生效），每个员工的社会保障和员工补偿计划的最高月供款取决于员工的工资等级（见表 5）。

表 5　菲律宾员工工资等级以及自缴和企业缴纳的社会保险金额

单位：菲律宾比索

月薪	月薪积分	雇主供款	员工自缴	雇主对员工的供款补偿
1000~1249.99	1000	73.7	36.3	10
1250~1749.99	1500	110.5	54.5	10
1750~2249.99	2000	147.3	72.7	10
2250~2749.99	2500	184.2	90.8	10
2750~3249.99	3000	221.0	109.0	10
3250~3749.99	3500	257.8	127.2	10
3750~4249.99	4000	294.7	145.3	10
4250~4749.99	4500	331.5	163.5	10
4750~5249.99	5000	368.3	181.7	10
5250~5749.99	5500	405.2	199.8	10
5750~6249.99	6000	442.0	218.0	10
6250~6749.99	6500	478.8	236.2	10
6750~7249.99	7000	515.7	254.3	10
7250~7749.99	7500	552.5	272.5	10
7750~8249.99	8000	589.3	290.7	10
8250~8749.99	8500	626.2	308.8	10

---

① Republic Act No. 7875，https：//elibrary. judiciary. gov. ph/thebookshelf/showdocs/2/2782.

续表

月薪	月薪积分	雇主供款	员工自缴	雇主对员工的供款补偿
8750~9249.99	9000	663.0	327.0	10
9250~9749.99	9500	699.8	345.2	10
9750~10249.99	10000	736.7	363.3	10
10250~10749.99	10500	773.5	381.5	10
10750~11249.99	11000	810.3	399.7	10
11250~11749.99	11500	847.2	417.8	10
11750~12249.99	12000	884.0	436.0	10
12250~12749.99	12500	920.8	454.2	10
12750~13249.99	13000	957.7	472.3	10
13250~13749.99	13500	994.5	490.5	10
13750~14249.99	14000	1031.3	508.7	10
14250~14749.99	14500	1068.2	526.8	10
14750~15249.99	15000	1105.0	545.0	30
15250~15749.99	15500	1141.8	563.2	30
15750 及以上	16000	1178.7	581.3	30

医疗保险缴款。根据 2018 年 1 月生效的 PhilHealth 通函 2017-0024①，每月保费缴款为月薪的 2.75%，由员工和雇主平均分摊（见表6）。

表6　菲律宾员工等级以及员工自缴和企业缴纳的医疗保险金额

单位：菲律宾比索

月基本工资	每月保费	员工份额	雇主份额
10000 及以下	275.00	137.50	137.50
10000.01~39999.99	275.01~1099.99	137.51~549.99	137.51~549.99
40000 及以上	1100	550	550

资料来源：PhilHealth Circular No. 2017-0024。

---

① PhilHealth Circular No. 2017-0024，https：//www.philhealth.gov.ph/circulars/2017/archives.php.

政府服务保险体系。GSIS 由 CA 186 创建，于 1936 年 11 月 14 日通过。GSIS 的缴款率为雇员每月薪酬的 9%，雇主每月薪酬的 12%。

家庭发展共同基金。SSS/GSIS 强制涵盖的所有员工也是家庭发展共同基金的强制成员。收入在 1500 菲律宾比索及以下的员工需要每月支付相当于其每月薪酬 1% 的供款，如果其每月薪酬超过 1500 菲律宾比索，则支付 2% 的供款。雇主还需支付相当于供款成员月供款 2% 的月供款。用于计算雇员和雇主供款的每月最高薪酬不超过 5000 菲律宾比索。

个体经营。SSS 计划下的自愿保险可由在国外工作的外籍雇主招聘的菲律宾人、与工作分离的雇员、没有收入的自营职业者以及全职管理家庭且不从事任何职业的配偶提供。每月收入至少 1000 菲律宾比索且年龄不超过 60 岁的所有自营职业者都必须参加社保。

个人股本和退休账户（PERA）。2008 年，共和国法案第 9505 号[①]（或称 2008 年 PERA 法案）建立了个人退休计划的法律和监管框架，包括自愿个人储蓄和投资。法律授权国内税务机关（BIR）发布与 PERA 相关的税务管理方面的实施规则和条例。BIR 发布了收入条例 RR 17-2011[②]，以实施 2008 年 PERA 法案的税收规定。然而，直到 2016 年 7 月 21 日，BIR 才根据 RMO 42-2016 规定了 PERA 交易（涉及捐款、收入、提款或终止）的适当行政报告的实施指南和程序，并为 PERA 相关表格和报告规定了简化程序和统一格式。

PERA 的供款限额。根据规定，PERA 的供款可以来自员工（或其雇主）或个体经营者，每个日历年不超过 10 万菲律宾比索，如果供款人是海外菲律宾人，则每年不超过 20 万菲律宾比索。

PERA 供款的税收抵免。雇员或自雇合格供款人将有权获得一个日历年内合格 PERA 供款总额 5% 的税收抵免，这仅针对他们的所得税负债（包括

[①] Personal Equity and Retirement Account (PERA) Act of 2008, https://elibrary.judiciary.gov.ph/thebookshelf/showdocs/2/10880.

[②] Revenue Regulation No. 17-2011, https://www.bir.gov.ph/index.php/archive/2011-revenue-regulations.html.

拖欠账户），但在任何情况下都不得退还或转换为现金，或转让给任何其他方。合格雇主对雇员 PERA 的供款无权享受 5% 的税收抵免，但可以从其总收入中扣除，只要其供款能够完成实施规则和条例规定的最大允许 PERA 供款。同样，符合条件的供款可免于缴纳补偿预扣税和附带福利的最终预扣税。

（4）税收优惠制度

对于在菲律宾境内或境外受雇于以下机构的菲律宾人免征社会保障税：位于菲律宾境外的外国船舶，菲律宾政府或其部门、机构，外国政府，国际组织，国际组织的全资机构、子公司、分支机构。上述人员也可以通过与政府签订协议，选择在 SSS 中自愿投保。

（三）菲律宾货物劳务税类制度发展基础

货物劳务税是指对在菲律宾境内销售、交换或租赁商品，并提供服务所征收的间接税。货物劳务税主要包括增值税和消费税。

1. 菲律宾增值税制度发展基础

（1）纳税人制度

根据《税法典》第四编第 105 节，增值税的纳税主体包括在贸易或营业过程中，销售、交换商品或财产、提供服务的人，以及进口商品的人。这些主体应当按照《税法典》第 106 节至第 108 节的规定缴纳增值税。所谓"在贸易或营业过程中"，是指由任何主体从事商业或经济活动的常规行为，包括类似交易，无论参与的主体是否为非上市、非营利性组织或政府实体。

（2）征税对象和税率制度

销售商品或财产的增值税。根据《税法典》第 106 节第（A）条，对于销售、交换的商品或财产，应当在商品或财产的总售价或总价值基础上，按照 12% 的增值税税率，由卖方或转让方缴纳增值税。但是，若商品销售或服务的对象是政府或行政分区，或政府所有（或控制）的机构、公司，最终预提税税率为 5%。"总售价"是指买方支付的总货币金额或有义务支付给卖方的作为销售、交换商品或财产的对价。该商品或财产的消费税包含于总售价中。"商品或财产"是指所有可以用金钱衡量的有形和无形客体，包括：在贸易或营业过程中主要用于销售或租赁的不动产；使用专利、版权、设计模型、计划、秘密配方或工序、商誉、商标或其他类似财产或权利的权利或优先权；在菲律宾使用任何工业、商业或科学设备的权利；使用电影、胶片和磁带的权利；无线电、电视、卫星传播和有线电视。

进口商品的增值税税率。根据《税法典》第107节，进口商品的增值税计算，是根据海关认定的关税加上消费税（如有）和其他的费用，乘以12%的税率，进口商应在商品通关之前缴纳这些税款。如果关税的认定是基于商品的数量，那么增值税的税基是根据到岸成本和消费税（如有）进行确定的。

销售服务以及使用或租赁财产产生的增值税适用税率。根据2005年修正后的《税法典》第108节①，对于服务的销售或交易，包括财产租赁或使用，按照总收入的12%缴纳增值税。

服务的销售或交易。指有偿为他人在菲律宾提供所有种类的服务，包括：租赁、使用或有权使用版权、专利、设计模型、计划、秘密配方或工序、商誉、商标或其他类似财产或权利；租赁、使用或有权使用工业、商业或科学设备；提供科学、技术、工业或商业知识或信息；为上述两项的使用或享有而提供的辅助性的帮助；由非居民或其雇员提供的与使用属于该非居民财产或权利有关的服务，安装或操作从此类非居民处购买的商标、设备或其他仪器有关的服务；提供与科学、工业或商业运营、企业、项目或方案的实施或管理相关的技术咨询、帮助或服务；租赁动画影片、电影、磁带和光盘；租赁、使用或有偿使用无线电、电视节目、卫星传输

---

① AN ACT AMENDING SECTIONS 27, 28, 34, 106, 107, 108, 109, 110, 111, 112, 113, 114, 116, 117, 119, 121, 148, 151, 236, 237 AND 288 OF THE NATIONAL INTERNAL REVENUE CODE OF 1997, AS AMENDED, AND FOR OTHER PURPOSESRepublic Act No. 9337 | Official Gazette of the Republic of the Philippines.

和有线电视。

"总收入"。指涵盖合同价款、报酬、服务费、租金或特许权使用费的总金额或其等价物，包括在为他人提供服务或将要提供服务的纳税季度里，实际取得的与服务一并提供的材料价款、银行存款和预付款（不含增值税）。

零税率。已登记的增值税纳税人在菲律宾提供的下列服务适用零税率：为在菲律宾境外从事经营的人处理、加工或改装随后从菲律宾出口的商品且用可接受的外币支付该服务，并满足菲律宾中央银行的规定；为在菲律宾境外从事经营的人或在菲律宾境外未从事经营的非居民，提供前段未提及的服务，且用可接受的外币支付报酬并满足菲律宾中央银行的相关规定；为根据特别法或者菲律宾签署的国际协议享有免税待遇，并就服务提供适用零增值税的人或公司提供服务；为从事国际船运或国际航空运输提供服务（这些服务应为国际运输或航空运输运营所独有的）；转包商或承包商为出口额超过年总产量70%的企业提供处理、加工制造产品的服务；从菲律宾到其他国家的海上或航空客运或货运。销售通过可再生能源产生的能量或燃料，包括但不限于生物质能、太阳能、风能水电、地热能、海洋能源和其他使用如燃料电池和氢燃料技术的新兴能源。

（3）计税方法

采购的进项税金，用于抵扣销货的销项税金，抵减后的余额为净销项税额，即应交税金。

在纳税季度末，如果销项税超过进项税，超额的部分应由已登记的增值税纳税人缴纳；如果进项税超过销项税，则超过的部分可以转入下一季度抵扣。但是，对于可归于适用零税率的销售产生的进项税，已登记的增值税纳税人可以按照《税法典》第112节的规定选择退税，或与其他的国内税款进行抵扣。

（4）税收优惠制度

免税规定。根据规定以下交易可免缴增值税，即在原产国销售或进口农产品和海产品、常用家畜、为人类消费而生产的食品和种畜以及遗传物质。

销售或进口肥料、种子、籽苗、鱼种、鱼虾、畜禽饲料，包括无论是本地生产还是基于出口目的用于制造成品饲料的材料，但是不包括用于赛马、斗鸡、观赏鱼、动物园和其他宠物的饲料。菲律宾居民回国或来菲律宾定居的非居民公民进口的属于其个人的家具，而且根据海关法此类商品免征关税。属于来菲律宾定居的人或菲律宾人或其现在是其他国家的居民或公民的家庭成员和后代，随身携带的或其在合理的时间内到达菲律宾的专业设备和工具、衣物、家畜和个人家具，这些物品的数量和类别与携带之人的专业、职位或职业相适应，且这些物品不是为了销售、交换或交易，仅供个人使用。该人需要向委员会提交充分的证据表明其实际上是来菲律宾定居并且其居住地的改变是善意的；① 应缴纳比例税的服务。由农业合同养殖户提供的服务，以及为未剥皮的水稻去皮、玉米研磨成玉米粉和甘蔗榨糖。医疗、牙医、住院和兽医服务，不包括由专业人员提供的服务和实验室服务，如果医院或者诊所经营药店，所销售的药品需要缴纳增值税。由教育部门、高等教育委员会、技术教育和技能发展机关充分认可的私立教育机构以及政府教育机构提供的服务。个人根据雇员关系提供的服务。跨国公司设在菲律宾用于监督、沟通和协调亚太地区子公司、附属机构或分支机构的区域总部提供的服务，且该区域总部不从菲律宾获得所得。特别法或者菲律宾签署的生效国际协议规定的免税交易，不包括第 529 号总统令所规定的交易（根据 1949年石油法案②所规定的石油开采特权受让人）。无论是以原产品还是加工的形式，在合作社发展局登记的农业合作社对于其成员的产品销售以及成员的产品销售给非成员，进口直接或专门用于生产或其产品加工的农用物质、机器和设备，包括有关配件。从合作社发展局登记的信贷或多功能合作社的放贷获得的总收入。在合作社发展局正式注册的非农业、非电力和非信贷合作社的销售：无论成员之间按何比例分配总资本和净盈余，每个成员的股本出资不超过 15000 比索。不属于已登记的增值税纳税人的出口销售。以下情形

① Tax Reform for Acceleration and Inclusion Act, Sec. 34. bir. gov. ph/images/bir_files/internal_communications_1/TRAIN matters/RA-10963-RRD. pdf.

② Petroleum Act of 1949, Senate of the Philippines Legislative Reference Bureau.

的不动产销售：①销售主要不是用于在一般贸易或商业过程中销售或租赁给客户的不动产，但是国家税务局的规章规定，如果此类不动产被卖方用于一般贸易或商业，该销售额需要缴纳增值税，该销售附带被认为是该纳税人的主要业务；②销售菲律宾共和国第7279号法令（RA7279）和其他有关法律（如RA7835和RA8763）规定的用于廉价住房的不动产，住宅价值不超过150万菲律宾比索，房屋、地段和其他住宅不超过250万菲律宾比索。但是，自2021年1月1日起，免增值税仅适用于销售非主要用于在一般贸易或商业过程中销售或租赁给客户的不动产，以及销售社会化住房（根据菲律宾共和国法案第7279号①，以不超过200万菲律宾比索的价格出售房屋和地段及其他住宅），此后每3年应根据菲律宾统计局发布的《消费者价格指数》对所述金额进行调整。每月每个住宅单元的租金不超过15000菲律宾比索，无论该年度该出租人总租金收入是多少。销售、进口、印刷或出版以固定的价格出现在国内的书籍和任何报纸、杂志或公报，且不是主要用于已支付的广告费用而出版。国际运输公司运输旅客。销售、进口或租赁客运或货运船舶和航空器，包括用于本国或国际运输公司的相关引擎、装备和配件。进口燃料、商品和从事国际航运或航空运输公司的人。银行的服务、执行准银行功能的非银行金融中介的服务和其他非银行中介。根据共和国第9994号法令（2010年增扩老年公民法）和共和国第10754号法令（增扩残疾人权益与特权法）向高龄公民销售、租赁物品或提供服务。根据经修订的《税法典》第40（c）（2）条转让财产。协会会费、会员费或其他由房主协会或共管公司收集的参与费用。向菲律宾中央银行出售黄金。自2019年1月1日起，销售针对糖尿病、高胆固醇和高血压的药物。商品和服务的销售或租赁，或提供上述以外的服务，但是年度总销售额或收入不超过300万菲律宾比索。

---

① AN ACT TO PROVIDE FOR A COMPREHENSIVE AND CONTINUING URBAN DEVELOPMENT AND HOUSING PROGRAM, ESTABLISH THE MECHANISM FOR ITS IMPLEMENTATION, AND FOR OTHER PURPOSES. Republic Act No. 7279. Official Gazette of the Republic of the Philippines.

进出口商品免税的专项规定。第一，销售和进口规定药品免税。2020年1月22日发布的共和国第11467号法令①第1节规定，销售和进口治疗糖尿病、高胆固醇、高血压、癌症、精神疾病、结核病和肾脏疾病的药物与药品免征增值税。第二，进口易腐烂的农业食品免税。2021年11月10日发布的第112-2021号税收备忘录通告②修订了第109节（A）款，规定进口易腐烂的农业食品（如未加工的蔬菜、水果和坚果）时，不再需要签发进口货物授权书，且免征这些产品的增值税。

针对新冠疫情的相关优惠措施。第一，投资免税期。为应对新冠疫情，2020年11月19日公布的第50号税收备忘录通知③规定，政府可以对向能够减轻、控制或消除新冠疫情影响的经营活动所提供的投资给予免税期。"经营活动"包括：一是制造"必要性商品"：生产或制造药品、医疗设备和装置、个人防护设备、外科设备和用品、实验室设备及其试剂、医疗用品、工具和消耗品（包括但不限于消毒剂和清洁材料、次氯酸钠、聚维酮碘），生产或制造原材料、半成品/中间产品，以及用于生产或制造上述产品的机器和设备。二是提供"必要性服务"。第二，进口疫苗活动免税。2021年2月8日公布的第8648号众议院法案第6节规定，对于地方政府部门采购、进口、储存、运输、分配和管理新冠疫苗等活动，应免征关税、增值税、消费税和其他费用，前提是地方政府部门采购的疫苗只能用于其居民和选民，不能用于商业分销。

2.菲律宾消费税制度发展基础

（1）纳税人制度

根据《税法典》第六编第129节，消费税适用于在菲律宾生产的用于本国消费、销售或以其他方式处置的商品，进口的物件，以及在菲律宾进行的服务，是在增值税、关税以外另行征收的税种。制造商、进口商、所有者、产品占有者为消费税的纳税人。

---

① Republic Act No. 11467 | Official Gazette of the Republic of the Philippines.
② RMC No. 112-2021. pdf（bir. gov. ph）.
③ bir. gov. ph/images/bir_files/internal_communications_2/RMCs/2021 RMCs/RMC No. 115-2021. pdf.

（2）征税对象和税率制度

消费税应税商品或物件。包括酒类、烟草、石油产品、汽车和非必需品（如珠宝、香水、用于娱乐或运动的船只）、矿产品（如煤炭、焦炭等）。

消费税税率。针对每一种不同的商品和物件，消费税税率也各不相同。

第一，酒类税率。[①]

菲律宾酒类应纳消费税额采用从价定率和从量定额的方法来计算（见表7）。

表7 菲律宾适用于酒类的消费税税目和税率

税目		税率	
蒸馏酒类		净零售价[1] 的 25%，加 40 菲律宾比索每升，2020 年 1 月 1 日提高为 45 菲律宾比索，2021 年 1 月 1 日提高为 50 菲律宾比索，	
气泡酒或香槟酒	每瓶容量为 750 毫升的净零售价不超过 500 菲律宾比索	每升 335 菲律宾比索	自 2020 年 1 月起每年提高 10% 的税率，由财政部的税收规章公布
	每瓶容量为 750 毫升的净零售价超过 500 菲律宾比索	每升 937 菲律宾比索	
无气葡萄酒和葡萄汽酒	酒精含量不超过 14%	每升 40 菲律宾比索	
	酒精含量超过 14% 但小于 25%	每升 80 菲律宾比索	
啤酒、窖藏型啤酒、麦芽酒、波特酒和其他发酵酒，但不包括菲律宾本国发酵酒	每升	每升 40 菲律宾比索，自 2020 年 1 月 1 日起提高为 45 菲律宾比索，自 2021 年 1 月 1 日起提高为 50 菲律宾比索，	

注：1. 在马尼拉市场上，酒类净零售价是在马尼拉的至少 5 家以上主要大超市的零售价格，但不包括所要适用的消费税和增值税；在马尼拉以外的市场上，净零售价是在当地至少 5 家以上主要大超市的零售价格，不包括消费税和增值税。由国家税务局通过宣誓价格调查来确定净零售价。菲律宾税法对此还有更加详细的规定。零售价是最终消费者或终端使用者的购买价。

---

① National Internal Revenue Code of 1997, Title 6 , Chapter III; Senate S. B. No. 2197, Sec. 1, https：//www. bir. gov. ph/index. php/tax-code. html#title5.

第二，烟草税率①（见表8）。

表8　菲律宾适用于烟草的消费税税目和税率

税目	税率	
烟丝	每千克1.75菲律宾比索	自2019年1月起每年提高9%的税率,由财政部的税收规章公布
雪茄烟	每只雪茄烟净零售价的20%,加5菲律宾比索/只	
由手工包装的卷烟（每包或不同包装组合不得超过20支）	每包65.4菲律宾比索	2018年为60菲律宾比索,自2019年1月起每年提高9%的税率
由机器包装的卷烟		

第三，石油产品税率②（见表9）。

表9　菲律宾适用于石油产品的消费税税目和税率

税目	税率		
	自2018年1月起生效	自2019年1月起生效	自2020年1月起生效
润滑油	每升或每千克8菲律宾比索	每升或每千克9菲律宾比索	每升或每千克10菲律宾比索
脱硫气体	每升8菲律宾比索	每升9菲律宾比索	每升10菲律宾比索
矿脂	每千克8菲律宾比索	每千克9菲律宾比索	每千克10菲律宾比索
工业酒精	每升8菲律宾比索	每升9菲律宾比索	每升10比索

① National Internal Revenue Code of 1997, Title 6, Chapter IV, http：//www. senate. gov. ph/lisdata/2684223058！. pdf. Tax Reform for Acceleration and Inclusion Act, Sec. 42, https：//www. dof. gov. ph/ra-10963-train-law-and-veto-message-of-the-president/. Senate S. B. No. 1055, Sec. 1. https：//legacy. senate. gov. ph/lisdata/3900935459！. pdf.

② National Internal Revenue Code of 1997, Title 6, Chapter V, https：//www. bir. gov. ph/index. php/tax-code. html # title5. Tax Reform for Acceleration and Inclusion Act, Sec. 43, https：//www. dof. gov. ph/ra-10963-train-law-and-veto-message-of-the-president/.

续表

税目	税率		
	自 2018 年 1 月起生效	自 2019 年 1 月起生效	自 2020 年 1 月起生效
石脑油、常规汽油和其他类似蒸馏产品（当用于生产石化产品或作为天然气的替代燃料用于火力发电厂时，符合财政部部长颁布的规定可适用每升 0 菲律宾比索）	每升 7 菲律宾比索	每升 9 菲律宾比索	每升 10 菲律宾比索
含铅高级汽油	每升 5.35 菲律宾比索	每升 5.35 菲律宾比索	每升 5.35 菲律宾比索
不含铅高级汽油	每升 7 菲律宾比索	每升 9 菲律宾比索	每升 10 菲律宾比索
航空喷气机燃料	每升 4 菲律宾比索	每升 4 菲律宾比索	每升 4 菲律宾比索
煤油（若用于航空燃料则每升 4 菲律宾比索）	每升 3 菲律宾比索	每升 4 菲律宾比索	每升 5 菲律宾比索
柴油和产生类似动力的燃料油	每升 2.5 菲律宾比索	每升 4.5 菲律宾比索	每升 6 菲律宾比索
液化石油气（当符合财政部部长颁布的规定时每千克 0 菲律宾比索，当用于提供动力时应按照柴油及类似燃料油的税率征税）	每千克 1 菲律宾比索	每千克 2 菲律宾比索	每千克 3 菲律宾比索
沥青	每千克 8 菲律宾比索	每千克 9 菲律宾比索	每千克 10 菲律宾比索
船用燃料油和产生类似动力的燃料油	每升 2.5 菲律宾比索	每升 4.5 菲律宾比索	每升 6 菲律宾比索
石油焦炭（用作发电设施的原料每吨 0 菲律宾比索）	每吨 2.5 菲律宾比索	每吨 4.5 菲律宾比索	每吨 6 菲律宾比索

暂停提高消费税的专项规定。根据《税法典》第 148 节，在 2018~2020 年，如果基于新加坡普氏平均值的迪拜平均原油价格在计划提高消费税前 3 个月达到或超过每桶 80 美元，则该部分规定的消费税的提高应当暂停。

第四，矿产品税率①（见表10）。

表10　菲律宾适用于矿产品的消费税税目和税率

税目		税率
煤炭、焦炭		自2018年1月起每吨50菲律宾比索；自2019年1月起每吨100菲律宾比索，自2020年1月起每吨150菲律宾比索
非金属矿产品和砂石资源	源于本地开采或生产的矿石	该资源转移时总产值的实际市场价格的4%
	源于进口	由海关基于关税确定的价值的4%，但不包括消费税和增值税
本地生产的天然气和液化天然气		不征收消费税
金属矿产品	源于本地开采或生产的矿石	该资源转移时总产值的实际市场价格的4%
	源于进口	由海关基于关税确定的价值的4%，但不包括消费税和增值税
国产石油		公平国际市场价格¹6%

注：1. 公平国际市场价格可以由政府机关确定。

第五，含糖饮料税率②（见表11）。

表11　菲律宾适用于含糖饮料的消费税税目和税率

税目	税率
添加热量甜味剂、无热量甜味剂，或将两者混合使用的饮料	每升6菲律宾比索
添加纯高果糖玉米糖浆或与热量甜味剂或无热量甜味剂混合使用的饮料	每升12菲律宾比索
使用纯椰汁糖或甜菊醇糖苷	免税
所有乳制品、纯天然果汁与蔬菜汁、医学上指示或膳食替代的饮料、咖啡粉、速溶咖啡和预包装粉状咖啡产品	免税

---

① National Internal Revenue Code of 1997, Title 6 , Chapter VII, https：//www. bir. gov. ph/index. php/tax-code. html. Tax Reform for Acceleration and Inclusion Act, Sec. 48, https：//www. dof. gov. ph/ra-10963-train-law-and-veto-message-of-the-president/.

② 关于含糖饮料、热量甜味剂、无热量甜味剂、高果糖玉米糖浆等概念的定义，参见 Tax Reform of Acceleration and Inclusion Act, RA. 10963, Sec. 47, https：//www. officialgazette. gov. ph/downloads/2017/12dec/20171219-RA-10963-RRD. pdf。

第六，其他产品税率①（见表12）。

表12　菲律宾适用于其他产品的消费税税目和税率

税目 制造商或进口商的售价（菲律宾比索）		税率
汽车[1]	不超过60万的部分	4%
	超过60万但不超过100万的部分	10%
	超过100万但不超过400万的部分	20%
	超过400万的部分	50%
混合动力车辆		适用以上标准税率的50%
纯电力动力车辆		免税
专用于自由港的汽车		免税
珠宝及仿制品、金银和铂金等珍贵材料制成的商品、望远镜；香水、花露水；游艇和其他用于娱乐或运动的船只		批发价或海关根据关税确定的价格的20%，但不包括增值税和消费税
单纯出于审美目的的整容手术[2]		5%

注：进口的并非用于销售的汽车的应纳税额为总的到岸价，包括交易价、关税和所有其他费用。

资料来源：Tax Reform for Acceleration and Inclusion Act, Sec. 46, https://www. dof. gov. ph/ra-10963-train-law-and-veto-message-of-the-president/。

（3）计税方法

消费税的征收形式和计税方法分为两类，即从量征收和从价征收，从量征收是指根据商品的质量、体积或任何其他物理计量单位来征收消费税，从价征收是指根据商品的售价或其他特定的价格来征收消费税。进口物品适用与本地生产物品相同的消费税税率和计税基础。

应纳税额和总销售价格。除非另有其他规定，总销售价格包括商品在产地以批发的方式销售或通过代理商销售给公众所采用的价格，但不包括增值税部分。如果制造商销售，或允许该制造商所有的或有利益关系的企业以批

---

① National Internal Revenue Code of 1997, Title 6, Chapter VI, https://www. bir. gov. ph/index. php/tax-code. html.

发形式销售此商品，则总售价指该批发价。如果此价格低于制造成本加产品销售前所发生的费用，则需要加上适当的利润率（不低于生产成本和费用的10%），构成此商品的总售价。应纳税额由总销售价乘以相应的税率所得。

（4）税收优惠制度

《税法典》第六编第二章规定了特定商品享有免征消费税或满足特定条件的情况下享受免税待遇的情况。例如：满足特定条件的销售给国际运输者、免税实体或机构的石油产品（第135条），符合一定条件的本地工业酒精（第134条）等。

（四）菲律宾财产税类制度发展基础

1. 菲律宾房产税制度发展基础

（1）纳税人制度

菲律宾房产税的纳税人为拥有诸如土地、建筑物、机械和其他改进设施等不动产的所有人。每个拥有或管理不动产的人，或其授权代表，必须在1月1日至6月30日期间，每3年提交一次宣誓声明，声明财产的当前真实价值和公平市场价值（无论是应税还是免税）。

（2）征税对象和税率制度

不动产须按照其地段缴纳不动产税。《地方法典》没有对不动产的定义，因此，《菲律宾民法典》①第415条中体现的不动产定义是补充。不动产包括土地、建筑物、机械和其他法律未豁免的改进。

不动产税税率。每次税务申报，不动产税不应超过其估值的3%。如果其不动产位于某省，应按年缴纳一笔不超过不动产评估价值的1%的从价税；如果其不动产位于某个城市，或马尼拉市区，则应缴纳不超过其不动产评估价值的2%的从价税。

---

① The Civil Code of the Philippines, https://chanrobles.com/civilcodeofthephilippinesbook2.htm.

2. 菲律宾遗产税及赠与税制度发展基础

（1）遗产税

纳税人制度。遗产税的纳税人为接受遗产继承或赠与的个人。

征税对象和税率制度。遗产税对居民和非居民死者的净遗产（总遗产减去允许扣除额）征收。自 2018 课税年度起，无论遗产净值如何，遗产税均固定为 6% 的统一税率。截至 2017 课税年度，房地产遗产税按表 13 的累进税率征收。

表 13　菲律宾房地产遗产税累进税率

房地产净值（菲律宾比索）	边际利率(%)
0～200000（含）	豁免
200000～500000	5

就公民和居民而言，总财产包括所有位于任何地方的财产。就非居民外国人而言，总财产仅包括位于菲律宾的财产。总遗产根据其所有人死亡时的公允市场价值进行估价。非上市普通股按其账面价值估值，而非上市优先股按其票面价值估值。对于在证券交易所上市的股票，如果在所有人死亡日期当天没有报价，则公允市场价值是最接近所有人死亡日期的最高报价和最低报价之间的算术平均值。

总遗产不包括的项目。尚存配偶的资本；保单中不可撤销指定的受益人收到的人寿保险收益；从已缴纳 6% 最终预扣税的死者的存款账户中提取的金额，包括外币存款。

允许从公民或居民的总遗产中扣除的金额如下：对遗产的索赔；死者对破产的索赔；未支付的抵押贷款和税款，以及未通过保险补偿或作为所得税扣除的损失；被继承人在所有人死亡前 5 年内以 20% 至 100% 的递减率获得的财产（"消失扣除额"）；遗产、遗赠或转让给政府或其任何政治分支机构，或供其使用，仅用于公共目的；家庭住宅的公平市场价值，但不超过 1000 万菲律宾比索；标准扣减 500 万菲律宾比索；死者继承人从其雇主处获得的死亡抚恤金；尚存配偶在夫妻伴侣关系或共同财产中的净份额，减去该财产应承担的义务。

税收优惠制度。免税项目包括：无产权所有人的用益权合并；信托继承人或受遗赠人向信托委员会传递或交付遗产；第一继承人、受遗赠人或受赠人按照前任人的意愿向另一受益人转让；向社会福利、文化和慈善机构的遗赠或转让，其净收入的任何部分都不符合任何个人的利益，前提是此类机构将不超过30%的此类遗赠和转让用于管理目的；社会保障福利。

（2）赠与税

纳税人制度。对于公民和居民，无论位于何处，捐赠财产都要缴纳捐赠人税。在非居民外国人的情况下，捐赠人只对菲律宾的财产捐赠缴税，而无形个人财产捐赠的征税则遵循互惠原则。

征税对象和税率制度。赠与税是针对净赠与征收的，即受赠人在日历年内从转让中获得的净经济利益。捐赠税按照日历年内捐赠总额超过25万菲律宾比索的6%的固定税率征收。

计税方法。如果财产（已缴纳最终资本利得税的不动产除外）以低于货币或货币价值的适当对价转让，则除资本利得税外，卖方还应支付赠与人的间接赠与税，即所售股份的公允市场价值与实际对价之间的差额，除非该交易是在正常业务过程中以公平交易的方式进行的财产出售、交换或其他转让。捐赠按捐赠时的公允市场价值进行估价。

税收优惠制度。以下捐赠适用免税政策：向政府或其任何机构创建的非营利实体或政府的任何政治分支机构提供的礼物；向教育或慈善、宗教、文化或社会福利公司、机构，经认可的非政府组织，信托或慈善组织，研究机构或组织提供的礼物，前提是受赠人将不超过30%的礼物用于管理目的；向选举委员会正式报告的政治捐款。

（五）菲律宾其他税类税种制度发展基础

1.菲律宾比例税制度发展基础

（1）纳税人制度

根据《税法典》第109节第（W）条的规定，比例税征收对象之一，是在交易和经营过程中销售或租赁商品、财产，或提供服务而免征增值税的主体。这些主体的年度总销售额或收入不超过 191.95 万菲律宾比索，且未进行增值税登记。

（2）征税对象和税率制度

对在交易和经营过程中销售或租赁商品、财产，或提供服务而免征增值税的主体所征收的比例税，相当于其季度总销售或取得的 3%，但是，合作社可以免缴 3% 的比例税。除上述纳税人外，比例税还可以适用于以下交易或行业。

国内运输人和车库管理人。由承租人、运输承包商（包括客运人或其他国内陆路的运输人以及车库管理人）驾驶的汽车，所课征的比例税是其季度总收入的 3%。

国际运输人。在菲律宾经营的国际航空运输或国际船运者，应按来源于从菲律宾向其他国家运输商品的季度总收入的 3% 纳税。

特许权经营。无线电或广播电视公司的特许权经营，该无线电或广播电视公司在上一年的年度总销售收入不超过 100 万菲律宾比索，适用 3% 的税率；煤气和公共供水公司就其取得的商业总收入按 2% 的税率缴纳比例税。无线电或广播电视公司可以选择登记为增值税纳税人，并缴纳增值税，一旦做出选择就不可撤销。

来源于菲律宾的海外通信服务。由电话、电报、传真、无线网和其他通信设备服务提供的从菲律宾传输的海外通信信息，应按照支付服务费用价款的 10% 缴纳比例税。由接收服务的人向服务提供者支付税款，服务提供者须在每季度结束后 20 日内缴纳该税款。但是，政府、外交服务、国际组织、新闻服务者可免税。

银行和执行类似银行职能的非银行金融中介。所有银行和执行类似银行职能的非银行金融中介来源于菲律宾的总收入需要根据一定的税率缴纳比例税（见表 14）。

表 14　菲律宾银行和执行类似银行职能的非银行金融中介缴纳的比例税税率

税目		税率（%）
借贷产生的利息、佣金、贴现和融资租赁的收入，根据此类工具的到期期间来确定税率	到期期间不满 5 年 *	5
	到期期间超过 5 年	1
子公司的分红、股权分配和净收入		0
特许权使用费、财产（不动产或动产）的租金、从兑换交易或所有其他作为收入总额处理的其他项目中赚取的利润		7
交易外币、债券、衍生品和其他类似金融工具的净收益		7

* 如果上述工具规定的到期期间与实际到期期间不同，则以实际到期日为准。

其他非银行金融中介。在菲律宾从事业务的其他非银行金融机构，利息、佣金、贴现和其他税法规定视为总收入的项目，对其总收入适用 5% 的税率。但是，借贷活动产生的利息、佣金、贴现和融资租赁所得，若到期期间不满 5 年，则适用 5% 的税率；若到期期间超过 5 年，则适用 1% 的税率。

人寿保险金。在菲律宾从事任何种类人寿保险业务的个人、公司或企业（除了纯粹的合作型公司或社团）就其所收取的保费按照 2% 的税率征收比例税。无论该保费的支付是采用现金、期票、债权还是其他现金代替物，在收到保险金的 6 个月内基于回避风险或其他原因向个人退款不计入应税收入。

外国保险公司的代理机构。根据保险法授权在菲律宾处理保险业务的保险公司为无权在菲律宾交易的外国公司处理保险业务，应当支付 2 倍于本国保险公司的税款。

娱乐业和奖金。对娱乐项目的所有者、承租人或经营者，以及奖金获得者征收比例税的税率（见表 15）。

表 15　菲律宾娱乐业和奖金的比例税税率

项目	税率（%）
斗鸡场	18
歌舞厅、夜总会	18
拳击会，但是至少有一名菲律宾公民参与的，或由菲律宾公民推动的，或由菲律宾公民拥有 60% 以上资本的公司或社团举办的事关世界或东方锦标赛的拳击会免税	10

续表

项目	税率(%)
职业篮球运动	15
回力球和赛马	30
从赛马中获得的奖金（为获奖者所获奖金扣除下注成本）	10

通过本地股票交易所发行或首次公开发行交易上市股票。除非经证券经销商销售，每笔通过本地证券交易所交易、交换或处置的上市股票都要纳税，应纳税额为股票总售价或总价值的 0.6%，由转让方或卖方支付。[①] 对于首次公开发行销售或交易封闭型公司的股票，税率取决于所交易股票的总售价或总价值，或者取决于所交易的股票占上市后全部流通股的比例，适用 1%~4% 不等的税率。

取消处置封闭型控股企业股票的比例税。根据 2020 年 9 月 15 日公布且生效的共和国第 11494 号法令[②]第 6 节规定，对通过首次公开发行交易上市股票进行课税的条款[③]被废止。换言之，在 2020 年 9 月 15 日后，凡是通过 IPO 出售、易物交易、交换或以其他方式处置封闭型控股企业的股票，均无须再缴纳比例税。[④]

2. 菲律宾单据印花税制度发展基础

（1）纳税人制度

无论单据的制作、签署、发行、接受或转让的地点在哪里，当权利或义务是从菲律宾产生的，或者财产位于菲律宾，并且该行为在菲律宾发生，就需要缴纳单据印花税。单据等文件或文书的制作者、签字人、接收者或转移者为单据印花税的纳税人。如果应税文件的其中一方享有免税待遇，则由不

[①] Tax Reform for Acceleration and Inclusion Act, Sec. 39, https：//taxreform. dof. gov. ph/presentations-and-references/republic-act-no-10963-tax-reform-for-acceleration-and-inclusion-or-train-law/.

[②] Bayanihan to Recover as One Act.

[③] 指《税法典》第 127（B）条。

[④] Bayanihan to Recover as One Act, Republic Act No. 11494, Sec. 6, https：//issuances-library. senate. gov. ph/sites/default/files/2022-03/ra%2011494. pdf.

享受免税待遇的另一方直接承担纳税义务。

（2）征税对象和税率制度

《税法典》第七编第 173 节规定，单据印花税的适用对象包括单据、文书、贷款协议，以及证明接受、分配、销售、转移某一责任、权利或资产的文件，不同的税目适用不同税率（见表 16）。

表 16　菲律宾各项印花税的税目和适用税率

税目	税率
原始的债权凭证，包括债券、贷款协议、期票、由政府或其部门发行的凭证和证券、类似存款、债权凭证、存款证明和其他不要求立即付款的文书	按发行价格每 200 菲律宾比索征收 2 菲律宾比索
有/没有票面价值的原始股份凭证	按票面价值每 200 菲律宾比索征收 2 菲律宾比索；如果没有票面价值，则按照发行股票公司实际收取的对价；或在股票红利的情况下，每股所代表的实际价值征收
销售协议、买卖通知书、交付和转移账单、义务凭证、股票凭证	按协议金额每 200 菲律宾比索征收 1.5 菲律宾比索
在菲律宾销售或转让在国外发行的债券、股票或债务凭证	与在菲律宾发行、转让、销售的类似工具适用相同的法定税率
财产或资本增益中利润或权益的证明	按协议金额每 200 菲律宾比索征收 1 菲律宾比索
银行支票、汇票、不产生利息的存款单和其他凭证	每份 3 菲律宾比索
与菲律宾境内有关的汇票	按票面金额每 200 菲律宾比索征收 0.6 菲律宾比索
在外国开具但可在菲律宾支付的汇票	按票面金额每 200 菲律宾比索征收 0.6 菲律宾比索
在菲律宾开具的外国汇票或信用证但可在菲律宾境外支付	按票面金额每 200 菲律宾比索征收 0.6 菲律宾比索
人寿保险合同	基于被保险的价值确定： 不超过 10 万菲律宾比索的部分，免税； 10 万~30 万菲律宾比索的部分，单张 20 菲律宾比索； 30 万~50 万菲律宾比索的部分，单张 50 菲律宾比索； 50 万~75 万菲律宾比索的部分，单张 100 菲律宾比索； 75 万~100 万菲律宾比索的部分，单张 150 菲律宾比索； 超过 100 万菲律宾比索的部分，单张 200 菲宾比索

续表

税目		税率
财产保险合同		每收取 4 菲律宾比索的保费征收 0.5 菲律宾比索
养老金、年金或其他文书		按保费或分期付款或所收取的合同价格，每 200 菲律宾比索征收 1 菲律宾比索
预先计划		按保费或所收取的缴款，每 200 菲律宾比索征收 0.4 菲律宾比索
赔偿债券		按保费每 4 菲律宾比索征收 0.3 菲律宾比索
根据法律规定由海关、船舶检验员、公证人开具的损害证明或其他文件，以及法律或政府规章规定的证书		每份 30 菲律宾比索
仓单收据		单张 30 菲律宾比索
赛马、乐透奖或其他经授权的数字博彩		单张游戏券 0.2 菲律宾比索，根据彩票费用超过 1 菲律宾比索的，对于超过的部分，每 1 菲律宾比索征收 0.2 菲律宾比索
提单或收据（不包括租船合同，以及主要从事旅客运输的公司的包含旅客陪同行李的票据）		货物价值超过 100 菲律宾比索但不超过 1000 菲律宾比索的为单张 2 菲律宾比索，超过 1000 菲律宾比索的为单张 20 菲律宾比索
委托书		每份 10 菲律宾比索
租赁协议的备忘录，租赁或使用土地、公寓或其部分的合同（合同每年）	最初的 2000 菲律宾比索	6 菲律宾比索
	超过 2000 菲律宾比索后的每 1000 菲律宾比索或余数部分	合同期限内每年 2 菲律宾比索
抵押贷款、土地、房屋或财产的抵押和信托协议	最初的 5000 菲律宾比索	40 菲律宾比索
	超过 5000 菲律宾比索后，每 5000 菲律宾比索或不足 5000 菲律宾比索的部分	基于担保的数额，20 菲律宾比索
销售契约、不动产的转让证书（不包括授予、专利或政府的原始证书）	最初的 1000 菲律宾比索	15 菲律宾比索
	超过 1000 菲律宾比索后，第 1000 菲律宾比索或余数部分	根据不动产的售价或公允价值或区域价格中的最高者确定，每 100 菲律宾比索的金额征收 15 菲律宾比索

续表

税目		税率
船舶租用合同及类似合同	不超过 1000 吨	最初的 6 个月内 1000 菲律宾比索,之后的每月或不足一个月为 100 菲律宾比索
	1000~10000 吨	最初的 6 个月内 2000 菲律宾比索,之后的每月或不足一个月为 200 菲律宾比索
	超过 10000 吨	最初的 6 个月内 3000 菲律宾比索,之后的每月或不足一个月为 300 菲律宾比索
选举代理人		每份代理投票 30 菲律宾比索

资料来源：Tax Reform for Acceleration and Inclusion Act，Sec. 51-70，https：//taxreform. dof. gov. ph/presentations-and-references/republic-act-no-10963-tax-reform-for-acceleration-and-inclusion-or-train-law/。

二　菲律宾税收制度发展变化（2022~2023年）

税收制度是随着国家经济、政治和社会发展而不断变化的。近年来，菲律宾税收制度法律体系主要体现在 2017 年《加速成长与扩大包容税收改革法案》（Tax Reform for Acceleration and Inclusion，TRAIN），以及 2021 年 CREATE 法案的出台上。菲律宾政府在已有制度基础上，对部分税种持续推进税收改革，以促进经济增长和社会公正。

（一）菲律宾税收制度体系发展变化

1. 菲律宾税收收入和宏观税负发展变化

近年来，菲律宾总体宏观税负波动不大，约为 14%。这意味着菲律宾政府从国内经济活动中收取了大约 14% 的总税收，如个人所得税、增值税和企业所得税等。这个数字在发展中国家属于相对较低的水平，也低于其他东南亚国家的平均水平，可能会限制政府实施更多的公共服务和基础设施建设等方面的支出计划。根据菲律宾国家税务局的统计，2022 年菲律宾税收

收入为 3.2 万亿菲律宾比索，占政府总收入的 91%，比既定目标高出
2.6%，同比增长 17.4%。

2. 菲律宾税收制度法律体系发展变化

（1）众议院批准了两项货物劳务税类税种制度修正法案

众议院批准《对菲律宾数字交易征收增值税的法案》。2022 年 8 月，菲
律宾众议院筹款委员会批准了众议院第 372 号法案，澄清对数字服务提供者
征收增值税，营造传统企业和数字企业之间的公平竞争环境。2022 年 11 月
14 日，菲律宾众议院批准了第 4122 号众议院法案，即《对菲律宾数字交易
征收增值税法案》，该法案也称数字服务税法案，并未征收新的税种，旨在
澄清对数字交易征收增值税的法案。

众议院批准《对一次性塑料征收消费税的法案》（众议院法案第 4102
号）。为推动一次性塑料消费税的征收，菲律宾众议院于 2022 年 11 月 14 日
通过了《对一次性塑料征收消费税的法案》，目前该法案已经移交至参
议院。

（2）政府批准实施两项税收条例

政府签署调整公司所得税税率条例。2022 年 4 月 8 日，菲律宾政府签
署第 3-2022 号税收条例①，调整公司所得税税率。

政府颁布调整新型烟草产品消费税的条例。2022 年，菲律宾颁布第 14-
2022 号税收条例②，以实施第 11900 号共和国法案（RA）。第 11900 号共
和国法案（RA）指《汽化尼古丁和非尼古丁产品以及新型烟草产品的进
口、制造、销售、包装、分销、使用和传播管理法》，为了实施该法案，
政府修订了消费税条例，增加了新型烟草产品的消费税条款，涉及加热烟
草制品、汽化尼古丁产品和新型烟草产品的消费税，旨在限制它们的营销
和推广。

---

① Revenue Regulation, RR No. 3-2022, https：//www.bir.gov.ph/images/bir_files/internal_
communications_1/Full%20Text%20RR%202022/RR%20No.%203-2022.pdf.

② RR No. 14-2022, https：//www.bir.gov.ph/images/bir_files/internal_communications_1/Full%
20Text%20RR%202022/RR%20No.%2014-2022.pdf.

（3）国际税收条约发展变化

在多边税收条约发展变化方面，2023 年 2 月 21 日，菲律宾正式加入《区域全面经济伙伴关系协定》（RCEP）。协定生效后，菲律宾将按照 RCEP 的承诺与成员国相互实施 RCEP 协定税率。

（二）菲律宾所得税类制度发展变化

2022 年以来，菲律宾所得税类制度的发展变化，主要体现在企业所得税税率和个人所得税税率的双调整。

1. 菲律宾企业所得税制度发展变化

为帮助企业更好地吸引投资和创造就业机会，CREATE 法案下企业所得税得到进一步有效减免。但是，随着时间的推移和疫情后经济逐渐复苏，CREATE 法案提供的部分税收减免也逐步恢复到原来的税率。根据 CREATE 法案和第 5-2021 号税收条例[①]，从 2023 年 7 月 1 日开始，企业和医院以及非居民外国企业，将根据其总收入缴纳 2% 的企业所得税。CREATE 法案还降低了非营利性专有教育机构和医院的特殊所得税税率。根据 2022 年第 3-2022 号税收条例，2023 年 7 月 1 日，这些企业将再次缴纳 10% 的高税率。但是，如果来自"非关联贸易、业务或其他活动"的总收入超过此类教育机构或医院从所有来源获得的总收入的 50%，则其全部应纳税所得额适用正常企业所得税税率。

2. 菲律宾个人所得税制度发展变化

2018 年 1 月，菲律宾开始实施《加速成长与扩大包容税收改革法案》，个人所得税税率在 2020 年底调整后，大幅削减了工薪阶层的个人所得税，自 2023 年 1 月 1 日起，所有收入低于 800 万菲律宾比索的纳税人的个人所得税税率将降低 2 个百分点~5 个百分点（见表 17）。

---

① Revenue Regulation，RR No. 5-2021，https：//www.bir.gov.ph/images/bir_files/internal_communications_1/Full%20Text%20RR%202021/RR%20NO.%205%20-%202021.pdf.

表 17　2023 年 1 月 1 日起菲律宾个人所得税税率

应纳税所得（菲律宾比索）	上档累进税额（菲律宾比索）	适用税率（%）
不超过 25 万的部分	0	0
超过 25 万但不超过 40 万的部分	0	15
超过 40 万但不超过 80 万的部分	22500	20
超过 80 万但不超过 200 万的部分	102500	25
超过 200 万但不超过 800 万的部分	402500	30
超过 800 万的部分	2202500	35

（三）菲律宾货物劳务税类制度发展变化

1. 菲律宾增值税制度发展变化

针对数字交易征收增值税。2022 年 8 月和 11 月，菲律宾众议院分别批准了众议院第 372 号法案和第 4122 号法案，这两项法案明确了对电子或数字服务征收增值税。第一，纳税人。在线广告和为换取定期订阅费而提供数字服务的供应商等为数字服务增值税的纳税人。第二，课税对象。将数字广告、基于订阅的服务，以及其他使用信息通信技术支持的基础设施的服务等纳入增值税征税范围。但经认证的私营教育机构提供的在线课程和网络研讨会等教育服务可免于征收增值税。第三，数字服务增值税税率。对数字服务的销售征收 12% 的增值税。非居民数字服务提供商有责任对通过其平台进行的交易评估、代收并缴纳 12% 的增值税。

2. 菲律宾消费税制度发展变化

（1）改革烟草消费税

为了给菲律宾实施全民医疗保健计划筹集资金，菲律宾国会于 2019 年出台了新的烟草税改革法，规定将卷烟税税率在 2020 年提高到 45 比索，2023 年逐步增加到 60 菲律宾比索，并从 2024 年起每年提高

5%的税率。^① 2022 年第 14-2022 号税收条例，涉及加热烟草制品、汽化尼古丁产品和新型烟草产品的消费税的提高，以限制它们的营销和推广。但是，加热烟草和汽化产品的税额仍低于普通香烟，有待后续提高（见表18）。

表 18　2022~2024 年菲律宾适用烟草产品消费税税目和税率

税目		税率
加热烟草制品	每包 20 件或任何不超过 20 件的包装组合	自 2022 年 1 月 1 日起 30 菲律宾比索
		自 2023 年 1 月 1 日起 32.5 菲律宾比索
		自 2024 年起从量税率每年提高 5%
尼古丁盐	每毫升或其中的一小部分	自 2022 年 1 月 1 日起 47 菲律宾比索
		自 2023 年 1 月 1 日起 52 菲律宾比索
		自 2024 年起从量税率每年提高 5%
传统的"游离碱"或"经典尼古丁"	每 10 毫升或其中的一小部分	自 2022 年 1 月 1 日起 55 菲律宾比索
		自 2023 年 1 月 1 日起 56 菲律宾比索
		自 2024 年起从量税率每年提高 5%

注：根据第 7-2021 号税收条例实施的 RA11346 号和 RA11467 号规定的税率。

（2）开征一次性塑料消费税

《对一次性塑料征收消费税的法案》规定，每从生产地移出或从海关局的保管中取出一千克一次性塑料，将征收 100 菲律宾比索的消费税。

三　菲律宾税收制度发展前景

菲律宾税收制度的发展愿景是建立一个简化、公平和有效的税收制度体系，以支持菲律宾的经济增长和社会发展，提高菲律宾的国际竞争力和区域一体化水平。随着国内外经济形势的不断变化，菲律宾税收制度未来的发展

---

① Congress of Philippine, Tobacco Tax Law 2019, Republic Act No. 11346, effective from Jan. 1, 2020, https：//lawphil. net/statutes/repacts/ra2019/ra _ 11346 _ 2019. html #：~：text =% 22The% 20sale% 20and% 20distribution% 2C% 20or，by% 20minors% 2C% 20shall% 20be% 20prohibited.

也面临着挑战和机遇。菲律宾政府一直在努力完善其税收制度，以适应经济社会变化和国际趋势。

（一）菲律宾税收制度体系改革发展前景

1.巩固杜特尔特政府的税改成果

《加速成长与扩大包容税收改革法案》。作为菲律宾综合税制改革的第一部法案，弥补了原有税制的不足之处，旨在创造一个更为简化、公平和有效的税收制度体系。该法案大幅降低了个人和企业的所得税负担，同时提高了小微企业的增值税起征点并增加了增值税中的免税条款。

根据菲律宾国税局和海关总署的数据，2020 年 1 月至 9 月，实施TRAIN 以来税收收入达 913 亿菲律宾比索，比 2019 年同期增长了 107%。这将使政府能投入更多资金用于支持基础设施建设和人力资本开发方面的巨额支出。

经过改革，菲律宾在东盟各国中吸引投资的竞争力得到了显著增强，有效地应对了新冠疫情带来的经济下滑。因此，后疫情时代，菲律宾新一届政府表示，将继续巩固 2017 年税改成果，保持所得税的低税率和增值税的免税政策条款，与此同时，加快数字化转型和扩大税基以及简化税收征管的行政改革。

然而，忧思教员联盟（ACT）的众议员法兰西·卡斯特罗提出了题为"大众和中产阶级税收改革法"的措施，根据这位立法者的新闻稿，该措施旨在解决累退税改革法带来的不平衡问题，如 TRAIN 和 CREATE 法案。过去几年中不断上涨的物价和难以控制的通货膨胀率更证明了需要一个税收改革方案，以降低负担过重的菲律宾工薪阶层家庭的所得税税率。降低工薪家庭的所得税税率不仅会改变他们的生活方式，而且还会提升他们的购买力，这将刺激国内对消费品的整体需求。对此，财政部部长认为，有必要对个人所得税制度和企业所得税制度进行进一步改革，并指出这些制度早在几年前就已经开始修正。由此可见，现阶段菲律宾将维持现行的所得税政策，继续巩固杜特尔特政府的税改成果。

2. 推动《被动收入和金融中介税收法案》最终落地

菲律宾的资本市场一直受到复杂税制的困扰，综合税收改革计划的第四个一揽子计划的《被动收入和金融中介税收法案》计划将 80 个税种简化至近一半，统一重要税率，降低利息收入税、上市股票股息收入税、人寿保险保费增值税，取消首次公开发行税和跟单印花税。这一计划也是对《加速成长与扩大包容税收改革法案》的补充，旨在使被动收入和金融中介税在区域上更简单、更公平、更高效和更具竞争力，同时为金融部门实现急需的税收改革提供机会，推动和引导资本流向最需要的地方，最终实现更高效、更可持续和更具包容性的增长。这一改革法案将带来以下 5 个方面改变①。①降低利息收入的最终预扣税率。②一般来说，无论货币、到期日、发行人和其他差异因素如何，未来都将对利息收入征收 15% 的单一税率。③统一被动收入的税率。一般来说，利息收入、股息和资本收益将采用 15% 的单一利率。④统一金融中介机构的营业税。将对银行、准银行和某些非银行金融中介机构征收 5% 的单一总收入税。贷款和非贷款收入之间的区别以及工具的到期日将被取消。所有类型的收入都将按 5% 的税率征税，但股息、股权和子公司的净收入将保持免税。急需保险、养老金保险、人寿保险和健康保险将统一按保费的 2% 征税。非人寿保险将继续缴纳增值税，而农作物保险将继续免缴增值税。保费以外的收入需缴纳增值税。⑤取消被认为不利于资本市场发展的 IPO 税。因为它被视为对资本征税，对资本市场不利。从 IPO 税中收取的税款也很少，从 2000 年到 2016 年，每年平均只有 2.73 亿菲律宾比索。取消 IPO 税将使国税局能够将征税工作集中在更重要的收入来源上。上市股票和债券的所得税也将逐步取消以进一步促进资本市场发展。

（二）菲律宾货物劳务税类制度发展前景

1. 审议对数字交易征收增值税

疫情以来，线上交易出现大幅增长，到 2021 年，向数字支付系统的过

---

① https：//taxreform. dof. gov. ph/tax-reform-packages/p4-passive-income-and-financial-taxes/.

渡使纳税人增加了 5%，电子支付增加了 84%，收入同比增长 5.2%，甚至超出政府目标 4% 以上。① 对数字交易征收增值税可以为数字企业和传统企业提供公平的竞争环境，特别是那些不能转向数字平台的企业。但是开展业务的数字模式也给税务监管机构带来了挑战。世界通过数字经济变得无国界，使监管机构难以监控应税存在，尤其是对在其注册国以外的领土上进行交易的实体征税。

菲律宾目前正在努力跟上数字时代的步伐。菲律宾国税局过去一致认为，通过菲律宾境外的服务器执行的数字在线服务，尽管是为了菲律宾客户的利益而提供的，但仍被视为在菲律宾境外提供的服务。这种处理方式使交易不在菲律宾的征税管辖范围内。对于在菲律宾使用数字服务的企业，复杂的商业模式使收入支付者可能不知道在菲律宾境外开展业务的实体收取的服务费或佣金应构成需缴纳增值税的总收入。同时，非居民数字服务提供商如果不需要注册为增值税纳税人，有责任派一名当地代表帮助其遵守税法规定。因此，在涉及交易的审查中，关于非居民数字服务提供商和当地代表的责任问题可能是一个需要向前推进的问题。

菲律宾国会对数字服务征税的努力值得关注和重视。对数字交易征收增值税是一项受欢迎的税收措施，可以加强政府增加税收的力度。但是，这一增值税征管模式尚不成熟，菲律宾政府及其相关部门仍需加强对数字交易增值税的征管。未来，菲律宾政府有可能会适当阐明和实施此类措施以澄清灰色地带，尤其是在关于如何对非居民数字服务提供商征收 12% 的增值税，以及优化征管服务方面，菲律宾国税局可能会为非居民数字服务提供商建立简化的自动注册系统。

2. 探讨对酒精和电子烟等"罪恶"产品征收更高消费税的可能性

全面税制改革的第二个"一揽子计划"建议增加对烟草、酒精和电子烟产品的税收，以资助全民医疗保健计划，并减少消费"罪恶"产品的发

---

① https：//www.dof.gov.ph/apec-finance-ministers-highlight-digitalization-as-key-driver-of-efficient-tax-collection/.

生率。2012 年，阿基诺三世总统签署了共和国法案第 10351 号，即《罪恶税改革法案》；2019 年 12 月 18 日，国会批准了提高酒精、电子烟和电子烟消费税的法案；2020 年 1 月 22 日，杜特尔特总统签署了共和国法案第 11467 号，对酒精、电子烟征收更高的税款。针对酒精饮品、蒸馏酒（威士忌、白兰地、朗姆酒、杜松子酒和伏特加，以及其他类似产品或混合物）的消费税将在 2024 年涨至每升 66 菲律宾比索，且自 2025 年开始，将每年增加 6%。对于啤酒产品和其他发酵酒的消费税将在 2024 年涨至每升 43 菲律宾比索，且自 2025 年起，将每年增加 6%。在接下来的几年里，加热烟草产品和汽化产品（包括电子尼古丁和非尼古丁输送系统）的消费税将每年增加 5%。

对"罪恶"产品消费税的加征使相关产品的购买量有所下降，并获得了良好的政策评价。2020 年发表的涉及 170 多个国家和地区香烟税收的研究《烟草经济学香烟税计分卡报告》[①] 显示，菲律宾是香烟税政策改善最大的国家之一，原因是简化了以前复杂的分层香烟消费税结构，并伴随着大规模增税。世界卫生组织发布的《菲律宾非传染性疾病投资病例报告》，将菲律宾对酒精和烟草产品征收更高消费税的努力描述为"以具有成本效益的方式促进健康和减少非传染性疾病的国际模式"，同时认为菲律宾将酒精、烟草和尼古丁汽化产品的消费税指定用于实施全民医疗保健计划是"将罪恶税收分配给卫生计划的先驱"。

预计菲律宾对"罪恶"产品的监管将更为严格。一方面，菲律宾财政部助理部长安东尼奥·兰比诺二世曾表示将和世界卫生组织一起寻求更为全面的方法，以真正解决"罪恶"产品对健康的影响，同时财政部将坚持从消费"罪恶"产品的人中产生收入来资助全民医疗保健计划，因为这些消费者的医疗保健将会带来更多成本。因此，"罪恶"产品可能将被征收更高的消费税。另一方面，时任菲律宾卫生部部长弗朗西斯科·杜克三世曾表示，应适当监管新型烟草产品以执行合理的公共卫生标准和保护人民健康。

[①] https://tobacconomics.org/files/research/636/uic-tobacco-scorecard-report-eng-v7.1.pdf.

因此，未来或有更多的相关产品被认为是"罪恶"产品并被征税。

3. 推动征收一次性塑料的消费税法案的最终落地

根据环境组织全球焚化炉替代品联盟 2016 年的一项研究，一次性塑料在菲律宾无处不在，日均使用数量达 1.63 亿袋。牛津大学数据 2021 年的一份报告显示，全球大约 80%的海洋塑料来自亚洲河流，仅菲律宾就占了 1/3。[①] 由此可见，菲律宾政府需要采取措施减少一次性塑料制品对环境产生的污染。已有研究和部分东盟国家（如文莱和越南）的实践表明，对一次性塑料制品征税在减少塑料废物产生方面是有效的。

在《对一次性塑料征收消费税的法案》的第一年，一包拉博袋的价格上涨约 75.0%，数量下降约 24.7%；桑多袋的零售价格将上涨 79.3%，预计这将导致数量下降 26.1%。[②] 自 2026 年开始，拟议的消费税将每年增加 4%，收取的增量收入将分配给自然资源部以执行实施共和国法案第 9003 号（也称 2000 年生态固体废物管理法），用于固体废物管理项目，从而减少一次性塑料制品对环境的污染。如果假设征收税率为 70%，这一法案实施 5 年（2023~2027 年）预期带来的收入为 380.6 亿菲律宾比索。

因此，推动对一次性塑料征收消费税的法案的最终落地，对减轻气候变化的风险和影响，以及对加强经济风险管理和恢复国家所需的收入都是有益的。但是，这项税收不一定会使生产商和进口商减少生产或进口一次性塑料，反而可能会将这些成本转嫁给消费者从而给人们带来负担。如何避免这一现象的发生，也是在推动对一次性塑料征收消费税的法案落地过程中需要考虑的问题。

（三）菲律宾其他税类制度发展前景

1. 单据印花税的合理化以促进资本流动

未来，菲律宾可能通过以下方式平衡债务和股权的税收待遇。第一，每

[①]　https://ourworldindata.org/ocean-plastics.

[②]　https://www.dof.gov.ph/house-bill-to-impose-excise-tax-on-sups-passed-on-third-reading/.

年将 0.6% 的股票交易税减少 0.1 个百分点，直到 2026 年达到 0。第二，对菲律宾证券交易所上市和交易的债务工具暂时征收 0.1% 的交易税，该税也可能在 2026 年取消。第三，非货币性质的文件免征跟单印花税。

通过推动这一计划改革方案的落地和实施，菲律宾的被动收入、金融服务和交易的税收将被大大简化，有利于降低投资和融资成本，降低银行、保险等金融机构提供金融服务的成本，同时推升股市和债市的交易流量，整体上提高菲律宾资本市场的区域竞争力。菲律宾政府在提升吸引资本和投资的竞争力后可以优先利用这些资本和投资推动基础设施建设，创造更多就业机会，促进经济的可持续增长。但如果非人寿保险税率同期仍保持高位，可能不利于投资者进入财产险以及一些创新险种市场，会制约菲律宾非寿险市场的整体发展。因此，未来仍有对具体税率进行调整的空间和可能性。

2. 探讨实施碳税的可行性

菲律宾政府可以通过征收碳税，将从碳税中筹集的收入用于资助减少温室气体排放和促进可持续性的计划，从而鼓励排放二氧化碳的企业转向可持续的做法。碳税制度本身虽然不复杂，但真正平稳地有效落地并非易事。

如果实施碳税，征税对象不应仅限于燃煤电厂，而且应统一适用于运输部门、依赖煤炭的行业如钢铁和其他制造业部门、燃气和其他热电厂，以及使用煤炭和其他碳排放燃料做饭的住宅用户。目前，众议院和参议院正在制定立法，以促进和建立菲律宾适当的碳定价工具。

然而，菲律宾能源部官员认为"碳税可能不是减少碳排放的有效方式"，菲律宾应优先考虑可再生能源，而不是征收碳税。在 2021 年亚太能源周虚拟小组会议上，菲律宾能源部部长阿方索·库西表示，现在还不是征收这种税收的合适时机。菲律宾仍在建设煤电厂，以满足电力需求并确保充足的储备，在菲律宾工业化的道路上，煤电厂仍被视为最具成本效益的选择，在此情况下征收碳税，只会使菲律宾在吸引发电投资方面失去竞争力。目前，菲律宾能源部在探索核能作为一种新能源，认为核能能在确保良好供应的同时降低成本，可以最好地解决问题。因此，菲律宾能源部官员认为，对菲律宾而言，向可再生能源的转型比直接征收碳税更为紧迫。

总体而言，目前菲律宾针对是否征收碳税仍在探讨中，支持和反对的声音尚未中断，这说明启动征收碳税仍需谨慎，不宜操之过急。因此，菲律宾政府后续仍将在尝试转向可再生能源的同时，从理论、政策和新技术层面对引入碳税进行研究，尤其应当对开征碳税的纳税人、税率、计税依据、税收优惠等税制要素进行具体研究论证，充分评估开征碳税对经济、社会及碳减排的影响。

（四）菲律宾税收优惠制度发展前景

1. 强化财政激励审查委员会的职能

在 CREATE 法案下，因为所提供的激励措施给政府带来了较大成本，因此需要对给予的每一项免税规定确定责任，财政激励审查委员会（FIRB）作为承担监督责任的一部分，权力和职能得到加强。FIBR 具体的权力和职能如下：税收激励的管理和政策制定与监督；批准或不批准税收激励或税收补贴；制订特定地点的战略投资计划；取消、暂停或撤销税收优惠或税收补贴；要求提交激励和福利数据；建议为非常理想的项目提供非财政激励措施；采取供应链发展和扩展政策；发布激励和福利数据；向总统提交年度报告；评估给予注册实体的税收优惠；行使所有必要的权力，以达到该法案和其他赋予 FIRB 额外职能的法律的目的。未来随着税收优惠政策的变动和陆续出台，FIRB 应当强化以上职能，完善后疫情时代税收激励政策的制定和管理并加大监督检查力度。

2. 加强后疫情时代的税收优惠的管理

对于后疫情时代的税收优惠的管理，未来有可能对部分适用于疫情期间的激励政策进行调整，同时考虑出台新政策以刺激消费。目前，FIRB 正在最终确定适用于所有注册商业企业的暂停或撤销税收优惠以及取消项目或活动注册的指导方针。除最终确定指导方针外，FIRB 还在 2023 年 1 月 6 日举行的 FIRB 会议期间批准了从事旅游住宿设施和共同被动电信塔基础设施建设的国内新企业的税收优惠申请。批准的优惠申请将加大本届政府正在进行的经济复苏努力，特别是在旅游和数字化领域。

356

柬埔寨税收制度发展报告（2023）

摘　要： 柬埔寨有较为完善的税收法律体系，建立了所得税类、货物劳务税类、财产税类以及其他税类等包括法律法规、规章等多层级的税收实体和程序法律制度保障。2022 年以来，柬埔寨的税收收入取得增长，但是宏观税负有所上升；地方税收占全国税收的比重有所下降，地方政府收入压力提高。税收制度建设上，2022 年以来，柬埔寨取得了新的发展，主要表现为对所得税制度、增值税制度、消费税制度和社会保障税（费）等颁布了提高税收能力、改善营商环境、促进国民经济发展、完善社会保障制度、降低低收入人群税收负担以及促进中小企业复工复产的系列新规。同时，作为经济发展相对落后的国家，柬埔寨在整体税制上面临税收可持续增长和保证社会公平这两个相对重大的挑战。为了应对挑战，柬埔寨有望持续对其税收制度进行改革和完善，如开征资源税、为地方政府开辟新税源、促进税收对经济的复苏以及提高税制对低收入人群的保障作用。

关键词： 柬埔寨　税收制度　所得税　货物劳务税

一　柬埔寨税收制度发展基础（截至2021年）

柬埔寨于 1997 年制定并颁布了《柬埔寨王国税法》（以下简称《税法》），2003 年通过《柬埔寨王国税法修正法》对《税法》进行了修正。《税法》对企业所得税、最低税、工资税和增值税进行了规定。此外，柬埔寨还制定了其他的税收单行法，如财产税、公共照明税和住宿税等。同时，《柬埔寨王国商业法》（以下简称《商业法》）、《柬埔寨王国海关法》和《柬埔寨王国投资法》（以下简称《投资法》）也是重要的法律文本，且在很大程度上与税收事项相关。①

（一）柬埔寨税收制度体系发展基础

1.柬埔寨税种制度体系发展基础

（1）税种制度体系和主要税种

柬埔寨现行的税种制度体系由所得税、关税、工资税、增值税、消费税（特定商品及服务税）、运输工具税、印花税、专利税、房屋和土地租金税、土地闲置税、公共照明税、住宿税和财产税等税种构成。柬埔寨主要税种为增值税、消费税、所得税、关税和工资税，2020年这5个税种收入占税收总额的比重高达93.10%（见表1）。

表1　2015~2020年柬埔寨主要税种及收入情况

单位：亿瑞尔

项　　目	2015年	2016年	2017年	2018年	2019年	2020年
税收总额	114685	128001	151927	185609	238218	208817
工资税	7539	8357	10317	11061	12966	13433
所得税	17182	21171	27666	32613	41709	47671
增值税	36125	41421	47346	55810	72721	63808
消费税	25681	30951	38328	51285	66745	47510
关税	19891	19885	19662	23546	28970	21979

资料来源：OECD. Details of Tax Revenue-Cambodia，https：//stats. oecd. org/Index. aspx？DataSetCode=REVKHMOECD。

（2）税收收入和宏观税负

柬埔寨近年来GDP、全国税收收入和宏观税负在疫情发生前处于持续增长的趋势。2020年受新冠疫情冲击，GDP、税收收入和宏观税负均同比

---

① 国家税务总局国际税务司国别（地区）投资税收指南课题组：《中国居民赴柬埔寨投资税收指南（2022）》，https：//www. chinatax. gov. cn/chinatax//n810219/n810744/n1671176/n1671206/c2582023/5116199/files/5d63ea672e484cfea4141af57b8cd7c1. pdf。

下降。得益于正确应对新冠疫情促进经济复苏的举措，2021 年 GDP 回升；因税收优惠政策的持续作用，2021 年税收收入略微下降；同期的宏观税负保持较大幅度的下降（见表 2）。

表 2　2015~2021 年柬埔寨 GDP、税收收入和宏观税负变化情况

项　目	2015 年	2016 年	2017 年	2018 年	2019 年	2020 年	2021 年
GDP（亿瑞尔）	734227	812419	898305	995443	1100141	1058918	1105059
税收收入（亿瑞尔）	114685	128001	151927	185609	238218	208817	198036
宏观税负（%）	15. 62	15. 76	16. 91	18. 65	21. 65	19. 72	17. 92

资料来源：①ASEANsstats. SEAN Statistical YearBook（2022），https：//www. aseanstats. org/category/yearbook/.

②National Bank of Cambodia: Economic and Monetary Statistics，https：//www. nbc. gov. kh/english/publications/economic_ and_ monetary_ statistics. php；

③柬埔寨经济财政部《政府财政统计》，https：//mef. gov. kh/documents - category/publication/gfs/。

2.柬埔寨税制结构发展基础

柬埔寨是一个单一制国家，具有三级地方行政体系，税制上采用复合税制，柬埔寨实行全国统一的税收制度，并采取属地税制。长期以来，柬埔寨税权集中在中央，所有税收均由国家（国家税务局）征收和管理。2004 年，柬埔寨开始权力下放改革，将部分事权下放地方政府。2011 年 5 月 5 日，发布第 371 号《关于财产税基础的部长令》，授权省级政府征收房产税。2011 年 5 月 11 日，国会通过《地方政府财务制度和财产管理法》（NS/RKM/0611/011）[①]，该法明确规定，"地方政府的收入包括本地来源收入、国家来源收入与法律规定的其他收入"，"地方来源收入包括税收收入和非税收收入"，"地方税收收入是在税法框架内由法律规定的税收和关税收入，

---

① Law on Financial Regime and Property Management of Sub-National Administrations（2011），https：//www. resourcedata. org/document/a99e889b - 31de - 447e - 9ba2 - 735e56d1432b.

专供地方政府预算使用。地方税收和关税收入分配给每个地方行政当局的类型和比例应由次级法令确定"，"国家来源收入包括共享收入、国家预算转移资金以及代履行职能服务费"，正式从法律制度上确认地方政府的部分税权。这部分税权包括地方政府享有的归属于地方政府的地方税税种收入以及参与部分税种分享的共享税收入。

（1）税种制度结构

增值税是柬埔寨第一大税种，2015~2020年，增值税税收收入占全部税收收入的比重平均为31.03%（见表3）。

表3　2015~2020年柬埔寨主要税种制度结构情况

单位：%

项　目	2015年	2016年	2017年	2018年	2019年	2020年
税收总额	100	100	100	100	100	100
工资税	6.57	6.53	6.79	5.96	5.44	6.43
所得税	14.98	16.54	18.21	17.57	17.51	22.83
增值税	31.50	32.36	31.16	30.07	30.53	30.56
消费税	22.39	24.18	25.23	27.63	28.02	22.75
关税	17.34	15.54	12.94	12.69	12.16	10.53

资料来源：OECD统计数据库，https：//stats.oecd.org/。

（2）税类结构（包括税类收入）

基于课税对象不同性质标准的税类结构发展基础。柬埔寨税类结构主要由货物劳务税类、所得税类、财产税类和其他税类等构成，2020年，分别占税收收入的比重为65.94%、29.26%、4.70%和0.10%，其中货物劳务税类是最主要的税类，2015~2020年平均占比高达71.71%（见表4）。

表4　2015~2020年柬埔寨税类结构情况

单位：%

项　目	2015年	2016年	2017年	2018年	2019年	2020年
税收总额	100	100	100	100	100	100
所得税类	21.56	23.07	25.00	23.53	22.95	29.26

续表

项 目	2015 年	2016 年	2017 年	2018 年	2019 年	2020 年
货物劳务税类	74.56	74.03	71.24	72.13	72.35	65.94
财产税类	3.82	2.85	3.71	4.28	4.63	4.70
其他税类	0.07	0.05	0.05	0.06	0.07	0.10

资料来源：OECD 统计数据库，https：//stats.oecd.org/。

基于收入归属层级标准的税类结构发展基础。柬埔寨地方税收全部由省级的税务局征收，目前分配给地方政府的税种包括专利税、印花税、运输工具税、公共照明税、住宿税、土地闲置税、房屋和土地租金税、财产税。其余税种归属中央政府，但根据次级法令，中央政府组织收入中的一部分会分配给地方。2015~2021 年，柬埔寨中央级税收收入占比由 93.36% 下降至90.98%；同期地方级税收收入占比由 6.64% 提高至 9.02%，增幅达 2.38 个百分点（见表5）。

表5　2015~2021 年柬埔寨税收收入归属层级情况

税 收	2015 年	2016 年	2017 年	2018 年	2019 年	2020 年	2021 年
全国税收收入（亿瑞尔）	114685	128001	151927	185609	238218	208817	198036
中央级税收收入（亿瑞尔）	107071	120448	141831	169744	217080	189389	180178
地方级税收收入（亿瑞尔）	7614	7553	10096	15865	21137	19428	17858
中央级税收收入占比（%）	93.36	94.10	93.35	91.45	91.13	90.70	90.98
地方级税收收入占比（%）	6.64	5.90	6.65	8.55	8.87	9.30	9.02

资料来源：柬埔寨经济财政部《政府财政统计》。

3. 柬埔寨税收法律体系发展基础

（1）税收法律体系和法律级次

柬埔寨法律有其特定的名称，它的法律体系和法律级次分为：第一，宪法。国家机构制定的所有法律和决定必须严格遵守宪法，宪法为最高法律。第二，法律。它由国民议会和参议院通过，并由国王或代理国家元首颁布。第三，皇家法令。它由政府首脑或其他国家元首机构在法律允许的情况下提出，并由国王或代理国家元首签署的行政法规，用于组织机构的运作，创建新的公共机构或任命官员、大使和法官。第四，次级法令。它是一项行政条例，通常由相关部委制定，由部长会议通过并由总理签署，用于澄清现行法律中的规定，规定政府机构的职能和职责或任命政府官员。第五，部级命令或公告。它们是部级的行政法规，由相关部委编写，并由相关部长签署，用于执行和澄清更高级别的立法文件中的具体规定。第六，决定。它是总理和有关部长制定的行政条例，用于临时目的，一旦达到目的就会撤销。实践中，有宪法委员会的决定、总理的决定、有关部长的决定等不同类型。宪法委员会的决定被视为具有约束力的最终决定，因此，它具有至高无上的地位，这意味着所有法律和法规必须严格遵循宪法委员会的决定。第七，政府职能部门根据法律依职权发布的通告、通知和指令。第八，附则，国家以下各级政府批准的法律规则。

（2）宪法框架下税收法律规定

柬埔寨的税收立法权集中在国会，任何税种的征收、修改和废除均须国会的批准，地方政府没有税收立法权。《柬埔寨王国宪法》规定："未经法律授权不得征税，国家预算由法律规定"，"在现行宪法和法律中，国会是具有立法权并按规定履行职责的机关，国会批准国家预算、国家计划、贷款、借款、金融合同以及税收的征收、修改或废除。"

（3）一般税收法律

税收实体法。柬埔寨法律级次的税收实体法主要是《税法》，2003年进行了修订。《税法》对企业所得税、关税、工资税、增值税、消费税（特定商品及服务税）等进行了规定。除了《税法》以外，还有《运输工具税法》《印花税法》和《专利税法令》（见表6）。此外，还有以部长令设立的房屋和土地租金税、土地闲置税、公共照明税、住宿税和财产税等税收实体性规章。

表6 柬埔寨主要的税收实体法

序号	文件名称	文件号	发布日期
1	税法修订	NS/RKM/0303/010	2003 年 3 月 31 日
2	税法	NS/RKM/0297/03	1997 年 2 月 24 日
3	运输工具税法	25Kr	1991 年 2 月 15 日
4	印花税法	23Kr	1991 年 2 月 15 日
5	专利税法令	22KrC	1985 年 6 月 14 日

资料来源：柬埔寨国家税务局官网，https：//www.tax.gov.kh/en/categories/523PD19523624237。

税收程序法。柬埔寨的税收程序法主要是《税法》第 5 章的"税务规程规定"，对涉及纳税人与税务机关的权利和义务、税收征管、纳税申报、税款征收和罚则等做出了具体规定。

（4）税收行政法规

税收实体性行政法规。柬埔寨主要的税收实体性行政法规数量比较少，主要是对具体税种实施细则和实施税收优惠的次级法令（见表7）。

表7 柬埔寨主要的税收实体性行政法规

序号	文件名称	文件号	发布日期
1	电子商务增值税实施细则	65ANKr. BK	2021 年 4 月 8 日
2	关于证券部门税收优惠的次级法令	01ANKr. BK	2019 年 1 月 4 日
3	关于优先部门中的中小企业税收优惠的次级法令	124ANKr. BK	2018 年 10 月 2 日
4	关于"A"区块石油业务税收优惠的次级法令	52ANKr. BK	2018 年 4 月 13 日
5	关于调整某些商品关税和特别税率的次级法令	214ANKr. BK	2017 年 12 月 12 日
6	关于中小企业自愿注册税收优惠的次级法令	17ANKr. BK	2017 年 2 月 7 日
7	关于增值税的第 114 号次级法令第 56 条修正案的次级法令	55ANKr. BK	2016 年 3 月 30 日

续表

序号	文件名称	文件号	发布日期
8	关于调整某些商品关税和特别税率的次级法令	192ANKr. BK	2015 年 12 月 29 日
9	关于证券部门税收优惠的次级法令	01ANKr. BK	2015 年 12 月 25 日
10	关于修改印花税附录的次级法令	40ANKr. BK	2015 年 3 月 31 日
11	增值税次级法令	114ANKr. BK	1999 年 12 月 24 日
12	关于对运输工具征税的次级法令	08ANKr	1991 年 5 月 20 日

资料来源：柬埔寨国家税务局官网。

税收程序性行政法规。柬埔寨税收程序性行政法规的数量比较少，主要是 2020 年 6 月 10 日发布的《柬埔寨王国电子注册次级法令》（84ANKr. BK）。

（5）税收规章

税收实体性规章。柬埔寨税收实体性规章主要由经济财政部以部长令的形式发布，对税种的要素进行具体的阐述和规定（见表 8）。

表 8　柬埔寨主要的税收实体性规章

序号	文件名称	文件号	发布日期
1	关于增值税电子商务实施程序的部长令	542MEF. PrK	2021 年 9 月 8 日
2	关于工资税的部长令	543MEF. PrK	2021 年 9 月 8 日
3	关于专利税程序的部长令	193MEF. PrK	2021 年 3 月 26 日
4	资本利得税的法令	346MEF. PrK	2020 年 4 月 1 日
5	关于减少挑战对纺织业影响的税收措施的部长令	319MEF. PrK	2020 年 3 月 24 日
6	关于教育机构额外税收优惠的部长令	209MEF. PrK	2020 年 3 月 2 日
7	关于作为旅行社和旅行社的企业的税收义务的部长令	204MEF. PrK	2020 年 2 月 28 日
8	关于将所得税优惠应用于首次公开募股的指导方针的部长令	183MEF. PrK	2020 年 2 月 25 日
9	关于人民日常生活基本食品增值税国家负担的部长令	168MEF. PrK	2020 年 2 月 21 日

序号	文件名称	文件号	发布日期
10	关于优先部门中小型企业税收优惠的次级法令的部长令	159MEF. PrK	2020 年 2 月 17 日
11	所得税部长令	098MEF. PrK	2020 年 1 月 29 日
12	关于调整国内商品特定税基的部长令	012MEF. PrK	2020 年 1 月 14 日
13	关于对股息分配征收预扣税的部长令	372MEF. PrK	2019 年 4 月 5 日
14	关于大米、玉米、大豆、胡椒、木薯、腰果和橡胶的采购和生产企业的税收优惠的通告	252MEF. PrK	2019 年 3 月 11 日
15	关于暂停对农业经营企业收入征税的部长令	100MEF. PrK	2019 年 1 月 29 日
16	关于实施所得税和其他与合格投资项目的切割、制造和修整活动有关的税收的规则和程序的部长令	741MEF. PrK	2018 年 8 月 3 日
17	关于实施石油业务税收程序的部长令	536MEF. PrK	2018 年 6 月 4 日
18	关于征收运输工具年度税的法令	531MEF. PrK	2018 年 5 月 30 日
19	关于引入协会和非政府组织税收义务的部长令	464MEF. PrK	2018 年 4 月 12 日
20	关于国家对人民日常生活基本食品的增值税负担的部长令	361MEF. PrK	2018 年 4 月 3 日
21	关于实施柬埔寨非营利组织财务报告准则的部长令	335MEF. PrK	2018 年 3 月 27 日
22	关于调整自我评估制度下纳税人分类的部长令	025MEF. PrK	2018 年 1 月 24 日
23	关于对小额信贷机构的外国贷款利息征收预扣税的部长令	1129MEF. PrK	2017 年 10 月 27 日
24	关于暂停服装业企业所得税减免付款的部长令	1130MEF. PrK	2017 年 10 月 27 日
25	关于在相关人员之间分配收入和支出的规则和程序的部长令（转让定价）	986MEF. PrK	2017 年 10 月 10 日
26	关于确定公共照明税税基的部长令	976MEF. PrK	2017 年 10 月 9 日
27	关于外国公司分支机构收入征税程序的部长令	577MEF. PrK	2017 年 6 月 7 日
28	关于对非应税供应品征收增值税的部长令	559MEF. PrK	2017 年 5 月 25 日
29	关于对股息分配征收预扣税的部长令	518MEF. PrK	2017 年 5 月 5 日
30	关于征收登记税的法令	507MEF. PrK	2017 年 4 月 26 日
31	关于教育机构税收优惠的部长令	904MEF. PrK	2016 年 8 月 8 日

续表

序号	文件名称	文件号	发布日期
32	关于对未加工农产品供应征收增值税的部长令	495MEF.PrK	2016 年 4 月 6 日
33	关于征收印花税的法令	273MEF.PrK	2016 年 3 月 17 日
34	关于专利税征收规则和程序的法令	1821MEF.PrK	2015 年 12 月 25 日
35	关于融资租赁业务税收机制的部长令	1704MEF.PrK	2015 年 12 月 9 日
36	关于对生产和供应公共消费清洁水征收增值税的部长令	690MEF.PrK	2015 年 6 月 25 日
37	关于确定除香烟和酒精外的某些本地生产商品的具体税基的部长令	139MEF.PrK	2015 年 1 月 19 日
38	关于交通工具印花税基计算的部长令	001MEF.PrK	2013 年 1 月 4 日
39	关于征收财产税的部长令	493MEF.PrK	2010 年 7 月 19 日
40	关于修订关于征收土地闲置税的部长令	452MEF.BK.GDT	2007 年 6 月 6 日
41	关于实施住宿税的部长令	380MEF.GDT	2005 年 7 月 14 日
42	关于工资税的部长令	1173MEF.PrK	2003 年 12 月 31 日
43	关于对闲置土地征税的部长令	224MEF.PrK.DT	1996 年 7 月 5 日

资料来源：柬埔寨国家税务局官网。

税收程序性规章。柬埔寨税收程序性规章主要由经济财政部以部长令的形式发布，对纳税人的登记、纳税申报、税款征缴等进行具体的阐述和规定。截至 2023 年 5 月，仍然有效的税收程序性规章主要有 28 部。

（6）国际条约

双边条约。2016~2021 年 12 月，柬埔寨已与 10 个国家（地区）签订了关于对所得避免双重征税和防止偷漏税的协定，其中生效 9 个。10 个国家（地区），即新加坡、文莱、泰国、印度尼西亚、越南、马来西亚、韩国和中国等 8 个国家，以及中国香港特别行政区和中国澳门特别行政区 2 个地区。此外，还与土耳其、菲律宾、老挝、吉尔吉斯斯坦、日本和俄罗斯等 6 国就谈签双边税收协定进行磋商。①

多边条约。柬埔寨签订的税收多边协定不多。柬埔寨税务局签署《"一

① 根据 https：//www.tax.gov.kh/en/ir 和 https：//research.ibfd.org 相关资料整理。

带一路"税收征管合作机制谅解备忘录》，参与"一带一路"税收征管合作机制。柬埔寨政府于 2016 年 8 月与美国正式签署了《美国海外账户税收遵从法案（Model 1B）》，并于 2016 年 12 月 23 日生效。

（二）柬埔寨所得税类制度发展基础

1. 柬埔寨企业所得税制度发展基础

2004 年和 2020 年，柬埔寨经济财政部颁布和更新了《柬埔寨王国所得税令》（以下简称《所得税令》），该令对于理解大多数柬埔寨税务条例非常重要，因为它定义了其他税收条例的许多术语，即《所得税令》比《税法》更适用于多数条例。

（1）纳税人制度

柬埔寨没有仅对企业的所得征收的企业所得税。法人和非法人（合伙企业、独资企业及从事经营活动的自然人）取得所得的，在柬埔寨缴纳的是《税法》中规定的所得税。所得税征税实行来源地和居民双重税收管辖权。对居民个人的全球所得征税，对非居民仅就其来源于柬埔寨的所得征税。"法人"是指从事经营业务的企业或组织，包括政府机构、宗教组织、慈善组织或非营利组织。对于非居民，"法人"是指在柬埔寨境内的常设机构。"法人"不包括穿透实体（如合伙企业）① 和个人独资企业。

柬埔寨税收居民身份管理中法人和非法人企业居民身份采用主要营业活动所在地标准，包括在柬埔寨设立或管理，或在柬埔寨设有主要营业地点的任何法人或穿透实体；自然人居民身份标准采用居所标准和停留时间标准，即在柬埔寨境内有住所或主要居所的任何自然人，或在一个日历年内在柬埔寨王国境内停留达到或超过 183 天的人。

---

① 穿透实体是指与最多 10 个居民个人合伙人组成的普通合伙企业，其中合伙人根据其他法律的规定按比例分享资本、利润和亏损项目。在此定义中，穿透实体既不能是另一个合伙企业的成员，也不能是公司、常设机构或独资企业。转手不被视为单独的纳税人，每个合伙人将对其收入份额征税。

（2）征税对象和税率制度

征税对象。柬埔寨企业所得税的应税收入包括但不限于以下收入：居民企业或居民税收穿透实体或柬埔寨王国政府机构支付的利息；居民企业分配的股息；在柬埔寨王国提供服务的收入；居民个人支付的管理和技术服务报酬；来自动产或不动产的收入，如果此类财产位于柬埔寨王国；居民支付或非居民通过其在柬埔寨王国设立的常设机构支付的使用或有权使用无形资产的特许权使用费；出售位于柬埔寨王国的不动产或转让位于柬埔寨王国的不动产的任何权益的收益；柬埔寨风险保险或再保险的保费；出售动产收益，该动产属于柬埔寨非居民纳税人设立的常设机构的商业财产的一部分；非居民通过在柬埔寨的常设机构开展的商业活动所得收入。如果没有足够的信息来确定收入来源，或者迄今为止制定的规则无法清楚地反映收入来自任何一种来源，则税务机关将决定该收入的来源。

税率制度。第一，法人的企业所得税税率。一般税率为20%；特殊税率为30%，适用于根据石油或天然气生产分成合同以及木材、矿石、黄金和宝石等自然资源的开采实现的利润。第二，法人的企业所得税征收率为5%，适用于保险行业，保险（非寿险）和再保险按毛保费的5%征税。

（3）计税方法

所得税税额由所得额和适用的税率相乘计算而得出，按照日历年纳税。所得额是通过从应税收入中减去税法允许的扣除项目来确定的。

（4）允许扣除的项目

①一般规定。除税法另有规定外，企业按照会计核算的支出和费用进行扣除，规定如下：除税法另有规定外，允许扣除的费用包括纳税人在纳税年度内为开展业务而支付或发生的费用；支付给企业管理人员或董事、合伙人、税收穿透实体成员、纳税人家庭成员或其他相关人员的任何租金、利息、补偿、付款或费用，如果有证据表明该付款是对于实际执行的服务，且在合理的范围内；为新建筑物和其他有形资产永久性改造或改进支付的金额，包括任何建设或收购期间的利息和税收。这些金额应记录在相关资产账户中，并应作为有形资产按规定计提折旧扣除。

②利息支出。纳税人在纳税年度内为开展业务而支付或发生的利息费用，应允许扣除。任何年度的利息扣除限额为利息收入加上扣除利息收入和利息支出后的净利润的 50%。超出的不可扣除的利息费用可以无限期地结转至下一纳税年度。

③有形资产折旧。

第一，一般折旧。一般折旧额须以扣除特殊折旧额后确定的财产价值计算。一般折旧规定如下：一是在确定应纳税所得额时，有形财产的所有人或满足特定条件的承租人应准予扣除折旧。如果承租人承担相关有形资产损失或毁坏的风险，则该财产的承租人准予扣除折旧。二是可折旧资产是指在企业经营过程中，可能因使用或过时而失去价值的有形资产。土地不是可折旧资产。三是所有有形资产应分为 4 种财产类型，适用的折旧方法和折旧率见表 9。

表 9　柬埔寨企业所得税有形资产适用的折旧方法和折旧率

财产类型	折旧方法	年折旧率(%)
第 1 类:建筑物和构筑物,包括其基本组成部分	直线法	5
第 2 类:计算机、电子信息系统、软件和数据处理设备	余额递减法	50
第 3 类:汽车、卡车和办公家具与设备	余额递减法	25
第 4 类:所有其他有形资产	余额递减法	20

第二，特殊折旧。一是特殊折旧是在有形资产购买的第一年或用于合格项目（项目投资者不使用税法规定的免税期权利的）投入使用一年之后的可扣除金额。该金额等于税法确定的用于制造和加工的新的或使用过的有形资产资本成本的 40%。特殊折旧将减少可用于一般折旧的资本成本。二是投资者选择不适用免税期权利的，在确定符合条件的投资项目一个纳税年度的应纳税所得额时，应当扣除有形资产的特殊折旧。三是已享受特殊折旧扣除的有形资产，应在特殊折旧扣除的纳税年度后至少持有 4 个纳税年度。如果在此期间之前处置有形资产，则投资者应在应税利润中重新计入相当于特殊折旧扣除的金额，减去该被处置的资产根据持有期间每个月按特殊折旧扣

除金额的2%计算折旧扣除。该数额不影响按规定应纳税所得额的有形资产账面价值。

④无形资产摊销。专利权、著作权、图纸、模型、特许经营权等无形资产根据使用寿命进行摊销。一是使用寿命有限的，每项资产的摊销率应按直线法在该财产的使用寿命内计算摊销；二是无法确定使用寿命的，按无形资产价值的10%计提摊销。

⑤自然资源折旧。任何自然资源（包括石油和天然气）的折旧扣除应按如下方式确定：一是所有勘探和开发成本，包括这些成本的利息，都应计入资源的资产账户中；二是纳税年度每项可扣除自然资源的折减额，按该自然资源账户余额乘以该自然资源年内的产量与该自然资源的估计总产量的数量比例确定。

在一个纳税年度允许扣除的自然资源折旧额＝年末自然资源余额×纳税年度生产的数量/该资源可能产生的总估计数量

⑥生物资产折旧。

第一，橡胶作物。可按表10折旧率折旧20年。

表10 橡胶作物折旧规定

实现产出起	折旧率(%)	实现产出起	折旧率(%)
1~2年	3	13~15年	6
3~4年	4	16~19年	5
5~10年	5	20年	剩余部分
11~12年	7		

第二，橡胶以外的农作物。每一纳税年度准予扣除的折旧额，按生产力年限或每年5%的年限采用直线法计算，以较高者为准。

第三，畜牧业。各纳税年度准予扣除的折旧额，按生产力年限或每年10%的年限采用直线法计算，以较高者为准。

⑦慈善捐赠扣除。组织的慈善捐助，准予扣除，但不得超过扣除慈善捐款前确定的应纳税所得额的5%。

⑧亏损结转。法人任何一个纳税年度发生的亏损，均视为下一纳税年度的费用，从下一纳税年度实现的利润中扣除。如果该利润不足以最终结清，剩余的亏损部分依次结转到以后的纳税年度，直至第五个纳税年度，亏损发生时间超过一年的，按亏损发生的先后顺序扣除。

⑨纳税人之间的收入分配和扣除。处于共同控制下的两个或两个以上的企业，无论这些企业是在柬埔寨境内还是在柬埔寨境外成立或组建，税务机关都可根据需要在这些企业和它们的所有者之间分配总收入、扣除额或其他利益，以防止避税或逃税，或清楚地反映此类企业或其所有者的收入。

（5）不得扣除的项目

所得税不得扣除的项目。具体包括：通常被认为是消遣、娱乐或招待活动的任何费用，或与此类活动有关的支出；个人生活或家庭的开支，但现金或实物形式的附加福利须根据工资税的规定缴纳预扣税；所得税规定征收的任何税款或工资税规定征收的预扣税；对于关联人之间直接或间接的任何财产买卖或交换所造成的损失；纳税人用于经营活动的可确定金额的实际支出以外的其他费用；与免税收入相关的费用。

（6）税收优惠制度

《税法》规定的免税收入。具体包括：政府和政府机构的收入；专为宗教、慈善、科学、文学或教育目的组织和运营的收入，这些组织的资产或收益的任何部分均不能用于任何私人利益；任何劳工组织或任何商会、工业或农业的收入，前提是这些组织的收入不用于任何股东或自然人的私人利益；出售自产的农产品，无论该农产品是在其原始状态下销售还是在经过作为惯常农业工作的延伸的改造后销售。通过工业手段进行的操作，包括转化、保存和商业包装，不被视为惯常农业工作的一部分。

根据 2021 年 10 月颁布的新投资法，在柬埔寨发展理事会或省、市投资委员会注册的合格投资项目①，可以享受基本鼓励措施和额外鼓励措施两种

---

① 投资法适用的项目有 3 种类型，包括"合格投资项目"、"扩展合格投资项目"和"担保投资项目"。其中，合格投资项目能享受税收优惠，扩展合格投资项目是否能享受税收优惠由次级法令进行个别确定，担保投资项目不享受税收优惠。

税收优惠。

基本鼓励措施。合格投资项目可以在以下两种投资鼓励措施中选择其一享受。选项1，所得税豁免。一是从合格投资项目获得第一笔收入之日起免征3年至9年的所得税（时限具体取决于不同行业和投资活动）；二是所得税免征期结束后，合格项目按以下比例逐步缴纳所得税：第一年和第二年为25%、第三年和第四年为50%、第五年和第六年为75%；三是在免税期内免除1%的预缴所得税；四是免征最低税（前提是有独立的审计报告）；五是免征出口税，除非其他法律法规另有规定。选项2，特殊折旧优惠。一是现行税收法规规定的特殊折旧扣除资本支出；二是特定费用200%加计扣除的资格，最长可达9年；三是在特定时期内豁免预缴所得税。

额外鼓励措施。注册为合格投资项目的投资活动发生下列支出可享受150%的加计扣除：第一，研究、开发和创新；第二，通过向柬埔寨工人/雇员提供职业培训和技能来开发人力资源；第三，为工人/雇员建造住宿、价格合理食品的餐饮中心或食堂、托儿所和其他设施；第四，升级机器以服务于生产线；第五，为柬埔寨工人/雇员提供福利，例如往返住家和工厂的舒适交通工具、住宿、价格合理的餐饮中心或食堂、托儿所和其他设施。

2. 柬埔寨个人所得税制度发展基础

柬埔寨本身没有单独的个人所得税，只有每月对从就业中获得收入的个人征收工资税以及对自然人、独资企业和合伙企业取得的生产经营所得按照所得税纳税。个人取得的商业和专业收入根据自行申报制度（适用于以收付实现制核算的小型企业）缴纳利润税。个人取得的利息、股息、特许权使用费和租金收入，由支付这些收入的企业（个人）代扣利润税（最终税），一般不需要缴纳个人所得税。

（1）纳税人制度

工资税是对在履行工作职责框架内收到的工资征收的月度税。居民自然人有义务就其来源于柬埔寨的工资和来源于外国的工资缴纳工资税。非居民自然人有义务就其来源于柬埔寨的工资缴纳工资税。

当用于雇员、纳税人或自然人时，"居民"一词是指其居住或主要居住地位于柬埔寨，或在一个日历年度内在柬埔寨王国境内停留达到或超过183天的人，在确定逗留天数时，一个人逗留一天的部分时间算作一整天。"非居民"一词是指除"居民"外的任何人。

（2）征税对象和税率制度

工资税的征税对象为工资收入。工资是指支付给劳动者或者因劳动者完成职务活动而支付的工资、报酬、工资、奖金以及加班费、补偿金和福利费。柬埔寨的工资税税率实行 0~20% 的 5 级超额累进税率（见表 11）。

表 11　柬埔寨工资税 5 级超额累进税率

级数	月工资收入（瑞尔）	税率（%）
1	1300001 以下	0
2	1300001～2000000	5
3	2000001～8500000	10
4	8500001～12500000	15
5	超过 12500000（含）	20

税率制度。柬埔寨自然人、独资企业和合伙企业按年度所得适用 5 级超额累进税率计算个人所得税（非工资税）（见表 12）。

表 12　柬埔寨自然人、独资企业和合伙企业 5 级超额累进税率

级数	年度应税收入（瑞尔）	税率（%）
1	16000001 以下	0
2	16000001～24000000	5
3	24000001～102000000	10
4	102000001～150000000	15
5	超过 150000000（含）	20

（3）计税方法

应纳税额 = 计税依据 × 适用税率

计税依据 = 每月应税工资 − 按劳动法扣缴的养老和社会福利费 − 免税项目 −
子女抚养扣除 − 家庭主妇配偶扣除

应税工资。居民个人的每月应税工资包括：一是从柬埔寨获得的工资；二是从国外获得的工资；三是雇主垫付给雇员的款项、贷款或分期付款，应加到支付当月的应税工资中，并应在雇员偿还当月的工资中扣除。对于非居民纳税人，应纳税工资为来自柬埔寨的工资。

居民个人家庭扣除。根据家庭情况，居民个人有抚养子女的①，每个子女每月享受 150000 瑞尔的扣除；配偶为家庭主妇的（唯一职业）每月享受 150000 瑞尔的扣除，扣除额从每月应税工资中扣除。非居民个人没有家庭减免。

（4）附加福利费的代扣代缴

雇员在受雇期间收到的并归因于该工作的附加福利构成应税收入。对于附加福利，雇主每月应按给予所有雇员的附加福利应税价值 20% 的税率代扣代缴税款。附加福利的应税价值是包括所有税款在内的公允价值，附加福利包括：供私人使用的机动车辆；膳食和住宿；相关公用设施支持，如水、电和电话；家庭雇佣工人；低息贷款和折扣销售；与就业无关的教育援助，包括雇员子女的教育；人寿或健康保险费（除非向所有雇员提供相同的福利，无论其就业或工作类别如何）；不合理和不必要的费用津贴；非强制性社会福利；养老金缴款超过雇员月工资的 10%；招待或娱乐支出；提供公司资本的任何部分或股份。

（5）税收优惠制度

外交及外国官员薪金免税。基于有关政府之间的互惠原则，下列薪金免税：外国政府外交或领事使团的官员和雇员持有该国政府的外交或公务护照，在履行其在柬埔寨的官方职能的框架内获得的薪金；国际组织和其他国

---

① 14 岁以下或 25 岁以下接受全日制教育的子女。

家政府技术合作机构的外国代表、官员和雇员在柬埔寨王国履行公务期间所获得的薪金。

雇员工资免税项目。第一，雇员根据任务为雇主的利益而支付的专业费用的实际退款，并且满足以下3个条件：为企业的直接和专有利益而制定；金额合理，不夸张也不奢侈；有已支付的详细发票证明，且发票开具给实际费用报销收款人。第二，在劳动法规定的限额内给予的裁员补偿。第三，劳动法规定的额外福利津贴。第四，免费的或有补贴的特殊制服或专业设备。第五，除业务报销外的差旅固定津贴。

附加福利税的免税津贴。具体包括：往返于工作场所和雇员住所之间的交通津贴；根据劳动法规定在雇主场所内提供的住房津贴或住宿；不论职位如何，向所有员工提供的膳食津贴，包括加班津贴；在法律规定的范围内向社会保障基金和社会福利基金的缴款；不论职位如何，向所有雇员和工人提供的健康保险津贴或人寿保险或健康保险；劳动法规定的托儿津贴或日托中心费用；在劳动法规定的限额内支付的遣散费或解雇补偿金。

工龄补偿免税政策。具体包括：2019年及2019年以前的工资补偿免税；从2020年起，工资补偿不超过400万瑞尔的免税，超过部分须缴纳工资税。

3. 柬埔寨社会保障税（费）制度发展基础

2002年9月，柬埔寨颁布了社会保障法。2007年，柬埔寨成立国家社会保障基金。国家社会保障基金自2008年开始实施职业风险（工伤事故和职业病）保险，随后于2016年实施医疗保险。2019年11月，柬埔寨实施新的社会保障法。柬埔寨社会保障项目缺乏常见的养老保险项目。

（1）缴费人制度

柬埔寨的职业风险保险和医疗保险的缴费人为雇主，员工不承担这两项缴费支出。

（2）费用项目和费率制度

职业风险保险。雇主必须每月按雇员月平均工资的0.8%缴费。

医疗保险。雇主必须每月按雇员月平均工资的2.6%缴费。

（三）柬埔寨货物劳务税类制度发展基础

柬埔寨货物劳务税类制度包括对一般的商品和服务征收的增值税、对特定商品和服务征收的消费税（特定商品及服务税）、在所有烟草和酒精产品上加征的公共照明税，以及在提供住宿服务上加征的住宿税。

1.柬埔寨增值税制度发展基础

柬埔寨现行的增值税制度为 1998 年开征的增值税①，直到 2021 年对电子商务交易征收单边数字商品及服务增值税，其增值税制度基本保持稳定，没有太大变化。

（1）纳税人制度

一般规定。任何根据自行申报税收制度在柬埔寨发生的应税行为，即销售货物、进口货物和提供服务②的人都是增值税的纳税人。因作为雇员而从事生产经营活动的人不被视为增值税纳税人。

不需要注册的人可以根据增值税次级法令中的条件和程序申请注册为纳税人。增值税次级法令还允许经柬埔寨发展理事会批准的投资企业在提供应税供应品之前申请增值税登记，此类注册的有效期仅为 2 年。

（2）征税对象和税率制度

征税对象。具体包括：柬埔寨纳税人提供的商品或服务；纳税人挪用货物供自己使用；纳税人以低于商品或服务成本的价格对外赠送或销售；进口货物到柬埔寨关税区。

税率制度。第一，标准税率为 10%。第二，零税率。适用于出口商品或提供境外的国际运输服务，以及根据特定标准向出口商（如服装制造、

---

① 实际征收时间推迟到 1999 年 1 月 1 日。
② "货物"指土地或金钱以外的有形财产；"服务"指提供商品、土地或金钱以外的有价值的东西。"销售货物"指作为所有者使用或处置货物的权利的转让，无论是否有偿。与商品供应相关的服务供应应被视为商品供应。"提供服务"是指提供商品、土地或金钱以外的有偿供应。提供服务附带的商品供应应被视为提供服务。如果服务的提供与商品的供应或进口有关，例如与产品安装相关的服务，则整个交易被视为商品的销售或进口。相反，如果商品的供应与服务的提供是附带的，则整个交易被视为服务的供应。

纺织和制鞋业）提供特定商品或服务的配套行业或分包商。

（3）计税方法

增值税计税方法为购进扣税法，按月计算应缴增值税。

$$应缴增值税 = 销项税额 - 进项税额$$

销项税额。向客户提供商品或服务而缴纳的增值税称为"销项税额"。

$$销项税额 = 计税价格 \times 税率$$

计税价格的确定。第一，计税价格为卖方向买方收取的商品或服务的价格。应税价格包括应支付给销售方的商品或服务的销售价格、与销售行为有关的任何运输费用和其他费用，包括特定商品及服务税，但不包括增值税。第二，当应税销售的对价为销售方的直接利益或间接利益而不是金钱时，该对价应按其公允价值计入应税价值。第三，任何进口货物的应税价格为海关完税价格，包括货物的离岸价格、保险费、运费加上关税、特定商品及服务税。如果没有此类调整后的海关完税价格，则应使用公允价值。第四，如果提供的商品或服务的计税价格不反映真实价值，税务机关可以确定此类商品或服务的价格，并且该价格应被推定为正确计税价格，除非有其他税务机关认可的证明。第五，纳税人定期从消费者手里购买用于转售或代售的旧货，其计税价格为销售价格与购买价格之间的差额，或销售该商品的佣金。

增值税纳税义务发生时间。第一，增值税纳税义务为销售发生时。第二，商品和服务的供应时间应为卖方必须开具发票的时间，或者如果发票在卖方必须开具的时间之前开具，则为卖方开具发票的时间。第三，增值税发票必须在商品装运或提供服务后7日内开具，如果付款发生在货物装运或服务提供之前，则必须在付款后开具。如果装运未附有发票，则应附上一份已正确记录在装运日志中的装运单据。第四，对于连续提供或涉及多次付款的商品或服务的供应，供应时间由经济财政部的法令确定。第五，商品进口时，供应时间为进口商按现行规定向海关申报的时间。

进项税额。进口商品缴纳的增值税以及企业在当地购买商品或服务而缴纳的增值税称为"进项税额"。进项税额可以从销项税额中抵扣，如果购买的商品或服务部分用于应税供应，部分用于非应税供应，则仅可对用于应税供应的那部分进行抵扣。

抵扣凭证。进项税抵免申请应附有：符合规定的增值税发票；经海关当局认证的海关进口报关单，其中必须注明作为收货人或进口商的纳税人姓名以及进口时缴纳的税款数额。

不可抵扣的进项税额。具体包括：应酬、消遣和娱乐费用（除非纳税人经营应酬、消遣和娱乐提供者的业务）；购买或进口汽车（除非纳税人经营此类汽车的交易或租赁业务）；购买或进口某些石油产品（除非纳税人是经营此类石油产品的供应商）。

进项税额超额抵扣。如果当月进项税额大于当月销项税额，则超额抵扣的部分用于抵减前期的增值税欠税或者形成留底税额在下个月的销项税额中抵扣。

长期留底税额退税。如果纳税人有三个月或更长时间的进项税额超额抵扣，则该纳税人可以在第三个月末或之后的任何一个月申请退税。超过三个月的，必须在任意月度结束后的 20 日内提交申请。

（4）进口征税和出口退税制度

进口征税。任何进口商品的应税价格为海关完税价格，包括商品的离岸价格、保险费、运费加上关税、特定商品及服务税。如果没有此类调整后的海关完税价格，则应使用公允价值。

出口退税。税务机关可以根据以出口为主要活动的纳税人的申请，退还每月的进项超额税额，前提是该纳税人出示了适当的出口证明并正确履行了其在会计核算和其他记录保存方面的义务。

（5）税收优惠制度

增值税免税项目。具体包括：①公共邮政服务；②医院、诊所、医疗和牙科服务以及此类服务附带的商品；③由国有独资公共交通系统运送乘客；④保险服务；⑤主要金融服务（由经济财政部确定）；⑥免征关税且价值在经济财政部确定的范围内的个人自用物品的进口；⑦由经济财政部认可的公益性非营利活动；⑧电力和清洁水供应；⑨教育服务；⑩废物清除/收集；⑪未经加工的农产品。① 此外，《税法》还规定根据有关政府之间的互惠原则，许多由外交使团和国际组织进口的商品也无须缴纳增值税。将外交使团、国际组织和他国政府的技术合作机构进口的用于履行公务的商品视为免税商品，非应税供应品只有在使团向税务部门证明商品是为上述用途而进口时才允许免税；供外交使团、国际组织官方工作人员个人使用的进口商品为免税用品。

《投资法》鼓励措施下的税收优惠。第一，一般税收鼓励政策。出口合格投资项目和辅助工业合格投资项目②的，对建筑材料、建筑设备、生产设备和生产投入品可免征增值税；面向国内合格投资项目的，对进口建筑材料、建筑设备和生产设备豁免增值税。第二，额外税收鼓励政策。为实施合格投资项目而购买本地生产的生产投入品的，豁免增值税。

（6）数字商品及服务增值税

2021 年 4 月，柬埔寨发布《电子商务增值税实施细则》次级法令③，实施单边数字商品及服务增值税。该次级法令规定了对在柬埔寨没有常设机构的非居民纳税人通过电子商务系统在柬埔寨提供的数字商品和服务征收增值税的机制。2021 年 9 月，柬埔寨经济财政部发布《关于增值税电子商务实施程序的部长令》，该部长令旨在确定实施和管理对没有永久居留权的非居民纳税人通过电子商务系统提供数字商品或服务征收增值税的规则和程序。

纳税人。数字商品及服务增值税的纳税人为通过电子商务系统向柬埔寨境内提供数字商品或服务的非居民，包括：向柬埔寨提供数字商品或服务，或任何电子商务活动的有义务进行增值税登记的非居民纳税人；接受非居民纳税人提供的数字商品或服务，或任何电子商务活动的自行申报纳税人。

征税对象。数字商品及服务增值税的征税对象为数字商品和数字服务，具体包括：非居民供应商通过电子商务系统或电子商务活动从柬埔寨境外向

---

① ①~⑦项为《税法》规定的免税项目。
② 出口合格投资项目，指将其产品的任何比例出售或转让给柬埔寨境外的购买者或接收者的合格投资项目。辅助工业合格投资项目，指任意比例供应产品给出口产业的合格投资项目。
③ Sub-Decree on the Implementation of VAT on E-Commerce（65 ANKr. BK），https：//www. tax. gov. kh/u6rhf7ogbi6/gdtstream/75a4e4b8-e17a-443e-80a1-8df0ab3720ba.

柬埔寨境内供应任何的数字商品或数字服务；居民纳税人接受非居民纳税人供应的任何数字商品、数字服务电子商务活动。[①]

计税依据。计税依据为数字商品或服务的销售额，具体规定：卖方向买方收取的数字商品或服务的价值；以非现金形式的直接利益或间接利益支付对价的，则该对价应按其公允价值计入应税价值。

2.柬埔寨消费税制度发展基础

柬埔寨 1995 年颁布的《1995 年柬埔寨王国财政法修正案》将《税法》中原来的"特定商品税"改为"特定商品及服务税"，并延续至今。特定商品及服务税是对某些本地制造及进口的产品和服务征收的一种消费税。

（1）纳税人制度

特定商品及服务税的纳税人为制造（销售）或进口这些特定商品和服务的企业及个人。

（2）征税对象和税率制度

柬埔寨特定商品及服务税的税目和税率（见表 13）。

表 13　柬埔寨特定商品及服务税的税目和税率

特定商品及服务	税率(%)
柬埔寨境内出售的国内和国际机票	10
娱乐服务 *	10
国内生产或进口的香烟和雪茄	20
国内生产或进口的酒精饮料(不含啤酒)	35
国内生产或进口的啤酒	30
国内生产或进口的非酒精饮料	10
润滑油、刹车油、机油原料(进口)	10
国内和国际电信服务	3
汽车及零配件	15、25、45
石油、柴油、汽油和某些类型的电子产品	4、10、25、33

＊指按摩、卡丁车、赛车、斯诺克、保龄球、各种游戏、高尔夫。

[①] 数字商品指完全在线购买、供应和交付的无形商品。数字服务指在线提供的服务。电子商务活动指数字商品或数字服务的购买、销售、出租、交换，包括网上商业活动。

（3）计税方法

国产商品按"出厂销售价格"计算特定商品及服务税。"出厂销售价格"为增值税、公共照明税、特定商品及服务税前售价的90%。

酒店和电信服务，应按发票金额征税。

机票的税款根据在柬埔寨发行/销售的机票价值计算。

（4）进口征税制度

进口商品税款的计算依据为关税完税价格，包括货物的离岸价格、保险费、运费和关税。

（5）税收优惠制度

《投资法》鼓励措施下的税收优惠。第一，一般税收鼓励政策。具体包括：出口合格投资项目和辅助工业合格投资项目的，对建筑材料、建筑设备、生产设备和生产投入品免征特定商品及服务税；面向国内合格投资项目的，对进口建筑材料、建筑设备和生产设备豁免特定商品及服务税。第二，额外税收鼓励政策，即为实施合格投资项目而购买本地生产的生产投入品的，豁免特定商品及服务税。

（四）柬埔寨财产税类制度发展基础

1.柬埔寨财产税制度发展基础

2010年，柬埔寨经济财政部发布《关于征收财产税的部长令》，对不动产进行征税。

（1）纳税人制度

在省会城市或市政当局区域内持有不动产的所有人。

（2）征税对象和税率制度

征税对象为位于省会城市的市场价值超过1亿瑞尔的不动产，包括土地、房屋、建筑物和在该土地上建造的其他建筑物。税率为0.1%。

（3）计税方法

计税依据为不动产的市场价值。市场价值由不动产评估委员会评估。具体税基是财产总价值（土地价值和建筑成本）的80%，再扣除1亿瑞尔，用公式表示为：

$$税基（瑞尔）= 财产价值 \times 80\% - 1 亿$$
$$应纳税额 = 税基 \times 0.1\%$$

（4）税收优惠制度

免征房产税。下列不动产免征房产税：农业用地；属于政府或其机构的不动产；属于专为宗教或慈善目的而组织和经营的社区或个人的不动产；属于外交或领事使团、国际组织和其他政府技术合作机构的不动产；被视为基础设施的不动产，如道路、桥梁、生产清洁水或发电的系统、港口、火车站，包括直接为这些基础设施活动提供服务的建筑物和办公室；直接和永久地用于农业活动而在农业用地上建造的房屋、建筑物和其他建筑物；因不可抗力而严重损坏的不动产；[①] 80%以下仍在建设中未使用的房屋、建筑物和构筑物；位于直接服务于生产活动的经济特区内的不动产。

2. 柬埔寨土地闲置税制度发展基础

为了促进土地的开发和利用，防止土地投机行为，1996 年，柬埔寨经济财政部发布《关于对闲置土地征税的部长令》，对闲置土地进行征税。

（1）纳税人制度

位于城市和土地评估委员会指定地区的未建设用地与废弃建设用地的土地所有人为纳税人。

（2）征税对象和税率制度

征收对象为闲置土地，税率为 2%。

（3）计税方法

土地闲置税按闲置土地的市场价值计税，以各城市和地区的市场价格为基础的土地价格，按照土地评估委员会制定的每平方米价格进行评估。具体公式为：

$$应缴税额 = 总面积 \times 土地价值 \times 税率$$

---

① 建筑物和构筑物的部分不须缴纳财产税，但是土地价值部分要缴纳财产税。

3.柬埔寨房屋和土地租金税制度发展基础

在柬埔寨，出租房屋和土地取得的租金需要缴纳房屋和土地租金税。

（1）纳税人制度

取得房屋和土地租金的业主或租赁权利人为纳税人。如果承租人是在自行申报制度下进行税务登记的企业，则负有代扣代缴的义务。如果业主拒绝为房屋或土地缴纳税款，承租人有责任扣除租金以缴纳全额税款。

（2）征税对象和税率制度

征税对象具体为下列来源的租金：房屋、厂房、宾馆、办公室等住宅和商业建筑；工业和商业安装设备；用于居住或营业的浮动房屋或船只；未经建设的土地，包括采石场、煤矿、湖泊或盐田。税率为10%。

（3）计税方法

计税依据是房屋和土地的租金总额，即与承租人签订合同或约定的租金。

（4）税收优惠制度

租金总额低于50万瑞尔的免税。

（五）其他税类制度发展基础

1.柬埔寨印花税制度发展基础

（1）纳税人制度

转让不动产、交通工具和公司股份的所有权或占有权的人，签订使用国家预算提供货物或服务的合同的人，以及取得具有法律性质的文书（证照）的人是纳税人。

（2）征税对象和税率制度

柬埔寨印花税的税目和税率见表14。

表14　柬埔寨印花税税目和税率

税　目	税率
转让不动产的所有权或占有权,如建筑物或土地,或以不动产形式在公司中出资	4%
运输工具税应税范围的运输工具或车辆的所有权或占有权的转让	4%
转让公司部分或全部的股份	0.10%

续表

税　目	税率
使用国家预算提供货物或服务的合同	0.10%
具有法律性质的文书（证照），如公司注册、合并和解散的文书（证照）	100 万瑞尔

（3）计税方法

计税依据为有关财产的转让价值或具有法律性质的文书（证照）的持有数量乘以适用的税率（见表 15）。

表 15　柬埔寨印花税税目和计税依据情况

税　目	计税依据
转让不动产的所有权或占有权，如建筑物或土地，或以不动产形式在公司中出资	不动产的总价值，按以下优先顺序确定： 1. 在经济财政部的附件中规定的价格。 2. 所有权或使用权转让，或其他法律文件确定的财产价值
运输工具税应税范围的运输工具或车辆的所有权或占有权的转让	运输工具或车辆的价值（包括购买、出售、交换、赠与、入股交通工具公司时应缴纳的税款）
转让公司部分或全部的股份	股份价值
使用国家预算提供货物或服务的合同	合同价格
具有法律性质的文书（证照），如公司注册、合并和解散的文书（证照）*	持有数量

＊公司注册证书不在征收范围内。

（4）税收优惠制度

转让不动产的免税范围。具体包括：转让皇家政府授予的特许土地的所有权或占有权；取得国家机构库存不动产的所有权或占有权；外国使领馆、国际组织和政府间的技术合作机构取得的不动产所有权或占有权；配偶和直系亲属①间转让不动产所有权或占有权。

转让交通工具的免税范围。具体包括：150 马力以下的各类摩托车、三轮车、拖拉机以及各类水上交通工具的所有权转让；柬埔寨国家机构购置的

---

①　亲生父母与子女之间、夫妻之间、祖孙之间、从父母到子女的配偶（婚姻期间配偶的共同财产）。

运输工具或车辆；外国使领馆、国际组织、政府技术合作机构购置的运输工具或车辆；购置在税务机关注册并缴纳月度税和年度税的企业用于转售的交通工具或车辆（购置原免税的交通工具或车辆不能免除印花税）。

转让股份的免税范围。经柬埔寨证券交易委员会批准，向公众发行证券的公司的股份转让、股份接收、公司合并、股东重组和股份分割。

2. 柬埔寨专利税制度发展基础

在柬埔寨境内设立的企业，在开办当年和存续期间每一年都须缴纳一次专利税。

（1）纳税人制度

专利税的纳税人为在柬埔寨登记注册的新设立或存续的企业。

（2）征税对象和税率制度

专利税按注册企业的规模定额缴纳。小型纳税人每年40万瑞尔；中型纳税人每年120万瑞尔；大型纳税人每年300万瑞尔或500万瑞尔。①

（3）计税方法

按户按年纳税。纳税人在有其实际业务运营的地方缴纳专利税，纳税人在同一地点（省市）设有同一经营目的的分支机构、仓库、工厂和车间的，只须缴纳一次专利税。具体规定：新设立企业在上半年开始营业的按全年缴纳专利税，下半年开始营业的按半年缴纳专利税；专利税按企业的分支机构和所在的省份分别计算，同一企业在同一省（市）的分支机构、仓库、工厂和车间的，不需要缴纳不同的专利税；企业的分支机构、仓库、工厂和车间跨省（市）的，则按分支机构、仓库、工厂及车间和所在省（市）分别计算缴纳不同的专利税。

3. 柬埔寨最低税制度发展基础

最低税是独立于所得税的一个税种。最低税不是所得税的附加税，纳税人不必同时缴纳所得税和最低税。该税由纳税人自行申报缴纳，按年营业额（不含增值税，含其他税）的1%缴纳，该税款在缴纳年度所得税时缴纳，

---

① 如果大型纳税人的年营业额超过100亿瑞尔，则应付专利税500万瑞尔。

并可从年度所得税中扣除。

束埔寨的大多数纳税人在提交年度所得税申报时必须缴纳所得税或最低税。前者按所得额和适用的税率相乘计算而得，后者按纳税人年营业额的1%计算，纳税人将支付两者中的较高者，例如，处于税收损失状态的纳税人仍需要支付最低税税款。合格的投资项目可以享受税收优惠，免征最低税。

4. 束埔寨运输工具税制度发展基础

1991年，束埔寨政府发布《关于对运输工具征税的次级法令》，对包括旅游大巴、卡车、客车、三轮车和船舶在内的交通工具征税。

（1）纳税人制度

车辆和船舶等交通工具的所有者或占用者为运输工具税的纳税人。

（2）征税对象和税率制度

根据交通工具的类型适用定额税率计税，具体规定见表16。

表16　束埔寨运输工具税税目及年度税额

税目		年度税额（瑞尔）
旅游大巴	气缸容量低于1500毫升（含）	距出厂时间 0~5 年（含）：150000
		距出厂时间 5~10 年：100000
		距出厂时间 10 年以上：80000
	气缸容量在 1500~2000 毫升	距出厂时间 0~5 年（含）：200000
		距出厂时间 5~10 年：150000
		距出厂时间 10 年以上：100000
	气缸容量在 2000~2900 毫升	距出厂时间 0~5 年（含）：600000
		距出厂时间 5~10 年：400000
		距出厂时间 10 年以上：250000
	气缸容量在 2900~4000 毫升	距出厂时间 0~5 年（含）：1600000
		距出厂时间 5~10 年：1000000
		距出厂时间 10 年以上：600000
	气缸容量超过 4000 毫升	距出厂时间 0~5 年（含）：2000000
		距出厂时间 5~10 年：1200000
		距出厂时间 10 年以上：800000

续表

税目		年度税额（瑞尔）
卡车	载重量低于 3 吨（含）	200000
	载重量为 3~10 吨	500000
	载重量为 10~20 吨	1000000
	载重量超过 20 吨	2000000
重型拖车	载重量为 3~10 吨（含）	500000
	载重量为 10~20 吨	1000000
	载重量超过 20 吨	2000000
客车	座位数低于 15 座（含）	150000
	座位数为 16~25 座	200000
	座位数超过 25 座	250000
货船（河船）	载重量低于 3 吨（含）	50000
	载重量为 3~10 吨	100000
	载重量为 10~20 吨	200000
	载重量超过 20 吨	300000
客船（河船）	长度低于 20 米（含）	100000
	长度为 20~30 米	200000
	长度超过 30 米	300000
拖船（河船）	功率为 150~200 马力（含）	60000
	功率为 200~250 马力	180000
	功率超过 250 马力	300000
货船（海船）	载重量低于 100 吨（含）	200000
	载重量为 100~1000 吨	300000
	载重量为 1000~2000 吨	750000
	载重量超过 2000 吨	1200000
客船（海船）	长度低于 20 米（含）	100000
	长度为 20~30 米	150000
渔船（海船）	功率低于 150 马力（含）	100000
	功率为 150~250 马力	400000
	功率为 250~500 马力	600000
	功率超过 500 马力	1200000
拖船（海船）	功率低于 250 马力（含）	200000
	功率为 250~500 马力	400000
	功率超过 500 马力	600000

续表

税目		年度税额（瑞尔）
摩托艇	功率为 150~200 马力（含）	400000
	功率超过 200 马力	500000
载重量低于 3 吨（含）的装有汽车发动机的拖拉机或三轮车		200000
两圈四轮拖车		200000
两圈八轮拖车		500000
三圈六轮卡车		1000000
三圈十轮重型卡车		2000000

（3）计税方法

按对应的具体税目和适用的定额税率计算缴纳。

（4）税收优惠制度

柬埔寨运输工具税主要对执行特殊任务的车辆，军队车辆，外国使团、国际组织等拥有的车辆及小动力小排量交通工具免税。适用免税的交通工具包括：救护车、国有消防车；柬埔寨皇家武装部队、国家警察宪兵队拥有的车辆；外国使领馆、国际组织或政府技术合作机构拥有的车辆；150 马力的各种摩托车、三轮车、拖拉机及类似机械及各种水上交通工具。

5. 柬埔寨公共照明税制度发展基础

纳税人为酒精和烟草产品的分销商。对所有酒精饮料和香烟按 3% 的税率征收公共照明税。计税依据为发票上记录的产品售价的 20%，售价不含公共照明税和增值税，但含其他税。

6. 柬埔寨住宿税制度发展基础

纳税人为提供住宿服务的人。征税对象包括酒店、套房、旅馆和服务式公寓，房屋和公寓的租金不征税。税率为 2%，适用于酒店和宾馆的住宿。计税依据为收取的住宿费，不含住宿税和增值税，但含其他税。

二 柬埔寨税收制度发展变化（2022~2023年）

（一）柬埔寨税收制度体系发展变化

1.税收收入和宏观税负发展变化

2022年，柬埔寨GDP增加105241亿瑞尔，同比增长9.52%；同期税收收入增加41527亿瑞尔，同比增长20.97%；同期的宏观税负水平由17.92%上升到19.79%（见表17）。

表17　2021年与2022年柬埔寨GDP、税收收入和宏观税负情况

项　　目	2021年	2022年
GDP（亿瑞尔）	1105059	1210300
全国税收收入（亿瑞尔）	198036	239563
宏观税负（%）	17.92	19.79

资料来源：柬埔寨中央银行《经济和货币统计》，柬埔寨经济财政部《政府财政统计》。

2.柬埔寨中央税收收入结构和地方税收收入结构发展变化

2022年，柬埔寨中央税收收入由2021年的180178亿瑞尔增长至220885亿瑞尔，增速为22.59%，高于同期全国税收收入增速；2022年，柬埔寨地方税收收入由2021年的17858亿瑞尔增长至18677亿瑞尔，增速为4.59%，大幅低于同期全国税收收入增速（见表18）。

3.税收行政法规发展变化

税收实体性行政法规发展变化，2022年2月，柬埔寨政府发布第42号《柬埔寨证券业税收优惠次级法令》（42ANKr. BK），对在经柬埔寨证券交易委员会批准的证券交易场所中交易的证券实施税收优惠，优惠范围包括首次公开募股或投资于任何股权（债权）的企业和公众投资者（包括居民和非居民）。

表 18　柬埔寨税收收入归属层级情况

项　目	2021 年		2022 年	
	金额（亿瑞尔）	占比（%）	金额（亿瑞尔）	占比（%）
全国税收收入	198036	100	239563	100
中央税收收入	180178	90.98	220885	92.20
地方税收收入	17858	9.02	18677	7.80

资料来源：国家税务总局国际税务司国别（地区）投资税收指南课题组：《中国居民赴柬埔寨投资税收指南（2022）》，https：//www.yidaiyilu.gov.cn/p/308463.html。

4.税收规章发展变化

税收实体性规章发展变化。2022 年至 2023 年 3 月，柬埔寨经济财政部发布了 3 份税收实体性规章，其中 2 份涉及所得税和增值税的税收优惠，一份涉及将博彩业由原来的"包税制"纳入所得税和增值税的征收范围进行纳税与管理（见表 19）。

表 19　2022 年至 2023 年 3 月柬埔寨税收实体性规章发展变化情况

序号	文件名称	文件号	发布日期
1	关于扩大制农业企业所得税减免缴款的部长令	002MEF.PrK	2023 年 1 月 6 日
2	关于实施博彩税程序的部长令	1080MEF.PrK	2022 年 12 月 30 日
3	关于国家负担的人民日常生活基本食品免征增值税的部长令	009MEF.PrK	2022 年 1 月 11 日

税收程序性规章发展变化。2022 年以来，柬埔寨经济财政部发布了一份税收程序性规章，即 2022 年 3 月 14 日发布的《鼓励自愿修改纳税申报表的法令》（217MEF.PrK），为自愿提交修订纳税申报表的自行申报制度下的纳税人或预扣税代理人提供滞纳金减免的税收优惠。

5.双边税收条约发展变化

2022 年至 2023 年 3 月，柬埔寨新增一项与土耳其的避免所得税双重征收的双边税收协定。此外，柬埔寨政府还向东帝汶、斯里兰卡、缅甸和摩洛哥等 4 国表达了磋商税收协定的意愿。[①]

（二）柬埔寨所得税类制度发展变化

1.柬埔寨工资税制度发展变化

2022 年 12 月 27 日，柬埔寨经济财政部发布《关于执行新工资税税率的通知》[②]，宣布自 2023 年 1 月 1 日起执行新工资税税率。其具体规定如下：提高工资税免税的额度，由原来的每月 130 万瑞尔提高到 150 万瑞尔（见表 20）；对自然人、独资企业和合伙企业的生产经营应纳税所得额的免税额度由原来每年 1600 万瑞尔提高到 1800 万瑞尔（见表 21）。

表 20　2023 年柬埔寨新工资税税率

月工资收入（瑞尔）	税率（%）	月工资收入（瑞尔）	税率（%）
1500000 及以下	0	8500000～12500000	15
1500000～2000000	5	12500000 以上	20
2000000～8500000	10		

表 21　2023 年柬埔寨自然人、独资企业和合伙企业新工资税税率

级数	年度应税收入（瑞尔）	税率（%）
1	18000000 及以下	0
2	18000000～24000000	5
3	24000000～102000000	10
4	102000000～150000000	15
5	超过 150000000	20

2.柬埔寨社会保障税（费）制度发展变化

2022 年 6 月 8 日，柬埔寨劳动和职业培训部联合经济财政部发布联合部长

[①] 根据荷兰国际财税文献局（IBFD）税务信息平台的资料整理。

[②] Instruction on Implementation of the New Rate of Tax on Salary, https：//www. tax. gov. kh/u6rhf7ogbi6/gdtstream/87cfea03-715c-416c-808f-10dd777b4b26.

令《关于企业/机构和工人以及劳动法规定的人员在国家社会保障基金中的缴款登记的手续和程序》（No. 168/22 LV/PrK. NSSF）①，以实施2021年3月柬埔寨劳动法规定的个人养老金社会保障计划。养老金社会保障计划于2022年7月实施，但缴费于2022年10月开始。强制性养老金社会保障计划的缴费由雇主和雇员共同支付，前5年按可供款工资的2%的相同费率缴纳，共计4%。

（三）柬埔寨增值税制度发展变化

1.博彩业纳入增值税的征收范围

2022年12月30日，柬埔寨经济财政部发布《关于实施博彩税程序的部长令》②，取消原来对博彩业实施的"包税制"。博彩业纳入增值税的征收范围，依据博彩的毛收入按10%的税率缴纳增值税。

2.税收优惠政策调整

2022年1月11日，柬埔寨经济财政部发布《关于国家负担的人民日常生活基本食品免征增值税的部长令》③。该部长令规定对自行申报的柬埔寨纳税人销售由国家负担的基本食品④免征增值税，适用期限为2022年1月1日至2023年12月31日。

三　柬埔寨税收制度发展前景

2019年5月，柬埔寨公共财政管理改革方案指导委员会制定并发布中

---

① ON THE FORMALITIES AND PROCEDURES OF THE REGISTRATION OF ENTERPRISES/ ESTABLISHMENTS AND WORKERS AND THE CONTRIBUTION PAYMENT FOR PERSONS DEFINED BY THE PROVISIONS OF THE LABOUR LAW IN THE NATIONAL SOCIAL SECURITY FUND （No. 168/22 LV/PrK. NSSF），https：//www.nssf.gov.kh/wp – content/ uploads/2023/02/16. Prakas-168.pdf.

② Prakas on Procedures on the Implementation of Tax on Gambling （1080 MEF. PrK），https：// www.tax.gov.kh/u6rhf7ogbi6/gdtstream/18b48ec0-3b34-490c-b3b3-c166a9ecd897.

③ Prakas on VAT Exemption as State Burden on Basic Food Items for People's Daily Life （009 MEF. PrK），https：//www.tax.gov.kh/u6rhf7ogbi6/gdtstream/a3d9787f-8026-40a3-af08-8785a9cfca5f.

④ "基本食品"是日常生活必需品，如家养动物（如牛、山羊、绵羊、猪、鸡、鸭）的肉、鸡蛋、新鲜或加工的鱼、糖、盐和酱油，不包括餐厅供应的食品。

期财政战略——《收入动员战略2019~2023》，该战略的愿景是通过现代化税收和非税收管理与政策，使国家的收入体系实现现代化，以适应柬埔寨社会经济发展在新阶段的变化，以符合共同目标——建立一个廉洁、精明、精干的公共行政部门，实现到2030年成为中等偏上收入国家的目标。此外，该战略设定了两个关键目标：一是增加当期总收入；二是提高税收和非税收入征收管理部门的服务质量和服务效率。该战略指出柬埔寨税收制度现代化的重点是实现税收政策的合理化和税收征管的现代化。税收政策合理化旨在根据简单、透明、确定、公正、公平和效率的原则对现行税收政策进行审查。税收征管现代化旨在建设和加强税收征管能力，及时应对经济结构、技术、营商环境和纳税人行为的变化；同时高质、高效地实现政府的政策目标。[1] 该战略目标将通过4个途径实现：①确保可持续的经济增长；②保持收入的可持续性在最佳水平；③确保税收政策和非税收政策的实施以及收入的公平性；④确保社会公平，为减轻低收入人群的税收负担、增进人民福祉和保护环境做出贡献。基于该战略，我们对柬埔寨的税收制度发展前景做一定的展望。

（一）柬埔寨税收制度体系发展前景

1. 柬埔寨税种制度体系发展前景

柬埔寨现行的税种制度体系涵盖了货物劳务类、所得税类、财产税类和其他税类，没有涉及资源税类。柬埔寨是一个自然资源丰富的国家，森林覆盖率高，盛产名贵木材；矿藏主要有石油、天然气、磷酸盐、宝石、金、铁、铝土等。[2] 在第四期国家战略——《四角战略》中，政府将继续注重四大领域的投资，即人、路、电和水。同时，政府将加快石油开采。[3] 因此，柬埔寨有可

---

① Revenue Mobilization Strategy 2019~2023, https：//www.tax.gov.kh/u6rhf7ogbi6/gdtstream/3f68ec38-7dbc-465f-bd6c-5e020249b5d4.

② 商务部国际贸易经济合作研究院、中国驻柬埔寨嘉大使馆经济商务处、商务部对外投资和经济合作司：《对外投资合作国别（地区）指南——柬埔寨》，https：//fdi.mofcom.gov.cn/go-touziyoushi-con.html? id=279。

③ 柬中时报：《政府颁布第四期〈四角战略〉》，https：//cc-times.com/posts/2715。

能将资源税纳入税种开征范围，以完善税种制度体系，扩大政府税收来源。

2. 柬埔寨税制结构发展前景

2018~2022 年，归属于地方政府的税收收入占全部税收收入的平均值为 8.65%，占比最高的年份是 2020 年的 9.30%，2022 年还下降到了 7.80%。落实公共行政改革，包括地方权力分配和地方权限是柬埔寨政府《四角战略》的核心，中央政府权力下放到地方政府的改革进程也稳步推进，柬埔寨地方政府承担了更多的事权。根据财权、事权相匹配的原则，柬埔寨未来有望为地方政府开辟更多的财源，将部分组织收入高、税源分布较平均且与地方经济发展密切相关的税种（如所得税和增值税）设为共享税，让地方政府一起分享经济发展的成果。

（二）柬埔寨所得税类制度发展前景

1. 柬埔寨企业所得税制度发展前景

随着柬埔寨人均所得达到"中低收入"水平，不再符合联合国"最不发达国家"条件，部分商品将无法再享有免税待遇，产品的市场竞争力可能下降。因此，首先，柬埔寨企业所得税未来一段时期有可能会聚焦在降低企业生产经营成本，提高企业的市场竞争力上。其次，中小企业是柬埔寨经济发展的核心引擎之一，柬埔寨全国约有 52 万家中小企业，无论是为了助力中小企业复工复产还是提高中小企业应对危机的承受能力，柬埔寨都有可能专门出台针对中小企业的企业所得税优惠政策，如对中小企业的企业所得税减半征收等。

2. 柬埔寨工资税制度发展前景

为了实现社会公平，减轻低收入人群的税收负担、增进人民福祉，柬埔寨有可能会对工资税进行扩围改革，使其变为真正的"个人所得税"，而不是仅仅由工薪阶层缴纳的工资税。

（三）柬埔寨货物劳务税类制度发展前景

1. 柬埔寨增值税制度发展前景

自 1999 年实施增值税以来，增值税收入已成为柬埔寨政府最主要的收入来源，柬埔寨增值税实行的是单一的税率形式，不管任何商品和服务都按10%的统一税率进行征收。这样的税率制度一方面加重了人民的基本生活负担，另一方面对国家重点发展的产业没有起到促进作用。增值税未来的改革有望从以下两个方面进行：①将关乎民生的基本生活物资纳入增值税的免税范围；②对国家重点扶持的行业实施增值税优惠，如进项税额计价扣除或者对重点行业原材料实施优惠税率。

2. 柬埔寨消费税制度发展前景

消费税的作用是提高税收收入、引导消费者合理消费并尽量减少使用可能影响健康和环境的产品的负外部性。为了更好地发挥这一功能，未来柬埔寨可能首先会将一些既不具备负外部性又不属于超前消费的奢侈品（服务）从税目中移除，如电信服务、机票销售，同时将一些环境危害大的产品纳入税目范围，如电池等；其次，合理调整消费税的税率，对高污染、高危险的产品采取高的税率，环保产品采取较低的税率，比如将新能源汽车从消费税税目中移除或者实施税收优惠；最后，从提高收入的角度看，适当提高一些成瘾性商品的税率以及部分税率明显低于周边国家平均水平的产品的税率。

（四）柬埔寨财产税类制度发展前景

柬埔寨对财产征收3种类型的税：财产税税率为0.1%；土地闲置税税率为2%；财产所有权转让印花税税率为4%。3个税种的计税依据均基于房屋（土地）的市场价值。近年来，柬埔寨房地产行业的快速发展，引起土地价格和房产价格的大幅上涨，导致对上述3个税种的计税依据也变化较大，税款大幅增加。这样一方面会影响民众的生计，另一方面又增加了中小企业和农业部门的生产经营成本。

未来柬埔寨可能会对财产税进行如下改革。第一，对土地闲置税进行综合考核，如果满足退出条件，则取消该税种；第二，随着柬埔寨经济的持续向好，不动产的市场价格也会保持增长，为了降低个人和中小企业的负担，有望提高财产税的扣除额度或者降低财产税的税率，并降低不动产转让的印花税税率。

老挝税收制度发展报告（2023）

摘　要： 老挝在 2014~2019 年进行了较为频繁的税制改革，建立了较为
完善的所得税类及货物劳务税类的税收制度，但也存在财产税类
和资源税类不够完善、缺少社会保障税（费）和政府收费项目
过多的问题。2022 年以来，老挝税制改革主要围绕对数字经济
征税和实施系统减税以降低企业和个人的税收负担及促进经济发
展进行。作为经济发展相对落后的国家，老挝面临税收收入可持
续增长和保证社会公平这两个相对重大的挑战。为了应对挑战，
老挝有望一方面持续对其税收制度进行改革和完善：开征财产税
和资源税、引入社会保障税（费）、进行费改税改革及将环保税
落地；另一方面丰富企业所得税的税收优惠形式，促进企业特别
是中小微企业的发展。

关键词： 老挝　税收制度　所得税　货物劳务税

老挝税收制度于 2019 年之前由具有税法典性质的《税法》进行规定。
2014 年，增值税从《税法》中剥离成单行法律《增值税法》①；2019 年，
《所得税法》②、《消费税法》和《税务管理法（2019 年修订）》（以下简称
《税务管理法》）③ 相继从《税法》中剥离成单行法律。截至 2021 年，老

---

① Law on Value Added Tax（Amended）（No. 48NA），http：//www. laotradeportal. gov. la/
index. php？r = site/display&id = 1846 #，https：//www. laotradeportal. gov. la/index. php？r =
site/display&id = 1846.

② Law on Income Tax（No. 67NA），http：//laotradeportal. gov. la/index. php？r = site/display&id =
1831.

③ Law on Tax Administration（Amended version）（No. 66 NA），https：//www. laotradeportal. gov. la/
index. php？r = site/display&id = 1889.

挝的税制主要由《所得税法》、《消费税法》、《增值税法》和《税务管理法》构成。

一　老挝税收制度发展基础（截至2021年）

（一）老挝税收制度体系发展基础

根据《税务管理法》的规定，老挝税收有间接税和直接税两种类型，其中间接税由增值税和消费税构成，直接税由所得税、土地和财产税①、环境税、手续费和服务费②构成。而所得税又由企业所得税、小微企业所得税和个人所得税构成。这些税种与关税一起构成老挝整体的税收制度。

1. 老挝税种制度体系发展基础

（1）税种制度体系和主要税种

根据《税务管理法》、《关税法》和《土地税条例》的规定，老挝的税种制度体系由增值税、消费税、企业所得税、小微企业所得税、个人所得税、关税、土地税、环境税③构成。从收入规模来看，主要税种是增值税、消费税和企业所得税，这3个税种于2021年实现税收收入11.22万亿基普，占税收收入总额的64.01%（见表1）。

表1　2016~2021年老挝主要税种收入情况

单位：亿基普

项　目	2016 年	2017 年	2018 年	2019 年	2020 年	2021 年
税收收入	153931	155322	165647	171847	153769	175240
增值税	46880	49343	52015	53895	47056	52443
消费税	41243	42340	47428	49720	36015	44362

---

① 实际开征的税种名称为"土地税"。

② 手续费和服务费虽然写在了《税务管理法》中，但其由政府收费，政府通过发布《手续费和服务费条例》进行收费与管理，因此，出于研究目的本报告不对手续费和服务费进行探讨。

③ 环境税未真正开征。

续表

项 目	2016 年	2017 年	2018 年	2019 年	2020 年	2021 年
企业所得税	17509	19797	20733	22093	17278	15373
个人所得税	16238	16026	16190	16465	14509	14937
关税	17045	9996	10971	10120	10849	12561
土地税	1053	1132	1881	2013	1884	1563

注：老挝的税收收入统计口径包含手续费和服务费的收入，后文涉及税收收入总额时也包含手续费和服务费的收入。

资料来源：老挝国家统计局统计数据库，https：//laosis. lsb. gov. la/tblInfo/TblInfoList. do? rootId = 2101000&menuId = 2101101&lang = en&keyword = &searchType = undefined；OECD 税收数据库，https：//stats. oecd. org/Index. aspx? DataSetCode＝REVLAO。

（2）税收收入和宏观税负

2016~2021 年，老挝税收收入由 15.39 万亿基普增长至 17.52 万亿基普，5 年间增长了 13.84%，除了 2020 年税收收入同比下降外，老挝税收收入整体呈增长趋势。同期，宏观税负由 11.91%下降至 9.47%，5 年间宏观税负整体呈缓慢下降趋势（见表 2）。

表 2　2016~2021 年老挝 GDP、税收收入和宏观税负变化情况

项 目	2016 年	2017 年	2018 年	2019 年	2020 年	2021 年
GDP（现价,亿基普）	1292790	1407490	1524140	1626570	1726120	1849820
税收收入（亿基普）	153931	155322	165647	171847	153769	175240
宏观税负（%）	11.91	11.04	10.87	10.57	8.91	9.47

资料来源：老挝国家统计局统计数据库，OECD 税收数据库。

2.老挝税制结构发展基础

老挝是一个单一制国家，实行"中央—省—县—村"四级行政体系，其中"省、县和村"属于地方政府。税制上采用复合税制，老挝实行全国统一的税收制度，税收管理主要由中央政府层面的税务部门和海关部门负责。

（1）税种制度结构：复合税制

老挝税种制度结构是由增值税、消费税、企业所得税、个人所得税、关

税和土地税等构成的复合税制。2016~2021 年，增值税、消费税和企业所得税合计平均占比为 69.23%。增值税是第一大税种，2016~2021 年，增值税税收收入占全部税收收入的比重平均为 30.92%（见表 3）。

表 3　2016~2021 年老挝主要税种收入结构情况

单位：%

项　目	2016 年	2017 年	2018 年	2019 年	2020 年	2021 年
增值税	30.46	31.77	31.40	31.36	30.60	29.93
消费税	26.79	27.26	28.63	28.93	23.42	25.31
企业所得税	11.37	12.75	12.52	12.86	11.24	8.77
个人所得税	10.55	10.32	9.77	9.58	9.44	8.52
关税	11.07	6.44	6.62	5.89	7.06	7.17
土地税	0.68	0.73	1.14	1.17	1.23	0.89

资料来源：老挝国家统计局统计数据库，OECD 税收数据库。

（2）税类结构

基于不同课税对象的税类结构发展基础。老挝的税类结构主要由货物劳务税类、所得税类和财产税类构成。2020 年，它们占税收收入的比重分别为 78.10%、20.67% 和 1.23%，其中货物劳务税类是最主要的税类，2016~2020 年平均占比高达 76.93%，整体呈缓慢的上升趋势。2011~2020 年，所得税制占比由 28.60% 下降至 20.67%（见表 4）。

表 4　2011~2020 年老挝税类收入结构情况

单位：%

税　类	2011 年	2016 年	2017 年	2018 年	2019 年	2020 年
货物劳务税类	70.28	77.39	76.21	76.57	76.39	78.10
其中:不含关税	57.70	66.32	69.77	69.95	70.50	71.05
所得税类	28.60	21.92	23.06	22.29	22.44	20.67
财产税类	1.12	0.68	0.73	1.14	1.17	1.23

资料来源：老挝国家统计局统计数据库，OECD 税收数据库。

基于收入归属层级标准的税类结构发展基础。老挝的财政分权仍在发展，相关的中央税收收入和地方税收收入划分还没有相应的法律或制度文件进行明确，也缺乏相关的中央与地方级次税收收入的数据。根据经济合作与发展组织（OECD）及世界城市和地方政府联盟（UCLG）共同发布的《OECD/UCLG：世界观察——地方政府财政与投资（第 3 版）》[①] 国别资料，省级政府是唯一获准管理和保留部分分配给中央政府的税收的地方政府。

3. 老挝税收制度法律体系发展基础

（1）宪法框架下税收法律规定

老挝宪法规定税收立法权集中在国会，任何税种的征收、修改和废除均需国会的批准，地方政府没有税收立法权。《宪法（2015 年修订）》[②] 第五十三条规定："国会有下列权利和义务：①审议并通过宪法和法律…… ④审议并通过税收和关税的确定、修改或废除……"

（2）税收法律

税收实体法。老挝现行税收实体法主要由 2005 年制定颁布、2020 年 6 月修订的《关税法》，2014 年制定颁布的《增值税法》，2019 年制定颁布的《所得税法》和《消费税法》[③] 构成。

税收程序法。老挝现行税收程序法为 2019 年制定颁布的《税务管理法》。该法对涉及纳税人与税务机关的权利和义务、税收征管、纳税申报、税款征收、税务检查、税务审计和罚则等做出了具体规定。

（3）税收行政法规

税收实体性行政法规。老挝政府税收实体性行政法规制定得很少，主要有 2007 年 5 月老挝政府颁布的《土地税条例》[④]，2007 年 10 月颁布的

---

① OECD/UCLG: the Third Edition of the World Observatory on Subnational Government Finance and Investment, https://www.sng-wofi.org/country-profiles/.

② Constitution, https://na.gov.la/wp-content/uploads/2021/10/Constitution-lao-2015.pdf.

③ 2019 年 6 月，老挝国会通过《消费税法》。

④ Decree of the President of the Lao PDR on Land Tax（No. 01 PO），http://www.laogov.gov.la/legaldoc/pages/document.aspx? ItemID=271.

《老挝人民民主共和国关税法实施条例》①（以下简称《关税法实施条例》）。

税收程序性行政法规。老挝政府税收程序性行政法规制定得很少，主要有 2006 年 1 月颁布的《老挝人民民主共和国发票条例》（以下简称《发票条例》）、2007 年 10 月颁布的《老挝人民民主共和国纳税人识别号条例》。

（4）税收规章

税收实体性规章。老挝税收实体性规章主要由财政部制定发布，包括对各实体税法的实施细则，以及对实体税种的要素进行具体阐述和规定的各种决定与通知，具体见表 5。

表 5　老挝主要的税收实体性规章汇总

序号	文号	发布日期	文件名称
1	No. 3578 MOF	2012/12/19	关于投资促进政策实施关税和税收政策的指示
2	No. 4050 MOF	2015/12/1	关于车辆消费税的指示
3	No. 1939 MOF	2021/4/12	增值税法实施细则
4	No. 0819 MOF	2021/2/10	所得税法实施细则
5	No. 3269 MOF	2021/7/27	关税法实施细则

资料来源：①老挝贸易门户网站法规搜索平台，http：//laotradeportal. gov. la/index. php？r＝site/displaythemostrecentxx&category＝Legal＋Document；②老挝司法部官方文件发布平台，http：//laoofficial gazette. gov. la/。

税收程序性规章。老挝税收程序性规章主要由财政部和税务总局制定发布，对纳税人的登记、纳税申报、税款征缴等进行具体的阐述和规定，现行有效的主要有 15 项。

①　Decree on the Implementation of the Customs Law（No. 362 PMO），http：//laotradeportal. gov. la/index. php？r＝site/display&id＝206.

（5）税收双边条约

老挝主要的对外经济交流以周边国家为主，参与多边国际税收合作的动力不足，国际税收合作主要以税收双边协定为主，并集中在"对所得避免双重征税和防止偷漏税的协定"的双边税收协定。截至 2021 年 12 月，老挝已与 14 个国家或地区签订了关于对所得避免双重征税和防止偷漏税的协定，其中生效 12 个。①

（二）老挝所得税类制度发展基础

老挝政府于 2019 年修改了《税法》，制定颁布了《所得税法》。该法规定：在老挝境内永久或暂时从事经营活动或谋生的，以及在老挝境内拥有居住地或经营场所，而在境外从事经营活动或就业，并取得收入或所得的自然人、法人或其他组织需要缴纳所得税。所得税分为对企业和对个人征收的企业所得税和个人所得税。其中，企业所得税是对国内外从事经营的企业纯利润及小微企业所得征收的直接税，包括对一般企业征收的利润税和对一定规模以下企业征收的小微企业所得税。

1. 老挝企业所得税制度发展基础

（1）纳税人制度

老挝利润税向在国内外有利润收入的老挝生产经营者征收，包括从事生产经营的企业、各类组织及个人。老挝生产经营者无论是否为老挝居民，只要在老挝长期或暂时性地从事经营活动即须缴纳利润税。同时，在老挝从事经营活动或属于老挝居民，应就其在海外的经营利润在老挝缴纳利润税。

老挝利润税法规定了利润税的两类纳税人，即依照老挝法律成立企业的有固定住所或无固定住所经营者；无老挝固定住所亦没有成立企业，但从事某项活动获取收入者。

（2）征税对象和税率制度

老挝利润税的征税对象为各类商业活动产生的利润，应税收入包括所有

---

① 荷兰国际财税文献局（IBFD）税务信息平台，https：//research. ibfd. org。

类型的业务运营收入。

利润税的不征税经营所得项目。具体包括：对固定资产和有价物品进行重新评估时增值的部分；收回以前年度已核销的各类已税准备金；收回以前年度计提的已税坏账；递延所得税收益；会计结账日期因汇率变动引起的外币资产和负债的评估收益。

利润税的税率。第一，一般比例税率。具有法人资格的国内外企业，其经营企业利润税的税率为 20%。第二，特殊比例税率。生产、进口及销售香烟的企业适用 22% 的税率，其中，2% 要根据《香烟控制法》缴入控烟基金；矿产特许经营利润税税率为 35%。

（3）计税方法

利润税的计算方法为应税利润（计税基础）乘以利润税的税率，用公式表达为：

利润税应纳税额 = 应税利润 × 适用的税率
应税利润 = 年度应税收入 − 税法允许扣除的支出总额
或，　应税利润 = 会计核算的利润总额 + 税法不允许扣除的支出

根据纳税人会计核算水平的不同，利润税的计算分两种情况：①对按照应税利润做财务报告、准确规范做账的经营者，其应税利润的计算有两种方法。直接计算法，即按税法固定计算的年度应税收入总额减去年度可扣除支出总额；间接计算法，即在会计利润总额的基础上，调增所得税法不允许列支的支出。②对会计核算不健全、不准确或者无老挝固定住所且没有成立企业的经营者，其应税利润为核定利润总额。核定利润总额是年度应税收入总额乘以核定利润率（老挝各项经营活动核定利润率见表6）；涉及多个行业经营的，以主营业务的核定利润率为依据；依照老挝法律成立企业的经营者，如果账目不准确、不完整，限依据强制利润率计税一年，之后须按照财务报告规范做账，如果不规范做账，则根据相关法律处罚。

表 6　老挝各项经营活动核定利润率

单位：%

序号	经营类别	核定利润率
1	农业和手工业	7
2	工业及其他加工业	10
3	商贸及服务业	15

资料来源：老挝《所得税法》。

利润税的计税基础及纳税调整。利润税的计算以企业实体根据《老挝会计手册》编制的实际会计利润为基础，在此基础上根据税法规定进行调整，得到计税基础。老挝的所得税对许多事项的处理没有具体规定，一般来说，税务处理将遵循会计处理。常见的税会差异是折旧、娱乐费用以及某些未实际发生而不可扣除的储备金和准备金。

允许税前扣除的费用。一般规定：营业费用（包括应计费用）可以扣除，除非利润税法明确规定不可扣除的项目。

公司资产的税务处理。第一，固定资产折旧。固定资产折旧指根据固定资产的使用时间而损耗的减值，或因固定资产技术改造而计提，为将来购买新资产替换旧资产而计提的专用资金。一是固定资产折旧计提方法，可以选择直线法、双倍余额递减法和工作量法。二是固定资产折旧计提日期，以固定资产入账日起算。当年减少的固定资产的折旧，从年初算至减少日。三是固定资产核销，当固定资产折旧已提满时，停止计提折旧，直至固定资产从账目中核销。四是足额计提折旧以后的固定资产使用规定。固定资产按照使用年限足额计提折旧以后，除非有大额的修理费用，否则不得再继续计提折旧，可继续使用，并重新估价以作为出资，或是转让使用权。第二，固定资产和无形资产折旧的计提。在固定资产使用年限和年折旧率的基础上，按表7计提固定资产和无形资产折旧。第三，禁止计提无形资产折旧的情形。无法确定使用年限的无形资产，不得计提折旧，如土地使用权、贸易权和分销权以及出资证明。

表 7 老挝固定资产、无形资产和生物资产折旧规定

序号	企业可计提折旧的资产	最低折旧年限	年折旧率
固定资产			
1	服务于工业的建筑物		
	超过 20 年	—	2%
	20 年及以下	20 年	5%
2	服务于商贸、居住、种植和畜牧业的建筑		
	永久性类别	20 年	5%
	半永久性类别	10 年	10%
3	服务于工业、农业、手工业和其他施工项目的开采、挖掘、拖拽类机械和工具	5 年	20%
4	水陆运输工具	5 年	20%
5	服务于职业技能操作或某项工作的成套设备或工具	5 年	20%
6	办公设备和办公器材	5 年	20%
7	轮船、游船、摆渡船及其他类似船只	10 年	10%
8	客运飞机和货运飞机	—	按飞行时长
无形资产			
1	企业设立和设计的费用	2 年	50%
2	矿产勘探、勘察及经济技术报告费用	5 年	20%
3	服务于某个项目的软件	5 年	20%
生物资产			
1	种植林木	—	按各类林木的成林年限
2	种畜和奶牛	—	按各类性畜的繁殖（出产）年限

资料来源：老挝《所得税法》。

不允许税前扣除的费用。具体包括：利润税；直接用于购置与开展生产经营活动相关的固定资产的增值税；无凭证或无有关部门文件证明的呆账；会计上已计提的折旧；消费性支出以及非企业所有的固定资产折旧；合伙制企业支付给企业职工或管理者合伙人以外的合伙人的薪金；合伙人贷款用于增资扩股所支付的利息支出；非银行贷款利息支出以及支付给合伙人的贷款利息支出；与企业生产经营无直接关联的贷款利息支出；与生产经营无关的

支出，如高尔夫、跳舞等娱乐活动支出，礼品及奖品支出；企业所有者或股东在会计年度内不得扣除的个人消费性支出；与生产经营相关但缺失票据、相关票据不合规或高于实际支出的费用；与第三人未签订合同或没有相关凭证却向其支付费用的支出；会计上已计提的各类准备金；根据会计准则计提的资产减值准备金（如固定资产减值、存货、呆账等）；截止日外币资产和负债的重估损失；递延所得税费用；各类罚金；投资商和政府签订的投资合同中规定的捐赠、援助金；截止日因汇率变动引起的外币资产和负债的评估损失。企业在计算年度利润税时，不可扣除费用应调增到利润总额中，一并计算缴纳税款。

公司亏损结转。按会计准则核算的经营者，在年度经营中发生亏损的，具有审计机构或独立的审计事务所的证明并得到税务部门许可的情况下，可以将亏损向后连续 5 年结转。因瘟疫和自然灾害导致有关种植、养殖亏损的经营项目，结转年限为 10 年。到期后，亏损额尚未抵扣完，不得再抵扣，投资超过 5 年后才能产生收益或利润的项目除外。

（4）税收优惠制度

老挝利润税的税收优惠主要表现为税率优惠和免税的直接性税收优惠。

税法规定的上市利润税优惠政策。上市公司自注册之日起 4 年内按 13%的税率征收利润税，到期后，按 20%的税率征收利润税。

《老挝人民民主共和国投资促进法》规定的利润税优惠政策。根据《老挝人民民主共和国投资促进法（2016 年修订版）》[①]（以下简称《投资促进法 2016》），老挝政府根据投资项目和投资所在地区实行区别的利润税优惠政策。

《投资促进法 2016》第 9 条规定的鼓励类投资项目共有 9 项（按编号）：①利用高水平现代化技术开展的商业活动、科研活动、技术的研究与开发活

[①] LAW ON INVESTMENT PROMOTION（Amendment）（No. 14NA），http：//www. investlaos. gov. la/images/IP_ Law_ 2016_ PDF/Investment_ Promotion_ Law_ amended_ 2016_ Unofficial_ translated-English. pdf.

动，利用创新型技术、环境友好型技术开展的商业活动，高效利用自然资源及能源的商业活动；②无公害农业、制种育种、动物养殖、人工造林、林业发展、环境保护和生物多样性、促进农村地区发展和减贫的活动；③环境友好型农业加工业，民族传统独特的工艺品加工业；④环境友好和可持续的自然、文化和历史旅游开发产业；⑤教育、体育、人力资源开发和劳动技能开发、职业培训机构或中心，教育和体育器材的生产；⑥现代化医院，制药和医疗设备生产，传统药物生产；⑦对城市公共基础设施、公共交通和居住设施投资、服务和发展的项目，发展农业和工业生产基础设施，提供货物运输、过境服务和国际联系的交通运输服务；⑧政策性银行和微型金融机构，专注于减贫事业的银行活动；⑨推广国内产品和世界知名品牌的现代商业中心、国内工业、手工业和农产品展览中心、交易会。

《投资促进法 2016》第 10 条规定的可享受利润税优惠政策的区域分 3 类。区域 1：贫困地区，以及社会经济基础设施投资较少的偏远地区。区域 2：社会经济基础设施投资较多的地区。区域 3：经济特区。不同的投资项目在 3 个区域享受不同的利润税优惠政策（见表 8）。

表 8　老挝分区域投资利润税优惠政策

区　域	利润税收优惠政策
区域 1	鼓励类投资项目免除 10 年的利润税
	其中第②、③、⑤、⑥项鼓励类投资项目可额外享受 5 年的利润税免税
区域 2	鼓励类投资项目免除 4 年的利润税
	其中第②、③、⑤、⑥项鼓励类投资项目可额外享受 3 年的利润税免税
区域 3	符合相关法律的具体规定，特许经营业务应符合相关法律或协议的规定，税收优惠以具体政策为准

资料来源：老挝《投资促进法 2016》。

免税期结束后的税收优惠。第一，与人力资源开发相关的经营；与现代化医院的建设、药厂及医学设备、草药生产及治疗等相关的经营，当《投资促进法 2016》规定的利润税免税期到期后，税率定为 5%。第二，将创新技术、环保技术、节能技术及清洁能源用于生产经营的，当《投资促进法

2016》规定的利润税免税期到期后，税率定为7%。

利润再投资的利润税免税1年优惠政策。投资者使用经营利润增加投资或扩大投资规模的，应当在下一年度根据所增加投资或所扩大投资规模的利润比例享受为期1年的利润税免税政策优惠。

（5）小微企业所得税

老挝《所得税法》对年收入低于一定标准的企业，给予其部分所得免税待遇，超过部分适用较低税率的单独税收政策。对于能够按照财务报告规范准确、完整做账的小微企业，可以根据其意愿，选择按照利润税的规定缴纳利润税。

小微企业标准。小微企业所得税纳税人按小微企业年收入规模确定，年收入4亿基普以下的为小微企业，缴纳小微企业所得税。

小微企业所得税税率。小微企业所得税根据产业和年营业额，适用不同税率（见表9）。

表9　老挝小微企业所得税的税率情况

年营业额（基普）	制造业、农业和其他加工业	商业	其他服务业
不超过5000万	0	0	0
5000万~4亿	1%	2%	3%

资料来源：老挝《所得税法》。

小微企业所得税的计税基础。小微企业须按照小微企业会计制度建立账目。小微企业所得税的计税基础为：依据经营者申报或预估的金额，或依据有关税务部门的实际检查核算发现的企业正常经营活动所得。

2. 老挝个人所得税制度发展基础

老挝个人所得税是对在老挝境内取得收入的个人和特定组织①征收的直接税。

---

① 根据《所得税法》第32条和第33条的规定，非营利性的政府组织、社会组织取得收入时，不是按企业所得税纳税而是按个人所得税纳税。

（1）纳税人制度

老挝个人所得税纳税人具体范围。在老挝境内赚取收入的老挝公民、外国侨民、外国人和无国籍人必须在老挝缴纳个人所得税；在老挝境内有固定居所而在国外工作并取得收入的居民个人（税收协定另有规定的除外）；取得收入的政府和社会组织；在老挝的外国使馆、领事馆或国际组织的公务员在老挝取得收入的；在老挝工作并赚取收入的外国人；一年内连续或累计在老挝停留达到或超过 183 天的，在老挝工作但在国外领取工资的外国人（税收协定另有规定的除外）。

（2）征税对象和税率制度

①居民个人所得税的应税项目范围。具体包括：第一，工资、劳务类所得。工资、劳务费、加班费、超时务工费、职务补贴、岗位津贴、补贴、公司董事会会费，以及其他现金或实物形式的个人收益。第二，经营类所得。未注册为企业的独立专业人士取得的经纪、咨询、服务、建筑维修、体育活动、演出等收入以及网络销售取得的收入。第三，中介类所得。个人、法人的代理费或委托费用，按照合同或者其他条约收取的保证金所得。第四，偶然所得类。中奖（现金或实物）所得以及受赠价值超过 130 万基普的礼物、奖金或奖品。第五，投资类所得。公司股东或持股人的股息分红或其他收益，出售个人、法人股份所获得的收益，贷款利息、佣金、担保费收益。第六，非营利类所得。从政府组织的非商业性活动、国家建设、大型组织或民间社团活动中获取的收益。第七，知识产权所得。出让专利、版权、商标或者其他权益所取得的收入。第八，财产租赁所得。土地、房屋、建筑物、交通工具、机械设备或其他资产的租金收入。第九，财产转让所得。土地、建筑物或土地连带建筑物使用权的转让所得，包括个人转让房地产所取得的收入，以及不属于申报纳税体系中的事业单位转让房地产所取得的收入。

②居民个人所得税的税率制度。老挝个人所得税按所得类型，分别适用两种税率形式：超额累进税率和比例税率。

超额累进税率（见表10）。适用于工资、劳务费、加班费、超时务工费、职务补贴、岗位津贴、补贴、董事会会费及其他现金或实物形式的个人收益。

表 10　老挝个人所得税按月超额累进税率情况

等级	月收入（基普）	税率(%)
1	130 万及以下	0
2	130 万～500 万	5
3	500 万～1500 万	10
4	1500 万～2500 万	15
5	2500 万～6500 万	20
6	6500 万以上	25

资料来源：老挝《所得税法》。

比例税率。除上述适用超额累进税率以外的其他应税收入，分别适用1%、2%、5%和10%的比例税率（见表 11）。

表 11　老挝居民个人所得税应税所得适用比例税率的情况

收入类型	适用税率(%)
以发展农业生产为目的而买卖、转让农用土地使用权所得到的收入	1
土地、房屋、建筑物、土地连带地面建筑物的买卖和使用权的转让，农用土地使用权除外	2
建筑、维修服务	
免税规定以外的遗产继承	
线上营销	
中奖所得	5
受赠礼物、奖金和奖品	
中介费、咨询费等	
个人或实体的版权、专利、商标或其他权利等知识产权	
体育、文艺演出活动	
政府和社会组织取得的非自己业务范围的收入	
股息红利	10
非金融机构的贷款利息、佣金、担保费收益	
来自土地、房屋、建筑物、车辆、机械或其他资产的租金收入	

资料来源：老挝《所得税法》。

（3）计税方法

个人所得税的计税方法。老挝个人所得税应纳税额，根据各类型的应税收入计税基础的总额乘以适用的税率计算。取得外币收入的，应按照计算日的银行汇率换算成老挝货币单位。

两项收入类型实行按月预缴，按年汇算清缴的制度。工资、劳务费、加班费、超时务工费、职务补贴、岗位津贴、补贴、董事会会费及其他现金或实物形式的个人收益；没有进行企业登记注册的自由职业者的收入，如中介费、顾问费、服务费、施工维修服务费、体育活动费和演出费等。老挝个人所得税年度汇算清缴的超额累进税率见表 12。

表 12　老挝个人所得税年度汇算清缴的超额累进税率

等级	年度收入（基普）	税率（%）
1	1560 万及以下	0
2	1560 万~6000 万	5
3	6000 万~1.8 亿	10
4	1.8 亿~3 亿	15
5	3 亿~7.8 亿	20
6	7.8 亿以上	25

资料来源：老挝《所得税法》。

个人所得税的计税基础。第一，工资、津贴、补贴和劳务类所得。工资、劳务费、加班费、超时务工费、职务补贴、岗位津贴、补贴、董事会会费，以及其他现金或实物形式的个人所得，现金形式的为得到的现金数额，实物及其他形式的收益按合同内容以现金价值进行评估。第二，经营类所得。未注册为企业的个体经营收入为全部收入，网络销售为销售收入。第三，奖金类所得。彩票中奖为现金或实物的，为中奖金额或实物价值；作为现金或实物的礼品、奖金所得为现金实际金额，或法律法规规定的实物价值。第四，知识产权所得。知识产权所得为根据合同和其他协议约定的全部收入。第五，投资类所得。股东分红所得或其他投资所得为得到的现金总额及其他评估为现金的全部收益；个人或法人出售或转让股份的所得，为股票出售或转让所得的全部金额；银行和其他金融机构体系以外的借贷利息所得、协议担保或其他协议所得，为利息金额和协议担保或其他协议所得金额。第六，财产租赁所得。出租所得为租金金额，或其他从合同（或协议）中取得的实物收益的价值。第七，财产转让所得。土地、房屋、建筑物或土地连带建筑物的买卖或使用权转让所得为买卖或评估价的全部收入。第八，政府和社会组织取得的非职责业务所得。政府和社会组织取得的非自己业务范围的业务所得为全部收入。第九，非免税的遗产继承所得。免税规定以外的遗产继承所得为所继承遗产的价值。

个人所得税年度汇算清缴扣除项目规定。赡养费、扶养费和抚养费可以在计算年度个人所得税之前从年度收入中扣减。需要纳税人赡养、扶养和抚养的没有收入的家庭成员（须在户口簿中体现）的费用，允许从年度所得中扣减，包括父亲、母亲、夫妻、18 岁以下的儿女以及没有行为能力的人，但不能超过 3 人，每人每年扣除额不超过 500 万基普。

（4）税收优惠制度

个人所得税免税项目范围，具体包括以下方面。

工资、津贴、补贴和劳务类所得。第一，工资类所得。月薪和其他收入合计不超过 130 万基普；根据老挝政府与相关方签订的合同，以及老挝外交部的相关规定，在老挝境内工作的外国使馆员工、国际组织机构的人员以及外国专家的工资收入。第二，补贴、津贴类。未满 18 岁的双亲补助，生育或流产、疾病、工伤事故、从事剧毒化学品工作津贴，公务员、公共和私营企业员工一次性补贴、国民议会和省人民委员会成员津贴，退休金、奖学金，基础工资不超过 200 万基普的人员的加班费和超时费，在解放战争中立功、牺牲及伤残的人员抚恤金。第三，劳务费所得。有相关组织证明的残障人士劳务费。第四，奖金所得。价值在 130 万基普以下的受赠礼物、奖金和奖品；政府奖励在跟踪、搜寻、保卫、抵抗和阻止各种违法行为中做出突出贡献的人的奖金或补贴；因科研发明创新成果获得的奖金。

公益活动所得。从事经过相关部门许可的公益活动的所得。

投资类所得。第一，证券投资所得。在股票市场上出售个人或法人所持有的股权所得；上市公司的股东或持股人所取得的分红。第二，债券投资所得。经有关部门批准，无论是否在证券交易所登记过的证券公司，为筹集资金而发行债券所获得的收入；政府债券收益。第三，存款利息所得。

財産類所得。第一，財産租賃所得。企業經營者出租已繳納過利潤稅的資產取得的租賃收入。第二，財産轉讓所得。按照財務制度申報納稅的生産經營單位轉讓已計入企業收益的土地、建築物的使用權的所得。第三，遺産繼承所得。死者的祖父母、外祖父母、父母、配偶、親生子女、養子女、繼子女、親兄弟姐妹及孫輩繼承的遺産。

3. 老挝社会保障费制度发展基础

老挝没有社会保障税制度，根据《劳动法》的规定，所有劳动单位都必须参加社会保障基金。

（1）缴费人制度

《社会保障法》规定，雇主和雇员有义务参与缴纳社会保障基金，缴费人员为雇主和雇员。雇员的社会保障缴款可以在计算雇员的个人所得税应纳税所得额时扣除。

（2）征税对象和税率制度

老挝只有一个社会保障基金缴费项目，不区分养老金和医疗保险金等细项。雇员必须按其工资总额（包括奖金、附加福利和退休金）的5.5%向社会保障基金缴款，而雇主必须按其雇员工资的6%向社会保障基金缴款。

（3）计费方法

雇员必须按其工资总额（包括奖金、附加福利和退休金）的5.5%向社会保障基金缴款，而雇主必须按其雇员工资的6%向社会保障基金缴款。出于社会保障目的，社会保障基金缴费至少按110万基普至多按450万基普为基数计算缴费。个体经营者可以成为国家社会保障基金的成员，并向国家社会保障基金缴费，缴费率为该个体经营者选择的保险金额的9%。

（三）老挝货物劳务税类制度发展基础

老挝的货物劳务税制度由对一般商品普遍征收的增值税制度和对特定商品征收的消费税制度构成。

1. 老挝增值税制度发展基础

2007年，老挝制定颁布增值税法以取代原来的营业税，但该法直到

2010 年才生效。现行的《增值税法》是 2014 年 7 月颁布、2015 年 7 月生效的，于 2018 年 6 月进行了修订。2021 年 8 月，老挝国会通过《税法某些条款的修正法》（以下简称《税法修正法》）①，对《增值税法》再次修订，修订的条款于 2022 年 1 月 1 日起生效实施。

（1）纳税人制度

无论是否为老挝税收居民，在老挝境内进口、购买或消费商品和服务的个人、法人和组织，均为增值税纳税人。增值税纳税人必须登记并缴纳增值税，老挝没有增值税登记门槛，意味着所有的增值税纳税人都必须进行增值税的登记。

（2）征税对象和税率制度

征税对象。增值税的应税行为具体包括：货物进口；在增值税制度下开展业务的个人、法人或组织在老挝境内提供商品和服务；未根据老挝法律注册成立的非居民企业在老挝境内提供服务；在经济特区注册设立的企业在老挝经济特区以外的地区提供服务；通过电子系统提供商品和服务。

税率制度。第一，一般税率。老挝的增值税税率实行单一税率，即 10%，适用于境内销售。第二，零税率。适用于两种情形：一是使用国内产品，或进口国内无制造或产能不足的、用于生产和投资固定资产的原材料、化学品、材料、机械和生产车辆；二是向外国或者经济特区、经济专区出口货物和作为成品的自然资源。

（3）计税方法

增值税的计税方法为应税行为的增值额乘以适用的增值税税率，用公式表示为：

增值税的应纳税额 = 增值税的增值额 × 适用税率
　　　　　　　 = 销项税额 − 进项税额
销售税额 = 应税行为的计税依据 × 适用税率
进项税额 = 购买的商品或服务价格 × 适用税率或者按取得的发票上注明的税额

① Law on Amendments to Certain Articles of the Law on Taxation（No. 01NA），http://laotradeportal. gov. la/index. php? r = site/display&id = 2425.

增值税计税依据。其具体规定如下：对于进口货物的，为进口货物在海关的 CIF 价（成交价加运费加保险费）加关税加消费税（如有）；对于在境内销售商品或服务的，为商品或服务的销售价值加消费税（如有），但不含增值税；对于非居民提供的商品或服务，为商品或服务的实际购买价值，不含增值税；对于非增值税注册人进口的商品，为 CIF 价加关税加消费税（如有）和毛利；对于自用、交换或免费赠送的商品或服务，为商品或服务供应的实际价值或市场价值，包括消费税（如有）；对于通过电子系统提供的商品和服务，为实际供应价值加消费税（如有）。增值税纳税人取得辅助收入的，辅助收入应合并到相应的计税依据。取得外币的，应按照当时的官方汇率折算为基普。

可抵扣的进项税额。在增值税应税行为的生产、经营或服务中使用的，与商品或服务直接相关的进项增值税可以抵扣。抵扣条件有：在增值税系统中开展业务的个人、法人或组织定期收到的增值税通知；正确和完整的扣除证明，如发票、收据、报表及其他证明；进项税额必须在发生增值税的当月扣除，3 个月内未全部扣除的，可以申请退税；在增值税制度下开展业务的个人、法人或组织年营业收入不超过 4 亿基普的，应按财政部规定扣除进项增值税；对于与自然资源和电力相关的活动的增值税扣除，在条例中另行规定。

不得抵扣的进项税额。主要包括：第一，与生产经营无关的购进项目。具体包括：一是与购买非直接业务运营的商品和服务相关的支出，如组织派对、创意活动、传统活动、宗教活动、休闲活动、舞蹈或娱乐活动、高尔夫和其他体育活动，购买奢侈品、礼品、奖品的支出；二是企业主、股东及其雇员的营业外支出和个人支出；三是无证或有证但不正确、不完整的业务费用；四是与利润税前的非费用相关的支出，如差旅费、招待费、电话费和广告费；五是与固定资产有关的未确认或被确认为企业资产但未全部或部分用于经营活动的费用，如给予股东、董事、经理或员工部分或超出经营活动使用需要的支出；六是与电、水、燃油、燃气相关的非直接用于经营活动的部分；七是不被确认为纳税人资产进行核算的计算机、笔记本电脑、平板电脑、手机等相关的费用；八是香烟、酒类、各类食品饮料等自用商品。第二，用于免税项目的购进项目。第三，已抵扣或退还的进项。第四，不满足抵扣条件的进项。

（4）进口征税和出口退税制度

进口征税。对于进口货物的，为进口货物在海关的 CIF 价（成交价加运费加保险费）加关税加消费税（如有）。

出口退税。对于出口的货物，实行零税率，免征出口环节销项税，并退还相应的进项税。

（5）税收优惠制度

老挝增值税主要对农资、初级农产品、教育服务、卫生服务和公益服务实行免税政策（见表13）。

表 13　老挝增值税免税项目

1. 进口商品	1.1 各类种子、养殖动物、动物饲料、医用疫苗、制作动物饲料和生产疫苗的原料
	1.2 用于生产（有机）肥料、农产品加工产品，以及对生态、人类和动物健康与生命无害的农药的原料
	1.3 农业生产材料、设备和机械
	1.4 用于制造以出口为目的的原材料、矿物、设备和零件
	1.5 进口不能在老挝生产的材料和设备以及有固定用途、用于制造的发动机
	1.6 用于政府机构研究、实验、科学研究的化学材料
	1.7 印花税票或邮票
	1.8 用于国内和国际航空运输的飞机与部件
	1.9 用于国际航空运输服务的燃料和其他油类
	1.10 根据协议、国际合同和有关部委的许可，用于驻老挝大使馆、国际组织公务工作的产品
	1.11 获得有关部委许可的教科书、教学方法、课堂教学、研究和实验用的现代化设备
	1.12 进口金条、老挝银行或老挝银行授权印制钞票、进口钞票或硬币
	1.13 动物用药品、移植到动物体内的人造器官
	1.14 传统医学，移植到人体的人造器官，人体血液，辅助设备，病人、残障人士和老年人用轮椅
	1.15 用于医院、保健中心社会服务的工具、医疗设备、各种分析仪

1. 进口商品	1.16 用于专业工作、公用事业活动的车辆,如消防车、救护车、修理车、电视转播车等政府部门和社会组织的专用车辆
	1.17 用于国防安全工作的车辆,不包括行政保障用车
	1.18 为在海外完成任务的学生、公务员和外交官以及希望在老挝永久居住的外国人进口选定的个人物品和礼物,不包括继承的材料和物品
	1.19 为政府签订的协议、条约、合同和其他有约束力的义务中定义的援助项目提供的商品和服务
2. 老挝境内的商品和服务	2.1 未经加工或经过切割、研磨、去皮、去籽等初加工的农业植物
	2.2 出售所有类型的动物活体或死体,包括未经加工,或以新鲜部分或处于不易腐烂状态进行初步加工的整体或部分
	2.3 造林、果树和药用树木种植服务
	2.4 各类种子、养殖动物、动物饲料、医用疫苗、制作动物饲料和生产疫苗的原料
	2.5 用于生产(有机)肥料、农产品加工产品,以及对生态、人类和动物健康与生命无害的农药的原料
	2.6 提供国际航空运输服务的飞机上的货物
	2.7 农业生产材料、设备和机械
	2.8 用于出口生产的原材料、设备和部件
	2.9 印花税票或邮票
	2.10 国际运输
	2.11 获得有关部委许可的教科书、教学方法、课堂教学、研究和实验用的现代化设备
	2.12 经授权传播政治政策、履行政治职责且非商业性质的报纸、政治杂志、电视和广播节目
	2.13 与教育和体育相关的服务,如托儿所、幼儿园、小学、中学、职业学校、学院和大学、体育服务和体育学校
	2.14 商业银行和老挝银行授权的其他金融机构的存款、贷款、汇款收入、汇率利润和其他金融交易的利息收入
	2.15 投资在证券交易所注册的证券,以及在证券行业提供证券交易服务、证券存管中心服务、证券中介服务和其他服务的收益
	2.16 健康保险、人寿保险、家畜保险和种植园保险业务
	2.17 人类和动物的检查、治疗和诊断的服务
	2.18 治疗动物的药物、移植到动物体内的人造器官
	2.19 传统医学,移植到人体的人造器官,人体血液,辅助设备,病人、残障人士和老年人用轮椅
	2.20 用于医院、保健中心社会服务的工具、医疗设备、各种分析仪
	2.21 在政府对外签订的合同和承诺中明确规定的援助项目中提供的商品和服务

资料来源:老挝《增值税法 2018》。

2. 老挝消费税制度发展基础

老挝消费税是对特定奢侈品和服务征收的一种间接税。开征消费税旨在调节社会的消费，保护民众的身体健康，保护环境，并对区域和国际的经济交往创造条件，为经济发展和财政收入做贡献，现行的是 2019 年 6 月老挝国会通过的《消费税法》。

（1）纳税人制度

生产或进口特定的商品和服务的个人、法人和组织是消费税的纳税人。

（2）征税对象和税率制度

消费税的征税对象为特定奢侈品和服务，税目包括特定的商品和服务，税率均采用比例税率形式（见表 14 和表 15）。

表 14　老挝消费税商品类税目和税率

税　目	税率	备注
1. 燃油		
特种汽油	35%	
普通汽油	30%	
柴油	20%	
航空煤油	8%	
锅炉燃油、机油、液压油、黄油、制动油	5%	
2. 交通工具:摩托车、汽车		
2.1 摩托车		
2.1.1 使用燃料能源的摩托车		
排量 110cc 及以下	10%（整车）	6%（全散件组装）；3%（半散件组装）
排量 110cc 以上 150cc 及以下	20%	全散件组装和半散件组装均按整车税率征收
排量 150cc 以上 200cc 及以下	25%	
排量 200cc 以上 250cc 及以下	35%	
排量 250cc 以上 500cc 及以下	70%	
排量 500cc 以上 800cc 及以下	90%	
排量 800cc 以上	100%	
2.2 汽车		
2.2.1 小型运输车辆		
2.2.1.1 客车,如轿车、吉普车、面包车、4 门以上的皮卡车		

续表

税　目	税率	备注
2.2.1.1.1 使用燃料能源的客车		
排量 1000cc 及以下	25%	
排量 1000cc 以上 1600cc 及以下	30%	
排量 1600cc 以上 2000cc 及以下	35%	
排量 2000cc 以上 2500cc 及以下	40%	
排量 2500cc 以上 3000cc 及以下	45%	整车
排量 3000cc 以上 4000cc 及以下	70%	
排量 4000cc 以上 5000cc 及以下	85%	
排量 5000cc 以上	90%	
2.2.1.1.2 使用燃料能源和其他可再生能源两种能源系统的乘用车	按排量依照 2.2.1.1.1 的 50% 的税率	
2.2.1.1.3 使用清洁能源的客车	3%	
2.2.1.2 双门和 4 门的皮卡车		
使用燃料能源的皮卡车	15%	整车
使用清洁能源的皮卡车	3%	
2.2.1.3 其他小型客车和货车		
使用燃料能源的	10%	整车
使用清洁能源的	3%	
2.2.2 中型客车和运货车		
使用燃料能源的	8%	整车
使用清洁能源的	3%	
2.2.3 大型客车和运货车		
使用燃料能源的	5%	整车
使用清洁能源的	3%	
2.2.4 冷藏车、液体、气体或粉末运输车，油罐车，运水车，吊车，叉车，水泥搅拌车，吸污车，喷浆车，各类喷洒式车辆和移动房车	10%	整车
2.2.5 拖头、尾拖和半尾拖车	5%	整车
2.2.6 高尔夫球车和高尔夫球场服务车	10%	整车
2.2.7 旅游景点观光车	5%	整车
2.2.8 沙滩车、卡丁车	25%	整车
3. 进口的交通工具零配件(用于组装或维修)		
3.1 摩托车	5%	
3.2 各类客车、货车	10%	

续表

税　目	税率	备注
4. 交通工具装饰品		
音响	20%	
汽车装饰物	15%	
5. 酒、含酒精饮料		
酒精含量23%及以上的	70%	
酒精含量低于23%的	60%	
6. 啤酒	50%	
7. 烟草：获得合法许可的烟丝、卷烟、雪茄、电子烟、含尼古丁的电子烟液		
7.1 雪茄、成根或小包的卷烟，其他类型的烟	50%	
7.2 电子烟	60%	
7.3 烟丝	35%	
8. 用于交通工具的燃气	10%	
9. 成品饮料：软饮料、苏打水、能量饮料等		
9.1 汽水、苏打水、咖啡饮品或类似饮料	5%	
9.2 能量饮料	10%	
10. 用于装饰、装饰类灯具的水晶玻璃器皿	20%	
11. 羊毛或动物绒毛制成的地毯	15%	
12. 香水、化妆品、美容产品	20%	
13. 经许可的各类赌博用具	90%	
14. 经许可的烟花、焰火、鞭炮	80%	
15. 机动快艇、游艇和运动艇	20%	
16. 通过卫星接收电视信号的设备（卫星天线、接收盒）	15%	
17. 音频和视频播放器、照相机、电话、音频和视频记录器、乐器	10%	
18. 无人机、航拍、滑翔伞和小型喷气式飞行器	20%	
19. 乒乓球球桌、台球球桌、保龄球设备、桌式足球台	30%	
20. 各类游戏机，如 Playstation、Xbox	35%	

注：对于国内工厂系统生产和组装的使用燃料能源的汽车，全散件组装按5%的税率征收消费税，半散件组装按3%的税率征收消费税。

资料来源：老挝《消费税法》。

表 15　老挝消费税服务类税目和税率

税目	税率
1. 娱乐:舞厅、迪厅、卡拉 OK	35%
2. 保龄球服务	20%
3. 整容、美容业务	10%
4. 电话服务业务、有线电视信号、数字电视信号	5%
5. 互联网服务	3%
6. 高尔夫球服务	20%
7. 经批准的彩票业务	25%
8. 赌场活动、老虎机和各种游戏	50%
9. 赛车、赛马、斗鸡业务	25%
10. 热气球业务、滑翔伞业务和小型喷气式飞行器飞行业务、航拍服务	10%

资料来源：老挝《消费税法》。

（3）计税方法

公式如下：

$$消费税的应纳税额 = 消费税的计税依据 × 适用的消费税税率$$

计税依据。即为商品和服务的销售额或者到岸价，具体规定如下：①进口商品为完税价格（到岸价，含成本、运费和保险费）加进口关税和其他费用（如有）。对进口啤酒、酒类，或酒类产品、烟草类产品的，要加上境内销售环节的消费税，所以进口烟酒类货物的计税依据为批发价减去进口环节的消费税。②国内制造或组装后供销售的产品的计税依据为工厂批发价；对于自用产品、赠品、奖品，计税依据为生产或组装成本加上生产或组装价值。③国内提供的服务的计税依据为服务提供价，不含增值税和消费税。④未在老挝设立企业的非居民提供的商品和服务，为商品和服务的实际购买价值。

最低消费税。即仅适用于根据政府政策征收消费税的某些特定的进口商品的标准税。对于征收最低消费税的商品，如果按照《消费税法》规定的税率和计税依据计算的应纳税款数额低于最低消费税额，则按照最低消费税缴纳。老挝政府根据各时期的消费和经济调整政策，确定商品种类和最低消费税，并提交国会审议。

（4）进口征税制度

进口消费税应税货物的，按报关的完税价格（CIF 价加其他费用）乘以适用的消费税税率计算进口环节的消费税。

（5）税收优惠制度

消费税税目范围内免征消费税的商品和服务主要包括：属于过境或者国内生产的货物用于出口国外的；用于特定医疗目的的酒精；驻老挝大使馆、领事馆和国际组织按规定进口的汽车与电器；国家组织进口的用于庆祝重大官方活动的鞭炮、烟花、焰火；国防和公安部队的救援车辆、救援飞机、救援艇，医院救护车，消防车和特种服务车辆；专用于农业生产的机械；直接服务于生产的、属于固定资产的重型汽车，如推土机、压路机、挖掘机、铲车、打桩机等；根据投资合同临时进口为项目服务的车辆；根据融资协议接受外援的车辆；使用清洁能源的摩托车；在国内工厂系统组装的进口整车零部件。

（四）老挝财产税类（土地税）制度发展基础

《税务管理法》规定："土地和财产税是向作为土地和财产使用者的个人、法人或组织收取的直接税。土地和财产税另有规定的从其规定。"其中，另有规定即老挝政府对土地使用权人征税的《土地税条例》。

老挝现行的土地税为 2007 年 5 月 8 日制定的《土地税条例》[1]，该条例取代了 2000 年颁布的旧条例。

1.老挝土地税纳税人制度

老挝土地税纳税人为老挝境内土地使用权的持有人和土地利用权[2]的持有人。

---

[1] Decree of the President of the Lao PDR on Land Tax（No. 01 PO），http：//www. laogov. gov. la/legaldoc/pages/document. aspx? ItemID=271.

[2] 土地使用权是指个人或组织通过土地产权证取得土地的永久使用权，包括土地保护权、土地利用权、土地用益权、土地使用权转让权、土地使用权继承权；土地利用权的持有人是指按照国家土地分配规划取得土地使用权的组织或者个人。

2. 老挝土地税征税对象和税率制度

老挝土地税根据农业用地和建设用地的不同，区分用途或者城区设置不同的明细税目，根据土地使用目的或利用面积采用定额税率形式（见表16、表17）。

表16 老挝土地税农业用地税目和税率

农业用地类型	土地税税率（基普/公顷）					
	低海拔区域		高原地区		山区	
	城区	乡村	城区	乡村	城区	乡村
一、水田						
1. 水田	45000	35000	40000	30000	25000	20000
2. 遭受灾害的水田						
2.1 受灾面积70%及以上的	全年免税					
2.2 受灾面积50%~70%的	10000	5000	9000	5000	5000	5000
2.3 受灾面积不足50%的	20000	10000	10000	10000	8000	8000
3. 轮作水田	30000	20000	20000	15000	20000	10000
二、旱田						
1. 久作田	20000	15000	16000	14000	14000	12000
2. 轮作田	25000	20000	25000	15000	20000	15000
三、园圃						
1. 园艺	12000	9000	11000	10000	10000	10000
2. 果树	30000	20000	20000	10000	15000	8000
3. 经济作物和一年生作物	45000	35000	40000	30000	30000	20000
4. 医药作物	20000	10000	15000	8000	10000	6000
5. 各类蔬菜	30000	20000	25000	15000	12000	8000
6. 各种木材	25000	15000	20000	10000	12000	8000
四、畜牧场						
1. 天然畜牧草场	35000	20000	30000	15000	20000	12000
2. 人工草场	30000	10000	25000	8000	16000	6000
3. 畜牧场	45000	35000	40000	30000	30000	20000
4. 水生生物养殖池	40000	30000	35000	25000	30000	20000
五、其他农业用地						
1. 无牧草原	40000	30000	35000	25000	30000	20000
2. 其他未利用农用地	40000	30000	35000	25000	30000	20000

资料来源：老挝《土地税条例》。

表 17　老挝土地税建设用地税目和税率

建设用地所在区域	土地税税率（基普/平方米）			
	用于住宅	用于工业和手工业	用于商业和服务业	闲置土地（未开发土地）
一、首都辖镇				
1. 中心城区	80	180	300	300
2. 城市周边地区	60	150	240	240
3. 郊区	40	80	180	180
4. 城市开发区	30	60	100	100
二、省辖镇				
1. 中心城区	60	160	250	250
2. 城市周边地区	50	120	200	200
3. 郊区	30	60	180	180
4. 城市开发区	20	40	80	80
三、由区政府或行政镇管辖的城镇				
1. 中心城区	25	60	120	120
2. 城市开发区	20	30	60	60
四、乡下				
1. 低地村庄	15	20	30	45
2. 丘陵村庄	10	15	25	30
3. 山地村庄	5	8	15	15

资料来源：老挝《土地税条例》。

3. 老挝土地税计税方法

老挝土地税按年纳税，应纳税额由计税依据乘以适用的定额税率计算得出。

4. 老挝土地税收优惠

农业用地免税项目。用于种子试验或生产研究的农用地；新开垦的水田，自开垦之年起免征 3 年税款；自然灾害损失面积达 70%以上的水田、高原稻田全年免税；在农业和林业部门按规定登记的，每公顷包含至少 1100 棵树的种植园免征土地税；为停止刀耕火种而转为农业、畜牧业的土地自开始改变之年起免征 3 年税款；因房屋遭火烧毁造成家庭财产损失的家庭免征当年土地税。

建设用地免税项目。尚在世但不能劳动的民族英雄和残障人士居住用地，但家庭中免税土地面积不得超过 800 平方米/人，超出部分应全额征税；服务于科技组织、技术科学研究（实验）以及国防和安全任务、学校、医院、诊所、卫生站、国家体育场和公园的土地；寺庙、教堂、礼拜场所、所有宗教墓地和其他考古遗址的土地；获得教育部门合法许可的民办学校；符合国际原则并由外交部提议的驻老挝大使馆和国际组织的用地；对外国居民、无国籍人和租用国有土地的外国人免征土地税。

（五）其他税类税种（环境税）制度发展基础

老挝归属于其他税类的税种仅有环境税。环境税是向获准在老挝境内经营、进口或使用可能导致环境污染，损害人类、动物和植物健康，或影响生态系统平衡的自然资源或商品的个人、法人和组织征收的一种直接税。环境税的计征、缴纳和免征办法另行规定。但目前老挝并没有制定相关的环境税的征收政策，并未实际实行。

二 老挝税收制度发展变化（2022~2023年）

（一）老挝税收制度体系发展变化

1.税收行政法规发展变化

2022 年 8 月，老挝政府颁布《发票管理条例》①，取代了 2006 年 1 月颁布的《发票管理条例》。该新条例规定了有关发票管理、使用和监控的原则和措施。

2.税收规章发展变化

税收实体性规章发展变化。2022 年 2 月 4 日，老挝财政部颁布《消费

① Decree on the management of invoices（No.297GOL），http：//laotradeportal.gov.la/index.php?r=site/display&id=2558.

税实施细则》①。该细则对《消费税法》的计算、征收、管理和监督等进行详细的解释与说明。2022年2月4日，老挝财政部颁布《关于在老挝实施电子商务和数字平台服务税收义务的通知》②，将数字经济纳入增值税和所得税的征税范围。

税收程序性规章发展变化。2022年，老挝税收程序性规章主要针对增值税的征管，特别是针对发票和税控机的管理有所发展变化。主要有财政部颁布的《关于终止出售一套增值税发票的通知》、《使用商品和服务销售记录器注册和请求许可的通知》，以及税务总局发布的《核实商品和服务销售记录器使用许可的决定》。

（二）老挝所得税类制度发展变化

2021年8月7日，老挝国会通过《税法部分条款的修正案》，该修正案对《增值税法》、《所得税法》、《消费税法》和《税务管理法》的部分条款进行了修改。该修正案于2022年1月1日正式生效。2022～2023年老挝税制的变化基本与此修正案有关。

1. 老挝企业所得税制度发展变化

（1）征税对象和税率制度发展变化

①将数字经济纳入利润税的征税范围。自2022年2月24日起，向老挝用户提供电子商务和数字平台服务（如在线音乐和电影、流媒体服务、在线广告、在线旅游和住宿预订服务）的非居民公司需要计算并缴纳利润税。

②减少一个高税率，删除矿产特许经营利润税35%的税率。

（2）计税方法发展变化

对会计核算不健全的纳税人。新增一档经营活动核定利润率，电力和矿产活动的核定利润率为30%。

---

① Guidelines on the implementation of the Tax Law (No. 0394 MOF), http://laotradeportal. gov. la/index. php? r=site/display&id=2465.

② Notification on VAT obligations from electronic commerce and digital platform services in Lao PDR (No. 0541 MOF),http://laotradeportal. gov. la/index. php? r=site/display&id=2569.

扩大不得作为应税费用税前扣除的情形，即"有发票或有效凭证但未计入增值税月报表的支出"，"对于电力和矿业活动中允许作为税收相关费用的费用，另行规定"。

（3）税收优惠政策调整

新增对于在增值税系统中合法注册的中小微企业税率优惠项目。即微型企业，实行 0.1%的税率；新成立的小型企业，实行为期 3 年的 3%的税率；新成立的中型企业，实行为期 3 年的 5%的税率。

2. 老挝个人所得税制度发展变化

新增居民纳税人从事数字经济取得收入的计税规定。即居民个人从电子商务或数字服务中获得的收入按总收入的 2%征收所得税，不可扣除任何费用或支出。

（三）老挝货物劳务税类制度发展变化

1. 老挝增值税制度发展变化

（1）税目和税率制度发展变化

①扩大课税范围。

扩大了非居民企业和设立在经济特区的企业的增值税应税行为的范围。增加了在老挝境内提供货物的行为，即非居民企业和设立在经济特区的企业原来的应税行为是提供服务，现在变为销售货物和提供服务两种行为。

将数字经济纳入增值税和利润税的征税范围。

②税率调整。

下调增值税一般税率至 7%。

（2）计税方法发展变化

新增增值税的计税依据的具体规定。第一，一般商品和服务。进口自用商品的计税依据为，边境实际进货价格加进口关税加消费税（如有）加进口自用商品的利润总额；自用、交换或免费赠送的，为商品和服务的实际价值或市场价值，包括消费税（如有）；通过电子系统提供商品和服务为实际价值加消费税（如有）。第二，矿物。边境口岸实际进货价或政府定价加进口税；矿产在本国经济特区供应或收购、出口到国外、自用、交换或捐赠的实际收购价格或国际市场价格或政府定价。第三，电力。每月记录的电表的电能单位数量乘以电能生产商国内外销售合同的价格；根据政府制定的用电量水平或电力企业与用户签订的购售电协议中的电价。

修改、新增和删除增值税的抵扣条件。第一，修改抵扣条件。将原来的条件1修改为"在增值税制度中开展业务的个人、法人和组织，每月定期进行增值税申报，通过税收信息管理系统进行申报，通过银行系统或国库缴款"。第二，新增抵扣条件："买卖商品及服务必须通过老挝的银行系统支付"。第三，删除"对于与自然资源和电力相关的活动的增值税扣除，在条例中另行规定"的规定。

进项税额不得抵扣的情形局部有增有减，整体扩大。第一，将原来的"已抵扣或退还的进项"扩大为"已抵扣、退还或费用化的进项"。第二，新增"矿产和电能的增值税，但允许作为费用和固定资产使用"。第三，调整了非经营用途的项目，将"与利润税前的非费用相关的支出，如差旅费、招待费、电话费和广告费"这个项目删除。第四，政策过渡形成的留抵税额不可抵扣，2021年，纳税人按原10%增值税税率取得的进项税额，在2021年底前未扣完形成留抵税额的，不得再扣除，但可作为该会计年度的费用扣除。

（3）税收优惠政策调整

新增对电力销售和进口增值税的免税规定，以及向国外和经济特区出口矿产品和电力的免税规定。

2. 老挝消费税制度发展变化

①部分税目和子目调整。将电子烟和电子烟液子目从烟草税目中删除，烟草子目从3个减到2个；删除"各类游戏机"税目；新增"老虎机、各种博彩机和具有适当授权的各种赌博机"税目；等等。

②普遍上调各税目和子目的税率。除了个别税目税率保持不变外，新的商品类和服务类税目和税率见表18和表19。

表 18　2022 年老挝消费税商品类税目和税率

税　目	税率	备注
1. 燃油		
特种汽油	40%	
普通汽油	31%	
柴油	21%	
航空煤油	8%	
锅炉燃油、机油、液压油、黄油、制动油	5%	
2. 交通工具:摩托车、汽车		
2.1 摩托车		
2.1.1 使用燃料能源的摩托车		
排量 110cc 及以下	10%（整车）	6%（全散件组装）；3%（半散件组装）
排量 110cc 以上 150cc 及以下	20%	全散件组装和半散件组装均按整车税率征收
排量 150cc 以上 200cc 及以下	28%	
排量 200cc 以上 250cc 及以下	39%	
排量 250cc 以上 500cc 及以下	75%	
排量 500cc 以上 800cc 及以下	100%	
排量 800cc 以上	110%	
2.2 汽车		
2.2.1 小型运输车辆		
2.2.1.1 客车,如轿车、吉普车、面包车、4 门以上的皮卡车		
2.2.1.1.1 使用燃料能源的客车		
排量 1000cc 及以下	26%	
排量 1000cc 以上 1600cc 及以下	31%	
排量 1600cc 以上 2000cc 及以下	36%	
排量 2000cc 以上 2500cc 及以下	41%	
排量 2500cc 以上 3000cc 及以下	52%	整车
排量 3000cc 以上 4000cc 及以下	77%	
排量 4000cc 以上 5000cc 及以下	92%	
排量 5000cc 以上	102%	
2.2.1.1.2 使用燃料能源和其他可再生能源两种能源系统的乘用车	按排量依照 2.2.1.1.1 的 50% 的税率	

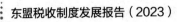

续表

税　目	税率	备注
2.2.1.1.3 使用清洁能源的客车	3%	
2.2.1.2 双门和4门的皮卡车		
使用燃料能源的皮卡车	16%	整车
使用清洁能源的皮卡车	3%	
2.2.1.3 其他小型客车和货车		
使用燃料能源的	11%	整车
使用清洁能源的	3%	
2.2.2 中型客车和运货车		
使用燃料能源的	9%	整车
使用清洁能源的	3%	
2.2.3 大型客车和运货车		
使用燃料能源的	5%	整车
使用清洁能源的	3%	
2.2.4 冷藏车，液体、气体或粉末运输车，油罐车，运水车，吊车，叉车，水泥搅拌车，吸污车，喷浆车，各类喷洒式车辆和移动房车	10%	整车
2.2.5 拖头、尾拖和半尾拖车	5%	整车
2.2.6 高尔夫球车和高尔夫球场服务车	15%	整车
2.2.7 旅游景点观光车	5%	整车
2.2.8 沙滩车、卡丁车	25%	整车
2.2.9 对于国内工厂系统生产和组装的使用燃料能源的汽车，全散件组装按5%的税率征收，半散件组装按3%的税率征收		
3. 进口的交通工具零配件（用于组装或维修）		
3.1 摩托车	6%	
3.2 各类客车、货车	11%	
4. 交通工具装饰品		
音响	25%	
汽车装饰物	20%	
5. 酒、含酒精饮料		
酒精含量23%及以上的	80%	

税　目	税率	备注
酒精含量低于23%的	70%	
6. 啤酒	62%	
7. 烟草：获得合法许可的烟丝、卷烟、雪茄		
7.1 雪茄、成根或小包的卷烟、其他类型的烟草	57%	
7.2 烟丝	42%	
8. 用于交通工具的燃气	10%	
9. 成品饮料：软饮料、苏打水、能量饮料等		
9.1 汽水、苏打水、咖啡饮品或类似饮料	7%	
9.2 能量饮料	12%	
10. 用于装饰、装饰类灯具的水晶玻璃器皿	25%	
11. 羊毛或动物绒毛制成的地毯	20%	
12. 香水、化妆品、美容产品	25%	
13. 经许可的各类赌博用具	100%	
14. 经许可的烟花、焰火、鞭炮	85%	
15. 机动快艇、游艇和运动艇	25%	
16. 通过卫星接收电视信号的设备（卫星天线、接收盒）	15%	
17. 音频和视频播放器、照相机、电话、音频和视频记录器、乐器	15%	
18. 无人机、航拍、滑翔伞和小型喷气式飞行器	25%	
19. 乒乓球球桌、台球球桌、保龄球设备、桌式足球台	35%	
20. 老虎机、各种博彩机和具有适当授权的各种赌博机	另有规定	

资料来源：老挝《税法部分条款的修正案》。

表 19　2022 年老挝消费税服务类税目和税率

税目	税率
1. 娱乐:舞厅、迪厅、卡拉 OK	40%
2. 保龄球服务	24%
3. 整容、美容业务	13%
4. 电话服务业务、有线电视信号、数字电视信号	5%
5. 互联网服务	自 2023 年 1 月 1 日起免征消费税
6. 高尔夫球服务	25%
7. 经批准的彩票业务	30%
8. 赌场活动、老虎机和各种游戏	另有规定
9. 赛车、赛马、斗鸡业务	30%
10. 热气球业务、滑翔伞业务和小型喷气式飞行器飞行业务、航拍服务	12%

三　老挝税收制度发展前景

2018 年，老挝财政部制定了《2030 年愿景和 2025 年公共财政发展战略》①，规定到 2025 年公共财政的收入总体战略是"收入政策和资源调动，以最大限度地提高税收收入"，收入战略有以下 5 个目标。①通过探索未开发的收入潜力和充分应用法律框架，最大限度地提高收入。②为所有经济部门制定公平的税收和关税政策。以提高生产力和质量为重点，促进国内生产和服务。建立可持续的收入基础，同时与绿色增长和可持续发展保持一致。③提高税收征管效率，堵住漏洞。④有效管理官方发展援助。⑤将自然资源收益用于可持续发展。其中前 3 个目标与税收制度密切相关。基于该战略，结合老挝税收制度的现状和变化情况，我们对老挝的税收制度发展前景做一定的展望。

---

① Vision to 2030 and Public Finance Development Strategy to 2025，https：//www.mof.gov.la/index. php/publications－and－statistics_ la/.

（一）老挝税种制度体系发展前景

老挝的税种制度体系涵盖了货物劳务税类、所得税类和财产税类，没有涉及资源税类与其他税类。老挝是一个自然资源丰富的国家，有金、铜、锡、铅、钾、铁、石膏、煤、盐等矿藏。为了完善税种制度体系以及扩大政府税收来源，老挝有可能将资源税纳入税种开征范围。老挝目前没有对其他税类的税种征税，但是制定了《道路费条例》和《手续费和服务费条例》。《道路费条例》对保有车辆的个人、法人和组织按年按车辆种类收取定额的费用，与一般的车船税类似。《手续费和服务费条例》就收费内容来说十分庞杂，里面有对产权交易证书及经济业务合同收取的费用，该部分规定与一般的印花税类似。除了开征新税种以外，老挝还有可能通过费改税的形式进一步完善税制，如将道路费改为车船税，将部分手续费改为印花税等。此外，未来老挝还有望落实环保税的开征。

（二）老挝所得税类制度发展前景

1. 老挝企业所得税制度发展前景

为了优化老挝整体的营商环境和税收竞争力，自2010年以来，老挝的直接税税制税率呈现下降的趋势。随着老挝的企业所得税税率（20%）与周边国家税率（泰国20%、缅甸22%、柬埔寨20%、越南20%）趋于一致，税率进一步下调的可能性很小，将保持稳定。同时，老挝企业所得税的优惠形式基本为税率式优惠，税收对产业发展的激励形式还不够丰富，不利于降低企业的运营成本。在越来越多的国家减少或放弃减免税的直接优惠，而更多给予加计扣除、加速折旧等间接优惠政策的趋势下，老挝政府有望采用更丰富的政策工具去鼓励先进产业的投资、研发和发展。此外，中小微企业是经济发展的摇篮，老挝企业所得税对促进中小微企业发展的支持力度还有待加强。

2. 老挝个人所得税制度发展前景

老挝新一轮的个人所得税制度调整中优化个税征税方式、扩大个税的税前扣除范围、削减中低收入者税负和提高高收入者的边际税率等政策变化，都体现了税制对公平的进一步追求。老挝未来有可能借鉴发达国家的经验，进一步提升税制的公平性。

（三）老挝货物劳务税类制度发展前景

1.老挝增值税制度发展前景

增值税收入已成为老挝政府最主要的税收收入来源，老挝增值税实行单一的税率形式，不管任何商品和服务都按7%的统一税率征收。这样的税率制度一方面可能会加重民众的基本生活负担，另一方面可能对国家重点发展的产业促进作用有限。增值税未来的改革有望从以下两个方面进行：①将关乎民生的基本生活物资纳入增值税的免税范围；②对国家重点扶持的行业实施增值税优惠，如进项税额计价扣除或者对重点行业原材料实施优惠税率。

2.老挝消费税制度发展前景

消费税制度的作用是提高税收收入、引导消费者合理消费并尽量减少使用可能影响健康和环境的产品的负面外部性。为了更好地发挥这一功能，未来，老挝可能首先会将一些不具备负外部性又不属于超前消费的奢侈品（服务）从税目中移除，如互联网服务、电话服务业务、有线电视信号、数字电视信号服务等，同时将一些环境危害大的产品纳入税目范围；其次，合理调整消费税的税率，使高污染高危险的产品适用高税率，环保产品适用低税率，促进绿色发展，比如将新能源汽车从消费税税目中移除；最后，从消费税最新的税率看，大部分商品的消费税税率远超周边国家，特别是一些成瘾性商品，未来老挝可能会降低部分与企业扩大生产相关的货物的消费税税率，适当调低税率超过50%的税目的税率。

（四）老挝土地税制度发展前景

老挝现行的土地税为定额税率。随着老挝经济的快速发展及房地产市场的活跃，定额税率可能会导致政府无法参与分配土地升值带来的额外收益。土地税改革的一个方向是用比例税率取代定额税率。农业是三大产业的基础，且一般农业的产值在三大产业里最低，征税成本最高。为了支持农业发展，土地税中有可能会取消对农业用地征税。

此外，土地税作为财产税类税种一般是地方政府的主要收入来源，考虑到老挝中央政府的权力下放和政府的绩效改革，未来老挝可能会开征房产税和车船税，对不动产、非生产使用的自用车船等财产征税。

主要参考文献

图书、期刊类

韩霖、高阳：《国际视野下税收协定的最新发展与展望——专访国家税务总局国际税务司副司长蒙玉英》，《国际税收》2017年第6期。

黄立新：《新时期世界税制改革发展的趋势和逻辑》，《财政研究》2019年第9期。

霍军：《跨境经济数字化与国际税收规则变局》，《税务研究》2021年第8期。

翟继光：《2021年税收法治研究综述》，《税务研究》2022年第3期。

赵书博、陈乐、陈静琳：《近期部分国家税制改革趋势分析》，《国际税收》2022年第5期。

中国国际税收研究会：《世界税收发展研究报告（2018）》中国税务出版社，2019。

中国国际税收研究会：《世界税收发展研究报告（2019）》中国税务出版社，2020。

中国国际税收研究会：《世界税收发展研究报告（2020）》中国税务出版社，2021。

中国国际税收研究会：《世界税收发展研究报告（2021）》中国税务出版社，2022。

中国税务学会课题组、汪康：《"十四五"时期优化税制问题研究》，《税务研究》2022年第4期。

网站类

安永，https：//www. ey. com/.

CNBC 印度尼西亚官网：https：//www. cnbcindonesia. com.

德勤，https：//www2. deloitte. com/.

菲律宾法律网站，https：//lawphil. net/.

菲律宾海关网站，https：//mysst. customs. gov. my/SSTAct.

菲律宾马卡蒂市奥坎波和苏拉尔沃律师事务所网站，https：//www. ocamposuralvo. com/.

菲律宾内陆税收局官网，www. bir. gov. ph.

菲律宾政府官方公报平台，https：//www. officialgazette. gov. ph.

菲律宾政府网站，https：//phl. hasil. gov. my.

国际税收条约网站，http：//internationaltaxtreaty. com/.

《国际税务评论》网站，https：//www. internationaltaxreview. com/.

国家信息对比网站. 税收合作，https：//www1. compareyourcountry. org/tax-cooperation/en/.

https：//www. resourcedata. org/document/.

荷兰国际财税文献局（IBFD）税务信息平台，https：//www. ibfd. org/.

JDIH 网，https：//peraturan. bpk. go. id/v

柬埔寨国家税务局网站，https：//www. tax. gov. kh.

经济合作与发展组织官网，www. oecd. org.

老挝国家官方网站，https：//na. gov. la.

老挝司法部官方文件发布平台，http：//laoofficialgazette. gov. la/.

老挝政府官方网站，http：//www. laogov. gov. la.

老挝政府贸易门户网站法规搜索平台，http：//laotradeportal. gov. la.

老挝政府投资网站，http：//www. investlaos. gov. la.

联合国条约网站，https：//treaties. un. org/.

美国国务院网站，https：//www. state. gov/.

ORTAX 网，https：//datacenter. ortax. org/.

普华永道，https：//www. pwc. com/vn/en.

全球法规网，http：//policy. mofcom. gov. cn/page/nation/Indonesia. html.

世界银行国际投资仲裁中心，https：//worldbank. org/icsid/.

泰国财政部网站，https：//www. mof. go. th.

泰国税务局网站，https：//www. rd. go. th.

新加坡商务部网站，https：//www. mof. gov. sg.

新加坡税务局网站，https：//www. iras. gov. sg/.

印度尼西亚统计局官网：http：//www. bps. go. id/.

越南法律图书馆，https：//thuvienphapluat. vn/.

中国外交部网站，https：//www. fmprc. gov. cn/.

中华人民共和国国家税务总局网站，http：//www. chinatax. gov. cn/.

中华人民共和国商务部网站，https：//fdi. mofcom. gov. cn/.

后　记

在广西财经学院的大力支持下，广西（东盟）财经研究中心举全力打造的东盟特色研究品牌项目——《东盟税收发展报告（2023）》（全三册）问世了。编辑委员会成员为：主任夏飞，校长、二级教授、博士研究生导师（广西财经学院）；副主任、主编刘进，副校长、研究员、博士（广西财经学院）；主编、总策划、总统稿人霍军，二级研究员、博士［广西（东盟）财经研究中心］；组织协调委员秦斌，主任、教授［广西（东盟）财经研究中心办公室］。总报告部分，《东盟税收制度发展报告（2023）》、《东盟税收征收管理发展报告（2023）》和《东盟国际税收管理发展报告（2023）》的执笔人为霍军和中国人民大学财政金融学院肖乃夫博士研究生。国别报告部分，《印度尼西亚税收制度发展报告（2023）》和《印度尼西亚税收征收管理发展报告（2023）》的执笔人为广西职业师范学院龙丽佳副教授；《印度尼西亚国际税收管理发展报告（2023）》的执笔人为中国财政科学研究院公共收入研究中心刘昶助理研究员、博士，龙丽佳，广西大学经济学院唐玉爽博士研究生；《越南税收制度发展报告（2023）》、《越南税收征收管理发展报告（2023）》和《越南国际税收管理发展报告（2023）》的执笔人为唐玉爽；《马来西亚税收制度发展报告（2023）》、《马来西亚税收征收管理发展报告（2023）》和《马来西亚国际税收管理发展报告（2023）》的执笔人为广西（东盟）财经研究中心刘丽君博士；《新加坡税收制度发展报告（2023）》的执笔人为国家税务总局税收科学研究所刘和祥研究员、博士，李森焱副教授、博士；《新加坡税收征收管理发展报告（2023）》的执笔人为李森焱、刘和祥；《新加坡国际税收管理发展报告（2023）》的执笔人为国家税务总局税收科学研究所龚辉文研究员、博士，陈文东研究员、博士，刘和祥，陈雏音助理研究员；《泰国税收制度发展报告（2023）》和《泰国税收征收管理发展报告（2023）》的执笔人为广西财经学院财政与公共管理学院王红晓教授；《泰国国际税收管理发展报告（2023）》的执笔人为《国际税收》编辑部韩霖主任、编审、博士和叶琼微编辑、邓汝宇编辑，王红晓；《菲律宾税收制度发展报告（2023）》的执笔人为中国国际税收研究会理论部付茂劲副主任，厦门大学管理学院李成教授、博士研究生导师；《菲律宾税收征收管理发展报告（2023）》的执笔人为李淼焱、刘和祥；《菲律宾国际税收管理发展报告（2023）》的执笔人为国家税务总局国际税务司张瑾副处长；《柬埔寨税收制度发展报告（2023）》、《柬埔寨税收征收管理发展报告（2023）》和《柬埔寨国际税收管理发展报告（2023）》的执笔人为广西财经学院财政与公共管理学院陆华讲师、国际教育学院廖菲菲讲师；《老挝税收制度发展报告（2023）》、《老挝税收征收管理发展报告（2023）》和《老挝国际税收管理发展报告（2023）》的执笔人为陆华、廖菲菲。

在全三册套书出版之际，谨向为全三册套书作总序的国家税务总局原副局长、中国国际税收研究会原会长卢仁法表示崇高的敬意和诚挚的谢意！向对全三册套书给予支持的广西壮族自治区财政厅和广西泛北东盟财经研究中心表示崇高的敬意和诚挚的谢意！向对广西（东盟）财经研究中心及全三册套书研究工作给予大力支持和帮助的中国国际税收研究会、中国税务杂志社、国家税务总局税收科学研究所，以及广西财经学院的领导和同志们，表示诚挚的谢意！向对本套图书出版给予大力支持和帮助的社会科学文献出版社的领导和编辑表示诚挚的谢意！

编　者

2023 年 9 月

Abstract

The ASEAN Tax System Development Report (2023) consists of nine reports in two parts: a general report and country reports. This report comprehensively and systematically compiles and examines the basis of the development of ASEAN tax system, income tax system, goods and services tax system, property tax system and other tax systems up to 2021 from the perspective of ASEAN as a whole and from the perspective of individual countries respectively, presents the practice patterns of the tax systems of ASEAN's eight member states in a practical manner, and comparatively analyses the characteristics of changes in the structure of ASEAN and its member states in terms of their tax systems and tax systems from 2022 to June 2023, and provides a forecast and outlook for the development of ASEAN and its member states' tax systems in the future. It also compares and analyses the changes in the tax system and the structure of tax systems in ASEAN and its member states from 2022 to June 2023, and provides a forecast for the development of the tax systems in ASEAN and its member states in the coming period.

ASEAN countries have established a relatively complete tax system. (1) They have established a relatively complete tax law system and a composite tax system structure. 5 countries have stipulated tax laws in their constitutions, enacted basic tax laws or comprehensive tax laws, and 6 countries have completed the legislation of more than 60 per cent of the substantive tax systems. (2) The income tax system mainly consists of the corporate income tax and individual income tax systems. The ASEAN countries have similar regulations on taxpayers, tax objects and tax calculation methods, but there are country-specific differences in tax rates, statutory deductions and standards, and tax incentives. (3) The goods and services tax system mainly consists of value-added tax (GST), consumption tax, special sales tax, sales tax on luxury goods and import and export tax system, of which value-added tax (GST) and consumption tax are the common major taxes. Provisions on tax elements such as VAT taxpayers, taxable objects and tax calculation methods are similar, but there are country-specific differences in tax rates, specific calculation formulas and the scope of deductible input tax credits, and arrangements for tax incentives; five countries have introduced a VAT on digital goods and services; and six countries have opted for a consumption tax system, which generally includes tobacco, alcohol and high-grade transport in its taxable objects, and takes a cautious attitude to exemptions from the consumption tax, with each country having its own distinctive tax calculation methods. Each country has its own characteristics. (4) The property tax system mainly consists of real estate tax, land use tax and natural resources tax, and generally chooses the premises tax system. (5) Other tax systems mainly consist of stamp duty and environmental protection tax, etc. Six countries have chosen to implement the stamp duty system, and only two countries have chosen to implement the environmental protection tax (carbon tax) system.

ASEAN countries' tax regimes have changed significantly in 5 dimensions and 12 elements. between 2022 and June 2023, ASEAN countries have made different levels of progress in the following dimensions. (1) Significant changes in the structure of tax revenues and the legal system of the tax system. In the post-epidemic era, as the global economy gradually repairs itself, the economic tax revenue of ASEAN countries has also rebounded to varying degrees in a positive direction, but with obvious disparities. The proportion of income tax and goods and services tax revenue has generally increased. 3 countries have amended individual tax laws, 6 countries have introduced substantive tax regulations for 2 major tax types, and 2 countries have updated bilateral tax agreements. (2) Three countries updated corporate income tax payers, taxable objects, tax rates and tax calculation methods, and included crypto-asset trading, the coal mining industry, and the provision of e-commerce and digital platform services in the scope of corporate income tax. two countries adjusted individual income tax rates and tax calculation methods, one country introduced tax rates and tax calculation methods for individuals' income from services derived from digital goods, and three countries adjusted their preferential policies. (3) Three countries introduced VAT on digital goods services, one country included crypto-asset transactions in the scope of VAT, five countries significantly adjusted their VAT rates, and seven countries adjusted their preferential policies to varying degrees. Individual items and rates of consumption tax were changed. (4) Two countries adjusted land use tax rates, tax calculation methods and preferential policies, while one country lowered the real estate profits tax rate and narrowed the scope of identification of natural resource taxpayers. (5) One country adjusted the scope, rate and method of calculation of stamp duty for buyers and sellers of real estate, one country increased the maximum flat rate of tax on listed shares or stock exchange instruments, and one country introduced a carbon tax regime.

In the coming period, ASEAN countries will continue to make efforts to deepen the reform of their major tax regimes. (1) will continue to deepen tax reforms and improve the tax law system to support the realisation of the country's medium- and long-term economic development strategy objectives. Stabilising and accelerating tax revenue growth and contributing to fiscal sustainability have become common choices. It will continue to optimise the revenue structure of tax types and the structure of the tax system, and make up for the shortcomings of the tax types and the structure of the tax system. The current tax law system of each country will be completed in accordance with the national economic development and tax reform strategy, fully reflecting the principle of tax legislation. (2) The deepening reform of the income tax system will pay more attention to supporting policies that promote economic recovery and equity. The deepening reform of the corporate income tax system will pay more attention to the supportive policies to promote economic and investment recovery, and the corporate income tax incentive policy will be shifted to investment and innovation. The deepening reform of the individual income tax system will pay more attention to the supportive policies to promote economic and social equity, expand the scope of individual income, raise the marginal tax rate of individual income tax for high-income groups, expand the deduction of reasonable expenses, and regulate the disparity of income distribution. (3) The reform of the Goods and Services Tax

（GST）system will be mainly based on tax increase and environmental objectives, supporting fiscal and economic sustainability. Reforms to the VAT system will be based primarily on tax-increasing objectives, with VAT on the digital economy and e-commerce to be introduced in 1 country and VAT rates to be raised in 3 countries. Optimising import and export tax policies for VAT and excise taxes in line with RCEP tariff concessions. The deepening of the consumption tax system reform will balance the objectives of tax increase and environmental protection, and the focus of regulation will remain on health-hazardous commodities, with a reduction in the tax rate to encourage the consumption of electric vehicles. (4) The reform of the property tax system will be orientated towards both revenue-raising and regulatory functions. The property tax rate will be raised, the scope of resource tax will be expanded, and a wealth tax will be introduced to alleviate the problem of income and wealth inequality. (5) The environmental protection tax system will usher in a pattern of "greening" and revenue-raising functions, and the stamp duty will strike a new balance in regulating the economy and social equity.

Contents

I General Report

Abstract: This report focuses on the development of the ASEAN countries'
tax system, income tax system, goods and services tax system, property tax system,
and other tax systems up to 2021 using cluster analysis and abstract-to-consolidated
narration, analyses the development of the ASEAN countries' tax system and the
structure of the tax system from 2022 to June 2023, and concludes that The
development of the ASEAN countries' tax system in terms of the structure of tax
revenue and the legal system of the tax system, the elements of the corporate and
individual income tax systems, the elements of the value-added tax (VAT) and
consumption tax systems, the elements of the land use tax system and the system of
recognising the property tax rate and the taxpayer of the natural resources tax, and
the elements of the stamp duty and the carbon tax system, and on this basis, look
forward to the development of the ASEAN countries' tax system, which will
continue to deepen the tax system reform and improve the tax law. On the basis of
this, the ASEAN countries will continue to deepen the tax reform and improve the
tax law system; the deepening reform of the income tax system will pay more
attention to the supportive policies to promote the recovery of the economy and
investment; the reform of the value-added tax (VAT) and consumption tax system

will be based on the goal of tax increase and the tariff concession policy in line with the RCEP; the reform of the real estate tax and the resource tax system will focus on the functions of both revenue increase and regulation; and the environmental protection tax system will be ushered in the double rise of the functions of "greening The environmental protection tax system will usher in a " greening" and revenue-raising pattern, and the stamp duty system will strike a balance between economic regulation and social equity.

Keywords: ASEAN; Tax Legal System; Income Tax; Goods and Services Tax; Property Tax

II   Country Reports

Development Report on the Taxation System

of Indonesia 2023   / 091

Abstract: Indonesia has a relatively complete tax law system, and has established multi-level tax system protection including laws, regulations, and rules for income tax, goods and services tax, property tax, and other taxes. Since 2022, Indonesia has made new progress in the construction of its tax system, mainly manifested in the promulgation of a series of new regulations on the income tax system, value-added tax system, luxury sales tax system, customs system, and consumption tax system to improve regional tax capacity, improve the business environment, and promote the development of the national economy. However, the construction of a green tax system, such as a carbon tax system, is still not perfect. At the same time, Indonesia, as a country with a multiple tax system, has the common advantages of this system, such as abundant tax sources, greater flexibility, and complementary tax types. However, there are also shortcomings such as uneven tax burden distribution and complex collection. In order to make up for the above shortcomings, Indonesia will continue to reform and improve its tax system to establish a more coordinated tax system among various taxes.

Keywords: Indonesia; Tax Revenue System; Income Tax; Goods and Services Tax

Development Report on the Taxation System
of Vietnam 2023   / 140

Abstract: Since the implementation of the reform and opening up policy, with the continuous deepening of market-oriented reform, Vietnam has gradually established a composite tax system with goods and labor tax and income tax as the main taxes, and nine major taxes that complement each other. After multiple tax system reforms, Vietnam has made significant progress in the construction of the rule of law in taxation. The tax legal system, consisting of 9 tax substantive laws, 1 tax procedural law, and several supporting tax administrative regulations and rules, has been basically improved, providing a solid guarantee for the construction of the rule of law in taxation. Under this framework, the constituent elements of the income tax system, goods and services tax system, property tax system, and resource tax system are constantly improving, and taxation has become an important means of regulating economic and social development. In 2022, Vietnam fully deployed its tax reform strategy until 2030, and subsequently the Ministry of Finance formulated an action plan for the implementation of the tax reform strategy. In this context, Vietnam has made a series of adjustments and improvements to its tax system: it has introduced preferential policies for income tax and value-added tax, and has twice lowered the environmental protection tax rate for petroleum products; the scope of natural resource tax payers has been adjusted, and the special consumption tax rate for "electric vehicles" has been significantly reduced; a mechanism and method for forming land prices have been proposed, and plans have been made to review and improve land tax laws and policies to combat speculation in housing and land. In the next stage, Vietnam will gradually improve the tax system, continuously consolidate the foundation of tax rule of law, and provide important financial support for the realization of the 10−

year strategic goals of economic and social development from 2021 to 2030.

Keywords：Vietnam；Tax System；Tax Legal System；Income Tax System；Goods and Labor Tax System

Development Report on the Taxation System of Malaysia 2023 / 189

Abstract：Malaysia's tax system is a composite tax system with direct taxation as the main body. The Ministry of Finance of the Federation of Malaysia is responsible for formulating and modifying relevant tax policies, and uniformly managing the national tax affairs. Its two affiliated institutions are responsible for tax collection and management, namely, Inland Revenue Board Of Malaysia and Royal Malaysian Customs Department are respectively responsible for collecting direct taxes and indirect tax. The tax system in Malaysia is relatively simple, with few tax laws and regulatory documents, and there is no procedural act on regulating tax collection and management-the "Law on the Administration of Tax Collection". The tax legal system in Malaysia mainly has four levels, namely laws and acts generated by the parliament, public ruling issued by Inland Revenue Board Of Malaysia and the Director of Royal Malaysian Customs Department, and regulations and guidelines issued by Inland Revenue Board Of Malaysia and Royal Malaysian Customs Department. The main characteristics of Malaysia's tax system-being conservative and keeping up with the times, that is, most of the tax acts currently used in Malaysia are the original version, but with the development and changes of the economy and society, the original version of tax acts is constantly modified and improved; The main trends in the development and reform of Malaysia's tax system are to reduce tax burden, broaden the tax base, and tighten tax collection and administration of tax collection.

Keywords：Malaysian；Tax System；Income；Goods & Services Tax；Real Property Gains Tax

Development Report on the Taxation System
of Singapore 2023

Abstract: With the rapid economic development, Singapore's tax system is becoming more and more perfect, and the tax system is constantly improving to ensure the stability of fiscal revenue and economy Singapore raises the GST rate in two stages, which will be raised to 8% in 2023 and will be raised to 9% in 2024 The marginal tax rate of personal income tax for high-income groups, the extra luxury car tax, the property tax levied on residential properties and other tax rates have all increased In order to gradually realize the zero carbon emission policy in 2025, Singapore's carbon tax rate will also be gradually increased In addition. Singapore plans to implement the second pillar to uniformly levy a global minimum effective tax rate of 15% on large transnational countries from 2025.

Keywords: Singapore; Tax System; Development and Change; Prospects

Development Report on the Taxation System
of Thailand 2023

Abstract: This report mainly introduces Thailand's tax legal system and its institutional structure, including Thailand's income tax system, goods and services tax system, property tax system and other tax systems. The report is divided into three parts. The first part is the development basis of Thailand's tax system. It mainly introduces Thailand's tax system by the end of 2021, including the Constitution, Tax Code, Petroleum Tax Law, Customs Law, inheritance tax, land and construction tax, signboard tax and other laws or regulations related to tax. The second is the development and changes of Thailand's tax system, mainly introducing the changes of Thailand's tax system from 2022 to March 2023, mainly in response to the epidemic, some preferential tax policies introduced by the government to stimulate the economy; The third is the development prospect of

Thailand's tax system, which mainly predicts the development direction of Thailand's tax system. For example, the stock transaction tax is expected to be introduced in 2023, and the carbon tax may be introduced in the future. In the future, the changes of personal income tax may only be the fine adjustment of tax rate range and the timely increase of livelihood deduction. As the pandemic passes and the economy improves, the VAT rate may revert to the standard 10% rate.

Keywords: Thailand; Tax System; Income Tax; Taxes on Goods and Services; Property Tax

Development Report on the Taxation System of Philippines 2023 / 309

Abstract: The tax system in the Philippines can be divided into two types: national tax and local tax. The tax management departments include the National Tax Bureau and local tax authorities. The foundational legal basis for Philippine tax law is the National Internal Revenue Code (NIRC), on which substantial reforms to income tax and value-added tax were carried out. In order to effectively implement national tax laws, the Secretary of Department of Finance typically promulgates required tax regulations. This legal framework provides the legal foundation for the Philippine tax system and clear legal foundations for tax administration. The Philippine tax system has undergone numerous reforms and adjustments to adapt to the changing economic and political environment. At present, the main goal of the Philippine tax system reform is to establish a more simplified, fair and effective tax system, striving to achieve fiscal sustainability, promote investment and create a more stable source of tax revenue.

Keywords: Philippines; Tax System; Institutional Development

Contents ⤴

Development Report on the Taxation System

of Cambodia 2023 / 357

Abstract: Cambodia has a relatively comprehensive tax legal system, establishing a multi-level tax entity and procedural legal system, including income tax, goods and services tax, property and business tax, and other tax categories, backed by laws, regulations, and rules. Since 2022, Cambodia's tax revenue has increased, but the overall tax burden has risen. The proportion of local taxes to national tax revenue has decreased, leading to increased financial pressure on local governments. In terms of tax system development, Cambodia has achieved new developments since 2022. This is evident in the issuance of a series of new regulations aimed at improving tax capacity, enhancing the business environment, promoting national economic development, refining social security systems, reducing the tax burden on low-income populations, and facilitating the resumption of operations for small and medium-sized enterprises. Simultaneously, as a country with relatively less economic development, Cambodia faces two significant challenges in its overall tax system: ensuring sustainable tax revenue growth and guaranteeing social fairness. To address these challenges, Cambodia should continue to reform and improve its tax system. This includes measures such as imposing resource taxes, creating new tax sources for local governments, promoting tax contributions to economic recovery, and enhancing the protective role of the tax system for low-income populations.

Keywords: Cambodia; Tax System; Income Tax; Goods and Services Tax

Development Report on the Taxation System

of Laos 2023 /396

Abstract: Between 2014 and 2019, Laos underwent relatively frequent tax reforms, establishing a relatively comprehensive tax system for income, goods, and services. However, challenges remain, including the incomplete nature of property and resource taxes, a lack of social security taxes/fees, and an excess of government fee projects. Since 2022, Laos' tax reforms have primarily focused on taxing the digital economy and implementing systematic tax reductions to reduce the tax burden on businesses and individuals, promoting economic recovery and development. As a country with relatively less economic development, Laos faces two significant challenges: ensuring sustainable growth in tax revenue and ensuring social fairness. To address these challenges, Laos is taking continuous measures to reform and improve its tax system. This includes implementing property and resource taxes, introducing social security taxes/fees, reforming fees to taxes, and implementing environmental taxes. Additionally, Laos aims to diversify tax incentives for corporate income tax to foster the development of businesses, especially small and medium-sized enterprises.

Keywords: Laos; Tax System; Income Tax; Goods and Services Tax

图书在版编目（CIP）数据

东盟税收制度发展报告. 2023 / 刘进，霍军主编
. --北京：社会科学文献出版社，2023.12
（东盟税收发展报告. 2023）
ISBN 978-7-5228-2828-2

Ⅰ.①东… Ⅱ.①刘… ②霍… Ⅲ.①税收制度-研
究报告-东南亚国家联盟-2023 Ⅳ.①F813.301

中国国家版本馆 CIP 数据核字（2023）第 225401 号

东盟税收发展报告（2023）（全三册）

东盟税收制度发展报告（2023）

主　　编／刘　进　霍　军

出 版 人／冀祥德
责任编辑／孔庆梅
责任印制／王京美

出　　版／社会科学文献出版社·经济与管理分社（010）59367226
　　　　　地址：北京市北三环中路甲 29 号院华龙大厦　邮编：100029
　　　　　网址：www.ssap.com.cn
发　　行／社会科学文献出版社（010）59367028
印　　装／三河市龙林印务有限公司

规　　格／开　本：787mm×1092mm　1/16
　　　　　印　张：29.25　字　数：445 千字
版　　次／2023 年 12 月第 1 版　2023 年 12 月第 1 次印刷
书　　号／ISBN 978-7-5228-2828-2
定　　价／498.00 元（全三册）

读者服务电话：4008918866

▲ 版权所有 翻印必究